Till Strobel

Jüdisches Leben unter dem Schutz der Reichserbmarschälle von Pappenheim 1650–1806

Veröffentlichungen
der Schwäbischen Forschungsgemeinschaft

Reihe 11
Quellen und Darstellungen
zur jüdischen Geschichte Schwabens

Band 3
Herausgegeben von Rolf Kießling

Erscheint zugleich als
Beiträge zu Kultur und Geschichte
von Haus und ehemaliger Herrschaft Pappenheim
Band VII

Till Strobel

Jüdisches Leben unter dem Schutz der Reichserbmarschälle von Pappenheim 1650–1806

bibliotheca academica Verlag

Abbildung auf der Vorderseite des Einbands:
»Prospect der Stadt Pappenheim«. Ausschnitt aus der Landkarte
»Nova Comitatus Pappenheimensis Tabula«, um 1750/60.
Am unteren rechten Bildrand ist der jüdische Friedhof erkennbar.

Die Deutsche Bibliothek: Bibliographische Information

Die Deutsche Bibliothek verzeichnet diese Publikation
in der Deutschen Nationalbibliographie.
Detaillierte bibliographische Daten sind im Internet abrufbar
über http://dnb.ddb.de.

ISBN 978–3–928471–71–8

Gedruckt mit Unterstützung des Bezirks Schwaben

© bibliotheca academica Verlag GmbH, Epfendorf 2009

Alle Rechte vorbehalten, insbesondere das des Nachdrucks,
der Microverfilmung sowie der Speicherung oder Verarbeitung
in elektronischen Systemen

Satz: bibliotheca academica Verlag GmbH,
Satzprogramm: TUSTEP
(Tübinger System von Textverarbeitungsprogrammen)

Umschlaggestaltung, Bildbearbeitung und Tabellensatz:
Hubert Amann, Epfendorf
Karten: Kartographisches Büro Dieter Ohnmacht, Frittlingen

Druck: F. X. Stückle, Ettenheim
Bindearbeiten: Großbuchbinderei Spinner, Ottersweier
Gedruckt auf alterungsbeständigem, säurefreiem Papier

INHALTSVERZEICHNIS

VORWORT XI

EINLEITUNG 1
Untersuchungszeitraum und Untersuchungsraum 2
Forschungsstand unter besonderer Berücksichtigung Frankens 3
Quellen 7
Fragestellungen und Aufbau der Arbeit 10

1 DIE RAHMENBEDINGUNGEN 13
1.1 Die Herrschaft Pappenheim und die Reichserbmarschälle 13
1.2 Immerwährender Reichstag, Reichsstadt Regensburg, Reichserbmarschallamt, Kursachsen: Die besonderen Rahmenbedingungen in Regensburg 18

2 DIE AUSÜBUNG VON JUDENSCHUTZ IN PAPPENHEIM UND REGENSBURG 24
2.1 Grundlagen: Normative Regelungen 24
2.1.1 Eine für die Juden in Pappenheim zentrale Vereinbarung: Der Rezess von 1692 . . 26
2.1.2 Judenrechtliche Verordnungen in Regensburg 31
2.2 Schutzbriefe zur Bestätigung des Status als Schutzjude 38
2.2.1 Pappenheimer Schutzbriefe 39
2.2.2 Reichserbmarschallische Schutzbriefe für die Regensburger Juden 44
2.3 Der Schutz als kostbares Gut 48
2.3.1 Die Situation in Pappenheim 49
2.3.1.1 Schutzgesuche 49
2.3.1.2 Eine drohende Gefahr: Der Schutzverlust 58
2.3.2 Das Ringen um die Zahl der sich in Regensburg aufhaltenden Juden 61
2.3.2.1 Begrenzung der geduldeten Juden 61
2.3.2.2 Verschiedene Strategien als Reaktion auf die Begrenzung 62
2.4 In *Pappenheim als bekanten Reichsasylo*: Gewährung von Asyl an Juden 70
2.5 Charakteristika der reichserbmarschallischen Schutzausübung 79
2.5.1 Schutzgewährung in der Herrschaft Pappenheim 79
2.5.2 Schutzgewährung in Regensburg in Kooperation und Konflikt mit Dritten 81
2.5.3 Reichserbmarschallische Schutzausübung in Pappenheim und Regensburg – ein Vergleich 85

3 DIE JUDEN UNTER REICHSERBMARSCHALLISCHEM SCHUTZ 88
3.1 Demographische Entwicklung der jüdischen Gemeinden unter reichserbmarschallischem Schutz 88
3.1.1 Die jüdische Bevölkerung in Pappenheim 88
3.1.2 Die jüdische Bevölkerung in Regensburg 93

Inhaltsverzeichnis

3.2	Haushalts- und Familienstrukturen	95
3.2.1	Die Zusammensetzung jüdischer Haushalte	95
3.2.1.1	Die Zusammensetzung jüdischer Haushalte in Pappenheim	95
3.2.1.2	Die Zusammensetzung jüdischer Haushalte in Regensburg	98
3.2.2	Die familiären Verbindungen der Pappenheimer Juden	100
3.2.3	Mobilität als Kennzeichen jüdischen Familienlebens	105
3.3	Hausbesitz und Wohntopographie der Pappenheimer Juden	115
3.4	Zusammenfassung: Demographie, Familien und Wohntopographie	127
4	DIE FISKALISCHEN LEISTUNGEN VON JUDEN AN DIE REICHSERBMARSCHÄLLE	129
4.1	Gegenleistung für die Schutzgewährung: Das Schutzgeld	129
4.2	Die Steuerleistung der Juden	137
4.3	Nicht nur Schutzgeld und Steuern: Sonstige Abgaben	143
4.4	Die Entrichtung von Zoll durch auswärtige Juden	152
4.5	Die Abgaben der Regensburger Juden an die Reichserbmarschälle	158
4.6	Zusammenfassung: Die fiskalische Bedeutung der Juden für die Reichserbmarschälle	163
5	DIE WIRTSCHAFTLICHE TÄTIGKEIT DER PAPPENHEIMER JUDEN	165
5.1	Normative Vorgaben für den jüdischen Handel	167
5.2	Die Kreditgewährung	175
5.3	Pferde, Ochsen und Kühe: Der Handel mit Vieh	183
5.4	Der Warenhandel	188
5.5	Nicht nur Äcker, sondern auch Güter: Jüdischer Immobilienhandel	195
5.6	Vermittler von Geschäften – Die »Schmuser«	201
5.7	»wie ein Jude, der von allem was nascht« – Zusammenfassung der Einzelbefunde	203
5.8	Der Handel diesseits und jenseits der Grenze	209
5.8.1	Die Handelsaktivitäten auswärtiger Juden in der Herrschaft Pappenheim	209
5.8.2	Die Handelsaktivitäten Pappenheimer Juden in angrenzenden Territorien	212
5.8.3	Zusammenfassung: Grenzüberschreitender Handel	220
6	DIE SOZIALSTRUKTUR DER JUDEN IN PAPPENHEIM	223
6.1	Die soziale Gliederung der Pappenheimer Juden im Spiegel von Steuerverzeichnissen	223
6.2	Die Hofjuden – eine Elite mit Kontakten zum Reichserbmarschall	226
6.3	Innergemeindliche Armut und Unterstützung der Betroffenen	234
6.4	Nichtsesshafte Arme: Die Betteljuden	243
6.5	Zusammenfassung: Sozialstruktur der Pappenheimer Juden	246
7	DIE JÜDISCHE GEMEINDE PAPPENHEIM	247
7.1	Die Organisation der jüdischen Gemeinde in Pappenheim	248
7.2	Die Inhaber jüdischer Gemeindeämter	252
7.3	Gemeindliche Einrichtungen: Judenschule, Mikwe und Herberge	259
7.4	Nicht nur für Pappenheimer Juden von Bedeutung: Der jüdische Friedhof in Pappenheim	264
7.5	Zusammenfassung: Jüdische Binnenstrukturen in Pappenheim	273

Inhaltsverzeichnis

8	DIE JUDEN UND IHRE CHRISTLICHE UMWELT	275
8.1	Der religiös bedingte Gegensatz zwischen Juden und Christen	276
8.1.1	Vorurteile gegenüber Juden und Judenfeindschaft	277
8.1.2	Das Schächten als Beispiel für die religiös bedingte Trennung der Lebenswelten	283
8.1.3	Die Zahlung von Stolgebühren als Ausdruck der Beziehungen zwischen Juden und Kirche	284
8.1.4	*ein Lust und Begürde zum Christenthum*: Jüdische Konvertiten	290
8.2	Ansätze zur Überwindung der Fremdheit zwischen Juden und Christen	302
8.2.1	Kontakte und Kooperation zwischen Juden und Christen	302
8.2.2	Teilhabe der Juden an Gemeinderechten	306
8.3	Nach *jüdischen Ceremonien* oder *gemeinen kayserlichen Rechten*: Die jüdische Rechtsautonomie und ihre Grenzen	308
8.4	Zusammenfassung: Die Koexistenz von Juden und Christen in Pappenheim	317

SCHLUSSBETRACHTUNG
Jüdisches Leben unter dem Schutz der Reichserbmarschälle
in Pappenheim und Regensburg 320

ANHANG: 329

TABELLEN 16–29 (VGL. DETAIL-ÜBERSICHT S. VIII) 331

KARTEN 2–9 (VGL. DETAIL-ÜBERSICHT S. IX) 352

STAMMTAFELN (VGL. DETAIL-ÜBERSICHT S. IX) 360

DOKUMENTATION JÜDISCHEN HAUSBESITZES IN PAPPENHEIM 367

QUELLEN- UND LITERATURVERZEICHNIS 381

ABKÜRZUNGS- UND SIGLENVERZEICHNIS 403

PERSONEN- UND ORTSREGISTER 405

Übersicht über Tabellen, Diagramm, Karten, Stammtafeln

Tabelle 1:	Verzeichnis der regierenden Reichserbmarschälle (1650–1806)	16
Tabelle 2:	Entwicklung der jüdischen Bevölkerung in Pappenheim	92
Tabelle 3:	Verteilung der Haushaltsgrößen in Pappenheim (1807)	96
Tabelle 4:	Zahl der Kinder in den jüdischen Haushalten Pappenheims (1807)	96
Tabelle 5:	Zusammensetzung der jüdischen Haushalte in Regensburg	99
Tabelle 6:	Durchschnittlicher Steuerfuß christlicher und jüdischer Steuerzahler	142
Tabelle 7:	Juden an den Zollstellen der Herrschaft Pappenheim (1742/43)	152
Tabelle 8:	Entwicklung der Kredithöhe 1650–1790	176
Tabelle 9:	Entwicklung des Zinssatzes 1650–1790	178
Tabelle 10:	Zahl der von Juden aufgekauften Schuldverschreibungen	181
Tabelle 11:	Zahl der Viehhandelsgeschäfte	183
Tabelle 12:	Der Warenhandel	189
Tabelle 13:	Zahl der von Juden verkauften Grundstücke	195
Tabelle 14:	Belege für Rabbiner/Vorsinger in Pappenheim	253
Tabelle 15:	Archivalisch überlieferte Barnossen in Pappenheim	258
Tabelle 16:	Umfang der Herrschaft Pappenheim	331
Tabelle 17:	Entwicklung judenrechtlicher Verordnungen in Regensburg	334
Tabelle 18:	Übersicht über die in der Herrschaft Pappenheim ausgestellten Schutzbriefe	336
Tabelle 19:	Verzeichnis aller zwischen 1770 und 1806 belegten Schutzaufnahmen	337
Tabelle 20:	Verzeichnis der Regensburger Schutzbriefe	338
Tabelle 21:	Übersicht über die in Verzeichnissen aufgeführten Pappenheimer Juden	339
Tabelle 22:	Verzeichnis des in Pappenheim belegten jüdischen Dienstpersonals	340
Tabelle 23:	Jüdische Hausgenossen in Pappenheim (1811)	343
Tabelle 24:	Schutzgeldeinnahmen im Zeitraum 1746–1757	344
Tabelle 25:	Schutzgeldverzeichnis 1784–1796	345
Tabelle 26:	Übersicht über die bürgerlichen Abgaben jüdischer Hausbesitzer (1808)	347
Tabelle 27:	Steuerfuß der Einwohner Pappenheims 1701	348
Tabelle 28:	Steuerfuß der Einwohner Pappenheims 1745	349
Tabelle 29:	Verteilung des jüdischen Handels nach Orten	351
Diagramm:	Zahl der Häuser bzw. Haushälften in jüdischem Besitz (1725–1806)	120

Übersicht über Tabellen, Diagramm, Karten, Stammtafeln

Karte 1: Jüdische Händler in der Herrschaft Pappenheim:
Abgrenzung von Handelsdistrikten und Verlauf von Handelsströmen 222
Karte 2: Die Herrschaft Pappenheim 352
Karte 3: Jüdische Wohntopographie in Pappenheim 1740 353
Karte 4: Jüdische Wohntopographie in Pappenheim 1760 354
Karte 5: Jüdische Wohntopographie in Pappenheim 1780 355
Karte 6: Jüdische Wohntopographie in Pappenheim 1806 356
Karte 7: Orientierungskarte zur Dokumentation jüdischen Hausbesitzes 357
Karte 8: Die Handelsschwerpunkte von Hirsch Oppenheimer und Jacob Amson ... 358
Karte 9: Die Handelsschwerpunkte von Treuchtlinger und Ellinger Juden 359

Stammtafel 1: Die Nachfahren des Fajus 360
Stammtafel 2: Die Nachfahren des Abraham 361
Stammtafel 3: Die Nachfahren des Jacob Amson 362
Stammtafel 4: Die Verwandtschaft des Hirsch Oppenheimer 363
Stammtafel 5: Die Verwandtschaft des Nathan Reutlinger 363
Stammtafel 6: Die Verwandtschaft des Esaias Simon 364
Stammtafel 7: Die Nachfahren des Fais Judas 365
Stammtafel 8: Die Nachfahren des Philipp Joseph 366
Stammtafel 9: Die Nachfahren Lippmann Salomons 366

Vorwort

Die vorliegende Arbeit wurde im Sommersemester 2006 von der Philologisch-Historischen Fakultät der Universität Augsburg als Dissertation angenommen. Für die Drucklegung wurde sie geringfügig überarbeitet, bis August 2007 erschienene Literatur konnte dabei zumindest teilweise berücksichtigt werden.

Das Verfassen einer Dissertation ist ein langer Weg, der nicht in kurzer Zeit zurückgelegt werden kann. Um diesen Weg schaffen zu können, ist vielfältige Unterstützung erforderlich, für die zu danken hier der angemessene Ort ist.

An erster Stelle ist Prof. Dr. Rainer A. Müller zu nennen. Er regte das Thema an und gewährte Unterstützung bei den ersten Schritten der Promotion. Jedoch machte es ihm eine schwere Erkrankung schon bald unmöglich, die Arbeit so zu betreuen wie er es sich gewünscht hätte. Am 22. Mai 2004 ist Prof. Dr. Rainer A. Müller in München gestorben.

In dieser nicht einfachen Situation erklärte sich Prof. Dr. Rolf Kießling sofort bereit, den akademisch »Verwaisten« als Doktoranden aufzunehmen. Dafür und für die Betreuung im anregenden Umfeld des Augsburger Lehrstuhls für Bayerische und Schwäbische Landesgeschichte möchte ich herzlich danken. Das Zweitgutachten übernahm freundlicherweise Prof. Dr. Johannes Burkhardt.

Darüber hinaus erfuhr ich die Unterstützung zahlreicher Menschen. Von ihnen möchte ich besonders danken: Johannes Mordstein für die kritische Durchsicht des Manuskripts, Nathanja Hüttenmeister für die Beantwortung von Fragen, Ralf Skoruppa für Korrekturlesen, meinen Eltern für vielfältige Unterstützung. Ganz besonderer Dank gilt Veronika Hain, nicht nur für das Korrekturlesen, auch wenn es zeitraubend war, sondern vor allem für ihre stetige moralische Unterstützung.

Wertvolle Dienste leisteten die Mitarbeiterinnen und Mitarbeiter der im Anhang angeführten Archive. Besondere Erwähnung verdienen die Damen und Herren im Staatsarchiv Nürnberg, nicht zuletzt, da sie mir – ohne zu murren – fast nicht enden wollende Aktenberge herbeischleppten. Die vorliegende Arbeit entstand zu einem großen Teil in den Räumen der Universitätsbibliothek Eichstätt, deren Mitarbeiterinnen und Mitarbeiter stets eine schnelle Literaturversorgung sicherstellten.

Ein Promotionsstipendium der Studienstiftung des Deutschen Volkes half bei der Finanzierung. Die Schwäbische Forschungsgemeinschaft in Augsburg hat die vorliegende Arbeit in ihre Publikationsreihe aufgenommen und die Kosten der Drucklegung übernommen. Für die verlegerische Betreuung gebührt Dr. Hans-Joachim Köhler vom bibliotheca academica Verlag Dank.

München/Eichstätt im Dezember 2007 *Till Strobel*

Einleitung

Franken zählte im Alten Reich und auch noch im 19. Jahrhundert zu den Regionen Deutschlands, die durch eine überdurchschnittlich hohe Zahl von jüdischen Gemeinden gekennzeichnet waren. Stefan Rohrbacher bezeichnet Franken als »altes, vergleichsweise dicht besiedeltes Kerngebiet der deutschen Judenheit«[1]. Diese Bedeutung ist nicht zuletzt daran zu erkennen, dass 1813 über 70 % der bayerischen Juden in mehr als 300 Ortschaften in den fränkischen Landesteilen lebten[2]. Zugleich war Franken von einer territorialen Vielfalt geprägt, vor 1800 war ein »Territoriengewirr in Gemengelage«[3] anzutreffen. So gab es im heutigen Landkreis Weißenburg-Gunzenhausen in der Frühen Neuzeit zehn Orte mit jüdischer Bevölkerung. Neben Pappenheim handelte es sich dabei um Berolzheim, Cronheim, Dittenheim, Ellingen, Gunzenhausen, Heidenheim, Muhr, Treuchtlingen und Weimersheim. Diese standen unter dem Schutz unterschiedlicher Herrschaften: dem Markgraftum Brandenburg-Ansbach, dem Hochstift Eichstätt, dem Deutschen Orden, der Reichsritter und dem Reichserbmarschall von Pappenheim. Pappenheim, das im Mittelpunkt dieser Untersuchung steht, liegt im Übergangsbereich zwischen Franken und einer weiteren »jüdischen« Region – Schwaben. Eine eindeutige Zuordnung Pappenheims ist schwierig, da es als nicht eingekreistes Territorium nicht dem fränkischen Reichskreis angehörte[4].

Allein der Forschungsstand würde eine – sozusagen exemplarische – Behandlung der Geschichte der Juden dieses Ortes rechtfertigen, denn bei genauerer Betrachtung ist die Zahl der Untersuchungen zur frühneuzeitlichen Geschichte von Juden in Städten und Territorien im heutigen Bayern überschaubar. Dazu kommt, dass sich die Herrschaft Pappenheim erheblich von Territorien vergleichbarer Größe unterschied. Als Reichserbmarschälle hatten die Herren bzw. ab 1628 Grafen von Pappenheim ein besonderes Verhältnis zu den Juden des Reichs. Sichtbar wird dies vor allem bei den unter reichserbmarschallischem Schutz stehenden »Reichstagsjuden« in Regensburg. Um dieser Situation gerecht zu werden, wird die Schutzausübung über die Juden beim Immerwährenden Reichstag vergleichend in diese Untersuchung einbezogen. Bevor der Aufbau der Arbeit näher dargestellt wird, soll auf den Untersuchungszeitraum, den Forschungsstand und die Quellenlage eingegangen werden.

---

[1] ROHRBACHER, Organisationsformen, S. 142.
[2] GUTH, Landjudentum in Franken, S. 366.
[3] ENDRES, Staat und Gesellschaft, S. 705.
[4] Gelegentlich wurde es anscheinend auch Schwaben zugerechnet. Im Jahr 1737 wies Reichserbmarschall Friedrich Ferdinand darauf hin, dass eine strittige Münze *in ganz Schwaben, worunter auch die Grafschaft Pappenheim zu rechnen ist*, noch gültig sei. StAN, Herrschaft Pappenheim, Akten Nr. 455: Schreiben Friedrich Ferdinands an Kammerrat Crammer vom 21. Februar 1737. Zur Zugehörigkeit Pappenheims zum schwäbischen Ritterkanton Kocher siehe Kapitel 1.1.

Einleitung

Untersuchungszeitraum und Untersuchungsraum

Die Begrenzung eines Untersuchungszeitraums ist – auch wenn sie noch so genau begründet werden kann – wie jeder Periodisierungsversuch letztlich fast immer willkürlich. Bei der Behandlung von Themen der deutsch-jüdischen Geschichte kommt als weitere Herausforderung hinzu, dass die Periodisierung der jüdischen Geschichte von der gängigen Epocheneinteilung der »Mehrheitsgeschichte« abweicht[5]. Dennoch, oder wie sich zeigen wird gerade deswegen, sprechen mehrere Gründe dafür, den in dieser Studie untersuchten Zeitraum auf die Jahre zwischen 1650 und 1806 festzulegen. Zum einen geht das jüdische Mittelalter über die Epochengrenze von 1500 hinaus und umfasst auch noch die erste Hälfte des 17. Jahrhunderts[6]. Zum anderen ist die Grenze zwischen früher und später jüdischer Neuzeit in etwa mit dem Ende des Ancien Régime identisch und wird nicht zuletzt durch die deutlich veränderten rechtlichen Rahmenbedingungen bestimmt[7]. Arno Herzig sieht die Zeit zwischen 1650 und 1814 als abgeschlossene Periode und charakterisiert sie »als die wohl ausgeglichenste in der deutsch-jüdischen Geschichte«[8].

Diesem Konzept entsprechend schließt sich diese Arbeit zeitlich unmittelbar an eine im Rahmen der Germania Judaica IV entstehende Untersuchung, die den Zeitraum 1520 bis 1650 abdeckt, an[9]. Den Endpunkt der Studie markiert die Eingliederung der Herrschaft Pappenheim in das Königreich Bayern im Jahr 1806 sowie das Ende des Immerwährenden Reichstags und des Reichserbmarschallamts. Die damit verbundenen Änderungen von Strukturen und Rahmenbedingungen rechtfertigen einen Einschnitt im Jahr 1806. Das schließt natürlich nicht aus, dass es nicht auch andere mögliche Endpunkte wie den Erlass des bayerischen Judenedikts (1813) oder die Aufhebung des Matrikelparagraphen (1861) und die damit einsetzende massive Veränderung des Siedlungsbildes gegeben hätte.

Die Begrenzung des Untersuchungsraums orientiert sich an den gegebenen Strukturen. Waren die Juden im Mittelalter als »kaiserliche Kammerknechte« vom Reichsoberhaupt abhängig gewesen, änderte sich ihr Rechtsstatus zu Beginn der Neuzeit. Mit dem Übergang des Judenschutzes auf die Reichsstände kam es zu einer Territorialisierung jüdischer Existenz. Für die Juden nahm die Bedeutung des Landesherrn gegenüber der von Kaiser und Reich erheblich zu[10]. Folglich konnten

---

[5] Vgl. VAN FAASSEN, Geleit, S. 17. Auch J. Friedrich Battenberg hat darauf hingewiesen, dass die »Epochen jüdischer Geschichte nicht mit den gängigen Epocheneinteilungen der antiken, der christlichen und der modernen Gesellschaftsordnungen übereinstimmen.« BATTENBERG, Zeitalter Bd. I, S. 8.

[6] BATTENBERG, Zeitalter Bd. I, S. 8; so auch HÖDL – RAUSCHER – STAUDINGER, Jüdisches Leben, S. 9; dagegen setzt Mordechai Breuer den Beginn der Frühen Neuzeit im deutschsprachigen Raum bereits an der Wende vom 16. zum 17. Jahrhundert an. BREUER, Einführung, S. 16.

[7] BATTENBERG, Zeitalter Bd. I, S. 9; VAN FAASSEN, Geleit, S. 17. Allgemein zu Periodisierung und möglichen Zäsuren siehe BATTENBERG, Juden in Deutschland, S. 2, 59–61.

[8] HERZIG, Geschichte, S. 139.

[9] Dabei handelt es sich um das Dissertationsprojekt von Nathanja Hüttenmeister: Die Juden unter den Herren von Pappenheim in der Frühen Neuzeit. Zur Germania Judaica IV und ihren Vorgängerprojekten siehe: www.germania-judaica.de (17. Oktober 2007).

[10] Siehe dazu BATTENBERG, Rechtsstellung und DERS., Rahmenbedingungen. Die Relevanz von Kaiser und Reich konnte regional sehr unterschiedlich sein. So war Schwaben, und hier besonders die Markgrafschaft Burgau, von besonderer Nähe zu Habsburg geprägt. Vgl. KIESSLING, Under deß Römischen Adlers Flügeln, v. a. S. 222 und 232. Dagegen waren Kaiser und Reich in der Grafschaft Oettingen völlig in den Hintergrund gedrängt worden. Vgl. MORDSTEIN, Untertänigkeit, S. 6.

Einleitung

die konkreten Lebensbedingungen von einem Territorium zum nächsten sehr unterschiedlich gestaltet sein[11]. Aus diesem Grund verbieten sich generalisierende Beschreibungen im Gebiet des heutigen Bayern vor 1813. Ferner sind ein Vergleich und ein allumfassendes Bild erst auf der Grundlage von Untersuchungen zu den Verhältnissen in zahlreichen Territorien möglich[12].

Zugleich ist, so Ronnie Po-Chia Hsia, die »Geschichte der Juden [...] ein Teil der Geschichte des Alten Reichs«, der »nicht gesondert erforscht, sondern in die Forschung zur frühneuzeitlichen deutschen Geschichte integriert werden« sollte. Denn ein »besseres Verständnis der jüdischen Geschichte kann [...] nur zu einer tieferen Kenntnis der deutschen Geschichte beitragen«[13]. Zieht man die beschriebenen lokalen und regionalen Unterschiede mit ein, ist jüdische Geschichte in der Frühen Neuzeit immer auch Landes- und Regionalgeschichte[14]. Folglich versteht sich diese Arbeit nicht nur als ein Beitrag zur deutsch-jüdischen Geschichte, sondern auch als Teil der Geschichte des untersuchten Gebietes, also der Stadt und Herrschaft Pappenheim. Diese wurde ausgewählt, da sie zum einen exemplarisch für kleinere Territorien (nur hier ist eine quellenbasierte, möglichst viele Bereiche umfassende Behandlung jüdischen Lebens arbeitsökonomisch vertretbar) im südlichen Franken steht. Zum anderen übten die Grafen von Pappenheim als Reichserbmarschälle nicht nur in Pappenheim Judenschutz aus, sondern auch am Immerwährenden Reichstag in Regensburg, so dass ein Vergleich der reichserbmarschallischen Schutzgewährung möglich ist.

Forschungsstand unter besonderer Berücksichtigung Frankens

Trotz unverkennbarer Fortschritte in den letzten ein bis zwei Jahrzehnten[15] weist das Wissen über die deutsch-jüdische Geschichte in der Frühen Neuzeit größere Lücken auf als das zu anderen Epochen. So betrachtet Jutta Braden den Forschungsstand nach wie vor als »defizitär«[16] und Rotraud Ries hält die Geschichte der Juden in der Frühen Neuzeit weiterhin für dürftig bearbeitet[17]. Dieses Ungleichgewicht resultiert nicht zuletzt daraus, dass die Forschung zunächst andere Prioritäten setzte und sich dem Mittelalter, der Emanzipation und Assimilation sowie der Aufarbeitung des Nationalsozialismus und dem modernen Antisemitismus widmete[18]. Etwas allgemeiner formuliert ließe sich auch sagen, dass zuerst die »städtischen« Phasen der jüdischen Geschichte erforscht wurden, während die »ländlichen« übersehen oder sogar ignoriert wurden[19]. Bis in die 80er Jahre des 20. Jahrhunderts war das wissenschaftliche Interesse an den Landjuden, sieht man

---

[11] ULLMANN, Nachbarschaft, S. 14–15; hier auch der Hinweis, dass die Untersuchung kleinerer Territorien nicht zuletzt deshalb reizvoll sei, da die Überblicksliteratur lange Zeit vor allem von großen geschlossenen Territorien ausging.
[12] TREML, Einleitung, S. 15.
[13] PO-CHIA HSIA, Juden, S. 221.
[14] Vgl. MORDSTEIN, Untertänigkeit, S. 6.
[15] ULLMANN, Nachbarschaft, S. 13: Dank der breiten Forschungsaktivitäten der letzten Jahre sei jetzt auch die »bisher unterbelichtete Epoche der Frühen Neuzeit in den Blickpunkt des Interesses« gerückt.
[16] BRADEN, Hamburger Judenpolitik, S. 20.
[17] RIES, Hofjuden, S. 12.
[18] VAN FAASSEN, Geleit, S. 18; KIESSLING, Einführung, S. 11; ULLMANN, Nachbarschaft, S. 13; für den nordwestdeutschen Raum: SABELLECK, Nienburg, S. 13.
[19] Dazu: RICHARZ, Entdeckung, S. 11. Nach ihren Worten erfolgte die Entdeckung des Landjudentums durch die Forschung äußerst spät und langsam. Einer der Gründe dafür sei, dass sich vor 1933 die überwiegend jüdischen Forscher auf die Juden in Städten konzentriert hatten.

Einleitung

einmal von Utz Jeggles[20] 1969 erschienener Studie ab, eher gering. Über die jüdische Bevölkerung in Kleinstädten ist daher, so die Feststellung von Michaela Schmölz-Häberlein, bisher nur sehr wenig bekannt[21]. Wenn die Landjuden überhaupt Gegenstand der Forschung wurden, richtete sich die Aufmerksamkeit lange Zeit vor allem auf das 19. und 20. Jahrhundert[22]. In den letzten beiden Jahrzehnten fand jedoch eine Schwerpunktverlagerung statt[23]. Diese späte Entdeckung ist erstaunlich, denn im 17. und 18. Jahrhundert lebten 90 % der Juden im Alten Reich auf dem Land[24]. Bei der Unterscheidung zwischen Stadt- und Landjuden empfiehlt Monika Richarz eine flexible Handhabung des Begriffs »Landjuden«. Dieser sollte auch kleine Landstädte bis etwa 5000 Einwohner einbeziehen, sofern es sich um Ackerbürgerstädte handelt[25]. Folglich rechnet Johannes Mordstein in seiner Studie über die Juden in der Grafschaft Oettingen diese den Landjuden zu, obwohl Oettingen eine Stadt und Harburg und Wallerstein Märkte waren[26]. Insgesamt ist eine differenziertere Verwendung der Bezeichnung erforderlich, um deutlicher zwischen Vorstadt- und Kleinstadtgemeinden sowie den eigentlichen Landjuden in einer agrarischen Umwelt zu unterscheiden[27].

Die Forschungslage zu den fränkischen Juden in der Frühen Neuzeit ist sehr uneinheitlich. Eine erste Orientierung vermitteln einige Überblicksaufsätze[28]. Erst vor wenigen Jahren ist eine von Gunnar Och und Hartmut Bobzin herausgegebene Darstellung jüdischen Lebens in Franken erschienen, die neben einem breiten Spektrum zu anderen Epochen auch frühneuzeitliche Themen wie zum Beispiel jüdische Lektoren an der Universität Altdorf im 17. und 18. Jahrhundert behandelt[29]. Die ältere (zum Teil rabbinische) Forschung hatte sich vor allem den größeren Territorien dieses Raums gewidmet: den Fürstentümern Brandenburg-Ansbach[30] und Brandenburg-Bayreuth[31] sowie den Hochstiften Bamberg[32] und Würzburg[33]. Zu Letzterem gibt es auch einige neuere Untersuchungen. Diese befassen sich mit den normativen Aspekten der Judenverordnungen[34], den Juden in der Stadt Würzburg am Ende des Alten Reichs und im 19. Jahrhundert[35] und dem Ort Gaukönigshofen[36]. Das Phänomen des Landjudentums in Oberfranken untersucht der Bamberger

---

[20] JEGGLE, Judendörfer. Ebenfalls bereits früh wies Werner Cahnman auf die Bedeutung der Landjuden hin: CAHNMAN, Dorf- und Kleinstadtjude.
[21] SCHMÖLZ-HÄBERLEIN, Emmendingen, S. 365.
[22] RICHARZ, Ländliches Judentum, S. 5.
[23] Ebd., S. 4.
[24] BREUER, Jüdische Religion, S. 69.
[25] RICHARZ, Ländliches Judentum, S. 5; hinsichtlich der von ihr vorgeschlagenen Grenze ist jedoch der jeweilige Untersuchungszeitraum zu beachten, da eine Stadt mit 5000 Einwohnern in der Frühen Neuzeit vergleichsweise groß gewesen ist. Dieser Einwand findet sich auch bei LINNEMEIER, Historische Entwicklung, S. 135–136.
[26] Vgl. MORDSTEIN, Untertänigkeit, S. 35.
[27] Vgl. ULLMANN, Nachbarschaft, S. 478–479.
[28] ENDRES, Juden in Franken; DERS., Geschichte der Juden in Franken; DERS., Jüdische Gemeinden; HOFMANN, Ländliches Judentum.
[29] OCH – BOBZIN, Franken.
[30] HAENLE, Ansbach. Zur Geschichte der Juden in Brandenburg-Ansbach liegt daneben eine hebräische Darstellung mit englischer Zusammenfassung und Quellenanhang vor: ZIMMER, Ansbach.
[31] ECKSTEIN, Bayreuth.
[32] ECKSTEIN, Bamberg. Zum Hochstift Bamberg sei ferner genannt: ENDRES, Bauernaufstand und LOEBL, Kompetenzstreit.
[33] BOHRER, Würzburg; WEGER, Würzburg.
[34] KÖNIG, Judenverordnungen.
[35] GEHRING-MÜNZEL, Schutzjuden.
[36] MICHEL, Gaukönigshofen. Allerdings liegt der Schwerpunkt dieser Arbeit eher nach 1806.

Volkskundler Klaus Guth für die Zeit nach 1800[37]. Ebenfalls aus volkskundlicher Perspektive widmet sich Christoph Daxelmüller den fränkischen Juden[38]. Gerhard Taddey befasst sich mit der Geschichte der Juden in dem heute zu Baden-Württemberg gehörenden Teil Frankens[39]. Neben den genannten Werken gibt es eine Reihe von Aufsätzen[40] und eher heimatgeschichtlich orientierten Darstellungen zu jüdischen Gemeinden oder damit verbundenen Fragestellungen wie beispielsweise deren Friedhöfen[41]. Somit kann, obwohl die Geschichte der Juden in Franken durchaus auf das Interesse der Forschung gestoßen ist, ein Mangel an neueren monographischen Darstellungen festgestellt werden. Dies trifft insbesondere auf das südliche Mittelfranken zu[42].

Anknüpfungspunkte und Vergleichsmöglichkeiten bieten Studien zu den Juden in benachbarten Regionen. Am Augsburger Lehrstuhl für Bayerische und Schwäbische Landesgeschichte ist die Geschichte der schwäbischen Landjuden seit über einem Jahrzehnt ein Forschungsschwerpunkt. Neben mehreren Sammelbänden[43] sind hier insbesondere zwei Dissertationen zu nennen, die sich für eine vergleichende Einordnung der Pappenheimer Verhältnisse als sehr wertvoll erwiesen haben[44]. Mit Floß ist die Geschichte einer nicht unbedeutenden jüdischen Gemeinde in der Oberpfalz untersucht worden[45]. Ferner existiert ein Aufsatz zu den Juden im südöstlich an Pappenheim angrenzenden Fürstentum Pfalz-Neuburg[46]. Um Spezifika, aber auch Allgemeingültiges besser zu erkennen, ist es erforderlich den Blick über die Grenzen des heutigen Bayern hinaus zu richten. Hier liegen Untersuchungen zu einer Reihe von Territorien und Regionen wie Hessen[47], dem Oldenburger Land[48], Emden[49], Paderborn[50], dem Mosel-Saar-Raum[51], Corvey[52] und Minden[53] vor.

---

[37] GUTH, Jüdische Landgemeinden; GUTH – GROISS-LAU, Jüdisches Leben.
[38] DAXELMÜLLER, Jüdische Kultur.
[39] TADDEY, Jerusalem; DERS., geschützt, geduldet, gleichberechtigt.
[40] Angeführt seien GUTHMANN – GUTHMANN, Hüttenbach; WOLF, Kunreuth; BRAUN, Bezirksfriedhof; JUNG, Altenmuhr.
[41] So zum Beispiel: STIMPFIG, Landjuden. Der Schwerpunkt liegt auf dem 19. und 20. Jahrhundert sowie baulichen Überresten wie Synagogen. Ferner sind zahlreiche Dokumente abgedruckt, für Uffenheim auch viele aus dem 17. und 18. Jahrhundert. Von demselben: STIMPFIG, Sugenheim. Sehr umfangreich ist die vom Arbeitskreis Heimatkunde im Fränkischen-Schweiz-Verein herausgegebene Aufsatzsammlung Jüdisches Leben in der Fränkischen Schweiz, die sich der Geschichte von elf Gemeinden vom Mittelalter bis zum 20. Jahrhundert widmet. Daneben werden auch allgemeine Fragen wie das Verhältnis zwischen Obrigkeit und jüdischen Untertanen thematisiert und wichtige Personen in biographischen Skizzen vorgestellt.
[42] An Hinweisen zu Juden in diesem Raum liegt vor: Zu Cronheim: ROSSMEISSL, Mikrokosmos, v. a. S. 79–179; zu Roth: DERS., Jüdische Heimat; zu Berolzheim: Markt Berolzheim, S. 227–229; zu Treuchtlingen: MEIDINGER, Treuchtlingen; zu Georgensgmünd: Georgensgmünd, S. 277–352; KUHN, Georgensgmünd; zu Ellingen: 1100 Jahre Ellingen, S. 116–129; WITTMANN – HEFELE, Ordenskreuz, S. 134–146; zu Weißenburg und den umliegenden Gemeinden: RIEDER, Weißenburg, S. 1018–1080.
[43] KIESSLING, Judengemeinden; DERS. – ULLMANN, Landjudentum.
[44] ULLMANN, Nachbarschaft; MORDSTEIN, Untertänigkeit.
[45] HÖPFINGER, Floß. Mit Weiden ist eine weitere jüdische Gemeinde in der Oberpfalz untersucht worden. Der Schwerpunkt dieser Studie liegt jedoch auf dem 20. Jahrhundert, Mittelalter und Früher Neuzeit werden nur zehn Seiten gewidmet: SCHOTT, Weiden.
[46] VOLKERT, Pfalz-Neuburg.
[47] An erster Stelle ist hier J. Friedrich Battenberg zu nennen, von dessen zahlreichen Veröffentlichungen nur die folgenden – mit besonderem Bezug zu Hessen – aufgeführt werden sollen: BATTENBERG, Judenverordnungen; DERS., Judenordnungen; DERS., Darmstädter Juden. Ebenso: MARZI, Judentoleranz.
[48] MEINERS, Nordwestdeutsche Juden.
[49] LOKERS, Emden.
[50] VAN FAASSEN, Geleit.
[51] KASPER-HOLTKOTTE, Aufbruch.

Einleitung

Neben den genannten territorial orientierten Studien stehen etliche allgemeine und thematische Darstellungen zur deutsch-jüdischen Geschichte in der Frühen Neuzeit zur Verfügung, die eine Einordnung der am Einzelbeispiel zu beobachtenden Phänomene ermöglichen[54].

Die Literatur zur Geschichte der Juden in Pappenheim beschränkt sich bisher auf einen kurzen Aufsatz aus dem Jahr 1926, der sich im Wesentlichen auf kaiserliche Privilegien bezüglich des Judenschutzes und die Rolle der Reichserbmarschälle für die Juden bei Reichstagen konzentriert, die in Pappenheim lebenden Juden aber nur am Rande streift[55]. Im Rahmen der Germania Judaica IV entsteht derzeit eine Dissertation zur unmittelbaren Vorgeschichte des hier Behandelten[56]. Um die Geschichte der Pappenheimer Juden in den Kontext der Geschichte von Stadt und Herrschaft Pappenheim sowie der Reichserbmarschälle einzuordnen, können mehrere Veröffentlichungen herangezogen werden. Dabei sei insbesondere das umfangreiche Werk Wilhelm Krafts genannt, der sich unter anderem mit der Einführung der Reformation in der Herrschaft Pappenheim und der Geschichte des Reichserbmarschallamts befasst hat[57]. Über das Leben der Grafen von Pappenheim informiert Haupt Graf zu Pappenheim[58], zusätzlich können biographische Daten einer im 18. Jahrhundert entstandenen Familiengeschichte entnommen werden[59]. Hinweise auf die Entwicklung Pappenheims nach Ende des Untersuchungszeitraums liefert eine im Jahr 1900 verfasste Chronik des 19. Jahrhunderts[60]. Dagegen überrascht das Fehlen einer umfassenden Stadtchronik, eines Häuserbuchs oder anderer ortsgeschichtlicher Veröffentlichungen[61]. Erst vor wenigen Jahren ist eine Darstellung über die Reichserbmarschälle von Pappenheim erschienen, deren Verdienst es vor allem ist, die Ergebnisse der aufgeführten älteren Literatur zusammenzufassen[62]. Trotz einiger Veröffentlichungen können auch für die allgemeine Geschichte der Herrschaft Pappenheim zahlreiche Desiderate festgestellt werden. Dabei handelt es sich unter anderem um Untersuchungen zur Verfassungs- und Verwaltungsstruktur sowie zu sozialgeschichtlichen Fragestellungen zur Bevölkerung der Stadt Pappenheim, die eine Einordnung der Ergebnisse zur Geschichte der Pappenheimer Juden in den lokalen Kontext erleichtern würden.

Als deutlich besser kann die Forschungslage zu Regensburg bezeichnet werden. Dies betrifft sowohl die allgemeine Geschichte der Stadt[63] als auch die der dortigen Juden. Hier sind insbeson-

---

[52] DEVENTER, Abseits.
[53] LINNEMEIER, Jüdisches Leben.
[54] MEYER, Deutsch-Jüdische Geschichte; HERZIG, Geschichte; BATTENBERG, Zeitalter; DERS., Juden in Deutschland; KAPLAN, Alltag; Handbuch zur Geschichte der Juden in Europa. Als Auswahl thematischer Untersuchungen sei aufgeführt: RIES – BATTENBERG, Hofjuden; GOTZMANN – WENDEHORST, Juden im Recht; CLUSE – HAVERKAMP – YUVAL, Jüdische Gemeinden.
[55] KRAFT, Juden.
[56] Nathanja Hüttenmeister, Die Juden unter den Herren von Pappenheim in der Frühen Neuzeit.
[57] KRAFT, Reformation; DERS., Reichsmarschallamt.
[58] PAPPENHEIM, Geschichte; DERS., Frühe Pappenheimer Marschälle.
[59] DÖDERLEIN, Matthaeus à Bappenheim.
[60] FLEISCHMANN, Chronik.
[61] Hier hätte das 1200-jährige Jubiläum der ersten urkundlichen Erwähnung Pappenheims im Jahr 2002 eine günstige Gelegenheit geboten.
[62] SCHWACKENHOFER, Reichserbmarschälle.
[63] SCHMID, Regensburg; SCHMID, Geschichte; ALBRECHT, Regensburg; Zwei Jahrtausende Regensburg. Für Literatur zum in der Stadt tagenden Immerwährenden Reichstag siehe Kapitel 1.2. Für das Verhältnis zwischen Immerwährendem Reichstag und Reichsstadt Regensburg sei auf das Dissertationsprojekt »Zwei Welten in einer Stadt. Regensburg und der Immerwährende Reichstag« von Christina Seidl, München, verwiesen.

Einleitung

dere die Veröffentlichungen Siegfried Wittmers zu nennen, die das jüdische Leben in der Stadt vom Mittelalter bis in die Gegenwart darstellen[64].

Quellen

Die Perspektivität von Quellen ist ein grundsätzliches Problem der Geschichtswissenschaft. Bei Themen der deutsch-jüdischen Geschichte ist neben Gegensätzen wie dem zwischen Herrschern und Beherrschten, Mann und Frau, Jung und Alt der zwischen Christen und Juden besonders zu beachten. Somit gibt es zu jedem Ereignis eine jüdische und eine christliche Perspektive, die dieses – je nach Standpunkt – von innen bzw. außen beleuchtet. Tatsächlich hatte jedoch nicht jede Seite die gleichen Chancen, ihre Sichtweise der Nachwelt, sei es nun mit oder ohne Intention, zu überliefern. Da der Unterschied zwischen Juden und Christen zusätzlich eine sprachliche Dimension hatte, äußert er sich auch im Vorliegen von Dokumenten, die auf Hebräisch oder Jüdisch-Deutsch verfasst wurden. Wenn diese Quellen zum innergemeindlichen Leben nicht berücksichtigt werden (können), drohen Juden in Darstellungen, die sich mit ihnen beschäftigen, eine »historisch stumme«[65] Gruppe zu werden. Da »das ›interne‹ Quellenmaterial jüdischer Provenienz dem Historiker gemeinhin verschlossen bleibt«[66], so Stefan Rohrbacher, entsteht oft ein sehr einseitiges – und unvollständiges – Bild jüdischen Lebens:

> Tatsächlich beleuchten die Quellen nichtjüdischer Provenienz bei nüchterner Betrachtung oft weniger das jüdische Leben als vielmehr die äußeren Rahmenbedingungen, innerhalb derer sich ein über die bloße Existenzsicherung hinausgehendes jüdisches Leben im günstigen Fall überhaupt erst entfalten konnte[67].

Werner Meiners betont in diesem Zusammenhang, dass die amtlichen und kommunalen Quellenbestände »jüdisches Leben nicht in allen seinen Bereichen und nur in einer spezifisch gebrochenen Optik« reflektieren[68].

Dieses Problem besteht auch für Pappenheim im Zeitraum zwischen 1650 und 1806. »Jüdische« Quellen, die zur Gewinnung eines ausgewogenen Bildes herangezogen werden müssten, sind so gut wie überhaupt nicht vorhanden[69]. Vereinzelte Ausnahmen stellen Dokumente in hebräischer Sprache dar, die amtlichen Akten beigelegt wurden und zu denen eine zeitgenössische Übersetzung vorliegt. Als Beispiel sei ein Ehevertrag aus dem Jahr 1715 angeführt[70]. Ferner kann auf die

---

[64] Für das Mittelalter: WITTMER, Jüdisches Leben. Die Neuzeit behandelt: DERS., Regensburger Juden. Von seinen zahlreichen Aufsätzen sei exemplarisch angeführt: DERS., Friedhöfe. Bereits zu Beginn des 20. Jahrhunderts befasste sich Isaak Meyer mit der Geschichte der Regensburger Juden: MEYER, Geschichte.
[65] BERGMANN, Multiperspektivität, S. 302.
[66] ROHRBACHER, Medinat, S. 80.
[67] Ebd., S. 108.
[68] MEINERS, Nordwestdeutsche Juden, S. 16.
[69] Eine Anfrage bei den Central Archives for the History of the Jewish People in Jerusalem ergab, dass sich dort keine Pappenheimer Archivalien aus der Zeit vor 1800 befinden (Antwort von Denise Rein vom 22. August 2002). Dies ist jedoch keineswegs ungewöhnlich. So liegen für Darmstadt bis zum Anfang des 18. Jahrhunderts ausschließlich nicht-jüdische Quellen aus der Perspektive von Landesherr und seinen Beamten vor. Vgl. BATTENBERG, Darmstädter Juden, S. 33.
[70] Zu diesem Ehevertrag siehe Kapitel 3.2.2. Eine ähnliche Beobachtung hat Meiners für das Oldenburger Land gemacht: MEINERS, Nordwestdeutsche Juden, S. 16.

Einleitung

Angaben des um 1752 angelegten Memorbuchs der Gemeinde Pappenheim zurückgegriffen werden[71]. Meiners empfiehlt ergänzend materielle Zeugnisse jüdischen Lebens wie Grabsteininschriften hinzuzuziehen[72]. Die in diesen enthaltenen biographischen Informationen listet für den jüdischen Friedhof in Pappenheim ein Register aus dem Jahr 1937 auf[73].

Angesichts dieser grundsätzlichen Einschränkungen ist bei den vorhandenen Quellen umso mehr darauf zu achten, ein möglichst umfassendes Bild zu gewinnen. So ist es wichtig, nicht nur normative Quellen, sondern auch solche, die über den Alltag Auskunft geben können, heranzuziehen[74]. Dies ist insofern eine Herausforderung, als sich gerade zum Handel meist nur Konflikte in den Quellen niedergeschlagen haben[75]. Obwohl fast alle überlieferten Archivalien aus »christlicher« Hand stammen, ist es dennoch immer wieder möglich, die jüdische Perspektive nachzuvollziehen: Viele Archivalien wie beispielsweise Gesuche und Beschwerden zeigen auch den jüdischen Standpunkt[76].

Nach diesen grundsätzlichen Überlegungen sollen die für das Thema zur Verfügung stehenden Quellen näher charakterisiert werden. Dabei handelt es sich bewusst um einen knappen Überblick, da auf Quellen, die für bestimmte Aspekte von besonderer Bedeutung sind, in den jeweiligen Kapiteln näher eingegangen wird. Der größte Teil der relevanten Archivalien, das ehemalige Gräfliche Pappenheimische Archiv[77], befindet sich heute als Bestand »Herrschaft Pappenheim« im Staatsarchiv Nürnberg. Vereinzelte Akten Pappenheimer Provenienz, insbesondere Teile des Pappenheimer Amtsprotokolls, finden sich daneben in bayerischen Beständen[78]. Beim Amtsprotokoll handelt es sich um unterschiedliche Protokollserien, v. a. Brief- und Gerichtsprotokolle. Anfang des 18. Jahrhunderts bildete sich ein systematisches, praktisch bis zum Ende des Untersuchungszeitraum beibehaltenes System mit vier Protokollserien heraus. Für jede der beiden Linien (Reichserbmarschall und Nachältester) existierte ein Fideicommissverwalteramt und ein Eigentumsamt[79]. Als problematisch erweist sich das Fehlen zusammenhängender Aufzeichnungen der Stadtvogtei. Zwar liegen diverse Auszüge aus Protokollen der Stadtvogtei zu zahlreichen Ereignissen, so zum Beispiel zum Feuer in der Judenschule[80] vor, aber eben keine Protokollbände. Diese Tatsache stellt

---

[71] Zusammenfassung und teilweise Wiedergabe der Einträge in: WEINBERG, Memorbücher. Im lokalen Teil von Memorbüchern wurden Verstorbene, die sich um die Gemeinde verdient gemacht hatten, verzeichnet. Aus diesem Grund stellen sie eine »Geschichtsquelle von ganz außerordentlichem Werte, vor allem für Personen- und Familienforschung« dar. Ebd., S. 9.

[72] MEINERS, Nordwestdeutsche Juden, S. 17.

[73] StAN, Photosammlung Fremde Archivalien JM 146: Friedhofsregister Pappenheim. Auf dieses wird in Kapitel 7.4. näher eingegangen.

[74] ULLMANN, Nachbarschaft, S. 18.

[75] HÖPFINGER, Floß, S. 2.

[76] Ebd., S. 3.

[77] Zu diesem siehe den kurzen Aufsatz von Isenburg, der 1926 das Archiv neu ordnete und die noch heute verwendeten Urkunden- und Aktenrepertorien erstellte: ISENBURG, Einrichtung.

[78] StAN, Adel Archivalien Nr. 4540 bis Nr. 4651, die sich bis vor kurzem im bayerischen Bestand Amtsgericht Pappenheim befunden haben. Das Amtsprotokoll wurde anscheinend auseinandergerissen, denn ein Teil der Bände blieb im Gräflichen Archiv Pappenheim, ein anderer Teil ging an die bayerischen Nachfolgeinstitutionen. Daher sind weitere, vor allem ältere, Bestände des Amtsprotokolls in StAN, Herrschaft Pappenheim, Akten Nr. 4635 überliefert.

[79] Ausführlich wird auf dessen Zusammensetzung in Kapitel 5. eingegangen, in dem die Protokolle einer detaillierten Auswertung unterzogen werden. Zu den zugrunde liegenden Verwaltungsstrukturen siehe Kapitel 1.1.

[80] StAN, Herrschaft Pappenheim, Akten Nr. 8155.

Einleitung

insofern eine Herausforderung dar, als die Stadtvogtei als erste Instanz für alle Bewohner der Stadt Pappenheim und damit auch für die dort lebenden Juden zuständig war. Neben dem Amtsprotokoll erwiesen sich weitere serielle Quellen als besonders gewinnbringend. Als Beispiele seien das von 1737 bis 1800 lückenlos überlieferte Kanzleiprotokoll und das mit diesem eng verbundene, allerdings nur fragmentarisch vorhandene Konferenzprotokoll erwähnt[81].

Darüber hinaus wurden Archivalien anderer Provenienzen, die sich in unterschiedlichen Institutionen befinden, herangezogen. Einblicke in wirtschaftliche und sonstige Kontakte Pappenheimer Juden in andere Territorien und Städte vermitteln weitere Bestände im Staatsarchiv Nürnberg sowie im Bayerischen Hauptstaatsarchiv München, im Staatsarchiv Augsburg und in den Stadtarchiven Weißenburg und München[82]. Für Fragen, die das Verhältnis zwischen Juden und Kirche betreffen, erwiesen sich die Bestände des Landeskirchlichen Archivs Nürnberg als gewinnbringend[83].

Die Überlieferung zum reichserbmarschallischen Judenschutz in Regensburg befindet sich ebenfalls im gräflichen Archiv[84]. Einen Hinweis auf den Weg der Akten von der Donau an die Altmühl liefert ein Bericht des Kanzleirats von Lang an die Regierungskanzlei in Pappenheim aus dem Jahr 1788. Demnach sei

> in Anno Contagionis 1712 [...] der wichtigste Theil des dießseitigen Archivs [...] nach Pappenheim transportiert worden, wo solcher, uti fama sonat, in den 20ger Jahren durch den Blitzschlag verzehrt worden seyn solle, so dass sich von solch ältesten Zeiten nur unvollständige und wenig bedeutende fragmenta hier vorfinden[85].

Letztere Bemerkung mag als Erklärung für Überlieferungslücken dienen, wobei jedoch weder für Pappenheim noch für Regensburg das vollständige Fehlen von Quellen aus bestimmten Zeiträumen festgestellt werden konnte. Über die Bestände im reichserbmarschallischen Archiv hinaus wurden einzelne Archivalien im Stadtarchiv Regensburg herangezogen[86].

---

[81] StAN, Herrschaft Pappenheim, Akten Nr. 6003: Kanzleiprotokoll (1737–1800) und Nr. 5999/I (1720–1734), Nr. 5999/III (1767–1769), Nr. 5999/IV (1770), Nr. 5999/V (1771), Nr. 5999/VI (1772), Nr. 5999/VII (1773), Nr. 5999/VIII (1774), Nr. 5999/XI (1781–1784): Konferenzprotokoll. Zu den beiden jeweils für die gesamte Herrschaft Pappenheim zuständigen Behörden siehe Kapitel 1.1.

[82] StAN, Hochstift Eichstätt, Eichstätter Archivalien, Deutscher Orden Archivalien, Ansbacher Archivalien, Regierungsakten Kammer der Finanzen, Regierung von Mittelfranken, Katasterselekt Steuergemeinde Pappenheim, Photosammlung Fremde Archivalien; BayHStA, Hofamtsregistratur, RKG; StAA, Pfalz-Neuburg, Literalien, Oettingen-Oettingen, Oberamt Harburg; StadtA Weißenburg; StadtA München, Polizeidirektion (zu Juden, die aus Pappenheim nach München zogen).

[83] LKAN, Konsistorium Pappenheim und Pfarramt Pappenheim; die Kirchbücher befinden sich weitgehend noch in Pappenheim.

[84] Diese stellten früher eine Untergruppe der Pappenheimer Akten dar, bilden mittlerweile jedoch einen eigenen Bestand »Reichserbmarschallamt.« Im Zuge dieser Umgruppierung erhielten sie eigenständige Signaturen, die im Jahr 2004 durch ein neues System ersetzt wurden. So hatte, um ein Beispiel zu nennen, die Sammlung von Judenreglements aus den Jahren 1729 bis 1740 zuerst die Signatur Nr. 3438 (im Gräflichen Archiv Pappenheim), dann StAN, Herrschaft Pappenheim, Reichserbmarschallamt A III 5/54 und schließlich StAN, Herrschaft Pappenheim, Reichserbmarschallamt Nr. 707. Zur Erhöhung der Transparenz werden im Archivalienverzeichnis in Klammern die bis 2004 üblichen Signaturen, die in den Publikationen Wittmers zitiert werden, angegeben.

[85] StAN, Herrschaft Pappenheim, Reichserbmarschallamt Nr. 714: Bericht von Langs an die Kanzlei vom 22. Oktober 1788.

[86] Als Ausgangspunkt konnte hier WITTMER, Regensburger Juden, genommen werden.

Einleitung

Fragestellungen und Aufbau der Arbeit

In dieser Arbeit soll, soweit es die Quellenlage ermöglicht, jüdisches Leben unter dem Schutz der Reichserbmarschälle von Pappenheim in seiner ganzen Breite dargestellt werden. Dieses fand nicht nur in Pappenheim, sondern bedingt durch die Funktion des Reichserbmarschalls auch am Sitz des Immerwährenden Reichstags in Regensburg statt. Da diese beiden jüdischen Gemeinden von sehr unterschiedlichen Rahmenbedingungen geprägt wurden, aber einen gemeinsamen Schutzherrn hatten, bietet sich ein Vergleich sowie das Herausstellen von Berührungspunkten zwischen Pappenheimer und Regensburger Juden förmlich an. Ein allumfassender Vergleich, also die Behandlung jedes einzelnen Aspekts für Pappenheim und Regensburg, wäre zwar wünschenswert, musste aus mehreren Gründen jedoch unterbleiben. Die Fülle des zugrunde liegenden Quellenmaterials hätte den Umfang der Arbeit völlig gesprengt, so dass eine Einschränkung erforderlich wurde. Das Archiv des gemeinsamen Schutzherrn, das als Ausgangspunkt genommen wurde, bestimmte die Auswahl wesentlich: Viele Aspekte, die für Pappenheim untersucht werden konnten, sind in der reichserbmarschallischen Überlieferung für Regensburg gar nicht vorhanden, da sie dem Zugriff der Reichserbmarschälle entzogen waren. Daher wird der Vergleich auf besonders aussagekräftige Aspekte beschränkt. Zu diesen gehört vor allem die Schutzausübung, nicht zuletzt, weil Herrschaftskonkurrenz und Territorialkonflikt »zu den wesentlichen Komponenten frühneuzeitlicher Judenpolitik« gehörten und folglich als Faktoren deutlicher bei deren Analyse berücksichtigt werden sollten, als dies bisher geschehen ist[87]. Ferner können durch einen Vergleich zwischen Pappenheimer und Regensburger Juden demographische Auswirkungen unterschiedlicher Rahmenbedingungen nachvollzogen werden. Als dritter Vergleichspunkt bieten sich die Abgaben der Regensburger Juden an die Reichserbmarschälle an, weil sich hier eine starke Bindung an den Reichserbmarschall zeigte.

Abschließend sei der Aufbau der Arbeit kurz skizziert. Da am Anfang eines jeden Hauptkapitels genauer auf dessen Natur eingegangen wird, kann an dieser Stelle auf eine detaillierte Beschreibung verzichtet werden. In einem Grundlagenkapitel (1) werden einleitend der Raum, in dem die Juden unter dem Schutz der Reichserbmarschälle lebten, und die Rahmenbedingungen vorgestellt: die Herrschaft Pappenheim und die besondere Situation in Regensburg sowie die Reichserbmarschälle und die Vertreter Kursachsens als die Menschen, die über sie herrschten bzw. auf sie Einfluss nahmen. Hierauf folgen sieben thematische Hauptkapitel. Dabei geht es zunächst um die Schutzgewährung (2), schließlich war der Status als Schutzjuden für frühneuzeitliche Juden von zentraler Bedeutung. Die einzelnen Kapitel zu Pappenheim und Regensburg werden dabei, um einen Vergleich zu erleichtern, soweit wie möglich parallel angeordnet. Daran anschließend werden die Menschen behandelt, die diesen Schutz genossen (3): ihre Anzahl, die Familienstrukturen, persönliche Verflechtungen und die Wohnverhältnisse. Ein drittes Hauptkapitel widmet sich den fiskalischen Leistungen der Juden an die Reichserbmarschälle (4). In den darauf folgenden Kapiteln werden die wirtschaftlichen Aktivitäten von Juden in Pappenheim (5) und die soziale Gliederung der Pappenheimer Juden (6) rekonstruiert. Kapitel 7 behandelt die jüdische Gemeinde in Pappenheim, ihre Organisation, ihre Bediensteten, gemeindliche Einrichtungen wie die »Judenschule« (Synagoge) sowie den Friedhof. Dieser stellt einen Anknüpfungspunkt für die Beantwor-

---

[87] ULLMANN, Nachbarschaft, S. 16.

Einleitung

tung der Frage, was die Regensburger und Pappenheimer Juden – abgesehen vom Schutzherrn – miteinander verband, dar. Im abschließenden Kapitel (8) werden die Beziehungen der Pappenheimer Juden zu ihrer christlichen Umwelt (trennende und verbindende Faktoren sowie die jüdische Rechtsautonomie) thematisiert.

1 DIE RAHMENBEDINGUNGEN

1.1 Die Herrschaft Pappenheim und die Reichserbmarschälle

Die Herrschaft Pappenheim war ein kleines Territorium im fränkisch-schwäbischen Grenzbereich[1]. Johann Jacob Moser charakterisiert sie wie folgt: »Die Grafschaft Pappenheim ligt zwischen dem Eichstättischen, Pfalz-Neuburg und Brandenburg-Onolzbachischen in Franken, ist von mittelmäßiger Consideration«[2]. Ihr Umfang[3] im Untersuchungszeitraum stellt den Endpunkt einer verlustreichen Entwicklung dar. Davon waren nicht nur weiter entfernte Besitzungen durch Aufspaltung in verschiedene Linien (beispielsweise in Sachsen und im Allgäu) betroffen, sondern auch das Kerngebiet: Nach dem Tod Marschall Wolfgang Adams (1647) war Treuchtlingen an Brandenburg-Ansbach gefallen[4]. Zwei Jahrzehnte später (1667) verkauften die Marschälle Berolzheim an den Markgrafen von Brandenburg-Ansbach[5].

Insgesamt war die Herrschaft Pappenheim ein weitgehend zusammenhängendes Territorium, doch in mehreren am Rand gelegenen Ortschaften wird die gerade für den Südwesten des Reichs typische Kleinkammerung offensichtlich. Dies soll am Beispiel des mit 133 Anwesen relativ großen Ortes Langenaltheim verdeutlicht werden. Die Hochgerichtsbarkeit lag bei der Herrschaft Pappenheim, ebenso die Dorf- und Gemeindeherrschaft, die allerdings auch vom Richteramt Solnhofen beansprucht wurde[6]. Die Pfarrei unterstand der Pappenheimer Kirchenherrschaft, doch acht Anwesen pfarrten nach Solnhofen. Auf der Ebene der Grundherrschaft zeigt sich ein deutliches Nebeneinander. Zu Pappenheim gehörten das Pfarr- und Schulhaus, eine Schmiede, 66 bäuerliche Anwesen und das Flurerhaus. Daneben gab es sechs weitere Herrschaftsträger, die die Grundherrschaft über fast die Hälfte des Dorfs beanspruchen konnten: Zum ansbachischen Richteramt Solnhofen gehörten sechs Halbhöfe, zwei Selden und zwei Häuser, zum Verwalteramt Solnhofen ein Hof, drei Güter und fünf Häuser, zum Domkapitelamt Wolferstadt ein Hofgut, zum Eichstätter Kloster St. Walburg 13 Untertanen, zum Kastenamt Mörnsheim 41 Untertanen und zum Kloster Kaisheim eine Selde[7].

---

[1] Die Nord-Süd- und Ost-West-Ausdehnung der Herrschaft betrug jeweils ca. 17 Kilometer. Ihre Fläche dürfte bei etwa 147 km² gelegen haben, wobei einige Gegenden von mehreren Herrschaftsträgern beansprucht wurden (eigene Berechnung anhand Karte 1 zu HOFMANN, Gunzenhausen).
[2] MOSER, Teutsches Staatsrecht Bd. 38, S. 152.
[3] Das endgültige Ausmaß der Herrschaft findet sich in Karte 2 im Anhang.
[4] Vgl. EIGLER, Treuchtlingen, S. 99–101; SCHWACKENHOFER, Reichserbmarschälle, S. 178–179.
[5] Markt Berolzheim, S. 56, 72. Der Vorgang ist überliefert in: StAN, Herrschaft Pappenheim, Urkunden 1667–IX–7 (Vorvertrag) und 1667–X–7 (Kaufvertrag).
[6] Zur komplexen Herrschaftssituation in diesem Raum und weiteren Literaturbelegen zu diesem Thema siehe: SCHUH, Herrschaftsgemenge. Selbst die Einschätzung der Bedeutung der Rechte war letztlich umstritten: In einem 1730 zwischen Pappenheim und Brandenburg-Ansbach geschlossenen Vertrag wurden Territorium und Hochgerichtsbarkeit praktisch gleichgesetzt (vgl. SCHUH, Herrschaftsgemenge, S. 145). Dagegen sprach der Ansbacher Geheime Rat Johann Sigmund Strebel 1751 davon, dass die Dorf- und Gemeindeherrschaft in Franken »fast pro Superioritate territoriali« gehalten werden könne (zitiert nach: SCHUH, Herrschaftsgemenge, S. 138).
[7] HOFMANN, Gunzenhausen, S. 136.

Kap. 1: Die Rahmenbedingungen

Einzige Stadt, zugleich Residenz der Reichserbmarschälle, war Pappenheim, das 1288 das Stadtrecht verliehen bekommen hatte. Es bestand im Jahr 1807 aus 179 Häusern mit 1854 Einwohnern[8] und ist damit den Kleinstädten (1–2000 Einwohner) zuzurechnen[9]. Darüber hinaus übten die Reichserbmarschälle Hochgerichtsbarkeit in 18 Dörfern sowie 23 Mühlen und Kleinstsiedlungen mit insgesamt 1067 Anwesen aus. Bei 838 davon war Pappenheim auch Grundherr. Diese Differenz erklärt sich dadurch, dass die Herrschaft Pappenheim in etwa der Hälfte der Ortschaften die uneingeschränkte Landeshoheit hatte, in anderen dagegen Konkurrenz durch unterschiedliche Herrschaftsträger bestand. Diese beanspruchten dort Hochgerichtsbarkeit, Dorf- und Gemeindeherrschaft oder übten Grundherrschaft über einen Teil der Anwesen aus[10]. Besonders schwierig war die Lage in Emetzheim, Graben, Übermatzhofen und Suffersheim. Daneben verfügte die Herrschaft Pappenheim über anteilige Herrschaftsrechte in mehreren Orten außerhalb des eigenen Hochgerichtsbarkeitsbereichs. Diese lagen vor allem in den brandenburg-ansbachischen Oberämtern Hohentrüdingen und Gunzenhausen und erstreckten sich in nordwestlicher Richtung entlang der Altmühl. Dabei handelte es sich um 21 Orte mit 105 zu Pappenheim gehörenden Anwesen.

Insgesamt übten die Grafen von Pappenheim über 943 Anwesen Grundherrschaft aus. Rechnet man die Angaben für Pappenheim (179 Häuser, 1854 Einwohner) auf die gesamte Herrschaft hoch, ergibt sich für den Hochgerichtsbarkeitsbezirk als deren Kernbereich eine Bevölkerung von ca. 8700 Einwohnern[11]. Dazu kommen in den Siedlungen, in denen die Reichserbmarschälle die Grundherrschaft über einzelne Anwesen ausüben konnten, noch einmal etwa 1000 Menschen. Somit kann davon ausgegangen werden, dass zum Ende des Untersuchungszeitraums ungefähr 10.000 Menschen unter der Herrschaft der Grafen von Pappenheim lebten. Von diesen wohnten in etwa vier Fünftel auf dem Land und etwas weniger als 20 % in der Residenzstadt Pappenheim. Folglich herrschten die Grafen von Pappenheim trotz der Ausübung des Reichserbmarschallamts nur über ein Kleinstterritorium.

Die Bedeutung der Grafen von Pappenheim wurde vor allem durch ihre Funktion als Reichserbmarschälle bestimmt. Das Amt des Marschalls gehörte zu den königlichen Hofämtern, die sich seit merowingischer und karolingischer Zeit entwickelt hatten. Ursprünglich war der Marschall für den königlichen Reitstall und das Transportwesen des königlichen Haushalts zuständig gewesen. Nach der Karolingerzeit kam es zu einer Unterscheidung zwischen Hofamt und Erzamt, wobei es sich bei Letzterem um ein Ehrenamt handelte[12]. Laut Familientradition soll das Amt des Marschalls den Herren von Kalentin-Pappenheim bereits im Jahr 1001 übertragen worden sein. Allerdings ist die Familie vor dem Jahr 1100 überhaupt nicht fassbar. Erstmals wurde um 1140 mit dem »alten Marschall« Heinrich Haupt eine Person zugleich Marschall und Herr von Pappenheim genannt. Seit dem 12. Jahrhundert wurde das königliche Marschallamt in der Reichsministerialenfamilie von Pappenheim vererbt. 1213 ist für Heinrich von Kalden zum ersten Mal die Bezeichnung »Marschall des Reiches« belegt. Später wurde »Reichsmarschall« bzw., um die Erblichkeit des Amtes in der Familie Pappenheim zum Ausdruck zu bringen, »Reichserbmarschall«[13] gebräuchlich.

---

[8] Ebd., S. 151: Im Jahr 1809 gab es 203 Gebäude (drei Kirchen, 180 Wohngebäude und 17 Scheunen).
[9] Einteilung der Stadtgrößen nach: SCHILLING, Die Stadt, S. 8–9; allgemein zu Kleinstädten siehe FLACHENECKER – KIESSLING, Städtelandschaften; GRÄF, Kleine Städte.
[10] Siehe dazu das ausführliche Verzeichnis sämtlicher Ortschaften in Tabelle 16 im Anhang.
[11] Bei dieser Berechnung kann es sich nur um eine grobe Schätzung handeln. Es ist durchaus möglich, dass auf dem Land mehr oder auch weniger Menschen in einem Haus lebten als in der Stadt Pappenheim.
[12] HATTENHAUER, Wahl, S. 98–99; LATZKE, Hofamt, S. 22; Sebastian KREITZER, Art. Marschall, in: LMA Bd. 6, Sp. 324–325.
[13] Siehe dazu KRAFT, Reichsmarschallamt, S. 6–8 und HEYDENREUTER, Pappenheim, S. 48.

Kap. 1: Die Rahmenbedingungen

Parallel zu den anderen Erzämtern entwickelte sich das des Erzmarschalls, das spätestens im ausgehenden 12. Jahrhundert mit dem sächsischen Herzogsterritorium verbunden wurde[14]. Die Goldene Bulle schrieb die Situation fest und regelte zugleich das Verhältnis zwischen den beiden Marschällen, dem sächsischen Kurfürsten als Reichserzmarschall und den Herren von Pappenheim als Reichserbmarschall. Diese bezeichnete nicht nur den sächsischen Kurfürsten als »sacri imperii archimarescallum« (Kapitel I,12), sondern nannte Pappenheim »eius vicemarescallo« (Kapitel XXX,4)[15]. Damit stand eine Unterordnung Pappenheims unter den sächsischen Kurfürsten fest. Johann Jacob Moser spricht davon, dass der Reichserbmarschall »dem Chur-Fürsten zu Sachsen, als Reichs-Erz-Marschallen subordiniert seye«[16]. Innerhalb verhältnismäßig kurzer Zeit entwickelte sich aus der Beschreibung des Verhältnisses der zwei Ämter zueinander eine Lehensabhängigkeit Pappenheims von Sachsen[17].

Die ursprünglichen Funktionen des Reichserbmarschalls waren vor allem militärischer Art. Erst Anfang des 16. Jahrhunderts traten diese allmählich hinter vielfältige Aufgaben auf Reichs-, Wahl- und Krönungstagen zurück. Für deren Dauer umfasste die Jurisdiktionsgewalt des Reichserbmarschalls alle fremden Personen, darunter auch Juden, die sich dort aufhielten[18]. Das Amt des Reichserbmarschalls übte jeweils der Senior der Familie aus. Bernhard von Zech schreibt, dass »selbiges jedesmahl dem ältesten des geschlechts zu verrichten obliege«[19]. Zur Bestimmung des Seniors gab es eine strenge, jedoch einleuchtende Regelung: »hierbey weder die succession der linien noch einige fictio juris oder repraesentation statt habe, sondern auf das natürliche alter und vorzug an jahren, monaten, tagen und stunden gesehen werde«[20]. Durch die Senioratsverfassung ging die Regierung nicht vom Vater auf den Sohn über, sondern auf das jeweils nächstälteste Mitglied der Familie ohne Rücksicht auf Gradesnähe und Linie[21]. Nicht zuletzt weil er designierter Nachfolger im Amt des Reichserbmarschalls war, kam dem »Nachältesten«, auch Sub-Senior genannt, eine gewisse Bedeutung zu. Dieser konnte aus einer anderen Linie stammen, aber auch jüngerer Bruder oder Sohn des regierenden Reichserbmarschalls sein[22]. Erst durch einen am 21. November 1825 geschlossenen Familienvertrag wurde die Seniorats-Sukzession zugunsten der agnatisch-linealischen Erbfolge nach dem Recht der Erstgeburt aufgehoben[23].

Nachdem die Familie sich bereits im 13. Jahrhundert in einen Pappenheimer und einen Biberbacher Teil aufgespaltet hatte, war Erster im 15. Jahrhundert in mehrere Linien zerfallen: die Gräventhaler in Sachsen, die Allgäuer bzw. Stülinger, die Grönenbacher, die Treuchtlinger und die Ales(z)heimer Linie. Von diesen konnte sich Letztere als einzige über das 17. Jahrhundert hinaus

---

[14] LATZKE, Hofamt, S. 77.
[15] Dokumente, S. 570, 630.
[16] MOSER, Teutsches Staatsrecht Bd. 45, S. 344.
[17] Vgl. HEYDENREUTER, Pappenheim, S. 48: Lehensabhängigkeit erstmals um 1400 nachweisbar; ähnlich LATZKE, Hofamt, S. 243, die davon spricht, dass innerhalb von 50 Jahren nach der Goldenen Bulle das symbolische Verhältnis von Erz- und Erbamt in ein lehensrechtliches verwandelt wurde. Im Gegensatz dazu setzt KRAFT, Reichsmarschallamt, S. 35–36, diesen Wandel früher an und geht vom Zeitraum zwischen 1283 und 1400 aus; allgemein zum Lehensverhältnis auch HOFMANN, Gunzenhausen, S. 72–73.
[18] Vgl. LATZKE, Hofamt, S. 261–263. Siehe dazu auch Kapitel 1.2.
[19] VON ZECH, Europäischer Herold, S. 704.
[20] Ebd., S. 704.
[21] Siehe: J. WEITZEL, Art. Primogenitur, in: HRG Bd. 3, Sp. 1950–1956.
[22] Vgl. dazu SCHWACKENHOFER, Reichserbmarschälle, S. 254, 258, 276; DÖDERLEIN, Matthaeus à Bappenhaim, S. 426.
[23] PAPPENHEIM, Geschichte, S. 51.

Kap. 1: Die Rahmenbedingungen

erhalten, so dass nur Mitglieder dieser Linie für die Zeit zwischen 1650 und 1806 von Relevanz sind[24]. Zum letzten Mal war von 1635 bis 1639 mit Maximilian aus der Linie Allgäu-Stülingen ein Mitglied einer anderen als der Ales(z)heimer Linie Reichserbmarschall gewesen[25]. Im Untersuchungszeitraum gab es zwölf regierende Reichserbmarschälle[26].

Tabelle 1: Verzeichnis der regierenden Reichserbmarschälle (1650-1806)

Name	Regierungszeit als Senior	Verwandtschaftliche Beziehungen
Caspar Gottfried (1591-1651)	1639-1651	
Philipp (14.3.1605-12.6.1651)	8.4.-12.6.1651	Bruder Caspar Gottfrieds
Wolfgang Philipp (27.8.1618-4.5.1671)	12.6.1651-4.5.1671	entfernter Verwandter Philipps
Franz Christoph (4.10.1621-11.12.1678)	4.5.1671-11.12.1678	Bruder Wolfgang Philipps
Carl Philipp Gustav, gen. »Graf Carl« (12.7.1649-15.9.1692)	11.12.1678-15.9.1692	ältester Sohn Wolfgang Philipps
Ludwig Franz, gen. »Graf Franz« (27.5.1653-6.1.1697)	15.9.1692-6.1.1697	Bruder Carl Philipp Gustavs
Christian Ernst (4.1.1674-27.8.1721)	6.1.1697-23.5.1721	Enkel Franz Christophs
Johann Friedrich (17.9.1680-20.5.1731)	27.8.1721-20.5.1731	Sohn von Christian Ernst (1. Ehe)
Friedrich Ferdinand (5.9.1702-2.3.1793)	25.6.1731-21.10.1773 (freiwilliger Verzicht)	Sohn von Christian Ernst (2. Ehe)
Johann Friedrich Ferdinand (16.7.1727-13.4.1792)	21.10.1773-13.4.1792	Sohn Friedrich Ferdinands
Friedrich Wilhelm (11.9.1737-31.7.1822)	13.4.1792-2.2.1797	Bruder Johann Friedrich Ferdinands
Carl Theodor (17.3.1771-26.8.1853)	ab 2.2.1797	Sohn Friedrich Wilhelms

Mitte des 17. Jahrhunderts kam es innerhalb der Ales(z)heimer Linie zu einer Aufspaltung in eine evangelische und eine katholische Linie. Im Jahr 1651 kam Wolfgang Philipp, der 1645 katholisch geworden war, an die Regierung. Sein Bruder Franz Christoph, der ihm 1671 nachfolgte, blieb dagegen evangelisch[27].

Über die »Verfassung« der Herrschaft Pappenheim ist der Literatur nur wenig zu entnehmen[28]. Die Residenzstadt Pappenheim war ebenso wie das dortige 1539 eingezogene Kloster, das vom

---

[24] Zur Familie Pappenheim siehe HEYDENREUTER, Pappenheim.
[25] SCHWACKENHOFER, Reichserbmarschälle, S. 189.
[26] Die Angaben beruhen auf DÖDERLEIN, Matthaeus à Bappenheim, S. 367–432; SCHWACKENHOFER, Reichserbmarschälle; PAPPENHEIM, Geschichte und DERS., Frühe Pappenheimer Marschälle.
[27] DÖDERLEIN, Matthaeus à Bappenheim, S. 385–386; SCHWACKENHOFER, Reichserbmarschälle, S. 241. Die Reformation war in der Herrschaft Pappenheim im 16. Jahrhundert eingeführt worden. Dabei hatte es sich um einen längeren Prozess gehandelt, der ab 1539 stärker zu spüren war und nach 1555 einen Abschluss fand. Siehe KRAFT, Reformation; SCHWACKENHOFER, Reichserbmarschälle, S. 192–209.
[28] Von vereinzelten Hinweisen abgesehen stehen nur die knappen Angaben im Historischen Atlas von Bayern zur Verfügung: HOFMANN, Gunzenhausen, S. 72–74, 97–98. Im Wesentlichen darauf basierend: SCHWACKENHOFER, Reichserbmarschälle, S. 294–297.

Kap. 1: Die Rahmenbedingungen

Zinsmeister verwaltet wurde, Gemeinbesitz der evangelischen und katholischen Linien. Das Stadtregiment führte der Stadtvogt, der zusammen mit seinem Sekretär für Justiz und »Policey« verantwortlich war. Daneben bestand ein 12-köpfiger Rat, der zwei Bürgermeister aus seiner Mitte wählte[29]. Für die Verwaltungstätigkeit waren vier Vorsteher zuständig[30]. Die Liegenschafts- und Grundrentenverwaltung fiel in den Aufgabenbereich des von einem Kastner geleiteten Kastenamts. Der Besitz der beiden Linien wurde von je einem Kanzleirat verwaltet. Die von ihnen geleiteten alt- und jungherrischen Ämter waren jeweils Verwaltungs- und Justizbehörde. Somit bestanden um 1780 als Behörden die Stadtvogtei, ein altherrisches und ein jungherrisches Amt, das Kastenamt und die Zinsmeisterei[31]. Durch eine Reform im Jahr 1792 wurde, so Hanns Hubert Hofmann, eine Regierungskanzlei mit Kanzleidirektor, Kanzleirat und Sekretär als Behörde für die eigentlichen Landeshoheitsaufgaben herausgebildet. Für die Stadt und als Gesamtjurisdiktionalbehörde war die Stadtvogtei mit zwei Juristen an der Spitze zuständig. Die Kameralverwaltung wurde in einer Kammer vereinigt, doch noch immer führten zwei Kammerräte die beiden Ämterkomplexe (alt- und jungherrisch) getrennt[32].

Es erscheint allerdings fraglich, ob die Kanzlei tatsächlich erst Ende des 18. Jahrhunderts die entscheidende Rolle erhielt, die ihr Hofmann ab 1792 zuschreibt. Neben der Kontinuität der Kanzleiprotokolle[33] spricht dafür nicht zuletzt die am 2. Januar 1736 von Reichserbmarschall Friedrich Ferdinand erlassene Kanzleiordnung. Deren Ziel war es, die *gemeinherrschaftliche Cantzley dergestalt auf einen gewißen und beständigen Fuß zu setzen*. Mitglieder sollten der Direktor, *so viele Räte wie den Grafen beliebt*, Sekretär, Kanzlist und Aufwärter sein (§ 2). Im Regelfall tagte die Kanzlei jeden Dienstag und Freitag (§ 3) und stellte die zweite Instanz dar, die der Stadtvogtei, den Fideicommiss- und Eigentumsämtern, die für ihre Untertanen die erste Instanz waren, übergeordnet war (§ 5). Da die Vorsteher der ihr untergeordneten Ämter der Kanzlei als Räte angehörten, war vorgesehen, dass sie sich in einem Appellationsfall, in dem sie bereits in erster Instanz entschieden hatten, in der Kanzlei der Stimme enthalten sollten (§ 7). Über die Vorgänge in der Kanzlei wurde ein Protokoll angefertigt, das in der jeden Mittwoch tagenden *Conferenz* vorgestellt wurde (§ 13)[34]. Mit dieser ist ein weiteres Regierungsorgan angesprochen, das von Hofmann überhaupt nicht erwähnt wird. Es ist wohl davon auszugehen, dass es sich dabei um eine Sitzung der Regierungskanzlei in Anwesenheit des Reichserbmarschalls handelte[35].

Wilhelm Kraft bezeichnet die Herrschaft Pappenheim als »eine Anomalie, eine Besonderheit staatsrechtlicher Art.« Denn »die staatsrechtliche Stellung der Herrschaft« sei »ein Relikt aus den

---

[29] HOFMANN, Gunzenhausen, S. 73–74.
[30] SCHWACKENHOFER, Reichserbmarschälle, S. 120.
[31] HOFMANN, Gunzenhausen, S. 73, 97.
[32] Ebd., S. 73, 97.
[33] Diese sind von 1737 bis 1806 durchgängig überliefert. Siehe: StAN, Herrschaft Pappenheim, Akten Nr. 6003.
[34] LKAN, Konsistorium Pappenheim Nr. 79: Kanzleiordnung vom 2. Januar 1736.
[35] Der Aufbau der Einträge im Konferenzprotokoll erfolgt nach dem Schema *Referenda et relata* und *resolutio illustrissimi*. Auf die enge Verknüpfung zwischen Kanzlei und Konferenz weist nicht zuletzt die Tatsache hin, dass deren Protokolle in einigen Jahren in einem einzigen Band vereinigt wurden und nur durch eine Randbemerkung zwischen Sitzungen der Kanzlei und der Konferenz differenziert wurde: StAN, Herrschaft Pappenheim, Akten Nr. 6003/I (1737), Nr. 6003/III (1739), Nr. 6003/IV (1740), Nr. 5999/II (1741), Nr. 6003/XI (1748), Nr. 6003/12 (1749) und Nr. 6003/13 (1750). Daneben liegen auch eigene Bände der Konferenzprotokolle für die Zeiträume 1720–1734, 1767–1775, 1781–1786, 1790 und 1794/95 vor: Nr. 5999.

früheren Zeiten, stehengeblieben auf dem Stand des 14. Jahrhunderts. Nur aus Verlegenheit kann man sie als zur Ritterschaft gehörig bezeichnen«[36]. Unabhängig von den genauen Gründen für diese Entwicklung bleibt festzuhalten, dass die Reichserbmarschälle, obwohl sie 1628 in den Grafenstand erhoben worden waren, kein Reichsstand waren und sich der Reichsritterschaft angeschlossen hatten[37]. Das Urteil Krafts deckt sich mit einer lange Zeit weitverbreiteten Einschätzung der Reichsritter. Da diese zwar reichsunmittelbar, aber kein Reichsstand waren – und damit auch nicht über Sitz und Stimme auf dem Reichstag verfügten – wurden sie oftmals als Anomalie betrachtet[38]. Diese Ansicht findet sich beispielsweise bei Bernhard Erdmannsdörfer, der Ende des 19. Jahrhunderts schrieb: »Von allen Anomalien unseres deutschen Verfassungslebens war die unmittelbare Reichsritterschaft die absonderlichste«[39].

Die Reichserbmarschälle von Pappenheim hatten sich schon früh – fast ein Jahrhundert vor der Erhebung in den Grafenstand – dem Ritterkanton Kocher[40] angeschlossen. Nachdem Thomas von Pappenheim 1543 Mitglied in einem ritterschaftlichen Ausschuss gewesen war, gab es allerdings keinen Pappenheimer, der zwischen 1600 und 1805 das Amt eines Direktors oder Ritterrats des Kantons Kocher ausgeübt hätte[41]. Dies erstaunt insofern, als Pappenheim von 1542 bis 1805 Mitglied des Kantons Kocher und damit eines von nur zehn Geschlechtern war, die dem Kanton seit 1542 durchgängig angehört hatten[42]. Aus dieser Tatsache könnte gefolgert werden, dass die am Sitz des Direktoriums in Esslingen getroffenen Entscheidungen zur ritterschaftlichen Politik für die Reichserbmarschälle nicht im Zentrum ihres Interesses standen bzw. sie ein Engagement als nicht »standesgemäß« betrachteten. Neben der durch das Amt des Reichserbmarschalls bedingten stärkeren Orientierung an Kaiser und Reich mag auch die Randlage Pappenheims als das am weitesten östlich gelegene Mitglied eines Ritterkantons, dessen Schwerpunkte am Kocher bei Aalen sowie südlich von Schwäbisch Gmünd lagen, dazu geführt haben[43].

1.2 Immerwährender Reichstag, Reichsstadt Regensburg, Reichserbmarschallamt, Kursachsen: Die besonderen Rahmenbedingungen in Regensburg

Zu den bereits geschilderten zahlreichen Aufgaben des Reichserbmarschalls bei Reichstagen gehörte unter anderem die Vergleitung von Juden. Johann Jacob Moser schreibt dazu:

> hat auch der Erb-Marschall auf denen kayserlichen oder königlichen Höfen, oder Reichs-Tägen, die Gerechtigkeit, alle Juden zu vergleiten, also, wo er einen Juden am Hof, oder auf den Reichs-Tägen betritt, der von ihme nicht Geleit genommen, mag er ihn gefänglich einziehen[44].

---

[36] KRAFT, Reichsmarschallamt, S. 84.
[37] HOFMANN, Gunzenhausen, S. 72–73, sieht in der Tatsache, dass Pappenheim trotz der Erhebung in den Grafenstand kein Reichs- oder Kreisstand war, eine Nachwirkung der reichsministerialen Funktion. Zur Erhebung in den Grafenstand siehe auch SCHWACKENHOFER, Reichserbmarschälle, S. 224.
[38] SCHULZ, Kanton Kocher, S. 17, 33.
[39] ERDMANNSDÖRFER, Deutsche Geschichte Bd. 1, S. 76.
[40] Auffällig ist, dass sich Pappenheim nicht dem benachbarten Kanton Altmühl, sondern einem weiter entfernten Kanton angeschlossen hat.
[41] SCHULZ, Kanton Kocher, S. 175, 198–200.
[42] Ebd., S. 254, 268.
[43] Siehe dazu die Karte bei Ebd., S. 276–277.
[44] MOSER, Teutsches Staatsrecht Bd. 45, S. 343, nach einem Bericht von Sixt Sommer. Dieser war von 1530 bis 1544 Pappenheimer Stadtvogt gewesen und hatte in dieser Zeit auch das Amt des Reichsquartiermeisters ausgeübt. Zu ihm: KRAFT, Reformation, S. 27.

Kap. 1: Die Rahmenbedingungen

Bis 1654 waren Reichstage in unregelmäßigen Abständen in unterschiedlichen Reichsstädten einberufen worden. Somit war auch die mit dem Amt des Reichserbmarschalls verbundene Vergleitung von Juden nur phasenweise und in wechselnden Städten ausgeübt worden. In diese Zeit fällt der Augsburger Vertrag, der am 5. November 1614 zwischen dem Reichserbmarschall und Vertretern der Reichsstädte durch Beauftragte von Augsburg, Nürnberg, Regensburg und Ulm geschlossen wurde. Darin wurde die Stellung von Fremden während des Reichstags geregelt, die grundsätzlich unter dem Geleit des Reichserbmarschalls stehen sollten. Im Folgenden wird der Vertrag nur in Bezug auf Juden näher untersucht. Von zentraler Bedeutung war die Bestimmung, dass der Reichserbmarschall »alle Jurisdiction über die bey den Reichstägen ankommende Juden, in civil- und criminal-Sachen, einzig und allein haben und behalten« sollte[45]. Durch diese Regelung übte »entgegen dem Territorialprinzip – der jeweilige Graf von Pappenheim am Ort eines Reichstages eine obrigkeitliche Funktion aus«[46]. Um der Stadt, die den Reichstag beherbergte, einen Überblick zu ermöglichen, wer sich in ihr aufhielt, hatte der Reichserbmarschall die Namen der Juden, »die er vergleitet, dem Statt-Rath zur Wissenschaft« zu geben[47]. Die Juden konnten keineswegs überall in der Stadt wohnen, sondern durften sich nur »an einen abgelegenen Ort der Statt einlogieren« und sich nachts nur in Begleitung von Christen in der Stadt bewegen. Zu ihrer Kennzeichnung mussten sie gelbe Ringe an ihren Mänteln tragen. Ihnen wurde genehmigt Garküchen zu betreiben, um sich »und ihre Angehörige[n] daraus zu speisen.« Restriktiver war die Haltung gegenüber der Einrichtung von Synagogen und Judenschulen. Diese wurden nur in Städten erlaubt, in denen Juden schon zuvor »beständige Wohnung« gehabt hatten. Mit dem Augsburger Vertrag war eine bis ins 18. Jahrhundert geltende Grundlage geschaffen worden. Jedoch waren die Formulierungen keineswegs eindeutig, so dass es um ihre Auslegung später immer wieder zu Auseinandersetzungen kam[48].

Die Permanenz des Reichstags, der ab 1663 als Immerwährender Reichstag dauerhaft in Regensburg tagte, bedeutete nicht nur für die Verfassungsgeschichte des Alten Reichs[49] und die Stadtgeschichte[50] einen Einschnitt, sondern auch für die Ausübung des Reichserbmarschallamts und die davon abhängigen Juden. Der Übergang vom nur nach Einberufung durch den König bzw. Kaiser zusammenkommenden zum ständig tagenden Reichstag war nicht geplant worden, es hatte niemals einen entsprechenden Beschluss gegeben. Dennoch ist diese Entwicklung nicht ausschließlich als Produkt des Zufalls zu sehen, vielmehr lag sie, so Heinz Duchhardt, »in gewisser Weise in der Logik der Entscheidung von 1648«[51]. Als wichtigster Grund für die Perpetuierung sind die

---

[45] MOSER, Teutsches Staatsrecht Bd. 45, S. 378.
[46] WITTMER, Regensburger Juden, S. 40.
[47] MOSER, Teutsches Staatsrecht Bd. 45, S. 379. Hier finden sich auch die nachfolgenden Vertragsbestimmungen.
[48] Siehe WITTMER, Regensburger Juden, S. 40–41. Neben den hier genannten, Juden betreffenden Bestimmungen führten auch andere Aspekte des Vertrags zu Konflikten. Dabei ging es vor allem um die 1000 fl., die der Reichserbmarschall vom Tagungsort für jeden Reichstag erhalten sollte. Strittig blieb, ob es sich beim Immerwährenden Reichstag um einen einzigen Reichstag handelte oder ob der Reichserbmarschall zumindest nach dem Ableben eines Kaisers erneut 1000 fl. für sich beanspruchen konnte. Siehe MOSER, Teutsches Staatsrecht Bd. 45, S. 384–389.
[49] SCHINDLING, Anfänge, S. 6, sieht in der Ausbildung der Permanenz eine »markante Schwelle« in der Geschichte der Reichstage. Zum Immerwährenden Reichstag: BURKHARDT, Verfassungsprofil; DERS., Vollendung, S. 75–98; FÜRNROHR, Immerwährender Reichstag; SCHULZE, Regensburg. Zur Relevanz des Reichstags als kommunikatives Zentrum jetzt: FRIEDRICH, Drehscheibe.
[50] Vgl. SCHMID, Reichsstadt, S. 322.
[51] DUCHHARDT, Verfassungsgeschichte, S. 172.

»negotia remissa« – Fragen, die auf dem im Januar 1663 als »Türkenreichstag« einberufenen Reichstag nicht geklärt werden konnten – zu betrachten[52]. Daher geht Anton Schindling so weit, dass es ohne »negotia remissa« keinen Immerwährenden Reichstag gegeben hätte[53]. Zugleich wandelte sich die bisherige Fürstenversammlung in eine Gesandtenkonferenz. Kaiser und Stände waren meist nicht mehr persönlich anwesend, sondern ließen sich durch Gesandte vertreten[54]. Dabei ist zu berücksichtigen, dass erst die Abhaltung als Gesandtenkongress die längere Tagungsdauer ermöglichte[55]. Die Abwesenheit des Kaisers, der zwischen 1664 und 1742 kein einziges Mal den Reichstag besuchte, sondern durch seinen Prinzipalkommissar repräsentiert wurde, versinnbildlicht diesen Sachverhalt besonders deutlich[56].

Dass ausgerechnet Regensburg zum Ort der »immerwährenden Repräsentanz des Reiches«[57] durch den Immerwährenden Reichstag wurde, ist keineswegs zufällig und es gab durchaus gewichtige Gründe, die für diese Entscheidung sprachen. Schon in der zweiten Hälfte des 16. Jahrhunderts fanden die meisten Reichstage in Regensburg statt, 1582 beherbergte mit Augsburg zum letzten Mal vor 1663 eine andere Reichsstadt den Reichstag. Regensburg hatte als Tagungsort diverse Vorteile, die sich nicht zuletzt durch Größe und Lage der Stadt erklärten[58]. Walter Ziegler sieht einen entscheidenden Grund für die zunehmende Konzentration des Reichstags auf Regensburg seit der Mitte des 16. Jahrhunderts darin, dass die Stadt unter österreichisch-habsburgischem Einfluss stand[59]. Im konfessionell gespaltenen Reich war die protestantische Reichsstadt, die mit dem Hochstift sowie den Reichsstiften St. Emmeram, Ober- und Niedermünster vier katholische reichsunmittelbare Herrschaften in ihren Mauern beherbergte, sowohl für Katholiken als auch Protestanten annehmbar. So konnten Mitglieder beider Konfessionen den Gottesdienst in repräsentativen Kirchen besuchen und sich katholische Gesandte in den Klöstern der Stadt treffen[60]. Obgleich Regensburg aus der Anwesenheit des Reichstags nicht nur Vorteile zog, war er für die Stadt von erheblicher Bedeutung. Dies verdeutlicht nicht zuletzt die Tatsache, dass sich unter den ungefähr 20.000 Einwohnern der Stadt in etwa 500 Reichstagsangehörige befanden[61]. Zweimal wurde die Sitzungstätigkeit in Regensburg unterbrochen und die Gesandten versammelten sich an einem anderen Ort. Vom 25. September 1713 bis 11. Juli 1714 wich der Reichstag wegen der in Regensburg ausgebrochenen Pest nach Augsburg aus und zwischen 21. Mai 1742 und 27. Oktober 1745 tagte er während des Kaisertums Karls VII. in Frankfurt am Main[62].

Mit der Permanenz des Reichstags entstand in Regensburg eine dauerhafte jüdische Gemeinde unter dem Schutz der Reichserbmarschälle von Pappenheim. Deren Anwesenheit basierte auf den Bestimmungen des Augsburger Vertrags von 1614. Genauso wie die Gesandten und ihr Personal

---

[52] SCHINDLING, Anfänge, S. 7, 42, 61; BURKHARDT, Verfassungsprofil, S. 153; DERS., Vollendung, S. 75–79.
[53] SCHINDLING, Anfänge, S. 230.
[54] FÜRNROHR, Immerwährender Reichstag, S. 7–8; HEIN, Reichstag, S. 39–40; SCHMID, Regensburg, S. 198. Zum Gesandtenleben unter besonderer Berücksichtigung des kaiserlichen Prinzipalkommissars: REISER, Adeliges Stadtleben.
[55] Vgl. BURKHARDT, Verfassungsprofil, S. 158.
[56] Siehe SCHINDLING, Anfänge, S. 118.
[57] BURKHARDT, Verfassungsprofil, S. 176.
[58] SCHINDLING, Anfänge, S. 56–57; zur Lage im Mittelpunkt zwischen der Kaiserstadt Wien und dem Krönungsort Frankfurt bzw. Wetzlar mit dem Reichskammergericht siehe KUBITZA, Regensburg, S. 150.
[59] ZIEGLER, Reichstage, S. 114; so auch SCHMID, Landstadt, S. 42.
[60] SCHMID, Landstadt, S. 42; SCHINDLING, Anfänge, S. 57; SCHLAICH, Ende, S. 177–182.
[61] SCHMID, Landstadt, S. 42; KUBITZA, Regensburg, S. 156.
[62] HEIN, Reichstag, S. 128.

Kap. 1: Die Rahmenbedingungen

unterstanden sie rechtlich dem Reichserbmarschall. Dessen Funktion innerhalb Regensburgs war »personenbezogen und nicht objektgebunden und somit auch nicht auf der Karte darstellbar«[63]. Dies galt ebenso für die Juden, die nach einer fast 150-jährigen Unterbrechung wieder dauerhaft in der Reichsstadt leben konnten. Wie eng die Verbindung zwischen Reichstag und Juden gesehen wurde, zeigt die Äußerung des Pappenheimer Rats von Lang gegenüber dem Reichserbmarschall, dass die Juden *von dem löblichen Reichserbmarschall-Amt vorzüglich zum Gebrauch und Besten der Reichsversammlung vom Anfang her protegiert*[64] würden.

Obwohl die Juden unter dem Schutz des Reichserbmarschalls und nicht der Stadt Regensburg standen, wurde in gewisser Weise an frühere Traditionen angeknüpft, da es bereits im Mittelalter eine große und bedeutende jüdische Gemeinde in Regensburg gegeben hatte[65]. Im Jahr 1519, unmittelbar nach dem Tod Kaiser Maximilians I., verlangten die Zünfte von der Stadt die Vertreibung der Juden. Mit der Begründung nicht in der Lage zu sein, sie vor dem gemeinen Mann zu schützen, forderte der Rat am 21. Februar 1519 die Juden auf, innerhalb einer Woche die Stadt zu verlassen. Fast unmittelbar nach der Bekanntgabe wurde die Synagoge abgerissen, an ihrer Stelle entstand eine Marienkapelle. Von der Vertreibung waren ungefähr 500 Menschen betroffen[66]. Damit folgte Regensburg dem Beispiel vieler anderer Reichsstädte, die seit dem 15. Jahrhundert zu dieser Maßnahme gegriffen hatten[67]. 1521 bestätigte Karl V. der Stadt in einer später als »Privilegium de non recipiendis Judaeis« bezeichneten Urkunde, dass sie auf ihrem Gebiet keine ständigen Judenwohnungen mehr dulden müsse[68]. Anlässlich der immer wieder in Regensburg stattfindenden Reichstage hielten sich dort vorübergehend größere Gruppen von Juden auf, die vom Reichserbmarschall vergleitet wurden, jedoch mit dem Ende des jeweiligen Reichstags die Stadt verlassen mussten[69].

Genau dieses Vergleitungsrecht übten die Reichserbmarschälle auch nach 1663 weiterhin in Regensburg aus. Analog zur unbegrenzten Tagungsdauer des Reichstags war der Aufenthalt für Juden, die mit Reichstagsangehörigen handelten, ebenfalls unbegrenzt. Somit wohnten seit der zweiten Hälfte des 17. Jahrhunderts wieder dauerhaft Juden in Regensburg. Entscheidender Unterschied zu früher war, dass diese nicht unter dem Schutz des Territorialherrn, der Reichsstadt Regensburg – oder eines der vier anderen Reichsstände in Regensburg – standen, sondern allein von den Schutzrechten des Reichserbmarschalls abhängig waren. Bedingt durch diese besondere Situation wirkten bei der Ausübung des Judenschutzes in Regensburg zahlreiche Faktoren zusammen: Der Reichstag tagte auf dem Gebiet der Reichsstadt Regensburg. Dadurch musste diese auch die Siedlung von Juden innerhalb der Stadt dulden und verfügte nicht uneingeschränkt über das Judenregal, da nicht sie, sondern der Reichserbmarschall über die Aufnahme von Juden innerhalb der Stadt entschied[70].

---

[63] SCHMID, Regensburg, S. 200.
[64] StAN, Herrschaft Pappenheim, Reichserbmarschallamt Nr. 832: Bericht Johann Heinrich von Langs an den Reichserbmarschall vom 10. Februar 1777.
[65] Zur Geschichte der mittelalterlichen jüdischen Gemeinde in Regensburg siehe WITTMER, Jüdisches Leben.
[66] Zur Vertreibung siehe WITTMER, Jüdisches Leben, S. 150–156; SCHMID, Regensburg, S. 171; WENNINGER, Man bedarf keiner Juden mehr, S. 174–183.
[67] Im 15. Jahrhundert wurden die Juden aus zahlreichen Reichsstädten ausgewiesen, so aus Köln (1424), Heilbronn (1436), Augsburg (1440) und im Jahr 1499 aus Nürnberg und Ulm. Doch auch im 16. Jahrhundert kam es noch zur Vertreibung von Juden aus Reichsstädten. Um nur einige Beispiele anzuführen, seien Nördlingen (1507), Rothenburg und Weißenburg (1520) sowie Schweinfurt (1554) genannt. Vgl. WENNINGER, Man bedarf keiner Juden mehr, S. 248–249.
[68] WITTMER, Regensburger Juden, S. 29–30.
[69] Ebd., S. 30–36, 40.

Kap. 1: Die Rahmenbedingungen

Die Regierung der Stadt bildeten der Innere Rat, der seit 1514 aus 16 Personen bestand, und der Kammerer, ein auf ein Jahr zum Ratsvorsitz gewählter Ratsherr, dessen Funktion mit der eines Bürgermeisters verglichen werden kann. Ab 1525 fand ein Wechsel der Stadtkammerer alle drei Monate statt. Daneben gab es den Äußeren Rat mit 32 Mitgliedern und den Vierziger, der sich aus je fünf Vertretern der acht Wachten (Stadtbezirke) zusammensetzte. Mitte des 16. Jahrhunderts bildete sich innerhalb des Inneren Rats ein Geheimer Rat aus sechs Personen heraus, dessen Mitglieder auch als »die Kammerer« bezeichnet wurden. Nach dem 30-jährigen Krieg stellte dieser die beherrschende Regierungsinstanz dar[71].

Durch seine Funktion, die das Geleitrecht für Juden einschloss, bedingt, war der Reichserbmarschall in gewisser Weise ein »Gegenspieler« der Stadt Regensburg. Allerdings war er, vergleichbar mit den Reichsständen, die durch sich dauerhaft in Regensburg aufhaltende Gesandte repräsentiert wurden, nicht ständig persönlich in Regensburg anwesend. Seine Vertretung erfolgte durch die erbmarschallische Kanzlei in Regensburg, die von einem erbmarschallischen Rat mit dem Titel Reichsquartiermeister geleitet wurde. Dieser sollte nach Möglichkeit »ein gesetzter, der Rechten, besonders des Staats-Rechts, Ceremoniels und der Teutschen Händel, erfahrener Mann«[72] sein. Die Kanzlei befand sich im Rathaus[73] und damit direkt am Sitzungsort des Immerwährenden Reichstags. Der Reichsquartiermeister hielt sich nur »so lang, als es nöthig scheint« in Regensburg auf, sonst aber »bey seinem Herrn zu Pappenheim«[74], wo er das Amt eines Hofrats ausübte. Die Kanzlei in Regensburg setzte sich aus einem Kanzleirat, einem Registrator und zwei Kanzlisten, von denen jeweils einer evangelisch und einer katholisch sein musste, zusammen[75].

Als dritte Partei wirkte Kursachsen auf die in Regensburg lebenden Juden ein, da der sächsische Kurfürst Oberlehensherr des Reichserbmarschalls war[76]. Diese Tatsache prägte das Verhältnis zwischen dem Reichserbmarschall von Pappenheim und dem Kurfürsten von Sachsen und wurde für Pappenheim zu einer zusätzlichen Herausforderung, da es sich bei dem Sachsen um einen der mächtigsten Fürsten des Reichs, der seit 1697 zugleich König von Polen war, handelte. Obwohl viele Bittgesuche Regensburger Juden an den kursächsischen Hof in Dresden gerichtet wurden, war der kursächsische Gesandte am Immerwährenden Reichstag der im Alltag entscheidende Akteur. Durch die beschriebene Lehensabhängigkeit Pappenheims von Sachsen konnte sich dieser »gewissermaßen als Vorgesetzter des pappenheimischen Quartiermeisters in Regensburg fühlen«[77]. Zwischen 1663 und 1806 hielten sich 14 Gesandte in sächsischen Diensten am Immerwährenden Reichstag auf: Nicol von Gersdorff und Heinrich Freiherr von Friesen (beide 1662–1664)[78],

---

[70] Dies ist insofern nicht zu vernachlässigen als das Judenregal – neben anderen Rechten – zur rechtlichen Untermauerung der Elemente der landeshoheitlichen Gewalt diente. Vgl. BATTENBERG, Rahmenbedingungen, S. 69–70; BATTENBERG, Privilegierung, S. 154. Ullmann betont, dass der Judenschutz »sowohl zu den eindeutigen Merkmalen der Landeshoheit als auch der Reichsunmittelbarkeit« zählte. Siehe ULLMANN, Nachbarschaft, S. 53. Zur Situation in Regensburg auch: WITTMER, Regensburger Juden, S. 58, 60.

[71] NEMITZ, Verfassung, S. 249, 258–259; SCHMID, Regensburg, S. 124.

[72] MOSER, Neues Teutsches Staatsrecht Bd. 2, S. 457.

[73] WITTMER, Juden, S. 658.

[74] MOSER, Teutsches Staatsrecht Bd. 45, S. 345.

[75] Ebd., S. 345.

[76] Die Entstehung dieses Verhältnisses wurde bereits im vorangegangenen Kapitel thematisiert, so dass an dieser Stelle nicht mehr näher darauf eingegangen werden soll.

[77] WITTMER, Regensburger Juden, S. 49.

[78] Siehe Repertorium Bd. 1, S. 454; MOSER, Teutsches Staatsrecht Bd. 45, S. 30. Zum kursächsischen Geheimrat von Gersdorff, der 1702 starb, siehe ADB Bd. 9, S. 54.

Kap. 1: Die Rahmenbedingungen

Dr. Augustin Strauch (1662–1674)[79], Anton Schott (1675–1684)[80], Otto Heinrich Freiherr von Friesen (1682–1689)[81], Moriz Heinrich Freiherr von Miltitz (1689–1696)[82], Georg von Werthern (1697–1711)[83], Karl Gottfried Bose (1711–1718)[84], Christoph Friedrich Freiherr von Gersdorff (1718–1725)[85], Johann Friedrich Freiherr von Schönberg (1725–1749)[86], Johann Georg von Ponickau (1749–1775)[87], Otto Ferdinand von Löben (1776–1779)[88], Peter Friedrich Freiherr von Hohenthal (1779–1799)[89] und Hans Ernst von Globig (1799–1806)[90].

---

[79] Er war zusammen mit von Gersdorff und von Friesen am 9. Dezember 1662 nach Regensburg gekommen und dort nach deren Abreise bis zu seinem Tod im Mai 1674 geblieben. Siehe Repertorium Bd. 1, S. 454; MOSER, Teutsches Staatsrecht Bd. 45, S. 30.

[80] Schott, kurfürstlich sächsischer Hof- und Justizrat, hatte sich vom 4. Mai 1675 bis zum 23. August 1681 in Regensburg aufgehalten. Vom 6. Oktober 1681 bis zum 15. August 1682 nahm der kurbrandenburgische Rat Gottfried von Jena zu Thiemendorff, Dobernitz und Sorgau seine Stelle ein, vom 15. August 1682 bis zum 24. Januar 1683 Otto Heinrich Freiherr von Friesen. Am 24. Januar 1683 kehrte Schott nach Regensburg zurück, wo er am 11. November 1684 starb. Siehe Repertorium Bd. 1, S. 454; MOSER, Teutsches Staatsrecht Bd. 45, S. 30–31.

[81] Von Friesen (19. August 1654–20. August 1717) war erstmals vom 15. August 1682 bis zum 24. Januar 1683 in Regensburg, zum zweiten Mal vom 15. Februar 1685 bis zum 17. Juli 1689. Danach wurde er in Dresden Geheimer Rat, von 1695 bis 1715 war er Kanzler. Siehe Repertorium Bd. 1, S. 454; MOSER, Teutsches Staatsrecht Bd. 45, S. 31; ADB Bd. 8, S. 88.

[82] Von Miltitz (1654–1705), sächsischer Hof- und Justizrat, wurde am 5. August 1689 sächsischer Gesandter und blieb bis zu seiner Abreise nach Hamburg im Jahr 1696 in Regensburg. Siehe Repertorium Bd. 1, S. 454; MOSER, Teutsches Staatsrecht Bd. 45, S. 31; ZEDLER Bd. 21, Sp. 254–255.

[83] Graf von Werthern (23. Juli 1663–4. Februar 1721) hatte sich 1693/94 als Gesandter in Wien aufgehalten. Seit 1. März 1697 war er Gesandter am Immerwährenden Reichstag, wurde 1711 abberufen und schlug von Bose als seinen Nachfolger vor. Siehe: Repertorium Bd. 1, S. 454; MOSER, Teutsches Staatsrecht Bd. 45, S. 31; ADB Bd. 42, S. 127–129; ZEDLER 55, Sp. 715–723.

[84] Von Bose, kursächsischer Geheimer Rat, Kammerherr und Hauptmann des Meißnischen Kreises, war vom 13. Februar 1712 bis zum 11. Januar 1718 kursächsischer Gesandter in Regensburg. Siehe: Repertorium Bd. 1, S. 454 und Repertorium Bd. 2, S. 333; MOSER, Teutsches Staatsrecht Bd. 45, S. 31.

[85] Von Gersdorff, Kammerherr, Hof-, Justiz- und Appellationsrat hielt sich von 1718 bis zu seinem Tod am 16. Oktober 1725 in Regensburg auf. Siehe Repertorium Bd. 2, S. 333; MOSER, Teutsches Staatsrecht Bd. 45, S. 31.

[86] Von Schönberg, Kammerherr und Appellationsrat, seit 1733 auch Geheimrat, war vom 14. Dezember 1725 bis zum Mai 1749 Gesandter am Immerwährenden Reichstag. Siehe: Repertorium Bd. 2, S. 333; MOSER, Teutsches Staatsrecht Bd. 45, S. 31–32; HEIN, Reichstag. S. 140.

[87] Von Ponickau (31. August 1708–6. Dezember 1775), Herr auf Pohle, Stache, Schönborn und Taschendorf, 1726–1730 Studium in Leipzig, 1734–1749 am Appellationsgericht in Dresden, 1740 an den kurbayerischen Hof nach München geschickt, seit 21. Mai 1749 Gesandter am Immerwährenden Reichstag, wo er bis zu seinem Tod blieb. Siehe Repertorium Bd. 2, S. 333; Repertorium Bd. 3, S. 372; MOSER, Teutsches Staatsrecht Bd. 45, S. 32; Acta Historico-Ecclesiastica Bd. III, S. 71–76.

[88] Gesandter vom 15. April 1776 bis zum 2. September 1779, siehe: Repertorium Bd. 3, S. 372.

[89] Gesandter vom 15. September 1779 bis zum 10. Mai 1799, siehe: Repertorium Bd. 3, S. 372.

[90] Gesandter vom 9. Dezember 1799 bis 22. Oktober 1806. Vor seiner Ankunft hatte seit dem 15. Februar 1799 Dietrich Heinrich Ludwig Freiherr von Ompteda als Gesandter gewirkt. Siehe: Repertorium Bd. 3, S. 373.

2 Die Ausübung von Judenschutz in Pappenheim und Regensburg

André Holenstein sieht im Schutz »eine der zentralen, wenn nicht überhaupt die entscheidende Rechtskategorie zur Charakterisierung jüdischer Existenz im Territorialstaat der voremanzipatorischen Epoche«[1]. Für die Juden war der Schutz die Grundlage eines rechtlich geregelten Verhältnisses zur übrigen Gesellschaft und zur Obrigkeit. Für den Schutzherrn bedeutete der Judenschutz ein finanziell und politisch nutzbares Hoheitsrecht – das so genannte Judenregal[2]. Folglich steht die Kategorie Schutz wegen ihrer Relevanz für jeden einzelnen Juden am Anfang der Betrachtung jüdischen Lebens unter den Reichserbmarschällen.

Judenschutz beinhaltete, gerade in der Zeit nach 1650, nicht nur Schutz vor Verfolgung, sondern vor allem Gewährung von Wohnrecht in einem Territorium. Dies verdeutlicht die zeitgenössische Definition bei Johann Heinrich Zedler: »Schutz-Jude [...] heißt ein Jude, der von der hohen Landes-Obrigkeit aus besonderen Gnaden, an einen gewissen Orte zu wohnen, und seines Thuns abzuwarten auf- und in Schutz genommen worden«[3] ist. Die Bedeutung des Schutzes und die daraus resultierende Differenzierung zwischen Schutzjuden und solchen, die nicht im Schutz standen, soll an einem Pappenheimer Beispiel verdeutlicht werden. Im Konferenzprotokoll vom 19. August 1774 wurde festgehalten, dass der Aufenthalt einzelner *mit gar keinem Schutz versehener jüdischer Personen* ein Problem darstelle. Daher wurde dem Stadtvogt aufgetragen eine Beschreibung aller Schutzverwandten zu erstellen. Nach *Nahmhaftmachung der ohne Schutz sich allhier aufhaltenden jüdischen Personen beyderley Geschlechts* sollte den entstandenen *Unordnungen* ein Ende gesetzt werden[4].

In diesem ersten thematischen Hauptkapitel sollen die dem reichserbmarschallischen Schutz in Pappenheim und Regensburg zugrunde liegenden Normsetzungen, die Schutzbriefe und Schutzgesuche, aber auch die Gefahr des Schutzverlustes untersucht werden. Zusätzlich wird – als Sonderfall – auf die Gewährung von Asyl an Juden in Pappenheim eingegangen. Am Schluss werden die Einzelergebnisse zusammengeführt, um auf diese Weise einen Vergleich vor dem Hintergrund der unterschiedlichen Situation in Pappenheim und Regensburg zu ermöglichen.

2.1 Grundlagen: Normative Regelungen

Seit Guido Kisch wird zwischen jüdischem Recht und dem von außen speziell für Juden gesetzten Judenrecht unterschieden[5]. In der Forschung ist allerdings umstritten, inwieweit es neben dem innerjüdischen Recht überhaupt ein vom allgemeinen Recht unabhängiges Judenrecht gegeben hat.

---

[1] HOLENSTEIN, Bitten, S. 99.
[2] Siehe HOLENSTEIN, Bitten, S. 100; dazu auch: BATTENBERG, Rahmenbedingungen, S. 69–70; ULLMANN, Nachbarschaft, S. 53.
[3] ZEDLER Bd. 35, Sp. 1717.
[4] StAN, Herrschaft Pappenheim, Akten Nr. 5999/VIII, fol. 31b–32a: Eintrag vom 19. August 1774.
[5] Vgl. KISCH, Forschungen, S. 187–198.

Kap. 2: Die Ausübung von Judenschutz in Pappenheim und Regensburg

So geht J. Friedrich Battenberg von einem supplementären Recht aus, das durch den Ausschluss der Juden aus der christlichen Gemeinschaft erforderlich wurde[6]. Unabhängig davon waren Juden Teil der allgemeinen Rechts- und Sozialordnung, weshalb auch für sie das für alle geltende Recht zutraf[7]. Im Zusammenhang mit den im Folgenden behandelten, der Schutzgewährung zugrunde liegenden, rechtlichen Bestimmungen interessiert nur das von außen gesetzte, nicht aber das innerjüdische Recht. Für dessen konkrete Ausgestaltung gab es in der Frühen Neuzeit verschiedene Möglichkeiten. In einigen Territorien wurden umfangreiche Judenordnungen verfasst[8]. Seit dem 16. Jahrhundert stieg deren Zahl bei gleichzeitiger Bedeutungsabnahme individueller Schutzbriefe deutlich an. Frühe Beispiele sind unter anderem die Judenordnungen in der Kurpfalz (1515), in Kurmainz (1537), in der Landgrafschaft Hessen (1539) und im Fürstentum Braunschweig-Wolfenbüttel (1578)[9]. Vor allem die Landesherren bedeutenderer geschlossener Territorien und die Obrigkeiten von Reichsstädten erließen Judenordnungen, doch auch in den kleineren Territorien nahm ihre Zahl im Laufe der Frühen Neuzeit zu. Ein Beispiel hierfür ist das Fürstentum Nassau-Usingen, das seit 1732 über eine Judenordnung verfügte, während zuvor das »Judenrecht« von Schutzbriefen und Spezialverordnungen geprägt gewesen war[10]. In unmittelbarer Nachbarschaft zu Pappenheim befand sich mit dem Markgraftum Brandenburg-Ansbach ein Territorium, in dem mehrere Judenordnungen erlassen wurden[11].

Daneben gab es Territorien, in denen die Ausarbeitung von Judenordnungen in Ansätzen stecken blieb. Ein gutes Beispiel dafür ist die Markgrafschaft Burgau, in der es schon 1534 eine Judenordnung gegeben hatte[12]. Allerdings sollte es bei diesem einzigen Anlauf bleiben. Stattdessen wurden im 17. und 18. Jahrhundert einzelne Dekrete, Privilegien und Mandate erlassen[13]. Viele Schutzherrn verfassten keine Judenordnung, sondern begnügten sich damit, die individuellen Schutzbriefe zu synchronisieren und fallweise Regelungen jüdischer Angelegenheiten zu verabschieden, die auf konkrete Vorfälle Bezug nahmen[14]. Ein Beispiel für diese Vorgehensweise ist Limburg, ein in der Größe mit Pappenheim vergleichbares westfälisches Territorium[15]. Außerdem gab es Dokumente, die zwar nicht als Judenordnungen bezeichnet wurden, aber gewissermaßen deren Funktion übernahmen. So glichen die Judenschutzbriefe in der Grafschaft Oettingen auf inhaltlicher Ebene den Judenordnungen, waren aber wegen ihrer befristeten Gültigkeit flexibler. Zudem führten sie ihre Adressaten namentlich auf[16].

---

[6] Siehe dazu BATTENBERG, Juden in Deutschland, S. 81; BATTENBERG, Privilegierung, S. 146–150.
[7] BATTENBERG, Rahmenbedingungen, S. 54.
[8] Mordstein bezeichnet sie als klassischen Normtyp in der Frühen Neuzeit. Siehe: MORDSTEIN, Untertänigkeit, S. 59.
[9] BATTENBERG, Judenordnungen, S. 84; DERS., Zeitalter Bd. I, S. 177–178.
[10] BATTENBERG, Juden in Deutschland, S. 15–16; ULLMANN, Nachbarschaft, S. 113; zu Nassau-Usingen: MARZI, Judentoleranz, S. 281.
[11] Dort wurden 1705, 1732, 1734 und 1737 Judenordnungen erlassen. Siehe HAENLE, Ansbach, S. 67, 88. Die Ordnung von 1737 ist bei ZIMMER, Ansbach, S. 79–96, abgedruckt. Im 17. Jahrhundert hatte es in Brandenburg-Ansbach aber auch Judenschutzbriefe gegeben. Siehe MORDSTEIN, Untertänigkeit, S. 62.
[12] Zur Burgauer Judenordnung von 1534 siehe MIX, Judenordnung.
[13] Siehe ULLMANN, Nachbarschaft, S. 116–118.
[14] BATTENBERG, Juden in Deutschland, S. 15–16, 82.
[15] HERZIG, Berührungspunkte, S. 170.
[16] MORDSTEIN, Untertänigkeit, S. 62, 320; auch: JAKOB, Harburg, S. 16–17.

Kap. 2: Die Ausübung von Judenschutz in Pappenheim und Regensburg

2.1.1 Eine für die Juden in Pappenheim zentrale Vereinbarung: Der Rezess von 1692

In der Herrschaft Pappenheim hatte es niemals eine Judenordnung gegeben. Im Folgenden soll jedoch die wichtigste normative Regelung, die das Leben der Pappenheimer Juden bestimmte und die zumindest in Ansätzen die Funktion einer Judenordnung erfüllte, der Rezess vom 31. Juli 1692, behandelt werden[17]. Er kann schon deshalb nicht als Judenordnung bezeichnet werden, weil sich nur ein kleiner Teil seiner Bestimmungen auf Juden bezieht. Der Rezess wurde zwischen dem sächsischen Kurfürsten Johann Georg IV.[18] *als Ober Lehenherrn, auch erblichen Conservatori und Executori derer gräflich Pappenheimischen Pactorum familiae,* und Reichserbmarschall Carl Philipp Gustav, dem Nachältesten Ludwig Franz sowie ihren minderjährigen Verwandten Christian Ernst und Johann Friedrich geschlossen[19]. Auslöser für die ihm vorausgehenden Verhandlungen war, dass die Untertanen von Neudorf und Göhren seit 1680 *vielfältige querelen geführet* hatten. Nachdem sich weitere Orte wie Osterdorf und Geislohe angeschlossen hatten, sollte auf diese Weise die *Stiftung beßern Vertrauens zwischen Herrschaft und Untertanen* ermöglicht werden. Der Rezess versuchte sowohl das Verhältnis zwischen Untertanen und Herrschern als auch innerhalb der regierenden Familie zwischen dem Reichserbmarschall als Senior der Familie und den übrigen Grafen von Pappenheim zu klären. Dadurch hatte die Einigung zugleich eine konfessionelle Komponente, da Carl Philipp Gustav und Ludwig Franz die katholische Linie des Hauses Pappenheim vertraten, während Christian Ernst und Johann Friedrich der evangelischen Linie angehörten. Auf der einen Seite setzte der Rezess die von Bürgern und Untertanen zu erbringenden Abgaben und Frondienste fest und regelte deren Verteilung auf die beiden Linien. Dabei wurden auch grundlegende Aussagen wie der Schutz vor übermäßigen Steuern und das Versprechen, gegen zu hohe Gebühren eine neue Taxordnung zu erlassen, gemacht. Auf der anderen Seite beinhaltet der Rezess normative Aspekte. So sollte die Policeyordnung jährlich vorgelesen, die Handwerkerordnung beachtet und bei der Anfertigung von Meisterstücken auf überflüssige Kosten verzichtet werden. Neben diesen allgemeinen Regelungen enthält der Rezess einige Bestimmungen, die für die in Pappenheim lebenden Juden von zentraler Bedeutung waren. Die drei seiner insgesamt 32 Kapitel, die sich ausschließlich mit den Juden in der Herrschaft beschäftigen (Kapitel 29, 30 und 31), sollen im Folgenden näher dargestellt werden.

Kapitel 29 führt etliche Beschwerden über die Juden auf, die sowohl deren Anzahl als auch deren Handelstätigkeit (*übermäßigen Wuchers*) betreffen. Aus diesem Grund hätten sich die Grafen unter Bezugnahme auf den Burgfrieden, der die Zahl der Juden begrenze (Art. 16), auf die Höchstzahl der künftig in Pappenheim geduldeten Juden geeinigt. Neben dem Hofjuden sollten sich nur zwei weitere Juden (zum Zeitpunkt der Abfassung des Rezesses Hirsch Oppenheimer und Samuel, der Sohn des Perle) sowie ein Schulmeister bzw. Totengräber[20] in Pappenheim aufhalten dürfen. Somit war insgesamt der Aufenthalt von vier Juden und deren Familien in der Stadt gestattet. Dem

---

[17] StAN, Herrschaft Pappenheim, Urkunden Nr. 4413: Rezess vom 31. Juli 1692.
[18] Johann Georg IV. (18. Oktober 1668–27. April 1694), seit 1691 Kurfürst von Sachsen. Siehe NDB Bd. 10, S. 527–528.
[19] Carl Philipp Gustav war seit 1678 Senior des Hauses; Ludwig Franz sollte das Seniorat nur wenige Monate nach Abschluss des Rezesses – nach dem Tod seines Bruders am 15. September 1692 – übernehmen. Auch Christian Ernst und Johann Friedrich wurden später zu regierenden Reichserbmarschällen. Siehe DÖDERLEIN, Matthaeus à Bappenheim, S. 393–420. Zur Lehensabhängigkeit Pappenheims von Kursachsen und der Person der Reichserbmarschälle siehe Kapitel 1.1.
[20] Die Anwesenheit einer Person, die diese Funktionen ausübte, setzt das Vorhandensein einer Gemeinde und einer gewachsenen Struktur voraus. In Kapitel 7. wird darauf ausführlicher eingegangen.

Kap. 2: Die Ausübung von Judenschutz in Pappenheim und Regensburg

Hofjuden wurde insofern eine besondere Stellung zum Reichserbmarschall zugewiesen, als sein Schutzgeld und die Hälfte der von ihm zu entrichtenden Nachsteuer direkt an diesen und nicht an die gemeinherrschaftliche Kasse gingen. Ansonsten sollten für ihn dieselben Regelungen wie für die anderen Juden gelten.

Darüber hinaus wurden vorübergehend weitere Juden, die sich bereits in Pappenheim aufhielten, geduldet. Bei diesen handelte es sich um den alten Perle (wohl der Vater des oben genannten Samuel), einen weiteren Juden namens Samuel, der zur Unterscheidung der Ältere genannt wird, sowie Hirschs Vater. Für die ersten beiden sprach ihr bereits 40-jähriger Aufenthalt in Pappenheim, für Letzteren, dass er *bey dem Sohne ein stilles leben führt, und keine Handlung treibet*. Ferner wurde auf das Alter der drei zusätzlich geduldeten Juden hingewiesen. Da sie bereits zwischen 70 und 80 Jahre alt waren, schien es vertretbar, dass sie blieben – wohl nicht zuletzt, weil sie keinen eigenen Handel mehr getrieben haben dürften. Nach ihrem Tod waren *dieße stellen keines wegs weiter zu ersezen* – die Zahl der Juden sollte also langfristig auf die oben genannten vier Personen begrenzt bleiben. Diese restriktive Politik wurde dadurch ergänzt, dass allen anderen Juden, die sich in Pappenheim aufhielten, auferlegt wurde die Herrschaft bis Michaelis (29. September) *zu räumen*. Zusätzlich zur Begrenzung der dauerhaft in Pappenheim lebenden Juden wurde angestrebt den vorübergehenden Aufenthalt fremder Juden zu beschränken. Daher war es den tolerierten Juden nicht gestattet *einen frembden oder andern Juden über drey Nächt* zu beherbergen. Bei Zuwiderhandlung gegen diese Vorschrift wurde eine Strafe von 10 fl. angedroht[21].

Die Regelung des Burgfriedens hinsichtlich der Allmendenutzung durch Juden sollte beibehalten werden. Allerdings stand ihnen diese nur für ein Ross zum *hin- und wiederreuthen* zu. Die Mitbenutzung der *Gemein Lach* galt ausdrücklich nicht für Pferde, die ein Jude *zum Verkauf hält*. Obgleich damit eine grundsätzliche Partizipation der Juden an der Allmende gestattet war, wurde ihre wirtschaftliche Tätigkeit zugleich begrenzt[22]. Die Annahme von unbeweglichen Gütern, also Äckern, Wiesen und Bauernhöfen, sollte Juden weiterhin gestattet sein. Bei deren Weiterverkauf war allerdings darauf zu achten, dass diese nicht an Auswärtige verkauft, sondern Pappenheimer Untertanen *umb billigen Preiß* angeboten wurden[23].

Ein weiterer wichtiger Punkt, der im Rezess ausführlich behandelt wird, ist der Geldverleih. Bei Geschäften mit der Herrschaft sollte der Höchstzinssatz 5 % betragen, bei Pappenheimer Bürgern,

---

[21] Ein derartiges Verbot bestand wohl bereits im Jahr 1666. Siehe StAN, Herrschaft Pappenheim, Akten Nr. 8171: Mandat Reichserbmarschall Wolf Philipps vom 16. Mai 1666. Auch aus dem Jahr 1718 liegt ein Hinweis auf einen derartigen Verstoß vor: Bei einem strittigen Pferdehandel zwischen dem Scharfrichter und Amson Jacob stellte sich heraus, dass bei Amson Jacob ein Jude namens Löwele aus Berolzheim wohnte, der nicht sein Knecht war. Auf die Frage des Stadtvogts, ob er wisse, dass man keinen Juden *ohne herrschaftliche erlaubniß über 2 nacht solle behalten, oder 5 fl. Straff bezahlen*, antwortete Amson Jacob, *es stehe hierin nichts in sein*[em] *Schutzbrief*. Daraufhin hielt der Stadtvogt die Bestimmung aus dem Burgfrieden vor. Da sich Löwele 88 Tage in Pappenheim aufgehalten hatte, stellte der Stadtvogt dem Reichserbmarschall die Frage, ob er von Amson Jacob tatsächlich eine Strafe von 440 fl. – *wegen Übertretung dieses verbotts alle 24 Stund 5 fl.* – verlangen solle. Siehe Nr. 5997/V: Bericht an den Reichserbmarschall vom 12. Juni 1718.

[22] Näheres zur Partizipation der Pappenheimer Juden an den Gemeinderechten, die für das Verhältnis zwischen Juden und Christen von zentraler Bedeutung war, siehe Kapitel 8.2.2.

[23] Der Niederschlag dieser Regelung lässt sich vereinzelt in den Protokollen beobachten. So verkaufte Jörg Prenner aus Dettenheim dem Juden Hirsch im Jahr 1693 einen Acker. Dazu heißt es: *dem Juden aufgebürdet ist, solchen nit außer Herrschaft craft Recess zu verkaufen*. Siehe StAN, Herrschaft Pappenheim, Akten Nr. 4635/53: Eintrag vom 5. Juni 1693.

Kap. 2: Die Ausübung von Judenschutz in Pappenheim und Regensburg

Untertanen und Schutzverwandten maximal 6 %. Bei geringen Beträgen und kurzer Laufzeit war ein etwas höherer Satz gestattet: Wurden weniger als 50 fl. verliehen oder wurde das Geld innerhalb von sechs Monaten zurückgezahlt, durfte *vom Gulden jährlich ein Bazen nach proportion und pro rata temporis* genommen werden[24]. Somit betrug der höchste zulässige Zinssatz 6,66 % (vier von 60 Kreuzern). *Zinß auf Zinß zu schlagen*, also das Nehmen von Zinseszins, wurde ausdrücklich verboten. Bei Zuwiderhandlungen wurde eine Reihe von Sanktionen vorgesehen, die bis zur Ausweisung reichen konnten. Ferner wurde auf die einschlägigen Bestimmungen der Reichspoliceyordnung von 1577[25] verwiesen. Zur Durchsetzung dieser Vorschrift wurde eine strenge Protokollierungspflicht festgelegt. Künftig waren alle *Kauf, Tausch und andere Conträct so mehr als fünfzehn Gulden betragen* bei dem für den Schuldner zuständigen Amt anzuzeigen. Verträge, die nicht protokolliert wurden, waren als nicht verbindlich anzusehen. Auch konnten die Juden dann nicht mit herrschaftlicher Hilfe bei der Klage gegen säumige Zahler rechnen. Diese Bestimmungen sollten auch auf alle Altverträge ausgedehnt werden, die bis spätestens Ostern 1693 auf Kosten der Schuldner protokolliert werden sollten. Den Beamten wurde bei Androhung einer Strafe von 20 fl. eingeschärft, bei diesen Verträgen ebenfalls strikt auf den Höchstzinssatz und das Verbot des Zinseszins zu achten. Somit wurden mit dem Rezess rückwirkend strengere Regeln für den Handel zwischen Juden und Christen festgelegt, die sich in den Protokollen niederschlugen[26].

Damit der Geistlichkeit *nichts abgehen möge*, hatte die *Judenschaft überhaubte statt derer sonst von christlichen Bürgern und deren Häußern zu genießen habenden Jurium stolae alle Neu Jahr zwei Reichstaler an das Stadtministerium zu entrichten*. Diese sind als Ersatz für die den Pfarrern durch die Zulassung von Juden entstehenden »Einnahmeeinbußen« bei den Stolgebühren zu betrachten.

Kapitel 30 widmet sich vollständig den Abgaben der Juden, vor allem dem Schutzgeld und der Nachsteuer. Das Schutzgeld des Hofjuden, der den doppelten Satz zahlen sollte, stand dem Reichserbmarschall zu. Die Schutzgelder der übrigen Juden gingen hingegen an die gemeinherrschaftliche Kasse. Hirsch Oppenheimer und Schmuel der Jüngere zahlten 10 fl., der alte Schmuel, Perl und Hirschs Vater 5 fl. und der Schulmeister bzw. Totengräber 3 fl. Für die Zukunft, *nach abgang derer izigen zweyen ordinair Juden*, wurden höhere Schutzgelder geplant. Der Regelsatz sollte so weit wie möglich über 10 fl. angehoben werden. Bei den Steuern sollte eine *gebührente billiche proportion* berücksichtigt werden. Wie alle anderen Juden hatte der Hofjude seine Steuern an die gemeinherrschaftliche Kasse zu entrichten, seine Bemessungsgrundlage, der *Steuerfuß*, sollte wegen des höheren Schutzgeldes die bisherigen 300 fl. nicht überschreiten[27].

---

[24] Dass der Rezess als Einschnitt aufgefasst wurde, beweist die Schuldklage des Juden Jacob gegen Michael Binßendorfer aus Wolfsbronn. Dessen Vaters Schulden reichten bis 1686 zurück. Bei den Zinsen wurde von 1686 bis 1692, *biß zur Commission*, ein höherer Satz berechnet. Siehe StAN, Herrschaft Pappenheim, Akten Nr. 4635/60, S. 218–220: Eintrag vom 19. Januar 1702. Näheres zu den Auswirkungen des Rezesses auf die Zinssätze siehe Kapitel 5.2.

[25] RPO 1577, XX. titul: Von Juden und ihrem Wucher. NSRA 3. Teil, S. 389–390. Diese Bezugnahme war keineswegs unüblich. So wurde im Hochstift Köln 1599 unter Verweis auf die Reichspoliceyordnung der Höchstzinssatz auf 5 % festgelegt. Siehe BATTENBERG, Zeitalter Bd. I, S. 204.

[26] Im Zusammenhang mit dem Rezess sind gesonderte Protokolle über die Schuldner des Hofjuden Jacob und Hirsch Oppenheimers entstanden. Diese wurden *nach ausweis des Haubt Recess* erstellt und protokollieren sowohl neue als auch alte Fälle. Vgl. StAN, Herrschaft Pappenheim, Akten Nr. 4635/56: Protokoll über Schulden bei dem Hofjuden Jacob und Nr. 8134: Protokoll über Schulden bei dem Juden Hirsch. Diese werden in Kapitel 5.1. näher ausgewertet.

[27] Da das Steuersystem in Kapitel 4.2. ausführlicher dargestellt wird, soll auf dessen genaues Funktionieren hier nicht näher eingegangen werden.

Kap. 2: Die Ausübung von Judenschutz in Pappenheim und Regensburg

Bei der Nachsteuer wurde vor allem auf die Verheiratung eines Kindes außerhalb der Herrschaft eingegangen. Der für Bürger geltende Steuersatz auf die Mitgift von 10 % sollte grundsätzlich auch für Juden gelten. Allerdings wurde mit Hirsch Oppenheimer in Hinblick auf seine kurz zuvor ausgeheiratete Tochter eine pauschale Nachsteuer von 100 fl. vereinbart. Bei der Verheiratung weiterer Kinder Hirsch Oppenheimers sollten für jede Tochter 150 fl. und für jeden Sohn 75 fl. Nachsteuer gezahlt werden. Für den Fall, dass er selbst aus der Herrschaft ziehen sollte oder sein Vermögen nach seinem Tod aufgeteilt würde, sollte die Nachsteuer 200 fl. betragen. Der zu entrichtende Betrag sollte zu gleichen Teilen der gemeinherrschaftlichen Kasse und der Stadt sowie deren Vorstehern zustehen. Für den Hofjuden galt auch bei dieser Abgabe eine Sonderregelung. Die Hälfte seiner Nachsteuer ging an den Reichserbmarschall, die andere Hälfte an die Stadt. Die Höhe seiner Nachsteuer orientierte sich an der des vermögendsten Juden. Mit dem derzeitigen Hofjuden Jacob hatte der Reichserbmarschall jedoch bereits eine abweichende Vereinbarung getroffen. Dieser sollte bei der Ausheiratung von Kindern, Abzug und Tod dem Reichserbmarschall keine Nachsteuer schuldig sein. Der Stadt sollten aus dieser Einzelregelung allerdings keine Nachteile erwachsen, denn Jacob hatte dieser bei der Ausheiratung einer Tochter 50 fl., bei einem Sohn 25 fl. und bei seinem Wegzug oder Tod 100 fl. zu zahlen. Außerdem sollte für alle Juden kleiner Vermögen, für die die Pauschalregelung nicht in Frage kam, weiterhin der bisherige Satz von 10 % gelten.

Kapitel 31 weicht insofern deutlich von den beiden vorangehenden Kapiteln ab, als es keine normativen Vorgaben macht, sondern sich mit den Forderungen eines einzelnen Juden beschäftigt. Der Hofjude Jacob hatte gegen die Bürgerschaft geklagt, da er ihr 1674 während eines Winterquartiers 500 fl. Quartierlasten ausgelegt hatte. Laut einer bereits 1685 getroffenen Abrechnung stünden ihm davon inklusive Zinsen 700 fl. zu. Im Rezess wurde vereinbart, dass Jacob 550 fl. innerhalb eines Jahres erhalten sollte. Für einen Becher, den er während dieses Winterquartiers einem Offizier geben musste, forderte er 52 fl. Dafür sollte Jacob, da diese Abgabe die gesamte Herrschaft betraf, 50 fl. aus der Untertanenkasse erhalten. An den Rezess schließen sich mehrere Nebenrezesse an. Darin wird die in Kapitel 29 behandelte Begrenzung der jüdischen Bevölkerung noch einmal eingeschärft. Außerdem ist hier die – im Hauptrezess nicht enthaltene – Bestimmung zu finden, dass jeder Jude einen Jagdhund halten soll. Dabei handelte es sich um eine Abgabe, die an anderer Stelle ausführlicher behandelt wird[28].

Bei der Betrachtung der Kapitel 29, 30 und 31 des Rezesses fällt das Nebeneinander von allgemeinen Bestimmungen und Aussagen, die nur einzelne Juden betreffen, auf. Besonders deutlich wird dies in Kapitel 31, das sich nur mit den Zahlungsrückständen von Stadt und Herrschaft bei dem Hofjuden Jacob befasst. Doch auch in den beiden anderen Kapiteln sind individuelle Bestimmungen zu finden. Dazu gehören sowohl die Vereinbarungen mit Hirsch Oppenheimer und Jacob bezüglich der Nachsteuer als auch die namentliche Nennung der geduldeten Juden. Daneben enthält der Rezess etliche Regelungen allgemeinverbindlicher Natur, die ihm zumindest in Ansätzen die Rolle einer Judenordnung zukommen lassen. Hier ist vor allem an die – später nicht durchgesetzte – Höchstzahl der zugelassenen Juden, die Modalitäten des Geldverleihs, Protokollierungspflicht, Nutzung der Allmende und die Entrichtung von Stolgebühren, Schutzgeld und Nachsteuer zu denken.

Erwartet man von einer Judenordnung eine möglichst umfassende Regelung verschiedenster Lebensbereiche, so fehlen im Rezess einige wichtige Punkte wie beispielsweise Religion und

---

[28] Diese Abgabe wird, genauso wie alle anderen hier geschilderten, in Kapitel 4. näher behandelt.

christlich-jüdische Beziehungen[29]. Um den Rezess von 1692 in den Kontext zeitgenössischer Judenordnungen einzuordnen, soll er im Folgenden mit der Ansbacher Judenordnung von 1737 und der hessen-darmstädtischen Judenordnung Landgraf Georgs II. von 1629, die bis ins 18. Jahrhundert mit nur kleineren Änderungen in Kraft blieb[30], verglichen werden. Übereinstimmungen zwischen Pappenheim und Ansbach finden sich vor allem beim Schutzgeld des Rabbiners bzw. des Schulmeisters/Totengräbers, der Begrenzung des Aufenthalts von fremden Juden über Nacht, Abgaben wie der Nachsteuer, der Protokollierungspflicht für bestimmte Geschäftsabschlüsse und dem Höchstzinssatz. Über den Umfang des Rezesses hinaus wurden in Ansbach weitere Bereiche geregelt. Dazu gehören ein Schutzbefehl an die Beamten und Untertanen, eine ausführliche Beschreibung des Vorgangs der Schutzaufnahme (Bericht über Verhalten und Vermögen, erforderliches Mindestvermögen) bzw. des Abzugs aus dem Schutz, der Leibzoll für auswärtige Juden, weitere Abgaben wie Handlohn und Profitnachsteuer und die Beschränkung des Hausbesitzes an besonderen Stellen. Ferner wird auf die Religionsausübung, die keiner Beschränkung unterliegen soll, und die Rechte des Rabbiners eingegangen. Der Pappenheimer Rezess erscheint dadurch, dass er eine Begrenzung der Zahl der geduldeten Juden festlegt, weitaus strikter. Über die in der Ansbacher Judenordnung behandelten Bereiche hinaus befasst er sich mit der Nutzung der Allmende, Stolgebühren und der Stellung des Hofjuden.

Noch auffälligere Unterschiede lassen sich im Vergleich mit der hessen-darmstädtischen Judenordnung feststellen. Zwar dominiert auch bei ihr die Handelstätigkeit, mit der sich neun (6–12, 14, 19) von 21 Punkten befassen, doch schon an zweiter Stelle steht der Bereich Religion und jüdisch-christliche Beziehungen: Verbot der Errichtung neuer Synagogen (2), Verbot von Religionsdisputationen mit Christen (3), Schutz konvertierter Juden (4), Schutz der christlichen Religionsausübung (5), Verbot der Durchführung von Beschneidungen in Anwesenheit von Christen (13) und das Verbot sexueller Kontakte zwischen Juden und Christen (15). Zusätzlich hatten auch die Regelungen bezüglich des Handels an Sonn- und Feiertagen und des Schächtens, die in dieser Auflistung dem Bereich Handel zugerechnet wurden, eine religiöse Dimension. Der fiskalischen Komponente des Judenschutzes kommt dagegen nur eine untergeordnete Rolle zu. Behandelt wird die Entrichtung des Schutzgeldes (18) und ab der Neuverkündung von 1697 die Höhe des Inferendums. Diese Unterschiede resultieren nicht zuletzt aus der Entstehungsgeschichte der hessen-darmstädtischen Judenordnung. Ihre älteste Version war 1539 von Landgraf Philipp dem Großmütigen unter dem Einfluss des Theologen Martin Bucer verfasst worden. Entgegen dem Rat mehrerer Theologen, die eine Ausweisung der Juden gefordert hatten, wurde beschlossen, sie weiterhin zu dulden, wobei dies jedoch mit der Hoffnung auf ihre Bekehrung begründet wurde[31].

Bei diesem Vergleich mit den Judenordnungen anderer Territorien treten die Charakteristika des Pappenheimer Rezesses, die sich durch seinen Entstehungshintergrund erklären lassen, deutlicher hervor. Bei ihm handelt es sich eben nicht primär um eine Judenordnung, die sich an Juden bzw. die für die Überwachung ihres Verhaltens zuständigen Personen richtete, sondern um eine Vereinbarung zwischen mehreren Linien des regierenden Geschlechts. Außerdem war der Rezess zur Lösung konkreter Probleme verabschiedet und daher nicht langfristig konzipiert worden. Dadurch

---

[29] Diese werden auch von Mix in der Burgauer Judenordnung von 1534 vermisst. Siehe MIX, Judenordnung, S. 43.
[30] BATTENBERG, Judenverordnungen, S. 75–79; unveränderte bzw. mit nur leichten Änderungen neuverkündete Versionen wurden in den Jahren 1661 (S. 86), 1692 (S. 91), 1697 (S. 95) und 1718 (S. 140–141) erlassen.
[31] BATTENBERG, Judenordnungen, S. 90, 93; DERS., Zeitalter Bd. I, S. 196.

Kap. 2: Die Ausübung von Judenschutz in Pappenheim und Regensburg

traten nicht grundsätzliche Fragen in den Vordergrund, sondern die Bereiche, die sich mit der finanziellen Bedeutung der Juden befassten. Zugleich wird auf die jüdische Handelstätigkeit eingegangen[32]. Dies liegt sicher zum einen daran, dass hier die Wahrscheinlichkeit von Konflikten zwischen Juden und christlicher Bevölkerung am größten war, zum anderen an den Vorgaben des Reichsrechts, das in den Policeyordnungen vor allem auf wirtschaftliche Aspekte eingegangen war.

Soweit es aus den überlieferten Quellen zur Herrschaft Pappenheim erkennbar ist, wurde nach 1692 kein weiterer Versuch einer umfassenden Normsetzung für das jüdische Leben unternommen. Sofern Regelungsbedarf bestand, wurde diesem durch Mandate zu konkreten Bereichen nachgekommen[33]. Nicht zuletzt daran dürfte es liegen, dass die Bestimmungen des Rezesses für die Juden eine lange Nachwirkung hatten. So wurde beispielsweise beim erlaubten Höchstzinssatz immer wieder auf ihn Bezug genommen. Weitaus wichtiger jedoch war er für die Formulierung von Schutzbriefen. Noch im Jahr 1767 wurde Isaac Jacobs Witwe Zartel zu einer *Rezessjüdin* ernannt, was einige Jahre später auf die von ihr zu entrichtende Nachsteuer Auswirkungen hatte. Bei ihrem Fortzug richtete sich diese nicht nach ihrem Vermögen, sondern sie zahlte eine auf dem Rezess basierende Pauschalsumme[34]. Obwohl sich der Rezess überwiegend (29 von 32 Kapiteln) auf Bereiche bezieht, von denen die Juden nicht oder zumindest nicht stärker als ihre christlichen Nachbarn betroffen waren – sei es bezüglich der Höhe von Abgaben oder bezüglich grundsätzlicher Normen – scheint er für sie bedeutsamer gewesen zu sein als für die übrige Bevölkerung der Herrschaft Pappenheim. Denn in anderen Zusammenhängen wurde er anscheinend nicht in einem dem oben genannten Umfang entsprechenden Maß rezipiert. Dies verdeutlicht nicht zuletzt ein Blick in die vorhandene allgemeine Literatur zur Herrschaft Pappenheim, die ihn überhaupt nicht erwähnt[35].

2.1.2 Judenrechtliche Verordnungen in Regensburg

Rechte und Pflichten der Regensburger Juden wurden von ihren Schutzherrn, den Reichserbmarschällen von Pappenheim, in mehreren Verordnungen festgelegt. Diese erstrecken sich zeitlich von der »Resolutio« von 1695 bis zu einem Reglement aus dem Jahr 1733[36]. Zusätzlich wurde am 10. Mai 1712 von Kursachsen ein königliches Dekret erlassen. Die älteste bekannte Verordnung für die Regensburger Juden ist die »Resolutio« des Reichserbmarschalls Ludwig Franz vom 31. Januar 1695, die zur Unterscheidung vom Augsburger Vertrag aus dem Jahr 1614 auch »Nebenrecessus« genannt wurde. Die aus neun Punkten und einem Anhang bestehende »Resolutio« war mit Approbation der kursächsischen Gesandtschaft zustande gekommen[37]. Ihr waren ein 1692 vom Kon-

---

[32] Diese Seite jüdischer Existenz scheint in keiner Ordnung ausgespart worden zu sein, wie das Ansbacher, hessen-darmstädtische und Burgauer Beispiel zeigt. Zu Letzterem MIX, Judenordnung, S. 40–42.

[33] Diese Mandate sollen in den entsprechenden Kapiteln, vor allem in dem zu den rechtlichen Grundlagen der jüdischen Handelstätigkeit, auf die sich die meisten Verordnungen bezogen, behandelt werden.

[34] StAN, Adel Archivalien Nr. 4638, S. 89–90: Eintrag vom 14. September 1775. Ein vergleichbarer Fall findet sich in Nr. 5208: Actum die gnädige recessmäßige Aufnahm des bisherigen Schutzjuden Philipp Joseph vom 18. Februar 1755.

[35] SCHWACKENHOFER, Reichserbmarschälle; DÖDERLEIN, Matthaeus à Bappenheim; KERN, De juribus. Übersetzung von Letzterem in MOSER, Schwäbische Merkwürdigkeiten, S. 218–232 und 341–360.

[36] Mit den Verordnungen von 1695, 1729 und 1733 hat sich Siegfried Wittmer bereits ausführlich befasst: WITTMER, Regensburger Juden, S. 61–62, 83–89.

[37] StadtA Regensburg, HVA AAR 92a: Resolutio des Reichserbmarschalls Ludwig Franz vom 21. Dezember 1695.

Kap. 2: Die Ausübung von Judenschutz in Pappenheim und Regensburg

sulenten Emanuel Harrer für die Stadt verfasstes Memoriale[38] und die von *Cämmerer und Rath zu Regensburg wieder dasige Judenschaft geklagte*[n] *Gravamina* vorausgegangen[39].

Nur vier Jahre später wurde von Christian Ernst, der Ludwig Franz als Reichserbmarschall nachfolgte, am 27. Dezember 1699 ein aus elf Punkten bestehendes Reglement erlassen. Es richtete sich an alle Juden unter dem Schutz des Reichserbmarschallamts und auch an solche, die *auf eine kurze Zeit allhier geduldet und vergleitet* werden (§ 1)[40]. Außerdem sind fünf Schutzreverse, die von in Regensburg im Schutz stehenden Juden unterzeichnet wurden, vom 18. Dezember 1699 überliefert[41]. Die gleichzeitige Unterzeichnung durch mehrere Juden lässt eine Verbindung zum kurz danach publizierten Reglement als sehr wahrscheinlich erscheinen. In den Reversen wurde *an würklichen Aydes statt* versichert, dass man von Reichserbmarschall Christian Ernst, der den Unterzeichner in *würklichen Schutz und Protection auf gegenwärtigen allgemeinen Reichstag allhier zu Regensburg* aufgenommen hatte, ein Reglement zur *Verhaltungs Nachricht* erhalten habe. Diesem war *in allen und jeden Puncten gehorsame schuldige folge* zu leisten. Am Ende stand das Versprechen sich so zu verhalten *wie es einen ehrlichen und gehorsamen Schutzverwandten in alle Weege obgelegen ist und sonsten wohl anstehet und eignet*.

Nach dem Reglement von 1699 kam es weiterhin zu Klagen der Regensburger Bürgerschaft und Zünfte über die Juden. Einer Antwort des Reichserbmarschallamts vom 29. März 1710 auf eine derartige Beschwerde ist zu entnehmen, dass über das Reglement von 1699 hinaus – vor allem in Bezug auf Religion und Handel – kein weiterer Regelungsbedarf gesehen wurde[42]. Trotz dieser Haltung wurde das von Pappenheimer Seite erlassene Reglement durch das »königliche Dekret« Augusts des Starken vom 10. Mai 1712 ergänzt. Warum dieses verfasst wurde, ist nicht überliefert, es zeigt aber, dass – neben Pappenheim – auch Sachsen den Anspruch erhob, das Leben der Juden in Regensburg zu regeln. Das Dekret besteht aus drei Teilen. Im ersten wurde die Zahl der in Regensburg zugelassenen Juden auf sechs Familien beschränkt, zugleich fand von sächsischer Seite eine Auswahl der in Regensburg lebenden Juden statt[43]. Der zweite Teil ist das aus 16 Punkten bestehende *Erneuerte Regliment vor deß Reichserbmarschall-Amts Schutzverwandte Judenschaft auf dem Reichstage zu Regensburg*[44]. Abschließend gab das sächsische Dekret die *Beschwerungen, welche die Cramerbruderschaft zu Regensburg in XV unterschiedlichen Puncten geführt und eingegeben hat*, wieder[45]. Dem Dekret ist ein Schreiben Augusts des Starken beigelegt, das den

---

[38] Vgl. WITTMER, Regensburger Juden, S. 57–61. Aus dem Memoriale geht hervor, dass die Stadt unter anderem beklagte, das 1521 teuer erkaufte Recht keine Juden aufnehmen zu müssen, sei praktisch wertlos geworden. Außerdem sei die Zahl der Juden zu hoch. Allerdings liege die Entscheidung darüber, wie vielen Juden Geleit gegeben werde, beim Reichserbmarschall. Da dieser kein Interesse an deren Reduzierung habe, müsse der kursächsische Gesandte um Hilfe gebeten und über Beschwerden gegen die Juden informiert werden.

[39] StadtA Regensburg, HVA AAR 92a: Weisung des Reichserbmarschalls Ludwig Franz an Veit Winkler und Johann Georg Textor in Regensburg vom 1. Februar 1695.

[40] StAN, Herrschaft Pappenheim, Reichserbmarschallamt Nr. 1073: Reglement vor des Reichserbmarschallamts Schutzverwandte Judenschaft auf dem Reichstag zu Regensburg vom 27. Dezember 1699.

[41] StAN, Herrschaft Pappenheim, Reichserbmarschallamt Nr. 1534: Schutzreverse der Regensburger Juden vom 18. Dezember 1699.

[42] Siehe StAN, Herrschaft Pappenheim, Reichserbmarschallamt Nr. 1013: Erklärung des Reichserbmarschall-Amts puncto der übergebenen Gravaminum vom 29. März 1710.

[43] Ausführlicher dazu: Kapitel 2.3.2.1.

[44] StAN, Herrschaft Pappenheim, Reichserbmarschallamt Nr. 705: Concept deß erneuerten Regliments nach dem 2. Membro des königlichen Decrets vom 10. Mai 1712.

Kap. 2: Die Ausübung von Judenschutz in Pappenheim und Regensburg

Reichserbmarschall auffordert, sich genau an die Bestimmungen zu halten[46]. Am 3. Oktober 1712 stellte der König erneut die Vorteile des Dekrets heraus: Es schütze die Regensburger Händler vor der jüdischen Konkurrenz ohne dass dem Reichserbmarschall Einnahmen entzogen würden[47].

Jedoch spiegelte dieses Dekret nicht die längerfristige Position Kursachsens wider. Nach der durch die Pest[48] verursachten Zäsur kam es nur zwei Jahre später auf Drängen Regensburgs zu einer Verschärfung der sächsischen Haltung. Am 6. September 1714 hatten Kammerer und Rat der Stadt Regensburg die Bitte geäußert, nach der Rückkehr des Reichstags weniger Juden in der Stadt zu dulden, da sich dort nicht mehr so viele Personen wie 1614 befänden. Hinzu komme, dass die *Listigkeit der Juden [...] auch durch ein Reglement nicht gesteuret werden* könne. Daher hielten sie eine Höchstzahl von zwei oder drei jüdischen Familien für angebracht[49]. Die kursächsische Reaktion war für die Stadt positiv, denn Kurfürst Friedrich August erließ am 2. Oktober 1714 eine Verordnung, die für die Folgezeit prägend sein sollte. Diese legte fest, dass *mehr nicht als drey jüdische Familien allda mit wesentlicher Wohnung geduldet* werden sollten. Auch in Bezug auf die Zusammensetzung eines Haushalts galten künftig genaue Kriterien[50]. Der Protest von Reichserbmarschall Christian Ernst, der auf die nur zwei Jahre zuvor von Sachsen festgelegten Bestimmungen (Höchstzahl von sechs Familien und Reglement) hinwies, war erfolglos[51].

Trotz dieser Verschärfung blieb das sächsische Reglement von 1712 weiterhin gültig, wie dem aus dem Jahr 1716 stammenden *Projekt der Reversalien, wie solche die Schutzverwandten in Regensburg bei Lös- und Erhebung ihrer Schutzbriefe von sich geben sollen*, zu entnehmen ist. Neu aufgenommene Schutzjuden sollten demzufolge an Eides statt erklären, dass sie sich, da Reichserbmarschall Christian Ernst sie *in dero würklichen Schutz und Protection auf gegenwärtigen allgemeinen Reichstag allhier auf und angenommen hat*, an die nachfolgenden Punkte halten werden[52].

---

[45] Darin hatte sich die Kramerbruderschaft über alles, was *dem Hauptvertrag von 1614 entgegen* sei, beklagt. Zu den Verstößen gegen die gut hundert Jahre alte Vereinbarung komme, dass mit zehn Familien die 1695 von Reichserbmarschall Ludwig Franz in der »Resolutio« festgelegte Höchstzahl von vier Familien deutlich überschritten werde. Großen Raum nahm die Klage über die Ausübung diverser Handelstätigkeiten durch die Juden ein, es ging aber auch um die 1614 nicht vorgesehene Synagoge und das Tragen von gelben Ringen: StAN, Herrschaft Pappenheim, Reichserbmarschallamt Nr. 239: Beschwerungen, welche die Cramerbruderschaft zu Regensburg in XV unterschiedlichen Puncten geführt und eingegeben. In ihrer Antwort auf diese Beschwerdeschrift hatte die Judenschaft unter anderem erwidert, dass 1614 keine Höchstzahl vorgesehen worden war. Zugleich wäre es ein *schlechter Schutz*, wenn Schutzverwandte nicht die *Freyheit hätten den Schöpfer zu loben*. Die Vorschrift, gelbe Ringe zu tragen, sei noch nie angewandt worden und nur für *große Krönungstage mit vielen Fremden* vorgesehen gewesen. Bei der geringen Zahl von Juden in Regensburg seien diese jedoch jedem bekannt. Siehe: Nr. 706: Der Judenschaft Antwort und Einwänden auf der Stadt Regensburg Gravamina.

[46] StAN, Herrschaft Pappenheim, Reichserbmarschallamt Nr. 705: Schreiben August des Starken vom 12. Mai 1712.

[47] StAN, Herrschaft Pappenheim, Reichserbmarschallamt Nr. 239: Schreiben August des Starken vom 3. Oktober 1712.

[48] Wegen der Pest, bei der etwa 8000 Menschen starben, wurde der Reichstag 1713/14 nach Augsburg verlegt. Während dieser Zeit verließen auch die Juden die Stadt. Siehe MEYER, Geschichte, S. 29; WERKSTETTER, Pest, v. a. S. 267.

[49] StAN, Herrschaft Pappenheim, Reichserbmarschallamt Nr. 239: Schreiben von Kammerer und Rat der Stadt Regensburg an August den Starken vom 6. September 1714.

[50] Ausführlicher dazu: Kapitel 2.3.2.1.

[51] StAN, Herrschaft Pappenheim, Reichserbmarschallamt Nr. 239: Schreiben Reichserbmarschall Christian Ernsts an August den Starken vom 29. November 1714.

[52] StAN, Herrschaft Pappenheim, Reichserbmarschallamt Nr. 705: Project der Reversalien, wie solche die Schutzverwandten in Regensburg bey Lös- und Erhebung ihrer Schutzbriefe von sich geben sollen.

Kap. 2: Die Ausübung von Judenschutz in Pappenheim und Regensburg

Bei einem Vergleich erweist sich die Schutzreversalie im Wesentlichen als Kurzfassung des sächsischen Dekrets von 1712. So stimmt – von einer Vertauschung abgesehen – die Nummerierung der Punkte exakt überein. Auch inhaltlich unterscheiden sie sich kaum. Dies spräche, obwohl es sonst keine Hinweise in anderen Akten gibt, dafür, dass das zweite Membrum des Dekrets von 1712 über das Jahr 1714 hinaus – trotz der erfolgten Verschärfung – relevant war.

In den Jahren 1727, 1729 und 1733 wurden von Reichserbmarschall Johann Friedrich bzw. seinem seit 1731 regierenden Nachfolger Friedrich Ferdinand in kurzer Abfolge drei Reglements verfasst[53]. Weshalb diese innerhalb weniger Jahre erlassen wurden, ist weder den Reglements noch den sie begleitenden Akten zu entnehmen[54]. Allein durch den Herrscherwechsel dürfte diese Häufung nicht zu erklären sein, auch inhaltlich bestehen keine großen Abweichungen[55]. Nach 1733 ist allem Anschein nach keine weitere Ordnung mehr erlassen worden, so dass das Reglement prinzipiell bis zum Ende des Alten Reichs gültig war.

Als Ausgangspunkt für die Untersuchung der judenrechtlichen Bestimmungen in Regensburg soll der Inhalt der »Resolutio« von 1695 kurz dargestellt werden. Sie legte eine Beschränkung auf vier jüdische Haushalte fest (§ 1). Über diese Zahl hinaus in Regensburg lebende Juden sollten die Reichsstadt verlassen: Während verheirateten Juden ein Vierteljahr bis zu ihrer Emigration zugestanden wurde (§ 2), hatten sich Unverheiratete *pro nunc keines Schutzes zugetrösten* (§ 3). Die Religionsausübung sollte weitgehendst eingeschränkt werden: Synagoge, Schulhaltung und Feier des Laubhüttenfestes sollten eingestellt bleiben (§ 4). Der Judenschaft wurde verboten auswärtige Juden zu beherbergen, die nicht unter Schutz und Geleit des Reichserbmarschallamts standen (§ 5). Zwar wurde von den Regensburger Juden nicht verlangt, an den entlegensten Orten zu wohnen, aber sie sollten sich doch abseits von den Hauptplätzen der Stadt und den Quartieren der Gesandtschaften aufhalten (§ 6). Durch das Tragen der im Augsburger Vertrag von 1614 vorgesehenen Ringe an ihren Mänteln sollten die Juden stigmatisiert werden (§ 7). Juden wurde verboten, sich nachts oder an Sonn- und Feiertagen vor Ende des Gottesdienstes ohne besondere Erlaubnis und Begleitung des Reichsprofos auf den Straßen zu bewegen (§ 8). Zum Schutz der christlichen Händler waren folgende Einschränkungen zu beachten: Die Juden sollten keine bürgerlichen Gewerbe treiben, keine Waren, die dem Gewicht nach abgewogen oder nach der Elle abgemessen oder ausgeschnitten wurden, in offenen Kramläden oder als Hausierer verkaufen. Bei Zuwiderhandlung wurden herrschaftliche Ungnade, Geld- und Leibstrafe, Konfiskation und Ausweisung angedroht (§ 9). An die eigentliche »Resolutio« schloss sich ein Anhang an, der insbesondere die wirtschaftlichen Aktivitäten der Juden regelte. Da die meisten Klagen *wegen übernahms mit dem Zinse, erkaufung frembder und entfremter Sachen, auch anderweither Verpfänd- und frühzeitiger distrahierung der Pfänder [...] geführt* würden, waren weitere Punkte zu beachten. *Wucherliche Kontrakte* wurden grundsätzlich verboten, Geschäftsabschlüsse über 15 fl. mussten bei der Kanzlei

---

[53] StAN, Herrschaft Pappenheim, Reichserbmarschallamt Nr. 1073: Reglement vom Juli 1727, Nr. 707: Reglement Johann Friedrichs vom 2. September 1729 und Reglement Friedrich Ferdinands vom 23. April 1733; das Reglement von 1733 (und Abweichungen in dem von 1729) ist vollständig abgedruckt bei: WITTMER, Regensburger Juden, S. 83–87, in Auszügen auch bei MEYER, Geschichte, S. 31–34.

[54] Eine mögliche Parallele findet sich in Brandenburg-Ansbach. Dort wurden 1732, 1734 und 1737 unter Markgraf Carl Wilhelm Friedrich in kurzer Abfolge drei Judenordnungen erlassen. Vgl. KUHN, Georgensgmünd, S. 17.

[55] Siegfried Wittmer hat festgestellt, dass die Reglements von 1729 und 1733 in fast allen Punkten übereinstimmen und das vom Juli 1727 weitgehendst dem von 1729 entspricht. Vgl. WITTMER, Regensburger Juden, S. 83.

protokolliert werden, wenn sie gültig sein sollten. Ferner gab es einen Höchstzinssatz von 6 %, der Handel mit gestohlenen Waren war verboten, Pfandstücke durften nicht ohne Zustimmung durch Amt und Eigentümer verkauft werden. Zwei Monate nach Verstreichen der Frist war deren Verkauf nach gerichtlicher Schätzung möglich. Damit folgten die Bestimmungen der »Resolutio« bezüglich des Handels den Vorgaben des Reichsrechts[56].

Siegfried Wittmer hat beim Vergleich der »Resolutio« von 1695 mit dem Reglement von 1733 erhebliche Unterschiede festgestellt[57]. Berücksichtigt man zusätzlich die von ihm nicht untersuchten Ordnungen aus den Jahren 1699 und 1712 sowie die Schutzreversalie von 1716, entsteht ein noch präziseres Bild der Kontinuitäten und Diskontinuitäten des in Regensburg geltenden Judenrechts[58]. Fast die Hälfte der Bestimmungen der »Resolutio« finden sich in den nachfolgenden Verordnungen nicht mehr. Diese erwähnen weder eine Höchstzahl der geduldeten Juden und eine damit verbundene Emigration noch die Forderung nach abseitigen Wohnorten oder eine Kleiderordnung.

Die Mehrzahl der Bestimmungen der »Resolutio« wurde jedoch fortgeführt bzw. modifiziert. Die weitgehende Einschränkung der Religionsausübung wurde in eine Forderung nach Ausübung in der Stille abgeschwächt. Die Juden sollten *ihre Zusammenkünfte, statt der bey ihnen sonsten gewöhnlichen Schulen, an dem Sabbath und anderen Feyertagen auch die begehung des Lauberfestes [...] in ihren Häusern und von der Gassen abgelegenen Zimmern in geziemender Stille, zu Verhütung aller argerniß und Beschwerden* stattfinden lassen (1699, § 5). Vergleichbare Forderungen gab es auch in späteren Verordnungen. Die seit 1699 weniger restriktiven Vorgaben für die Religionsausübung führten zu einer weiteren Bestimmung: Beschneidungen, Hochzeiten und die Überführung der Toten zu auswärtigen Friedhöfen waren der Kanzlei anzuzeigen und in Stille zu vollziehen. Zu diesen Anlässen nach Regensburg kommende fremde Juden waren anzumelden und hatten an Stadt und Kanzlei eine entsprechende Gebühr zu bezahlen (1699, § 6). Später änderte sich in diesem Bereich nur noch wenig, wobei das Reglement von 1733 diese Aspekte gleich in drei Punkten (§ 7–9) behandelte. Die Vorgaben für die Beherbergung fremder Juden wurden 1699 (§ 7) beibehalten, später wurde stärker die Ausstellung von Pässen für fremde Juden und deren Zollzahlung behandelt (1712, § 11; 1733, § 11); insbesondere 1733 waren die Regelungen sehr ausführlich. Die Bestimmung, sich während der Sonn- und Feiertagsgottesdienste sowie nachts nur in Begleitung des Reichsprofos auf den Straßen Regensburgs zu bewegen, wurde mit geringfügigen Änderungen bis 1733 beibehalten. 1699 findet sich eine Spezifizierung: Sollten Juden zu ungewöhnlichen Zeiten an einen *hohen Orthe verlangt* werden – gemeint sind wohl Gesandtschaften – sollten sie sich, um keinen Verdacht zu erregen, vom Reichsprofos begleiten lassen (1699, § 8).

Im Bereich der jüdischen Handelstätigkeit in Regensburg wurden die Grundlinien der »Resolutio« im Wesentlichen weiter verfolgt. Das Verbot *einen offenen Laden, Kram oder Gewölbe zu halten* findet sich 1733 (§ 12) ebenso noch wie das Wucherverbot oder strenge Maßnahmen gegen Hehlerei oder den ungerechtfertigten Verkauf von Pfandstücken. Die auffälligste Entwicklung in diesem Bereich ist, dass die Bestimmungen für den Handel immer umfassender und detaillierter wurden. In Bezug auf den Zinssatz schwankten die Vorgaben. Dem Höchstzinssatz von 6 % in der

---

[56] Vgl. RPO von 1577: XX. titul, § 5 (NSRA III, S. 390).
[57] Siehe WITTMER, Regensburger Juden, S. 87–89.
[58] Eine Zusammenfassung der Bestimmungen in den Regensburger judenrechtlichen Verordnungen findet sich in Tabelle 17 im Anhang.

Kap. 2: Die Ausübung von Judenschutz in Pappenheim und Regensburg

»Resolutio« folgte vier Jahre später die Forderung, *der Zinsen halber keine sträfliche übermaß* an den Tag zu legen (1699, § 9). Nachdem 1712 überhaupt keine derartigen Bestimmungen vorgesehen waren, waren die Vorgaben des Reglements von 1733 sehr präzise: es galt ein Höchstzinssatz von 6 %, der bei Laufzeiten unter sechs Monaten oder einem Betrag von weniger als 50 fl. überschritten werden durfte (1733, § 14). Die Protokollierungspflicht wurde 1699 nur noch mit dem Schutz der Juden begründet: *weilen die Juden inßgesamt die Klage führen, dass vor dem Stattgerichte sie keine Hilfe oder Bezahlung von denen allhier verbürgerten Schuldnern erlangen könnten und dahero so großen Verlust zu leiden hätten*, waren alle Kontrakte über 15 bis 20 fl. anzugeben (1699, § 10). In den nachfolgenden Verordnungen von 1712 und 1733 findet sich hierzu überhaupt nichts mehr.

Über das in der »Resolutio« Geregelte hinaus kamen in der Folgezeit weitere Bereiche hinzu. Erstmals 1699 (§ 11) wurde die termingerechte Zahlung des Schutzgelds gefordert. Besonders konkret waren die diesbezüglichen Vorgaben 1712: Das Schutzgeld war halbjährlich zu Georgi (23. April) und Martini (11. November) bei der Kanzlei zu entrichten, bei Zahlungsverzug wurde pro Woche ein Reichstaler Strafe angedroht (1712, § 5). 1699 (§ 11) und 1733 (§ 10) wurde die Beantragung von Pässen beim Verlassen der Stadt geregelt. 1733 wurde festgelegt, dass jede Abwesenheit von mehr als drei Tagen zu melden sei. Das Reglement von 1699 verlangte von den Juden, dass sie sich *in allen bezeigen und aufführen wie es ehrlichen und gehorsamen Schutzverwandten Juden und Unterthanen gegen ihre Obrigkeit* gebührt (§ 11). Außerdem hatten sie einen *erbaren und friedlichen Wandel mit den Christen und unter sich selbsten* zu praktizieren (§ 2). Vergleichbare Appelle wurden auch 1712 (§ 16) und 1733 (§ 1) ausgesprochen, wobei sie zunehmend allgemeiner gefasst wurden.

Das von Sachsen erlassene Reglement des Jahres 1712 enthält gleich eine ganze Reihe neuer Bestimmungen. Die ersten drei Punkte befassten sich speziell mit dem Verhältnis zum Schutzherrn. Sowohl die von Pappenheim bzw. Sachsen neu in den Schutz aufgenommenen Juden als auch diejenigen, deren Schutz bestätigt wurde, sollten den Reichserbmarschall und dessen Nachfolger als *ihr einzige ordentliche und rechtmäßige Schutzherrschaft und Obrigkeit halten, erkennen, lieben und ehren* (§ 1). Den Regensburger Schutzjuden wurde nicht gestattet zugleich Schutzverwandte einer anderen Herrschaft zu bleiben (§ 2). Von ihnen wurde Gehorsam gegenüber dem *Reichserbmarschall-Amt oder dero Verordneten Canzley zu Regensburg* erwartet (§ 3); dieser Punkt wurde 1733 (§ 2) wiederholt. Jeder Schutzverwandte sollte bei Erneuerung und Antritt des Schutzes ein Reversale erhalten und hatte den Inhalt *in der vorgeschriebenen form und Weiße mit den würklichen Ayd und Handgelübde zu bestättigen und zu beschwehren* (§ 4). Der Fortzug aus dem Schutz war künftig ein halbes Jahr vorher anzukündigen (§ 6). Die Auswirkungen dieser Vorgabe waren noch im Jahr 1777 für die Witwe Schönle Hirschlin spürbar[59].

---

[59] Diese hatte sich zunehmend in Fürth aufgehalten und wollte wegen ihres schlechten Gesundheitszustands schließlich nicht mehr nach Regensburg zurückkehren. Da sie die vorgeschriebene Kündigungsfrist nicht beachtet hatte, musste sie noch einmal 25 fl. Schutzgeld zahlen. Auf ihren Protest hin teilte ihr das Reichserbmarschallamt mit, dass eine Kündigung ein paar Wochen vor dem Schutzgeldtermin *laut Reglement, das für sämtliche dießseitige Judenschaft gemein verbindlich* ist, nicht möglich sei. Wegen der vorgesehenen Frist könne sie am 27. März nicht zu Georgi, sondern nur zu Martini kündigen: StAN, Herrschaft Pappenheim, Reichserbmarschallamt Nr. 1540: Mitteilung des Reichserbmarschall-Amts an Schönle Hirschlin vom 24. Juli 1777, siehe auch: Nr. 831: Weisung Reichserbmarschall Johann Friedrich Ferdinands an Johann Friedrich Heinrich von Lang vom 24. August 1777 und Nr. 833: Gesuch Schönle Hirschlins an das Reichserbmarschallamt vom 25. März 1777.

Kap. 2: Die Ausübung von Judenschutz in Pappenheim und Regensburg

Für das innergemeindliche Leben wurden ebenfalls Bestimmungen erlassen. In der Judenschule sollte es in Bezug auf das Aufrufen zum Gebet, die Bestallung und Besoldung des Schulmeisters und Schächters und die Almosenbüchse ordentlich zugehen. Falls die Juden eine eigene Ordnung aufstellen wollten, hätten sie die Konfirmation des Reichserbmarschalls zu suchen. Einer von ihnen sollte zum Barnos (Gemeindevorsteher) ernannt werden und für die Einhaltung der Regelung Sorge tragen (1712, § 10). Im Jahr 1729 wurde gefordert, dass die Regensburger Juden *wie alle Orten unter der Judenschaft gebräuchlich ist, einen Barnoß unter sich aus ihren Mitteln halten* (§ 4) sollen. Ebenfalls 1729 wurde festgelegt, dass Schulmeister und Hausgesinde nach deren Ankunft innerhalb von drei Tagen bei der Kanzlei anzumelden sind (§ 7).

Insgesamt lassen sich von 1695 bis in die Mitte des 18. Jahrhunderts folgende Tendenzen feststellen: Ein Großteil der restriktivsten Vorschriften verschwand, indem die Höchstzahl der geduldeten Juden, Kleiderordnung und Einschränkung der Wohnorte nach 1695 nicht mehr festgelegt wurden. Zugleich nahm die Rechtssicherheit[60] zu, indem im Zuge der Normintensivierung präzisere Regelungen aufgestellt wurden[61]. Dies macht insbesondere die weitaus größere Ausführlichkeit des Reglements von 1733 deutlich, die vor allem in deren den Handel betreffenden Bestimmungen zu beobachten ist. Oftmals werden Gebühren wie etwa für Hochzeitsgäste oder einen Totenpass und Strafen für den Verstoß gegen die Pflicht, Gottesdienste ruhig zu feiern, explizit genannt. Außerdem wurden Pappenheimer Interessen gegenüber der Reichsstadt Regensburg (Reichserbmarschall als Obrigkeit, zunehmende Gemeindebildung im Gegensatz zu den reichsstädtischen Reduktionsbemühungen) deutlicher zum Ausdruck gebracht. Vor allem aber wurde der Ton gegenüber den Juden weitaus gemäßigter. So wurde die Protokollierung von Geschäftsabschlüssen als Maßnahme zum Schutz der Juden bei der Durchsetzung ihrer Forderungen vor dem Stadtgericht verstanden (1699, § 10) und die Mithilfe der Juden bei der Verbrechensbekämpfung (1712, § 13: Meldung der ihnen angebotenen gestohlenen Waren) betont. Die Pflicht zur Abhaltung von Gottesdiensten in aller Stille wurde damit begründet, dass auf diese Weise Konflikte mit Dritten verhindert würden: *zu Verhütung aller argerniß und Beschwerden, die von den Gesandtschaften über einige Beunruhigen gemacht werden könnten*, sollen sie in von der Gasse abgelegenen Räumen stattfinden (1699, § 5).

Insgesamt zeigen sich nur geringe Gemeinsamkeiten zwischen der »Resolutio« von 1695 und allen anderen Regelungen, obwohl einige allgemeine Forderungen, z.B. das Verbot des Wuchers und des Handels mit Diebesgut, prinzipiell beibehalten wurden. Diese gegenüber den Kontinuitäten überwiegende Diskontinuität hat Siegfried Wittmer auch beim Vergleich der Bestimmungen der »Resolutio« mit der Politik des seit 1697 regierenden Reichserbmarschalls Christian Ernst festgestellt[62]. Etliche von ihm 1699 aufgestellte Regelungen wie die Tolerierung der in der Stille praktizierten Religion, die Meldung von Beschneidungen, Hochzeiten und Todesfällen sowie die Bezahlung des Schutzgeldes sind bis 1733 fast unverändert übernommen worden.

Weder im Zusammenhang mit der »Resolutio« noch mit den Reglements fällt in den Akten auch nur ein einziges Mal der Begriff Judenordnung. Dennoch steht außer Zweifel, dass diese normativen Quellen nicht zuletzt wegen ihrer umfangreichen Festlegung des in Regensburg geltenden

---

[60] Dazu auch WITTMER, Regensburger Juden, S. 88.
[61] Zum Konzept der Normintensivierung und dessen Anwendung auf die oettingischen Judenschutzbriefe siehe MORDSTEIN, Untertänigkeit, S. 110–119.
[62] Siehe WITTMER, Regensburger Juden, S. 62. Bei ihm irrtümlich: Franz Christoph.

Judenrechts den Judenordnungen zugerechnet werden können. Obwohl das Regensburger Reglement von 1733 im Umfang und in den abgedeckten Bereichen mit den aus anderen Territorien bekannten Judenordnungen vergleichbar ist, können doch auch Unterschiede zu diesen festgestellt werden[63]. Die praktisch zeitgleich entstandene brandenburg-ansbachische Judenordnung verzichtet auf religiöse Einschränkungen und legt zudem die Rechte der Rabbiner fest. Dagegen finden sich in Regensburg Bestimmungen, dass Gottesdienste in aller Stille stattfinden sollen, Juden sich an Sonn- und Feiertagen ruhig verhalten sollen und Hochzeiten, Beschneidungen und Todesfälle zu melden sind. Insofern scheint das Reglement auf den ersten Blick der restriktiveren hessen-darmstädtischen Judenordnung näher zu stehen. Diese hat zwar einen ihrer Schwerpunkte im religiösen Bereich und bei den jüdisch-christlichen Beziehungen, legt aber weitaus mehr Wert darauf, die Christen vor den Juden zu schützen. Derartige Tendenzen gab es in Regensburg nur in der »Resolutio« von 1695, nicht aber in den nachfolgenden Verordnungen. Übereinstimmungen mit den beiden zum Vergleich herangezogenen Judenordnungen finden sich dagegen auf wirtschaftlichem Gebiet: Einschränkung bestimmter Handelsgeschäfte, Protokollierung und Höchstzinssatz.

2.2 Schutzbriefe zur Bestätigung des Status als Schutzjude

Vereinfacht kann zunächst einmal festgehalten werden, dass ein Schutzbrief den Status seines Inhabers als Schutzjude bestätigte, ja geradezu verkörperte. Der Schutzbrief war zugleich Pass, Aufenthaltsgenehmigung und Urkunde, die den Schutzbestand garantierte[64]. Diese landesherrliche Genehmigung zur Niederlassung war für Juden erforderlich, da sie über kein Indigenat verfügten[65].

Eine wichtige Unterscheidung ist zwischen Einzel- und Generalschutzbriefen zu treffen. Erstere bezogen sich auf einen einzelnen Juden und die Angehörigen seines Haushalts, während Letztere für eine gesamte Gemeinde oder sogar alle Juden in einem Territorium ausgestellt wurden. Waren individuell formulierte Schutzbriefe im Mittelalter noch die gängige Praxis gewesen, so wurden sie im Laufe der Frühen Neuzeit zunehmend durch Generalschutzbriefe oder auch Judenordnungen abgelöst[66]. Diese Entwicklung vom Einzel- zum Generalschutzbrief kann in vielen frühneuzeitlichen Territorien beobachtet werden. In Oettingen waren die ursprünglich individuell verliehenen Schutzbriefe durch Kollektivschutzbriefe ersetzt worden. Diese hatten zunächst alle darin eingeschlossenen Juden genannt, doch ab 1697 sprachen sie nur noch allgemein von der »schutzverwandten Judenschaft«[67]. In Floß (Pfalz-Sulzbach), wo sich 1685 erstmals Juden ansiedelten, hatte es stets nur Generalschutzbriefe gegeben. Die ersten vier jüdischen Familien erhielten einen Schutzbrief, der bis 1732 viermal bestätigt wurde. 1744 wurde ein neuer Schutzbrief erteilt, der der kurpfälzischen Judenordnung entsprach[68]. Trotz dieser Tendenz vom Einzel- zum Generalschutzbrief bzw. zur Judenordnung gab es vereinzelte Territorien, die auch im 17. und 18. Jahrhundert am älteren Modell festhielten. So wurde im ritterschaftlichen Ort Dünsbach bei Crailsheim für jeden Haushalt ein eigener Schutzbrief ausgestellt[69].

---

[63] Zum Vergleich sollen – wie auch in Pappenheim (vgl. Kapitel 2.1.1.) – die ansbachische Judenordnung von 1733 und die hessen-darmstädtische Judenordnung von 1629 herangezogen werden.
[64] MARZI, Judentoleranz, S. 185.
[65] MORDSTEIN, Untertänigkeit, S. 6.
[66] BREUER, Frühe Neuzeit, S. 134; BATTENBERG, Zeitalter Bd. I, S. 177.
[67] JAKOB, Harburg, S. 9–10; OSTENRIEDER, Oettingen, S. 128.
[68] HÖPFINGER, Floß, S. 28–30.

Kap. 2: Die Ausübung von Judenschutz in Pappenheim und Regensburg

2.2.1 Pappenheimer Schutzbriefe

Aus der Herrschaft Pappenheim liegen insgesamt 28 Schutzbriefe vor[70]. Ein größeres Problem als ihre begrenzte Zahl ist die Tatsache, dass diese von wenigen Ausnahmen abgesehen aus dem 17. und frühen 18. Jahrhundert stammen[71]. Aufgrund dieses Ungleichgewichts ist es schwierig, die Entwicklung für den gesamten Zeitraum von 1650 bis 1806 nachzuvollziehen. Bei sämtlichen Schutzbriefen handelt es sich um handschriftliche Einzelausfertigungen. Vorgedruckte Schutzbriefformulare – wie beispielsweise seit dem 17. Jahrhundert aus dem Herzogtum Pfalz-Zweibrücken[72] bekannt – sind für Pappenheim nicht überliefert. Neben den eigentlichen Schutzbriefformularen bzw. den ihnen zugrunde liegenden Konzepten sind einige Schutzbriefe als Einträge im Pappenheimer Briefprotokoll überliefert. Ein derartiges Vorgehen entspricht der Praxis, die sich in anderen Orten durchsetzte[73]. Für genauere Aussagen sind allerdings zu wenige Bände des Pappenheimer Briefprotokolls vorhanden[74]. Somit muss offen bleiben, ob, über die Schutzbriefe für Joseph und Eising (1660) sowie Fayus (1662) hinaus, alle Schutzaufnahmen in Protokollbänden festgehalten wurden. Außerdem ist dem Briefprotokoll für das Jahr 1658 unter der Überschrift *Schutzbrief der Juden allhier zu Pappenheimb gegeben im Monath Februar 1658* ein Schutzbriefmuster für *N. N. Jude* beigelegt[75]. Obgleich es keine gedruckten Schutzbriefe gab, kam es Mitte des 17. Jahrhunderts doch zur Verwendung eines einheitlichen Schutzbrieftexts. In Schutzbriefen mit Platzhaltern kann wohl ein Zeichen von Rechtsvereinheitlichung gesehen werden[76].

Insgesamt sind acht Schutzbriefe überliefert, die exakt dieser Vorlage entsprechen. Wegen ihrer großen Zahl und da sie am Anfang des Untersuchungszeitraums stehen, sollen sie als Ausgangspunkt für die Analyse der Pappenheimer Schutzbriefe dienen. Jeweils vier wurden am 11. Februar 1658 und am 4. August 1671 ausgestellt. Empfänger waren die Juden Berle, Salomon, Schmuel und Feis (1658) bzw. Fayus (1671)[77]. Wichtigster Unterschied zwischen den beiden Varianten ist der Aussteller: im ersten Fall Reichserbmarschall Wolf Philipp, im zweiten Fall sein seit Mai 1671 regierender Nachfolger Franz Christoph[78]. Die Tatsache, dass vier Monate nach dem Herrscherwechsel die Schutzbriefe mehrerer Pappenheimer Schutzjuden neu ausgestellt wurden, gibt Hinweise auf das vorherrschende mittelalterliche Schutzverständnis. Zumindest in dieser Zeit wurde der Schutz als an die Person des Herrschers gebunden betrachtet. Dies entspricht der Praxis in Hochstiften, nach der mit dem Tod des Bischofs die Gültigkeit der Schutzbriefe endete[79].

---

[69] TADDEY, Jerusalem, S. 124, 133–134: Abdruck von Schutzbriefen aus den Jahren 1720 und 1788; weitere Beispiele bei MORDSTEIN, Untertänigkeit, S. 63.

[70] Eine Übersicht über diese Schutzbriefe gibt Tabelle 18 im Anhang, dort finden sich auch die Belege.

[71] Derartige Überlieferungslücken dürfen jedoch nicht als außergewöhnlich betrachtet werden. Aus dem ritterschaftlichen Ort Muhr bei Gunzenhausen, in dem es eine größere jüdische Gemeinde gab, ist kein Einzelschutzbrief aus der Zeit vor 1802 überliefert. Siehe JUNG, Altenmuhr, S. 145–146.

[72] Siehe SCHOLL, Juden, S. 37.

[73] In der Markgrafschaft Burgau wurden die umfangreichen individuellen Schutzbriefe nach 1648 durch standardisierte Einträge in Amtsprotokolle ersetzt. Vgl. ULLMANN, Nachbarschaft, S. 121.

[74] Insgesamt sind vier als Briefprotokolle bezeichnete Bände überliefert: StAN, Herrschaft Pappenheim, Akten Nr. 4635/25: Briefprotokoll vom 22. August 1657 bis zum 28. September 1676, Nr. 4635/28: Briefprotokolle 1668–1676, Nr. 4635/30: Briefprotokolle 4. November 1673–8. April 1681, Nr. 4635/66: Briefprotokoll 1700–1713. Nur Ersteres deckt die Stadt Pappenheim ab. Ihm sind auch die nachfolgenden beiden Einträge entnommen. Die anderen drei Bände decken die Dörfer der Herrschaft Pappenheim ab.

[75] StAN, Herrschaft Pappenheim, Akten Nr. 4635/25: Eintrag vom 11. Februar 1658.

[76] MORDSTEIN, Untertänigkeit, S. 45.

[77] Höchstwahrscheinlich handelt es sich bei Feis und Fayus um zwei verschiedene Personen, da vom 25. Juli 1662 eine Schutzaufnahme für einen Fayus vorliegt.

[78] Siehe DÖDERLEIN, Matthaeus à Bappenheim, S. 388, 406–408.

Kap. 2: Die Ausübung von Judenschutz in Pappenheim und Regensburg

Einleitend wird in diesen Schutzbriefen bekannt gegeben, dass der betreffende Jude *in unsere gemeine Herrschaft Schutz, schirm undt protection wißentlich empfangen undt aufgenommen* wurde. Der Schutzbrief soll sich auf ihn, seine Frau, Kinder und Bedienstete (*Hausgesind*) sowie sein Hab und Gut erstrecken. Grundsätzlich scheint die Gültigkeit unbegrenzt gewesen zu sein, denn das Schutzversprechen sollte gelten *so lang er in unßerem Schutz und Schirm sein und bleiben würth*. Demnach setzte sich die Tendenz, den Schutz nicht mehr zeitlich zu begrenzen, in Pappenheim schon früh durch. So wurde in Nassau-Usingen der Schutz erst ab 1700 unbegrenzt verliehen, wobei die Möglichkeit der jährlichen Kündigung bestand. Im 18. Jahrhundert, so Werner Marzi, konnte ein einmal aufgenommener Jude davon ausgehen, dass ihm ein lebenslanges Aufenthaltsrecht garantiert wurde[80]. In Oettingen mussten dagegen die kollektiv erteilten Schutzbriefe sogar im 18. Jahrhundert noch regelmäßig durch Schutzlosungsverfahren verlängert werden[81]. Auch im zur Grafschaft Hoya gehörenden Nienburg betrugen die Schutzbrieflaufzeiten zwischen 1689 und 1770 vier bis zehn Jahre[82].

Die Pappenheimer Schutzbriefe von 1658 und 1671 sahen eine Gleichbehandlung aller Schutzjuden vor: Der Inhaber soll sich *aller und jeder Rechte, Gerechtigkeiten, frey- und sicherheiten deren bißhero andere alhiesige Schutzverwandten und Juden, deren sich keiner gegen undt undereinander einigen Vorzugs oder exemtion zue rühmen hat*, erfreuen. Zu diesen Rechten werden die Möglichkeit der freien Religionsausübung (*Beobachtung der Jüdischen Gebräuche nach Gelegenheit der Zeit*), das Recht an der Allmende teilzuhaben (*niesung der gemeinen Wunne undt Weyde*) und das Recht, Vieh zum Eigenbedarf zu schächten (*schlachtung ihres Viehes zue Nottdurft in sein Haußhaltung*), gerechnet. In Bezug auf das Schächten wird auf die näheren Bestimmungen des Amtsbescheids vom 20. Oktober 1657[83] verwiesen. Außerdem sollten die Juden ihrer Gewerbetätigkeit ungestört nachgehen dürfen (*Treibung eines ehrlichen Gewerbs*). Als Gegenleistung für diese Zusagen kommt ihnen die Pflicht der *erlegung eines gewißen Schutzgeldts* zu. Dessen tatsächliche Höhe wird jedoch nicht genannt[84]. Das Verhalten der Schutzjuden soll grundsätzlich *dem üblichen Herkommen undt unßerer Geehrt- undt geliebten Herrn Voreltern erbeinig- undt vergleichungen* entsprechen. Der Schutzbrief endet mit einem Schutzbefehl an alle, die unter der gräflichen Befehlsgewalt stehen:

> Befehlen hierauf unser Beambten, Bürgern, Unterthanen und hindersaßen, sambt und sonders, undt begehren hiemit daß vorernannter Jud, bey diesem unßerem, ihme ertheilten Schuz und Schirm ruhig verbleiben, denselben in keinerley weiß noch weege, wie daß Nahmen haben mag, wider Recht und Billigkeit beschweren, belaidigen, hemmen oder betrüben, sondern denselben, undt waß ihme zuständig, in unßerem Nahmen, undt von unßertwegen darbey manuteniren, schüzen, undt denselben allerseits unperturbirt, unbelästiget und unbekümmert sein lassen[85].

---

[79] So mussten die Juden im Hochstift Paderborn nicht nur alle zehn Jahre, sondern auch nach dem Tod des Landesherrn ihr Generalgeleit erneuern. Siehe VAN FAASSEN, Geleit, S. 28–29. In Ostfriesland lief im 16. Jahrhundert mit dem Tod des Landesherrn ebenfalls die Gültigkeit des Generalgeleits ab. Vgl. LOKERS, Emden, S. 29; dagegen hatte der Tod des Grafen bzw. Fürsten keine Auswirkungen auf die Laufzeit der – allerdings sowieso befristeten – Oettinger Judenschutzbriefe: MORDSTEIN, Untertänigkeit, S. 105–106.

[80] Siehe MARZI, Judentoleranz, S. 56, 398.

[81] MORDSTEIN, Untertänigkeit, S. 45–46, 55.

[82] SABELLECK, Nienburg, S. 31.

[83] StAN, Herrschaft Pappenheim, Urkunden 1658–II-11 (1): Schutzbrief für Berle; in 1671–VIII–4 (1): Schutzbrief für Berle abweichend: 20. Oktober 1652. Trotz intensiver Suche konnte der Amtsbescheid unter keinem der beiden Daten gefunden werden.

[84] Im für Fayus 1662 ausgestellten Schutzbrief wird die Höhe des Schutzgeldes durch die Nennung der Summe von 10 fl. präzisiert.

[85] StAN, Herrschaft Pappenheim, Urkunden 1658–II-11 (1): Schutzbrief für Berle.

Kap. 2: Die Ausübung von Judenschutz in Pappenheim und Regensburg

Diesem Muster entspricht auch der am 28. Dezember 1660 für Joseph bzw. seinen Sohn Eising ausgestellte Schutzbrief. Jedoch geht dem allgemeinen Schutzbrieftext eine Einleitung voraus, in der Joseph wegen seiner geleisteten Dienste, seines hohen Alters von 70 Jahren und des überstandenen 30-jährigen Kriegs eine Befreiung von Schutzgeld und anderen außerordentlichen Abgaben zugesichert wurde. Ferner sollte sein Sohn in die bisher von ihm eingenommene Stelle treten dürfen.

Eine große Übereinstimmung mit dem geschilderten Muster weisen zwei Schutzbriefe, die 1665 für Salomon und Schmey in Berolzheim ausgestellt wurden, auf. Berolzheim hatte bis zum Jahr 1668, als die Reichserbmarschälle es an die Markgrafen von Brandenburg-Ansbach verkauften, zur Herrschaft Pappenheim gehört. Im Kaufvertrag vom 7. Oktober 1667 werden ausdrücklich auch die Erträge aus dem Judenschutz genannt, die damit an Brandenburg-Ansbach übergingen[86]. Die beiden pappenheimischen Schutzbriefe aus Berolzheim unterscheiden sich von denen für die Stadt Pappenheim im Wesentlichen durch weniger genaue Bestimmungen bezüglich der Religionsausübung oder der Allmende. Außerdem wurde ausdrücklich auf den Ort Bezug genommen: Salomon wurde die Zusage gemacht, dass er dieselben Rechte wie alle pappenheimischen *Schutzverwandten zu gedachten Berolzheim* haben solle[87].

Der Schutzbrief für Hirsch Oppenheimer vom 15. Februar 1668 weicht dagegen im Stil deutlich von dem von 1658 ab. Ihm wurde dieser Schutzbrief ausgestellt, damit er die Tochter des Pappenheimer Hofjuden Amson heiraten konnte. Der Schutzbrief wurde als Voraussetzung für den Abschluss des Heiratsvertrags gesehen. Seine – nicht näher genannten – Bestimmungen sollten denen von Amsons (nicht mehr vorhandenem) Schutzbrief vom 20. September 1652 entsprechen. Darüber hinaus wurde Hirsch Oppenheimer eine zweijährige Befreiung von allen Abgaben zugesagt. Dies scheint keineswegs unüblich gewesen zu sein. So wurde Nathan Reutlinger im am 28. Juni 1698 von Reichserbmarschall Christian Ernst ausgestellten Schutzbrief wegen seines *noch geringen Gewerbes* für vier Jahre die Befreiung *aller herrschaftlicher auflaagen* zugesichert[88]. Dem zweiten Sohn Nathan Reutlingers, Salomon, wurde bei seiner Schutzaufnahme am 16. Mai 1737 ebenfalls die Zusage gegeben, für drei Jahre von sämtlichen Abgaben befreit zu sein. Der Status des Vaters als Hofjude wurde dabei ausdrücklich betont. Dies war wohl deshalb relevant, weil es der Grund dafür sein könnte, dass Nathan gestattet wurde einen zweiten Sohn in den Schutz aufzunehmen.

Am 8. Dezember 1721 wurde Nathan Reutlingers Schutzbrief noch einmal erneuert. Er wurde von Reichserbmarschall Johann Friedrich, in Anlehnung an einen bereits von seinem Bruder und Vorgänger Christian Ernst am 29. August 1715 erteilten Schutzbrief, der vor allem präzise Regelungen für die Entrichtung der Nachsteuer beinhaltete, ausgestellt. Mit diesem, deutlich knapper formulierten, Schutzbrief wurde er *zu unserem recess und Schutzjuden in gnaden auf und angenommen*. Künftig sollte er sich *aller in dem recess de anno 1692 vor die Schuz und recessjuden enthaltene in sonderheit die Nachsteuer und Schuz Gelt betreffende privilegia und freiheiten als ein Schuz und recess Jud* erfreuen. Durch die Forderung, dass Nathan und die Mitglieder seines Haushalts sich *denen in dem bemerkten recess de anno 1692 §§ 29 und 30 befindlichen Verordnung[en] gemäß* zu verhalten hätten, wurde ausdrücklich auf den Rezess verwiesen[89]. Mit diesem Schutzbrief

---

[86] Siehe dazu Kapitel 1.1.
[87] StAN, Herrschaft Pappenheim, Urkunden 1665–V–10: Schutzbrief für Salomon Juden zu Berolzheim.
[88] StAN, Herrschaft Pappenheim, Akten Nr. 8149: Schutzbrief für Nathan Reutlinger vom 28. Juni 1698. Bei dem den Akten beigelegten Exemplar handelt es sich um eine Abschrift, denn das Original *ist auf Bitten dem Juden in Händen gelaßen worden*.

Kap. 2: Die Ausübung von Judenschutz in Pappenheim und Regensburg

wurde Nathan nicht nur zu einem Rezessjuden ernannt, sondern er erhielt zugleich die Zusage, dass sein Sohn Abraham, wenn er sich nach seiner Hochzeit in Pappenheim niederlassen sollte, die gleichen Rechte wie sein Vater genießen werde.

Noch kürzer ist der Schutzbrief, mit dem Amson Jacob im Jahr 1723 zum Rezessjuden ernannt wurde. Genauere Schutzbestimmungen wie Höhe des Schutzgeldes, Rechte und Pflichten werden nicht genannt, stattdessen wird auf den Burgfrieden, die Policeyordnung und den Rezess von 1692 verwiesen. Damit scheint sich eine Änderung gegenüber der früheren Praxis durchgesetzt zu haben. Anstatt die einzelnen Bestimmungen im Schutzbrief aufzuführen wird auf die den Schutz regelnden normativen Rahmenbedingungen Bezug genommen. Die Aufnahme des bisherigen Schutzjuden Philipp Joseph als Rezessjude anstelle der verstorbenen Güttel erfolgte im Februar 1755 in ähnlicher Weise. Er sollte künftig *in derjenigen Qualitaet gleich wie unsere bisherige Recessjuden* von Nachsteuerzahlungen an das Stadtvogteiamt befreit sein[90]. Von ebensolcher Kürze, aber ohne Hinweis auf den Rezess, ist der am 26. Juni 1724 auf Ansuchen des Schutzjuden Mayer Feis für seinen mittleren Sohn Salomon Mayer ausgestellte Schutzbrief. Über die reine Schutzzusage hinaus wurde ihm erlaubt, das halbe Haus seines Vaters zu übernehmen, das er bei Gelegenheit renovieren sollte. Die zwei spätesten Schutzbriefe für Jacob Isaac (1782) und Moyses David (1790) sind fast gleichlautend verfasst. In beiden wird der Entschluss mitgeteilt den künftigen Ehemann einer Pappenheimer Jüdin als *Schutz- und Handelsjuden* aufzunehmen. Voraussetzung dafür ist *sich als ein getreuer Unterthan und Schutzjude jederzeit* zu verhalten sowie das geforderte Schutzgeld und die Steuern in der geforderten Höhe zu entrichten.

Nachdem in allen bisher behandelten Schutzbriefen kein Anzeichen für eine zeitliche Begrenzung des Schutzes zu finden war, soll abschließend auf zwei Schutzverhältnisse eingegangen werden, die nicht unbedingt auf Dauer angelegt waren. Am 16. Juli 1700 erhielt Löw David, der bereits in Regensburg unter reichserbmarschallischem Schutz gestanden hatte, einen vorläufigen Schutzbrief für Pappenheim. Wegen verschiedener Streitigkeiten in der Stadt des Immerwährenden Reichstags hatte er um vorübergehenden Schutz in Pappenheim gebeten[91]. In dem Schutzbrief wird er den Pappenheimer Juden in Rechten und Pflichten gleichgestellt. Diese werden jedoch nicht näher aufgeführt, ebenso wenig wird auf bestimmte Regelungen Bezug genommen. Der Schutz wurde zwar nur *ad interim* gewährt, eine konkrete Begrenzung wurde aber nicht genannt: Er sollte solange gelten *biß er mit unserer Bewilligung wiederum uf Regensburg ziehen oder anderwärtig sein unterkommen finden wird*[92].

Tatsächlich befristet war dagegen die Schutzzusage für den kurbayerischen Hof- und Kammerfaktor Esaias Simon vom 7. September 1741. Obwohl keine direkte Herkunftsangabe genannt wird, ist doch davon auszugehen, dass dieser zu den aus Pfalz-Neuburg vertriebenen Juden gehörte[93].

---

[89] StAN, Herrschaft Pappenheim, Akten Nr. 8176: Schutzbrief für Nathan und Abraham Reutlinger vom 8. Dezember 1721.

[90] StAN, Adel Archivalien Nr. 5208: Actum die gnädige recessmäßige Aufnahm des bisherigen Schutzjudens Philipp Joseph vom 18. Februar 1755.

[91] Er taucht 1694 als 22-Jähriger zusammen mit seiner 19-jährigen Frau Regina und dem sechs Monate alten Kind erstmals in einem Regensburger Verzeichnis auf. Siehe StadtA Regensburg, HVA AAR 92a: Spezifikation der sich unter dem Reichserbmarschall Amt befindlichen Schutzverwandten Juden vom 12. Juni 1694. Im Mai 1699 wurde Peter Haumberger verhört, der für Löw Davids Frau einen Brief an einen Pappenheimer Juden gebracht haben soll. Möglicherweise stand diese Kommunikation in Zusammenhang mit dem Umzug nach Pappenheim. Vgl. Ebd.: Bericht vom 12. Mai 1699.

[92] StAN, Herrschaft Pappenheim, Urkunden Nr. 4719: Schutzbrief für Löw David vom 16. Juli 1700.

Kap. 2: Die Ausübung von Judenschutz in Pappenheim und Regensburg

Ihm und seiner Familie, zu der ausdrücklich auch sein Schwiegersohn Joseph Goldschmidt gerechnet wurde, wurde der Schutz auf zunächst zwei Jahre erteilt. In diesem Zeitraum sollte er seine zu *führenden Negotia* abschließen. Gleichzeitig war er von allen Abgaben befreit. Nach den zugesicherten zwei Jahren sollte ihm das Recht zustehen, ohne Entrichtung der sonst erforderlichen Nachsteuer von Pappenheim fortzuziehen. Zugleich wurde ihm die Möglichkeit garantiert, länger in Pappenheim zu bleiben. In diesem Fall sollte ihm und seiner Familie, unter der Voraussetzung, dass sie von diesem Zeitpunkt an Schutzgeld zahlten und alle anderen Abgaben entrichteten, der *Schutz gleich andern unßeren Schutz-Juden allhier* gewährt werden[94]. Zwei Jahre später bat Esaias Simon um den versprochenen längerfristigen Schutzbrief. Daraufhin stellte Reichserbmarschall Friedrich Ferdinand ihm einen Schutzbrief aus, mit dem er *unter unsere hiesige Schutz- und sogenannte Recess Judenschaft in Gnaden* aufgenommen wurde. Esaias Simon und seinem Schwiegersohn Joseph Goldschmidt wurde damit der unbegrenzte Aufenthalt in der Herrschaft Pappenheim gewährt (*auf so lang sie allhier verbleiben wollen und mögen*). Neben den beiden sind auch ihre Familien – *worunter jedoch nur unverheiratete Kinder und die nötigen Domestiquen zu verstehen* sind – in den Schutz aufgenommen worden. Sie wurden, entsprechend der angeführten Bittschrift, von der Nachsteuer befreit, hatten aber künftig wie alle anderen Schutzjuden Schutzgeld und Steuern an die Stadtvogtei zu zahlen[95].

Obwohl die Zahl der überlieferten Schutzbriefe begrenzt ist, können aus ihnen einige Tendenzen herausgelesen werden. Ein auffälliges äußeres Merkmal ist die abnehmende Länge. Während die zwischen 1658 und 1671 ausgestellten Schutzbriefe noch relativ umfangreich waren und die Bedingungen des Schutzes genau auflisteten, sind die späteren Schutzbriefe deutlich kürzer. Bei ihnen handelt es sich im Wesentlichen um Bestätigungen des Schutzverhältnisses. Ein Grund hierfür dürfte im Rezess von 1692 zu sehen sein. Indem dieser, einer Judenordnung ähnlich, die für Juden relevanten Bestimmungen aufführte, ersetzte er deren Aufzählung in den Schutzbriefen, die bis 1692 die einzige Rechtsgrundlage für Juden waren. Diesen Zusammenhang verdeutlichen die Schutzbriefe, die explizit die Paragraphen des Rezesses nennen. Dieser übernahm somit in gewisser Weise die Funktion eines Generalschutzbriefs. Der dem einzelnen Juden überreichte Schutzbrief war dadurch nur noch eine Art »Quittung«, die zeigte, dass der Betreffende in den Schutz der Herrschaft aufgenommen worden war. Für nähere Bestimmungen – die damit für alle mit Ausnahme des Hofjuden gleich waren – war der Rezess zu konsultieren.

Somit hätte die Herrschaft Pappenheim, wenn auch verspätet, ebenfalls an der Entwicklung vom individuellen Schutzbrief zum Generalschutzbrief teilgenommen. Allerdings darf nicht übersehen werden, dass die Verknüpfung Schutzbrief-Judenordnung keinesfalls in allen Pappenheimer Schutzbriefen zu finden ist. Durch das begrenzte Quellenmaterial müssen zwei damit in Zusammenhang stehende Fragen offen bleiben. Da die Überlieferung der Pappenheimer Schutzbriefe Mitte des 18. Jahrhunderts nachlässt, kann die Fortsetzung dieser Entwicklung nur ansatzweise

---

[93] In einem Verzeichnis der 1730 in Monheim lebenden Juden ist er als Scheile Simon verzeichnet. Siehe MEYER, Monheim, S. 118. Da es mehrere Pappenheimer Archivalien gibt, in denen er als Scheinle(in) bzw. Scheile bezeichnet wird, ist anzunehmen, dass es sich um ein und dieselbe Person handelt. 1741 feierte Scheinlein, der damals noch in Monheim lebte, die Hochzeit seiner Tochter in Pappenheim, siehe LKAN, Konsistorium Pappenheim Nr. 67: Eintrag vom 3. Juli 1741. 1754 wurde er als *Scheyla zu Pappenheim* bezeichnet. Siehe StAN, Herrschaft Pappenheim, Akten Nr. 1073: Schreiben der Äbtissin von St. Walburg an Kanzleirat von Welsch vom 28. November 1754.
[94] StAN, Herrschaft Pappenheim, Akten Nr. 4715: Schutzdekret für Esaias Simon vom 7. September 1741.
[95] StAN, Herrschaft Pappenheim, Akten Nr. 5916/V: Schutzbrief für Esaias Simon vom 13. September 1743.

nachvollzogen werden. Ab diesem Zeitpunkt sind Schutzzusagen vor allem aus Steuer- und Schutzgeldverzeichnissen ablesbar[96]. Zwar könnte das weitgehende Fehlen von Schutzbriefen aus dieser Zeit als Beleg für diese Vermutung aufgefasst werden, letztendlich muss diese Frage jedoch unbeantwortet bleiben. Ein zweites Problem stellt die Unterscheidung zwischen gewöhnlichen Schutzjuden und Rezessjuden dar. In vier der hier behandelten Schutzbriefe wurden die Empfänger zu Rezessjuden ernannt (Nathan Reutlinger 1721, Amson Jacob 1723, Esaias Simon 1743 und Philipp Joseph 1755). Ferner ist bekannt, dass Zartel, die Witwe von Isaac Jacob, am 16. März 1767 zur Rezessjüdin wurde[97]. Dagegen fehlt der Begriff »Rezessjude« in dem Schutzbrief für Salomon Mayer. Da der Status eines Rezessjuden durch ergänzende Schutzbriefe verliehen wurde, erscheint es ausgeschlossen, dass die beiden Begriffe synonym verwendet wurden. Während die meisten Bestimmungen des Rezesses, wie beispielsweise der Höchstzinssatz, nachweislich für alle Juden galten, scheint es bei der Entrichtung der Nachsteuer Unterschiede gegeben zu haben: Nur die begrenzte Zahl der Rezessjuden konnte von der im Rezess vorgesehenen Pauschalregelung und der Befreiung von Zahlungen an das Stadtvogteiamt bei Hochzeit der Kinder und nach dem Tod des Rezessjuden profitieren[98]. Demnach wären die Rezessjuden besonders privilegiert gewesen und hätten zumindest bezüglich der Nachsteuer eine Art Zwischenstellung zwischen Schutz- und Hofjuden eingenommen. Da sowohl jüngere (Amson Jacob) als auch ältere (Nathan Reutlinger) und aus anderen Territorien zugezogene (Esaias Simon) Juden zu Rezessjuden ernannt wurden, bestand auch kein Zusammenhang mit der Aufenthaltsdauer.

2.2.2 Reichserbmarschallische Schutzbriefe für die Regensburger Juden

Aus Regensburg sind etliche von Reichserbmarschällen ausgefertigte Schutzbriefe überliefert. Da keine Schutzbriefe aus der Frühphase des reichserbmarschallischen Judenschutzes vorhanden sind, müssen einige interessante Fragen unbeantwortet bleiben: Erstens lässt sich aus den Regensburger Schutzbriefen nicht ablesen, wie sich der dauerhafte Schutz aus dem vorübergehenden Geleit am Ort des Reichstags entwickelte. Zweitens ist unklar, ob es durch Reduktionsbemühungen, die Festschreibung einer Höchstzahl, die Unterbrechung durch die Pest und eine möglicherweise aktivere Politik Kursachsens zu deutlichen Veränderungen in der Formulierung der Schutzbriefe kam. Drittens ist es nicht möglich, Auswirkungen des Erlasses von Reglements ab dem Ende des 17. Jahrhunderts auf den Text der Schutzbriefe festzustellen. Für Regensburg sind ausschließlich Einzelschutzbriefe vorhanden, mit denen jeweils ein Jude und seine Familie in den reichserbmarschallischen Schutz aufgenommen wurde[99].

Der älteste überlieferte Schutzbrief für einen Regensburger Juden ist der für Falk Markbreiter aus dem Jahr 1721. Neben dem prächtigen Schutzbriefformular vom 7. Oktober gibt es ein identisches Konzept aus dem September sowie ein deutlich abweichendes Konzept vom 7. August. Im Schutzbrief sagte ihm Reichserbmarschall Johann Friedrich die Aufnahme zum *Reichserbmarschallischen Schutzjuden bey dem noch fürwährenden allgemeinen Reichstag in Regensburg* zu. Falk Markbreiter und seiner gesamten Familie wurde der auf dem Reichserbmarschallamt beru-

---

[96] Sämtliche überlieferte Schutzaufnahmen aus der Zeit zwischen 1770 und 1806 sind in Tabelle 19 im Anhang verzeichnet.
[97] Der entsprechende Schutzbrief ist nicht überliefert, aber die Behandlung des Sachverhalts in StAN, Adel Archivalien Nr. 4638, S. 89–90: Eintrag vom 14. September 1775. Siehe auch Kapitel 4.3.
[98] Ausführlicher dazu Kapitel 2.1.1 und 4.3.
[99] Zu den in Regensburg ausgestellten Schutzbriefen siehe Tabelle 20 im Anhang.

Kap. 2: Die Ausübung von Judenschutz in Pappenheim und Regensburg

hende Schutz sowie Protektion zugesichert. Dabei sollte er die gleichen Rechte wie alle anderen reichserbmarschallischen Schutzjuden in Regensburg genießen. Vor der Verleihung des Schutzbriefs wurde ihm das Reglement vorgelesen, dessen Bestimmungen wie auch alle anderen Verordnungen er zu beachten hatte. Das jährliche Schutzgeld war ab dem 17. Mai, dem Tag seiner Rezeption, zu bezahlen. Abschließend wurde noch einmal betont, dass er *uns und unserer verordneten Reichserbmarschallischen Canzley in Regensburg zu Gebott und Verbott* zu stehen habe und sich wie *einem gehorsamen und getreuen Schutzverwandten Juden gebühret aufführen* und verhalten soll. Nachdem Falk Markbreiter dies zugesagt hatte, wurde ihm der Schutzbrief überreicht[100]. Das Konzept aus dem August unterscheidet sich vor allem durch die Erwähnung Kursachsens: Auf *gesuchen Seiner königlichen Mayestät in Pohlen und churfürstlichen Durchlaucht zu Sachsen* habe man entschieden, Falk Markbreiter zum Schutzjuden aufzunehmen. Die Annahme sei aus *aller unterthänigst tragenden Respect gegen Seiner königlichen Mayestät und churfürstlichen Durchlaucht* erfolgt. Das Weglassen Sachsens beim tatsächlich ausgestellten Schutzbrief ist möglicherweise als ein Versuch Pappenheims zu deuten, Sachsen abzudrängen. Zusätzlich wird betont, dass Falk Markbreiter seine Zusagen *unter gegebenen Handgelübt an Eydes statt* gegeben habe[101].

Die meisten vom Reichserbmarschallamt ausgestellten Regensburger Schutzbriefe entsprechen diesen beiden Varianten des Schutzbriefs für Falk Markbreiter. So heißt es im Schutzbrief für Elias Philipp Gumperz vom 5. Februar 1794, er sei *auf erfolgten gnädigsten Reichserzmarschallischen Consensus des hohen Churhofs zu Sachsen [...] zu unserem würklichen Reichserbmarschallischen Schutzjuden*[102] aufgenommen worden. In vielen Schutzbriefen wurde betont, dass der Neuaufgenommene sowohl *bey Ihro Churfürstlichen Durchlaucht zu Sachßen* als auch beim Reichserbmarschall um Schutz gebeten habe[103]. Diese Art des Zusammenspiels von Pappenheim und Sachsen geht aus dem Schutzbrief für Emanuel Wolf Wertheimer hervor:

> nachdem bey ihro königlichen Majestät in Pohlen und Churfürstlichen Durchlaucht zu Sachsen, auch uns der Churbayerische Oberfactor Wolf Wertheimer Jud um Erteilung einer Reichsmarschallischen Schutzjudenstelle zu Regensburg allerunterthänigst und gehorsamst angesucht, allerhöchst gedachte Ihro königliche Mayestät auf solchem Suchen stattgegeben.

Daraufhin habe der sächsische Gesandte an den Reichserbmarschall *allergnädigst rescribirt*, den Schutzbrief auszustellen[104]. Eine weitere Möglichkeit, um die Mitwirkung Kursachsens bei der Vergabe einer Schutzjudenstelle zum Ausdruck zu bringen, war der Hinweis auf ein zuvor erteiltes Expektanzdekret, das nach dem *fiat* von Kursachsen durch Pappenheim ausgestellt worden war[105].

---

[100] StAN, Herrschaft Pappenheim, Reichserbmarschallamt Nr. 743: Schutzbrief für Falk Markbreiter vom 7. Oktober 1721.
[101] Ebd.: Konzept des Schutzbriefs für Falk Markbreiter aus dem August 1721. Dabei dürfte es sich um einen so genannten Rezeptionseid gehandelt haben, der das Schutzverhältnis bekräftigte. Ein derartiger Eid war in Nassau seit Ende des 17. Jahrhunderts Pflicht. Der Jude erhielt einen Revers als Selbstverpflichtung. Siehe MARZI, Judentoleranz, S. 117, 185.
[102] StAN, Herrschaft Pappenheim, Reichserbmarschallamt Nr. 853: Schutzbrief für Elias Philipp Gumperz vom 5. Februar 1794.
[103] So in StadtA Regensburg, ZR I 642: Abschrift des Schutzbriefs für Philipp Reichenberger vom 27. September 1813.
[104] StAN, Herrschaft Pappenheim, Reichserbmarschallamt Nr. 768: Schutzbrief für Emanuel Wertheimer vom 24. April 1758.
[105] So im Schutzbrief für Philipp Reichenberger: StadtA Regensburg, ZR I 642: Abschrift des Schutzbriefs für Philipp Reichenberger vom 27. September 1813. Ausführlicher zu Expektanzdekreten siehe Kapitel 2.3.2.2.

Kap. 2: Die Ausübung von Judenschutz in Pappenheim und Regensburg

Die Schutzbriefe basierten folglich auf einem Zusammenwirken von Pappenheim und Sachsen: Die reichserbmarschallische Kanzlei stellte eine derartige Urkunde erst dann aus, wenn Sachsen seine Zustimmung gegeben hatte.

Ferner wurde meistens erwähnt, welche Schutzstelle der Empfänger des Schutzbriefs erhielt. Gelegentlich wurde außerdem auf die näheren Umstände der Schutzbriefverleihung eingegangen. So wurde bei Elias Philipp Gumperz hervorgehoben, dass er bereits im Jahr 1786 *ein Anwartschaftsdekret auf eine sich erledigende Reichserbmarschallische Schutzjuden Stelle erhalten*[106] habe und nun durch den Fortzug von Löw Mayer eine solche Stelle tatsächlich frei geworden sei. Derartige Formulierungen sind vor dem Hintergrund der begrenzten Zahl der Stellen und der damit verbundenen Konkurrenz zu sehen. Sollten spätere Streitigkeiten vermieden werden, musste aus einem Schutzbrief eindeutig hervorgehen, welchen Schutzjuden ein neu aufgenommener Jude ersetzte. Auch bei der Schilderung der Vorgeschichte der Schutzaufnahme wurde die Mitwirkung Sachsens oft näher bestimmt. Von Isaac Philipp Gumperz heißt es, dieser sei *von uns vor geraumen Jahren in genere expectirt* und Kursachsen habe ihm *auch in Specie* die Stelle seines jetzt verstorbenen Schwiegervaters zugesagt[107]. Auffallend defensiv ist die Pappenheimer Haltung im Schutzbrief für die Witwe Löw Alexanders. Diese sei auf die von *Seiner kurfürstlichen Durchlaucht zu Sachsen, als Reichserzmarschall unterthänig [...] gnädigst erhaltene und ersagte Genehmigung als unsere wirkliche Reichserbmarschallische Schutzjüdin* aufgenommen worden[108]. Anscheinend hatte der kursächsische Gesandte ausdrücklich auf diese Formulierung bestanden, was auf Pappenheimer Seite zu Verstimmungen geführt hatte[109].

Meist wurde der Schutz *bey fürwährendem Reichstag zu Regensburg oder wohin derselbe in Zukunft verlegt werden mögte*[110] verliehen. Aus dieser Formulierung wird deutlich, dass der Schutz nicht vom Reichserbmarschall als Territorialherr, sondern als Inhaber eines Amtes verliehen wurde. Deshalb war der Schutz auf den Reichstag bezogen und folglich an dessen Versammlungsort gebunden. Sobald der Reichstag Regensburg verlassen sollte, würde der Schutz dort enden. Als Kompensation für diese Unsicherheit wurde die Fortsetzung des Schutzverhältnisses am neuen Tagungsort versprochen[111].

In jedem Schutzbrief wird ausdrücklich auf die durch den Reichserbmarschall und seine Kanzlei erlassenen normativen Verordnungen verwiesen. Jeder Schutzjude hatte dem *ihm vorgelesenen Reglement und anderen unseren Verordnungen jederzeit die gebührende unterthänigste folge und Gehorsam*[112] zu leisten. Eine wichtige Pflicht, die auch in den Reglements ausführlich behandelt

---

[106] StAN, Herrschaft Pappenheim, Reichserbmarschallamt Nr. 853: Schutzbrief für Elias Philipp Gumperz vom 5. Februar 1794.

[107] StAN, Herrschaft Pappenheim, Reichserbmarschallamt Nr. 780: Schutzbrief für Isaac Philipp Gumperz vom 31. März 1768.

[108] StAN, Herrschaft Pappenheim, Reichserbmarschallamt Nr. 849: undatierter Schutzbrief für Löw Alexanders Witwe Gutchen.

[109] Ebd.: Akten zur Schutzerteilung an Löw Alexanders Witwe Gutchen (1792).

[110] StAN, Herrschaft Pappenheim, Reichserbmarschallamt Nr. 853: Schutzbrief für Elias Philipp Gumperz vom 5. Februar 1794.

[111] Im reichserbmarschallischen Archiv finden sich keine Belege dafür, wie bei den vorübergehenden Verlegungen des Reichstags verfahren wurde. Auch bei WITTMER, Regensburger Juden, finden sich keine diesbezüglichen Hinweise. Die Erteilung vorübergehenden Geleits in Augsburg (siehe Kapitel 2.5.2.) zeigt zwar, dass am neuen Tagungsort die reichserbmarschallischen Rechte ausgeübt wurden, aber Geleit ist eben nicht mit Schutz gleichzusetzen.

Kap. 2: Die Ausübung von Judenschutz in Pappenheim und Regensburg

wurde, war die am Tag des Eintritts in den Schutz beginnende halbjährliche Zahlung des Schutzgelds. Besonderer Wert wurde auf das Verhalten gegenüber dem Reichserbmarschall und seinen Vertretern vor Ort gelegt. Der neu aufgenommene Schutzjude verpflichtete sich, *uns und unserer nachgesetzten Reichserbmarschallischen Canzley zu Geboth und Verboth* zu stehen und sich *wie es einem gehorsamen und getreuen Schutzjuden gebühret* zu verhalten. Er sollte *sich jederzeit geziemend auffführen und geleitlich verhalten*. In einigen Schutzbriefen, wie auch dem für Elias Philipp Gumperz, wurde zum Abschluss festgehalten, dass der Empfänger *darüber uns [die] gewöhnliche Pflicht und Gelobung geleistet* habe[113]. Somit diente der Schutzbrief vor allem der Bestätigung des Schutzverhältnisses und legte nur wenige konkrete Bedingungen fest. Diese waren überwiegend den Reglements und anderen Verordnungen zu entnehmen, auf die in den Schutzbriefen ausdrücklich Bezug genommen wurde.

Im Folgenden sollen die wichtigsten Abweichungen vom geschilderten Muster behandelt werden. Neben dem Schutzbrief für Falk Markbreiter vom Oktober 1721 verzichtet auch der für dessen Sohn Samson Falk Markbreiter, der 1742 verfasst wurde, auf eine Erwähnung Sachsens. Dies verweist auf einen Konflikt zwischen Pappenheim und Sachsen, der zu einer vorübergehenden Unterbrechung der Kommunikation zwischen den beiden geführt hatte[114]. Im Gegensatz zu den meisten anderen Schutzbriefen wurde nicht nur generell die Entrichtung des Schutzgelds gefordert, sondern auch dessen Höhe mit 100 fl. angegeben. Zugleich wird auf eine ausdrückliche Nennung Regensburgs verzichtet. Zwar wird der Vater des Empfängers als Regensburger Schutzjude bezeichnet, doch der Sohn soll nur allgemein *unseren Reichserbmarschallischen Schutz bey fürwährenden Reichstag* erhalten. Die Aufnahme soll als Schutzjude *bey der Reichsversammlung* erfolgen[115]. Das Fehlen eines Hinweises auf Regensburg lässt sich durch das Ausfertigungsdatum des Schutzbriefs erklären. Als er am 13. August 1742 von Reichserbmarschall Friedrich Ferdinand unterzeichnet wurde, befand sich der Reichstag bereits seit fast drei Monaten in Frankfurt.

Dem bayerischen Hoffaktor Wolf Wertheimer[116] war es gelungen, ein Expektanzdekret, also eine Anwartschaft auf einen Schutzbrief, für seinen Sohn Isaac zu erhalten. Auf Bitten des Vaters wurde der Schutzbrief dann aber für einen anderen Sohn, Emanuel, ausgestellt. Von diesem Schutzbrief sind zwei Konzepte überliefert. In dem vom 24. April 1758 wird die Aufnahme mit Samson Falk Markbreiters Austritt aus dem Schutz begründet, in dem vom 31. Mai mit dem Tod des Esaias Alexander, was deutlich auf das Jonglieren mit den Regensburger Schutzstellen hinweist. Während Markbreiter nur den Status eines Supernumerarius gehabt hatte, hatte Esaias Alexander über eine vollwertige Schutzstelle verfügt. Da mit dem »Ausscheiden« beider eine Auswahl bestand, erhielt Wertheimers Sohn nachträglich die attraktivere Stelle.

---

[112] StAN, Herrschaft Pappenheim, Reichserbmarschallamt Nr. 853: Schutzbrief für Elias Philipp Gumperz vom 5. Februar 1794.
[113] Ebd.
[114] Dazu StAN, Herrschaft Pappenheim, Reichserbmarschallamt Nr. 768: Bericht von Langs an den Reichserbmarschall vom 6. Mai 1758.
[115] StAN, Herrschaft Pappenheim, Reichserbmarschallamt Nr. 755: Schutzbrief für Samson Falk Markbreiter vom 13. August 1742.
[116] Wolf Wertheimer (1681–1763) war ein Sohn des kaiserlichen Oberhoffaktors Samson Wertheimer. Er wurde 1724 kaiserlicher Oberhoffaktor, 1726 kurbayerischer Hoffaktor, 1741 kursächsisch-königlich polnischer Hoffaktor. 1735 verlegte er seinen Geschäftsschwerpunkt von Wien nach München. Siehe BATTENBERG, Hofjude, S. 241–245; STERN, Hofjude, S. 88–90; MEVORAH, Wertheimer; ADB Bd. 44, S. 487–490.

Kap. 2: Die Ausübung von Judenschutz in Pappenheim und Regensburg

Obwohl in jedem Schutzbrief auf Expektanzdekrete und die Sukzession in der Schutzstelle eingegangen wird, sind beim Umfang dieser Schilderungen erhebliche Unterschiede feststellbar. Besonders ausführlich wird im Schutzbrief für Löw Alexander vom 11. April 1765 auf die Hintergründe der Schutzgewährung eingegangen. Schon beim Tod seines Vaters im Jahr 1758 hätte er verdient, *statt deßselben in eine unserer dasigen regulairen Schutzjudenstellen einzutreten*. Denn er habe zuletzt *durch seinen Fleiß und ehrlichen Erwerb* seinen Vater versorgt und dessen Schutzgeld entrichtet. Jedoch sei ihm dann Emanuel Wolf Wertheimer vorgezogen worden. Jetzt habe Löw Alexander die Stelle des Simon Elkan Wassermann erhalten[117]. Im Schutzbrief für Gumperz Henle aus Fürth wurde hervorgehoben, dass er die Stelle von der Witwe Gundel Alexander erhielt, deren Tochter Reichel er zu heiraten beabsichtige. Gumperz Henle konnte in den Schutz eintreten, da die *Brautmutter zu Gunsten dieses ihres neuen Schwiegersohns ihre bishero innegehabte Reichserbmarschallische Schutzjudenstelle diesem abgetreten* hatte und *folglich ein solcher Platz erledigt worden ist*[118].

Isaac Philipp Gumperz erhielt 1768 nicht nur die Schutzstelle, die zuvor sein verstorbener Schwiegervater Wolf Salomon Brode innegehabt hatte, sondern auch *die damit verknüpfte Schulhaltungsgerechtigkeit (...) wie sie sein Schweher zu gaudieren gehabt* hat[119]. Neben der üblichen Forderung, ein einem Schutzjuden angemessenes Verhalten zu zeigen, wurde Isaac Philipp Gumperz zusätzlich eingeschärft, dass er in der Judenschule für gute Ordnung zu sorgen habe[120].

2.3 Der Schutz als kostbares Gut

Während bisher eher auf die dem Judenschutz zugrunde liegenden Normen eingegangen wurde, seien diese im Rezess, in Reglements oder Schutzbriefen festgehalten worden, befasst sich dieses Kapitel mit der praktischen Seite der Schutzerteilung. Dabei stellt sich zum einen die Frage, welche Strategien der Einzelne anwendete, um den Schutz zu erwerben. Zum anderen ist zu untersuchen, welche Mittel die Obrigkeit ergriff, um die Zahl der in einem Ort oder Territorium lebenden Juden in einem ihr angemessen erscheinenden Rahmen zu halten. Im Zusammenhang mit derartigen Maßnahmen ist zu klären, wie streng diese eingehalten wurden, wie die Betroffenen darauf reagierten und welche Folgen sie hatten.

Entsprechend den voneinander abweichenden Rahmenbedingungen in Pappenheim und Regensburg werden unterschiedliche Schwerpunkte gesetzt. In Pappenheim werden von Juden gestellte Schutzgesuche und die Reaktion der Herrschaft auf diese untersucht, anschließend wird auf die Möglichkeit des Schutzverlusts eingegangen. Andere Verhältnisse herrschten dagegen in Regensburg. Dort wurde von außen versucht, eine Begrenzung der Zahl der Juden vorzunehmen. Daher sollen vor allem die Reaktionen der Juden, aber auch des Reichserbmarschalls und seiner Regensburger Kanzlei auf diese Restriktion untersucht werden.

---

[117] StadtA Regensburg, HVA AAR 92a: Schutzbrief für Löw Alexander vom 11. April 1765.

[118] StAN, Herrschaft Pappenheim, Reichserbmarschallamt Nr. 856: Schutzbrief für Gumperz Henle vom 22. Mai 1795.

[119] Eine Synagoge entstand in Regensburg erst Ende des 18. Jahrhunderts, doch schon zuvor wurden Gottesdienste in den Räumen von dort lebenden Juden abgehalten. Siehe WITTMER, Regensburger Juden, S. 64, 116.

[120] StAN, Herrschaft Pappenheim, Reichserbmarschallamt Nr. 780: Schutzbrief für Isaac Philipp Gumperz vom 31. März 1768.

Kap. 2: Die Ausübung von Judenschutz in Pappenheim und Regensburg

2.3.1 Die Situation in Pappenheim

2.3.1.1 Schutzgesuche

Der Status als Schutzjude konnte anders als das Bürger- und Hintersassenrecht nicht auf die Kinder vererbt werden[121]. Somit hatten nicht nur auswärtige Juden, die in einen Ort bzw. ein Territorium ziehen wollten, ein derartiges Gesuch zu verfassen, sondern auch die dort geborenen Söhne einheimischer Juden. Die Beschäftigung mit Schutzgesuchen ist aber noch aus weiteren Gründen sinnvoll. Zum einen kam dem Schutzgesuch eine wichtige Stellung in der Biographie eines Juden zu. Sabine Ullmann weist darauf hin, dass der Erwerb eines Schutzbriefs eine Schlüsselposition in der Lebenslaufplanung eines Juden einnahm. Dessen Verlust oder die Nichtübertragung auf die nachfolgende Generation konnte den Absturz in das Betteljudentum nach sich ziehen[122]. Außerdem handelt es sich bei Schutzgesuchen um aus jüdischer Perspektive verfasste Schriftstücke, die immer auch etwas über die Biographie und Lebensumstände des Bittstellers aussagen. Daher können sie, so André Holenstein, durchaus den Ego-Dokumenten zugerechnet werden[123]. Auf der anderen Seite kann aus den Schutzgesuchen, insbesondere wenn die Entscheidung der zuständigen Behörde darauf vermerkt ist, wie es bei den nachfolgend besprochenen zum Teil der Fall ist, etliches über die Schutzpolitik des Territoriums erfahren werden. Die Gründe für die Annahme bzw. Ablehnung eines Schutzgesuchs können unter Umständen viel über die obrigkeitliche Haltung gegenüber dem Judenschutz zum Ausdruck bringen.

Bevor die für Pappenheim vorhandenen Schutzgesuche von Juden systematisch untersucht werden, soll zunächst auf das Beispiel zweier Brüder eingegangen werden. Ende 1717 oder Anfang 1718 stellte Güttel, die Witwe des Pappenheimer Schutzjuden Samuel, an Reichserbmarschall Christian Ernst das Gesuch, ihrem Sohn Jacob den väterlichen Schutz zu übertragen. Zunächst hebt sie die Verdienste ihres Mannes hervor: Dieser sei *der älteste Schutz-Jud allhier geweßen*, habe sein Schutzgeld stets fristgerecht bezahlt, dem Reichserbmarschall *viel gute Dienste gethan* und sei auch *in Kriegs-Zeiten aus der Stadt nicht gewichen, sondern bey derselben standhafft gehalten*[124]. Dabei habe er *Haab und Guth, ja Laib und Leben bey derselben aufgesetzt* und *bey derselben gelitten und ausgestanden*. Auf diese Weise habe er die Stadt durch Wachen und sonstige Dienste vor der äußeren Bedrohung beschützt. Daher habe er seine Familie mit dem Gedanken trösten können, dass nach seinem Tod sein Schutz gewiss auf einen Sohn übertragen werde. Ferner weist Güttel darauf hin, dass die Schutzerteilung für ihren Sohn aus wirtschaftlichen Gründen dringend notwendig sei. Nur so könne dieser die kleine Behausung und den Handel übernehmen und heiraten. Da ihr Mann ihr *außer dem geringen Häußlein nichts hinterlassen* habe, sei sie unbedingt auf die Unterstützung durch ihren Sohn angewiesen. Am Ende ihres Gesuchs appelliert sie an Christian

---

[121] HOLENSTEIN, Bitten, S. 107.
[122] ULLMANN, Ehepaar, S. 270. Holenstein bezeichnet die Schutzerteilung als »Maßnahme von existentieller Tragweite« für den Betroffenen, aber auch seine Familie und seinen Haushalt. Siehe HOLENSTEIN, Bitten, S. 100.
[123] HOLENSTEIN, Bitten, S. 102, der sich dabei auf die Definition von Winfried Schulze bezieht: SCHULZE, Ego-Dokumente, S. 28. In dem von Schulze herausgegebenen Band befasst sich Claudia Ulbrich auch mit jüdischen Bittstellerinnen: ULBRICH, Zeuginnen, S. 221–223, 226.
[124] Es ist anzunehmen, dass sie sich mit dieser Bemerkung auf die Besetzung der Stadt während des Spanischen Erbfolgekriegs bezieht Am 10. Juli 1704 musste sich Pappenheim dem Ansturm von 5000 Franzosen beugen. Daraufhin wurde die Stadt bis zum 30. April 1705 besetzt. Siehe SCHWACKENHOFER, Reichserbmarschälle, S. 232.

Kap. 2: Die Ausübung von Judenschutz in Pappenheim und Regensburg

Ernst als den *höchste[n] Vater der Wittwen und Weißen, sie über meinen verstorbenen Mann durch Ertheilung des gnädigsten Schutzes in gnaden zutrösten*. Am 31. Januar 1718 machte die Herrschaft Jacob Samuel gegen Zahlung des jährlichen Schutzgelds von 10 fl. zu einem Pappenheimer Schutzjuden[125].

Einige Zeit später[126] bat auch Jacobs jüngerer Bruder Israel Samuel um Schutzerteilung. Er habe die Hälfte des väterlichen Hauses geerbt, für die er bisher alle Abgaben pflichtgemäß entrichtet habe. Nun sei er zu seinen *Mannbaren Jahren gelanget* und hoffe mit Hilfe dieses Erbes so gut zu heiraten, dass er *einen tüchtigen Schutzverwandten abgeben* könne. Im Folgenden appellierte Israel mit kameralistisch-merkantilistischen Argumenten an seinen Landesherrn. Diesem müsse daran gelegen sein viele treue und vermögende Untertanen zu haben. Die Stadt Pappenheim und ihre Bürgerschaft hätten ebenfalls *einen nicht geringen Nutzen* von den Juden. Denn diese würden ihre *Nahrung meistentheils in den benachbarten Herrschafften Eichstätt, Neuburg, Anspach, Teutschherrischen*[127], *Oettingisch und anderen* verdienen. Die auswärts erzielten Einnahmen würden sie anschließend überwiegend in Pappenheim bei *Wirthen, beckern, fleischern, Schustern, Schneidern und anderen Handwerks Leuthen* ausgeben. Mit dem Hinweis auf den ökonomischen Nutzen der Juden versuchte Israel seinem Wunsch nach Schutz Nachdruck zu verleihen[128]. Er war damit der einzige Supplikant, der mit dem wirtschaftlichen Nutzen der Juden argumentierte. Als zweiter Sohn, dessen Bruder bereits einen Schutzbrief erhalten hatte, musste er wohl versuchen möglichst überzeugende Argumente zu finden, die für eine Schutzverleihung an ihn sprachen[129]. Wie seine Mutter beim Gesuch für den älteren Bruder hob auch Israel Samuel das Wohlverhalten seines verstorbenen Vaters Schmuel hervor, in dessen *Fußstapfen* er künftig treten wolle. Außerdem könne er gemeinsam mit seinem Bruder die *alte unvermögende Mutter* weitaus besser versorgen, als es diesem allein möglich wäre. Trotz der vorgebrachten Gründe für eine Schutzgewährung wurde Israel Samuels Supplik abgelehnt[130]. Da außer dem Vermerk *ist abgeschlagen* nichts über die herrschaftliche Entscheidung bekannt ist, ist es schwierig nähere Gründe hierfür zu nennen. Eine mögliche Erklärung könnte die auch in anderen Territorien verfolgte Schutzpolitik sein, im Regelfall nur einem Sohn den Schutz zu übertragen[131]. Ob zusätzlich der Charakter des Schutzsuchenden zur Ablehnung beigetragen hat, muss wegen der unzureichenden Datierung des Gesuchs offen bleiben. Israel Samuel wurde wegen mit Amson Jacobs Magd begangener Unzucht und falscher Beschuldigung Amson Jacobs im September 1720 der Herrschaft Pappenheim verwiesen[132].

---

[125] StAN, Herrschaft Pappenheim, Akten Nr. 8196: Schutzgesuch Güttels für Jacob Samuel (1717/18).

[126] Das Gesuch ist nicht datiert, aber an Reichserbmarschall Christian Ernst gerichtet, der am 23. Mai 1721 starb. Bei der präziseren Datierung hilft die Tatsache, dass Israel Samuel erwähnt, das halbe väterliche Haus geerbt und davon bisher die Abgaben ordentlich entrichtet zu haben. Da er diese Haushälfte am 13. Januar 1721 an Meyer Feis verkaufte, dürfte das Schutzgesuch spätestens Ende 1720 gestellt worden sein. Im Folgenden noch zu behandelnde Gründe weisen sogar auf einen Zeitpunkt vor dem Herbst 1720 hin.

[127] Gemeint ist das Gebiet der Deutschordens-Kommende Ellingen.

[128] Bei HOLENSTEIN, Bitten, S. 149, finden sich Beispiele von Juden, die in Schutzgesuchen betonten, ihren Handel weniger im Badischen als im Vorderösterreichischen zu betreiben, und damit eine vergleichbare Strategie anwandten.

[129] HOLENSTEIN, Bitten, S. 136, weist darauf hin, dass Ausnahmefälle einen weitaus höheren Argumentationsaufwand erforderlich machten.

[130] StAN, Herrschaft Pappenheim, Akten Nr. 8196: nicht datiertes Schutzgesuch Israel Samuels.

[131] Für das Hochstift Würzburg: KÖNIG, Judenverordnungen, S. 41.

[132] Auf die Ausweisung und den ihr zugrunde liegenden Vorfall soll im nächsten Kapitel (2.3.1.2.) näher eingegangen werden.

Kap. 2: Die Ausübung von Judenschutz in Pappenheim und Regensburg

Ein Vergleich dieser zwei Supplikationen zeigt, dass Schutzgesuche von unterschiedlichen Antragstellern (der Mutter bzw. dem Schutzsuchenden selbst) stammen konnten und dass darin durchaus individuelle Argumente verwendet wurden. Auch die herrschaftliche Entscheidung konnte sehr unterschiedlich ausfallen. Im Folgenden werden sämtliche 17 aus Pappenheim vorliegenden Schutzgesuche systematisch nach diesen Aspekten ausgewertet. In neun Fällen war der Antragsteller der Schutzsuchende selbst (Israel Samuel, Moyses Elias Model aus Neuburg, Esaias Simon, Löw Amson, Joseph Isaac aus Berolzheim, Isaac Salomon Model, David Meyer aus Harburg und Aaron Lamberger aus Ellingen)[133]. Vier Schutzgesuche wurden vom Vater (Jacob Samuel für Isaac Jacob und Samuel Jacob, Feis Judas für seinen ältesten Sohn und Joseph für Hirschel)[134], zwei von der Mutter (Güttel für Jacob Samuel und Abraham Hänles Witwe Bessel für einen ihrer beiden Söhne)[135] und eines von einem Onkel (Esaias Simon für Simon Levi)[136] gestellt. Im Gegensatz zu Baden-Durlach gab es damit in Pappenheim einen vergleichsweise hohen Anteil von Juden, die Suppliken im eigenen Namen verfassten. Eine Übereinstimmung ist dagegen, dass das Supplizieren auch bei den Juden in der Regel »Männersache« war[137].

Elf Schutzsuchende befanden sich zum Zeitpunkt, als sie ihre Supplik verfassten, bereits in Pappenheim. Bei ihnen handelte es sich in acht Fällen um die Söhne von Pappenheimer Schutzjuden. Einer war der Sohn eines Juden, der sich in Pappenheim im Geleit befunden hatte. Zwei Schutzsuchende, von denen einer Neffe eines Pappenheimer Schutzjuden war, waren in Pappenheim als Bedienstete tätig. Fünf Suppliken wurden von auswärtigen Juden gestellt. Angesichts des hohen Anteils von Fällen, in denen eine Übertragung des Schutzes von einer Generation auf die nächste erwartet wurde, kann für Pappenheim von einer faktischen Vererbung des Schutzes gesprochen werden[138].

Meist führten konkrete Anlässe zur Stellung eines Schutzgesuchs. Sechsmal wurde eine geplante Eheschließung angeführt. So betonte Isaac Salomon Model am 10. Mai 1763, dass er heiraten wolle, Voraussetzung für die Hochzeit aber die Erteilung des herrschaftlichen Schutzes sei. Esaias Simon hatte seinem Neffen und seiner Nichte geraten *sich miteinander in eine Eheverlöbnis einzulassen*[139]. Um die Ehe vollziehen zu können, musste sich Simon Levi in Pappenheim ansässig machen und brauchte daher den herrschaftlichen Schutz. Fünfmal stellte die Notwendigkeit, für den Unterhalt von Verwandten sorgen zu müssen, vor allem bei Alter und Krankheit oder Tod des Vaters, den Anlass für ein Schutzgesuch dar. Am 21. November 1755 wandte sich Jacob Samuel

---

[133] StAN, Herrschaft Pappenheim, Akten Nr. 8196: nicht datiertes Schutzgesuch Israel Samuels, Nr. 4715: Schutzgesuch Moyses Elias Models vom 23. Juli 1741, Nr. 5916/V: zweites Schutzgesuch des Esaias Simon vom 5. Juni 1743, Nr. 6333/11: Schutzgesuch Löw Amsons vom 5. Juli 1753, Nr. 5916/VIII: Schutzgesuch Joseph Isaacs vom 28. Juli 1756, Nr. 5916/VIII: Schutzgesuche Isaac Salomon Models vom 10. Mai 1763 und 8. Juni 1763, Nr. 6159/IV: Register mit Hinweis auf Schutzgesuch David Meyers vom 14. Mai 1788, Nr. 6159/IV: undatiertes Gesuch Aaron Lambergers.
[134] StAN, Herrschaft Pappenheim, Akten Nr. 5916/VIII: Schutzgesuch Jacob Samuels für Isaac Jacob vom 21. November 1755, Nr. 5916/VIII: Schutzgesuch Jacob Samuels für Samuel Jacob vom 18. Mai 1758, Nr. 5999/IX: Schutzgesuch des Feis Judas für seinen Sohn vom 4. Juli 1774, Nr. 5997/VII: Bericht Kanzleidirektor Friedrich Ernst Schnetters vom 27. Januar 1786.
[135] StAN, Herrschaft Pappenheim, Akten Nr. 8196: Schutzgesuch Güttels für Jacob Samuel von 1717/18, Nr. 5999/IX: Schutzgesuch Bessels für einen ihrer Söhne vom 11. Juli 1774.
[136] StAN, Herrschaft Pappenheim, Rechnungen Nr. 6333/16: Schutzgesuch für Simon Levi vom Juni 1756.
[137] HOLENSTEIN, Bitten, S. 109–110.
[138] Vgl. Ebd., S. 136.
[139] StAN, Herrschaft Pappenheim, Rechnungen Nr. 6333/16: Schutzgesuch für Simon Levi vom Juni 1756.

Kap. 2: Die Ausübung von Judenschutz in Pappenheim und Regensburg

mit einer Supplik an den Reichserbmarschall. Darin schrieb er, er werde bald 70 Jahre alt und habe sieben zum Teil noch kleine Kinder. Da er sich bei den *jezig schweren und Nahrungsloßen Zeiten* [...] *als gebrechlich alterlebter Mann außer Stand befinde*[140], seine Familie ausreichend zu versorgen, beabsichtige er seine Handelschaft auf seinen Sohn Isaac zu übertragen. Damit dieser künftig für seinen Vater und seine Geschwister sorgen könne, sei es jedoch erforderlich, dass er in den herrschaftlichen Schutz aufgenommen werde.

Zweimal ist der Wunsch, die »Auskömmlichkeit«[141] zu verbessern, Anlass für das Schutzgesuch. Dabei sollte jeweils ein zweiter Sohn in den Schutz aufgenommen werden, um seinen Bruder im Handel oder bei der Versorgung der Eltern unterstützen zu können. Jacob Samuel schrieb im Schutzgesuch für seinen zweiten Sohn, dass er wegen seines hohen Alters und seinen *beschwehrlichen-schadhaften Leibes Umständen*[142] die Versorgung seiner minderjährigen Kinder, die noch dazu ohne Mutter aufwüchsen, seinen zwei erwachsenen Söhnen überlassen müsse. Der ältere, Isaac Jacob, der bereits einen Schutzbrief hatte, habe sich im letzten Winter beim Sturz von einem Pferd eine Verletzung am Bein zugezogen. Daher bat Jacob Samuel nun darum, auch seinem zweiten Sohn den Schutz zu gewähren, damit er seinen Bruder bei der Versorgung des Vaters und der jüngeren Geschwister unterstützen könne. Zwei Schutzgesuche wurden mit der Vertreibung aus einem benachbarten Territorium begründet. Moyses Elias Model suchte am 23. Juli 1741 um Schutz, da Kurfürst Karl Philipp *gnädigst befohlen und fragt haben wollen die sämtliche Judschafft in dero Herzogthum Neuburg ultimo hujus zu emigrieren*[143]. Der Schutzbrief für Esaias Simon aus Monheim vom 7. September 1741[144] basierte auf einem – nicht überlieferten – Schutzgesuch. Er war genauso wie Moyses Elias Model Opfer der Vertreibung der pfalz-neuburgischen Juden geworden, die in den angrenzenden Territorien und damit auch in Pappenheim spürbar wurde[145].

Der Regensburger Israel Wassermann stellt einen Sonderfall dar, weil das Schutzgesuch für seine Frau mit der Ausübung des Reichserbmarschallamts in Regensburg durch die Grafen von Pappenheim zusammenhängt. Er bat am 18. Mai 1761 darum, seiner Frau und seiner Tochter den Aufenthalt in Pappenheim zu gewähren, während er für sich selbst in Regensburg um Geleit nachsuchte[146]. Für den Bittsteller sprach vor allem, dass er zwei Jahre zuvor in Regensburg bei der Aufklärung eines Diebstahls aus der *Reichs-Operations-Cassa auf dasigem Rathaus* helfen konnte. Friedrich Ferdinand entschied daraufhin ihm sicheres Geleit in Regensburg zu gewähren und seiner Frau und der jüngsten Tochter den Aufenthalt in Pappenheim zu gestatten. Dieses Vorhaben wurde jedoch hinfällig, als der Regensburger Magistrat und der sächsische Gesandte ihre Unterstützung aufgaben[147].

---

[140] StAN, Herrschaft Pappenheim, Akten Nr. 5916/VIII: Schutzgesuch Jacob Samuels für Isaac Jacob vom 21. November 1755.
[141] HOLENSTEIN, Bitten, S. 137.
[142] StAN, Herrschaft Pappenheim, Akten Nr. 5916/VIII: Schutzgesuch Jacob Samuels für Samuel Jacob vom 18. Mai 1758.
[143] StAN, Herrschaft Pappenheim, Akten Nr. 4715: Schutzgesuch Moyses Elias Models vom 23. Juli 1741.
[144] Siehe Kapitel 2.2.1.
[145] Weitere Orte, in denen die Vertriebenen aufgenommen wurden, waren unter anderem Harburg, Heidenheim und Steinhart. Siehe dazu VOLKERT, Pfalz-Neuburg, S. 598. Hier wird Pappenheim ebenso wenig als Fluchtort genannt wie bei FRIEDMANN, Monheim, S. 53.
[146] StAN, Herrschaft Pappenheim, Akten Nr. 5916/VIII: Schutzgesuch Israel Wassermanns vom 18. Mai 1761. Dazu auch Kapitel 2.3.2.2.
[147] StAN, Herrschaft Pappenheim, Reichserbmarschallamt Nr. 790: Gesuch Israel Wassermanns an den Reichserbmarschall vom 2. Juni 1759. In der Weisung des Reichserbmarschalls an Reichsquartiermeister von Lang ist von Isaac Wassermann die Rede (Ebd.).

Kap. 2: Die Ausübung von Judenschutz in Pappenheim und Regensburg

Von besonderem Interesse ist, welcher Argumentationsmuster sich die Juden in ihren Suppliken bedienten. Obwohl diese von individuellen Faktoren abhängig sind, sind dennoch bestimmte Tendenzen erkennbar. Ein Versprechen, das in fast allen Schutzgesuchen vorkommt, ist die regelmäßige Entrichtung von Schutzgeld und Steuern. Joseph Isaac sagte in seinem Gesuch zu, bei der Zahlung der herrschaftlichen Abgaben, aber auch in allen anderen Angelegenheiten *einen unterthänig-treugehorsamesten Schutzverwandten Juden abzugeben*[148]. Den Schutzsuchenden war klar, dass Judenschutz eine fiskalische Komponente hatte und somit die Versicherung regelmäßiger Abgabenentrichtung von entscheidender Bedeutung war[149].

Oftmals hervorgehoben wurden die eigene Ehrlichkeit und ein unbescholtener Lebenswandel. Moyses Elias Model betonte, dass er ehrlich sei, seit 19 Jahren im Neuburger Schutz gestanden habe und in dieser Zeit zu keinen Klagen Anlass gegeben habe. Dessen Neffe Isaac Salomon Model schrieb in seinem Schutzgesuch vom 10. Mai 1763, sein vor neun Jahren verstorbener Vater habe sich zwölf Jahre lang in Pappenheim aufgehalten. Weil er selbst von seiner *Kindheit an größtentheils allhier erzogen worden*[150] sei, könne jeder Zeugnis davon geben, dass er sich stets ehrlich und rechtschaffen verhalten habe. Damit ist ein weiteres häufig gebrauchtes Argument angesprochen. Wenn es irgendwie möglich war, wurde auf den familiären Hintergrund hingewiesen. Dabei ging es vor allem um die Frage, wie lange sich die Familie schon in Pappenheim aufgehalten hatte. So hob Jacob Samuel im Schutzgesuch für seinen Sohn Isaac Jacob hervor, er und sein verstorbener Vater hätten seit mehr als 70 Jahren den herrschaftlichen Schutz in Pappenheim genossen. Knapp drei Jahre später, am 18. Mai 1758, wandte sich Jacob Samuel erneut an Friedrich Ferdinand und bat, auch seinem zweiten Sohn, Samuel Jacob, Schutz zu gewähren. Wie schon im ersten Gesuch betonte er erneut den langen Aufenthalt seiner Familie in Pappenheim und sprach diesmal sogar von mehr als 100 Jahren. Nachdem er drei Jahre zuvor von einem 70-jährigen Aufenthalt gesprochen hatte, stellt sich die Frage, ob es sich bei dieser Angabe eher um einen Topos als eine präzise Zeitangabe handelte[151]. Es ist sicher nicht falsch in diesem Zusammenhang von einer sich herausbildenden Schutzjudentradition zu sprechen. Löw Amson versprach *als Landes und Schutzjuden Kind* künftig ein *treugehorsamer Schutzjude*[152] zu sein. Mit dieser Argumentation, die auch aus Baden-Durlach bekannt ist, brachten die Supplikanten ihre Bindung an das Territorium, aber auch die berechtigte Hoffnung den Schutz zu erhalten, zum Ausdruck[153]. Wichtig waren dabei die in dieser Zeit geleisteten Dienste und Verdienste des Vaters bzw. der Vorfahren. Dies ist beim anfangs behandelten Beispiel der Bittschrift Güttels für ihren Sohn Jacob Samuel gut zu erkennen. Hirsch Joseph wurde 1786 die Schutzaufnahme zugesichert, da sein Vater dem Reichserbmarschall in auswärtigen Lehenssachen wertvolle Dienste geleistet habe. Eine weitere Möglichkeit war die Bezugnahme auf einflussreiche Verwandte. Moyses Elias Model verwies in seinem Schutzgesuch

---

[148] StAN, Herrschaft Pappenheim, Akten Nr. 5916/VIII: Schutzgesuch Joseph Isaacs vom 28. Juli 1756.
[149] Zum Hinweis auf die termingerechte Zahlung und die damit verbundene »Nützlichkeit« siehe PREUSS, Ehre, S. 24.
[150] StAN, Herrschaft Pappenheim, Akten Nr. 5916/VIII: Schutzgesuch Isaac Salomon Models vom 10. Mai 1763.
[151] Unabhängig von der genauen Zahl hatte Jacob Samuel grundsätzlich Recht. Sein Vater Schmuel ist seit Ende des 17. Jahrhunderts in Pappenheim belegt, höchstwahrscheinlich hielt sich sein Vorfahre Abraham schon seit Beginn des Untersuchungszeitraums in Pappenheim auf. Siehe Kapitel 3.2.2. Der Hinweis, die Vorfahren hätten sich schon seit 100 Jahren an dem Ort aufgehalten, findet sich auch in einem von Monika Preuß ausgewerteten Attestat aus dem Kraichgau. Siehe PREUSS, Ehre, S. 25.
[152] StAN, Herrschaft Pappenheim, Rechnungen Nr. 6333/11: Schutzgesuch Löw Amsons vom 5. Juli 1753.
[153] Siehe HOLENSTEIN, Bitten, S. 149.

auf seine Verwandtschaft mit Zacharias Reutlinger[154]. Dieser wurde einige Jahre später auch von Isaac Salomon Model erwähnt, der beabsichtigte die Tochter seines Onkels, des Pappenheimer Schutzjuden Moyses Elias Model, zu heiraten. In seiner Supplik betonte er, dass diese zugleich eine Enkelin des verstorbenen Amsterdamer Juden Zacharias Reutlinger sei, der *viele Gnadenversicherungen von Euer hochgräflichen Excellenz in vorigen Zeiten erhalten hat*[155]. Am 15. Juni 1756 bat der Pappenheimer Schutzjude und kurbayerische Hoffaktor Esaias Simon darum, Simon Levi, dem Sohn seines Bruders, der viele Jahre bei ihm gedient hatte, den Schutz zu verleihen. In diesem Gesuch wird zwar nicht direkt auf Verwandte Bezug genommen, doch dies ist gar nicht nötig, da Esaias Simon als Fürsprecher auftrat und zusicherte, dass er seinem Neffen bei der Niederlassung helfen werde und dieser sein Schutzgeld immer ordnungsgemäß entrichten werde. Diese Strategie hat auch Werner Marzi für Nassau-Usingen beobachtet[156].

Ein wichtiges Argument war die Zusage sich um in Pappenheim lebende Verwandte zu kümmern. Wenn der bisherige Schutzbriefinhaber nicht mehr für seine Familie sorgen konnte, weil er zu alt oder gestorben war, musste jemand – meist ein Sohn – dessen Rolle als Ernährer der Familie übernehmen. So wandte sich Löw Amson am 5. Juli 1753 mit folgendem Anliegen an den Reichserbmarschall: Seine verwitwete Mutter Besle könne ihre Schulden bei der Herrschaft nur noch mit Unterstützung durch ihn und seinen Bruder Samuel zahlen und daher bitte er darum, ihm ihre Schutzstelle zuzuschreiben.

Das Konferenzprotokoll vom 20. Juli 1774 verzeichnet gleich zwei Schutzgesuche[157]. Zum einen bat Feis Judas darum, seinen ältesten Sohn an seiner Stelle in den Schutz aufzunehmen. Alter und Krankheit machten es ihm unmöglich sich weiterhin um seinen Handel zu kümmern. Durch die Schutzverleihung werde es dem Sohn ermöglicht, für seine Eltern zu sorgen. Eine vergleichbare Bitte hatte auch Bessel, die Witwe des Schutzjuden Michel Abraham Hänle, an die Konferenz gerichtet. Zur Versorgung ihrer sieben Kinder sei es erforderlich, einem der beiden erwachsenen Söhnen den Schutz ihres verstorbenen Mannes zu übertragen, der 29 Jahre lang unter Pappenheimer Schutz gelebt habe. Nun hoffe sie, künftig von einem der beiden 27 bzw. 24 Jahre alten Söhnen versorgt zu werden. Allerdings sei es ihnen ohne Schutzbrief praktisch unmöglich zu heiraten und daher sei dieser Voraussetzung für die Sicherung der Zukunft der gesamten Familie. Dabei war den Supplikanten klar, dass die Herrschaft an einer Zunahme jüdischer Armut kein Interesse haben konnte. In engem Zusammenhang damit steht die Tatsache, dass ein Schutzbrief eine wichtige Voraussetzung für eine Ehe darstellte. Erst der sichere Schutz bewegte einen Vater dazu, seine Tochter mit dem Sohn eines anderen Juden zu verheiraten.

Diejenigen Juden, die sich als »Knechte« in Pappenheim aufgehalten hatten, betonten in ihren Schutzgesuchen die Dauer ihres Dienstes und ihr in dieser Zeit gezeigtes Verhalten. Am 15. Juni 1756 bat der Pappenheimer Schutzjude und kurbayerische Hoffaktor Esaias Simon darum, Simon Levi, dem Sohn seines Bruders, den Schutz zu verleihen. Dieser habe, ebenso wie seine Braut, viele

---

[154] Zacharias Reutlinger scheint in Amsterdam gelebt zu haben und Kontakte zu den Reichserbmarschällen gehabt zu haben. Möglicherweise war er mit Pappenheimer Juden verwandt; so war die Schwester von Nathan Reutlinger in Amsterdam verheiratet. Siehe Kapitel 3.2.3.
[155] StAN, Herrschaft Pappenheim, Akten Nr. 5916/VIII: Schutzgesuch Isaac Salomon Models vom 10. Mai 1763.
[156] MARZI, Judentoleranz, S. 54; seine Beobachtungen beziehen sich zwar auf das 16. Jahrhundert, scheinen aber auch auf die Zeit danach übertragbar zu sein.
[157] StAN, Herrschaft Pappenheim, Akten Nr. 5999/VIII, fol. 20b: Eintrag vom 20. Juli 1774.

Kap. 2: Die Ausübung von Judenschutz in Pappenheim und Regensburg

Jahre bei ihm gedient und sich stets wohl aufgeführt. Joseph Isaac wies in seinem Gesuch auf seine 13-jährigen Dienste bei Isaac Jacob und seine *jedermann bekannte ehrliche Aufführung* hin[158].

Bei den auswärtigen Supplikanten sind nur die Motive der von der Vertreibung aus Pfalz-Neuburg betroffenen Juden genauer nachvollziehbar. Sie suchten zunächst lediglich vorübergehenden Schutz für ungefähr zwei Jahre und begründeten dies mit der Notwendigkeit, Forderungen in ihrer nicht weit entfernten alten Heimat einzutreiben. Nach Ablauf der vereinbarten Zeit machte der kurbayerische Hoffaktor Esaias Simon von der ihm vorher zugesicherten Möglichkeit, um einen dauerhaften Schutzbrief zu bitten, Gebrauch und äußerte zugleich den Wunsch, eine Ausnahmeregelung zu erhalten. Zwar seien die zwei Jahre fast abgelaufen, doch *in Erwägung der noch fürdauernden Kriegs-Troublen und des kaiserlichen Hofs noch unbeständigen Aufenthalts*[159] könne er im Moment nicht sicher sagen, wie lange er noch in Pappenheim bleiben werde oder wo er *etwan mit denen meinigen den Aufenthalt nehmen* werde[160]. Aus diesem Grund bat er um Befreiung von den sonst üblichen Nachsteuern und Abzuggeldern. Um seiner Forderung Nachdruck zu verleihen, hob Esaias Simon den Nutzen für die Stadt Pappenheim durch seinen großen Haushalt und dessen Ausgaben hervor.

Ob Fremde bei der Bewerbung um den Schutz in Pappenheim einen Abschiedsbrief oder ein Gutachten ihrer bisherigen Schutzherrschaft, die Auskunft über ihr dortiges Verhalten gaben, vorlegen mussten, ist nicht bekannt. In der Literatur werden Beispiele erwähnt, dass bei der Schutzaufnahme der Nachweis eines untadeligen Lebenswandels erbracht werden musste[161]. Eine derartige Vorgehensweise in Pappenheim erscheint nicht unwahrscheinlich, da vier Empfehlungsschreiben für Juden, die aus Pappenheim fortziehen wollten, überliefert sind. Zwei wurden am 21. August 1697 für Jacob Jonas und Hirsch Beer ausgestellt, die beide nach Pfalz-Neuburg wollten. Ersterer hatte zehn Jahre lang als Knecht bei drei Pappenheimer Juden gedient. Über sein Verhalten lagen keine Klagen vor. Hirsch Beer wurde in Pappenheim geboren und erzogen, seine Eltern lebten noch dort. Ihm wurde bestätigt, sich in *seinem Leben, Handel und Wandel [...] redlich und wohl verhalten* zu haben[162]. Am 28. August 1709 wurde Arnd, dem Sohn des Pappenheimer Rabbiners Besig, attestiert, dass während seines Aufenthalts *keine sonderliche Klagen wider ihne vorgekommen* seien. Deshalb könne man den jungen Mann, der sich verheiraten und in Treuchtlingen in Schuldienste treten wolle, *bestens recommendiren*[163]. Dem aus Roth stammenden Seligmann, der fünf Jahre lang bei Nathan Reutlinger gedient hatte, wurde 1712 bestätigt, dass sein Verhalten zu keiner Klage Anlass gegeben habe. Nathan hätte dessen Dienste gerne noch länger in Anspruch genommen, doch Seligmann wolle versuchen andernorts *sein Glück zu verbessern*[164]. Dieses Beispiel – wie das des Jacob Jonas – zeigt, dass derartige Bescheinigungen nicht nur für Schutzjuden, sondern auch für deren Dienstpersonal erstellt wurden.

---

[158] StAN, Herrschaft Pappenheim, Akten Nr. 5916/VIII: Schutzgesuch für Simon Levi vom Juni 1756.

[159] Er bezieht sich damit auf den Österreichischen Erbfolgekrieg. Anfang 1742 war der bayerische Kurfürst Karl Albrecht zum Kaiser gewählt worden, doch im Februar wurde München von den Österreichern besetzt. Der Kaiser hielt sich bis zu seiner Rückkehr nach München im Jahr 1744 in Frankfurt am Main auf. Siehe KRAUS, Absolutismus, S. 528–532; HARTMANN, Karl Albrecht, S. 246–251, 298–299. Als kurbayerischer Hoffaktor dürfte auch Esaias Simon unter dieser Unsicherheit gelitten haben.

[160] StAN, Herrschaft Pappenheim, Akten Nr. 5916/V: Schutzgesuch des Esaias Simon vom 5. Juni 1743.

[161] Siehe DEVENTER, Abseits, S. 159. Auswertung derartiger Attestate bei PREUSS, Ehre, S. 17–40.

[162] StAN, Herrschaft Pappenheim, Urkunden Nr. 4600: Attestat für Jacob Jonas und Hirsch Beer vom 11. August 1697.

[163] StAN, Herrschaft Pappenheim, Urkunden Nr. 4875: Attestat für Arnd vom 28. August 1709.

[164] StAN, Herrschaft Pappenheim, Akten Nr. 4692/III: Attestat für Seeligmann Jud von Roth vom 30. Juni 1712.

Kap. 2: Die Ausübung von Judenschutz in Pappenheim und Regensburg

Abschließend soll auf die herrschaftliche Reaktion auf die Schutzgesuche eingegangen werden. Die meisten Gesuche waren erfolgreich und resultierten einige Zeit später in der Gewährung eines Schutzbriefs. Löw Amson erhielt den Schutz sogar schon einen Tag nach seiner Supplik, meist vergingen ein paar Monate: Moyses Elias Model musste von Juli bis Oktober 1741 warten, Joseph Isaac von Juli 1756 bis Januar 1757.

Wenn ein Schutzgesuch für den Sohn zu Lebzeiten des Vaters erfolgreich beantwortet wurde, durfte dieser samt seiner Familie unentgeltlich in Pappenheim bleiben, auch wenn er nicht mehr Inhaber des Schutzbriefs war. Auf Jacob Samuels entsprechende Supplik für seinen Sohn erteilte Reichserbmarschall Friedrich Ferdinand ihm im Jahr 1756 die Zusage, dass Isaac Jacob *der Schutz und die Anseßigkeit dahier* zugestanden werde. Jacob Samuel wurde zugleich gestattet bis zu seinem Lebensende in Pappenheim zu bleiben. Bis zu diesem Zeitpunkt durften *des neurecipirten viele Geschwister [...] ihren Unterschlupf bey ihme behalten*. Nach dem Tod des Vaters sollte Isaac Jacob jedoch angehalten sein diese *so gewiß und ohnfehlbar von sich [zu] thun*. Andernfalls gehe er das Risiko ein, dass *der ihme verliehene Schutz stracks aufgehoben und ihm wieder entzogen* werde[165]. Ein Sohn eines Pappenheimer Schutzjuden konnte, wie diese Entscheidung sehr deutlich zeigt, damit rechnen, seinem Vater im Schutz nachzufolgen. Wenn Gründe wie Alter und Krankheit des Vaters dafür sprachen, erfolgte die Schutzübertragung oft sogar vor dessen Tod. Gleichzeitig wurde jedoch darauf geachtet, die Zahl der Juden zu begrenzen, indem der Schutz ausdrücklich nicht auf die anderen Kinder ausgedehnt wurde. Da sich der ältere Sohn eine Verletzung zugezogen hatte, wandte sich Jacob Samuel knapp drei Jahre nach dem ersten Gesuch erneut an Friedrich Ferdinand und bat auch seinem zweiten Sohn, Samuel Jacob, Schutz zu gewähren. Wegen der besonderen Umstände war er mit seinem Gesuch erfolgreich, denn am 5. Juli wurde *auf ganz besondere Milde [...] Supplicantens Sohn Samuel Jacob der herrschaftliche Schutz dahier ertheilt*[166]. Dieses Beispiel zeigt, dass es in bestimmten Fällen durchaus möglich war, auch mehr als einem Sohn den Schutz zu erteilen.

Als Reaktion auf die Gesuche von Feis Judas und Abraham Hänles Witwe Bessel für ihre Kinder wurde am 2. August 1774 ein Bericht über das Vermögen des ältesten Sohns des Feis Judas und der zwei Söhne der Witwe Hänlein angefertigt. Interessanterweise handelt es sich dabei um den einzigen Fall, in dem die Frage des Vermögens in Pappenheimer Akten thematisiert wurde. Ersterer hatte kein eigenes Vermögen, da sein Vater neun Kinder hatte, von denen vier verheiratet und fünf ledig waren, und außer seinem Haus, dessen Wert auf 800 fl. geschätzt wurde, nichts besaß. Sollte er den Schutz erhalten, glaubte der Sohn *überall ein Weibsbild mit 300 biß 400 fl. und vielleicht mehr bekommen zu können*. Außerdem versprach er, sich im gleichen Umfang wie Juden vergleichbaren Vermögens an den gemeindeinternen Umlagen zu beteiligen (drei Wochen- und drei Schabbaspolitten). Die beiden Söhne der Witwe Hänlein verfügten ebenfalls über kein eigenes Vermögen. Doch auch sie gingen davon aus, dass *derjenige welcher den Schutz zu erhalten das Glück hat eine Heurath thun könne* und auf diese Weise *sich und den seinigen zu helfen im Stande* sein werde[167]. Zwei Wochen später beschloss die Konferenz den beiden Suppliken stattzugeben, wenn die Antragssteller glaubhaft machen könnten, wie sie *zu dem Besitz des Statutenmäßigen Vermö-*

---

[165] StAN, Herrschaft Pappenheim, Akten Nr. 5916/VIII: Randbemerkung zum Schutzgesuch Jacob Samuels für Isaac Jacob vom 21. November 1755.
[166] Ebd.: Randbemerkung zum Schutzgesuch Jacob Samuels für Samuel Jacob vom 18. Mai 1758.
[167] StAN, Herrschaft Pappenheim, Akten Nr. 5999/IX: Schutzgesuch Bessels für einen ihrer Söhne vom 11. Juli 1774.

Kap. 2: Die Ausübung von Judenschutz in Pappenheim und Regensburg

gens gelangen und welchergestalt die Herrschaft selbst wegen richtiger und unnachläßiger Bezahlung ihres Schutzgeldes gesichert sein könne[168].

Die Formulierung *statutenmäßiges Vermögen* bezieht sich wohl auf eine von Reichserbmarschall Friedrich Ferdinand am 23. November 1769 gefasste Entscheidung, dass künftig kein Jude mehr in den Schutz der Herrschaft aufgenommen werden solle, der nicht über ein Vermögen von mindestens 800 fl. verfüge. Dabei war es unerheblich, ob er sich in der Stadt oder auf dem Land niederlassen wollte. Das Vermögen konnte entweder aus Bargeld oder aber guten Schuldforderungen bestehen. Den Räten und Beamten der Herrschaft wurde befohlen, die Vermögenssituation von um den Schutz suchenden Juden genau zu prüfen, so dass *wir mit Supplicis pro Receptione nicht ohnnötiger dingen behelliget werden mögen*. Aus dieser Formulierung, insbesondere aber aus dem kommentierenden Eintrag im Kanzleiprotokoll, geht hervor, dass die Entscheidung über die Aufnahme in den Schutz letztlich immer beim Reichserbmarschall lag, dem die Juden von seinen Behörden vorgeschlagen wurden[169]. Mit diesem Beschluss folgte Pappenheim dem Beispiel anderer Territorien, in denen eine derartige Regelung des vorzuweisenden Mindestvermögens, das auch als Inferendum bezeichnet wurde, zum Teil schon seit längerer Zeit bestand. Das geforderte Mindestvermögen schwankte dabei zwischen einigen hundert und weit über 1000 Gulden[170]. Oftmals gab es Staffelungen je nach der Attraktivität des gewünschten Wohnorts. So legte die Ansbacher Judenordnung von 1737 für die Residenzstadt Ansbach 1000 fl., für Landstädte 750 fl. und für das Land 500 fl. fest[171]. Die Schattenseite des Inferendums war, dass, zumindest bei strenger Anwendung, alle Juden, die nicht über das notwendige Vermögen verfügten, keine Chance auf den Status eines Schutzjuden hatten[172].

Zwar wurde keine Reaktion auf die zwei 1774 angefertigten Vermögensberichte festgehalten, doch es gibt Anzeichen dafür, dass die Antragsteller erfolgreich waren. 1780 übernahm *weyland Feiß Judas gewesenen Schutzjuden allhier [...] hinterlassener ältester Sohn, Israel Feiß, gleichmäßiger Schutzjude allhier* das väterliche Haus[173]. Auch das zweite Gesuch könnte zur Ausstellung eines Schutzbriefs geführt haben: Möglicherweise ist Jandoph Abraham Hennlein, der 1819 in den Judenmatrikeln aufgeführt wurde, ein Sohn der Witwe Bessel[174].

Keinesfalls alle Schutzgesuche waren erfolgreich, wie schon das Beispiel Israel Samuels gezeigt haben dürfte. Ebenfalls keinen Schutzbrief erhielten zwei auswärtige Juden. In einem Verzeichnis Ende des 18. Jahrhunderts angefertigter Bittschriften wird die von David Meyer aus Harburg um

---

[168] StAN, Herrschaft Pappenheim, Akten Nr. 5999/VIII, fol. 32: Eintrag vom 19. August 1774.
[169] StAN, Herrschaft Pappenheim, Akten Nr. 6003/31, fol. 37v: Eintrag vom 24. November 1769.
[170] 300 fl. in der Markgrafschaft Burgau seit 1708 (ULLMANN, Nachbarschaft, S. 103); 500 fl. in Harburg seit 1731, 1750 auf 1000 fl. erhöht (JAKOB, Harburg, S. 15); 800 fl. in Baden (-Durlach) seit 1729 (HOLENSTEIN, Bitten, S. 114, 117); im Hochstift Würzburg in einem Dorf 1000 fl. und in Landstädten 1200 fl. (KÖNIG, Judenverordnungen, S. 41; GEHRING-MÜNZEL, Schutzjuden, S. 14).
[171] Tit 1, § 5, siehe ZIMMER, Ansbach, S. 81. Nach HAENLE, Ansbach, S. 114, bestand diese Forderung bereits im Jahr 1712 in dieser Höhe.
[172] BATTENBERG, Juden in Deutschland, S. 116.
[173] StAN, Adel Archivalien Nr. 4639, S. 270–271: Eintrag vom 18. Dezember 1780. Außerdem war er zu diesem Zeitpunkt bereits verheiratet und sein jüngerer Bruder Abraham Feis war 1776 zum Schutzjuden geworden. Siehe Tabelle 19 und Stammtafel 7 im Anhang.
[174] Die Angaben in den Judenmatrikeln zu Geburtsjahr (1748) und Schutzaufnahme (13. Januar 1777) deuten auf jeden Fall in diese Richtung. Siehe StAN, Regierung von Mittelfranken, Kammer des Inneren, Abgabe 1932, Tit. Judensachen Nr. 215 Tom. V, S. 188–189.

Schutzgewährung in Pappenheim aufgeführt. Dessen Gesuch vom 14. Mai 1788 war anscheinend nicht erfolgreich, jedenfalls gab es niemals einen Juden mit diesem Namen in Pappenheim. Das gilt auch für Aaron Lamberger. Seine undatierte Supplik muss aus der Zeit zwischen 1773 und 1792 stammen, da sie an Reichserbmarschall Johann Friedrich Ferdinand adressiert war. Aaron Lamberger führte an, bisher in Ellingen gelebt zu haben, wegen eines nicht näher genannten Vergehens jedoch seinen Schutzjudenstatus verloren zu haben. Da sich seine Frau und Kinder noch dort aufhielten, bat er um Schutzgewährung in Pappenheim. Das Ansuchen eines Juden, der in der Nachbarschaft seinen Anspruch auf Schutz verwirkt hatte, war der Herrschaft Pappenheim anscheinend zu suspekt, denn er taucht ebenfalls niemals unter den Pappenheimer Schutzjuden auf.

2.3.1.2 Eine drohende Gefahr: Der Schutzverlust

Da der Schutz gewissermaßen als herrschaftliche Gnade verliehen wurde, war es auch möglich diesen wieder zu verlieren. Entweder mussten im Rahmen einer Generalausweisung alle Juden einen Ort bzw. ein Territorium verlassen oder aber einzelne Personen, die als nicht mehr »schutzwürdig« betrachtet wurden. Obwohl die massenhafte Ausweisung von Juden im 16. Jahrhundert abgeebbt war und die Forschung nach 1650 eine Zeit der Konsolidierung sieht[175], kam es auch im 18. Jahrhundert noch zu Vertreibungen. Neben dem schon erwähnten Beispiel von Pfalz-Neuburg (1740/42)[176] – »ein zu dieser Zeit selten gewordenes Ereignis«[177] – ist hier vor allem auf die Reichsgrafschaft Thannhausen zu verweisen. Dort wurden die Juden im August 1717 durch den Ortsherrn Johann Philipp von Stadion vertrieben[178].

Anscheinend war im Jahr 1666 eine, zumindest teilweise, Ausweisung der Pappenheimer Juden vorgesehen gewesen. Jedoch sind Bedeutung und Folgen der schriftlichen Weisung Reichserbmarschall Wolf Philipps an Stadtvogt Johann Christoph Stengel vom 11. Mai schwierig einzuschätzen: *Soll der Termin, so wegen Verkaufung ihrer Häuser und der Juden fortschaffung biß auf Michaelis* [29. September] *gesezt worden, sich nit weiter, alß biß uff negst kommende Jacobi* [25. Juli] *erstrecken*[179]. Da es sich dabei um den einzigen Hinweis auf dieses Vorhaben handelt, muss letztlich ungeklärt bleiben, wie dieses aussehen sollte. War geplant alle Juden auszuweisen oder waren nur einige wenige davon betroffen? Zumindest der Vollzug einer vollständigen Ausweisung kann mit Sicherheit ausgeschlossen werden, weil aus den Jahren nach 1666 zahlreiche Belege für den Aufenthalt von Juden in Pappenheim vorliegen. Die Formulierung erinnert jedoch an die Bestimmung des Rezesses von 1692, dass alle über das künftig erlaubte Kontingent hinausgehenden Juden die Herrschaft Pappenheim bis Michaelis zu räumen hätten[180]. Möglicherweise handelte es sich in beiden Fällen um Juden, die niemals in den Schutz aufgenommen worden waren und sich somit am Rande der Legalität in Pappenheim aufhielten.

---

[175] So HERZIG, Geschichte, S. 114; zur Ausweisung aus Reichsstädten siehe Kapitel 1.2. Hatten zahlreiche Territorien ihre Juden bereits im 15. Jahrhundert vertrieben (genannt seien Bayern-München 1442 und Württemberg 1498), führte die Reformation in der Mitte des 16. Jahrhunderts zu einer Vertreibungswelle aus protestantischen Territorien. Hiervon waren unter anderem die Juden in Sachsen (1537), Hannover und Lüneburg (1543) sowie Braunschweig (1546) betroffen. Siehe ULLMANN, Nachbarschaft, S. 32.

[176] Zum Zuzug von aus Pfalz-Neuburg vertriebenen Juden nach Pappenheim siehe Kapitel 2.3.1.1; allgemein zur Geschichte der Juden in Pfalz-Neuburg: VOLKERT, Pfalz-Neuburg.

[177] KIESSLING, Judendörfer, S. 179.

[178] STEGMANN, Aspekte, S. 347–349.

[179] StAN, Herrschaft Pappenheim, Akten Nr. 8171: Weisung Reichserbmarschall Wolf Philipps vom 16. Mai 1666.

[180] Siehe Kapitel 2.1.1.

Kap. 2: Die Ausübung von Judenschutz in Pappenheim und Regensburg

Weitaus mehr Belege gibt es für die umfassende Androhung der Schutzaufkündigung wegen zunehmender Verschuldung Ende der 40er Jahre des 18. Jahrhunderts. Die am 11. Dezember 1748 erlassene gräfliche Verordnung stützte sich auf die Beobachtung, dass *die allerwenigsten von dero hiesigen Schutzjudenschaft sich in solch häußlichen Umständen zu erhalten bestrebten, um die ihnen incumbirende herrschaftliche und Amtsschuldigkeiten von Jahren zu Jahren entrichten zu können*. Ferner wurde die Auffassung vertreten, dass die Juden mit ihrer *faulen und nahrloßen Lebensarth* für das öffentliche Interesse von großem Nachteil wären. Nicht nur die Ämter, sondern auch viele Privatleute hätten zum Teil hohe Forderungen an die Juden. Deshalb sollten alle Juden, die ihre Rückstände bei Herrschaft und Ämtern bzw. ihre Privatschulden nicht innerhalb von sechs Monaten beglichen, *des herrschaftlichen Schutzes und* [der] *Landeshuldigung eo ipso verlustig* werden. Den für die Ausweisung Vorgesehenen sollten dann sechs weitere Monate für die endgültige Emigration aus der Herrschaft Pappenheim gewährt werden. Sollten sie in dieser Zeit nicht ihre Schulden durch den Verkauf ihres Besitzes begleichen, würden ihre Häuser vom Amt verkauft werden. Diese Entscheidung wurde einem Ausschuss von neun Juden am 10. Januar 1749 bekannt gegeben[181].

Am 20. Januar 1750, nach Ablauf der angesetzten Frist, befahl die Kanzlei der Stadtvogtei, ein Verzeichnis der Juden zu erstellen, die ihre Schulden noch nicht beglichen hatten. Demnach war es neun Juden gelungen, ihre Schulden zu bezahlen. Zehn weitere Juden hatten aber zum Teil noch immer hohe Rückstände. Die Spanne reichte von Feis Judas, der 9 fl. 22 kr. herrschaftliche Schulden und 23 fl. 11 kr. Privatschulden hatte, bis zu Coppel Ullmann, der 61 fl. 23 kr. herrschaftliche Schulden und 2378 fl. Privatschulden hatte. Allerdings hatte er selbst eine Forderung von 2000 fl. an die Herrschaft. Aufgrund dieses Berichts wurde beschlossen, den verbliebenen Schuldnern noch einmal drei Monate zur Begleichung ihrer Rückstände zu gewähren[182]. Der Einzige, der wegen seiner Schulden Pappenheim tatsächlich verlassen musste, war anscheinend Abraham Elias Koppel, denn im November 1751 wird Regel Reutlinger als *des ausgeschaften Juden Abraham Elias Koppels Eheweib* bezeichnet[183]. Mit dieser Notiz verliert sich seine Spur, während sich seine Frau wohl bis zu ihrem Tod im Jahr 1776 in Pappenheim aufhielt[184]. Dieses Beispiel zeigt anschaulich, dass die Drohung mit Ausweisung auch Mitte des 18. Jahrhunderts noch als Druckmittel verwendet werden konnte. Rolf Kießling sieht in diesem Zusammenhang eine »latente Bedrohung durch die Ausweisung, die sich immer wieder offenbarte«[185]. In Einzelfällen wurde sie, wie das Beispiel Abraham Elias Koppels zeigt, auch in die Tat umgesetzt. Dass er den Schutz wegen seiner Schulden verlor, ist keineswegs außergewöhnlich. So schreibt Johannes Mordstein: »Erfüllten die Juden ihre primäre fiskalische Funktion aufgrund Armut oder überhöhten Abgabenforderungen der Obrigkeit nicht, mußten sie mit einer teilweisen oder völligen Ausschaffung rechnen«[186].

---

[181] StAN, Herrschaft Pappenheim, Akten Nr. 6003/XI, fol. 31r–32v: Eintrag vom 11. Dezember 1748. Eigentlich war *sämtliche Schutzjudenschaft* vorgeladen worden, doch diese hatte den Wunsch geäußert, dass sie *des großen Aufsehens halber mit so zahlreicher Erscheinung gnädigst verschont werden mögten*: StAN, Herrschaft Pappenheim, Akten Nr. 6003/12, fol. 3v–6v: Eintrag vom 10. Januar 1749.
[182] StAN, Herrschaft Pappenheim, Akten Nr. 8212: Copia Extractus aus dem Kanzleiprotokoll vom 20. Januar 1750, unpaginiert.
[183] StAN, Herrschaft Pappenheim, Akten Nr. 6003/14, fol. 10: Eintrag vom 26. November 1751.
[184] StAN, Adel Archivalien Nr. 4638, S. 173–175: Eintrag vom 8. Mai 1776.
[185] KIESSLING, Judendörfer, S. 159.
[186] MORDSTEIN, Untertänigkeit, S. 185.

Kap. 2: Die Ausübung von Judenschutz in Pappenheim und Regensburg

Häufiger waren einzelne Juden von Ausweisung bzw. Schutzaufkündigung betroffen. Neben Schulden konnten auch Vergehen zu dieser Maßnahme führen. Israel Samuel hatte im Jahr 1720 die Magd Schönle geschwängert, mit der er gemeinsam bei Amson Jacob in Diensten gewesen war. Beim Verhör durch den Stadtvogt hatte er seinen Dienstherrn der Tat bezichtigt, musste später aber eingestehen, dass er mit dieser Behauptung von seiner eigenen Schuld ablenken wollte. Daher sollte er nicht nur 20 fl. Fornikationsstrafe zahlen und zwei Stunden am Pranger stehen, sondern auch *der ganzen Herrschaft auf ewig verwiesen* werden. Aufgrund mehrerer Interzessionen wurde ihm zwar die Schandstrafe erlassen, doch zugleich wurde bekräftigt, dass er *in etlich-wenigen Tagen sich von hier und fortmachen solle*[187]. Laut Konferenzprotokoll sollte 1720 Aaron *unverzüglich von hier weg* und zwei Jahre später Izig *von hier weggeschafft werden*. Da die betreffenden Protokolleinträge sehr kurz sind, ist nicht nachvollziehbar, um wen es sich bei den Betroffenen handelte und was der Grund für ihre Ausweisung war. Nicht ausgeschlossen werden kann, dass sie Betteljuden oder Juden, die über keinen Schutzbrief verfügten, waren[188].

Amson Jacob wurde im Jahr 1726 in eine Auseinandersetzung mit dem Stadtvogt verwickelt. Daraufhin machte dieser ihm klar, dass eine Schutzaufkündigung bei ungebührlichem Verhalten jederzeit möglich sei. Allerdings muss diese Aussage vor dem Hintergrund einer zuvor durch Amson Jacob geäußerten Provokation gesehen werden. Nachdem dieser gesagt hatte, *alß eine Gnad und mit freuden wolle er es annehmen, wann ihn der Schutz aufgesagt würde*, antwortete der Stadtvogt, dass ihm *dieße Gnade eher alß eine andere gar wohl wider fahren könne*[189].

Von einer vorübergehenden Schutzaufkündigung scheint Salomon Meyer betroffen gewesen zu sein. Am 7. September 1740 entschied die Kanzlei aufgrund einer Supplik seiner Frau Jentle, dass ihr Mann *die Landes-Huldigung genießen und unter anhoffender Lebensbesserung sich wiederum anhero begeben dürfe*[190]. Daraus ist zu folgern, dass Salomon Meyer wegen eines Vergehens zum Verlassen der Herrschaft Pappenheim aufgefordert worden war. Dabei hatte es sich wohl um einen Diebstahl gehandelt, denn im September 1739 war er wegen *furti* verurteilt worden[191]. Dem Schicksal der Ausweisung war sein Vater Meyer einige Jahrzehnte zuvor anscheinend gerade noch einmal entgangen. Dieser war im Mai 1712 aufgefordert worden zu *emigriren und zwar mit dem bedrohen, in etlichen Tagen oder man soll ihn mit Gewalt hinaus treiben*[192]. Etwas mehr als ein Jahr später, im August 1713, war erneut beschlossen worden, Meyer solle *innerhalb abermahl 24 Stund die Stadt räumen*[193]. Es liegt jedoch kein behördlicher Beschluss vor, sondern nur besorgte Gesuche von Meyers Gläubigern. Diese sprachen sich gegen eine vorschnelle Ausweisung aus, da sie fürchteten, danach noch weniger Chancen auf Rückzahlung ihres Geldes zu haben. Insgesamt kam es in der Herrschaft Pappenheim im Untersuchungszeitraum nur zu wenigen Ausweisungen von Juden. Die meisten konnten sich des ihnen gewährten Schutzes sicher sein.

---

[187] StAN, Herrschaft Pappenheim, Akten Nr. 4651/III, Nr. 22: Akten bezüglich der Schwängerung der Schönle, sowie Nr. 8173: Protokoll vom 22./23. August 1720. Auch Schönle musste eine Fornikationsstrafe entrichten. Siehe Nr. 4635/75, S. 625–628: Eintrag vom 15. November 1720.
[188] Siehe StAN, Herrschaft Pappenheim, Akten Nr. 5999/I: Einträge vom 4. Dezember 1720 und 12. August 1722.
[189] StAN, Herrschaft Pappenheim, Akten Nr. 8213: Protokoll über Amson Jacob vom 23. September 1726.
[190] StAN, Herrschaft Pappenheim, Akten Nr. 6003/IV, S. 45: Eintrag vom 7. September 1740.
[191] StAN, Herrschaft Pappenheim, Akten Nr. 6003/III, S. 13: Eintrag vom 30. September 1739.
[192] StAN, Herrschaft Pappenheim, Akten Nr. 8164: Gesuch Pfarrer Schillings an den Stadtvogt vom 24. Mai 1712.
[193] Ebd.: Gesuche an die Stadtvogtei vom 30. August 1713.

Kap. 2: Die Ausübung von Judenschutz in Pappenheim und Regensburg

2.3.2 Das Ringen um die Zahl der sich in Regensburg aufhaltenden Juden

2.3.2.1 Begrenzung der geduldeten Juden

Hatten sich nach 1663 zunächst nur wenige Juden dauerhaft in Regensburg aufgehalten, so nahm die Zahl der dort wohnenden jüdischen Familien bald zu[194]. Im Jahr 1694 lebten 35 Juden in Regensburg[195]. In der »Resolutio« vom Januar 1695 hatte sich Pappenheim für eine Begrenzung auf vier jüdische Familien ausgesprochen, diese restriktive Politik aber nicht lange verfolgt. Im Jahr 1710 lebten in Regensburg 62 Juden in neun Familien[196]. 1711 sprach Joseph Marx sogar von 15 jüdischen Familien in Regensburg; allerdings ist die Richtigkeit seiner Aussage zu bezweifeln[197].

Im Jahr 1712 setzte Kursachsen eine *Judenreduction* auf sechs Familien durch[198]. In deren Rahmen entschied es zugleich, wie die künftige Zusammensetzung der Regensburger Judenschaft aussehen solle. Von den bisherigen Juden sollten Joseph Marx, Elkan Wassermann und Jacob Wassermann beibehalten werden; zu diesen kam Salomon Brode als Supernumerarius. Der Zuzug von außen sollte Isaac Sekel, Mayer Isaac und Löw Mayer gestattet werden, während Elias Wassermann, Joseph Wassermann, Salomon Hirsch und Lazarus Hirsch aufgefordert wurden, die Stadt zu verlassen[199]. Nachdem die Pestepidemie des Jahres 1713 zu einer Unterbrechung des Reichstags und damit auch der Schutztätigkeit des Reichserbmarschalls in Regensburg geführt hatte, schlug Sachsen auf Drängen Regensburgs einen noch härteren Kurs ein[200]. Im Jahr 1714 wurde festgelegt, dass nicht mehr als drei bis vier jüdische Familien in der Stadt wohnen durften. Diese Bestimmung sollte für das gesamte 18. Jahrhundert prägend sein[201]. Darin war nicht nur die Höchstzahl der geduldeten Familien festgesetzt, sondern auch vorgeschrieben worden, wie groß eine Familie maximal sein dürfe: *allein der Mann und Weib sambt denen unverheyratheten Kindern, einem Knecht und einer Magd, nicht aber die verheiratheten Söhne und ihren Weibern, Kindern und Gesinde*[202].

---

[194] Genaue Angaben über die Zahl der in den ersten Jahrzehnten des Immerwährenden Reichstags in Regensburg lebenden Juden gibt es nicht. Zunächst waren Juden nur vorübergehend nach Regensburg gekommen (zwischen 1663 und 1669 sind 61 bekannt), dann gab es drei jüdische Familien. Vgl. WITTMER, Regensburger Juden, S. 47.

[195] StadtA Regensburg, HVA AAR 92a: Specification der sich unter dem Reichserbmarschall Amt befindlichen Schutzverwandten Juden vom 12. Juni 1694.

[196] StAN, Herrschaft Pappenheim, Reichserbmarschallamt Nr. 1013: Specification der Reichserbmarschallischen Schutzjuden bey fürwährendem Reichstag zu Regensburg und deren Schutzgelder vom 4. April 1710.

[197] StAN, Herrschaft Pappenheim, Reichserbmarschallamt Nr. 1017: Supplik des Joseph Marx an den Reichserbmarschall vom 27. August 1711. Da 1710 in neun Familien 62 Personen und 1712 in zehn Familien 58 Personen lebten, erscheint ein so deutlicher Anstieg im dazwischen liegenden Jahr 1711 unwahrscheinlich.

[198] StAN, Herrschaft Pappenheim, Reichserbmarschallamt Nr. 743: Bericht der reichserbmarschallischen Kanzlei vom 14. Mai 1721. Der Begriff »Judenreduktion«, der in den Regensburg betreffenden Akten während des gesamten 18. Jahrhunderts mehrfach verwendet wird, bezieht sich auf eine gezielte Verringerung der Zahl der dort lebenden Juden.

[199] StAN, Herrschaft Pappenheim, Reichserbmarschallamt Nr. 239: Erstes Membrum des königlichen Decrets vom 10. Mai 1712.

[200] Siehe Kapitel 2.1.2.

[201] StAN, Herrschaft Pappenheim, Reichserbmarschallamt Nr. 256: Schreiben August des Starken an den Reichserbmarschall vom 26. März 1721; siehe auch Kapitel 2.1.2. Zunächst wurden anscheinend nur drei Familien geduldet, denn mit dem zitierten Schreiben wurde auf Weisung Sachsens Falk Markbreiter als vierter Schutzjude aufgenommen.

[202] StAN, Herrschaft Pappenheim, Reichserbmarschallamt Nr. 239: Schreiben August des Starken an den Reichserbmarschall vom 2. Oktober 1714.

Kap. 2: Die Ausübung von Judenschutz in Pappenheim und Regensburg

Die Reichsstadt, die eine kritische bis feindselige Haltung gegenüber den Juden vertrat, bestand immer wieder auf der Einhaltung dieser strikten Begrenzung. Exemplarisch ist ein Schreiben, das Kammerer und Rat am 14. Juni 1751 an die reichserbmarschallische Kanzlei richteten. Darin wandten sie sich gegen die

> unumschränkte Aufnahme und Hegung ganz überflüssiger und meistens verdächtiger Knechte, die doch alle und jede durch ihren Blut saugenden Wucher und andere auszehrende Bevortheilungen von dem sauren Schweiße der ohnehin guten theils verarmten hiesigen Bürgerschaft sich zu mästen suchen[203].

Zwar ging es dabei vor allem um die Aufnahme von über das gewöhnliche Maß hinausgehendem Dienstpersonal, doch die Verwendung der Blutsaugermetapher[204] verrät einiges über die judenfeindliche Einstellung der Reichsstadt.

2.3.2.2 Verschiedene Strategien als Reaktion auf die Begrenzung

Trotz der geschilderten Situation sind erstaunlicherweise kaum Schutzgesuche aus Regensburg überliefert. Dennoch soll auf die wenigen Exemplare zumindest kurz eingegangen werden. Falk Markbreiter begründete den Wunsch, seinen Sohn als Buchhalter aufzunehmen, mit seinem schlechten Gesundheitszustand und legte ein Gutachten des Stadtphysikus Dr. Septimus Andreas Oppermann bei, der ihm bescheinigte *bereits bey 15 Jahren her mit heftigen Steinschmerzen und dem Podagra* zu leiden[205]. Malcha Judith, die Witwe des Wiener Juden Herzl Khuen, wies auf die Stellung ihres Mannes als kursächsischer Hoffaktor und auf ein von diesem mit dem Reichserbmarschall getätigtes Geschäft hin[206]. Emanuel Wolf Wertheimers Witwe Sara Schwab appellierte an den Reichserbmarschall als Wohltäter. In ihrem Gesuch um Überschreibung des Schutzes ihres verstorbenen Mannes auf ihre Person bat sie um eine *süße Linderung* ihres Trübsals[207].

Die Begrenzung der in Regensburg zugelassenen Juden führte zur Entwicklung mehrerer Strategien, mit denen Juden, aber auch ihre Schutzherren auf diese Limitation reagierten. An erster Stelle zu nennen ist die Herausbildung von Anwartschafts- bzw. Expektanzdekreten, mit denen Juden die Chance erhöhen konnten, dass ihre Kinder ihnen eines Tages im Schutz nachfolgten. Sowohl Regensburger als auch auswärtige Juden, die nach Regensburg ziehen wollten, bemühten sich um derartige Zusagen. Somit versinnbildlichen die Expektanzdekrete den Kampf um das knappe Gut der Regensburger Schutzstellen. Nicht zuletzt, da sie praktisch die Voraussetzung für den späteren Erwerb eines Schutzbriefs waren, wurde ihnen eine große Bedeutung zugemessen. Dies verdeutlicht eine Aussage des Pappenheimer Kanzleirats Schneller, der 1792 darauf hinwies, dass bisher fast jede Schutzerteilung auf einem Expektanzdekret basiert habe[208].

---

[203] StAN, Herrschaft Pappenheim, Reichserbmarschallamt Nr. 762: Schreiben von Kammerer und Rat an die reichserbmarschallische Kanzlei vom 14. Juni 1751.

[204] Diese bringt gleich zwei Vorwürfe zum Ausdruck. Zum einen eine »jüdische Mordgier«, die in rituellen Tötungen christlicher Kinder zum Ausdruck komme, und zum anderen die wirtschaftliche Ausbeutung der Christen durch die Juden: HORTZITZ, Sprache, S. 469–470.

[205] StAN, Herrschaft Pappenheim, Reichserbmarschallamt Nr. 755: Schutzgesuch Falk Markbreiters (1738).

[206] StAN, Herrschaft Pappenheim, Reichserbmarschallamt Nr. 804: Gesuch der Malcha Judith Herzl Khuen an den Reichserbmarschall (undatiert).

[207] StAN, Herrschaft Pappenheim, Reichserbmarschallamt Nr. 810: Schutzgesuch der Sara Schwab vom 18. März 1776.

[208] StAN, Herrschaft Pappenheim, Reichserbmarschallamt Nr. 849: Bericht Schnellers vom 1. Dezember 1792.

Kap. 2: Die Ausübung von Judenschutz in Pappenheim und Regensburg

Dieses Instrument soll anhand von Beispielen genauer untersucht werden. Am 23. Mai 1749 wurde dem kurbayerischen Oberhoffaktor Wolf Wertheimer ein Expektanzdekret für seinen Sohn Isaac erteilt, nachdem er in Pappenheim und Dresden darum gebeten hatte. In diesem sicherte ihm Reichserbmarschall Friedrich Ferdinand unter Berufung auf das von Kursachsen erteilte *fiat* zu, dass *ihme der weßentliche Eintritt zu statten kommen solle sobald eine Stelle unserer bisherigen daselbst etablirten Schutzjuden ledig werden würde*. Dabei sollte es unerheblich sein *welcherley Vacatur sich dann dermahlen würcklich ereignet*[209]. Somit wurde Wertheimers Sohn die Anwartschaft auf die nächste frei werdende Schutzjudenstelle in Regensburg erteilt. Als die gewünschte Stelle im Januar 1758 tatsächlich frei wurde, äußerte Wolf Wertheimer die Bitte, den Schutz von seinem Sohn Isaac, den er für Geschäfte in München brauche, auf dessen jüngeren Bruder Emanuel zu übertragen[210].

Später bemühte sich auch Emanuel Wolf Wertheimer um ein Expektanzdekret für seine Nachkommen. Gegenüber dem Reichserbmarschall begründete er diesen Wunsch mit der *Pflicht eines Vaters noch in Zeiten für das Wohl seiner Kinder zu sorgen*. Dabei bat er ausdrücklich um eine Anwartschaft für Kinder *beiderlei Geschlechts*[211], wohl weil er zu diesem Zeitpunkt keine Söhne hatte[212]. Daraufhin erteilte ihm Reichserbmarschall Friedrich Ferdinand am 11. Juni 1769 ein Expektanzdekret, das seinen Wünschen entsprach. Ausdrücklich war festgelegt, dass es sich um *diese seine Schutzjuden Stelle und Domicilium allda oder wo sonst zu selbiger Zeit der allgemeine Reichs Convent existiren dörfte* handeln sollte. Emanuel Wolf Wertheimers Kind sollte also sein direkter Nachfolger werden[213]. Zusätzlich ließ sich Wertheimer auch von Sachsen eine entsprechende Zusicherung geben. Um diesen Sachverhalt zu unterstreichen, bat er um die Ausstellung eines Expektanzdekrets, das ausdrücklich auf die Zustimmung von Reichserz- (Kursachsen) und Reichserbmarschall (Pappenheim) Bezug nahm. Dieses erhielt er am 24. Dezember 1770 von Reichserbmarschall Friedrich Ferdinand[214]. Wie aus einem Schreiben des sächsischen Kurfürsten Friedrich August an den bayerischen Kurfürsten Max III. Joseph vom 30. Oktober 1769 hervorgeht, waren diese Bestimmungen für Wertheimer sehr günstig. Das Expektanzdekret beinhaltete, dass, *im falle sich zu allererst mit der Wertheimischen eine Veränderung begeben sollte*, andere Besitzer eines Expektanzdekrets *zurück gesetzt werden könnten*[215]. Die Folgen dieses Versprechens bekam nach

---

[209] StAN, Herrschaft Pappenheim, Reichserbmarschallamt Nr. 768: Expektanzdekret für Isaac Wertheimer vom 23. Mai 1749.
[210] Ebd.: Gesuch Wolf Wertheimers an den Reichserbmarschall vom 3. Januar 1758.
[211] StAN, Herrschaft Pappenheim, Reichserbmarschallamt Nr. 811: Supplik Emanuel Wolf Wertheimers an den Reichserbmarschall (undatierte Beilage zu einem Bericht vom 8. Juni 1769).
[212] Verzeichnis 1759: ein Kind; 1763: Tochter Lea; 1775: Tochter Lea. Tatsächlich erhielt nach seinem Tod im Jahr 1776 die Tochter Eleonora den Schutz. Siehe StAN, Herrschaft Pappenheim, Reichserbmarschallamt Nr. 711: Verzeichnis der Judenschaft in Regensburg, den 10. August 1759, Nr. 714: Verzeichnus aller dermahlen dahier lebenden Juden Personen vom 7. September 1775, Nr. 1530: Verzeichnis derer sich dermahlen würcklich oder doch sonst mehrentheils hier aufhaltenden Juden und deren Familien vom 15. September 1763.
[213] StAN, Herrschaft Pappenheim, Reichserbmarschallamt Nr. 811: Expektanzdekret für Emanuel Wolf Wertheimer vom 11. Juni 1769; auch überliefert in: Herrschaft Pappenheim, Akten Nr. 6021/IV.
[214] StAN, Herrschaft Pappenheim, Reichserbmarschallamt Nr. 809: Anwartschaft für einen Nachfahren Emanuel Wolf Wertheimers vom 24. Dezember 1770.
[215] Ebd.: Kopie des Schreibens Friedrich Augusts an Max III. Joseph vom 30. Oktober 1769. Dies zeigt, dass auch hinter den Kulissen über die begrenzte Schutzgewährung entschieden wurde. Angesichts der Formulierung erscheint eine Intervention des bayerischen Kurfürsten in Dresden zugunsten seines Hoffaktors wahrscheinlich.

Kap. 2: Die Ausübung von Judenschutz in Pappenheim und Regensburg

Wertheimers Tod im Jahr 1776 Hajum Alexander zu spüren. Dieser hatte 1767 ein Expektanzdekret von Pappenheim erhalten und 1769 eines von Kursachsen. Da er nur *generaliter* expektiert war, wurde ihm Wertheimers Tochter, deren Anwartschaften vom 11. Juni 1769 bzw. 24. Dezember 1770 nach denen Hajum Alexanders ausgestellt worden waren, vorgezogen. Denn ihr Expektanzdekret bezog sich genau auf diese und nicht eine beliebige frei werdende Stelle[216].

Häufiger waren jedoch allgemeine Expektanzen. Im April 1781 hatte Löw Alexander für seinen Schwiegersohn Philipp Reichenberger um ein Expektanzdekret auf eine der fünf Schutzjudenstellen gebeten, das er am 16. Juni auch erhielt. Dieses wurde für die *erste vacant werdende Stelle* erteilt. Im Jahr 1788 konnte Reichenberger nach dem Tod Joseph Liebmann Wertheimers davon Gebrauch machen[217]. Am 22. August 1747 hatte Hirsch Isaac, der selbst noch keine Schutzstelle innehatte, sondern nur über ein Expektanzdekret auf die Stelle seines Schwiegervaters Salomon Brode oder eine andere *am ersten vacant werdende* Stelle verfügte, darum gebeten, einem seiner Söhne ebenfalls eine derartige Expektanz zu erteilen. Daraufhin erhielt er ein Expektanzdekret für einen seiner Söhne *auf eine dereinst sich eröffnende ordinaire Schutzjuden Stelle bey noch fürwährendem Reichstag zu Regensburg oder wohin derselbe sonst verlegt werden mögte*. Den tatsächlichen Schutzbrief sollte dann der Sohn erhalten, der *sich zu jener Zeit darzu qualificiren wird*. Das Expektanzdekret sollte die gleichen Bedingungen enthalten wie er *von uns als des heyligen Römischen Reichs Erbmarschallen [...] bishero gehabt und noch hat*. Abschließend wurde ausdrücklich auf den Vorrang älterer Anwartschaften hingewiesen, womit diese Expektanz vorläufig nur von begrenztem Wert war[218]. Denn sie konnte, wie einer um 1750 verfassten Übersicht der Regensburger Juden zu entnehmen ist, *ihren Effect nicht eher erreichen [...] als biß er selbst und auch [...] Samson Falk mit einer ordinairen Stelle versorgt sind*[219].

Expektanzdekrete waren – wie aus dem am 15. Februar 1762 für Joseph Hirschel erteilten Schutzbrief hervorgeht – oft so formuliert, dass dem Vater die Anwartschaft eines von mehreren Kindern versprochen wurde. Wurde die gewünschte Schutzstelle frei, konnte der Vater entscheiden, wer von seinen Söhnen am besten geeignet war. Gelegentlich ging eine Schutzstelle auf eine Tochter bzw. ihren Mann über. Durch die Formulierung *welcher sich zu jener Zeit darzu qualificiren werde*[220] wurde eine höhere Flexibilität in der Lebenslaufplanung ermöglicht, die Abhängigkeit von Ereignissen wie Krankheiten und Todesfällen nahm ab.

Löw Alexander bat am 24. August 1789 um ein Expektanzdekret auf eine *dasige ordinäre Schutzjuden Stelle* für eine seiner beiden noch unversorgten Töchter. Diejenige von den beiden sollte den Schutz erhalten, *welche sich von ihnen am ersten verheyrathen und daselbst etablieren würde*[221]. Nach Erhalt dieser Anwartschaft bedankte sich Löw Alexander, bemängelte zugleich aber das Fehlen des Satzes, dass eine seiner Töchter *in die erste vacant werdende ordentliche Schutz-*

---

[216] Ebd.: Bericht von Langs an den Reichserbmarschall vom 29. März 1776.
[217] StAN, Herrschaft Pappenheim, Reichserbmarschallamt Nr. 837: Bericht von Langs an den Reichserbmarschall vom 11. Februar 1788.
[218] StAN, Herrschaft Pappenheim, Reichserbmarschallamt Nr. 766: Expektanzdekret für Hirsch Isaac vom 22. August 1747.
[219] StAN, Herrschaft Pappenheim, Reichserbmarschallamt Nr. 772: undatierte Übersicht über die Schutzjuden in Regensburg.
[220] StAN, Herrschaft Pappenheim, Reichserbmarschallamt Nr. 849: Schutzbrief für Hirsch Isaac vom 15. Februar 1762.
[221] StAN, Herrschaft Pappenheim, Reichserbmarschallamt Nr. 850: Expektanzdekret für Löw Alexanders Töchter Gella und Reichel vom 24. August 1789.

stelle würklichen einrücken solle[222]. Das Beharren auf den genauen Wortlaut ist als deutliches Zeichen für die Konkurrenz um die Schutzstellen zu sehen, denn die geringste Zweideutigkeit konnte die Chancen auf einen Schutzbrief verringern, wenn ein anderer Bewerber bessere Ansprüche geltend machen konnte. Ein vergleichbares Expektanzdekret hatte Wolf Salomon Brode. Gemäß diesem sollte er entscheiden, welcher seiner beiden Schwiegersöhne, Isaac Philipp Gumperz oder Joseph Falk Markbreiter, später einmal seine Stelle erhalten solle. Im Rahmen der 1765 durchgeführten Judenreduktion hatte er diese Entscheidung allerdings innerhalb von drei Tagen zu treffen; der andere Schwiegersohn sollte Regensburg innerhalb von vier Wochen verlassen. Wolf Salomon Brode entschied sich für Isaac Philipp Gumperz[223].

Sein am 31. Juli 1786 verfasstes Gesuch um ein Expektanzdekret begründete Elias Philipp Gumperz damit, dass sein 70-jähriger Vater *schon über ein Jahr her kränkelt, ohne sich recht erholen zu können*. Daher wolle künftig er dessen Geschäften am Thurn und Taxischen Hof und bei mehreren hohen Gesandtschaften aus *kindlicher Pflicht nachgehen*. Zur Ausübung dieser Tätigkeit sei er allerdings auf ein Expektanzdekret angewiesen[224]. Diese Bitte ist als Hinweis darauf zu verstehen, dass – obwohl dies ursprünglich nicht so vorgesehen gewesen war – die mit einer Anwartschaft versehenen Personen und ihre Familien zunehmend als zusätzliche Schutzjuden aufgefasst wurden. Daher wurde von ihnen auch Schutzgeld gefordert. So wurde mit Elias Philipp Gumperz bis zur Schutzerteilung ein jährliches Geleitgeld von 50 fl. vereinbart[225]. Nicht zuletzt dieser Sachverhalt erklärt die zum Teil großzügige Erteilung von Expektanzen. Siegfried Wittmer hat darauf hingewiesen, dass 1792 gleich drei Personen Anspruch auf eine Stelle hatten: Löw Alexander für eine seiner beiden unverheirateten Töchter sowie Elias Philipp Gumperz und Samuel Lemle[226].

Am 10. April 1797 berichtete Kanzleirat Schneller dem Reichserbmarschall, die ungefähr 30-jährige Rosina Gumperz, die sich seit ihrer Kindheit in Regensburg aufgehalten habe, habe um ein Expektanzdekret gebeten. Ihr Vater sei zu alt, *um lange mehr zu leben* und sie wünsche sich, nach seinem Tod weiterhin einen *ungestörten und sicheren Aufenthalt* genießen zu dürfen. Zwar hätten bereits seit 1789 zwei Juden Expektanzdekrete, doch diese würden wahrscheinlich keinen Anspruch darauf erheben: Die ledige Tochter des verstorbenen Löw Alexander sei zu kränklich, um zu heiraten. Aus diesem Grund habe sie schon zweimal von ihrer Anwartschaft keinen Gebrauch gemacht und zugelassen, dass Elias Philipp Gumperz und Samuel Lemle an ihrer Stelle in den Schutz einrückten. Isaac Löw habe gar kein wirkliches Expektanzdekret, sondern nur ein Schriftstück, das ihm *einstweiligen ungestörten hiesigen Aufenthalt* gewähre, erhalten[227]. Im Jahr 1801 konnte Rosina Gumperz dann tatsächlich die Nachfolge ihres Vaters antreten[228].

---

[222] StAN, Herrschaft Pappenheim, Reichserbmarschallamt Nr. 1247: Gesuch Löw Alexanders an Kanzleidirektor Schneller vom 6. September 1789.
[223] StAN, Herrschaft Pappenheim, Reichserbmarschallamt Nr. 711: Bericht von Langs an den Reichserbmarschall vom 2. und 9. Mai 1765.
[224] StAN, Herrschaft Pappenheim, Reichserbmarschallamt Nr. 1542: Schutzgesuch des Elias Philipp Gumperz vom 31. Juli 1786.
[225] StAN, Herrschaft Pappenheim, Reichserbmarschallamt Nr. 843: Expektanzdekret für Elias Philipp Gumperz vom 14. August 1786.
[226] WITTMER, Regensburger Juden, S. 110.
[227] StAN, Herrschaft Pappenheim, Reichserbmarschallamt Nr. 860: Bericht Kanzleirat Schnellers an den Reichserbmarschall vom 10. April 1797.
[228] Vgl. WITTMER, Regensburger Juden, S. 125.

Kap. 2: Die Ausübung von Judenschutz in Pappenheim und Regensburg

Bereits 1712 war durch die Verleihung einer zusätzlichen Schutzstelle an einen so genannten Supernumerarius die Zahl der sich in Regensburg aufhaltenden Juden erhöht worden. Um 1750 gab es neben den vier regulären Schutzjuden mit Isaac Hirschel und Samson Falk Markbreiter zwei Supernumerarii. Letzterer hatte diesen Status 1744 erhalten, nachdem die Schutzstelle, die der Reichserbmarschall im Jahr 1742 für ihn vorgesehen hatte, kurz zuvor von Kursachsen an Wolf Salomon Brode vergeben worden war[229]. Laut Siegfried Wittmer bestand der Vorteil der »sprachlichen und sachlichen Erfindung« der Supernumerarii darin, dass »man jetzt ohne Erhöhung des offiziellen Numerus Juden haben konnte, die als Überzählige in festen Wohnungen bleiben und solange warten konnten, bis eine Familie sich auflöste«[230].

Außer den eigentlichen reichserbmarschallischen Schutzjuden gab es in Regensburg nach 1663 immer wieder Geleitjuden, denen gestattet worden war, gegen Entrichtung eines Geleitgelds vorübergehend in die Stadt des Immerwährenden Reichstags zu kommen. Um 1700 schwankte ihre Zahl zwischen jährlich drei und zehn Personen[231]. Das Geleit war vor allem durch seine zeitliche Begrenzung charakterisiert. So erinnerte der kursächsische Gesandte von Ponickau den Pappenheimer Kanzleirat von Lang im September 1763 daran, nur *denen würklich durchreisenden* Juden Geleitbriefe *auf 8 oder höchstens 14 Tage* zu erteilen. Diese sollten *ohne hinlängliche Ursache* nicht verlängert werden[232]. An diese Bestimmung hielt sich beispielsweise der Thurn- und Taxische Hoffaktor Philipp Salomon aus Fürth, der nur nach Regensburg kam, wenn er am Hof Geschäfte zu erledigen hatte. Dann löste er jedes Mal einen reichserbmarschallischen Geleitschein und ließ diesen *von 14 zu 14 Tagen ordnungs mäßig renovieren*[233]. In Ausnahmefällen wurde eine etwas längere Aufenthaltsdauer gewährt. Israel Wassermann, der bisher Knecht bei Samson Falk Markbreiter gewesen war, wollte im August 1759 aus dem Dienst treten und bat um einen Geleitschein, der ihm die Regelung einiger Angelegenheit ermöglichen sollte. Dieser wurde ihm für sechs Wochen erteilt[234].

Zwischen Pappenheim und Regensburg kam es immer wieder zu Streitigkeiten, wer Juden vergleiten dürfe, die nicht in unmittelbarem Zusammenhang mit dem Reichstag standen. Der Magistrat begründete seine Ansprüche damit, dass Pappenheim nur die Jurisdiktion über die drei in den königlichen Dekreten von 1712 vorgesehenen Juden hätte. Besonders deutlich zeigt sich dies am Beispiel von Levi Jacob Auerbach aus Marktheidenfeld. Diesem war im Dezember 1738 vom Reichserbmarschallamt der Aufenthalt auf Zeit gewährt worden, um *jüdische und christliche Kinder in* [der] *Wissenschaft des rechnens informieren* zu können. Doch einige Zeit später erteilte ihm der Magistrat zusätzlich einen *Beysitz-Schein*. Dieses Vorgehen löste den Protest Pappenheims aus, der von Regensburg jedoch mit der Begründung zurückgewiesen wurde, Auerbach habe überhaupt nichts mit dem Reichstag zu tun[235].

---

[229] StAN, Herrschaft Pappenheim, Reichserbmarschallamt Nr. 772: nicht datierte Übersicht über die Schutzjuden zu Regensburg, Nr. 762: Schriftwechsel zwischen Pappenheim, Reichserbmarschallamt und kursächsischem Gesandten zur Wiederbesetzung von Falk Markbreiters Schutzjudenstelle (1742–1744).
[230] WITTMER, Regensburger Juden, S. 83.
[231] Siehe WITTMER, Regensburger Juden, S. 48, 57.
[232] StAN, Herrschaft Pappenheim, Reichserbmarschallamt Nr. 1530: Schreiben von Ponickaus an von Lang vom 15. September 1763.
[233] StAN, Herrschaft Pappenheim, Reichserbmarschallamt Nr. 711: Bericht von Langs vom 1. September 1764.
[234] StAN, Herrschaft Pappenheim, Reichserbmarschallamt Nr. 1537: Geleitschein für Israel Wassermann vom August 1759.
[235] StAN, Herrschaft Pappenheim, Reichserbmarschallamt Nr. 757: Bericht Joseph Valentin Sonnenmeyers an

Kap. 2: Die Ausübung von Judenschutz in Pappenheim und Regensburg

Neben dem beschriebenen vorübergehenden Geleit entwickelte sich später eine weitere, längerfristig ausgerichtete Form des Geleits. Als erster langjähriger Geleitjude könnte Isaac Philipp Gumperz betrachtet werden, der – ohne Schutzjude zu sein – von 1754 bis 1768 in Regensburg *Toleranz* genossen hatte[236]. In einem im September 1764 erstellten Verzeichnis aller sich in Regensburg befindlichen Juden ist Baruch aus Kleinerdlingen aufgeführt, der sich als reichserbmarschallischer Geleitjude *beständig* in Regensburg aufhielt und dort Handel trieb[237]. Ein Jahr später wurde er – zusammen mit Löw Wassermann, Jacob Wassermann und dem Hoffaktor Philipp Salomon Gumperz – zu den *ab- und zugehenden* Juden, also solchen, die sich nur vorübergehend in Regensburg aufhielten, gerechnet. Daneben gab es mit Isaac Philipp Gumperz, Joseph Falk Markbreiter, Israel Wassermann, Elkan Wassermanns Witwe und der Witwe von Emanuel Wolf Wertheimers Buchhalter zu diesem Zeitpunkt bereits fünf Juden, die dauerhaft als Geleitjuden in Regensburg wohnten[238].

Außer Pappenheim versuchten auch einige Gesandtschaften eigene Geleitjuden aufzunehmen. Besonderes Interesse zeigten mehrere Gesandte an dem Pferdehändler Joseph Ullmann, da sie sich ihm *mit vielen Nutzen längsther bedient hätten*. Daher wurde von Pappenheimer Seite die Überlegung angestellt, ihm ein *spezial-Geleit* mit jährlicher Verlängerung und der Auflage, nur mit Pferden zu handeln, zu verleihen[239]. Dennoch scheint zunächst der kaiserliche Prinzipalkommissar[240] Ullmanns Aufenthalt gesichert zu haben. Aus den folgenden acht Jahren ist nichts über den Status von Joseph Ullmann zu erfahren, doch 1785 wird berichtet, der kursächsische Gesandte von Hohenthal habe am Thurn- und Taxischen Hof erreicht, dass mehrere Juden, denen dort Geleit gewährt worden war, *bey dem Reichserbmarschall-Amt in das Geleit* treten. Zu diesen gehörten neben Joseph Ullmann auch Philipp Salomon Gumperz und sein Sohn[241]. Nachdem 1785 eine weitere Reduktion durchgeführt worden war, gab es immerhin noch vier jüdische Familien, die sich im Geleit aufhielten: Joseph Ullmann, Philipp Salomon Gumperz, Jacob Wassermann und Hajum Alexander. Mehrere Anhaltspunkte zeigen, dass das Geleit Ende des 18. Jahrhunderts als Ergänzung zu den begrenzten Schutzstellen gesehen wurde[242]. Wie sehr sich das Geleit inzwischen institutionalisiert hatte, ist nicht zuletzt an den Überlegungen über die Geleitgelder zu sehen. Die vier genannten Juden wurden im August 1785 von Kanzleirat von Lang *wegen einer fixirten*

---

den Reichserbmarschall vom 14. November 1739; Nr. 709: am 5. April 1755 durch Reichsquartiermeister von Welck anhand alter Akten zusammengestellter Überblick über Vergleitung von Juden in Regensburg.

[236] Grundlage seines Aufenthalts dürfte das am 4. Juli 1754 erhaltene Expektanzdekret gewesen sein: StAN, Herrschaft Pappenheim, Reichserbmarschallamt Nr. 780; Nr. 1536: Akten über Aufnahme und Schutzaufkündigung des Isaac Philipp Gumperz.

[237] StAN, Herrschaft Pappenheim, Reichserbmarschallamt Nr. 711: Consignation sämtlicher unter hiesigem reichserbmarschallischen Schutz und Geleite sich dahier aufhaltenden Juden vom 21. September 1764.

[238] Ebd.: Bericht von Langs an den Reichserbmarschall vom 12. Januar 1765.

[239] StAN, Herrschaft Pappenheim, Reichserbmarschallamt Nr. 832: Bericht von Langs an den Reichserbmarschall vom 10. Februar 1777.

[240] Unter Kaiser Karl VII. war Fürst Alexander Ferdinand von Thurn und Taxis in das Amt des Prinzipalkommissars, des kaiserlichen Repräsentanten beim Reichstag, erhoben worden. 1748 konnte er in dieser Funktion in Regensburg einziehen, nachdem er von Kaiser Franz I. bestätigt worden war. Von diesem Zeitpunkt an übte das Haus von Thurn und Taxis das Amt bis zum Ende des Alten Reichs aus. Siehe STYRA, Honeurs, S. 164.

[241] StAN, Herrschaft Pappenheim, Reichserbmarschallamt Nr. 860: Bericht Kanzleirat Schnellers an den Reichserbmarschall vom 10. April 1797.

[242] Diese Sichtweise findet sich auch bei MEYER, Geschichte, S. 30, und WITTMER, Regensburger Juden, S. 102, die beide den auf diese Weise ermöglichten langjährigen Aufenthalt betonen.

alljährlichen Praestation vorgeladen. Dabei wurde vorgesehen, dass diese jeweils die Hälfte des regulären Schutzgelds, also 50 fl., bezahlen sollten[243]. Sowohl der Tod (Jacob Wassermann im Juli 1794) als auch der Übertritt von Geleitjuden in den Schutz (Elias Philipp Gumperz im November 1793) führte zum Ausfall bei den fest einkalkulierten Geleitgeldern[244]. Andererseits war es für Schutzjuden möglich, den Status eines Geleitjuden anzunehmen, um ihre Schutzstelle auf einen anderen Bewerber zu übertragen. Nach dem Tod von Liebmann Joseph Wertheimer ging dessen Witwe *unter das Geleit*[245] und überließ ihre Stelle Philipp Reichenberger.

Obwohl den Geleitjuden unbegrenzter Aufenthalt in Regensburg gewährt wurde, hatten sie doch einen geringeren Status als die Schutzjuden. So betonte Reichserbmarschall Johann Friedrich Ferdinand am 22. September 1785 gegenüber von Lang, es könne nicht gestattet werden, *daß neben recessmäßigen Schutz- und Expectanzjuden auch Geleitjuden Gesindel halten*[246]. Kurz zuvor hatte von Lang angemerkt, die vor allem von Philipp Salomon Gumperz beanspruchte Gleichstellung mit *denen ordinairen Schutzjuden* erschwere die Schutzgeldforderung an Letztere[247]. Die rechtlichen Unterschiede mussten also nicht nur mit Rücksicht auf Regensburg (Beachtung der Höchstzahl zugelassener Schutzjuden) eingehalten werden, sondern auch um das hohe Schutzgeld der Schutzjuden zu rechtfertigen.

Die Folgen der Begrenzung der zugelassenen Haushalte und der daraus resultierenden Umgehungsstrategien können an der Bevölkerungsentwicklung der Regensburger Juden und der Zusammensetzung ihrer Haushalte abgelesen werden[248]. Durch die Begrenzung der Zahl der in Regensburg zugelassenen jüdischen Haushalte nahm deren durchschnittliche Größe zu. Hatte diese im Jahr 1710 6,9 Personen/Haushalt betragen, stieg sie im Jahr 1747 auf 9,7, um dann in der zweiten Hälfte des 18. Jahrhunderts unter das Niveau von 1710 zu sinken. Im Jahr 1783 lag sie nur noch bei 5,2 Personen/Haushalt, denn neben fünf *ordinairen* Schutzjudenfamilien gab es nun neun Haushalte von reichserbmarschallischen Geleitjuden, drei Familien, denen das Geleit von Gesandtschaften verliehen worden war, und zwei mit Expektanzen versehene Juden und ihre Familien[249].

Ein Blick auf die Zusammensetzung der Haushalte dürfte die Auswirkungen der politischen Vorgaben verdeutlichen. 1710 lebten in neun jüdischen Haushalten neun Männer, neun Frauen, 31 Kinder, zehn Mägde und Knechte und drei sonstige Personen[250]. Damit waren 49 von 62 Personen

---

[243] StAN, Herrschaft Pappenheim, Reichserbmarschallamt Nr. 1541: Bericht von Langs vom 1.–6. August 1785; siehe auch Kapitel 4.5.

[244] StAN, Herrschaft Pappenheim, Reichserbmarschallamt Nr. 851: Bericht Kanzleirat Schnellers an den Reichserbmarschall vom 28. Juli 1794 und Nr. 853: Schreiben Kanzleirat Schnellers an den Reichserbmarschall vom 14. November 1793.

[245] StAN, Herrschaft Pappenheim, Reichserbmarschallamt Nr. 849: Bericht Kanzleirat Schnellers vom 9. September 1792.

[246] StAN, Herrschaft Pappenheim, Reichserbmarschallamt Nr. 1541: Bericht des Reichserbmarschalls an von Lang vom 22. September 1785.

[247] Ebd.: Bericht von Langs an den Reichserbmarschall vom 11. August 1784.

[248] Da die Größe der Regensburger Gemeinde und die Haushaltsstrukturen in Kapitel 3.1.2. und 3.2.1.2. ausführlicher behandelt werden, soll hier nur auf die wichtigsten Tendenzen eingegangen werden.

[249] StAN, Herrschaft Pappenheim, Reichserbmarschallamt Nr. 1013: Specification der Reichserbmarschallischen Schutzjuden bey fürwährendem Reichstage zu Regensburg vom 4. April 1710, Nr. 706: Beschwerdeschreiben des Magistrats zu Regensburg aus dem Jahr 1712, Nr. 762: Schreiben von Kammerer und Rat zu Regensburg an das Reichserbmarschall-Amt vom 10. September 1747, Nr. 1532: Personal Designation sämtlicher hiesiger Reichserbmarschallischer Schutz- und übriger Judenschaft vom 2. November 1783.

[250] Zu den sonstigen Personen wurden alle Personen gerechnet, bei denen es sich weder um den Haushaltsvor-

Kap. 2: Die Ausübung von Judenschutz in Pappenheim und Regensburg

(79 %) in den jüdischen Haushalten Eltern mit ihren Kindern und etwa ein Fünftel Dienstpersonal und sonstige Personen. Bis zum Jahr 1747 veränderte sich dieses Verhältnis beträchtlich. Eine Auswertung von sechs der sieben jüdische Familien in Regensburg[251] ergibt, dass zehn Erwachsene und 21 Kinder 20 Mägden, Dienern und Praeceptoren und sieben sonstigen Personen gegenüber standen. Somit betrug der Anteil der Eltern und Kinder an den Haushalten nur noch 53 %. Dies verdeutlicht die ungewöhnliche Zusammensetzung einiger Haushalte: In dem 13 Personen umfassenden von Wolf Salomon Brode lebten neben ihm, seiner Frau, einem Sohn und drei Töchtern auch ein Praeceptor, drei Knechte, zwei Mägde und ein Kindermädchen.

In der Folgezeit kehrte sich das Verhältnis sogar um: Eltern und ihren Kindern stand eine größere Zahl von Dienstpersonal und sonstigen Personen gegenüber. Im Jahr 1764 lebten in den acht jüdischen Haushalten Regensburgs 13 Männer und Frauen, neun Kinder, 15 Mägde und Knechte und 16 sonstige Personen. Der Anteil der Eltern und ihrer Kinder war auf knapp 41 % gesunken[252]. Diese Entwicklung stand in deutlichem Widerspruch zu der 1714 aufgestellten Forderung, dass ein Haushalt maximal aus Mann, Frau, unverheirateten Kindern sowie einem Knecht und einer Magd bestehen solle. Besonders deutlich von der vorgegebenen Norm wich Wolf Salomon Brodes Haushalt mit 19 Personen ab. Dazu gehörten er selbst, seine ledige Tochter, ein Vorsinger und zwei Knechte. Außerdem hatten sich, wie es in dem Verzeichnis heißt, mehrere Personen zu dieser Familie *geschlagen*: der Schwiegersohn Isaac Philipp Gumperz mit Frau, vier Kindern, einem Kindermädchen, einer Magd und einem Knecht; der zweite Schwiegersohn Joseph Falk Markbreit mit Frau; der *Gegenschweher* (Vater seines Schwiegersohns) Salomon Philipp Gumperz, der Buchhalter Seeligmann Harburger und ein Knecht. Streng genommen handelte es sich bei dieser »Familie« also um drei bis vier Familien – die von Wolf Salomon Brode, Isaac Philipp Gumperz, Joseph Falk Markbreiter sowie den alleinstehenden Salomon Philipp Gumperz[253].

Ab 1775 nahm nicht nur die durchschnittliche Haushaltsgröße ab, auch die Zusammensetzung der Haushalte näherte sich wieder den Verhältnissen des Jahres 1710 an: 27 Erwachsenen und 24 Kindern standen nur noch 17 Diener und acht sonstige Personen gegenüber (Verhältnis 67 % zu 33 %)[254]. In den Verzeichnissen von 1775 und 1783[255] wird zwischen verschiedenen Kategorien von Juden unterschieden. Neben den *ordinairen* Schutzjuden finden sich Geleitjuden (in Regensburg geborene sowie erst vor kurzem aufgenommene), Expektanzjuden und das *gemeinsame jüdische Religions-Personal*[256]. Im Alltag scheinen die Unterschiede zwischen den verschie-

---

stand, seine Frau und deren unverheiratete Kinder sowie das Dienstpersonal handelt. In diese Kategorie fallen insbesondere entferntere Verwandte.

[251] Wegen ungenauer Angaben für den Haushalt Isaac Hirschels können nur sechs Haushalte mit 58 Personen für eine Auswertung berücksichtigt werden.

[252] StAN, Herrschaft Pappenheim, Reichserbmarschallamt Nr. 1013: Specification der Reichserbmarschallischen Schutzjuden bey fürwährendem Reichstage zu Regensburg vom 4. April 1710, Nr. 711: Consignation sämtlicher unter hiesigem Reichserbmarschallischem Schutz und Geleite sich dahier aufhaltenden Juden vom 21. September 1764, Nr. 762: Schreiben von Kammerer und Rat zu Regensburg an das Reichserbmarschall-Amt vom 10. September 1747.

[253] StAN, Herrschaft Pappenheim, Reichserbmarschallamt Nr. 711: Consignation sämtlicher unter hiesigem Reichserbmarschallischem Schutz und Geleite sich dahier aufhaltenden Juden vom 21. September 1764.

[254] StAN, Herrschaft Pappenheim, Reichserbmarschallamt Nr. 714: Verzeichnus aller dermahlen dahier lebenden Juden Personen vom 7. September 1775.

[255] StAN, Herrschaft Pappenheim, Reichserbmarschallamt Nr. 1532: Verzeichnis der sich im November 1783 in Regensburg aufhaltenden Juden.

[256] Obwohl die Unterscheidung nicht so ausdifferenziert ist und offensichtlich auch nicht Folge eines Be-

Formen dauerhaften Aufenthalts eher gering gewesen zu sein. Jedoch verfügten nur die Schutzjuden über einen gesicherten Status, alle anderen waren potentielle Opfer von »Judenreduktionen«, wobei die Expektanzjuden immerhin damit rechnen konnten, in der Zukunft eine sichere Schutzjudenstelle zu erhalten.

Solange es nicht möglich war, zusätzliche Juden in den Schutz aufzunehmen, vergrößerten die Regensburger Juden die bestehenden Haushalte – vor allem durch zusätzliches Dienstpersonal. Dies entspricht der Beobachtung Sabine Ullmanns, dass jüdische Familienstrukturen Besonderheiten aufwiesen, die als unmittelbare Folge der Schutzbriefpraxis und als Ergebnis einer spezifischen Gegenstrategie der jüdischen Gesellschaft betrachtet werden können. Durch die Aufnahme von Verwandten als Dienstboten wurde versucht, den Schutzbrief eines Haushaltsvorstandes auf einen möglichst großen Personenkreis auszudehnen[257]. Später wurden zusätzliche Formen der Duldung (Supernumerarii, Expektanzdekret als Grundlage für Aufenthaltsrecht und langjähriges Geleit) als Umgehungsstrategien geschaffen. Da infolgedessen das Missverhältnis zwischen zur Verfügung stehenden Schutzstellen und Interessenten an diesen nicht mehr so ausgeprägt war wie in der Mitte des Jahrhunderts, nahm die durchschnittliche Haushaltsgröße deutlich ab und deren Zusammensetzung näherte sich wieder den Verhältnissen vor 1714 an. Als Grundkonstante sämtlicher aufgeführter Möglichkeiten kann festgehalten werden, dass Pappenheim versuchte, einer möglichst großen Zahl von Juden in Regensburg Schutz zu gewähren, nicht zuletzt, um den eigenen Einfluss und die Einnahmen zu steigern. Dagegen versuchte die Reichsstadt Regensburg immer wieder, vor allem indem sie so genannte »Judenreduktionen« initiierte, dem Ideal von nur vier Schutzjuden in der Stadt zumindest nahe zu kommen.

2.4 In *Pappenheim als bekanten Reichsasylo*: Gewährung von Asyl an Juden

Ebenfalls dem Bereich der Verleihung von Schutz im weiteren Sinne ist die Gewährung von Asyl zuzurechnen. Johann Heinrich Zedler zählt das Asylrecht zu den Reservatrechten des Kaisers, der vielen Reichsstädten und etlichen Reichsgrafen das »Ius Asyli« gegeben habe[258]. Auch für Johann Jacob Moser gehört das »Recht, einem Ort ein Asylum oder Freystatt zu verleihen, worin jemand sicher seyn kan, der ausser deme besorgen muß, gefangen genommen zu werden« zu den kaiserlichen Vorrechten. Als Beispiele führt er den Deutschen Orden, die Reichsstädte Reutlingen und Biberach, die Fürsten zu Schwarzenberg und die Freiherrn von Ingelheim auf[259]. Dagegen wird Pappenheim in der zeitgenössischen Literatur nicht als Asyl erwähnt[260]. Einzig eine kurze Notiz in

---

schlusses ist, erinnert die Regensburger Situation doch an die Vorgaben des preußischen Generalreglements vom 17. April 1750, das sechs Gruppen von Juden vorgesehen hatte: Juden mit Generalprivileg, ordentliche und außerordentliche Schutzjuden, Bedienstete der jüdischen Gemeinden, geduldete Juden und jüdisches Personal. Vgl. BATTENBERG, Zeitalter Bd. II, S. 65–67.

[257] Vgl. ULLMANN, Ehepaar, S. 287–289.
[258] Art. Freystadt, in: ZEDLER Bd. 9, Sp. 1887–1891; zu den Reservatrechten auch: VON STAMLER, De reservatis.
[259] MOSER, Teutsches Staatsrecht Bd. 5, S. 287. Siehe dort allgemein S. 286–292. Dabei handelt es sich allerdings nur um einen kleinen Teil der bestehenden Asyle. RECK, Totschläger-Asyl, S. 113–116, führt 126 weltliche Asyle auf, von denen in der Neuzeit aber nur die wenigsten eine Schutzfunktion gehabt haben dürften.
[260] In folgenden Werken fanden sich keine Hinweise: PFEFFINGER, Vitriarius; BARTHEL, De Jure Asyli; RITTERSHAUSEN, Asylia; VON STAMLER, De reservatis.

Kap. 2: Die Ausübung von Judenschutz in Pappenheim und Regensburg

Mosers Staatsarchiv[261] geht auf einen Reichshofratsprozess um eine christliche Asylantin in Pappenheim im Jahr 1754 ein. Dennoch hatten die Reichserbmarschälle bereits von König Karl IV. (1346–1378) das Asylrecht für Pappenheim verliehen bekommen[262]. In einer Urkunde vom 10. März 1348 wurde Marschall Heinrich VIII. (1334–1386) über frühere Privilegien hinaus zugestanden, er dürfe *frid und gelait geben in seiner stat zu Pappenheim, mannen und frawen fur alle sache vemb swaz si denn getan haben iar und tag*. Das Asyl konnte bei jedem Vergehen aufgesucht werden, allerdings nur für begrenzte Zeit. Nach Ablauf des Jahres mussten die Asylanten *uz der stat gen und obernacht uz der stat zu Pappenheim sein*[263]. Nachdem eine Nacht außerhalb der Stadt verbracht worden war, konnte für ein weiteres Jahr in das Asyl zurückgekehrt werden.

Während die Inanspruchnahme von Asyl durch Christen, es sei nur an das relativ verbreitete Kirchenasyl erinnert, kein unbekanntes Phänomen ist, sind aus der Literatur bisher keine Fälle von jüdischen Asylanten bekannt[264]. Umso aufschlussreicher ist die Tatsache, dass für Pappenheim neben Christen[265] die Fälle von ungefähr 20 Juden, die sich dort zum Teil für längere Zeit im Asyl aufhielten, überliefert sind. Der früheste Beleg für einen jüdischen Asylanten in Pappenheim stammt aus dem Jahr 1717[266]. Da das entsprechende Privileg fast vier Jahrhunderte zuvor verliehen worden war, könnte das Asyl durchaus schon früher von Juden aufgesucht worden sein. Nach 1717 wird die Überlieferung schnell dichter, so dass eine kontinuierliche Inanspruchnahme dieser Schutzmöglichkeit für das gesamte 18. Jahrhundert nachweisbar ist. Auch wenn die Verleihung des Asylrechts durch Karl IV. grundsätzliche Hinweise auf den Charakter des Asyls gibt, fehlen doch Informationen über die praktische Durchführung des Asylrechts. Diese soll, soweit möglich, aus den Akten rekonstruiert werden. Da die Asylanten nur einen provisorischen Status hatten, ist es im Vergleich zu »regulären« Schutzjuden schwierig, etwas über sie zu erfahren. Von einigen Ausnahmen abgesehen tauchen sie in den Quellen nur punktuell auf – über die Dauer ihres Aufenthalts kann somit oftmals nur spekuliert werden.

Zunächst wird das Funktionieren des Asyls anhand des Beispiels von Wolf Herz Gans aus Frankfurt am Main illustriert, der 1719 in Pappenheim Asyl erhielt. Am 15. Juni 1719 berichtete Hirsch Oppenheimer der Stadtvogtei, sein Schwiegersohn Wolf Herz Gans befinde sich in wirtschaftlichen Schwierigkeiten, die durch den letzten Brand in der Frankfurter Judengasse und den

---

[261] MOSER, Staatsarchiv 1755 Bd. 1, S. 450.
[262] Pappenheim ist die älteste urkundlich belegte kaiserliche Freiung in Franken. Vgl. BÄRNREUTHER, Asylrecht, S. 35.
[263] StAN, Herrschaft Pappenheim, Urkunden 1348–III–10 (1). Eine vergleichbare Urkunde – allerdings ohne Asylrecht – war bereits am 17. Februar 1334 ausgefertigt worden.
[264] Zum Kirchenasyl im Hochstift Eichstätt siehe FRIEDL, Spannungsfeld, dort auch ausführlicher Literaturüberblick zur Geschichte des Asyls: S. 12–22. Zum Asyl siehe SCHMELZEISEN, Asyl; WÖPPEL, Prichsenstadt; RECK, Totschläger-Asyl; BÄRNREUTHER, Asylrecht. In keinem dieser Werke finden sich Hinweise auf die tatsächliche Inanspruchnahme des Asyls durch Juden. Auch in den im Literaturverzeichnis genannten Werken zur Geschichte der Juden im Reich bzw. in einzelnen Territorien gibt es keine Aussagen zu diesem Phänomen.
[265] So z.B. die Altdorfer Studenten Sylvius Gotfried de Siegroth und Caspar Sigmund Schneider im Jahr 1723, Maria Salome von Klenck aus Frankfurt/Main (1753) oder der Nürnberger Handelsmann Johann Friedrich Appolt im Jahr 1769. Siehe StAN, Herrschaft Pappenheim, Akten Nr. 3870: Amtsprotokoll vom 13. Juni 1723, Nr. 3879: Gesuch um Erteilung des Geleits vom 3. September 1753, Nr. 3881: Konzept des Schreibens des Reichserbmarschalls an die Reichsstadt Nürnberg vom 20. Januar 1770.
[266] StAN, Herrschaft Pappenheim, Akten Nr. 7761: Consignatio der in Pappenheim sich befindlichen Haußgenossen vom April 1717.

Bankrott mehrerer dortiger Kaufleute verursacht wurden[267]. Deshalb fehlten ihm derzeit die Mittel, um *seine creditores völlig zu contentiren*. Er wolle sich mit seinen Gläubigern vergleichen, doch damit er vor *von denen selben besorgenden unrechtmäßigen Gewalt gesichert seyn könnte*, wolle er in Pappenheim um Asyl bitten. Sollte ihm das privilegierte Geleit verliehen werden, würde er sich in Pappenheim angemessen verhalten und keinen Anlass zu Klagen geben[268]. Fünf Tage später teilte Hirsch Oppenheimer der Stadtvogtei mit, der Reichserbmarschall habe ihm bei zwei Aufwartungen *den würklichen Genuß des alhir gewöhnlichen sichern Geleits* für seinen Schwiegersohn zugesagt[269]. Von dieser Möglichkeit machte Wolf Herz Gans kurze Zeit später tatsächlich Gebrauch. Doch schon bald nach seiner Ankunft scheint seine Stellung in Pappenheim gefährdet gewesen zu sein. Die Gründe dafür sind nicht mehr nachvollziehbar, aber das Konferenzprotokoll vom 29. Januar 1721 hatte wegen nicht erfolgter Verlängerung seine Fortschaffung vorgesehen[270]. Diese Entscheidung wurde wohl nie vollzogen, da aus den darauffolgenden zwei Jahrzehnten zahlreiche Nachrichten vorliegen, die bezeugen, dass er lange in Pappenheim gelebt hat.

Die in den ersten Jahren seines Aufenthalts in Pappenheim eingelaufenen Schreiben wegen seiner Wechselschulden belegen eindrucksvoll Wolfs Motive für seine Flucht nach Pappenheim. Zwischen 1722 und 1725 klagten mehrere Personen gegen ihn, wobei diese sich insbesondere nach dem Tod seines Schwiegervaters neue Hoffnungen machten, dass sich Wolfs Zahlungsfähigkeit durch eine eventuelle Erbschaft verbessert habe. Derartige Forderungen sind unter anderem vom Ansbacher Hofrat Wolfgang Leonhard Teuffel von Pirkensee, Löw Simon Ullmann aus Pfersee und Freiherr von Sohlern aus Eltville am Rhein überliefert[271].

In den Akten, so zum Beispiel bei einer Anzeige gegen ihn wegen verbotenen Handels an einem Feiertag im Jahr 1729, wird Wolf Herz Gans als der im *kayserlichen Glaid sich enthaltende Jud* bezeichnet[272]. In Briefen schreibt er, er habe sich *nacher Pappenheim alß bekanten Reichsasylo begeben*[273]. Er blieb sehr lange im Pappenheimer Asyl. Für 1737 und 1738 ist belegt, dass er jeweils 1 fl. 15 kr. für sein Geleit entrichtete; 1743 wird er in einer vom Mesner erstellten Liste aller Pappenheimer Juden als Geleitjude bezeichnet[274]. Dass er fast ein Vierteljahrhundert nach seiner Ankunft in Pappenheim immer noch einen minderen Status hatte, wird durch ein zeitgleich erstelltes Verzeichnis aller in Pappenheim wohnhaften Schutzjuden verdeutlicht, in dem er nicht aufgeführt ist[275]. Obwohl er kein Schutzjude war, konnte er anscheinend eine wichtige innergemeindliche Funktion ausüben, denn im gleichen Jahr wird er als *Obmann* bezeichnet[276]. Danach verliert sich seine Spur.

---

[267] Der letzte große Brand in der Frankfurter Judengasse lag zu diesem Zeitpunkt bereits acht Jahre zurück. Allerdings waren auch 1719 noch einzelne Brandstellen wüst, obwohl die meisten Häuser bis 1716 wieder aufgebaut worden waren. Im Jahr 1719 war in Frankfurt ein weiterer Großbrand ausgebrochen, der die Judengasse verschont hatte. Es kann aber nicht ausgeschlossen werden, dass christliche Geschäftspartner von Gans davon betroffen waren. Siehe KRACAUER Geschichte Bd. II, S. 121–144.
[268] StAN, Herrschaft Pappenheim, Akten Nr. 3869: Amtsprotokoll vom 15. Juni 1719.
[269] Ebd.: Fortsetzung des Protokolleintrags vom 20. Juni 1719.
[270] StAN, Herrschaft Pappenheim, Akten Nr. 5999/I: Eintrag vom 29. Januar 1721.
[271] StAN, Herrschaft Pappenheim, Akten Nr. 3869: Forderungen mehrerer Gläubiger des Wolf Herz Gans (1722–1725) und Nr. 8189: Protokoll vom 12. März 1725. Löw Simon Ullmann war zu dieser Zeit Barnos in Pfersee. Siehe ULLMANN, Nachbarschaft, S. 182.
[272] StAN, Herrschaft Pappenheim, Akten Nr. 3869: Protokoll vom 11. Juli 1729.
[273] Ebd.: Schriftwechsel zwischen Wolf Herz Gans und seinen Gläubigern.
[274] LKAN, KBZ 224 Bd. 8.
[275] LKAN, Pfarramt Pappenheim Nr. 5: Verzeichniß derer dermahlig sämtlichen in Pappenheim wohnhaften Schutzjuden (29. Mai 1743).
[276] StAN, Herrschaft Pappenheim, Akten Nr. 6003/VI, S. 57: Eintrag vom 12. Dezember 1743.

Kap. 2: Die Ausübung von Judenschutz in Pappenheim und Regensburg

In den meisten Fällen scheint das Recht auf einen Asylaufenthalt für einen begrenzten Zeitraum – das Privileg von 1348 hatte ein Jahr vorgesehen – verliehen worden zu sein[277]. Nach dessen Ablauf wurde über eine Verlängerung entschieden. So beschloss die Konferenz am 22. Januar 1721 das Geleit des so genannten Prager Juden nicht mehr zu verlängern: *wann der Termin expiriret soll er abziehen*[278]. Mayer Hirschel, der auch als *Wiener Jud* bezeichnet wird, hielt sich mindestens seit Mai 1739 im Pappenheimer Asyl auf[279]. Am 16. September 1740 wurde ihm *auf Anrufen das kayserliche Geleit auf Jahr und Tag wiederum prolongiert*[280] und im Oktober 1743 wurde es erneut um ein Jahr verlängert[281]. Hieraus, wie auch aus dem unten noch näher behandelten Beispiel des Isaac Moyses aus Böhmen, lässt sich ablesen, dass das Geleit zunächst für ein Jahr verliehen wurde und danach – jeweils wieder für ein Jahr – verlängert werden konnte.

Etwas anders sah die Situation bei dem Ellinger Schutzjuden Amson Löw, einem weiteren Schwiegersohn Hirsch Oppenheimers, aus. Diesem verlieh Reichserbmarschall Johann Friedrich am 25. Mai 1729 das Recht sich im Asyl aufzuhalten. Dabei erhielt er ein Formular, das zumindest in Ansätzen mit einem Schutzbrief verglichen werden kann. Amson Löw wurde mit Frau und Kindern *in das kayserliche Geleit und Asylum [...] biß zu austrag seines Creditorweßens* aufgenommen. Aus dieser Formulierung könnte geschlossen werden, dass ihm das Asyl für länger als ein Jahr gewährt wurde. Wie die meisten Asylanten scheint Amson Löw vor seinen hohen Schulden geflohen zu sein. Ihm wurde Aufenthalt gewährt, weil er an seiner finanziellen Situation keine Schuld trage und *seinen Creditoribus gebührenden red und antwort zu geben bereit seye*[282].

Über den Prozess der Aufnahme in das Asyl lässt sich einiges aus dem Fall des Treuchtlinger Schutzjuden Jonas Joseph erfahren. Dieser erschien am 5. Januar 1735 vor der gräflichen Kanzlei und bat dort um Asyl. Er brachte vor, dass ihn am Vormittag der Treuchtlinger Verwalter durch seinen Amtsknecht nach Ansbach habe fordern lassen. Da ihm diese Vorgehensweise *sehr verdächtig vorkommen* war und er nicht wusste, warum er sich so plötzlich unter Bewachung nach Ansbach begeben sollte, floh er nach Pappenheim. Nun traue er sich nicht mehr nach Hause und bitte die Herrschaft, ihm das *allhießige höchst privilegirte Geleit gnädig angedeyhen zu lassen* und ihn solange zu schützen, bis er die Gründe für seine geplante Verhaftung erfahren habe. Daraufhin wurde dem Reichserbmarschall von dem Vorfall berichtet und dem Supplikanten Jonas Joseph das Asyl zugesagt. Zu seiner Legitimation erhielt er einen Aktenextrakt, der mit einem vorübergehenden Schutzbrief verglichen werden könnte[283].

Zur Bezeichnung des Status wird in den Quellen meistens der Begriff Asyl verwendet. Im Eigentumsamtsprotokoll des Jahres 1725 heißt es *der hier in Asylo existirende Wolf Gans* habe gegen einen Schuldner in Göhren geklagt[284]. Synonym wird zum Teil die Bezeichnung »Geleitjude« verwendet. So auch in kirchlichen Verzeichnissen vom 16. Januar 1726, die festgehalten haben,

---

[277] Dies ist keineswegs unüblich. Bärnreuther hat für Franken als Frist fast immer »Jahr und Tag« festgestellt. Siehe BÄRNREUTHER, Asylrecht, S. 100. Das Reutlinger Asyl war im Gegensatz zu den meisten anderen unbegrenzt. Siehe RECK, Totschläger-Asyl, S. 63.
[278] StAN, Herrschaft Pappenheim, Akten Nr. 5999/I: Eintrag vom 22. Januar 1721.
[279] LKAN, Konsistorium Pappenheim Nr. 67: Eintrag vom 16. Mai 1739.
[280] StAN, Herrschaft Pappenheim, Akten Nr. 6003/IV, S. 46: Eintrag vom 16. September 1740.
[281] StAN, Herrschaft Pappenheim, Akten Nr. 6003/VI, S. 33: Eintrag vom 2. Oktober 1743.
[282] StAN, Herrschaft Pappenheim, Urkunden Nr. 5294: Dekret das dem Amschel Juden zu Ellingen erteilte Geleit betreffend vom 25. Mai 1729.
[283] StAN, Herrschaft Pappenheim, Akten Nr. 3876: Amtsprotokoll vom 5. Januar 1735.
[284] StAN, Herrschaft Pappenheim, Akten Nr. 4635/77: Eintrag vom 3. Oktober 1725.

dass *Wolf Gans Geleits Jude* seine Tochter nach Neuburg verheiratet habe[285]. Bei Mayer Hirschel, dem Wiener Juden, wird davon gesprochen, dass er *in Sicherheit hier war*[286].

Seit November 1733 hielt sich Jacob Hamburger aus Kriegshaber als Asylant in Pappenheim auf. Da es zwischen ihm und den hiesigen Juden zu einem Konflikt gekommen war, wandte er sich an Reichserbmarschall Friedrich Ferdinand. Er sei, seiner Meinung nach, unrechtmäßig in den Bann gesetzt worden und bitte um herrschaftliche Hilfe, da durch dieses Vorgehen *hochgräflicher Excellenz wohlen hergebrachtes Reichs berühmtes Kayserliches Asylum nicht wenig deteriorirt* werde. Jacob Hamburger ging in seiner Argumentation – natürlich nicht ohne Eigennutz – sogar soweit, dass, sollte sich die Situation in Pappenheim nicht ändern, das Asyl *in zukunft von keinem Juden mehr solchergestalten angetretten und gebrauchet werden* könnte[287]. Doch nicht nur von Jacob Hamburger, sondern auch von anderen wurde die Ansicht vertreten, das Pappenheimer Asyl sei als etwas Besonderes anzusehen. In einem Schreiben an Landrichter von Kreith in Monheim wurde von Pappenheimer Seite betont, dass Amson Löw *deß hiesig hochprivilegirten kayserlichen sichern Geleits dato würklich genießet*. Aus diesem Grund sei eine Auslieferung nach Monheim, wo ihn einer seiner Gläubiger, der Monheimer Schutzjude Abraham Elias Model, verhören lassen wollte, nicht möglich[288]. In einem für Jonas Joseph verfassten Schreiben an die markgräfliche Regierung in Ansbach vom 4. Februar 1735 berief sich Pappenheim auf das Asyl als *uhraltes kayserliches Privilegium,* das es unmöglich mache, diesen auszuliefern[289].

Im Gegenzug verpflichtete das Asyl zu einem angemessenen Verhalten. 1788 befanden sich die aus Kriegshaber stammenden Brüder Marx und Amsel Jacob im Pappenheimer Asyl. Sie hatten sich in den Jahren zuvor als Handelsjuden in Paris aufgehalten und dort Wechselschulden in Höhe von fast 70.000 fl. gemacht. Der Anwalt der Pariser Kaufleute Darbel, Guesnet und Consorten forderte am 1. November 1788 die Verhaftung der beiden Bankrotteure, denn sie würden *die ihnen zugewiesene Freystätte nicht verdienen*[290]. Ebenfalls aus finanziellen Gründen begab sich Isaac Herz Bonn aus Frankfurt am Main in das Pappenheimer Asyl, unter anderem schuldete er Amschel Isaac Goldschmied aus Kriegshaber 1400 fl. Knapp zwei Monate später wurde in einem Schreiben aus Frankfurt Bonns Auslieferung gefordert. In ihrer Antwort vertraten die Pappenheimer Räte die Haltung, dass Isaac Herz Bonn das Geleit erhalten habe, da er *durch Unglück in Bankrott* geraten sei. Daher solle Frankfurt, statt auf die Auslieferung zu bestehen, einen Bevollmächtigten nach Pappenheim schicken. Zugleich wurde Isaac Herz Bonn aber angedroht, dass ihm, wenn er nicht zu einer Einigung mit seinen Gläubigern bereit sei, das Asyl wieder genommen werden könne. Das kaiserliche Geleit konnte, wie aus dieser Aufforderung hervorgeht, keinesfalls als Freibrief für gesetzeswidriges Verhalten verstanden werden[291].

---

[285] LKAN, Konsistorium Pappenheim Nr. 67: Eintrag vom 16. Januar 1726, vgl. auch Pfarramt Pappenheim Nr. 73: Eintrag vom 16. Januar 1726: *Wolf Gantz, Jud von Frankfurt, derzeit in Glaid hier.*
[286] LKAN, Konsistorium Pappenheim Nr. 67: Eintrag vom 16. Mai 1739.
[287] StAN, Herrschaft Pappenheim, Akten Nr. 3875: Gesuch Jacob Hamburgers an den Reichserbmarschall vom 4. Januar und 8. Februar 1734.
[288] StAN, Herrschaft Pappenheim, Akten Nr. 3873: Pappenheimer Schreiben an den Monheimer Landrichter von Kreith vom 10. Dezember 1729.
[289] StAN, Herrschaft Pappenheim, Akten Nr. 3876: Pappenheimer Schreiben an die fürstliche Regierung in Ansbach vom 4. Februar 1735.
[290] StAN, Herrschaft Pappenheim, Akten Nr. 3883: Schreiben des Anwalts Johann Trupp an den Reichserbmarschall vom 1. November 1788.
[291] StAN, Herrschaft Pappenheim, Akten Nr. 6003/60, fol. 71v–72v: Eintrag vom 16. Juni 1789, fol. 120: Eintrag vom 10. November 1789.

Kap. 2: Die Ausübung von Judenschutz in Pappenheim und Regensburg

Wie die bisherigen Beispiele gezeigt haben dürften, wurde das Pappenheimer Asyl nicht nur von Juden aus der näheren Umgebung aufgesucht. Bei 17 Personen gibt es Hinweise auf ihre Herkunft. Dabei dominieren fränkische (Ellingen[292], Treuchtlingen[293], Ansbach[294] und Fürth[295]) sowie schwäbische (Kriegshaber[296], Buttenwiesen[297] und Gundelfingen[298]) Orte. Ein Asylant stammte aus Regensburg[299]. Etliche Juden kamen jedoch aus entfernteren Orten: zwei aus Frankfurt am Main[300], je einer aus Prag[301], Wien[302], Amsterdam[303] und Tachau in Böhmen[304]. Zwei in Kriegshaber geborene Juden hatten zuletzt in Paris gelebt[305]. Allein die Herkunft über die unmittelbare Umgebung Pappenheims hinaus kann als Zeichen für die Bedeutung des Asyls aufgefasst werden[306].

Sehr unterschiedlich war die Dauer der Inanspruchnahme des Asyls. Ein methodisches Problem ist hier jedoch, dass viele Asylanten in den Akten nur einmal erwähnt werden, daraus aber nicht gefolgert werden kann, wie lange sie sich in Pappenheim aufgehalten haben. So ist von Heyum Scheyla aus Gundelfingen nur bekannt, dass er ein Gesuch gestellt hatte, nicht aber, ob er das Asyl jemals in Anspruch genommen hat. Sechs Asylanten werden nur ein einziges Mal in den Quellen erwähnt, über die Dauer ihres Asyls ist nichts in Erfahrung zu bringen. Jonas Joseph hatte sich fast exakt einen Monat in Pappenheim aufgehalten (5. Januar bis 7. Februar 1735) und Isaac Herz Bonn

---

[292] Amson Löw, siehe oben.

[293] Jonas Joseph, siehe oben.

[294] Ende des Jahres 1731 befand sich Israel Joseph aus Ansbach im Pappenheimer Asyl. Siehe StAN, Herrschaft Pappenheim, Akten Nr. 3874: Schreiben des Ansbacher Hof- und Justizrats Caspar Johann Hänlein an Reichserbmarschall Friedrich Ferdinand vom 22. Dezember 1731.

[295] Nur aus der kirchlichen Überlieferung ist bekannt, dass 1769 ein Kind des Jacob Schwielheim aus Fürth, der sich im Pappenheimer Asyl aufhielt, starb. Siehe LKAN, Konsistorium Pappenheim Nr. 67: Eintrag vom 4. Januar 1769.

[296] Nur kurz erwähnt ist Jonas aus Kriegshaber, der sich 1725 im Pappenheimer Asyl aufhielt. Siehe StAN, Herrschaft Pappenheim, Akten Nr. 4645/V/3: Jonas Jud, Kriegshaber, welcher hierher ins Asyl geflüchtet (1725). Ebenso aus Kriegshaber soll Jacob Hamburger gekommen sein. In der Literatur zu den dortigen Juden finden sich allerdings keine Hinweis auf sie. Vgl. ULLMANN, Nachbarschaft.

[297] Stellvertretend für die gesamte Judenschaft beschwerte sich Löw Amson über den *sich hier enthaltenden* Aaron aus Buttenwiesen. Es ist davon auszugehen, dass es sich bei ihm um einen Asylanten handelte. StAN, Herrschaft Pappenheim, Akten Nr. 5999/VIII, fol. 26a: Eintrag vom 3. August 1774.

[298] Das Konferenzprotokoll verzeichnet den Beschluss, Heyum Scheyla aus Gundelfingen das sichere Geleit, um das er angesucht hatte, zu verleihen. Ob er es jemals angetreten hat, kann nicht beurteilt werden, da es sich bei diesem Eintrag um die einzige Erwähnung dieses Juden aus Pfalz-Neuburg in den Pappenheimer Quellen handelt. StAN, Herrschaft Pappenheim, Akten Nr. 5999/I: Eintrag vom 11. Dezember 1720.

[299] Löser aus Regensburg wurde 1717 unter den Pappenheimer Hausgenossen verzeichnet. Von ihm heißt es, er könne wegen einer Schuldenaffäre in Regensburg von Pappenheim *nicht weg kommen*. StAN, Herrschaft Pappenheim, Akten Nr. 7761: Consignatio der in Pappenheim sich befindlichen Haußgenossen vom April 1717.

[300] Wolf Herz Gans und Isaac Herz Bonn, siehe oben.

[301] David aus Prag, siehe oben.

[302] Mayer Hirschel bzw. Moises Hirschel, siehe LKAN, Konsistorium Pappenheim Nr. 67: Eintrag vom 16. Mai 1739.

[303] Coßmann (Gumperz) bzw. Coßmann Löser: LKAN, Pfarramt Pappenheim Nr. 5: Liste der Pappenheimer Juden (1743); KBZ 224 Bd. 8.

[304] Isaac Moyses, siehe StAN, Herrschaft Pappenheim, Akten Nr. 6003/40, fol. 71v: Eintrag vom 27. Mai 1777.

[305] Marx und Amsel Jacob, siehe oben.

[306] Im brandenburg-ansbachischen Prichsenstadt kamen die Asylanten vor allem aus der näheren Umgebung, da es zahlreiche konkurrierende Asylstätten gab. Vgl. WÖPPEL, Prichsenstadt, S. 315. Dagegen hatte Reutlingen – mit 2500 Personen eines der größten Asyle überhaupt – ein weit über den unmittelbaren Einflussbereich der Stadt hinausgehendes Einzugsgebiet. Siehe RECK, Totschläger-Asyl, S. 100–103.

Kap. 2: Die Ausübung von Judenschutz in Pappenheim und Regensburg

mindestens fünf Monate (16. Juni bis 24. November 1789). Daneben gab es einige Juden, die sich deutlich länger als Asylanten unter dem vorübergehenden Schutz der Reichserbmarschälle aufhielten. Bei Amson Löw waren es zwei Jahre (29. Mai 1729 bis 1731)[307], bei David aus Prag mindestens drei Jahre (spätestens 1718 bis nach dem 22. Januar 1721)[308] und bei Isaac Moyses aus Böhmen mindestens zehn Jahre (Februar 1770 bis nach dem 14. November 1780). Wolf Herz Gans war sogar mindestens 24 Jahre (1719 bis 1743) in Pappenheim.

In zwei Fällen ist eine genaue Bestimmung der Aufenthaltsdauer schwierig, da nicht mit Sicherheit gesagt werden kann, ob es sich um eine oder zwei Personen mit ähnlichen Namen handelt. Sowohl 1754 als auch 1755 ist unter dem Posten *Einnahm Geld von Persohnen, so sich in das kayßerliche Gelaith begeben* der Jude Coßmann aufgeführt[309]. Im Amtsbericht über die Pappenheimer Judensteuer aus dem Jahr 1757 ist ein Coßmann Gumperz verzeichnet, der jährlich 1 fl. 15 kr. Geleitgeld zahlte, allerdings die meiste Zeit abwesend war[310]. Möglicherweise ist er mit dem Coßmann Löser bzw. *Amsterdamer Jud Coßmann* identisch, der sich 1743 in Pappenheim als Asylant aufgehalten hatte[311]. Sollte es sich um ein und dieselbe Person handeln, wäre angesichts des Hinweises auf seine häufige Abwesenheit unklar, ob er ununterbrochen in Pappenheim lebte. Zusätzlich ist 1747 ein Schutzjude Coßmann Gumperz erwähnt, der im herrschaftlichen Auftrag nach Augsburg und Wien reiste[312]. Somit hätte sich Coßmann zwischen drei und 13 Jahren in Pappenheim befunden. Seit Ende der 30er Jahre des 18. Jahrhunderts hielt sich Mayer Hirschel, der auch als *Wiener Jud* bezeichnet wird, im Pappenheimer Asyl auf. Im Mai 1739 ist dort sein 12-jähriger Sohn gestorben, am 2. Oktober 1743 wurde sein Asyl erneut um ein Jahr verlängert. In dieser Zeit taucht er auch in den kirchlichen Unterlagen zum Streit über die Stolgebühren auf. Es ist fraglich, ob er mit dem Asylanten Moises Hirschel, von dem es 1754 heißt, *ist von hier weggezogen*, identisch ist[313]. Je nachdem, ob diese Vermutung zutrifft, hätte er sich zwischen vier und 15 Jahren in Pappenheim aufgehalten.

Zwar wurden einige Gründe für das Aufsuchen des Asyls bereits genannt, doch im Folgenden sollen sie zusammenfassend betrachtet werden. Nach zeitgenössischem Verständnis wurde das Asyl verliehen, damit man seine »Sache aus dem privilegirten Orte desto besser ausführen kann.« Dies

---

[307] Im Lauf des Jahres 1731 hat er sich nach Ansbach begeben und dort länger aufgehalten. StAN, Herrschaft Pappenheim, Akten Nr. 8202: Gesuch Amson Löw Ellingers, Ansbach, an den Reichserbmarschall vom 19. Dezember 1732 und Nr. 8203: Schreiben Verwalter Herrleins an den Reichserbmarschall vom 29. August 1733.

[308] Es ist davon auszugehen, dass der 1721 erwähnte Prager Jude mit *Jud David von Prag so in geleit allhier liegt*, der sich 1718 im Haushalt des Amson Jacob aufgehalten hatte, identisch ist. StAN, Herrschaft Pappenheim, Akten Nr. 5999/I: Eintrag vom 22. Januar 1721 und Nr. 8196: Designation der allhiesigen Judenfamilien vom 28. Februar 1718.

[309] StAN, Herrschaft Pappenheim, Rechnungen Nr. 6330/4, S. 103 und Nr. 6330/5, S. 101: Einnahmen und Ausgaben der Stadtvogtei 1754 bzw. 1755; 1756 ist für ihn ein Zahlungsrückstand von 1 fl. 15 kr. festgehalten, daraus geht allerdings nicht hervor, ob er sich in diesem Jahr noch in Pappenheim aufgehalten hat: Nr. 6333/15: Restanten vom Judenschutz (1756).

[310] StAN, Herrschaft Pappenheim, Akten Nr. 4719: Amtsbericht über die Pappenheimer Judensteuer vom 10. Oktober 1757.

[311] LKAN, Pfarramt Pappenheim Nr. 5: Liste der Pappenheimer Juden (1743).

[312] StAN, Herrschaft Pappenheim, Akten Nr. 5916/I: Pass für Coßmann Gumperz (1747).

[313] LKAN, Konsistorium Pappenheim Nr. 67: Eintrag vom 16. Mai 1739; StAN, Herrschaft Pappenheim, Akten Nr. 6003/VI, S. 33: Eintrag vom 2. Oktober 1743; Rechnungen Nr. 6330/4, S. 103: Einnahmen der Stadtvogtei vom Geleit (1754); LKAN, Pfarramt Pappenheim Nr. 5: Liste der Pappenheimer Juden (1743), hier wird er als Hirschel Meyer bezeichnet.

Kap. 2: Die Ausübung von Judenschutz in Pappenheim und Regensburg

galt jedoch ausdrücklich nur für solche Personen, die wegen des Verbrechens noch nicht gefangen genommen worden waren[314]. Erst in der Mitte des 18. Jahrhunderts kam der Gedanke auf, dass Staaten Verbrechen grundsätzlich zu bekämpfen hätten. Folglich sollte das Asyl auch nicht mehr dazu dienen, Verbrechern Straflosigkeit zu gewähren[315]. Während sieben Juden Schulden, eingetretenen oder drohenden Bankrott bzw. Schutz vor Gläubigern als Grund für ihre Flucht nach Pappenheim angaben, wollte sich lediglich Jonas Joseph seiner Verhaftung entziehen[316]. Dagegen scheint für die christlichen Asylanten ein breiteres Spektrum an Gründen vorgelegen zu haben[317]. Eine abschließende Einschätzung wird dadurch erschwert, dass für die meisten Asylanten keine Motive überliefert sind.

Für die Inanspruchnahme des Asyls musste eine als »Geleitgeld« bezeichnete Abgabe in Höhe von 1 fl. 15 kr. bezahlt werden. Im Amtsbericht der Stadtvogtei des Jahres 1777 heißt es, dass derjenige, der sich *in das hiesige kayserliche Asylum begeben, und solches länger als 1 Jahr genossen* hat, *für jedes der folgenden Jahre 1 fl. 15 kr. zur hochgräflichen Stadtvogtey bezahlen solle*[318]. Für Wolf Herz Gans ist, wie schon erwähnt, die Zahlung dieser 1 fl. 15 kr. belegt. Das gleiche gilt für Coßmann in den Jahren 1754, 1755 und 1757. Auf diese Abgabe soll am Beispiel von Isaac Moyses aus Tachau in Böhmen näher eingegangen werden, da sich aus seinem Fall interessante Rückschlüsse auf die mit dem Asyl verbundenen Abgaben ziehen lassen. Nachdem er am 19. Februar 1770 in das Asyl aufgenommen worden war[319], klagte er im Januar 1774 gegen die 44 fl. 30 kr. Geleitgeld, die Stadtvogt von Müller von ihm für seinen bisherigen 4-jährigen Aufenthalt einforderte[320]. Dazu berichtet von Müller, dass diesem Juden *anno 1771 als er im 2ten Jahr, da er das sichere Geleith von neuen angerufen*, auferlegt wurde, seinen Geleitbrief alljährlich mit 11 fl. 30 kr. zu lösen. Isaac Moyses gab an, er sei nach Erhalt des kaiserlichen Asyls davon ausgegangen, wie frühere jüdische Asylanten, 1 fl. 15 kr. pro Jahr zahlen zu müssen. Als Beispiele führte er mit Wolf Herz Gans, Coßmann Levi Gumpertz und dem Juden Hamburger mehrere Juden an, die sich etliche Jahre als Asylanten in Pappenheim aufgehalten hatten. Folglich habe er 39 fl. 30 kr. zu viel bezahlt[321]. Einige Jahre später scheint sich die finanzielle Situation von Isaac Moyses deutlich verschlechtert zu haben, so dass nicht einmal mehr an die Zahlung der gewöhnlichen

---

[314] Art. Freystadt, in: ZEDLER Bd. 9, Sp. 1887–1891. Wichtigstes Ziel war es, Zeit zu gewinnen und vom Asyl aus Verhandlungen zu führen. Vgl. WÖPPEL, Prichsenstadt, S. 313. Entgegen heutigem Verständnis wurde das Asyl ausschließlich nach Verbrechen und bei Verschuldung, aber nicht zum Schutz vor politischer oder religiöser Verfolgung aufgesucht. Siehe FRIEDL, Spannungsfeld, S. 39.

[315] Siehe KIMMINICH, Grundprobleme, S. 20.

[316] Löser aus Regensburg: *Schuldenaffaire*, siehe StAN, Herrschaft Pappenheim, Akten Nr. 7761: Consignatio der in Pappenheim sich befindlichen Haußgenossen (1717); Israel Joseph aus Ansbach: Schulden bzw. Vorwurf der Veruntreuung, siehe Nr. 3874: Schreiben des Ansbacher Hof- und Justizrats Caspar Johann Hänlein an Reichserbmarschall Friedrich Ferdinand vom 22. Dezember 1731; Die nachfolgenden Fälle wurden bereits behandelt: Wolf Herz Gans: Bankrott; Amson Löw: Schulden; Isaac Moyses: Forderungen von Gläubigern; Marx und Amsel Jacob: Wechselschulden; Isaac Herz Bonn: Bankrotte.

[317] Neben Bankrott (Johann Friedrich Appolt aus Nürnberg) finden sich: Vorwurf des Totschlags (Sylvius Gotfried de Siegroth und Caspar Sigmund Schneider aus Altdorf sowie Johann Michael Wolfshofer aus Schwabach) und Flucht vor dem Vater (Maria Salome von Klenck aus Frankfurt/Main). Siehe StAN, Herrschaft Pappenheim, Akten Nr. 3881: Konzept des Schreibens des Reichserbmarschalls an die Reichsstadt Nürnberg vom 20. Januar 1770, Nr. 3870: Amtsprotokoll vom 13. Juni 1723, Nr. 6003/18, fol. 52r: Eintrag vom 13. Juli 1755, Nr. 3879: Gesuch um Erteilung des Geleits vom 3. September 1753.

[318] StAN, Herrschaft Pappenheim, Akten Nr. 7875: Amtsbericht vom 1. Mai 1777.

[319] StAN, Herrschaft Pappenheim, Akten Nr. 6003/40, fol. 71v: Eintrag vom 27. Mai 1777.

[320] StAN, Herrschaft Pappenheim, Akten Nr. 6003/36, fol. 4v: Eintrag vom 11. Januar 1774.

[321] Ebd., fol. 73: Eintrag vom 3. Juni 1774.

Kap. 2: Die Ausübung von Judenschutz in Pappenheim und Regensburg

Summe zu denken war. Am 27. Mai 1777 wurde in der Kanzlei beschlossen *pro praeterito von diesem nichts mehr zu erheben*[322]. Bald darauf war er in *solch armseeligen Umständen, daß er jährlich 1 fl. 15 kr. Geleith-Geld weder pro hoc anno noch pro futuro* zu entrichten in der Lage war. Auch der Stadtvogt setzte sich für ihn ein und empfahl in seinem Amtsbericht, Isaac Moyses Gnade zu gewähren[323]. Nach dem 14. November 1780, als ihm von der Kanzlei *wegen notorischer Armuth und beständig anhaltender kränklicher Umstände* künftige Abgabenfreiheit zugesichert wurde, finden sich keine Spuren mehr von ihm[324].

Zu Beginn dieses Kapitels wurde das Asyl der Schutzgewährung zugerechnet. Zwar erhielten die Asylanten vorübergehend Schutz in Pappenheim, doch die geschilderten Fälle zum Teil langjährigen Aufenthalts im Asyl dürfen nicht darüber hinwegtäuschen, dass das Asyl zunächst einmal auf ein Jahr befristet war und keinerlei Anspruch auf Verlängerung bestand. Schutzjuden konnten dagegen, solange sie sich nicht eines gravierenderen Vergehens schuldig machten, von einem lebenslangen Aufenthaltsrecht ausgehen. Somit diente die Gewährung von Asyl nicht der planmäßigen Ansiedlung von Juden, sondern nur zur Überbrückung einer Ausnahmesituation. Eine weitere interessante Frage ist, warum Juden ausgerechnet in Pappenheim Asyl fanden. Die vorhandenen Quellen helfen dabei nicht weiter, doch zwei mögliche Antworten erscheinen plausibel. Zum einen könnte ein Zusammenhang mit dem Amt des Reichserbmarschalls bestehen. Bei Reichstagen übte dieser schließlich schon seit langem ein von einer Einzelgemeinde losgelöstes vorübergehendes Schutzrecht aus[325]. Andererseits könnte der Forschung die Inanspruchnahme von Asyl durch Juden deshalb entgangen sein, da es außerhalb Pappenheims keine oder nur sehr wenige Orte gab, in denen Juden Asyl finden konnten. Kirchenasyl schied für Juden von vornherein aus[326] und auch die weltlichen Asyle dürften bei Weitem nicht alle bereit gewesen sein, den Aufenthalt von Juden zu dulden[327]. Zur Klärung dieser Frage wäre jedoch eine systematische Erforschung der frühneuzeitlichen Asyle erforderlich[328]. Unabhängig davon war die Gewährung des auf einem kaiserlichen Privileg basierenden Asyls für Pappenheim vor allem mit einem Prestigegewinn verbunden. Die eher geringen Einnahmen allein rechtfertigten sicher nicht das Risiko, mit anderen Territorien wegen der von den Asylanten begangenen Vergehen in Konflikt zu geraten.

---

[322] StAN, Herrschaft Pappenheim, Akten Nr. 6003/40, fol. 71v: Eintrag vom 27. Mai 1777.
[323] StAN, Herrschaft Pappenheim, Akten Nr. 7875: Amtsbericht vom 11. November 1780.
[324] StAN, Herrschaft Pappenheim, Akten Nr. 6003/43, fol. 84v–85r: Eintrag vom 14. November 1780.
[325] Siehe dazu Kapitel 1.2., 2.2.2., 2.3.2., 2.5.2.
[326] In der Konstitution »Cum alias« hatte Papst Gregor XIV. am 24. Mai 1591 Juden neben Mördern, Kirchenschändern und Majestätsverbrechern ausdrücklich vom kirchlichen Asylschutz ausgenommen. Siehe KIMMINICH, Grundprobleme, S. 16. Dementsprechend galten Juden bei St. Ulrich und Afra in Augsburg als asylunwürdig. Vgl. RECK, Totschläger-Asyl, S. 40.
[327] BÄRNREUTHER, Asylrecht, S. 91, betont, dass Juden weltliche Asyle grundsätzlich offen standen. Jedoch war unter den ungefähr 2500 Personen, die in Reutlingen Asyl fanden, kein einziger Jude. Vgl. RECK, Totschläger-Asyl, S. 40–41. Möglicherweise liegt dies daran, dass die Stadt vom Herzogtum Württemberg umgeben wurde. Die 40 Kilometer nördlich von Pappenheim gelegene Stadt Roth gewährte zahlreichen Personen Asyl. Auf Juden gibt es keinen direkten Hinweis, allerdings wurde die Erneuerung des Asyls 1537 auch in der Judenschule publiziert. Vgl. MAYER, Roth, S. 44–47.
[328] Die Literatur zum Asyl hat die Frühe Neuzeit bisher gegenüber anderen Epochen vernachlässigt. Es liegen vor allem auf einzelne Orte bezogene Untersuchungen, aber kein systematischer Überblick vor. Vgl. FRIEDL, Spannungsfeld, S. 12–22.

Kap. 2: Die Ausübung von Judenschutz in Pappenheim und Regensburg

2.5 Charakteristika der reichserbmarschallischen Schutzausübung

2.5.1 Schutzgewährung in der Herrschaft Pappenheim

Als Ausdruck der Schutzgewährung waren in der Herrschaft Pappenheim stets individuelle Schutzbriefe beibehalten worden, ein Übergang zu Generalschutzbriefen war nie erfolgt. Eine mögliche Erklärung hierfür könnte die geringe Größe der Herrschaft sein, denn die wenigen Fälle, in denen die Einzelvergleitung nicht durch eine Generalvergleitung ersetzt wurde, betreffen ausschließlich Klein- und Kleinstterritorien. Nur kleine Herren, Reichsritter und Grafen konservierten das spätmittelalterliche »Herrschaftsmedium der Individualprivilegierung« bis in die Neuzeit[329].

Dennoch waren die Verhältnisse in der Herrschaft Pappenheim keinesfalls statisch. In der zweiten Hälfte des 17. Jahrhunderts waren die Schutzbriefe noch deutlich ausführlicher als in späterer Zeit. Neben einer allgemeinen Schutzzusage und einem Schutzbefehl führten sie die Rechte des in den Schutz aufgenommenen Judens auf. Dazu gehörten die Religionsausübung, Nutzung der Allmende, Schächten zum Eigenbedarf und die Gewerbeausübung. Als Gegenleistung wurde die Pflicht Schutzgeld zu entrichten festgehalten. Diese Aussagen gelten für neun der zehn in der Zeit vor 1692 abgefassten Schutzbriefe, die erhalten geblieben sind. Lediglich der Schutzbrief für Hirsch Oppenheimer, der anscheinend stärker am nicht überlieferten Schutzbrief für seinen Schwiegervater Amson aus dem Jahr 1652 orientiert war, stellt eine Ausnahme dar. Geringfügig abweichend vom Pappenheimer Muster waren die zwei Schutzbriefe für in Berolzheim lebende Juden.

Der Erlass des Rezesses von 1692 scheint eine deutliche Zäsur in der Formulierung der Schutzbriefe mit sich gebracht zu haben. Denn alle danach ausgestellten Schutzbriefe sind weitaus kürzer und nennen nur in Ausnahmefällen konkrete Bedingungen. Beispielsweise wurde der aus Pfalz-Neuburg vertriebene Esaias Simon zunächst nur vorübergehend aufgenommen, erhielt dafür aber die Zusicherung des nachsteuerfreien Abzugs. Überhaupt wurden bezüglich der Nachsteuer öfters besondere Bestimmungen festgehalten. In etlichen Schutzbriefen wird ausdrücklich auf den Rezess Bezug genommen, dessen Regelungen somit als dem Schutzverhältnis zugrunde liegend zu betrachten sind. Dies traf aber nicht für alle Schutzbriefe des 18. Jahrhunderts zu, so dass in Pappenheim ein Statusunterschied zwischen Rezess- und Schutzjuden festgestellt werden kann, der sich bei der Entrichtung der Nachsteuer äußerte. Andere Bestimmungen des Rezesses wie der Höchstzinssatz waren dagegen für alle Juden gültig.

In der Herrschaft Pappenheim war zwar nie eine als solche bezeichnete Judenordnung erlassen worden, doch diese Funktion wurde zumindest ansatzweise von den Juden betreffenden Punkten des Rezesses von 1692 erfüllt. Denn dieser behandelt wichtige Bereiche wie die Höchstzahl der geduldeten Juden, Handel, Abgaben und die Nutzung der Allmende. Ausgeklammert blieben jedoch die Religionsausübung und, von wenigen Ausnahmen abgesehen, die jüdisch-christlichen Beziehungen. Somit wird auch in der Herrschaft Pappenheim das Phänomen sichtbar, dass mit dem Aufkommen von Judenordnungen die Schutzbriefe kürzer wurden oder sogar ihrer Funktion weitgehend beraubt wurden[330]. Zugleich ist die Tendenz zu Kodifikation, Rechtsvereinheitlichung und

---

[329] MORDSTEIN, Untertänigkeit, S. 64.
[330] Zu dieser Entwicklung siehe unter anderem BATTENBERG, Rechtsstellung, S. 170; DERS., Judenordnungen, S. 84; DERS., Zeitalter Bd. I, S. 177; MARZI, Judentoleranz, S. 6.

Allgemeingültigkeit, die mit dem Übergang von Einzel- zu Generalschutzbriefen bzw. Judenordnungen verbunden war, erkennbar[331]. Trotz des Festhaltens an Individualschutzbriefen und dem Verzicht auf Generalschutzbriefe oder eine Judenordnung folgte die Schutzpraxis in der Herrschaft Pappenheim allgemeinen Entwicklungen.

Prinzipiell scheint in der Herrschaft Pappenheim den gesamten Untersuchungszeitraum hindurch unbegrenzter Schutz gewährt worden zu sein. Eine Erneuerung in vorgegebenen zeitlichen Abständen war, anders als beispielsweise bei den oettingischen Judenschutzbriefen, nicht erforderlich[332]. Möglicherweise war es jedoch, zumindest im 17. Jahrhundert, üblich, nach dem Tod eines Reichserbmarschalls den bereits mit Schutzbriefen versehenen Juden neue Dokumente auszustellen. Die Gewährung von Schutz auf Lebenszeit schloss allerdings den Schutzverlust in bestimmten Fällen nicht aus. Daher war es im Jahr 1749 auch möglich mit genau dieser Drohung verschuldete Juden zur Begleichung ihrer Rückstände zu bewegen. Im Rahmen dieser Maßnahme kam es anscheinend zu einer Ausweisung. Weitaus häufiger war jedoch, dass Einzelne, die ein Vergehen begangen hatten oder Zahlungsrückstände hatten, als des Schutzes nicht mehr würdig betrachtet und zur Strafe ausgewiesen wurden.

Der Erteilung eines Schutzbriefs ging ein Schutzgesuch voraus. Aus den Gesuchen lassen sich sowohl die Motive der einzelnen Juden als auch ein Muster besonders häufig verwendeter Argumente herauslesen. Das konnte neben dem Versprechen, alle erforderlichen Abgaben pflichtgemäß zu entrichten, der Hinweis auf ehrliches Verhalten, die Beziehung zu Pappenheim, der Verweis auf Verwandte und die Versorgung von bereits in Pappenheim lebenden Personen sein. Zugleich liefern die Schutzgesuche und die auf sie erfolgten Reaktionen der Obrigkeit wichtige Erkenntnisse über das Funktionieren des Schutzes. Im Regelfall scheint, wie weithin üblich, ein Sohn den Schutz seines Vaters übernommen zu haben[333]. Zum Teil war die Schutzübertragung bereits zu Lebzeiten des Vaters möglich, insbesondere wenn dieser Schritt mit Alter und Krankheit und der damit verbundenen Unfähigkeit für den Lebensunterhalt und letztlich auch die Entrichtung von Schutzgeld und Abgaben zu sorgen, begründet wurde. In besonderen Fällen konnte zwei Söhnen der Schutz erteilt werden. Beim Hofjuden Nathan Reutlinger, dessen Söhne Abraham und Salomon Schutzbriefe erhielten, dürfte sich dies durch seine besondere Beziehung zum Reichserbmarschall erklären. Eine Ausnahme wurde auch bei Jacob Samuel gemacht, da dessen ältester Sohn einige Jahre nach der Schutzerteilung durch eine Verletzung in der Ausübung des Handels eingeschränkt wurde. Mit Abraham und Benjamin Feis wurden 1776 bzw. 1785 zwei Söhne von Feis Judas, der sicher nicht zu den reichsten Pappenheimer Juden gehörte, in den Schutz aufgenommen. Da es zu diesem Fall keine näheren Unterlagen gibt, können die Gründe für diese Entscheidung nicht nachvollzogen werden.

Im Jahr 1769 war als quantitativ messbares Kriterium der Nachweis eines Mindestvermögens von 800 fl. eingeführt worden, jedoch gibt es mit einer Ausnahme keine Hinweise auf die Anwendung dieser Bestimmung. Somit kann nicht beurteilt werden, wie stark mit dieser Maßnahme die Zunahme von in Pappenheim lebenden Juden beschränkt wurde. Grundsätzlich waren keineswegs alle Schutzgesuche erfolgreich. Es fand eine Auswahl der als geeignet erscheinenden Juden statt,

---

[331] Vgl. MORDSTEIN, Untertänigkeit, S. 59.
[332] Vgl. dazu MORDSTEIN, Untertänigkeit, S. 2, 46.
[333] Vgl. dazu HOLENSTEIN, Bitten, S. 111–113; MEINERS, Nordwestdeutsche Juden, S. 190; MARZI, Judentoleranz, S. 80; SABELLECK, Nienburg, S. 32.

doch mit Ausnahme des Mindestvermögens sind keine konkreten Kriterien festgehalten. Zusätzlich scheint die Schutzgewährung auch eine soziale Komponente gehabt zu haben, denn in den Fällen, in denen der Schutzsuchende sich zur Versorgung von bereits in Pappenheim lebenden Verwandten bereit erklärte, konnte eher mit Großzügigkeit gerechnet werden als bei auswärtigen Kandidaten. Die Gesuche von suspekt erscheinenden Kandidaten, die nicht aus der Herrschaft Pappenheim stammten, wurden durchgängig abgelehnt.

Seit der Verleihung des Asylrechts im 14. Jahrhundert konnte Pappenheim Schutz vor Strafverfolgung – und vor allem Forderungseintreibungen durch Gläubiger – gewähren. Dabei handelte es sich eigentlich nicht um eine speziell an Juden gerichtete Einrichtung; Christen und konvertierte Juden[334] machten davon ebenfalls Gebrauch. Dennoch scheint es, nicht zuletzt in Anbetracht der vergleichsweise hohen Zahl von Juden, die in Pappenheim Asyl fanden, gerechtfertigt, das Asyl im Zusammenhang mit der Schutzgewährung zu behandeln. Denn auf diese Weise wurde Pappenheim zum Zufluchtsort für Juden aus verschiedenen Teilen des Reichs. Obwohl das Asyl nur als vorübergehender Status vorgesehen war, wurde es zum Teil langfristig in Anspruch genommen: Zwar war es auf »Jahr und Tag« befristet, doch eine Verlängerung war möglich.

2.5.2 Schutzgewährung in Regensburg in Kooperation und Konflikt mit Dritten

Das Leben der Regensburger Juden wurde von drei Kräften, die in verschiedenster Form auf sie einwirkten, geprägt: dem Reichserbmarschall von Pappenheim bzw. seiner Kanzlei vor Ort, dem kursächsischen Gesandten als Stellvertreter des sächsischen Kurfürsten und der Reichsstadt Regensburg. Da »zwischen den reichsstädtischen und den reichserzmarschallischen und den reichserbmarschallischen Behörden [...] nicht selten ein Spannungsverhältnis«[335] bestand, sollen die Ergebnisse zur Schutzausübung in Regensburg vor allem vor dem Hintergrund dieser besonderen Situation betrachtet werden.

Von grundlegender Bedeutung war die ablehnende Haltung der städtischen Behörden gegenüber Juden, die sie durch Druck auf Juden, reichserbmarschallische Kanzlei und kursächsischen Gesandten durchzusetzen versuchten. Als Folge von Regensburger Gravamina hatte Pappenheim mit Approbation Kursachsens 1695 die »Resolutio« verabschiedet, die ein restriktives Vorgehen gegen Juden vorsah. Das 1699 verfasste Reglement bildet dagegen einen deutlichen Kontrast. Die zwischen 1695 und 1699 von Pappenheim vorübergehend verfolgte Begrenzung der Zahl der Juden wurde 1712 – und in verschärfter Form 1714 – von Sachsen aufgegriffen. Diese Entscheidungen Kursachsens basierten vor allem auf Regensburger Beschwerden. Die 1714 festgelegte Höchstzahl von drei bis vier Familien war zumindest offiziell bis zum Ende des Alten Reichs bindend und von Regensburg immer wieder eingefordert worden. Da sich jedoch meist mehr Juden in Regensburg aufhielten, blieb auch in der Folgezeit die der Meinung der Stadt nach zu hohe Zahl der Juden Hauptkonfliktpunkt. Als Sachsen im Jahr 1721 Falk Markbreiter als vierten Juden aufnehmen wollte, beharrte Regensburg auf der 1714 festgelegten Höchstzahl von drei Familien[336]. 1747 be-

---

[334] Im Jahr 1727 wurde dem aus Nürnberg stammenden Konvertiten Christian Christ Lebrecht in Pappenheim Asyl gewährt. Siehe StAN, Herrschaft Pappenheim, Akten Nr. 3871: Geleitbrief für Christian Lebrecht vom 1. Februar 1727.
[335] WITTMER, Regensburger Juden, S. 49.
[336] StAN, Herrschaft Pappenheim, Reichserbmarschallamt Nr. 256: Schreiben des Reichserbmarschalls an August den Starken vom 17. Mai 1721.

schwerten sich Kammerer und Rat beim Reichserbmarschallamt, dass sich zu viele Juden in Regensburg aufhielten: Statt der vereinbarten drei befänden sich sieben Familien mit mindestens 62 Personen in der Stadt[337]. In den Jahren 1762/63 gingen beim kursächsischen Hof zahlreiche Klagen der Stadt gegen die Vermehrung der Schutz- und Geleitjuden ein. Indem der kursächsische Gesandte aus nicht nachvollziehbaren Gründen das Reichserbmarschallamt zu einer Reduktion der Juden aufforderte, machte er sich zum Anwalt reichsstädtischer Interessen[338]. Ein ähnliches Vorgehen wiederholte sich gut ein Jahrzehnt später. Im September 1775 berichtete Kanzleirat von Lang an den Reichserbmarschall, der kursächsische Gesandte habe ihn informiert, dass der Magistrat sich über die Zunahme der Juden beschwert habe, und ihm zugleich mehrere Juden für die Ausschaffung vorgeschlagen[339].

Sachsen hatte 1712 ein Reglement erlassen, das seinen Machtanspruch über die in Regensburg lebenden Juden verdeutlichte. Weitere Reglements, die anscheinend bis zum Ende des Alten Reichs in Kraft blieben, wurden 1727, 1729 und 1733 von Pappenheim verfasst. Ein Vergleich der Ordnungen zeigt eine Tendenz zu einer weniger restriktiven Haltung gegenüber den Juden. Die Verordnungen wurden ausführlicher und gingen stärker auf den Handel und die Nennung von Gebühren ein. Insgesamt sind sie den aus anderen Territorien bekannten Judenordnungen sehr ähnlich.

Die für Regensburg ausgestellten reichserbmarschallischen Schutzbriefe weisen nur eine geringe Variation auf. In ihnen wird ausdrücklich auf die Judenreglements verwiesen. Somit wurden auch in Regensburg die wesentlichen Regelungen in einer Judenordnung und nicht mehr in Schutzbriefen festgehalten. Der Schutzbrief war Bestätigung des Schutzverhältnisses und regelte über das Reglement hinaus nur wenige Punkte (Schutzgeldhöhe; im Fall des Isaac Philipp Gumperz auch das Recht in seinem Haus Gottesdienste abzuhalten, die so genannte Schulhaltungsgerechtigkeit). Meist wurde auf die dem Schutzbrief zugrunde liegenden Expektanzdekrete verwiesen. Dies diente nicht zuletzt zur Legitimation, warum einem bestimmten Juden Schutz erteilt wurde. In vielen Schutzbriefen finden sich Hinweise auf das Zusammenwirken von Pappenheim und Kursachsen. Dies erinnert daran, dass Pappenheim und Sachsen grundsätzlich gemeinsam mit dem Judenschutz beauftragt waren. Damit waren sie zur Zusammenarbeit, gerade gegenüber den Forderungen Regensburgs, gezwungen. Teilweise war das Verhältnis zwischen Pappenheim und Sachsen aber auch von Konkurrenz um die Ausübung dieses Rechts geprägt. Da der Kurfürst von Sachsen (Erzmarschall) als dem Grafen von Pappenheim (Reichserbmarschall) übergeordnet galt und als König von Polen einer der mächtigsten Fürsten des Reichs war, waren bei der gemeinsamen Ausübung des Judenschutzes die Durchsetzungschancen nicht immer gleich verteilt.

Die Kooperation zwischen Pappenheim und Sachsen soll am Beispiel der Schutzaufnahme von Joseph Marx' Sohn Abraham verdeutlicht werden. Am 19. Oktober 1724 beklagte sich der Reichserbmarschall beim kursächsischen Gesandten von Gersdorff, dass Joseph Marx in Dresden um die Nachfolge seines Sohns in seiner Schutzstelle nachgesucht habe. Jedoch sei er mit dem Amt des Reichserbmarschalls und den *davon dependirenden Gerechtsamen, somithin auch dem Schutz der Juden auf Reichs-Tägen allergnädigst belehnt*. Folglich solle sich Joseph Marx mit seinem Wunsch

---

[337] StAN, Herrschaft Pappenheim, Reichserbmarschallamt Nr. 762: Schreiben von Kammerer und Rat an das Reichserbmarschallamt vom 10. September 1747.
[338] StAN, Herrschaft Pappenheim, Reichserbmarschallamt Nr. 711: Relation Kanzleirat von Langs vom 11. September 1764.
[339] StAN, Herrschaft Pappenheim, Reichserbmarschallamt Nr. 714: Bericht von Langs an den Reichserbmarschall vom 9. September 1775.

an ihn und nicht den sächsischen Kurfürsten wenden. Darauf erfolgte die Antwort des Gesandten, er habe gehört, Joseph Marx sei von Pappenheimer Seite bereits Hoffnung auf die Nachfolge eines seiner Kinder gemacht worden. Außerdem habe der Reichserbmarschall 1714 bzw. 1721 auf königlichen Befehl Salomon Brode und Falk Markbreiter Schutz gewährt und ihnen Pappenheimer Schutzbriefe ausgestellt. Überhaupt seien bis zur Pest (1713) die meisten Juden auf sächsischen Wunsch aufgenommen worden. Doch Reichserbmarschall Johann Friedrich wollte sich mit dieser Abwertung seiner Funktion nicht abfinden und wandte sich im Februar 1725 erneut an von Gersdorff und klagte, das sächsische Vorgehen sei *mit denen Lehensrechten und der darauf sich gründenden Observanz incompatible*. Eine Beschränkung der Funktion des Reichserbmarschalls auf die bloße Ausstellung der Schutzbriefe wolle er nicht akzeptieren, besonders da im Dekret vom 10. Mai 1712 die Rezeption der Schutzjuden und auch deren Auswahl ihm überlassen worden sei[340].

In Missachtung dieser Pappenheimer Ansprüche betrieb Sachsen im Jahr 1742 eine eigenmächtige Schutzpolitik, indem es einen Schutzbrief für Wolf Salomon Brode auf die Stelle des Falk Markbreiter ausstellte. Zusätzlich sicherte es Brodes Schwager Hirsch Isaac die Stelle seines Schwiegervaters Salomon Brode zu. Zeitgleich bat Falk Markbreiters Witwe den Reichserbmarschall um Fortsetzung des Schutzes oder Übertragung auf ihren Sohn Samson Falk Markbreiter. Da anscheinend keine anderen Bewerber vorhanden waren, stimmte Pappenheim der Schutzerteilung für den Sohn zu. Als Wolf Salomon Brode und Hirsch Isaac ihre sächsischen Schutzbriefe vorlegten, protestierte der Reichserbmarschall. Ihm sei nicht bekannt, erklärte Reichserbmarschall Friedrich Ferdinand, dass jemals vom sächsischen Kurfürsten Schutzjuden am Ort des Reichstags aufgenommen und von der kursächsischen Gesandtschaft Schutzbriefe ausgestellt worden seien. Sachsen sah sich jedoch im Recht und Kurfürst Friedrich August II. teilte dem Reichserbmarschall am 22. Dezember 1744 mit, dass *die jüdischen Familien [...] selbst zu ernennen uns vorbehalten sei*. Zugleich sei man bereit *außer dem izigen casu, wo unsere Resolution bereits ergangen die Wahl mehrmahlen, und wenigstens von zweyen derer verordneten vier Stellen euch gnädigst [zu] überlassen*. Dazu berichtete Kanzleirat Allgeyer an Reichsquartiermeister Welck, dieser Vorschlag gefalle dem Reichserbmarschall nicht, da er den *wohlhergebrachten Gerechtsamen und der bißherigen Observanz sehr zu wieder* sei. Trotz der Proteste beugte sich Friedrich Ferdinand den sächsischen Forderungen und schickte im Juni 1746 den Schutzbrief für Wolf Salomon Brode nach Regensburg[341]. Die Erfahrungen mit der missglückten Schutzerteilung für Samson Falk Markbreiter blieben lange prägend. Im Mai 1758 schrieb Reichserbmarschall Friedrich Ferdinand an den sächsischen Gesandten von Ponickau, man solle erst konferieren, um *die beederseitigen Gerechtsamen desto besser ausüben und maintenieren zu können*. Zugleich sorgte sich Friedrich Ferdinand um den eigenen Einfluss. Im Jahr 1744 seien ihm zwei der vier Stellen zugesichert worden, doch da Kursachsen weitere Interessenten auf Schutzstellen habe, bleibe Pappenheim bald *keine einzige der ordinairen vier Stellen mehr zu vergeben übrig*[342]. Dennoch scheint sich mit der Zeit als modus vivendi herausgebildet zu haben, dass Pappenheim und Dresden je zwei Schutzstellen beanspruchen konnten.

---

[340] StAN, Herrschaft Pappenheim, Reichserbmarschallamt Nr. 745: Schreiben Johann Friedrichs an von Gersdorff vom 5. Februar 1725.
[341] StAN, Herrschaft Pappenheim, Reichserbmarschallamt Nr. 762: Schriftwechsel bezüglich Falk Markbreiters Schutzjudenstelle (1742–1744).
[342] StAN, Herrschaft Pappenheim, Reichserbmarschallamt Nr. 768: Schreiben des Reichserbmarschalls an von Ponickau vom 31. Mai 1758.

Kap. 2: Die Ausübung von Judenschutz in Pappenheim und Regensburg

Da über die Schutzstellen durch den Druck von außen (Regensburg) und Konkurrenz mit Sachsen nicht frei verfügt werden konnte, kam es nach dem Freiwerden einer Stelle zu Überlegungen, wie mit ihr zu verfahren sei. Nach dem Tod Löw Alexanders (1792) wurden auf Pappenheimer Seite zwei Möglichkeiten erörtert. Einerseits könne die Witwe das Schutzgeld weiterzahlen, insbesondere, da eine der beiden ledigen Töchter ein Expektanzdekret habe. Durch diese Entscheidung – so Kanzleirat Schneller – würde eine *collission* mit Kursachsen verhindert. Alternativ könne man wie bei der Witwe Liebmann Joseph Wertheimers vorgehen, die nach dem Tod ihres Mannes *unter das Geleit* ging und ihre Schutzstelle an Philipp Reichenberger abtrat. Würde man Löw Alexanders Stelle mit einem Geleitjuden besetzen, käme es nicht zu einer Vermehrung der Juden und der Magistrat könne sich deswegen nicht beschweren. Der kursächsische Gesandte vertrat die Ansicht, es sei besser abzuwarten, ob eine der beiden Töchter *einen tüchtigen Bräutigam finde, oder sich sonst ein Jude von großem Vermögen melde*. Am Ende von Schnellers Bericht steht die Warnung, dass ein behutsames Vorgehen erforderlich sei, da *das Amt mit dem Herrn Kursächsischen sehr in unangenehme Collision kommen* könne. Dies liege daran, dass der Gesandte, wie seine *Vorgänger, gar sehr geneigt* [sei], *selbst Schutz zu geben oder Decreta dazu vom hohen Kurhof auszuwirken*. Da auch Kursachsen für die Schutzverleihung an die Witwe war, riet Schneller dem Reichserbmarschall, ihr den *Schutz ferner angedeihen zu lassen* und *so dem hohen Kurhof damit vorzukommen*[343].

Die Schutzbriefe betonten, dass der Schutz vom Tagungsort des Reichstags abhängig und nicht auf Regensburg begrenzt sei. Als der Reichstag 1713/14 wegen der Pest vorübergehend nach Augsburg verlegt werden musste, wurde der reichserbmarschallische Schutz für kurze Zeit dort ausgeübt. Während des Aufenthalts des Reichstags akzeptierte die Stadt Augsburg die Jurisdiktion der Reichserbmarschälle. Diese bezog sich, wie Kanzleirat Welck im Jahr 1755 rückblickend betonte, auch auf Juden aus Kriegshaber und Pfersee, die zuvor schon öfters vor dem Augsburger Gericht gestanden hätten[344]. Ausdruck der vorübergehenden reichserbmarschallischen Schutztätigkeit in Augsburg sind fünf Geleitbriefe für Juden aus Pfersee und Kriegshaber, die aus dem April 1714 überliefert sind. In diesen wurden Bernhard Ullmann, Salomon Kizinger, Jacob Kizinger und Abraham Henle Ullmann aus Pfersee sowie Joseph Mändle aus Kriegshaber Zusagen für ihre Handelstätigkeit in Augsburg gemacht[345]. Ihnen wurde von des *Heiligen Römischen Reichserbmarschallen Canzley bey allhiesigen gegenwärtigen Reichs Convent erlaubt [...] à dato an, uf ein Jahr lang (wann der Reichs Convent so lange oder länger allhier verbleiben würde) alltäglich in der Woche doch nur an gewöhnlichen Werkeltägen* ihrer *ehrlichen Handthierung und negotien halber frey in die Stadt* kommen zu dürfen[346].

Die Begrenzung der in Regensburg zugelassenen Juden führte zu unterschiedlichen Versuchen dieser entgegenzusteuern. Dazu gehörten die Expektanzdekrete, die sowohl von Pappenheim und Sachsen einzeln als auch von beiden gemeinsam ausgestellt wurden. Zugleich gab es Bemühungen die starre Höchstzahl aufzuweichen: zum einen durch Supernumerarii und zum anderen durch

---

[343] StAN, Herrschaft Pappenheim, Reichserbmarschallamt Nr. 849: Bericht Schnellers vom 9. September 1792.
[344] StAN, Herrschaft Pappenheim, Reichserbmarschallamt Nr. 709: am 5. April 1755 durch Reichsquartiermeister von Welck zusammengestellter Überblick über Vergleitung von Juden in Regensburg.
[345] Diese finden sich in Listen aus dieser Zeit, siehe: ULLMANN, Nachbarschaft, S. 528, 535–536; nur ein Bernhard Ullmann findet sich erst im Jahr 1751, Ebd., S. 204.
[346] StAN, Herrschaft Pappenheim, Reichserbmarschallamt Nr. 738: Geleitbriefe der reichserbmarschallischen Kanzlei vom 10. April 1714.

Kap. 2: Die Ausübung von Judenschutz in Pappenheim und Regensburg

Geleit, das für einen kurzen Zeitraum oder längerfristig gewährt werden konnte. Das Geleit führte zu Konflikten zwischen Regensburg und Pappenheim um die Frage, wie weit sich die Rechte der Reichserbmarschälle erstreckten. War die Jurisdiktion über die Familien der vier geduldeten Schutzjuden, die als zum Reichstag gehörig betrachtet wurden, unstrittig, so kam es in Bezug auf alle anderen Juden immer wieder zu Auslegungsstreitigkeiten. Im Juli 1715 wollten die reichsstädtischen Behörden zwei fremden Juden verbieten, sich beim Reichserbmarschallamt anzumelden, und im Januar 1733 wurde dem neuen Vorsinger Abraham Israel der Zutritt in die Stadt erschwert. Andererseits wurde von der Stadt Regensburg gelegentlich selbst versucht, Juden Geleit zu erteilen. Besonders deutlich wurde dies im Fall des Privatlehrers Löw Jacob Auerbach, dem die Stadt, nachdem ihm bereits von Pappenheim Geleit erteilt worden war, einen *Beysitz-Schein* ausstellte[347]. Beim Streit um die Ausweisung des mit einem Expektanzdekret und einem Pass versehenen Jacob Schleußinger aus Fürth[348] betonten Kammerer und Rat, dieser sei nicht *in tuitu Comitorum* gewesen und stehe folglich unter städtischer und nicht reichserbmarschallischer Jurisdiktion[349].

Als der Magistrat bemerkte, dass die beiden Geleitjuden Adam Reutlinger und Löw Abraham *ein Domicilium perpetuum dahier einzurichten intentioniert seyen*, versuchte er mit verschiedenen Mitteln dagegen vorzugehen. Gegenüber von Lang äußerte Kammerer Wendler in diesem Zusammenhang die Ansicht, wenn den Juden *nicht mit aller Aufmerksamkeit begegnet werde*, würden sie *sich täglich vermehren*[350]. Obwohl er sich durch die Ausstellung von Pässen für den Aufenthalt der beiden Juden in Regensburg eingesetzt hatte, musste Reichserbmarschall Friedrich Ferdinand in diesem Fall den Wünschen Regensburgs nachgeben.

2.5.3 Reichserbmarschallische Schutzausübung in Pappenheim und Regensburg – ein Vergleich

Die Reichserbmarschälle von Pappenheim übten Judenschutz an zwei sehr unterschiedlichen Orten aus: in ihrer Herrschaft Pappenheim und innerhalb der Reichsstadt Regensburg über Juden, die dort

---

[347] StAN, Herrschaft Pappenheim, Reichserbmarschallamt Nr. 709: am 5. April 1755 durch Reichsquartiermeister von Welck zusammengestellter Überblick über Vergleitung von Juden in Regensburg; zu Löw Jacob Auerbach siehe Kapitel 2.3.2.2.

[348] Schleußinger, der sich sechs Jahre lang bei Esaias Alexander in Diensten aufgehalten hatte, hatte im November 1739 ein Schutzgesuch gestellt. Doch bald darauf verwirkte er sich seinen Anspruch, indem er sich im Juni 1740 heimlich in die Stadt schlich. Zu diesem Zeitpunkt war wegen einer auswärtigen Pest allen Juden der Zutritt in die Stadt streng untersagt. Daraufhin wurde Schleußinger vom Magistrat verhaftet und aus der Stadt ausgewiesen. Als er zehn Jahre später die Rückzahlung von 100 Speziesdukaten, die er für das Expektanzdekret entrichtet hatte, einklagte, wurde seine Forderung zurückgewiesen. Da sein Verhalten zu einem Konflikt zwischen Reichserbmarschallamt und Magistrat geführt habe, sei er *aller ferneren Gnade unwürdig und der für das erhaltene Expectanz-Decret praestirten Recognition allerdings verlustig* geworden. Siehe StAN, Herrschaft Pappenheim, Reichserbmarschallamt Nr. 756: Bericht von Langs vom 3. Juni 1750.

[349] StAN, Herrschaft Pappenheim, Reichserbmarschallamt Nr. 756: Schreiben von Kammerer und Rat an das Reichserbmarschallamt vom 11. August 1740; auch dies war jedoch umstritten; im August 1736 hatte das Reichserbmarschallamt dem Magistrat geschrieben, die Unterscheidung zwischen *ad comitia* gehörigen und anderen Juden widerspreche dem Vertrag von 1614. Siehe Nr. 1097: Schreiben des Reichserbmarschallamts an den Magistrat der Reichsstadt Regensburg vom August 1736.

[350] StAN, Herrschaft Pappenheim, Reichserbmarschallamt Nr. 818: Bericht von Langs vom 18. September 1772.

Kap. 2: Die Ausübung von Judenschutz in Pappenheim und Regensburg

in Verbindung mit dem Immerwährenden Reichstag standen. Allein die Andersartigkeit der Rahmenbedingungen für die Schutzausübung durch einen identischen Schutzherrn rechtfertigt einen Vergleich.

Mit dem Rezess von 1692, der in einem kleinen Teil seiner Kapitel auf ausschließlich für Juden geltende Vorschriften eingeht, liegt für die Herrschaft Pappenheim bestenfalls der Ansatz zu einer Judenordnung vor. Dagegen wurden in Regensburg mehrere, als »Resolutio« oder »Reglement« bezeichnete, mit Judenordnungen vergleichbare Normtexte erlassen. Bei deren Zustandekommen wirkten zu einem beträchtlichen Anteil Dritte mit, Kursachsen hatte 1712 sogar selbst ein Reglement für die Regensburger Juden verfasst. Nicht vergessen werden darf jedoch, dass Kursachsen als Oberlehensherr der Reichserbmarschälle zu dem Vergleich, auf dem der Pappenheimer Rezess von 1692 basiert, beigetragen hat. Ein inhaltlicher Vergleich von Rezess und den Regensburger Ordnungen zeigt, dass Letztere, zumindest im 18. Jahrhundert, weitaus detaillierter und umfangreicher waren. Dies trifft vor allem auf die Bestimmungen bezüglich des Handels zu, bei denen die meisten Gemeinsamkeiten zu finden sind, beispielsweise bei Protokollierung und Höchstzinssatz. Beide Normsetzungen beinhalten Regelungen bezüglich des Aufenthalts fremder Juden. In einem Punkt sind sich der Rezess und die fast zeitgleich entstandene »Resolutio« sehr ähnlich: Sie begrenzen die Zahl der Juden und sehen für darüber hinaus anwesende Juden die Ausweisung vor. Trotz dieser Übereinstimmung finden sich sonst kaum Parallelen, da die »Resolutio« zahlreiche Beschränkungen bei der Religionsausübung, abseitige Wohnungen und die Kennzeichnung durch besondere Kleidung vorsah. Auch in den nachfolgenden Ordnungen wurde in Regensburg auf den religiös-internen Bereich eingegangen (Abhaltung von Gottesdiensten, Meldung von Hochzeiten, Beschneidungen und Überführung von Toten, in der Version von 1729 zusätzlich Wahl eines Barnos). In Pappenheim wurden diese Aspekte normativ so gut wie überhaupt nicht berücksichtigt, sieht man einmal davon ab, dass ein Schulmeister bzw. Totengräber vorgesehen wurde. Im Gegensatz zu Regensburg enthält der Rezess eine stärkere Konzentration auf die finanziellen Leistungen der Juden, er betont die Rolle des Hofjuden (in Regensburg gab es zwar mehrere Hoffaktoren, diese waren aber anderen Höfen zugeordnet) und geht auf die Allmendenutzung und die Zahlung von Stolgebühren an die Pfarrer ein.

Bei den Schutzbriefen findet sich eine formale Übereinstimmung, da für beide Orte ausschließlich Einzelschutzbriefe überliefert sind. Die Regensburger Schutzbriefe bringen eine massive Einschränkung der Reichserbmarschälle zum Ausdruck, denn die Schutzerteilung basierte auf *erfolgten Reichserzmarschallischen Consensus*. In den meisten Schutzbriefen wird dieses Zusammenwirken mit Kursachsen, das zwischen Kooperation und Konkurrenz schwankte, thematisiert. Ein weiteres Zeichen für diese besondere Situation ist die Nennung der Stelle, die ein Jude mit dem Schutzbrief erhielt (z. B. Elias Philipp Gumperz die des Löw Mayer), oder die Rechtfertigung, warum einem bestimmten Juden Schutz verliehen wurde. Derartige Aussagen, die den Pappenheimer Schutzbriefen völlig fremd sind, verdeutlichen, dass der Schutz in der Stadt des Immerwährenden Reichstags ein knappes Gut war und gegenüber anderen ein Rechtfertigungsdruck bestand. Eine Besonderheit der Regensburger Schutzbriefe ist die Erwähnung des Ortes, für den sie ausgestellt wurden. Während sich die Pappenheimer Schutzbriefe selbstverständlich auf die Herrschaft Pappenheim bezogen, sollten die Regensburger für Regensburg oder den Ort, an dem sich der Reichstag sonst befinden sollte, gelten. Damit war der Schutz im ersten Fall an den Ort gebunden, im zweiten an den Schutzherrn in seiner Funktion als Reichserbmarschall. Folglich hätte diese Art des Schutzes theoretisch überall ausgeübt werden können, vorausgesetzt der Reichstag befand sich an diesem Ort. Eine sowohl in Pappenheim als auch Regensburg festzustellende Gemeinsamkeit ist

Kap. 2: Die Ausübung von Judenschutz in Pappenheim und Regensburg

das Zusammenwirken von normativer Grundlage und Schutzbrief. Der Schutzbrief entwickelte sich zunehmend zu einem Dokument, das das Schutzverhältnis bestätigte, aber keine genauen Schutzbestimmungen festlegte. Für diese waren der Rezess bzw. das Reglement zu konsultieren.

Während die Reichserbmarschälle in Pappenheim weitgehend frei über die Schutzvergabe an Juden verfügen konnten, mussten sie in Regensburg Rücksicht auf die Interessen anderer nehmen. Daher wurden Expektanzen erteilt, mit denen in gewisser Weise eine Zwischenstufe zwischen Schutzgesuch und Schutzverleihung eingebaut wurde: Eine Expektanz war zwar Voraussetzung für einen Schutzbrief, garantierte diesen aber keinesfalls. Darüber hinaus war nicht abzusehen, wie viele Jahre bis zum tatsächlichen Eintritt in den Schutz vergehen sollten. Da aus Regensburg nur sehr wenig Schutzgesuche vorliegen, erscheint ein Vergleich der Schutzgesuche und den in ihnen gewählten Argumentationsstrategien wenig sinnvoll.

Wer Juden Schutz erteilen konnte, konnte diesen prinzipiell auch aufkündigen. Im 17. Jahrhundert gab es in Pappenheim noch Überlegungen, zumindest einen Teil der Juden auszuweisen, im 18. Jahrhundert wurde dieser Schritt als Druckmittel angedroht und in Einzelfällen als Reaktion auf begangene Straftaten auch tatsächlich vollzogen. In Regensburg kam es durch die Reichsstadt Regensburg und zum Teil durch Kursachsen immer wieder zu Druck von außen, die Zahl der Juden deutlich zu verringern (»Judenreduktion«). Indem die Reichserbmarschälle und ihre Regensburger Kanzlei darauf reagierten, zeigt sich ihr deutlich eingeschränkter Handlungsspielraum. Sie versuchten zwar die Reduktionen zu verzögern und über die Zahl der Auszuweisenden zu verhandeln, sahen sich aber letztendlich mehrfach gezwungen, einer Liste von Juden, die die Stadt verlassen sollten, zuzustimmen. Andererseits verfügte Pappenheim über mehrere Instrumente wie Supernumerarii und Expektanzen, mit denen es dem entgegnen konnte.

Um einen Sonderfall, der sich dem Vergleich entzieht, handelt es sich bei der Gewährung von Asyl in Pappenheim. Doch gerade die (vorübergehende) Aufnahme von Juden, die von einem anderen Ort fliehen mussten, kann als Zeichen für eine größere Entscheidungsgewalt verstanden werden.

3 Die Juden unter reichserbmarschallischem Schutz

Nachdem die rechtlichen Grundlagen und die Modalitäten der Schutzgewährung dargestellt wurden, stehen nun die Menschen, die unter dem Schutz der Reichserbmarschälle lebten, im Mittelpunkt. Dabei geht es zunächst um demographische Fragen: Wie viele Juden wohnten in Pappenheim und Regensburg, wie entwickelte sich die jüdische Bevölkerung im Untersuchungszeitraum? Soweit möglich, soll nicht nur auf die Zahl der Juden eingegangen werden, sondern auch auf die Struktur ihrer Haushalte. Da die Beantwortung dieser Fragen mit Hilfe der Akten im Pappenheimischen Archiv sowohl für Pappenheim als auch für Regensburg möglich ist, bietet sich ein Vergleich vor dem Hintergrund unterschiedlicher Rahmenbedingungen an. Für Pappenheim soll darüber hinaus weiteren Aspekten wie familiären Verflechtungen innerhalb und außerhalb Pappenheims nachgegangen werden. Dazu werden Stammbäume der jüdischen Familien in Pappenheim rekonstruiert und es wird dargestellt, welche Verbindungen die Pappenheimer Juden zu ihren Glaubensgenossen in anderen Territorien hatten. Der Aufenthalt an einem Ort setzte eine Wohnung oder ein Haus voraus. Daher soll untersucht werden, wie und wo die Pappenheimer Juden wohnten. Durch die Rekonstruktion der jüdischen Wohntopographie können Hinweise auf ihre Beziehung zu den christlichen Pappenheimern gewonnen werden.

3.1 Demographische Entwicklung der jüdischen Gemeinden unter reichserbmarschallischem Schutz

3.1.1 Die jüdische Bevölkerung in Pappenheim

Während aus der Zeit nach 1806 mehrere detaillierte Statistiken über die Größe der jüdischen Gemeinde in Pappenheim vorhanden sind, ist die Situation für das 17. und 18. Jahrhundert deutlich schwieriger. Demographische Daten können nur aus vereinzelten Verzeichnissen aller Juden bzw. jüdischen Familienoberhäupter gewonnen werden. Die regelmäßige Erhebung präziser Angaben zur jüdischen Bevölkerung war in der Herrschaft Pappenheim offensichtlich nicht üblich. Deutlich abweichende Verhältnisse herrschten dagegen in Brandenburg-Ansbach, wo die lokalen Behörden seit 1728 alle sechs Monate Tabellen sämtlicher ortsansässiger Juden nach Ansbach schicken mussten[1].

Da, von Ausnahmen wie einer Liste aller jüdischen Haushalte von 1718 oder einem Verzeichnis aller Schutzjuden aus dem Jahr 1743 abgesehen, für Pappenheim keine derartigen Übersichten vorliegen, muss auf Alternativen zurückgegriffen werden, um die jüdische Bevölkerungsentwicklung nachvollziehbar zu machen. Dazu gehören allgemeine Aussagen über die Größe und Entwick-

---

[1] TADDEY, Jerusalem, S. 77. Vergleichbar ist, dass im 17. und 18. Jahrhundert die Beamten im Hochstift Würzburg mehrfach aufgefordert wurden, Listen der in ihren Ämtern ansässigen Juden zu erstellen: KÖNIG, Judenverordnungen, S. 235; in Oettingen wurden vor der Erteilung eines neuen Judenschutzbriefs jeweils ausführliche Statistiken über die in den einzelnen Orten lebenden Juden als Entscheidungsgrundlage erstellt. Siehe MORDSTEIN, Untertänigkeit, S. 136–138.

Kap. 3: Die Juden unter reichserbmarschallischem Schutz

lung der Gemeinde, die jedoch bestenfalls grobe Anhaltspunkte liefern können. Regelmäßig erstellt wurden Steuer- und Schutzgeldverzeichnisse, die zwar nicht den Anspruch erhoben, die Zahl der Juden festzuhalten, aber zumindest diejenigen verzeichneten, die diese Abgaben entrichteten. Einzelnachrichten über Zu- und Wegzüge sowie Todesfälle lassen erahnen, wie sich die Gemeinde zwischen den von den oben genannten Verzeichnissen gesetzten »Fixpunkten« entwickelte. Ebenfalls heranzuziehen sind die schon erwähnten Statistiken aus dem frühen 19. Jahrhundert, die zum einen die Situation am Ende des Untersuchungszeitraums darstellen und zum anderen, wenn auch nur in begrenztem Ausmaß, Rückschlüsse auf das späte 18. Jahrhundert ermöglichen.

Für die Zeit vor 1650 ist es, was nicht weiter erstaunlich ist, noch schwieriger, die genauen Verhältnisse zu rekonstruieren. Mitte des 16. Jahrhunderts war im Burgfrieden die Zahl der in Pappenheim geduldeten jüdischen Familien auf drei begrenzt worden. Diese Vorgabe scheint bis zum Ende des 30-jährigen Kriegs eingehalten worden zu sein[2]. In Akten, die anlässlich eines Streits zwischen mehreren Pappenheimer Juden im Januar 1657 entstanden, werden sechs Personen aufgeführt. Zusätzlich lebte zu diesem Zeitpunkt ein Jude namens Joseph in Pappenheim[3]. In einem im August 1668 angefertigten Verzeichnis baufälliger und überbelegter Häuser werden sieben Juden aufgeführt, von einem heißt es, dass er sechs Kinder habe[4].

Der Rezess von 1692 begrenzte die Höchstzahl der in Pappenheim geduldeten Juden auf vier Familien[5]. Er setzte jedoch nicht nur eine in der Zukunft einzuhaltende Norm fest, sondern führte auch drei weitere Juden, die zu diesem Zeitpunkt in Pappenheim lebten, an. Deren Stellen sollten nach ihrem Ableben – alle drei waren zwischen 70 und 80 Jahre alt – nicht wieder besetzt werden. Daneben scheinen sich in Pappenheim noch andere Juden aufgehalten zu haben, die innerhalb weniger Monate die Herrschaft verlassen sollten. Da der Rezess weder ihre Zahl noch die Namen der für eine Ausweisung vorgesehenen Juden nennt, erweist er sich nicht als zuverlässige Quelle für die Einschätzung der Größe der Gemeinde. Seine normativen Vorgaben bezüglich einer Höchstzahl reflektieren zudem eher frühere Vorstellungen, wie sie schon in den Burgfrieden des 16. Jahrhunderts zu finden waren, als die Verhältnisse des Jahres 1692. Ein realistischeres Bild dürfte das Steuerregister des Jahres 1697 vermitteln. Neben den im Rezess genannten Personen führt es drei weitere Juden auf[6]. Ein Verzeichnis der Quartierskosten aus dem Juni 1706 listet acht jüdische Haushalte auf, die während der Besatzung Pappenheims im Spanischen Erbfolgekrieg Lasten tragen mussten[7]. Ob es zu diesem Zeitpunkt außer ihnen noch andere Juden in der Stadt gab, kann nicht beurteilt werden.

---

[2] Freundliche Auskunft von Nathanja Hüttenmeister, Duisburg. Dies bestätigt ein Verzeichnis von Kontributionszahlungen vom 24. Mai 1649, in dem mit Löser, Salomon und Schmuel drei Juden aufgeführt werden: StAN, Herrschaft Pappenheim, Akten Nr. 3888/III: Steuer 1649 den 24 May.

[3] StAN, Herrschaft Pappenheim, Akten Nr. 8126: Protocollum in Sachen Schmuel Juden contra Abraham und Berle Juden vom 5. Januar 1657. Auflistung der genannten Personen in Tabelle 21 im Anhang. Joseph wird im Rahmen dieses Streits nicht genannt, erscheint aber in anderen Akten aus dieser Zeit: Ebd.: Protokoll vom 11. November 1656. Folglich kann nicht ausgeschlossen werden, dass sich zu diesem Zeitpunkt weitere Juden in Pappenheim befanden.

[4] StAN, Herrschaft Pappenheim, Akten Nr. 7732: der Bürger allhier baufällige Häuser betreffend vom 3. August 1668. Zu den Namen der Personen siehe Tabelle 21 im Anhang.

[5] Zum Rezess siehe Kapitel 2.1.1. Auflistung der genannten Personen in Tabelle 21 im Anhang.

[6] StAN, Herrschaft Pappenheim, Rechnungen Nr. 6814/1: Steuerregister Michaelis 1697. Siehe Tabelle 21 im Anhang.

[7] StAN, Herrschaft Pappenheim, Akten Nr. 3888/37: Specification derer Quartierskosten in den Juden Häusern vom 21. Juni 1706. Siehe Tabelle 21 im Anhang.

Kap. 3: Die Juden unter reichserbmarschallischem Schutz

Die älteste detaillierte Übersicht über die während des Untersuchungszeitraums in Pappenheim lebenden Juden ist die von Stadtvogt Georg Philipp Oßwald verfasste »Designation« aller jüdischen Familien vom 28. Februar 1718[8]. Darin werden neun Haushalte mit 58 Personen aufgelistet. Im Zusammenhang mit einer Auseinandersetzung zwischen der Judenschaft und der Kirche um die Entrichtung von Stolgebühren entstand 1743 ein Verzeichnis sämtlicher Schutzjuden in Pappenheim, das 18 Personen umfasst[9]. Eine nicht datierte Unterschriftenliste, mit der sämtliche jüdischen Haushaltsvorstände ihre Zustimmung zu der getroffenen Vereinbarung gaben, wurde sogar von 23 Juden unterzeichnet. Dieser Unterschied ergibt sich dadurch, dass sie auch Juden, die in Pappenheim lebten, aber nicht zu den Schutzjuden gerechnet wurden, unterschrieben[10]. Dieses Beispiel zeigt, dass von der Zahl der Schutzbriefinhaber nicht automatisch auf die der jüdischen Haushalte geschlossen werden darf.

Das Steuerregister von 1745 führt dagegen mit 13 Personen deutlich weniger jüdische Haushaltsvorstände auf[11]. Ein Jahrzehnt später (1755) werden im Steuerregister sogar nur neun Juden genannt[12]. Hieraus könnte eine deutliche Abnahme der jüdischen Bevölkerung in der Mitte des 18. Jahrhunderts gefolgert werden. Bei einem Vergleich der aus den Steuerregistern gewonnenen Erkenntnisse mit dem Amtsbericht über die Pappenheimer Judensteuer vom Oktober 1757[13] ergibt sich jedoch ein deutlich anderes Bild. Dieser Bericht resultierte aus dem herrschaftlichen Befehl an die Stadtvogtei, ein Verzeichnis der in Pappenheim lebenden Juden und ihrer Schutzgeld- und Steuerzahlungen zu erstellen. Dabei werden Angaben zu 23 Haushalten gemacht[14]. Er führt nicht nur deren Haushaltsvorstände auf, sondern nennt darüber hinaus einige weitere Personen. So hielten sich bei Isaac Jacob seine Schwester aus Ellingen und deren Sohn auf, bei Salomon Reutlinger sein Bruder Amson, seine Nichte und ein Knecht, bei dem es sich um den Sohn des ehemaligen Pappenheimer Schutzjuden Abraham Elias Koppel handelte. Bei Löw Amson lebten seine Mutter Besle, sein Bruder Samuel und seine Schwester, die allerdings kurz vor ihrem Umzug nach Oettingen stand[15]. Bei Isaac Jacob wohnten seine sieben Geschwister und der alte Vater. Diese ergänzenden Angaben gewähren zwar zusätzliche Einblicke in die Zusammensetzung der jüdischen Haushalte, helfen aber bei der Schätzung der jüdischen Gesamtbevölkerung nur wenig weiter, da kaum Hinweise auf die Zahl der Kinder und des Personals vorliegen.

Ein Vergleich des Amtsberichts mit dem Steuerregister von 1755 zeigt, dass Steuerregister zur Gewinnung demographischer Informationen keinen sonderlich hohen Wert besitzen. Durch aus den

---

[8] StAN, Herrschaft Pappenheim, Akten Nr. 8196: Designation der allhiesigen Judenfamilien vom 28. Februar 1718. Siehe Tabelle 21 im Anhang.

[9] LKAN, Pfarramt Pappenheim Nr. 5: Verzeichniß derer sämtlichen in Pappenheim wohnhaften Schutzjuden vom 29. Mai 1743. Siehe Tabelle 21. Zu diesem Streit siehe Kapitel 8.1.3.

[10] Ebd.: undatierte Unterschriftenliste. Siehe Tabelle 21 im Anhang, dort sind die zusätzlich aufgeführten Juden hervorgehoben. Wieso Michel Abraham, der 14 Jahre später immer noch in Pappenheim als Schutzjude lebte, fehlt ist unklar.

[11] StAN, Herrschaft Pappenheim, Rechnungen Nr. 6333/4: Steuerregister über die Stadtvogtey Untertanen in der Stadt Martini 1745; siehe Tabelle 21 im Anhang.

[12] StAN, Herrschaft Pappenheim, Rechnungen Nr. 6333/14: Rittersteuerregister über die Stadtvogtei Untertanen bey der Stadt Martini 1755. Zu den darin aufgelisteten Personen siehe Tabelle 21 im Anhang.

[13] StAN, Herrschaft Pappenheim, Akten Nr. 4719: Amtsbericht über die Pappenheimer Judensteuer vom 10. Oktober 1757.

[14] Zu den darin verzeichneten Haushalten siehe Tabelle 21 im Anhang.

[15] Demnach dürfte es sich bei ihr um Güttel handeln, die 1758 Löw Meyer aus Oettingen heiratete. Siehe StAN, Adel Archivalien Nr. 4634, S. 323–324: Eintrag vom 15. Juni 1758.

Kap. 3: Die Juden unter reichserbmarschallischem Schutz

verschiedenen Gründen erfolgte Befreiungen wurde in ihnen nur ein – im Umfang stark schwankender – Teil der Haushaltsvorstände verzeichnet. Diese Unterschiede weisen auf ein grundsätzliches Quellenproblem hin, das sich keinesfalls auf Pappenheim beschränkte. So verzeichnet eine Quelle für Oettingen im Jahr 1762 78, eine andere 97 jüdische Haushalte, im Jahr darauf wurden sogar 107 gezählt[16].

Es gibt Hinweise darauf, dass in Pappenheim ursprünglich weitere ausführliche Übersichten angefertigt bzw. geplant wurden. Im Konferenzprotokoll vom 9. Juli 1774 ist die Weisung an die Stadtvogtei festgehalten, sie solle *eine Consignation aller Judenköpfe eingeben und darunter in specie diejenige notieren, welche in würklichem Schutz stehen*[17]. Ungefähr sechs Wochen später wurde Stadtvogt von Müller aufgefordert, eine *Beschreibung sämtlicher Jüdischen Schutzverwandten, deren Kinder und Domestiquen* zu verfassen[18]. Diese Übersicht, die einen genauen Einblick in die Zusammensetzung der jüdischen Gemeinde in der zweiten Hälfte des 18. Jahrhunderts ermöglicht hätte, ist jedoch nicht (mehr) vorhanden. Ihr wäre nicht zuletzt deshalb eine wichtige Bedeutung zugekommen, da sie eine Brücke zwischen den Verzeichnissen von 1718, 1743 und 1757 sowie dem von 1807 gebildet hätte. Als Ersatz sei, trotz der oben festgestellten Defizite dieses Quellentyps, auf das Steuerregister des Jahres 1774[19] sowie das ein Jahrzehnt später angelegte Schutzgeldverzeichnis[20] verwiesen, die zwölf bzw. 18 Haushaltsvorstände nennen.

Als Endpunkt der Darstellung bietet sich ein Verzeichnis sämtlicher Pappenheimer Schutzjuden aus dem Februar 1807 an[21]. Dabei handelt es sich um die erste genaue Statistik, die sich durch den Umfang der festgehaltenen Informationen auszeichnet: Bei jedem Haushaltsvorstand werden Familienstand, die Zahl der Söhne, Töchter, Mägde und Knechte, sowie Hausbesitz, Beruf und Abgabenleistung genannt. Insgesamt werden 39 Haushaltsvorstände[22] aufgeführt, wobei in drei Fällen durch ein Kreuz vermerkt ist, dass die betreffende Person mittlerweile verstorben war. Jedoch ist unklar, zu welchem Zeitpunkt diese Ergänzungen eingefügt wurden. Die 39 Haushalte setzten sich aus 36 Männern, 34 Frauen, 104 Kindern (58 Söhnen und 46 Töchtern) und 13 Mägden und einem Knecht zusammen – insgesamt also 188 Personen.

Die Gesamtzahl der in Pappenheim lebenden Juden kann, von zwei Ausnahmen (1718 und 1807) abgesehen, nur geschätzt bzw. aus anderen Angaben hochgerechnet werden, da ansonsten lediglich die Zahl der Schutzjuden bzw. Haushaltsvorstände genannt ist. Im Jahr 1718 gab es neun Haushalte mit 58 Juden; die durchschnittliche Haushaltsgröße betrug damit 6,4 Personen/Haushalt. Bis zum Ende des Untersuchungszeitraums hat sich die Größe der Gemeinde mehr als verdreifacht: 1807 lebten 188 Personen in 39 Haushalten. Damit sank zugleich der Haushaltskoeffizient auf 4,8. Die jüdische Bevölkerung Pappenheims nahm die gesamte erste Hälfte des 19. Jahrhunderts weiter zu. Im Mai 1811 hielten sich bereits 201 Juden in der Stadt auf[23]. Für dieses Jahr sind erstmals

---

[16] Siehe OSTENRIEDER, Oettingen, S. 126.
[17] StAN, Herrschaft Pappenheim, Akten Nr. 5999/VIII, fol. 17a: Eintrag vom 9. Juli 1774.
[18] Ebd., fol. 31b–32a: Eintrag vom 19. August 1774.
[19] StAN, Herrschaft Pappenheim, Rechnungen Nr. 6814/20: Berechnung der bey Stadtvogtey Martini 1774 erhobenen 3/4 Gulden Steuer. Zu den darin verzeichneten Steuerzahlern siehe Tabelle 21.
[20] Siehe Tabelle 25 im Anhang.
[21] StAN, Herrschaft Pappenheim, Akten Nr. 4722/I: Verzeichniß sämmtlicher pappenheimischer Schutzjuden zu Pappenheim vom 19. Februar 1807.
[22] Siehe Tabelle 21 im Anhang.
[23] StAN, Herrschaft Pappenheim, Akten Nr. 4722/II: Beschreibung der in der Stadt Pappenheim befindlichen Judenfamilien vom 31. Mai 1811. Im Jahr 1853 lag die Zahl der in Pappenheim lebenden Juden sogar bei 245 Personen (52 Familien). Vgl. FLEISCHMANN, Chronik, S. 95.

Kap. 3: Die Juden unter reichserbmarschallischem Schutz

Angaben zum prozentualen Anteil der Juden an der Gesamtbevölkerung, der bei 10,8 % lag, möglich[24].

Abschließend soll ein zusammenfassender Überblick über die jüdische Bevölkerungsentwicklung in Pappenheim gegeben werden, wobei für das 17. Jahrhundert bestenfalls grobe Schätzungen möglich sind:

Tabelle 2: Entwicklung der jüdischen Bevölkerung in Pappenheim

Jahr	Erwähnte Personen	Haushalte	Personen	Abgabepflichtige Personen
1657	7			
1668	7			
1692	7			
1697				8 (Steuerzahler)
1706		8		
1718		9	58	
1743	18 Schutzjuden bzw. 23 Personen			
1745				13 (Steuerzahler)
1755				9 (Steuerzahler)
1757		23		
1774				12 (Steuerzahler)
1784				18 (Schutzgeld)
1807		39	188	

Demnach dürfte – bei aller gebotenen Vorsicht – die Zahl der Pappenheimer Juden in der zweiten Hälfte des 17. Jahrhunderts geringfügig unter der von 1718 gelegen haben. Geht man von den bisherigen Erkenntnissen der Forschung[25] und den Pappenheimer Verhältnissen 1718 bzw. 1807 und damit von einer durchschnittlichen Haushaltsgröße zwischen vier und sechs Personen aus, dürften in Pappenheim etwa 40 bis 50 Juden gelebt haben. In den Jahren 1743 und 1757 gab es in Pappenheim jeweils 23 jüdische Haushalte. Damit käme man Mitte des 18. Jahrhunderts auf eine jüdische Bevölkerung von 90 bis 140 Personen. Über den gesamten Untersuchungszeitraum von

---

[24] OPHIR, Pinkas, S. 337, gibt auf KRAFT, Städtebuch, S. 433–434, basierend 198 Juden bei einer Gesamtbevölkerung von 1825 an. Dieser Wert relativiert sich, wenn man ihn mit einigen Orten in der Markgrafschaft Burgau vergleicht. Der jüdische Bevölkerungsanteil reichte dort von 16,6 % (Pfersee) bis 57 % (Kriegshaber). Vgl. ULLMANN, Nachbarschaft, S. 346–348.

[25] Taddey kommt für Crailsheim auf eine durchschnittliche Haushaltsgröße von 5,8 (1676) bzw. 4,6 (1695 und 1790): TADDEY, Jerusalem, S. 52–53, 58, 79; SCHOCHAT, Ursprung, S. 37, setzt eine Durchschnittsfamilie mit weniger als fünf Personen an und bezieht sich dabei auf Halberstadt (5,5), Frankfurt am Main (5,8) und Berlin (4,6). Ullmann kommt für Kriegshaber (1730) auf einen Koeffizienten von 4,8 Personen/Haushalt. Siehe ULLMANN, Nachbarschaft, S. 346–348. Linnemeier hat für Minden im Jahr 1700 5,3 Personen/Haushalt berechnet, konnte wegen ungenauer Angaben aber nur 80 % der Haushalte auswerten. Zugleich weist er darauf hin, dass kurz hintereinander erstellte Übersichten oft sehr widersprüchlich sein konnten. So kommt er 1770 nur noch auf 3,7, 1804 aber wieder auf 6,3 Personen pro Haushalt. Siehe LINNEMEIER, Jüdisches Leben, S. 518–521. Vom bisher Gesagten abweichend geht Marzi davon aus, dass ein Schutzbrief meist sieben bis acht Personen, dessen Inhaber, seine Frau, durchschnittlich drei Kinder, eine Magd und einen Knecht sowie einen nicht selbstständigen Verwandten, umfasste. Siehe MARZI, Judentoleranz, S. 20.

Kap. 3: Die Juden unter reichserbmarschallischem Schutz

1650 bis 1806 kann somit eine beträchtliche Zunahme der jüdischen Bevölkerung festgestellt werden, die vor allem im Verlauf des 18. Jahrhunderts erfolgt sein muss. Dies würde den Beobachtungen zu anderen Territorien und Orten entsprechen[26]. Nachdem eine deutliche Veränderung von 1718 bis 1743 und von 1757 bis 1807 festgestellt werden kann, dagegen die Haushaltszahl zwischen 1743 und 1757 gleich geblieben ist, muss davon ausgegangen werden, dass das Wachstum nicht kontinuierlich, sondern schubweise erfolgte. Da eine ausführlichere Darstellung der Zu- und Abwanderung an anderer Stelle erfolgen soll[27], kann hier nur exemplarisch auf zwei Entwicklungen verwiesen werden, die dazu beigetragen haben dürften. Kurz vor Abfassung des Vertrags über die Stolgebühren im Jahr 1743 erfolgte der Zuzug mehrerer aus Pfalz-Neuburg vertriebener Juden – bei ihnen handelt es sich um vier der 18 darin verzeichneten Schutzjuden. Gegen Ende des 18. Jahrhunderts kamen aus nicht rekonstruierbaren Gründen etliche Juden aus Orten der näheren Umgebung wie Treuchtlingen und Dittenheim, aber auch Harburg und Binswangen nach Pappenheim.

3.1.2 Die jüdische Bevölkerung in Regensburg

Im Gegensatz zu Pappenheim liegen für Regensburg zahlreiche detaillierte Verzeichnisse der sich dort aufhaltenden Juden vor. Ein Grund für diesen Unterschied dürfte in den gänzlich anderen Rahmenbedingungen und der damit verbundenen Auseinandersetzung um die Zahl der in der Stadt geduldeten Juden zu sehen sein. Außerdem wurden in Regensburg jährlich statistische Übersichten über Bürger, Beisitzer und Dienstboten durch die acht Wachten (Stadtteile) angefertigt[28]. Die entsprechenden Informationen scheinen von den Hausbesitzern geliefert worden zu sein. Beispielsweise gab Johann Lorenz von Höltzel im März 1758 an, dass Isaias Alexander mit drei Söhnen und drei Töchtern seit zehn Jahren in seinem Haus lebe. Mit Jacob und David Wassermann, Meyer Hirschel und zwei Jungen befanden sich weitere Juden bei ihm[29]. Aus diesen Angaben entsteht – zumindest für vereinzelte Jahrgänge – ein genaues Bild über Zahl und Verteilung der Juden in der Stadt des Immerwährenden Reichstags.

Die frühesten Hinweise liefert die »Specification« der unter reichserbmarschallischem Schutz lebenden Juden aus dem Juni 1694, die fünf Schutzjuden mit ihren Familien, insgesamt 32 Personen, sowie drei Juden, die nur vorübergehend in Regensburg waren, aufführt[30]. Im März 1706 befanden sich in der Donauwacht die Haushalte von Salomon Löser (5 Personen), Meyer Wassermann (5 Personen), Simon Aaron (6 Personen) und Joseph Marx (12 Personen), in der Westerwacht die von Elias Wassermann (10 Personen) und Jacob Wassermann (8 Personen) und in der Schererwacht die von Elkan Wassermann (8 Personen), Wolf Joseph (3 Personen) und Amschel Burgauer (3 Personen). Insgesamt lebten damit in Regensburg 60 Juden in neun Haushalten[31]. Mit 62 (1710)

---

[26] In Brandenburg-Bayreuth wuchs die Zahl der jüdischen Familien zwischen 1709 und 1771 von 139 auf 356 Familien, im Hochstift Würzburg nahm die Zahl der Juden von 1720 bis 1740 um 30–50 % zu. Vgl. SCHUBERT, Arme Leute, S. 153. Eine ähnliche Entwicklung kann in der Grafschaft Oettingen beobachtet werden. In Oettingen stieg die Zahl der jüdischen Familien von 1730 bis 1789 von 72–74 auf 84 und in Harburg von 1730 bis 1799 von 39–43 auf 76–79. Siehe MORDSTEIN, Untertänigkeit, S. 361.
[27] Siehe Kapitel 3.2.3.
[28] Siehe NEMITZ, Verfassung, S. 255.
[29] StadtA Regensburg, HVA AAR 92a: Was aniezo vor Juden bey mir in meinem Haus wohnhaft ist (9. März 1758).
[30] StadtA Regensburg, HVA AAR 92a: Specification der sich unter dem Reichserbmarschall Amt befindlichen Schutzverwandten Juden vom 12. Juni 1694.
[31] Ebd.: Verzeichnis der Juden in der Donauwacht (4. März 1706), Westerwacht (5. März 1706) und Scherer-

Kap. 3: Die Juden unter reichserbmarschallischem Schutz

bzw. 58 Personen (1712) blieb die jüdische Bevölkerung bis zur Entscheidung Kursachsens, auf eine Begrenzung der Zahl der jüdischen Haushalte zu drängen, unverändert[32]. Obwohl diese im September 1747 weiterhin gültig war und nicht mehr als vier jüdische Familien vorgesehen waren, lebten damals sieben Familien mit mehr als 60 Personen in Regensburg[33]. Innerhalb der darauffolgenden 25 Jahre blieb die Zahl der Juden in Regensburg trotz einzelner Schwankungen relativ konstant. Am 10. August 1759 lebten 62 Juden in acht Familien[34], fünf Jahre später 53 Personen in acht Haushalten dauerhaft in Regensburg[35]. 1775 gab es 16 jüdische Familien mit 76 Personen[36]. Danach nahm die Größe der jüdischen Gemeinde in Regensburg deutlich zu, so dass im November 1783 bereits 99 Juden in 19 Haushalten in der Stadt wohnten[37].

Dennoch befanden sich in Regensburg weniger Juden unter dem Schutz der Reichserbmarschälle als in Pappenheim, wo bereits 1743 über 100 Juden gelebt haben dürften. Dabei muss berücksichtigt werden, dass Regensburg ungefähr zehnmal so viele Einwohner wie Pappenheim hatte[38]. Dieser Unterschied dürfte in den schon thematisierten Rahmenbedingungen begründet sein. Konnten die Reichserbmarschälle in Pappenheim allein über die Aufnahme von Juden entscheiden, mussten sie in Regensburg, das grundsätzlich durch seine Größe und Lage für Juden weitaus attraktiver gewesen sein dürfte als Pappenheim, auf die Vorbehalte der Reichsstadt und gelegentlich auch Kursachsens Rücksicht nehmen. Auch »Judenreduktionen« und das Drängen Regensburgs, die Zahl der Juden gering zu halten, dürften hierfür verantwortlich gewesen sein.

---

wacht (4. März 1706). Dass auch in kurzem Abstand erstellte Personenlisten Abweichungen aufweisen können, verdeutlicht ein Vergleich mit einem nur zwei Monate später verfassten Verzeichnis. In diesem werden drei Personen mehr aufgeführt, auch ist die Zusammensetzung einiger Haushalte geringfügig anders. Siehe StAN, Herrschaft Pappenheim, Reichserbmarschallamt Nr. 1526: Specification derer anjezo in Regensburg befindenden Juden sambt Weib, Kindern und Gesinde, wie sie es den 21. Mai 1706 in der Canzley angegeben.

[32] StAN, Herrschaft Pappenheim, Reichserbmarschallamt Nr. 1015: Specification der reichserbmarschallischen Schutzjuden bey fürwährenden Reichstag zu Regensburg vom 4. April 1710 und Nr. 706: Beschwerde des Magistrats zu Regensburg gegen die reichserbmarschallischen Schutzverwandten Juden (1712).

[33] StAN, Herrschaft Pappenheim, Reichserbmarschallamt Nr. 762: Schreiben von Kammerer und Rat an das Reichserbmarschallamt vom 10. September 1747. Da bei Isaac Hirschel nur angegeben ist, dass er viele Kinder und Dienstboten habe, kann die genaue Zahl nicht bestimmt werden.

[34] StAN, Herrschaft Pappenheim, Reichserbmarschallamt Nr. 711: Verzeichnis der Judenschaft in Regensburg vom 10. August 1759.

[35] Ebd.: Consignation sämtlicher unter hiesigem reichserbmarschallischem Schutz und Geleite sich dahier aufhaltender Juden samt deren Kinder und Gesinde vom 21. September 1764. Im September 1763 hatte die Zahl der Juden noch bei 59 gelegen, doch einige von ihnen waren für eine »Reduktion« vorgesehen worden. Siehe StAN, Herrschaft Pappenheim, Reichserbmarschallamt Nr. 1530: Verzeichnis derer sich dermahlen würcklich oder doch sonst mehrentheils hier aufhaltenden Juden und deren Familien vom 15. September 1763.

[36] StAN, Herrschaft Pappenheim, Reichserbmarschallamt Nr. 714: Verzeichnus aller dermahlen dahier lebenden Juden Personen vom 7. September 1775.

[37] StAN, Herrschaft Pappenheim, Reichserbmarschallamt Nr. 1532: Personal Designation sämtlicher hiesiger reichserbmarschallischen Schutz- und übriger Judenschaft vom 2. November 1783.

[38] 1811/12 lebten unter 18.757 Regensburgern 121 Juden; ihr Anteil lag damit deutlich unter einem Prozent. Siehe STERL – HABLE, Regensburg, S. 579, 593.

Kap. 3: Die Juden unter reichserbmarschallischem Schutz

3.2 Haushalts- und Familienstrukturen

3.2.1 Die Zusammensetzung jüdischer Haushalte

3.2.1.1 Die Zusammensetzung jüdischer Haushalte in Pappenheim

Archivalien, denen Informationen über die Zusammensetzung von jüdischen Haushalten entnommen werden können, sind für Pappenheim noch seltener als solche, die Auskunft über die Zahl der Schutzjuden geben. Im Wesentlichen stehen mit der Designation von 1718 und dem Verzeichnis von 1807 nur zwei derartige Verzeichnisse zur Verfügung.

Im Jahr 1718 gab es in Pappenheim neun sehr unterschiedlich zusammengesetzte jüdische Haushalte mit insgesamt 58 Personen[39]. Der kleinste Haushalt bestand aus nur zwei Personen, Löser und seiner Schwester, während der größte Haushalt, der des Jacob Amson, 14 Personen umfasste. Die durchschnittliche Haushaltsgröße betrug 6,4 Personen/Haushalt und liegt damit eher am oberen Rand der in der Literatur angeführten Werte[40]. In sieben Haushalten lebte ein Mann mit seiner Ehefrau, in den beiden anderen Fällen handelte es sich um ledige bzw. verwitwete Männer. Insgesamt gab es 22 Kinder (fünf Mädchen und drei Jungen, bei den übrigen 14 ist das Geschlecht nicht angegeben). Daneben fällt die relativ hohe Zahl an Dienstpersonal auf. Die fünf Knechte und sieben Mägde arbeiteten in vier Haushalten: Hirsch Oppenheimer hatte einen Knecht und zwei Mägde, Jacob Amson zwei Knechte und zwei Mägde, Amson Jacob einen Knecht und eine Magd, Nathan Reutlinger zwei Mägde und einen Knecht. Diese beschäftigen damit im Schnitt drei Personen, während die übrigen fünf Haushalte überhaupt kein Personal hatten. Eine Ausnahme unter dem Dienstpersonal ist Abraham Israel. Obwohl er *deß Hirschen knecht* war, wurde er als eigener Haushalt aufgeführt. Dazu kamen noch einmal acht Personen, die in unterschiedliche Kategorien fallen. Der aus Ellingen stammende Stiefsohn Hirsch Oppenheimers könnte – zumindest offiziell – zum Dienstpersonal gerechnet worden sein, da er nach den Mägden und Knechten dieses Haushalts genannt wird. Bei Jacob Amson hielten sich ein Enkel aus Fürth und ein Schulmeister aus Mähren, bei dem es sich wohl um einen Privatlehrer gehandelt haben dürfte, auf. Auch bei Nathan Reutlinger wohnte ein Schulmeister, der aus Stadeln bei Gunzenhausen stammte. Dem Haushalt Amson Jacobs gehörte David aus Prag, *so in geleit allhier liegt*, an. Bei Jacob Samuel lebte dessen Mutter und das 12-jährige Kind von Verwandten und bei Löser dessen Schwester.

Insgesamt fällt eine sehr unterschiedliche Zusammensetzung der Haushalte auf. Bei einem Teil handelte es sich um Familien und ihr Dienstpersonal, bei anderen Haushalten ist der hohe Anteil von anderen Personen bemerkenswert[41]. So standen Amson Jacob und seiner Frau, die zu diesem Zeitpunkt keine Kinder hatten, vier weitere Haushaltsmitglieder gegenüber. Der Haushalt Nathan Reutlingers, der mit seiner Frau sechs Kinder hatte, wurde durch einen Knecht, zwei Mägde und einen Privatlehrer ergänzt. Bei Jacob Amson wohnten dessen Frau, fünf Töchter, ein Sohn, ein Enkel, zwei Knechte, ein Schulmeister und zwei Dienstmägde. Die Zahl von 22 Kindern in neun

---

[39] StAN, Herrschaft Pappenheim, Akten Nr. 8196: Designation der allhiesigen Judenfamilien vom 28. Februar 1718.
[40] Zu den in der Literatur ermittelten durchschnittlichen Haushaltsgrößen siehe Kapitel 3.1.
[41] Mit Haushalt sind alle im Schutzbrief mit eingeschlossenen Personen (also auch das Personal) gemeint, mit dem Begriff Familie dagegen nur mit dem Schutzbriefinhaber verwandte Personen.

Haushalten (2,4 Kinder/Haushalt) entspricht den Verhältnissen in anderen Orten[42]. Zwischen den einzelnen Haushalten bestanden dabei erhebliche Unterschiede: Jacob Amson und Nathan Reutlinger hatten jeweils sechs Kinder, der Schulmeister fünf, Mayer und Abraham hatten jeweils zwei Söhne. Geht man nur von den fünf Haushalten aus, in denen Kinder lebten, kommt man auf 4,4 Kinder pro Familie. Hirsch Oppenheimer, der 1718 schon recht alt gewesen sein muss[43], hatte keine Kinder mehr in seinem Haushalt, Amson Jacob und seine Frau hatten erst 1715 geheiratet. Jacob Samuel und Löser, die 1718 nicht verheiratet waren, hatten ebenfalls keine Kinder. Die Kinderzahl hing somit stark von sich unter Umständen schnell wandelnden innerfamiliären Konstellationen ab.

Die Haushaltsstrukturen des Jahres 1807 sind in der tabellenartig angelegten Übersicht, die 39 Haushalte mit 188 Personen aufführt, deutlich zu erkennen[44]. Die durchschnittliche Haushaltsgröße lag bei 4,8 Personen/Haushalt und damit wesentlich niedriger als 1718. Die Zusammensetzung der einzelnen Haushalte war wieder sehr unterschiedlich. Bei einem Blick auf die Haushaltsgrößen ergibt sich, dass die meisten Haushalte zwischen drei und sieben Mitglieder hatten, wobei eine Häufung bei vier und fünf Personen auftritt. Kleine Haushalte mit ein oder zwei Personen waren häufiger als Haushalte mit acht oder mehr Personen.

Tabelle 3: Verteilung der Haushaltsgrößen in Pappenheim (1807)

Personen	1	2	3	4	5	6	7	8	9	10
Zahl der Haushalte	4	3	5	6	7	4	5	2	1	2

Es gab 31 Ehepaare, von denen zum Zeitpunkt der Erhebung vier keine Kinder hatten. Zwei Witwer hatten zusammen elf Kinder. Zwei der drei Witwen hatten Kinder (Jandof Abrahams Witwe vier und Samuel Isaacs Witwe drei); die Witwe Tölz lebte allein. Drei ledige Männer bildeten jeweils Ein-Personen-Haushalte. Insgesamt gab es im Jahr 1807 in Pappenheim 104 jüdische Kinder, wobei die Zahl der Söhne mit 58 die der Töchter (46) deutlich übertraf. Möglicherweise ist hierin ein Hinweis auf das unterschiedliche Heiratsalter von jungen Männern und Frauen zu erkennen[45]. Durchschnittlich kamen auf einen Haushalt 2,7 Kinder – etwas mehr als 1718. Betrachtet man nur die Haushalte mit Kindern, beträgt die durchschnittliche Zahl der in einem Haushalt lebenden Kinder 3,4 – dieser Wert liegt unter dem von 1718. Insgesamt ergibt sich folgendes Verteilungsmuster[46]:

Tabelle 4: Zahl der Kinder in den jüdischen Haushalten Pappenheims (1807)

Kinder	0	1	2	3	4	5	6	7	8
Zahl der Haushalte	7	6	7	5	5	3	2	2	1

---

[42] Taddey errechnet für Crailsheim 3,0 (1676) bzw. 2,26 (1790) Kinder/Haushalt. Siehe TADDEY, Jerusalem, S. 52–53, 79. In Kriegshaber kamen im Jahr 1730 2,43 Kinder auf einen Haushalt. Siehe ULLMANN, Nachbarschaft, S. 346–348.
[43] Er hatte 1668 zum ersten Mal geheiratet und starb 1725 in hohem Alter.
[44] StAN, Herrschaft Pappenheim, Akten Nr. 4722/I: Verzeichniß sämmtlicher pappenheimischer Schutzjuden zu Pappenheim vom 19. Februar 1807.
[45] Siehe dazu ULBRICH, Shulamit, S. 195–197: In Steinbiedersdorf (Lothringen) betrug 1785 das Verhältnis zwischen Söhnen und Töchtern 43 zu 30.
[46] Etwas höhere Werte weisen – allerdings ein halbes Jahrhundert zuvor – die jüdischen Haushalte in Oettingen-Spielberg auf, wo der Anteil der Haushalte mit wenigen Kindern geringer, der mit 4 oder mehr Kindern dagegen höher als in Pappenheim war. Vgl. MORDSTEIN, Die ›gläsernen Judengemeinden‹, S. 38.

Kap. 3: Die Juden unter reichserbmarschallischem Schutz

In der Liste werden 13 Mägde und ein Knecht verzeichnet. Damit lebte in jedem dritten Haushalt eine Magd, in dem von Samuel Joseph zusätzlich ein Knecht. Dieses Geschlechterverhältnis beim Dienstpersonal ist sehr auffällig, scheint aber durchaus der in anderen Orten vorherrschenden Situation zu entsprechen[47]. Eine bemerkenswerte Entwicklung wird beim Vergleich zwischen den Jahren 1718 und 1806 deutlich. Obwohl sich in diesem Zeitraum die Zahl der jüdischen Haushalte in Pappenheim mehr als vervierfachte, blieb die des Personals fast konstant. Mögliche Gründe hierfür könnten eine geringere wirtschaftliche Leistungsfähigkeit – und damit weniger Nachfrage nach Personal – oder aber eine höhere Wahrscheinlichkeit, eine eigene Schutzstelle zu erhalten, sein. Die Notwendigkeit, als Magd oder Knecht unterzukommen, wäre damit entfallen.

Während bisher die durch zwei Verzeichnisse vorhandenen Momentaufnahmen ausgewertet wurden, sollen im Folgenden unterschiedliche Einzelhinweise aus dem gesamten Untersuchungszeitraum herangezogen werden. So gibt es für die Zahl der in den Pappenheimer Schutzjudenfamilien lebenden Kinder zahlreiche Belege. Dabei muss jedoch einschränkend betont werden, dass die meisten Angaben aus Bittschriften stammen. In diesen verwiesen wohl vor allem Juden mit besonders vielen Kindern auf deren Zahl, um eine Moderation ihrer Abgaben zu erlangen. Somit könnte sich aus diesem Quellentyp eine überdurchschnittliche Kinderzahl ergeben. Als seine Frau im Jahr 1785 starb, hatte Israel Feis nur eine 16-jährige Tochter[48]. Israel Levi hatte im Jahr 1789 zwei unmündige Kinder[49], Moyses Guggenheimer hatte 1705 drei Kinder[50]. Bei ihrem Tod im Jahr 1789 hinterließen Jacob Isaac und seine Frau[51] ebenso wie Bernhard Lippmann (1781) drei Kinder[52]. Amson Abraham Reutlinger hatte 1786 drei *unerzogene* Kinder[53]. Regel Reutlinger und Edel Ullmann hatten 1752 bzw. 1753 jeweils fünf Kinder[54]. Beim Tod ihres Mannes Jacob Amson hatte dessen Frau Güttel sechs Kinder[55]. Während Henle Salomon Levi 1782 bereits in München wohnte, hielt sich seine Frau mit den sieben Kindern in Pappenheim auf[56]. Bei seinem Tod (1774) hinterließ Michel Abraham sieben Kinder, von denen mindestens zwei Söhne schon erwachsen (27 und 24 Jahre) waren[57]. Jacob Samuel hatte 1757 acht Kinder, die zum Teil noch recht jung gewesen sein müssen[58]. Die höchste Kinderzahl ist für Feis Judas überliefert, der 1774 neun Kinder hatte, von denen vier verheiratet und fünf ledig waren[59].

---

[47] Die Gründe hierfür sind nach derzeitigem Forschungsstand nicht zu nennen, doch Gisela Krug machte für Mainfranken eine vergleichbare Beobachtung. Siehe KRUG, Mainfranken, S. 101.
[48] StAN, Herrschaft Pappenheim, Akten Nr. 6003/56, fol. 144: Eintrag vom 25. September 1787.
[49] StAN, Herrschaft Pappenheim, Akten Nr. 6003/60, fol. 135: Eintrag vom 15. Dezember 1789.
[50] StAN, Herrschaft Pappenheim, Akten Nr. 8144: Species Facti de anno 1705 Coschel Juden betreffend; weitere drei Kinder wurden zwischen 1705 und 1712 geboren: Nr. 4692/V: Narratio Facti: Moses Guggenheimers bößlich revocirte conversion (undatiert).
[51] Er und seine Frau waren an der *hitzigen Krankheit* gestorben. StAN, Herrschaft Pappenheim, Akten Nr. 6003/60, fol. 137v–138v: Eintrag vom 22. Dezember 1789.
[52] StAN, Herrschaft Pappenheim, Akten Nr. 6003/56, fol. 166v–167r: Eintrag vom 13. November 1787.
[53] StAN, Herrschaft Pappenheim, Akten Nr. 6003/53, fol. 10–11: Eintrag vom 17. Januar 1786.
[54] StAN, Herrschaft Pappenheim, Rechnungen Nr. 6333/10: Bittgesuch der Regel Reutlinger vom 19. Oktober 1752 und Nr. 6333/11: Gesuch der Edel Ullmann vom 9. November 1753.
[55] StAN, Herrschaft Pappenheim, Akten Nr. 450: Schreiben Johann Friedrichs nach Ansbach vom 27. Juni 1726; siehe auch Kapitel 3.2.2.
[56] StAN, Herrschaft Pappenheim, Akten Nr. 5999/XI: Gesuch Henle Salomon Levis vom 11. März 1782.
[57] StAN, Herrschaft Pappenheim, Akten Nr. 5999/IX: Bittgesuch der Witwe Bessel vom 11. Juli 1774.
[58] StAN, Herrschaft Pappenheim, Akten Nr. 4719: Amtsbericht über die Pappenheimer Judensteuer vom 10. Oktober 1757; auch: Nr. 5916/VIII: Gesuch Jacob Samuels an den Reichserbmarschall vom 21. November 1755.

Kap. 3: Die Juden unter reichserbmarschallischem Schutz

Neben Eltern und ihren Kindern hielt sich in den Haushalten etlicher Pappenheimer Schutzjuden Dienstpersonal auf. Oftmals sind die Namen von Mägden und Knechten, aber auch ihre bloße Existenz nur zufällig überliefert, beispielsweise in Kaufprotokollen, wenn sie für ihren Herrn Geschäfte tätigten oder gelegentlich bei Vergehen, derer sie beschuldigt wurden. Daher sind die meisten von ihnen nur ein einziges Mal belegt. Von zwölf jüdischen Haushalten in Pappenheim ist bekannt, dass sie Dienstpersonal hatten: Hirsch Oppenheimer (acht Knechte, drei Mägde), Jacob Amson (zehn Knechte, vier Mägde), dessen Witwe Güttel (zwei Knechte), Moyses Guggenheimer (fünf Knechte), Amson Jacob (zwei Knechte, eine Magd), Nathan Reutlinger (sechs Knechte, zwei Mägde), Abraham Reutlinger (zwei Knechte, eine Magd), Salomon Reutlinger (drei Knechte), Isaac Jacob (ein Knecht), dessen Witwe Zartel (eine Magd), Esaias Simon (ein Knecht) und Löw Amson (ein Knecht, eine Magd)[60]. Einzelne Bedienstete waren nacheinander bei mehreren Pappenheimer Juden angestellt. So arbeitete Meyer erst bei Hirsch Oppenheimer und dann bei Jacob Amson, Eysing zunächst zwei Jahre bei Moyses Guggenheimer und danach bei Hirsch Oppenheimer[61]. Jacob Jonas wurde im August 1697 ein Attest über sein bisheriges Wohlverhalten ausgestellt, da er in Pfalz-Neuburg um Schutz bitten wollte. Darin wurde ihm bestätigt, dass er *in die zehen Jahr bey hiesig Schutzverwandten Jacob, Hirsch und Moyses Juden einen Knecht gedienet* habe[62]. Wenn es sich bei der Auflistung des Dienstpersonals auch um Einzelbelege handelt, für deren Überlieferung nicht zuletzt der Zufall verantwortlich gemacht werden kann, so fällt doch auf, dass von einigen Juden sehr viele Knechte und Mägde bekannt sind. Sie sind mit denjenigen identisch, die in der vollständigen Übersicht von 1718 das gesamte Dienstpersonal auf sich vereinigten. Dies dürfte nicht zuletzt auf ihre wirtschaftliche Situation zurückzuführen sein. Somit bestand eine soziale Zweiteilung zwischen den Juden, die sich die Einstellung von Personal leisten konnten, und denen, die nicht über das dafür notwendige Geld verfügten.

3.2.1.2 Die Zusammensetzung jüdischer Haushalte in Regensburg

Wie bereits erwähnt, gibt es für Regensburg zahlreiche ausführliche Verzeichnisse der dort lebenden Juden. In diesen werden nicht nur die Schutzbriefinhaber, sondern alle Personen, die sich in den jüdischen Haushalten aufhielten, mit Funktion und meist auch mit Namen genannt. Angesichts dieser guten Überlieferungslage ist es nicht sinnvoll, auf jede dieser Aufstellungen detailliert einzugehen. Stattdessen sollen zunächst die wichtigsten Daten in einer tabellarischen Übersicht vorgestellt werden, dann werden drei Verzeichnisse (1706, 1759 und 1783) exemplarisch herausgegriffen, um an ihnen die Struktur der jüdischen Haushalte in Regensburg ausführlicher darzustellen. Die 1706 von den Regensburger Wachten aufgezeichnete Übersicht ist die detaillierteste vor der Begrenzung der in Regensburg zugelassenen Schutzjuden 1712 bzw. 1714. In der Mitte des Untersuchungszeitraums muss das unvollständige Verzeichnis von 1747 durch das von 1759 ersetzt werden. Für das Verzeichnis von 1783 spricht zum einen, dass es das letzte im Untersuchungszeitraum angefertigte ist und zugleich die meisten Personen aufführt. Abschließend werden anhand aller vorhandenen Verzeichnisse die wichtigsten demographischen Entwicklungen nachvollzogen.

---

[59] StAN, Herrschaft Pappenheim, Akten Nr. 5999/IX: Amtsbericht vom 2. August 1774. Dazu auch Kapitel 3.2.2.
[60] Siehe dazu Tabelle 22 im Anhang.
[61] StAN, Herrschaft Pappenheim, Akten Nr. 8134: Eintrag vom 29. April 1698; Nr. 8140: Interrogatoria Eisig Juden Knechts vom 30. Juli und 2. August 1700.
[62] StAN, Herrschaft Pappenheim, Urkunden Nr. 4600: Attestat für Jacob Jonas vom 21. August 1697.

Kap. 3: Die Juden unter reichserbmarschallischem Schutz

Tabelle 5: Zusammensetzung der jüdischen Haushalte in Regensburg[63]

Datum	Zahl der jüdischen Haushalte	Zahl der Juden	durchschnittliche Haushaltsgröße	Haushaltsvorstand und Frau	Kinder	Dienstpersonal	Sonstige
12.6.1694	5	32	6,4	8	16	4	4
März 1706	9	60	6,7	18	29	8	5
4.4.1710	9	62	6,9	18	30	9	5
1712	10	58	5,8	–	–	–	–
10.9.1747	7	60+x	9,7[1]	12	21+x	20+x	7
10.8.1759	8	62	7,8	15	15	18	14
21.9.1764	8	53	6,6	13	9	16	15
7.9.1775	16	76	4,8	27	29	16	4
2.11.1783	19	99	5,2	36	35	23	5

Im März 1706 wurden neun jüdische Haushalte mit insgesamt 60 Personen verzeichnet. Die durchschnittliche Haushaltsgröße betrug damit 6,7 Personen/Haushalt. Die größte Familie war die des Joseph Marx. Bei ihm lebten seine Frau, vier Söhne, drei Töchter, seine Mutter, eine Magd und ein Schulmeister. Große Haushalte hatten auch Elias Wassermann (10 Personen) sowie Jacob Wassermann und Elkan Wassermann (je 8 Personen). Daneben gab es aber auch kleine Haushalte: Wolf Joseph und seine Frau hatten ein Kind, bei Amschel Burgauer und seiner Frau lebte nur dessen Schwester. Die Größe der Gemeinde wurde 1706 im Wesentlichen durch die hohe Zahl der Kinder bestimmt, die fast die Hälfte der Gesamtbevölkerung (29 von 60) ausmachten. Über Dienstpersonal verfügten nur sechs Haushalte, in denen jeweils eine Magd bzw. ein Knecht lebte, dazu kamen zwei Schulmeister. Bei den sonstigen Personen handelte es sich in drei Fällen um die Mutter der Schutzbriefinhaber. Jacob Wassermann beherbergte zwei Knaben, wohl arme oder verwaiste Verwandte.

Am 10. August 1759 lebten 62 Juden in acht Familien, die damit eine durchschnittliche Größe von 7,8 Personen hatten. Der größte Haushalt war der von Samson Falk Markbreiter mit 13 Personen. Dieser umfasste ihn, seine Frau, fünf Söhne, eine Tochter, eine Dienstmagd, einen Schulmeister mit Frau und Israel Wassermann mit seiner Tochter. Auffällig ist die Zusammensetzung des aus zehn Personen bestehenden Haushalts der Jüdin Hirschlin. Neben ihr lebten darin ihr Sohn Löw, ein Schulmeister, drei Diener und zwei Mägde sowie ihr ältester Sohn Joseph Hirschel mit seiner Frau[64]. Am kleinsten war der Haushalt von Isaac Gumperz und seiner Frau, die eine Tochter und ein Kindermädchen hatten. Im Vergleich zu 1706 hatte die Zahl der Kinder deutlich abgenommen. Mit neun Söhnen und sechs Töchtern kamen auf einen Haushalt nur noch 1,7 Kinder. Zugenommen hatte dagegen das Dienstpersonal. Durchschnittlich lebten in jedem Haushalt zwei Angestellte. So zum Beispiel bei Wolf Brode zwei Knechte und eine Magd, bei Emanuel Wertheimer eine Köchin und ein Kindermädchen. Darüber hinaus gab es in mehr als der Hälfte der Haushalte Personen, die weder den Kindern noch dem Dienstpersonal zuzurechnen sind. So hielten sich bei Wolf Brode der *ältere Seeligmann aus Harburg* und bei Simon Wassermann Löw und David Wassermann auf. Am 2. November 1783 wohnten in Regensburg bereits 99 Juden in 19 Haushalten. Die durchschnittliche Haushaltsgröße lag bei 5,2 Personen/Haushalt. Lediglich der

---

[63] Berechnungsgrundlage: sechs Haushalte mit 58 Personen – siehe Kapitel 3.1.
[64] StAN, Herrschaft Pappenheim, Reichserbmarschallamt Nr. 711: Verzeichnis der Judenschaft in Regensburg vom 10. August 1759.

Haushalt von Joseph Liebmann Wertheimer kann mit zehn Personen als sehr groß bezeichnet werden. Auffällig ist, dass er und seine Frau nur eine Tochter hatten, bei ihnen aber die Schwiegermutter, eine Kusine aus Mannheim, ein Buchhalter, zwei Knechte, eine Magd und ein Kindermädchen lebten. Ansonsten dominierten die kleinen und mittleren Haushalte. Die durchschnittliche Kinderzahl blieb mit 1,7 gegenüber 1759 unverändert. Deutlich zurückgegangen waren dagegen das Dienstpersonal und die sonstigen Personen. Da sich neben den eigentlichen Schutzjuden zunehmend mehr Geleitjuden in Regensburg aufhalten konnten, war es anscheinend nicht mehr erforderlich, so viele Personen zusätzlich in einem Haushalt aufzunehmen[65].

Zusammenfassend lassen sich für Regensburg mehrere Entwicklungen feststellen. Die durchschnittliche Größe der jüdischen Haushalte lag mit einer Ausnahme stets über dem in der Forschung angesetzten Wert von fünf Personen/Haushalt, vorübergehend war er sogar deutlich höher: 7,8 (1759) und über 8,6 (1747). Ab 1764 ist eine Angleichung an die andernorts herrschenden Verhältnisse festzustellen. Diese Abnahme ist unter anderem darauf zurückzuführen, dass nun auch so genannte Geleitjuden, die sich vorübergehend und ohne Familie in Regensburg aufhielten, verzeichnet wurden.

Stets gab es mindestens einen Haushalt, der zehn oder mehr Personen umfasste, 1764 bestand der von Wolf Salomon Brode sogar aus 19 Personen[66]. Gegen Ende des 18. Jahrhunderts nahm der Anteil der großen Haushalte deutlich ab. Hatten 1747 mindestens vier der sieben Haushalte mehr als acht Personen angehört, gab es 1783 nur noch einen derartigen Haushalt. Die Zahl der Kinder pro Haushalt lag lange Zeit konstant zwischen 3,2 (1694) und 3,5 (1747), halbierte sich dann jedoch in der zweiten Hälfte des 18. Jahrhunderts. Zum einen gab es weniger Haushalte mit vielen Kindern, zum anderen hatten viele Geleitjuden, die sich zum Teil allein in Regensburg aufhielten, überhaupt keine Kinder. Anders verhielt sich die Entwicklung beim Dienstpersonal. Dessen Zahl war bis 1712 sehr gering gewesen. 1694 kamen auf einen Haushalt 0,8 Knechte und Mägde, 1710 lag dieser Wert bei 1,0. Dagegen hatte im Jahr 1747 der durchschnittliche Haushalt 3,3 Bedienstete. Ähnlich war die Entwicklung bei den sonstigen Personen, in erster Linie in den Haushalt aufgenommenen Verwandten. Ihre Zahl war vor 1714 mit 0,6 bis 0,8 Personen pro Haushalt relativ niedrig, verdoppelte sich dann zwischen 1747 und 1764 auf 1,2 bis 1,6. Gegen Ende des 18. Jahrhunderts sank sie jedoch unter die Ausgangsbasis von 1694 und lag 1783 bei 0,3 Personen/Haushalt.

3.2.2 Die familiären Verbindungen der Pappenheimer Juden

In diesem Kapitel werden die Entwicklung einiger jüdischer Familien über mehrere Generationen und die verwandtschaftlichen Beziehungen der Pappenheimer Juden untereinander behandelt. Grundlage hierfür sind diejenigen Familien, über die besonders viele Informationen vorliegen. Von speziellem Interesse sind dabei über mehrere Generationen zu verfolgende Familien und solche mit vielen Kindern. Da es vor dem 19. Jahrhundert keine Personenstandsregister gab und – anders als für Christen – keine internen Aufzeichnungen über Geburten, Hochzeiten und Sterbefälle überlie-

---

[65] StAN, Herrschaft Pappenheim, Reichserbmarschallamt Nr. 1532: Personal Designation sämtlicher hiesiger reichserbmarschallischen Schutz- und übriger Judenschaft vom 2. November 1783.

[66] Da dessen Mitglieder in Kapitel 2.3.2.2. bereits detailliert aufgeführt wurden, um die Auswirkungen der begrenzten Schutzstellen auf die Haushaltsstrukturen darzustellen, wird an dieser Stelle auf eine Wiederholung des dort Gesagten verzichtet.

Kap. 3: Die Juden unter reichserbmarschallischem Schutz

fert sind[67], muss die Rekonstruktion auf der Zusammensetzung einer Vielzahl von Einzelinformationen basieren. Dabei haben sich einige Quellen als besonders ergiebig erwiesen: die Kauf-, Handlohn- und Nachsteuerprotokolle[68], die Steuerregister (insbesondere bei der Übertragung eines Hauses von einer Generation auf die nächste), aber auch kirchliche Aufzeichnungen über die Forderung von Stolgebühren.

Trotz der überlieferungsbedingten Einschränkungen konnten die Stammbäume von neun, zum Teil miteinander verwandten, jüdischen Familien in Pappenheim rekonstruiert werden. Dabei handelt es sich um: (1) die Nachfahren des 1654 gestorbenen Fajus, (2) die Nachfahren des bereits zu Beginn des Untersuchungszeitraums in Pappenheim lebenden Abraham, (3) die Nachkommen Jacob Amsons, (4) Hirsch Oppenheimers und (5) Nathan Reutlingers, (6) die Verwandtschaft des Esaias Simon, (7) des Feis Judas, (8) des Philipp Joseph und (9) des Rabbiners Lippmann Salomon[69]. Anstatt den Inhalt der Stammbäume detailliert nachzuerzählen, sollen einige Familien exemplarisch herausgegriffen werden. Dabei bieten sich zum einen die Nachfahren des Fajus an, mit deren Hilfe die Entwicklung von der Frühphase des Untersuchungszeitraums bis in die Mitte des 18. Jahrhunderts nachvollziehbar wird. Die Nachkommen Jacob Amsons lassen sich zum Teil über drei und mehr Generationen verfolgen. Da auf einen zeitgenössischen Stammbaum zurückgegriffen werden kann, ist diese Aufgabe besonders reizvoll. Zusätzlich können von Jacob Amson ausgehend wichtige Aufschlüsse über die Verknüpfung der bedeutendsten jüdischen Familien in Pappenheim gewonnen werden, denn mit ihm, Hirsch Oppenheimer und Nathan Reutlinger waren drei die Gemeinde prägende Personen miteinander verwandt. Am Beispiel des Feis Judas kann gezeigt werden, wie die Kinder eines weniger begüterten Juden verheiratet wurden. Darüber hinaus wird bei der Behandlung der in München lebenden Pappenheimer Juden näher auf die Nachfahren des Lippmann Salomon und des Philipp Joseph eingegangen[70].

Möglicherweise lassen sich Verbindungen von dem 1654 gestorbenen (Rabbiner) Fajus bis in die zweite Hälfte des 18. Jahrhunderts ziehen. Es muss jedoch betont werden, dass dazu nur wenige Hinweise vorliegen und daher nicht alle Verwandtschaftsbeziehungen mit absoluter Sicherheit belegt werden können. Fajus, der Sohn des Lemblin aus Burgau, war 1611 nach Pappenheim gekommen[71]. Aus einem Verzeichnis seiner Erben sind ein Sohn und fünf Töchter bekannt. Der Sohn Joseph heiratete eine Tochter Eysings aus Treuchtlingen und war über diese mit Mayr (Ellingen) und Amschel (Ansbach) verwandt. Joseph blieb ebenso wie seine Schwester Eva und ihr Mann Salomon sowie eine namentlich nicht bekannte Schwester, die mit Löser verheiratet war, in Pappenheim. Eine weitere Tochter des Fajus heiratete Amson »den Roten«, der in der zweiten Hälfte

---

[67] Vgl. PREUSS, Ehre, S. 13–14; zu den seit Anfang des 19. Jahrhunderts auf deutsch aufgezeichneten israelitischen Standesregistern, die bis zur Einrichtung der Standesämter Geburten, Hochzeiten und Todesfälle festhielten, siehe HÖPFINGER, Floß, S. 4, 185–186; JAKOB, Harburg, S. 55. Am ehesten erfüllen in Pappenheim für den Untersuchungszeitraum die von den Pfarrern geführten Verzeichnisse der von Juden geforderten Stolgebühren diese Funktion. Siehe Kapitel 8.1.3.
[68] StAN, Adel Archivalien Nr. 4628 (1695–1720), Nr. 4630 (1720–1730), Nr. 4632 (1743–1750), Nr. 4633 (1750–1755), Nr. 4634 (1755–1761), Nr. 4635 (1761–1767), Nr. 4636 (1767–1771), Nr. 4638 (1775–1779), Nr. 4639 (1779–1781), Nr. 4640 (1781–1784), Nr. 4641 (1784–1786), Nr. 4642 (1786–1790), Nr. 4643 (1790–1794), Nr. 4644 (1794–1796), Nr. 4645 (1797–1798), Nr. 4647 (1800–1801), Nr. 4648 (1801–1802), Nr. 4649 (1803–1804), Nr. 4650 (1804–1805), Herrschaft Pappenheim, Akten Nr. 6004/II (1730–1743): Kauf-, Handlohn- und Nachsteuerprotokolle.
[69] Diese neun Stammbäume sind im Anhang abgedruckt.
[70] Siehe Kapitel 3.2.3.
[71] Freundlicher Hinweis von Nathanja Hüttenmeister, Duisburg.

des 17. Jahrhunderts als Pappenheimer Hofjude in Pappenheim, Ellingen und Weißenburg lebte und dessen Nachfahren im Folgenden näher vorgestellt werden. Zwei weitere Töchter des Fajus, die mit Hainlein aus Berolzheim und Moyses Neuburger aus Neuburg an der Kammel verheiratet waren, zogen an den Wohnort ihres Mannes[72]. Von Fajus' Sohn Joseph sind zwei Söhne bekannt: Eising, der wohl vor 1700 gestorben ist und dessen Witwe noch einige Jahre in ärmlichen Verhältnissen in Pappenheim lebte, und Fajus. Letzterer dürfte Vater des 1656 geborenen Meyer Feis sein, der mit seiner Frau Margen mehrere Kinder hatte. Namentlich bekannt sind Salomon Meyer, von dem es in seinem Schutzbrief aus dem Jahr 1724 heißt, er sei der mittlere Sohn, und die 1689 geborene Sara, die 1703 zum Christentum konvertierte. Salomon Meyer heiratete 1722 Jentle, eine Magd Amson Jacobs. Deren Tochter Ester zog 1758 zu ihrem Mann nach Oberdorf (Oettingen-Wallerstein).

Mit Abstand am umfangreichsten kann die Stammtafel für die Familie Jacob Amsons rekonstruiert werden. Dies liegt zum einen daran, dass ein zeitgenössischer Stammbaum als Ausgangsbasis zur Verfügung steht, der 1767/68 im Rahmen der Auseinandersetzungen um das Erbe von Jacob Amsons Sohn Isaac Jacob angefertigt wurde[73]. Zum anderen bestanden enge Verbindungen zu zahlreichen Pappenheimer Juden. Jacob Amson war der Sohn des Hofjuden Amson (auch Amschel Rotkopf genannt), der wiederum Schwiegersohn des oben erwähnten Fajus war. Amson war 1652 von Weißenburg nach Pappenheim gekommen, hielt sich später noch einmal in Weißenburg auf und verbrachte die letzten Jahrzehnte seines Lebens in Ellingen, wo er 1691 starb[74]. Der im Jahr 1726 verstorbene Jacob Amson war anscheinend zweimal verheiratet. Seine zweite Frau war Güttel, die Tochter Hirsch Oppenheimers[75]. Da dieser mit Jacobs Schwester Judith verheiratet war, wurde auf diese Weise eine engere Verbindung zwischen den beiden um 1700 bedeutendsten Pappenheimer Juden erzielt. So ist es vielleicht kein Zufall, dass beide zusammen das Amt des Barnos bekleideten.

Aus den beiden Ehen Jacob Amsons gingen mindestens 13 Kinder hervor. Da sie alle verheiratet waren, ist – in Anbetracht der auch im 18. Jahrhundert noch hohen Säuglings- und Kindersterblichkeit – anzunehmen, dass nur die Kinder verzeichnet sind, die das Erwachsenenalter erreicht haben[76]. Jacob Amson und seine erste Frau Hanna hatten fünf Töchter, von denen nur zwei, Mirjam und Bess, mit Namen bekannt sind, und einen Sohn, Amson Jacob. Die Töchter waren mit Nathan Hamburger (Hamburg), Moyses Schuster (Frankfurt am Main), Moyses Guggenheimer (er zog zu seiner Frau nach Pappenheim), Wolf Prager (über seine Herkunft ist nichts bekannt) und Amschel

---

[72] StAN, Herrschaft Pappenheim, Akten Nr. 8127: Abrechnung mit den Erben des Juden Fayus (1659).
[73] StAN, Herrschaft Pappenheim, Akten Nr. 8220: Schema Genealogicum ad Causam des am 11. Januar 1767 in Pappenheim verstorbenen Schutzjudens Isaac Jacob.
[74] Siehe WEINBERG, Memorbücher, S. 199–200; zwar gibt es keine Quelle, aus der hervorgeht, dass Amson zwischen diesen drei Orten hin- und herzog, dennoch erscheint es extrem unwahrscheinlich, dass es sich nicht stets um ein und dieselbe Person handelt. Dafür spricht zum einen die Nennung von Verwandtschaftsbeziehungen zu Hirsch Oppenheimer und Jacob Amson, zum anderen findet sich in den seriellen Quellen kein Hinweis, dass in unterschiedlichen Orten lebende Amsons gleichzeitig in Pappenheim Handel trieben. Somit kann die Aussage bei Rieder, »1676 fand ein Jude Ambson aus Pappenheim, vielleicht der mehrgenannte oder ein Sohn von ihm, wieder Aufnahme« in Weißenburg, präzisiert werden, indem seine erste Vermutung bestätigt wird. Vgl. RIEDER, Weißenburg, S. 1069.
[75] Siehe WEINBERG, Memorbücher, S. 201. Sie starb am 30. September 1752 und dürfte laut der Inschrift auf ihrem Grabstein um das Jahr 1677 geboren sein. Vgl. StAN, Photosammlung Fremde Archivalien JM 146: Friedhofsregister Pappenheim 1687–1937.
[76] Es ist davon auszugehen, dass 40–50 % der Menschen vor dem 10. Lebensjahr starben. Vgl. VAN DÜLMEN, Kultur und Alltag, S. 207–209.

Kap. 3: Die Juden unter reichserbmarschallischem Schutz

Callmann[77] (Mergentheim) verheiratet. Der Sohn Amson Jacob heiratete Besle aus Frankfurt am Main.

Jacob Amsons zweiter Ehe mit Güttel entstammen der zweite Sohn Isaac Jacob und sechs Töchter. Nur bei der ältesten, Blume, ist der Name bekannt. Sie war zuerst mit Hirsch Schweizer und dann mit David Rost aus Fürth verheiratet. Aus ihrer zweiten Ehe stammt der Ansbacher und Würzburger Hoffaktor Abraham Rost[78]. Von Blumes fünf Schwestern sind nur die Namen der Ehemänner bekannt: Samuel Schuster (Frankfurt am Main), Amson Meyer (Fürth), Löw Amson (Gunzenhausen), Löw Flesch (Ellingen) und Jacob Löw (Ellingen). Isaac Jacob war mit Zartel verheiratet, die möglicherweise aus Ellingen stammte[79]. Er starb 1767 kinderlos, seine Witwe heiratete danach David Löw aus Ellingen.

Wie bereits erwähnt, war der älteste Sohn Amson Jacob mit der Frankfurterin Besle verheiratet. Da zu dieser Eheschließung der einzige aus Pappenheim überlieferte Ehevertrag vorhanden ist, soll sie etwas ausführlicher betrachtet werden. Grundsätzlich sind jüdische Heiratsverträge (ketubbot) eine wichtige Quelle, die Auskunft über Mitgift, Geschenke und Erbgang im Todesfall geben[80]. Der am 11. Tamus 5475 (12. Juli 1715) von Jacob Amson, seinem Sohn Amson Jacob, Samuel Culpa aus Frankfurt am Main und seiner Tochter Besle geschlossene Ehevertrag legte folgendes fest: Jacob gab seinem Sohn 12.000 fl., ein Haus, Kleidung und zwei Jahre *dem Ehe Par den freye[n] Tische*. Ferner wollte er für Schutz *unter die hohe Obrigkeit zu Pappenheimb* sorgen. Samuel versprach seiner Tochter 5500 fl. Heiratsgut, Kleider und einen »Staar«, der ihr zusicherte, bei seinem Tod halb so viel wie ein Sohn zu erben[81]. Neben Bestimmungen, wie bei einem Streit zwischen den beiden zu verfahren sei, wurden vor allem ausführliche Regelungen für den Todesfall getroffen. Sollte Amson Jacob im ersten Ehejahr sterben, stand Besle nur ihr Eingebrachtes, im zweiten Jahr darüber hinaus die Hälfte der Vermehrung zu. *So aber (gott vor seye) gnädige Peß in erste Jahr nach der Hochzeit mit Tod abgehen sollte ohne Kinder*, hatte Amson Jacob ihren Erben alles, was sie in die Ehe eingebracht hatte, zurückzugeben, im zweiten Jahr nur noch die Hälfte und ab dem dritten Jahr sollte *es unßer gesez gemes gehalten seyn, der Mann erbet deßen Eheweib und das Eheweib bekommt ihr gebrachtes sambt zusatz und vermehrung*. Zusätzlich standen ihr Gürtel, Trauring, Kleider und *Zierath* zu[82].

Amson Jacob und Besle hatten zwei Söhne, Löw Amson und Samuel Amson[83]. Obwohl Löw Amson zweimal verheiratet war, ist nur ein Sohn bekannt, der 1759 geborene Samuel Löw. Neben

---

[77] Amschel Callmann starb 1704 nach 10-monatiger Ehe. Bess trat im Jahr 1705 zum Christentum über und heiratete im gleichen Jahr den Kastner Johann Jakob Schad; ihr einziger Sohn wurde Hofrat in Ansbach. Bei ihm dürfte es sich um Johann Christian Schad (1706–1740) gehandelt haben, der 1726 Justizrat und 1732 Prozessrat wurde. Siehe: Ansbacher Beamtenkartei Bd. 7, S. 10–11. Ausführlicher dazu Kapitel 8.1.4.
[78] Zu ihm siehe KSOLL, Abraham Rost.
[79] Zwar wird Ellingen nicht als ihr Herkunftsort genannt, doch da sie die Schwester des Ellinger Schutzjuden Salomon Model war, liegt diese Vermutung nahe.
[80] Vgl. ULBRICH, Shulamit, S. 26–27.
[81] Seit dem 15. Jahrhundert wurde es üblich Töchtern bei der Eheschließung eine Verschreibung über den halben männlichen Erbteil auszustellen, die als »schtar jeruscha« (Erbschein) bezeichnet wurde. Siehe KLEIN, Frauen, S. 200, 214.
[82] StAN, Herrschaft Pappenheim, Akten Nr. 8192: Ehepacten zwischen Amson Jacob und Bess vom 11. Tamus 5475 (um 1727 angefertigte Übersetzung). Ähnlich in seinen Bestimmungen, wenn auch etwas ausführlicher ist ein 1754 in Hildesheim entstandener Ehevertrag, der bei AUFGEBAUER, Hildesheim, S. 167–170, abgedruckt ist.
[83] Samuel Amson wurde 1725 geboren. Vgl. BayHStA, RKG Nr. 7299: Amtsprotokoll vom 26. September

den beiden Söhnen hatten Amson Jacob und Besle vier Töchter. Die älteste, Edel, heiratete 1737 Coppel Ullmann, der anscheinend von außerhalb nach Pappenheim kam. Sie brachte mindestens drei Kinder zur Welt: Hünle, die nach Oettingen heiratete, Samuel Jacob, der nach Straßburg zog, und Löw Ullmann, der in Pappenheim blieb und dort im frühen 19. Jahrhundert unverheiratet gestorben ist. Drei weitere Töchter von Amson Jacob und Besle heirateten nach Bechhofen, Lehrberg und Oettingen.

Die Familie Jacob Amsons war mit weiteren bedeutenden Pappenheimer Juden verwandt. Jacob Amsons Schwester Blume heiratete Hirsch Oppenheimer, der 1668 aus Wallerstein nach Pappenheim gekommen war[84]. Als Hirsch am 25. Januar 1725 starb, war er mit Anna verheiratet, die höchstwahrscheinlich aus Ellingen stammte[85]. Von Hirsch Oppenheimer sind fünf Kinder bekannt. Der Sohn Amson zog wohl zwischen 1715 und 1725 nach Hamburg[86], möglicherweise weil er dort die Tochter von Joel Salomon geheiratet hatte. Dieser hatte sich *samt seiner Ehefrau Hanna Heimanns, einer Tochter, Magd und Diener* im Juli und August 1713 für 24 Tage in Pappenheim aufgehalten und *besagt seiner Tochter Hochzeit allhier beygewohnt*. Die Vermutung, dass es sich dabei um die Hochzeit Amson Oppenheimers handelte, wird durch die gleichzeitige Anwesenheit Moyses Oppenheimers aus Hanau gestützt[87]. Neben Amson hatte Hirsch vier Töchter: Güttel wurde zweite Frau von Hirschs Schwager Jacob Amson, Schönchen heiratete Wolf Herz Gans aus Frankfurt am Main, der sich später lange als Asylant in Pappenheim aufhielt. Kehle heiratete um das Jahr 1710 den Ellinger Schutzjuden Amson Löw. Vögele, die bereits im August 1709 starb, war mit Nathan Reutlinger verheiratet.

Woher Vögeles Mann Nathan Reutlinger, der Sohn des Moyses Jesaja, stammte ist nicht bekannt. Er kam gegen Ende des 17. Jahrhunderts nach Pappenheim und war nach dem Tod seiner ersten Frau noch zweimal verheiratet: mit Kela, der Tochter des Abraham Rofe aus Frankfurt am Main, und Mindel, der Tochter des Chajim Levi[88]. Nathan Reutlinger hatte mit Abraham, Salomon und Amson drei Söhne. Daneben hatte er vier Töchter. Kela war mit Hirsch Oppenheimers Stiefsohn Jacob Löw aus Ellingen verheiratet. Rechl heiratete Abraham Elias Coppel, der nach der Eheschließung nach Pappenheim zog. Zwei namentlich nicht bekannte Töchter waren mit Abraham Elias Model aus Monheim[89] und Cassriel aus Ellingen verheiratet. Obwohl es bis ins 19. Jahrhundert hinein in Pappenheim Mitglieder der Familie Reutlinger gab, ist es schwierig, Verbindungslinien von diesen zu Nathan Reutlingers Söhnen zu ziehen. Im Jahr 1807 lebte Nathan Abraham Reutlinger in Pappenheim und 1811 wird auch dessen Sohn Abraham Nathan in einem Verzeichnis

---

1746; er scheint früh (vor 1768) gestorben zu sein, da er im Stammbaum nicht verzeichnet ist. Die letzten Belege aus Geschäftsprotokollen stammen aus dem Jahr 1765.

[84] Sie starb am 25. März 1711. Siehe WEINBERG, Memorbücher, S. 200.

[85] Zumindest zog sie bald nach dem Tod ihres Mannes dorthin. Zudem wird Jacob Löw aus Ellingen als Stiefsohn des Hirsch bezeichnet.

[86] Dort lebten noch um 1888 Nachfahren. Siehe: StAN, Herrschaft Pappenheim, Akten Nr. 8188a: Schriftwechsel zwischen Rechtsanwalt Oppenheimer und Pappenheim (1887/88). Amson oder – wahrscheinlicher – sein gleichnamiger Sohn heiratete 1747 eine Tochter des Pappenheimer Juden Esaias Simon. Siehe LKAN, Konsistorium Pappenheim Nr. 67: Eintrag vom 18. Mai 1747.

[87] StAN, Herrschaft Pappenheim, Akten Nr. 4692/II: Juden-Pass für Joel Salomon auß Hamburg und Moyses Oppenheimer zu Hanau vom 19. August 1713.

[88] WEINBERG, Memorbücher, S. 201. Das Memorbuch nennt Mindels Todesdatum nicht und bezeichnet sie als zweite Frau Nathan Reutlingers. Wenn diese Angabe stimmt, waren seine zweite und dritte Ehe jeweils nur von kurzer Dauer, da zwischen dem Tod seiner ersten Frau (1709) und Kelas (1718) nur wenige Jahre liegen.

[89] Er hatte in Monheim gelebt. Siehe FRIEDMANN, Monheim, S. 51. Nach der Vertreibung der dortigen Juden hielt er sich in Harburg auf. Vgl. StAN, Herrschaft Pappenheim, Akten Nr. 2103: Bericht vom 19. September 1748. Die Familie Model war im 17. und 18. Jahrhundert in Brandenburg-Ansbach, Oettingen, Burgau und Pfalz-Neuburg weit verzweigt. Vgl. VOLKERT, Pfalz-Neuburg, S. 594.

Kap. 3: Die Juden unter reichserbmarschallischem Schutz

aufgeführt[90]. Ein noch heute sichtbares Zeichen für die einstige Anwesenheit dieser Familie ist eine Inschrift, die am von Abraham Nathan Reutlinger Mitte des 19. Jahrhunderts neu gebauten Haus angebracht wurde[91]. Mit Amson Abraham Reutlinger ist zwar ein Mitglied dieser Familie aus der Zeit zwischen 1760 und 1800 bekannt, doch er war wohl ein Schwiegersohn Salomon Reutlingers[92].

Besonders anschaulich kann der Weg der Kinder eines Pappenheimer Juden am Beispiel der zehn Kinder des Feis Judas nachvollzogen werden. Drei Söhne blieben in Pappenheim: Israel, Abraham und Benjamin Feis. Die ersten beiden hatten jeweils mehrere Kinder; Benjamin war 1786 kurz verheiratet, doch nach der Scheidung kehrte seine Frau Michlin zu ihrem Vater nach Fürth zurück[93]. Zwei weitere Söhne verließen Pappenheim: Judas Feis heiratete die Tochter des Moises Hirschlen aus Weimersheim und Michel Feis zog nach Ansbach[94]. Außerdem hatte Feis Judas fünf Töchter: Margen, die seit 1758 in Bruck bei Erlangen gelebt hatte, heiratete 1772 nach dem Tod ihres ersten Mannes einen Juden aus einem Dorf bei Bamberg. Händle zog zu ihrem Mann nach Muhr und Schendlin nach Hainsfarth. Malga war als Magd in Fürth, ob sie später heiratete, ist nicht bekannt. Die jüngste Tochter Delsa heiratete Jacob Isaac aus Binswangen, der einen Pappenheimer Schutzbrief erhielt.

Bei einem Vergleich der Herkunftsorte der Schwiegersöhne und -töchter von Jacob Amson und Feis Judas fallen deutliche Unterschiede auf: bei Ersterem finden sich Hamburg, Frankfurt am Main, Mergentheim, Fürth, Ellingen und Gunzenhausen, bei Letzterem Fürth, Weimersheim, Ansbach, Muhr und Hainsfarth. Zwar gibt es Überschneidungen wie das »fränkische Jerusalem«[95] Fürth, doch die Tendenz, dass die Kinder des der Oberschicht zuzurechnenden Jacob Amson Ehepartner aus einem weit über die unmittelbare Nachbarschaft Pappenheims hinausgehenden Umkreis heirateten, ist eindeutig. Neben auswärtigen Verbindungen, die, wie für die beiden exemplarisch genannten, auch für andere Familien festgestellt werden konnten, gab es zahlreiche Verflechtungen innerhalb der Pappenheimer Judenschaft. In deren Zentrum stand gewissermaßen Hirsch Oppenheimer. Er war Schwiegersohn Amsons, Schwager (und später auch Schwiegervater) Jacob Amsons sowie Schwiegervater Nathan Reutlingers – und über diese mit weiteren Pappenheimer Juden verwandt.

3.2.3 Mobilität als Kennzeichen jüdischen Familienlebens

Bei der Behandlung der familiären Verbindungen der Pappenheimer Juden zeigten sich vielfältige Kontakte zu Juden in anderen Territorien. Vor dem Hintergrund dieser innerjüdischen Vernetzung und der These von den Juden als besonders mobiler Gruppe[96] sollen diese Ergebnisse aufgegriffen

---

[90] StAN, Herrschaft Pappenheim, Akten Nr. 4722/I: Verzeichniß sämmtlicher pappenheimischer Schutzjuden zu Pappenheim vom 19. Februar 1807 und Verzeichniß der Jüdischen Familien in Pappenheim und Stärke derselben vom 14. Januar 1811.
[91] Siehe Dokumentation im Anhang.
[92] Vgl. Kapitel 4.2.
[93] Siehe StAN, Adel Archivalien Nr. 4641, S. 263: Eintrag vom 8. März 1786.
[94] Michael Veiss Pappenheimer hielt sich seit dem 28. September 1771 in Ansbach auf und war mit Hevale verheiratet, die 1827 als Witwe gestorben ist. Siehe: StAN, Regierung von Mittelfranken, Kammer des Inneren, Abgabe 1932, Tit. Judensachen Nr. 215 Tom. I: Judenmatrikel Ansbach, S. 47–48.
[95] Vgl. RENDA, Fürth, S. 225.
[96] Vgl. RAUSCHER, Mautstellen, S. 283: »horizontale Mobilität, freiwillige und unfreiwillige Migrationsbewe-

Kap. 3: Die Juden unter reichserbmarschallischem Schutz

und systematisch betrachtet werden. Kontakte können auf mehreren Ebenen gefunden werden: Neue Schutzjuden zogen nach Pappenheim, Pappenheimer Juden, die dort nicht bleiben wollten oder konnten, fanden andernorts Schutz, Ehen wurden meist überterritorial geschlossen, Mägde und Knechte stammten oftmals aus einer anderen jüdischen Gemeinde. Darüber hinaus weisen weitere Belege auf Beziehungen zu Juden in anderen Territorien hin.

Die Herkunft der Pappenheimer Juden, die nicht dort geboren waren, ist nur teilweise nachvollziehbar. Zu Beginn des Untersuchungszeitraums waren die Brüder Mayer und Amschel von Weißenburg nach Pappenheim gezogen. Im Jahr 1652 kündigten sie Bürgermeister und Rat der Reichsstadt an, dass sie sich erfolgreich um Schutz in Pappenheim bemüht hätten und daher die Stadt nach 16-jährigem Aufenthalt verlassen würden[97]. Zwar liegt für Mayer ein Weißenburger Abschiedsbrief vom 19. August 1653 vor, doch aus ihm geht nicht eindeutig hervor, wohin er gezogen ist[98]. Außerdem gibt es für ihn, anders als für Amschel, nur wenige Belege aus Pappenheim, so dass ein langfristiger Aufenthalt eher unwahrscheinlich ist.

Besonders viele Pappenheimer Juden kamen aus dem nur wenige Kilometer entfernten Treuchtlingen. Dabei ist eine deutliche Häufung in der zweiten Hälfte des 18. Jahrhunderts, insbesondere im letzten Jahrzehnt feststellbar[99]. Neben Simon Levi und seiner Frau, die beide zuvor bei Esaias Simon gedient hatten und im Jahr 1756 Pappenheimer Schutzjuden wurden[100], wurden zwischen 1793 und 1796 vier Juden von dort aufgenommen[101]. Aus den ebenfalls vergleichsweise nahe gelegenen Orten Thalmässing[102] und Dittenheim[103] zog jeweils ein Jude nach Pappenheim. Mit David Moyses (1783)[104] und Moyses Hirsch (1784)[105] kamen Ende des 18. Jahrhunderts zwei Fürther Juden nach Pappenheim.

---

gungen von Einzelpersonen oder ganzen (Groß-) Gruppen, bildete ein wesentliches Merkmal jüdischer Existenz im frühneuzeitlichen Europa.«

[97] StadtA Weißenburg A 4455: Gesuch von Amson und Mayer an Bürgermeister und Rat (undatiert, vor dem 22. November 1652 verfasst); Errechnung der Aufenthaltsdauer anhand: Ebd.: Gesuch Amsons und Mayers an den Weißenburger Stadtrat vom 23. Februar 1642.

[98] StadtA Weißenburg, Urkundensammlung des Altertumsvereins Nr. 70: Abschiedsbrief für Mayer vom 19. August 1653.

[99] Siehe dazu auch das Verzeichnis zwischen 1770 und 1806 neu aufgenommener Schutzjuden in Tabelle 19 im Anhang. Von den insgesamt 39 Juden stammten 13 aus Pappenheim, 10 von auswärts und bei 16 ist kein Herkunftsort bekannt.

[100] StAN, Herrschaft Pappenheim, Rechnungen Nr. 6333/16: Schutzgesuch Esaias Simons für Simon Levi vom 15. Juni 1756.

[101] Israel Isaac (1793): StAN, Herrschaft Pappenheim, Amtsbücher Nr. 132: Bezugsregister über die Herbstgefälle bey dem hochgräflichen Stadtvogteiamt allhier (1784–1796), fol. 574. Isaac Moyses (1793/94): Nr. 6859: Steuerab- und -zugänge bey Stadtvogteiamt (1775–1794). Benjamin Isaac (1794): Rechnungen Nr. 6875/2: Steuerrechnung Lichtmeß 1794. Meier David (1796): Regierung von Mittelfranken, Kammer des Inneren, Abgabe 1932, Tit. Judensachen Nr. 215 Tom V: Judenmatrikel, S. 174–175.

[102] Isaac Hirsch (1795): StAN, Herrschaft Pappenheim, Amtsbücher Nr. 132: Bezugsregister über die Herbstgefälle bey dem hochgräflichen Stadtvogteiamt allhier (1784–1796), fol. 576.

[103] Löw Isaias (1800): StAN, Regierung von Mittelfranken, Kammer des Inneren, Abgabe 1932, Tit. Judensachen Nr. 215 Tom V: Judenmatrikel, S. 188–189.

[104] StAN, Herrschaft Pappenheim, Amtsbücher Nr. 132: Bezugsregister über die Herbstgefälle bey dem hochgräflichen Stadtvogteiamt allhier (1784–1796), fol. 568; Nr. 171: Steuerbeschreibung in der Stadt 1768, S. 366.

[105] StAN, Herrschaft Pappenheim, Amtsbücher Nr. 172: Steuerbeschreibung der Stadtvogtei 1783, S. 787.

Kap. 3: Die Juden unter reichserbmarschallischem Schutz

Gleich fünf Juden, die 1741 aus Pfalz-Neuburg vertrieben worden waren, suchten in Pappenheim Zuflucht. Drei von ihnen, Philipp Joseph, Esaias Simon und sein Schwiegersohn Joseph Moyses Goldschmidt, stammten aus Monheim, Moyses Elias Model aus Neuburg[106]. Dessen Bruder Salomon Model war ebenfalls nach Pappenheim gekommen, dort allerdings nicht in den Schutz aufgenommen worden, da er von 1741 bis 1751 lediglich 1 fl. 15 kr. Geleitgeld zahlte[107]. Aus dem Schwäbischen zogen Juden aus Harburg[108] und Binswangen (Markgrafschaft Burgau)[109] nach Pappenheim. Löw David, der im Jahr 1700 nach Pappenheim kam, hatte zuvor unter reichserbmarschallischem Schutz in Regensburg gelebt[110].

Neben der Herkunft der Pappenheimer Schutzjuden ist auch die von deren Dienstpersonal von Interesse. Informationen liegen immerhin für 19 Mägde und Knechte vor. Allein aus dem benachbarten Treuchtlingen kamen sieben[111]. Berolzheim[112], Georgensgmünd[113], Roth[114], Bechhofen[115], Lehrberg[116] und Colmberg[117] in Brandenburg-Ansbach waren Herkunftsort von jeweils einer Magd oder einem Knecht. Aus dem zum Deutschen Orden gehörenden Ellingen stammte eine Magd[118], aus dem ritterschaftlichen Muhr kamen zwei Knechte[119]. Je eine Magd stammte aus Wallerstein[120] und Oettingen[121] in der Grafschaft Oettingen sowie aus Ichenhausen in der Markgrafschaft Burgau[122]. Von den 19 in Pappenheim dienenden Knechten und Mägden, deren Herkunftsort bekannt ist, stammten 16 (84,2 %) aus Franken und drei (15,8 %) aus Schwaben. Sieben kamen aus Orten, die nicht mehr als zehn Kilometer von Pappenheim entfernt waren (Nächstbereich[123]), vier aus einem Umkreis von 30 Kilometern (Nahbereich) und fünf von maximal 50 Kilometern (ferner Nahbereich). Drei stammten aus Orten, die mehr als 50 Kilometer entfernt waren (naher Fernbereich), von denen Ichenhausen mit 80 Kilometern am weitesten entfernt war.

---

[106] Siehe Kapitel 2.3.1.1.
[107] StAN, Herrschaft Pappenheim, Akten Nr. 8212, fol. 56: Abrechnung mit sämtlichen Juden zu Pappenheim (1744–1758). Als sein Sohn Isaac Salomon Model 1763 ein Schutzgesuch stellte, verwies er auf den 12-jährigen Aufenthalt seines mittlerweile verstorbenen Vaters. Siehe Kapitel 2.3.1.1.
[108] Abraham Seeligmann (1795): StAN, Herrschaft Pappenheim, Amtsbücher Nr. 132: Bezugsregister über die Herbstgefälle bey dem hochgräflichen Stadtvogteiamt allhier (1784–1796), fol. 575.
[109] Jacob Isaac (1783): Ebd., fol. 567; StAN, Adel Archivalien Nr. 5513: Schutzbrief für Jacob Isaac vom 29. Oktober 1782.
[110] StAN, Herrschaft Pappenheim, Akten Nr. 8149: Schutzbrief für Löw David vom 16. Juli 1700.
[111] Dabei handelte es sich um Hirsch Moises (bei Jacob Amson, 1695), Mayer Marx (bei Hirsch Oppenheimer, 1698), Marx Meyer (bei Nathan Reutlinger, bis 1730), Rahel (bei Hirsch Oppenheimer, bis 1701), Mendle (bei Hirsch Oppenheimer, 1723), Simon Levi und dessen spätere Frau (bei Esaias Simon, bis 1756). Ein Nachweis für diese und die im Folgenden genannten Mägde und Knechte findet sich in Tabelle 22 im Anhang.
[112] Joseph Isaac, der 1756 bei Isaac Jacob in Diensten war.
[113] Susanna oder Süßlein, die Tochter des Berrmann.
[114] Seligmann, der 1712 nach fünf Jahren bei Nathan Reutlinger von Pappenheim fortzog.
[115] Min(i)kle, die Tochter Davids, die 1750 im Haushalt des zu diesem Zeitpunkt bereits verstorbenen Nathan Reutlinger arbeitete.
[116] Schäfe bei Löw Amson (1773).
[117] Eisig, der 1698 bei Moyses Guggenheimer Knecht war.
[118] Nächelin, Tochter des Jacob Löw, hatte zwölf Jahre bei ihrem Großvater Nathan Reutlinger gedient.
[119] Abraham, Sohn des Israel, arbeitete bei Hirsch Oppenheimer, sein Bruder Benjamin war bei Moyses Guggenheimer tätig.
[120] Schönle, Tochter des Elias, hatte um 1720 bei Amson Jacob gedient.
[121] Von Nemela ist nicht bekannt, bei wem sie gearbeitet hat.
[122] Feyle, Tochter der Henle Levi, hatte vor 1775 bei ihrer Tante Zartel gearbeitet.
[123] Zur besseren Vergleichbarkeit wird hier und im Folgenden auf die von JAKOB, Harburg, S. 51, verwendete Terminologie zurückgegriffen.

Kap. 3: Die Juden unter reichserbmarschallischem Schutz

Weitaus schwieriger ist es, etwas über Pappenheimer Juden, die anderswo in Dienste gingen, in Erfahrung zu bringen. Bekannt sind nur Güttele, die sich im Jahr 1722 als Magd bei Mayr Levi in Pfersee aufhielt[124], und Amson Abraham Reutlinger, der um das Jahr 1782, zumindest vorübergehend, nach Prag in Dienste ging[125].

Der Fortzug von Juden aus Pappenheim wurde nicht immer festgehalten, so dass oftmals nur ein plötzliches Verschwinden aus den Quellen festgestellt werden kann, aber nicht eindeutig ist, ob die Person verstorben war oder sich künftig an einem anderen Ort aufhielt. Manchmal ist zwar in Erfahrung zu bringen, dass ein Jude Pappenheim verlassen hat, es ist aber kein neuer Wohnort genannt. So ist Joseph Goldschmidt laut einem Steuerverzeichnis im Jahr 1783 *ganz von hier weggezogen*[126]. Arnd, der Sohn von Rabbi Israel Besich, begab sich im Jahr 1709 nach Treuchtlingen, um dort in Schuldienste zu gehen[127]. Hirsch Oppenheimers Sohn Amson zog zwischen 1715 und 1725 nach Hamburg, höchstwahrscheinlich zur Familie seiner Frau[128]. Hirsch Oppenheimers Witwe ging nach dem Tod ihres Mannes nach Ellingen[129]. Im Jahr 1776 zog Heyum Hirsch nach Harburg[130] und Marx Lazarus nach Dittenheim, wo er Schulmeister wurde[131]. Auf Pappenheimer Juden, die nach München zogen, wird am Ende dieses Kapitels näher eingegangen.

Wie aus den bisherigen Ausführungen hervorgegangen sein dürfte, bestand ein enger Zusammenhang zwischen Mobilität und Hochzeiten. Claudia Ulbrich hat darauf hingewiesen, dass Juden durch Eheschließung Vernetzung betrieben und daher exogame Ehen bevorzugten, bei denen meist Frauen an den Wohnort ihres künftigen Ehemanns zogen. Außerdem sei aus diesem Grund eine hohe Wiederverheiratungsrate nach dem Tod des Ehepartners zu beobachten[132]. Hirsch Oppenheimer kam als Mann der Tochter des Hofjuden Amson von Wallerstein nach Pappenheim. Bei seiner zweiten Frau handelte es sich anscheinend um eine Witwe aus Ellingen[133]. Amson Jacob heiratete eine Jüdin aus Frankfurt am Main, Löw Amson nach dem Tod seiner Frau eine Witwe aus Fürth[134]. Die Frau von Nathan Reutlinger war aus Sulzbach nach Pappenheim gekommen[135]. Jacob Samuel

---

[124] ULLMANN, Nachbarschaft, S. 535.
[125] StAN, Herrschaft Pappenheim, Akten Nr. 7875: Amtsbericht vom 30. Dezember 1782.
[126] StAN, Herrschaft Pappenheim, Amtsbücher Nr. 171: Steuerbeschreibung in der Stadt 1768, S. 351. Aus Münchener Verzeichnissen geht jedoch hervor, dass er, wie noch zu behandeln sein wird, dorthin gezogen war.
[127] StAN, Herrschaft Pappenheim, Urkunden Nr. 4875: Attestat für den nach Treuchtlingen gezogenen Juden Arnd vom 28. August 1709.
[128] Nachfahren von ihm sind in der Hansestadt mindestens bis 1888 anzutreffen. Siehe StAN, Herrschaft Pappenheim, Akten Nr. 8188a: Schriftwechsel zwischen Rechtsanwalt Oppenheimer und Pappenheim (1887/88).
[129] StAN, Herrschaft Pappenheim, Akten Nr. 8156: undatiertes Bittgesuch der Witwe Anna Oppenheimer aus Ellingen.
[130] StAN, Herrschaft Pappenheim, Akten Nr. 6859: Steuerab- und -zugänge bey Stadtvogteiamt (1775–1794); Amtsbücher Nr. 171: Steuerbeschreibung in der Stadt 1768, S. 360.
[131] StAN, Herrschaft Pappenheim, Amtsbücher Nr. 132: Bezugsregister über die Herbstgefälle bey dem hochgräflichen Stadtvogteiamt allhier (1784–1796), fol. 564; Akten Nr. 6003/52, fol. 121v–122v: Eintrag vom 1. November 1785; Nr. 6859: Steuerab- und -zugänge bey Stadtvogteiamt (1775–1794).
[132] ULBRICH, Shulamit, S. 197–198.
[133] StAN, Herrschaft Pappenheim, Akten Nr. 4692/II: Schutzbrief für Hirsch Oppenheimer vom 15. Februar 1668; Nr. 8160: Schreiben von Bürgermeister und Rat zu Weißenburg an Stadtvogt Georg Philipp Oswald vom 6. Februar 1713.
[134] StAN, Herrschaft Pappenheim, Akten Nr. 6003/52, fol. 60v–61v: Eintrag vom 11. Mai 1785.
[135] Ebd., fol. 90v–91v: Eintrag vom 23. August 1785.

Kap. 3: Die Juden unter reichserbmarschallischem Schutz

heiratete nach dem Tod seiner ersten Frau Beyerle die Tochter des Dittenheimer Schutzjuden Israel Jacob[136]. Nachdem Jacob Bär Lippmann gestorben war, schloss dessen Witwe die Ehe mit dem Treuchtlinger Juden Moyses David, der zu ihr nach Pappenheim zog[137]. Zwar sind etliche Hochzeiten bekannt, bei denen ein Partner nicht aus Pappenheim stammte, doch da in den meisten Fällen Angaben über die Herkunft des Mannes bzw. der Frau fehlen, ist es praktisch unmöglich, das Verhältnis zwischen endogamen und exogamen Hochzeiten zu bestimmen. Die Partner der Pappenheimer Juden stammten sowohl aus dem Nächst- (Treuchtlingen) als auch aus dem Fernbereich (Frankfurt am Main).

So wie Ehepartner von außerhalb zuzogen, verließen auch die Kinder von Pappenheimer Juden die Stadt für ihre Hochzeit. Oft liegen darüber nur wenige Informationen vor. Beispielsweise berichtet Mesner Zuttel im Jahr 1718: *hat der Reba eine Dochter ausgeheiratet*[138]. Nicht zuletzt dank der Nachsteuerprotokolle ist dennoch eine ganze Reihe von Söhnen, vor allem aber Töchtern, die diesen Schritt unternahmen, namentlich bekannt. Vier Töchter von Pappenheimer Juden heirateten nach Oettingen[139], je drei nach Ellingen[140] und Fürth[141], je zwei nach Frankfurt am Main[142] und Hamburg[143] und je eine nach Altenmuhr[144], Bechhofen[145], Bruck[146], Gunzenhausen[147], Lehr-

---

[136] StAN, Herrschaft Pappenheim, Akten Nr. 6002/II, S. 98–100: Eintrag vom 7. August 1732.
[137] StAN, Herrschaft Pappenheim, Akten Nr. 6003/60, fol. 126: Eintrag vom 17. November 1789; Amtsbücher Nr. 132: Bezugsregister über die Herbstgefälle bey dem hochgräflichen Stadtvogteiamt allhier (1784–1796), fol. 566; Nr. 172: Steuerbeschreibung der Stadtvogtei 1783, S. 786.
[138] LKAN, Pfarramt Pappenheim Nr. 73: Eintrag vom 13. Juli 1718.
[139] Güttel, Tochter von Amson Jacobs Witwe, heiratete 1758 Löw Meyer: StAN, Adel Archivalien Nr. 4634, S. 323–324: Eintrag vom 15. Juni 1756; Coppel Ullmanns älteste Tochter Hünle zog 1764 zu ihrem Mann Moyses Hirsch nach Oettingen: Nr. 4635, S. 241–242: Eintrag vom 10. September 1764; der Pappenheimer Schutzjude Simon Löw verheiratete seine älteste Tochter Sorle an Abraham Joseph, *neuangehenden Schutzjuden zu Öttingen*: Nr. 4638, S. 214–215: Eintrag vom 12. Dezember 1776. Im Jahr 1768 hatte *ein Jüdischer Doctor Medicinae namens Schwabe, aus Oettingen gebürtig mit der jüngsten Tochter des Esaias Simon Hochzeit* gefeiert. Siehe LKAN, Konsistorium Pappenheim Nr. 67: undatierter Eintrag.
[140] Hirsch Oppenheimers Tochter Kela heiratete um 1710 einen Ellinger Juden: StAN, Herrschaft Pappenheim, Akten Nr. 4649/V, S. 78–79; siehe auch Nr. 851: Bericht Johann Wilhelm Meelführers an den Reichserbmarschall vom 12. Dezember 1727. Zwei Töchter Jacob Amsons waren mit Ellinger Juden (Löw Flesch und Jacob Löw) verheiratet. Siehe Nr. 8220: Schema Genealogicum ad Causam des am 11. Januar 1767 in Pappenheim verstorbenen Schutzjudens Isaac Jacob.
[141] Zwei Töchter Jacob Amsons, die Frauen von David Rost und Amson Meyer, lebten in Fürth. Siehe StAN, Herrschaft Pappenheim, Akten Nr. 8220: Schema Genealogicum ad Causam des am 11. Januar 1767 in Pappenheim verstorbenen Schutzjudens Isaac Jacob; Esaias Simons Tochter Micha zog mit ihrem Mann David Simon Neustädel aus Prag nach Fürth: LKAN, Konsistorium Pappenheim Nr. 67: Eintrag vom 2. August 1758.
[142] Zwei Töchter Jacob Amsons waren zu ihren Männern Moyses Schuster und Samuel Schuster nach Frankfurt gezogen. Siehe StAN, Herrschaft Pappenheim, Akten Nr. 8220: Schema Genealogicum ad Causam des am 11. Januar 1767 in Pappenheim verstorbenen Schutzjudens Isaac Jacob.
[143] Eine Tochter Jacob Amsons heiratete im Jahr 1700 einen Juden aus Hamburg: LKAN, KBZ 224 Bd. 2: Eintrag vom 15. November 1700; Erwähnung in StAN, Herrschaft Pappenheim, Urkunden Nr. 4733: Die dem Jacob Juden anbefohlene Abtretung deß Graf Franzischen Haußes vom 9. Mai 1701; bei ihm dürfte es sich um Nathan Hamburger handeln. Siehe: StAN, Herrschaft Pappenheim, Akten Nr. 8220: Schema Genealogicum ad Causam des am 11. Januar 1767 in Pappenheim verstorbenen Schutzjudens Isaac Jacob. Am 18. Mai 1747 heiratete eine Tochter von Esaias Simon den Hamburger Juden Amson Oppenheimer, wahrscheinlich ein Enkel Hirsch Oppenheimers. Siehe LKAN, Konsistorium Pappenheim Nr. 67: Eintrag vom 18. Mai 1747.
[144] Israel Feis' einzige Tochter aus erster Ehe heiratete seinen Schwager Hayum Hessel: StAN, Adel Archivalien Nr. 4644, S. 55–56: Eintrag vom 8. Oktober 1794.

Kap. 3: Die Juden unter reichserbmarschallischem Schutz

berg[148], Mergentheim[149], Neuburg[150], Oberdorf[151], Schopfloch[152] sowie einen nicht genannten Ort im Markgraftum Brandenburg-Bayreuth[153]. Dabei ergibt sich folgende Verteilung: neunmal im Nahbereich (10–30 km), dreimal im fernen Nahbereich (30–50 km), sechsmal im nahen Fernbereich (50–100 km) und sechsmal im Fernbereich (über 100 km). Interessanterweise ist Treuchtlingen – und damit der Nächstbereich (bis 10 km) – überhaupt nicht vertreten.

Dagegen verließen nur Judas Feis, der die Tochter des Weimersheimer Schutzjuden Moises Hirschlen heiratete, und sein Bruder Michael (Ansbach) Pappenheim, um sich andernorts zu verheiraten[154]. Insgesamt standen 24 Töchtern, die zu ihrem Ehepartner zogen, zwei Söhne gegenüber. Auch wenn einige Fälle wie Hirsch Oppenheimer nicht in den Nachsteuerprotokollen verzeichnet sind, bestätigt sich in Pappenheim die Beobachtung Claudia Ulbrichs bezüglich geschlechtsspezifischer Unterschiede. Einige Witwen verließen nach dem Tod ihres Mannes Pappenheim wieder. Das Beispiel von Hirsch Oppenheimers Witwe wurde bereits genannt und im September 1775 zog die Witwe Isaac Jacobs, Zartel, nach Ellingen. Dort hatte sie David Löw geheiratet[155].

Somit kann festgehalten werden, dass praktisch alle in Pappenheim lebenden jüdischen Familien durch die Ehepartner ihrer Kinder Kontakte zu Juden in anderen Gemeinden hatten. Die meisten dieser Orte lagen nicht mehr als 100 Kilometer von Pappenheim entfernt, während nur wenige Familien (Jacob Amson, Hirsch Oppenheimer) ihre Kinder über sehr weite Entfernungen verheirateten.

In Pappenheim fanden auch Hochzeiten von Juden, die nicht dort wohnten, statt. Da diese meist verwandtschaftliche Beziehungen zu Pappenheimer Juden hatten, soll kurz auf diese eingegangen werden. Die Hochzeit der Tochter von Esaias Simon, der damals noch in Monheim lebte, mit Joseph Goldschmidt fand am 3. Juli 1741 bei Nathan Reutlinger statt[156]. Im November 1756

---

[145] Ristca, die Tochter Amson Jacobs: StAN, Adel Archivalien Nr. 4632, S. 445–448: Eintrag vom 6. März 1750.

[146] Margem, die Tochter des Feis Judas: StAN, Adel Archivalien Nr. 4634, S. 299–303: Eintrag vom 11. April 1758.

[147] Eine Tochter Jacob Amsons war dort mit Löw Amson verheiratet. Siehe StAN, Herrschaft Pappenheim, Akten Nr. 8220: Schema Genealogicum ad Causam des am 11. Januar 1767 in Pappenheim verstorbenen Schutzjudens Isaac Jacob.

[148] Margem, die Tochter des Amson Jacob, heiratete Löw Jacob: StAN, Adel Archivalien Nr. 4633, S. 286–290: Eintrag vom 28. Januar 1754.

[149] Jacob Amsons Tochter Bess war für zehn Monate mit dem Sohn Calmann Models verheiratet und kehrte nach dessen Tod zu ihrem Vater nach Pappenheim zurück. Siehe LKAN, Pfarramt Pappenheim K7, S. 214a: Eintrag vom 5. Oktober 1705.

[150] Wolf Herz Gans' Tochter zog im Januar 1726 zu ihrem Mann nach Neuburg: LKAN, Konsistorium Pappenheim Nr. 67: Eintrag vom 16. Januar 1726; Pfarramt Pappenheim Nr. 73: Eintrag vom 16. Januar 1726.

[151] 1758 zog Salomon Meyers älteste Tochter Ester dorthin: StAN, Adel Archivalien Nr. 4634, S. 297–299: Eintrag vom 10. April 1758.

[152] Hainle, Tochter des verstorbenen Salomon Elias Model: Ebd., S. 544–546: Eintrag vom 13. November 1760.

[153] 1769 feierte *ein Jud aus Bayreuth Hochzeit mit einer Tochter des Jud Goldschmidt*: LKAN, Konsistorium Pappenheim Nr. 67: Eintrag vom 8. Februar 1769.

[154] StAN, Adel Archivalien Nr. 4635, S. 402–403: Eintrag vom 8. Oktober 1766. Zu Michael Feis siehe Kapitel 3.2.2.

[155] StAN, Adel Archivalien Nr. 4638, S. 89–90: Eintrag vom 14. September 1775; Herrschaft Pappenheim, Akten Nr. 6003/38, fol. 78: Eintrag vom 3. Oktober 1775; Nr. 8222: Amtsprotokoll vom 13. September 1775; Nr. 8225: Amtsprotokoll vom 14. November 1775.

[156] LKAN, Konsistorium Pappenheim Nr. 67: Eintrag vom 3. Juli 1741.

wurden innerhalb von acht Tagen zwei Hochzeiten bei Esaias Simon gefeiert. Zuerst heiratete der Sohn seines Bruders, Simon Levi, der wie seine Braut aus Treuchtlingen stammte und sich mit ihr in Pappenheim niederließ, dann Simon Hayum, der Sohn seiner Schwester, der mit seiner Braut aus Ellingen nach Treuchtlingen zog[157]. Im Jahr 1728 feierte ein aus Marktbreit stammender Regensburger Jude in Pappenheim seine Hochzeit. Anscheinend konnte also auch die Verbindung zwischen Pappenheim und Regensburg Grund für die Wahl Pappenheims als Hochzeitsort sein[158].

Zusätzliche Hinweise auf die überterritoriale Verknüpfung der Pappenheimer Juden liefern Erwähnungen von Verwandten, die in anderen Orten lebten. Da sehr oft allgemein von »Freundschaft« die Rede ist, aber nicht der genaue Verwandtschaftsgrad genannt wird, lässt sich auf diesem Weg bestenfalls eine grobe Orientierung hinsichtlich überterritorialer Netzwerke gewinnen. Im Jahr 1784 lebten Nachfahren des 1725 gestorbenen Hirsch Oppenheimer unter anderem in Ansbach, Gunzenhausen, Ellingen sowie in Hamburg[159]. Zu seinen Erben gehörten sein Enkel Samuel Gans Bacharach in Frankfurt am Main und Lazarus in Hanau[160]. Nathan Reutlinger hatte Verwandte in Monheim (Pfalz-Neuburg). Dort lebten sowohl sein Schwager Simon Goldschmidt als auch Israel Alexander, der Schwiegervater seines Vetters Löw Reutlinger[161]. Seine Schwester wohnte in Amsterdam, hielt sich aber 1715 in Pappenheim auf und brachte dort ein Kind zur Welt[162]. Israel Levi kündigte 1786 eine Reise zu seinem Onkel *in das Ungarische* an[163]. Ein Vetter von Abraham Reutlinger, Wolf Guggenheimer, lebte in Oberehnheim im Elsass[164]. Im Haushalt von Abrahams Bruder Salomon hielt sich 1757 seine Nichte aus Mannheim auf[165]. Coppel Ullmanns Tochter Hünle erhielt zu ihrer Hochzeit Geschenke *von ihren Freunden* in Frankfurt am Main, Augsburg[166], Fürth und Gunzenhausen[167], die Tochter Salomon Elias Models von *ihren Befreunden in Amsterdam und Frankfurt*[168].

Kontakte Pappenheimer Juden lassen sich auf einer Vielzahl von Ebenen finden. Beim Fort- und Zuzug von Schutzjuden überwiegen, ebenso wie bei der Herkunft des Dienstpersonals, Orte in einem Umkreis von ungefähr 50 Kilometern. Dagegen fand immerhin die Hälfte der Pappenheimer Jüdinnen ihren Ehemann in einer Entfernung von mehr als 50 Kilometern. Diese Tatsache und die Nennung von Verwandten in Frankfurt am Main, Amsterdam oder Ungarn, zeigen, dass Pappenheimer Juden auch zu weiter entfernten Juden Beziehungen hatten. Zwar dominieren die Verflechtungen mit fränkischen und schwäbischen Gemeinden, doch darüber hinaus gehende Kontakte waren keineswegs ungewöhnlich.

---

[157] Ebd.: Eintrag vom 14. November 1756.
[158] LKAN, Pfarramt Pappenheim Nr. 5: Verzeichnis der Stolgebühren vom 13. Februar 1743, KBZ 224 Bd. 5: Eintrag vom 27. Juli 1728.
[159] StAN, Herrschaft Pappenheim, Akten Nr. 6003/50, fol. 20–21: Eintrag vom 16. März 1784; Nr. 6003/52, fol. 99v–101v: Eintrag vom 13. September 1785.
[160] StAN, Herrschaft Pappenheim, Akten Nr. 8182: Amtsprotokoll vom 6. Juli 1725.
[161] StAA, Pfalz-Neuburg, Literalien Nr. 1226: Eintrag vom 11. März 1729, Nr. 1227: Eintrag vom 9. Oktober 1719.
[162] LKAN, Pfarramt Pappenheim Nr. 73: Eintrag vom 28. Januar 1715.
[163] StAN, Herrschaft Pappenheim, Akten Nr. 6003/53, fol. 27: Eintrag vom 21. Februar 1786.
[164] StAN, Herrschaft Pappenheim, Akten Nr. 8207: Versicherung Abraham Reutlingers vom 10. Oktober 1736.
[165] StAN, Herrschaft Pappenheim, Akten Nr. 4719: Amtsbericht über die Pappenheimer Judensteuer vom 10. Oktober 1757.
[166] Da sich in Augsburg selbst keine Juden dauerhaft aufhielten, könnten Gemeinden wie Pfersee oder Kriegshaber gemeint sein.
[167] StAN, Adel Archivalien Nr. 4635, S. 241–242: Eintrag vom 10. September 1764.
[168] StAN, Adel Archivalien Nr. 4634, S. 544–545: Eintrag vom 13. November 1760.

Kap. 3: Die Juden unter reichserbmarschallischem Schutz

Ein interessanter Aspekt, auf den abschließend näher eingegangen werden soll, ist der Fortzug mehrerer Pappenheimer Juden nach München, wo, von Hoffaktoren ausgehend, ab der Mitte des 18. Jahrhunderts eine jüdische Gemeinde entstand[169]. Bei den meisten handelte es sich dabei um einen längeren Prozess und nicht um einen einmaligen Schritt. Unter den Juden, die in der Münchener *Description derer sich allhier befindlichen fremden Juden* vom 18. Februar 1779 verzeichnet sind, ist Joseph Goldschmidt aus Pappenheim, ein Schwiegersohn des Esaias Simon, der in Münchener Diensten war[170].

Weitere in München lebende Juden, die in enger Verbindung mit Pappenheim standen, waren Hirsch Lippmann Pappenheimer, Elias Meyer Nathan, Henle Salomon Levi und Löw Abraham[171]. Hirsch Lippmann wurde 1739/40 geboren und hielt sich seit ca. 1762 in München auf[172]. Bereits der Name Pappenheimer weist auf seine Herkunft hin, sein Vater Lippmann Salomon war Rabbiner in Pappenheim. Hirsch war zwar in Wallhausen bei Crailsheim geboren, aber in Pappenheim erzogen worden. In den Münchener Verzeichnissen wird Pappenheim als sein Heimatort genannt, nur 1786 wird er – aus nicht nachvollziehbaren Gründen – als in Fürth ansässig bezeichnet[173]. Er verfügte über ein Hoffaktorenprivileg, das am 11. Mai 1778 von Kurfürst Karl Theodor erneuert worden war[174]. Hirsch lebte mit seiner Frau Veronika, drei Kindern (Magdalena, Josepha und Israel) sowie einer schwankenden Zahl an Personal in München[175]. Er verdiente seinen Lebensunterhalt durch den Handel mit Juwelen, Silber, Pferden sowie Geldverleih und Wechselgeschäfte[176]. Seine Knechte handelten für ihn in Landshut, Straubing und Ingolstadt[177]. Er und sein Sohn Israel gaben am 3. Juni 1799 ihre Patente zurück[178]. Der Sohn Israel Hirsch Pappenheimer war später im Vorstand der jüdischen Gemeinde München sehr aktiv[179]. Beide Töchter Hirsch Lippmanns heirateten Münchener Hoffaktoren: die ältere den aus Treuchtlingen stammenden Isaak Marx[180], die

---

[169] Vgl. KILIAN, München, S. 15–16; HEIMERS, Aufenthaltsverbot, S. 55.

[170] StadtA München, Polizeidirektion 515: Polizeistatistik Judenschaft betreffend, fol. 38 (18. Februar 1779). Esaias Simon war bereits bayerischer Hoffaktor, als er 1741 nach Pappenheim kam. 1765 ist er in München gestorben.

[171] Zu ihnen siehe Stammtafeln 8 und 9 im Anhang.

[172] 1788 wird sein Alter mit 26 Jahren, 1792 mit 30 Jahren und 1802 mit fast 40 Jahren angegeben: StadtA München, Polizeidirektion 515: Polizeistatistik Judenschaft betreffend, fol. 182 (1788), 270 (1792), 331 (1798), 447 (1802); Siehe auch BATTENBERG, Hofjuden, S. 320–323, der die Münchener Judenverzeichnisse bereits ansatzweise ausgewertet hat. Ebenfalls auf ihnen basiert: COHEN, Münchener Judenschaft.

[173] StadtA München, Polizeidirektion 515: Polizeistatistik Judenschaft betreffend, fol. 133 (1786), 270 (1792). Auf der Angabe von 1786 basierend bezeichnet ihn Cohen als Fürther Juden: COHEN, Münchener Judenschaft, S. 267.

[174] StadtA München, Polizeidirektion 515: Polizeistatistik Judenschaft betreffend, fol. 47 (1781), 379 (Protokoll vom 3. Juni 1799).

[175] Ebd., fol. 133 (1786), 182 (1788), 331 (1798).

[176] Ebd., fol. 182 (1788), 331 (1798).

[177] Ebd., fol. 182 (1788), 465 (1794). 1788 war sein Schwager Israel Heyum in München und Ingolstadt aktiv, ab 1794 handelten seine Neffen Salomon und Lazarus in Ingolstadt.

[178] Ebd., fol. 379 (Protokoll vom 3. Juni 1799). Der neue Kurfürst Max IV. Joseph zog am 5. April 1799 sämtliche Hoffaktorenpatente ein. Dabei scheint es ihm vor allem um eine Neuauswahl der Hoffaktoren gegangen zu sein. Vgl. SCHWARZ, Bayern, S. 93–95.

[179] Israel Hirsch Pappenheimer ist als Vorkämpfer für die Emanzipation der Juden in Bayern zu betrachten. Am 8. April 1812 unterzeichnete er ein Gesuch der Münchener Gemeinde an den König, war dann Vorsteher der Münchener Kultusgemeinde und machte 1827 dem Ministerium einen Vorschlag zur Organisation des Gemeindewesens mit Konsistorialverfassung. Siehe Leon Julius SILBERSTROM, Art. Pappenheimer, Israel Hirsch, in: Jüdisches Lexikon Bd. IV/1, Sp. 776; ECKSTEIN, Der Kampf der Juden, S. 19, 36, 40; KILIAN, München, S. 384–385.

Kap. 3: Die Juden unter reichserbmarschallischem Schutz

jüngere Raphael Kaula aus Hechingen[181]. Obwohl sich Hirsch Lippmann dauerhaft in München aufhielt, verfügte er in Pappenheim über Hausbesitz. Der Kauf eines Anbaus im Jahr 1787 war möglicherweise der erste Schritt seines Rückzugs aus der Stadt, da er zwei Jahre später seine Haushälfte verkaufte und in Pappenheim nur noch den Anbau besaß, den er 1804 verkaufte[182]. Hirsch Lippmann hatte nicht nur durch Immobilien, sondern auch durch seine Familie Kontakte nach Pappenheim. Im November 1787 investierten die Witwe und die drei Kinder seines verstorbenen Bruders, des Schutzjuden Bernhard Lippmann, ihr Erbe von 4000 fl. in der Handlung Hirsch Lippmanns[183].

Drei weitere Münchener Hoffaktoren waren Schwiegersöhne des Pappenheimer Juden Philipp Joseph, der selbst in kurfürstlichen Diensten[184] gewesen war. Diese drei besaßen ein gemeinsames Hoffaktorenpatent vom 22. Mai 1778, das sie 1799 zurückgeben mussten[185]. Elias Mayer Nathan stammte aus Schwabach, wo er zwischen 1744 und 1747 geboren wurde, und lebte seit ca. 1770 in München[186]. Zu dieser Zeit, am 15. April 1771, hatte er in Pappenheim Philipp Josephs Tochter Judith geheiratet[187]. Er handelte vor allem mit Galanteriewaren, Kleidern, Münzen, Uhren sowie Ringen und war als Geldwechsler tätig[188]. 1781 lebte er mit Frau, Kind und Magd in München, 1786 hatte er bereits drei Söhne und eine Tochter. Trotz seiner Stellung als Hoffaktor war seine finanzielle Situation schwierig. Die Familie hatte keine Dienstboten und die Münchener Behörden hielten fest, dass es *außer seiner Armuth kein sonderliches Bedenken* gegen ihn gebe[189]. Obwohl ihn das Münchener Verzeichnis als in Pappenheim ansässig bezeichnet, ist fraglich, ob er jemals Pappenheimer Schutzjude gewesen ist[190]. Außer bei seiner Hochzeit, der Geburt und dem Tod mehrerer Kinder taucht er kaum in Pappenheimer Akten auf. Zumindest 1774 hatte er sich jedoch *eine Zeitlang bey seinem Schwiegervater allhier aufgehalten*[191].

---

[180] Die Hochzeit fand in Pappenheim statt. Siehe: LKAN, Konsistorium Pappenheim Nr. 67: Eintrag vom 21. Oktober 1789. Bei KILIAN, München, S. 376, wird irrtümlicherweise Fürth als Herkunftsort Magdalenas angegeben.

[181] StadtA München, Polizeidirektion 515: Polizeistatistik Judenschaft betreffend, fol. 331–334 (1798); zur Verwandtschaft Kaulas siehe HEBELL, Madame Kaulla, dort jedoch kein Hinweis auf Lippmanns Schwiegersohn.

[182] Nähere Angaben zu seinem Immobilienbesitz in Pappenheim finden sich in Kapitel 3.3. und in der Dokumentation im Anhang.

[183] StAN, Herrschaft Pappenheim Nr. 6003/56, fol. 166v–167v: Eintrag vom 13. November 1787.

[184] Er war als Heereslieferant tätig. Siehe SUNDHEIMER, Hochfinanz, S. 29–31; in einem Gesuch an den Kurfürsten vom 21. Mai 1799 schrieben Henle Salomon Levi, Elias Nathan und Löw Abraham, ihr Schwiegervater Philipp Joseph habe unter der Regierung Max Josephs *dem höchsten Churhause Baiern 40 Jahre die ersprießlichsten Dienste geleistet.* BayHStA, Hofamtsregistratur I, Fasz. 430 Nr. 77: Hoffaktoren Henle Salomon Levi, Elias Nathan und Löw Abraham (1778–1799).

[185] StadtA München, Polizeidirektion 515, fol. 379 (Protokoll vom 3. Juni 1799). Das Patent sowie ein Pass für die drei ist in BayHStA, Hofamtsregistratur I Fasz. 430 Nr. 77: Hoffaktoren Henle Salomon Levi, Elias Nathan und Löw Abraham (1778–1799), überliefert.

[186] 1788 soll er 44 Jahre, 1792 dagegen 45 Jahre alt gewesen sein. StadtA München, Polizeidirektion 515: Polizeistatistik Judenschaft betreffend, fol. 185 (1788), 271 (1792).

[187] LKAN, Konsistorium Pappenheim Nr. 67: Eintrag vom 15. April 1771. Die Münchener Quellen bezeichnen sie als Gutige Philippine. Siehe StadtA München, Polizeidirektion 515: Polizeistatistik Judenschaft betreffend, fol. 271 (1792).

[188] StadtA München, Polizeidirektion 515: Polizeistatistik Judenschaft betreffend, fol. 271 (1792), 330 (1798).

[189] Ebd., fol. 47 (1781), 133 (1786), 330 (1798).

[190] LKAN, Konsistorium Pappenheim Nr. 67: Eintrag vom 15. April 1777: *nicht im hiesigen Schutz stehet*.

[191] Ebd.: Eintrag vom 6. April 1774.

Kap. 3: Die Juden unter reichserbmarschallischem Schutz

Der zweite in München lebende Schwiegersohn Philipp Josephs war Henle Salomon Levi, der sich dort seit 1760 aufhielt. Ursprünglich stammte er aus Egenhausen (Brandenburg-Ansbach), wo er zwischen 1735 und 1737 geboren wurde[192]. Er handelte mit Silber und Galanteriewaren, lieferte Münzen und wechselte Geld[193]. 1786 wird er ebenso wie 1792 als Pappenheimer Jude bezeichnet[194]. Seit 1788 wird auch seine Frau Elka Philippin, mit der er sieben Kinder hatte, in München aufgeführt[195]. 1788 waren drei davon in München, die übrigen hielten sich an anderen Orten auf. 1794 befanden sich drei Söhne in München, ein vierter, Joseph, war in Pappenheim verheiratet[196]. Zunächst hatte Henle Salomon Levi mit zwei Knechten und einer Magd noch Dienstpersonal, dann setzte er seine Söhne ein, die für ihn vor allem auf dem Land handelten. Ursache für diese Entwicklung dürfte die zunehmende Armut der Familie gewesen sein[197]. Anders als Elias Meyer hatte Henle Salomon Levi engere Kontakte zu Pappenheim. Am 10. Oktober 1768 hatte er sich für 800 fl. ein halbes Haus in der Judengasse gekauft. 1779 bat er um einen Steuernachlass, weil er fast seinen gesamten Handel in München treibe, aber *zweierley Haushaltungen sowohl hier als zu München führen* müsse. Das Gesuch an den Reichserbmarschall unterzeichnete er mit *Henle Salomon Levi, Schutzjude hieselbst*[198]. Da sich seine Situation 1782 weiter verschlechtert hatte, bat er in Pappenheim um Befreiung von Schutzgeld und Steuern. In der Supplik wies er darauf hin, dass seine *Handelschaft zu München sehr heruntergekommen* sei und er ein *so zu sagen doppeltes Hauswesen* habe, weil er sich *zu München und dagegen mein Eheweib mit den Kindern bekanntlich allhier zu Pappenheim sich befindet*[199]. Bald danach konzentrierte sich Henle Salomon Levi noch stärker auf München. Im November 1786 verkaufte er seine Haushälfte an Hirsch Lippmann[200], ab 1787 gab er jährlich statt 10 fl. nur noch 1 fl. Schutzgeld, da er sich *nebst Weib und Kindern von 1787 an stets in München* aufhielt, fünf Jahre später wurde ihm das Schutzgeld völlig erlassen[201].

Ein weiterer Schwiegersohn Philipp Josephs war der zwischen 1741 und 1743 geborene Löw Abraham[202]. Er befand sich seit ungefähr 1774[203] in München und wurde etwa zeitgleich (Oktober

---

[192] 1792 wird sein Alter mit 55, 1798 mit 63 Jahren angegeben. StadtA München, Polizeidirektion 515: Polizeistatistik Judenschaft betreffend, fol. 184 (1788), 270 (1792), 330 (1798): Auch in StAN, Herrschaft Pappenheim, Akten Nr. 6003/37: Eintrag vom 2. März 1790 wird Egenhausen als Wohnort seines Vaters genannt.

[193] StadtA München, Polizeidirektion 515: Polizeistatistik Judenschaft betreffend, fol. 184 (1788), 270 (1792), 330 (1798).

[194] Ebd., fol. 47 (1781), 133 (1786).

[195] Ebd., fol. 184 (1788), 270 (1792), 330 (1798). Die Hochzeit wird auch in LKAN, Konsistorium Pappenheim Nr. 67: Eintrag vom 25. Oktober 1757, erwähnt.

[196] StadtA München, Polizeidirektion 515: Polizeistatistik Judenschaft betreffend, fol. 184 (1788), 330 (1798), 466 (1794). Joseph Henle Levi entrichtete ab März 1791 Schutzgeld. Siehe StAN, Herrschaft Pappenheim, Amtsbücher Nr. 132: Bezugsregister über die Herbstgefälle bey dem hochgräflichen Stadtvogteiamt allhier (1784–1796), fol. 572.

[197] StadtA München, Polizeidirektion 515: Polizeistatistik Judenschaft betreffend, fol. 270 (1792), 330 (1798), 466 (1794).

[198] StAN, Herrschaft Pappenheim, Akten Nr. 6003/42, fol. 56: Eintrag vom 29. Juli 1779; siehe auch Kapitel 3.3. und 4.2.

[199] StAN, Herrschaft Pappenheim, Akten Nr. 5999/XI, fol. 15a: Eintrag vom 14. März 1782.

[200] StAN, Adel Archivalien Nr. 4642, S. 1–4: Eintrag vom 22. November 1786.

[201] StAN, Herrschaft Pappenheim, Amtsbücher Nr. 132: Bezugsregister über die Herbstgefälle bey dem hochgräflichen Stadtvogteiamt allhier (1784–1796), fol. 563.

[202] StadtA München, Polizeidirektion 515: Polizeistatistik Judenschaft betreffend, fol. 184 (1788), 270 (1792), 331 (1798).

[203] Ebd., fol. 270 (1792): 1792 soll er sich seit 18 Jahren in München aufgehalten haben.

1774) in Pappenheim als Schutzjude aufgenommen[204]. In den Pappenheimer Akten heißt es, er stamme aus Kronach, die Münchener Verzeichnisse bezeichnen ihn als *von Rainach im Bambergischen gebürtig*[205]. Löw Abrahams Familie befand sich zum Teil in Pappenheim und zum Teil in München. Im Jahr 1788 waren seine Frau und vier Kinder in Pappenheim, zwei Söhne im Alter von 17 und 19 Jahren hielten sich bei ihm auf. Zu dieser Zeit hatte er keine eigene Wohnung, sondern lebte bei Hirsch Lippmann[206]. Er orientierte sich jedoch zunehmend nach München und musste in Pappenheim, nachdem er zunächst den normalen Schutzgeldsatz gezahlt hatte, ab 1794 nur noch 3 fl. für die *Beybehaltung seines Schutzes, da er nach München mit Weib und Kind gezogen* ist, entrichten[207]. Ein Münchener Verzeichnis aus dem Jahr 1798 führt ihn, seine Frau Haya und die Söhne Abraham, Joseph und Simon auf[208]. Anders als Henle Salomon Levi und Hirsch Lippmann hatte Löw Abraham in Pappenheim nie ein Haus besessen, in der Steuerbeschreibung von 1783 wird er als Hausgenosse bezeichnet[209].

Zusammenfassend lässt sich festhalten, dass ein nicht zu vernachlässigender Anteil der in München lebenden Juden Verbindungen nach Pappenheim hatte. Im Jahr 1788 handelte es sich dabei um vier von 26 jüdischen Haushaltsvorständen, insgesamt 22 von 131 Personen[210]. Obwohl sie in München wohnten, blieben sie Pappenheimer Schutzjuden und somit in gewisser Weise eher Pappenheimer als Münchener. Diese Tatsache ist als Hinweis auf die Ende des 18. Jahrhunderts weiterhin schwierige Lage der Juden im Kurfürstentum Bayern, das sie 1553 ausgewiesen hatte, zu sehen[211].

3.3 Hausbesitz und Wohntopographie der Pappenheimer Juden

Zunächst einmal kann festgehalten werden, dass den Juden in der Herrschaft Pappenheim Hausbesitz gestattet war. Über den gesamten Untersuchungszeitraum gibt es keinerlei Hinweise auf irgendwelche Einschränkungen[212]. Dies ist zwar, wie Sabine Ullmann festgestellt hat, in den ländlichen Judensiedlungen des Alten Reichs nicht ungewöhnlich, aber auch keineswegs selbstver-

---

[204] StAN, Herrschaft Pappenheim, Amtsbücher Nr. 171: Steuerbeschreibung in der Stadt 1768, S. 362.
[205] StadtA München, Polizeidirektion 515: Polizeistatistik Judenschaft betreffend, fol. 184 (1788). Einen Ort mit diesem Namen gibt es in der Umgebung von Bamberg jedoch nicht. In gleicher Schreibweise ist der Ortsname bei BATTENBERG, Hofjuden, S. 322, wiedergegeben. Eine weitere Unklarheit über seine Herkunft ergibt sich aus einem Verzeichnis des Jahres 1798. Darin heißt es: *sind seine Ältesten schon tod, die sich in Pappenheim als Schutzjuden mit Handeln fortbrachten*: fol. 331 (1798). Entweder ist damit sein Schwiegervater gemeint oder Geburtsort und Ort, in dem er Schutzjude war, wurden verwechselt.
[206] StadtA München, Polizeidirektion 515: Polizeistatistik Judenschaft betreffend, fol. 133 (1786), 184 (1788).
[207] StAN, Herrschaft Pappenheim, Amtsbücher Nr. 132: Bezugsregister über die Herbstgefälle bey dem hochgräflichen Stadtvogteiamt allhier (1784–1796), fol. 565. Ab diesem Zeitpunkt zahlte er in Pappenheim keine Steuern mehr. Siehe Rechnungen Nr. 6875/2: Steuerrechnung Lichtmeß 1794.
[208] StadtA München, Polizeidirektion 515: Polizeistatistik Judenschaft betreffend, fol. 331 (1798).
[209] StAN, Herrschaft Pappenheim, Amtsbücher Nr. 172: Steuerbeschreibung der Stadtvogtei 1783, S. 782.
[210] Dieser nicht unbedeutende Anteil aus Pappenheim stammender Juden zeigte sich noch 1804. Unter den fränkischen Orten, aus denen über die Hälfte der Münchener Juden stammte, stand Pappenheim mit fünf Personen nach Fürth und Schnaittach an dritter Stelle. Siehe CAHNMANN, Münchener Judenbeschreibung, S. 183. In den Matrikeln erscheint Pappenheim Anfang des 19. Jahrhunderts nach Fürth als zweithäufigster Geburtsort Münchener Juden. Vgl. KILIAN, München, S. 21.
[211] Zur Geschichte der Juden im Herzogtum / Kurfürstentum Bayern siehe SCHWARZ, Bayern, S. 57, 60–66.
[212] Sehr selten kam es vor, dass Christen Einstandsrecht auf ein Haus geltend machten und damit den gerade

Kap. 3: Die Juden unter reichserbmarschallischem Schutz

ständlich[213]. Diesen Sachverhalt verdeutlicht Jan Lokers, der den jüdischen Hausbesitz in Emden als etwas Besonderes betrachtet und betont, dass den »Juden in den meisten Städten Deutschlands durch die Obrigkeit untersagt [war] sich als eigenständige Hausbesitzer zu etablieren«[214]. So war Juden in Pfalz-Zweibrücken und im Hochstift Paderborn der Immobilienerwerb verboten[215]. Die wenigen Befunde aus Regensburg deuten darauf hin, dass die reichserbmarschallischen Schutzjuden dort zur Miete wohnten[216].

Von Beginn des 18. Jahrhunderts an kann die Besitzerfolge für jedes Haus in Pappenheim durch die in unregelmäßigen Abständen verfassten Steuerbeschreibungen der Stadtvogtei nachvollzogen werden. Vorhanden sind die Bände von 1697, 1715, 1732, 1735, 1751, 1768 und 1783[217]. Ab 1751 ist die Überlieferung sicher lückenlos, da in den Steuerbeschreibungen jeweils die Seite, auf der sich der entsprechende Eintrag im vorhergehenden Band befand, genannt wird. Die zeitlichen Abstände lassen es nicht unwahrscheinlich erscheinen, dass die Steuerbeschreibungen ab 1697 durchgehend erhalten sind. Allerdings ist der Informationsgehalt der ersten beiden Steuerbeschreibungen noch relativ gering, so dass diese Quelle erst ab 1732 gesicherte Daten liefert. Der letzte Band wurde bis weit in das 19. Jahrhundert hinein verwendet, ein Teil der Einträge wurde sogar über das Jahr 1850 hinaus fortgesetzt. In Verbindung mit einer weiteren seriellen Quelle, den Kauf-, Handlohn- und Nachsteuerprotokollen[218], lässt sich ab ungefähr 1725 eine so gut wie lückenlose Dokumentation jüdischen Hausbesitzes erstellen. Aus den Anfangsjahren des Untersuchungszeitraums sind durch die Kauf- und Schuldprotokolle der Stadt Pappenheim 1651–1657 und das Briefprotokoll der Stadt Pappenheim 1657–1676 zahlreiche Hauskäufe und -verkäufe überliefert[219]. Aus den letzten Jahrzehnten des 17. Jahrhunderts sind dagegen nur vereinzelte Belege und Kaufverträge vorhanden, so dass in dieser Zwischenzeit nicht für alle Häuser eine kontinuierliche Besitzerabfolge bekannt ist. Immerhin kann diese mit Hilfe der Zinsmeistereirechnungen, die von 1650 bis 1796 reichen, für einige Häuser nachvollzogen werden[220]. Da es nur vereinzelt möglich ist, die

---

von einem Juden getätigten Kauf aufhoben. 1652 wurde Caspar Prügels Haus von der Herrschaft für 850 fl. an den Juden Mair verkauft. Allerdings forderte eine nicht genannte Person ihr Einstandsrecht und knapp zwei Jahre später zahlte die Stadt an Mair die bereits gezahlten 360 fl. zurück. Siehe StAN, Herrschaft Pappenheim, Akten Nr. 4635/23, S. 31–33 und fol. 75v–76r: Einträge vom 10. September 1652 und 26. August 1654.

[213] Vgl. ULLMANN, Nachbarschaft, S. 349. In Harburg konnten Juden Häuser auch von christlichen Vorbesitzern übernehmen. Siehe JAKOB, Harburg, S. 113. In Floß wurde der Kauf und Bau von Häusern durch Juden im Jahr 1744 ausdrücklich erlaubt, vorher war die Rechtslage umstritten. Siehe HÖPFINGER, Floß, S. 44. Im gesamten mainfränkischen Gebiet war Juden mit Ausnahme von Königshofen der Hausbesitz prinzipiell gestattet. Vgl. KÖNIG, Judenverordnungen, S. 73.

[214] LOKERS, Emden, S. 91. Seine Sicht erklärt sich durch die von ihm herangezogene Literatur. So war in Hildesheim jüdischer Hausbesitz grundsätzlich verboten, allerdings wurden in Einzelfällen Ausnahmen zugelassen. Siehe AUFGEBAUER, Hildesheim, S. 123–124; auch in Göttingen – wie allgemein im Kurfürstentum Hannover – war Juden der Besitz von Häusern verboten. Siehe WILHELM, Göttingen, S. 75–76. Dementsprechend war im zur Grafschaft Hoya gehörenden Nienburg Juden der Besitz von Häusern nur nach Erlaubnis möglich. Siehe SABELLECK, Nienburg, S. 90–92.

[215] Siehe SCHOLL, Juden, S. 62–68; VAN FAASSEN, Geleit, S. 95.

[216] StadtA Regensburg HVA AAR 92a: Specification sämtlicher Juden (März 1758).

[217] StAN, Herrschaft Pappenheim, Amtsbücher Nr. 165 (1697), Nr. 168 (1715), Nr. 169 (1732), Nr. 93 (1735), Nr. 170 (1751), Nr. 171 (1768), Nr. 172 (1783): Steuerbeschreibungen der Stadtvogtei.

[218] Siehe Kapitel 3.2.2.

[219] StAN, Herrschaft Pappenheim, Akten Nr. 4635/23: Kauf- und Schuldprotokolle der Stadt Pappenheim 1651–1657 und Nr. 4635/25: Briefprotokoll 22. August 1657 bis 28. September 1676. Letzteres führt allerdings nur in den ersten Jahren Hauskäufe und -verkäufe auf.

genaue Lage der im 17. Jahrhundert beschriebenen Häuser zu rekonstruieren, ist dieses Kapitel zweigeteilt. Während der erste Teil die Verhältnisse im 17. Jahrhundert schlaglichtartig präsentiert, konzentriert sich der zweite auf längerfristige Entwicklungen im 18. Jahrhundert und die Wohntopographie. Anschließend werden weitere Themen behandelt, so z. B. die zur Miete lebenden jüdischen Hausgenossen.

Eines der Häuser in Pappenheim, deren Entwicklung durch den gesamten Untersuchungszeitraum verfolgt werden kann, ist das 1666 erstmalig als Judenschule bezeichnete Gebäude (Nr. 18). Am 26. November 1651 verkaufte es Reichserbmarschall Franz Christoph an den Juden Salomon für 200 fl.[221]. 1683 ging eine Hälfte des einige Jahre zuvor geteilten Gebäudes an Salomons Sohn Feis, der auch die Zahlungen an die Zinsmeisterei übernahm.[222]. Gleichzeitig erließ Reichserbmarschall Carl Philipp Gustav ihm die bei der Zinsmeisterei zu Lebzeiten seines Vaters angewachsenen Schulden mit Ausnahme von 25 fl. Kapital, die auf der Behausung lagen, *in ansehung seiner armuth*. Nicht mit eingeschlossen waren die 10 fl., *so von der Judenschul herrühren*[223]. Bereits 1688 erwarb Löw[224] die Haushälfte seines verstorbenen Vaters Feis von dessen Gläubigern für 125 fl. Laut Kaufvertrag[225] lag es *in der sogenannten Judengaßen* zwischen dem Schreiner Georg Renner und dem Juden Berle. Als Inhaber des anderen Teils wird Schmuel genannt, mit dem Salomon die Judenschule seit 1672 gemeinsam besessen hatte. Bei dem Kauf fungierten Jacob Amson und Hirsch Oppenheimer als Zeugen. Möglicherweise wurden sie, die in der jüdischen Gemeinde eine wichtige Rolle spielten, ausgewählt, da Löw mit dieser Haushälfte auch die Judenschule übernommen hatte. Der Kaufvertrag hob hervor, dass *der mit der Judenschaft ehedeßen wegen ihrer Schul vorhandene brief und vergleich allerdings in seinen Cräften verbleiben solle*. Außerdem hatte Löw seine Mutter bis zu deren Tod unentgeltlich im Haus aufzunehmen und sollte *alle baufälligkeiten nebst vorgedachten Schmuel Juden uf jedes halbe Costen repariren zu laßen schuldig* sein. Ferner durften sich in dem Haus keinesfalls mehr als zwei Haushalte befinden. Anscheinend ist Löw schon bald danach gestorben, denn im Dezember 1691 erhielt dessen Nachfolger Berle, der *sich mit des verstorbenen Löw Judens Wittib Rebecca ehelich versprochen* hatte, als neuer Besitzer des Hauses eine Bescheinigung über die Abzahlung von darauf haftenden Schulden[226]. Diese Rekonstruktion der Besitzerabfolge kann durch die Zinsmeistereirechnungen weder bestätigt noch widerlegt werden[227].

---

[220] StAN, Herrschaft Pappenheim, Rechnungen Nr. 6196: Zinsmeistereirechnungen über alle Einnahmen und Ausgaben derer Gottes-Häußer Sankt Gallus Pfarr und Unser Frauen Statt Kirche, auch St. Georgi Cappellen; ingleichen der Schneider-, Färber- und Sebastian Bruderschaften und des Hofspitals zu Pappenheim.

[221] Davon waren 50 fl. an die Zinsmeisterei verschrieben: StAN, Herrschaft Pappenheim, Akten Nr. 4635/23, S. 3–6: Eintrag vom 26. November 1651. In den Rechnungen der Zinsmeisterei wurde er ab 1652 mit 2 fl. 30 kr. geführt: Rechnungen Nr. 6196. Ein knappes Jahr später verhypothekierten Salomon und seine Frau Lea das Haus, da sie Hedwig von Studach, einer Verwandten der Reichserbmarschälle, 30 fl. schuldeten: Akten Nr. 4635/23, S. 29–31: Eintrag vom 5. September 1652.

[222] StAN, Herrschaft Pappenheim, Rechnungen Nr. 6196: Zinsmeistereirechnungen.

[223] StAN, Herrschaft Pappenheim, Rechnungen Nr. 6195/I: Dekret Carl Philipp Gustavs vom 24. Mai 1683.

[224] Es ist gut möglich, dass es sich um denjenigen Löw handelt, für den am 9. April 1688 ein Schutzbrief ausgestellt wurde. Dieser ist im Repertorium unter der Signatur StAN, Herrschaft Pappenheim, Urkunden Nr. 4358 verzeichnet, aber nicht auffindbar. Folglich wurde seine Schutzaufnahme in Kapitel 2.2.1. nicht behandelt.

[225] StAN, Herrschaft Pappenheim, Urkunden Nr. 4347: Kaufbrief Löw Judens vom 6. März 1688.

[226] StAN, Herrschaft Pappenheim, Akten Nr. 4649/III: Berechnung Löw Judens bezahlten Kaufschillings über dessen halbe Behausung und die an seinen Nachfolger Perle Juden derentwillen gestellte Bescheinigung vom 19. Dezember 1691.

Kap. 3: Die Juden unter reichserbmarschallischem Schutz

Zwei Tage nachdem Salomon im Jahr 1651 Haus Nr. 18 erworben hatte, verkaufte er seine bisherige Behausung in der Judengasse an den Juden Amschel aus Weißenburg für 150 fl. Als Nachbarn werden Christoph Geißelbrecht und Georg Zeiler genannt[228]. Jedoch behielt Amschel dieses Haus nicht lange, denn 1653 verkaufte er, jetzt als Ellinger Jude bezeichnet, es an Matthes und Hans Windemann für 139 fl.[229]. Mit den Kaufbriefen stimmen die Einträge in den Zinsmeistereirechnungen überein: Bei dieser war das Haus von 1650 bis 1653 mit 1 fl. belastet, 1652 übernahm es Amschel Rotkopf von Salomon[230].

Ein Haus konnte innerhalb weniger Jahre zahlreiche jüdische und christliche Besitzer haben. Schmuel verkaufte im Januar 1652 sein zwischen Gernon Prügel und dem Treuchtlinger Haus gelegenes Haus – es muss sich in der (vom Marktplatz aus) vorderen Hälfte der Judengasse auf der rechten Seite befunden haben – für 150 fl. an Hans Roth[231]. Am 1. Oktober 1657 überließ Roth, der mittlerweile nur noch eine Hälfte des Hauses besaß, diese an den Juden Hainlein für 50 fl.[232]. Am gleichen Tag verkaufte auch der Besitzer der anderen Haushälfte, Simon Hübner, seinen Anteil an den Juden Löser, der ihm dafür sein gegenüber dem Kloster gelegenes Haus überließ[233]. Doch schon bald darauf, am 15. Februar 1659, verkauften die beiden Juden das Haus für 123 fl. an Hans Frischmann und Thomas Reindl[234]. Die Angaben im Kaufvertrag werden durch die Zinsmeistereirechnungen gestützt. Dort wurde Löser seit 1650 mit 1 fl. (entsprechend den 20 fl., die laut Kaufvertrag auf seinem Haus beim Kloster lagen), 1657/58 dann mit je 30 kr. (von 10 fl.) verzeichnet[235].

Michael Keyser aus Trommetsheim verkaufte sein Haus zwischen dem von Hans Herrmann und dem Treuchtlinger Haus im Oktober 1652 für 300 fl. an Joseph. Davon lagen 100 fl. bei der Zinsmeisterei[236]. Laut deren Verzeichnis zahlte Joseph seit 1652 jährlich 5 fl. Im Jahr 1669 scheint es zu einer Veränderung im Besitzverhältnis gekommen zu sein, denn *furters hat die Zinsmeisterei daß Haus selb*. Von diesem Zeitpunkt an zahlte Joseph an die Zinsmeisterei jährlich 10 fl. Bestandgeld; er war demnach nicht mehr Besitzer, sondern nur noch Pächter. Zwischen 1672 und 1674 übernahm Amschel das Haus von Joseph. Nachdem er es 1674 abgelöst hatte, zahlte er keine Zinsen mehr an die Zinsmeisterei[237].

---

[227] In ihnen ist weder Löw noch Berle als Besitzer verzeichnet, allerdings scheinen die Einträge zwischen 1682 und 1714 unvollständig zu sein. Zwar ist 1683 die Besitzübergabe von Salomon an Feis vermerkt, doch bis 1688 hat offenbar weder Feis noch Schmuel etwas gezahlt. Danach sind für Schmuel von 1689 bis 1694 und von 1705 bis 1709 Zahlungen eingetragen, für die Haushälfte von Feis fehlen diese völlig. Der Vermerk im Jahr 1695, dass Joseph die Zahlung von *Feyß Judens Erben* übernommen habe, würde den im Text geäußerten Vermutungen zumindest nicht widersprechen. Siehe StAN, Herrschaft Pappenheim, Rechnungen Nr. 6196: Zinsmeistereirechnungen.
[228] StAN, Herrschaft Pappenheim, Akten Nr. 4635/23, S. 6–8: Eintrag vom 28. November 1651.
[229] Ebd., S. 61–64: Eintrag vom 30. Oktober 1653.
[230] StAN, Herrschaft Pappenheim, Rechnungen Nr. 6196/13: Zinsmeistereirechnungen 1650–1658. Die Zinsmeisterei rechnete mit einem Zinssatz von 5 %; demnach war das Haus mit 20 fl. bei ihr verschrieben.
[231] StAN, Herrschaft Pappenheim, Akten Nr. 4635/23, S. 16–18: Eintrag vom 5. Januar 1652.
[232] StAN, Herrschaft Pappenheim, Akten Nr. 4635/25, S. 8–9: Eintrag vom 1. Oktober 1657.
[233] Ebd., S. 10–11: Eintrag vom 1. Oktober 1657.
[234] Ebd., S. 28–30: Eintrag vom 15. Februar 1659.
[235] StAN, Herrschaft Pappenheim, Rechnungen Nr. 6196/13: Zinsmeistereirechnungen 1650–1658.
[236] StAN, Herrschaft Pappenheim, Akten Nr. 4635/23, S. 35–37: Eintrag vom 14. Oktober 1652.
[237] StAN, Herrschaft Pappenheim, Rechnungen Nr. 6196/23 (1670/71), Nr. 6196/24 (1672/73), Nr. 6196/26 (1674), Nr. 6196/28 (1669): Zinsmeistereirechnungen.

Kap. 3: Die Juden unter reichserbmarschallischem Schutz

Der Kramer Claudi Echter verkaufte 1652 sein Haus an den Juden Amschel aus Weißenburg, der an einer Stelle im Vertrag auch als *Amschel Jud Schutzverwandter in Pappenheim* bezeichnet wird, für 150 fl.[238]. Etwas mehr als drei Jahre später veräußerte Amschel das Haus für 137 fl. 30 kr. wieder an den Vorbesitzer[239]. Neben diesem und den beiden bereits erwähnten Häusern war Amschel[240] im Lauf der Zeit Besitzer von weiteren Häusern. Die Erben Sigmund Leypoldts verkauften ihm 1656 dessen Haus für 430 fl. Das Haus, das sich am Markt befand, wird als eckfrei gelegen und an das Rathaus grenzend beschrieben[241]. Daraus kann gefolgert werden, dass es sich um Haus Nr. 1 handelte, das später im Besitz von Amschels Sohn Jacob Amson war. Das Nachbarhaus verkaufte Amschel 1682 an den Fuhrmann Lorenz Knaupp für 312 fl. Dieses war einerseits eckfrei und grenzte auf der anderen Seite an das Haus eines Schreiners. Amschel hatte es *unlängsthin von Hans Beern gewesten Bürger und Becken allhier* erworben[242]. Etwas mehr als ein Jahrzehnt später verkauften Lorenz Knaupps Erben das Haus an Amschels Sohn Jacob Amson. Im März 1695 erhielten Jacob und sein Schwiegersohn Moyses Guggenheimer wegen *erbauung der von weyland Lorenz Knauppens Erben käuflich an sich gebrachten Behausung* eine zehnjährige Befreiung von Schutzgeld und Steuern[243]. Daher zahlte Jacob im Jahr 1700 nur für das »Graf Franzische Haus« 100 fl. Steuern, war ansonsten aber *wegen Aufbauens deß jenigen Haußes, darin dessen Tochtermann Moyses Guggenheimer wohnt*, von der Steuer befreit[244].

Mit der erwähnten »Graf-Franzischen Behausung« hatte Jacob Amson zwischen 1690 und 1701 ein weiteres Haus besessen, das er am 25. Juli 1690 vom Nachältesten Ludwig Franz gekauft hatte. Für das Haus am Marktplatz, das zu zwei Seiten eckfrei war, ein Nebenhaus, Hof und *Gärtlein* zahlte er 500 fl.[245]. Elf Jahre später führten zwei Ereignisse zu einem Kaufvertrag zwischen Reichserbmarschall Christian Ernst und Jacob Amson. Einerseits hatte die Mutter des Reichserbmarschalls eine Wohnung *vonnöthen*. Zugleich schuldete Jacob Christian Ernst wegen der Verheiratung seiner Tochter nach Hamburg Nachsteuer, die ihm gegen Abtretung des Hauses erlassen werden sollte[246].

Zusammenfassend kann ein häufiger Kauf und Verkauf von Häusern festgestellt werden, an dem insbesondere Amschel beteiligt war. Die Pappenheimer Juden besaßen sowohl ganze als auch halbe Häuser unterschiedlicher Größe, die meist bei der Zinsmeisterei verschrieben waren. Der Besitzerwechsel zwischen Christen und Juden kam häufiger vor. Jedoch handelt es sich bei dem bisher Geschilderten, wie zwei Hauslisten verdeutlichen, nur um einen Teil der Häuser in jüdischem Besitz. Eine wahrscheinlich aus dem Jahr 1668 stammende Liste verzeichnet unter den 72 Häusern in der Stadt sechs jüdische Häuser. Ihre Besitzer waren Salomon, Abraham, Haiumb, Löser,

---

[238] StAN, Herrschaft Pappenheim, Akten Nr. 4635/23, S. 29–42: Eintrag vom 2. November 1652.
[239] Ebd.: Eintrag vom 7. März 1656.
[240] Siehe dazu Kapitel 3.2.2.
[241] StAN, Herrschaft Pappenheim, Akten Nr. 4635/23: Eintrag vom 20. Januar 1656. Kurze Zeit später, am 8. April 1656, trat der Sohn Caspar Leypold seinen Anspruch auf 83 fl. 20 kr., die in fünf Jahresfristen gezahlt werden sollten, für 55 fl. an Hans Zischler ab. Siehe dazu Urkunden 1656–IV–8.
[242] StAN, Herrschaft Pappenheim, Urkunden Nr. 4218: Conceptum Kaufbriefs vom 27. April 1682.
[243] StAN, Herrschaft Pappenheim, Akten Nr. 3763/I: Weisung Christian Ernsts vom 17. Dezember 1698.
[244] StAN, Herrschaft Pappenheim, Rechnungen Nr. 6814/1: Steuerregister 1700/01.
[245] StAN, Herrschaft Pappenheim, Urkunden Nr. 4383: Concept Kaufbriefs umb die Graf Franzische Behausung gegen Jacob Judt allhier vom 25. Juli 1690. Nach Auskunft des Pappenheimer Heimatforschers Hans Navratil soll es sich dabei um Haus Nr. 132 (heute Marktplatz 2) gehandelt haben.
[246] StAN, Herrschaft Pappenheim, Urkunden Nr. 4733: Die dem Jacob Juden anbefohlene Abtretung deß Graf Franzischen Haußes vom 9. Mai 1701.

Kap. 3: Die Juden unter reichserbmarschallischem Schutz

Schmuel und Amschel[247]. Ein weiteres, sicher 1668 angefertigtes, Verzeichnis führt zusätzlich noch das Haus von Joseph und seinem Sohn Eising an[248]. Von diesen sieben Häusern sind nur vier aus anderen Quellen bekannt, während es auf die von Haiumb, Löser und Schmuel sonst keine Hinweise gibt.

Wegen der hohen Überlieferungsdichte im 18. Jahrhundert sollen im Folgenden nur wenige exemplarische Beispiele geschildert werden, wobei durch eine systematischere Betrachtung vor allem allgemeine Tendenzen verdeutlicht werden[249]. Zwischen 1725 und 1806 lässt sich die zahlenmäßige Entwicklung der Häuser in jüdischem Besitz gut verfolgen:

Diagramm: Zahl der Häuser bzw. Haushälften in jüdischem Besitz (1725-1806)

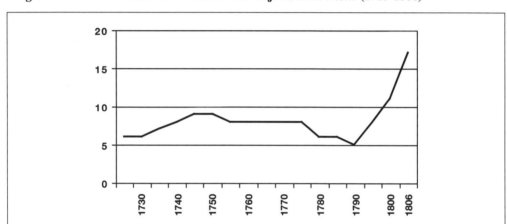

Von 1725 bis 1740 stieg die Zahl der Häuser, die ganz oder zur Hälfte in jüdischem Besitz waren, von sechs auf acht und erreichte von 1745 bis 1750 mit neun einen vorläufigen Höhepunkt, um dann für die nächsten 25 Jahre konstant bei acht zu liegen. Gegen Ende des 18. Jahrhunderts sank die Zahl – bei gleichzeitig wachsender jüdischer Bevölkerung – und erreichte im Jahr 1790 mit nur fünf Häusern einen Tiefststand. Von diesem Zeitpunkt an nahm der jüdische Hausbesitz in Pappenheim schnell zu und stieg auf acht (1795), elf (1800) und schließlich 17 im Jahr 1806. Auffällig ist dabei eine beträchtliche Fluktuation. Ein einziges Haus, die Judenschule (Nr. 18), befand sich von 1652 bis zum Ende des Untersuchungszeitraums konstant in jüdischem Besitz und bildete somit das kultische Siedlungszentrum[250]. Diese Funktion wurde durch die Lage fast exakt in der Mitte der Judengasse noch verstärkt. Mehrere Häuser, die seit Ende des 17. Jahrhunderts im Besitz von Juden gewesen waren, wurden nach 1750 an Christen verkauft. Gleichzeitig erwarben Juden zwischen 1733 und 1764 Häuser, die zuvor Christen gehört hatten. Diese blieben überwiegend bis nach 1806 in jüdischem Besitz und bildeten zusammen mit der Judenschule den Grundstock, auf dem das Wachstum nach 1790 einsetzte.

---

[247] StAN, Herrschaft Pappenheim, Akten Nr. 7732: Verzeichnus der bürgerlichen Häuser in der Vorstatt und hierinnen zu Pappenheimb (undatiert).

[248] Ebd.: der Bürger allhier baufällige Häuser betreffend vom 3. August 1668.

[249] Ausführliche Informationen zu allen Häusern in jüdischem Besitz können der Dokumentation im Anhang entnommen werden.

[250] Belege finden sich in der ausführlichen Dokumentation im Anhang.

Kap. 3: Die Juden unter reichserbmarschallischem Schutz

Die Rekonstruktion jüdischen Hausbesitzes ermöglicht es, die jüdische Siedlungstopographie in Pappenheim nachzuvollziehen. Für das 17. und frühe 18. Jahrhundert können allerdings nur allgemeine Aussagen gemacht werden. Mit Ausnahme des von Löser bis 1657 besessenen Hauses in der Nähe des ehemaligen Klosters befanden sich im 17. Jahrhundert alle Häuser, von denen bekannt ist, dass sie in jüdischem Besitz waren, in der Judengasse. Diese Situation ist jedoch nicht mit Isolation gleichzusetzen, da es Berichte über zweigeteilte Häuser, die von Juden und Christen bewohnt wurden, gibt und in den Kaufprotokollen gleichermaßen jüdische wie christliche Nachbarn genannt werden.

Im Folgenden soll die Entwicklung der jüdischen Siedlungstopographie zwischen 1725 und 1806 nachvollzogen werden[251]. Am Anfang dieses Zeitraums befanden sich zwei Häuser am Marktplatz (Nr. 1 und 131) und vier im oberen Teil der Judengasse (Nr. 2, 18, 19a und 19b). Hirsch Oppenheimers Haus am Markt (Nr. 131) wurde 1730 verkauft. Im Jahr 1733 kam erstmals ein Haus in der Herrngasse dazu, das allerdings durch die Herrnschmiedgasse über eine direkte Anbindung an die Judengasse verfügte: Die Kinder des verstorbenen Jeremias Zimmermann verkauften dessen Haus in der Herrngasse (Nr. 80) an Feis Judas. 1735 erwarb Abraham Reutlinger mit Nr. 33 ein Haus am südlichen Ende der Judengasse, im Jahr darauf kaufte Abraham Elias Coppel die obere Hälfte des Hauses von Johann Jacob Schedlichs Witwe (Nr. 15). Somit befanden sich 1740 zwei Häuser in jüdischem Besitz am Übergang vom Marktplatz zur Judengasse, vier in deren Mitte, darunter die Judenschule sowie je eines am südlichen Ende der Judengasse und in der parallelen Herrngasse[252].

Bis zum Jahr 1760 kam ein weiteres Haus im Randbereich der Judengasse hinzu: 1745 kaufte Schmuel Judas ein Haus (Nr. 163) beim Wirtshaus zum Weißen Rösslein, bei dem es sich wohl um ein ehemaliges Nutzgebäude handelte, da es als »Ochsenstadel« bezeichnet wurde. Dagegen erhielten die beiden Häuser neben der Judenschule christliche Besitzer. Das Haus von Jacob Samuel und Salomon Meyer übernahm im Jahr 1753 die Zinsmeisterei. Diese riss das Gebäude (Nr. 19b), das sich wahrscheinlich seit mindestens 1650 in jüdischem Besitz befunden hatte, ab und ersetzte es durch einen Neubau. Abraham Elias Coppel musste seine Hälfte von Nr. 15 im Jahr 1752 wegen Armut verkaufen. Er verließ Pappenheim, während seine Frau Rechel in einen Anbau hinter dem Haus zog (Nr. 79)[253]. In der Folgezeit kam es zu einer zunehmenden Konzentration auf die Umgebung der Judenschule. Seit 1764 besaß Simon Löw die obere Hälfte von Haus Nr. 14, die zuvor der Weber Matthias Maurer besessen hatte. Nach dem Tod von Isaac Jacob (1767) wurde dessen Haus am Markt (Nr. 1) an den Bäcker Christoph Fackler verkauft. Das benachbarte Haus Nr. 2 ging nach Esaias Simons Tod (1765) an seinen Sohn Hayum Hirsch und seinen Schwager Löw Jacob aus Thalmässing. Diese behielten es jedoch nicht, sondern verkauften es an Johann Veit Böhm. Auch wenn sich von den sechs Häusern eines in der Herrngasse und eines im Randbereich der Judengasse befand, fällt doch die Nähe aller Häuser zur Judenschule auf[254].

Die starke Zunahme um die Wende zum 18. Jahrhundert führte zu einem deutlich veränderten Siedlungsmuster. Zwar wurden mehrere Häuser in der Judengasse gekauft (Nr. 7, 13, 16 und 29), daneben auch Nr. 168 im Treuchtlinger Hof, der als Seitengasse der Judengasse aufgefasst werden

---

[251] Siehe dazu Karten 3–6 im Anhang, die die Situation in den Jahren 1740, 1760, 1780 und 1806 darstellen.
[252] Siehe Karte 3.
[253] Siehe Karte 4.
[254] Siehe Karte 5.

Kap. 3: Die Juden unter reichserbmarschallischem Schutz

kann. Dennoch lagen die meisten Neuerwerbungen dieser Jahre außerhalb der Judengasse: Nr. 1 am Marktplatz, Nr. 69, 72, 74, 76 und 77 in der Herrngasse und Nr. 87 im Stadtvogteigässlein, das Juden- und Herrngasse verbindet, so dass neben der Judengasse die Herrngasse als zweiter Siedlungskern zu erkennen ist[255]. Bis Ende des 18. Jahrhunderts befanden sich stets über die Hälfte, teilweise sogar mehr als drei Viertel der »jüdischen« Häuser in der Judengasse. Auch im Jahr 1806 waren sieben bzw., zählt man die Seitenstraßen mit, neun »jüdische« Häuser in der Judengasse, doch zugleich hatte sich in der Herrngasse mit sechs Häusern ein neuer Siedlungsschwerpunkt herausgebildet. Diese Entwicklung wird durch die Verteilung der Hausgenossen im Jahr 1811 bestätigt: Jeweils sechs wohnten in der Judengasse und der Herrngasse, drei am Marktplatz, zwei im Treuchtlinger Hof, je einer im Bauhof und in der Vorstadt[256]. Die Verlagerung in die Herrngasse wurde dadurch verstärkt, dass dort 1811 die neue Synagoge gebaut wurde[257].

Die Judengasse, mit 275 Metern die längste Straße im Zentrum von Pappenheim, kann als die Hauptstraße der kleinen Stadt bezeichnet werden[258]. Der Name Judengasse ist den gesamten Untersuchungszeitraum hindurch archivalisch belegt. Die Umbenennung in Wilhelm-Deisinger-Straße erfolgte im Jahr 1899[259]. Trotz der zeitweise deutlichen Konzentration auf die Judengasse ist es nicht gerechtfertigt, in Pappenheim von einer ghettoartigen Situation zu sprechen, da die von Juden bewohnten Häuser gleichmäßig über die aus 34 Häusern bestehende Straße verteilt waren. Dazu kommt, dass mehrere Häuser gemeinsam von Juden und Christen bewohnt wurden, was zu einer zusätzlichen Durchmischung der Wohnbereiche führte. Damit entsprechen die Verhältnisse in Pappenheim denen in angrenzenden Regionen Schwabens. Dort ist zwar durchaus eine räumliche Konzentration, die zum Teil auf die Synagoge als religiösen Mittelpunkt bezogen ist, aber keine Ausschließlichkeit oder gar Ghettostruktur zu erkennen[260].

Einige Häuser in jüdischem Besitz fallen durch ihre dominante Position auf, beispielsweise am Marktplatz (Nr. 1, 131 und 132) – Ersteres sogar neben dem Rathaus – oder in der Nähe des Alten Schlosses (Nr. 80 und später Nr. 76 und 77). Dies spricht für eine vergleichsweise tolerante Haltung. In Brandenburg-Ansbach hätte dies gegen die Bestimmungen der Judenordnung verstoßen, die vorschrieb, dass Schutzjuden »keine nahe an der Kirch oder auf dem Marckt stehende Häuser erkauffen und besitzen«[261] sollen. Für zahlreiche Orte ist eine Randlage der Judengasse überliefert,

---

[255] Siehe Karte 6.
[256] Näheres zu den Hausgenossen siehe unten.
[257] Diese (Nr. 70a) wurde in einem im Jahr 1811 von der Gemeinde gekauften Garten neu gebaut; auf dem gleichen Grundstück entstand auch eine Rabbinerwohnung (Nr. 70b). Siehe StAN, Katasterselekt, Steuergemeinde Pappenheim Bd. 4/1: Urkataster 1832/33, fol. 213.
[258] KRAFT, Städtebuch, S. 432.
[259] Im Frühjahr 1899 erhielten die meisten Pappenheimer Straßen neue Namen. Die ehemalige Judengasse wurde nach dem langjährigen Tierarzt Wilhelm Deisinger benannt, der 1874 Landstallmeister in Ansbach geworden war, seiner Geburtsstadt Pappenheim aber weiterhin verbunden blieb und sie als Universalerben in seinem Testament einsetzte. Siehe FLEISCHMANN, Chronik, S. 170–171.
[260] Dazu ULLMANN, Nachbarschaft, S. 355–356, für Kriegshaber, Pfersee, Buttenwiesen und Binswangen; JAKOB, Harburg, S. 116–118, für Harburg und OSTENRIEDER, Oettingen, S. 131, für Oettingen. Ganz anders war die Situation dagegen in Frankfurt am Main. Dort lebten die Juden vom Spätmittelalter bis 1796 im Wollgraben, einer engen Gasse hinter hohen Mauern. Die drei Tore zur Stadt wurden nachts und an Sonn- und Feiertagen geschlossen. Im Jahr 1709 wohnten 500 jüdische Familien mit ungefähr 3000 Personen in dieser Gasse auf engstem Raum. Siehe KAMPMANN, Deutsche, S. 89–90; dazu auch: VAN DÜLMEN, Gesellschaft, S. 279–305.
[261] Judenordnung von 1737, Tit. IV § 12, siehe ZIMMER, Ansbach, S. 87. Allerdings scheint diese seit 1726 erhobene Forderung nicht zu allgemeiner Anwendung gekommen zu sein. Vgl. HAENLE, Ansbach, S. 118.

viele Reichsritter brachten Juden in abseits gelegenen ehemaligen herrschaftlichen Gebäuden unter[262].

Im Allgemeinen ist es schwierig, Einblicke in das Innenleben »jüdischer« Häuser zu gewinnen, so dass es in der Literatur nur wenige entsprechende Hinweise gibt[263]. In Pappenheim ist es in einigen Fällen dank der Angaben in Kaufprotokollen zumindest ansatzweise möglich eine Vorstellung davon zu gewinnen, wie es in den Häusern von Juden ausgesehen hat. Derartige Beschreibungen sind nur für Hausteile, nicht aber ganze Häuser vorhanden, da nur in ersterem Fall ein Abgrenzungsbedarf der unterschiedlichen Besitzer bestand.

Aus dem 17. Jahrhundert liegen nur wenige Informationen vor. Beim Verkauf von Amschels Haus an Matthes und Hans Windemann erhielt Matthes eine obere Stube, eine Kammer, eine Küche sowie eine Kammer auf dem Boden, Hans die untere Stube, eine Küche, eine Kammer und eine Kammer auf dem Boden. Von den beiden genannten Kammern abgesehen wurden Boden, Keller, *Gärtlein* und Stall gemeinsam genutzt[264]. Als Hans Frischmann und Thomas Reindel das Haus der Juden Löser und Hainlein erwarben, verglichen sie sich über die künftige Aufteilung der Räume. Frischmann sollten eine Kammer, die obere Stube bei der Stiege sowie eine weitere Kammer und die ihr gegenüberliegende Küche zustehen. Dazu kamen das Gewölbe, ein Stall und ein kleiner Stall unter der Stiege. Reindel sollten ein Teil des Bodens, zwei Kammern, die untere Stube und Küche sowie ein Stall gehören. Beide hatten Anteile an Boden und Keller[265].

Im Jahr 1679 trugen Salomon und Schmuel vor Gericht einen Streit um ein gemeinsam besessenes Haus aus, bei dem es sich – auch wenn sich im Protokoll kein entsprechender Hinweis findet – um die Judenschule gehandelt haben dürfte[266]. Der Konflikt zwischen den beiden wurde durch die unterschiedlichen Familiengrößen ausgelöst, denn während Schmuels Haushalt zwölf Personen angehörten, waren Salomon und seine Frau nur zu zweit und durften deshalb *weniger gemächer genießen*. Schmuel entgegnete, dass *er nicht mehrers innen habe, als der Kläger, nemblich eine Stuben und zwei Kammern, und weiter nichts*. Außerdem befinde sich in dem Haus noch eine *Gastkammer*, in die sein Sohn samt Frau mit Salomons Einwilligung gezogen sei. Die bürgerlichen Vorsteher, die das Haus in Augenschein nahmen, stellten fest, dass Schmuel *ein garstiges Hauswesen* führe, aber bei der Verteilung der Zimmer keine große Ungleichheit bestehe. In der oberen Kammer würden Heu, Stroh und Holz gemeinsam gelagert. Jedoch wurde die strittige *Gastkammer* Salomon zugesprochen und Schmuel wurde aufgefordert seine beiden verheirateten Söhne anderswo unterzubringen[267].

Genaue Einblicke in das Gebäude, das die Judenschule beherbergte (Nr. 18), lassen sich aus einem 1793 getroffenen Tauschvertrag zwischen Löw Amson und seinem Sohn Samuel Löw ge-

---

[262] Vgl. KÖNIG, Judenverordnungen, S. 75.
[263] Bei ULBRICH, Shulamit, S. 216–218, Auflistung eines Hausinventars; Purin kann anhand der nach einem Pogrom angefertigten Schadenslisten für die Sulzer Juden Anordnung und Einrichtung der Räume in den von ihnen bewohnten Häusern rekonstruieren. Siehe PURIN, Sulz, S. 54–61.
[264] StAN, Herrschaft Pappenheim, Akten Nr. 4635/23, S. 61–64: Eintrag vom 30. Oktober 1653.
[265] StAN, Herrschaft Pappenheim, Akten Nr. 4635/25, S. 28–30: Eintrag vom 15. Februar 1659.
[266] Laut Zinsmeistereirechnungen teilten sich seit 1672 Salomon und Schmuel das Gebäude, in dem sich die Judenschule befand. Siehe StAN, Herrschaft Pappenheim, Rechnungen Nr. 6196/24: Zinsmeistereirechnungen 1672/73. Es ist sehr unwahrscheinlich, dass ein weiteres Haus von Personen gleichen Namens bewohnt wurde.
[267] StAN, Herrschaft Pappenheim, Akten Nr. 4635/29: Eintrag vom 25. August 1679.

Kap. 3: Die Juden unter reichserbmarschallischem Schutz

winnen. Löw Amson hatte bisher die obere Hälfte besessen, die aus einer Stube, zwei Kammern, einer Küche, einem Kämmerlein sowie einer Laubhütte bestand. In Samuel Löws unterer Hälfte waren zwei Stuben, eine Kammer und eine Küche. Diese war jedoch nicht vollständig ausgestattet, da er das Recht hatte in der oberen Küche zu waschen und zu backen. Gemeinsam wurden der Boden, der Stall und der Garten genutzt. Der Vertrag erwähnt zwar die im Haus befindliche Judenschule, macht aber über deren Größe und Lage keine genaueren Angaben[268].

Aus den Hausbeschreibungen werden beträchtliche Größenunterschiede ersichtlich. Abraham Hünlein erwarb 1801 die untere Hälfte von Haus Nr. 87. Sein Anteil am kleinen Haus verfügte über eine Stube, eine Kammer, eine Küche, einen Gang und einige Anbauten. Dagegen bestand die obere Hälfte von Haus Nr. 15, die Abraham Elias Coppel 1736 von Johann Jacob Schedlichs Witwe kaufte, aus drei Stuben, fünf Kammern, einer gewölbten Küche, einem Keller, Ställen und einem Garten. Meist kamen zu den eigentlichen Wohnräumen Anteile an weiteren Stockwerken wie Keller und Boden sowie auf dem Grundstück befindliche Anbauten, Nebengebäude oder auch ein »Sekret« (Abtritt). So erwarb Simon Löw 1764 mit der unteren Hälfte von Haus Nr. 14 einen Anspruch auf die Hälfte von Boden, Keller, Stall und Hof inklusive – obgleich er als Jude keine Schweine gehalten haben dürfte – Schweinestall und Dungstatt. Zusätzlich teilten sich Juden und ihre oftmals christlichen Mitbewohner in vielen Fällen eine Küche, in der gebacken und gewaschen werden konnte, so zum Beispiel bei Nr. 15 und Nr. 69. Für den Unterhalt von gemeinsam genutzten Einrichtungen wie Dach, Treppen und Brunnen bestanden teilweise ebenfalls detaillierte Vereinbarungen[269]. Beim Kaufvertrag für Haus Nr. 14 wurde ausdrücklich hervorgehoben, dass sich die zwei Besitzer die Kosten für die Reparatur von Dach und Treppen teilen sollen, bei Nr. 28 war der Brunnen gemeinsam zu unterhalten.

Obwohl in einigen Fällen die Zahl der zur Verfügung stehenden Zimmer bekannt ist, ist es äußerst schwierig die Wohnverhältnisse einzuschätzen. Folgt man den Kaufprotokollen, so verfügte jede Familie über ein halbes bzw. ganzes Haus und damit, da zumindest im Zentrum Pappenheims alle Häuser zweistöckig waren, über ein oder sogar zwei Stockwerke. Nicht mit einbezogen werden können in diese Rechnung jedoch die Hausgenossen, für die es vor 1806 nur vereinzelte Nachweise gibt. Wenn an diese, wovon auszugehen ist, in mehreren »jüdischen« Häusern ein oder mehrere Zimmer vermietet wurden, war die Wohnsituation nicht so günstig wie auf den ersten Blick vermutet werden könnte. Sie könnte damit näher an die von Sabine Ullmann für die schwäbischen Judendörfer beschriebene relativ dichte Belegung der Häuser, die von Juden bewohnt wurden, herangekommen sein, als dies anhand der für Pappenheim verfügbaren Quellen zunächst erscheinen würde[270].

Während über die Juden, die im Besitz eines Hauses oder Hausteils waren, durch diverse Verzeichnisse viel zu erfahren ist und ihr Hausbesitz weit zurück verfolgt werden kann, sieht dies bei den Juden, die kein eigenes Haus hatten, ganz anders aus. Die Hausgenossen sind in den Quellen

---

[268] Diese und die folgenden Beschreibungen der Hausteile sind in der Dokumentation im Anhang detailliert belegt.
[269] Zu derartigen Regelungen in Bezug auf gemeinsame Küchen, Böden und Reparaturen siehe für Schwaben: ULLMANN, Nachbarschaft, S. 350.
[270] In Buttenwiesen teilten sich 43 jüdische Familien 17 Häuser. Drei Familien bewohnten ein ganzes, 15 ein halbes und 23 ein drittel Haus. In Kriegshaber wohnten im Jahr 1730 62 Familien in 18 Häusern, in Pfersee verteilten sich im Jahr 1701 28 jüdische Haushalte auf zwölf Seldenhäuser. In Binswangen lebten 46 Familien in 23 Häusern. Siehe ULLMANN, Nachbarschaft, S. 349–353.

Kap. 3: Die Juden unter reichserbmarschallischem Schutz

deutlich unterrepräsentiert und es existieren nur wenige Belege für ihre Wohnsituation[271]. Erste exakte Angaben über das Verhältnis zwischen Hausbesitzern und Hausgenossen liegen aus dem frühen 19. Jahrhundert vor. Im Jahr 1807 sind 19 Juden, die ein ganzes Haus oder einen Hausteil besaßen, und ebenso viele Mieter verzeichnet[272]. Die Steuerbeschreibungen der zweiten Hälfte des 18. Jahrhunderts bestätigen dieses Bild im Wesentlichen[273]. Folglich kann davon ausgegangen werden, dass sich zwei in etwa gleich große Gruppen gegenüberstanden und es ungefähr genauso viele Juden gab, die Miete zahlten, wie solche, die im Besitz ihrer Wohnung waren[274]. Der Status als Hausgenosse musste nicht unbedingt Zeichen von geringem Vermögen oder niedriger sozialer Stellung sein. So konnten verarmte Juden ein kleines Haus besitzen, auf dem noch dazu hohe Hypotheken lasteten. Andererseits finden sich unter den Hausgenossen etliche Juden, deren finanzielle Situation gesichert war oder die sogar als reich bezeichnet werden können. So besaßen die aus Pfalz-Neuburg zugezogenen Esaias Simon, Joseph Goldschmidt und Philipp Joseph lange Zeit bzw. nie ein Haus, obwohl sie bei der Handelssteuer dem oberen Mittelfeld zugeordnet sind[275].

Frühe Belege für jüdische Mieter sind vereinzelt in eigentlich zu anderen Zwecken erstellten Akten zu finden. So erwähnt der Amtsbericht über die Steuerzahlung der Pappenheimer Juden, dass die seit vielen Jahren von der Steuer befreite *alte Arndin* bei Feis Judas *im Haußzinß* wohne[276]. Möglicherweise hielt sich Nathan Reutlinger 1696 bei seinem Schwiegervater Hirsch Oppenheimer auf[277]. Im Jahr 1700 suchte Löw David aus Regensburg nicht nur um Schutz, sondern bat auch um eine Wohnung. In seinem Gesuch wies er darauf hin, dass *zwey Judenwohnungen* leer stünden. Dabei handelte es sich um die des verstorbenen alten Schmuel und der verstorbenen Izigin[278]. Schließlich wurde Löw David die Wohnung des Schmuel gegen einen Hauszins von 8 fl. zugesagt[279].

---

[271] Vgl. ULLMANN, Nachbarschaft, S. 354, die festgestellt hat, dass jüdische Mieter nur vage zu fassen sind.

[272] StAN, Herrschaft Pappenheim, Akten Nr. 4722/I: Verzeichniß sämmtlicher Pappenheimischer Schutzjuden zu Pappenheim vom 19. Februar 1807. Ähnliche Zahlen liefert auch das Verzeichnis des Jahres 1811 (Ebd.: Verzeichnis der Jüdischen Familien in Pappenheim und Stärke derselben vom 14. Januar 1811): Zehn besaßen ein ganzes, acht ein halbes, drei ein drittel Haus, 19 lebten zur Miete und in einem Fall sind die Wohnverhältnisse unklar. Da diese spätere Übersicht auch die Hausnummern nennt, wird unten noch näher auf sie eingegangen.

[273] Sie können bezüglich der Hausgenossen bestenfalls ungefähre Anhaltspunkte liefern, da sie kein statisches Bild zu einem bestimmten Zeitpunkt zeichnen, sondern alle Personen nennen, die ab dem Zeitpunkt der Anlage des jeweiligen Verzeichnisses in Pappenheim Steuern zahlten. Dabei sind Anfangs- und Enddatum – im Gegensatz zum Besitzerwechsel bei einem Haus – nicht immer eindeutig aufgeführt.

[274] In der Literatur finden sich sehr unterschiedliche Angaben zum Anteil der jüdischen Hausgenossen. In Harburg waren sie im Jahr 1728 mit 44 % überrepräsentiert. Siehe JAKOB, Harburg, S. 114–115; in Steinbiedersdorf (Lothringen) war in der zweiten Hälfte des 18. Jahrhunderts sogar nur ein Drittel der jüdischen Haushaltsvorstände Hausbesitzer. Siehe ULBRICH, Shulamit, S. 201.

[275] Siehe dazu Kapitel 4.2. und insbesondere Tabellen 27 und 28 im Anhang.

[276] StAN, Herrschaft Pappenheim, Akten Nr. 4719: Amtsbericht über die Pappenheimer Judensteuer vom 10. Oktober 1757.

[277] In einem Protokoll heißt es: Nathan *bey seinem Schweher Hirsch Oppenheimer allhier zu Pappenheim angesessen*. Siehe StAN, Herrschaft Pappenheim, Akten Nr. 4635/57, fol. 173r: Eintrag vom 14. Juni 1696.

[278] Izigin hatte anscheinend ein halbes Haus in der Judengasse besessen. Wegen Schulden geriet es in den Besitz von Herrschaft und Gläubigern, die es nach Izigins Tod am 20. April 1701 an Hans Peter Reinbold verkauften. Siehe StAN, Adel Archivalien Nr. 4628, S. 336: Eintrag vom 30. April 1701.

[279] StAN, Adel Archivalien Nr. 4628, S. 302: Eintrag vom 25. August 1700.

Kap. 3: Die Juden unter reichserbmarschallischem Schutz

Von der Forderung Abraham Israels an Jacob Samuel im Jahr 1717 wurden 21 fl. Hauszins abgezogen, die er dessen kurz zuvor verstorbenen Vater Schmuel schuldig geblieben war[280]. Die Schlussfolgerung, dass Abraham bei Schmuel zur Miete gelebt hatte wird durch eine Übersicht der Hausgenossen vom April 1717 bestätigt[281]. Laut dieser hielt sich Abraham Israel mit Frau und zwei Kindern im Haus des Schmuel auf. Außer ihm führt diese Liste zwei weitere jüdische (Löser und Meyer) und 33 christliche Hausgenossen auf. Löser war aus Regensburg nach Pappenheim gekommen und befand sich beim Sattler Gronenger *in der Herberg*. Der 61-jährige Meyer stand bereits seit 34 Jahren unter Pappenheimer Schutz. Bei wem er wohnte, ist nicht vermerkt, dafür aber, dass er sich *um ein halbes Häußlein beworben* habe. In der Designation der Haushalte vom Februar 1718 werden die drei Hausgenossen als eigene Haushalte aufgeführt, sie unterscheidet also nicht zwischen Hausbesitzern und Hausgenossen[282]. Laut Amtsprotokoll des Jahres 1787 wurde Feis Meyer als Hausgenosse bei dem Hoffischer Werkmann eingeschrieben[283]. 1796 schuldete Eißig den Erben des kürzlich verstorbenen Schreinermeisters Wild 23 fl. 10 kr. Hauszins[284].

Das früheste Verzeichnis, das die Nummern der gemieteten Häuser nennt, stammt vom 14. Januar 1811 und führt 19 jüdische Mieter auf[285]. Sechs von ihnen lebten bei Juden, zwölf bei Christen und in einem Fall kann dies nicht mit Sicherheit gesagt werden, da das Haus (Nr. 76), in dem Moses Simon wohnte, von einem Juden und einem Christen besessen wurde. Somit wohnten deutlich mehr Juden bei Christen als bei Juden zur Miete[286]. Wegen der weitaus größeren Zahl von christlichen Hausbesitzern – bei einem jüdischen Bevölkerungsanteil von knapp über 10 % – ist dennoch von einer Tendenz, eher bei den eigenen Glaubensgenossen zu wohnen, auszugehen.

Zeitweise lebten Juden im Dorf Langenaltheim. Zu den wenigen Hinweisen auf ihre Existenz gehören Informationen über Häuser, die sie dort besaßen. 1659 kaufte Izing ein *bloshaus* mit Garten von Hans Nidermeier für 23 Reichstaler. Drei Jahre später übergab er die Hälfte des Hauses an seinen Schwiegersohn Feyus[287]. Im Jahr 1672 erhielt der Sohn Abraham die andere Hälfte als Heiratsgut und verkaufte sie bald darauf an seinen Bruder Moses aus Treuchtlingen, der 1674 das gesamte Haus erwarb[288]. Mit dem Verkauf an den Pappenheimer Metzger Hans Christoph Körnden für 44 fl. 30 kr. im August 1678 endete die »jüdische« Geschichte dieses Hauses[289]. Einige Jahrzehnte später besaß Nathan Reutlinger ein Haus in demselben Ort, das er aber allem Anschein nach

---

[280] StAN, Herrschaft Pappenheim, Akten Nr. 8166: Amtsprotokoll vom 29. Oktober 1717. Davon waren 9 fl. für ein Jahr und 12 fl. für zwei weitere Jahre bestimmt.

[281] StAN, Herrschaft Pappenheim, Akten Nr. 7761: Consignatio der in Pappenheim sich befindlichen Haußgenossen (1717).

[282] StAN, Herrschaft Pappenheim, Akten Nr. 8196: Designation der allhiesigen Judenfamilien vom 28. Februar 1718.

[283] StAN, Adel Archivalien Nr. 4618, S. 221: Eintrag vom 12. Februar 1787.

[284] StAN, Herrschaft Pappenheim, Akten Nr. 6003/70, fol. 33–34: Eintrag vom 3. Mai 1796.

[285] StAN, Herrschaft Pappenheim, Akten Nr. 4722/I: Verzeichniß der Jüdischen Familien in Pappenheim und Stärke derselben vom 14. Januar 1811. Ein darauf basierendes Verzeichnis jüdischer Hausgenossen findet sich in Tabelle 23 im Anhang.

[286] Auch in Oettingen (OSTENRIEDER, Oettingen, S. 131) und Harburg (JAKOB, Harburg, S. 114–115) wohnten Juden bei christlichen Vermietern. In Harburg wohnten die jüdischen Hausgenossen je zur Hälfte bei Juden und Christen.

[287] StAN, Herrschaft Pappenheim, Akten Nr. 4635/24: Eintrag vom 2. Oktober 1659 und Nr. 4635/26, fol. 84v: Eintrag vom 17. August 1662.

[288] StAN, Herrschaft Pappenheim, Akten Nr. 4635/28, fol. 67r: Eintrag vom 19. Mai 1672, fol. 23r: Eintrag vom 27. Februar 1674 und fol. 35v–36r: Eintrag vom 27. August 1674.

[289] StAN, Herrschaft Pappenheim, Akten Nr. 4635/32, fol. 136r: Eintrag vom 26. August 1678.

nie selber bewohnte. Am 19. Januar 1728 heiratete Caspar Heimisch *derzeit in Langenaltheim auf deß Juden Nathan Hof* Walburga Danmüller aus Geislohe[290]. Knapp zehn Jahre später wurde Heimisch als *Baumeister des Juden Nathan Reutlinger zu Langenaltheim*[291] bezeichnet. Reutlinger besaß dieses Haus mindestens bis 1741, als er es dem Neudorfer Pfarrer Martin Grünwedel, von dem er sich 400 fl. lieh, als Sicherheit samt Stadel und Pflanzgärtlein verschrieb[292].

3.4 Zusammenfassung: Demographie, Familien und Wohntopographie

Sowohl für Pappenheim als auch Regensburg ist ein, obgleich ungleichmäßiges und nicht kontinuierliches, Wachstum der jüdischen Bevölkerung über den Untersuchungszeitraum feststellbar. Dies entspricht der Tendenz in anderen Orten, in denen Juden lebten. Obwohl es deutlich kleiner war als Regensburg, lebten in Pappenheim mehr Juden, es hatte somit einen weitaus höheren jüdischen Bevölkerungsanteil. Welche Faktoren auf die jüdische Bevölkerungsentwicklung in Pappenheim einwirkten, ist nicht erkennbar. Dagegen ist offensichtlich, dass in Regensburg äußere Einflüsse begrenzend wirkten. Dies ist nicht nur an der – im Vergleich mit Pappenheim eher geringen – Größe der Gemeinde, sondern auch an den Haushaltsstrukturen erkennbar.

Als wichtigstes Ergebnis der in engem Zusammenhang miteinander stehenden Kapitel 3.2.2. und 3.2.3. kann festgehalten werden, dass die Pappenheimer Juden mit ihrer jüdischen Umwelt vielfach verknüpft waren. Dies ist zum einen am Heiratsverhalten erkennbar. So waren später bedeutende Pappenheimer Juden wie zum Beispiel Hirsch Oppenheimer und Nathan Reutlinger als Schwiegersöhne nach Pappenheim gekommen. Ein großer Teil der Pappenheimer Juden verheiratete seine Kinder auswärts, meist in einem Umkreis von 50 bis 100 Kilometern. Einige Ehen wurden auch über deutlich weitere Entfernungen geschlossen, wie am Beispiel der Töchter Jacob Amsons besonders gut erkennbar ist. Dies wird beim Vergleich mit anderen Juden wie Feis Judas, die ihre Kinder zwar ebenfalls mit auswärtigen Juden verheirateten, die Partner aber in weitaus näher zu Pappenheim gelegenen Orten fanden, deutlich. Ein weiterer Beleg für Verknüpfungen mit anderen Orten ist das Dienstpersonal, das vor allem aus fränkischen Gemeinden stammte. Zusätzlich gibt es Hinweise auf unterschiedlichste Kontakte zu Juden in anderen Orten und Territorien. Neben dieser äußeren Vernetzung kann zugleich die innere Verknüpfung einer Pappenheimer Elite festgestellt werden: Diese reicht von Amson bis zu Löw Amson über den gesamten Untersuchungszeitraum. Zu den seit dem Ende des 30-jährigen Krieges in Pappenheim lebenden Familien kamen Juden, die von außerhalb zugezogen waren. Hier sind als größere Gruppen insbesondere im Jahr 1742 aus Pfalz-Neuburg vertriebene und in der zweiten Hälfte des 18. Jahrhunderts aus Orten wie Treuchtlingen stammende Juden zu nennen. Bei Letzteren ist jedoch nicht erkennbar, ob sie Töchter Pappenheimer Juden heirateten oder ob sie zusätzlich in den Schutz aufgenommen wurden. Außer in Pappenheim und Regensburg lebten einige Juden unter dem Schutz der Reichserbmarschälle in München. Zwar war München und der dortige Hof ihr wirtschaftlicher Schwerpunkt, doch durch Schutzbrief und verwandtschaftliche Beziehungen hatten sie zugleich Bindungen an Pappenheim.

Die Untersuchung des Hausbesitzes der Pappenheimer Juden zeigt, dass es hier kaum Einschränkungen gab. Trotz einer bis in die zweite Hälfte des 18. Jahrhunderts feststellbaren Konzen-

---

[290] LKAN, KBZ 224 Bd. 5: Eintrag vom 19. Januar 1728.
[291] StAN, Adel Archivalien Nr. 4592, S. 319–320: Eintrag vom 11. Juli 1736.
[292] StAN, Adel Archivalien Nr. 4546, S. 129–131: Eintrag vom 13. Juni 1741.

tration auf die Judengasse ist eine Ghettobildung nicht zu beobachten. Auch lebten die Pappenheimer Juden keineswegs an den Rand gedrängt, sondern in der Mitte der Stadt, zum Teil sogar an prominenter Stelle. Mit Ausnahme der Judenschule gab es kaum feste »Judenhäuser«, vielmehr ist ein teilweise reger Besitzerwechsel zwischen Juden und Christen feststellbar. Dank unterschiedlicher Verzeichnisse ist es nicht nur möglich, die Lage der Häuser zu ermitteln, sondern auch einen Blick in ihr Inneres zu erlangen. Während über die Hausbesitzer vielfältige Informationen gewonnen werden können, ist in Bezug auf die »Hausgenossen« nur wenig – zeitlich vor allem auf das Ende des Untersuchungszeitraums begrenzt – in Erfahrung zu bringen. Zusammenfassend ist ein (zumindest räumlich) eher enges Nebeneinander von Juden und Christen zu erkennen. Juden und Christen waren nicht nur Nachbarn, oftmals bewohnten sie sogar gemeinsam ein Haus und teilten einige Einrichtungen wie Küche und Brunnen.

4 DIE FISKALISCHEN LEISTUNGEN VON JUDEN AN DIE REICHSERBMARSCHÄLLE

In der Literatur wird immer wieder ein enger Zusammenhang zwischen der Aufnahme von Juden in einem Territorium und dessen Finanzbedarf hergestellt. So weist Mordechai Breuer darauf hin, dass die Abgaben der Juden für viele Reichsritter und kleine Reichsstände ein wichtiger fiskalischer Faktor gewesen seien[1]. Hartmut Heller bezeichnet die Aufnahme in den Schutz im 17. und 18. Jahrhundert als »regelrechtes wirtschaftspolitisches Instrument«, sie sei daher »nicht der Toleranz, sondern kühler Gewinnsucht« entsprungen[2]. Eine vergleichbare Ansicht vertritt Sabine Ullmann: »Da Schutzjuden mit einer Fülle an Sonderabgaben belastet werden konnten, bot sich ihre Ansiedlung besonders an«[3].

Vor dem Hintergrund der These vom Nutzen der Juden sollen die fiskalischen Leistungen der unter dem Schutz der Reichserbmarschälle stehenden Juden an diese und die herrschaftlichen Kassen näher untersucht werden. Dabei sind sowohl Abgaben, die für das Verhältnis zwischen Juden und ihrer Obrigkeit typisch waren (Schutzgeld), als auch solche, bei denen sich Juden nicht oder nur unwesentlich von anderen Einwohnern eines Territoriums unterschieden, zu betrachten. In den ersten drei Kapiteln geht es um das von den Pappenheimer Juden entrichtete Schutzgeld sowie die von ihnen geforderten Steuern und sonstigen Abgaben. Daran anschließend werden die von der Herrschaft Pappenheim von auswärtigen Juden erhobenen Zölle behandelt. Zuletzt wird auf die von den Regensburger Juden an die Reichserbmarschälle zu entrichtenden Abgaben eingegangen.

4.1 Gegenleistung für die Schutzgewährung: Das Schutzgeld

Das Schutzgeld wurde als Gegenleistung für die Schutzgewährung und das damit verbundene Bleibe- und Niederlassungsrecht verstanden[4]. Im Allgemeinen kann zwischen Generalschutzgeld und individuellem Schutzgeld unterschieden werden. Bei Ersterem wird ein Betrag festgelegt, der von allen Juden eines Ortes bzw. Territoriums gemeinsam bezahlt werden musste. Die Aufteilung unter den einzelnen Juden erfolgte dann intern. Vor allem in Städten wurde oft ein Pauschalbetrag gefordert, der von den Gemeindevorstehern auf die einzelnen Mitglieder umgelegt wurde[5]. Beim individuellen Schutzgeld hatte jeder Schutzjude einen einheitlichen oder nach Vermögen gestaffelten Betrag zu entrichten. Daneben gab es Mischformen. So mussten zum Beispiel in Floß die 15 »alten« Familien zusammen 180 fl. aufbringen, während später zugezogene – »neue« – Juden ihr Schutzgeld individuell bezahlten[6].

---

[1] Vgl. BREUER, Frühe Neuzeit, S. 86.
[2] HELLER, Jüdische Landgemeinden, S. 8.
[3] ULLMANN, Nachbarschaft, S. 53.
[4] Siehe MARZI, Judentoleranz, S. 48; SCHOLL, Juden, S. 108.
[5] BREUER, Frühe Neuzeit, S. 135, führt das Beispiel Berlin an. Laut Breuer besteht ein enger Zusammenhang zwischen der Einführung des Generalschutzgelds und der Entstehung von Landjudenschaften, auf deren Landtagen über dessen Verteilung entschieden wurde. Siehe Ebd., S. 194.
[6] Siehe HÖPFINGER, Floß, S. 53–54, 341–343. Das Beispiel Floß zeigt alle Möglichkeiten der Schutzgeldbe-

Kap. 4: Die fiskalischen Leistungen von Juden an die Reichserbmarschälle

In Pappenheim gab es stets nur die Form des individuellen Schutzgelds, das *jeder Schutzverwandter [...] einer wie der andere* – wie es in einer Stellungnahme zu den Abgaben der Pappenheimer Juden aus dem Jahr 1775 heißt – zu entrichten hatte[7]. Gewöhnlich wurde das Schutzgeld ab dem Tag des Schutzantritts fällig. Kaum war dem Regensburger Löw David der Schutz in Pappenheim erteilt worden, wurden von ihm 10 fl. Schutzgeld pro Jahr gefordert[8]. Doch es gab auch Ausnahmen von dieser Vorgehensweise. Den aus Pfalz-Neuburg vertriebenen Esaias Simon und Joseph Goldschmidt wurde 1741 aus nicht näher genannten Gründen der freie Aufenthalt für zwei Jahre gewährt. Sollten sie länger in Pappenheim bleiben wollen, hatten *sie, und ein jeder besonders, jährlich das gewöhnliche Schutzgeldt* zu entrichten[9]. Bei den in Pappenheim geborenen Juden, die in den Schutz aufgenommen wurden, begann die Schutzgeldzahlung meist mit der Hochzeit. Isaac Salomon Model wurde im November 1763 der Schutz zugesagt, das Schutzgeld setzte aber erst mit seiner Hochzeit im Juli 1764 ein[10]. Vergleichbar war die Situation bei Lazarus Isaac, dem im September 1795 ein Schutzdekret erteilt worden war, das Schutzgeld wurde jedoch erst ab dem 30. Juni 1796 *als dem Tag seiner Hochzeit* verlangt[11].

Die wenigen vorhandenen Belege für die Höhe des Schutzgelds im 17. Jahrhundert deuten darauf hin, dass der allgemeine Satz bei 10 fl. lag. In den Jahren 1650 bis 1658 bezahlten Salomon und Löser jeweils 10 fl. Schutzgeld[12]. Das Einnahmebuch des Jahres 1686 verzeichnet die Schutzgeldzahlung von drei Juden: von Hirsch 10 fl. und von Berle 5 fl.; dagegen war Schmuel *ganz erarmbt und also von demselben nichts zu erhalten*[13]. Der Rezess von 1692 äußerte sich ebenfalls zum Schutzgeld und beschrieb vier verschiedene Schutzgeldsätze: Der Hofjude sollte doppelt so viel wie ein gewöhnlicher Schutzjude zahlen und das Schutzgeld im Gegensatz zu den übrigen Juden direkt an den Reichserbmarschall und nicht an die gemeinherrschaftliche Kasse abführen. Hirsch Oppenheimer und Schmuel der Jüngere entrichteten 10 fl., der alte Schmuel, Berle und Hirschs Vater 5 fl. und der Schulmeister bzw. Totengräber 3 fl. Für die Zukunft, *nach abgang derer izigen zweyen ordinair Juden*, sah der Rezess vor, das Schutzgeld so weit wie möglich über 10 fl. anzuheben[14]. Später wurde tatsächlich der Versuch einer Schutzgelderhöhung unternommen. Im November 1709 berichtete Stadtvogt Georg Philipp Oßwald an Reichserbmarschall Christian Ernst von seinen Bemühungen das Schutzgeld gemäß Paragraph 30 des Rezesses zu erhöhen. Bei Nathan Reutlinger sollte das Schutzgeld rückwirkend von 1700 an von 10 fl. auf 20 fl. und bei Meyer von 5 fl. auf 10 fl. angehoben werden[15]. Das Vorhaben scheint jedoch nicht in die Tat umgesetzt worden zu sein, da das Schutzgeld für lange Zeit bei 10 fl. blieb.

---

rechnung auf: Nach der erstmaligen Aufnahme von Juden war das Schutzgeld zunächst von jedem einzeln zu entrichten, 1740 wurden die Beträge addiert und die Umlage auf die Schutzjuden wurde Aufgabe der Gemeinde. In der zweiten Hälfte des 18. Jahrhunderts kam es dann zur Differenzierung zwischen »alten« und »neuen« Juden.

[7] StAN, Herrschaft Pappenheim, Akten Nr. 8225: Stellungnahme von Simon Löw, Heyum Hirsch Isaias, Henle Salomon Levi und Amson Abraham Reutlinger vom 26. September 1775.

[8] StAN, Adel Archivalien Nr. 4628, S. 302: Eintrag vom 25. August 1700.

[9] StAN, Herrschaft Pappenheim, Akten Nr. 4715: Schutzbrief für Esaias Simon vom 7. September 1741.

[10] StAN, Herrschaft Pappenheim, Akten Nr. 5916/VIII: Schutzgesuch Isaac Salomon Models vom 10. Mai 1763. In Oettingen wurde 1768 der Versuch gemacht, das Schutzgeld schon vom Tag vor der Schutzzusage und nicht von der Hochzeit an zu berechnen, siehe JAKOB, Harburg, S. 19.

[11] StAN, Herrschaft Pappenheim, Amtsbücher Nr. 132, fol. 575: Bezugsregister über die Herbstgefälle bey dem hochgräflichen Stadtvogteiamt allhier (1784–1796).

[12] StAN, Herrschaft Pappenheim, Akten Nr. 8127: Abrechnung vom 19. Januar 1659.

[13] StAN, Herrschaft Pappenheim, Akten Nr. 3622/II: Einnahmebuch 1686/87, S. 143.

[14] StAN, Herrschaft Pappenheim, Urkunden Nr. 4413: Rezess vom 31. Juli 1692.

[15] StAN, Herrschaft Pappenheim, Akten Nr. 8149: Bericht Stadtvogt Georg Philipp Oßwalds an den Reichserbmarschall vom 9. November 1709.

Kap. 4: Die fiskalischen Leistungen von Juden an die Reichserbmarschälle

Im Jahr 1786 wurde der allgemeine Schutzgeldsatz in der Herrschaft Pappenheim von 10 fl. auf 5 fl. halbiert. Diesem Schritt vorausgegangen war ein Gesuch von sieben Pappenheimer Schutzjuden, in dem sie sich für die Senkung des Schutzgelds oder der Steuern einsetzten. Als Grund für ihre Bitte führten sie vor allem ihre deutlich verschlechterten Verdienstmöglichkeiten in Eichstätt an: *weil zu Eichstädt wir gegenwärtig schon seit 6 Monaten wöchentlich nur einmal dahin dürfen und mit unseren Waaren gar nicht mehr handeln sollen*[16], *welches gegen sonsten einen merklichen Unterschied ausmacht und den Verfall unserer Nahrung verursacht hat*[17]. Am 4. April 1786 fasste die Regierungskanzlei den Beschluss die Bittsteller der gräflichen Gnade zu empfehlen, da die Schutzgeldhöhe nicht mehr den wirtschaftlichen Gegebenheiten entspreche. Daraufhin entschied Johann Friedrich Ferdinand am 22. April, dass *supplicirende Schutzjuden in Rücksicht ihrer nahrungslosen Zeiten und ihres Unvermögens auf so lange bis [der] ein oder andere in beßere Umstände kommt auf jährlich 5 fl. in Gnaden moderirt seyn sollen*[18]. Die besseren Umstände scheinen bis zum Ende der Herrschaft Pappenheim nicht mehr eingetreten zu sein, denn in einer Beschreibung der früheren Zustände aus dem Jahr 1814 wird die Reduzierung auf 5 fl. als letzter Stand beschrieben[19].

Auch ein Verzeichnis der Pappenheimer Schutzjuden aus dem Jahr 1807 hielt 5 fl. als Regelsatz fest, lediglich David Moses zahlte 6 fl.[20]. Allerdings erfolgte die Halbierung der Schutzgeldhöhe nicht so schlagartig, wie dies aus der Perspektive des frühen 19. Jahrhunderts scheinen mag. Alle Juden, die das Bittgesuch unterzeichnet hatten, zahlten ab Michaelis 1785 nur noch den reduzierten Satz. Als Grund wird im Bezugsregister der Stadtvogtei stets das Dekret vom 22. April 1786 angeführt[21]. Dagegen wurde das Schutzgeld von Löw Samuel erst ab dem 31. Juli 1789 halbiert, das von Israel Feis ab 1790 und Löw Amsons 1792. Alle nach dem 22. April 1786 neu aufgenommenen Juden wurden mit 5 fl. eingestuft. Die einzige Ausnahme war Moyses David, der Jacob Bär Lippmanns Witwe heiratete und ab Juni 1790 6 fl. Schutzgeld zahlen sollte[22].

Mit zunächst 10 fl., später 5 fl. war die Belastung durch Schutzgeld in der Herrschaft Pappenheim eher gering. Von vergleichbarer Höhe war es in Brandenburg-Ansbach. Dort hing die Höhe des Schutzgelds vom Vermögen des Einzelnen ab. Um 1670 reichte es von 6 fl. bis 18 fl., 1724 wurde es von Markgräfin Christiane Charlotte auf 7 fl. 8 kr. festgelegt. Weniger Bemittelte zahlten

---

[16] Eine Durchsicht der Eichstätter Hofkammer-, Hofrats- und Regierungsprotokolle aus dem Zeitraum Januar 1785 bis Juni 1786 (StAN, Hochstift Eichstätt, Eichstätter Archivalien Nr. 3318, 3319, 3320 und 3321) ergab keinen Hinweis auf eine derartige Maßnahme.

[17] StAN, Herrschaft Pappenheim, Akten Nr. 6003/53, fol. 43: Eintrag vom 4. April 1786.

[18] StAN, Herrschaft Pappenheim, Akten Nr. 4725: Abschrift aus der Stadtvogteiamtsrechnung 1786/87.

[19] *In älteren Zeiten wurde von jedem jüdischen Familien-Vater jährlich 10 fl. für Schutzgeld [verlangt], bei der eingetretenen Nahrungslosigkeit durch Beschränkung der jüdischen Handelschaften und daraus erstandenen Vermögensverfall mehrerer Familien wurde aber von gräflich Herrschaft im Jahr 1786 das Schutzgeld auf jährlich 5 fl. in so lange moderirt, bis ein oder der andere familien Vater in bessere umstände kommen und das ganze Schutzgeld von jährlich 10 fl. wieder zu geben in Stande seyn wird*: StAN, Herrschaft Pappenheim, Akten Nr. 4724: Darstellung der jüdischen Abgaben vom 20. Januar 1814.

[20] StAN, Herrschaft Pappenheim, Akten Nr. 4722/I: Verzeichniß sämmtlicher pappenheimischer Schutzjuden zu Pappenheim vom 19. Februar 1807. Dies bestätigt die Fassion von 1808, die bei allen Hausbesitzern 5 fl. Schutzgeld verzeichnet: StAN, Katasterselekt, Steuergemeinde Pappenheim Bd. 1.

[21] StAN, Herrschaft Pappenheim, Akten Nr. 6003/53, fol. 43: Eintrag vom 4. April 1786.

[22] StAN, Herrschaft Pappenheim, Amtsbücher Nr. 132, fol. 571–576: Bezugsregister über die Herbstgefälle bey dem hochgräflichen Stadtvogteiamt allhier (1784–1796). Die Entwicklung des Schutzgelds in dieser Zeit kann der Übersicht in Tabelle 25 im Anhang entnommen werden.

Kap. 4: Die fiskalischen Leistungen von Juden an die Reichserbmarschälle

die Hälfte oder sogar nur ein Viertel. Diese Regelung blieb auch bestehen, als das Schutzgeld 1757 auf 9 fl. 30 kr. erhöht wurde. Zusätzlich waren seit 1677 von der Landjudenschaft 1200 Taler Generalschutzgeld zu bezahlen, die auf die einzelnen jüdischen Familien umgelegt wurden[23]. Die Harburger Schutzgeldsätze entsprachen ebenfalls in etwa den Pappenheimern, dazu kam allerdings noch das bei der Neuausstellung des Judenschutzbriefs zu entrichtende Schutzlosungsquantum. Von 1671 bis 1693 lag das Schutzgeld bei 9 fl. bis 10 fl., zwischen 1713 und 1760 bei 15 fl. und ab 1760 bei 12 fl. Witwen zahlten jeweils nur den halben Betrag. De facto herrschten auch in Harburg große individuelle Unterschiede. Im Jahr 1750 gab es nicht weniger als zehn verschiedene Beträge[24].

Ein deutlich höheres Schutzgeld als in Pappenheim zahlten die Juden in Pfersee: die Markgrafschaft Burgau erhielt 5 fl. bis 12 fl. Sitzgeld, die Ortsherrschaft 25 fl. Schutzgeld[25]. Auch in der Markgrafschaft Baden war die Belastung höher. Dort wurden Anfang des 18. Jahrhunderts 40 fl. in den Städten und immerhin 25 fl. auf dem Land verlangt[26]. Bei einem Vergleich der unterschiedlichen Schutzgeldhöhen muss allerdings jeweils auf örtliche Besonderheiten geachtet werden. Für eine vergleichsweise reiche Gemeinde wie das vor den Toren Augsburgs gelegene Pfersee konnte ein höheres Schutzgeld weit weniger belastend sein als ein niedriges für eine arme Landgemeinde. Wie das badische Beispiel mit nach Stadt und Land differenziertem Schutzgeld zeigt, wurde unterschiedlichen Verhältnissen durchaus Rechnung getragen. Da von den Pappenheimer Juden kein sonderlich hohes Schutzgeld gefordert wurde, lässt sich – von diesen Überlegungen ausgehend – schlussfolgern, dass sie bestenfalls als durchschnittlich vermögend eingeschätzt wurden. Zu dieser Tatsache dürften die Lage und das wirtschaftliche Potential Pappenheims beigetragen haben. Dagegen zahlten die Schutzjuden in Regensburg ein weitaus höheres Schutzgeld, das die Reichserbmarschälle sowohl mit deren Vermögen als auch mit der Attraktivität Regensburgs begründen konnten[27].

In Pappenheim gab es in Einzelfällen reduzierte Schutzgeldsätze, zum Beispiel für Kultusbedienstete. Dieser Regelung lag wohl die Annahme zugrunde, dass diese durch ihre Tätigkeit bedingt keinen oder nur wenig Handel trieben[28]. Einen niedrigeren Satz für Kultusbedienstete zeigt eine Abrechnung der Herrschaft mit dem Juden Amschel. Dieser bezahlte für den Totengräber und Schulmeister Abraham zwischen 1666 und 1680 zehnmal das Schutzgeld in Höhe von 1 fl. 30 kr. pro Jahr[29]. Wie aus dem Rezess zu ersehen ist, wurde dieser Betrag spätestens 1692 verdoppelt. An dieser Praxis wurde bis zum Ende der Herrschaft Pappenheim festgehalten: 1807 betrug das Schutzgeld des Rabbiners Moses Tabor 3 fl.[30]. Höchstwahrscheinlich zahlten die Kultusbediensete-

---

[23] HAENLE, Ansbach, S. 104–107; TADDEY, Jerusalem, S. 75.
[24] JAKOB, Harburg, S. 18.
[25] ULLMANN, Nachbarschaft, S. 103–104, 516; durch den für die Juden grundsätzlich vorteilhaften geteilten Judenschutz gab es dort eine doppelte Besteuerung. Günstiger war das abseitiger gelegene Binswangen, wo 1736 zu 5 bis 7 fl. Schutzgeld noch 30 kr. bis 3 fl. Sitzgeld kamen.
[26] HOLENSTEIN, Bitten, S. 132.
[27] Das Schutzgeld in Regensburg wird in Kapitel 4.5. ausführlicher behandelt.
[28] Diesbezügliche Einschränkungen der Gemeindebediensteten in Pappenheim sind nicht bekannt. Zu vereinzelten Hinweisen auf eine Handelstätigkeit eines »Rabbis« siehe Kapitel 7.2. Die Ansbacher Judenordnung von 1737 (Tit II, § 2–3) unterscheidet zwischen Judenschulmeistern und Vorsingern, die keinen Handel treiben, und solchen, die selbst oder durch Verwandte Handel treiben. Während Erstere von Schutzgeld und anderen Abgaben befreit waren – sie wurden als »vor Lohn bestellte Gesind und Brödlinge tractiret« –, mussten Letztere Schutzgeld entrichten. Siehe ZIMMER, Ansbach, S. 82.
[29] StAN, Herrschaft Pappenheim, Akten Nr. 8125: Abrechnung der Herrschaft mit Amschel.

Kap. 4: Die fiskalischen Leistungen von Juden an die Reichserbmarschälle

ten ihr Schutzgeld nicht selbst, sondern die jüdische Gemeinde beglich es für sie. Neben der gerade geschilderten Situation zwischen 1666 und 1680 gibt es entsprechende Hinweise auch aus dem 18. Jahrhundert. Nachdem 1744 und 1745 Nathan Reutlinger 3 fl. Schutzgeld für den Rabbiner entrichtet hatte, übernahm sein Sohn Salomon in den Jahren 1746 bis 1754 diese Zahlung[31]. Weshalb er für das Schutzgeld des Rabbiners aufkam, geht aus diesem Bericht nicht hervor. Jedoch wird er 1751 als Almosenpfleger bezeichnet[32] und in dieser Funktion war er möglicherweise für die Finanzen der jüdischen Gemeinde zuständig. Im Amtsbericht über die Judensteuer aus dem Jahr 1757 heißt es, dass die jüdische Almosenkasse für den Vorsinger jährlich 3 fl. abführe[33].

Das Dienstpersonal verfügte über keinen eigenen Schutzbrief, sondern wurde als Bestandteil des Haushalts eines Schutzjuden aufgefasst und war folglich nicht schutzgeldpflichtig. Eine Ausnahme, die anhand der vorhandenen Akten nicht erklärt werden kann, war Abraham Israel, der sich bei Hirsch Oppenheimer in Diensten befand. In einem Bericht aus dem Jahr 1717 heißt es, dieser sei *bereits 10 Jahr in diensten bey Hirsch Juden alhier und gebe sein Schutzgeld mit 3 fl.*[34].

Einige Juden, die zwar unter Pappenheimer Schutz standen, aber nicht dauerhaft dort wohnten, entrichteten einen niedrigeren Schutzgeldsatz. Marx Lazarus, der sich seit 1776 als Schulmeister in Dittenheim aufhielt, sollte während der Zeit seiner Abwesenheit nur 3 fl. Schutzgeld zahlen[35]. Doch auch die reduzierte Summe überforderte dauerhaft seine finanziellen Möglichkeiten, so dass die Mitglieder der Regierungskanzlei empfahlen, ihn vom Schutzgeld zu befreien, ihm aber wegen *seines hiesigen Wohlverhaltens* weiterhin den Schutz zu gewähren[36]. Henle Salomon Levi bat 1782 um eine ähnliche Vorgehensweise. In seinem Gesuch wies er darauf hin, dass seine Handelschaft in München sehr heruntergekommen sei und er durch sein *so zu sagen doppeltes Hauswesen*, da er in München, seine Frau und die sieben Kinder aber in Pappenheim wohnten, zusätzlich belastet werde[37]. Mit diesem Ansinnen war er zunächst nicht erfolgreich; erst im April 1787 wurde sein jährliches Schutzgeld – vor allem in Anbetracht seiner Schulden – auf 1 fl. reduziert. Außerdem hielt er sich von diesem Zeitpunkt an mit seiner Familie dauerhaft in München auf. Am 23. August 1792 wurde er dann vollständig vom Schutzgeld befreit[38]. Löw Abraham, der 1793 mit Frau und Kindern nach München gezogen war, entrichtete für die *Beybehaltung seines Schutzes* 3 fl.[39]. Ein

---

[30] StAN, Herrschaft Pappenheim, Akten Nr. 4722/I: Verzeichniß sämmtlicher pappenheimischer Schutzjuden zu Pappenheim vom 19. Februar 1807, Nr. 4724: Darstellung der jüdischen Abgaben vom 20. Januar 1814.
[31] StAN, Herrschaft Pappenheim, Akten Nr. 8212: Abrechnung mit sämtlichen Juden zu Pappenheim (1744–1758), fol. 6, 9, 35, 44, 49, 60, 67, 69.
[32] StAN, Adel Archivalien Nr. 4633, S. 82: Eintrag vom 26. Oktober 1751. Ausführlicher zu diesem Amt siehe Kapitel 7.2.
[33] StAN, Herrschaft Pappenheim, Akten Nr. 4719: Amtsbericht über die Pappenheimer Judensteuer vom 10. Oktober 1757.
[34] StAN, Herrschaft Pappenheim, Akten Nr. 7761: Consignatio der in Pappenheim sich befindlichen Haußgenossen (1717).
[35] StAN, Herrschaft Pappenheim, Amtsbücher Nr. 132, fol. 564: Bezugsregister über die Herbstgefälle bey dem hochgräflichen Stadtvogteiamt allhier (1784–1796); grundsätzlich: Akten Nr. 6003/39, fol. 25: Eintrag vom 16. Februar 1776.
[36] StAN, Herrschaft Pappenheim, Akten Nr. 6003/52, fol. 121v–122v: Eintrag vom 1. November 1785.
[37] StAN, Herrschaft Pappenheim, Akten Nr. 5999/XI, fol. 15a: Eintrag vom 14. März 1782.
[38] StAN, Herrschaft Pappenheim, Akten Nr. 6003/56, fol. 57: Eintrag vom 18. April 1787; Amtsbücher Nr. 132: Bezugsregister über die Herbstgefälle bey dem hochgräflichen Stadtvogteiamt allhier (1784–1796), fol. 563.
[39] StAN, Herrschaft Pappenheim, Amtsbücher Nr. 132: Bezugsregister über die Herbstgefälle bey dem hochgräflichen Stadtvogteiamt allhier (1784–1796), fol. 565.

derartiges Vorgehen scheint keineswegs unüblich gewesen zu sein: In Offenbach bezahlten etliche sich auswärts aufhaltende Juden zur »Conservation ihres Schutzes« einen niedrigeren Schutzgeldsatz[40].

Der wichtigste Grund für eine Reduzierung oder sogar vollständige Befreiung vom Schutzgeld war jedoch Armut. Aaron entrichtete in den Jahren 1737 und 1738 mit 5 fl. den halben Satz. Seiner Witwe Theresel wurden am 10. Februar 1745 5 fl. ausstehendes Schutzgeld erlassen, sie selbst wurde davon für die Zukunft entbunden[41]. Im August 1740 wurde Moyses Israel zugestanden, *in Ansehen seiner bekannten Armut* künftig statt 10 fl. nur noch 5 fl. Schutzgeld abzuführen. Zugleich wurde ihm die Hälfte der rückständigen 28 fl. erlassen, dafür hatte er *die andere Helfte desto richtiger abzuführen*. Zwar nennt das Schutzgeldverzeichnis der Jahre 1754 und 1755 Moyses Israel mit dem halben Betrag, doch seine Armut machte es ihm unmöglich diesen aufzubringen[42]. Im Dezember 1756 wandte er sich zum wiederholten Mal an Kanzleirat und Stadtvogt Zenk und bat wegen *großer Armuth* um *Befreiung von denen bereits verflossenen Jahren* als auch für *die noch wenigen Tage unseres Lebens*[43]. Zwei Monate später wurde seinem Ansuchen entsprochen, zugleich wurden ihm seine seit 1749 angesammelten Rückstände erlassen. Lediglich 1 fl. Schutzgeld zahlten Joseph Isaac (1784 bis 1796) und Wolf Moyses (1786 bis 1792)[44]. Nachdem Samuel Jacobs Schutzgeld im März 1768 zunächst auf 5 fl. halbiert worden war, wurde er ein Jahr später bis zur Besserung seiner Umstände völlig befreit[45]. Am 21. Oktober 1794 wurde Benjamin Feis wegen *notorischer Dürftigkeit und Entblößung von allen Verdienst* sein jährliches Schutzgeld in Höhe von 3 fl. erlassen[46].

Gerade Witwen wurde oft ein Schutzgeldnachlass oder sogar eine völlige Befreiung gewährt. Vielfach zahlten sie bis zu ihrer Wiederverheiratung nur die Hälfte dessen, was ihr Mann früher entrichten musste[47]. Philipp Josephs Witwe Bela wurde auf ihr Gesuch vom 29. November 1775 gestattet, künftig nur noch das halbe Schutzgeld zu zahlen[48]. Obwohl ihr Mann nicht gestorben war, kann die Stellung von Abraham Elias Coppels Frau Regel mit der einer Witwe verglichen werden. Die seit der Ausweisung ihres zahlungsunfähigen Mannes allein lebende Regel wurde im Januar 1753 auf Lebenszeit von allen Abgaben und damit auch vom Schutzgeld befreit[49].

Bei einigen Juden sammelten sich beträchtliche Schutzgeldrückstände an. Eine Übersicht aus dem Jahr 1755 führt bei Moyses Israel 30 fl., bei Abraham Reutlinger 84 fl. 44 kr., bei Moyses

---

[40] DECKER, Offenbach, S. 62.
[41] StAN, Herrschaft Pappenheim, Rechnungen Nr. 6333/2: Ausgabenverzeichnis von 1738; Akten Nr. 6003/VIII, S. 5: Eintrag vom 10. Februar 1745.
[42] StAN, Herrschaft Pappenheim, Akten Nr. 6003/IV, S. 31: Eintrag vom 10. August 1740; Rechnungen Nr. 6330/4, S. 101 und Nr. 6330/5, S. 99: Verzeichnis der Einnahmen vom Judenschutz 1754 und 1755.
[43] StAN, Herrschaft Pappenheim, Rechnungen Nr. 6333/16: Moderationsgesuch Moyses Israels vom 19. Januar 1757.
[44] Siehe StAN, Herrschaft Pappenheim, Amtsbücher Nr. 171: Steuerbeschreibung in der Stadt (1768), S. 355 und Nr. 132: Bezugregister über die Herbstgefälle bey dem hochgräflichen Stadtvogteiamt allhier (1784–1796), fol. 562 und 570.
[45] StAN, Herrschaft Pappenheim, Akten Nr. 5999/III, fol. 6b: Eintrag vom 23. März 1768 und fol. 13b: Eintrag vom 22. Februar 1769.
[46] StAN, Herrschaft Pappenheim, Akten Nr. 6003/66, fol. 135: Eintrag vom 21. Oktober 1794.
[47] Zur Praxis in anderen Territorien siehe JAKOB, Harburg, S. 18, und MARZI, Judentoleranz, S. 80.
[48] StAN, Herrschaft Pappenheim, Akten Nr. 6003/38, fol. 110: Eintrag vom 5. Dezember 1775.
[49] StAN, Herrschaft Pappenheim, Rechnungen Nr. 6333/10: Moderationsgesuch der Regel Reutlingerin vom 19. Oktober 1752.

Kap. 4: Die fiskalischen Leistungen von Juden an die Reichserbmarschälle

Elias Model 10 fl., bei Michel Abraham 24 fl. und bei Isaac Jacob 2 fl. 30 kr. auf[50]. Joseph Goldschmidt häufte in den Jahren 1773 bis 1780 einen Schutzgeldrückstand von 80 fl. an[51]. Joseph Isaac kam 1775 ebenfalls auf eine Schutzgeldschuld von 80 fl. Aus diesem Grund war er mit seiner Bitte um Befreiung erfolgreich[52]. Die nicht gerade geringen Rückstände etlicher Juden werfen die Frage auf, wie hoch der fiskalische Nutzen der Juden tatsächlich war. Da derartige Befunde auch für andere Abgaben zutreffen, wird darauf erst in der Zusammenfassung eingegangen.

Abschließend soll ein Überblick über die Entwicklung der Einnahmen aus dem Schutzgeld gegeben werden. Da Einzelhinweise, wie zum Beispiel Fragen des Schutzgeldnachlasses, gegenüber den systematischen Verzeichnissen deutlich überwiegen, ist eine vollständige Übersicht nur für kurze Zeiträume ab der Mitte des 18. Jahrhunderts möglich. Einen ersten Anhaltspunkt gewährt die *Abrechnung mit allen Juden 1742–1756*. Sie ist zwar für die ersten und letzten Jahre sehr lückenhaft, doch für die Jahre 1746 bis 1751 kann (weitgehende) Vollständigkeit angenommen werden. 1746 bezahlten neun, von 1747 bis 1750 zehn und 1751 sogar elf Juden Schutzgeld[53]. In den Jahren 1754 und 1755 wurden jeweils 108 fl. Schutzgeld eingenommen[54]. Der Bericht über die Pappenheimer Judensteuer aus dem Jahr 1757 weist den Ertrag aus dem Schutzgeld mit 123 fl. aus. Demnach entrichteten zwölf Juden den vollen Betrag von 10 fl., der Vorsinger 3 fl., neun Juden waren vom Schutzgeld befreit und Coßmann Gumperts gab als Asylant 1 fl. 15 kr. Geleitgeld[55].

1768 betrug das Aufkommen aus dem Schutzgeld 100 fl. und 1770 lag es bei 73 fl. 45 kr.[56]. Zwischen dem 1. März 1782 und dem 12. März 1783 wurden 94 fl. eingenommen[57]. Detaillierte Angaben über die Schutzgeldentrichtung zwischen 1784 und 1796 sind dem Bezugsregister über die Herbstgefälle bei der Stadtvogtei zu entnehmen[58], das die Entwicklung über einen längeren Zeitraum dokumentiert. Waren 1784 noch 157 fl. Schutzgeld entrichtet worden, waren es nach dem umfassenden Nachlass im Jahr 1786 nur 114 fl., 1790 war das Schutzgeldaufkommen sogar auf 77 fl. gesunken. 1796 hatte es sich bei 80 fl. stabilisiert, nicht zuletzt da seit 1791 neun Schutzjuden neu aufgenommen worden waren.

Es gibt keine Hinweise – weder in Verordnungen noch in Rechnungen – darauf, dass in der Herrschaft Pappenheim für die Schutzerteilung eine besondere Gebühr fällig wurde. Lediglich der Verwaltungsvorgang bzw. das gestempelte Papier für den Schutzbrief wurde laut Stampfpapier-Ordnung von 1774 mit 1 fl. 30 kr. (*Erteilung des Judenschutzes*) berechnet[59]. Damit hob sich

---

[50] StAN, Herrschaft Pappenheim, Rechnungen Nr. 6333/15: Ausgabenverzeichnis (1756).
[51] StAN, Herrschaft Pappenheim, Akten Nr. 8223: Consignatio der jährlichen Schuldigkeiten Joseph Goldschmidts.
[52] StAN, Herrschaft Pappenheim, Akten Nr. 6003/38, fol. 115v: Eintrag vom 19. Dezember 1775.
[53] StAN, Herrschaft Pappenheim, Akten Nr. 8212: Abrechnung mit sämtlichen Juden zu Pappenheim (1744–1758).
[54] StAN, Herrschaft Pappenheim, Rechnungen Nr. 6330/4, S. 101 und Nr. 6330/5, S. 99: Verzeichnis der Einnahmen vom Judenschutz 1754 und 1755.
[55] StAN, Herrschaft Pappenheim, Akten Nr. 4719: Amtsbericht über die Pappenheimer Judensteuer vom 10. Oktober 1757. Die Entwicklung zwischen 1746 und 1757 kann Tabelle 24 im Anhang entnommen werden.
[56] StAN, Herrschaft Pappenheim, Akten Nr. 7874: Einnahmen und Ausgaben des Stadtvogteiamtes 1767–1774.
[57] StAN, Herrschaft Pappenheim, Akten Nr. 6862: Zusammentrag der sämtlichen Geldrenner bey hiesig hochgräflichem Stadtvogteiamt von Invocavit 1782 bis Invocavit 1783.
[58] StAN, Herrschaft Pappenheim, Amtsbücher Nr. 132: Bezugsregister über die Herbstgefälle bey dem hochgräflichen Stadtvogteiamt allhier (1784–1796), fol. 561–577: Judenschutz in der Stadt. Die Entwicklung der Schutzgeldzahlung in dieser Zeit ist Tabelle 25 im Anhang zu entnehmen.
[59] StAN, Herrschaft Pappenheim, Akten Nr. 5999/X: Stampfpapier-Ordnung (1774). Eine vergleichbare Ge-

Kap. 4: Die fiskalischen Leistungen von Juden an die Reichserbmarschälle

Pappenheim von der Praxis anderer Territorien ab[60]. Das benachbarte Brandenburg-Ansbach verlangte eine so genannte Rezeptions- oder Konzessionsgebühr. Die Judenordnung von 1737 sah von jedem neu rezipierten Schutzjuden für den Schutzbrief in der Residenzstadt Ansbach 60 Taler, in Landstädten 50 Taler und in Marktflecken und Dörfern 25 Taler vor[61]. Im oettingischen Harburg wurden seit 1697 20 fl. Rezeptionsgeld gefordert[62]. Zusätzlich fiel in der Grafschaft Oettingen eine derartige Gebühr nicht nur bei der Schutzaufnahme, sondern bei jeder Verlängerung des Judenschutzbriefs an. Im Jahr 1740 entrichteten in Oettingen-Oettingen die Gemeinden Oettingen, Hainsfarth, Harburg und Mönchsdeggingen (insgesamt 175 Schutzjudenfamilien) 4000 fl. für einen Zeitraum von zehn Jahren[63]. Ähnlich war, so Cilli Kasper-Holtkotte, die Situation im Saar-Mosel-Raum: »Bei der erstmaligen Geleitserteilung mußte der Neuaufgenommene immer ein Eingangs- bzw. Einzugsgeld zahlen«[64].

Zusammenfassend lässt sich festhalten, dass das vergleichsweise niedrige individuelle Schutzgeld in Pappenheim den Gegebenheiten angepasst werden konnte. Obwohl es neben dem Regelsatz von 10 fl. bzw. 5 fl. mehrere Abstufungen (für Kultusbedienstete, sich meist auswärts aufhaltende Juden, Witwen und Verarmte) gab, waren die Unterschiede in der Schutzgeldhöhe insgesamt eher gering. Dagegen fällt in Floß eine weitaus stärkere Differenzierung des Schutzgelds auf. Dort schwankte es im Jahr 1735 zwischen 4 fl. 7 kr. und 31 fl. 41 kr., 1773 zwischen 3 fl. 36 kr. und 29 fl. 30 kr.[65]. Ferner fielen in Pappenheim – anders als in vielen Territorien – im Zusammenhang mit der Schutzgewährung und -erteilung fast keine weiteren Gebühren an. Wegen zahlreicher Moderationen konnte nur ein Teil der eigentlich möglichen Einnahmen aus dem Schutzgeld erzielt werden.

In einem abschließenden Exkurs soll kurz auf die in der zweiten Hälfte des 17. Jahrhunderts in dem Dorf Langenaltheim lebenden Juden eingegangen werden, da das von ihnen an die Reichserbmarschälle entrichtete Schutzgeld zu den wenigen erhalten gebliebenen Spuren ihrer Existenz gehört. Als Izig dort 1659 das Haus des Hans Nidermeier kaufte, verglich er sich mit der Herrschaft Pappenheim auf *jarlich Schuzgelt auf 8 fl.*[66]. Knapp drei Jahre später übergab er die Hälfte des Hauses an seinen Schwiegersohn Feyus, der ab 1663 jährlich 2 fl. Schutzgeld zahlen sollte[67]. Die andere Haushälfte erhielt 1672 Izigs Sohn Abraham, der von diesem Zeitpunkt an 6 fl. Schutzgeld entrichtete[68]. Nur zwei Jahre später veräußerte Abraham seine Haushälfte an seinen in Treuchtlingen wohnenden Bruder Moses, der das Schutzgeld *von künftig Pfingsten bis Michaelis pro rata zu bezahlen* hatte[69].

---

bühr gab es auch in Pfalz-Zweibrücken. Dort waren für das gestempelte Papier des Schutzbriefformulars 60 kr. zu entrichten. Siehe SCHOLL, Juden, S. 114–115.
[60] So schreibt BREUER, Frühe Neuzeit, S. 134: »um den Status eines Schutzjuden zu erlangen, mußte man zuerst die meist hohe Summe des ›Aufnahmegelds‹ hinterlegen.«
[61] ZIMMER, Ansbach, S. 81 (Tit. I § 6); dazu auch HAENLE, Ansbach, S. 107; eine vergleichbare Regelung gab es im Hochstift Würzburg, siehe KÖNIG, Judenverordnungen, S. 43.
[62] JAKOB, Harburg, S. 19–20.
[63] MORDSTEIN, Untertänigkeit, S. 204–206, 366–368.
[64] KASPER-HOLTKOTTE, Aufbruch, S. 99; in Kurtrier betrug das Einzugsgeld 50 fl., siehe Ebd., S. 106.
[65] HÖPFINGER, Floß, S. 341–343.
[66] StAN, Herrschaft Pappenheim, Akten Nr. 4635/24: Eintrag vom 2. Oktober 1659.
[67] StAN, Herrschaft Pappenheim, Akten Nr. 4635/26, fol. 84r: Eintrag vom 17. August 1662.
[68] StAN, Herrschaft Pappenheim, Akten Nr. 4635/28, fol. 67r: Eintrag vom 19. Mai 1672.
[69] Ebd., fol. 23r: Eintrag vom 27. Februar 1674.

4.2 Die Steuerleistung der Juden

Für die Untersuchung der von den Pappenheimer Juden geleisteten Steuerzahlungen stehen mehrere Quellen zur Verfügung. Besondere Bedeutung kommt den schon behandelten Steuerbeschreibungen der Stadtvogtei zu[70], die ab 1697 Auskunft über die Steuerpflicht der Pappenheimer Hausbesitzer und aller Hausgenossen, die für ihr Gewerbe Steuern zahlen mussten, geben. Da in ihnen sämtliche nach der Anlage des Verzeichnisses erfolgten Steuererhöhungen bzw. -senkungen aufgeführt werden, können Veränderungen leicht nachvollzogen werden. Eine weitere für die Steuern wichtige Quelle sind die wohl zu jedem Steuertermin erstellten, aber nur noch für einige Jahrgänge vorhandenen Steuerregister[71]. In ihnen werden alle Personen aufgeführt, die zu diesem Termin Steuern zahlten. Sie bilden damit die Situation zu einem bestimmten Zeitpunkt ab und sind daher gut zur Einschätzung der Steuerhöhe eines Einzelnen in Relation zu anderen geeignet. Folglich erlauben sie auch einen Vergleich zwischen Juden und Christen. Außerdem entstand zu jedem Steuertermin eine Übersicht über die seit dem letzten Mal erfolgten Zu- und Abgänge. Diese Listen würden, wären sie vollständig vorhanden, eine Fortschreibung der Steuerregister ermöglichen[72].

Grundsätzlich galt für alle Bewohner Pappenheims, also Christen und Juden, ein einheitliches Steuersystem. Diese Beobachtung scheint mit den Verhältnissen in anderen Territorien übereinzustimmen. So betonte der Schutzbrief für die Juden in Harburg von 1679 die Gleichbehandlung von Juden und Christen bei den Steuern[73]. In Pappenheim setzte sich die Vermögenssteuer aus einer Haus- und einer Gewerbekomponente zusammen; Hausgenossen mussten natürlich nur Letztere entrichten[74]. In den Verzeichnissen wurde nur ein »Steuerfuß«, nicht aber das tatsächliche Vermögen, auf das sich die zu entrichtenden Steuern bezogen, angegeben. Unklar ist, wie sich der Steuerfuß berechnete und in welchem Verhältnis er zum Wert eines Hauses, dem Vermögen oder

---

[70] Siehe dazu Kapitel 3.3.
[71] StAN, Herrschaft Pappenheim, Akten Nr. 3763/I (Steuerregister Pappenheim Andreas 1695), Nr. 3763/II (Rittersteuer Lichtmeß 1702), Nr. 3763/IV (Rittersteuer Termin Obersten 1706), Nr. 3763/V (Rittersteuerregister Obersten 1703), Nr. 3763/16 (Kammersteuerregister Georgi 1762), Rechnungen Nr. 6333/3 (Martini 1739), Nr. 6333/4 (Martini 1745), Nr. 6333/5 (Martini 1747), Nr. 6333/6 (Martini 1748), Nr. 6333/7 (Martini 1749), Nr. 6333/8 (Martini 1750), Nr. 6333/9 (Martini 1751): Steuerregister über die Stadtvogtey Untertanen in der Stadt, Nr. 6333/10 (Martini 1752), Nr. 6333/11 (Martini 1753), Nr. 6333/13 (Martini 1754), Nr. 6333/14 (Martini 1755), Nr. 6333/16 (Martini 1756): Kammersteuerregister über die Stadtvogtey Untertanen in der Stadt, Nr. 6811/24 (Steuerregister bey der Stadtvogtey Michaelis 1746), Nr. 6812/27 (Michaelis 1737), Nr. 6812/28 (Michaelis 1738), Nr. 6812/29 (Michaelis 1740), Nr. 6812/33 (Michaelis 1759, Georgi 1760), Nr. 6814/1 (Michaelis 1696, Michaelis 1697, Michaelis 1698, Michaelis 1700): Steuerregister, Nr. 6814/20 (Berechnung der bey Stadtvogtey Martini 1774 erhobenen 3/4 Gulden Steuer); Akten Nr. 6829 (Steuerbares Vermögen bei dem Stadtvogteiamt Pappenheim 1701).
[72] StAN, Herrschaft Pappenheim, Akten Nr. 3759/I (Weihnachten 1796), Nr. 5916/XIV (Martini 1793 bis Martini 1797), Rechnungen Nr. 6814/22 (Steuerberechnung 1770–1773 in der Stadt), Nr. 6824/2 (Martini 1797), Nr. 6824/4 (Georgi 1798), Nr. 6824/6 (Georgi 1799), Nr. 6824/8 (Georgi 1800), Nr. 6824/10 (Georgi 1801), Akten Nr. 6859 (Steuerab- und -zugänge bey Stadtvogteiamt 1776–1795), Rechnungen Nr. 6875/1 (Lichtmeß, Georgi und Weihnachten 1793), Nr. 6875/2 (Lichtmeß, Georgi, Trinitatis und Martini 1794).
[73] Siehe JAKOB, Harburg, S. 27. Im Gegensatz dazu gab es im zwischen Bremen und Hannover gelegenen Nienburg eine eigene Steuerklasse für Juden, die um 50 % über den Bürgern in der höchsten Steuerklasse lag. Siehe SABELLECK, Nienburg, S. 40.
[74] Zu ähnlichen Steuermodellen in Reichsstädten siehe KSOLL, Steuern, S. 25–30; RIEDER, Weißenburg, S. 1219–1221.

Kap. 4: Die fiskalischen Leistungen von Juden an die Reichserbmarschälle

dem jährlichen Handelsvolumen stand. Da keine zeitgenössischen Regelungen überliefert sind, muss davon ausgegangen werden, dass es sich um – auf einer mehr oder weniger exakten Vermögensschätzung beruhende – Steuerklassen handelte, die zumindest tendenziell in einem Zusammenhang zur Größe des Hauses[75] und des Handels standen. Das Funktionieren der Einschätzung soll am Beispiel der Steuerbeschreibung von 1697 nachvollzogen werden: Von den sieben aufgeführten Juden hatten fünf Häuser, die mit 40 fl. bis 100 fl. angesetzt wurden. Der Handel wurde mit 20 fl. bis 300 fl. eingestuft: je einmal 20 fl., 30 fl. und 60 fl., zweimal 150 fl. und zweimal 300 fl. Insgesamt reichte der Steuerfuß von 20 fl. bis 375 fl.[76]. Oftmals wurde der Betrag nicht genau aufgeschlüsselt, sondern nur eine Gesamtsumme genannt. 1732 heißt es bei Jacob Samuel: *versteuert von seinem halben Haus und Handthierung 50 fl.*[77]. Möglicherweise ist darin, wie auch der recht niedrigen Gesamtsumme, ein Hinweis auf nur geringen Erwerb, der beim Haus miteingeschlossen war, zu sehen.

Wie viel Steuern tatsächlich zu bezahlen waren, ist mit Hilfe der Steuerregister nachzuvollziehen. Für jedes Jahr wurde die Zahl der Steuertermine und die Höhe der zu ihnen erhobenen Steuern festgelegt. So bestimmte die Regierungskanzlei am 8. Oktober 1793, dass im Jahr 1794 an insgesamt neun Terminen die folgenden Steuern bezahlt werden sollten: Lichtmess (2. Februar: 1 %), Georgi (23. April: 0,75 %), Trinitatis (15. Juni: 1 %), Johannis (24. Juni: 1 %), Michaelis (29. September: 1 %), Martini (11. November: 1,75 %), Andreae (30. November: 1 %), Luciae (13. Dezember: 1 %), Weihnachten (25. Dezember: 1 %)[78]. Eine auf 1 % festgelegte Steuer bedeutete, dass von einem Steuerfuß von 100 fl. 1 fl. Steuern abzuführen waren. Im als Beispiel herangezogenen Jahr 1794 mussten somit 9,5 % des Steuerfußes entrichtet werden. Mitte des 18. Jahrhunderts war die Steuerbelastung dagegen niedriger gewesen[79]. Im Jahr 1744 waren zu Lichtmess (2. Februar: 1 %), Georgi (23. April: 1,5 %), Jacobi (25. Juli: 1 %), Michaelis (29. September: 1 %), Martini (11. November: 0,75 %) und Weihnachten (25. Dezember: 1 %) Steuern zu zahlen. Die Gesamtbelastung betrug damit 6,25 % des Steuerfußes[80].

Die Einstufung der einzelnen Steuerzahler erfolgte anscheinend nicht sonderlich präzise, sondern eher oberflächlich[81]. Dies dürfte möglicherweise darauf zurückzuführen sein, dass es schwierig war, den Wert des Handels einzuschätzen. Beispielsweise wurde im Oktober 1743 entschieden, dass die erst vor kurzem aufgenommenen Schutzjuden Salomon Reutlinger, Philipp Joseph, Esaias Simon und Joseph Goldschmidt für ihren Handel wie andere Juden jeweils 100 fl. pro Jahr versteuern sollen[82]. 1774 wurde der Schwiegersohn von Salomon Reutlinger, gemeint ist wohl Amson Abraham Reutlinger, eingestuft. Dieser hatte die Erlaubnis erhalten, seine *Handelschaft* wie der Schutzjude Simon Löw zu treiben. Folglich sollte er *eben so viel als gedachter Simon Löw seiner*

---

[75] In Floß wurde im Jahr 1749 eine Steuer auf von Juden bewohnte Häuser eingeführt. Diese schwankte je nach Wert des Hauses zwischen 24 und 53 kr. pro Jahr. Siehe HÖPFINGER, Floß, S. 66.
[76] StAN, Herrschaft Pappenheim, Amtsbücher Nr. 165: Steuerbeschreibung 1697, fol. 65–67. Die Veranlagung der Gewerbetreibenden in Weißenburg bewegte sich in vergleichbaren Höhen wie in Pappenheim. Vgl. RIEDER, Weißenburg, S. 1219–1221.
[77] StAN, Herrschaft Pappenheim, Amtsbücher Nr. 169: Steuerbeschreibung de Anno 1732, S. 150.
[78] StAN, Herrschaft Pappenheim, Rechnungen Nr. 6875/1: Übersicht der Steuertermine vom 8. Oktober 1793.
[79] Möglicherweise ist die höhere Belastung im Jahr 1794 auf den Ersten Koalitionskrieg zurückzuführen.
[80] StAN, Herrschaft Pappenheim, Akten Nr. 8212: Abrechnung mit sämtlichen Juden zu Pappenheim (1744–1758).
[81] Vgl. SPONSEL, Steuerbücher, S. 239–240.
[82] StAN, Herrschaft Pappenheim, Akten Nr. 6003/VI, S. 39: Eintrag vom 23. Oktober 1743.

Kap. 4: Die fiskalischen Leistungen von Juden an die Reichserbmarschälle

Handlung versteuern[83]. Die angeführten Beispiele zeigen, dass der Steuerfuß letztlich auf einer Schätzung beruhte: Wer ähnliche Einkünfte wie ein bereits vorhandener Steuerzahler hatte, musste genauso hohe Steuern bezahlen wie dieser[84]. Dieses System führte oftmals zu sehr statischen Verhältnissen. So betrug der Steuerfuß von Jacob Amsons Witwe Güttel von 1737 bis 1752 stets 92 fl. 30 kr., der von Feis Judas von 1737 bis zu seiner Befreiung von den Steuern im Jahr 1770 jeweils 75 fl. Es ist jedoch eher unwahrscheinlich, dass es nicht mindestens zu kleineren Schwankungen im Vermögen oder bei den Einkünften gekommen ist. Waren diese nicht sonderlich auffällig, wurde die Einstufung wohl beibehalten.

Stellte sich die Einschätzung als weniger akkurat heraus bzw. kam es bei den Steuerpflichtigen zu größeren Veränderungen, konnte der Steuerfuß jederzeit erhöht oder reduziert werden. 1775 bat Amson Abraham Reutlinger um Moderation seines Steuerfußes. In seinem *Schutz Decret* sei festgehalten worden, dass er *Handelschaft und Crämmerey wie hiesiger Schutzjude Simon Löw treiben dürfe*. Aus diesem Grund sei sein Steuerfuß mit 100 fl. angesetzt worden. Nun habe sich aber herausgestellt, dass *meine Handelschaft der Simon Löws nicht gleich kommt*. Daher äußerte Reutlinger die Bitte nur die Hälfte der Steuern zahlen zu müssen. Der Reichserbmarschall erklärte sich zu einer Reduzierung, allerdings nur auf 75 fl., bereit, weil Reutlingers Handelschaft *gar gering* sei und er *sich selbst erbotten wenn seine Umstände besser werden sollten sich höher in Steuer legen zu laßen*[85]. Drei Jahre später suchte Reutlinger *um gnädigste Moderation des Steuer Quanti [...] von seiner meist außerhalb Landes treibenden geringen Handelschaft* auf 50 fl. nach. Wegen *Unvermögenheit und geringer Handelschaft* wurde daraufhin sein Steuerfuß tatsächlich auf 50 fl. gesenkt[86]. Doch auch diese Maßnahme scheint nicht ausgereicht zu haben, um seinen Vermögensverfall aufzuhalten. 1782 befand er sich als Knecht in Prag, um dort seinen Lebensunterhalt zu verdienen. Da er Pappenheimer Schutzjude blieb und seine Familie weiterhin in Pappenheim wohnte, hätte er dort Abgaben entrichten müssen, die er durch seine finanzielle Situation bedingt aber nicht bezahlen konnte[87].

Nach dem Tod ihrer Männer fiel es vielen Frauen schwer, deren bisherige Steuerzahlungen fortzusetzen. Philipp Josephs Witwe Bela beklagte sich in einem Gesuch vom 29. November 1775 *in was für einen betrübten Wittwenstand mich der liebe Gott vor einem halben Jahr durch den Tod meines Manns Philipp Joseph gesetzt habe*. Da sie die Steuern von 100 fl. überforderten, bat sie um eine Moderation auf die Hälfte, die ihr *als Witwe* nach nur wenigen Tagen zugesichert wurde[88].

Gelegentlich wurden auch die Behörden auf Unstimmigkeiten aufmerksam. Am 22. April 1777 berichtete das Stadtvogteiamt dem Reichserbmarschall, beim *Individual Steuerfuß-Auszug* sei aufgefallen, dass Löw Amson *als der dermalig vermöglichste Handels-Jude seine Handelschaft nur mit 50 fl.* versteuere. Dagegen seien andere Juden mit *dem seinigen nicht gleich kommen*den Vermögen mit einem doppelt so hohen Steuerfuß eingestuft. Auf den Vorschlag der Stadtvogtei, Löw Amsons Steuern zu erhöhen, gab der Reichserbmarschall die Weisung dessen Steuerfuß auf 100 fl.

---

[83] StAN, Herrschaft Pappenheim, Akten Nr. 5999/VIII, fol. 19b–20a: Eintrag vom 20. Juli 1774.
[84] Die Eingruppierung verdeutlichen die in Tabellen 27 und 28 im Anhang dargestellten Steuerregister aus den Jahren 1701 und 1745. Eine ausführlichere Auswertung dieser Verzeichnisse findet sich unten sowie in Kapitel 6.1.
[85] StAN, Herrschaft Pappenheim, Akten Nr. 6003/38, fol. 107: Eintrag vom 28. November 1775.
[86] StAN, Herrschaft Pappenheim, Akten Nr. 6003/41, fol. 101v: Eintrag vom 22. Dezember 1778.
[87] StAN, Herrschaft Pappenheim, Akten Nr. 7875: Eintrag vom 30. Dezember 1782.
[88] StAN, Herrschaft Pappenheim, Akten Nr. 6003/38, fol. 110: Eintrag vom 5. Dezember 1775.

festzusetzen[89]. Der radikalste Schritt im Rahmen der Anpassung des Steuerfußes war die vollständige Befreiung von der Steuerzahlung. Samuel Judas wurde diese Gnade im Juli 1773 in Anbetracht seines hohen Alters und seiner großen Bedürftigkeit gewährt. Ihm wurden alle Abgabenrückstände erlassen und er wurde von der Steuerzahlung *auf seine Lebenszeit mildest befreyet*[90].

Ähnlich wie beim Schutzgeld zwei Jahre zuvor kam es 1788 auch bei den Steuern zu einem plötzlichen Einnahmeabfall. Zehn Schutzjuden, die um Minderung der Steuern gebeten hatten, da *bey nahe alle Nahrung und Gewerb sehr herunter gekommen* seien, wurde die Handelssteuer halbiert. Bei ihnen handelte es sich um dieselben Juden, denen zuvor bereits das Schutzgeld reduziert worden war[91]. In ihrem ersten Gesuch (1786) hatten sie um Senkung von Schutzgeld oder Handelssteuer gebeten. Zur Lösung ihres Problems hatte die erste Maßnahme – Halbierung des Schutzgelds – wohl nicht ausgereicht.

Nicht immer muss eine Reduzierung von Steuern als Zeichen von Armut bzw. abnehmendem Vermögen verstanden werden. Mindestens zweimal wurde eine vorübergehende Steuersenkung mit dem Kauf eines Hauses begründet. Die Moderation ist in diesen Fällen letztlich eher als Subvention zu sehen[92]. Nachdem Jacob Amson von Lorenz Knaupps Erben ein Haus gekauft und dieses durch einen Neubau ersetzt hatte, wurde er 1695 für zehn Jahre von Schutzgeld, Dienstgeld, Kammer- und Rittersteuern befreit. Während er zuvor mit zwischen 425 fl. und 475 fl. in der Steuer eingestuft gewesen war, sollte er in diesem Zeitraum nur noch für sein zweites Haus 100 fl. Steuern zahlen[93]. Henle Salomon Levi wurde im März 1770 *in Ansehung seines erkauften Haußes* rückwirkend für vier Jahre von den herrschaftlichen Steuern befreit[94]. Israel Feis wurde nach seiner Hochzeit *auf 4 Jahr aller herrschaftlichen onerum frey*[95].

In den Steuerregistern und vergleichbaren Verzeichnissen wurden normalerweise nur diejenigen Personen genannt, die Steuern zahlten. Der Teil der Gemeinde, der aus unterschiedlichen Gründen von den Steuern befreit war, fiel somit heraus. Zwar kann dessen Größe meist nur geschätzt werden, doch es gibt zumindest Anhaltspunkte, die eine genauere Einschätzung ermöglichen. Im Amtsbericht über die Pappenheimer Judensteuer aus dem Jahr 1757 wird die Steuerkraft aller Juden genannt. Zwölf steuerzahlende Juden standen in etwa genauso vielen gegenüber, die von der Steuer befreit waren[96].

In den bisher behandelten Verzeichnissen wurden nur die Forderungen, nicht aber die tatsächlich erzielten Einnahmen festgehalten. Die Übersichten über die Steuerrestanten geben hier nähere

---

[89] StAN, Herrschaft Pappenheim, Akten Nr. 6003/40, fol. 52v–53v: Eintrag vom 22. April 1777.
[90] StAN, Herrschaft Pappenheim, Akten Nr. 5999/VII, fol. 16a: Eintrag vom 7. Juli 1773.
[91] Löw Abraham sollte künftig 25 fl. statt 50 fl. versteuern, Abraham Hünle 15 fl. statt 30 fl., Abraham Feis 25 fl. statt 50 fl., Nathan Abraham Reutlinger 15 fl. statt 30 fl., Moyses Hirsch 25 fl. statt 50 fl., Jacob Bär Lippmanns Witwe 25 fl. statt 50 fl., Jantoph Hünle 25 fl. statt 50 fl., Isaac Koppel 25 fl. statt 50 fl., Israel Aron Levi 20 fl. statt 40 fl. und David Moyses Feuchtwanger 37 fl. 30 kr. statt 75 fl.: StAN, Herrschaft Pappenheim, Akten Nr. 5916/IV: Gesuch mehrerer Schutzjuden an den Reichserbmarschall vom 14. Mai 1788 und Nr. 6859: Steuerab- und -zugänge bey Stadtvogteiamt (1775–1794). Siehe Kapitel 4.1.
[92] In Floß waren neu erbaute Häuser grundsätzlich für drei Jahre steuerfrei. Siehe HÖPFINGER, Floß, S. 66.
[93] StAN, Herrschaft Pappenheim, Akten Nr. 3763/I: Bestätigung des Befreiungsdekrets vom 17. Dezember 1698 und Steuerregister Pappenheim Andreas 1695 bis Jacobi 1696.
[94] StAN, Herrschaft Pappenheim, Akten Nr. 5999/IV, fol. 34a: Eintrag vom 14. März 1770.
[95] StAN, Herrschaft Pappenheim, Amtsbücher Nr. 171: Steuerbeschreibung in der Stadt de 1768, S. 361.
[96] StAN, Herrschaft Pappenheim, Akten Nr. 4719: Amtsbericht über die Pappenheimer Judensteuer vom 10. Oktober 1757.

Kap. 4: Die fiskalischen Leistungen von Juden an die Reichserbmarschälle

Einblicke, indem sie zeigen, dass zwischen Anspruch und Wirklichkeit teilweise erhebliche Unterschiede bestanden. Im Zusammenhang mit der im Jahr 1750 angedrohten Schutzaufkündigung für alle Juden, die ihre Schulden nicht innerhalb eines festgelegten Zeitraums beglichen[97], wurde ein Verzeichnis der Steuer- und Schutzgeldrückstände erstellt. Demnach hatten etliche Pappenheimer Juden Ausstände im Umfang mehrerer Jahresabgaben. Die zugrunde liegende Berechnung weist auf ein sehr unregelmäßiges Zahlungsverhalten hin. So hatte beispielsweise Abraham Elias Coppel seit 1744 überhaupt keine Abgaben mehr entrichtet[98].

Hartnäckige Restanten, die immer wieder die Behörden beschäftigten, waren Henle Salomon Levi und Amson Abraham Reutlinger. Im September 1782 waren sie 3 fl. 12 kr. bzw. 2 fl. 7 kr. an Steuern schuldig. Vor allem bei Henle Salomon Levi war man wegen einer *von seinen ältern zu gewarten habenden Erbschaft* der Hoffnung, dass er seinen Rückstand bald abtragen könne[99]. Zwei Jahre später waren die Steuerschulden der beiden weiter angestiegen. So hatte Henle Salomon Levi allein im Jahr 1783 5 fl. 48 kr. Steuern nicht bezahlt. Seine Steuern sollten aber weiter als Rückstand geführt werden, da immer noch mit einer Erbschaft gerechnet wurde, während Reutlinger ein Nachlass gewährt werden sollte[100]. 1785 waren die Ausstände bereits auf 26 fl. (Henle Salomon Levi) bzw. 16 fl. 15 kr. (Amson Abraham Reutlinger) gestiegen. Da Henle Salomon Levi von seinem Vater nicht so viel wie erhofft geerbt hatte, versprach er nun, seine Schulden durch den Verkauf seines Hauses zu begleichen[101].

Neben diesen beiden taten sich auch andere Juden mit der Entrichtung ihrer Steuern schwer. 1787 wurden vier Steuerrestanten festgestellt: Nathan Abraham (7 fl. 16 kr.), Wolf Moyses (2 fl. 28 kr.), Benjamin Feis (1 fl. 14 kr.) und Israel Levi (3 fl. 18 kr.)[102]. Eine sehr hohe Steuerschuld hatte Ende des Jahres 1775 auch Joseph Isaac mit nicht weniger als 31 fl. 52 kr. angehäuft. Auf sein Gesuch hin wurden ihm künftig die Steuern erlassen, jedoch mit der Auflage, die alten Rückstände abzutragen, sofern sich seine finanzielle Situation verbessern sollte[103]. Da er zwischen 1756 und 1775 stets mit einem Steuerfuß von 50 fl. angesetzt war, ist davon auszugehen, dass er nur etwas mehr als die Hälfte der von ihm geforderten Steuern tatsächlich bezahlt hat[104]. Im Jahr 1795 hatten insgesamt acht Pappenheimer Juden ihre Steuern ganz oder teilweise nicht bezahlt[105]. Bei den Steuerrückständen handelte es sich jedoch keineswegs um ein speziell jüdisches Problem. Zahlreiche Einträge belegen, dass auch viele Christen mit ihren Steuerzahlungen im Rückstand blieben.

---

[97] Siehe Kapitel 2.3.1.2.
[98] Siehe StAN, Herrschaft Pappenheim, Akten Nr. 8212: Abrechnung mit sämtlichen Juden zu Pappenheim (1744–1758).
[99] StAN, Herrschaft Pappenheim, Akten Nr. 6003/47, fol. 58v–59v: Eintrag vom 10. September 1782.
[100] StAN, Herrschaft Pappenheim, Akten Nr. 6003/50, fol. 85v–87v: Eintrag vom 29. November 1784.
[101] StAN, Herrschaft Pappenheim, Akten Nr. 6003/52, fol. 136v–138v: Eintrag vom 6. Dezember 1785.
[102] StAN, Herrschaft Pappenheim, Akten Nr. 6003/56, fol. 178–180: Eintrag vom 11. Dezember 1787.
[103] StAN, Herrschaft Pappenheim, Akten Nr. 6003/38, fol. 115v: Eintrag vom 19. Dezember 1775.
[104] Die Berechnung geht davon aus, dass jährlich 6–7 % des Steuerfußes als Steuern entrichtet wurden (1744: 6,25 %, 1794: 9,5 %). Innerhalb von 20 Jahren hätte Joseph Isaac demnach zwischen 60 und 70 fl. Steuern zahlen müssen.
[105] Bei ihnen handelte es sich um Nathan Reutlinger (1 fl. 18 kr.), Moyses Schmuel (5 fl. 45 kr.), Israel Feis (3 fl. 9 kr.), Isaac Hirsch (1 fl. 18 kr.), Abraham Hünle (1 fl. 18 kr.), Henle Joseph Levi (4 fl. 22 kr.), Isaac Moyses (1 fl. 45 kr.) und Abraham Feis (8 fl. 28 kr.). Siehe: StAN, Herrschaft Pappenheim, Akten Nr. 6880: Steuerrest-Verweiß bey Stadtvogtey 1776–1795.

Kap. 4: Die fiskalischen Leistungen von Juden an die Reichserbmarschälle

Abschließend soll auf den prozentualen Anteil der Juden am Steueraufkommen in Pappenheim eingegangen werden. Der Gesamtsteuerfuß der Juden war keinesfalls konstant. Hatte er im Jahr 1697 1075 fl. betragen, fiel er 1701 – nicht zuletzt wegen der zeitweiligen Befreiung Jacob Amsons – auf 780 fl. In der Mitte des 18. Jahrhunderts kam es zu einem vorübergehenden starken Anstieg, der unter anderem auf die Zuzüge aus Pfalz-Neuburg zurückgeführt werden kann: von 997 fl. 30 kr. (1739) über 1342 fl. 30 kr. (1745–1748) auf einen Höhepunkt von 1632 fl. 30 kr. im Jahr 1749. Danach nahm die Steuerkraft der Juden wieder beträchtlich ab. Von 1754 bis 1756 lag ihr Steuerfuß bei 1027 fl. 30 kr., im Jahr 1774 bei 1055 fl. Damit schwankte auch der Anteil der Juden am Gesamtsteueraufkommen[106] erheblich. Dieser lag 1697 bei 13,2 % (1075 fl. von 8170 fl.), 1701 bei 10,1 % (780 fl. von 7745 fl.), 1745 bei 10,9 % (1342 fl. 30 kr. von 12.320 fl. 45 kr.), 1755 bei 8,0 % (1027 fl. 30 kr. von 12.832 fl. 15 kr.) und 1774 bei 7,7 % (1055 fl. von 13.642 fl. 15 kr.).

In welcher Relation dieser Anteil zu den Bevölkerungszahlen steht, kann mangels entsprechender statistischer Angaben nicht bestimmt werden. Allerdings ist in diesem Zusammenhang ein Vergleich des durchschnittlichen Steuerfußes der Juden mit dem der christlichen Steuerzahler aufschlussreich. Dabei bleibt jedoch die Dunkelziffer der von der Steuerzahlung befreiten Personen unberücksichtigt. Als erstes Ergebnis sticht sofort ins Auge, dass der durchschnittliche Steuerfuß der Juden weit über dem der Christen lag. Im Jahr 1697 hatte er bei 134 fl. 23 kr. gelegen, bei den Christen dagegen nur bei 74 fl. 41 kr. (bzw. 87 fl. 10 kr. bei den Bürgern). Wie die nachfolgende Tabelle zeigt, blieb dieses Verhältnis, trotz Veränderungen im Detail, grundsätzlich bestehen:

Tabelle 6: Durchschnittlicher Steuerfuß christlicher und jüdischer Steuerzahler[107]

Jahr	Juden	Christen (Bürger und Hausgenossen)	Bürger	christliche Hausgenossen	Durchschnitt aller Steuerzahler
1697	134 fl. 23 kr. (8)	74 fl. 41 kr. (95)	87 fl. 10 kr. (76)	24 fl. 44 kr. (19)	79 fl. 19 kr. (103)
1701	111 fl. 26 kr. (7)	73 fl. 19 kr. (95)	87 fl. 30 kr. (74)	23 fl. 20 kr. (21)	75 fl. 56 kr. (102)
1745	95 fl. 53 kr. (14)	55 fl. 35 kr. (196)	66 fl. 28 kr. (142)	28 fl. (55)	58 fl. 24 kr. (211)
1755	114 fl. 10 kr. (9)	52 fl. 56 kr. (224)	62 fl. 56 kr. (162)	26 fl. 24 kr. (61)	55 fl. 19 kr. (232)
1774	87 fl. 55 kr. (12)	48 fl. 25 kr. (260)	58 fl. 32 kr. (179)	26 fl. 3 kr. (81)	50 fl. 10 kr. (272)

Der »jüdische« Steuerfuß lag damit zwischen 47 % und 106 % über dem Durchschnitt aller Steuerzahler[108] bzw. zwischen 52 % und 116 % über dem Durchschnitt der christlichen Steuerzahler[109]. Der Einbruch des Jahres 1701 ist auf die vorübergehende weitgehende Steuerbefreiung des reichsten Juden (Jacob Amson) zurückzuführen, während die Erholung im Jahr 1755 durch den Wegfall mehrerer ärmerer jüdischer Steuerzahler bedingt ist. Zwar nahm der Durchschnitt bei den Juden – mit Ausnahme von 1755 – kontinuierlich ab, doch auch bei den Christen ist eine vergleichbare Entwicklung feststellbar.

---

[106] Als Vergleichsbasis dient jeweils die Gesamtzahl der Steuerzahler an die Stadtvogtei, die in der Stadt Pappenheim wohnten. Ebenfalls an die Stadtvogtei geleistete Steuerzahlungen aus Göhren, Niederpappenheim, Osterdorf, Zimmern und Geislohe werden dagegen nicht berücksichtigt.
[107] In Klammern die Zahl der Steuerzahler.
[108] 1697: 169 %, 1701: 147 %, 1745: 164 %, 1755: 206 %, 1774: 175 %. Durchschnitt aller Pappenheimer Steuerzahler = 100 %.
[109] 1697: 179 %, 1701: 152 %, 1745: 173 %, 1755: 216 %, 1774: 182 %. Durchschnitt der christlichen Steuerzahler = 100 %.

4.3 Nicht nur Schutzgeld und Steuern: Sonstige Abgaben

Neben Steuern und Schutzgeld hatten die Pappenheimer Juden zahlreiche weitere Abgaben zu leisten. Dies entspricht der in anderen Orten und Territorien vorherrschenden Praxis. Dabei ist zu betonen, dass die Mehrzahl dieser Abgaben sowohl von Juden als auch von Christen zu entrichten war. In Brandenburg-Ansbach waren im 18. Jahrhundert das Herbstanlagegeld, Neujahrsgelder, Gänsegelder und ein Beitrag zum Schwabacher Zuchthaus üblich[110]. Eine breite Palette von Abgaben ist auch aus Binswangen in der Markgrafschaft Burgau überliefert. Dort gab es unter anderem Bau-, Dienst-, Gans-, Käs- und Hundegelder sowie eine Zahlung an den herrschaftlichen Hofdiener und für die Haltung eines Fronpferdes[111].

Vor der Behandlung der einzelnen Abgaben ist auf ein methodisches Problem hinzuweisen. In den Schutzbriefen bzw. -zusagen ist nur allgemein von zu leistenden Abgaben die Rede, die jedoch nicht näher spezifiziert werden. So heißt es beispielsweise im Schutzbrief für Löw David aus dem Jahr 1700, er sei zur *jährliche[n] reichung der gewohnlichen Abgaben* angehalten[112]. Anders als die Steuern und Schutzgelder sind die kleineren Abgaben – mit Ausnahme der Hundegelder und der Nachsteuer – nicht systematisch verzeichnet worden. Oftmals muss daher anhand weniger Fundstellen auf die zwischen 1650 und 1806 herrschenden Verhältnisse geschlossen werden.

Das an den Hausbesitz gebundene Hundegeld war für den Unterhalt der gräflichen Jagdhunde zu entrichten. Dabei handelte es sich nicht um ein Pappenheimer Spezifikum, da es beispielsweise in Binswangen eine vergleichbare Abgabe gab. Dort musste Ende des 17. Jahrhunderts jeder Haushalt 24 kr. für die herrschaftliche Hundehaltung bezahlen[113]. Anscheinend war das Hundegeld eine schon seit längerem bestehende Abgabe[114]. Am 12. Januar 1679 verglich sich Reichserbmarschall Carl Philipp Gustav mit den Juden Schmuel und Berle wegen der *Leydhunde*. Die beiden sollten jährlich jeweils 6 fl. entrichten und dafür keinen Hund halten müssen[115]. Im Jahr 1692 wurde in einer Zusatzvereinbarung zum Rezess festgehalten, dass *von denen Juden jeder einen Hundt halten, oder solchen abkaufen* solle[116].

Reichserbmarschall Christian Ernst erließ am 3. Februar 1702 ein Dekret, in dem festgelegt wurde, dass die Untertanen und Schutzverwandten – somit auch die Juden – künftig keine Hundegelder mehr zu zahlen hätten, sondern sich selbst um die Verpflegung der Hunde kümmern sollten. Die vier reichen Juden sollten jeder einen Hund halten, während die übrigen Juden gemeinsam einen Hund versorgen sollten, so dass die Judenschaft insgesamt für fünf Hunde zuständig war[117]. Der Versuch das Hundegeld durch eine »Naturalleistung« abzulösen, setzte sich aber nicht

---

[110] HAENLE, Ansbach, S. 104–106.
[111] Siehe ULLMANN, Nachbarschaft, S. 108.
[112] StAN, Herrschaft Pappenheim, Urkunden Nr. 4719: Schutzbrief für Löw David vom 16. Juli 1700; eine ähnliche Formulierung findet sich im Schutzbrief für Esaias Simon, siehe StAN, Herrschaft Pappenheim, Akten Nr. 5916/V: Schutzbrief vom 13. September 1743.
[113] Siehe ULLMANN, Nachbarschaft, S. 108.
[114] Bereits Anfang des 17. Jahrhunderts musste jeder Christ und Jude einen Jagdhund für den Herrscher halten. Freundlicher Hinweis von Nathanja Hüttenmeister, Duisburg.
[115] StAN, Herrschaft Pappenheim, Akten Nr. 4635/32, fol. 146v: Eintrag vom 12. Januar 1679.
[116] StAN, Herrschaft Pappenheim, Urkunden Nr. 4413: Rezess vom 31. Juli 1692.

Kap. 4: Die fiskalischen Leistungen von Juden an die Reichserbmarschälle

dauerhaft durch, da es später wieder Belege für die Zahlung der Abgabe gibt. So schuldete Jacob Amson der Herrschaft für das Jahr 1721 3 fl. Hundegeld[118]. Die Hundegelder der Juden gingen an das Altfidei-Commiss-Verwalteramt. Dessen Steuerverzeichnis für die Jahre 1737 bis 1739 zeigt eine umfassende Zahlung dieser Abgabe Ende der 30er Jahre. Darin sind je vier Juden mit 3 fl. bzw. 1 fl. 30 kr. aufgeführt, Abraham Reutlinger war *ex gratia frey*[119]. Die Unterschiede in der Höhe des Hundegelds hingen von der Größe des Hauses ab. Demnach musste jeder Schutzjude, der ein ganzes Haus besaß, 3 fl. zahlen, bei einem halben Haus waren es 1 fl. 30 kr.[120].

In den 50er Jahren des 18. Jahrhunderts lagen die jährlichen Einnahmen aus dem Hundegeld konstant bei 21 fl. Nur das Jahr 1753 machte mit 18 fl. eine Ausnahme[121]. Obwohl die jüdische Bevölkerung Pappenheims in der zweiten Hälfte des 18. Jahrhunderts zunahm, erhöhten sich die Erträge aus dem Hundegeld nicht, ja sie nahmen langfristig sogar ab. Das Verzeichnis über das Hundegeld der Judenschaft 1763–1769 zeigt die ersten Ansätze dieser Entwicklung: Salomon Reutlinger zahlte nur bis 1763 3 fl., Feis Judas wurde 1767 auf Lebenszeit befreit. Hatten die Einnahmen 1763 noch 16 fl. 30 kr. betragen – bereits weniger als noch ein Jahrzehnt zuvor – waren sie 1769 auf 10 fl. 30 kr. gesunken[122]. Gegen Ende des Jahrhunderts waren nur noch sehr wenige Juden zu dieser Abgabe verpflichtet, während die Mehrheit davon befreit worden war. Die insgesamt 9 fl. wurden von Löw Simon (1 fl. 30 kr.), Löw Amson (3 fl.), Israel Feis (3 fl.) und Isaac Jacob (1 fl. 30 kr.) entrichtet[123].

Bei der Nachsteuer ist zwischen der gewöhnlichen Nachsteuer, die von den Bewohnern der Herrschaft Pappenheim bezahlt werden musste, wenn sie ihren Besitz außer Landes brachten, und der Profitnachsteuer, die auswärtige Juden auf Gewinne beim Handel mit Grundstücken in der Herrschaft Pappenheim entrichten mussten, zu unterscheiden. Im Rezess von 1692 finden sich zur Nachsteuer relativ genaue Vorgaben. Beim Wegzug eines Juden aus der Herrschaft, wenn seine Erben Geld aus der Herrschaft brachten oder auf das Heiratsgut seiner Kinder, die in andere Territorien heirateten, wurden 10 % der entsprechenden Summe fällig. Jedoch konnten, insbesondere bei größeren Vermögen, auch Pauschalsummen vereinbart werden. Die Einnahmen aus der Nachsteuer von Pappenheimer Juden gingen jeweils zur Hälfte an die gemeinherrschaftliche Kasse und die städtische Vorsteherei[124].

Die Möglichkeit eine Pauschalsumme zu entrichten wurde oft ausdrücklich in den Schutzbriefen festgehalten. Nathan Reutlinger sollte für die Ausheiratung einer Tochter 150 fl., eines Sohnes

---

[117] StAN, Herrschaft Pappenheim, Urkunden Nr. 4749: Dekret Christian Ernsts über das Hundehalten der Juden vom 3. Februar 1702; am 8. Februar 1702 wurde die Verordnung sämtlichen Schutzjuden publiziert, siehe StAN, Herrschaft Pappenheim, Akten Nr. 6003/54: Eintrag vom 8. Februar 1702.

[118] StAN, Herrschaft Pappenheim, Akten Nr. 8194: Copia Abrechnung zwischen Johanna Dorothea verwittibten ältesten Reichserbmarschallin und Jacob Amson vom 7. Juni 1723.

[119] StAN, Herrschaft Pappenheim, Amtsbücher Nr. 94: Steuerverzeichnis (ca. 1739), nicht paginiert.

[120] StAN, Herrschaft Pappenheim, Akten Nr. 4724: Darstellung der jüdischen Abgaben vom 20. Januar 1814.

[121] StAN, Herrschaft Pappenheim, Akten Nr. 5916/VII: Ertrag des hochgräflich Reichserbmarschallischen Altfidei-Commissamts 1750–1757.

[122] StAN, Herrschaft Pappenheim, Amtsbücher Nr. 86: Steuerbeschreibung des Altfidei-Verwalteramts 1764–1769, fol. 1165–1171; die Angaben für die Jahre 1763–1769 werden durch das vorhergehende Verzeichnis bestätigt: StAN, Herrschaft Pappenheim, Akten Nr. 3763/18: Steuerbeschreibung des Altfidei-Verwalteramts 1758–1763, fol. 971.

[123] StAN, Herrschaft Pappenheim, Amtsbücher Nr. 174: Steuerverzeichnis 1791, S. 926.

[124] StAN, Herrschaft Pappenheim, Urkunden Nr. 4413: Rezess vom 31. Juli 1692, näheres siehe Kapitel 2.1.1.

Kap. 4: Die fiskalischen Leistungen von Juden an die Reichserbmarschälle

75 fl. und, wenn er selbst wegziehen oder versterben sollte, 200 fl. zahlen[125]. Isaac Jacobs Witwe Zartel heiratete nach dem Tod ihres Mannes erneut. Als sie 1775 zu ihrem zweiten Ehemann David Löw nach Ellingen zog, musste sie nur 200 fl. Nachsteuer zahlen, da sie am 16. März 1767 als Rezessjüdin aufgenommen und in ihrem Schutzbrief eine entsprechende Vereinbarung getroffen worden war[126]. Wegen einer derartigen Regelung hatte knapp 50 Jahre zuvor Güttel, die Witwe des reichen Jacob Amson, für seine Hinterlassenschaft nur eine vergleichsweise geringe Nachsteuer von 200 fl. zu zahlen. Über diese Summe hinaus war weder für das Erbe noch daraus rührende Heiratsgelder etwas zu bezahlen[127]. Mit Bezug darauf weigerte sich der Gunzenhauser Jude Löw Amson für seine Frau, eine Tochter Jacob Amsons, 50 fl. Nachsteuer zu zahlen. Sein Widerspruch wurde abgelehnt, weil er das Heiratsgut noch zu Lebzeiten Jacob Amsons empfangen habe. Da die Nachsteuer sofort fällig geworden sei, könne er sich nicht auf ein Befreiungsdekret, das sich auf den Tod seines Schwiegervaters beziehe, berufen[128]. In Einzelfällen konnte die Nachsteuer sehr hoch sein. 1710 zahlte Hirsch Oppenheimer seiner nach Ellingen verheirateten Tochter ein Heiratsgut in Höhe von 6000 fl. und entrichtete dafür 600 fl. Nachsteuer[129].

Für das 18. Jahrhundert ist die Praxis der Nachsteuerzahlung durch die Kauf-, Handlohn- und Nachsteuerprotokolle gut überliefert. In diesen werden insgesamt 19 Fälle aus der Zeit zwischen 1720 und 1805 geschildert[130]. Nathan Reutlinger zahlte 1722 für seine nach Ellingen ziehende Tochter Kehle 150 fl. Dabei dürfte es sich um eine auf dem Rezess und Nathans Schutzbrief basierende Pauschalsumme gehandelt haben[131]. 1754 heiratete Amson Jacobs Tochter Margem Löw Jacob aus Lehrberg (Brandenburg-Ansbach). Dazu wurde ein Verzeichnis des Vermögens, das sie mitnehmen wollte, erstellt. Außer 700 fl., die sie von ihrer Verwandtschaft erhielt, hatte sie nur 75 fl. Daneben besaß sie Bettwerk für 30 fl. und vor allem Kleidung im Wert von 54 fl. 2 kr. Da die geschenkten Gelder nicht zur Berechnung der Nachsteuer herangezogen wurden, war von 159 fl. 2 kr. eine Nachsteuer von 15 fl. 54 kr. abzuführen. Hier, wie auch in anderen Protokollen, ist vermerkt, dass – entsprechend den Bestimmungen des Rezesses – je die Hälfte an die Stadtvogtei für die Gemeinherrschaft und an die bürgerliche Vorsteherei gingen[132].

Immer wieder wurde wegen Armut auf die Nachsteuer verzichtet. Salomon Meyer zeigte im Jahr 1758 an, dass er seiner ältesten Tochter Ester, die nach Oberdorf (Oettingen-Wallerstein) heiratete, seiner *ohnehin bekannten grossen Armuth halber [...] gar nichts mitgeben* könne. Das wenige, das sie besitze, vor allem ein paar Kleider und zwei Leinbetten, habe sie von ihrem Lohn als Magd gekauft bzw. geschenkt bekommen. Der Bitte nach Befreiung von der Nachsteuer wurde stattgegeben[133]. Gerade verarmten Familien kam entgegen, dass von auswärtigen Verwandten als Teil der Mitgift geschenktes Geld nicht versteuert werden musste, da es streng genommen nicht aus der

---

[125] StAN, Herrschaft Pappenheim, Akten Nr. 8196: Schutzbrief für Amson Oppenheimer vom 6. September 1715.
[126] StAN, Adel Archivalien Nr. 4638, S. 89–90: Eintrag vom 14. September 1775.
[127] Siehe StAN, Herrschaft Pappenheim, Akten Nr. 8190: Bestätigung von Reichserbmarschall Johann Friedrich vom 27. Juni 1726.
[128] StAN, Herrschaft Pappenheim, Akten Nr. 450: Pappenheimer Schreiben an die Regierung in Ansbach vom 30. August 1727.
[129] StAN, Herrschaft Pappenheim, Akten Nr. 4649/V, S. 78–79: undatierter Eintrag aus dem Jahr 1710.
[130] Zu den Protokollen siehe Kapitel 3.2.2. und 3.3.
[131] StAN, Adel Archivalien Nr. 4630, S. 1: Eintrag vom 6. März 1722.
[132] StAN, Adel Archivalien Nr. 4633, S. 286–290: Eintrag vom 28. Januar 1754.
[133] StAN, Adel Archivalien Nr. 4634, S. 297–299: Eintrag vom 10. April 1758.

Kap. 4: Die fiskalischen Leistungen von Juden an die Reichserbmarschälle

Herrschaft gebracht wurde. Coppel Ullmann konnte seiner Tochter Hünle, die 1764 den Oettinger Juden Moyses Hirsch heiratete, *wegen seiner bekannten Dürftigkeit weder an Mobilien noch an Geld* etwas mitgeben. Hünles Heiratsgut bestand ausschließlich aus 350 fl., die sie von Verwandten in Frankfurt am Main, Augsburg[134], Fürth und Gunzenhausen geschenkt bekommen hatte, für die keine Nachsteuer fällig wurde[135].

Wie die bisher angeführten Beispiele gezeigt haben dürften, beruhte ein großer Teil der Fälle, in denen Nachsteuer entrichtet werden musste, auf Hochzeiten. Seltener überliefert ist aus Erbe oder Fortzug resultierende Nachsteuer. 1755 erbte der unter Ansbacher Schutz stehende Fürther Jude Abraham Jacob von seinem in Pappenheim verstorbenen Vater Jacob Abraham, der bei Esaias Simon als Privatlehrer gearbeitet hatte, 83 fl. 31 kr. Davon wurden 8 fl. 21 kr. Nachsteuer fällig[136]. Laut einem im August 1790 erstellten Inventar hatten aus dem Nachlass der verstorbenen Edel Ullmann ihr Sohn Samuel Jacob Ullmann in Straßburg 15 fl. und ihre Enkel Hirsch Moyses und Löw Moyses in Oettingen 40 fl. im Voraus erhalten. Davon waren 5 fl. 30 kr. Nachsteuer zu zahlen[137]. Als der aus Pappenheim stammende Münchener Hoffaktor Hirsch Lippmann 1804 einen Hausanbau in Pappenheim verkaufte, hatte er aus dem Erlös von 500 fl. die Nachsteuer mit 50 fl. zu entrichten[138].

Mit der Profitnachsteuer wurde der Gewinn von auswärtigen und damit in der Herrschaft Pappenheim nicht steuerpflichtigen Juden belegt. Zugleich diente sie als Schutz der eigenen Juden vor Konkurrenz von außen[139]. Die Profitnachsteuer betrug 10 % des bei einem Geschäft mit Äckern, Wiesen oder einem Hof erzielten Gewinns. Der Treuchtlinger Jude Israel Lämle verkaufte am 9. Februar 1789 die Äcker, die er kurz zuvor von Gottfried Billing in Dettenheim für 475 fl. gekauft hatte, an mehrere Bauern. Da er 74 fl. 51 kr. Gewinn gemacht hatte, musste er 7 fl. 29 kr. Profitnachsteuer zahlen[140]. Zum Teil waren die Gewinnspannen beträchtlich, so dass auch die Herrschaft profitierte. So verkauften Joseph Levi und David Moses aus Dittenheim im Jahr 1737 mehrere Äcker, die sie für 700 fl. gekauft hatten, für 832 fl. Diese 132 fl. Gewinn mussten sie mit 13 fl. 12 kr. versteuern[141]. Wurde kein Gewinn erzielt, war keine Nachsteuer fällig, so zum Beispiel bei Hirsch Levi aus Dittenheim im Jahr 1743[142]. In Ausnahmefällen konnten auswärtige Juden von der Profitnachsteuer befreit sein. 1793 musste Nathan Levi aus Dittenheim für einen Acker in Bieswang keine Nachsteuer entrichten, weil er davon *mildest befreit* war. Nähere Gründe dafür werden nicht angegeben[143].

---

[134] Höchstwahrscheinlich sind damit bei Augsburg gelegene Orte wie Pfersee oder Kriegshaber gemeint.
[135] StAN, Adel Archivalien Nr. 4635, S. 241–242: Eintrag vom 10. September 1764.
[136] StAN, Herrschaft Pappenheim, Rechnungen Nr. 6330/4, S. 67–68: Eintrag vom 20. Februar 1755; Adel Archivalien Nr. 4633, S. 406: Eintrag vom 20. Februar 1755.
[137] StAN, Adel Archivalien Nr. 4642, S. 523–524: Eintrag vom 28. August 1790.
[138] StAN, Adel Archivalien Nr. 4650, S. 113–114: Eintrag vom 13. August 1804.
[139] In der Ansbacher Judenordnung von 1737 (Tit. VII, § 10) wird ausdrücklich betont, dass die Profitnachsteuer auch der Unterstützung der inländischen Juden diene, die auf diese Weise vor der Konkurrenz auswärtiger Juden geschützt werden sollten. Siehe ZIMMER, Ansbach, S. 92.
[140] StAN, Adel Archivalien Nr. 4603, S. 150–151, 174–176: Einträge vom 22. Dezember 1788 und 9. Februar 1789.
[141] StAN, Adel Archivalien Nr. 4545, S. 263–265: Eintrag vom 28. November 1737.
[142] StAN, Adel Archivalien Nr. 4547, S. 11–13: Eintrag vom 17. Juli 1743.
[143] StAN, Herrschaft Pappenheim, Akten Nr. 6006, S. 107–108: Eintrag vom 19. September 1793.

Kap. 4: Die fiskalischen Leistungen von Juden an die Reichserbmarschälle

Wie der Fassion im Steuerdistrikt Pappenheim von 1808 zu entnehmen ist, musste für jedes Haus Dienstgeld entrichtet werden[144]. Diese Abgabe war sowohl von Juden als auch Christen zu leisten. Von wenigen Ausnahmen abgesehen lag dieses bei allen 18 Häusern in jüdischem Besitz bei 2 fl. für ein halbes Haus und 4 fl. für ein ganzes Haus. Ein ehemaliger Anbau (Nr. 79), der kein Gemeinderecht hatte, war vom Dienstgeld befreit. Für zwei Häuser waren nur 2 fl. zu zahlen. Bei diesen (Nr. 77 und 163) handelte es sich allerdings um ehemalige Stadel, die wohl nicht als vollwertige Häuser betrachtet wurden. Ein Haus (Nr. 87), das als kleines oder Viertelhaus bezeichnet wurde, war nur mit 1 fl. veranschlagt. Die einzige Ausnahme nach oben war Moses David, der für sein Haus (Nr. 29) 6 fl. zu zahlen hatte[145]. Einzelne Vermerke in der Steuerbeschreibung von 1783 und in Kaufprotokollen aus der Zeit zwischen 1745 und 1804 bestätigen diesen Befund[146].

Obwohl es vor Ende des 18. Jahrhunderts nur wenige Erwähnungen des Dienstgelds gibt, ist davon auszugehen, dass dieses schon seit langer Zeit zu entrichten war. Ein undatiertes, wohl aus dem Jahr 1668 stammendes Verzeichnis der Dienstleute ist möglicherweise der früheste Hinweis auf die Zahlung von Dienstgeld durch Pappenheimer Juden. Unter insgesamt 87 bürgerlichen Häusern werden auch die von sechs Juden aufgeführt. Über die Höhe der Abgabe ist der Übersicht nichts zu entnehmen[147]. Präzisere Angaben liefert das *Register über die eigenthümlichen Untertanen* aus dem Jahr 1684. Demnach musste jeder, der einen ganzen *Bürgers Dienst* zu entrichten hatte, 4 fl. pro Jahr zahlen, bei einem halben 2 fl. Unter den insgesamt 132 fl., die in diesem Jahr eingenommen wurden, sind von Jacob und Hirsch jeweils 4 fl. aufgeführt[148]. Im Jahr 1757 berichtete Kammerrat Kern der Kanzlei, dass Salomon Reutlinger seinem Amt das Dienstgeld seit 1752 schuldig geblieben sei. Salomon begründete die ausgesetzte Zahlung mit einem Befreiungsdekret auf zehn Jahre vom 20. März 1752. Dieses, so Kern, beziehe sich nur auf Steuern und Schutzgeld, nicht aber auf das Dienstgeld. Reichserbmarschall Friedrich Ferdinand entschied daraufhin, dass die Befreiung ursprünglich zwar nur Steuern und Schutzgeld umfasst habe, nun aber aus besonderer Gnade auf die übrigen herrschaftlichen *onera* ausgedehnt werden solle[149].

In eine ähnliche Kategorie wie das Dienstgeld fallen wohl auch die folgenden Abgaben, die eng mit dem Hausbesitz verbunden sind und mit denen sich an kommunalen Leistungen beteiligt wurde: Wachgeld, Brunnengeld und Sperrgeld (zum Teil als Torwartgeld bezeichnet), sowie die Zahlung an die Vorsteherei. Diese sind seit 1732 in den Steuerbeschreibungen festgehalten und waren nur von Hausbesitzern – jüdischen wie christlichen – zu entrichten. Allerdings sind sie nicht bei jedem Haus angeführt. Es muss ungeklärt bleiben, ob es sich dabei um Nachlässigkeit der Schreiber handelte oder ob diese Abgaben nicht auf jedem Haus lagen. Am ehesten Anspruch auf Vollständigkeit können die Steuerbeschreibungen von 1732 und 1735, in denen diese Abgaben jeweils bei vier von sechs Häusern in jüdischem Besitz verzeichnet sind, und 1751 (Angaben für

---

[144] Bei Dienstgeld handelt es sich um eine Ablösungszahlung für Fronden. Vgl. HABERKERN – WALLACH, Hilfswörterbuch Bd. I, S. 147, 215–216.
[145] StAN, Katasterselekt, Steuergemeinde Pappenheim Bd. 1: Fassion im Steuerdistrikt Pappenheim.
[146] StAN, Herrschaft Pappenheim, Amtsbücher Nr. 172: Stadtvogtey Steuerbeschreibung in der Stadt de anno 1783; Adel Archivalien Nr. 4632, S. 171: Eintrag vom 22. Dezember 1745, Nr. 4639, S. 271: Eintrag vom 18. Dezember 1780, Nr. 4642, S. 121: Eintrag vom 19. November 1787, Nr. 4648, S. 536: Eintrag vom 22. April 1802.
[147] StAN, Herrschaft Pappenheim, Akten Nr. 7732: Verzeichnus der bürgerlichen Häuser in der Vorstatt und hierinnen zu Pappenheimb.
[148] StAN, Herrschaft Pappenheim, Akten Nr. 3622/I: Register eigenthümlicher Untertanen (1684).
[149] StAN, Herrschaft Pappenheim, Akten Nr. 6003/20, fol. 53v–55r: Eintrag vom 30. Dezember 1757.

Kap. 4: Die fiskalischen Leistungen von Juden an die Reichserbmarschälle

sieben von elf Häusern) beanspruchen, während diese Abgaben 1768 und 1783 nur noch bei drei Häusern festgehalten sind. Gründlicher als die Steuerbeschreibungen des 18. Jahrhunderts ist die Fassion von 1808, die, mit Ausnahme von Löw Samuels Haus (Nr. 18), für jedes Haus diese Abgabe aufführt. Dabei sind erhebliche Unterschiede feststellbar: Amson Samuel zahlte nur 15 kr., Schmey Meyer dagegen 1 fl. 30 kr. Nicht einmal für die Hälfte der Häuser wurden alle vier Abgaben entrichtet, in einigen Fällen sogar nur zwei. Die Höhe schwankte beträchtlich, wobei Besitzer eines ganzen Hauses tendenziell mehr bezahlten als die eines halben[150].

Zwar verbietet sich eine systematische Auswertung der längerfristigen Entwicklung wegen der dünnen Datengrundlage des 18. Jahrhunderts, jedoch sind durchaus Kontinuitäten erkennbar. Am besten sind diese bei Haus Nr. 80 zu sehen. 1735 zahlte Feis Judas 1 fl. 6 kr. 2 d. (16 kr. 2 d. an die Vorsteherei, 20 kr. Wachgeld, 20 kr. Sperrgeld und 10 kr. Brunnengeld). 1751 wurde das Brunnengeld um 10 kr. erhöht. Bei der Aufteilung des Hauses zwischen den beiden Söhnen Abraham und Israel wurden die Beträge halbiert. Von einem geringen Nachlass abgesehen entsprachen die Abgaben von 1808 immer noch denen von 1783[151]. Die Abgabe war an das Haus und nicht dessen Besitzer gebunden. Folglich änderte sich mit dem Verkauf eines Hauses von einem Christen an einen Juden bzw. von einem Juden an einen Christen an deren Höhe nichts.

Es ist davon auszugehen, dass das Wachtgeld mit dem Wachgeld, von dem Jacob Samuel und Salomon Meyer 1753 wegen Armut befreit zu werden wünschten, identisch ist[152]. 1757 wurde Moyses Israel wegen Alter und Armut vom Wachtdienst befreit – aus der Formulierung geht nicht hervor, ob es sich dabei um einen tatsächlich geleisteten Dienst oder aber um eine Abgabe handelt[153].

Vergleichbar mit den behandelten Abgaben sind wohl auch die 9 kr., die jeder Jude an die *bürgerliche Communität* zu zahlen hatte – unabhängig davon, ob er Besitzer eines Hauses war oder nicht[154]. Damit sind wahrscheinlich die 9 kr. identisch, die 1705/06 jeder jüdische Hausgenosse an die bürgerlichen Vorsteher zu entrichten hatte. Aufgeführt wurden damals *Nathan Jud*, *Mayer Jud*, *Löw Jud* und *Rebe Jud*[155].

Zumindest zu bestimmten Anlässen mussten sich die Pappenheimer Juden am Unterhalt der beiden Armenhäuser beteiligen. Bei ihrer Aufnahme als Schutzjuden hatten Jacob Isaac, Israel Levi und David Moyses 1782 jeweils 20 kr. an das Armenhaus zu entrichten[156]. Da es sich um einen einmaligen Beleg handelt, ist unklar, wann diese Bestimmung eingeführt worden war und bis wann

---

[150] Vgl. StAN, Katasterselekt, Steuergemeinde Pappenheim Bd. 1: Fassion im Steuerdistrikt Pappenheim (1808). Die Angaben zu sämtlichen Häusern finden sich in Tabelle 26 im Anhang.

[151] StAN, Herrschaft Pappenheim, Amtsbücher Nr. 93: Neu revidierte Steuerbeschreibung angefangen den 1. August 1735, S. 158; Nr. 170: Stadtvogtei-Steuerbeschreibung 1751, S. 214; Nr. 172: Stadtvogtey Steuerbeschreibung in der Stadt de anno 1783, S. 770–772.

[152] StAN, Herrschaft Pappenheim, Rechnungen Nr. 6333/11: Bittgesuch Jacob Samuels und Jacob Meyers vom 27. Juli 1753.

[153] StAN, Herrschaft Pappenheim, Rechnungen Nr. 6333/16: Bittgesuch Moyses Israels vom 22. Dezember 1756.

[154] StAN, Herrschaft Pappenheim, Akten Nr. 4722/I: Verzeichniß sämmtlicher pappenheimischer Schutzjuden zu Pappenheim vom 19. Februar 1807.

[155] StAN, Herrschaft Pappenheim, Akten Nr. 6831: Register über die Jahressteuer von Anno 1705 biß Anno 1706 Weynachten.

[156] StAN, Herrschaft Pappenheim, Rechnungen Nr. 6197/71: Consignation der erhobenen Beyträge zum hiesigen Armenhaus (1782).

Kap. 4: Die fiskalischen Leistungen von Juden an die Reichserbmarschälle

sie in Kraft blieb. Ebenfalls in diese Zeit fällt eine Verordnung vom 3. Juli 1781, laut der alle in der Stadt Pappenheim verheirateten Ehepaare bei ihrer Hochzeit eine Abgabe an die Armenanstalten leisten mussten. Die Zahlung ist sechsmal belegt, wobei die Summe zwischen 15 und 30 kr. schwankte[157]. Sie ist wohl mit dem 1794 in Floß eingeführten Hebammenbeitrag vergleichbar, der dort von jedem jüdischen Ehepaar bei der Hochzeit erhoben wurde[158].

Zu den von den Pappenheimer Juden zu entrichtenden Abgaben gehörte auch das Gänsegeld. In einer Übersicht aus dem Jahr 1814 heißt es über die bisherigen finanziellen Leistungen der Juden unter dem Punkt Küchendienste: *Ehehin hatten die hiesigen Schutzjuden jedem der drei vormals gemeinherrschaftlichen Beamten jährlich eine gemästete Gans um Martini zu liefern.* Seit der Besoldungsordnung von 1797 habe jeder Jude stattdessen 2 fl. 44 kr. an die Herrschaft zu entrichten. Im Jahr 1813 seien von den Juden insgesamt 62 fl. 52 kr. Gänsegeld eingenommen worden. Zugleich habe jeder Schutzjude eine Martinigans an die Küche der Hausmeisterei zu liefern gehabt. Diese sei jedoch schon seit langem durch die Zahlung von 1 fl. abgelöst worden[159]. Die Fassion von 1808 unterscheidet ebenfalls zwischen herrschaftlichem Gänsegeld und Gänsegeld zur gräflichen Hausverwaltung. Diese beiden Abgaben sind bei den meisten Häusern in jüdischem Besitz erwähnt. Das Gänsegeld an die Herrschaft ist bei zwölf, das an die Hausmeisterei bei zehn von 18 verzeichneten Häusern aufgeführt. Ersteres schwankte zwischen 2 fl. 42 kr. und 2 fl. 45 kr.[160]. Es wurde nicht nur von Hausbesitzern, sondern von allen Schutzjuden gefordert, denn das Verzeichnis von 1807 nennt auch bei Juden, die zur Miete wohnten, 2 fl. 44 kr. *Martinigänsgelder*[161]. Dies bestätigt der Ertrag von 62 fl. 52 kr. durch das Gänsegeld im Jahr 1813, der allein von den Hausbesitzern nicht hätte erzielt werden können[162].

Außer der allgemeinen Aussage, dass die Abgabe schon vor 1797 existiert habe, gibt es nur zwei Hinweise auf das Gänsegeld aus der Zeit vor 1800. Laut einer Berechnung aus dem Jahr 1691 befanden sich unter dem Abgabenrückstand von Löws verstorbenem Vater Feis 6 fl. Gänsegeld für das Bürgermeisteramt[163]. 1753 bat Edel Ullmann um Befreiung von den *bürgerlichen onera*, unter denen in ihrer Supplikation neben dem Gänsegeld auch das Schießgeld aufgeführt wurde[164]. Hierbei handelt es sich um die einzige Erwähnung des Schießgelds. Möglicherweise stehen die 5 fl., die die gesamte Judenschaft 1807 an die Schützenkasse zu entrichten hatte, damit im Zusammenhang[165]. In dieser Supplikation bat Edel Ullmann auch um Befreiung vom Neujahrsgeld, das sie als bürgerliche

---

[157] StAN, Herrschaft Pappenheim, Rechnungen Nr. 6197/73: Consignation der vermög gnädigster Verordnung vom 3. Juli 1781 erhobenen Abgaben (1783), Nr. 6197/75: Consignation von Stadtknecht Wießner copulierter Eheleute (1785), Nr. 6197/77: Consignation von Stadtknecht Wießner copulierter Eheleute (1787), Nr. 6197/80: Copulierte Eheleute durch Stadtknecht Wießner (1792); Nr. 6333/19: Consignation von allhier zu Pappenheim copulierten Personen (1788).
[158] HÖPFINGER, Floß, S. 70.
[159] StAN, Herrschaft Pappenheim, Akten Nr. 4724: Darstellung der jüdischen Abgaben vom 20. Januar 1814.
[160] StAN, Katasterselekt, Steuergemeinde Pappenheim, Bd. 1: Fassion im Steuerdistrikt Pappenheim.
[161] StAN, Herrschaft Pappenheim, Akten Nr. 4722/I: Verzeichniß sämmtlicher pappenheimischer Schutzjuden zu Pappenheim vom 19. Februar 1807.
[162] StAN, Herrschaft Pappenheim, Akten Nr. 4724: Darstellung der jüdischen Abgaben vom 20. Januar 1814.
[163] StAN, Herrschaft Pappenheim, Akten Nr. 4649/III: Berechnung Löw Judens bezahlten Kaufschillings über dessen halbe Behausung vom 19. Dezember 1691.
[164] StAN, Herrschaft Pappenheim, Rechnungen Nr. 6333/11: Bittgesuch von Edel Ullmann vom 9. November 1753.
[165] StAN, Herrschaft Pappenheim, Akten Nr. 4722/I: Verzeichniß sämmtlicher pappenheimischer Schutzjuden zu Pappenheim vom 19. Februar 1807.

Kap. 4: Die fiskalischen Leistungen von Juden an die Reichserbmarschälle

Abgabe bezeichnete[166]. Außerdem wurde das Neujahrsgeld 1775 in einem von vier Juden verfassten Gutachten neben dem Schutzgeld unter den Abgaben aufgeführt, die jeder Schutzjude prinzipiell in gleicher Höhe zu zahlen hatte. Es ist jedoch nicht völlig auszuschließen, dass damit der Ersatz für die Stolgebühren gemeint wurde, der gewöhnlich zu Neujahr an die Pfarrer und den Mesner gezahlt wurde[167].

Eine weitere Abgabe waren die Pappenheimer Juden dem Flurer schuldig. Im April 1804 beschwerte sich der Flurer Adam Wunsch, dass der *Judenvorsteher* Nathan Joseph in der Judenschule gefordert habe, ihm den von jedem Schutzjuden zustehenden Gulden in Zukunft nicht mehr zu entrichten. Diese Abgabe hätten jedoch schon sein Vater und Großvater für den Flurdienst bezogen und auch er habe bisher jedes Quartal 15 kr. erhalten. Nathan Joseph wies darauf hin, dass das Einkommen des jetzigen Flurers durch das Anwachsen der jüdischen Gemeinde deutlich höher sei als das seines Vaters und Großvaters. Damals *seyen sie in der Judenschaft nur ohngefähr gegen 5 biß 7 gewesen, oder auch wohl einige mehr, allein dermahlen wäre ihre Anzahl ungleich höher und seit 13 Jahren über 18 familien mehr angewachsen*[168]. Dazu komme, dass die Judenschaft gar keinen Flurer brauche. Wunsch entgegnete darauf: *weil die Juden immer mehrer werden und ihre Zahl stärker ist, habe ich auch mehr Mühe, in Aufsicht über sie zu halten, da sie der Weide nicht wenig Schaden thun, und sich hier mehr anmaßen, als jeder Gemeindtmann, der die Berechtigung hierauf hat*[169]. Nathan Joseph führte noch an, die Vorfahren seien *reich und weniger gewesen* und hätten folglich die Belastung von 1 fl. pro Jahr viel leichter tragen können[170]. Am 15. Mai 1804 gab Justizrat Kern die Entscheidung bekannt, dass weiterhin jeder Schutzjude 1 fl. an den Flurer bezahlen solle. Dementsprechend ist unter den im Jahr 1807 von Juden zu leistenden Abgaben auch 1 fl. an den bürgerlichen Flurer verzeichnet[171]. Da Wunsch die Abgabe bereits mindestens in dritter Generation beanspruchte und die Aussage von einst nur fünf bis sieben jüdischen Familien auf die Zeit vor 1740 hinweist, wurde eine derartige Abgabe wohl schon mindestens seit Mitte des 18. Jahrhunderts gefordert.

Beim Ungeld handelt es sich nicht um eine spezifisch »jüdische« Abgabe, denn christliche Händler und Wirte waren stärker davon betroffen. Trotzdem sollen im Folgenden Fälle aufgeführt werden, in denen Juden Ungeld entrichteten. Im März 1721 wurde in der Konferenz bezüglich *der Juden Ungelt von Wein* entschieden, dass sie in Pappenheim keinesfalls davon befreit sein sollten, wenn sie dieses in Oettingen und Ellingen zahlen müssten. Zwei Jahre später scheint eine neue Ungeldordnung erlassen worden zu sein, da am 15. Oktober 1723 beschlossen wurde diese den Juden im Rathaus zu verkünden. Über deren Inhalt ist jedoch nichts bekannt[172]. Im Ungeldverzeichnis von 1727 wurden unter dem Punkt *Bierverkauf an hiesige Würth und Bürger, die Umgeld geben,* etliche Juden aufgeführt: Als Beispiele seien Nathan Reutlinger (29 Eimer zu 1 fl. 30 kr. und neun Eimer zu 1 fl. 15 kr.) und Amson Jacob (37 Eimer zu 1 fl. 30 kr.) genannt. Mit 114 von

---

[166] StAN, Herrschaft Pappenheim, Rechnungen Nr. 6333/11: Bittgesuch von Edel Ullmann vom 9. November 1753. In der Grafschaft Oettingen gab es eine als Neujahrsgeld bezeichnete Zahlung an die herrschaftlichen Beamten. Siehe JAKOB, Harburg, S. 25.
[167] Zu den Stolgebühren und der von den Juden zu zahlenden Ersatzleistung siehe Kapitel 8.1.3.
[168] StAN, Adel Archivalien Nr. 4730: Akten des Justizamts Pappenheim vom 15. Mai 1804, fol. 2.
[169] Ebd.: Akten des Justizamts Pappenheim vom 15. Mai 1804, fol. 3-4.
[170] Ebd., fol. 6.
[171] StAN, Herrschaft Pappenheim, Akten Nr. 4722/I: Verzeichniß sämmtlicher pappenheimischer Schutzjuden zu Pappenheim vom 19. Februar 1807.
[172] StAN, Herrschaft Pappenheim, Akten Nr. 5999/I: Einträge vom 13. März 1721 und 15. Oktober 1723.

Kap. 4: Die fiskalischen Leistungen von Juden an die Reichserbmarschälle

441 Eimern (zu 1 fl. 30 kr.) bzw. 24 von 147 Eimern (zu 1 fl. 15 kr.) verbrauchten die Juden einen nicht zu vernachlässigenden Anteil. Angesichts dieser Mengen ist fraglich, ob es sich dabei ausschließlich um Eigenbedarf handelte[173].

Gelegentlich waren die Pappenheimer Juden auch von Abgaben betroffen, die sich eigentlich an die Landbevölkerung richteten. Wie in anderen Territorien fiel in der Herrschaft Pappenheim beim Besitzerwechsel eines Grundstücks eine Gebühr, die dort als Handlohn bezeichnet wurde, an[174]. Dieser konnte entweder nur vom Käufer oder aber vom Verkäufer und vom Käufer verlangt werden. In Pappenheim war meist Letzteres der Fall, es wurde dann von doppeltem Handlohn gesprochen. Am 16. Juli 1777 bat Löw Amson um Befreiung vom Handlohn bei einer zum Zweck des Weiterverkaufs erworbenen Wiese in Rehlingen. Er begründete seinen Wunsch damit, dass Juden Äcker und Wiesen *nicht für sich zum Besitz, sondern zur baldmöglichsten Wiederabgabe*[175] kauften. Seinem Ansuchen wurde stattgegeben, sollte das betreffende Grundstück innerhalb von zwei Monaten wieder verkauft werden[176]. Im Juni 1779 wurde eine künftige Befreiung aller Pappenheimer Juden vom Handlohn beschlossen, wenn bis zur *Wiederbemannung* des Guts nicht mehr als zwei Monate vergingen[177]. Da Juden normalerweise keine Grundstücke besaßen, waren sie auch nicht von einer weiteren Abgabe, dem Todfall, betroffen. Zumindest die Erben Nathan Reutlingers mussten im Jahr 1747 für zwei von diesem besessene Wiesen bei Büttelbronn bzw. auf dem Schertnershof den Todfall entrichten. Deren Wert von 190 fl. entsprechend waren 12 fl. 40 kr. fällig[178].

Außer Schutzgeld und Steuern wurden die Pappenheimer Juden mit weiteren, kleinen Abgaben belastet, die in ihrer Summe keinesfalls zu vernachlässigen waren. Die nur bei besonderen Anlässen fällige Nachsteuer konnte in Einzelfällen sehr hoch und damit ein nicht zu unterschätzender Einnahmeposten sein. Die sonstigen Abgaben waren meist ebenso wie die Steuern gleichermaßen von Christen und Juden zu bezahlen. Ein großer Teil der behandelten Abgaben war eng mit dem Hausbesitz verknüpft[179].

---

[173] StAN, Herrschaft Pappenheim, Rechnungen Nr. 2907/2: Bierverkauf an hiesige Würth und Bürger, die Umgeld geben (1727).

[174] Dabei handelte es sich neben dem Grundzins um eine der wichtigsten bäuerlichen Abgaben überhaupt. Für das so genannte Laudemium ist eine große Zahl von Synonymen überliefert. Siehe Artikel Laudemium, in: HRG Bd. 2, Sp. 1643–1647.

[175] StAN, Herrschaft Pappenheim, Akten Nr. 7875: Eintrag vom 31. Mai 1779.

[176] StAN, Herrschaft Pappenheim, Akten Nr. 6003/40, fol. 104: Eintrag vom 16. Juli 1777.

[177] StAN, Herrschaft Pappenheim, Akten Nr. 6003/42, fol. 43v: Eintrag vom 1. Juni 1779; vergleichbar damit ist die Ansbacher Praxis, nach der Juden bei einem Wiederverkauf innerhalb von vier, seit 1776 sechs Wochen vom Handlohn befreit waren. Siehe HAENLE, Ansbach, S. 110.

[178] StAN, Adel Archivalien Nr. 4548, S. 214–215: Eintrag vom 23. Juni 1747 und Nr. 83, S. 258: Eintrag vom 23. Juni 1747.

[179] Dieser Sachverhalt wird bei der Untersuchung der Partizipation an den Gemeinderechten in Kapitel 8.2.2. noch eine Rolle spielen.

4.4 Die Entrichtung von Zoll durch auswärtige Juden

Neben den bisher geschilderten Steuern und Abgaben waren Juden zusätzlich mit der Entrichtung von Zoll konfrontiert. Im kleingekammerten Reich mit seinen vielen Territorien und Grenzen waren sie als vergleichsweise mobile Bevölkerungsgruppe, die nicht nur im Rahmen ihrer Handelstätigkeit, sondern auch um weiter entfernte Verwandte zu besuchen oder ihre Toten auf dem nächstgelegenen Friedhof begraben zu können, viele Grenzen überqueren musste, davon besonders betroffen. Neben dem Zoll für ihre Tiere und Handelsgüter hatten Juden – anders als Christen – beim Grenzübertritt den so genannten Leibzoll zu zahlen. Indem sie dabei nicht wie Personen, sondern wie Vieh und Waren behandelt wurden, war diese Abgabe sehr demütigend[180]. Imke König spricht davon, dass der Leibzoll die Juden in wirtschaftlicher, sozialer und moralischer Existenz traf[181]. Dieses Kapitel weicht insofern von den vorhergehenden ab, als in erster Linie fremde Juden, eben diejenigen, die an die Herrschaft Pappenheim Zoll entrichten mussten, behandelt werden. Welche Bedeutung der von anderen Territorien geforderte Zoll für die Pappenheimer Juden hatte, kann nur an wenigen Beispielen schlaglichtartig aufgezeigt werden.

Anhand der Verzeichnisse über die Einnahmen *vom Zoll in der Stadt und auf dem Lande* aus den Jahren 1742/43 soll ein detaillierterer Blick auf die Zolleinnahmen der Herrschaft Pappenheim geworfen werden[182]. Von elf Zollstationen liegen Daten vor, die in den meisten Fällen von Invocavit (12. Februar) 1742 bis Invocavit (3. März) 1743 reichen. Jedoch gibt es Abweichungen: Die Aufzeichnungen aus Rehlingen sind von September 1741 bis September 1742 und aus Dettenheim von Mai 1742 bis Mai 1743 vorhanden, die für Geislohe enden bereits im Dezember 1742[183].

Tabelle 7: Juden an den Zollstellen der Herrschaft Pappenheim (1742/43)

Zollstelle	Juden insgesamt	Herkunftsort bekannt	Betteljuden/ arme Juden	Einnahmen von Juden	Gesamt- einnahmen	Anteil der Juden in %
Pappenheim	224	88	9	16 fl. 49 kr.	69 fl. 55 kr.	24,1 %
Dietfurt	160	66	38	36 fl. 55 kr.	759 fl.	4,9 %
Neudorf	28	3	21	1 fl. 59 kr.	21 fl. 30 kr.	9,2 %
Langenaltheim	41	20	0	3 fl. 30 kr.	21 fl. 9 kr.	16,5 %
Büttelbronn	19	5	2	2 fl. 55 kr.	12 fl. 42 kr.	23,0 %
Bieswang	12	0	1	1 fl.	32 fl. 43 kr.	3,1 %
Rehlingen	6	21	1	43 kr.	6 fl. 21 kr.	11,3 %
Schambach	32	10	6	1 fl. 26 kr.	4 fl. 32 kr.	31,6 %
Geislohe	46	1	44	58 kr.	4 fl. 35 kr.	21,1 %
Zimmern	3	0	0	3 kr.	5 fl.	1,0 %
Dettenheim	144	0	124	5 fl. 5 kr.	25 fl. 13 kr.	20,2 %
Gesamt	715	214	246	71 fl. 23 kr.	962 fl. 40 kr.	7,4 %

---

[180] Dazu HÖPFINGER, Floß, S. 62; HEYDENREUTER, Ausgrenzung, S. 138–140; SCHWARZ, Bayern, S. 36–37; ULLMANN, Nachbarschaft, S. 111–112; RAUSCHER, Mautstellen, S. 289–290. Zur Situation im Hochstift Eichstätt siehe KUHN, Georgensgmünd, S. 53.

[181] KÖNIG, Judenverordnungen, S. 64.

[182] StAN, Herrschaft Pappenheim, Akten Nr. 7135: Einnahmen vom Zoll in der Stadt und auf dem Lande (1742/43).

[183] Die genauen Zahlen können der nachfolgenden Tabelle entnommen werden. Im Text werden nur die wichtigsten Befunde näher diskutiert.

Kap. 4: Die fiskalischen Leistungen von Juden an die Reichserbmarschälle

Insgesamt mussten in diesem Jahr an den elf Zollstationen 715 Juden Zoll entrichten. Die meisten zahlten diesen beim Stadtzoll in Pappenheim (224), bedeutend waren auch die Zollstellen Dietfurt und Dettenheim, während in Rehlingen und Zimmern nur wenige Juden auftraten. Die 715 Juden entrichteten für sich, ihre Pferde und mitgeführte Waren insgesamt 71 fl. 23 kr. Zoll und trugen damit zu 7,4 % des gesamten Zollaufkommens der Herrschaft Pappenheim bei. Am meisten zahlten sie in Dietfurt (36 fl. 55 kr.). Bedingt durch dessen Bedeutung an der Straße von Nürnberg nach Augsburg war diese vergleichsweise hohe Summe jedoch eher unbedeutend (4,9 %). Einen überdurchschnittlichen Anteil an den Gesamteinnahmen hatten Juden dagegen in Schambach (31,7 %), Pappenheim (24,1 %) und Büttelbronn (23 %).

Von etwas mehr als einem Viertel der Juden ist der Herkunftsort bekannt, es überwiegen jedoch Einträge wie *Abraham Moses mit sechs Eimern Wein*. Daher müssen die folgenden Angaben mit Vorsicht betrachtet werden und zu weit reichende Schlussfolgerungen sollten daraus nicht gezogen werden. In Bezug auf die aus ihnen zu gewinnenden Informationen schwankte die Qualität der von den einzelnen Zollstationen aufgezeichneten Daten beträchtlich. In Bieswang, Zimmern und Dettenheim – Letzteres mit 144 Einträgen die drittwichtigste Zollstation – wird kein einziger Herkunftsort genannt, während in Langenaltheim immerhin bei fast der Hälfte eine derartige Angabe vorhanden ist. Insgesamt überwiegen die Treuchtlinger Juden (67; 34,4 % der Ortsnennungen) vor Harburg (26) und Kriegshaber (18). Diese Zahlen geben die regionale Aufteilung recht gut wieder: Die meisten Juden kamen aus Orten im Markgraftum Brandenburg-Ansbach (neben Treuchtlingen vor allem Heidenheim, Fürth, Feuchtwangen, Gunzenhausen und Berolzheim), in der Grafschaft Oettingen (Harburg, Oettingen, Hainsfarth und Wallerstein) und der Markgrafschaft Burgau (Kriegshaber und Buttenwiesen), aber nur wenige aus weiter entfernten Gegenden. Beispielsweise gibt es für Frankfurt am Main und Polen je einen Beleg. Stammten an den anderen Zollstationen die meisten Juden aus Treuchtlingen, so dominierten in Dietfurt die aus Kriegshaber (17), gefolgt von Fürth und Treuchtlingen (je 10) sowie Harburg (9). Hierin dürften die Auswirkungen von überregionaler Kommunikation und Handelstätigkeit auf der Hauptstraße Nürnberg-Augsburg zu sehen sein.

Da sie aus den Verzeichnissen besonders hervorstechen, soll der Blick auf die Betteljuden gerichtet werden, die – folgt man einem Teil der Literatur – in großen Scharen durch das Alte Reich gezogen sind[184]. Ein methodisches Problem dabei ist, dass in den Zollverzeichnissen zum Teil von *Betteljuden* und zum Teil von *armen Juden* gesprochen wird. Ob diese identisch waren oder ob auf diese Weise zwischen verarmten sesshaften und umherziehenden Juden unterschieden wurde, kann nicht mit Sicherheit beurteilt werden. Mit Ausnahme von Büttelbronn und Schambach wurde stets nur einer der beiden Begriffe verwendet, was für eine Gleichsetzung sprechen würde. Der Anteil der Betteljuden bzw. armen Juden an den einzelnen Zollstationen ist sehr unterschiedlich. So wurden in Pappenheim nur neun (4,0 %) und in Langenaltheim kein einziger verzeichnet, in Dettenheim dagegen 124 (86,1 %) und in Geislohe 44 (95,6 %). Möglicherweise entrichteten in Pappenheim vor allem Juden, die Waren in die Residenzstadt lieferten, ihren Zoll, während in kleineren Orten Juden, die das Territorium durchzogen, Zoll zahlten. Die Betteljuden scheinen zum Teil in größeren Gruppen gereist zu sein. Immer wieder werden drei, vier oder auch fünf arme Juden auf einmal aufgelistet, was auf eine gemeinsame Zollentrichtung schließen ließe. Manchmal wird die

---

[184] Nach BREUER, Frühe Neuzeit, S. 235, betrug ihr Anteil an den Juden in Deutschland 10–25 %, andere Autoren gehen zum Teil von noch höheren Zahlen aus. Dazu und allgemein zum Problem der Betteljuden siehe Kapitel 6.4.

Kap. 4: Die fiskalischen Leistungen von Juden an die Reichserbmarschälle

Zusammengehörigkeit direkt aus der Formulierung ersichtlich: *Moßes und 5 Consorten, Betteljuden.*

Aus der Zeit zwischen 1673 und 1709 sind für die Zollstelle Dietfurt relativ weit zurückreichende Zollrechnungen überliefert[185]. Diese sind aber nicht geschlossen vorhanden, sondern umfassen vier unterschiedlich lange Zeiträume: Invocavit (19. Februar) bis Weihnachten 1673, Michaelis (29. September) 1676 bis Invocavit (7. März) 1677, Weihnachten 1693 bis Invocavit (28. Februar) 1700 und 1. März 1708 bis 20. Februar 1709. Wie im Folgenden zu sehen sein wird, ist auch die Qualität der Einträge sehr unterschiedlich. In zehn Monaten des Jahres 1673 sind 238 Juden verzeichnet, die 10 fl. 4 kr. Zoll entrichteten (38,7 % aller Einnahmen). Während sie sonst unter den Christen eingegliedert waren, wurden sie in dieser Liste als eigene Kategorie *Judenzoll* geführt. Bei 62 Juden (26,1 %) ist der Herkunftsort genannt. Obwohl fränkische (33) und schwäbische Juden (13) dominieren, stammt ein beträchtlicher Anteil aus weiter entfernten Regionen: sechs aus Mähren, vier aus Böhmen, einer aus Polen, zwei aus der Wetterau und einer aus Frankfurt am Main. 138 (58 %) der Juden werden als Betteljuden bezeichnet, vier weitere (1,7 %) als arm. Von Michaelis 1676 bis Invocavit 1677 wurden hingegen nur 29 Juden aufgezeichnet. Bei acht (27,6 %) ist der Herkunftsort (alle stammen aus Brandenburg-Ansbach) bekannt, 18 (62,0 %) werden als Betteljuden bezeichnet. Über den langen Zeitraum Weihnachten 1693 bis Invocavit 1700 wurden erstaunlicherweise nur 163 Juden verzeichnet. Dieses Zollregister lässt insgesamt kaum weiter gehende Schlussfolgerungen zu, da seine Angaben recht knapp gehalten sind. Es wird kein einziger Betteljude erwähnt und nur 14 mal (8,6 %) ist der Herkunftsort genannt: sechs aus Augsburg, drei aus Pfersee, je zwei aus Kriegshaber und Regensburg und einer aus Ellingen. Für die knapp zwölf Monate zwischen März 1708 und Ende Februar 1709 sind 66 Juden verzeichnet, unter denen sich keine Betteljuden befanden. Bei 55 (83,3 %) ist ein Herkunftsort angegeben. 13 stammten aus Kriegshaber, je elf aus Monheim und Flotzheim (bei Monheim) und sieben aus Fürth.

Für die Herrschaft Pappenheim liegt keine Verordnung über die Höhe der von Juden erhobenen Zölle vor, so dass diese aus den gerade behandelten Zollrechnungen rekonstruiert werden muss[186]. Im gesamten Zeitraum zwischen 1673 und 1743 betrug der Leibzoll für einen Juden gewöhnlicherweise 5 kr. Von Betteljuden wurde meist ein reduzierter Satz verlangt. Dieser war allerdings schwankend und hing auch von der Größe der Gruppe, mit der ein Betteljude reiste, ab. Meist wurden 2 kr. gefordert, der Betrag konnte in Einzelfällen aber sogar auf unter 1 kr. pro Person sinken: So zahlten einmal zwölf Betteljuden zusammen nur 10 kr. Leibzoll.

Zum Leibzoll kamen Gebühren für Waren und Tiere. Reitende Juden zahlten gewöhnlich den doppelten Betrag. Somit war der Zoll für einen Juden genauso hoch wie für ein Pferd, was die eingangs angesprochene Diskriminierung durch die Gleichstellung mit Vieh und Waren verdeutlichen dürfte. Beispielsweise entrichteten Borich Günzburger und Joseph Neuburger aus Kriegshaber für sich und die Pferde, auf denen sie ritten, zusammen 20 kr. Noch teurer war es mit einer Kutsche zu reisen. Im Januar 1709 zahlte Abraham aus Fürth für sich, seine Frau und Tochter und die Kutsche 30 kr. Uneinheitlich waren die Sätze für als Handelsgüter mitgeführte Pferde. 1695 verzollten vier Juden die 19 Pferde, die sie mit sich führten, mit 1 fl. 24 kr. Borich aus Kriegshaber,

---

[185] StAN, Herrschaft Pappenheim, Rechnungen Nr. 741: Zollrechnung Dietfurt (1673–1709).
[186] Aus der Markgrafschaft Burgau sind derartige Gebührentafeln bekannt. Siehe ULLMANN, Nachbarschaft, S. 112. Die Gebührentabelle des Hochstifts Eichstätt aus dem Jahr 1719 sah für Juden zu Fuß 2 kr., für reitende Juden 4 kr. und für Leichen 18 kr. vor, vgl. KUHN, Georgensgmünd, S. 53.

Kap. 4: Die fiskalischen Leistungen von Juden an die Reichserbmarschälle

der zusammen mit zwei weiteren Juden 40 Pferde durch die Herrschaft führte, zahlte ein Jahr später 2 fl. 50 kr. Anfang des Jahres 1742 entrichtete Lämlein Moses aus Treuchtlingen 21 kr. für Leibzoll, zwei Pferde, ein Fohlen, zwei Rinder und einen Stier[187].

Eine besondere Herausforderung stellten Betteljuden dar, die – obgleich die obigen Angaben erheblich schwanken – in beträchtlichem Umfang die Grenzen überquerten. Im Juni 1712 traf Stadtvogt Georg Philipp Oßwald im Auftrag von Reichserbmarschall Christian Ernst mit dem Hofjuden Hirsch Oppenheimer eine Vereinbarung bezüglich des Zolls von Betteljuden, die sich vorübergehend in Pappenheim aufhielten. Da viele Betteljuden bisher *in Abgehung des Zolls* einen großen Betrug begangen hätten, indem *die meisten sich hindurch practiciren und den Zoll nicht entrichten*, sollte künftig die Pappenheimer Judenschaft eine Entschädigung für diese Einnahmeverluste leisten. Um sich nicht dem Vorwurf des Betrugs ausgesetzt zu sehen, erklärten sich die Pappenheimer Juden dazu bereit, *aus ihrer Cassa jährlich vor die Betteljuden 10 fl. zu bezahlen*[188]. Da es sich hierbei um einen einmaligen Beleg handelt, ist unklar, ob diese Regelung längerfristigen Bestand hatte.

Bedingt durch die große Nähe Treuchtlingens zu Pappenheim scheinen für die dortigen Juden zumindest zeitweise abweichende Bestimmungen gegolten zu haben. Am 13. Januar 1773 wandten sich die Treuchtlinger Juden mit einem Memoriale an die Pappenheimer Konferenz. In diesem baten sie darum, ihr *an das Dietfurter Zollamt alljährlich abzurichtendes Zollquantum aversum von 50 fl. in Anbetracht der sich daselbst verminderten Anzahl jüdischer Famillen, andern Theils der durch die harte Zeit unter einigen der noch vorhandenen eingerissenen Armuth wegen* zu reduzieren. Daraus kann gefolgert werden, dass zu diesem Zeitpunkt eine Pauschalregelung in Kraft gewesen ist[189]. Als Reaktion auf das Gesuch wurde von Pappenheimer Seite der Beschluss gefasst, *von einigen der hiesigen Juden genaue Erkundigung wie sie in ansehung des Leib und Waaren und Weegzolls bey den Brandenburger Zollstätten gehalten sein* einzuholen. Ziel der Pappenheimer Politik scheint es demnach gewesen zu sein, eine Gleichbehandlung der benachbarten Treuchtlinger und der eigenen Juden zu erreichen. Schließlich wurde entschieden, die Pauschalregelung aufzuheben. Künftig sollten die Treuchtlinger Juden wie 1731 in einem Rezess zwischen Pappenheim und Brandenburg-Ansbach vereinbart worden war, ihren Leib- und Warenzoll in der gleichen Höhe wie Pappenheimer Juden in Brandenburg-Ansbach entrichten[190]. Trotz dieser Entscheidung hat sich

---

[187] Mit Ausnahme des letzten Beispiels (StAN, Herrschaft Pappenheim, Akten Nr. 7135: Einnahmen vom Zoll in der Stadt und auf dem Lande, 1742/43) stammen alle aus StAN, Herrschaft Pappenheim, Rechnungen Nr. 741: Zollrechnung Dietfurt (1673–1709).

[188] StAN, Herrschaft Pappenheim, Akten Nr. 5997/IV: Amtsbericht vom 15. Juni 1712.

[189] Pauschalbeträge für die umliegenden Judengemeinden sind beispielsweise auch aus der Markgrafschaft Burgau bekannt. Siehe ULLMANN, Nachbarschaft, S. 112. KÖNIG, Judenverordnungen, S. 210–211, unterscheidet beim Leibzoll grundsätzlich zwei Formen, den täglich zu lösenden und die für ein Jahr gültigen Zollzeichen.

[190] StAN, Herrschaft Pappenheim, Akten Nr. 5999/VII, fol. 2a: Eintrag vom 13. Januar 1773. In § 8 dieses Rezesses war in Bezug auf Juden folgendes festgehalten worden: [...] *was aber beyderseits Juden anbetrifft, solle die denenselben bishero gleichfalls verstattete Zoll-freyheit insoweit aufgehoben, und limittiret seyn, daß sie zwar von denen würklicher und verhandlenden oder bey sich habender Viehe, und allen Handlungs-Waaren, den Zoll, auch auf den fall, wann sie Unterhändler sind, und sich darvor gebrauchen laßen, gleichwie in vorstehenden fall, den Leib-Zoll beyderseits Zoll-Ordnungsmäßig entrichten, außer diesem aber vom Leib-Zoll sowohl innerhalb berührten Orthen, als auch bey deren durch-passierung in die benachbarte Herrschaften frey seyn, jedoch die Treuchtlingische und Berolzheimer Juden den Leib-Zoll in loco Pappenheim und Dietfurt selbst, gleichwie hingegen die Pappenheimischen Juden, auch in Sollnhofen, Treuchtlin-*

die individuelle Zollzahlung für Treuchtlinger Juden wohl nicht dauerhaft durchgesetzt. Im Dezember 1794 bewarben sich die Treuchtlinger Juden bei der Stadtvogtei *um Erpachtung des Leib-Handels und Weg Zolls im hiesigen Lande*. Dabei schlugen sie vor, das bisherige Pachtgeld von 50 fl. beizubehalten. Pappenheim erhoffte sich jedoch höhere Einnahmen und so wurde von Regierungskanzlei und Reichserbmarschall erwogen, die Pacht entweder auf 100 fl. im Jahr zu erhöhen oder ein Jahr lang den Zoll *ordentlich* zu erheben, um dessen tatsächliche Höhe einschätzen zu können[191]. Als das Verwalteramt Treuchtlingen bald darauf Protest gegen diese Änderung einlegte, wurde erneut auf den Rezess von 1731 verwiesen[192].

Vereinzelte Hinweise deuten darauf hin, dass im frühen 18. Jahrhundert für Treuchtlinger Juden andere Regelungen gegolten hatten. Im Jahr 1717 wurde ein Jude namens Löw wegen Zollbetrugs bestraft. Dieser hatte, als von ihm Zoll gefordert wurde, behauptet *zu Treuchtlingen im Schuz und daher keinen Zoll schuldig* zu sein. Denn, so die weitere Argumentation, *Treuchtlingen und Pappenheim gäben gegeneinander keinen Zoll*[193]. Demnach hätten damals noch andere Verhältnisse geherrscht als die von den Zollrechnungen 1742/43 und den Verhandlungen um pauschale Zollabgaben Ende des 18. Jahrhunderts beschriebenen. Möglicherweise führte der Rezess von 1731 diese Änderung herbei.

Daneben scheinen auch mit einzelnen Juden aus der Nachbarschaft Pauschalregelungen getroffen worden zu sein. 1791 bat der ansbachische Jude Moises Salomon aus Berolzheim, *welcher dann und wann im Lande mit Vieh handle*, statt des gewöhnlichen Leib- und Viehzolls jährlich 2 fl. oder 2 fl. 30 kr. zahlen zu dürfen. Dabei wurde darauf verwiesen, dass Pappenheimer Schutzjuden in Brandenburg-Ansbach von einer ähnlichen Vereinbarung profitierten. Die Kanzlei wollte vor einer Entscheidung jedoch erst *etliche hiesige Juden, welche mit Vieh handeln*, vernehmen, ob ihnen durch *diesen Moises Salomon kein Abbruch in ihrem Handel geschehe*[194].

Genauso wie auswärtige Juden in der Herrschaft Pappenheim waren Pappenheimer Juden in angrenzenden Territorien mit der Zahlung von Leibzoll konfrontiert. Verdeutlicht werden kann dies anhand der für die Reichsstadt Weißenburg vorhandenen Verzeichnisse. Von Walburgis (1. Mai) 1757 bis Walburgis 1758 sowie im gleichen Zeitraum 1758/59 zahlten mit Simon Löw, der zusammen mit Simon Hajum aus Treuchtlingen 2 fl. entrichtete, Löw Amson (1 fl. 30 kr.) und Salomon Reutlinger (1 fl.) jeweils drei Pappenheimer Juden Leibzoll[195]. Unter den insgesamt 51 Juden, die zwischen Walburgis 1784 und Walburgis 1785 in Weißenburg Leibzoll zahlten, waren vier Pappenheimer Juden: Löw Amson, Amson Reutlinger, Israel und Abraham Feis. Diese bezahlten jeweils 1 fl.; es ist davon auszugehen, dass es sich dabei um den Zoll für ein ganzes Jahr handelte.

---

gen und Berolzheim jedesmahls entrichten sollen. Siehe StAN, Herrschaft Pappenheim, Urkunden Nr. 5314: Rezess zwischen Brandenburg-Ansbach und Pappenheim vom 12. Mai 1731. Zu diesem Vertrag siehe SCHUH, Herrschaftsgemenge, S. 144–151.

[191] StAN, Herrschaft Pappenheim, Akten Nr. 6003/66, fol. 155r–156v: Eintrag vom 15. Dezember 1794. Im Hochstift Würzburg wurde Ende des 18. Jahrhunderts der Verkauf von Zollzeichen an die Judenkorporation verpachtet. Siehe KÖNIG, Judenverordnungen, S. 65.
[192] StAN, Herrschaft Pappenheim, Akten Nr. 6003/68, fol. 25v–27v: Eintrag vom 27. Januar 1795; auch: fol. 6v–8v: Eintrag vom 13. Januar 1795.
[193] StAN, Herrschaft Pappenheim, Akten Nr. 8167: Protokoll über die Zollschalkung des Juden Löw vom 8. bis 12. März 1717.
[194] StAN, Herrschaft Pappenheim, Akten Nr. 6003/62, S. 113: Eintrag vom 21. Juni 1791.
[195] StadtA Weißenburg B 66: Bezahlung des bedungenen jährlichen Leibzolls der Juden von Walburgis 1757 bis 1758 und Walburgis 1758 bis 1759.

Kap. 4: Die fiskalischen Leistungen von Juden an die Reichserbmarschälle

Im Jahr 1800 entrichteten mit Abraham Seeligmann (45 kr.) und Abraham Neumark (30 kr.) sogar nur zwei Pappenheimer Juden Leibzoll[196]. Ein besonderer Zoll in Höhe von 7 1/2 kr. musste anlässlich des Weißenburger Rossmarkts bezahlt werden[197]. 1756 entrichteten diese Abgabe Löw und Joseph Goldschmid, 1757 Simon Löw, 1758 Salomon Reutlinger, 1759 Marx Model und 1761 Löw Amson[198]. Kein Zoll an die Reichsstadt war dagegen zu zahlen, wenn Pappenheimer Juden zum innerhalb der Weißenburger Mauern gelegenen ansbachischen Klosterverwalteramt wollten[199].

Gelegentlich wurde die reichserbmarschallische Verwaltung mit Klagen über Zollbetrug durch Pappenheimer Schutzjuden konfrontiert. Im April 1695 beschwerte sich der Kastner von Töging (Hochstift Eichstätt) darüber, dass der Pappenheimer Jude Mayer vor einiger Zeit in Töging übernachtet, aber *seinen gebührenden Nachtzohl nicht abgeführt* habe. Des gleichen Vergehens hätte sich auch Joseph, der Sohn des Abraham, schuldig gemacht. Dieser habe sich gleich mehrere Nächte in Töging aufgehalten, aber nicht den entsprechenden Zoll entrichtet[200].

Mindestens genauso oft kam es vor, dass Pappenheimer Juden unverschuldet in Auseinandersetzungen mit auswärtigen Zöllnern verwickelt wurden. Am 10. Mai 1712 beschwerte sich Hirsch Oppenheimers Knecht Abraham bei der Stadtvogtei, dass er am Tag zuvor in Rehau gewesen sei. Dort sei er dem kurpfälzischen Geleitsbereiter von Monheim begegnet, der von ihm Zoll gefordert habe. Abrahams Protest, Pappenheimer Untertanen und Schutzjuden hätten dort noch nie Zoll zahlen müssen, blieb wirkungslos. Stattdessen sei der *Gleitsbereiter via facti zugefahren und ihme Abraham nicht allein seinen flor von Halß per force gerißen, sondern auch noch derbe Schläge gegeben*[201]. Im Jahr 1711 kam es zwischen Schmuel und dem ansbachischen Zollbereiter Christian Gottlieb, bei dem es sich offenbar um einen konvertierten Juden handelte, zu einer Auseinandersetzung. Auf dem Weg nach Nürnberg wurde Schmuel bei Kornburg von dem Zollbereiter angehalten, der ihm Zollbetrug vorwarf. Trotz Vorlage eines Zollscheins wurde Schmuel ein Pferd abgenommen[202]. In beiden geschilderten Fällen ist unklar, zu welchem Ergebnis der Protest der Betroffenen führte.

Anhand von Zollzahlungen, insbesondere des Leibzolls, durch den Juden auch in der Herrschaft Pappenheim zu Objekten wurden, lassen sich die Bewegungen von Juden verfolgen. Daher sind die

---

[196] Verglichen mit den Juden anderer Orte scheinen sie demnach in Weißenburg nur einen geringen Anteil gehabt zu haben, während Juden aus Treuchtlingen mit 16 (1784/85) bzw. 13 (1800), Berolzheim mit zwölf bzw. neun und Ellingen mit fünf bzw. neun Einträgen deutlich öfter vertreten waren. StadtA Weißenburg B 43: Jährlich bedungener Leibzoll der Juden von Walburgis 1784 bis 1785 und Ostern 1800.
[197] Siehe dazu auch RIEDER, Weißenburg, S. 1077–1078.
[198] StadtA Weißenburg A 3449: Rossmarkt (1749–1763).
[199] Dazu liegt eine Aussage des Pappenheimer Juden Salomon Reutlinger aus dem Jahr 1734 vor. Diese entstand im Rahmen der vor dem Reichskammergericht geführten Auseinandersetzung zwischen den benachbarten Reichsständen Brandenburg-Ansbach und Weißenburg um den Leibzoll: BayHStA, RKG 3956: Copia Extractus gräflich Pappenheimischen Protokolls vom 17. August 1734. Zum Hintergrund siehe RIEDER, Weißenburg, S. 1076.
[200] StAN, Herrschaft Pappenheim, Akten Nr. 7129: Schreiben des Töginger Kastners an den reichserbmarschallischen Syndicus vom 2. April 1695.
[201] StAN, Herrschaft Pappenheim, Akten Nr. 5997/IV: Amtsprotokoll vom 10. Mai 1712 und Konzept des Schreibens an den Landrichteramtsverwalter Steinkuhl in Monheim vom 19. Mai 1712.
[202] StAN, Herrschaft Pappenheim, Akten Nr. 8151: Pappenheimer Schreiben an Brandenburg-Ansbach vom 20. Juli 1711; kurz darauf kam es zwischen Gottlieb und Pappenheim zu einem weiteren Streit, als dieser den Schutzjuden Jacob Amson vorübergehend festnehmen ließ. Siehe Ebd.: Pappenheimer Schreiben vom 17. und 18. März 1712.

Kap. 4: Die fiskalischen Leistungen von Juden an die Reichserbmarschälle

Ergebnisse zusätzlich für die Geschichte anderer jüdischer Gemeinden von Interesse. Die Erträge aus dem von Juden entrichteten Zoll sollten aber nicht überschätzt werden: Mitte des 18. Jahrhunderts lag der Anteil unter 10 %. Darüber hinaus wurden mit den Juden benachbarter Orte, vor allem Treuchtlingen, teilweise Sonderregelungen getroffen. Die Entrichtung von Zoll durch Pappenheimer Juden in anderen Territorien konnte zwar ebenfalls dargestellt werden, doch dabei handelt es sich quellenbedingt nicht um systematische Aussagen, sondern nur um vereinzelte Hinweise.

4.5 Die Abgaben der Regensburger Juden an die Reichserbmarschälle

Bei den Abgaben, die von den Regensburger Juden an ihren Schutzherrn, den Reichserbmarschall von Pappenheim, zu entrichten waren, handelte es sich im Wesentlichen um das Schutzgeld. Auf Abgaben, von denen Dritte profitierten – insbesondere an die Reichsstadt Regensburg zu entrichtende Zölle – soll nicht eingegangen werden. Da das früheste Schutzgeldverzeichnis aus dem Jahr 1695 stammt, sind Aussagen über das erste Vierteljahrhundert nach Zusammentreten des Immerwährenden Reichstags nur mit Einschränkungen möglich. Es gibt jedoch Anhaltspunkte, dass das Schutzgeld, das zunächst bei ungefähr 10 fl. gelegen hatte, um 1700 deutlich gestiegen ist. Im Zusammenhang mit der so genannten »Judenreduktion« berichtete der Pappenheimer Syndicus Heberer dem Reichserbmarschall im Dezember 1712, dass vor über 20 Jahren die drei jüdischen Haushaltsvorstände in Regensburg ein jährliches Schutzgeld von nicht mehr als 11 fl. bezahlt hätten. Nachfolgende Juden hätten *15, 20 biß 25 und 30 fl. bezahlt und damit bis 1704 continuirt*. Nach dem *feindlichen Einfall* im Spanischen Erbfolgekrieg sei die Höhe der Schutzgelder weiter gestiegen[203]. Auf den Zusammenhang zwischen Schutzgelderhöhung und Spanischem Erbfolgekrieg wies auch Elias Wassermann im Jahr 1712 hin: Zuletzt sei sein Schutzgeld auf 61 fl. angehoben worden und das Versprechen, das in den *bayerischen Troublen* erhöhte Schutzgeld später wiederzuerstatten sei nicht eingehalten worden[204].

Die Verhältnisse Ende des 17. Jahrhunderts können auch der erwähnten ältesten Liste der Regensburger Schutzgelder aus dem Dezember 1695 entnommen werden. Demnach sollte Moyses Meyer Wassermann 15 fl., Heinrich Abraham, Elias Wassermann, Salomon und Löw je 10 fl. bezahlen[205]. Einschränkend muss jedoch betont werden, dass aus dem Verzeichnis nicht eindeutig hervorgeht, ob es sich dabei um den Gesamtbetrag oder um noch zu entrichtende Restbeträge handelte. Hinzu kommt, dass es im Widerspruch zu den Berichten über die Verhandlungen über die neuen Schutzgeldbeträge im Jahr 1692 steht. Damals wurden die Regensburger Juden mehrfach vor die Kanzlei geladen, um zu einer diesbezüglichen Einigung zu gelangen. Heinrich Abraham war einverstanden für sich, seinen Vetter und die übrige Familie 20 fl. zu zahlen, während sich Samuel Hirsch weigerte, die von ihm geforderten 36 fl. zu zahlen. Schließlich einigten er und die Kanzlei sich auf 20 fl. Bei Salomon Hirsch, der vorgab kein Geld zu haben, ist nur seine Bereitschaft etwas zu erlegen überliefert, nicht aber wie viel. Von Moses Mayer Wassermann wurden 45 fl. gefordert, die er wenn möglich mit schlechten Sorten bezahlen wollte[206].

---

[203] StAN, Herrschaft Pappenheim, Reichserbmarschallamt Nr. 1055: Bericht Reichsquartiermeister Heberers vom 24. Dezember 1712.
[204] StAN, Herrschaft Pappenheim, Reichserbmarschallamt Nr. 721: Gesuch Elias Wassermanns an den Reichserbmarschall vom 30. November 1712.
[205] StAN, Herrschaft Pappenheim, Reichserbmarschallamt Nr. 715: Von den Juden in Regensburg zu entrichtendes Schutzgeld (23. Dezember 1695).

Kap. 4: Die fiskalischen Leistungen von Juden an die Reichserbmarschälle

Unterschiedlich hohes, am Vermögen orientiertes Schutzgeld sah auch ein am 12. Juni 1704 vom Reichserbmarschall erlassenes Dekret vor. Künftig sollte die Verteilung wie folgt aussehen: Elias Wassermann 90 fl., Joseph Marx 50 fl., Jacob Wassermann 40 fl., Elkan Wassermann 35 fl., Amschel Burgauer 30 fl., Moses Mayer Wassermann und Salomon Hirsch je 20 fl. sowie Wolf Joseph 16 fl. Damit betrugen die Einnahmen, die an Martini (11. November) und Georgi (23. April) je zur Hälfte gezahlt wurden, insgesamt 301 fl.[207].

Bereits im Jahr 1706 wurde ein neuer Verteilungsschlüssel festgelegt, da einige Juden *sich beschwert befinden wollen, alß ob die austheilung des von des Herrn Grafen von Pappenheim Excellenz ihnen auferlegten Schutzgeld ungleich unter ihnen geschiehe*. Um zu einer Lösung zu gelangen, wurden die Regensburger Juden aufgefordert zur Bestimmung der Schutzgeldhöhe innerhalb von vier Wochen ihr Vermögen auf 100 fl. genau anzugeben. Da es den Juden anscheinend nicht gelang zu einer einstimmigen Entscheidung zu kommen, griffen sie auf zwei christliche *Arbitri* zurück. Die am 5. Juni 1706 getroffene Vereinbarung sollte zwei Jahre lang gelten. Der Gesamtertrag von 320 fl. verteilte sich wie folgt: Elias Wassermann 61 fl., Jacob Wassermann 59 fl., Joseph Marx 54 fl., Elkan Wassermann 34 fl., Simon Aron, Moyses Mayer Wassermann und Amschel Burgauer je 28 fl., Salomon Hirsch 16 fl. und Wolf Joseph 12 fl.[208]. Diese Aufteilung wurde mindestens vier Jahre lang angewandt, wie einem Verzeichnis der Regensburger Schutzjuden aus dem Jahr 1710 zu entnehmen ist[209]. Im Rahmen einer Neuregelung Ende des Jahres 1712 gab Reichserbmarschall Christian Ernst seinem Verhandlungsführer in Regensburg, Heberer, die Weisung, das Schutzgeld solle *nach proportion eingerichtet werden*[210]. Demnach sollte das System eines nach dem Vermögen gestaffelten Schutzgelds, das sich bereits seit einigen Jahren bewährt hatte, beibehalten werden.

Die 1714 beschlossene Judenreduktion brachte für die reichserbmarschallische Seite den Nachteil, dass nur noch von – höchstens zugelassenen – vier Juden Schutzgeld verlangt werden konnte. Diese Ausfälle konnten jedoch durch ein deutlich erhöhtes Schutzgeld kompensiert werden. Auf den im Jahr 1724 erhobenen Protest des Reichserbmarschalls gegen die geringe Zahl der in Regensburg geduldeten Juden antwortete der kursächsische Gesandte von Gersdorff, dass dieser von den jetzt anwesenden vier Schutzjuden 325 fl. Schutzgeld erhalte und damit *eben so viel oder noch mehr als dero Herrn Antecessores vor anno 1713 von 13 jüdischen Familien*[211]. Diese Behauptung wird durch die ungefähr zehn Jahre später erstellte Rechnung über die *bey dem hochgräflich Pappenheimischen Reichserbmarschall Amte zu Regensburg eingehobene Juden Schutzgelder und gefälligen Canzley Besoldungen* bestätigt. Diese wurde anscheinend halbjährlich erstellt und ist für die Zeit zwischen Martini 1732 und Martini 1734 überliefert. Demnach sah die Verteilung des Schutzgelds unter den zu diesem Zeitpunkt vorhandenen sechs jüdischen Haushalten wie folgt aus: Esaias Alexander und Simon Elkan Wassermann je 50 fl., Falk Markbreiter 37 fl. 30 kr., Salomon

---

[206] StAN, Herrschaft Pappenheim, Reichserbmarschallamt Nr. 1526: Berichte Johann Georg Textors vom 19., 21. und 28. März 1692.
[207] Ebd.: Protokoll der reichserbmarschallischen Kanzlei Regensburg vom 28. Juli 1704.
[208] Ebd.: Vereinbarung über Judenschutzgelder vom 5. Juni 1706.
[209] StAN, Herrschaft Pappenheim, Reichserbmarschallamt Nr. 1015: Specification der Reichserbmarschallischen Schutzjuden bey fürwährendem Reichstage zu Regensburg vom 4. April 1710.
[210] StAN, Herrschaft Pappenheim, Reichserbmarschallamt Nr. 1055: Weisung Reichserbmarschall Christian Ernsts an Reichsquartiermeister Heberer vom 29. Dezember 1712.
[211] StAN, Herrschaft Pappenheim, Reichserbmarschallamt Nr. 745: Schreiben Christoph Friedrich von Gersdorffs an den Reichserbmarschall vom 30. Oktober 1724.

Kap. 4: Die fiskalischen Leistungen von Juden an die Reichserbmarschälle

Brode 25 fl., Wolf Salomon Brode und Hirsch Isaac je 15 fl. Da es sich dabei um das Schutzgeld für sechs Monate handelte, wurden jährlich 385 fl. eingenommen. Das jeweils angefügte Verzeichnis der Ausgaben macht deutlich, für welchen Zweck diese Einnahmen vor allem eingesetzt wurden. Unter den zahlreichen Posten befinden sich unter anderem die Besoldung für Reichsquartiermeister, Sekretär, zwei Kanzlisten und den Reichsprofos[212]. Demnach wurden die von den Regensburger Juden erhobenen Schutzgelder verwendet, um die aus dem Amt des Reichserbmarschalls resultierenden finanziellen Belastungen zu tragen.

Mitte des 18. Jahrhunderts war der Schutzgeldertrag weiter gestiegen. Aus einer Auflistung der an Martini 1756 zu bezahlenden Schutzgelder gehen die folgenden Schutzgeldsätze hervor: Vier Juden entrichteten jeweils 50 fl. und Schönle Hirschlin 25 fl.; die jährlichen Einnahmen aus dem Judenschutz in Regensburg betrugen somit 450 fl.[213]. Ähnliche, wenn auch etwas niedrigere Zahlen sind dem Verzeichnis über den *Ertrag des hochgräflich Reichserbmarschallisch Pappenheimischen Alt Fidei Commiss Amts 1750–1757* zu entnehmen. Demnach lag das *Schutzgeld von denen Juden auf dem Reichstag zu Regensburg* in vergleichbarer Höhe: 430 fl. (1750), 380 fl. (1751), 405 fl. (1752), 375 fl. (1753), 400 fl. (1754), 375 fl. (1755) und 400 fl. (1756). Der Unterschied zu den Angaben der Regensburger Kanzlei lässt sich vielleicht dadurch erklären, dass es sich hierbei nicht um die Forderung, sondern um die tatsächlich eingenommenen Schutzgelder handelte[214]. Denn das geforderte Geld konnte keinesfalls immer bezahlt werden. In der Liste von 1756 wird bei Simon Elkan Wassermann ein Rückstand von 500 fl. erwähnt, der 1771 auf nicht weniger als 1050 fl. angewachsen war[215]. Zwischen 1768 und 1779 häufte Isaac Philipp Gumperz eine Schutzgeldschuld in Höhe von 830 fl. an[216].

Das späteste überlieferte Schutzgeldverzeichnis stammt von Martini 1771. Demnach zahlten in diesem Halbjahr vier Juden (Emanuel Wertheimer, Joseph Hirschl, Löw Alexander und Isaac Philipp Gumperz) 50 fl. und Schönle Hirschlin 25 fl. Die gegenüber den 50er Jahren gleich gebliebenen Erträge (225 fl.) lassen sich durch die limitierte Zahl der Schutzstellen erklären[217]. Diese Begrenzung konnte immer wieder in der Schutzgeldpraxis gespürt werden. Der neu in den Schutz aufgenommene Emanuel Wertheimer bat 1758 darum, ihn vorläufig vom Schutzgeld zu befreien, weil er erst kürzlich geheiratet habe, noch kein Quartier in Regensburg habe und dort noch keinen Handel treibe. Von reichserbmarschallischer Seite wurde dieses Anliegen jedoch zurückgewiesen, da er den Schutz bereits am 9. Juni angetreten habe und dieses Datum für die Abführung des Schutzgelds relevant sei. Außerdem sei zu bedenken, dass jeder Bewerber um diese Schutzstelle

---

[212] StAN, Herrschaft Pappenheim, Reichserbmarschallamt Nr. 708: Rechnung über die bey dem hochgräflich Pappenheimischen Reichserbmarschall Amte zu Regensburg eingehobene Juden Schutzgelder und gefälligen Canzley Besoldungen von Georgi 1733, Martini 1733, Georgi 1734 und Martini 1734.

[213] StAN, Herrschaft Pappenheim, Reichserbmarschallamt Nr. 1183: Übersicht über die zu Martini 1756 zu bezahlenden Schutzgelder (7. Oktober 1756).

[214] StAN, Herrschaft Pappenheim, Akten Nr. 5916/VII: Ertrag des hochgräflich Reichserbmarschallisch Pappenheimischen Alt Fidei Commiss Amts 1750–1757.

[215] StAN, Herrschaft Pappenheim, Reichserbmarschallamt Nr. 1183: Übersicht über die zu Martini 1756 zu bezahlenden Schutzgelder (7. Oktober 1756); Nr. 815: Bericht von Langs an den Reichserbmarschall vom 9. Dezember 1771.

[216] StAN, Herrschaft Pappenheim, Reichserbmarschallamt Nr. 1536: Isaac Philipp Gumperts' Schutzgeldrückstand (1779).

[217] StAN, Herrschaft Pappenheim, Reichserbmarschallamt Nr. 815: Rechnung über die bey dem Reichserbmarschall-Amt allhier in Regensburg eingegangene Judenschutz und andere Gelder pro Termino Martini 1771.

Kap. 4: Die fiskalischen Leistungen von Juden an die Reichserbmarschälle

nicht nur gerne ab dem Tag der Einweisung in den Schutz, sondern sogar ab dem Tod des vorherigen Inhabers dieser Stelle, Esaias Alexander, gezahlt hätte[218]. Diese Argumentation zeigt, wie gefragt die Schutzstellen in der Stadt des Immerwährenden Reichstags waren. Folglich waren die Reichserbmarschälle auch nicht bereit auf mögliche Einnahmen zu verzichten.

Neben den eigentlichen Schutzjuden hielten sich fast ständig weitere Juden in Regensburg auf. Die Anfang des 18. Jahrhunderts gefundene Lösung, diese als »Supernumerarii« aufzunehmen, wurde später durch die Gewährung langjährigen Geleits ergänzt[219]. Da diese Juden nicht zur begrenzten Zahl der Schutzjuden gehörten, mussten sie zwar kein Schutzgeld im eigentlichen Sinne zahlen, aber dennoch eine Abgabe entrichten, die im Normalfall dem halben Schutzgeld entsprach. Im Jahr 1785 versuchte das Reichserbmarschallamt einen Überblick über seine Einkünfte zu gewinnen. In einer Anweisung an Kanzleirat von Lang in Regensburg schrieb Reichserbmarschall Johann Friedrich Ferdinand, dass Jacob Wassermann aus besonderer Gnade das Geleit bis an sein Lebensende gegen halbes Schutzgeld zu gewähren sei. Neben ihm sollten auch die anderen drei Geleitjuden, Hajum Alexander, Philipp Salomon Gumperz und Joseph Ullmann, jährlich wenigstens das halbe Schutzgeld bezahlen[220].

Elias Philipp Gumperz entrichtete seitdem er 1786 ein Expektanzdekret erhalten hatte ein jährliches Schutzgeld von 50 fl.[221]. Als er Ende des Jahres 1793 endlich in die erstrebte Schutzstelle eintreten konnte, brachte dies für das Reichserbmarschallamt einen finanziellen Nachteil mit sich, da seine Anwartschaftszahlungen entfielen. Kanzleirat Schneller berichtete Reichserbmarschall Friedrich Wilhelm, dass dadurch jährlich 50 fl. weniger an Geleitgeldern eingingen und somit ein Problem für die Besoldung in der Regensburger Kanzlei entstünde[222]. Wenige Monate später starb auch noch der langjährige Geleitjude Jacob Wassermann. Da sein Tod erneut zu Mindereinnahmen in Höhe von 25 fl. führte, wurde Kanzleirat Schneller sofort aktiv. Er lud Löw Isaak, den Buchhalter des Schutzjuden Hirschel Neuburger, vor das Amt, um ihm, vorbehaltlich der Zustimmung des Reichserbmarschalls, Wassermanns Stelle als Geleitjude gegen *Übernahme dieser 25 fl.* anzubieten[223].

Zusammenfassend können mehrere Entwicklungsstufen beobachtet werden. Anfangs wurde ein relativ niedriges Schutzgeld von ca. 10 fl. gefordert, das allem Anschein nach einheitlich war. Dann kam es zu einem deutlichen Ansteigen der Schutzgeldbeträge auf ein Mehrfaches und einer sich zugleich herausbildenden Differenzierung nach dem Vermögen der einzelnen Juden. 1704 zahlte Elias Wassermann mit 90 fl. mehr als fünfmal so viel wie Wolf Joseph (16 fl.). In einer abschließenden Phase entwickelte sich ein einheitliches Schutzgeld auf hohem Niveau. In der zweiten Hälfte des 18. Jahrhunderts lag der Regelsatz, von einigen Ausnahmen abgesehen, bei 100 fl. Insbesondere bei Witwen, die den Schutz ihres Mannes fortsetzten, wurde von der Möglichkeit

---

[218] StAN, Herrschaft Pappenheim, Reichserbmarschallamt Nr. 768: Protokoll vom 20. Dezember 1758.
[219] Siehe dazu auch WITTMER, Regensburger Juden, S. 102 und Kapitel 2.3.2.2.
[220] StAN, Herrschaft Pappenheim, Reichserbmarschallamt Nr. 1541: Weisung des Reichserbmarschalls an von Lang vom 17. Juli 1785.
[221] StAN, Herrschaft Pappenheim, Reichserbmarschallamt Nr. 849: Gesuch des Elias Philipp Gumperz an den Reichserbmarschall vom 5. Mai 1792.
[222] StAN, Herrschaft Pappenheim, Reichserbmarschallamt Nr. 853: Bericht Kanzleirat Schnellers an Friedrich Wilhelm vom 14. November 1793.
[223] StAN, Herrschaft Pappenheim, Reichserbmarschallamt Nr. 851: Bericht Kanzleirat Schnellers an den Reichserbmarschall vom 28. Juli 1794.

Kap. 4: Die fiskalischen Leistungen von Juden an die Reichserbmarschälle

einer Reduzierung Gebrauch gemacht. So zahlte Schönle Hirschlin nur das halbe Schutzgeld[224]. Auch Sara, die Witwe Emanuel Wertheimers, zahlte während der Minderjährigkeit ihrer Enkelinnen Veronica und Eva, auf die der Schutz ihres Mannes später übertragen werden sollte, mit 50 fl. nur das halbe Schutzgeld[225]. Zusätzlich bildete sich mit den Supernumerarii bzw. Geleitjuden eine weitere Gruppe heraus, die einen reduzierten Schutzgeldsatz zahlte.

Neben dem Schutzgeld verfügten die Reichserbmarschälle über weitere Einnahmen, die im Zusammenhang mit der Schutzgewährung in Regensburg standen. Als Eleonora, die Tochter Emanuel Wolf Wertheimers, den kurbayerischen Hoffaktor Liebmann Joseph Wertheimer heiratete, wünschte das Ehepaar einen neuen Schutzbrief, da *sich nach der Gedanke dieser Leuthe, auch selbst der alten Ordnung und Gewohnheit nach, nicht recht wohl schicken will, daß unter diesen Eheleuten mehrers die Ehefrau und Jüdin, als deren Ehemann* Inhaber des Schutzbriefs sei. Um den Schutzbrief, den Eleonora von ihrem Vater geerbt hatte, auf ihren Mann auszustellen, fand im April 1782 eine *Transcribierung des derselben dato 18. July 1776 ertheilten Schutzdecrets auf seine Person* statt. Außer 60 fl. an die reichserbmarschallische *Chatoulle* wurden 9 fl. 15 kr. an die Kanzlei für die Schutzerteilung berechnet[226]. Obwohl es sich hierbei um den einzigen Beleg einer derartigen Gebühr an die Kanzlei handelt, kann wohl davon ausgegangen werden, dass sie stets zu entrichten war. Sie dürfte mit den aus der Pappenheimer Stampfpapierordnung entstehenden Forderungen vergleichbar sein. Häufiger bezeugt sind dagegen Zahlungen an die *Chatoulle* der Reichserbmarschälle. Da diese in den Einnahmeverzeichnissen nicht erscheinen, ist anzunehmen, dass diese Gelder an sie persönlich flossen[227].

Bei seiner Bitte um ein Expektanzdekret für seine Töchter Reichel und Gella bot der Thurn und Taxische Hoffaktor Löw Alexander an, für dieses 150 fl. zu bezahlen und bei der Einrückung einer seiner beiden Töchter in den Schutz noch einmal dieselbe Summe zu entrichten. Nachdem er das gewünschte Dokument tatsächlich erhalten hatte, teilte Löw Alexander dem Reichsquartiermeister mit, dass er am nächsten Tag dem Grafen 100 Konventionstaler bzw. 240 fl. schicken werde[228]. Den höchsten bekannten Betrag zahlte im August 1786 Elias Philipp Gumperz. Für *die Anwartschaft auf die nächsterledigte Stelle eines Schutzjuden* entrichtete er 300 fl. Bei seinen Bemühungen um einen Schutzbrief im Jahr 1792 wies er nachdrücklich auf diese Zahlung hin[229]. In Bezug auf das Expektanzdekret für Emanuel Wolf Wertheimer schrieb der Reichserbmarschall am 11. Juni 1769 an seinen Regensburger Stellvertreter von Lang in der das Dokument begleitenden Weisung, dass es nur *gegen Erhebung einer billigen real-Erkänntlichkeit à 75 Ducaten für unsere Chatoulle an ihn auszuhändigen* sei[230]. Vergleichsweise günstig kam Löw Alexander das Expektanzdekret für seinen

---

[224] StAN, Herrschaft Pappenheim, Reichserbmarschallamt Nr. 1540: Bericht des Reichserbmarschallamts an den Reichserbmarschall vom 10. Juli 1777.
[225] StAN, Herrschaft Pappenheim, Reichserbmarschallamt Nr. 847: Gesuch Sara Emanuel Wertheimers Wittib an das Reichserbmarschallamt vom 10. Oktober 1788.
[226] StAN, Herrschaft Pappenheim, Reichserbmarschallamt Nr. 810: Schutzbrief für Liebmann Joseph Wertheimer vom 24. April 1782 und beigelegte Bestätigungen vom 24. April und 8. Juli 1782.
[227] Siehe auch die Definition von »Schatulle« bei HABERKERN – WALLACH, Hilfswörterbuch Bd. II, S. 550–551. Demnach handelt es sich dabei um eine Kasse, die zur persönlichen Disposition des Landesherrn stand.
[228] StAN, Herrschaft Pappenheim, Reichserbmarschallamt Nr. 850: Expektanzdekret für Löw Alexanders Töchter Gella und Reichel vom 24. August 1789.
[229] StAN, Herrschaft Pappenheim, Reichserbmarschallamt Nr. 849: Gesuch des Elias Philipp Gumperz an den Reichserbmarschall vom 5. Mai 1792.
[230] StAN, Herrschaft Pappenheim, Reichserbmarschallamt Nr. 811: Weisung des Reichserbmarschalls an von Lang vom 11. Juni 1769.

Kap. 4: Die fiskalischen Leistungen von Juden an die Reichserbmarschälle

Schwiegersohn Philipp Reichenberger, für das er 1781 24 Ducaten an die *Chatoulle* entrichtete[231]. Wieso für die Ausfertigung der Expektanzdekrete derart unterschiedliche Gebühren gefordert wurden, geht aus den Akten nicht hervor. Es kann aber vermutet werden, dass die Dringlichkeit des Anliegens und die Knappheit der Schutzstellen einen Einfluss darauf hatten.

4.6 Zusammenfassung:
Die fiskalische Bedeutung der Juden für die Reichserbmarschälle

Die Reichserbmarschälle und die ihnen unterstellten Behörden erhielten von den Juden unter ihrem Schutz eine Vielzahl finanzieller Leistungen: Schutzgeld, Steuern und sonstige Abgaben sowie von auswärtigen Juden Zoll. Eng mit der Schutzgewährung verknüpft war die Zahlung eines individuellen Schutzgelds. Der Regelsatz betrug in Pappenheim zunächst 10 fl., ab Ende des 18. Jahrhunderts nur noch 5 fl. Mit diesem vergleichsweise wenig ausdifferenzierten System wurden die Pappenheimer Juden bestenfalls durchschnittlich belastet. Das Schutzgeldaufkommen war in Abhängigkeit von der Bevölkerungsentwicklung und den Vermögensverhältnissen der Schutzjuden stark schwankend.

In Regensburg hatte das Schutzgeld (wie in Pappenheim) zunächst 10 fl. betragen, war dann aber deutlich erhöht worden. Vorübergehend war mit einem vermögensabhängigen Schutzgeld ein gegenüber Pappenheim deutlich abweichendes Modell verwendet worden, das zu einer beträchtlichen Differenzierung der Schutzgeldsätze führte. Da das Regensburger Schutzgeld um ein Vielfaches höher war als das Pappenheimer (um 1790 betrug das Verhältnis 100 fl. zu 5 fl.), erzielten die Reichserbmarschälle dort, trotz einer geringeren Zahl an Juden, in etwa dreimal so hohe Einnahmen wie in Pappenheim. Zusätzlich gab es in Regensburg eine – für Pappenheim nicht belegte – Gebühr für die Schutzerteilung. Die pro Person wesentlich höheren Abgaben in der Stadt des Immerwährenden Reichstags können als Zeichen für das Ringen um die limitierte Zahl der Schutzstellen verstanden werden. Zugleich könnte der Unterschied aber auch der beispielsweise in Baden üblichen Differenzierung zwischen Stadt- und Landgemeinden entsprochen haben und als Hinweis auf eine deutlich höhere Wirtschaftskraft der Regensburger Juden gesehen werden.

Die Steuern der Juden – wie auch der Christen – in Pappenheim basierten auf einer Haus- und einer Handelskomponente und orientierten sich weitaus stärker an der individuellen Leistungsfähigkeit als das Schutzgeld. Der Anteil der Juden am Steueraufkommen in der Stadt Pappenheim lag zwischen 7,7 % und 13,2 %. Neben Schutzgeld und Steuern wurden die Pappenheimer Juden mit einer Vielzahl weiterer Abgaben konfrontiert. Darunter befanden sich regelmäßige, meist an den Hausbesitz gebundene Leistungen wie Hundegeld, Dienstgeld und Gänsegeld oder die Zahlung an den Flurer. Belastender war die Nachsteuer, die aber nur zu besonderen Ereignissen wie beispielsweise beim Fortzug eines Kindes nach der Hochzeit erhoben wurde. Ebenfalls in diese Kategorie fällt die Zahlung an das Armenhaus anlässlich von Hochzeiten[232].

---

[231] StAN, Herrschaft Pappenheim, Reichserbmarschallamt Nr. 837: Gesuch Löw Alexanders an den Reichserbmarschall vom April 1781.
[232] In diese Kategorie könnten auch die Stolgebühren gerechnet werden. Diese gingen aber an die Kirche und sollen daher in Kapitel 8.1.3. behandelt werden.

Kap. 4: Die fiskalischen Leistungen von Juden an die Reichserbmarschälle

Auswärtige Juden waren vor allem von der auf Gewinne bei Grundstücksgeschäften erhobenen Profitnachsteuer und dem Zoll betroffen. Der Anteil der Juden an den Gesamtzolleinnahmen lag 1742 bei über 7 %. Es kann davon ausgegangen werden, dass Pappenheimer Juden, wenn sie die Herrschaft verließen, auf eine vergleichbare Situation trafen.

Wichtig ist, nicht nur die fiskalischen Vorgaben, sondern auch die jeweilige Einnahmepraxis zu berücksichtigen, denn Anspruch und Wirklichkeit konnten oftmals weit auseinanderklaffen. Bei allen Abgaben, vor allem bei Steuern, Schutzgeld und dem Hundegeld, waren viele Juden aus unterschiedlichen Gründen ganz oder teilweise befreit. Zum Teil hatten sie zuvor bereits beträchtliche Zahlungsrückstände angehäuft, so dass eine Moderation letztlich eine Anerkennung der Tatsachen darstellte. Zugleich lassen sich aber auch weiter gehende Schlussfolgerungen für das Verhältnis zwischen Schutzjuden und Schutzherrn ziehen: Konnten die Juden die von ihnen geforderten finanziellen Leistungen nicht mehr erbringen, war nicht ihre Ausweisung, sondern eine Anpassung an die Gegebenheiten die Folge.

Abschließend wäre ein Vergleich zwischen der Abgabenbelastung von Juden und Christen bzw. eine Quantifizierung der Erträge aus dem Judenschutz äußerst wünschenswert. Da jedoch keine aufgeschlüsselten Gesamteinnahmeverzeichnisse vorliegen, ist eine umfassende Beantwortung dieser Fragen praktisch unmöglich. Mit Sicherheit kann nur der Anteil an den Steuern bestimmt werden, der höher war als vom jüdischen Bevölkerungsanteil zu erwarten wäre und eventuell auf unterschiedliche Vermögensverhältnisse zurückzuführen ist. Beim Schutzgeld ist ein Vergleich schon deshalb nicht möglich, da es nur von Juden erhoben wurde. Der Ertrag daraus war schwankend, übertraf den aus den Steuern aber meistens. So hatten die Pappenheimer Juden im Jahr 1754 in etwa 64 fl. Steuern bezahlt, aber 108 fl. Schutzgeld[233]. Dazu kamen weitere Abgaben, die zum Teil von Juden und Christen zu bezahlen waren, sowie der Leibzoll. Vor allem wegen des Schutzgelds und der Zölle dürfte die durchschnittliche Belastung eines Juden deutlich über der eines Christen gelegen haben. Dennoch stellten die Juden unter reichserbmarschallischem Schutz keinesfalls die Haupteinnahmequelle der Herrschaft dar. Folglich wäre es nicht gerechtfertigt – wie sich auch bei der Behandlung der Moderationen zeigte – der Ausübung des Judenschutzes ausschließlich fiskalische Motive zu unterstellen, was zugleich zeigt, dass die Ergebnisse für ein Territorium nicht immer verallgemeinert werden können.

---

[233] Der Vergleich basiert auf folgender Berechnung: Im Jahr 1754 betrug der Anteil der Juden am gesamten Steuerfuß in der Stadt Pappenheim 7,33 % (1027 fl. 30 kr. von insgesamt 14.025 fl. 45 kr.). Da in diesem Jahr 6,25 % des Steuerfußes als Steuer zu entrichten waren, dürften die Pappenheimer Juden in etwa 64 fl. 13 kr. von 876 fl. 37 kr. aufgebracht haben. Siehe StAN, Herrschaft Pappenheim, Rechnungen Nr. 6333/4: Steuerregister über die Stadtvogtey Untertanen in der Stadt Martini 1745 und Akten Nr. 8212: Acta die Abrechnung mit sämtlichen Juden zu Pappenheim 1744–1758, fol. 68.

5 Die wirtschaftliche Tätigkeit der Pappenheimer Juden

Die Untersuchung der Erwerbsmöglichkeiten für die Pappenheimer Juden ist aus mehreren Gründen bedeutsam. Zum einen waren sie die Grundlage dafür, dass Juden ihren Lebensunterhalt bestreiten und an die Herrschaft Abgaben entrichten konnten. Zum anderen bestanden im Bereich des Handels besonders häufig Kontakte zwischen Juden und Christen. Folglich ist er sehr gut dokumentiert. Zunächst werden die normativen Grundlagen für die wirtschaftliche Tätigkeit von Juden in der Herrschaft Pappenheim dargestellt. In diesen Themenkomplex fallen beispielsweise die Vorgaben bezüglich des Höchstzinssatzes, während die tatsächliche Zinsentwicklung in einem späteren Kapitel beschrieben wird. An die Schilderung der Rahmenbedingungen schließt sich eine nach Handelssparten gegliederte Untersuchung der wirtschaftlichen Aktivitäten an. Zuerst werden die Kreditgeschäfte behandelt, der Geldverleih und der Handel mit Forderungsabtretungen. Danach widmen sich zwei Kapitel dem Vieh- und dem Warenhandel. Als letzte Wirtschaftssparte wird der Handel mit Äckern, Wiesen, Höfen und Häusern sowie die Betätigung als Makler (Schmuser) untersucht. In einer Zusammenfassung sollen die Einzelergebnisse zu einem Gesamtbild vereinigt werden. Dabei geht es sowohl um die Frage, in welchen Bereichen die Pappenheimer Juden besonders aktiv waren als auch um die wirtschaftlichen Schwerpunkte einzelner Juden. Jüdischer Handel war keinesfalls immer an Territorialgrenzen gebunden. Daher soll nicht nur auf die Rolle auswärtiger Juden in der Herrschaft Pappenheim, wie sie aus den ausgewerteten Protokollen ersichtlich wird, eingegangen werden, sondern auch exemplarisch die Handelstätigkeit Pappenheimer Juden in angrenzenden Gebieten untersucht werden.

Vor der eigentlichen Darstellung wird zunächst auf die zur Verfügung stehenden Quellen eingegangen. Das bereits thematisierte Problem, dass eine Rekonstruktion jüdischen Lebens fast ausschließlich durch die Außensicht »christlicher« Protokolle möglich ist, trifft auch hier zu, denn Aufzeichnungen von Pappenheimer Juden über ihre Handelstätigkeit sind nicht mehr vorhanden, obwohl sie nachweislich existierten. Bei einer Abrechnung mit Sebastian Grießmüller aus Grönhart gab Jacob Amson an, dass seine Forderung auf den Aufzeichnungen *meines Buchs, fol. 87* beruhten[1]. Um seine Ansprüche in einem anderen Streit durchzusetzen, legte er sein als *Diari* bezeichnetes Tagebuch sowie sein Manual vor. Zum Vorlesen der anscheinend auf Hebräisch verfassten Eintragungen wurde Schmuel hinzugezogen[2]. Nach Jacob Amsons Tod befanden sich dessen *Schuld Bücher und Obligationes* in einer Truhe[3]. Von anderen Pappenheimer Juden ist ebenfalls bekannt, dass sie derartige Aufzeichnungen führten. Hirsch Oppenheimer wies bei einem Streit um eine Kuh auf den entsprechenden Eintrag in seinem Handelsbuch hin[4]. Nach dessen Tod griff sein Schwiegersohn Amschel aus Ellingen zur Bekräftigung einer geerbten Forderung bei Hans Bonschab aus Fiegenstall auf Hirschs Schuldbuch zurück, das zu diesem Zweck von Wolf Herz Gans *verteutscht* wurde[5].

---

[1] StAN, Herrschaft Pappenheim, Akten Nr. 8150: Copia Berechnung Jacob Amson Schutzjudens allhier, Sebastian Griesmüller zu Grönhart betreffend vom 18. Februar 1710.
[2] StAN, Herrschaft Pappenheim, Akten Nr. 4635/47: Eintrag vom 20. April 1700.
[3] StAN, Herrschaft Pappenheim, Akten Nr. 8213: Amtsprotokoll vom 23. September 1726.
[4] StAN, Herrschaft Pappenheim, Akten Nr. 4635/57, fol. 210r–212v: Eintrag vom 16. April 1697.

Kap. 5: Die wirtschaftliche Tätigkeit der Pappenheimer Juden

Unter den »christlichen« Quellen, die für eine Rekonstruktion der wirtschaftlichen Aktivitäten von Juden in Pappenheim herangezogen werden können, sind serielle Quellen wie die unterschiedlichen Protokollserien mit Abstand am wichtigsten. Alle aus der Zeit bis 1710 vorhandenen seriellen Quellen wurden ausgewertet, wobei hier verschiedene lückenhafte und nicht immer eindeutig identifizierbare Protokollreihen vorliegen[6]. Dementsprechend ist die Überlieferungssituation unterschiedlich. Während für die 60er Jahre des 17. Jahrhunderts nur wenige Informationen zur Verfügung stehen, ist die Lage für das letzte Viertel des 17. Jahrhunderts als sehr gut zu bezeichnen. Im 18. Jahrhundert bildete sich ein System mit vier Protokollserien aus: die des Altfidei-Verwalteramts, des Neufidei-Verwalteramts, des Alteigentums-Verwalteramts und des jungherrischen Eigentumsverwalteramts[7].

Der Umfang der vorliegenden Protokolle – allein das Protokoll des Altfidei-Verwalteramts für die Jahre 1725 bis 1728 umfasst 610 Seiten und enthält 201 Einträge, die Juden betreffen – macht eine Auswahl erforderlich. Da die Überlieferung der vier Serien zwischen 1710 und 1723 einsetzte, wurde 1725 als Ausgangspunkt der systematischen Auswertung gewählt. Ferner ist zu berücksichtigen, dass jede Protokollreihe eine oder mehrere Lücken aufweist. Um Verzerrungen durch unterschiedliche geographische Schwerpunkte zu vermeiden, wurden nur solche Zeiträume ausgewertet, in denen alle vier Reihen parallel erhalten sind. Somit kam ein großer Teil der Jahrgänge von vornherein nicht in Frage. Gleichzeitig wurde versucht, möglichst das gesamte 18. Jahrhundert abzudecken, so dass sich schließlich fünf – unterschiedlich lange – Untersuchungszeiträume ergaben: 1725–1735, 1746–1752, 1770/71, 1774–1777 und 1787–1790[8]. Für qualitative Aussagen

---

[5] StAN, Adel Archivalien Nr. 4543, S. 115: Eintrag vom 5. Juli 1729.
[6] StAN, Herrschaft Pappenheim, Akten Nr. 4635/22: Protokoll 1649–1659, Nr. 4635/23: Kauf- und Schuldprotokolle der Stadt Pappenheim 1651–1657, Nr. 4635/24: Protokoll 1654–1664, Nr. 4635/25: Briefprotokoll 1657–1676, Nr. 4635/26: Protokoll 1660–1665, Nr. 4635/27: Protokoll 1665–1684, Nr. 4635/28: Briefprotokolle 1668–1676, Nr. 4635/29: Gerichtsprotokoll 1672–1679, Nr. 4635/30: Briefprotokolle 1673–1681, Nr. 4635/32: Gerichtsprotokolle 1676–1679, Nr. 4635/33: Amtsprotokoll 1680/81, Nr. 4635/34: Amtsprotokoll 1680–1684, Nr. 4635/35: Amtsprotokolle 1680–1683, Nr. 4635/36: Gemeinherrschaftliches Judicialprotocoll 1682–1684, Nr. 4635/37: Kauff-Protocoll des Grafen Marquard Johann Wolfgang 1680–1688, Nr. 4635/38: Kauff- und Verhörs Protocollum des Grafen Carl Philipp Gustav 1684–1692, Nr. 4635/39: Protokoll 1685–1698, Nr. 4635/40: Protokoll 1680–1683, Nr. 4635/41: Protokoll 1680–1683, Nr. 4635/42: Amtsprotokoll 1692/93, Nr. 4635/43: Protokoll 1693, Nr. 4635/44: Amtsprotokoll 1695–1700, Nr. 4635/45: Protokoll 1698, Nr. 4635/47: Protokoll 1699–1703, Nr. 4635/49: Protokoll 1689–1692, Nr. 4635/53: Ambtsprotocoll zur hochgräflich Pappenheimischen Hausmeisterei im Neuhaus 1692–1694, Nr. 4635/55: Protokoll 1693/94, Nr. 4635/57: Kauf- und Verhörsprotocollum Graf Ludwig Franz Reichserbmarschallischer Untertanen 1692–1697, Nr. 4635/58: Protokoll 1694–1698, Nr. 4635/59: Kauf- und Verhörsprotocollum Christian Ernsts 1697–1699, Nr. 4635/60: Clag- und Contract-Protocoll bey der Ambtsverwalterey Pappenheim 1700–1706, Nr. 4635/61: Protokoll 1706/07, Nr. 4635/62: Protokoll 1706–1710, Nr. 4635/63: Protokoll 1706–1709, Nr. 4635/64: Protokoll 1705–1709, Nr. 4635/65: Protokoll 1702, Nr. 4635/66: Briefprotokoll 1700–1713, Nr. 4635/67: Protokoll 1709–1714, Nr. 4635/68: Protokoll 1709–1713, StAN, Adel Archivalien Nr. 4588: Amts- und Gerichtsprotokoll bei dem Graf Johann Friedrichs Eigentumsuntertanen-Verwalteramt 1699–1707; AG Pappenheim (vorbayerisch) Nr. 99: Amts- und Gerichtsprotokoll bei Graf Christian Ernsts Eigentumsuntertanen-Verwalteramt 1699–1711.
[7] Zum Amtsprotokoll und den Ämtern siehe Einleitung und Kapitel 1.1.
[8] StAN, Adel Archivalien Nr. 4542 (1725–1728), Nr. 4543 (1729), Nr. 4544 (1731/32), Nr. 4548 (1746–1751), Nr. 4549 (1751–1754), Nr. 4557 (1774–1777), Nr. 4564 (1787/88), Nr. 4565 (1789/90), Herrschaft Pappenheim, Akten Nr. 4635/83 (1732–1735), Nr. 4635/95 (1770/71): Protokoll bei dem Alt-Fidei Verwalteramt; StAN, Adel Archivalien Nr. 4570 (1721–1736), Nr. 4573 (1746–1749), Nr. 4574 (1749–1752), Nr. 4579 (1774), Nr. 4580 (1775–1778), Nr. 4583 (1787/88), Nr. 4584 (1789/90), StAN, Herrschaft Pappenheim, Akten Nr. 4635/94 (1770–1773): Protokoll bey dem hochgräflich Pappenheimischen Alteigentums Verwal-

Kap. 5: Die wirtschaftliche Tätigkeit der Pappenheimer Juden

wurden darüber hinaus zusätzliche Quellen wie weitere Protokollbände und diverse Prozessakten herangezogen.

Das aus dieser Auswertung entstehende Bild jüdischen Handels ist allerdings durch das schon erwähnte Fehlen der Stadtvogteiprotokolle stark verzerrt. Aus diesem Grund beziehen sich sämtliche quantitativen Aussagen nur auf die Dörfer der Herrschaft Pappenheim. Soweit möglich werden ergänzend Beispiele aus der Stadt Pappenheim angeführt, die zeigen, inwiefern die aus der systematischen Auswertung gewonnenen Ergebnisse auch dort zutreffen.

Für die wirtschaftliche Tätigkeit der Pappenheimer Juden jenseits der Grenzen der Herrschaft geben Erwähnungen in Pappenheimer Quellen erste Hinweise, die, um zu systematischen Aussagen zu gelangen, durch ausgewählte Protokolle angrenzender Territorien ergänzt werden.

5.1 Normative Vorgaben für den jüdischen Handel

Ein großer Teil der speziell an Juden gerichteten Pappenheimer Verordnungen bezog sich auf ihre wirtschaftliche Tätigkeit. Im Wesentlichen sind vier Bereiche, für die nähere Regelungen getroffen wurden, zu unterscheiden: der Höchstzinssatz, die Protokollierungspflicht für Geschäftsabschlüsse, die einen Mindestbetrag überstiegen, das mit dem Schutz von Sonn- und Feiertagen verbundene Verbot an diesen Tagen Geschäften mit Christen nachzugehen sowie die Einschränkung beim Handel mit bestimmten Waren.

Die Reichspolizeiordnung von 1577 hatte festgelegt, dass Juden, die Geld verliehen, maximal 5 % Zinsen verlangen durften[9]. Da das Reichsrecht nur einen Orientierungsrahmen darstellte, konnten die einzelnen Territorien davon abweichende Bestimmungen beschließen. In Brandenburg-Ansbach hatte die Judenordnung von 1737 den Zins für kurzfristige Kleinkredite auf wöchentlich einen Pfennig pro Taler begrenzt, ansonsten betrug der Höchstzinssatz 6 %[10]. Im Hochstift Paderborn lagen die Zinsen nach dem Siebenjährigen Krieg einheitlich bei 6 %[11]. Für die Herrschaft Pappenheim wurde im Rezess von 1692 ein Höchstzins festgesetzt. Dieser sollte bei Geschäften mit der Herrschaft 5 % und mit Pappenheimer Bürgern, Untertanen und Schutzverwandten maximal 6 % betragen. Bei Krediten unter 50 fl., die nach spätestens sechs Monaten zurückgezahlt wurden, war mit 6,66 % ein etwas höherer Zinssatz gestattet[12].

---

teramt; StAN, Adel Archivalien Nr. 4592 (1725–1736), Nr. 4594 (1746–1752), Nr. 4598 (1770–1773), Nr. 4599 (1774–1777), Nr. 4600 (1775–1778), Nr. 4602 (1785–1787), Nr. 4603 (1788/89): Protokoll bei dem hochgräflich Reichserbmarschallischen Pappenheimischen Neufideikommiß-Verwalteramt; Nr. 4607 (1723–1735), Nr. 4609 (1746–1754), Nr. 4612 (1770–1775), Nr. 4613 (1775), Nr. 4614 (1776), Nr. 4615 (1777–1780), Nr. 4618 (1785–1787), Nr. 4619 (1788–1790): Amtsprotokoll bei dem hochgräflich Reichserbmarschallischen Pappenheimischen anerbten Eigentumsverwalteramt. Außerdem: StAN, Herrschaft Pappenheim, Akten Nr. 4635/77: Conceptbuch Eigenthum Amts Protocolli 1725, Nr. 4635/78: Conceptbuch Neu Fidei Commiss Verwalteramt Protocoll 1725, Nr. 4635/79: Conceptbuch 1725–1727, Nr. 4635/80: Conceptbuch Altherrischen Eigenthums Amtsprotocolle 1725–1727, Nr. 4635/81: Conceptbuch Altherrischen Eigenthums Amtsprotocolle 1727–1729, Nr. 4635/82: Protokolle 1727–1730, Nr. 4635/84: Conceptbuch Altherrischen Eigenthums Amtsprotocolle 1729–1731, Nr. 4635/85: Protokoll 1730–1731, Nr. 4635/86: Protokoll 1731–1734.

[9] XX. titul, § 5, NSRA III, S. 390.
[10] Tit. IX, § 1, siehe ZIMMER, Ansbach, S. 93.
[11] VAN FAASSEN, Geleit, S. 95.

Kap. 5: Die wirtschaftliche Tätigkeit der Pappenheimer Juden

Wie in anderen Territorien wurde auch in der Herrschaft Pappenheim versucht, mehr Rechtssicherheit herbeizuführen, indem Geschäftsabschlüsse, die eine bestimmte Mindestsumme überstiegen, bei Amt anzuzeigen und zu protokollieren waren. Eine derartige Protokollierungspflicht orientierte sich an den Bestimmungen des Augsburger Reichsabschieds von 1551[13]. So sah beispielsweise die Ansbacher Judenordnung von 1737 eine Protokollierung aller Geschäfte mit liegenden Gütern (Häusern, Äckern, Wiesen, etc.) und aller anderen, die einen Wert von 75 fl. überstiegen, vor[14]. In der Grafschaft Oettingen war die Protokollierung von Handelsverträgen ebenfalls vorgesehen, wobei sich in der zweiten Hälfte des 18. Jahrhunderts eine liberalere Haltung durchsetzte. So stieg in Oettingen-Wallerstein die Summe, ab der eine Protokollierung erforderlich war von 10 fl. (1742) auf 15 fl. (1752) und schließlich sogar 50 fl. bei »Unvermöglichen« bzw. 100 fl. bei »Vermöglichen« (1759)[15].

In Pappenheim hatte der Rezess von 1692 festgelegt, dass alle *Conträct so mehr als fünfzehn Gulden betragen* angezeigt werden mussten[16]. Doch auch zuvor hatte schon eine Protokollierungspflicht bestanden. Im November 1680 wurde der Ellinger Jude Khalumnus bestraft, da er zwei Jahre zuvor den Kauf und Wiederverkauf einer Wiese nicht angezeigt hatte. Für dieses Vergehen, zu dem noch die Nichtabführung des Handlohns kam, erhielt er eine Strafe von 3 fl.[17]. Die dieser Entscheidung zugrunde liegende normative Bestimmung ist nicht überliefert, doch bereits im 16. Jahrhundert hatte die Polizeiordnung der Herrschaft Pappenheim festgehalten, dass kein Jude *ohne des öltisten Vorwissen [...] kein Geld, viel oder wenig leihen* darf *bey Straff fünf Gulden*[18].

Besser nachvollziehbar werden die normativen Rahmenbedingungen im 18. Jahrhundert. Aus der Zeit nach dem Rezess von 1692 ist eine ganze Reihe von Mandaten überliefert, mit denen die Protokollierung von Geschäftsabschlüssen durchgesetzt werden sollte. Im Oktober 1717 forderte Nathan Reutlinger von Matthes Schwegler aus Langenaltheim 38 fl. wegen eines im Jahr 1709 an ihn verkauften Ackers und die daraus resultierenden 7 fl. 54 kr. Zins. Da Nathan Reutlinger diesen Handel nicht angezeigt und somit gegen die Protokollierungspflicht verstoßen hatte, weigerte sich die Obrigkeit, ihm bei seiner Forderung behilflich zu sein. Bei der Entscheidung über dieses Vergehen wurde explizit auf den Rezess von 1692 und ein herrschaftliches Mandat vom 25. April 1717, über dessen Inhalt keine näheren Informationen vorliegen, verwiesen[19]. Bereits am 1. Juli 1702 hatte Reichserbmarschall Christian Ernst ein Dekret erlassen, das für den Güterhandel zwischen Juden und Christen eine allgemeine Protokollierungspflicht vorsah. Diese wurde damit begründet, dass Juden die Bauern beim Handel mit Grundstücken übervorteilten und *großen wucher treiben* würden. Um *den armen Unterthan vor solch den gänzlich ruin nach sich ziehend schaden*

---

[12] StAN, Herrschaft Pappenheim, Urkunden Nr. 4413: Rezess vom 31. Juli 1692; ausführlicher dazu Kapitel 2.1.1.
[13] Vgl. KÖNIG, Judenverordnungen, S. 185. In § 79 des Reichsabschieds war festgehalten worden: »Da aber einige Verschreibung oder Obligation auffzurichten vonnöthen, so soll dieselbig vor der Oberkeit deß Orts verfertiget werden.« Siehe NSRA II, S. 622.
[14] Tit. VIII, § 2–3, siehe ZIMMER, Ansbach, S. 90.
[15] Siehe MORDSTEIN, Untertänigkeit, S. 233, 369–372. Auch im Hochstift Würzburg ist eine schwankende Strenge bei der Protokollierungspflicht feststellbar. Dazu KÖNIG, Judenverordnungen, S. 200.
[16] Zum Rezess Kapitel 2.1.1., Auswertung eines in diesem Zusammenhang entstandenen Protokolls siehe Kapitel 5.7.
[17] StAN, Herrschaft Pappenheim, Akten Nr. 4635/35: Eintrag vom 19. November 1680.
[18] StAN, Herrschaft Pappenheim, Akten Nr. 4646: Polizeiordnung für die Herrschaft Pappenheim (um 1600, Kopie aus dem 18. Jahrhundert), fol. 80–81.
[19] StAN, Herrschaft Pappenheim, Akten Nr. 4635/75, S. 105–106: Eintrag vom 29. Oktober 1717.

Kap. 5: Die wirtschaftliche Tätigkeit der Pappenheimer Juden

zu verwahren, sollten künftig alle Grundstücksgeschäfte zwischen Juden und Christen vor Abschluss des Vertrags dem zuständigen Amt angezeigt werden. Auch rückwirkend sollten alle Geschäfte seit dem Regierungsantritt Christian Ernsts untersucht werden[20]. Die Regierungskonferenz beschloss am 18. Februar 1740, ein Dekret an alle Ämter zu erlassen, *daß kein Untertan im lande mit keinem sowohl hiesigen als ausherrische*[n] *Juden ohne Consens der ämbter über 5 fl. mehr handeln* dürfe. Bei Nichteinhaltung drohte, dass der Vertrag *null und nichtig seyn* würde[21]. Damit wären die bestehenden Bestimmungen deutlich verschärft worden. Es ist jedoch keinesfalls sicher, ob das Mandat jemals in Kraft trat, denn weder ist der Text überliefert noch gibt es Hinweise auf mögliche Verstöße.

Anscheinend wurden die bestehenden Mandate immer wieder bestätigt, um sie einzuschärfen. So hielt das jungherrische Verwalteramt bei der Protokollierung eines Stierhandels fest, dass dieser unter Berücksichtigung des *neuerlich wieder confirmirten Mandates* vom 18. Februar 1747 erfolgte. Laut diesem müssten *alle zwischen Christen und Juden vorfallende Händel, die sich in dem Werth über zehen Gulden belaufen, sub poena nullitatis von denen Contrahenten angezeigt* werden[22]. Die Auswirkungen dieses Mandats zeigten sich bei einer Klage Löw Amsons, der 1755 drei aus der Verlassenschaft seines Schwiegervaters Elias Model stammende Wechselbriefe bei Maria Dorothea Werner einklagen wollte. Weil dieser Handel nicht protokolliert worden war, lag ein Verstoß gegen das Mandat von 1747 vor und die Wechselbriefe waren *ohne obrigkeitliche Confirmation von keinem valor*[23].

Am 16. März 1779 veröffentlichte die Kanzlei *zum Wohl der diesseitigen Untertanen* einen erneuten Befehl hinsichtlich der Protokollierungspflicht. Demnach war jeder Handel zwischen Christen und Juden, der die Summe von 10 fl. überstieg, ungültig, wenn er nicht zuvor *bey Amte angezeiget, protocolliret und ratificiret* wurde[24]. Ausdrücklich sollte dieses Mandat für die gesamte Herrschaft Pappenheim, für Stadt und Land, gelten[25].

Reichserbmarschall Johann Friedrich Ferdinand erließ am 29. März 1787 ein Mandat, mit dem die Regeln für den Handel zwischen Juden und Christen präzisiert wurden. Dieses sei, so die einleitenden Worte, wegen den *über Hand nehmenden Unterschleifen der in- und ausländischen Juden bei mit dem Land- und Bauersmann öfters vorwaltenden Handelschaften und Geldaufnahmen* erforderlich geworden. In fünf Punkten wurde die künftige Vorgehensweise bei Geschäftsabschlüssen zwischen Juden und Christen genau festgelegt. Mit Ausnahme der bestehenden Viehmärkte sollten bei allen Kauf- und Handelsgeschäften beide Seiten als Beweis einen schriftlichen Extrakt erhalten. Von den *jüdischen Gläubigern oder deren Glaubensgenossen selbst verfertigte* Schuldverschreibungen, die vom Schuldner lediglich unterschrieben wurden, sollten nicht mehr gültig sein[26]. Bis zu einem Betrag von 50 fl. war es ausreichend, wenn Schuldner, Kreditgeber und

---

[20] StAN, Herrschaft Pappenheim, Urkunden Nr. 4763: Dekret Christian Ernsts über Güterverkauf und Handel der Juden vom 1. Juli 1702.
[21] StAN, Herrschaft Pappenheim, Akten Nr. 6003/IV, S. 9: Eintrag vom 18. Februar 1740.
[22] StAN, Adel Archivalien Nr. 4610, S. 95–96: Eintrag vom 12. August 1757. Wahrscheinlich ist damit das weiter unten ausführlich behandelte Mandat Friedrich Ferdinands vom 4. bzw. 18. Februar 1747 gemeint. Die darin zunächst vorgesehene Protokollierungspflicht ab 5 fl. war jedoch fallengelassen worden. Somit muss letztlich offen bleiben, worauf sich diese und die nachfolgend genannten Äußerungen bezogen.
[23] StAN, Herrschaft Pappenheim, Akten Nr. 6003/18, fol. 17r–18v: Eintrag vom 25. Februar 1755.
[24] StAN, Herrschaft Pappenheim, Akten Nr. 6003/42, fol. 26: Eintrag vom 16. März 1779.
[25] StAN, Herrschaft Pappenheim, Akten Nr. 6021/II: Extrakt aus dem Kanzleiprotokoll vom 16. März 1779.
[26] Diese Frage wurde selbst nach Inkrafttreten der Verordnung immer wieder virulent. So klagte Löw Amson

Kap. 5: Die wirtschaftliche Tätigkeit der Pappenheimer Juden

zwei Zeugen den auf einem herrschaftlichen Stempelbogen verfassten Vertrag unterzeichneten. Waren *Creditor und Aussteller gänzlich unerfahren*, sollte auf die Hilfe der örtlichen Schulmeister zurückgegriffen werden, denen dafür 3 kr. zustanden. Für höhere Beträge war ein strikteres Vorgehen vorgesehen: Alle Kontrakte über 50 fl. sollten bei den Ämtern protokolliert werden. Der Handel, Tausch und Verkauf von Grundstücken war grundsätzlich innerhalb von acht Tagen bei Amt anzuzeigen[27]. Die Notwendigkeit des Mandats wurde vor allem mit der Betrugsgefahr begründet, da es immer wieder vorkomme, dass Juden eine höhere Summe auf dem Schuldschein festhielten als der Untertan empfangen habe. Besonders Analphabeten wurden als potentielle Opfer gesehen. Im Klagefall hätten diese keine Möglichkeit sich zu wehren, weil der Richter *nach Buchstaben entscheiden* müsse[28]. Nicht übersehen werden dürfen die aus der Verordnung resultierenden finanziellen Vorteile für die Herrschaft. Sie erhielt für das Stempelpapier Geld, Schulmeister und Beamte profitierten von den Protokollierungsgebühren.

Als Reaktion auf diese Entscheidung teilte das Verwalteramt Treuchtlingen am 14. September 1787 mit, dass Pappenheimer Schutzjuden diese Bestimmungen auch bei Geschäften mit brandenburg-ansbachischen Untertanen zu beachten hätten[29]. Hier stellt sich die Frage, ob nicht auf Veranlassung der dortigen Juden Druck auf Pappenheim ausgeübt werden sollte. Diese waren von dem neuen Pappenheimer Mandat genauso betroffen und hatten durch den ihnen vorgeworfenen »Wucher« vielleicht sogar zu dessen Zustandekommen beigetragen, wie aus einem von dem Pappenheimer Schutzjuden Löw Amson und seinem Sohn Samuel Löw verfassten Gesuch gefolgert werden könnte. Da deren Supplikation erst 1790 entstand, muss jedoch offen bleiben, ob es sich dabei tatsächlich um eine direkte Reaktion auf das schon drei Jahre zuvor erlassene Mandat handeln kann. Ihrer Meinung nach sei der Befehl, *alles was in Zukunft gehandelt und verhandelt wird* protokollieren zu lassen nur *wegen der Treuchtlinger Juden und vielleicht durch ihre erprobte Betrügereien verursacht worden*. Nun hätten auch sie, obwohl sie niemals zu betrügerischen Mitteln gegriffen hätten[30], darunter zu leiden. Als Begründung für ihr Ansinnen, den Befehl zumindest für ihre Person aufzuheben, führten sie die Interessen ihrer Kundschaft an. Viele Menschen wünschten Diskretion, damit niemand von ihrer Kreditaufnahme erfahre. Wenn diese nicht mehr gewährleistet sei, würden die Kunden nicht mehr die Dienste jüdischer Geldverleiher in Anspruch nehmen[31]. Diese Äußerung entspricht der Beobachtung Jörg Deventers, dass sich viele Bauern und kleine Handwerker, die nicht das »symbolische Kapital der Ehre« verlieren wollten, bei der Kreditaufnahme bevorzugt an Ortsfremde und Juden wandten[32].

---

am 25. Januar 1791 gegen Johann Adam Reiter in Trommetsheim. Dieser habe ihm sein Söldenhaus mit Feldstücken für 5330 fl. verkauft. Der Verkäufer widersprach dem und wollte nur einen viertel Jauchert Acker für 130 fl. verkauft haben. Da der Vertrag von Löw Amson aufgesetzt worden war, stellte sich die Frage, ob ein Verstoß gegen die Verordnung vom 29. März 1787 vorliege. Jedoch betraf diese die *Untertanen an der Altmühl* und somit auch die in Trommetsheim nicht. Siehe StAN, Herrschaft Pappenheim, Akten Nr. 6003/62, S. 14–16: Eintrag vom 25. Januar 1791.

[27] StAN, Herrschaft Pappenheim, Akten Nr. 6003/46: Dekret vom 29. März 1787. Das Mandat wurde am 10. April 1787 unterzeichnet, vgl. Nr. 6003/56, fol. 46: Eintrag vom 10. April 1787.
[28] StAN, Herrschaft Pappenheim, Akten Nr. 6003/56, fol. 40–43: Eintrag vom 27. März 1787.
[29] StAN, Herrschaft Pappenheim, Akten Nr. 6003/56, fol. 151: Eintrag vom 9. Oktober 1787.
[30] Dieser Aussage widerspricht jedoch die Tatsache, dass Löw Amson im August 1788 einen scharfen Verweis erhalten hatte, da er das Mandat übertreten hatte, indem er einen mit Johann Adam Krauß aus Langenaltheim getroffenen Güterhandel nicht bei Amt angezeigt hatte. Siehe StAN, Herrschaft Pappenheim, Akten Nr. 6003/58, fol. 108–109: Eintrag vom 26. August 1788.
[31] StAN, Herrschaft Pappenheim, Akten Nr. 6159/IV: Bittschrift vom 22. Juni 1790.
[32] DEVENTER, Abseits, S. 123. Zur Diskretion jüdischer Geldverleiher siehe auch: MICHEL, Gaukönigshofen, S. 78–79.

Kap. 5: Die wirtschaftliche Tätigkeit der Pappenheimer Juden

Nicht zuletzt dieser Sachverhalt weist auf die zwei Seiten der Protokollierungspflicht hin. Einerseits kann sie natürlich als gegen die Juden gerichtetes Instrument, das auf grundsätzlichem Misstrauen gegenüber dieser Minderheit beruhte, betrachtet werden[33]. Diese Sichtweise ist naheliegend, weil die Vorschrift nur für Kontrakte zwischen Juden und Christen galt. Andererseits führte die Protokollierungspflicht zu mehr Rechtssicherheit, von der beide Seiten profitieren konnten[34]. Selbst wenn mit ihr intendiert war, zu verhindern, dass Juden höhere Summen einklagten als ihnen zustanden, konnte diese Vorgehensweise doch auch ihrer eigenen Sicherheit dienen[35]. Ihren Schuldnern wurde es dadurch erschwert, ihre Schulden abzuleugnen und sich der Zahlung zu entziehen. Die oben zitierte Aussage von Löw Amson und seinem Sohn deutet darauf hin, dass die Protokollierung auch als gegen die Christen gerichtete Maßnahme betrachtet werden konnte. Denn so wurde es ihnen unmöglich, ohne Wissen ihrer Verwandtschaft und Nachbarn vorübergehend Kapital aufzunehmen[36]. Ob es sich dabei um eine beabsichtigte Folge der Protokollierungspflicht handelte, kann anhand der Pappenheimer Akten nicht ermittelt werden.

Am 26. November 1793 unterbreitete Hofrat Körndörfer in der Kanzleisitzung einen Vorschlag, wie gegen *woucherliche Judenhändel* vorzugehen sei[37]. Der genaue Text ist im Protokoll allerdings nicht festgehalten worden. Gut ein Jahr später, am 23. Dezember 1794, wurde daraus eine Verordnung über *die Abstellung der mancherley Mißbräuche bey Juden Händel*. Außer dem Vermerk, diese der *hiesigen Judenschaft zu publiciren*, sind dem Kanzleiprotokoll jedoch keine genaueren Angaben zu dieser Verordnung zu entnehmen[38].

Die religiös bedingten unterschiedlichen Wochen- und Feiertagsrhythmen von Juden und Christen führten auf einem weiteren Gebiet zu Regelungsbedarf. Der wöchentliche jüdische Ruhetag, der Sabbat, dauerte von Freitag- bis Samstagabend, der darauffolgende Sonntag war der Ruhetag der christlichen Mehrheitsgesellschaft. Somit war es für Juden an zwei Tagen in der Woche nicht möglich ihren Geschäften nachzugehen. Hinzu kamen noch die Feiertage beider Religionen[39]. Die Einhaltung des Sabbats war für Juden selbstverständlich[40]; wollten sie gegenüber ihrer Umwelt keine Nachteile in Kauf nehmen, mussten sie versuchen am Sonntag zu handeln. Doch auch die Bauern waren oftmals daran interessiert am Sonntag Geschäfte abzuschließen. Da sie an diesem Tag nicht auf dem Feld arbeiten durften, erschien es vielen vorteilhaft, den Sonntag zu nutzen, um bei einem Juden Tiere zu kaufen, einen Acker zu verkaufen oder Geld zu leihen[41].

---

[33] Vgl. MORDSTEIN, Untertänigkeit, S. 229–230; eine oettingen-wallersteinische Verordnung von 1651 nennt explizit den Schutz vor Betrug durch Juden als Motiv für die Protokollierungspflicht.
[34] So auch die Sichtweise von ULLMANN, Nachbarschaft, S. 235. Laut VOLKERT, Pfalz-Neuburg, S. 593, hatte die Protokollierung für Juden ebenfalls Vorteile, da sie ihnen Sicherheit bot.
[35] KÖNIG, Judenverordnungen, S. 201, weist darauf hin, dass auf diese Weise den Juden die Einklagbarkeit ihrer Forderungen erleichtert wurde.
[36] Dazu auch MORDSTEIN, Untertänigkeit, S. 235, der betont, dass die Protokollierung den Untertanen teilweise sogar Schaden zufügte, anstatt sie zu schützen, da ihnen Kosten entstanden, der Gang zum Amt Zeit in Anspruch nahm und sie den Behörden ihre Kreditbedürftigkeit offenbaren mussten.
[37] StAN, Herrschaft Pappenheim, Akten Nr. 6003/65, S. 203: Eintrag vom 26. November 1793.
[38] StAN, Herrschaft Pappenheim, Akten Nr. 6003/66, fol. 163v–164v: Eintrag vom 23. Dezember 1794.
[39] Zu diesem Problem siehe auch: ULLMANN, Nachbarschaft, S. 413, 417; MORDSTEIN, Untertänigkeit, S. 259–260.
[40] Vgl. dazu DAXELMÜLLER, Jüdische Kultur, S. 127–132.
[41] Dazu auch BATTENBERG, Integration, S. 424: »Erkennbar hatten die Bauern einen geeigneten Weg gefunden, ihre wertvolle Arbeitszeit in der Woche zu schonen, dennoch aber mit den Juden ins Geschäft zu kommen.«

Kap. 5: Die wirtschaftliche Tätigkeit der Pappenheimer Juden

Reichserbmarschall Christian Ernst erließ im Jahr 1705 eine Verordnung gegen den Handel an Sonn- und Feiertagen, die ausdrücklich gegen die *von Gott selbst verfluchte und bey solchen Fluch dahin lebende Judenschaft (welche doch ihren abergläubischen Schabbaß so streng beobachtet)* gerichtet war. Künftig sollte es allen unter Pappenheimer Schutz stehenden Juden verboten sein, an Sonntagen und hohen Feiertagen Handel zu treiben. Als Strafe wurden herrschaftliche Ungnade und eine Geldbuße von 50 fl. angedroht. Gleichzeitig wurde diese Strafe für alle Pappenheimer Bürger, Untertanen und Beisassen vorgesehen, die *an denen Heyligen Sonn- und hohen Festtägen nur die geringste Unterredung, Handlung mit denen In- oder außländischen Juden, unter welcherley Praetext es immer seyn mag, pflegen*[42]. Dieser Bestimmung liegt die Erkenntnis zugrunde, dass derartige Verbote nur wirksam sein konnten, wenn sie gegenüber Juden und Christen ausgesprochen wurden[43].

Wie die nachfolgenden Beispiele zeigen, wurde gegen das Verbot des Sonn- und Feiertagshandels immer wieder verstoßen. Am Himmelfahrtstag des Jahres 1729 forderten Isaac Jacob und Wolf Herz Gans bei Johann Leonhard Lutz in Dietfurt Geld ein. Daraufhin mussten beide jeweils 3 fl. Strafe zahlen[44]. 1780 klagten die Treuchtlinger Juden Hirsch Löw und Seeligmann Marx gegen Johann Georg Aurenhammer in Schambach, da dieser einen Kuhhandel nicht gehalten habe. Als sich herausstellte, dass der Handel an einem Feiertag – *unter der Kirch noch dazu* – stattgefunden hatte, wurden beide Seiten scharf verwiesen und für den Wiederholungsfall eine Strafe von 5 fl. angedroht[45]. Manchmal waren die Behörden bei der Verfolgung dieses Vergehens auch übereifrig. Die Klage des Treuchtlinger Juden Moses Hirsch vom 26. Juni 1759 gegen Johann Georg Prosel in Langenaltheim wegen eines seit zwei Jahren strittigen Güterkaufs führte für beide *wegen des an einem Sonntag inter Judaeum et Christianum celebrirten Hauptcontracts* zu einer Strafe von 5 fl. Später stellte sich heraus, dass es sich bei dem fraglichen Tag doch nicht um einen Sonntag gehandelt hatte. Daraufhin wurde die Strafe wieder erlassen[46].

Auf Drängen der Pappenheimer Juden kam ein Mandat zustande, das sich insbesondere gegen den Sonn- und Feiertagshandel auswärtiger Juden richtete. In einer Supplik an den Reichserbmarschall beschwerten sie sich am 24. Januar 1747 darüber, dass ihre Handelsmöglichkeiten durch die Konkurrenz auswärtiger Juden stark eingeschränkt seien. Während ihnen *das handeln und Ausgehen aufs Land an Sonn- und Feyertagen verbotten* sei, hätten *frembde hierinnen eine freye ungebundene Hand*. Hierdurch erlitten sie Einnahmeeinbußen und es falle ihnen zunehmend schwerer, ihre Abgaben ordnungsgemäß zu entrichten[47]. Wie ausschlaggebend dieses fiskalische Argument war, kann nicht beurteilt werden, aber bereits zwei Wochen später, am 4. Februar, erließ Friedrich Ferdinand ein strenges Mandat gegen jeglichen Handel an Sonn- und Feiertagen. Genauso wenig

---

[42] LKAN, Konsistorium Pappenheim Nr. 79: Mandat Christian Ernsts vom 19. Juni 1705.
[43] Vgl. auch das Beispiel der Grafschaft Erbach bei BATTENBERG, Integration, S. 421–422. Die dortige Kirchenordnung von 1770 kritisierte ausdrücklich, dass viele Christen an Sonn- und Feiertagen »ungescheuet in die Judenhäuser« laufen, um dort Geschäfte abzuschließen. Interessanterweise wird auch hier betont, dass die Juden »ihre Sabbathe [...] so genau halten.« Der Hinweis auf die strenge Einhaltung des Sabbats durch die Juden scheint somit ein wiederkehrendes Motiv gewesen zu sein.
[44] StAN, Herrschaft Pappenheim, Akten Nr. 3869: Amtsprotokoll vom 11. Juli 1729; Adel Archivalien Nr. 4543, S. 91: Eintrag vom 27. Mai 1729.
[45] StAN, Adel Archivalien Nr. 4615, S. 164–165: Eintrag vom 1. März 1780.
[46] StAN, Herrschaft Pappenheim, Akten Nr. 6003/22, fol. 45v–47v und 56: Einträge vom 26. Juni und 28. August 1759.
[47] StAN, Herrschaft Pappenheim, Akten Nr. 6003/X: Gesuch der Judenschaft vom 24. Januar 1747.

Kap. 5: Die wirtschaftliche Tätigkeit der Pappenheimer Juden

wie Pappenheimer Juden dürften *ausherrische Juden an solchen verbotenen Tagen in unsern Dorfschaften herumstreichen und allerhand Handelschaften* treiben. Künftig sollte es *ohne alle Ausnahm äusserst verbotten seyn* an Sonn- und Feiertagen zu handeln. Für Juden und Christen, die dagegen verstoßen sollten, wurde eine Strafe von sechs Dukaten vorgesehen. Die zweite Bestimmung des Mandats stärkte die Handelsmöglichkeiten der Pappenheimer Juden: Allen Untertanen wurde vorgeschrieben, *liegendes Gut, es seye Acker, Wiesen, Waldung, Hauß oder Hof* erst dann an auswärtige Juden zu verkaufen, wenn sie es zuvor Pappenheimer Juden angeboten hatten und mit diesen kein Handel zustande gekommen war. Als Zwischenhändler (*commissionsweiß*) sollten nur noch Pappenheimer Juden in Anspruch genommen werden. Bei Missachtung drohte eine Strafe von 50 Dukaten. Damit stellt diese Verordnung zugleich eine protektionistische Maßnahme zugunsten der Pappenheimer Juden dar. Der dritte Abschnitt des Mandats legte eine Protokollierungspflicht für alle Geschäftsabschlüsse zwischen Juden und Christen über mehr als 5 fl. fest[48].

In einer kurz darauf verfassten Supplik bedankte sich die Judenschaft für die Verordnung, bat aber zugleich um eine Abänderung, weil der Zwang zur Protokollierung die Vorteile des Mandats aufhebe, da er *sie mehrers graviere, als ihnen durch die gnädigste ratification gegen die auswärtigen Juden gevortheilt werde*. Grund dafür seien *Scham und Scheu* der Bevölkerung. Während Handelsabschlüsse mit Äckern sowieso ohne Ausnahme protokolliert würden, gälten für den Geldverleih andere Regeln. Folglich könne es passieren, dass Untertanen einen *Geld-Vorschuss* künftig entweder *unterlassen, oder an frembde auswärtige Juden sich wenden werden*[49]. Mit dieser Petition waren die Pappenheimer Juden erfolgreich, denn kurz darauf wurde eine neue Version des Mandats veröffentlicht, die sich nur durch die Streichung der Protokollierungspflicht von der vorgehenden unterscheidet. Im Konzept heißt es, der *ausgestrichene Passus ist auf der Judenschaft unterthänig suppliciren geändert worden*[50].

Dieses Mandat Friedrich Ferdinands ist nicht zuletzt deshalb von besonderem Interesse, da es mehrere Aspekte jüdischen Handels auf einmal regelte: Es legte Bestimmungen für die Protokollierung von Geschäftsabschlüssen und den Handel an Sonn- und Feiertagen fest und schränkte den Handel mit auswärtigen Juden ein. Motiv für eine derartige Vorgabe konnte entweder die Sorge, im Streitfall auf diese – anders als auf die in Pappenheim ansässigen Juden – weniger Druck ausüben zu können oder aber Unterstützung für die unter dem eigenen Schutz stehenden Juden sein. Träfe der letztere Fall zu, wäre dies als protektionistische Maßnahme zu verstehen. Ein weiteres Beispiel hierfür ist ein am 10. Mai 1717 von Reichserbmarschall Christian Ernst erlassenes Mandat. Darin wurde den Ämtern die Anweisung gegeben, ihren Untertanen mitzuteilen *von nun an hinkünftig sich aller Händel, wie sie Nahmen haben mögen, mit denen fremden und unter außwärtiger Herrschaft angeseßenen Juden erheblicher Ursachen wegen gänzlich* [zu] *enthalten*. Für den Fall der Nichteinhaltung wurde eine empfindliche Strafe angedroht[51].

Auch wenn jüdische Handelstätigkeit grundsätzlich zulässig war, gab es doch immer wieder Ausnahmen. Dies traf vor allem auf Bereiche zu, in denen die jüdischen Händler in Konkurrenz zu »bürgerlichen Gewerben« gerieten. Diesbezügliche Verordnungen sind für Pappenheim nicht überliefert. Allerdings kann aus mehreren Klagen, die vor allem von den Gerbern für praktisch den

---

[48] Ebd.: Mandat Friedrich Ferdinands vom 4. Februar 1747.
[49] Ebd.: Supplik der Judenschaft vom 13. Februar 1747.
[50] Ebd., fol. 18v: Eintrag vom 18. Februar 1747 sowie Konzept und Ausfertigung des unter dem Datum 4. Februar 1747 veröffentlichten Mandats.
[51] StAN, Herrschaft Pappenheim, Akten Nr. 3627: Mandat Christian Ernsts vom 10. Mai 1717.

Kap. 5: Die wirtschaftliche Tätigkeit der Pappenheimer Juden

gesamten Untersuchungszeitraum, von 1673 bis 1781, vorhanden sind, und den daraufhin gefällten Urteilen auf deren Inhalt geschlossen werden. Dabei ging es insbesondere um das Überschreiten der Grenze zwischen Groß- und Detailhandel. Im August 1675 beklagten sich die Pappenheimer Rotgerber Erhard Guthmann und Sebastian Wechsler über Hirsch Oppenheimer, der ihnen durch den Verkauf von Frischhäuten einen großen Schaden zufüge und das Pfundleder zu einem äußerst günstigen Preis abgebe. Mit seinem Einspruch, dass Pfundleder eine freie Handelsware sei, war Hirsch allerdings nicht erfolgreich, da ihm letztendlich der Lederhandel, mit Ausnahme von ganzen Häuten, verboten wurde[52]. Im darauffolgenden Jahr klagte Erhard Guthmann erneut gegen Hirsch Oppenheimer sowie dessen Schwager Jacob, da sie sich nicht an diese Vorschrift hielten. Hirsch entgegnete, er sei dieser sehr wohl nachgekommen, aber die meisten seiner Kunden stammten aus Monheim und könnten sich nicht leisten, ganze Häute zu bezahlen. Deshalb holten sie sich die Ware *nach und nach bey ihme ab und zerschnitten [sie] in steeg*[53].

Gemäß einer Verordnung vom 15. Januar 1698 scheint Juden der Handel mit Fellen grundsätzlich verboten gewesen zu sein. Denn 1706 wurde Löw David nach einer Klage des Weißgerbers Hans Georg Arder aufgefordert, sich *wie die übrige[n] Juden deß Fellhandels gänzlich [zu] enthalten*[54]. In einem Urteil gegen den Treuchtlinger Juden Marx Isaac wurde 1776 daran erinnert, dass der Handel mit *gearbeiteten Fellen* nur Rot- und Weißgerbern gestattet sei[55]. Derartige Bestimmungen zum Schutz christlicher Gewerbetreibender gab es beispielsweise auch im Hochstift Würzburg. Dort wurde Juden auf Drängen von Zünften und Handelsvereinigungen verboten, mit bestimmten Waren wie Tuchen und Lederprodukten zu hausieren[56].

Im April 1779 forderte Bernhard Lippmann Hirschel im Namen aller Pappenheimer Juden eine Abänderung der herrschaftlichen Verordnung, die ihnen den Lederhandel untersagte. Die Bestimmung, dass nur Weißgerber *Beinkleiderleder* führen dürften, sei für Juden wie Christen von Nachteil. Da der hiesige Weißgerber *Eder nicht hinlänglich mit dergleichen Gattung Leder versehen* sei, begäben sich viele Bürger nach Weißenburg und in andere umliegende Orte, um dort die entsprechende Ware zu kaufen. Auf diese Weise gehe der Herrschaft und den Pappenheimer Juden viel Geld verloren. Bernhard Lippmann setzte sich für eine Verordnung ein, die der *hiesigen Judenschaft mit Ausschluß der Treuchtlinger Juden* den Lederhandel gestatten solle und begründete dies mit dem allgemeinen Nutzen für Pappenheim, weil die Juden das Leder *jedermann um einen billigen Preiß überlassen* wollten. Die Hoffnung der Juden auf eine völlige Freigabe des Lederhandels erfüllte sich zwar nicht, doch ihnen kam die geplante stärkere Förderung der Pappenheimer Jahrmärkte zugute. An Markttagen sollte ihnen künftig gestattet sein *gleich anderen Krämern mit Ständen öffentlich auszustehen und Leder [zu] verkaufen*[57].

Im Dezember 1780 beschwerten sich die Pappenheimer Sattler, Schuhmacher, Rot- und Weißgerber, dass insbesondere Treuchtlinger Juden den Preis für Häute deutlich gesteigert hätten, indem sie sogar die *Haut lebendiger Tiere* kauften. Diesem *Beispiel* habe sich die Pappenheimer Judenschaft angeschlossen, bei der die Häute jetzt *die größte Handelschaft* seien. Eine Supplik der Pappenheimer Juden für den *Schutz des ferneren freyen Einkaufs der Häute* war nicht erfolgreich,

---

[52] StAN, Herrschaft Pappenheim, Akten Nr. 4635/25: Eintrag vom 31. August 1675.
[53] Ebd.: Eintrag vom 13. Juli 1673.
[54] StAN, Herrschaft Pappenheim, Akten Nr. 4635/62: Eintrag vom 7. Oktober 1706.
[55] StAN, Herrschaft Pappenheim, Akten Nr. 6003/39, fol. 110–111: Eintrag vom 10. September 1776.
[56] Siehe KÖNIG, Judenverordnungen, S. 197.
[57] StAN, Herrschaft Pappenheim, Akten Nr. 6003/42, fol. 32v–33v: Eintrag vom 27. April 1779.

denn am 23. Januar 1781 stärkte die Kanzlei die Stellung der bürgerlichen Gewerbe. Künftig sollte allen, also Juden und Christen, bei einer Strafe von 5 fl. verboten sein, die Haut lebender Tiere zu kaufen. Zusätzlich wurden die Juden eingeschränkt: Zwar wurde ihnen der Handel mit roten und grünen (rohen) Häuten weiterhin gestattet, doch den genannten Handwerksgruppen wurde ein Einstandsrecht zugesprochen[58]. Fast identische Bestimmungen gab es im Hochstift Würzburg. Dort war 1665 und 1699 zum Schutz der Gerber verboten worden, dass sich Juden Rechte an Häuten vorbehielten, zugleich bestand ein Vorkaufsrecht für Zunftgerber[59].

Eine Regelung, die wohl die Versorgung der Pappenheimer Untertanen mit Vieh verbessern sollte, führte am 11. Januar 1785 zu einer Beschwerde der Judenschaft. Darin wehrte sie sich gegen die neue Vorschrift, auswärts erstandene Pferde und Hornvieh vor dem Weiterverkauf erst beim monatlich stattfindenden Pappenheimer Viehmarkt anbieten zu müssen. Dadurch entstünden ihnen hohe Kosten für die Fütterung der Tiere, die sie – anders als Bauern – nicht einmal in der Landwirtschaft einsetzen könnten. Daher baten sie, nur die in der *letzten oder 4. Woche* bei ihnen vorhandenen Tiere auf dem Markt anbieten zu müssen, aber mit dem *freyen Handel des unter der Zeit auswärts erkauften und außerhalb Landes anwieder verkäuflich abzugebenden Viehs wie zeithero ungehindert* fortfahren zu dürfen[60]. Ob daraufhin diese Maßnahme, die offensichtlich auf Kosten der Juden den Pappenheimer Viehmarkt stärken sollte, zurückgenommen wurde oder nicht, kann den vorhandenen Akten nicht entnommen werden.

Die normativen Rahmenbedingungen für den Handel von Juden in der Herrschaft Pappenheim waren zunächst einmal vom Wucher- und Betrugsstereotyp geprägt. Immer wieder ist von »Wucher«, »übervorteilen«, »Unterschleif«, »Betrugsgefahr« und den »armen Untertanen« die Rede. Ziel war es, die Bevölkerung vor Wucher bzw. Verstößen gegen die christliche Ordnung (Sonntag als allgemeinverbindlicher Ruhetag) zu bewahren[61]. Doch es existierte auch eine andere Seite: Beim Handel an Sonn- und Feiertagen wurde das Problem gleichermaßen bei Juden und Christen gesehen und es gab Verordnungen zu Gunsten der Pappenheimer Juden (meist auf Kosten auswärtiger Juden). Ferner deutet die mit der Zeit deutlich steigende Protokollierungsgrenze auf eine weniger restriktive Haltung hin. Einige Regelungen dienten eher Partikularinteressen, indem bestimmte Gewerbe vor jüdischer Konkurrenz geschützt werden sollten.

5.2 Die Kreditgewährung

Der Geldverleih wird – nicht zuletzt vor dem Hintergrund des mittelalterlichen christlichen Zinsverbots – als die wirtschaftliche Betätigung der Juden schlechthin betrachtet[62]. Zwar verliehen im 17. und 18. Jahrhundert zahlreiche Institutionen – unter anderem die Kirchen – Geld, dennoch spielten jüdische Kreditgeber, insbesondere im ländlichen Bereich, eine bedeutende Rolle. Für die Herrschaft Pappenheim ist der Geldverleih durch dort lebende Juden in der Zeit zwischen 1650 und

---

[58] StAN, Herrschaft Pappenheim, Akten Nr. 6003/44, fol. 7v–8v: Eintrag vom 23. Januar 1781.
[59] Vgl. KÖNIG, Judenverordnungen, S. 204. Damit vergleichbar ist das 1685 in Floß erfolgte Verbot Häute »auf dem lebenden Vieh« aufzukaufen: HÖPFINGER, Floß, S. 270.
[60] StAN, Herrschaft Pappenheim, Akten Nr. 6003/52, fol. 7v–8v: Eintrag vom 11. Januar 1785.
[61] In der Grafschaft Oettingen wurden ebenfalls eine limitierte Zinshöhe und die Genehmigungspflicht für bestimmte Handelsgeschäfte als Instrumente zum Schutz der Bevölkerung vor der vermeintlichen Schädlichkeit der Juden eingesetzt. Vgl. MORDSTEIN, Untertänigkeit, S. 228.
[62] Siehe dazu: Rolf SPRANDEL, Art. Zins IV: Kirchengeschichtlich, in: TRE Bd. 36, S. 681–687, hier vor allem S. 682 und 684–686.

Kap. 5: Die wirtschaftliche Tätigkeit der Pappenheimer Juden

1806 gut belegt. Der Umfang dieser Geschäftstätigkeit wird im Folgenden durch Auswertung von Krediten aus dieser Zeit näher untersucht[63].

In einem ersten Schritt ist es erforderlich, die Höhe der von Juden gewährten Kredite zu bestimmen. Bernd-Wilhelm Linnemeier hat darauf hingewiesen, dass die Grenzen zwischen großen, mittleren und kleinen Krediten in der Literatur oft sehr willkürlich gewählt würden und sie stattdessen so weit wie möglich aus zeitgenössischen Quellen ermittelt werden sollten[64]. Dazu bieten sich für die Herrschaft Pappenheim zum einen der Rezess von 1692 und zum anderen die Vorschriften, ab welcher Summe eine Protokollierung vorgesehen war, an. Der Rezess erlaubte für Kredite von weniger als 50 fl. einen etwas höheren Zinssatz, was darauf schließen lässt, dass hier eine Grenze zwischen höheren und niedrigeren Krediten gesehen wurde. Soweit dies feststellbar ist, schwankte die Summe, ab der eine Protokollierung von Geschäftsabschlüssen erforderlich war, im Untersuchungszeitraum zwischen 5 fl. und 15 fl.[65]. Demnach erscheint es sinnvoll, zwischen Krediten unter 10 fl., über 50 fl. und – als weitere Untergliederung bei den höheren Krediten – über 100 fl. zu unterscheiden[66].

Tabelle 8: Entwicklung der Kredithöhe 1650-1790

Zeitraum	Kredite	Gesamt-summe	Durch-schnitt	bis 10 fl.	11-50 fl.	50-100 fl.	über 100 fl.
1650-59	7	307 fl. 15 kr.	43 fl. 54 kr.	1 (14,3 %)	5 (71,4 %)	1 (14,3 %)	0
1670-79	20	660 fl. 15 kr.	33 fl. 1 kr.	2 (10,0 %)	17 (85,0 %)	0	1 (5,0 %)
1680-89	33	2333 fl. 30 kr.	70 fl. 43 kr.	3 (9,1 %)	20 (60,6 %)	4 (12,1 %)	6 (18,2 %)
1690-99	40	2751 fl. 18 kr.	68 fl. 47 kr.	5 (12,5 %)	24 (60,0 %)	5 (12,5 %)	6 (15,0 %)
1700-09	39	2478 fl.	63 fl. 32 kr.	6 (15,4 %)	18 (46,2 %)	10 (25,6 %)	5 (12,8 %)
1725-35	23	1885 fl. 26 kr.	81 fl. 59 kr.	3 (13,0 %)	8 (34,8 %)	5 (21,8 %)	7 (30,4 %)
1746-52	53	8338 fl. 16 kr.	157 fl. 19 kr.	0	11 (20,8 %)	11 (20,8 %)	31 (58,4 %)
1770/71	6	529 fl.	88 fl. 12 kr.	0	3 (50,0 %)	2 (33,3 %)	1 (16,7 %)
1774-77	6	1500 fl.	250 fl.	0	1 (16,7 %)	1 (16,7 %)	4 (66,6 %)
1787-90	9	1241 fl.	137 fl. 53 kr.	0	1 (11,1 %)	2 (22,2 %)	6 (66,7 %)
Gesamt	236	22.024 fl.	93 fl. 19 kr.	20 (8,5 %)	108 (45,8 %)	41 (17,4 %)	67 (28,4 %)

Obwohl es Schwankungen, die auch auf die teilweise begrenzte Datenbasis zurückzuführen sein können, gibt, ist im zeitlichen Verlauf doch eine eindeutige Tendenz zu höheren Krediten über 100 fl. erkennbar. Gleichzeitig nahmen Kredite unter 50 fl. deutlich ab und nach 1746 waren überhaupt keine Kleinkredite unter 10 fl. feststellbar. Insgesamt wurden bei fast der Hälfte der

---

[63] Für die Auswertung wurden nur solche Geschäfte herangezogen, die bei ihrem Abschluss protokolliert wurden. Zwar stünden daneben zahlreiche Schuldklagen jüdischer Gläubiger gegen ihre Schuldner zur Verfügung, doch bei diesen ist nicht immer zweifelsfrei zu bestimmen, ob der Zahlungsrückstand aus einem Kredit- oder Handelsgeschäft resultiert. Diese Forderungen werden stattdessen in Kapitel 5.7. behandelt.
[64] LINNEMEIER, Jüdisches Leben, S. 202. Dass es sich bei einem derartigen Vorgehen keinesfalls immer um Willkür handeln muss, zeigt Linnemeier jedoch selbst. Da er für die Zeit zwischen 1650 und 1806 keine zeitgenössischen Grenzen finden konnte, legt er die Grenze auf 100 Reichstaler fest. Siehe DERS., S. 556–557.
[65] Ausführlich dazu Kapitel 5.1.
[66] Zugleich erfolgt damit eine Orientierung an der von Sabine Ullmann gewählten Einteilung der Kredite in die Kategorien unter 10 fl., 11–50 fl., 51–100 fl. und über 100 fl. Auf diese Weise wird ein Vergleich erleichtert. Siehe ULLMANN, Nachbarschaft, S. 291.

Kap. 5: Die wirtschaftliche Tätigkeit der Pappenheimer Juden

protokollierten Kredite mehr als 50 fl. verliehen, bei mehr als einem Viertel sogar über 100 fl. Im Vergleich zu Binswangen und Buttenwiesen ist der deutlich größere Anteil höherer Kredite in Pappenheim auffällig[67].

Voraussetzung für das Verleihen von Geld war ein ausreichendes Eigenkapital der Kreditgeber. So weist Imke König darauf hin, dass die meisten Landjuden zu arm waren, um das nötige Bargeld für die Kreditvergabe aufbringen zu können[68]. Die Auswertung der zur Verfügung stehenden Protokolle zeigt, dass in Pappenheim ein kleiner Kreis von Juden Geld verlieh. Zwischen 1650 und 1709 handelt es sich dabei nur um sieben Personen: Jacob Amson (57 Kredite), Hirsch Oppenheimer (39), Amschel (22), Moyses Guggenheimer (9), Nathan Reutlinger (8), Schmuel (2) und Löser (1). Bis ca. 1680 war Amschel der dominante Kreditgeber, danach sein Sohn Jacob und sein Schwiegersohn Hirsch Oppenheimer. Auswärtige Juden spielten in dieser Zeit keine Rolle, mit Ausnahme von Amschel, der auch während seines Aufenthalts in Weißenburg und Ellingen in der Herrschaft Pappenheim Geld verlieh.

Nach 1725 tauchen zwar mehr Namen auf, doch Jacob Amsons Witwe bzw. Nachfahren, seine Söhne Amson Jacob und Isaac Jacob sowie der Enkel Löw Amson, blieben zunächst dominant. Zwischen 1725 und 1735 stammten von ihnen 15 der 23 protokollierten Kredite, zwischen 1746 und 1752 sogar 41 von 53. 1770/71 gewährten sie zwei von sechs Krediten, 1774–1777 fünf von sechs und 1787–1790 drei von neun. Der Anteil auswärtiger Juden am Kreditgeschäft in der Herrschaft Pappenheim blieb im 18. Jahrhundert eher gering, stieg allerdings kontinuierlich an. War zwischen 1725 und 1735 nur einer von 23 Krediten von einem auswärtigen Juden gewährt worden, waren es im Zeitraum 1746–1752 bereits sieben von 53 und zwischen 1787 und 1790 mehr als die Hälfte (fünf von neun). Die insgesamt 16 Kredite auswärtiger Juden wurden von zehn Personen gewährt. Fünf von ihnen stammten aus Treuchtlingen, zwei aus Dittenheim und je einer aus Ellingen, Berolzheim, Gunzenhausen und Obernzenn und damit überwiegend aus dem Nahbereich.

Wie bereits erwähnt, setzte der Geldverleih Eigenkapital voraus. Da nur eine kleine Gruppe der Pappenheimer Juden in diesem Bereich tätig war, dürfte es sich bei ihnen um sozial Bessergestellte gehandelt haben. Zur Bestätigung dieser Vermutung sei der Frage nachgegangen, wer in der Lage war, größere Beträge zu verleihen, da sich daraus zusätzliche Informationen über die Finanzkraft der einzelnen Juden gewinnen lassen. So hat Sabine Ullmann festgestellt, dass nur eine kleine Gruppe höhere Summen verlieh, während die meisten nicht mehr als 50 fl. zur Verfügung stellen konnten[69]. Zwischen 1725 und 1735 sowie 1746 und 1752 gewährten die Witwe Güttel und ihr jüngerer Sohn Isaac Jacob von allen Juden die meisten Kredite. Von diesen fallen einige durch ihr hohes Volumen auf. So verlieh Isaac Jacob zwischen 1725 und 1735 viermal 200 fl., zwischen 1746 und 1752 liefen 25 seiner 30 Kredite über 50 fl., an Mathes Feld aus Emetzheim hatte er 1748 sogar 450 fl. verliehen[70].

Eine wichtige Komponente des Kreditwesens ist der Zinssatz. Seine Höhe ist, neben weiteren Kriterien, dafür ausschlaggebend, ob das Geschäft für Gläubiger und Schuldner attraktiv ist. Zu-

---

[67] Dort betrug der Anteil der einzelnen Klassen 21 %, 63 %, 11 % und 5 % (Binswangen) bzw. 11 %, 57 %, 17 % und 14 % (Buttenwiesen). Vgl. ULLMANN, Nachbarschaft, S. 291–292.
[68] KÖNIG, Judenverordnungen, S. 190.
[69] Vgl. ULLMANN, Nachbarschaft, S. 294–295; ebenso für Emden: LOKERS, Emden, S. 150–151.
[70] StAN, Adel Archivalien Nr. 4573, S. 368–369: Eintrag vom 5. Mai 1748.

Kap. 5: Die wirtschaftliche Tätigkeit der Pappenheimer Juden

gleich war mit ihm der wiederholt geäußerte Vorwurf des Wuchers eng verknüpft[71]. Da der Zinssatz keinesfalls immer in den Protokolleinträgen angegeben wurde, können nur 143 der insgesamt 236 Kredite in die folgende Untersuchung einbezogen werden:

Tabelle 9: Entwicklung des Zinssatzes 1650-1790

	Kredite	4 / 4,4 %	5 %	6 %	6,66 %	7,5 / 8 %	10 %	12 / 12,5 %	Sonstige[1]
1650-59	1				1				
1670-79	11		1			1	5		4
1680-89	10		1	3			4	2	
1690-99	15		2	3	3	1	2		4
1700-09	26	1	3	15	5				2
1725-35	18		4	14					
1746-52	49		17	32					
1770/71	3		3						
1774-77	4		4						
1787-90	6	3	3						
Gesamt	143	4	38	67	9	2	11	2	10

Als Ergebnis lässt sich zunächst einmal festhalten, dass der Rezess von 1692 zu deutlich niedrigeren Zinssätzen führte. Hatten sie zuvor mehrheitlich um 10 % gelegen, durften sie danach 6,66 % nicht mehr überschreiten. Etwas mehr als drei Jahrzehnte später wurde der mögliche Höchstzinssatz von 6,66 % überhaupt nicht mehr angewandt, stattdessen lagen die Zinsen 1725–1735 überwiegend bei 6 %. Zwischen 1746 und 1752 hatte der Anteil der Kredite, die mit 5 % verzinst wurden, zugenommen. Selbst wenn für die zweite Hälfte des 18. Jahrhunderts nur eine geringe Zahl von protokollierten Krediten vorliegt, fällt doch auf, dass 1770/71 und 1774–1777 stets 5 % gefordert wurden. Diese Tendenz setzte sich fort, indem 1787–1790 die Zinssätze zum Teil sogar unter 5 % lagen. Im Vergleich mit anderen Territorien scheint die Zinshöhe in der Herrschaft Pappenheim eher moderat gewesen zu sein. Bernd-Wilhelm Linnemeier gibt für Minden 5–24,9 % an. Sabine Ullmann hat für die Markgrafschaft Burgau festgestellt, dass der Zinssatz – sofern er überhaupt genannt wird – seltener bei 5–6 %, meist bei 17–25 % und gelegentlich sogar bei bis zu 43 % lag. Allerdings hatte es sich dabei um kurzfristige Kleinkredite gehandelt, die nicht durch Hypotheken abgesichert waren[72].

In der Literatur wird allgemein davon ausgegangen, dass der Zinssatz bei höheren Krediten geringer war als bei niedrigeren[73]. Dies war im Rezess von 1692 auch für die Herrschaft Pappenheim so vorgesehen worden. Die Daten aus der Zeit vor 1692 deuten ebenfalls auf eine derartige Praxis hin, wobei es jedoch mehrere – wohl auf ein unterschiedlich hohes Geschäftsrisiko zurückzuführende – Abweichungen davon gibt. So steht einem Kredit über 35 fl. zu 6,66 % (1685) einer über 200 fl. zu 10 % (1682) gegenüber[74]. Im Zeitraum 1746–1752 lag die durchschnittliche Kredithöhe bei den mit 5 % verzinsten Krediten tatsächlich höher (182 fl. 20 kr.) als bei denen mit 6 %

---

[71] Siehe dazu: RAPHAEL, Wucherer, S. 103–104; HORTZITZ, Sprache, S. 367–379.
[72] LINNEMEIER, Jüdisches Leben, S. 224; ULLMANN, Nachbarschaft, S. 295–296.
[73] Vgl. LINNEMEIER, Jüdisches Leben, S. 224.
[74] StAN, Herrschaft Pappenheim, Akten Nr. 4635/39, S. 3: Eintrag vom 12. Januar 1685 und Nr. 4635/40: Eintrag vom 12. Oktober 1682.

Kap. 5: Die wirtschaftliche Tätigkeit der Pappenheimer Juden

(136 fl.). Zwischen 1725 und 1735 war es jedoch genau umgekehrt: 62 fl. 30 kr. (5 %) gegenüber 98 fl. 24 kr. (6 %).

Aus der Herrschaft Pappenheim gibt es nur drei Hinweise auf ein Überschreiten des zulässigen Höchstzinses. Amson Jacobs Frau Bößgen hatte Christian Ernst aus Büttelbronn gegen Versatz von Leinenzeug 7 fl. 30 kr. geliehen. Dafür sollte er ihr *die Wochen vom fl. 1 bazen Zins geben* – also 25 %. Da *dergleichen Wücherliche Contracte hoch verbothen,* [...] *hat man nach denen Reichsgesetzen die Jüdin umb den 4. Teil des Capitals bestraft*. Zugleich wurde ihre Forderung auf den vorgeschriebenen Zinssatz von 6 % reduziert. Folglich musste sie 1 fl. 52 kr. 2 d. Strafe zahlen und ihre Zinsforderung wurde von 2 fl. auf 31 kr. 2 d. gesenkt[75]. Ferner wurde zwei Treuchtlinger Juden vorgeworfen, ihre Schuldner mit Zinsen übernommen zu haben, wofür allerdings keine Beweise vorliegen[76].

Die Motive für eine Kreditaufnahme werden nur gelegentlich genannt. In einigen Fällen wurde sie mit nicht näher dargestellten Notfällen begründet[77]. So verlieh Jacob Amsons Frau an Caspar Worb aus Haag 9 fl. Bargeld *in höchstens bedürftig notfalls*[78]. Paulus Wagner aus Langenaltheim erhielt von Moyses Guggenheimer 16 fl. *zur ohnentbehrlichen nothdurft zuverwenden*[79]. Mehrere Pappenheimer Untertanen, gegen die eine Strafe verhängt worden war, wandten sich an Juden, um von ihnen das zu deren Begleichung erforderliche Geld zu leihen. Hirsch Oppenheimer half Caspar Völkel und Clement Ries in Meinheim aus, die innerhalb von zwölf Tagen eine Strafe von 15 Reichstalern entrichten mussten[80]. Hier wird kein Grund für die Strafe genannt, doch es sind Fälle von Untertanen überliefert, die für die Bezahlung einer Fornikationsstrafe Geld von Juden liehen. Hans Fischer aus Bieswang, der Eva Meir aus Westheim geschwängert hatte, musste auf 30 fl. von Amschel zurückgreifen, um seine Strafe bezahlen zu können[81].

Mehrere Bauern liehen sich von Pappenheimer Juden Geld für erforderliche Investitionen. Georg Sebastian Zischler aus Neudorf erhielt von Jacob 27 fl., um *Saamgersten und Eßgetreid* kaufen zu können[82]. Während in diesem Fall die Grenzen zu einem Überbrückungskredit in einer schwierigen Lage fließend sein dürften, handelte es sich bei der häufiger belegten Kreditgewährung beim Kauf von Höfen oder Grundstücken um echte Investitionskredite. Leonhard Engeret aus Dietfurt und seine Frau Anna gaben am 25. Januar 1697 bekannt, dass ihnen Hirsch Oppenheimer *zu erkaufung ihres Gütleins und Lehen heut* [...] *bar vorgestreckt und geliehen hette 525 fl.*[83]. Zu seiner Sicherheit verschrieben sie ihm 2 1/2 Jauchert Acker und 1 1/4 Tagwerk Wiese. Ebenfalls auf die Dienste von Hirsch Oppenheimer griff Hans Hüttinger aus Osterdorf zurück, der 350 fl. brauchte, um einen

---

[75] StAN, Herrschaft Pappenheim, Akten Nr. 4635/83, S. 165: Eintrag vom 29. Mai 1733.
[76] Andreas Rädlein warf im Jahr 1706 Pheiß Judens Witwe aus Treuchtlingen vor, sie habe ihn mit Zinsen übernommen. Siehe StAN, Herrschaft Pappenheim, Akten Nr. 4635/60, S. 482–483: Eintrag vom 30. Januar 1706; aufgrund einer Klage von Johann Adam Kelz aus Grönhart wurde Lämle Moyses (Treuchtlingen) aufgefordert zu beweisen, dass er nicht mehr als den landesüblichen Zins von 6 % gefordert hatte. Siehe Nr. 6003/42, fol. 9: Eintrag vom 19. Januar 1779.
[77] Jedoch hat Lawrence Duggan darauf hingewiesen, dass es sich bei Ausdrücken wie »aus ettlicher Notturfft« nicht unbedingt um eine wirtschaftliche Wirklichkeitsbeschreibung handeln muss, sondern auch ein Bestandteil rechtlicher Quellensprache vorliegen kann. Siehe DUGGAN, Bedeutung, S. 206.
[78] StAN, Herrschaft Pappenheim, Akten Nr. 4635/56: Eintrag vom 14. Juli 1695.
[79] StAN, Herrschaft Pappenheim, Akten Nr. 4635/59, fol. 144: Eintrag vom 21. April 1699.
[80] StAN, Herrschaft Pappenheim, Akten Nr. 4635/40, fol. 1r: Eintrag vom 2. Januar 1680.
[81] StAN, Herrschaft Pappenheim, Akten Nr. 4635/24: Eintrag vom 12. Oktober 1656; ähnlich verhielt es sich im folgenden Fall: Am 16. Januar 1683 ließ sich Sebastian Zischler, Neudorf, von Hirsch Oppenheimer *wegen seiner Schwester begangenen Leichtfertigkeit zu Bezahlung gemeinherrschaftlicher Strafen 6 fl.* vorstrecken. Nr. 4635/40: Eintrag vom 16. Januar 1683.
[82] StAN, Herrschaft Pappenheim, Akten Nr. 4635/39: Eintrag vom 1. April 1692.

Kap. 5: Die wirtschaftliche Tätigkeit der Pappenheimer Juden

Hof für seinen Sohn zu kaufen[84]. Eine erhebliche finanzielle Herausforderung konnte die Hochzeit von Kindern und die damit verbundene Aussteuer darstellen. Georg Reislein aus Büttelbronn nahm im Januar 1708 bei Hirsch Oppenheimer einen Kredit über 100 fl. *zu Verheiratung der Tochter auf*[85]. Mehrere Belege weisen darauf hin, dass Geld geliehen wurde, um bestehende Schulden bei anderen Gläubigern begleichen zu können. Bei diesen konnte es sich sowohl um Christen[86] als auch Pappenheimer[87] oder auswärtige Juden[88] handeln. Insgesamt lässt sich ein breites Spektrum von Motiven feststellen, das von kurzfristig aufgetretenen Notfällen bis zu Investitionskrediten, mit deren Hilfe die eigene wirtschaftliche Leistungsfähigkeit gesteigert werden sollte, reichte[89].

Die bisherigen Aussagen beziehen sich auf die Bewohner der Dörfer der Herrschaft Pappenheim. Doch die wenigen Hinweise, die für die Stadt Pappenheim vorhanden sind, belegen, dass auch die dortigen Bürger regelmäßig auf die Dienste von Juden zurückgriffen, um ihren Finanzbedarf zu decken. Der Schlosser Hans Wurfbein lieh sich innerhalb von sechs Wochen erst 100 fl. und dann 40 fl. von Amson aus Pappenheim. Für den ersten Kredit wurde der Zinssatz auf 8 % festgelegt, beim zweiten ist er nicht bekannt[90]. Der Bäcker Hans Georg Roll und seine Ehefrau Anna liehen sich 1709 von Ambschel Löw aus Ellingen 100 fl., unter anderem, um Schulden in Höhe von 25 fl. bei Hirsch Oppenheimer zu begleichen. Der Zinssatz betrug 6 %, als Unterpfand diente ein halbes Tagwerk Wiese[91]. Mesner Zuttel hielt in seinen Aufzeichnungen fest, dass er sich im Juni 1714 von Hirsch Oppenheimer 6 fl. auf ein halbes Jahr geliehen habe[92]. Der Lebküchner Christian Bernhard Wilhelm Hoffmann nahm 1732 bei Jacob Amsons Witwe Güttel *zu Beförderung seines Nuzens, inspecie zu abführung seiner Haußkauf Nachfrist*, einen Kredit in Höhe von 40 fl. auf, der mit 6,66 % verzinst werden sollte[93]. Abraham Michael hatte im Jahr 1743 an den Bäcker Hans Michael Zeh eine Forderung in Höhe von 93 fl., die auf einem Kredit beruhte[94].

---

[83] Ebd.: Eintrag vom 25. Januar 1697. Ein vergleichbarer Fall liegt bei David Bahls aus Meinheim vor, der von Hirsch Oppenheimer 360 fl. lieh, um eine Mühle zu kaufen. Siehe Nr. 2021: Gesuch David Bahls an Reichserbmarschall Ludwig Franz vom 19. November 1694.

[84] StAN, AG Pappenheim (vorbayerisch) Nr. 99, S. 93: Eintrag vom 22. November 1702.

[85] StAN, Herrschaft Pappenheim, Akten Nr. 4649/V, S. 40–41: Eintrag vom 2. Januar 1708. Leonhard Pfachter aus Kattenhochstatt musste 300 fl. von Jacob Amson leihen, um gleich zwei Töchter aussteuern zu können. Siehe Nr. 4649/VI: Eintrag vom 1. April 1711. Albrecht Ernst Bills Witwe Dorothea aus Neudorf nahm vom *allhiesigen Judenalmoßen zu Ergänzung ihres jüngsten Sohns Heiratsgut* 100 fl. anlehensweise auf. StAN, Adel Archivalien Nr. 4624, S. 1–3: Eintrag vom 17. August 1760. Letzteres Beispiel zeigt, dass auch die jüdische Armenkasse als Kreditgeber auftrat. Siehe dazu auch Kapitel 7.1.

[86] Johannes Warnhofer, Göhren, entlehnte am 3. Mai 1770 von Löw Amson 50 fl., um das ihm von Johann Friedrich Fink aufgekündigte Kapital, aber auch eine gerade gekaufte Kuh, zahlen zu können. StAN, Herrschaft Pappenheim, Akten Nr. 4635/94, S. 63–65: Eintrag vom 3. Mai 1770.

[87] Johann Georg Köberlein in Pappenheim lieh sich von Israel Feis 150 fl., um bei Isaac Jacobs Witwe eine Schuld von 100 fl. einzulösen. StAN, Adel Archivalien Nr. 4625, S. 131–132: Eintrag vom 1. August 1769.

[88] Löw Amson lieh dem auf dem Schertnershof lebenden Andreas Klein 250 fl., um seine Schulden bei den Berolzheimer Schutzjuden Moses und Hirsch abzuzahlen. StAN, Adel Archivalien Nr. 4617, S. 101–102: Eintrag vom 18. März 1783.

[89] Die Ergebnisse Sabine Ullmanns zur Markgrafschaft Burgau werden damit im Wesentlichen bestätigt. Siehe ULLMANN, Nachbarschaft, S. 297–298. Nennung von Gründen für die Kreditaufnahme bei Juden auch bei DEMANDT, Niedenstein, S. 135–141.

[90] StAN, Herrschaft Pappenheim, Urkunden 1675–I–3: Schuldverschreibung Hans Wurfbeins und 1675–II–12: zweite Schuldverschreibung Hans Wurfbeins.

[91] StAN, Herrschaft Pappenheim, Urkunden Nr. 4874: Schuldbrief vom 23. August 1709.

[92] LKAN, Pfarramt Pappenheim Nr. 73: Eintrag vom 28. Juni 1714.

[93] StAN, Herrschaft Pappenheim, Akten Nr. 6002/II, S. 97–98: Eintrag vom 5. August 1732.

[94] StAN, Herrschaft Pappenheim, Akten Nr. 6003/VI: Eintrag vom 9. August 1743.

Kap. 5: Die wirtschaftliche Tätigkeit der Pappenheimer Juden

Bei den untersuchten Kreditgeschäften ist oftmals angegeben, dass bis zur Rückzahlung des Geldes ein Haus, Grundstück oder auch ein Pferd als Pfand verschrieben worden sei. Der »klassische« Pfandhandel, wie er beispielsweise für die Pferseer Juden typisch war[95], kommt dagegen in den Pappenheimer Quellen sehr selten vor. Diesen Sachverhalt, der wohl auf die Protokollierungsgrenze zurückzuführen ist, hat auch Jan Lokers für Emden beobachtet: Gehobene Kreditgeschäfte wurden protokolliert, aber kaum kleine Pfänder[96]. Christian Ernst aus Büttelbronn hatte von Amson Jacobs Frau Bößgen 7 fl. 30 kr. *gegen Versatz einiges Leinenzeugs vorgeliehen*[97]. Als Jacob Amsons Magd Köhle von Betteljuden bestohlen wurde, führte sie unter den entwendeten Gegenständen eine *viereckigte Münz, einen in silber gefassten Cristall, ein Silber verguldetes Ringlein mit einem Rosten Stein* an, die ihr verpfändet worden waren. Anscheinend ging sie neben ihrem Dienst als Magd noch einer Nebentätigkeit nach, indem sie kleinere Kredite gegen Pfandstücke bereitstellte[98].

Letztlich auch um eine Form der Kreditgewährung handelte es sich bei Forderungsabtretungen, dem Aufkauf von so genannten »Nachfristen«. Immer wieder übernahmen Juden Schuldforderungen, die ein Bewohner der Herrschaft Pappenheim an einen anderen hatte. Der Gläubiger erhielt dafür sofort Bargeld, der Schuldner musste die vereinbarten Raten künftig nicht mehr an diesen, sondern den Juden entrichten. Auf diese Weise konnte ein Christ, der Geld bei einem Christen geliehen bzw. von diesem einen Acker gekauft hatte, zum Schuldner eines Juden werden[99]. Der Aufkauf von Schuldverschreibungen setzte ebenso wie die Kreditvergabe Eigenkapital voraus. Für die Herrschaft Pappenheim ist eine derartige Vorgehensweise vor allem für das 17. und frühe 18. Jahrhundert überliefert. Aus den Zeiträumen 1725–1735, 1746–1752 und 1787–1790 sind keine derartigen Geschäfte bekannt. Da jedoch in der zweiten Hälfte des 18. Jahrhunderts vereinzelt Forderungsabtretungen protokolliert wurden, kann gefolgert werden, dass diese Geschäftspraxis zwar unüblich wurde, aber keine rechtliche Einschränkung bestand.

Tabelle 10: Zahl der von Juden aufgekauften Schuldverschreibungen

1650-59	1660-69	1670-79	1680-89	1690-99	1700-09	1770/71	1774-77
1	8	19	11	18	13	1	1

Eine detaillierte Auswertung soll für den gut dokumentierten Zeitraum zwischen 1660 und 1709 erfolgen, aus dem 69 Belege vorliegen. Diese verteilen sich auf sieben jüdische Händler. Die meisten Schuldverschreibungen erwarben Hirsch Oppenheimer (23) und Jacob Amson (19), die noch dazu eine Forderung gemeinsam erstanden. Eine wichtige Rolle spielten daneben Jacobs Vater Amson (18) und Nathan Reutlinger (5). Moyses Guggenheimer, Löw (Ellingen) und Moyses (Treuchtlingen) kauften dagegen nur jeweils einen Schuldschein. Diese Konzentration auf wenige Personen bestätigt, dass für derartige Geschäfte Kapital erforderlich war. Dem entspricht auch die weitgehende Übereinstimmung mit den Juden, die besonders viele Kredite gewährten[100].

---

[95] Vgl. ULLMANN, Nachbarschaft, S. 300–311. Dort standen 36 protokollierten Kredithandelsverträgen 90 Pfandhandelsgeschäfte gegenüber.
[96] LOKERS, Emden, S. 143.
[97] Dieses Geschäft wurde oben bereits behandelt, da Bößgen einen deutlich überhöhten Zins gefordert hatte.
[98] StAN, Herrschaft Pappenheim, Akten Nr. 4645/I/2: Amtsprotokoll vom 28. Februar 1698.
[99] Eine vergleichbare Praxis schildert ARMBRUSTER, Lengnau, S. 77–78, für Baden in der Schweiz.
[100] Allerdings scheint für Hirsch Oppenheimer (39 Kredite, 23 Schuldverschreibungen) der Aufkauf von Schuldverschreibungen eine wichtigere Rolle gespielt zu haben als für Jacob Amson (57, 19).

Kap. 5: Die wirtschaftliche Tätigkeit der Pappenheimer Juden

In 64 Fällen ist die Höhe der erstandenen Forderung bekannt. Davon hatten 27 einen Wert von unter 50 fl., 16 von 51 fl. bis 100 fl. und 21 über 100 fl. Der Gesamtwert aller zwischen 1670 und 1709 von Juden gekauften Schuldbriefe betrug 6838 fl. 10 kr., der Durchschnitt lag bei 106 fl. 51 kr. Während in den Protokollen – von sehr wenigen Fällen abgesehen – stets die Höhe der Forderung angegeben ist, ist nicht immer bekannt, wie viel der kaufende Jude dafür bezahlen musste. In einigen Fällen wurde nur von einem *billigen Werth*[101] gesprochen. Zum Teil kann der Gegenwert nicht berechnet werden, da die Bezahlung in Bargeld und Naturalien erfolgte. So erwarb Amschel 1662 von Christoph Eisemeier, Weber in Dietfurt, eine Forderung von 60 fl., die in vier Fristen bezahlt werden sollten, für 39 fl. und 200 *bretnägel*[102]. Paulus Storchmeyer aus Osterdorf verkaufte am 7. Februar 1679 Hirsch Oppenheimer die 42 fl., die er von Jerg Dinkelmayer zu fordern hatte, für 24 fl. und eine Elle Tuch[103].

Ist ein Kaufpreis angegeben, so schwankte dessen Verhältnis zur Schuldsumme von Fall zu Fall sehr stark. Im Januar 1679 zahlte Jacob an Georg Meyer, Osterdorf, 34 fl. für 40 fl., die ihm Matthias Schwenk innerhalb eines Jahres erstatten sollte[104]. Bedingt durch die oftmals lange Restlaufzeit wurde meist weniger als die Hälfte der Forderung verlangt. Isaac Jacob erwarb von Hans Michel Reißlein (Neudorf) 1742 eine Forderung an Georg Schöner in Höhe von 32 fl. 24 kr., die in sieben Fristen zwischen 1743 und 1761 beglichen werden sollte, für 12 fl.[105]. Thomas Steinlein und seine Frau Catharina aus Büttelbronn ließen am 9. Februar 1700 protokollieren, dass sie Jacob Amson eine Nachfrist von 1000 fl., die ab Martini 1700 innerhalb von 20 Jahren zu bezahlen wäre, für 406 fl. verkauft hätten[106]. Wie viel der frühere Gläubiger erhielt, dürfte zum einen vom vereinbarten Rückzahlungsmodus – die Differenz zwischen Wert und Kaufpreis ist mit dem Zins für einen Kredit in Höhe des Kaufpreises vergleichbar – und zum anderen von der Sicherheit des jeweiligen Geschäfts und der damit verbundenen Gefahr, einen Teil der Forderung möglicherweise nicht zu erhalten, abhängig gewesen sein.

Die Motive dafür, seine Forderungen bei einem Schuldner an einen Dritten abzutreten und dadurch auf einen Teil seines Geldes zu verzichten, werden äußerst selten genannt. Es ist jedoch davon auszugehen, dass vor allem Kapitalbedarf zu diesem Schritt geführt haben dürfte und diese Praxis letztlich als Alternative zur Kreditaufnahme gesehen wurde. Hans Gebhard aus Bieswang verkaufte im Mai 1691 *um seiner angelegentlichen Nothdurft und augenscheinlicher Nahrungs-Verbesserung willen* die 35 fl., die er zwischen 1692 und 1696 von Georg Reinwald zu empfangen hatte, an den Hofjuden Jacob für 25 fl.[107]. Der Pappenheimer Tagelöhner Johann Hager verkaufte Simon Löw eine Forderung in Höhe von 20 fl., um sich *aus jetziger Noth zu reißen*[108]. Ein weiterer Grund seine Forderungen abzutreten scheint der Fortzug in ein anderes Territorium gewesen zu sein. Es dürfte günstiger gewesen sein, auf einen Teil seiner finanziellen Ansprüche zu verzichten, als einen hohen Aufwand bei deren Eintreibung auf sich zu nehmen[109].

---

[101] Beim Verkauf einer Hofnachfrist in Höhe von 15 fl. bei Simon Rittstainer, Haag, durch Paulus Wolfschauer, Rehlingen, an den Hofjuden Jacob. Siehe StAN, Herrschaft Pappenheim, Akten Nr. 4635/38, fol. 225r: Eintrag vom 14. März 1691.
[102] StAN, Herrschaft Pappenheim, Akten Nr. 4635/26, fol. 76v: Eintrag vom 13. Mai 1662.
[103] StAN, Herrschaft Pappenheim, Akten Nr. 4635/30: Eintrag vom 7. Februar 1679.
[104] StAN, Herrschaft Pappenheim, Akten Nr. 4635/32, fol. 147r: Eintrag vom 15. Januar 1679.
[105] StAN, Adel Archivalien Nr. 4546, S. 236–237: Eintrag vom 2. März 1742.
[106] StAN, Herrschaft Pappenheim, Akten Nr. 4635/60, S. 7–8: Eintrag vom 9. Februar 1700.
[107] StAN, Herrschaft Pappenheim, Akten Nr. 4635/49, fol. 81r–82r: Eintrag vom 24. Mai 1691.
[108] StAN, Herrschaft Pappenheim, Akten Nr. 4635/94, S. 264: Eintrag vom 3. Juni 1771.

Kap. 5: Die wirtschaftliche Tätigkeit der Pappenheimer Juden

Über den gesamten Untersuchungszeitraum traten Juden in der Herrschaft Pappenheim als Geldverleiher auf. Die protokollierten Kredite waren vergleichsweise hoch, die Zahl der Juden, die sich auf diesem Feld betätigten, dementsprechend klein. Fast überhaupt nicht dokumentiert ist die Pfandleihe, wobei offen bleiben muss, ob sie tatsächlich nicht stattgefunden hat oder durch die Protokollraster gefallen ist. Zumindest im 17. Jahrhundert gewährten zahlreiche Juden Kredite, indem sie Forderungsabtretungen erwarben.

5.3 Pferde, Ochsen und Kühe: Der Handel mit Vieh

In der Markgrafschaft Burgau stellte der Verkauf von Vieh sowie tierischen Neben- und Folgeprodukten wie Fellen und Häuten den Kern jüdischen Handels dar. Dabei wurde vor allem mit Pferden, Kühen, seltener Schafen und Ziegen gehandelt[110]. Ähnlich war die Situation im Saar-Mosel-Raum, wo der Viehhandel und dessen Folgegewerbe die mit Abstand wichtigste Erwerbsquelle der Juden waren. Vielerorts waren die jüdischen Viehhändler daher marktbestimmend[111]. Auch in der Herrschaft Pappenheim handelten die dortigen, ebenso wie auswärtige Juden mit unterschiedlichen Tieren.

Tabelle 11: Zahl der Viehhandelsgeschäfte

	Zahl der Geschäfte	Davon Tausch
1650-1659	9	5
1660-1669	7	6
1670-1679	19	10
1680-1689	24	9
1690-1699	68	23
1700-1709	84	14
1725-1735	46	7
1746-1752	17	–
1770/71	26	6
1774-1777	10	2
1787-1790	7	1
Gesamt	317	83

Somit kann für die folgenden Ausführungen auf die Auswertung von 317 Viehgeschäften zurückgegriffen werden. Tiere wurden entweder verkauft oder getauscht, wobei die Verkäufe (234) gegenüber den Tauschgeschäften (83) deutlich überwogen. Weitaus mehr Protokolleinträge beziehen sich auf Verkäufe von Ochsen (115) als von Pferden (64), Kühen (38) oder Stieren (14). Bei der Zahl der insgesamt verkauften Tiere ist die Situation noch eindeutiger. Nur bei zwei der 64 protokollierten Pferdeverkäufe wurde mehr als ein Pferd abgegeben. Dagegen wurden Ochsen

---

[109] Vgl. entsprechende Bemerkungen in: StAN, Ansbacher Archivalien Nr. 2930: Protokoll hochfürstlicher Probstämter Solnhofen (1700–1725): Eintrag vom 14. März 1710.
[110] Vgl. ULLMANN, Nachbarschaft, S. 268–269.
[111] Vgl. KASPER-HOLTKOTTE, Aufbruch, S. 117–118. Diese Strukturen bestanden bis ins 19. Jahrhundert fort. Damals waren mehr als die Hälfte der Viehhändler in Deutschland Juden. Noch im Jahr 1900 waren drei Viertel der badischen Landjuden im Viehhandel tätig. Siehe RICHARZ, Viehhandel, S. 66 und 78.

Kap. 5: Die wirtschaftliche Tätigkeit der Pappenheimer Juden

meist paarweise verkauft, gelegentlich zwei, sehr selten sogar drei Paare auf einmal. Beim Tausch übertrafen Pferde (52) deutlich die Ochsen (15) und Kühe (10). Der Preis für ein Pferd lag zwischen 5 und 50 fl., wobei eine Konzentration im Bereich von 15 bis 30 fl. feststellbar ist. Die große Spannbreite dürfte auf Unterschiede in der Qualität und das Alter der gehandelten Tiere zurückzuführen sein. Preiswerter waren Kühe, für die meist zwischen 10 und 15 fl. verlangt wurden. Der Preis für ein Paar Ochsen reichte von 20 bis 80 fl.

Von den 68 zwischen 1690 und 1699 protokollierten Geschäften gingen 37 auf das Konto Pappenheimer Juden, von denen Hirsch Oppenheimer (15), Jacob Amson (6) und Meyer (5) am häufigsten verzeichnet sind. Die auswärtigen Juden stammten überwiegend aus Treuchtlingen, aber auch aus Ellingen, Berolzheim und Monheim. Ebenso wie in diesem Zeitraum, in dem insgesamt 28 jüdische Viehverkäufer in den Protokollen erwähnt werden, fällt zwischen 1725 und 1735 die große Zahl der mit Tieren handelnden Personen auf. Aus dieser Tatsache kann gefolgert werden, dass der Viehhandel für viele Juden in Pappenheim eine wichtige Erwerbsart darstellte. Die 46 Protokolleinträge beziehen sich auf 17 Juden, von denen acht nicht aus Pappenheim kamen (Treuchtlingen, Gunzenhausen, Monheim, Ellingen und Berolzheim). Unter den Pappenheimer Juden dominierten eindeutig Nathan Reutlinger (13) und sein Sohn Abraham (8). Auffällig ist, dass es jeweils eine große Zahl auswärtiger wie Pappenheimer Juden gab, die nur ein einziges Pferd oder eine Kuh verkauften.

Nicht nur die Landbevölkerung, sondern auch Pappenheimer Bürger kauften von Juden Tiere bzw. schlossen mit ihnen Tauschverträge. So klagte im März 1666 Schmuel gegen Hans Vetter, der ihm 7 fl. aus einem Pferdehandel schuldete[112]. Im Jahr 1771 tauschte Abraham Feis mit der Witwe des Wagners Christoph Hager, Anna Maria, zwei Kühe[113]. Zu den Kunden Pappenheimer Juden gehörte auch Mesner Zuttel. Im August 1704 kaufte er von Jacob Amson eine Kuh für 7 fl. Einige Monate später verkaufte er diese für 10 fl. an Schmuel, der Zuttel *ein firtel fleisch darvon* überließ – dabei handelte es sich um 45 Pfund zu einem Preis von 3 kr. pro Pfund[114]. Zahlreiche Geschäftsabschlüsse Pappenheimer, aber auch auswärtiger Juden sind mit dem gräflichen Marstall überliefert[115].

Nur in wenigen Fällen wurde der Kaufpreis sofort vollständig mit Bargeld bezahlt. Weit verbreitet war die Ratenzahlung, daneben war es üblich einen Teil in Naturalien zu entrichten. Matthes Friedel aus Geislohe versprach Jacob Amson 1683 die 36 fl., die er ihm für ein Paar Ochsen schuldig war, in drei Fristen zu bezahlen: zu Jacobi (25. Juli) 6 fl. und zu Martini (11. November) 9 fl. sowie zu Martini im darauffolgenden Jahr 21 fl.[116]. Abraham David (Berolzheim) erhielt vom Buhlhüttenmüller Johann Georg Mayer für ein Pferd 20 fl. und vier Strich Korn[117]. Die vereinbarte Bezahlung wurde gelegentlich ausdrücklich an den agrarischen Wirtschaftszyklus angepasst. Als Joseph mit Caspar Nef aus Hochholz (Richteramt Solnhofen) am 30. Januar 1699 einen Wallach gegen eine Kuh, 7 fl., einen Strich Korn und einen Strich Gerste eintauschte, wurde festgelegt, dass Nef die 7 fl. bis Pfingsten zahlen, das Getreide dagegen erst liefern solle, *wann er einschnaidet*[118].

---

[112] StAN, Herrschaft Pappenheim, Akten Nr. 4649/I: Gerichtsprotokoll vom 2. März 1666.
[113] StAN, Herrschaft Pappenheim, Akten Nr. 6003/33, fol. 17: Eintrag vom 22. Februar 1771.
[114] LKAN, Pfarramt Pappenheim Nr. 73: Eintrag vom 22. August 1704.
[115] Vgl. StAN, Herrschaft Pappenheim, Akten Nr. 5593: Berechnung der Einnahmen und Ausgaben bei den im herrschaftlichen Marstall ver- und erkauften Pferden (1765–1773). Ausführlicher dazu Kapitel 6.2.
[116] StAN, Herrschaft Pappenheim, Akten Nr. 4635/27, fol. 94v: Eintrag vom 27. April 1683.
[117] StAN, Herrschaft Pappenheim, Akten Nr. 4635/95, S. 411–412: Eintrag vom 23. Mai 1771.

Kap. 5: Die wirtschaftliche Tätigkeit der Pappenheimer Juden

Beim Viehtausch stellte das vom Handelspartner in Empfang genommene Tier die Bezahlung dar. Dies traf jedoch nur dann zu, wenn die getauschten Tiere in etwa gleich viel wert waren. In den meisten Fällen war allerdings ein Ausgleich, die so genannte »Aufgabe«, erforderlich. Diese konnte je nach Qualität der getauschten Tiere sehr unterschiedlich sein. Mayer standen aus einem Pferdetausch mit dem Amtsknecht Barthel Ortel nur 3 fl. Aufgabe zu. Selbst darauf musste er verzichten, nachdem Ortel erklärt hatte, das Pferd *seye nichts nuz* und das Amt als gütlichen Vergleich vorgeschlagen hatte, die Aufgabe schwinden zu lassen[119]. Dagegen zahlte Johann Georg Reiter aus Büttelbronn, der mit Hirsch Löw (Treuchtlingen) Ochsen getauscht hatte, 64 fl. Aufgabe[120]. Auffälligerweise wurde in allen untersuchten Tauschgeschäften die Aufgabe vom Bauern gezahlt. Daraus lässt sich folgern, dass die jüdischen Händler die höherwertigeren Tiere zur Verfügung stellten. Offensichtlich versorgten sie ihre Kunden mit neuen Tieren und nahmen dafür deren alte in Zahlung. Gelegentlich wurde im Protokoll ausdrücklich festgehalten, dass ein altes gegen ein junges Tier eingetauscht wurde. So hatte der Treuchtlinger Jude Lämle Moses eine alte Kuh von Johann Adam Schreiber (Osterdorf) erhalten und ihm dafür eine jüngere gegeben[121]. Nicht immer wurde ein Pferd gegen ein Pferd bzw. eine Kuh gegen eine Kuh getauscht, sondern gelegentlich auch dem persönlichen Bedarf entsprechend eine Tierart gegen eine andere. Im Jahr 1668 gab Paul Wolffhofen aus Haag dem Berolzheimer Juden Izing für ein Pferd zwei Ochsen und 11 fl. 30 kr.[122]. Salomon aus Treuchtlingen lieferte Hans Georg Mösner, Wirt in Büttelbronn, im April 1690 zwei vierjährige Ochsen und erhielt dafür eine Kuh, einen dreijährigen Stier und 13 fl. 30 kr. *ufsaz*[123].

Nach dieser quantitativen Auswertung soll, bevor Risiken und Sonderformen behandelt werden, zusammenfassend der Viehhandel am Beispiel Hirsch Oppenheimers charakterisiert werden. Von ihm wurden 50 Abschlüsse protokolliert: 46 Verkäufe, aber nur vier Tauschgeschäfte. Seine Kunden fand er überwiegend in Geislohe (11), Rehau (8), sowie Dietfurt und Übermatzhofen (je 4). Daneben handelte er in elf weiteren Dörfern der Herrschaft Pappenheim und zwei Orten außerhalb, in Otting und Daiting, mit Vieh. Unter den protokollierten Geschäften beziehen sich 38 auf Ochsen (insgesamt 72 Tiere), aber nur vier auf Pferde, drei auf Kühe und sieben auf sonstige Tiere; getauscht wurden zwei Kühe und je ein Pferd und ein Ochse. Soweit der Verkaufspreis bekannt ist, lag er durchschnittlich bei knapp über 37 fl. pro Transaktion. Im Vergleich mit den anfangs genannten Zahlen kann für Hirsch Oppenheimer somit festgehalten werden, dass er überproportional viele Ochsen verkaufte, aber sehr wenige Tauschgeschäfte tätigte.

Der Handel mit Pferden, Ochsen, Stieren und Kühen, also Lebewesen, brachte ein nicht zu unterschätzendes Konfliktpotential mit sich. Dies soll am Beispiel des am 5. Januar 1718 in Pappenheim getroffenen Pferdetauschs zwischen Amson Jacob und dem Amtmann Seitz aus Amlishagen[124] exemplarisch verdeutlicht werden. Amson Jacob hatte diesem ein neues Pferd gegen

---

[118] StAN, Herrschaft Pappenheim, Akten Nr. 4635/45: Eintrag vom 30. Januar 1699; ausführlicher zur Anpassung der Bezahlung an die Bedürfnisse der christlichen Kundschaft siehe ULLMANN, Nachbarschaft, S. 279; DIES., Ehepaar, S. 280.
[119] StAN, Herrschaft Pappenheim, Akten Nr. 4635/49, fol. 126v–127v: Eintrag vom 19. Dezember 1691.
[120] StAN, Adel Archivalien Nr. 4565, S. 255–256: Eintrag vom 8. März 1790.
[121] StAN, Herrschaft Pappenheim, Akten Nr. 4635/94, S. 332–334: Eintrag vom 7. November 1771.
[122] StAN, Herrschaft Pappenheim, Akten Nr. 4635/28, fol. 5r: Eintrag vom 29. Dezember 1668.
[123] StAN, Herrschaft Pappenheim, Akten Nr. 4635/38, fol. 206r–207r: Eintrag vom 14. April 1690.
[124] Amlishagen ist heute ein Stadtteil von Gerabronn (Landkreis Schwäbisch Hall). Die Kontakte zu Pappenheim dürften damit begründet sein, dass der Nachälteste Johann Friedrich von Pappenheim seit 1700 mit Sophia Charlotta, der Tochter Christoph Albrechts, Freiherr von Wollmershausen, dem Ortsherrn von Amlishagen, verheiratet war. Vgl. DÖDERLEIN, Matthaeus à Bappenheim, S. 418–420.

dessen altes Pferd und eine innerhalb eines halben Jahres zu bezahlende Aufgabe von 42 fl. gegeben. Im Tauschvertrag sicherte Amson Jacob zu, dass er Seitz *über die bekannte 4 Haupt Mängel auch vor Koppen, Poltern, Lederfreßen und Hinken vom Stall aus* und die Augen des Pferdes garantiere. Nach Ablauf der vereinbarten Frist weigerte sich Seitz, die ausstehende Aufgabe zu bezahlen, da das Pferd hinke. Sein Protest erfolgte aus Amson Jacobs Sicht zu spät, der sich in seinem Hilfegesuch an den Reichserbmarschall insbesondere dagegen wandte, dass Seitz nach so langer Zeit noch Gewährschaft forderte. Er hielt eine Frist von vier Wochen für ausreichend. Dabei wies er darauf hin, dass *nicht einmahl ein Mensch weiß, ob er nur den Morgenden Tag erleben kann* und folglich bei einem Tier eine derartige Prognose weitaus schwieriger sei. Ferner versuchte Seitz sich der Zahlung der Aufgabe zu entziehen, indem er auf den hohen Gewinn hinwies, den Amson Jacob beim Weiterverkauf seines Pferdes gemacht habe[125].

Da eine Krankheit schnell zum Wertverlust oder sogar Tod des gehandelten Tieres führen konnte, sicherten sich die Handelspartner wie im obigen Fall oftmals Gewährschaft für die »vier Hauptmängel« zu. Sollte das Tier kurz nach Geschäftsabschluss erkranken, konnte der Handel rückgängig gemacht werden[126]. Trotz der Häufigkeit derartiger Zusagen war die Gesundheit der Tiere keinesfalls der einzige mögliche Streitpunkt. Der Wert eines Tieres konnte nur grob geschätzt werden. Wenn das erworbene Tier nicht die erhoffte Leistung erbrachte, betrachtete sich eine Seite nicht selten als hintergangen. So weigerte sich Jörg Werrer aus Dietfurt, dem Juden Joseph 17 Taler Aufgabe zu zahlen, weil das von diesem gegen eine Kuh eingetauschte Pferd *colderisch*[127] und damit *zu seiner Arbeit nit tauglich* sei. Da der Amtsknecht zu dem Ergebnis kam, dass das Pferd nur unter großer Gefahr zu nutzen sei, wurde Joseph aufgefordert es zurückzunehmen[128]. Im Oktober 1709 tauschte Schmuel mit dem *Breyen zu Naßenfelß* ein Pferd gegen eine Kuh. Schmuel verkaufte die Kuh in Pappenheim für 15 fl. an den Metzger Zagelmeyer, der nach der Schlachtung des Tieres feststellte, dass es *nicht Kaufmannsguth* sei. Daraufhin setzte sich die Pappenheimer Stadtvogtei gegenüber dem Eichstätter Kastenamt Nassenfels für eine Schadenersatzzahlung an Schmuel ein, dem die Kuh *vor ein gerechtes Guth gegeben* und *vor die 4 Haubtmängel guthgesprochen* worden war[129].

Ein Punkt über den ebenfalls nicht immer Einigkeit herrschte war das Alter eines gehandelten Tieres. Ein gutes Beispiel hierfür ist der Streit zwischen Samuel dem Jüngeren und dem Kastner von Mörnsheim, Andreas Rothuth. Bei einem Tauschgeschäft im Februar 1697 hatte Samuel ihm zwei Wallache, die aus dem Pappenheimer Bauhof stammten, gegeben und dafür drei Pferde und 43 fl. Aufgabe erhalten. Einige Zeit danach beschwerte sich der Kastner, dass Samuel das Alter der

---

[125] StAN, Herrschaft Pappenheim, Akten Nr. 8171: Gesuche Amson Jacobs vom 28. Juni 1718 und J.C. Seiz' vom 8. Juli 1718 an Reichserbmarschall Johann Friedrich.

[126] Bei den »vier Hauptmängeln« handelt es sich um einen feststehenden Begriff. Welche Krankheiten damit gemeint waren, war jedoch nicht einheitlich festgelegt und konnte von Gericht zu Gericht schwanken. Vgl. BURMEISTER, Pferdehandel, S. 25; ULLMANN, Nachbarschaft, S. 279–280. Laut Pappenheimer Viehmandat vom 4. November 1774 galt es bei Pferden als Hauptmangel, wenn sie hartschlichtig, rotzig, räudig, taubkolderisch oder lungen-leberfaul waren, bei Rindern und Schweinen, wenn sie meerlinsig, markflüssig, schwindlich, lungenfaul waren oder an der fallenden Krankheit litten. Vgl. WEBER, Provinzial- und Statuarrechte, S. 365–366.

[127] Der »Kolder« ist eine hitzige Kopfkrankheit des Pferdes. Vgl. FISCHER, Schwäbisches Wörterbuch, Sp. 574.

[128] StAN, Herrschaft Pappenheim, Akten Nr. 4635/22, fol. 31v–32v: Eintrag vom 14. Oktober 1652.

[129] StAN, Herrschaft Pappenheim, Urkunden Nr. 4879: Attestat des Pappenheimer Stadtvogts vom 14. Oktober 1709; dazu auch Akten Nr. 4692/II: Pappenheimer Schreiben an den Eichstätter Vogteigerichtsschreiber vom 21. Februar 1709.

Kap. 5: Die wirtschaftliche Tätigkeit der Pappenheimer Juden

Pferde mit neun bis zehn Jahren angegeben habe, er sie aber für älter halte. Samuel wies darauf hin, dass *das Alter notorio kein Hauptmangel* sei und *hierüber bey diesem Contract lediglich nichts bedungen worden* sei, Rothuth also keinen Anspruch auf Entschädigung habe[130]. Martin Hirschbeck aus Ochsenfeld im Hochstift Eichstätt klagte gegen Hirsch, den Sohn des Pappenheimer Juden Berle, von dem er ein Pferd gegen Eintauschung eines Ochsen und 5 fl. Aufgabe erworben hatte. Hirschbeck wollte den Handel rückgängig machen, da das Pferd nicht neun, wie Hirsch ihm zugesichert hatte, sondern 18 Jahre alt sei. Hirsch konnte den Betrugsvorwurf entkräften, weil er das Tier, das er von einem *Bisthumber Bauern erkauft und nur 3 täg in stall* gehabt hatte, selbst kaum gekannt hatte. Schließlich einigten sich beide Seiten darauf, dass Hirsch ein anderes Pferd liefern solle und ansonsten alle Bedingungen des Geschäfts ihre Gültigkeit behalten sollten[131].

Gelegentlich wurden weitere Sondervereinbarungen getroffen. Ein Punkt über den öfters verhandelt wurde, war die Frage, ob ein Tier trächtig sei oder bis zu einem bestimmten Zeitpunkt Nachwuchs zur Welt bringen werde. Am 18. Februar 1701 hatten Martin Spießmeyer aus Langenaltheim und Moyses Guggenheimer miteinander Pferde getauscht. Guggenheimer sollten 20 fl. Aufgabe zustehen, wenn das Pferd, das er Spießmeyer gegeben hatte, in Jahresfrist trächtig werden sollte; andernfalls sollte er nur 10 fl. erhalten[132]. Der Dietfurter Schuster Johann Georg Heinrichmeyer hatte 1768 von Löw Hirsch aus Treuchtlingen eine Kuh für 15 fl. 30 kr., *ein paar Manns Schuh und ein paar Weiberpantoffel* gekauft. Da die Kuh, anders als von Löw Hirsch versprochen, nicht bald danach kalbte, weigerte er sich die ausstehenden 3 fl. 30 kr. zu zahlen[133].

Ein Handelsgeschäft mit Tieren setzte Vertrauen voraus. So hatten Schmuel und Georg Schreiber aus Osterdorf, die im Mai 1682 miteinander Pferde getauscht hatten, vereinbart *einander reciproce für die 4 hauptmängel gewehrschaft zu leisten*. Ausdrücklich wurde festgehalten, dass sie *ordentlich und redlich miteinander gehandelt* hätten. Als Schreiber wegen eines Mangels an dem eingetauschten Pferd die Aufgabe nicht zahlen wollte, verwies er auf einen vor vier Jahren zwischen ihnen getätigten Pferdehandel. Damals habe ihm Schmuel das Pferd aus nicht näher angegebenen Gründen am nächsten Tag zurückgebracht. Das Amt forderte Georg Schreiber auf, den Handel einzuhalten, da es sich in diesem Fall um keinen Hauptmangel handle. Dies schloss jedoch eine private Einigung nicht aus und so erklärte sich Schmuel bereit, als Entschädigung *ein paar Kalbfell* zu liefern[134]. Wenn die Situation nicht eindeutig war, war es keineswegs ungewöhnlich, einen Kompromiss anzustreben[135]. Nachdem die Kuh, die Jacob Amson an Sebastian Arnter in Rehau für 16 fl. 30 kr. verkauft hatte, *gefallen* war, verglichen sich die beiden auf einen Nachlass von 8 fl.[136].

Eine »Sonderform der ländlichen Kreditvergabe«[137] stellten Leihgeschäfte mit Vieh, das zum Teil auch als Bestand- oder Halbvieh bezeichnet wurde, dar. Dabei überließ der Leihgeber das Tier einem Bauern, der es für eine bestimmte Zeit, meist bis zum Ende der Ernte, nutzen durfte und solange auch fütterte und pflegte. Nach Ablauf der vereinbarten Zeit verkaufte der jüdische Händler

---

[130] StAN, Herrschaft Pappenheim, Akten Nr. 8147: Gesuche Samuels an den Reichserbmarschall vom 18. Oktober 1697 und 19. Mai 1698 und Beschwerdeschrift Kastner Rothuths vom 30. Dezember 1697.
[131] StAN, Herrschaft Pappenheim, Akten Nr. 4635/42: Eintrag vom 30. August 1692.
[132] StAN, Adel Archivalien Nr. 4588, S. 53: Eintrag vom 18. Februar 1701.
[133] StAN, Adel Archivalien Nr. 4598, S. 61–62: Eintrag vom 17. Mai 1770. Auch Hans Adam Schorr (Langenaltheim) wollte Feis Judas die beim Kuhtausch vereinbarte Aufgabe von 1 fl. nicht zahlen, da die Kuh nicht gekalbt hatte. Siehe Nr. 4580, S. 249–250: Eintrag vom 9. August 1776.
[134] StAN, Herrschaft Pappenheim, Akten Nr. 4635/27, fol. 46v–47r: Eintrag vom 24. Mai 1682.
[135] Vgl. SCHWANKE, Nachbarschaft, S. 306.
[136] StAN, Herrschaft Pappenheim, Akten Nr. 4635/60, S. 161: Eintrag vom 15. Juli 1701.
[137] ULLMANN, Nachbarschaft, S. 285. Dazu auch MICHEL, Gaukönigshofen, S. 76–77.

das Vieh weiter, Gewinn bzw. Verlust wurden zwischen ihm und dem Bauern, mit dem er den Leihvertrag geschlossen hatte, geteilt. Diese Nutzungsweise hatte für beide Seiten Vorteile: Der Bauer konnte sich unentbehrliche Arbeitstiere anschaffen, deren Kauf er sich sonst nicht hätte leisten können, jüdische Händler konnten ihr Kapital in Vieh investieren, das sie nicht selbst halten mussten[138]. Zugleich konnte es aber leichter zu Streitigkeiten um die Qualität des Viehs kommen als bei einem gewöhnlichen Viehgeschäft[139]. Hans Knaupp aus Osterdorf erhielt 1679 von Hirsch Oppenheimer eine Kuh. Diese sollte er *im Stall behalten biß Jacobi* [25. Juli] *auf seine Gefahr*. Danach musste er sie Hirsch zurückgeben oder ihm abkaufen[140]. Der Berolzheimer Jude Marx David überließ Christian Rauscher aus Trommetsheim am 20. Februar 1775 eine Kuh *bis auf kommende Michaeli* [29. September] *ums halbe* für 6 fl. Bei einem daran anschließenden möglichen Verkauf *mit Kalb* sollte der *Erlöß von beiden Stücken unter ihnen geteilt* werden[141]. Auch in diesem Bereich scheinen längerfristige Handelskontakte bestanden zu haben. Als Johann Caspar Fischers Witwe aus Neufang von Löw Hirsch (Treuchtlingen) wegen eines Ausstands von 13 fl. verklagt wurde, wies sie darauf hin, dass sie *schon oft Ochsen ums halb von ihm bekommen* habe[142]. Gerade in einem so problematischen Geschäftsfeld deutet eine kontinuierliche Geschäftsbeziehung auf ein Mindestmaß an Vertrauen hin[143].

5.4 Der Warenhandel

Der dritte große Geschäftsbereich von Landjuden war der Handel mit verschiedenen Waren[144]. Da es meist um niedrige Summen ging, die die Protokollierungsgrenze nicht überschritten, dürfte ein beträchtlicher Teil des Warenhandels nicht protokolliert worden sein und sich deshalb einer systematischen Auswertung entziehen. Aktenkundig wurden diese Geschäfte gewöhnlich nur dann, wenn der Kunde in Zahlungsrückstand geriet oder mit der Qualität der gelieferten Ware nicht zufrieden war und daher versuchte, den Kauf rückgängig zu machen oder einen Preisnachlass zu erreichen[145]. Wie die nachfolgende Tabelle zeigt, konzentrierte sich der Warenhandel vor allem auf Textilwaren und Getreide. Seltener wurden Eisen und Metallgegenstände verkauft. Daneben gab es etliche Geschäftsabschlüsse, bei denen mit mehreren, zum Teil sehr unterschiedlichen Waren gehandelt wurde.

---

[138] Die Viehleihe, die es sogar den ärmsten Landbewohnern ermöglichte Vieh zu halten, das im Besitz des Händlers blieb, ist in Baden und Württemberg auch im 19. Jahrhundert noch nachweisbar. Nach außen wurde die Tatsache, dass man Leihvieh im Stall hatte, meist sorgfältig verborgen. Siehe RICHARZ, Viehhandel, S. 81–82. Negativ zur Viehleihe: SCHUBERT, Arme Leute, S. 165.
[139] Siehe ULLMANN, Nachbarschaft, S. 281–285; KASPER-HOLTKOTTE, Aufbruch, S. 130; auch TOCH, Wirtschaftstätigkeit, S. 62.
[140] StAN, Herrschaft Pappenheim, Akten Nr. 4635/30: Eintrag vom 15. April 1679.
[141] StAN, Adel Archivalien Nr. 4600, S. 27–29: Eintrag vom 27. Juni 1775.
[142] Ebd., S. 405–407: Eintrag vom 12. März 1778.
[143] Die Bedeutung des Vertrauens bei derartigen Geschäften betont auch KASPER-HOLTKOTTE, Aufbruch, S. 131.
[144] Siehe ULLMANN, Nachbarschaft, S. 312.
[145] Ausführlich zur Protokollierungsgrenze in der Herrschaft Pappenheim siehe Kapitel 5.1. Johannes Mordstein weist darauf hin, dass der Kram- und Kleinhandel, der oftmals den Schwerpunkt jüdischer Geschäftsleute darstellte, durch die Protokollierung ab einer Mindestsumme kaum beeinträchtigt wurde und dementsprechend auch nicht in den Protokollen erscheint. Vgl. MORDSTEIN, Untertänigkeit, S. 231. Aus diesem Grund war Sabine Ullmann bei der Rekonstruktion des Warenhandels auf Einzelbelege angewiesen. Siehe ULLMANN, Nachbarschaft, S. 312.

Kap. 5: Die wirtschaftliche Tätigkeit der Pappenheimer Juden

Tabelle 12: Der Warenhandel

	Gesamtzahl	Textilwaren	Eisen	Getreide	Sonstige
1650-1659	3	3			
1660-1669	3				3
1670-1679	13	3	2	2	6
1680-1689	27	7	4	9	7
1690-1699	32	13	3	10	6
1700-1709	21	12		7	2
1725-1735	11	4		7	
1746-1752	2	2			
1770/71	8	4		1	3
1774-1777	2	1			1
Gesamt	122	49	9	36	28

Insgesamt 49 Protokolleinträge beziehen sich auf den Handel mit Tuchen, Stoffen, Leder und sonstigen Materialien zur Herstellung von Textilien oder aber fertigen Kleidungsstücken wie Hemden und Hosen. In diesem Bereich betätigten sich relativ viele Pappenheimer Juden. Genannt werden Samuel, Amschel, Feius, Jacob Amson, Hirsch Oppenheimer, Berle, Feis, Meyer, Nathan Reutlinger und Isaac Model. Mit 21 Einträgen liegt der Anteil auswärtiger Juden bei fast der Hälfte. Von ihnen stammten die meisten (15) aus Treuchtlingen, daneben finden sich einzelne Juden aus Dittenheim, Flotzheim und Monheim. Der Wert der gehandelten Gegenstände war vergleichsweise niedrig. 25 mal lag er unter 5 fl. und 15 mal über 5 fl., wobei nur sehr wenige Geschäfte die Grenze von 10 fl. überschritten. Neunmal wird überhaupt kein Preis genannt.

Die Protokolleinträge weisen sowohl auf Einzelgeschäfte als auch längerfristige Handelsbeziehungen hin. Am 14. Januar 1692 forderte Feis von Paulus Wagner aus Langenaltheim 2 fl. 15 kr. für ein *Tuch zu einem Wullenhembt*, die er ihm schon seit drei Jahren schuldig sei[146]. Hans Lehrners Witwe aus Geislohe schuldete Jacob Amson Geld für mehrere Lieferungen. Darunter fielen 8 fl. 14 kr. für schwarzen Sarge für ein Kleid, 1 fl. 12 kr. für Barchent für ein Kamisol, 6 fl. für ein rotes Tuch, 18 kr. für *Futter unterm rock*, 2 fl. 32 kr. für zwei Ellen breiten Sarge und 3 kr. für zwei Ellen Einfassband[147]. Auch Kontakte zu Geschäftsleuten, denen größere Mengen geliefert wurden, sind belegt. So forderte Jacob Amson im Jahr 1703 vom Pappenheimer Schuhmacher Franz Christoph Härtel 17 fl. 40 kr. für Leder, das er ihm verkauft hatte. Dabei dürfte es sich um Rohmaterial gehandelt haben, das Härtel weiterverarbeitete[148]. Zu den zahlreichen auswärtigen Juden, die in der Herrschaft Pappenheim Textilien verkauften, gehörte Israel aus Treuchtlingen. Im Oktober 1698 klagte er gegen Leonhard Widemann (Dietfurt), der ihm seit einem dreiviertel Jahr 7 fl. 30 kr. für Tuch zur Herstellung eines Brustflecks, *fehl zu einem paar Hosen und Zugehör* schulde[149]. Zahlreiche Einzelbelege aus Akten ergänzen das aus den seriellen Quellen gewonnene Bild. So verkaufte Schmuel im Jahr 1678 in Pappenheim vier Ellen Leintuch[150]. Michel Hänle lieferte dem Bieswanger Bäcker Johann Georg Holzinger im Jahr 1771 silberne Schuh- und Hosenschnallen[151].

---

[146] StAN, Herrschaft Pappenheim, Akten Nr. 4635/38, fol. 243r: Eintrag vom 14. Januar 1692.
[147] StAN, Adel Archivalien Nr. 4588, S. 5: Eintrag vom 27. Februar 1699.
[148] StAN, Herrschaft Pappenheim, Akten Nr. 4635/47: nicht datierter Eintrag aus dem Jahr 1703.
[149] StAN, Herrschaft Pappenheim, Akten Nr. 4635/59, fol. 106r: Eintrag vom 10. Oktober 1698.
[150] StAN, Herrschaft Pappenheim, Akten Nr. 4649/I: Gerichtsprotokoll vom 28. August 1678.
[151] StAN, Herrschaft Pappenheim, Akten Nr. 6003/33, fol. 60v–61v: Eintrag vom 29. Oktober 1771.

Kap. 5: Die wirtschaftliche Tätigkeit der Pappenheimer Juden

Obgleich die Zahl der Belege begrenzt ist, gibt es doch Hinweise, dass einzelne Juden einen großen Teil ihres Einkommens aus dem Handel mit Textilien bezogen. Im Jahr 1717 gab der 61-jährige Meyer an, sein Geld vor allem mit *allerhand Tuch und Kleinigkeiten* zu verdienen und nur selten Vieh zu verkaufen[152]. Meyer scheint seine Waren unter anderem von Johann Heinrich Zimmermann und Johann Christoph Schmizlein in Weißenburg erhalten zu haben. Diesen wurde er zwischen 1710 und 1713 immer wieder Geld für verschiedene Tuche, *Flohr* und *Zeich* schuldig[153]. Es ist zu vermuten, dass er diese Gegenstände anderswo, möglicherweise vor allem in den Dörfern der Herrschaft Pappenheim, weiterverkaufte. Am 18. Juni 1709 bestätigte er der Zinsmeisterei den Empfang von 9 kr. für eine Leinwand, die *zu einem weißen Chorrok gebraucht* wurde[154]. Ebenso gehörte er zu den Juden, die im Jahr 1722 Kleidung für drei Konvertiten aus Frankfurt an der Oder lieferten. Für zehn Ellen weißes Leintuch, aus dem Hemden gefertigt werden sollten, forderte er 2 fl. 30 kr. Seine Frau verkaufte der Konvertitin Sophia Ernestina ein altes Korsett für 1 fl.[155]. Möglicherweise handelt es sich bei den aufgeführten Belegen für Meyers Handelstätigkeit um Hinweise auf eine längerfristige Spezialisierung, die bis ins Jahr 1681 zurückreicht: Damals wurde er als ungefähr 25-jähriger zusammen mit seinem Bruder Löw im Wald bei Solnhofen Opfer eines Überfalls bei dem ihm mitgeführte Stoffe und Kleider gestohlen wurden[156].

Hirsch Oppenheimer und Jacob Amson sind ebenfalls mehrfach als Textilienhändler belegt. Jacob verkaufte dem Hofmeister Johann Baptista Heydt einen Hut, Tuch und Knöpfe und lieferte der Kirche *schwartz Tuch zu 6 Mänteln für soviel Knaben* im Wert von 35 fl. 44 kr.[157]. Aus einer Abrechnung Hirsch Oppenheimers mit den Erben des Webers Hans Dick aus Pappenheim geht hervor, dass er ihm über einen längeren Zeitraum Waren geliefert hatte. Dabei handelte es sich unter anderem um Tuch, Knöpfe und Spitzen[158]. Außerdem gehörten die beiden zu den Juden, die beim Versuch Leder und Felle zu verkaufen immer wieder in Konflikt mit Pappenheimer Meistern gerieten[159].

Der Handel von Juden mit Getreide war keineswegs ungewöhnlich[160]. Im Hochstift Bamberg wurde der Abtransport einer großen Menge aufgekauften Getreides durch holländische Juden sogar Auslöser eines antijüdischen Bauernaufstands, der 1699 das gesamte Hochstift erfasste[161]. Die

---

[152] StAN, Herrschaft Pappenheim, Akten Nr. 7761: Consignatio der in Pappenheim sich befindlichen Hauß-genossen (1717).

[153] StAN, Herrschaft Pappenheim, Akten Nr. 8164: Verzeichnis der Aktiv- und Passivschulden Meyers (1710–1714). Bei Flor handelt es sich um leichtes, durchsichtiges, dünnes Gewebe aus verschiedenen Materialien und bei Zeug um leichtes Gewirke aus Leinwand, Seide, Baumwolle oder Wolle. Siehe Kleidung in einem fränkischen Dorf, S. 140–141.

[154] StAN, Herrschaft Pappenheim, Rechnungen Nr. 6197/11: Quittung Meyers vom 18. Juni 1709.

[155] StAN, Herrschaft Pappenheim, Rechnungen Nr. 6197/16: Specification Stadtvogt Johann Paul Billings vom 23. Mai 1722. In dieser Rechnung der Zinsmeisterei werden auch andere Juden aufgeführt: Aron Israel lieferte diverse kleinere Gegenstände im Wert von 5 fl. 41 kr., unter anderem zwei Hüte, eine halbe Elle Damast, zwei Paar schwarze Strümpfe und Wolle; Wolf Gans forderte 2 fl. 16 kr. für den Stoff zur Herstellung eines Schurzes und Halstuchs.

[156] StAN, Herrschaft Pappenheim, Akten Nr. 4649/I: Klagprotokoll vom 18. November 1681.

[157] StAN, Herrschaft Pappenheim, Akten Nr. 8130: undatiertes Gesuch Hofmeister Johann Baptista Heydts an den Reichserbmarschall (ca. 1684), Rechnungen Nr. 6195/II: Rechnung Jacobs (1692).

[158] StAN, Herrschaft Pappenheim, Akten Nr. 8131: Aufrechnung Hirsch Oppenheimers an die Weber Dickische Erben vom 7. März 1703.

[159] Ausführlich dazu: Kapitel 5.1.

[160] HÖPFINGER, Floß, S. 277–278; TOCH, Wirtschaftstätigkeit, S. 62; im Hochstift Bamberg gelang es den Juden im 17. Jahrhundert den Getreidehandel weitgehend an sich zu ziehen. Vgl. ENDRES, Bauernaufstand, S. 73.

[161] Dazu ENDRES, Bauernaufstand.

Kap. 5: Die wirtschaftliche Tätigkeit der Pappenheimer Juden

ausgewerteten seriellen Quellen aus der Herrschaft Pappenheim führen 36 Getreidegeschäfte auf, von denen etwas mehr als die Hälfte (20) einen Wert von 20 fl. überstiegen. Der Anteil der auswärtigen Juden ist mit fünf Geschäften (14 %) eher gering. Bei den Pappenheimer Juden fällt eine starke Konzentration auf: Jacob Amson tätigte 17 Geschäfte, Hirsch Oppenheimer neun.

Relativ gut bezeugt ist die Herkunft des von Juden verkauften Getreides. Eine Quelle waren Schuldner, die einen Teil ihrer Rückstände mit Naturalien beglichen. So lieferte Sebastian Grießmüller aus Grönhart an Jacob Amson vier Simra Getreide, um seine Schuldenlast um 24 fl. zu reduzieren[162]. Weitaus mehr Belege gibt es jedoch für den Aufkauf von herrschaftlichem Getreide. So stellte der Stadtvogt am 12. Dezember 1720 dem Reichserbmarschall die Frage, ob Hirsch Oppenheimer 50 Simra Dinkel für einen Preis zwischen 8 fl. 30 kr. und 9 fl. das Simra verkauft werden sollten. Die Stadtvogtei sei *deß geldes wohlbenöthiget*, außerdem würde Platz für eingehendes Zehnt- und Gültgetreide geschaffen. Aus der Korrespondenz geht hervor, dass Hirsch Oppenheimer zuvor bereits 50 Simra Korn für 375 fl. gekauft hatte[163]. In den Jahren 1721/22 erhielt Jacob Amson von der Herrschaft 1874 fl., die sie ihm schuldig geworden war, in Form von Getreide[164].

Georg Hüttinger aus Dietfurt erwarb im März 1685 von Jacob Amson ein Simra Korn, 20 Strich Gerste und 12 Strich Dinkel *an Speiß und Sambgetreid*, da *Schauer und Hochgewitter* [die] *Dorfschaft hart getroffen* hatten. Der Wert dieser Lieferung wurde mit 21 fl. veranschlagt[165]. Es war keinesfalls ungewöhnlich, dass Bauern auf die Dienste von Juden zurückgriffen, wenn sie Getreide zum Aussäen benötigten. So bekam der Meyer zu Zimmern, Hans Gözing, im Juni 1680 von Jacob Amson *zum Samb ein 1/2 Simer Gersten und 1/2 Simra Haber vorgeliehen*[166]. Tobias Ostermann aus Emetzheim wurde Hirsch Oppenheimer für *Sahmgetreid* gleich 40 fl. schuldig[167]. Gelegentlich ist auch der Handel mit größeren Getreidemengen in Pappenheim und Umgebung belegt. Hirsch Oppenheimer verkaufte Weihnachten 1677 an Hans Peter Hoffmann 281 Strich Dinkel mit einem Gesamtwert von 60 fl. 53 kr.[168]. Im Herbst 1667 lieferte Amson der Stadt Weißenburg 16 Simra Hafer für 80 fl.[169]. Neben den geschilderten kleineren Verkäufen an einzelne Bauern beteiligten sich Pappenheimer Juden auch an größeren Getreidegeschäften. Philipp Joseph und Salomon Reutlinger wurden im Jahr 1743 von der Hofkammer in Kempten verklagt, da sie einen mit ihr geschlossenen

---

[162] StAN, Herrschaft Pappenheim, Akten Nr. 8150: Berechnung Jacob Amsons mit Sebastian Griesmüller vom 18. Februar 1710.

[163] StAN, Herrschaft Pappenheim, Akten Nr. 5997/V: Amtsbericht vom 12. Dezember 1720.

[164] StAN, Herrschaft Pappenheim, Akten Nr. 8194: Kopie der Abrechnung zwischen Jacob Amson und Reichserbmarschallin Johanna Dorothea vom 7. Juni 1723.

[165] StAN, Herrschaft Pappenheim, Akten Nr. 4635/38, fol. 26r: Eintrag vom 27. März 1685. Um wie viel Getreide es sich dabei genau handelte, ist nur schwer zu bestimmen, da für die Herrschaft Pappenheim keine Umrechnungstabellen vorliegen. Ein Simra (oder Simmer) umfasste in nördlich von Pappenheim liegenden Orten zwischen 314,138 Liter (Hilpoltstein) und 360,1729 Liter (Hersbruck) Korn bzw. zwischen 585,114 Liter (Altdorf) und 623,064 Liter (Burgthann) Hafer. Vgl. WITTHÖFT, Metrologie Bd. 3, S. 475–479. Ein Strich Frucht umfasste in Pappenheim im Jahr 1829 22,612 Liter. Siehe Ebd. Bd. 2, S. 375. Da ein Simra Korn aus 14 Strich bestand (in zahlreichen Protokollen belegt, so z.B. in StAN, Herrschaft Pappenheim, Akten Nr. 4635/38, fol. 214v–215r: Eintrag vom 30. Oktober 1690), hätte ein Simra 316,568 Litern entsprochen, was den obigen Angaben recht nahe kommt.

[166] StAN, Herrschaft Pappenheim, Akten Nr. 4635/40, fol. 17r: Eintrag vom 1. Juni 1680.

[167] StAN, Adel Archivalien Nr. 4588, S. 70: Eintrag vom 5. Mai 1701.

[168] StAN, Herrschaft Pappenheim, Akten Nr. 4649/I: Gerichtsprotokoll vom 3. Juni 1678.

[169] StadtA Weißenburg B 86: Neues Judenregister angefangen den 1. Januar 1658.

Kap. 5: Die wirtschaftliche Tätigkeit der Pappenheimer Juden

Haber-Contract nicht einhielten. Die vereinbarte größere Menge konnten sie anscheinend wegen des Vordringens französischer Truppen nicht liefern[170]. Ähnlichen Geschäften ging Nathan Reutlinger als kaiserlicher *Proviantjude* zusammen mit Abraham Seinsheimer, über dessen Herkunft nichts bekannt ist, nach. Die beiden hatten mit Salomon Schülein aus Wassertrüdingen einen Vertrag über 1000 Zentner Korn und 500 Malter Hafer geschlossen, die dieser ihnen liefern wollte[171].

Hinweise auf den Handel mit Eisen gibt es nur aus dem 17. Jahrhundert: Zwischen 1679 und 1699 wurden neun derartige Geschäfte protokolliert, sechsmal durch Jacob Amson und dreimal durch Hirsch Oppenheimer. Ihr Umfang reichte von einem Stab Eisen, den Hirsch Oppenheimer am 27. Januar 1693 an Jobst Walz aus Langenaltheim für 42 kr. verkaufte, bis zu Eisen im Wert von 24 fl. 45 kr., das ihm wenige Monate später Hans Schwegler (Übermatzhofen) abnahm. Zwischen Hirsch Oppenheimer und Christoph Geßbeck aus Göhren scheint eine langfristige Geschäftsbeziehung bestanden zu haben, wie einer Rechnung aus dem März 1683 zu entnehmen ist: 1679 hatte Hirsch 91 $^{1}/_{4}$ Pfund Eisen (Wert 6 fl. 9 kr.), 1682 77 Pfund Eisen (5 fl. 8 kr.) und kurz vorher 16 Pfund für 1 fl. 4 kr. geliefert[172].

Zusätzlich zu denen in seriellen Quellen liegen weitere Hinweise zur Lieferung von Eisen und sonstigen Baumaterialien durch Juden in Pappenheim vor. Im Jahr 1668 erwarb die St. Gallus-Kirche von Amschel *bretnagel* im Wert von 1 fl. 58 kr.[173]. 1677 wurde die Zinsmeisterei Amson aus Weißenburg 35 fl. für Baumaterialien und seinem Sohn Jacob 9 fl. 22 kr. für Nägel, Öl und *allerhand Baumaterialien* schuldig[174]. Eine Übersicht vom August 1677 zeigt, dass die Stadtvogtei Amschel für *allerhand Materialien zum Bauen*, die er über einen längeren Zeitraum herbeigeschafft hatte, noch nicht bezahlt hatte. Dabei handelte es sich unter anderem um Nägel, Eisen, Leinöl und Fensterscheiben[175]. Auch Hirsch Oppenheimer forderte von der Stadtvogtei zwischen 1681 und 1690 immer wieder Geld für Eisen und Blech, wobei die einzelnen Lieferungen allerdings selten den Wert von 1 fl. überstiegen[176].

Neben den bisher beschriebenen Waren, für die es vergleichsweise viele Belege gibt, verkauften Pappenheimer Juden zahlreiche andere Produkte. Dazu gehörte unter anderem Tabak. Im Januar 1672 forderte Amschel vom Krämer Hans Gemeiner aus Rehau 39 fl. 40 kr., die er ihm für Tabak schuldig geworden sei[177]. Amschels Sohn Jacob handelte ebenfalls mit Tabak. Am 8. November 1680 schuldete ihm Hans Hinterlattner aus Dietfurt *umb Toback* 2 fl. 36 kr.[178]. Jacob Amson gab Tabak auch in sehr kleinen Mengen ab. So ist bekannt, dass er 1678 an Hans Boscher Tabak für 4 kr. verkaufte[179]. Ferner gibt es Hinweise auf den Handel Pappenheimer Juden mit Silber[180], Juwelen[181] und Siegelwachs[182].

---

[170] StAN, Herrschaft Pappenheim, Akten Nr. 6003/VI, S. 51–52, 66–82: Einträge vom 12. November und 13. Dezember 1743.

[171] StAN, Herrschaft Pappenheim, Akten Nr. 8204: Kopie des Vertrags zwischen Salomon Schülein und den kaiserlichen Proviantjuden vom 19. November 1733.

[172] StAN, Herrschaft Pappenheim, Akten Nr. 4635/57, fol. 15v–16r: Eintrag vom 27. Januar 1693; Nr. 4635/39: Eintrag vom 27. November 1693 und Nr. 4635/27, fol. 86v–87r: Eintrag vom 16. März 1683.

[173] StAN, Herrschaft Pappenheim, Rechnungen Nr. 6196/22: Zinsmeistereirechnungen (1668).

[174] StAN, Herrschaft Pappenheim, Rechnungen Nr. 6196/35: Zinsmeistereirechnungen (1677).

[175] StAN, Herrschaft Pappenheim, Akten Nr. 8125: Abrechnung vom 2. August 1677.

[176] StAN, Herrschaft Pappenheim, Akten Nr. 8129: Rechnung Hirsch Oppenheimers (undatiert).

[177] StAN, Herrschaft Pappenheim, Akten Nr. 4635/28, fol. 60: Eintrag vom 23. Januar 1672.

[178] StAN, Herrschaft Pappenheim, Akten Nr. 4635/41: Eintrag vom 8. November 1680.

[179] StAN, Herrschaft Pappenheim, Akten Nr. 4649/I: Gerichtsprotokoll vom 5. Juni 1678.

Kap. 5: Die wirtschaftliche Tätigkeit der Pappenheimer Juden

Da die Angaben in den Protokollen oftmals sehr allgemein gehalten sind, ist nicht immer ersichtlich, mit welchen Waren bei einem Geschäftsabschluss gehandelt wurde. Im September 1679 klagte Jacob Amson gegen Hans Gözinger aus Zimmern, der ihm 12 fl. *für allerley wahr und getreid* schuldig sei[183]. Die geschäftlichen Beziehungen erstreckten sich nicht selten über einen längeren Zeitraum. Hans Engelhardt aus Büttelbronn war dem Treuchtlinger Juden Feis *vor Wahren nach und nach* 9 fl. schuldig geworden[184]. Wie unterschiedlich die Waren sein konnten, die ein Kunde von einem Juden erwarb, zeigt die Übersicht der Schulden Georg Popps aus Haag bei Jacob Amson. Von diesem hatte er *tuech zur Bekleidung* (7 fl. 46 kr.), eine Salzscheibe (3 fl. 24 kr.), ein halbes Simra Speisekorn (7 fl. 30 kr.) und einen Strich Korn (1 fl.) erhalten[185].

Abschließend sollen die Ergebnisse aus den seriellen Quellen anhand des Warenprofils von Jacob Amson verdeutlicht werden. Die 44 von ihm protokollierten Geschäfte verteilten sich wie folgt: 17 mal Getreide, 13 mal Textilien, achtmal diverses und sechsmal Eisen. Im Vergleich mit allen protokollierten Abschlüssen weist Jacob Amson einen überproportionalen Anteil von Getreide und Eisen auf, aber nur wenige Textilgeschäfte. Von einigen Getreideverkäufen abgesehen, haben alle Geschäfte ein relativ niedriges Volumen, so dass der Durchschnitt bei lediglich 9 fl. liegt. Es ist kein deutlicher regionaler Schwerpunkt erkennbar, sondern eine recht gleichmäßige Verteilung über 14 Orte.

Neben dem bisher Behandelten gab es zwei weitere, besondere Bereiche jüdischen Warenhandels: Zum einen mit den Reichserbmarschällen und zum anderen als Hausierer. Einige Juden verkauften den Reichserbmarschällen und ihrem Hof unter anderem Stoffe und Kleidungsstücke und eine große Zahl von Lebensmitteln für die gräfliche Hofhaltung. Als Händler traten sowohl Pappenheimer Juden wie Hirsch Oppenheimer, Nathan Reutlinger, Simon Löw und Heyum Simon als auch Auswärtige (Jonas Joseph aus Treuchtlingen und Manaßes Meyer aus Ellingen) auf[186].

Einen interessanten Einblick in den Handel mit gebrauchten Gegenständen von geringem Wert ermöglichen Belege zur Zinsmeistereirechnung. Diese verzeichnen den Verkauf der ärmlichen Hinterlassenschaft von im Armen- bzw. Siechenhaus verstorbenen Personen, der zum Unterhalt dieser Einrichtungen beitragen sollte. Unter den Käufern finden sich zahlreiche Juden, während derartige Käufe durch Christen eher selten belegt sind. Zwischen 1750 und 1770 tauchen immer wieder Feis Judas und sein Bruder Schmuel als Käufer auf. Aus dem Besitz der im Siechenhaus verstorbenen Anna Maria Schütz erwarb Feis Judas 1750 ein Ober- und Unterbett, zwei Kopfkissen, drei Halstücher und *Schwarzzeuch* für insgesamt 7 fl. 14 kr. Schmuel zahlte 3 fl. 32 kr. für einen schwarzen Rock, fünf Hemden, acht Hauben, Handschuhe, Tuch und Garn[187]. Meist wurden die Hinterlassen-

---

[180] Zumindest wurde Hirsch Oppenheimer 1671 gestohlenes Silber angeboten. Siehe StAN, Herrschaft Pappenheim, Akten Nr. 4645/I/2: Gerichtsprotokoll vom 24. September 1671.

[181] Isaac Model und Löw Amson kauften 1771 in Eichstätt Juwelen, die später durch den *Mitteilhaber* Salomon Reutlinger wieder verkauft wurden. Vgl. StAN, Herrschaft Pappenheim, Akten Nr. 6003/33, fol. 62v: Eintrag vom 8. November 1771.

[182] Simon Löw lieferte an die Stadtvogtei Siegelwachs und erhielt dafür 1 fl. 45 kr. (1769) bzw. 2 fl. (1771). Siehe StAN, Herrschaft Pappenheim, Rechnungen Nr. 6333/39: Amtsrechnungsdiarium Invocavit 1771–1772, Akten Nr. 7874: Diarium über Einnahmen und Ausgaben an Stadtvogteiamtsgeldern 1. März 1768 bis 1. März 1769.

[183] StAN, Herrschaft Pappenheim, Akten Nr. 4635/32, fol. 166r: Eintrag vom 25. September 1679.

[184] StAN, Herrschaft Pappenheim, Akten Nr. 4635/57, fol. 90: Eintrag vom 7. August 1694.

[185] StAN, Herrschaft Pappenheim, Akten Nr. 4635/56: Eintrag vom 24. November 1693.

[186] Ausführlicher wird auf diesen Aspekt in Kapitel 6.2. eingegangen, dort finden sich auch Einzelbelege.

[187] StAN, Herrschaft Pappenheim, Rechnungen Nr. 6197/39: Belege der Zinsmeistereirechnung (1750).

Kap. 5: Die wirtschaftliche Tätigkeit der Pappenheimer Juden

schaften versteigert. Samuel Judas erstand am 20. Juni 1762 *als Meistbietender die Haabseeligkeiten* der im unteren Armenhaus verstorbenen Anna Maria Burgschneider. Für 6 fl. erhielt er unter anderem ein Unterbett, ein Deckbett, drei Kopfkissen, einen alten schwarzen Rock, einen Kamisolrock, einen schwarzen Schürzfleck, einen alten braunen Rock, ein altes schwarzes Kamisol, einen alten Stuhl und eine alte Truhe[188]. Von Feis Judas und Schmuel sowie ihren Söhnen Benjamin Feis und Moyses Samuel sind etliche weitere Aufkäufe belegt[189]. Ab 1772 war vor allem Jonathan Abraham in diesem Bereich sehr aktiv. So kaufte er im Mai 1783 Bett, Hauben, Hemden und Röcke, die Katharina Rieß gehört hatten, für 2 fl. 16 kr.[190]. Manchmal fanden sich mehrere Interessenten. Der Besitz von Walburga Bittsteiner wurde von gleich fünf jüdischen Händlern aufgekauft. Löw Schmuel zahlte 2 fl. 26 kr., Moyses Schmuel 3 fl. 1 kr., Moyses Wolf 10 kr., Nathan Joseph 18 kr. und Moyses Simon 25 kr.[191].

Nicht zuletzt, da immer wieder die selben Juden als Käufer auftraten, ist kaum davon auszugehen, dass alle diese Gegenstände, die fast ausnahmslos alt und in einem schlechten Zustand waren, für den Eigenbedarf erworben wurden. Vielmehr dürfte es sich hierbei um einen der wenigen Hinweise auf von Pappenheimer Juden getätigte Hausierertätigkeit handeln[192]. Allerdings gibt es nur Informationen über den Erwerb der Waren, nicht aber über deren Absatz. Wo die jüdischen Händler die Gegenstände verkauften, wer ihre Kunden waren und wie viel Gewinn bei derartigen Geschäften gemacht wurde, muss somit offen bleiben. Die häufige Erwähnung einiger Namen legt nahe, dass sich dieser Handel auf eine bestimmte Gruppe der Pappenheimer Juden konzentrierte. Soweit dies zu beurteilen ist, waren sie eher unvermögend. Hinweise auf diese Handelstätigkeit finden sich auch in den Judenmatrikeln, in denen der *Nothhandel mit alten Kleidern* als *Nahrungszweig* von Götzel Samuel angegeben wird[193].

Bei der Betrachtung des Sortiments der jüdischen Warenhändler fallen einige Unterschiede auf: Neben Personen wie Jacob Amson, die Textilien, Getreide und Eisen verkauften, stehen solche wie Meyer oder Feis Judas, die nur mit Textilien oder billigen Hausierwaren handelten. Obwohl es in Anbetracht der geringen Zahl protokollierter Geschäftsabschlüsse schwierig ist, die Schwerpunkte einzelner Händler zu erkennen, scheint es eine individuelle Konzentration auf bestimmte Sparten gegeben zu haben. Für diese dürfte sowohl das eigene Vermögen als auch die Suche nach Nischen ausschlaggebend gewesen sein.

---

[188] StAN, Herrschaft Pappenheim, Rechnungen Nr. 6197/51: Belege der Zinsmeistereirechnung (1762).
[189] Am 6. Juli 1750 zahlten Feis und Schmuel für diverse alte Kleider des Conrad Hahn 1 fl. 30 kr.; 1758 tätigte Feis Judas zwei Käufe in Höhe von 2 fl. 34 kr.; 1766 kauften Feis Judas und Samuel Judas Waren im Wert von 5 fl., 1770 für 5 fl. 25 kr.; Benjamin Feis kaufte am 11. Juli 1786 von der im oberen Armenhaus verstorbenen Ursula Ehmann für 3 fl. 3 kr. ein altes Deckbett, ein Kopfkissen, einen Rock, einen Fleck, eine Haube, ein Hemd und eine alte Truhe. Moyses Schmuel ersteigerte Waren für 5 fl. (1785), 7 fl. (1787) und 4 fl. 15 kr. (1788). Siehe StAN, Herrschaft Pappenheim, Rechnungen Nr. 6197/39 (1750), Nr. 6197/47 (1758), Nr. 6197/55 (1766), Nr. 6197/59 (1770), Nr. 6197/75 (1785), Nr. 6197/76 (1786), Nr. 6197/77 (1787), Nr. 6333/19 (1788): Belege der Zinsmeistereirechnung.
[190] StAN, Herrschaft Pappenheim, Rechnungen Nr. 6197/73: Belege zur Zinsmeistereirechnung 1783; zu ihm auch: Nr. 6197/61 (1772), Nr. 6197/69 (1780) und Nr. 6333/19 (1788): Belege zur Zinsmeistereirechnung.
[191] StAN, Herrschaft Pappenheim, Rechnungen Nr. 6197/75: Belege zur Zinsmeistereirechnung 1785.
[192] Auch wenn es in Pappenheim kaum Hinweise für den Hausiererhandel der Juden gibt, ist – ausgehend von den Ergebnissen zu anderen Regionen – davon auszugehen, dass er häufig vorkam. Vgl. STEGMANN, Aspekte, S. 350; VAN FAASSEN, Geleit, S. 99–100; ENDRES, Geschichte der Juden in Franken, S. 53.
[193] Vgl. StAN, Regierung von Mittelfranken, Kammer des Inneren, Abgabe 1932, Tit. Judensachen Nr. 215 Tom. V: Judenmatrikel Pappenheim, S. 182–183.

5.5 Nicht nur Äcker, sondern auch Güter: Jüdischer Immobilienhandel

Im Gegensatz zum Vieh- und Warenhandel wird der Handel mit Grundstücken in der Literatur meist nicht unter den wichtigen Erwerbszweigen frühneuzeitlicher Juden angeführt[194]. Daraus kann gefolgert werden, dass diese Art der wirtschaftlichen Betätigung in vielen Territorien nicht vorgesehen bzw. sogar ausdrücklich verboten war[195]. Es gab jedoch auch Territorien, in denen Juden der Immobilienhandel gestattet war, so beispielsweise in der Grafschaft Oettingen[196]. Einen eindeutigen Hinweis auf derartige Geschäfte liefert die Ansbacher Judenordnung von 1737, in der die Möglichkeit vorgesehen wurde, dass ein Jude »einen Hof, Guth, Lehen- oder anders Feldstück, Weyher, Hölzer u. so« zum Zweck des anschließenden Wiederverkaufs erwerben könne[197].

In der Herrschaft Pappenheim betätigten sich Juden ebenfalls als Immobilienhändler. Über die normativen Grundlagen gibt es allerdings nur wenige Informationen. Der Rezess von 1692 hatte festgelegt, dass Juden *unbewegliche Güter* bevorzugt an Pappenheimer Untertanen zu einem günstigen Preis verkaufen sollten. 1702 wurde unter Reichserbmarschall Christian Ernst eine strengere Protokollierungspflicht für Güter eingeführt[198]. Da Juden Grundstücke nicht erwarben, um sie selbst zu bewirtschaften, sondern mit dem Ziel diese gewinnbringend zu verkaufen, stellte sich die Frage, ob sie den bei einem Besitzerwechsel üblichen Handlohn zu entrichten hätten[199].

Zur Rekonstruktion des von Juden in der Herrschaft Pappenheim getätigten Grundstückshandels stehen die Protokolleinträge zu nicht weniger als 648 verkauften Äckern und Wiesen für eine Auswertung zur Verfügung:

Tabelle 13: Zahl der von Juden verkauften Grundstücke

1650-59	1670-79	1680-89	1690-99	1700-09	1725-35	1746-52	1770/71	1774-77	1787-90
2	5	12	13	91	206	139	17	78	85

Äcker und Wiesen konnten sowohl gegen Geld bzw. Geld und Naturalien verkauft werden als auch gegen andere Grundstücke vertauscht werden. Hatten diese nicht den gleichen Wert, war – wie beim Viehhandel – die Zahlung des Differenzbetrags erforderlich. Der Unterschied soll an zwei

---

[194] So zum Beispiel bei DEVENTER, Abseits, S. 125, für Corvey; TOCH, Wirtschaftstätigkeit, S. 61, für Hessen; KASPER-HOLTKOTTE, Aufbruch, S. 117–141, für den Saar-Mosel-Raum. Auch in der Markgrafschaft Burgau finden sich keine Hinweise auf eine wichtige Rolle der Juden beim Grundstückshandel. Vgl. ULLMANN, Nachbarschaft. Im hessischen Niedenstein wurden nur sehr vereinzelte Immobiliengeschäfte durch Juden protokolliert, der Erwerb von Feldgütern war durch die Judenordnung grundsätzlich verboten. Siehe DEMANDT, Niedenstein, S. 36, 134.

[195] Durch ein kurfürstliches Verbot wurde den Juden in Sulzbach und Sulzbürg 1799 jeder Güterhandel untersagt (abgedruckt in Quellen zu den Reformen, S. 548), 1807 wurde dieses auch auf die fränkischen Landesteile des neuen Königreichs Bayern ausgedehnt. Vgl. SCHWARZ, Bayern, S. 96, 123; HÖPFINGER, Floß, S. 265. In der Nordpfalz war Juden der Güterhandel bis Anfang des 19. Jahrhunderts verboten. Siehe KOPP, Dorfjuden, S. 309.

[196] Vgl. JAKOB, Harburg, S. 124; MORDSTEIN, Untertänigkeit, S. 227.

[197] Tit. VIII § 7, ZIMMER, Ansbach, S. 91–92.

[198] StAN, Herrschaft Pappenheim, Urkunden Nr. 4413: Rezess vom 31. Juli 1692, Nr. 4763: Dekret Christian Ernsts über Güterverkauf und Handel der Juden (1702); ausführlicher dazu Kapitel 5.1.

[199] Vgl. dazu Kapitel 4.3.

Kap. 5: Die wirtschaftliche Tätigkeit der Pappenheimer Juden

Beispielen verdeutlicht werden, wobei hervorgehoben werden muss, dass die Zahl der Tauschgeschäfte deutlich unter der der Grundstücksverkäufe lag: Im November 1725 verkaufte Nathan Reutlinger einen Jauchert[200] Acker an Bernhard Oberndorfer in Langenaltheim für 92 fl. in vier Fristen[201]. Für einen halben Jauchert Acker, den er Thomas Drießlein aus Bieswang überließ, erhielt Abraham Reutlinger einen viertel Jauchert Acker und 15 fl.[202]. Für den eingetauschten Acker musste der jüdische Händler dann wieder einen Abnehmer finden, so dass in Einzelfällen eine regelrechte Handelskette entstehen konnte. So tauschten Feis Judas und die Berolzheimer Juden Isaac Hirsch und Nehem Judas 1 1/2 Jauchert Acker, die sie von Adam Preu aus Naßwiesen gekauft hatten, mit Adam Loy (Dettenheim) gegen einen Jauchert Acker und ein Paar Stiere und hatten Loy darüber hinaus 100 fl. Aufgabe zu zahlen. Anschließend verkaufte Feis Judas den Acker an Adam Bißwanger aus Dettenheim für 275 fl.[203].

Damit ist eine, jedoch nicht die wichtigste, Bezugsquelle für Grundstücke, die jüdische Immobilienhändler weiterverkauften, genannt. Denn die meisten Äcker und Wiesen erhielten Juden nicht durch Tausch, sondern durch Kauf. Oftmals nahmen sie von ihren Schuldnern, die auf diese Weise ihre Rückstände begleichen wollten, einen Teil von deren Grundstücken an, die somit als Bargeldersatz dienten. So kaufte Nathan Reutlinger im Februar 1726 von Michael Stark aus Langenaltheim ein viertel Jauchert Acker und 3/8 Tagwerk Wiese für 95 fl. Davon erhielt Stark nur 14 fl., die restlichen 81 fl. wurden mit Nathan Reutlingers Schuldforderung verrechnet, so dass diese danach nur noch 135 fl. 32 kr. betrug[204]. Vielfach verkauften Bauern aus nicht näher genannten Gründen ein oder mehrere Grundstücke an einen jüdischen Händler. Es ist zu vermuten, dass Geldbedarf zu diesem Schritt führte: Bauern wandten sich an Juden, wenn sie, sei es, um Schulden bei anderen zu begleichen oder Investitionen tätigen zu können, Geld brauchten, und überließen ihnen dafür ein oder mehrere Grundstücke. So veräußerte Jörg Christoph Sommermeyer (Dettenheim) fünf Felder mit einer Gesamtgröße von 2 1/2 Jauchert für 325 fl. an Nathan Reutlinger[205].

In den untersuchten Zeiträumen trat nur eine begrenzte Zahl von Juden als Grundstücksverkäufer auf. Zwischen 1680 und 1699 handelten lediglich zwei Pappenheimer Juden mit Grundstücken: Hirsch Oppenheimer (11 Geschäfte) und Jacob Amson (8). Daneben waren Amson aus Weißenburg bzw. Ellingen (5) und Joseph aus Ellingen (nur ein Geschäft) in diesem Bereich tätig. Im ersten Jahrzehnt des 18. Jahrhunderts nahm die Zahl der Juden, die mit Gütern handelten, zu. Neben Jacob Amson (mit 30 Geschäften betrug sein Anteil 33 %) und Hirsch Oppenheimer (18; 19,8 %) betätigten sich deren Schwiegersöhne Moyses Guggenheimer (6) bzw. Nathan Reutlinger (6) in diesem Bereich. Zugleich traten auswärtige Juden als Grundstücksverkäufer auf. Unter ihnen war besonders Löw Amson aus Ellingen mit zwölf Verkäufen aktiv, vier weitere Juden aus Berolzheim und Treuchtlingen verkauften jeweils ein Feld. Eine nicht zu vernachlässigende Zahl von Grundstücken wurde von zwei jüdischen Händlern gemeinsam verkauft. Zwischen 1700 und 1709 tätigte Hirsch Oppenheimer 15 Verkäufe mit einem zweiten Juden: acht mit Nathan Reutlinger, einen mit Jacob Amson und sechs mit Löw Amson aus Ellingen.

---

[200] Ein Jauchert entspricht einem Morgen oder Tagwerk. Seine Größe konnte zwischen 2408 und 6808 Quadratmetern schwanken, wobei sie meist bei 3000 bis 4000 Quadratmetern lag. Für die Herrschaft Pappenheim ist kein Umrechnungsfaktor bekannt. Vgl. VON ALBERTI, Mass und Gewicht, S. 277–279; WITTHÖFT, Metrologie Bd. 3, S. 131–160.

[201] StAN, Adel Archivalien Nr. 4542, S. 88: Eintrag vom 2. November 1725.

[202] StAN, Adel Archivalien Nr. 4543, S. 12: Eintrag vom 12. April 1729.

[203] StAN, Adel Archivalien Nr. 4592, S. 208–210: Eintrag vom 27. Oktober 1732.

[204] StAN, Adel Archivalien Nr. 4542, S. 138–139: Eintrag vom 25. Februar 1726.

[205] StAN, Herrschaft Pappenheim, Akten Nr. 4635/86, fol. 83r–84v: Eintrag vom 28. Dezember 1732.

Kap. 5: Die wirtschaftliche Tätigkeit der Pappenheimer Juden

Im durch eine große Zahl von Grundstücksgeschäften sehr gut belegten Zeitraum zwischen 1725 und 1735 dominierte Nathan Reutlinger mit 88 Geschäften (42,7 %) vor seinem Sohn Abraham (40; 19,4 %) und Amson Jacob (30; 14,6 %). Daneben sind fünf weitere Pappenheimer Juden mit 25 Geschäften (12,1 %) verzeichnet. 22 Äcker bzw. Wiesen wurden von auswärtigen Juden verkauft (10,7 %), die aus Berolzheim (7), Treuchtlingen (5), Heidenheim (5), Gunzenhausen (2), Dittenheim (2) und Ellingen (1) stammten.

Im Zeitraum von 1746 bis 1752 gab es keinen so eindeutig dominanten jüdischen Grundstücksverkäufer. Isaac Jacob stand mit 20 Abschlüssen (14,4 %) an erster Stelle vor Abraham Reutlinger (14; 10,1 %). Daneben verkauften vier weitere Pappenheimer Juden Äcker und Wiesen. Gleichzeitig hatte die Bedeutung von auswärtigen Juden zugenommen, ihr Anteil lag mit insgesamt 63 Geschäften bei 45,3 %. Sie stammten aus Treuchtlingen (27), Berolzheim (12), Gunzenhausen (11), Harburg (9) und Dittenheim (4). Als Zeichen für die finanzielle Herausforderung, die der Handel mit Grundstücken darstellte, könnte der schon von früher bekannte Zusammenschluss mehrerer Händler gesehen werden[206]. Allerdings muss eingeschränkt werden, dass die in dieser Zeit protokollierten 28 Geschäfte, die von zwei Juden gemeinsam getätigt wurden, keine sonderlich großen Grundstücke betrafen. So verkauften die beiden Pappenheimer Juden Abraham Reutlinger und Löw Amson zwei Äcker von jeweils einem viertel Jauchert Größe an Philipp Schorr aus Meinheim für 56 fl. bzw. an Hans Jörg Biehmersdörfer aus Wolfsbronn für 80 fl.[207]. Der weitaus größere Teil gemeinsamer Geschäfte wurde von einem Pappenheimer Juden zusammen mit einem auswärtigen bestritten. Hier sind vor allem die Treuchtlinger Jonas Joseph und Moyses Hirsch zu erwähnen. Jonas Joseph, Abraham Reutlinger *et Consorten* – demnach hatten sich noch weitere Juden an dem Geschäft beteiligt – zeigten 1750 den Verkauf von Äckern in Neudorf an. Davon hatte Hans Jörg Roth einen halben Jauchert Acker für 45 fl. und Paul Reinwald zweimal einen halben Jauchert Acker für 140 fl. erworben[208]. Salomon Reutlinger und Moyses Hirsch vertauschten zwei Jauchert Acker gegen einen Jauchert Acker von Matthes Rittsteiner aus Neufang und erhielten von diesem dazu 120 fl. Aufgabe. Den eingetauschten Acker konnten die beiden Juden sogleich für 80 fl. an Georg Michel Heimbucher (Büttelbronn) verkaufen[209].

Zwischen 1774 und 1777 betätigten sich neben zwei Pappenheimer Juden – Löw Amson mit 25 (32,1 %) und Salomon Reutlinger mit 18 (23,1 %) Geschäften – nur auswärtige Juden, auf die 35 Geschäfte (44,5 %) entfielen, als Grundstückshändler. Diese kamen aus Treuchtlingen (19), Dittenheim (11), Berolzheim (4) und Gunzenhausen (1). Nicht wesentlich anders sah die Situation zwischen 1787 und 1790 aus. Außer Löw Amson (19; 35,8 %) verkauften nur zwei Pappenheimer Juden jeweils ein Grundstück. Sonst finden sich in den Protokollen ausschließlich Treuchtlinger (20) und Dittenheimer (12) Händler. Aus dieser Verlagerung könnte möglicherweise auf einen Vermögensverfall der Pappenheimer Juden geschlossen werden.

Um die bisherigen Ergebnisse zusammenzufassen, soll das Profil eines jüdischen Grundstückshändlers am Beispiel Nathan Reutlingers näher dargestellt werden. Zwischen 1700 und 1735 war er an 102 der 297 dokumentierten Grundstücksgeschäfte beteiligt und damit der Pappenheimer Jude, der die meisten Äcker und Wiesen verkaufte. 93 davon tätigte er allein, neun gemeinsam mit einem

---

[206] Hierauf wird in Kapitel 5.7. näher eingegangen.
[207] StAN, Adel Archivalien Nr. 4548, S. 175–176: Eintrag vom 10. Mai 1747.
[208] Ebd., S. 680–682: Eintrag vom 26. Januar 1750.
[209] StAN, Adel Archivalien Nr. 4594, S. 92–93: Eintrag vom 3. Mai 1747.

weiteren Juden: acht mit seinem Schwiegervater Hirsch Oppenheimer und eines mit Amson Jacob. Als Schwerpunkte sind Langenaltheim (37 Geschäfte), Büttelbronn (26) und Dettenheim (10) zu erkennen, während für alle anderen Orte nur wenige Abschlüsse überliefert sind. Die Größe der von Nathan Reutlinger verkauften Äcker lag zwischen einem achtel und 2 Jauchert Acker, wobei die meisten weniger als 1 Jauchert hatten. Nur fünfmal handelte es sich um Tauschgeschäfte, sonst erhielt Nathan für seinen verkauften Acker Geld bzw. Naturalien, meist Ochsen oder Pferde, einmal auch 20 Ellen Leintuch. Der Wert der Grundstücke schwankte beträchtlich und reichte von 12 fl. bis 301 fl., der Durchschnitt lag bei 76 fl.

Die Aussagen bezüglich der Größe der von Nathan Reutlinger verkauften Grundstücke treffen auch auf die Geschäfte anderer Juden zu. Da die Protokolleinträge keineswegs immer vollständig sind – so wurde der Kaufpreis nicht immer angegeben und gelegentlich fehlt sogar die Größe des verkauften Grundstücks – ist es schwierig die Umsätze genau zu bestimmen. Zusätzlich ist bei Tauschgeschäften der Gegenwert oft nicht bekannt. Dennoch soll zur Orientierung der Umfang der Grundstücksgeschäfte anhand des Beispiels der Jahre 1746 bis 1752 dargestellt werden. Von den 139 protokollierten Geschäften können 127 ausgewertet werden. Dabei erhielten die jüdischen Grundstückshändler für 151 1/2 Jauchert Acker, 21 1/2 Tagwerk Wiese und ein Krautbeet insgesamt 20.577 fl., zwei Paar Ochsen, 4 1/4 Jauchert Acker und 2 3/4 Tagwerk Wiese. Etwas höher waren die Umsätze zwischen 1774 und 1777. In diesem Zeitraum wurden 45 Jauchert Acker, 5 1/2 Tagwerk Wiese und 26 1/4 Jauchert Holz für 14.101 fl., zwei Kühe und ein Kalb verkauft. Im Vergleich dazu hatten die Harburger Juden deutlich höhere Umsätze aus Gütergeschäften[210].

In eine andere Kategorie fiel der Handel mit ganzen Gütern. Da zum einen das Angebot an zum Verkauf stehenden Höfen begrenzt gewesen sein dürfte und zum anderen beträchtliche finanzielle Aufwendungen erforderlich waren, verwundert es nicht, dass – im Vergleich mit den Geschäften mit Äckern und Wiesen – verhältnismäßig wenig derartige Transaktionen überliefert sind[211]. In der Herrschaft Pappenheim wurden in der zweiten Hälfte des 17. Jahrhunderts nur fünf, zwischen 1725 und 1735 elf, von 1746 bis 1752 fünf und zwischen 1787 und 1790 drei Güter von Juden verkauft. Dabei handelte es sich sowohl um den Kauf und Verkauf von ganzen, Halb- und Viertelhöfen als auch von Söldengütern und Bloßhäusern. Besonders bei größeren Anwesen war mit dem Güterhandel oftmals deren Zerschlagung in mehrere Einzelteile (Dismembration) verknüpft. Bei dieser Vorgehensweise konnte mit einem höheren Gewinn gerechnet werden, da die Grundstücke an mehrere Personen verkauft wurden. Voraussetzung dafür war jedoch eine herrschaftliche Erlaubnis[212]. Im Gegensatz zu anderen Territorien sind aus der Herrschaft Pappenheim keine Hinweise auf eine aus dieser Handelspraxis resultierende antijüdische Agitation vorhanden[213].

---

[210] Diese betrugen im Jahr 1691 6103 fl. und 1770 sogar 34.507 fl. Vgl. JAKOB, Harburg, S. 126. Dabei darf jedoch nicht übersehen werden, dass in Harburg mehr Juden lebten als in Pappenheim.
[211] Vgl. auch die Angaben zu den Harburger Juden. Die Zahl der von ihnen gehandelten ganzen Söldengüter lag 1691 bei einem, 1744 und 1770 je bei drei. JAKOB, Harburg, S. 124.
[212] Die Dismembration von Gütern wurde oft mit sehr großer Skepsis betrachtet. Im Königreich Bayern wurde sie durch ein Gesetz vom 28. Mai 1852 grundsätzlich verboten. Vgl. SCHWARZ, Bayern, S. 286. Zur Situation in Württemberg im 19. Jahrhundert: VON HIPPEL, Bauernbefreiung Bd. I, S. 545–561, in Bezug auf Juden v. a. S. 551.
[213] So bezeichnet Rainer Erb den Vorwurf der so genannten »Güterschlächterei« als einen der Hauptpunkte antisemitischer Agitation auf dem Lande. Vgl. ERB, Güterschlächterei, S. 317, 323.

Kap. 5: Die wirtschaftliche Tätigkeit der Pappenheimer Juden

Das älteste belegte Beispiel für den Handel mit einem bäuerlichen Anwesen in der Herrschaft Pappenheim stammt vom 26. April 1669. Wolf Dobel verkaufte sein Haus in Meinheim und 3 1/4 Jauchert Acker für 400 fl. an Amschel. Dieser überließ es und die dazugehörigen Grundstücke an zwei Einwohner desselben Ortes für 500 fl., wovon er 350 fl. in Fristen bis Lichtmess 1673 erhalten sollte[214]. Die nächsten bekannten Gütergeschäfte fanden 1680, 1681 und 1684 statt. Als Käufer und Verkäufer traten zweimal Hirsch Oppenheimer, einmal Hirsch gemeinsam mit Jacob Amson sowie einmal Amschel, mittlerweile als Ellinger Jude, auf. Der finanzielle Aufwand hielt sich bei diesen Geschäften jedoch in Grenzen, da es sich jeweils nur um ein kleines Haus mit wenigen Feldern handelte.

Zwischen 1725 und 1735 dominierte Nathan Reutlinger den Güterhandel mit sieben Geschäften, was seine Rolle als bedeutendster Immobilienverkäufer in dieser Zeit bestätigen dürfte. Außer ihm traten nur sein Sohn Abraham (drei Geschäfte) und Amson Jacob (ein Geschäft) als Käufer und Verkäufer von Gütern in Erscheinung. Zum Teil waren die gehandelten Güter sehr kleine Anwesen, in einigen Fällen lag deren Wert aber auch über 1000 fl. Im Zeitraum zwischen 1746 und 1752 verkaufte Löw Amson drei Güter, davon eines gemeinsam mit Abraham Reutlinger. Je ein Anwesen wurde von Isaac Jacob sowie von Jonas Joseph aus Treuchtlingen *et Consorten* in Kooperation mit dem Christen Hans Jörg Lang aus Dietfurt verkauft. Mit Ausnahme des von Abraham Reutlinger und Löw Amson im Jahr 1746 für 250 fl. verkauften *Bloßhauses* in Schambach lag deren Wert mit zwischen 1100 fl. und 2350 fl. vergleichsweise hoch. Es ist sicher kein Zufall, wenn sich in Anbetracht des beim Handel mit Gütern erforderlichen hohen Kapitaleinsatzes oft mehrere Juden zusammenschlossen[215]. 1768 tätigte Salomon Reutlinger einen doppelten Güterhandel: Er erwarb den Meierhof zu Bieswang und erhielt durch ein reichserbmarschallisches Dekret vom 6. Dezember 1768 die Erlaubnis, *die schicklichste 15 Jauchert Acker, das Holz mit 26 1/4 Jauchert und 1 Tagwerk Wiese aus solchem Hof zu ziehen* – ihn also zu dismembrieren. Den Hof selbst verkaufte er an Johann Reißinger, der ihm dafür sein Söldengut in Trommetsheim, weitere Äcker und 650 fl. gab. Die ursprünglich zum Meierhof gehörenden Felder veräußerte er an *einen ganzen Schwarm Leute*. Dabei nahm er 6236 fl. ein und nach seinem Tod Löw Amson, mit dem er auf ein *1/3tel* des Handels vergesellschaftet war, weitere 480 fl. Das eingehandelte Söldengut in Trommetsheim hatte Salomon Reutlinger bereits kurz nachdem er es erstanden hatte an Johann Paul Pinkel aus Ehlheim für 611 fl. verkauft. Für Reißingers Äcker hatte er weitere 1052 fl. erhalten. Damit betrugen die Gesamteinnahmen 9029 fl.[216]. Zwischen 1787 und 1790 sind nur drei derartige Geschäfte überliefert, zwei durch Löw Amson und eines durch die Berolzheimer Juden Abraham David und Moses Jacob. Diese fallen aber durch ihren beträchtlichen finanziellen Umfang auf: Der Erlös betrug 2010 fl., 2625 fl. und 4180 fl.

Im Folgenden sollen anhand zweier weiterer Beispiele Charakter und Umfang, aber auch Probleme des Güterhandels vertieft werden. Georg Michael Hetzner aus Dietfurt verkaufte im Jahr 1754 sein Lehengut in Dietfurt an den Pappenheimer Juden Esaias Simon und dessen Schwiegersohn Joseph Moyses Goldschmidt. Da die Rechte über dieses Anwesen zwischen der Herrschaft Pappenheim (Landesherr) und dem Kloster St. Walburg in Eichstätt, gegenüber dem es abgabenpflichtig war, geteilt waren, kam es zu Problemen. In Beschwerdeschriften wandten sich Äbtissin

---

[214] StAN, Herrschaft Pappenheim, Akten Nr. 4635/28, fol. 16v–17r: Eintrag vom 26. April 1669.
[215] Vgl. dazu auch entsprechende Harburger Beispiele: JAKOB, Harburg, S. 124.
[216] Der 1768 getätigte Handel wurde erst 1775 in einem Nachtragsband protokolliert: StAN, Adel Archivalien Nr. 4557, S. 269–272; Nr. 4599, S. 107–136, 139–145: Einträge vom 22. November 1775.

Kap. 5: Die wirtschaftliche Tätigkeit der Pappenheimer Juden

Maria Anna Adelgundis und die fürstbischöfliche Regierung dagegen, dass Pappenheim die Dismembration genehmigt hatte ohne sie konsultiert zu haben. Nachdem dieser Einspruch erfolglos blieb, legten sie Klage beim Reichskammergericht ein[217]. Georg Michael Hetzner hatte von Esaias Simon und Joseph Moyses Goldschmidt für sein Gut 3700 fl. erhalten. Durch die reichserbmarschallische Zustimmung zur Dismembration fanden sie zahlreiche Abnehmer. Hauptkäufer war Thomas Schneider, der für Haus und Hof mit 18 Jauchert Acker und 5 1/4 Tagwerk Wiese 1969 fl. zahlte. Vieh, Frucht und Fourage verkauften die Juden für 588 fl. 25 kr. Für die übrigen Äcker (10 3/4 Jauchert) und Wiesen (2 1/2 Tagwerk) fanden sich 18 Käufer, die 2804 fl. bezahlten. Der Wert zunächst noch unverkauft gebliebener Grundstücke wurde mit 930 fl. angeschlagen. Somit wurden die Einnahmen der beiden Juden auf 6271 fl. 21 kr. geschätzt. Da zum Kaufpreis von 3700 fl. noch 350 fl. herrschaftliches *Consensgeld*, 203 fl. 24 kr. Handlohn, 100 fl. Leikauf und 32 fl. 20 kr. Amtsgebühren kamen, betrug der Gewinn fast 1900 fl. Dabei ist jedoch zu berücksichtigen, dass sie einen Teil des Geldes erst mit Verzögerung erhielten, da mit einigen Käufern eine Ratenzahlung vereinbart worden war. Der hohe Gewinn war, wie die Pappenheimer Regierungskanzlei zu ihrer Verteidigung gegenüber Eichstätt hervorhob, nur durch die Dismembration möglich geworden, von der auch Hetzner profitiert habe, da ihm sonst niemand sein Lehen für 3700 fl. abgekauft hätte[218].

Ein umfangreiches Geschäft tätigten Isaac Jacob, Salomon Reutlinger und Löw Amson als sie im September 1764 von der Pappenheimer Bürgerschaft drei kleinere Bauhofsviertel kauften. Für zwei Viertelhöfe, die aus einem Haus, einem halben Stadel, mehreren kleineren Gebäuden, 37 1/4 Jauchert Acker, 7 Tagwerk Wiese und einem viertel Morgen Garten bestanden, zahlten sie 5300 fl. in bar, für das Schweizerhäuslein, einen Stadel, eine Remise, 18 5/8 Jauchert Acker, 3 1/2 Tagwerk Wiese, zwei Morgen und ein viertel Tagwerk Garten weitere 3600 fl. Vor dem Verkauf erhielten sie die herrschaftliche Zusage, das Erworbene dismembrieren zu dürfen. Der genaue Gewinn der drei Händler ist nicht zu ermitteln, da ein Teil – ein Viertelhof mit Haus, halbem Stadel, ein viertel Morgen Garten, 18 5/8 Jauchert Acker und 3 1/2 Tagwerk Wiese – an den Reichserbmarschall ging und dafür keine Kaufsumme im Protokoll genannt wird. Für den Rest fanden sich 26 Käufer. Der Umfang der einzelnen Geschäfte weist beträchtliche Unterschiede auf. Johann Schwegler aus Zimmern erwarb das Schweizerhaus, einen Stadel und 7 1/4 Jauchert Acker für 2165 fl.; außerdem musste er an den *auch mit gegenwärtigen jüdischen Unterhändler* Michel Abraham 14 fl. *Schmus* bezahlen. Dagegen kauften andere wie der Rotgerber Daniel Keßler mit 2 1/4 Jauchert Acker für 120 fl. oder der Hafnermeister Johann Georg Zeh mit einem viertel Morgen Krautgarten für 90 fl. nur ein kleineres Grundstück. Da dem Einkaufspreis von 8900 fl. Einnahmen in Höhe von 8810 fl. gegenüberstanden und auch vom Reichserbmarschall eine beträchtliche Summe gezahlt worden sein dürfte, ist davon auszugehen, dass hier ebenfalls ein erheblicher Gewinn gemacht wurde[219].

---

[217] Vgl. BayHStA, RKG Nr. 2470.
[218] StAN, Herrschaft Pappenheim, Akten Nr. 1073: Akten bezüglich des Protests der Äbtissin von St. Walburg gegen den Verkauf von Michael Hetzners Gut (1754–1756); Nr. 6003/17, fol. 59v–64v: Eintrag vom 13. Dezember 1754.
[219] StAN, Herrschaft Pappenheim, Akten Nr. 6004/I, S. 139–145, 151–198: Einträge vom 20. September und 1. November 1764.

5.6 Vermittler von Geschäften – Die »Schmuser«

Außer als Geldverleiher sowie Verkäufer von Vieh, Waren und Grundstücken traten Juden auch als Vermittler von Geschäften auf. Am häufigsten sind die so genannten »Schmuser« als Grundstücksmakler zu finden, doch daneben gibt es vereinzelte Hinweise auf von ihnen angebahnte Kredit- und Viehgeschäfte. Der wichtigste Unterschied zur bisher geschilderten Wirtschaftstätigkeit lag darin, dass der Verkauf für eine andere Person gegen Provision getätigt wurde. Der Schmuser benötigte dafür kein Eigenkapital und ging ein geringeres wirtschaftliches Risiko ein, konnte aber nicht auf eine große Gewinnspanne hoffen[220]. Darüber hinaus durften Juden sogar dort, wo ihnen der Liegenschaftserwerb verboten war, als Vermittler von Grundstücksgeschäften auftreten[221]. Trotz dieser Vorteile bezeichnet Klaus Guth den Grundstücksmakler als »Ausnahmeberuf im jüdischen Erwerbsleben«[222].

Während der Kauf und spätere Wiederverkauf von Äckern und Wiesen durch Juden in den Protokollbänden der Herrschaft Pappenheim sehr häufig belegt ist, gibt es nur vereinzelte Hinweise auf jüdische Grundstücksmakler[223]. Als Georg Werchmann sein Haus in Pappenheim im Jahr 1768 an Friedrich Fackler verkaufte, wirkte Feis Salomon Meyer als *Unterhändler* mit[224]. 1738 hatte Salomon Meyer, wohl dessen Vater, für seine Dienste bei einem Hausverkauf 4 fl. *Schmuß* erhalten[225]. In der Steuerbeschreibung der Stadtvogtei finden sich einige Hinweise darauf, dass Amson und Simon Löw sowie Samuel Joseph Ende des 18. Jahrhunderts bei Hausverkäufen in Pappenheim als Makler tätig waren[226].

Ihre Dienste bei Immobiliengeschäften boten Juden jedoch nicht nur in der Stadt Pappenheim, sondern auch in den Dörfern der Herrschaft an. Peter Trießlein verkaufte 1752 sein Haus in Bieswang im Wert von 1600 fl. an Matthias Frank und bediente sich dabei der Hilfe von Feis Judas[227]. Für ihre Dienste beim Verkauf eines Hauses mit Stadel in Dettenheim erhielten die Treuchtlinger Juden Iserle und Moses Raphael 1729 von Mathias Herbert aus Trommetsheim 18 fl. *Schmuß*[228]. Hirsch Oppenheimers Knecht Abraham Israel wurde von Johann Jakob Schroll aus Döckingen für seine Mitwirkung beim Verkauf von 3/8 Jauchert Acker für 25 fl. mit 30 kr. *Schmuß* belohnt[229]. Michel Abraham, auch Hünle genannt, wurde von Johann Georg Ahorn in Anspruch genommen,

---

[220] Diese Differenzierung wurde von den Zeitgenossen ebenfalls so wahrgenommen. Die Ansbacher Judenordnung von 1737 unterschied zwischen einem Juden, der ein Gut »von einem Unterthan zu verkauffen übernimmt, und dabey zu nichts anders als einem Unterhändler ohne Determinirung eines Pretii zu gebrauchen lässet, folglich von dem Kauff nur ein gewisses Proxeneticum, Schmuß-Geld oder Unterhandlungs-Lohn bekommt« und einem, der die »Güter um einen gewissen Preiß und Kauffs-Pretium von den Unterthanen [...] übernimmt.« Siehe Tit. VIII, § 7, ZIMMER, Ansbach, S. 92.
[221] ARMBRUSTER, Lengnau, S. 77.
[222] GUTH, Landjudentum in Franken, S. 369.
[223] JAKOB, Harburg, S. 124, weist für die Harburger Juden darauf hin, dass die reine Kaufvermittlung als Schmuser seltener war als der Zwischenkauf mit dem Ziel des baldigen Wiederverkaufs.
[224] StAN, Herrschaft Pappenheim, Akten Nr. 6003/30, fol. 18–19: Eintrag vom 5. August 1768.
[225] StAN, Herrschaft Pappenheim, Akten Nr. 6002/II, S. 332–333: Eintrag vom 27. August 1738.
[226] StAN, Herrschaft Pappenheim, Amtsbücher Nr. 172: Steuerbeschreibung der Stadtvogtei 1783.
[227] StAN, Herrschaft Pappenheim, Akten Nr. 305: Bieswanger Amtsbericht vom 13. März 1752.
[228] StAN, Adel Archivalien Nr. 4607, S. 177: Eintrag vom 22. Juli 1729.
[229] StAN, Herrschaft Pappenheim, Akten Nr. 4635/75, S. 331–333: Eintrag vom 28. Februar 1719.

um zwei Äcker aus dem Besitz seines Schwiegervaters zu verkaufen[230]. Hünle wirkte auch als Unterhändler mit, als 1768 und 1770 Teile des Bauhofs durch Isaac Jacob, Salomon Reutlinger und Löw Amson für Graf Friedrich Wilhelm verkauft wurden[231].

Geldgeschäfte vermittelten Juden vor allem im Auftrag der Herrschaft oder der Stadtvogtei. 1735 erhielt Nathan Reutlinger 7 fl. 30 kr. *Schmuß*, weil er für die Steuerkasse 800 fl. beim Kastner von Heidenheim aufgenommen hatte[232]. 1796 und 1797 beschaffte Abraham Seeligmann für die Steuerkasse 1500 fl. bzw. 700 fl. und erhielt für diese Dienste 22 fl. bzw. 5 fl. 30 kr.[233]. Simon Löw verdiente sich eine Provision, indem er der Steuerkasse Kredite beim Alesheimer Heiligenpfleger (500 fl.) und beim Dietfurter Pfarrer (200 fl.) vermittelte[234]. Michel Abraham besorgte für die Stadtvogtei Geld bei Wirten aus umliegenden Dörfern: je 100 fl. in Bieswang und Neudorf, 200 fl. in Dietfurt und 75 fl. in Langenaltheim[235]. Daneben sind sehr wenige Fälle überliefert, in denen Juden bei einem Viehhandel eine Vermittlerfunktion einnahmen. Im Jahr 1771 forderte der Treuchtlinger Jude Lemle Moses von Matthias Lehner aus Büttelbronn *Schmuß* für einen Pferdehandel[236]. Beim Verkauf des Pferdes von Elias Hüttingers Sohn aus Neudorf an den Treuchtlinger Juden Meyer Moses trat Isaac Jacob als Unterhändler auf[237].

Angaben zum Verdienst ist, sofern sie vorliegen, zu entnehmen, dass jüdischen Schmusern eine Provision in Höhe von 2 % des Warenwerts zugestanden wurde[238]. Löw Amson, Simon Löw und Joseph Hänlein forderten 122 fl., da sie Hans Wilds Bauernhof in Bieswang für 6100 fl. verkauft hätten. Die Kanzlei entschied, dass *ohne diese Unterhändler das Guth zum Schaden der Creditorn um 500 fl. geringer hätte loßgeschlagen werden müssen* und es folglich gerechtfertigt sei, den drei Juden 100 fl. aus der Konkursmasse zu zahlen[239].

Möglicherweise arbeiteten die Schmuser öfters mit anderen Juden zusammen, ohne dass dies in den Protokollen festgehalten wurde. So erhielt Schmuel für seine Mitwirkung an einem Handelsgeschäft zwischen Abraham Reutlinger und Johann Michel Roth aus Neudorf 3 fl. *Schmuß*[240]. Als Jacob Amson im Jahr 1722 in Osterdorf eine Wiese an Hans Jörg Zischler verkaufte, begleitete ihn der *Unterhändler* Marx aus Treuchtlingen[241]. Ein Gesuch von Benjamin Feis an die Regierungskanzlei vom 20. Oktober 1794 könnte als weiterer Hinweis auf derartige Strukturen gedeutet werden. Darin bat er darum *bey der hiesigen Judenschaft als Schmußer aufgenommen* zu werden. Obwohl er hervorhob, dass die Pappenheimer Juden *beständig im Auslande so viele Geschäfte und*

---

[230] StAN, Adel Archivalien Nr. 4558, S. 93–96: Eintrag vom 2. November 1775.
[231] StAN, Herrschaft Pappenheim, Akten Nr. 6004/I, S. 151–188: Eintrag vom 1. November 1764.
[232] StAN, Herrschaft Pappenheim, Rechnungen Nr. 6811/11: Steuerrechnung 1735.
[233] StAN, Herrschaft Pappenheim, Rechnungen Nr. 6812/42: Steuerrechnung 1796/97 und Akten Nr. 6862: Steuertagebuch Michaelis 1796 bis Juli 1797.
[234] StAN, Herrschaft Pappenheim, Akten Nr. 6874: Steuertagebuch Michaelis 1792–1793, S. 11–13.
[235] StAN, Herrschaft Pappenheim, Akten Nr. 7874: Diarium über Einnahmen und Ausgaben des Stadtvogteiamts 1. März 1768–1. März 1769.
[236] StAN, Herrschaft Pappenheim, Akten Nr. 4635/95, S. 426–427: Eintrag vom 10. Juni 1771.
[237] StAN, Adel Archivalien Nr. 4558, S. 396–399: Eintrag vom 24. Oktober 1776.
[238] Vgl. StAN, Herrschaft Pappenheim, Akten Nr. 5728: Schreiben Amtssekretär Peter Gottlieb Pflüglers vom 12. Januar 1775; Nr. 6003/65, S. 36–37: Eintrag vom 26. Februar 1793; Nr. 7875: Eintrag vom 1. November 1776.
[239] StAN, Herrschaft Pappenheim, Akten Nr. 6003/42, fol. 19v–20v, 62: Einträge vom 9. März und 31. August 1779.
[240] StAN, Adel Archivalien Nr. 4547, S. 549–550: Eintrag vom 9. Mai 1746.
[241] StAN, Adel Archivalien Nr. 4570, S. 89: Eintrag vom 1. Juni 1722.

Kap. 5: Die wirtschaftliche Tätigkeit der Pappenheimer Juden

Händel tätigten, *dass solche sehr leicht dabey einen armen Juden etwas verdienen lassen könnten,* wurde sein Gesuch abgewiesen[242]. Auf die Verbreitung der Tätigkeit als Schmuser weist ein Verzeichnis der Pappenheimer Schutzjuden aus dem Jahr 1807 hin, das bei acht von 37 als Beruf *Schmußgeschäfte* bzw. *Schmußerei* angibt[243].

5.7 »wie ein Jude, der von allem was nascht« – Zusammenfassung der Einzelbefunde

In den vorangegangenen Kapiteln wurden die Geschäftsfelder, die für Pappenheimer Juden belegt sind, untersucht: der Geldverleih, der Handel mit Vieh, Grundstücken und Waren sowie die Tätigkeit als Anbahner von Geschäften (Schmuser). Somit waren die Juden in der Herrschaft Pappenheim, entsprechend der allgemeinen Situation im Alten Reich, auf eine begrenzte Zahl von Erwerbszweigen im Handel eingeschränkt, während ihnen die Landwirtschaft und das produzierende Gewerbe verschlossen blieben[244]. Mit der Nennung der Geschäftsbereiche ist aber noch nichts über deren Bedeutung gesagt. Unter der Voraussetzung, dass alle Geschäfte protokolliert wurden, wäre diese mit Hilfe eines Vergleichs einfach zu bestimmen. Die in den Einzelkapiteln ermittelten Zahlen würden nahelegen, dass der Immobilienhandel vor der Kreditgewährung und dem Viehhandel, die auf einen in etwa gleich großen Anteil kamen, dominierte, Warengeschäfte dagegen deutlich seltener vorkamen. Die Praxis nur Geschäfte, die einen Mindestbetrag, der in der Herrschaft Pappenheim zwischen 5 fl. und 50 fl. lag, überstiegen, zu protokollieren, führt jedoch zu massiven Verzerrungen. Gerade der Warenhandel auf dem Land überschritt diese Grenzen wohl nur selten und ist daher deutlich unterrepräsentiert[245]. Ferner ist fraglich, ob alle Geschäfte mit der gleichen Gewissenhaftigkeit angezeigt wurden. Der Verkauf eines Tuches konnte den Augen der Behörden viel leichter entgehen als der einer Wiese. Ganz davon zu schweigen, dass bei einem beträchtlichen Wert beide Handelspartner weitaus stärker auf ihre Sicherheit bedacht waren. Das Zusammenwirken dieser Faktoren macht es praktisch unmöglich, zu einer Gewichtung der einzelnen Handelsarten zu gelangen. An dieser Stelle sei noch einmal an die doppelte Ausschnitthaftigkeit der Ergebnisse erinnert: begrenzt sie die äußerst selten erfolgte Protokollierung von Klein- und Hausierhandel nach unten, so schränkt sie das Fehlen der Stadtvogteiprotokolle auch örtlich ein.

Neben den bereits behandelten Kredit- und Handelsgeschäften findet sich unter den Protokolleinträgen eine weitere Kategorie, die in die bisherige Untersuchung nicht eingeflossen ist: die Ausstände, also aus den verschiedensten Gründen protokollierte Geldforderungen. Während in den Einzelkapiteln nur Einträge herangezogen wurden, die anlässlich des Geschäftsabschlusses angefertigt wurden, sind die Ausstände ältere Forderungen. Oftmals geht nicht eindeutig hervor, woher die Schulden stammen. In den meisten Fällen handelt es sich aber um Kredite, unterschiedliche Handelsgeschäfte oder eine Mischung aus beiden. Ihre Zahl entspricht in etwa der aller anderen

---

[242] StAN, Herrschaft Pappenheim, Akten Nr. 6003/66, fol. 135: Eintrag vom 21. Oktober 1794.
[243] StAN, Herrschaft Pappenheim, Akten Nr. 4722/I: Verzeichniß sämmtlicher pappenheimischer Schutzjuden zu Pappenheim vom 19. Februar 1807; ein ähnlich hoher Anteil (15,4 %) von Maklern, zu denen auch die Schmuser zu rechnen sind, fand sich Anfang des 19. Jahrhunderts in Mainfranken. Vgl. KRUG, Mainfranken, S. 67; auch die Judenmatrikel von 1819 führen in Pappenheim vier Schmuser auf: StAN, Regierung von Mittelfranken, Kammer des Inneren, Abgabe 1932, Tit. Judensachen Nr. 215 Tom. V, S. 163–193: Judenmatrikel Pappenheim.
[244] Siehe dazu den Überblick bei BATTENBERG, Juden in Deutschland, S. 94–97.
[245] Vgl. ULLMANN, Nachbarschaft, S. 266.

Kap. 5: Die wirtschaftliche Tätigkeit der Pappenheimer Juden

protokollierten Geschäftsabschlüsse zusammen. Daher sollten sie für eine zusammenfassende Einschätzung unbedingt herangezogen werden.

Die Überlieferungsdichte derartiger Protokollierungen ist allerdings sehr unterschiedlich. Dies liegt nicht zuletzt daran, dass sie im Gegensatz zu den Geschäftsabschlüssen von weiteren Faktoren beeinflusst wurden. So hatte der Rezess von 1692 durch die Anpassung der Zinssätze eine Neuprotokollierung erforderlich gemacht. Im Jahr 1693 wurden 76 Neuberechnungen und Mahnungen mit einem Gesamtwert von 6546 fl. protokolliert, im Gegensatz zu nur 17 bzw. sieben im Jahr zuvor und danach. Zusätzlich wurden als Folge des Rezesses eigene Schuldprotokolle über die Forderungen von Hirsch Oppenheimer und Jacob Amson verfasst, auf die gleich noch näher einzugehen ist. Der Tod wirtschaftlich aktiver Juden führte bei der Übertragung ihrer Hinterlassenschaft auf ihre Erben ebenfalls zu zahlreichen Protokolleinträgen. So verwundert es nicht, wenn der Tod der beiden »bedeutenden« Juden Hirsch Oppenheimer und Jacob Amson 1725 bzw. 1726 eine regelrechte Protokollierungswelle auslöste. Im Jahr 1725 wurden 117 Zahlungsrückstände protokolliert, davon allein 71 durch die Erben Hirsch Oppenheimers. Von den 65 Einträgen im darauffolgenden Jahr bezogen sich 38 auf Jacob Amsons Erben.

Die infolge des Rezesses für Hirsch Oppenheimer und Jacob Amson angefertigten Schuldprotokolle wurden *nach ausweis des Haubt Recess vorgenommen* und enthielten sowohl ältere Rückstände, die erneut protokolliert wurden, als auch neu abgeschlossene Geschäfte[246]. Die ersten Einträge stammen vom November 1693, die letzten aus dem Jahr 1699. Hirsch Oppenheimers Protokoll enthält 53 Einträge, von denen 34 im November und Dezember 1693 angefertigt wurden. Jacob Amsons Protokoll ist mit 76 Einträgen (davon 48 aus dem November und Dezember 1693) um einiges umfangreicher. Im Schuldprotokoll Hirsch Oppenheimers reicht die Höhe der Schulden von knapp 2 fl. bis 450 fl., wobei der Durchschnitt bei 69 fl. liegt. Über die Hälfte der Verträge überstieg die Summe von 30 fl. nicht, aber immerhin 10 % liefen über mehr als 200 fl. Zum Teil wurde Geld geliehen, zum Teil entstanden die Schulden durch den Kauf von Land oder Vieh. Bei Jacob Amson war der Durchschnitt mit 59 fl. niedriger. Zwar war bei ihm der Anteil der Schulden unter 30 fl. geringer (41 %), doch zugleich sind hohe Summen seltener feststellbar. Sofern dies angegeben ist, resultierten die Schulden aus geliehenem Geld, Äckern und Wiesen, Getreide, Eisen, Textilien, Pferden und Ochsen. Oftmals stammten die Schulden nicht aus einem einzelnen Geschäft, sondern einer ganzen Reihe von Transaktionen unterschiedlichster Natur. So hatte Georg Popp aus Haag von Jacob Amson nicht nur 205 fl. geliehen, sondern auch Waren im Wert von 19 fl. 40 kr. gekauft – dabei handelte es sich um Tuch, eine Salzscheibe und zwei Getreidelieferungen. Einen interessanten Einblick vermitteln die Schuldprotokolle auch deshalb, weil sie fortgeschrieben wurden und damit Aufschlüsse über die Rückzahlung der Schulden liefern. Diese verlief demnach nicht immer so, wie ursprünglich vereinbart worden war. Am 27. Februar 1696 klagte Jacob Amsons Frau gegen Andreas Lutz aus Dietfurt, da er seit Dezember 1693 *im geringsten nichts abgetragen* hätte und darüber hinaus weitere 4 fl. Zins angehäuft hatte.

Die Probleme, die bei der Rückzahlung ausstehenden Geldes auftreten konnten, werden am Beispiel der Klage Jacob Amsons gegen Sebastian Grießmüller aus Grönhart im Jahr 1710 anschaulich. Dieser schuldete ihm bereits seit 1691 400 fl., die zu Weihnachten mit 6 % zu verzinsen

---

[246] StAN, Herrschaft Pappenheim, Akten Nr. 4635/56: Protokoll über die Schulden beim Hofjuden Jacob (1693–1699) und Nr. 8134: Protokoll über die Schulden bei Hirsch Oppenheimer (1693–1699). Ob derartige Protokolle auch für andere Juden angefertigt wurden, kann nicht beurteilt werden.

Kap. 5: Die wirtschaftliche Tätigkeit der Pappenheimer Juden

waren. Bis 1697 hatte er die Zinsen immer wenige Wochen nach dem Termin gezahlt. Die für 1698 entrichtete er jedoch erst im Juli 1699, die für 1699 im Februar 1701, die für 1700 im April 1702 und die für 1701 durch eine Weizenlieferung im Juli 1703. Danach wurden die Lücken noch größer, da die Zinsen für 1702 und 1703 erst im September 1706 gezahlt wurden. Zwischen 1706 und Anfang des Jahres 1710 lieferte Grießmüller Jacob 3 1/2 Simra Gerste, 3 Simra Korn und eine Kuh, doch damit konnte er nicht einmal die Hälfte der ausstehenden Zinsen für die Jahre 1704 bis 1709 begleichen. Einschließlich zweier im Jahr 1703 von Jacob gekaufter Salzscheiben waren seine Schulden auf 480 fl. 37 kr. angestiegen. Nach fast 19 Jahren war es Grießmüller weder gelungen, etwas von dem ursprünglich aufgenommenen Kapital zurückzuzahlen noch alle Zinszahlungen aus diesem Zeitraum zu entrichten[247].

Ein Verzeichnis von Amson Jacobs Aktivvermögen aus dem Jahr 1728 führt zahlreiche Forderungen auf. Neben dem Reichserbmarschall (521 fl.), dem Nachältesten (500 fl.) und der Herrschaft (125 fl.) schuldeten ihm 52 Personen 2476 fl. 14 kr. Von diesen stammten 14 aus Büttelbronn, sieben aus Rehlingen, sechs aus Langenaltheim und zehn aus sieben weiteren Orten der Herrschaft Pappenheim. Einige seiner Schuldner wohnten außerhalb, so in Weißenburg, Solnhofen, Treuchtlingen, Wettelsheim, Heumödern und Berolzheim[248].

Es fällt auf, dass viele Pappenheimer Juden in mehreren oder sogar allen ihnen offenstehenden Geschäftsbereichen tätig wurden. So war Jacob Amson zwischen 1670 und 1709 nicht nur der wichtigste jüdische Kreditgeber, sondern hatte auch beim Handel mit Getreide, Eisen und Grundstücken eine dominante Position; nur beim Viehhandel finden sich vergleichsweise wenige auf ihn bezogene Protokolleinträge. Hirsch Oppenheimer, der in dieser Zeit bedeutendste jüdische Viehhändler, war in den anderen Bereichen ebenfalls aktiv, kam aber nicht an den Umfang von Jacob Amsons Geschäften heran. Auch später gab es Juden, die in mindestens zwei Geschäftsfeldern erhebliche Marktanteile hatten. Nathan Reutlinger und sein Sohn Abraham waren zwischen 1725 und 1735 die zwei wichtigsten jüdischen Vieh- und Grundstückshändler. Zwischen 1746 und 1752 dominierte Isaac Jacob den Geldverleih und zugleich den Immobilienhandel. Für die zweite Jahrhunderthälfte trifft dies auf Löw Amson zu. Damit lässt sich – zumindest für die wirtschaftliche Elite – nicht eine einseitige Konzentration auf einen einzigen Bereich, sondern eine breite Abdeckung mehrerer Geschäftsfelder konstatieren. Dies bestätigt die Zusammensetzung protokollierter Ausstände. Georg Bremer bekannte 1685, er sei Hirsch Oppenheimer *an empfangenen baaren gelt und sonst unterschiedlich mit ihme getroffenen handlungen aufrecht und redlich zu dato schuldig verblieben 90 fl.*[249]. Georg Aurnhammer aus Schambach ließ im Juli 1703 seine Schulden in Höhe von 225 fl. bei Hirsch Oppenheimer protokollieren. Diese setzten sich aus 14 fl. 30 kr. für Ochsen, die er 1700 gekauft hatte, 3 fl. 30 kr. für ein rotes Tuch und mehreren Krediten zusammen. Dabei handelte es sich um 50 fl., die er sich Michaelis 1700 geliehen hatte, 22 fl. 30 kr. zu Ostern 1702, 118 fl. zum Kauf einer Wiese und weitere 7 fl. Dazu kamen 9 fl. 30 kr. Zinsen[250].

Zu einem ähnlichen Ergebnis kommt Jörg Deventer für Corvey. In seinen Augen bildeten die geschäftlichen Beziehungen der dortigen Juden »zu den Bewohnern der Corveyer Dörfer [...] ein komplexes und vielschichtiges System aus Geld-, Getreide-, Vieh- und Warenhandel«[251]. Diesen

---

[247] StAN, Herrschaft Pappenheim, Akten Nr. 8150: Amtsprotokoll vom 14. Februar 1710.
[248] BayHStA, RKG Nr. 7299: Specification derjenigen Schulden, welche ich an Capitalien einzunehmen habe (1728).
[249] StAN, Herrschaft Pappenheim, Akten Nr. 4635/37: Eintrag vom 23. Januar 1685.
[250] StAN, Herrschaft Pappenheim, Akten Nr. 4635/66: Eintrag vom 9. Juli 1703.

Kap. 5: Die wirtschaftliche Tätigkeit der Pappenheimer Juden

Sachverhalt hat bereits Glückel von Hameln treffend zusammengefasst, als sie über ihren Vater schrieb, er habe mit Edelsteinen und anderen Sachen »wie ein Jude, der von allem was nascht«[252], gehandelt. Aus diesem Grund spricht Reinhard Jakob von einer beruflichen »Polyvalenz« jüdischer Händler. Dieser wurden jedoch durch Kapital und Prestige Grenzen gesetzt, denn ein Güterhändler konnte zwar als Viehhändler auftreten, aber nicht als Hausierer[253]. Trotz dieser »Polyvalenz« sind individuelle Schwerpunktsetzungen unverkennbar. Während Isaac Jacob beim Geldverleih und dem Grundstücksverkauf eine dominante Position innehatte, spielte er im Viehhandel so gut wie keine Rolle. Umgekehrt waren Nathan und Abraham Reutlinger zwischen 1725 und 1735 die führenden Vieh- und Immobilienhändler, verliehen jedoch kaum Geld. Meyer, dessen Vermögen allerdings nicht mit dem der gerade genannten vergleichbar ist, scheint sich überwiegend auf den Warenhandel konzentriert zu haben.

Auch zwischen Hirsch Oppenheimer und Jacob Amson, den bis zu ihrem Tod 1725 bzw. 1726 für fast ein halbes Jahrhundert wirtschaftskräftigsten Juden Pappenheims, gab es – wie oben schon angedeutet wurde – durchaus Unterschiede. Da es sich bei ihnen mit jeweils über 500 Protokolleinträgen um die beiden mit Abstand am besten dokumentierten Pappenheimer Juden handelt, soll untersucht werden, ob sie regionale Schwerpunkte hatten oder überall in der Herrschaft Pappenheim in etwa gleich stark vertreten waren[254]. Als erstes Ergebnis lässt sich festhalten, dass Bieswang, Göhren und Übermatzhofen eine vergleichsweise große Bedeutung für Hirsch Oppenheimer hatten, dagegen für Jacob Amson Dettenheim, Emetzheim, Lohhof und Wolfsbronn wichtiger waren. Bereits die Nennung dieser drei bzw. vier Orte, in denen der eine einen deutlich höheren Marktanteil als der andere hatte, deutet darauf hin, dass Hirsch Oppenheimer sich eher auf den östlichen und Jacob Amson eher auf den westlichen Teil der Herrschaft Pappenheim konzentrierte. Dies bestätigt sich, wenn man für jeden einzelnen Ort der Herrschaft eine Reihung der beiden vornimmt. Tendenziell war Hirsch im Süden und Osten, Jacob im Norden und Westen stärker vertreten[255]. Einschränkend muss jedoch betont werden, dass bei einem Großteil der Orte keine gravierenden Unterschiede erkennbar sind. So kam Hirsch in Neudorf auf 44, Jacob auf 41 Protokolleinträge. Demnach scheinen sie jeweils Schwerpunkte gesetzt zu haben, die möglicherweise sogar abgesprochen waren – immerhin waren sie miteinander verwandt. Die Zahlen rechtfertigen es jedoch nicht, von Handelsbezirken, wie denen, die 1719 durch die Sulzbacher Regierung für die Flosser Juden eingerichtet wurden[256], zu sprechen, da dies eine weitergehende Aufteilung voraussetzen würde.

Der festgestellten Vielseitigkeit und guten Überlieferungssituation für einige wenige jüdische Händler steht die große Mehrheit der Pappenheimer Juden gegenüber, für die lediglich vereinzelte Hinweise vorhanden sind, denn mit Ausnahme des Textilhandels werden in den Protokollen vergleichsweise wenige Namen genannt. Um eine völlig andere Gruppe handelte es sich bei den

---

[251] DEVENTER, Abseits, S. 125; vgl. auch ULLMANN, Nachbarschaft, S. 298, für die Markgrafschaft Burgau sowie SCHWANKE, Fremde, S. 63, für Offenburg.
[252] GLÜCKEL VON HAMELN, S. 25.
[253] JAKOB, Harburg, S. 148.
[254] Siehe Tabelle 29 im Anhang, aus der die prozentualen Anteile von Hirsch Oppenheimer und Jacob Amson in sämtlichen Ortschaften der Herrschaft Pappenheim hervorgeht.
[255] Siehe Karte 8.
[256] Siehe HÖPFINGER, Floß, S. 259; zu den Handelsbezirken der Juden in der Markgrafschaft Burgau, die allerdings nicht auf obrigkeitlichen Vorgaben, sondern Absprachen beruhten, siehe ULLMANN, Nachbarschaft, S. 255–265.

Kap. 5: Die wirtschaftliche Tätigkeit der Pappenheimer Juden

Hausierern, die von im Armenhaus verstorbenen Personen Gegenstände aufkauften. Auffällig ist auch, dass die Juden, die sich als Schmuser betätigten, so gut wie nie als Kreditgeber, Vieh- oder Grundstückshändler auftraten. Folglich scheint eine soziale Differenzierung zwischen Händlern, die zu größeren Geschäften in der Lage waren, sowie Hausierern und Schmusern bestanden zu haben.

Da das herangezogene Material kein umfassendes Bild ermöglicht, soll diesem Defizit zumindest ansatzweise entgegengewirkt werden, indem zwei am Endpunkt des Untersuchungszeitraums entstandene statistische Übersichten herangezogen werden, die Anhaltspunkte liefern, welchen Tätigkeiten die Pappenheimer Juden nachgegangen sind. Ein Verzeichnis aus dem Februar 1807[257] nennt den Beruf von 37 der 38 Pappenheimer Schutzjuden: Acht betrieben *Judenhandel*, acht nicht näher spezifizierten Handel oder Geschäfte, drei Warenhandel. Zwei handelten mit *allerlei* und je einer mit Pferden, Bettwerk und Gütern. Drei betätigten sich in mehreren Geschäftsfeldern, indem sie Güter, Pferde sowie Waren verkauften. Acht Pappenheimer Juden waren als Schmuser tätig. Eine Witwe verdiente ihren Lebensunterhalt mit Stricken. Außerdem gab es einen Rabbiner. Die Judenmatrikel von 1819 führen den *Nahrungszweig* jedes Juden auf[258]. Die Berufe der 44 verzeichneten Juden verteilen sich wie folgt: Elf handelten mit Ellenwaren, sechs mit Vieh, je einer mit Gütern, Galanterie- und Schnittwaren. Die meisten Händler gaben nicht nur einen, sondern zwei oder mehr Geschäftsbereiche an. Fünf handelten mit Silber und Pretiosen, zwei mit Vieh und Bijouterien (Schmuck), zwei mit Ellenwaren, Federn und Wolle, einer mit Vieh, Pferden und Ellenwaren, einer mit Ellenwaren, Bijouterien und Pferden, einer mit Hopfen und Pottasche und einer mit Pferden und Gütern. Ein weiterer tätigte Geldgeschäfte und handelte mit Gütern. Ein Pappenheimer Jude betrieb *Nothhandel* mit alten Kleidern, je einer betätigte sich als Hausierer mit Ellenware und Kleidern sowie als Garkoch, Vieh- und Federbettenhändler. Die Zahl der Schmuser war auf zwei gesunken. Ein Pappenheimer Jude verdiente seinen Lebensunterhalt mit Privatunterricht, daneben gab es einen Rabbiner und einen Vorsinger. Von zwei Personen ist kein *Nahrungszweig* bekannt. Beide Statistiken zeigen, dass sich die jüdische Berufsstruktur in Pappenheim im frühen 19. Jahrhundert nahezu ausschließlich auf die verschiedenen Formen des Handels konzentrierte. Allgemeine Angaben wie *Judenhandel* und die Ausübung von zwei oder mehr, zum Teil recht unterschiedlichen Geschäftsfeldern deuten auf eine nur geringe Spezialisierung hin. Dies bestätigt die Ergebnisse zur Erwerbssituation der Pappenheimer Juden vor 1806 und stimmt mit den Erkenntnissen aus anderen Regionen überein[259].

Zusammenfassend soll auf ein Phänomen eingegangen werden, das vor allem beim Immobilienhandel schon angeklungen ist, den gemeinsamen Handel mehrerer Juden. So hatten Nathan Reutlinger und sein Sohn Abraham einige Zeit miteinander *ein und andere Handelschaften in Societät geführt*. Grundsätzlich habe zwar jeder für sich *gehandelt, so gut er gekonnt*, doch *in ein und andern Special Händeln, Güter-Käufen und Geldauslegungen einer den anderen pro Socio angenommen und mit Theil haben laßen*. Dabei hatte es sich unter anderem um den Kauf eines Gartens mit Acker in Pappenheim und einen Kredit an den Reichserbmarschall in Höhe von

---

[257] StAN, Herrschaft Pappenheim, Akten Nr. 4722/I: Verzeichniß sämmtlicher pappenheimischer Schutzjuden zu Pappenheim vom 19. Februar 1807.
[258] StAN, Regierung von Mittelfranken, Kammer des Inneren, Abgabe 1932, Tit. Judensachen Nr. 215 Tom. V: Judenmatrikel Pappenheim, S. 163–193.
[259] Vgl. KÖNIG, Judenverordnungen, S. 56, die darauf hinweist, dass die meisten jüdischen Händler nicht spezialisiert gewesen seien, sondern mit Waren aller Art gehandelt hätten.

Kap. 5: Die wirtschaftliche Tätigkeit der Pappenheimer Juden

9000 fl. gehandelt. Die Verteilung war allerdings ungleich, da Nathan 5167 fl., sein Sohn dagegen nur 833 fl. zur Verfügung stellte und die übrigen 3000 fl. *auf ihren beederseitigen Credit von einem tertio aufgenommen* wurden[260]. Es war anscheinend nicht unüblich, dass Väter ihre Söhne zu Handelspartnern machten. Löw Amson verkaufte 1790 gemeinsam mit seinem Sohn Samuel Löw *als Handelsconsort* mehrere Äcker[261].

Wie das Beispiel von Nathan und Abraham Reutlinger zeigt, handelte es sich keineswegs immer um gleichberechtigte Beziehungen. So hatte sich Löw Amson mit Salomon Reutlinger *auf 1/3tel des Handels vergesellschaftet*[262]. Einige Jahre später nahm Löw Amson Israel Feis nur unter der Bedingung, dass Simon Löw für diesen bürgen würde, als Handelskonsorten auf[263]. Interessante Einblicke in die gemeinsame Handelstätigkeit zweier Juden gewährt die zeitgenössische Übersetzung des Vertrags, den Mayer Mordechai aus Treuchtlingen 1710 mit Jacob Amson geschlossen hatte. Darin bestätigte er, von ihm 80 fl. empfangen zu haben, um damit *auf Gewinn und Verlust* auf dem *Stimmer Markt*[264] einzukaufen. Mayer sicherte zu, er sei *schuldig ehrlich und redlich zu handeln, das mag in einkauffen oder verkauffen* sein. Nach Abschluss des Geschäfts habe er Jacob das ausgelegte Geld zurückzugeben und anschließend würden sie abrechnen: *was Gott beschert, Gewinn, das mag sein was es will, solle der Gewinn zugleich getheilet werden, nemlich Jacob die helfte, und mir unterschriebener die helfte, so auch, welches Gott behüten sollte, Verlust seyn sollte, müssen auch wir beede zu gleich tragen*[265]. Somit zeigt dieser Vertrag ebenfalls deutliche Unterschiede in der Stellung der beiden Handelspartner. Während Jacob Amson als Geldgeber auftrat, war Mayer für die praktische Durchführung, den Ein- und möglichst gewinnbringenden Wiederverkauf der Ware zuständig.

Vereinzelte Erwähnungen weisen auf Handelsgemeinschaften von Juden und Christen in Pappenheim hin, eine Praxis, die in vielen Territorien nicht erlaubt war[266]. Löw, der 1717 wegen Zollbetrugs festgehalten wurde, hatte vier Pferde gemeinsam mit Hans Michael Zimmer aus Dietfurt gekauft. Bei diesem Geschäft hatten sie *weiteres keinen Contract miteinander gemacht, als auf halben Gewinn und Verlust*. Zimmer hatte sich zwar daran gestört, dass er das Geld auslegen musste, da Löw keines hatte, doch weil *ohne die Juden nichts zu handeln seye*, habe er *sich mit diesem eingelassen*[267]. Hans Michel Krebs und Amson Jacob kauften von Hans Georg Fettinger aus Schambach einige Äcker, die sie anschließend an mehrere Bauern veräußerten[268]. Im März 1749 kündigten die Frau des Hofgärtners Prager und Güttel Jecoffin Caspar Gutmann aus Meinheim gemeinsam das Kapital auf, das dieser den beiden schuldig war. Dabei handelte es sich um jeweils 400 fl. und Zinsen, insgesamt 848 fl.[269]. Bei allen überlieferten Fällen ging es um Geld-, Vieh- und Ackergeschäfte, also die Handelsgebiete, in denen Juden besonders große Erfahrung hatten. Daraus

---

[260] StAN, Herrschaft Pappenheim, Akten Nr. 8208: Gesuch Nathan Reutlingers an den Reichserbmarschall vom 12. Juli 1739.
[261] StAN, Adel Archivalien Nr. 4584, S. 346: Eintrag vom 12. Oktober 1790.
[262] StAN, Adel Archivalien Nr. 4599, S. 139–145: Eintrag vom 22. November 1755.
[263] StAN, Adel Archivalien Nr. 4580, S. 496–503: Eintrag vom 18. November 1777.
[264] Dabei dürfte es sich um den Rossmarkt in Oberstimm, südlich von Ingolstadt, handeln.
[265] StAN, Herrschaft Pappenheim, Akten Nr. 8151: Vertrag zwischen Jacob Amson und Mayer Mordechai vom 2. August 1710.
[266] So wurde 1753 die nassauische Judenordnung von 1732 durch ein solches Verbot ergänzt. Siehe MARZI, Judentoleranz, S. 400.
[267] StAN, Herrschaft Pappenheim, Akten Nr. 8167: Amtsprotokoll vom 8. März 1717.
[268] StAN, Adel Archivalien Nr. 4607, S. 227–229: Eintrag vom 5. November 1730.
[269] StAN, Adel Archivalien Nr. 4548, S. 490: Eintrag vom 26. März 1749.

Kap. 5: Die wirtschaftliche Tätigkeit der Pappenheimer Juden

könnte gefolgert werden, dass sie von ihren christlichen Geschäftspartnern als »Experten« hinzugezogen wurden. Diese Vermutung bestätigt Hans Michael Zimmer, wenn er davon spricht, dass *ohne die Juden nichts zu handeln seye*[270].

Selbst wenn Juden in der Frühen Neuzeit auf den Handel beschränkt wurden, gab es im Detail durchaus territoriale Unterschiede und Besonderheiten. Intensive wirtschaftliche Beziehungen zwischen Juden und ihren weitgehend ländlichen Kunden konnten in vielen Regionen des Reichs nachgewiesen werden. In vier von Sabine Ullmann untersuchten Dörfern in der Markgrafschaft Burgau handelten Juden mit Vieh und Waren und stellten Kredite mit oder ohne Pfand zur Verfügung. Die Flosser Juden handelten unter anderem mit Wolle, Leder, Tuch, Getreide, Salz, Seife, Kerzen, Spezereien, Pferden, Vieh, Metall und Eisen. Dazu kam der Klein- und Lumpenhandel. In Hessen sind im 16. Jahrhundert Produkte der Landwirtschaft mit 67 % der Quellenerwähnungen am häufigsten. Dazu gehörten Vieh, Pferde, Fleisch, Wein und Getreide. Weitere Handelsgüter waren Textilien und Ledererzeugnisse, hochwertige Feingüter sowie Metallgüter und Hausrat[271]. Im Gegensatz zur Herrschaft Pappenheim handelten die Juden in der Markgrafschaft Burgau, in Floß und Hessen allem Anschein nach nicht mit Grundstücken und Höfen. Da für Pappenheim dagegen viele derartige Geschäfte überliefert sind, hatte der Immobilienhandel für die dortigen Juden eine wichtige Bedeutung. Dieser ist zwar auch für andere Territorien belegt[272], so dass nicht von einem Spezifikum, wohl aber von einer keineswegs selbstverständlichen Tätigkeit gesprochen werden kann.

5.8 Der Handel diesseits und jenseits der Grenze

Anders als in geschlossenen oder großflächigen Territorien endete der Geschäftsdistrikt eines jüdischen Händlers in kleineren Territorien selten an der Grenze des Herrschaftsgebiets, in dem er wohnte[273]. So ist in den Kapiteln zum Geldverleih, Vieh-, Waren- und Grundstückshandel die Rolle auswärtiger Juden in dem jeweiligen Geschäftsbereich bereits angedeutet worden. Dementsprechend wäre es nicht überraschend, wenn gleichzeitig Pappenheimer Juden einen Teil ihrer Kunden außerhalb der Herrschaft Pappenheim gefunden hätten. Aus diesem Grund sollen abschließend sowohl die Handelsaktivitäten auswärtiger Juden in der Herrschaft Pappenheim als auch die der Pappenheimer Juden jenseits ihrer Grenzen behandelt werden.

5.8.1 Die Handelsaktivitäten auswärtiger Juden in der Herrschaft Pappenheim

Nachdem bereits in den Einzelkapiteln auf die Rolle auswärtiger Juden in den jeweiligen Bereichen eingegangen wurde, soll zusammenfassend ein systematischer Überblick über deren wirtschaftliche Aktivitäten in der Herrschaft Pappenheim gegeben werden. Bei den Kreditgeschäften war der Anteil fremder Juden von zwei Ausnahmen abgesehen stets relativ gering. 1770/71 lag er bei 33,3 % und 1787–1790 sogar bei 55,6 %. In der besser dokumentierten Zeit zwischen 1680 und 1752 war er dagegen mit 0 % bis 13,2 % weitaus niedriger[274]. Vor allem Ellinger, Treuchtlinger, Berolzheimer, Gunzenhausener und Dittenheimer Juden verliehen in der Herrschaft Pappenheim Geld.

---

[270] StAN, Herrschaft Pappenheim, Akten Nr. 8167: Amtsprotokoll vom 8. März 1717.
[271] ULLMANN, Nachbarschaft, S. 265; HÖPFINGER, Floß, S. 270–278; TOCH, Wirtschaftstätigkeit, S. 61–62.
[272] Näheres und Literaturangaben siehe Kapitel 5.5.
[273] Vgl. ULLMANN, Nachbarschaft, S. 237.
[274] Im zeitlichen Verlauf zeigt sich folgende Entwicklung des Anteils auswärtiger Juden: 1680–1689: 4/33 (12,1 %), 1690–1699: 1/40 (2,5 %), 1700–1709: 0/39, 1725–1735: 1/23 (4,3 %), 1746–1752 (13,2 %),

Kap. 5: Die wirtschaftliche Tätigkeit der Pappenheimer Juden

Beim Grundstückshandel war der Anteil von nicht aus Pappenheim stammenden Juden stets höher als beim Geldverleih und reichte von 6,3 % bis 60,4 %[275]. Kamen diese anfangs vor allem aus Ellingen, spielten zwischen 1725 und 1752 Berolzheimer Juden eine wichtigere Rolle. Eine stetige Zunahme ist bei den Treuchtlinger Juden zu verzeichnen, die zwischen 1774 und 1777 immerhin 19 der 78 Grundstücksgeschäfte tätigten und zwischen 1787 und 1790 sogar 20 von 53. Noch stärker war der Viehhandel von auswärtigen Juden geprägt, deren Anteil hier zwischen 13,4 % und 100 % schwankte[276]. Mit einem Anteil von gut 60 % waren Treuchtlinger Viehhändler unter den auswärtigen Juden marktbeherrschend, neben ihnen kam auch Berolzheimer Juden (16 %) Bedeutung zu. Juden aus anderen Orten wie Alesheim, Ellingen, Monheim und Heidenheim tätigten dagegen nur einzelne Geschäfte. Vor dem Hintergrund dieser Zahlen verwundert die Aussage des im Jahr 1702 wegen Falschmünzerei festgenommenen Treuchtlinger Juden Isaak Jacob nicht. Dieser gab an, sich jede Woche zwei bis drei Tage in Pappenheim – meist um mit Pferden zu handeln – aufgehalten zu haben[277]. Im Warenhandel kamen fremde Juden zwar nicht auf einen derartig hohen Anteil wie im Viehhandel, übertrafen aber den beim Geldverleih und Grundstückshandel[278]. In diesem Bereich war die Dominanz Treuchtlinger Juden mit über zwei Dritteln noch eindeutiger, während Juden aus Orten wie Berolzheim, Dittenheim, Monheim und Weimersheim jeweils nur ein- oder höchstens zweimal erwähnt werden.

In der Kategorie der nicht näher aufgeschlüsselten Ausstände nimmt der Anteil auswärtiger Juden eine Mittelstellung zwischen den niedrigen Werten bei den Kreditgeschäften und den sehr hohen Werten beim Viehhandel ein[279]. Zunächst stammten die meisten Juden, die derartige Forderungen protokollieren ließen, aus Weißenburg. Hierbei handelte es sich insbesondere um Amschel, in den Jahren 1650 bis 1652 zusätzlich Joseph und Mair. Zwischen 1680 und 1700 sowie 1725 und 1735 kam Ellingen eine wichtigere Bedeutung zu, ab 1690 dann Treuchtlingen, das vor allem ab Mitte des 18. Jahrhunderts der Ort war, aus dem die meisten auswärtigen Juden stammten, die in Pappenheim handelten.

Trotz vereinzelter Schwankungen fällt in allen untersuchten Handelsbereichen eine tendenzielle Zunahme des Anteils fremder Juden auf. Zumindest für die Zeit nach 1770 muss daher – in Verbindung mit der gleichzeitig deutlich zurückgegangenen Anzahl von protokollierten Geschäftsabschlüssen – die Aussagekraft der Protokolle in Frage gestellt werden. Denn während aufgrund

---

1770/71: 2/6 (33,3 %), 1787–1790: 5/9 (55,6 %). In den letzten beiden Zeiträumen konnten nur wenige Geschäfte ausgewertet werden, was eine Erklärung für den unten noch näher diskutierten Anstieg des Anteils auswärtiger Juden sein könnte.

[275] 1680–1689: 4/12 (33,3 %), 1690–1699: 2/13 (15,4 %), 1700–1709: 16/91 (17,6 %), 1725–1735: 22/204 (10,8 %), 1746–1752: 63/138 (45,7 %, rechnet man die 18 Geschäfte, die Pappenheimer und auswärtige Juden gemeinsam tätigten, mit ein, waren sogar an 58,7 % aller Grundstücksgeschäfte auswärtige Juden beteiligt), 1770/71: 6/16 (37,5 %), 1774–1777: 35/78 (44,9 %), 1787–1790: 32/53 (60,4 %).

[276] 1650–1659: 3/9 (33,3 %), 1660–1669: 6/7 (85,7 %), 1670–1679: 10/19 (52,6 %), 1680–1689: 14/24 (58,3 %), 1690–1699: 31/68 (45,6 %), 1700–1709: 11/82 (13,4 %), 1725–1735: 9/46 (19,6 %), 1746–1752: 11/17 (64,7 %), 1770/71: 23/26 (88,5 %), 1774–1777: 7/10 (70 %), 1787–1790: 7/7 (100 %).

[277] StAN, Herrschaft Pappenheim, Akten Nr. 4645/V/2: Gerichtsprotokoll (1702).

[278] 1670–1679: 1/13 (7,7 %), 1680–1689: 4/27 (14,8 %), 1690–1699: 5/32 (15,6 %), 1700–1709: 10/21 (47,6 %), 1725–1735: 3/11 (27,3 %), 1770/71: 7/8 (87,5 %).

[279] 1650–1659: 11/24 (45,8 %), 1660–1669: 2/17 (11,8 %), 1670–1679: 34/77 (44,2 %), 1680–1689: 65/195 (33,3 %), 1690–1699: 38/196 (19,4 %), 1700–1709: 11/266 (4,1 %), 1725–1735: 76/408 (18,6 %), 1746–1752: 10/42 (23,8 %), 1770/71: 36/51 (70,6 %), 1774–1777: 22/31 (71,0 %), 1787–1790: 8/12 (66,7 %).

Kap. 5: Die wirtschaftliche Tätigkeit der Pappenheimer Juden

unterschiedlicher Spezialisierung ein überproportionaler Anteil auswärtiger Juden, beispielsweise beim Viehhandel, durchaus einleuchtend erscheint, muss zumindest bezweifelt werden, ob sie gegen Ende des 18. Jahrhunderts in allen Bereichen einen Anteil von deutlich über 50 %, in einem Fall sogar von 100 %, erreichen konnten. Möglicherweise offenbart sich hier ein Vermögensrückgang der Pappenheimer Juden. Denn nur Geschäfte über der Protokollierungsgrenze, die ab 1779 bei 50 fl. lag, wurden dokumentiert. Auch zuvor dürfte der größte Teil des Waren- und vor allem Hausierhandels nicht aktenkundig geworden sein. Lediglich vereinzelte Hinweise wie die Bitte sämtlicher Pappenheimer Kauf- und Handelsleute vom 6. Februar 1786, dem Oettinger Schutzjuden Jonas das Hausieren zu verbieten, weisen auf diese Dimension, die aufgrund der Quellensituation unberücksichtigt bleiben musste, hin[280].

Unter den 2730 ausgewerteten Protokolleinträgen aus dem gesamten Untersuchungszeitraum beziehen sich 697 (25,5 %) auf auswärtige Juden[281]. Besonders aktiv waren auswärtige Juden in Dettenheim, Trommetsheim und vor allem Meinheim. Dagegen waren sie in Bieswang, Geislohe, Göhren, Neudorf, Schambach, Übermatzhofen sowie Zimmern vergleichsweise selten vertreten. Damit hatten sie im größten Teil des geschlossenen Bereichs der Herrschaft Pappenheim einen unterdurchschnittlichen Anteil. Eine Ausnahme stellen lediglich die im Westen der Herrschaft und zugleich an der Hauptstraße Nürnberg-Weißenburg-Augsburg gelegenen Orte Dettenheim und Dietfurt dar. Ebenfalls auf vergleichsweise hohe Werte kamen auswärtige Juden in Meinheim und Trommetsheim, die sich außerhalb des Kernbereichs der Herrschaft befanden. Dies dürfte darauf zurückzuführen sein, dass die nächsten jüdischen Gemeinden (Berolzheim, Treuchtlingen und Dittenheim) von Pappenheim aus im Westen lagen.

Die Bedeutung geographischer Faktoren für die wirtschaftliche Schwerpunktbildung soll anhand der Treuchtlinger und Ellinger Juden verdeutlicht werden[282]. Treuchtlingen, das im Westen unmittelbar an die Herrschaft Pappenheim grenzte, beherbergte eine jüdische Gemeinde, die mindestens so groß wie die Pappenheimer gewesen sein dürfte. Daher verwundert es nicht, dass die Treuchtlinger Juden die mit Abstand größte Gruppe aller auswärtigen Juden darstellten. Mit 316 Protokolleinträgen lag ihr Anteil bei 11,6 % (45,1 % aller auswärtigen Juden). Als zweites Beispiel soll das nördlich von Weißenburg gelegene Ellingen herangezogen werden, das etwas weiter von Pappenheim entfernt war. Die Bedeutung seiner Juden für den Markt der Herrschaft Pappenheim war deutlich geringer und kann nicht mit der der Treuchtlinger verglichen werden. Dennoch stellten sie mit 100 Protokolleinträgen (3,7 % bzw. 14,3 %) die zweitgrößte Gruppe, gefolgt von Berolzheim (85), Weißenburg (72) – hierbei handelt es sich im Wesentlichen um Amschel in der zweiten Hälfte des 17. Jahrhunderts –, Dittenheim (42) und Gunzenhausen (30).

In Dettenheim tätigten Treuchtlinger Juden 27,6 % aller protokollierten Geschäfte, während dem Ort für die Pappenheimer Juden weniger Bedeutung zukam. Ebenfalls überdurchschnittlich oft vertreten waren sie in Rehau (25,3 %), Büttelbronn (17,7 %) und Dietfurt (17,3 %). Auffällig ist, dass diese Orte alle im westlichen Teil der Herrschaft Pappenheim und an der Hauptstraße bzw. nicht weit von ihr entfernt liegen. Besonders selten scheinen Treuchtlinger Juden dagegen nach Bieswang gekommen zu sein. Nur zwei von 119 Protokolleinträgen für diesen Ort betreffen sie; nicht wesentlich anders war die Situation in Geislohe und Göhren. Diese drei Ortschaften sind durch ihre Nähe zu Pappenheim gekennzeichnet.

---

[280] StAN, Herrschaft Pappenheim, Akten Nr. 6159/IV: Verzeichnis von gefertigten Memorialien.
[281] Zur folgenden Auswertung siehe auch Tabelle 29 im Anhang.
[282] Siehe dazu Karte 9 im Anhang.

Kap. 5: Die wirtschaftliche Tätigkeit der Pappenheimer Juden

Für Ellinger Juden waren Meinheim und vor allem Trommetsheim besonders wichtig. Mehr als ein Drittel der Protokolleinträge, die Ellinger Juden erwähnen, beziehen sich auf diese beiden Ortschaften, in denen ihr Anteil mit 7,6 % bzw. 14,3 % zwei- bzw. viermal über dem Durchschnitt lag. Ein Blick auf die Karte liefert eine einleuchtende Erklärung für diesen auffälligen Befund. Meinheim und Trommetsheim gehörten bereits zum brandenburg-ansbachischen Einflussbereich und waren von Pappenheim weiter entfernt als von Ellingen. Noch stärker vertreten waren dort allerdings Juden aus den nur wenige Kilometer entfernten Orten Berolzheim und Dittenheim. Die Berolzheimer Juden tätigten in den beiden Orten mehr als zwei Drittel ihrer in Pappenheimer Protokollen festgehaltenen Geschäfte, die Dittenheimer sogar 85 %.

5.8.2 Die Handelsaktivitäten Pappenheimer Juden in angrenzenden Territorien

Nachdem ein nicht zu vernachlässigender Anteil auswärtiger Juden in der Herrschaft Pappenheim festgestellt werden konnte, wird im Folgenden in zwei Schritten der Frage nachgegangen, ob, in welchem Umfang und wo Pappenheimer Juden jenseits ihrer Herrschaft Geld verdienten. Zunächst werden dazu verstreute Erwähnungen in Pappenheimer Archivalien herangezogen, die jedoch kein umfassendes Bild ermöglichen. Daher soll im Anschluss versucht werden, durch die Auswertung von Protokollen ausgewählter angrenzender Territorien zu systematischen Aussagen zu gelangen.

Vereinzelte allgemeine Äußerungen deuten darauf hin, dass die Pappenheimer Juden einen nicht unbedeutenden Teil ihrer Einkünfte außerhalb der Herrschaft Pappenheim erzielten. In einer Relation des Syndicus Heberer über die Nachsteuer der Juden heißt es, dass *sie ihre nahrung nicht in lande, sondern haubtsächlich in fremden Herrschaften suchen und hohlen*[283]. Aus dieser Zeit stammt auch ein Hinweis auf ausstehende Forderungen Pappenheimer Juden in den angrenzenden Territorien Pfalz-Neuburg, hier besonders im Landrichteramt Monheim, Brandenburg-Ansbach und in der Reichsstadt Weißenburg[284]. In seinem Schutzgesuch gab Israel Samuel an, die Pappenheimer Juden würden ihre Nahrung *meistentheils in den benachbarten Herrschaften* verdienen. Dabei führte er Eichstätt, Pfalz-Neuburg, Brandenburg-Ansbach, Ellingen und Oettingen an[285].

Zwei Hinweise, die jeweils den Wollhandel betreffen, deuten darauf hin, dass Pappenheimer Juden Kontakte nach Augsburg hatten[286]. Im April 1797 richtete das kurfürstliche Ratskollegium in Ingolstadt ein Schreiben an die Pappenheimer Regierungskanzlei, da die dortige Judenschaft die *Übernahme der Fleischbedürfniße in dasige Vestung* angeboten hatte. Näheres dazu ist jedoch nicht überliefert[287]. Joseph Levi hatte 1796 eine Forderung an einen Krämer aus dem an Ingolstadt angrenzenden Etting[288]. Ihren Pferdehandel übten Pappenheimer Juden unter anderem in Weißen-

---

[283] StAN, Herrschaft Pappenheim, Akten Nr. 4684: Relation von Syndicus Heberer über die Judennachsteuer (undatiert, dürfte gegen Anfang des 18. Jahrhunderts entstanden sein).
[284] StAN, Herrschaft Pappenheim, Akten Nr. 8142: Projekt gütlichen Vergleichs vom 5. Oktober 1703.
[285] StAN, Herrschaft Pappenheim, Akten Nr. 8196: Schutzgesuch Israel Samuels; dieses Gesuch wurde in Kapitel 2.3.1.1. schon ausführlich behandelt. Es muss jedoch berücksichtigt werden, dass Israel Samuel seine Aufnahme in den Schutz erreichen wollte und deshalb den Nutzen der Juden für die Herrschaft Pappenheim stark hervorgehoben haben dürfte.
[286] Im Jahr 1663 handelte Amschel mit einem nicht genannten Augsburger mit Wolle. Siehe StAN, Herrschaft Pappenheim, Akten Nr. 4649/I: Gerichtsprotokoll vom 31. August 1663; am 4. November 1678 kaufte Johannes Raitmeyer aus Augsburg von Hirsch Oppenheimer *etliche Pfund Wolle* für 200 fl. Siehe Nr. 4649/IV: Gerichtsprotokoll vom 4. November 1678.
[287] StAN, Herrschaft Pappenheim, Akten Nr. 6003/72, fol. 30: Eintrag vom 25. April 1797.
[288] StAN, Herrschaft Pappenheim, Akten Nr. 6003/70, fol. 23: Eintrag vom 15. März 1796.

Kap. 5: Die wirtschaftliche Tätigkeit der Pappenheimer Juden

burg[289] aus. Anfang des 18. Jahrhunderts soll Jacob Amson in Brandenburg-Ansbach Ausstände in Höhe von mehreren Tausend Gulden gehabt haben[290]. Schmuel bzw. sein Sohn Jacob Samuel tauschten Pferde mit dortigen Untertanen aus Esslingen und Solnhofen[291].

Vier Pappenheimer Juden, Hirsch Oppenheimer, Jacob Amson, Nathan Reutlinger und Moyses Guggenheimer, scheinen um das Jahr 1700 im Gebiet des pfalz-neuburgischen Landrichteramts Monheim umfangreiche Geschäfte getätigt zu haben. Aus einem nicht mehr zu rekonstruierenden Grund wurden zwischen 1701 und 1705 ihre dortigen Geschäftspraktiken genau untersucht[292]. Bereits im Jahr 1698 waren Jacob Amson und Hirsch Oppenheimer im zu diesem Amt gehörigen Gansheim von mehreren ihrer Schuldner überfallen worden[293]. Zumindest eine geschäftliche Beziehung hatte es zur Reichsstadt Nördlingen gegeben[294].

Eine im Vergleich mit dem bisher Aufgeführten große Zahl von Hinweisen deutet auf eine rege Handelstätigkeit Pappenheimer Juden im Hochstift Eichstätt hin. So schloss Amschel im Jahr 1663 mit dem Eichstätter Tuchmacher Hans Karl ein Geschäft ab[295]. 1679 wurden Berles Söhne Samuel und Löw bei Solnhofen überfallen, als sie sich auf dem Weg nach Dollnstein befanden, um *Wahren dorthin [zu] tragen*[296]. Im März 1786 begründeten mehrere Pappenheimer Juden ihr Gesuch um eine Reduzierung ihrer Schutzgeld- und Steuerlast mit einer Verschlechterung ihrer Handelsbedingungen in Eichstätt. Grundsätzlich seien sie darauf angewiesen, *in den benachbarten ausherrischen Landen großten Theils unseren Handel mit vieler Beschwerde sauer suchen [zu] müssen*. Die Beschränkung ihrer Handelsmöglichkeiten in Eichstätt habe einen merklichen *Verfall unserer Nahrung verursacht*[297]. Aus diesen Worten kann gefolgert werden, dass Eichstätt für die wirtschaftliche

---

[289] Löw Amson tauschte 1746 mit dem Wirt Georg Christoph Wagemann aus Weißenburg Pferde. Siehe StAN, Herrschaft Pappenheim, Akten Nr. 8214: Schreiben von Bürgermeister und Rat zu Weißenburg an Stadtvogt Philipp Adam Zenk vom 3. August 1746; Jacob Samuel wurde im Jahr 1720 mit mehreren Pferden in Weißenburg festgehalten. Wegen ihrer Zahl ist davon auszugehen, dass diese Handelstiere waren. Siehe BayHStA, RKG Nr. 13644: Kopie des Briefs von Jacob Samuel an seine Frau vom 16. August 1720. 1724 verkaufte Jacob Samuel an Jacob Mariendorfer im zu Weißenburg gehörenden Heuberg ein Pferd. Siehe StAN, Herrschaft Pappenheim, Akten Nr. 1747: Schreiben des Weißenburger Bürgermeisters und Rats an die gemeinherrschaftlichen Räte und Beamte in Pappenheim vom 7. September 1724.

[290] StAN, Herrschaft Pappenheim, Akten Nr. 8151: Pappenheimer Schreiben an den Verwalter zu Weimersheim vom 17. März 1712.

[291] Leonhard Löstler aus Solnhofen tauschte 1661 mit Schmuel Pferde. Siehe StAN, Herrschaft Pappenheim, Akten Nr. 4649/I: Gerichtsprotokoll vom 13. März 1661; Jacob Samuel geriet 1729 mit Johann Aurenheimer, Esslingen, wegen eines Pferdehandels in Streit. Siehe Nr. 8193: Schreiben des Verwalteramts Solnhofen an Pappenheim vom 9. Juli 1729. Auch Moyses Guggenheimer hatte Anfang des 18. Jahrhunderts wirtschaftliche Kontakte nach Solnhofen. Vgl. Nr. 4704: Amtsprotokoll vom 12. Juni 1705.

[292] Vgl. StAN, Herrschaft Pappenheim, Akten Nr. 4692/V: Pappenheimer Schreiben an die Regierung in Neuburg vom 17. Juli 1702, Nr. 4703: Schreiben des Neuburger Hofratspräsidenten an den Reichserbmarschall vom 29. Juni 1705 und Memoriale der gesamten Judenschaft an den Hofrat in Neuburg vom 20. November 1701; die in Pappenheim erhaltenen Schreiben legen nahe, dass der pfalz-neuburgische Hofrat mit der Untersuchung befasst war. Die Hofratsprotokolle aus der fraglichen Zeit, die nähere Informationen liefern könnten, sind weder im BayHStA München noch im StA Augsburg vorhanden.

[293] Siehe StAN, Herrschaft Pappenheim, Akten Nr. 5916/XIII: Pappenheimer Schreiben an die Neuburger Hofratskanzlei vom 7. Februar 1698; ausführlicher dazu in Kapitel 8.1.1.

[294] Noch 1727 forderte Abraham Reutlinger Zinsen von 60 fl., die sein Großvater Hirsch Oppenheimer 1715 dem Rotgerber Daniel Bock geliehen hatte. Siehe StAN, Herrschaft Pappenheim, Akten Nr. 5997/VI: Pappenheimer Schreiben an die Reichsstadt Nördlingen vom 24. November 1727.

[295] StAN, Herrschaft Pappenheim, Akten Nr. 4649/I: Gerichtsprotokoll vom 8. Januar 1663.

[296] StAN, Herrschaft Pappenheim, Akten Nr. 4648: Amtsprotokoll vom 20. Mai 1679.

Kap. 5: Die wirtschaftliche Tätigkeit der Pappenheimer Juden

Betätigung der Pappenheimer Juden eine nicht unbedeutende Rolle spielte. Folglich verwundert es nicht, wenn die Pappenheimer Schutzjuden Löw Amson, Isaac Feis und Hirsch Joseph von einer 1788 *in dem Eichstätter Lande vorwaltenden Vieh-Seuche* betroffen waren, indem über ihre Pferde eine Quarantäne verhängt wurde[298]. Hinweise auf wirtschaftliche Aktivitäten Pappenheimer Juden im Hochstift Eichstätt gibt es unter anderem aus Berching[299], Dollnstein[300], Mörnsheim[301], Nassenfels[302], Obereichstätt[303], Ochsenfeld[304], Rupertsbuch[305], Schernfeld und Schönfeld[306], Sollngriesbach[307], Töging[308] und Wellheim[309].

Aus dem 18. Jahrhundert gibt es vereinzelte Hinweise darauf, dass Pappenheimer Juden die Frankfurter Messe besuchten. Wie aus für ihn ausgestellten Pässen zu entnehmen ist, reiste Nathan Reutlinger im Jahr 1710 sowohl zur Frühjahrs- als auch zur Herbstmesse nach Frankfurt. Während der Pass aus dem März für ihn allein galt, gab der vom 2. September an, dass *der allhiesige Schutzverwandte Nathan Reutlinger Jud mit seinem Knecht Berlein Juden in seinen gewißen angelegenheiten in die Messe nacher Frankfurt zu Pferde zu verreißen intentionirt sei*[310]. Berle hielt

---

[297] StAN, Herrschaft Pappenheim, Akten Nr. 6003/53, fol. 43: Eintrag vom 4. April 1786. Siehe auch Kapitel 4.1.

[298] StAN, Herrschaft Pappenheim, Akten Nr. 6003/58, fol. 97, 101: Einträge vom 12. und 19. August 1788.

[299] Joseph handelte im Dezember 1701 mit einem in Berching im Quartier liegenden Quartiermeister. Siehe StAN, Herrschaft Pappenheim, Akten Nr. 8141: Berchinger Schreiben an den Pappenheimer Stadtvogt vom 3. Dezember 1701.

[300] Samuel Beer kaufte 1702 von Michael Neumeyer ein Pferd. Siehe StAN, Herrschaft Pappenheim, Akten Nr. 4692/II: Dollnsteiner Schreiben an den Pappenheimer Stadtvogt vom 21. April 1702; 1720 tauschte Israel Samuel mit Anton Müller aus Dollnstein Pferde. Siehe Adel Archivalien Nr. 4628: Eintrag vom 3. Mai 1720.

[301] Pferdehandel zwischen dem Mörnsheimer Kastner Andreas Rohthut und Schmuel dem Jüngeren im Jahr 1697. Siehe StAN, Herrschaft Pappenheim, Akten Nr. 8147: Gesuch Samuels an den Reichserbmarschall vom 18. Oktober 1697.

[302] Schmuel kaufte 1709 vom Nassenfelser Wirt eine Kuh. Siehe StAN, Herrschaft Pappenheim, Urkunden Nr. 4879: Attestat für Schmuel vom 14. Oktober 1709.

[303] Samuel Beer tauschte 1709 mit Jacob Schißler aus Obereichstätt Pferde. Siehe StAN, Herrschaft Pappenheim, Akten Nr. 4692/II: Pappenheimer Schreiben an Pflegsverwalter Groß in Konstein vom 30. September 1709.

[304] Hirsch, der Knecht von Jacob Amson, tauschte dort mit Martin Hirschbeck einen Ochsen gegen ein Pferd. Siehe StAN, Herrschaft Pappenheim, Akten Nr. 5995/I: Eintrag vom 5. September 1692.

[305] Dort kaufte Löw Amson im Juli 1791 vom Wirt Gregg ein Pferd. Siehe StAN, Herrschaft Pappenheim, Akten Nr. 6003/62, S. 188–190: Eintrag vom 20. Dezember 1791.

[306] Im Jahr 1705 nahm Löw David in den beiden Orten für Moyses Guggenheimer Geld ein. Siehe StAN, Herrschaft Pappenheim, Akten Nr. 4704: Amtsprotokoll vom 12. Juni 1705.

[307] Joseph tauschte 1697 mit Peter Koller aus Sollngriesbach (Amt Berching) ein Pferd. Siehe StAN, Herrschaft Pappenheim, Akten Nr. 4692/II: Pappenheimer Schreiben an die Eichstätter Hof- und Regierungsräte vom 8. Mai 1697 und Antwort an Reichserbmarschall Christian Ernst vom 17. Mai 1697.

[308] Mayer ging dort im Jahr 1695 Geschäften nach. Siehe StAN, Herrschaft Pappenheim, Akten Nr. 7129: Schreiben des Kastners zu Töging an den reichserbmarschallischen Syndicus vom 2. April 1695.

[309] Aus einem Schriftwechsel zwischen Pappenheim und dem Verwalter des Eichstätter Pflegamts Wellheim, Johann Melchior Kalb, im Mai 1695 geht hervor, dass Hirsch Oppenheimer dort größere Ausstände hatte. Diese wurden vorübergehend mit einem Arrest versehen, nachdem Samuel bei einem Pferdehandel in Zahlungsrückstand geraten war. Siehe StAN, Herrschaft Pappenheim, Akten Nr. 8135: Pappenheimer Schreiben an den Wellheimer Verwalter Johann Melchior Kalb vom 9. Mai 1695 und dessen Antwort vom gleichen Tag.

[310] StAN, Herrschaft Pappenheim, Akten Nr. 4692/III: Pass vor Nathan Jud nach Frankfurt vom 2. September 1710.

Kap. 5: Die wirtschaftliche Tätigkeit der Pappenheimer Juden

sich im April 1712 dort auf und konnte daher nicht zu dem Überfall verhört werden, der wenige Wochen zuvor auf ihn verübt worden war[311]. Im November 1772 musste Löw Amsons Frau Güttele stellvertretend für ihren Mann vor Amt erscheinen, da sich dieser in Frankfurt auf dem Rossmarkt befand[312]. Max Freudenthals Verzeichnis jüdischer Gäste der Leipziger Messe führt nur einen Besuch durch Pappenheimer Juden auf: 1753 hielten sich Josef Goldschmidt, Esaias Simon und der Diener Heyum in Leipzig auf[313].

Systematischere Aussagen über die auswärtigen Handelsaktivitäten der Pappenheimer Juden sollen durch die Auswertung der Protokolle angrenzender Territorien gewonnen werden. Dabei geht es vor allem um die Frage, wo ihre Schwerpunkte lagen und wie groß ihr Aktionsradius war. Zu diesem Zweck sollen Protokolle aus Eichstätt, Pfalz-Neuburg, Ellingen und Weißenburg herangezogen werden. Diese Territorien bieten sich nicht nur wegen ihrer Nähe zu Pappenheim an, sondern auch weil sie in Pappenheimer Akten als Handelsgebiete Pappenheimer Juden erwähnt wurden. In Anbetracht zahlreicher derartiger Hinweise erscheint das östlich der Herrschaft Pappenheim gelegene Hochstift Eichstätt besonders vielversprechend. Daher wurden neben zwei Judenprotokollen aus Eichstätt und Nassenfels die Briefprotokolle mehrerer im östlichen Teil des an Pappenheim grenzenden mittleren Stifts[314] aus der zweiten Hälfte des 18. Jahrhunderts[315] ausgewertet.

Das von 1751 bis 1782 geführte Eichstätter Judenprotokoll[316] verzeichnet 184 von Juden in der Stadt Eichstätt getätigte Geschäfte. Dabei überwiegen die Pappenheimer Juden mit einem Anteil von 48 % (89 Einträge) deutlich vor den Ellinger (64; 35 %) und Treuchtlinger Juden (13; 7 %). Die Juden aus fünf weiteren Orten spielten mit sehr wenigen Geschäften dagegen eine vernachlässigbare Rolle. Im zeitlichen Verlauf ist auffällig, dass der Pappenheimer Anteil gegen Ende der 60er Jahre deutlich abnam. Nach 1770 gingen nur noch 17 der 69 Geschäftsabschlüsse auf ihr Konto. Dieser Rückgang weist eine auffällige Parallele zur Zunahme der von auswärtigen Juden getätigten Geschäfte in der Herrschaft Pappenheim auf und könnte ein Hinweis auf eine abnehmende Wirtschaftskraft der Pappenheimer Juden sein. Der in Eichstätt mit Abstand aktivste Pappenheimer Jude war Löw Amson mit 45 Geschäftsabschlüssen, gefolgt von Samuel Amson (22); auf sieben weitere Pappenheimer Juden entfielen nur einzelne Geschäfte[317]. In erster Linie wurde mit Pferden gehandelt, die sowohl getauscht als auch verkauft wurden, daneben mit wenigen Kühen und Ochsen. Lediglich ein einziges Warengeschäft wurde protokolliert. Zu vielen der zum Teil höher gestellten Geschäftspartner bestanden offensichtlich langfristige Kontakte. Beispielsweise schuldete Johann Georg Zinsmeister, Mitglied des Äußeren Rats, Samuel Löw insgesamt 230 fl. Zuerst hatte er von ihm ein Paar Ochsen für 92 fl. erhalten, dann bei einem Pferdetausch

---

[311] StAN, Herrschaft Pappenheim, Akten Nr. 4645/III/1: Protokoll vom 24. April 1712.
[312] StAN, Adel Archivalien Nr. 4612, S. 239–240: Eintrag vom 2. November 1722.
[313] FREUDENTHAL, Leipziger Messegäste, S. 171.
[314] Zur Struktur des Hochstifts Eichstätt siehe: HIRSCHMANN, Eichstätt, S. 17–155.
[315] Der Versuch Einblicke in die jüdische Wirtschaftstätigkeit im 17. und frühen 18. Jahrhundert zu gewinnen scheiterte, da die herangezogenen Protokolle keine dementsprechenden Einträge enthielten. Dabei handelt es sich um folgende Protokollbände: StAN, Hochstift Eichstätt, Eichstätter Archivalien Nr. 5590 (1710–1718) und Nr. 5591 (1719–1725): Briefprotokoll des Stadtrichteramts Eichstätt: Kaufprotokoll; Nr. 5641: Briefprotokoll des Landvogteiamts Eichstätt (1678–1684); Nr. 5678: Briefprotokoll des Amts Nassenfels (1672–1684).
[316] StAN, Hochstift Eichstätt, Eichstätter Archivalien Nr. 5618: Judenprotokoll Eichstätt (1751–1782).
[317] Bei ihnen handelt es sich um Samuel Löw, Joseph Isaac, David Model, Israel Feis, Löw Jacob, Isaac Jacob und Hirsch Joseph.

38 fl. Aufgabe zu zahlen und sich schließlich 100 fl. geliehen. Der Posthalter Franz Matern Danner schuldete Löw Amson bereits 230 fl. für mehrere Pferde, als er ihm im Juni 1766 bei einem Pferdetausch 45 fl. Aufgabe zu entrichten hatte.

Das Judenprotokoll im Pfleg- und Kastenamt Nassenfels umfasst den Zeitraum von 1764 bis 1804[318]. Der Anteil der Pappenheimer Juden schwankt im zeitlichen Verlauf stark, liegt aber mit 157 von 284 Einträgen insgesamt bei über 50 %. So dominierten die Pappenheimer Juden zwischen 1764 und 1766 sowie 1784 und 1804 mit einem Anteil von über 80 %, während zwischen 1766 und 1778 die Treuchtlinger Juden deutlich überlegen waren. Angesichts der langen Protokollierungszeit verwundert es nicht, dass die Geschäfte einer vergleichsweise großen Personenzahl verzeichnet wurden. Unter den Pappenheimer Juden werden Samuel Löw (31 Einträge), Hirsch Joseph (23) und Löw Jacob (17) am häufigsten erwähnt. Letzterer dürfte als Knecht Löw Amsons gehandelt haben, der selbst nur auf acht Einträge kommt. Neben den schon genannten gab es etliche Pappenheimer Juden, die nur sehr wenige Geschäfte protokollierten, so zum Beispiel Judas Feis, Israel Feis und Jandoph Abraham mit jeweils einem Eintrag. Anders als das Eichstätter Judenprotokoll verzeichnet das Nassenfelser Protokoll nicht nur die Geschäftsabschlüsse in einer einzigen Stadt, sondern die eines ganzen Amtes und damit mehrerer Ortschaften. Die Pappenheimer Juden waren nicht so sehr in Nassenfels selbst (19 Einträge), sondern vor allem in Buxheim (66) und Egweil (40) aktiv. Es wurde ausschließlich der Handel mit Pferden protokolliert. Der Tausch – meist gegen Pferde, seltener gegen Kühe oder Stiere – überwiegt gegenüber dem Verkauf bei Weitem.

Die Ämter Dollnstein und Mörnsheim im Westen des mittleren Hochstifts lassen wegen ihrer Nähe zu Pappenheim eine besonders wichtige Rolle als Absatzmärkte für Pappenheimer Juden erwarten. Die Briefprotokolle des Pfleg- und Kastenamts Dollnstein aus der Zeit 1755 bis 1762 verzeichnen 78 »jüdische« Einträge, von denen sich 55 auf Pappenheimer Juden beziehen[319]. Unter diesen weisen Löw Amson (25), Samuel Amson (12) und Jacob Samuel (8) einen hohen Anteil auf. Wie in allen bisher behandelten eichstättischen Protokollen wurden auch hier fast nur Pferde, selten Stiere, Kühe und Ochsen gehandelt. Eine Ausnahme stellt der Verkauf von Wolle für 28 fl. durch Löw Amson an Martin Rothlink, *Factor zu Hagenacker*, dar. Die christlichen Kunden stammten vor allem aus Dollnstein, daneben aus Breitenfurt, Eberswang, Hagenacker, Haunsfeld, Hochholz und Schönfeld.

Aus dem Kastenamt Mörnsheim wurden die Briefprotokolle der Jahre 1726 bis 1737 sowie 1753 bis 1787 untersucht[320]. Nicht zuletzt wegen der 16-jährigen Zäsur soll bei der Auswertung zwischen dem früheren und dem späteren Zeitraum differenziert werden. Zwischen 1726 und 1737 wurden 45 Geschäfte mit jüdischer Beteiligung protokolliert. Davon entfielen 33 auf Pappenheimer Juden, unter denen Nathan Reutlinger dominierte (24). Von den 196 Einträgen aus der Zeit von 1753 bis 1787 beziehen sich 104 auf Pappenheimer und 83 auf Treuchtlinger Juden. Dagegen finden sich kaum Juden aus anderen Orten wie Berolzheim, Ellingen, Thalmässing oder Oettingen. Interessant

---

[318] StAN, Hochstift Eichstätt, Eichstätter Archivalien Nr. 5685: Judenprotokoll des Amts Nassenfels (1764–1804).

[319] StAN, Hochstift Eichstätt, Eichstätter Archivalien Nr. 5667 (1755–1759), Nr. 5668 (1759–1761): Briefprotokoll des Amts Dollnstein. Keine Juden betreffenden Einträge fanden sich dagegen in Nr. 5669 (1761–1769).

[320] StAN, Hochstift Eichstätt, Eichstätter Archivalien Nr. 5671 (1726–1737), Nr. 5672 (1753–1769), Nr. 5673 (1769–1773), Nr. 5674 (1773–1777), Nr. 5675 (1777–1781), Nr. 5676 (1782–1787): Briefprotokoll des Amts Mörnsheim.

Kap. 5: Die wirtschaftliche Tätigkeit der Pappenheimer Juden

ist der zeitliche Verlauf. Zwischen 1753 und 1769 überwiegen die Pappenheimer Juden noch deutlich (62 von 88 Einträgen), danach ist die wirtschaftliche Aktivität der Treuchtlinger Juden stets geringfügig größer als die der Pappenheimer. Zwischen 1782 und 1787 sind die Treuchtlinger Juden dann sogar deutlich überlegen: 26 gegenüber 16 Protokolleinträgen. Bezüglich der Art der festgehaltenen Geschäftsabschlüsse ergibt sich in Mörnsheim ein völlig anderes Bild als bei den bisher behandelten Protokollen. Vor 1737 überwiegen Grundstücksgeschäfte – der An- und Verkauf sowie Tausch von Äckern und Wiesen – vor nicht näher begründeten Schuldforderungen, Viehhandel und Kreditgeschäften. Nach 1753 dominierte auch hier der Viehhandel, doch daneben wurden einige Grundstücksgeschäfte und etliche Kredite protokolliert. Ein Grund für diese Besonderheit dürfte die Lage der von dem Protokoll abgedeckten Orte sein. Die Einträge im frühesten Protokollband beziehen sich fast ausschließlich auf Langenaltheim, einen Ort in dem sowohl Pappenheim als auch Eichstätt und Ansbach Herrschaftsrechte ausübten. Einige der Handelspartner waren sogar Pappenheimer Untertanen, doch sie erwarben hochstiftische Äcker bzw. verschrieben solche bei einer Kreditaufnahme. Folglich wurden die Geschäftsabschlüsse in Mörnsheim und nicht in Pappenheim protokolliert. Im späteren Zeitraum von 1753 bis 1787 ist zwar auch Langenaltheim der Ort, auf den die meisten Protokollierungen (26) entfallen, doch insgesamt ist die Verteilung weitaus gleichmäßiger. In nur geringem Abstand folgen Mühlheim (25), Mörnsheim (18) und Schernfeld (10).

Die Briefprotokolle des Vizedomamts Eichstätt für die Jahre 1766 bis 1773 verzeichnen 45 von Juden getätigte Geschäfte[321]. Neben den Pappenheimer Juden (11 Einträge, davon Löw Amson 8 und Abraham Feis 3) kommt denen aus Ellingen (13) und Berolzheim (11) eine vergleichbare Bedeutung zu. Die 40 Einträge im Protokoll der Landvogtei Eichstätt für die Jahre 1775 bis 1779 entfallen überwiegend auf Treuchtlinger (17) und Pappenheimer (16) Juden[322]. Unter den Pappenheimern dominieren Löw Amson und Abraham Feis mit jeweils fünf Einträgen vor Löw Jacob (3) sowie Daniel Löw, Amson Feis und Jandoph Abraham (je 1). Die Orte, in denen diese Geschäfte stattfanden, Adelschlag, Biesenhard, Echenzell, Eitensheim, Hitzhofen, Inching, Möckenlohe, Obereichstätt, Ochsenfeld, Pietenfeld, Tauberfeld und Wintershof, liegen ebenso wie die des Vizedomamts rund um die Residenzstadt Eichstätt. Im Briefprotokoll des Klosters St. Walburg für den Zeitraum 1762 bis 1774 finden sich nur drei Eintragungen von Geschäften, an denen Juden beteiligt waren, die sich alle auf Pappenheimer Juden beziehen[323]. Im Gegensatz zu den bisher untersuchten Ämtern finden sich im Briefprotokoll des nördlich von Eichstätt gelegenen Amtes Titting aus der Zeit von 1762 bis 1771 überhaupt keine Pappenheimer Juden. Der dortige Markt wurde vor allem von Thalmässinger, daneben einzelnen Berolzheimer Juden bestimmt[324].

Zusammenfassend kann festgehalten werden, dass sich die Handelsaktivitäten Pappenheimer Juden im Hochstift Eichstätt vor allem auf Eichstätt und seine Umgebung, die westlichen Ämter Dollnstein und Mörnsheim sowie auf Nassenfels im Süden konzentrierten. Daher wären für das zwischen Mörnsheim und Nassenfels gelegene Amt Wellheim ebenfalls Hinweise auf Pappenhei-

---

[321] StAN, Hochstift Eichstätt, Eichstätter Archivalien Nr. 5628 (1766–1769) und Nr. 5629 (1770–1774): Briefprotokoll des Vizedomamts Eichstätt.
[322] StAN, Hochstift Eichstätt, Eichstätter Archivalien Nr. 5651: Briefprotokoll des Landvogteiamts Eichstätt (1775–1779).
[323] StAN, Hochstift Eichstätt, Eichstätter Archivalien Nr. 5718: Briefprotokoll von St. Walburg (1762–1774).
[324] StAN, Hochstift Eichstätt, Eichstätter Archivalien Nr. 5821: Briefprotokoll des Amts Titting-Raitenbuch (1762–1771).

Kap. 5: Die wirtschaftliche Tätigkeit der Pappenheimer Juden

mer Juden zu erwarten gewesen. Das herangezogene Briefprotokoll für die Jahre 1767 bis 1778 enthält jedoch keine auf Juden bezogene Einträge, wohl weil in diesem vor allem Hausverkäufe, nicht aber der Handel mit Pferden festgehalten wurde[325].

Im Süden grenzte das Fürstentum Pfalz-Neuburg an die Herrschaft Pappenheim. Die geringe Distanz und das Vorliegen einzelner Hinweise rechtfertigen einen näheren Blick auf das dortige Landrichteramt Monheim. Mit Judenprotokollen, die den Zeitraum von 1703 bis 1741 abdecken, steht eine vergleichsweise leicht auszuwertende Quelle zur Verfügung[326]. Die daraus gewonnenen Ergebnisse sind jedoch insofern enttäuschend, als sich von ca. 4050 Einträgen nur zehn auf Pappenheimer Juden beziehen. Diese betreffen die Orte Daiting, Ensfeld, Graisbach, Itzing, Liederberg und Weilheim. Eine mögliche Erklärung für die geringe Präsenz Pappenheimer Juden in dem nur 14 Kilometer entfernten Monheim dürfte darin zu finden sein, dass dort – zumindest bis 1742 – eine nicht unbedeutende jüdische Gemeinde bestand. Dieses Ergebnis könnte auf eine Abgrenzung der jeweiligen Handelsgebiete hindeuten. Auch die Briefprotokolle der Stadt Monheim aus der Zeit vor und nach 1742 ändern an diesem Bild nichts – anscheinend gelang es den Pappenheimer Juden nicht, die durch die Ausweisung der Monheimer Juden entstandene Lücke zu füllen[327]. Keinerlei Hinweise ergab die Durchsicht stichprobenhaft ausgewählter Brief- und Kontraktenprotokolle des Landrichteramts Monheim sowie von Protokollen des Landgerichts Neuburg und des Markts Rennertshofen[328].

Offensichtlich gingen Pappenheimer Juden im Gebiet um Harburg Geschäften nach. Am 19. September 1794 gab Fürst Kraft Ernst zu Oettingen-Wallerstein dem Oberamt Harburg den Befehl *weder einem Pappenheimischen noch andern fremden Juden das Handeln im diesseitigen zu gestatten*. Stattdessen sollten sie befragt werden, ob sie bereit wären für eine mögliche Handelserlaubnis ein Konzessionsgeld zu entrichten. Auslöser für diese Weisung war anscheinend die Tatsache, dass Juden aus der Herrschaft Pappenheim im Gebiet des Oberamts Harburg *zum Nachteil der diesseitigen Judenschaft* Handel trieben[329]. Allerdings geben die Kontraktenprotokolle der entsprechenden Jahre, die jedoch hauptsächlich Grundstücksgeschäfte festhielten, keine Hinweise auf die Anwesenheit jüdischer Händler aus Pappenheim[330]. Weitere zur Überprüfung herangezogene Protokolle aus diesem Raum brachten keine anderen Ergebnisse[331].

---

[325] StAN, Hochstift Eichstätt, Eichstätter Archivalien Nr. 5688: Briefprotokoll des Amts Wellheim (1767–1778).

[326] StAA, Pfalz-Neuburg, Literalien Nr. 1225 (1703–1723) und Nr. 1226 (1724–1741): Judenprotokolle des Landrichteramts Monheim.

[327] StAA, Pfalz-Neuburg, Literalien Nr. 1227 (1652–1719) und Nr. 1230 (1740–1749): Briefprotokolle der Stadt Monheim.

[328] StAA, Pfalz-Neuburg, Literalien Nr. 1140 (1741/42), Nr. 1141 (1742/43), Nr. 1142 (1743/44), Nr. 1154 (1755/56), Nr. 1157 (1757/58), Nr. 1159 (1759/60), Nr. 1160 (1760/61), Nr. 1162 (1761/62), Nr. 1163 (1762/63), Nr. 1165 (1763/64), Nr. 1167 (1764/65), Nr. 1169 (1765/66): Brief- und Kontraktenprotokolle des Landrichteramts Monheim; Nr. 1026 (1743–1745) und Nr. 1027 (1772–1774): Brief- und Kontraktenprotokoll des Landgerichts Neuburg an der Donau; Nr. 1257 (1742–1747) und Nr. 1259 (1760–1771): Brief- und Kontraktenprotokoll des Markts Rennertshofen; Nr. 1269 (1738–1741), Nr. 1270 (1779–1787), Nr. 1271 (1787–1799): Schuldverschreibungsprotokolle des Markts Rennertshofen.

[329] StAA, Grafschaft Oettingen-Oettingen, Oberamt Harburg Nr. 704: Dekret Fürst Kraft Ernsts an das Oberamt Harburg vom 19. September 1794.

[330] StAA, Oettingen-Oettingen, Oberamt Harburg B 88 (1790), B 90 (1792) und B 92 (1794): Kontraktenprotokoll des Oberamts Harburg. Die oettingen-wallersteinischen Judenschutzbriefe von 1780 und 1794 sahen für viele Geschäfte keine Protokollierungspflicht mehr vor. Diese erstreckte sich vor allem noch auf den Immobilienhandel. Vgl. MORDSTEIN, Untertänigkeit, S. 371.

[331] Dabei handelt es sich um folgende Protokollbände: StAA, Fürstentum Oettingen-Spielberg B 44: Protokolle

Kap. 5: Die wirtschaftliche Tätigkeit der Pappenheimer Juden

Südöstlich von Pappenheim lag die brandenburg-ansbachische Exklave Solnhofen. Zum Richteramt und Propsteiverwalteramt Solnhofen gehörten nicht nur Solnhofen und seine Nachbarorte, sondern auch weiter entfernte Besitzungen wie einige Anwesen in Alerheim (Ries) und in Orten in der Herrschaft Pappenheim wie z. B. Langenaltheim. Ferner wurden im Solnhofener Protokoll[332] auch Geschäftsabschlüsse in Kurzenaltheim und Meinheim protokolliert, die laut Historischem Atlas in keiner Verbindung zu Solnhofen stehen[333]. Bedingt durch den Einzugsbereich des Protokolls ist es nicht verwunderlich, wenn darin Juden aus Pappenheim, Berolzheim, Gunzenhausen und Oettingen auftauchen. Der Anteil der Pappenheimer Juden liegt hier bei ungefähr 50 % (45 von 89 Einträgen). Ihre Geschäfte konzentrierten sich auf Solnhofen, Büttelbronn und Langenaltheim, wo sie überwiegend mit Äckern und Wiesen handelten.

Im Norden grenzte die Reichsstadt Weißenburg unmittelbar an die Herrschaft Pappenheim. Ein Ziel Pappenheimer Juden war der dortige Rossmarkt, der jedes Jahr im Februar oder März stattfand. Jedoch hatten sie dort lediglich geringe Umsätze. Zwischen 1687 und 1696 verkauften nur Samuel (1688) und Hirsch Oppenheimer (1694 und 1695) je ein Pferd. Aus ihrem niedrigen Anteil an den bei dieser Gelegenheit geforderten Zollabgaben kann gefolgert werden, dass sie im Vergleich zu Juden aus anderen Orten keine besonders wichtige Rolle spielten[334]. Dies bestätigt auch die geringe Zahl Pappenheimer Juden, die von 1749 bis 1763 für ihren Besuch des Rossmarkts Leibzoll entrichteten[335]. Zwischen 1657 und 1668 hatte Amson immer wieder wirtschaftliche Kontakte zu seiner früheren Heimatstadt Weißenburg. Unter anderem verkaufte er dort Eisen, Pferde und Getreide[336]. Unter den jüdischen Gläubigern verschuldeter Weißenburger Bürger befanden sich Anfang des 18. Jahrhunderts mehrere Pappenheimer Juden. Gemeinsam mit den Ellingern sind sie die am häufigsten vertretene Gruppe, während Juden aus anderen Orten wie Berolzheim oder Monheim nur selten erwähnt werden. Beispielsweise schuldete der Rotgerber Hans Georg Rieß Jacob Amson 51 fl. für Nachfristen, 110 fl. für einen Acker und 12 fl. 30 kr. für Häute. Georg Ulrich Haag hatte bei den drei Pappenheimer Juden Hirsch Oppenheimer, Nathan Reutlinger und Jacob Amson Ausstände in Höhe von über 500 fl. – dabei handelte es sich jedoch nur um ein Drittel seiner Gesamtschulden, denn noch einmal gut 1000 fl. war er verschiedenen Christen schuldig geblieben. Daneben hatte er Rückstände in Höhe von 133 fl. 17 kr. bei Fürther, Berolzheimer, Monheimer und Ellinger Juden. Der Schlossermeister Sebastian Staudinger hatte Jacob Amson 200 fl. geschuldet. Nach dessen Tod kaufte Jacob am 21. November 1719 sein Haus in der Pflastergasse und verkaufte es sechs Wochen später an Matthias Freyer[337]. Zwischen 1717 und 1727

über Verträge mit Juden, die den Wert von 6 fl. übersteigen: Oberamt Oettingen (1725–1731); Kaisheim-Kloster, Literalien Nr. 292 (1771–1782) und Nr. 293 (1782–1791): Judenprotokolle des kaisheimischen Amts Sulzdorf; Nr. 524: Juden-Verhörs- und Kontraktenprotokolle des Pflegamts Huisheim (1773–1779); Deutschorden, Kommende Oettingen Nr. 20 (1760–1766), Nr. 21 (1768–1774), Nr. 22 (1775–1783), Nr. 23 (1784–1796), Nr. 24 (1796–1805): Judenprotokolle der Deutsch-Ordens-Kommende Oettingen. Die in den angeführten Protokollen genannten Juden stammten meist aus Oettingen und Harburg, die wenigen auswärtigen aus den brandenburg-ansbachischen Gemeinden Wittelshofen, Treuchtlingen und Steinhart.

[332] StAN, Ansbacher Archivalien Nr. 2930: Protokoll hochfürstlicher Probstämter Solnhofen (1700–1725).
[333] Vgl. HOFMANN, Gunzenhausen, S. 89, 136 und 141–142.
[334] StadtA Weißenburg B 67: Büchlein, darinnen verzeichnet, waß vor Juden am Roßmarkt alhier gewäßen und wie viel Pferd sein verkauft worden (1687–1696).
[335] StadtA Weißenburg A 3449: Rossmarkt (1749–1763).
[336] StadtA Weißenburg B 86: Neues Judenregister angefangen den 1. Januar 1658 (1658–1671).
[337] StadtA Weißenburg B 36: Gerichtsbuch 1708–1736, S. 83–87, 282–283, 455–457; zum Kauf und Verkauf von Staudingers Haus auch: B 27/10: Kanzleiprotokoll 1716–1739, fol. 64v–65r, 78v.

liehen sich mehrere Weißenburger Bürger Geld von Amson Jacob, Hirsch Oppenheimer und Jacob Amson. Noch häufiger sind hier allerdings Ellinger Juden belegt[338].

In Ellingen, dem Hauptort der Deutschordenskommende Ellingen, gab es eine größere jüdische Gemeinde. Daher wäre es, trotz der Nähe zu Pappenheim, überraschend, wenn Pappenheimer Juden dort eine bedeutende Rolle gespielt hätten. Tatsächlich weisen die untersuchten Briefprotokolle nur auf einen geringen Anteil der Pappenheimer Juden hin[339]. Im Jahr 1667 ist zweimal Amschel aus Pappenheim aufgeführt, der vier Jahre zuvor noch als Ellinger Jude bezeichnet wurde; zwischen 1679 und 1682 trat er dann als Weißenburger Jude auf. Im Jahr 1691 kaufte Hirsch Oppenheimer Äcker in Weimersheim und 1692 überließ Martin Neumeyer aus Ramsberg Jacob Amson, dem er 535 fl. schuldete, sein *Gütlein* und vier Jauchert Acker[340].

5.8.3 Zusammenfassung: Grenzüberschreitender Handel

In den beiden vorangegangenen Kapiteln konnte Handel in beide Richtungen nachgewiesen und die Bedeutung der Grenzen relativiert werden. Auswärtige Juden hatten in der Herrschaft Pappenheim mit gut einem Viertel der ausgewerteten Protokolleinträge, vor allem vor dem Hintergrund, dass in Pappenheim Juden lebten, einen beträchtlichen Anteil. Obgleich Unterschiede feststellbar sind, waren sie grundsätzlich in allen Geschäftsbereichen tätig. Die auswärtigen Händler stammten insbesondere aus Treuchtlingen, daneben aus Ellingen, Berolzheim und anderen Orten. Vor allem ihre Herkunft dürfte erklären, warum ein überproportional hoher Anteil ihrer Geschäfte in den Dörfern der westlichen Herrschaft Pappenheim protokolliert wurde.

Gleichzeitig konnten Spuren von zahlreichen Pappenheimer Juden außerhalb der Herrschaft gefunden werden. Zwar wurde dort ein erheblicher Teil der Pappenheimer Juden immer wieder tätig, doch zugleich ist eine Konzentration auf einzelne Familien, beispielsweise Nathan Reutlinger sowie Löw Amson, seinen Bruder Samuel Amson und seinen Sohn Samuel Löw unverkennbar. Das Geschäftsspektrum war viel eingeschränkter als in der Herrschaft Pappenheim selbst und konzentrierte sich im Wesentlichen auf den Viehhandel, insbesondere mit Pferden. Aus den untersuchten Protokollen angrenzender Territorien ergibt sich, dass sich der auswärtige Handel Pappenheimer Juden hauptsächlich in Richtung Osten, vor allem das Hochstift Eichstätt, orientierte. Dabei umfasste ihr Aktionsradius in etwa 25 Kilometer. In Eichstätt, Nassenfels, Dollnstein und Mörnsheim lag ihr Anteil um oder sogar über 50 %, in der Landvogtei Eichstätt bei 33 % und im Vizedomamt Eichstätt immerhin bei einem Viertel. Ebenfalls häufig vertreten waren Pappenheimer Juden in Solnhofen, deutlich seltener in Weißenburg. Auf einen äußerst geringen Anteil kamen sie dagegen in Monheim und Ellingen, überhaupt nicht nachweisbar war ihre Anwesenheit in Harburg. Diese Verteilung dürfte sich im Wesentlichen durch die Konkurrenz anderer jüdischer Gemeinden erklären. Im Norden, Westen, aber auch Süden waren die nächsten Orte mit jüdischer Bevölkerung wie Treuchtlingen, Berolzheim, Ellingen, Harburg, Oettingen, Hainsfarth und (bis 1742) Monheim nicht allzu weit entfernt.

---

[338] StadtA Weißenburg B 27/10: Kanzleiprotokoll 1716–1739. Hier sind jedoch nur höhere Summen verzeichnet und nach 1730 lässt die Überlieferung nach. Dies verdeutlicht das fast vollständige Fehlen von auf Juden bezogenen Einträgen im darauffolgenden Protokollband B 27/11 (1745–1781).

[339] StAN, Deutscher Orden Archivalien Nr. 363 (1663–1668), Nr. 364 (1679–1682), Nr. 366 (1690–1693), Nr. 372 (1719–1723) und Nr. 373 (1728–1733): Ellinger Briefprotokollbücher.

[340] StAN, Deutscher Orden Archivalien Nr. 363, fol. 15v: Eintrag vom 8. November 1663, fol. 112v: Eintrag vom 29. April 1667 und fol. 128v: Eintrag vom 20. Juni 1667; Nr. 364, fol. 15r: Eintrag vom 21. März 1679 und fol. 280r: Eintrag vom 6. April 1682; Nr. 366: Einträge vom 16. Juli 1691 und 17. Juli 1692.

Kap. 5: Die wirtschaftliche Tätigkeit der Pappenheimer Juden

Eine Abgrenzung von Handelsdistrikten fand demnach nicht nur zwischen einzelnen Juden, sondern auch ganzen Gemeinden statt. Während diese zwischen Pappenheim und Monheim sehr deutlich gewesen scheint, weisen Pappenheimer, Treuchtlinger und Ellinger Juden zahlreiche Überschneidungspunkte (sowohl in der Herrschaft Pappenheim als auch im Hochstift Eichstätt) auf, die nicht zwingend territorialen Grenzen folgen mussten[341].

---

[341] Zur Abgrenzung von Handelsdistrikten und den Verlauf von Handelsströmen siehe Karte 1.

Kap. 5: Die wirtschaftliche Tätigkeit der Pappenheimer Juden

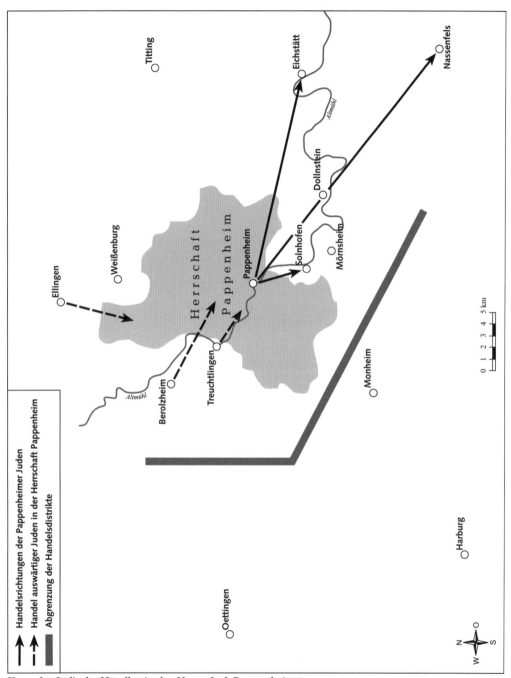

Karte 1: Jüdische Händler in der Herrschaft Pappenheim:
Abgrenzung von Handelsdistrikten und Verlauf von Handelsströmen

6 DIE SOZIALSTRUKTUR DER JUDEN IN PAPPENHEIM

Spätestens Mitte des 17. Jahrhunderts verfestigte sich die Schichtung der Juden im Reich. Sabine Ullmann spricht in diesem Zusammenhang von einer »quasi ständischen Gliederung der jüdischen Gesellschaft«[1]. Im Rahmen dieses Prozesses spalteten sich eine schmale Oberschicht, die überwiegend aus Hoffaktoren bestand, und die Betteljuden von der Mittelschicht der Schutzjuden ab[2].

Die soziale Zusammensetzung der Pappenheimer Juden soll zunächst auf der Grundlage von Steuerverzeichnissen rekonstruiert werden. Daran anschließend wird auf drei Gruppen eingegangen, die gewissermaßen Abweichungen von der Norm darstellten. Hofjuden wurden lange Zeit vor allem mit den großen Höfen des Alten Reichs in Verbindung gebracht. Bekannt wurden beispielsweise Samuel Oppenheimer und Samson Wertheimer am Kaiserhof oder Joseph Süß Oppenheimer (»Jud Süß«) in Stuttgart. Mit dem allgemein gestiegenen Interesse an Land- und Kleinstadtjuden ist in den letzten Jahren die Tatsache, dass es auch in kleineren Territorien Hoffaktoren gab, stärker in den Blick der Forschung geraten[3]. Nicht zuletzt vor dem Hintergrund dieser Erkenntnis soll auf die Hofjuden der Reichserbmarschälle eingegangen werden. Dabei werden sowohl in Pappenheim lebende als auch auswärtige Juden behandelt, die als Pappenheimer Hofjuden bezeichnet wurden. Daneben gab es Juden, die zwar nicht den Hofjuden-Titel trugen, aber durch intensive geschäftliche Beziehungen zu den Reichserbmarschällen auffielen.

Im Zusammenhang mit jüdischer Armut[4] sind zwei Problemgruppen zu unterscheiden: Zum einen ortsansässige Arme und zum anderen durchziehende Betteljuden als ein die Territorialgrenzen übergreifendes Problem[5]. Während Erstere über einen Schutzbrief verfügten, zumindest aber an einem Ort geduldet wurden, beispielsweise weil sie dort geboren und aufgewachsen oder mit dort lebenden Juden verwandt waren, hatten Letztere keinen festen Wohnsitz und hielten sich überall nur vorübergehend auf.

6.1 Die soziale Gliederung der Pappenheimer Juden im Spiegel von Steuerverzeichnissen

Um ein möglichst umfassendes Bild von der Vermögensverteilung unter den Pappenheimer Juden zu gewinnen, wird versucht, ihre soziale Gliederung anhand von Steuerverzeichnissen[6] nachzu-

---

[1] ULLMANN, Pragmatismus, S. 214.
[2] Siehe BATTENBERG, Zeitalter Bd. II, S. 7; HERZIG, Geschichte, S. 133.
[3] DEVENTER, Einleitung, S. 282–283; deutlich wird dies an den auf Deventers Einleitung folgenden Beiträgen über Lippe (VAN FAASSEN, Kleiner Ort), Pfalz-Zweibrücken (BLINN, Hofjuden) und Hohenzollern-Hechingen (HEBELL, Madame Kaulla) im Band von RIES – BATTENBERG, Hofjuden.
[4] Dabei ist natürlich zu berücksichtigen, dass Armut nur eine relative Größe ist und stets im jeweiligen Kontext gesehen werden muss. Vgl. VON HIPPEL, Armut, S. 3.
[5] Vgl. JAKOB, Harburg, S. 108; ULLMANN, Nachbarschaft, S. 372.
[6] Da die Steuerverzeichnisse bereits in Kapitel 4.2. behandelt wurden, soll auf deren Charakter und das Zustandekommen des Steuerfußes als Berechnungsgrundlage für die Steuerzahlung hier nicht mehr näher eingegangen werden.

Kap. 6: Die Sozialstruktur der Juden in Pappenheim

vollziehen. Die dabei gewonnenen Ergebnisse sollen nicht nur für sich allein betrachtet werden, sondern auch mit denen für die christlichen Pappenheimer verglichen werden[7]. Zunächst müssen allerdings einige Einschränkungen bezüglich der Aussagekraft dieser Untersuchung gemacht werden, die in der Natur der Quellen, auf denen sie basiert, begründet sind[8]. Aus Steuerregistern Rückschlüsse auf die soziale Lage der darin verzeichneten Steuerzahler zu ziehen, ist natürlich nur dann zulässig, wenn deren Berechnungsgrundlage tatsächliches Vermögen reflektiert. Das heißt, jemand, der mit 200 fl. Steuerfuß eingestuft ist, sollte in etwa doppelt so viel besitzen wie jemand mit 100 fl. Beim Vergleich zwischen Juden und Christen sollte darüber hinaus für beide Religionsgruppen der gleiche Maßstab herangezogen worden sein. Dies kann keinesfalls als gegeben vorausgesetzt werden, nicht zuletzt, da sich das Vermögen von Juden und Christen unterschiedlich zusammensetzte. Während Juden einen Großteil ihres Besitzes in Handelswaren und Barvermögen angelegt hatten, verfügten die Landbewohner vor allem über Haus-, Land- und Viehbesitz[9]. Demnach dürfte die Gefahr der Verzerrung gerade bei einem Vergleich zwischen Juden und christlicher Landbevölkerung sehr groß sein. Dagegen könnte bei den in einer Stadt dominierenden Handwerkern und Kaufleuten eine größere Nähe zur Vermögensstruktur der Juden angenommen werden, wobei allerdings nicht übersehen werden darf, dass in frühneuzeitlichen Kleinstädten Handwerker und Kaufleute ebenfalls über Landbesitz verfügten. Nicht zuletzt aus diesem Grund beschränkt sich der Vergleich auf die christlichen Bewohner der Stadt Pappenheim, also die Nachbarn der dort lebenden Juden.

Ein weiteres Problem, das bei der Behandlung der Steuern bereits angedeutet worden ist, stellt die Tatsache dar, dass nur der Teil der Juden – ebenso wie der gesamten Bevölkerung – in den Steuerregistern aufgeführt wurde, der steuerpflichtig war[10]. Personen, die wegen ihrer Armut oder aus anderen Gründen von der Steuer befreit waren, tauchen darin also nicht auf. Methodisch weitaus sinnvoller wäre folglich die Verwendung von Vermögensübersichten. Da diese für die Herrschaft Pappenheim jedoch nicht überliefert sind, ist – trotz der geschilderten Mängel bzw. ungeklärten Fragen – auf die Steuerregister zurückzugreifen, denn diese sind die einzigen vorhandenen quantitativen Aussagen. Aus den genannten Gründen sollten die Ergebnisse nicht überbewertet, sondern eher als Tendenz verstanden werden. Genauso wenig darf übersehen werden, dass sich die Rekonstruktion der sozialen Schichtung mit der (Steuer-) Vermögenshierarchie auf eine einzige Kategorie beschränkt.

Im Steuerregister für das Jahr 1697 sind 103 Steuerzahler verzeichnet, darunter acht Juden[11]. Von ihnen befinden sich zwei in der Spitzengruppe: Jacob Amson kommt mit einem Steuerfuß von 475 fl. auf die zweite Position, das heißt lediglich ein Pappenheimer wurde in der Steuer höher eingestuft als er. In nur geringem Abstand folgt ihm Hirsch Oppenheimer mit 400 fl. auf Position 4. Alle anderen Juden liegen unter dem Durchschnitt der Pappenheimer Steuerzahler. Lediglich Berlein (60 fl.; Position 37) und mit Einschränkungen Schmuel der Jüngere (40 fl.; Position 60) können noch der Mittelschicht zugerechnet werden. Dagegen gehören Joseph und Meyer (30 fl.;

---

[7] Sabine Ullmann bemängelt, dass die Forschung bisher vor allem innerjüdische Schichtmodelle entwickelt habe, ohne jedoch einen Vergleich mit der nichtjüdischen Umwelt zu ziehen. Siehe ULLMANN, Nachbarschaft, S. 359. Dort auch ein Beispiel für einen derartigen Vergleich: Ebd., S. 360, 537–539.
[8] Zu den Grenzen der Auswertung von Steuerbüchern für die Rekonstruktion sozialer Verhältnisse siehe SPONSEL, Steuerbücher, S. 239–240.
[9] Vgl. ULLMANN, Nachbarschaft, S. 362.
[10] Siehe dazu Kapitel 4.2.
[11] StAN, Herrschaft Pappenheim, Rechnungen Nr. 6814/1: Steuerregister Michaelis 1697 in Pappenheim.

Kap. 6: Die Sozialstruktur der Juden in Pappenheim

Position 79) sowie Schmuel der Ältere und Izigs Witwe (20 fl.; Position 86) zu den ärmsten Pappenheimern, denn außer ihnen wurden lediglich zwei Personen noch niedriger eingestuft. Somit zeigt sich eine deutliche Spaltung der jüdischen Gemeinde in eine Oberschicht, die aus dem Hofjuden Jacob Amson und seinem Schwager Hirsch Oppenheimer bestand, eine schwache Mittelschicht und mehrere verarmte Personen[12]. Damit durchaus vergleichbar sind die großen Vermögensunterschiede innerhalb der jüdischen Gemeinde in Pfersee, die 1689 von 200 bis 18.500 fl. reichten[13].

Das nur vier Jahre später entstandene Steuerregister von 1701 weist beträchtliche Veränderungen auf[14]. Unter den 102 verzeichneten Personen sind die Juden in der Spitzengruppe nicht mehr so präsent wie noch wenige Jahre zuvor. Dies wird vor allem bei Jacob Amson deutlich, der mit einem Steuerfuß von 100 fl. auf Position 14 zurückgefallen ist. Hier zeigt sich eine Grenze der herangezogenen Steuerregister für Fragen der sozialen Gliederung. Der Steuerfuß von Jacob Amson wurde erheblich gesenkt, da er ein Haus gebaut hatte, nicht aber weil er verarmt war[15]. Hirsch Oppenheimer findet sich gleichfalls etwas weiter hinten (370 fl.; Position 6). Neu dazugekommen ist Nathan Reutlinger, der mit 150 fl. auf Position 9 eingestuft ist. Unter dem Durchschnitt liegen Berlein (60 fl.; Position 37), Schmuel (40 fl.; Position 60) sowie Joseph und Mayer (30 fl.; Position 76) – bei diesen hatte gegenüber 1697 keine Veränderung stattgefunden. Dagegen fehlen die zwei extremsten Fälle von Armut: Schmuel der Ältere und Izigs Witwe, die sich vier Jahre zuvor am unteren Ende der Skala befunden hatten, waren mittlerweile verstorben[16].

Bis zum Jahr 1745 hat sich das Bild deutlich verändert[17]: Zehn der 14 Juden liegen über dem Durchschnitt der insgesamt 210 Steuerzahler. Drei von ihnen gehören zu den reichsten 10 %: Amson Jacob und Salomon Reutlinger (175 fl.; Position 7) sowie Coppel Ullmann (150 fl.; Position 13). Einen überdurchschnittlich hohen Steuerfuß hatten Esaias Simon, Joseph Goldschmidt, Isaac Jacob und Philipp Joseph (100 fl.; Position 20), Jacob Amsons Witwe Güttel (92 fl. 30 kr.; Position 30), aber auch Feis Judas und Abraham Elias Coppel (75 fl.; Position 38). Gegenüber ihren Glaubensgenossen wirken Jacob Samuel, Salomon Meyer, Schmuel Judas und Michel Abraham (50 fl.; Position 72) etwas abgeschlagen. Dieser Eindruck relativiert sich jedoch, wenn man bedenkt, dass sie höher eingestuft waren als 60,5 % aller Pappenheimer.

Bis 1755 vollzog sich, obwohl nur ein Jahrzehnt vergangen ist, ein erheblicher Wandel[18]. Erneut finden sich drei Juden, die zu den am höchsten eingestuften 10 % der 232 Steuerzahler gehören und

---

[12] Soziologische Begriffe wie Ober- und Mittelschicht sind hier, nicht zuletzt da die Schichtung nur auf der Grundlage des Steuerfußes erfolgt, mit großer Vorsicht zu verwenden. Jedoch zeigt Reinhard Jakob in seiner Untersuchung der Harburger Judenschaft, dass die Einteilung in Ober-, Mittel- und Unterschicht durch zeitgenössische Bittschriften gerechtfertigt ist, die das Bewusstsein einer Dreiteilung in »Vermögliche«, »Mittlere« und »Arme« aufzeigen. 1755 gehörten in Harburg 62,3 % der Juden zur Unterschicht, 23,0 % zur Mittelschicht und 14,7 % zur Oberschicht. Siehe JAKOB, Harburg, S. 65–68.
[13] Siehe ULLMANN, Nachbarschaft, S. 360.
[14] StAN, Herrschaft Pappenheim, Akten Nr. 6829: Steuerbares Vermögen bei dem Stadtvogteiamt Pappenheim (1701). Dieses Steuerregister ist in Tabelle 27 im Anhang abgedruckt.
[15] Siehe Kapitel 4.2.
[16] Siehe StAN, Adel Archivalien Nr. 4628, S. 302: Eintrag vom 25. August 1700.
[17] StAN, Herrschaft Pappenheim, Rechnungen Nr. 6333/4: Steuerregister über die Stadtvogtey Untertanen in der Stadt Martini 1745. Die Lücke von 1701 bis 1745 resultiert aus der ungleichen Überlieferung der Steuerregister. Das Steuerregister von 1745 ist in Tabelle 28 im Anhang abgedruckt.
[18] StAN, Herrschaft Pappenheim, Rechnungen Nr. 6333/14: Rittersteuerregister über die Stadtvogtey Untertanen bey der Stadt Martini 1755.

Kap. 6: Die Sozialstruktur der Juden in Pappenheim

somit einer jüdischen Oberschicht zuzurechnen sind. Bei ihnen handelt es sich um Abraham Reutlinger (230 fl.; Position 7), Löw Amson (150 fl.; Position 13) und Isaac Jacob (142 fl. 30 kr.; Position 17). Dahinter bilden Philipp Joseph, Esaias Simon und Joseph Goldschmidt (100 fl.; Position 26) und mit einem etwas geringeren Steuerfuß Schmuel Judas (80 fl.; Position 36) und Feis Judas (75 fl.; Position 37) die gesicherte Mittelschicht. Der Jude, der die wenigsten Steuern zahlen musste, war Michel Abraham (50 fl.; Position 68). Trotz seines Abstands zu den anderen Juden ist seine Situation im jüdisch-christlichen Vergleich als eher gut zu bezeichnen, denn drei Fünftel aller Pappenheimer waren niedriger eingestuft als er.

Im Jahr 1774[19] befanden sich in der Spitzengruppe Löw Amson (150 fl.; Position 11), Henle Salomon Levi (130 fl.; Position 14) und Simon Löw (125 fl.; Position 15). In nur geringem Abstand folgen Philipp Joseph, Esaias Simons Witwe, Joseph Goldschmidt und Hayum Hirsch (100 fl.; Position 21). Die Schlusslichter unter den Juden, Joseph Isaac, Isaac Salomon Model, Israel Feis, Marx Lazarus und Löw Abraham (50 fl.; Position 73), sind im Vergleich mit allen 272 Pappenheimern dem guten Mittelfeld zuzuordnen.

Die untersuchten Steuerregister legen den Eindruck nahe, dass innerjüdische Disparitäten mit der Zeit abgenommen hätten. Immer mehr Juden scheinen der Mittelschicht angehört zu haben, die Zahl der Armen dagegen geringer geworden zu sein. Ein Zeichen dafür ist, dass sich 1755 und 1774 sämtliche Juden über dem Median aller Steuerzahler befanden. Jedoch handelt es sich dabei nur um einen Teil der Wahrheit, wie im Kapitel über jüdische Armut noch näher dargestellt werden soll.

6.2 Die Hofjuden – eine Elite mit Kontakten zum Reichserbmarschall

»Hofjuden« ist der »Oberbegriff für diejenigen Juden, die in einem auf Kontinuität angelegten Dienstleistungsverhältnis zu einem höfisch strukturierten Herrschaftszentrum standen«[20]. Dabei konnten sie einer ganzen Reihe von Tätigkeiten wie Hof- bzw. Heereslieferant, Hofbankier, Hofjuwelier und Diplomat nachgehen. Fakultative Kriterien für die Bezeichnung als Hofjude waren der Titel, verliehene Privilegien, Vorrechte, eine Immediatbeziehung zum Herrschaftsinhaber und die verwandtschaftliche oder geschäftliche Einbindung in die überterritoriale jüdische Oberschicht[21]. Eine so umfassende Definition ist nicht zuletzt deshalb erforderlich, da die Bezeichnung »Hofjude«, obwohl es sich dabei um einen Quellenbegriff handelt, nicht unproblematisch ist. Denn sie impliziert ein ausschließliches Dienst- und Abhängigkeitsverhältnis zum Fürstenhof, das keinesfalls immer gegeben war[22]. An fast allen Höfen im Reich waren Hofjuden anzutreffen, wobei jedoch enorme von Größe und Bedeutung des Hofs abhängige Unterschiede festgestellt werden können, die Auswirkungen auf den Status des jeweiligen Hofjuden hatten. So können die an den kleinsten Höfen tätigen Hofjuden nicht mehr dem unteren Rand der jüdischen Oberschicht zugerechnet werden[23].

---

[19] StAN, Herrschaft Pappenheim, Rechnungen Nr. 6814/20: Berechnung der bey Stadtvogtey Martini 1774 erhobenen ¾ Gulden Steuer.
[20] RIES, Hofjuden, S. 15–16.
[21] Vgl. Ebd.; siehe auch BATTENBERG, Juden in Deutschland, S. 110.
[22] ULLMANN, Nachbarschaft, S. 328.
[23] RIES, Hofjuden, S. 18.

Kap. 6: Die Sozialstruktur der Juden in Pappenheim

Spätestens seit der zweiten Hälfte des 17. Jahrhunderts gab es auch in Pappenheim Hofjuden. Im Schutzbrief für Hirsch Oppenheimer wird dessen künftiger Schwiegervater 1668 von den Marschällen Wolf Philipp und Franz Christoph als *unßer Hofjud Ambson allhier*[24] bezeichnet. Amsons Bedeutung ging über die Grenzen der Herrschaft Pappenheim hinaus, denn er lebte zeitweilig in Weißenburg und hielt sich zu seinem Lebensende ständig in Ellingen auf, wo er ebenfalls Hofjude war[25]. Offensichtlich ist ihm sein Sohn Jacob Amson als reichserbmarschallischer Hofjude nachgefolgt. Erstmals ist dieser Titel 1682 für ihn belegt, 1695 lieh er Graf Christian Ernst Geld[26]. Im Jahr 1726 bezeichnete Johann Friedrich Güttel als *unßeres verstorbenen Hofjudens Jacob Amsons nachgebliebene Wittib*[27]. Jacobs Schwager Hirsch Oppenheimer hatte seit Ende des 17. Jahrhunderts ebenfalls diese Stellung. Da es stets nur einen Hofjuden gab, stellt sich die Frage, wann Jacob durch Hirsch abgelöst wurde. Ein genaues Datum ist nicht bekannt, jedoch erscheint das Jahr 1697 am wahrscheinlichsten[28]. Möglicherweise stand dieser Wechsel in Zusammenhang mit dem Regierungsantritt Christian Ernsts als Reichserbmarschall im Januar 1697[29]. Dieser sprach im Jahr 1712 von *meinem Hof Juden Hirsch Oppenheim*[30]. In einer Übersicht der Pappenheimer Juden wird Hirsch Oppenheimer 1718 als *Hof Jud* aufgeführt[31]. Einige Jahre nach dem Tod von Hirsch Oppenheimer und Jacob Amson übernahm Hirschs Schwiegersohn Nathan Reutlinger diese Funktion[32].

Mit Manaßes Mayer aus Ellingen war 1751 ein nicht in Pappenheim lebender Jude reichserbmarschallischer Hofjude. In einem Pass, mit dem er nach Regensburg reiste, wurde er als *unser Hoffaktor* bezeichnet[33]. Er war nicht der einzige Jude mit engeren Kontakten zu den Reichserbmarschällen, der von diesen einen anderen Titel als den eines Hofjuden erhalten hatte. Joseph Moyses Goldschmidt wurde 1757 als *Hof Factor*[34] bezeichnet, für Samuel Landauer wurde 1747 ein Pass ausgestellt, mit dem er als *unser Hof-Lieferant* in Kurhannover 24 Reit- und Kutschenpferde einkaufen sollte[35]. Hirsch Lippmann war nicht nur kurpfälzisch-bayerischer Hoffaktor, sondern auch *hiesiger Hof- und Cammeragent*[36]. Salomon Reutlinger wurde als *Cabinets-Factor Jud*

---

[24] StAN, Herrschaft Pappenheim, Akten Nr. 4692/II: Schutzbrief für Hirsch Oppenheimer vom 15. Februar 1668.
[25] So schuldete Georg Schuster aus Langenaltheim *Ambsohn Schutzverwandten Hofjuden zu Ellingen* Geld: StAN, Herrschaft Pappenheim, Akten Nr. 4635/38, fol. 155r: Eintrag vom 26. Mai 1689.
[26] StAN, Herrschaft Pappenheim, Akten Nr. 9198: Protestschreiben der Bürgerschaft vom 12. Mai 1682; Urkunden Nr. 4564: Quittung Christian Ernsts vom 25. September 1695.
[27] StAN, Herrschaft Pappenheim, Akten Nr. 8190: Resolutio Illustrissimi Domini Senioris vom 27. Juni 1726.
[28] Eine Auswertung des Pappenheimer Amtsprotokolls (StAN, Herrschaft Pappenheim, Akten Nr. 4635) ergab, dass es Belege für Jacob Amson als Hofjude aus den Jahren 1679 bis 1696 gibt, der früheste für Hirsch Oppenheimer aus dem Dezember 1697 stammt. Erst nach Hirschs Tod im Januar 1725 wurde Jacob wieder als Hofjude bezeichnet: Adel Archivalien Nr. 4542, S. 111: Eintrag vom 5. Dezember 1725.
[29] Dies wäre keineswegs ungewöhnlich, da mit dem Tod des Herrschers in der Regel die Tätigkeit des Hofjuden endete. Vgl. RIES, Hofjuden, S. 19.
[30] StAN, Herrschaft Pappenheim, Akten Nr. 8151: Schreiben Christian Ernsts an den Verwalter zu Weimersheim vom 17. März 1712.
[31] StAN, Herrschaft Pappenheim, Akten Nr. 8196: Designation der allhiesigen Juden Familien vom 28. Februar 1718.
[32] StAN, Herrschaft Pappenheim, Akten Nr. 8204: Amtsprotokoll vom 3. August 1734.
[33] StAN, Herrschaft Pappenheim, Rechnungen Nr. 2907/4: Rechnung vom 17. März 1751; Akten Nr. 5916/II: undatierter Pass für Manaßes Meyer und seinen Bruder Isaac.
[34] StAN, Herrschaft Pappenheim, Akten Nr. 5916/XIV: Pass für Joseph Moyses Goldschmidt vom 3. April 1757.
[35] StAN, Herrschaft Pappenheim, Akten Nr. 5916/II: Pass für Samuel Landauer vom 14. April 1747.

Kap. 6: Die Sozialstruktur der Juden in Pappenheim

bezeichnet[37]. Ob diese begrifflichen Unterschiede Auswirkungen auf Status und Aufgaben der Juden hatten, kann aus den vorhandenen Akten nicht erschlossen werden. Auffällig ist, dass fast alle Pappenheimer Hofjuden von Amschel bis zu Salomon Reutlinger miteinander verwandt waren: Neben dem für die Tätigkeit erforderlichen Geld dürften auch die Kontakte zum Reichserbmarschall vererbt worden sein[38].

Im Rezess von 1692 war ausdrücklich auf die Stellung des Hofjuden eingegangen worden. Unter den vier in der Stadt geduldeten Juden sollte ein Hofjude sein, den *ein älterer Herr zu genuß des Schutzgeldes und der Helfte der Nachsteuer, doch, daß er im übrigen, gleich andern Judten, denen Sazungen und Verträgen allenthalben gemäß sich zu bezeigen habe, für sich zu wehlen hat*. Weitere Konsequenzen aus der *annehm- und erwehlung eines Hof Juden* wurden jedoch nicht thematisiert[39]. In einem Gesuch an den Reichserbmarschall beklagten sich gräfliche Beamte im Mai 1732 darüber, dass sich Nathan Reutlinger *als angenohmener Hof Jud [...] dato gegen der Gemeinherrschaft noch nicht legitimiret* habe. Eigentlicher Auslöser für den Konflikt um die Stellung Nathan Reutlingers scheint die Tatsache gewesen zu sein, dass er *von deren Jurisdiction exempt wolle erachtet werden*. Die Beamten betonten, dem Reichserbmarschall stehe zwar zu, einen Juden zum Hofjuden zu ernennen, ansonsten habe sich dieser aber wie die anderen Juden zu verhalten und folglich bleibe Nathan Reutlinger *der gemeinherrschaftlichen Iurisdiction um so mehr unterworfen*. Schließlich treffe dies auch auf Hofbedienstete, die wie Nathan Reutlinger bürgerliche Häuser besitzen, zu[40].

Über die Ernennung zum Hofjuden liegen nur für Nathan Reutlinger Informationen vor. Am 29. Mai 1731 stellte Reichserbmarschall Friedrich Ferdinand für ihn ein Schriftstück aus, das an einen Schutzbrief erinnert:

wir in gnaden resolvirt haben Nathan Reutlinger unseren Schutz Juden alhier zu unserem Hof Factor und Schutz Juden mit allen davon dependirenden freyheiten aufzunehmen, also declariren wir ihn hiermit darzu und haben Ihn zu seiner legitimation dißes Decreten ausfertigen lassen[41].

Besoldete Hoffaktoren gab es in Pappenheim nicht[42]. Jedoch erhielt Salomon Reutlinger 1764 *in betracht seiner [...] gehabten vielen Mühe und Unkosten* in Zusammenhang mit einem Winterquartier und *in Ansehung seiner bewießenen Dienstfertigkeit zu Anschaffung eines im Fall nöthig habenden Capitals für hiesige Stadt und Land zu bevorstehender Römischer Kaiser Wahl einen Douceur von 50 fl.*[43]. Abraham Reutlinger wurde als Gegenleistung für seine *in unsern angelegenheiten beschehenen Verrichtung*[en] von Friedrich Ferdinand die Bezahlung von 120 Zentnern Viehfutter, die er vom Kastenamt erhalten hatte, erlassen[44].

---

[36] StAN, Herrschaft Pappenheim, Amtsbücher Nr. 172, S. 162. Daneben wird einmal auch nur von ihm als *hochgräflichem Reichserbmarschallischen Pappenheimischen Cammeragenten* gesprochen: Adel Archivalien Nr. 4642, S. 119–121: Eintrag vom 19. November 1787.
[37] StAN, Adel Archivalien Nr. 4557, S. 269: Eintrag vom 22. November 1775.
[38] Zu den Verwandtschaftsbeziehungen siehe Kapitel 3.2.2. und Stammtafeln 3, 4 und 5 im Anhang.
[39] StAN, Herrschaft Pappenheim, Urkunden Nr. 4413: Rezess vom 31. Juli 1692; darauf basierend auch: Akten Nr. 4684: Relation des Syndicus Heberer über die Judennachsteuer (undatiert).
[40] StAN, Herrschaft Pappenheim, Akten Nr. 8192: Bericht an den Reichserbmarschall vom 24. Mai 1732.
[41] StAN, Herrschaft Pappenheim, Akten Nr. 8196: Decretum vor den Nathan Reutlinger als Hoff- und Schuz Jud vom 29. Mai 1731.
[42] Ebenso z.B. in Corvey: DEVENTER, Abseits, S. 137. Dagegen weist SCHNEE, Hoffaktorentum, S. 17, – allerdings mit Blick auf größere Höfe – auf eine Besoldung von meist mehreren Hundert Talern hin.
[43] StAN, Herrschaft Pappenheim, Akten Nr. 6003/26, fol. 1: Eintrag vom 5. Januar 1764.
[44] StAN, Herrschaft Pappenheim, Akten Nr. 8210: Weisung Friedrich Ferdinands vom 3. August 1741.

Kap. 6: Die Sozialstruktur der Juden in Pappenheim

Wie vielseitig die vom gräflichen Hof mit Juden getätigten Geschäfte sein konnten, zeigt eine Übersicht aus dem Jahr 1750, die die Zusammensetzung der ausstehenden Forderungen Salomon Reutlingers an den Reichserbmarschall aus der Zeit zwischen 1737 und 1744 in Höhe von 1314 fl. 3 kr. auflistet. Darin sind unter anderem zwei Pferde (85 fl.), Münzen (10 fl.), ein Wechsel (15 fl.), Reisekosten nach Neuburg (5 fl. 56 kr.), ein in Wallerstein gekaufter Hengst (20 fl.), die Aufgabe zu einem Schimmel (20 fl.), sechs Pfund *Duback* (66 fl.) und die Aufgabe zu vier Pferden (382 fl. 30 kr.) aufgeführt[45]. Eine vergleichbare Forderung hatte einige Jahre zuvor Salomon Reutlingers Bruder Abraham aufgestellt: 200 fl. geliehenes Kapital, Lieferung an den Marstall (50 fl.), Reisekosten nach Fürth und Ansbach wegen Bemühung um einen Kredit (42 fl.), Reise nach Augsburg (30 fl.) und mehrmalige Verhandlungen mit dem Posthalter zu Gunzenhausen (60 fl.)[46].

Nach diesem ersten Überblick über die unterschiedlichen Geschäftsfelder soll im Folgenden untersucht werden, in welchen Bereichen Juden, unabhängig davon, ob sie als Hofjuden bezeichnet wurden oder nicht, in ein Dienstleistungsverhältnis mit dem gräflichen Hof in Pappenheim traten. Regelmäßig liehen Juden dem Reichserbmarschall Geld. Von Amschel erhielt Wolf Philipp im Jahr 1668 200 fl. gegen 6 % Zinsen. Zur Begleichung dieser und anderer Schulden sollte ihm bis zu deren völliger Abtragung der Dietfurter Zoll und das Ungeld des Dettenheimer Wirts Simon Schöner zustehen[47]. Der Hofjude Jacob Amson stellte dem Nachältesten Christian Ernst am 25. September 1695 350 fl. *zu Bezahlung der von weyland Herrn Commendanten zu Wülzburg Herrn von Rehbach Fräulein Tochter erkauften zwei Pferd und Chese* zur Verfügung[48]. Seine Witwe Güttel lieh Reichserbmarschall Friedrich Ferdinand im Januar 1734 300 fl.[49]. Kurz zuvor hatte Friedrich Ferdinand von Nathan Reutlinger und seinem Sohn Abraham nicht weniger als 9000 fl. als Kredit erhalten[50].

In zwei überlieferten Fällen verliehen Juden Geld zur Finanzierung von Ereignissen, die das persönliche Leben der Reichserbmarschälle betrafen. Zur *Bestreitung der Krankheits und endlichen Funeral Kosten des hochgräflichen Herrn Graf Nachältesten* Friedrich Carl[51] wurde beschlossen, eine Steuer von allen Untertanen zu erheben. Bis zum Eingang dieser Gelder sollte Isaac Jacob *interim* einen Vorschuss von 600 fl. gegen fünf-prozentige Verzinsung zur Verfügung stellen[52]. Nach einigen Monaten konnte das Darlehen aus der *Andreas Extra Steuer* erstattet werden[53]. Vier Jahre später führte ein freudigeres Ereignis zu Geldbedarf. Das Kanzleiprotokoll hielt fest, der Reichserbmarschall habe *befohlen von hiesiger Schutzjudenschaft ein zu höchst ihro selben vor-*

---

[45] StAN, Herrschaft Pappenheim, Akten Nr. 6003/13, fol. 8v–9v: Eintrag vom 17. Februar 1750.
[46] StAN, Herrschaft Pappenheim, Akten Nr. 8211: Berechnung mit dem allhiesigen Schutz-Juden Abraham Reutlinger Anno 1745.
[47] StAN, Herrschaft Pappenheim, Akten Nr. 8125: Quittung vom 16. März 1668.
[48] StAN, Herrschaft Pappenheim, Urkunden Nr. 4564: Quittung Christian Ernsts vom 25. September 1695.
[49] StAN, Herrschaft Pappenheim, Rechnungen Nr. 2907/10: Berechnung mit der allhiesigen Schutzjüdin Güttel Jecoffin vom 28. Juli 1752.
[50] StAN, Herrschaft Pappenheim, Akten Nr. 8210: Abrechnung zwischen Herrschaft und beeden Schutzjuden Nathan und Abraham Reutlinger vom 19. Februar 1739; zur Verteilung des Geldes zwischen Nathan und Abraham siehe auch: Nr. 8208: Gesuch Nathan Reutlingers an den Reichserbmarschall vom 12. Juli 1739.
[51] Bei dem Verstorbenen handelte es sich um Friedrich Carl (20. Juli 1726–24. Juli 1762), den Sohn von Reichserbmarschall Friedrich Ferdinand, der sich lange Zeit am Stuttgarter Hof aufgehalten hatte. Er starb nach der Rückkehr aus Italien an einem Fieber. Siehe SCHWACKENHOFER, Reichserbmarschälle, S. 268–273; PAPPENHEIM, Geschichte, S. 5–7.
[52] StAN, Herrschaft Pappenheim, Akten Nr. 6003/25, fol. 35: Eintrag vom 3. August 1762.
[53] Ebd., fol. 49: Eintrag vom 26. November 1762; auch: Rechnungen Nr. 6811/42: Einnahmen 1764/65.

Kap. 6: Die Sozialstruktur der Juden in Pappenheim

seyenden Reiße zum Vermählungsfest des Herrn Grafen Wilhelms in Sugenheim annoch nöthig habendes Capital à 300 fl. mit pro cento verzinslich aufzunehmen[54]. Allerdings ist nicht eindeutig, wer das Geld geliehen hat. Einerseits liegt eine Obligation für Isaac Jacob über 600 fl. vor, andererseits klagte die gesamte Judenschaft im Mai 1771 die Rückzahlung des *von Seiner regierenden hochgräflichen Excellenz sub 19. Dezember 1766 occasione der Vermählung [...] entnommenen Capitals von 300 fl.*[55] ein. Da unterschiedliche Geldgeber (Isaac Jacob, gesamte Judenschaft) und Kredithöhen (300 fl., 600 fl.) genannt werden, muss offen bleiben, ob ein oder mehrere Kredite gewährt wurden.

Ein besonderer Anlass, zu dem Pappenheimer Juden dem Reichserbmarschall Geld liehen, waren Kaiserwahlen und -krönungen. Bei diesen kam den Grafen von Pappenheim in ihrer Funktion als Reichserbmarschall nicht nur die Ehre zu, ein angesehenes Amt auszuüben, sondern sie hatten auch die damit verbundenen nicht unerheblichen Kosten zu tragen[56]. Der früheste derartige Beleg liegt für die Wahl Karls VI. am 12. Oktober 1711 in Frankfurt am Main vor. Damals hatte Nathan Reutlinger 333 fl. 20 kr. *zu der Reyse nach Frankfurt zur Wahl und Crönung vorgeschossen*; im Jahr 1723 hatte er erst einen kleinen Teil des Geldes zurückerhalten[57]. Auch für die Wahl von Karls Nachfolger, des Wittelsbachers Karl VII., im Januar 1742 gibt es entsprechende Belege. Diese zeigen, dass sich nicht nur Hofjuden und andere Juden, sondern alle Untertanen an der Finanzierung beteiligen mussten. In der Kanzlei wurde am 17. Januar 1741 beschlossen, für *bevorseyende Römische Königs Wahl* die Kosten durch eine dreijährige Aufnahme von 12–15.000 fl. bei den Untertanen zu finanzieren. Davon sollten 800 fl. auf die Judenschaft, 1200 fl. auf die Pappenheimer Bürgerschaft, 1000 fl. auf die gräflichen Räte und Beamten und der Rest auf die Bewohner der Dörfer entfallen[58]. In Anbetracht der Tatsache, dass die Pappenheimer Juden 1745 nur 10 % der in der Stadt Pappenheim gezahlten Steuern aufbrachten, mussten sie sich – verglichen mit den Bürgern – weit überproportional an den Krönungskosten beteiligen[59]. Über die Verteilung auf die einzelnen Juden liegen nur wenige Informationen vor: Nathan Reutlinger und sein Schwiegersohn Abraham Elias Coppel zahlten 139 fl., Salomon Reutlinger 50 fl. und die Schutzjüdin Güttel Jecoffin zusammen mit ihrem Sohn Isaac Jacob 250 fl.[60]. Im April 1790 wurden von der Kanzlei in Hinblick auf die *zu erwartende Reichserbmarschall Function bey [...] angesetzter Römischer König Wahl* alte Rechnungen durchgesehen. Dabei ergab sich, dass bei der letzten Wahl von der Bürger- und Untertanenschaft 16.000 fl. und von der Judenschaft 1000 fl. geliehen worden waren[61]. Für die

---

[54] StAN, Herrschaft Pappenheim, Akten Nr. 6003/28, fol. 59: Eintrag vom 19. Dezember 1766; Friedrich Wilhelm (1737–1822), Sohn Friedrich Ferdinands, heiratete am 23. Dezember 1766 die 16-jährige Friederike Johanna, Tochter des Johann Wilhelm Friedrich Freiherrn von Seckendorff zu Sugenheim: PAPPENHEIM, Geschichte, S. 13–14; SCHWACKENHOFER, Reichserbmarschälle, S. 288.

[55] StAN, Herrschaft Pappenheim, Akten Nr. 6003/33, fol. 34–35: Eintrag vom 7. Juni 1771.

[56] Vgl. dazu HATTENHAUER, Wahl, S. 98–101; SCHWACKENHOFER, Reichserbmarschälle, S. 251.

[57] StAN, Herrschaft Pappenheim, Akten Nr. 4635/72: Berechnung Nathan Reutlingers Forderung an die hochgräfliche Frau und Herrn Erbsinteressenten im neuen Hauße und deßen Gegenschuld vom 25. Januar 1723.

[58] StAN, Herrschaft Pappenheim, Akten Nr. 5916/XV: Kanzleiprotokoll vom 17. Januar 1741.

[59] Siehe StAN, Herrschaft Pappenheim, Rechnungen Nr. 6333/4: Steuerregister über die Stadtvogtey Untertanen in der Stadt Martini 1745. Dazu auch Kapitel 4.2.

[60] StAN, Herrschaft Pappenheim, Akten Nr. 8209: Berechnung vom 26. Januar 1744; Nr. 6003/13, fol. 8v–9v: Eintrag vom 17. Februar 1750; Rechnungen Nr. 2907/10: Berechnung mit der allhiesigen Schutzjüdin Gütel Jecoffin vom 27. Juli 1752.

[61] Joseph II. war am 27. März 1764 in Frankfurt zum römisch-deutschen König gewählt worden. Diese Angaben, wie auch alle anderen biographischen Informationen zu den Reichsoberhäuptern, basieren auf BAUER, Tabellen, S. 445. Aus einer von Friedrich Ferdinand ausgestellten Quittung geht hervor, dass er *von unserer*

Kap. 6: Die Sozialstruktur der Juden in Pappenheim

Wahl des Jahres 1790 stellte die Kanzlei einen Antrag auf einen ebenso großen Kredit, wies aber auf das Problem des *dermaligen dürftigen Nothstand der hiesigen Judenschaft, bey welcher sehr wenig zu erzielen seyn werde,* hin[62]. Ob die Pappenheimer Juden tatsächlich einen Kredit zur Verfügung stellten, ist nicht bekannt.

Zu den Domänen von Hofjuden gehörte meist die Belieferung des Hofes mit verschiedenen Waren. Heinrich Schnee schreibt dazu: »Hofmarschallamt, Marstall, Küche und Keller wurden vom Hoffaktor versorgt. Er lieferte schlechterdings alles von der Wiege bis zum Grabe, von der Taufe bis zum Begräbnis«[63]. Auch in Pappenheim hatte der gräfliche Marstall wirtschaftliche Kontakte zu Juden. So finden sich unter dessen Ausgaben zwischen 1765 und 1773 unter anderem 125 fl. für einen von Salomon Reutlinger gekauften *schwarz Schimmel Wallachen* und 186 fl. an Löw Amson für zwei Pferde *zum Postzug*. Mit Moses Salomon aus Hechingen wurde am 29. August 1765 ein brauner Hengst, *welcher in Frankfurt von Chur Sachsen erhalten worden,* gegen drei Schwarzschimmel eingetauscht. Moses Salomon erhielt darüber hinaus 187 fl. Aufgabe. Der Marstall wurde nicht nur von Juden beliefert, sondern verkaufte ihnen auch Pferde. Beispielsweise zahlte Salomon Reutlinger für ein Pferd 67 fl. 16 kr., Löw Amson 75 fl. für einen Schimmel, der *aus den Postzug abgegeben worden* war, und Moses Salomon aus Kleinerdlingen auf dem Oettinger Rossmarkt 75 fl. für einen ungarischen Schwarzschimmel[64].

Weitaus besser sind unterschiedliche Warenlieferungen dokumentiert. Jonas Joseph aus Treuchtlingen verkaufte dem gräflichen Haushalt in den Jahren 1751 bis 1754 Waren mit einem Gesamtwert von 534 fl. 14 kr. Beispielsweise lieferte er im Mai 1751 zwei *feine Hüth* für 8 fl. und zwei Ellen Stoff für 2 fl., im März 1752 *zwey Livrehüth zur Staatslivre* für 3 fl. 30 kr. und im Oktober 1752 33 1/3 Ellen *feinen Bett barchent* für 25 fl.[65]. Die gräfliche Küche bezog ebenfalls regelmäßig Waren von ihm: im März 1752 Tee für 7 fl. 36 kr. und im Februar 1753 Tee und Schokolade für 8 fl. 4 kr.[66]. Vereinzelte Geschäfte gab es auch mit dem reichserbmarschallischen Hofjuden Manaßes Mayer aus Ellingen und Fronica Israelin, *Jüdin allhier*, die im März 1752 *vor die jungen Herrn Grafen 6 Ellen Tuch* für 1 fl. 36 kr. lieferte[67]. In den Jahren 1757 bis 1759 sind für Simon Löw zahlreiche Lieferungen an die gräfliche Haushaltung mit einem Gesamtwert von 245 fl. 35 kr. belegt. Beispielsweise erhielt sie von ihm im März 1757 12 1/4 Pfund Zucker, ein halbes Pfund weißen Kandiszucker, 3 1/2 Pfund Kaffee, ein halbes Pfund Mandelkerne, ein halbes Pfund große Rosinen und ein halbes Pfund Konfekt für insgesamt 9 fl. 49 kr. 2 d.[68]. Zwischen 1787 und 1790 zahlte der gräfliche Hof unter anderem an Löw Amson 51 fl. für eine goldene Uhr, Jonas aus Oettingen 45 fl. für ein Kleid und Simon Löw 1000 fl. sowie weitere 111 fl. für *Specerey*[69].

---

allhiesigen Schutzjudenschaft auf unser Ansinnen ein Anlehen von 1000 fl. erhalten hatte. Siehe StAN, Herrschaft Pappenheim, Reichserbmarschallamt Nr. 901: Quittung Friedrich Ferdinands vom 9. Dezember 1763.

[62] StAN, Herrschaft Pappenheim, Akten Nr. 6003/37: Bericht vom 27. April 1790.
[63] SCHNEE, Hoffaktorentum, S. 10. Kritisch zu Schnee und seinen ideologischen Grundlagen haben sich unter anderem SCHEDLITZ, Behrens, S. 3–5, und RIES, Hofjuden, S. 12–13, geäußert.
[64] StAN, Herrschaft Pappenheim, Akten Nr. 5593: Berechnung der Einnahmen und Ausgaben bei den im herrschaftlichen Marstall ver- und erkauften Pferden (1765–1773).
[65] StAN, Herrschaft Pappenheim, Rechnungen Nr. 2907/4 (Januar-Juni 1751), Nr. 2907/6 (Februar-Mai 1752), Nr. 2907/8 (Oktober 1752): Rechnungsbelege der Hofhaltung.
[66] StAN, Herrschaft Pappenheim, Rechnungen Nr. 2907/6 (Februar-Mai 1752), Nr. 2907/9 (November-Dezember 1752): Rechnungsbelege der Hofhaltung.
[67] StAN, Herrschaft Pappenheim, Rechnungen Nr. 2907/4 (Januar-Juni 1751), Nr. 2909/10 (1754), Nr. 2907/6 (Februar-Mai 1752) und Nr. 2907/8 (Oktober 1752): Rechnungsbelege der Hofhaltung.
[68] StAN, Herrschaft Pappenheim, Rechnungen Nr. 2907/14: Rechnungsbelege der Hofhaltung 1757–1761.

Kap. 6: Die Sozialstruktur der Juden in Pappenheim

Unter den Schulden der 1710 verstorbenen Gräfin Amalia befanden sich 301 fl. 34 kr. 2 d. bei Hirsch Oppenheimer. Neben anderen Waren hatte sie zwischen 1692 und 1696 von ihm 32 Ellen graues Florband, 7 3/4 Ellen schwarzes Tuch, neun Dutzend Knöpfe, ein Tuch Leinwand, 5 2/3 Ellen Samt, aber auch 15 Salzscheiben gekauft[70]. Eine Auflistung der Forderungen Nathan Reutlingers an die Erben Reichserbmarschall Christian Ernsts vom 3. August 1722 enthält unter anderem folgende Punkte: 33 fl. für eine grüne mit Gold bestickte Schabracke, 24 fl. für Spitzen, 150 fl. für ein von einem Goldsticker in Schwabach gesticktes *herrschaftliches Kleyd* und 15 fl. für 15 Ellen gestreiften Taft[71].

Die Geschäftsbeziehungen zwischen Hofjuden und Reichserbmarschall konnten ein beträchtliches Volumen erreichen, wie eine Abrechnung zwischen Hirsch Oppenheimer und den Erben des verstorbenen Reichserbmarschalls Christian Ernst vom 25. Januar 1723 zeigt. Laut dieser mussten sie ihm für geliehenes Geld und gelieferte Waren 4419 fl. 35 kr. zahlen. Vergleichbare Forderungen hatte auch Jacob Amson, dem zu diesem Zeitpunkt 2004 fl. 32 kr. zustanden. Die ursprünglichen Summen waren bei beiden deutlich höher gewesen, jedoch hatten sie durch unterschiedliche Gegenleistungen wie Getreidelieferungen und Verrechnung mit Abgaben bereits einen großen Teil ihrer Ausstände zurückerhalten[72].

Juden erbrachten den Reichserbmarschällen nicht nur Dienstleistungen, indem sie ihnen Geld liehen oder Waren verkauften, sondern auch durch Reisen in ihrem Auftrag. Amson Jacob ritt im Jahr 1731 dreimal nach Ansbach, um dort der Gräfin *bey jemand ein anlehen von 12 biß 14.000 fl. [zu] verschaffen*[73]. Salomon Reutlinger begab sich 1754 auf herrschaftlichen Befehl unter anderem nach Harburg, Nördlingen und Gunzenhausen[74]. Hinweise auf die Reisetätigkeit von Juden in gräflichem Auftrag liefern auch für sie ausgestellte Pässe. So sollte der für Salomon Reutlinger und Moyses Abraham Reutlinger zum besseren Handeln *so in- als außerhalb Landes in unsern Verrichtungen* dienen. Er bezog sich insbesondere auf die Städte Wien und Frankfurt am Main[75]. Koßmann Gumpertz reiste *in unsern Angelegenheiten nacher Augsburg und weiters nach Wien*[76]. Joseph Moyses Goldschmidt wurde von Reichserbmarschall Friedrich Ferdinand 1757 *wegen unsern Angelegenheiten nach Frankfurt am Mayn und weiters in Holland nach Amsterdam und Haag* geschickt[77].

---

[69] StAN, Herrschaft Pappenheim, Rechnungen Nr. 6331/I: Register über Einnahm- und Ausgabgelder Lichtmeß 1787–1788; Nr. 6331/II: Register über Einnahm- und Ausgabgelder Lichtmeß 1789–1790.

[70] StAN, Herrschaft Pappenheim, Akten Nr. 6648: Schulden welche die hochgräfliche Gräfin Amalia hinterlassen hat (1710).

[71] StAN, Herrschaft Pappenheim, Akten Nr. 4635/72: Berechnung Nathan Reutlingers Forderung an die hochgräfliche Frau und Herrn Erbsinteressenten im neuen Hauße und deßen Gegenschuld vom 25. Januar 1723.

[72] StAN, Herrschaft Pappenheim, Akten Nr. 2103: Copia Abrechnung zwischen Johanna Dorothea verwittibter Reichserbmarschallin und Friedrich Ferdinand und Hirsch Oppenheimer vom 26. Juni 1723 und Nr. 8194: Copia Abrechnung zwischen Johanna Dorothea verwittibter Reichserbmarschallin und Jacob Amson vom 7. Juni 1723.

[73] StAN, Herrschaft Pappenheim, Akten Nr. 2882: Amtsprotokoll vom 20. September 1731.

[74] StAN, Herrschaft Pappenheim, Rechnungen Nr. 2907/11: Rechnungsbelege der Hofhaltung 1754.

[75] StAN, Herrschaft Pappenheim, Akten Nr. 5916/II: Pass für Salomon und Moyses Abraham Reutlinger vom 30. Dezember 1753.

[76] StAN, Herrschaft Pappenheim, Akten Nr. 5916/I: Pass für Koßmann Gumpertz (1757).

[77] StAN, Herrschaft Pappenheim, Akten Nr. 5916/XIV: Pass für Joseph Moyses Goldschmidt vom 3. April 1757.

Kap. 6: Die Sozialstruktur der Juden in Pappenheim

Außer zur Person des Reichserbmarschalls hatten Juden auch finanzielle Beziehungen zu den gräflichen Behörden. So bestätigten Nathan Reutlinger und Hirsch Oppenheimer 1703 die Rückzahlung von 500 fl., die sie sieben Jahre zuvor der Steuerkasse geliehen hatten[78]. Vergleichbare Darlehen gewährten Esaias Simon (216 fl. im Juli 1753)[79] und Simon Löw (300 fl. im Juni 1776)[80]. Wenn Pappenheimer Juden selbst nicht ausreichend Geld zur Verfügung hatten, konnten sie zumindest bei dessen Beschaffung behilflich sein. Simon Levi erhielt im Juni 1790 *für Verschaffung* eines Darlehens von 1200 fl. für die Steuerkasse 2 % Provision[81]. Während die Akten oftmals nur einen allgemeinen Geldbedarf der Steuerkasse erwähnen, gibt es einige Fälle, in denen der Verwendungszweck des aufgenommenen Geldes festgehalten wurde. Salomon Reutlinger lieh im Jahr 1765 1200 fl. *wegen der erlittenen Kayserlichen Hußaren Quartiers Kosten*[82]. Jacob Amson und Hirsch Oppenheimer mussten *auf hochgräflichen Befehl und bittliches Ansuchen [...] zu liberation und außlosung der zu Thonawerth gefänglich sitzenden Geißel und ihres Anspanns* am 26. August 1703 500 fl. vorstrecken, die ihnen von der Steuerkasse wieder bezahlt werden sollten[83]. Es dauerte jedoch sehr lange, bis sie das Geld zurückerhielten, wie einer von Jacob Amson ausgestellten Quittung vom 29. November 1724 entnommen werden kann. Noch mehr Zeit verging bei Hirsch Oppenheimer: Erst im Jahr 1732 bestätigte dessen Tochter Güttel den Empfang von noch ausstehenden 107 fl. 45 kr. aus diesem Darlehen[84]. Hirsch Oppenheimer hatte dem Stadtvogteiamt zwischen 1678 und 1691 immer wieder Geld geliehen, aber auch Baumaterialien geliefert[85]. Im Jahr 1718 legte er auf herrschaftlichen Befehl für die *Orgelarbeit in allhiesiger Statkirch* 35 fl. aus, damit der Nördlinger Orgelbauer Johann Paulus Prescher bezahlt werden konnte[86]. Amson Jacob schloss im November 1735 mit der Herrschaft einen Vertrag über die Belieferung eines in der Herrschaft Pappenheim im Winterquartier stehenden Regiments. Er sollte von Anfang Dezember an täglich pro Pferd zehn Pfund Heu und einen halben Strich Hafer liefern. Innerhalb von zwei Monaten versorgte Amson Jacob das Regiment mit insgesamt 2363 *Pferdportionen* im Wert von 708 fl. 54 kr.[87].

Zusammenfassend kann festgehalten werden, dass es in Pappenheim zahlreiche Juden mit zum Teil intensiven Kontakten zum Reichserbmarschall und seinem Hof gab. Diese umfassten unter-

---

[78] StAN, Herrschaft Pappenheim, Rechnungen Nr. 6812/1: Quittung von Hirsch Oppenheimer und Nathan Reutlinger vom 15. Juni 1703.
[79] StAN, Herrschaft Pappenheim, Rechnungen Nr. 6811/41: Ausgaben der Steuercassa 1763/64, auch: Nr. 6811/40: Quittung von Esaias Simon vom 11. Oktober 1763.
[80] StAN, Herrschaft Pappenheim, Rechnungen Nr. 6814/25: Quittung für Simon Löw vom 28. Juni 1776.
[81] StAN, Herrschaft Pappenheim, Akten Nr. 6003/61, fol. 56: Eintrag vom 1. Juni 1790.
[82] StAN, Herrschaft Pappenheim, Akten Nr. 6003/27, fol. 9: Eintrag vom 5. Februar 1765.
[83] StAN, Herrschaft Pappenheim, Rechnungen Nr. 6812/14: Syndicus Heberers Quittung für Jacob Amson und Hirsch Oppenheimer vom 26. August 1703. Im September 1703 hatten französische Truppen die zur Herrschaft Pappenheim gehörenden Dörfer Büttelbronn, Langenaltheim und Rehlingen geplündert und dabei den Pfarrer von Büttelbronn als Geisel genommen. Siehe: BayHStA, RKG Nr. 7263: Schreiben Christian Ernsts vom 15. September 1703.
[84] StAN, Herrschaft Pappenheim, Rechnungen Nr. 6812/17: Quittung Jacob Amsons vom 29. November 1724, Nr. 6812/23: Quittung für Güttel Jacobin vom 11. Februar 1732.
[85] StAN, Herrschaft Pappenheim, Akten Nr. 8129: Abrechnung des Stadtvogteiamtes mit Hirsch Oppenheimer (1678–1692).
[86] StAN, Herrschaft Pappenheim, Rechnungen Nr. 6195/I: Rechnung Orgelbauer Preschers vom 18. Dezember 1718.
[87] StAN, Herrschaft Pappenheim, Rechnungen Nr. 6812/25: Vertrag mit Amson Jacob vom 28. November 1735.

schiedliche Bereiche von der Kreditgewährung über die Lieferung von Waren bis zu Vermittlertätigkeiten außerhalb der Herrschaft Pappenheim. Die meisten dieser Juden hoben sich von ihren Glaubensgenossen durch den Titel »Hofjude« ab. Aus diesem darf allerdings nicht auf eine einseitige Konzentration auf den Hof geschlossen werden, denn er war keinesfalls die alleinige ökonomische Basis der Hofjuden[88]. Eine beamtenähnliche Stellung, wie sie von Heinrich Schnee in Betracht gezogen wird, hatten die Pappenheimer Hofjuden mit Sicherheit nicht[89]. Überhaupt trifft vieles, was die Literatur zu Hofjuden festgestellt hat, auf Pappenheim aus verschiedensten Gründen, die von der geringen Größe der Herrschaft bis zum im Vergleich mit einem Samuel Oppenheimer geringen Reichtum der Pappenheimer Hofjuden reichen, nicht zu. So porträtiert J. Friedrich Battenberg Hofjuden als Inhaber einflussreicher Ämter, die den Zu- und Abzug von Schutzjuden einer Region kontrollierten und die Rabbinatsbesetzung organisierten. Zugleich sei für sie die Beziehung zum Fürsten und ihren Geschäftspartnern wichtiger geworden als die Verankerung in der Gemeinde[90]. In Pappenheim gibt es keinen Hinweis auf eine Einflussnahme der Hofjuden bei der Schutzerteilung oder der Einstellung von Rabbinern. Da viele von ihnen wichtige Gemeindefunktionen innehatten[91], kann dies natürlich nicht ausgeschlossen werden. Am ehesten dürften die Pappenheimer den »Hofjuden der älteren Zeit«[92] entsprochen haben, die sich auf den engeren Rahmen ihrer Familie und Region verlassen mussten. Folglich trifft auf Pappenheim die Beschreibung von Hofjuden bei Claudia Prestel ebenfalls nicht zu: »Den Hoffaktoren war der Besitz von Grund erlaubt, und sie bewohnten prachtvolle Häuser außerhalb des Ghettos. Von den für Juden geltenden Sondersteuern, wie z. B. dem Leibzoll, waren sie befreit. Auch Schutzgeld mußten sie im allgemeinen nicht entrichten«[93]. Aus Gründen wie dem Nichtvorhandensein eines Ghettos und ihrem geringeren Reichtum hoben sich die Pappenheimer Hofjuden trotz ihrer besonderen Stellung nicht so stark von ihren Glaubensgenossen vor Ort ab.

6.3 Innergemeindliche Armut und Unterstützung der Betroffenen

Die Verbreitung von Armut unter den Pappenheimer Juden kann anhand der zur Verfügung stehenden Quellen nur begrenzt quantifiziert werden. Die zahlreichen Berichte und Moderationsgesuche zeigen zwar individuelle Schicksale, doch wie viele Juden von Verarmung betroffen waren, kann aus diesen Akten nicht gefolgert werden. Am ehesten ist dies mit Hilfe des Amtsberichts über die Pappenheimer Judensteuern aus dem Jahr 1757 möglich[94]. Darin sind elf Personen verzeichnet, die von den Steuern befreit waren. Moyses Elias Model musste keine Steuern zahlen, weil er keinen Handel mehr trieb. Auf Lebenszeit befreit waren Löw Amsons Mutter Besle (seit 6. Juli 1753), Jacob Samuel (seit 2. August 1753), Salomon Meyer (seit 2. August 1753), Coppel Ullmann (seit 9. November 1753) und Moyses Israel (seit 16. Februar 1757). Ebenfalls keine Steuern mussten Mayer, die alte Arndin und zwei bettelarme Witwen zahlen. Salomon Reutlinger war für zehn Jahre befreit. Da kein Grund dafür angegeben ist, muss es sich nicht zwingend um einen

---

[88] Ausführlicher dazu Kapitel 5.
[89] Vgl. SCHNEE, Hoffaktorentum, S. 4, 19.
[90] BATTENBERG, Juden in Deutschland, S. 42.
[91] Siehe dazu Kapitel 7.2.
[92] BATTENBERG, Juden in Deutschland, S. 109.
[93] PRESTEL, Hoffaktoren, S. 201.
[94] StAN, Herrschaft Pappenheim, Akten Nr. 4719: Amtsbericht über die Pappenheimer Judensteuer vom 10. Oktober 1757.

Kap. 6: Die Sozialstruktur der Juden in Pappenheim

Hinweis auf Armut handeln[95]. Von Michel Abraham, der steuerpflichtig war, heißt es, dass er sich *kaum des Bettels erwehren* könne. Somit konnten durchaus auch Personen, die nicht von Abgaben befreit waren, akut von Armut bedroht sein. Insgesamt musste gut die Hälfte der in dem Bericht beschriebenen Juden keine Steuern bezahlen[96]. Da die meisten Befreiungen auf Lebenszeit zugesagt worden waren, wurde wohl nicht mit einer deutlichen Verbesserung der Situation der Betroffenen gerechnet. Dies spräche für Alter, Krankheit oder eine extrem schwierige wirtschaftliche Lage als Ursache für die Gewährung einer Moderation. Im Folgenden soll – soweit vorhanden – auf die den im Amtsbericht angegebenen Befreiungen zugrunde liegenden Moderationsgesuche eingegangen werden. Rückstände und Moderationen wurden in den Kapiteln zu Schutzgeld und Steuern bereits behandelt. Hier sollen diese Erkenntnisse unter dem Gesichtspunkt Armut aufgegriffen werden, um die Frage zu beantworten, warum jemand um Moderation seiner Abgaben nachsuchte[97]. Auf diese Weise ist jedoch nur eine qualitative Beschreibung der jeweiligen Situation möglich. Ebenso ist die Intention der Verfasser, die damit etwas erreichen wollten, zum Beispiel eine Steuerbefreiung oder den Erlass von Rückständen, bei der Analyse zu berücksichtigen. Allerdings ist fraglich, ob es in einem Ort von der Größe Pappenheims möglich war, zu sehr von der Wahrheit abzuweichen.

Löw Amson wandte sich im Juli 1753 an den Reichserbmarschall, da seine Mutter Besle *als Witwe* nicht mehr in der Lage sei, die *herrschaftliche Schuldigkeiten zu praestiren, wenn ich sie nicht mit meinem Bruder Schmuel unterstützen würde*. Daher äußerte er die Bitte, ihm ihre Schutzstelle zukommen zu lassen und sie dafür vom Schutzgeld zu befreien. Bereits am nächsten Tag teilte ihm die Herrschaft mit, dass seinem Vorschlag entsprochen werde[98]. Edel Ullmann richtete am 9. November 1753 ein Bittgesuch an den Reichserbmarschall, weil sie mit ihrem Mann *wegen harten Zeiten und erlittenen Unglücksfällen in solche Schuldenlast geraten* sei. Ihr Mann könne *in Handel und Wandel wegen seiner bekandten Unfähigkeit keinen kr. verdienen, am allerwenigsten aber mir und meinen armen Kindern ein Brod verschaffen*. Das Geld reiche kaum für die Versorgung der fünf Kinder, geschweige denn für Schutzgeld, Steuern und andere Abgaben. Zuvor habe sie bereits ihr Haus an ihren Bruder Löw Amson verkaufen müssen. Sofort nach Eingang dieser Supplikation sicherte Reichserbmarschall Friedrich Ferdinand eine Befreiung *ad dies vitae in Gnaden* zu[99]. 20 Jahre später hielt sich Edel Ullmann – mittlerweile Witwe – weiterhin in Pappenheim auf. 1777 stellte sie unter Hinweis auf die 1753 erteilte Befreiung *in Betracht ihrer gänzlichen Unvermögenheit* das Gesuch, von neu eingeführten bürgerlichen Abgaben ebenfalls *ad dies vitae* befreit zu werden. Ihrem Wunsch wurde entsprochen, der Aktenextrakt wurde der Supplikantin *de notoriam paupertatem gratis* ausgefertigt[100].

---

[95] Zu vorübergehenden Befreiungen, die im Zusammenhang mit der Neuaufnahme in den Schutz oder dem Bau eines Hauses stehen konnten, siehe Kapitel 4.2.

[96] Dies deckt sich mit den Ergebnissen der Forschung. So war um 1740 ein Viertel der Halberstädter Juden nicht in der Lage, die geforderten Abgaben zu zahlen. Siehe BATTENBERG, Juden in Deutschland, S. 46. In den Städten des Hochstifts Paderborn galten um 1790 zwischen 25 % und 72 % der Juden als verarmt. Vgl. VAN FAASSEN, Geleit, S. 101.

[97] Zu den zahlreichen von Armen in Harburg bzw. Floß gestellten Gesuchen um Moderation des Schutzgelds, die viele Einzelschicksale aufzeigen, siehe JAKOB, Harburg, S. 108–110; HÖPFINGER, Floß, S. 57.

[98] StAN, Herrschaft Pappenheim, Rechnungen Nr. 6333/11: Bittgesuch Löw Amsons vom 5. Juli 1753. Siehe dazu auch Kapitel 2.3.1.1.

[99] StAN, Herrschaft Pappenheim, Rechnungen Nr. 6333/11: Bittgesuch der Edel Ullmann vom 9. November 1753. Siehe auch das vorige Gesuch, in dem Löw Amson darauf hingewiesen hatte, dass er sich *gezwungen gesehen meiner Schwester Hauß auf der Judenschul in Ansehung ihrer beklammten und bekannten unverschuldeten Umstände* zu kaufen.

[100] StAN, Herrschaft Pappenheim, Akten Nr. 6003/40, fol. 34: Eintrag vom 18. März 1777.

Kap. 6: Die Sozialstruktur der Juden in Pappenheim

Bereits im Jahr 1740 war Moyses Israel das Schutzgeld *in Ansehen seiner bekannten Armut* von 10 fl. auf 5 fl. reduziert worden[101]. Am 22. Dezember 1756 richtete er eine Supplikation an den Reichserbmarschall: Er wolle *aus äußerst dringender Noth* vortragen, dass Stadtvogt Zenk von ihm das Schutzgeld für mehrere Jahre gefordert habe. Doch er könne *schon viele Jahre aus großer Armuth weder mit einigen Verdienst noch durch Handel und Wandel das geringste [...] acquiriren*. Die Situation sei so schwierig, dass er samt seiner Frau *im hohen Alter nothleiden, ja wohl gar schon längst Hunger sterben müssen, wann nicht dann und wann gute Leute sich unßerer zu erbarmen sich innigst bewogen finden würden*. Folglich sei er außer Stande irgendwelche Abgaben zu zahlen und bitte um Befreiung für *die noch wenigen Tage unseres Lebens*. Daraufhin wurden ihm im Februar 1757 die Schulden erlassen und die künftige Befreiung vom Schutzgeld zugesichert[102].

Jacob Samuel und Salomon Meyer wurden am 2. August 1753 von der Zahlung künftiger Steuern und Schutzgelder befreit. In ihrem Bittgesuch an den Reichserbmarschall hatten sie darauf hingewiesen, dass sie *in ansehung unseres nahrungslosen und armuthen Zustand* das gemeinsame Haus verkaufen mussten[103]. In einer Supplikation vom 18. Mai 1758, mit der er um Schutzbrieferteilung für seinen zweiten Sohn nachsuchte[104], wies Jacob Samuel auf seine Lage hin:

> bei meinem hohen Alter, beschwehrlichen-schadhaften Leibes Umständen und bey meiner offenbaren großen Dürftigkeit [...] mich von Tag zu Tag weniger im Stande befinde, weder mir am allerwenigsten aber meinen kleinen unmindigen Kindern und noch darzu mutterlosen Weissen den äußerst nothdürftigen Unterhalt zu verschaffen[105].

Die schwierige ökonomische Situation, die in den geschilderten Fällen eine Befreiung rechtfertigte, resultierte also aus einer ganzen Reihe von Ursachen: Tod (Besle) bzw. Krankheit (Edel Ullmann) des Mannes, Alter (Moyses Israel und Jacob Samuel) und der damit verbundenen Unfähigkeit den Handelsgeschäften weiterhin nachzugehen. Bei Jacob Samuel kam dazu, dass er als Witwer Vater von relativ jungen Kindern war. Diese Aussagen stimmen weitgehend mit den Ergebnissen der Forschung überein. So führt Sabine Ullmann Krankheit, Familienstreitigkeiten, Tod des Ehepartners, Unglücksfälle im Handelsbetrieb und den Verlust von Handelstieren als Hauptrisiken für einen jüdischen Haushalt in der Frühen Neuzeit an. Da meist keine Rücklagen für Notfälle gebildet werden konnten, hatten bereits geringfügige Einbußen gravierende Konsequenzen[106].

Der Tod des Mannes stellte Haushalte oftmals vor große Probleme, so dass Witwen besonders von Armut betroffen waren. Samuels Witwe Güttel wies im Schutzgesuch für ihren Sohn Jacob Samuel darauf hin, dass ihr *außer dem geringen Häußlein nichts hinterlassen* wurde und sie sich *nicht zuerhalten weiß, wo nicht mein Sohn Jacob auf das Hauß heyrathet und soviel in die Hände*

---

[101] StAN, Herrschaft Pappenheim, Akten Nr. 6003/IV, S. 31: Eintrag vom 10. August 1740.
[102] StAN, Herrschaft Pappenheim, Rechnungen Nr. 6333/16: Bittgesuch Moyses Israels vom 22. Dezember 1756.
[103] StAN, Herrschaft Pappenheim, Rechnungen Nr. 6333/11: Bittgesuch von Jacob Samuel und Salomon Meyer vom 27. Juli 1753.
[104] Siehe Kapitel 2.3.1.1.
[105] StAN, Herrschaft Pappenheim, Akten Nr. 5916/VIII: Bittschrift Jacob Samuels vom 18. Mai 1758.
[106] ULLMANN, Ehepaar, S. 278–279 und 281–282; HÖPFINGER, Floß, S. 57, hat darauf hingewiesen, dass Gesuche um Senkung des Schutzgelds viele Aktenseiten füllen. Diese wurden vor allem mit Verwitwung, Alter, Krankheit, Unglücksfällen und schlechten Zeiten begründet.

Kap. 6: Die Sozialstruktur der Juden in Pappenheim

bekömt, daß er einen kleinen Handel treiben und mich davon erhalten könne[107]. Um einen extremen Fall handelte es sich anscheinend bei Theresel, der Witwe Arons. In ihrem Gesuch vom Juni 1743 bat sie darum, ihr die noch von ihrem Mann ausstehenden 5 fl. Schutzgeld zu erlassen. Ihr Mann habe *immer dahin getrachtet herrschaftliche Schuldigkeiten abzutragen*, aber seit dessen Tod sei ihr die Bezahlung unmöglich. Hätten sich nicht Juden und Christen ihrer erbarmt, wäre sie *nicht einmahl im Stande gewesen [...] meinen verstorbenen Mann zur Erde zu bestatten*. Nur durch den Verkauf seiner Kleidung habe sie die Begräbniskosten bestreiten können[108]. Auch Witwen, deren Männer finanziell vergleichsweise gut gestellt gewesen waren, konnten sich gezwungen sehen, Moderationsgesuche zu stellen. Zu ihnen gehörten unter anderem Rechel, die Witwe von Esaias Simon, die 1771 *in Betracht ihrer dürftigen Umstände* vom Schutzgeld und der Versteuerung der Handelschaft befreit wurde, und Philipp Josephs Witwe Bela. Letztere war 1775 *wegen berührter nahrungsloßer Umstände und als Witwe* von der Hälfte der Steuern befreit worden[109].

Wie schon mehrfach angeklungen ist, stellte das Alter einen weiteren Risikofaktor dar. Im Schutzgesuch für seinen ältesten Sohn hatte sich Feis Judas als *alterlebten schadhaften unterthänig-treu gehorsamsten Schutzjuden* bezeichnet, der seiner *an sich geringen Handelschaft wenig mehr vorstehen* könne. Bereits vier Jahre zuvor war er auf seine *noch wenige Lebenszeit von allen herrschaftlichen Abgaben befreyet* worden[110]. Auch Samuel Judas wurde 1773 *in Anbetracht seines hohen Alters, großen Dürftigkeit und andere[n] commiserations würdigen Umstände[n]* von allen Abgaben auf Lebenszeit befreit[111]. Im Alter konnten sogar Juden, die bisher mit der Entrichtung ihrer Abgaben keine Schwierigkeiten gehabt hatten, in die Situation kommen, um eine Moderation bitten zu müssen. Joseph Goldschmidt hatte im Jahr 1780 Abgabenrückstände in Höhe von 135 fl. angesammelt[112]. Am 16. September 1780 wandte er sich an den Reichserbmarschall und bat, ihn künftig von Steuern und Schutzgeld zu befreien. Er habe *ganze 39 Jahre meine schuldige hohe herrschaftliche abgaben immerforth* gezahlt, sei jetzt aber unvermögend[113]. Ein Jahr später entschied der Reichserbmarschall, *daß Supplicant seiner dürftigen Umstände wegen [...] pro praeterito et futuro Steuer- und Schutzgeldfrey* sein solle[114].

Seltener sind in den Pappenheimer Akten Krankheit und andere unerwartete Ereignisse als Moderationsgründe zu finden. In einem nicht datierten, wahrscheinlich vor 1710 entstandenen Gesuch bat Schmuel darum, den Schutzgeldrückstand seines mit 75 Jahren verstorbenen Vaters Berle zu erlassen. Dieser sei 40 Jahre lang Schutzjude gewesen und nun nach 2-jähriger Krankheit *endlichen jüngsthin verstorben*. Da Berle während seiner Krankheit *das mindeste nicht handeln noch gewinnen können*, habe er *neben anderen Schulden mehr auch das Schuzgeld uf 2 Jahr mir auf dem Halse gelassen*[115]. Der Steuerrückstand von Israel Feis wurde damit begründet, dass er –

---

[107] StAN, Herrschaft Pappenheim, Akten Nr. 8196: Schutzgesuch Güttels für ihren Sohn Jacob Samuel (ca. 1717/18), auf diesen Sachverhalt wies einige Zeit später auch der jüngere Sohn Israel Samuel hin. Siehe Kapitel 2.3.1.1.
[108] StAN, Herrschaft Pappenheim, Akten Nr. 6003/VIII, S. 5: Eintrag vom 10. Februar 1745.
[109] StAN, Herrschaft Pappenheim, Akten Nr. 5999/V, fol. 23a: Eintrag vom 4. Dezember 1771, Nr. 6003/38, fol. 110: Eintrag vom 5. Dezember 1775.
[110] StAN, Herrschaft Pappenheim, Akten Nr. 5999/IX: Schutzgesuch des Feis Judas für seinen ältesten Sohn vom 4. Juli 1774.
[111] StAN, Herrschaft Pappenheim, Akten Nr. 5999/VII, fol. 16a: Eintrag vom 7. Juli 1773.
[112] StAN, Herrschaft Pappenheim, Akten Nr. 8223: Consignatio der jährlichen Schuldigkeiten Joseph Goldschmidts (undatiert).
[113] Ebd.: Bittgesuch Joseph Moyses Goldschmidts vom 16. September 1780.
[114] Ebd.: Dekret vom 30. Oktober 1781.
[115] StAN, Herrschaft Pappenheim, Akten Nr. 8147: undatiertes Bittgesuch Schmuels.

Kap. 6: Die Sozialstruktur der Juden in Pappenheim

nicht näher bezeichnete – Unglücksfälle erlitten habe[116]. Dabei könnte es sich um Krankheit, Unfall oder Verlust von Handelsvieh handeln.

Ein Beispiel für einen durch eine Reihe ungünstiger Umstände in Bedrängnis gekommenen Juden ist Löw David, der im Jahr 1700 aus Regensburg nach Pappenheim gezogen war. Seine schwierige wirtschaftliche Lage scheint nicht zuletzt durch Unvermögen und Pech entstanden zu sein[117]. Am 13. Mai 1705 wandte er sich mit einer Supplikation an Reichserbmarschall Christian Ernst, da ihm vom Stadtvogt Arrest angedroht worden sei, sollte er nicht die jährlichen Abgaben entrichten. Darin schildert Löw David seine Situation mit den folgenden Worten:

> daß außer mein Verschulden und anderen triftig ursachen Regensburg dazumahln nicht nur alleine quittiren, sondern durch anderes Unglück mehr in das völlige Verderben gesetzt worden und vorjezo fast nicht eines beßern mich zu rühmen, maasen noch biß dato mit Weib und Kind sehr kümmerlich mich fort bringe und gewiß einer mit von den ärmsten Juden allhier [bin][118].

Nach Löw Davids Tod[119] verbesserte sich die Situation für seine Witwe Regina nicht. Am 26. April 1709 wurde ihr ein Pass für eine Reise nach Regensburg ausgestellt. Darin wird gegenüber der reichserbmarschallischen Kanzlei in Regensburg von *ihrer wohlbekannten Armut* gesprochen[120].

Die mit dem Wachstum der jüdischen Gemeinden einhergehende Verarmung erfasste gegen Ende des 18. Jahrhunderts weite Teile Mitteleuropas[121]. Als Reaktion darauf wurde beispielsweise in Pfalz-Zweibrücken im Jahr 1777 eine Differenzierung in drei Schutzgeldklassen eingeführt. Dennoch mussten vor allem nach 1790 viele Juden auch von den reduzierten Sätzen befreit werden[122]. Vor diesem Hintergrund ist die offenbar zunehmende Verschlechterung der wirtschaftlichen Lage der Pappenheimer Judenschaft zu sehen, die sich auch in der schon erwähnten Supplik vom 4. April 1786 äußerte, mit der zehn Pappenheimer Juden eine Reduzierung von Schutzgeld und Steuern erreichten. Diese erfolgte *in mildester Rücksicht Nahrungs-losen Zeiten und ihres Unvermögens, bis ein oder der andere in beßere Umstände versetzet werde*. Zugleich wurden Veränderungen in der Sozialstruktur der Pappenheimer Juden erkannt: Die Halbierung der Abgaben wurde damit begründet, dass die *Handlungs-Steuer nach Beschaffenheit der Gewerbschaft und das weitere jährliche Schutzgeld von 10 fl.* zu jener Zeit festgesetzt worden seien, als *noch weniger und meist vermögliche Juden sich hier befunden* hätten[123]. Doch bereits 1761 waren die Pappenheimer

---

[116] StAN, Herrschaft Pappenheim, Akten Nr. 6003/62, S. 40–43: Eintrag vom 8. Februar 1791.
[117] Siehe WITTMER, Regensburger Juden, S. 51–52; im Jahr 1704 war Löw David, zusammen mit den Treuchtlinger Juden Scheyla und Hirsch, auf dem Rückweg von Ingolstadt im Wald bei Schönau (Hochstift Eichstätt) Opfer eines Überfalls geworden. Die unbekannten Räuber stahlen die Waren in ihrem Karren und ein Pferd. Siehe StAN, Herrschaft Pappenheim, Akten Nr. 4648/II: Kopie des Interzessionalschreibens des Verwalteramts Treuchtlingen an den Eichstätter Bischof vom 28. April 1707, Nr. 4692/III: Schreiben des Mörnsheimer Kastners an Stadtvogt Oßwald vom 19. August 1704 und Nr. 8138: Amtsprotokoll vom 21. August 1704.
[118] StAN, Herrschaft Pappenheim, Akten Nr. 5997/I: Gesuch Löw Davids an Christian Ernst vom 13. Mai 1705.
[119] Das Pappenheimer Friedhofsregister verzeichnet einen Löw Regensburg, der zuletzt in Pappenheim gewohnt hatte. Als Todesdatum ist der 21. Adar 5469 (3. März 1709) angegeben. Siehe StAN, Photosammlung Fremde Archivalien JM 146. In der Steuerbeschreibung von 1697, die ungefähr bis 1715 in Gebrauch war, heißt es Löw *hat den Hals gebrochen und gehet solchem nach ab*. Siehe StAN, Herrschaft Pappenheim, Amtsbücher Nr. 165: Steuerbeschreibung 1697, fol. 67.
[120] StAN, Herrschaft Pappenheim, Akten Nr. 4692/II: Pass für Löw Davids Witwe vom 26. April 1709.
[121] Vgl. MEINERS, Nordwestdeutsche Juden, S. 130.
[122] SCHOLL, Juden, S. 113–114.
[123] StAN, Herrschaft Pappenheim, Akten Nr. 6003/53, fol. 43: Eintrag vom 4. April 1786; siehe auch Nr. 4724: Darstellung der jüdischen Abgaben vom 20. Januar 1814.

Kap. 6: Die Sozialstruktur der Juden in Pappenheim

Juden als *zu keinen sonderlich großen Handelschaften sich qualificirende Judenschaft* charakterisiert worden[124]. Armut stellte nicht nur ein individuelles Problem dar, sondern war von größerem Ausmaß, wie eine Formulierung in einem undatierten Verzeichnis ausstehender Steuern, das um 1790 entstanden sein dürfte, zeigt. Darin wurde vermerkt, dass die große Zahl der *Restanten* durch *die theuren Zeiten und die große Armuth, die in der Stadt herrscht*, verursacht würde[125]. Diese Aussage bezog sich auf die gesamte Bevölkerung – von Armut waren keinesfalls ausschließlich die jüdischen Bewohner Pappenheims betroffen.

Einer der am genauesten dokumentierten Fälle eines verarmten Juden ist Amson Abraham Reutlinger, über dessen Situation mehrere Akten aus den 80er Jahren des 18. Jahrhunderts vorliegen. Im Amtsbericht an den Reichserbmarschall vom 2. September 1782 schrieb der Stadtvogt über diesen, aber auch Henle Salomon Levi:

> So lange es ihre Kräfte zuließen, waren sie richtige und ordentliche Zahler und auch zu der Zeit noch, da sie ihr Schicksal schon zimlich hart drückte, lag ihnen die Entrichtung ihrer jährlichen Abgaben sehr am Herzen, daher es auch kam, daß ihr Rückstand nicht allzu hoch angewachsen; da diesen beeden Schutzjuden nicht mit Grunde nachgesagt werden kann, daß sie das ihre verprasset und durchgebracht haben, sondern ihr Nothstand bloß Schicksaalen bey zu messen ist, so finde mich nach Ausweisung der vorliegenden höchsten Verordnung verpflichtet, beede Euer Gnade und Milde zu empfehlen[126].

Amson Abraham Reutlinger war 1782 mit seiner Abgabenzahlung 12 fl. 7 kr. 2 d. im Rückstand. Bei ihm wird von *bekannten äußerst dürftigen und kummervollen Umstände*[n] gesprochen. Er sei *nicht einmal vermögend* sich und seiner Familie *den täglichen Unterhalt zu verschaffen*[127]. Zu diesem Zeitpunkt (oder kurz darauf) war Amson Abraham Reutlinger bereits nicht mehr in Pappenheim. Der Stadtvogt berichtete am 30. Dezember 1782, Reutlinger befinde sich, *weiln er hier sich und den seinigen nicht den Unterhalt verschaffen kann, zu Prag in diensten*[128]. Auch zwei Jahre später wurde er unter den Steuerrestanten aufgeführt: Er *lebe bekanntlich mit Weib und Kindern in Armuth und hoffe per viam Supplicationis gnädigst befreyet zu werden*[129]. Reutlinger erweckte weiterhin das Mitgefühl der Verwaltung. In seinem Bericht vom Januar 1786 schrieb der Stadtvogt, dass er *kaum die Noth und kummervolle Umstände, worinnen sich der allhiesige Schutzjude Amson Abraham Reutlinger befinde, genug zu schildern vermöge, da er mit Weib und 3 unerzogenen Kindern weder Brod noch Nahrung, auch keine Aussichten auf die Zukunft vor sich habe. Zu beachten sei, dass er nicht durch seine Schuld in eine solche traurige Lage versetzt worden* sei, denn er sei *bekanntlich ein redlicher und arbeitsamer Mann*. In Hinblick auf diese Situation empfahl der Stadtvogt dem Reichserbmarschall, Reutlinger von seinem auf 42 fl. 22 kr. 2 d. angewachsenen Abgabenrückstand zu befreien. Dem wurde auch entsprochen[130].

Aus diesen Formulierungen geht hervor, dass bei Personen, die unverschuldet in Armut geraten waren, große Bereitschaft zu Entgegenkommen bestand[131]. Dies bestätigt der Umgang mit Marx

---

[124] StAN, Herrschaft Pappenheim, Akten Nr. 6003/24, fol. 82v–83r: Eintrag vom 18. November 1761.
[125] StAN, Herrschaft Pappenheim, Rechnungen Nr. 6875/2: Steuerrestverweiß (undatiert).
[126] StAN, Herrschaft Pappenheim, Akten Nr. 7875: Amtsbericht vom 2. September 1782.
[127] StAN, Herrschaft Pappenheim, Akten Nr. 6003/47, fol. 58v–59v: Eintrag vom 10. September 1782.
[128] StAN, Herrschaft Pappenheim, Akten Nr. 7875: Amtsbericht vom 30. Dezember 1782.
[129] StAN, Herrschaft Pappenheim, Akten Nr. 6003/50, fol. 85v–87v: Eintrag vom 29. November 1784.
[130] StAN, Herrschaft Pappenheim, Akten Nr. 6003/53, fol. 10–11: Eintrag vom 17. Januar 1786.
[131] Zur Unterscheidung zwischen »ehrbarer« und »verschuldeter« Armut siehe FISCHER, Armut, S. 26. In Bezug auf Juden dazu: SABELLECK, Nienburg, S. 111.

Kap. 6: Die Sozialstruktur der Juden in Pappenheim

Lazarus, der während seines Aufenthalts in Dittenheim gegen Zahlung eines verringerten Schutzgelds weiterhin Pappenheimer Schutzjude bleiben sollte. Als er nicht mehr zahlen konnte, empfahl der Stadtvogt die Aufrechterhaltung des Schutzes, *weil er ein stiller ordentlicher Mann jederzeit gewesen, der nicht durch sein Verschulden in dürftige Umstände geraten*[132] sei. Auch bei Henle Salomon Levi war die Regierungskanzlei zur Aufrechterhaltung des Schutzes gegen ein sehr geringes Schutzgeld bereit, da er *keineswegs durch Müssiggang um das Seinige gekommen* sei[133]. Größere Bedenken hatten die Behörden gegenüber Joseph Isaac, der bis zum Jahr 1775 einen Steuer- und Schutzgeldrückstand von nicht weniger als 111 fl. 52 kr. 2 d. angehäuft hatte. Am 29. November 1776 suchte er daher um künftige Befreiung von diesen Abgaben. In der Entscheidung der Kanzlei wurde auf seinen problematischen Charakter hingewiesen: Er habe *allerley Stänkereyen in specie in der Judenschule zeithero getrieben und für sich keine herrschaftliche Gnade* verdient. Jedoch sei er *in Rücksicht seines armen Weibes und vieler unerzogener Kinder Illustrissimi anzuempfehlen*. Nur aus diesem Grund sollte ihm sein Rückstand erlassen werden und künftig nicht mehr als 1 fl. Schutzgeld von ihm verlangt werden. Abschließend wurde die Warnung ausgesprochen, dass er, wenn er sich den *geringsten Unfug und Zänkerey wieder zu schulden kommen lassen würde, [...] mit Weib und Kindern aus der Stadt gejagt werden solle*[134].

Die zahlreichen Fälle zeigen – auch wenn jeweils Einzelschicksale dargestellt wurden – wie weit Armut unter den Juden in Pappenheim verbreitet war. Doch welche Maßnahmen ergriff die jüdische Gemeinde gegen dieses grundsätzliche Problem? Die Motivation dafür war nicht zuletzt religiös begründet, da Thora und Talmud die Armenunterstützung als religiöse Pflicht betrachten[135]. In Floß finanzierte sich der von einem Almosenpfleger verwaltete jüdische Almosenfonds durch Stiftungen, die »Kreuzerumlage« und Strafzahlungen[136]. Für Pappenheim gibt es gleichfalls Hinweise auf derartige Strukturen.

Die Pappenheimer Gemeinde verfügte über ein eigenes Almosen. Bei einem Brand in der Synagoge ging unter anderem die *allmoßen büchsen* verloren[137]. Als Amson Jacob 1736 die Judenschule kaufte, erwarb er mit dem Gebäude auch die *auf der Judenschul haftende 200 fl. Landallmoßenschuld*. Einige Zeit später überließ er das Haus seinem Schwiegersohn Coppel Ullmann. Dabei wurde auf die weiterhin auf dem Gebäude haftenden 200 fl. beim jüdischen Landalmosen hingewiesen. Anstatt für dieses Kapital Zinsen zu zahlen, hatte *der jedesmahlige Besitzer den Vorsinger [...] im Hauß Zinß zu behalten*[138]. An dieser Situation scheint sich ein Jahrzehnt später wenig geändert zu haben, denn im Januar 1750 wurden unter den Zahlungsrückständen Coppel Ullmanns 200 fl. aufgeführt, die er *der hiesigen Judenschaft in das landallmoßen* schuldig war[139]. Ferner flossen gemeindeinterne Strafgelder in die Almosenkasse. Beispielsweise wurde in einer 1743 zwischen Salomon Reutlinger und Philipp Joseph nach *Jüdischen Ceremonien* herbeigeführten Einigung festgehalten, dass bei einem Verstoß gegen deren Bedingungen je die Hälfte der Strafe

---

[132] StAN, Herrschaft Pappenheim, Akten Nr. 7875: Amtsbericht vom 27. Oktober 1785.
[133] StAN, Herrschaft Pappenheim, Akten Nr. 6003/56, fol. 57: Eintrag vom 18. April 1787.
[134] StAN, Herrschaft Pappenheim, Akten Nr. 6003/38, fol. 115v: Eintrag vom 19. Dezember 1775 und Nr. 6003/39, fol. 141v–142v: Eintrag vom 29. November 1776.
[135] Siehe VAN FAASSEN, Geleit, S. 255.
[136] HÖPFINGER, Floß, S. 208–209.
[137] StAN, Herrschaft Pappenheim, Akten Nr. 8155: Bittgesuch der Judenschaft an Christian Ernst (ca. 1712).
[138] StAN, Herrschaft Pappenheim, Akten Nr. 6002/II, S. 256: Eintrag vom 13. August 1736 und S. 401–406: Eintrag vom 8. Februar 1740.
[139] StAN, Herrschaft Pappenheim, Akten Nr. 8212: Abrechnung mit sämtlichen Juden zu Pappenheim, fol. 31.

Kap. 6: Die Sozialstruktur der Juden in Pappenheim

an die Herrschaft und *in unsere Allmosen* gehen sollte[140]. Neben Spenden und Strafgeldern scheint das jüdische Almosen sein Kapital auch durch Geldverleih vergrößert zu haben[141]. Hans Michel Zauner aus Osterdorf entlieh am 28. Dezember 1754 100 fl. *von dem allhiesigen jüdischen Landallmosen gegen Zahlung von 6 % Zinsen*[142]. Dies war kein Einzelfall. Gut sechs Jahre später hat Albrecht Ernst Bills Witwe Dorothea aus Neudorf von *dem allhiesigen Judenallmoßen zu Ergänzung ihres jüngsten Sohns Heiratsgut 100 fl. anlehensweise aufgenommen* und zahlte dafür 5 % Zinsen[143]. Während ansatzweise erkennbar ist, dass das jüdische Almosen durch Kollekten, Strafgelder und Zinsen Einnahmen erzielte, fehlen jegliche Hinweise darauf, wie die Verteilung des Geldes an Bedürftige funktionierte. Wie in Floß scheint auch in Pappenheim ein Almosenpfleger für die Verwaltung des Geldes verantwortlich gewesen zu sein. Allerdings findet sich lediglich ein einziger Beleg dafür in einem Kaufvertrag vom 26. Oktober 1751, in dem Salomon Reutlinger als *Allmosen-Pfleger* bezeichnet wird[144].

Besser ist die Quellensituation für die (Hirsch) Oppenheimische Stiftung[145]. Am 30. Juli 1765 wandte sich Amson Jacob aus Ellingen an den Reichserbmarschall. Ihm sei »von den Hirsch Oppenheimischen Erben zu Hamburg in Hinsicht meiner sehr dürftigen Umstände die Wohlthat [...] zugedacht worden, daß ich von denen bey hiesiger hochgräflicher Stadtvogtey gemachten Stiftungsgeldern von 2300 fl. Capital die jährlich davon abfallende Abzinse mit 115 fl. auf das Jahr 1763 bis 1764 [...] in Empfang nehmen solle.« Nun habe er jedoch erfahren, dass die Witwe des Pappenheimer Schutzjuden Esaias Simon bereits ältere Ansprüche auf das Geld habe. Diese solle als *eine bekannte reiche Witwe gegen mich armen Tropfen* zurückstehen. Hintergrund von Amson Jacobs Forderung war die Tatsache, dass bei der *Stadtvogtey eine Stüftung von 2300 fl. von dem ehemaligen Juden Hirsch Oppenheimer deponiert und hinterlegt worden, mit dem ausdrücklichen Beding, daß die davon jährlich fallenden Interessen auf anweißung an arme gefreundte ausbezahlt werden sollen*[146]. Amson Jacob begründete seinen Anspruch mit seiner verwandtschaftlichen Nähe zu Hirsch Oppenheimer: Er habe *ein großes Recht wegen naher freundschaft, indeme der Stifter hievon mein Uhr Großvater ist*[147]. Zehn Jahre später wurden dem Ansbacher Schutzjuden Model Amson Ellinger 65 fl. Zinsen aus der Stiftung zugesprochen[148].

Der Pappenheimer Schutzjude Simon Löw beschwerte sich 1784 bei der Kanzlei über den Gunzenhausener Juden Calman. Dieser sei für die Verteilung des von Hirsch Oppenheimer und seiner Frau bei der Stadtvogtei angelegten Geldes unter armen Verwandten zuständig, *theile aber so sehr nach Gunsten aus, daß die hiesigen armen Verwandte*[n] *darunter Noth litten*. Aus diesem

---

[140] StAN, Herrschaft Pappenheim, Akten 6003/VI, S. 57–65: Eintrag vom 13. Dezember 1743.
[141] Das Almosen weist Gemeinsamkeiten mit den christlichen Kirchenpflegschaften auf, die allerdings stärker im religiös-kultischen Bereich tätig waren. Vgl. SCHRÖCKER, Kirchenpflegschaft; für Augsburg: KIESSLING, Bürgerliche Gesellschaft, S. 102–131.
[142] StAN, Adel Archivalien Nr. 4575, S. 295: Eintrag vom 28. Dezember 1754.
[143] StAN, Adel Archivalien Nr. 4624, S. 1–3: Eintrag vom 17. August 1760.
[144] StAN, Adel Archivalien Nr. 4633, S. 81–82: Eintrag vom 26. Oktober 1751.
[145] Hirsch Oppenheimer war 1668 als Schwiegersohn des Hofjuden Amson aus Wallerstein nach Pappenheim gekommen, er war Hofjude und Barnos. Als er 1725 starb, hinterließ er ein nicht unbedeutendes Vermögen. Siehe dazu Kapitel 3.2.2. und 8.3.
[146] StAN, Herrschaft Pappenheim, Akten Nr. 5916/XII: Gesuch des Amson Jacob an den Reichserbmarschall vom 30. Juli 1765.
[147] StAN, Herrschaft Pappenheim, Akten Nr. 5916/XII: Bittschrift des Amson Jacob an die Stadtvogtei vom 12. Juli 1765.
[148] StAN, Herrschaft Pappenheim, Akten Nr. 6003/38, fol. 26v: Eintrag vom 28. März 1775.

Kap. 6: Die Sozialstruktur der Juden in Pappenheim

Grund habe die Stadtvogtei Calman bereits befohlen, *alles in gehörige Ordnung zu setzen*. Da das Geld bei der Stadtvogtei angelegt war, konnte diese ihm damit drohen ansonsten keine Zinsen mehr auszuzahlen. Unter der daraus resultierenden Verzögerung würde aber, so Simon Löw, Abraham Reutlinger, der ebenso wie seine Frau von Hirsch Oppenheimer abstamme, *schon viele Wochen elend darnieder liege und seiner ohnehin äußerst schmaalen Nahrung nicht nachzukommen vermöge*, leiden. Immerhin konnte Simon Löw erreichen, dass Reutlinger sofort 20 fl. ausbezahlt wurden[149]. Ein Jahr später erhielt auch Abrahams Bruder Nathan 8 fl. Dieser hatte um das Geld *sehr ängstlich* gebeten, weil *nicht nur sein Kind krank seye, sondern auch ihre kostspieligen Feyertage einträten*[150].

Bereits zuvor hatte es Schwierigkeiten mit der Auszahlung gegeben. 1776 musste Simon Löw der Stadtvogtei Geld in Höhe eines Jahreszinses (115 fl.) auslegen, um es an Bedürftige verteilen zu können. Als Sicherheit versprach ihm Hofrat von Müller die Einnahmen aus den Judenschutzgeldern. Den Verwaltern des Stiftungsvermögens war die mangelnde Liquidität der Stadtvogtei zu diesem Zeitpunkt bereits aufgefallen. Denn vor Simon Löws Aushilfe hatten *die Oppenheimische[n] Erben schon geäußert, bey ferneren Zahlungsverzug entweder einen Mandatarium hieher abzuordnen oder das Capital selbst aufzukaufen*. Der Korrespondenz ist zu entnehmen, dass die Stiftung nicht nur für verarmte Juden von Bedeutung war, sondern auch die Stadt nicht gerne auf das Geld verzichten wollte. In Bezug auf das von Simon Löw ausgelegte Geld wurde festgehalten, dass *durch jene jüdische Aushülfe hochgräflicher Stadtvogtey [...] ein gewißes Utile zugegangen, wenigstens doch dadurch die Aufkündigung des Capitals und der damit verknüpften Kosten ausgewichen* worden sei[151].

Auch wenn das genaue Funktionieren der Stiftung nicht mehr nachzuvollziehen ist und es nur vereinzelte Belege für die Auszahlung an Bedürftige gibt, scheint sie fast sieben Jahrzehnte nach dem Tod des Spenders noch existiert zu haben. Möglicherweise ist das Geld sogar dauerhaft bei der Stadt Pappenheim verblieben[152]. Die vorgestellten Beispiele zeigen zugleich, dass die Stiftung nicht nur in Pappenheim, sondern überterritorial – an der Familienstruktur orientiert – half. Eine vergleichbare Stiftung hatte Ende des 17. Jahrhunderts Hirsch Oppenheimers Schwiegervater in Ellingen eingerichtet[153].

---

[149] StAN, Herrschaft Pappenheim, Akten Nr. 6003/50, fol. 20–21: Eintrag vom 16. März 1784.
[150] StAN, Herrschaft Pappenheim, Akten Nr. 6003/52, fol. 99v–101v: Eintrag vom 13. September 1785. Da das Gesuch im September verfasst wurde, dürften die im Monat Tischri liegenden Feiertage Rosch Haschana, Jom Kippur und Sukkot gemeint sein.
[151] StAN, Herrschaft Pappenheim, Akten Nr. 7875: Amtsbericht vom 31. Oktober 1776.
[152] Am 23. November 1887 wandte sich der Hamburger Rechtsanwalt Dr. R. L. Oppenheimer an die gräfliche Verwaltung. Er habe in den Unterlagen seines verstorbenen Vaters eine Schuldurkunde des Grafen von Pappenheim vom 29. Februar bzw. 14. August 1725 über 2300 fl. Kapital zu Gunsten von Amson Oppenheimer als Erben von Hirsch Oppenheimer gefunden. Das Geld sollte jährlich mit 115 fl. verzinst werden. Nach zwei weiteren Nachfragen am 11. Januar und 14. März erhielt Oppenheimer am 27. März 1888 aus Pappenheim die Antwort, dass sein Interesse an der Schuldverschreibung nur historischer Art sein könne und er wohl nicht mit einer Auszahlung des Geldes rechnen werde. Danach ist die Kommunikation nicht weiter überliefert. Siehe StAN, Herrschaft Pappenheim, Akten Nr. 8188a: Schriftwechsel zwischen Rechtsanwalt Oppenheimer und Pappenheim (1887/88). Zwar wird nirgends erwähnt, dass es sich bei dem Geld um die Stiftung handelt, die identische Summe von 2300 fl. lässt dies aber als nicht unwahrscheinlich erscheinen.
[153] Die so genannte »Rotbische Stiftung« bestand bis ins 19. Jahrhundert und zahlte die Zinsen aus 3000 fl. an arme Glaubensgenossen in Fürth, Frankfurt am Main, Gunzenhausen, Thalmässing und Pappenheim. Siehe: 1100 Jahre Ellingen, S. 117.

Zur Finanzierung besonderer Ereignisse konnten arme Juden anscheinend unabhängig von derartigen Stiftungen Geld sammeln. Am 20. April 1748 hatte Golche, die Witwe des etliche Jahre zuvor verstorbenen *Judenvorsingers*, darum gebeten, ihr von ihrer Forderung an die Verlassenschaft des Nathan Reutlinger in Höhe von 101 fl. 24 kr. *zu anstehender Verheyrathung ihrer Tochter vorläufig nur 40 fl. in Abschlag* auszuzahlen. Ihre Forderung beinhalte 81 fl. an *erbettelten Allmoßen zu Aussteuerung dieser ihrer Tochter*, die sie Reutlinger zur Verwahrung anvertraut habe. Ihr Gesuch schien einleuchtend, so dass die Kanzlei, an die die Stadtvogtei den Fall verwiesen hatte, entschied: *bey so bewandten umständen kann der Supplicantin die gebettene Abschlagzahlung à 40 fl. aus der Nathan Reutlingerischen Verlaßenschaftsmasse gleich wohlen verabfolget werden*[154].

6.4 Nichtsesshafte Arme: Die Betteljuden

Während die Armen der Gemeinde trotz ihrer schwierigen Lage Teil der Pappenheimer Judenschaft waren, kann dies von den so genannten Betteljuden nicht behauptet werden. Mit dem Etikett »Betteljude« wurden verarmte Juden, die über keinen Schutzbrief verfügten und aus diesem Grund nicht mehr in eine jüdische Gemeinde integriert werden konnten, von der christlichen Umwelt versehen. Da sie keinen festen Wohnsitz hatten, mussten sie durch das Land ziehen und auf die Unterstützung ihrer Glaubensgenossen hoffen[155]. Diese entwurzelte soziale Schicht wurde von den Territorien zunehmend als soziales Problem ersten Rangs verstanden, auf das viele Polizeiordnungen des 18. Jahrhunderts ausführlich eingingen. Zugleich lösten die Betteljuden rege Aktivitäten der Reichskreise aus[156]. Der Anteil der Betteljuden an der jüdischen Bevölkerung des Alten Reichs wird von der Forschung sehr unterschiedlich eingeschätzt, nicht zuletzt wegen der fehlenden Trennschärfe zwischen armen und nichtsesshaften Juden. Die Schätzungen reichen von 10 % bis 90 %, wobei sich letztere Zahl auf die Juden bezieht, die »den in völliger Armut lebenden Marginal- und Unterschichten«[157] angehörten, den Bettlern, Hausierern und Trödlern[158].

Betteljuden waren zwar nicht Teil der jüdischen Gemeinden, traten aber dennoch in engen Kontakt mit diesen. Für sie »bildete [...] jede noch so kleine jüdische Niederlassung einen Anziehungspunkt«[159]. Denn dort konnten sie zumindest für eine Nacht, am Sabbat auch für länger, auf Unterkunft und Verpflegung hoffen[160]. Zur gerechten Verteilung der aus dieser Verpflichtung ent-

---

[154] StAN, Herrschaft Pappenheim, Akten Nr. 6003/XI, fol. 6v–7v: Eintrag vom 7. Mai 1748.
[155] Siehe BATTENBERG, Juden in Deutschland, S. 45–47, 112–116; HERZIG, Geschichte, S. 135–136; BREUER, Frühe Neuzeit, S. 233–236; auch GLANZ, Geschichte und SCHUBERT, Arme Leute, S. 168–173.
[156] BATTENBERG, Juden in Deutschland, S. 114; BATTENBERG, Zeitalter Bd. II, S. 9–10; POHLMANN, Schutzjuden, S. 79; zur Haltung des schwäbischen Reichskreises gegenüber Betteljuden als Teil des Kampfs gegen unerwünschte Bevölkerungsgruppen siehe ULLMANN, Pragmatismus, S. 221–224.
[157] BERDING, Antisemitismus, S. 38.
[158] BATTENBERG, Juden in Deutschland, S. 46: 10 % Betteljuden (1780); BREUER, Frühe Neuzeit, S. 235: insgesamt 10 % Betteljuden, in Franken und Schwaben sogar 25 %; BATTENBERG, Integration, S. 440: über ein Viertel der Juden Betteljuden; HERZIG, Geschichte, S. 136: um 1750 waren mehr als 50 % der Juden arm; VON HIPPEL, Bauernbefreiung, S. 41, geht – wie auch BERDING, Antisemitismus, S. 38 – davon aus, dass Ende des 18. Jahrhunderts rund neun Zehntel der Juden Trödel- und Betteljuden waren.
[159] MEINERS, Nordwestdeutsche Juden, S. 227.
[160] Die Hilfeleistung war mit Bezug auf Thora und Talmud, so beispielsweise Deut. 15,7–9 begründet; Joseph Isaac verweist auf die Weisung des Talmud, man »sey den Armen Essen, Trinken und ein Pferd schuldig.« ISAAC, Authentische Berechnung, S. 442; SCHUBERT, Arme Leute, S. 168.

Kap. 6: Die Sozialstruktur der Juden in Pappenheim

stehenden Lasten führten die meisten Gemeinden so genannte Pletten (Berechtigungsscheine) ein, die an die ankommenden Betteljuden verteilt wurden und ihnen Essen und Übernachtung bei einem Gemeindemitglied garantierten[161]. Eine zeitgenössische Beschreibung dieses Systems liegt von Joseph Isaac für das Reichsdorf Gochsheim vor. Dort gab es »zur gemeinschaftlichen Unterhaltung der Bettler [...] wie überall unter den Juden diese Einrichtung«[162]. Ein aus 150 Pletten bestehender Satz wurde innerhalb von sechs Wochen ausgeteilt, so dass die 26 jüdischen Haushalte in einem Jahr 1200 Pletten aufbringen mussten; dazu kamen 450 Sabbatpletten, die zwei Nächte und eine bessere Verpflegung beinhalteten. Die Gesamtkosten für die Versorgung umherziehender Glaubensgenossen betrugen nach Joseph Isaacs Berechnung (8 kr. für eine Plette bzw. 10 kr. am Sabbat) 350 fl. pro Jahr[163]. Noch größer war der Umfang derartiger Leistungen in Schnaittach, wo in einem Jahr 10.000 Pletten ausgeteilt wurden[164]. Es verwundert somit nicht, wenn die Haltung der jüdischen Gemeinden gegenüber den Betteljuden »ambivalent«[165] war. Einerseits stellten sie eine erhebliche finanzielle Belastung dar, wie auch Joseph Isaacs Berechnung aufzeigt. Andererseits bestand die religiöse Pflicht zur Hilfeleistung und die mobilen Betteljuden dürften zudem zur Verbreitung von Nachrichten zwischen den Juden unterschiedlicher Orte beigetragen haben.

Angesichts des Umfangs des Problems verwundert es nicht, wenn es auch in Pappenheim Belege für Betteljuden gibt. Doch nicht alle Personen, die in Pappenheimer Quellen als Betteljuden bezeichnet werden, waren umherziehende Betteljuden in dem Sinn, wie der Begriff heute von der Forschung verwendet wird. In einem Verzeichnis der Pappenheimer Steuerrestanten wurde 1787 mit einem Rückstand von 2 fl. 28 kr. 2 d. auch Wolf Moyses aufgeführt, von dem es heißt, er *seye ein Betteljude*. Er sollte *großer Dürftigkeit halber* nicht zur Zahlung angehalten werden[166]. Israel Levi, der bereits zuvor wegen Nichtentrichtung der Steuern aufgefallen war, wurde ebenfalls als *Schnur- und Betteljude* bezeichnet[167]. Bei ihm handelte es sich jedoch eindeutig um einen Pappenheimer Schutzjuden. Aus einem Bericht des Amtssekretärs Hahn vom Dezember 1789 geht hervor, dass der Schutzjude Israel Levi *allhier mit seinem Weib und zwei unmündigen Kindern in den dürftigst und kummervollsten Umständen* lebe. Für die Finanzierung seines Lebensunterhalts sei er von der *Milde gutherziger Menschen abhängig*. Seine herrschaftlichen Schuldigkeiten in Höhe von 26 fl. 54 kr. setzten sich aus den Steuern der Jahre 1787 bis 1789 (6 fl. 54 kr.) und dem Schutzgeld für die Jahre 1786 bis 1789 (20 fl.) zusammen[168]. Somit wurden zwei Juden, die dauerhaft in Pappenheim lebten und dort auch abgabenpflichtig waren, als Betteljuden bezeichnet.

Die ausgewerteten Zollverzeichnisse[169] zeigen, dass zahlreiche Betteljuden durch die Herrschaft Pappenheim zogen. Im Jahr 1673 lag ihr Anteil bei 58 % der Juden, die Zoll entrichteten, 1676/77 bei 62 % und 1742/43 bei 34 %. Die regelmäßige Anwesenheit von Betteljuden bestätigt auch die Vereinbarung Hirsch Oppenheimers mit Stadtvogt Georg Philipp Oßwald, dass die Pappenheimer

---

[161] BATTENBERG, Juden in Deutschland, S. 45; MEINERS, Nordwestdeutsche Juden, S. 407.
[162] ISAAC, Authentische Berechnung, S. 437.
[163] EDB., S. 438–439.
[164] Siehe SHULVASS, East to West, S. 102.
[165] VAN FAASSEN, Geleit, S. 256.
[166] StAN, Herrschaft Pappenheim, Akten Nr. 6003/56, fol. 178–180: Eintrag vom 11. Dezember 1787; er wurde zwischen Weihnachten 1787 und Lichtmess 1788 *dürftigkeits halber* dauerhaft von den Steuern befreit. Siehe Nr. 6859: Steuerab- und -zugänge bey Stadtvogteiamt (1775–1794).
[167] StAN, Herrschaft Pappenheim, Akten Nr. 6003/60, fol. 6v–7v: Eintrag vom 13. Januar 1789.
[168] StAN, Herrschaft Pappenheim, Akten Nr. 6003/60, fol. 135: Eintrag vom 14. Dezember 1789.
[169] Ausführlich dazu Kapitel 4.4.

Kap. 6: Die Sozialstruktur der Juden in Pappenheim

Judenschaft künftig jedes Jahr 10 fl. Zoll für Betteljuden bezahlen und auf diese Weise einen Ausgleich für deren Umgehung dieser Abgabe leisten sollte[170]. Weitere Kosten dürften den Pappenheimer Juden durch die aus anderen jüdischen Gemeinden bekannte Praxis, an Betteljuden Pletten zu verteilen, entstanden sein. Allerdings gibt es keine Belege für die konkrete Anwendung dieses Systems auf Betteljuden[171].

In auffallendem Kontrast zur offensichtlich regelmäßigen Anwesenheit von Betteljuden finden sich in den übrigen zur Verfügung stehenden Quellen nur wenige Hinweise auf sie[172]. Im Februar 1698 wurden drei Betteljuden angeklagt und in Arrest gebracht, da sie *am verwichenen Sonnabend im Haus des Judenschulmeisters* mit einem als stumm bezeichneten Betteljuden einen Streit angefangen hatten. Als sie *die Messer über ihn gezogen*, wurde der Enkel des Pappenheimer Schutzjuden Schmuel an der Hand verletzt. Außerdem hatten die drei Jacob Amsons Dienstmagd Köhle bestohlen. Aus ihren Aussagen ist ein wenig über ihre Herkunft und ihre bisherige Lebensweise zu erfahren. Der erste, Samuel Heß, gab an, er habe früher in *Rozheim*[173] in der Pfalz gewohnt. Nachdem *die Pfalz durch den Krieg ruinirt* worden sei[174], *müße er betteln herumb gehen, und habe sonst weiters keine Handthirung, als was er von der Judenschaft durch Allmosen erlange*. Vor seiner Ankunft in Pappenheim habe er sich in Berolzheim aufgehalten. Diese wenigen biographischen Angaben zeigen Samuel Heß als typischen, von der Unterstützung seiner Glaubensgenossen an wechselnden Orten lebenden Betteljuden. Der zweite, Joachim Hirsch, stammte aus *Friedberg bey Frankfurt an der Oder*[175]. Nach seiner Tätigkeit befragt, gab er an, er sei *ein Zuhalter, id est singe in der Schuln mit dem Vorsinger den Bass*. Vor seiner Ankunft in Pappenheim sei er in Buttenwiesen, Harburg und Oettingen gewesen. Bis vor drei Monaten habe er sich in Holland aufgehalten und *daselbst mit singen verdient*. Er war zunächst Gast bei Jacob Amson, dieser ließ ihn dann aber *durch den Vorsinger hinauß ins Todenhäußel weisen*. Bei dem dritten handelte es sich um Jordan aus dem polnischen Lissa, der Joachim Hirsch in Oettingen getroffen hatte. Nach dem Zeugenverhör wurden die drei Betteljuden sowohl der Körperverletzung (*deß hiesigen alten Schmuel Judens Enenklein [...] boßhaftiger Weiße und unter dem Vorsaz, den armen Stummen zu treffen [...] zimlich gefährlich gestochen*) als auch des Diebstahls (*deß Jacob Judens Magd allhier von ihnen bestohlen worden*) für schuldig befunden. Gegen sie sprach auch, dass *diese gesellen von andern Orthen her einen sehr bösen Ruff haben*. Samuel Heß war auf der Stirn bereits *mit einen Galgen gebrandmarket*. Außerdem wurde bekannt, dass einer seiner Söhne *vorm Jahr gehenket* wurde und dem anderen *beede Ohren abgeschnitten* wurden. Zur Deckung der von ihnen verursachten Kosten wurden ihnen ihre *neugemachte Rök außgezogen* und das wenige Bargeld abgenommen. Anschließend wurden sie der Herrschaft Pappenheim auf ewig verwiesen[176].

---

[170] Da auf diese Vereinbarung in Kapitel 4.4. bereits eingegangen wurde, wird an dieser Stelle auf eine ausführlichere Wiederholung verzichtet.
[171] Näheres zum grundsätzlichen Funktionieren des innergemeindlichen Finanzierungssystems siehe Kapitel 7.1. Anscheinend gab es zur Unterbringung der Betteljuden in Pappenheim eine »Judenherberge«. Zu den wenigen Hinweisen darauf siehe Kapitel 7.3.
[172] Vgl. dazu den mit diesem Ergebnis übereinstimmenden Befund von Sabine Ullmann, dass das Betteljudentum »in den Quellen nur selten aufzuspüren ist.« Siehe ULLMANN, Nachbarschaft, S. 372.
[173] In Frage kommen Roßheim, das allerdings im Elsass liegt, Rußheim, 30 Kilometer nördlich von Karlsruhe, sowie die bei Ludwigshafen gelegenen Orte Roxheim und Ruchheim. Nicht zuletzt wegen seiner Kriegszerstörung erscheint Ruchheim am wahrscheinlichsten. Vgl. KUKATZKI, Ruchheim.
[174] Gemeint ist der Pfälzer Krieg (1688–1697), in dessen Verlauf viele Dörfer und Flecken dem Erdboden gleichgemacht und zahlreiche Städte zerstört wurden. Siehe SCHILLING, Höfe, S. 252–256.
[175] Friedeberg in der Neumark (heute Strzelce Krajeńskie), 85 Kilometer östlich von Frankfurt an der Oder.
[176] StAN, Herrschaft Pappenheim, Akten Nr. 4645/I/2: Amtsprotokoll vom 28. Februar 1698.

6.5 Zusammenfassung: Sozialstruktur der Pappenheimer Juden

Zusammenfassend lässt sich festhalten, dass sich auch in Pappenheim die quasi ständische Gliederung der Juden zeigte. Ein erstes Bild ergibt sich aus den Steuerverzeichnissen. Diese legen zwischen der Zeit um 1700 und der zweiten Hälfte des 18. Jahrhunderts eine Entwicklung von einer Zweiteilung in sehr reich und arm zu einer gewissen Nivellierung nahe. Außerdem weisen sie auf eine im Vergleich mit der Gesamtbevölkerung relativ gute Stellung der Juden hin.

Mit den Hofjuden ist auch in Pappenheim eine Gruppe von Juden anzutreffen, die durch besondere, vielfältige Beziehungen zum Herrscher auffällt. Deren Einschätzung als Oberschicht bestätigt sich bei einem Vergleich mit den Steuerverzeichnissen: Jacob Amson, Hirsch Oppenheimer, Nathan Reutlinger und Salomon Reutlinger waren jeweils mit einem sehr hohen Steuerfuß eingestuft und gehörten zu den 10 % der Pappenheimer, die die meisten Steuern zahlten. Lediglich Joseph Moyses Goldschmidt, der jedoch nicht so intensive Beziehungen zu den Reichserbmarschällen gehabt zu haben scheint, fällt hier ein wenig ab.

Am anderen Ende der sozialen Skala stellt sich die Frage nach der Aussagekraft der Steuerverzeichnisse. Diese suggerieren eine Abnahme jüdischer Armut, doch dem steht der Befund gegenüber, dass im Jahr 1757 fast 50 % der Juden von der Steuerzahlung befreit waren. Bezieht man diese Personen in die Betrachtung mit ein, ergibt sich ein anderes Bild: Neben einigen reichen und etlichen Juden in einer gesicherten finanziellen Situation gab es in etwa genauso viele, deren Lebensumstände als so schwierig eingestuft wurden, dass ihnen die Entrichtung von Steuern nicht zugemutet werden konnte. Die in Pappenheim genannten Gründe hierfür (Alter, Krankheit, Tod des Mannes und weitere unvorhergesehene Ereignisse) bestätigen die Ergebnisse der Forschung. Eine Verarmung weiter (jüdischer) Bevölkerungskreise gegen Ende des 18. Jahrhunderts ist ein keinesfalls untypischer Befund. Sie kann aber aus den als Ausgangspunkt genommenen Steuerverzeichnissen nicht herausgelesen werden, weil sie die von den Steuern befreiten Personen überhaupt nicht aufführen. Diese Erkenntnis verdeutlicht die Notwendigkeit bei der Rekonstruktion der Sozialstruktur frühneuzeitlicher Judengemeinden auf ein breites Spektrum möglichst unterschiedlicher Quellen zurückzugreifen, um zu einem einigermaßen gesicherten Ergebnis zu gelangen.

Die vielfältigen Moderationen deuten auf die Bereitschaft hin, zumindest unverschuldet in Not geratenen Juden zu helfen. Überhaupt neigte die Herrschaft im 18. Jahrhundert eher dazu verarmte Juden durch Reduzierung ihrer Abgabenlast zu unterstützen, als sie auszuweisen. Doch nicht nur Stadtvogt, Kanzlei und Reichserbmarschall reagierten auf die Herausforderung Armut, sondern auch die jüdische Gemeinde. Neben den in der eigenen Gemeinde lebenden Armen waren auswärtige Betteljuden eine zweite Zielgruppe für die nicht unerhebliche Mittel aufgebracht werden mussten. Wenn es auch an gesicherten Aussagen hierzu fehlt, gibt es doch Hinweise (z.B. Zollverzeichnisse), die nahelegen, dass die Zahl der Betteljuden – wie dies für Franken allgemein bekannt ist – nicht gering gewesen ist. Dagegen muss ein weitgehender Mangel an Quellenbelegen, die die Auswirkungen der Betteljuden auf die christlichen Pappenheimer zeigen, konstatiert werden.

7 Die jüdische Gemeinde Pappenheim

Für das Leben der Juden mindestens genauso wichtig wie die in den vorhergehenden Kapiteln behandelten Abgaben und ihre Handelstätigkeit war der innergemeindliche Bereich. Die Gemeinde (kehilla) bildete die eigentliche Keimzelle jüdischen Lebens[1]. Bei ihr handelte es sich um einen Zwangsverband, zu dem jeder Jude gehörte, der an dem Ort wohnte[2]. Im Spätmittelalter wurde zwischen drei jüdischen Siedlungsformen unterschieden: der »kehilla«, der vollgültigen, autonomen Gemeinde, der »chawura«, einer Einwohnergemeinschaft, die über gewisse Binnenstrukturen und Institutionen verfügte, doch in wesentlichen Belangen wie dem Friedhof von einer kehilla abhängig war, und dem »jischuw«, einer Ansiedlung ohne Gemeindestrukturen. Im 16. Jahrhundert brach das gemeindliche Leben durch die Verländlichung der Juden vielerorts zusammen, die Quellen sprechen nur noch von »kehilla« und »jischuw«[3].

Die einzelnen jüdischen Ortsgemeinden zeichneten sich durch einen hohen Grad innerer Autonomie aus und waren in kein überörtliches hierarchisches System eingebunden[4]. Hatten die Gemeinden im 16. Jahrhundert innerjüdisch für ihre Autonomie kämpfen müssen, so wurden sie im 18. Jahrhundert zunehmend durch den absolutistischen Staat eingeschränkt, wobei tendenziell in kleinen und reichsritterschaftlichen Gebieten des Südwestens mehr Autonomie herrschte[5]. Die Selbstverwaltung der Gemeinde entsprach der Kommunalverwaltung[6].

Ein wichtiges Kriterium für die Einschätzung des Entwicklungsstands einer Gemeinde ist das Vorhandensein eines »minjans« (mindestens zehn erwachsene Männer über 13 Jahren als Quorum für das gemeinschaftliche Gebet), die Grundvoraussetzung für die Abhaltung eines Gottesdienstes. Ein erheblicher Unterschied bestand darin, ob das »minjan« aus eigener Kraft zustande kam oder nur durch die Anwesenheit fremder Juden gewährleistet war[7]. Rückschlüsse auf Größe und Organisationsniveau der Gemeinde erlauben die Anstellung von Rabbinern und Gemeindebediensteten und feste Kultuseinrichtungen wie Synagoge, Mikwe und Friedhof[8]. Diese sind heute oftmals die einzigen Anzeichen dafür, dass es in einer Stadt oder einem Dorf einst jüdisches Leben gegeben hat[9].

Trotz dieser mehr oder minder sichtbaren Überreste handelt es sich beim innergemeindlichen Leben zugleich um den am schwierigsten zu erforschenden Bereich. Neben der sprachlichen Hürde

---

[1] BATTENBERG, Juden in Deutschland, S. 53.
[2] BREUER, Frühe Neuzeit, S. 160.
[3] Vgl. ROHRBACHER, Jüdische Frömmigkeit, S. 274.
[4] KIESSLING, Religiöses Leben, S. 331; siehe auch BATTENBERG, Juden in Deutschland, S. 22.
[5] BREUER, Frühe Neuzeit, S. 190, 239–240.
[6] Vgl. MEINERS, Entwicklung, S. 59; zum von Rolf Kießling und Sabine Ullmann entwickelten Konzept der Doppelgemeinde siehe Kapitel 8.2.2. und Zusammenfassung.
[7] MEINERS, Nordwestdeutsche Juden, S. 355; DEVENTER, Organisationsformen, S. 157, 162.
[8] ULLMANN, Nachbarschaft, S. 153.
[9] Nicht zuletzt, da es sich dabei um die einzigen Überreste jüdischen Lebens handelt, gibt es zahlreiche Bestrebungen diese zu dokumentieren. Als Beispiele für Bayern seien SCHWIERZ, Steinerne Zeugnisse und jetzt KRAUS, Mehr als Steine, angeführt.

liegt dies vor allem daran, dass die Quellen, die hierüber Auskunft geben könnten, oftmals nicht mehr vorhanden sind. Dieser Befund trifft auch für Pappenheim zu. Dadurch ist lediglich eine lückenhafte Außensicht auf die jüdische Gemeinde möglich, auf die aber mangels Alternativen und in Anbetracht der Relevanz der damit verknüpften Fragen nicht verzichtet werden sollte. Die folgende Darstellung beschränkt sich daher auf die Gemeindeorganisation und ihre Vertreter, die Judenschule und den Friedhof. Weitere Aspekte innergemeindlichen Lebens wie die Religionsausübung und die Feier von Festen müssen hingegen unberücksichtigt bleiben und können bestenfalls an einigen Stellen angeschnitten werden[10]. So wurden in den Stolgebührverzeichnissen Hochzeiten und Beschneidungen aufgeführt, über den Verlauf dieser Feierlichkeiten ist jedoch nichts bekannt[11].

Noch schwieriger ist es, Anhaltspunkte für den religiösen Alltag der in Pappenheim lebenden Juden zu gewinnen. Eine Ausnahme stellt lediglich eine zufällig in einem Protokoll überlieferte Information dar: Feis Judas führte einen *zwerg-Sack, worinnen ein Stück Brod und seine 10 Gebot gewesen*, mit. Dieser wurde ihm von Dorothea Glöcklein (Bieswang), der er 10 kr. schuldete, abgenommen. Kurz darauf gab sie ihm die Gegenstände zurück, denn *der Sack gelte keine 10 kr. und die 10 Geboth wüste sie gar nicht zu brauchen*[12]. Hierin ist möglicherweise ein Hinweis darauf zu sehen, dass Feis Judas bei seiner handelsbedingten Abwesenheit von zu Hause nicht nur Nahrung, sondern auch einen religiösen Text zur geistigen Stärkung bei sich trug. In diesem Zusammenhang sei darauf hingewiesen, dass die Juden im Alten Reich Ende des 18. Jahrhunderts in ihrem religiösen Bekenntnis fast einheitlich traditionell ausgerichtet waren. In Abgrenzung zu späteren Entwicklungen wird die Haltung der Juden in der vorassimilatorischen Phase auch als »traditionelle Orthodoxie« bezeichnet[13].

7.1 Die Organisation der jüdischen Gemeinde in Pappenheim

Zunächst soll die Organisation der jüdischen Gemeinde in Pappenheim thematisiert werden: die ihr zugrunde liegenden Vereinbarungen, ihre Finanzierung und ihre Einbindung in ein überörtliches Netz. Wesentliche Angelegenheiten jüdischen Gemeindelebens wurden in Statuten (Takkanot) fixiert. Diese Gemeindeordnungen würden einen Einblick in die Organisation der jeweiligen Gemeinde ermöglichen, sind allerdings häufig nicht mehr vorhanden[14]. Eine Ausnahme stellt das 1756 verfasste Sugenheimer Kahlsbuch dar, das aus einer Gemeinde von ähnlicher Größe wie Pappenheim stammt[15]. Dessen 32 Punkte schildern knapp den Aufbau der Gemeinde und regeln das Verhalten in der Synagoge, die Bestrafung bei Zuwiderhandlungen, die Feier von Festen, die Abhaltung des Schulunterrichts und die Grundsätze für das Aufbringen von Geldern.

---

[10] Vgl. dazu auch BREUER, Jüdische Religion.
[11] Zu den Stolgebühren ausführlicher Kapitel 8.1.3.
[12] StAN, Adel Archivalien Nr. 4598, S. 101–102: Eintrag vom 9. August 1770.
[13] LOWENSTEIN, Anfänge, S. 207; KIESSLING, Religiöses Leben, S. 330. Zur traditionellen Orthodoxie: BREUER, Jüdische Orthodoxie, S. 41–60, zu den Landgemeinden insbesondere S. 48–51. In Bezug auf die Religion der Landjuden kann auch von »volkstümlicher Orthodoxie« (BREUER, Jüdische Religion, S. 70) bzw. »popular orthodoxy« (WOLFSBERG, Popular Orthodoxy) gesprochen werden.
[14] MEINERS, Nordwestdeutsche Juden, S. 357, 375: Aus dem Oldenburger Land ist keine einzige hebräische Fassung überliefert, aber es existieren noch drei deutsche Ausfertigungen.
[15] Abgedruckt bei FREUDENTHAL, Verfassungsurkunde, S. 58–68.

Kap. 7: Die jüdische Gemeinde Pappenheim

Am 4. Oktober 1746 baten neun Pappenheimer Juden um herrschaftliche Ratifikation des am 23. Nissan 5506 (13. April 1746) *unter sich errichteten und aus dem Hebräischen ins Teutsche übersetzten in 39 Puncten bestehenden Reglements*. Da der Text dieser Ordnung nicht überliefert wurde, können nur aus dem Eintrag im Kanzleiprotokoll Rückschlüsse auf den Inhalt gezogen werden. Als Bereiche, die geregelt wurden, werden Begräbnis (*Absterben und Beerdigung ihrer Todten*), Armenwesen (*Erheb- und Austheilung ihrer Almosen*) und Sanktionen von Verstößen (*Bestraffung der ungehorsamen, nach ihren jüdischen Ceremonien*) genannt. Soweit dies anhand der knappen Zusammenfassung im Kanzleiprotokoll erkennbar ist, herrschte eine weitgehende Übereinstimmung mit den in Sugenheim behandelten Materien. Die Antragsteller betonten, dass diese Gemeindeordnung für sie und alle *übrigen hiesigen Schutzjuden, die dieser Vereinigung künftig noch beytretten wollen*, gelten solle. Nachdem die Ordnung der Kanzlei vorgetragen worden war und die übrigen Pappenheimer Juden dazu befragt worden waren, wurde sie von der Herrschaft genehmigt. Allerdings behielt sie sich – wie bei anderen obrigkeitlichen Normen – die Möglichkeit künftiger Änderungen vor: *bleibet gnädiger Herrschaft jederzeit bevor, solches nach erhaischenden Umständen und gutfinden zu allen Zeit zu mehren oder zu mindern, oder gar wieder aufzuheben*[16]. Die jüdische Gemeinde konnte sich zwar Regeln auferlegen, war dabei aber keineswegs von den territorialstaatlichen Behörden unabhängig. Auf ein noch weitergehendes herrschaftliches Eingreifen weist das Sugenheimer Kahlsbuch hin: Die Vorlage war von den Vorstehern der jüdischen Gemeinde erstellt worden, doch die von der Herrschaft erlassene Version enthielt einige Änderungen[17].

Sollte die Pappenheimer Ordnung von 1746 Ende des 18. Jahrhunderts noch in Kraft gewesen sein, so verhinderte sie nicht die nach Einschätzung der Betroffenen in der Gemeinde herrschende Unordnung. Mit einer Supplik wandten sich zwölf Pappenheimer Juden am 31. März 1795 an den Reichserbmarschall, um ihm *diejenigen Unordnungen in unserer Judenschaft unterthänig vorzutragen, die wir schon seit einiger Zeit in großer Maaß empfinden müßten*. Sie beklagten sich nicht nur über das Fehlen von Rabbiner, Heiligenpfleger[18] und *Vorsteher zum Begräbnis*, sondern auch über Missstände bei der Austeilung der Billeten für die Armen. Um die nötige Ordnung wiederherzustellen, wählte die Judenschaft *durch Mehrheit der Stimmen* fünf Vorsteher. Diese sollten befugt sein, für Ordnung zu sorgen und bei Nichtbeachtung eine Strafe von 4 fl. zu verhängen. In den Augen der sich beschwerenden Juden stellten zwei Familien, die diesem Plan nicht zustimmen wollten und *sich ohne Mehrheit der Stimmen zu Vorstehern selbst auf werfen* wollten, das Hauptproblem dar. Deshalb richteten sie an den Reichserbmarschall die Bitte, auch diese Familien zur Einhaltung der Vereinbarung zu bringen[19]. Die Regierungskanzlei entschied, dass die Stadtvogtei unter Hinzuziehung eines unparteiischen Rabbiners – worum die supplizierenden Juden gebeten hatten – die angegebenen Unordnungen untersuchen und diese möglichst schnell beseitigen solle. Zum Ausgang der Streitigkeiten liegen keine Informationen vor[20]. Allerdings scheint die jüdische

---

[16] StAN, Herrschaft Pappenheim, Akten Nr. 6003/IX, S. 79–81: Eintrag vom 4. Oktober 1746.
[17] Max Freudenthal spricht davon, dass eine so eingehende Regelung gottesdienstlicher und innergemeindlicher Angelegenheiten durch eine Herrschaft sonst nicht bekannt sei. Siehe FREUDENTHAL, Verfassungsurkunde, S. 51, 57.
[18] Interessanterweise handelt es sich hierbei um eine christliche Bezeichnung für den Verwalter einer Kirchenstiftung. Vgl. SCHRÖCKER, Kirchenpflegschaft, S. 178. Entweder wollten sich die Juden durch die Verwendung eines ihrer Umwelt geläufigen Begriffs verständlich machen oder es liegt ein Hinweis auf die – im Rahmen des Konzepts der Doppelgemeinde hervorgehobene – Parallelität jüdischer und christlicher Gemeindeeinrichtungen vor.
[19] StAN, Herrschaft Pappenheim, Akten Nr. 5916/I: Supplik vom 31. März 1795.
[20] StAN, Herrschaft Pappenheim, Akten Nr. 6003/68, fol. 86–87: Eintrag vom 31. März 1795.

Kap. 7: Die jüdische Gemeinde Pappenheim

Gemeinde zwei Jahre später eine neue Ordnung aufgesetzt zu haben, um deren herrschaftliche Ratifikation sie bat[21]. Das Ersuchen um herrschaftliche Unterstützung für ein internes Problem zeigt, dass die jüdische und die christliche Welt nicht strikt voneinander getrennt waren[22].

Als Gemeinschaft mit Einrichtungen und Amtsträgern entstanden einer jüdischen Gemeinde Kosten, die auf die einzelnen Mitglieder verteilt werden mussten. Zumindest in der Frühzeit wurden diese zum Teil durch Sachleistungen abgegolten. So kam es Ende des Jahres 1656 zwischen Schmuel und Abraham zu einer heftigen Auseinandersetzung, die durch Uneinigkeit über die Versorgung des kurz zuvor eingestellten Schulmeisters Abraham ausgelöst wurde. Ursprünglich habe man sich *undereinander verglichen, wie lang iener oder der andere den selbigen in der Cost halten sollte*. Dabei sei vereinbart worden, dass auf Schmuel drei Monate entfallen sollten. Zum Streit kam es, als Schmuel bei einer Versammlung mitteilte, er wolle den Schulmeister in acht Tagen – und damit früher als vereinbart – zum nächsten Haushalt schicken[23]. Auf eine derartige Regelung der Versorgung von Gemeindebediensteten deutet ferner eine Aussage Berles aus dem Jahr 1678 hin. Über die Frau des Schulmeisters, die mit einer anderen Jüdin in Streit geraten war, sagte er, sie sei *ein gar feindseliges Weib* und habe *noch ein viertel Jahr bei ihm zu bleiben gehabt*, sei aber *wegen allzu großer Zanckerey selbsten außgezogen*[24].

In vielen jüdischen Gemeinden des Alten Reichs gab es ein so genanntes Plettensystem, dessen Hauptfunktion die Verpflegung und Beherbergung von Betteljuden gewesen zu sein scheint. Oftmals wurde dieses System auch innerhalb der Gemeinden angewendet, beispielsweise um die Versorgung des Schullehrers gerecht nach dem Vermögen zu verteilen[25]. Hinweise auf das Vorhandensein eines derartigen gemeindeinternen Finanzsystems in Pappenheim gibt der Streit zwischen Löw Amson und Zartel, der Witwe Isaac Jacobs, im Jahr 1775. Zartel weigerte sich, Löw Amson 19 fl. 15 kr., die er bereits für sie entrichtet hatte, und weitere 5 fl., die er noch für sie bezahlen sollte, zu erstatten[26]. Zur Klärung der Frage wurde Löw Amson von der Kanzlei aufgefordert, *beyzubringen wie es bey hiesiger Judenschaft in Ansehen der gemeinen Anlagen, Schätzungen und sogenannten Balletten gehalten werde*[27]. Daraufhin bestätigte die Judenschaft, dass *alle Ausgaben so bey der Judenschaft zu entrichten sind, nach denen blöten ausgeschlagen werden, und zwar nach dem Vermögen wie viel einen trefen, mus er bezahlen*. Laut Verteilungsschema von 1771 kämen auf Zartel sieben Pletten, die in diesem Fall mit je 2 fl. 45 kr. angesetzt wurden, auf Löw Amson dagegen zwölf[28]. Zwar ist nicht überliefert, welche Einigung letztendlich getroffen wurde,

---

[21] StAN, Herrschaft Pappenheim, Akten Nr. 6003/72, fol. 29v–30v: Eintrag vom 25. April 1797; bereits im Oktober 1746 hatte die Judenschaft der Herrschaft eine Gemeindeordnung zur Ratifikation vorgelegt. Siehe Kapitel 7.1.

[22] Siehe auch Kapitel 8.3.

[23] StAN, Herrschaft Pappenheim, Akten Nr. 8126: Protocollum in Sachen Schmuel Juden contra Abraham und Berle Juden vom 5. Januar 1657.

[24] StAN, Herrschaft Pappenheim, Akten Nr. 4649/I: Protokoll vom 26. September 1678.

[25] VAN FAASSEN, Geleit, S. 255, für Lippe und Paderborn. Siehe dazu auch Kapitel 6.4.

[26] Hintergrund der Auseinandersetzung war ein Kredit (300 fl.) der Pappenheimer Judenschaft an den Reichserbmarschall, der anscheinend nicht mehr zurückgezahlt werden sollte. Vgl. StAN, Herrschaft Pappenheim, Akten Nr. 6003/28, fol. 59: Eintrag vom 19. Dezember 1766, Nr. 6003/33, fol. 34–35: Eintrag vom 7. Juni 1771. Dazu auch Kapitel 6.2. Da Löw Amson und nicht sie Haupterbe Isaac Jacobs sei, sah sich Zartel nicht zu einer Beteiligung verpflichtet. Siehe Nr. 6003/38, fol. 75v–76v: Eintrag vom 22. September 1775; siehe auch Nr. 6003/38, fol. 98v–99v: Eintrag vom 21. November 1775, Nr. 8225: Protokoll vom 14. November 1775.

[27] StAN, Herrschaft Pappenheim, Akten Nr. 6003/38, fol. 78v–79v: Eintrag vom 3. Oktober 1775.

[28] Siehe StAN, Herrschaft Pappenheim, Akten Nr. 8225: Protokoll vom 14. November 1775.

doch aus den Akten geht eindeutig hervor, dass ein sich am Vermögen orientierendes Plettensystem zur Aufteilung sämtlicher die ganze Gemeinde betreffender Lasten verwendet wurde.

Über den Verteilungsmodus in Pappenheim ist nichts bekannt. In Floß wurden die Lasten mit Hilfe der von der Gemeindeversammlung festgesetzten Kreuzeranlage verteilt[29]. Es ist allerdings fraglich, ob ausschließlich das Vermögen als Berechnungsgröße herangezogen wurde. Oftmals gab es Mischsysteme. So berichtet Joseph Isaac für Gochsheim, die Aufteilung erfolge »halb nach der Anlage und halb nach den Köpfen der Hausväter«[30]. In Sugenheim fielen auf jedes Familienoberhaupt acht Pletten, pro 100 fl. Vermögen mussten zwei weitere Pletten bezahlt werden[31]. Im als Reaktion auf die Schutzgesuche von Feis Judas' ältestem Sohn und den beiden Söhnen der Witwe Hänlein erstellten Bericht wurde deren Bereitschaft sich am innergemeindlichen Verteilungssystem zu beteiligen festgehalten. Demnach erklärten sich alle Kandidaten bereit, wie andere Juden ihresgleichen, drei Wochen- und drei Schabbaspolitten zu geben. Erstere wurden mit fünf bis sechs Kreuzern, Letztere mit acht bis zehn Kreuzern angesetzt[32]. Zur Versorgung von Armen unterhielt die Gemeinde ein Landalmosen[33].

Der Umfang des Gemeindeetats am Ende des Untersuchungszeitraums lässt sich einem Bericht der Regierungskanzlei aus dem Jahr 1807 entnehmen. Auf die Frage, ob und in welcher Höhe die Juden in Pappenheim Korporationsabgaben leisten müssten, zählten die Pappenheimer Räte folgende Kosten auf: die Bau- und Unterhaltungskosten für die Judenschule, 36 fl. Jahresgehalt an den Rabbiner, 50 fl. an den Vorsinger und Schächter, den Unterhalt des jüdischen Friedhofs, 150 fl. für das so genannte Heiligen – gemeint ist wohl die Almosenkasse – sowie weitere 150 fl. für Rabbiner, Vorsinger, Armenfürsorge und Zinsen bestehender Schulden[34].

Trotz ihrer grundsätzlichen Autonomie war eine jüdische Gemeinde in überörtliche Organisationsstrukturen eingebunden. Seit dem 17. Jahrhundert schlossen sich die Schutzjuden eines Landes bzw. eines Landesteils in Landjudenschaften zusammen. Gerade für viele Kleinsiedlungen ohne Gemeindeinstitutionen war dies von großer Relevanz. Die Landjudenschaften hatten zum einen das Ziel der Autonomie gegenüber Gemeinden außerhalb des eigenen Territoriums und zum anderen gegenüber der Obrigkeit, hingen aber dennoch vom jeweiligen Herrscher ab. Durch die Schwäche der Ortsrabbinate nahm zugleich die Bedeutung der Landrabbinate zu[35]. Für die Zeit um 1600 geht Stefan Rohrbacher davon aus, dass das »Land Altmühl« um den Rabbinatssitz Pappenheim die jüdischen Gemeinden weiter Teile Mittelfrankens umfasste[36]. Über die Einbindung der Pappenheimer Gemeinde in innerjüdische Strukturen nach dem 30-jährigen Krieg ist dagegen äußerst wenig bekannt[37]. Auf eine Anbindung an Brandenburg-Ansbach könnten zwei Hinweise hindeuten. Der

---

[29] HÖPFINGER, Floß, S. 172.
[30] ISAAC, Authentische Berechnung, S. 437.
[31] FREUDENTHAL, Verfassungsurkunde, S. 66.
[32] StAN, Herrschaft Pappenheim, Akten Nr. 5999/IX: Bericht vom 2. August 1774. Diese Angaben entsprechen den Schätzungen Joseph Isaacs, der für Gochsheim eine Plette mit 8 kr. und eine Schabbasplette mit 10 kr. ansetzt. Siehe ISAAC, Authentische Berechnung, S. 439.
[33] Siehe Kapitel 6.3.
[34] StAN, Herrschaft Pappenheim, Akten Nr. 4722/I: Bericht der pappenheimischen Regierungskanzlei an die Kriegs- und Dömanenkammer in Ansbach vom 9. März 1807.
[35] BREUER, Frühe Neuzeit, S. 187–189, 193; BATTENBERG, Juden in Deutschland, S. 22–23, 39–41, zum Forschungsstand: S. 105–107. Die Situation in der Markgrafschaft Burgau behandelt: ULLMANN, Nachbarschaft, S. 194–224.
[36] ROHRBACHER, Organisationsformen, S. 146.

Kap. 7: Die jüdische Gemeinde Pappenheim

Ansbacher *Unterland-Rabbiner* Joseph Kahn aus Wassertrüdingen unterzeichnete den Ehevertrag zwischen Amson Jacob und seiner Frau Besle und wirkte bei Amson Polacks Hochzeit in Pappenheim mit[38]. Magnus Weinberg rechnet Pappenheim neben Gemeinden wie Ellingen, Berolzheim und Treuchtlingen dem Bezirk (Medinat) Altmühl zu. Eine Partizipation Pappenheimer Juden in überörtlichen Zusammenschlüssen wird aus der Tatsache ersichtlich, dass mehrere von ihnen im Memorbuch als Inhaber von Bezirksämtern aufgeführt werden: Bezirksparnos (Jacob Amson, sein Vater Amson, Nathan Reutlinger), Bezirksvorsteher (Nathan Reutlinger) und Bezirkskassierer (Hirsch Oppenheimer)[39]. Auf diese Strukturen verweist zugleich der jüdische Friedhof in Pappenheim[40].

7.2 Die Inhaber jüdischer Gemeindeämter

An der Spitze einer jüdischen Gemeinde standen Rabbiner und Gemeindevorsteher (parnassim). Der Rabbiner galt als Autorität in rituellen und zivilrechtlichen Fragen. In dieser Funktion schloss er Ehe- und Familienverträge, entschied innergemeindliche Konflikte und konnte zur Strafe den Bann aussprechen. Ihm zur Seite standen ein oder mehrere Gemeindevorsteher mit eher administrativen Aufgaben, denn eine jüdische Gemeinde war nicht nur Religionsgemeinschaft, sondern zugleich ein politisches Selbstverwaltungsorgan. Die Vorsteher hatten sich um die laufenden Geschäfte zu kümmern, das Gemeindevermögen zu verwalten sowie die Gemeinde politisch zu vertreten und sie als Fürsprecher (schtadlanim) zu verteidigen[41]. Insbesondere in Landgemeinden, die über keinen Ortsrabbiner verfügten, waren sie die Inhaber höchster Autoritätsstellen[42].

Rabbiner sind in erster Linie für die Rechtsprechung zuständige Gelehrte, die eine Talmudhochschule (jeschiwa) besucht und den Morenu-Titel erworben haben[43]. Mit Hinblick auf die Durchsetzung dieses Titels, die Praxis der Ordination (semicha) und die Forderung von Gebühren für Dienste wird ab dem 15. Jahrhundert von einer Professionalisierung des Rabbinats gesprochen[44]. Meist wurden Rabbiner nur auf drei Jahre eingestellt, danach war eine Wiederwahl erforderlich oder sie wurden durch andere Bewerber ersetzt. Um ihre Unabhängigkeit zu gewährleisten, handelte es sich meist um Ortsfremde[45]. Allerdings sind verschiedene Typen von rabbinischen Autoritäten zu unterscheiden: Neben maßgebenden rabbinischen Gelehrten gab es nicht-professionelle, auch als »Rav« bezeichnete »Rabbis«[46]. Ein »Rabbi« in einer kleinen Landgemeinde gehörte meist

---

[37] In der Literatur, insbesondere bei COHEN, Landjudenschaften in Deutschland, gibt es keinen Hinweis auf die Zugehörigkeit Pappenheims zu den landjudenschaftlichen Strukturen.
[38] Siehe StAN, Herrschaft Pappenheim, Akten Nr. 8192: Protokoll vom 23. Dezember 1728; Nr. 7944a: Protokoll vom 23. Januar 1727.
[39] Zum Bezirk Altmühl und den Pappenheimer Vertretern: WEINBERG, Memorbücher, S. 198–204. Weinberg bezieht seine Informationen aus der Auswertung der Memorbücher, weitere Angaben zum Medinat Altmühl liegen in der Literatur nicht vor.
[40] Ausführlich dazu Kapitel 7.4.
[41] BATTENBERG, Juden in Deutschland, S. 21–22, 93; KÖNIG, Judenverordnungen, S. 76.
[42] Vgl. ULLMANN, Nachbarschaft, S. 172.
[43] Ismar ELBOGEN, Art. Rabbiner, in: Jüdisches Lexikon Bd. IV/1, Sp. 1202–1208. Über die Ausbildung der in Pappenheim tätigen Inhaber von Gemeindeämtern ist nichts bekannt.
[44] BATTENBERG, Juden in Deutschland, S. 22, 93–94; BELL, Gemeinschaft, S. 168; WILKE, Den Talmud, S. 170–172.
[45] BREUER, Frühe Neuzeit, S. 163.
[46] BELL, Gemeinschaft, S. 167.

Kap. 7: Die jüdische Gemeinde Pappenheim

zur zweiten Gruppe, wobei die Übergänge oft fließend waren. Bei der Arbeit mit Akten aus »christlicher« (Außen-)Perspektive ist zu beachten, dass Personen mit der Bezeichnung »Rabbi« in ländlichen Judengemeinden sehr unterschiedliche Funktionen erfüllt haben können und die Anführung dieses Titels folglich mit größter Vorsicht zu interpretieren ist[47]. In vielen kleineren Gemeinden gab es nur einen einzigen – manchmal als »Rebbe« bezeichneten – Gemeindeangestellten, der mehrere Funktionen auf sich vereinigte. Für diesen ist auch das Akronym »Schaz-Maz« gebräuchlich, das die gleichzeitige Ausübung der Aufgaben von Chasan (Vorbeter bzw. -sänger), Lehrer, Schächter, Thoravorleser, Prediger und Schofarbläser zum Ausdruck bringt[48]. Beispielsweise war der einzige Beamte der fränkischen Gemeinde Sugenheim zugleich Chasan, Vorbeter, Lehrer, Schächter und Schulklopfer[49]. Ein Hinweis auf eine derartige Ämtervereinigung in Pappenheim findet sich im Rezess von 1692. Dieser hatte unter den vier in der Stadt geduldeten Juden einen *Schulmeister oder Todtengräber, welches beydes durch eine person zubestellen*[50] war, vorgesehen. Aus der Zeit zwischen 1650 und 1806 sind sieben Personen bekannt, die als »Rabbi«, Rabbiner, Judenschulmeister oder Vorsinger bezeichnet wurden[51]:

Tabelle 14: Belege für Rabbiner/Vorsinger in Pappenheim

1657/1666-1680	Abraham
ca. 1692-1734	Peßach ben Josua/Israel Besich[52]
1738/1745	Esriel Josef ben Simeon Levi/Israel Simon Levi
1754/1755	Besich
1757-1787	Elisier Lippmann Mosche ben Salomo/Lippmann Salomon
ca. 1787-1793 (vor 1795)	Joseph Hirsch
ca. 1795-1812	Moses Tabor

Über die einzelnen Rabbis ist unterschiedlich viel in Erfahrung zu bringen. Nachfolger des im Jahr 1654 gestorbenen Fayus[53] wurde der in Lemberg (Polen) geborene Abraham. Einem Protokoll vom 5. Januar 1657 ist zu entnehmen, dass die Gemeinde *unlengsten einen Schulmeister angenommen* hatte[54]. Wahrscheinlich ist er mit dem Abraham identisch, der zwischen 1666 und 1680 als

---

[47] Vgl. dazu ULLMANN, Nachbarschaft, S. 165–166, 394; DEVENTER, Organisationsformen, S. 158; siehe auch: Art. Rabbi, in: Jüdisches Lexikon Bd. IV/1, Sp. 1201–1202.
[48] Julius JARECKI, Art. Schaz-Maz, in: Jüdisches Lexikon Bd. IV/2, Sp. 161; siehe auch: MEINERS, Nordwestdeutsche Juden, S. 355; SABELLECK, Nienburg, S. 100; ULLMANN, Nachbarschaft, S. 170–172; LOWENSTEIN, Anfänge, S. 190–191.
[49] FREUDENTHAL, Verfassungsurkunde, S. 48.
[50] StAN, Herrschaft Pappenheim, Urkunden Nr. 4413: Rezess vom 31. Juli 1692.
[51] Bei den angegebenen Jahreszahlen handelt es sich um die erste und letzte Erwähnung, nicht aber um gesicherte Amtszeiten.
[52] Ein einziges Mal, im Jahr 1723, ist ein Aaron Israel belegt (StAN, Herrschaft Pappenheim, Akten Nr. 8184: Gesuch Rabbi Aaron Israels an Reichserbmarschall Johann Friedrich vom 4. März 1723). Ob er mit Rabbi Israel identisch ist, kann nicht mit absoluter Sicherheit bestimmt werden.
[53] Freundlicher Hinweis von Nathanja Hüttenmeister, Duisburg.
[54] StAN, Herrschaft Pappenheim, Akten Nr. 8126: Protocollum in Sachen Schmuel Juden contra Abraham und Berle Juden vom 5. Januar 1657. Nach 1648 waren viele Gemeindebeamte polnische Juden, die vor den aufständischen Kosaken unter Bogdan Chmielnicki geflohen waren. Siehe BREUER, Frühe Neuzeit, S. 100, 161. Die Heere der Kosaken stießen dabei bis Lemberg, der Heimatstadt Abrahams, vor. Siehe HAUMANN, Ostjuden, S. 38. Zur Herkunft jüdischer Lehrer in der Frühen Neuzeit aus Polen siehe auch MEINERS, Nordwestdeutsche Juden, S. 395.

Kap. 7: Die jüdische Gemeinde Pappenheim

Schulmeister und Totengräber bezeichnet wurde[55]. Seit etwa 1692 bis zu seinem Tod am 18. Ijar 5494 (21. Mai 1734) war Peßach ben Josua in Pappenheim tätig[56], der zuvor in Wassertrüdingen wohl ein vergleichbares Amt innegehabt haben dürfte[57]. Sein Sohn Arnd war im Jahr 1700 nach Treuchtlingen gezogen, um sich dort *in Schuldienste* zu begeben, ein weiterer Sohn, Löw, war später in Georgensgmünd Totengräber, Thoraschreiber und Beschneider[58].

Zu einem nicht bestimmbaren Zeitpunkt nach Besichs Tod folgte ihm Esriel Josef ben Simeon Levi, der bereits am 8. Adar I 5505 (10. Februar 1745) starb. Der früheste Beleg für seine Tätigkeit stammt vom 26. Januar 1738, als er eine Übersetzung mit *Israel Simon Lövi Vorsinger und beglaubder in der Judenschaft alhier zu Pappenheim* unterzeichnete[59]. Über den anscheinend nach ihm amtierenden *Rebbi Besich*, der im Schutzgeldverzeichnis 1754 und 1755 aufgeführt ist, ist außer dem Namen nichts bekannt[60]. Wegen seines Namens kann eine Verwandtschaft mit dem zwei Jahrzehnte zuvor verstorbenen Israel Besich nicht ausgeschlossen werden. Erstmals für das Jahr 1757 ist Elieser Lippmann Mosche ben Salomo belegt. In den »christlichen« Quellen taucht er meist als Lippmann Salomon auf[61]. Zum Zeitpunkt seines Todes am 29. Ijar 5547 (17. Mai 1787)[62] soll er sich seit 31 Jahren in Pappenheim aufgehalten haben[63]. Lippmann Salomon hatte mindestens eine Tochter und zwei Söhne, von denen einer der Münchener Hoffaktor Hirsch Lippmann war[64]. Da dieser in Pappenheim erzogen, aber 1739/40 in Wallhausen bei Crailsheim geboren wurde, ist davon auszugehen, dass sich sein Vater zuvor dort aufgehalten hatte[65].

Direkt auf Lippmann Salomon dürfte Joseph Hirsch gefolgt sein, der in einem Gesuch an die Herrschaft vom 14. Januar 1793 die Dauer seines Aufenthalts in Pappenheim mit ungefähr sechs Jahren angab. Joseph Hirsch bat zu seiner Sicherheit um ein Dekret, das ihn lebenslänglich bestätigen sollte, da es – obwohl sich die Pappenheimer Juden mit der *Verrichtung meiner mir obliegenden Geschäfte [...] ganz zufrieden bezeigt* hätten – einige gebe, die sich einen anderen Stelleninhaber gewünscht hätten[66]. Über den weiteren Verlauf ist nichts bekannt, allerdings be-

---

[55] 1666, 1667, 1669 und 1670 wird Abraham als Schulmeister und Totengräber bezeichnet, 1673 und 1674 als Schulmeister und 1677 bis 1680 als Totengräber: StAN, Herrschaft Pappenheim, Akten Nr. 8125: Abrechnung mit Amschel.
[56] WEINBERG, Memorbücher, S. 200. Die Jahresangaben werden durch andere Quellen bestätigt: So gab Besich 1712 an, seit 20 Jahren Vorsinger in Pappenheim zu sein: StAN, Herrschaft Pappenheim, Akten Nr. 8153a: Verhör des Schulmeisters Israel wegen des Gebets Alenu vom 29. Dezember 1712.
[57] Im Jahr 1712 gab er an, bereits seit 36 Jahren Schulmeister zu sein: StAN, Herrschaft Pappenheim, Akten Nr. 8153a: Verhör des Schulmeisters Israel wegen des Gebets Alenu vom 29. Dezember 1712.
[58] StAN, Herrschaft Pappenheim, Urkunden Nr. 4875: Attestat für den nach Treuchtlingen gezogenen Juden Arnd vom 28. August 1709. Zum 1758 gestorbenen Löw siehe KUHN, Georgensgmünd, S. 92.
[59] StAN, Herrschaft Pappenheim, Akten Nr. 8207: Übersetzung der Stellungnahme Wolf Guggenheimers vom 26. Januar 1738.
[60] StAN, Herrschaft Pappenheim, Rechnungen Nr. 6330/4, S. 101, Nr. 6330/5, S. 99: Einnahmen vom Schutzgeld (1754/55).
[61] Erstmalige Erwähnung: Das Schutzgeld *vor den vorsinger Lippmann zahlt das jüdische landallmoßen*. StAN, Herrschaft Pappenheim, Akten Nr. 4719: Amtsbericht über die Pappenheimer Judensteuer vom 10. Oktober 1757; siehe auch: Nr. 8219: Bericht der Regierungskanzlei vom 30. Juni 1768 und Nr. 8226: Gesuch des Moyses Hirsch vom 10. Mai 1781.
[62] WEINBERG, Memorbücher, S. 202.
[63] StAN, Photosammlung Fremde Archivalien JM 146: Friedhofsregister Pappenheim (1937).
[64] Siehe Stammtafel 9 im Anhang.
[65] StadtA München, Polizeidirektion 515, fol. 182, 331: Judenverzeichnis 1788 und 1798. Zu Hirsch Lippmann siehe Kapitel 3.2.3.
[66] StAN, Herrschaft Pappenheim, Akten Nr. 6003/65, S. 19–20: Eintrag vom 29. Januar 1793.

Kap. 7: Die jüdische Gemeinde Pappenheim

schwerte sich die Judenschaft am 31. März 1795 darüber, dass es in Pappenheim keinen Rabbiner gebe[67]. Demnach scheint Joseph Hirsch zuvor gestorben oder aber – möglicherweise als Reaktion auf die gerade geschilderten Anfeindungen – aus Pappenheim fortgezogen zu sein. Im Jahr 1807 finden sich in Pappenheim der Rabbiner Moses Tabor und der Vorsinger Abraham Neumark[68].

Die Dauer ihres Aufenthalts – immerhin in mindestens zwei Fällen mehrere Jahrzehnte – sowie die Tatsache, dass Peßach im Verzeichnis der Pappenheimer Juden aus dem Jahr 1718 zusammen mit Frau und fünf Kindern aufgeführt wird[69], zeigt, dass das Amt eines »Rabbis« in einer Landgemeinde nicht immer zeitlich begrenzt sein musste. Die in Pappenheim tätigen Rabbis führten eine Vielzahl gemeindlicher Aufgaben aus. So war Peßach ben Josua 42 Jahre lang Chasan, Mohel und Hekdeschpfleger gewesen[70]. Demnach hatte er ein sehr breites Tätigkeitsspektrum: Als Chasan war er für rituelle Handlungen in der Synagoge zuständig, als Mohel für Beschneidungen und als Hekdeschpfleger für die Versorgung und Unterbringung von Armen[71]. Vereinzelt wird er als Schächter und Totengräber bezeichnet[72]. Möglicherweise sind diese Unterschiede auf Veränderungen der zugewiesenen Aufgaben zurückzuführen, denn im Konferenzprotokoll vom 4. Dezember 1720 ist festgehalten, dass der *Juden Rebbi [...] das Todengraben zu versehen* habe und Meyer *das schechten*[73]. Nicht wesentlich anders war das Tätigkeitsspektrum seiner Nachfolger: Esriel Josef ben Simeon Levi wird im Memorbuch als Thoragelehrter, Vorsänger und Schofarbläser bezeichnet[74]. Lippmann Salomon wirkte in den 31 Jahren, die er als *Raw*[75] in Pappenheim war, als Vorbeter, Ortsrabbiner, Mohel und Schofarbläser[76]. Joseph Hirsch gab in einem Gesuch an die Herrschaft an, er sei von der Judenschaft als Rabbiner, Vorsinger, Schächter und Totengräber aufgenommen worden[77].

Neben den Aufgaben in der Synagoge, über die aus den vorliegenden Quellen fast überhaupt nichts zu erfahren ist, war der »Rabbi« für weitere Bereiche zuständig. Beim Streit um Isaac Jacobs

---

[67] Zu diesem Gesuch siehe Kapitel 7.1.
[68] StAN, Herrschaft Pappenheim, Akten Nr. 4722/I: Verzeichniß sämmtlicher pappenheimischer Schutzjuden vom 19. Februar 1807. Im Jahr 1812 folgte Hajum Joseph Emden dem verstorbenen Tabor. Siehe: StAN, Regierung von Mittelfranken Abgabe 1932, Judensachen Nr. 169: Bericht des Gerichts Pappenheim vom 24. August 1826. Abraham Neumark hielt sich mindestens seit 1800 in Pappenheim auf. In diesem Jahr entrichtete er in Weißenburg 30 kr. Leibzoll. Siehe StadtA Weißenburg B 43: Steueramtsbelege 1800/01; zu ihm: StAN, Regierung von Mittelfranken, Kammer des Inneren, Abgabe 1932, Tit. Judensachen Nr. 215 Tom. V, S. 192–193: Judenmatrikel Pappenheim.
[69] StAN, Herrschaft Pappenheim, Akten Nr. 8196: Designation der allhiesigen Judenfamilien vom 28. Februar 1718.
[70] StAN, Photosammlung Fremde Archivalien JM 146: Friedhofsregister Pappenheim (1937). Mit den Angaben im Pappenheimer Friedhofsregister stimmt das Memorbuch weitgehend überein: WEINBERG, Memorbücher, S. 200.
[71] Siehe: Adolf KOBER, Art. Armenwesen, in: Jüdisches Lexikon Bd. I, Sp. 474–476; Bruno KIRSCHNER und Max JOSEPH, Art. Berit mila, in: Jüdisches Lexikon Bd. I, Sp. 861–866; Ismar ELBOGEN, Art. Chasan, in: Jüdisches Lexikon Bd. I, Sp. 1335–1337.
[72] Schächter: StAN, Herrschaft Pappenheim, Akten Nr. 8192: Verhör des Joseph Kahn vom 23. Januar 1727; Totengräber: Nr. 5999/I: Eintrag vom 4. Dezember 1720.
[73] StAN, Herrschaft Pappenheim, Akten Nr. 5999/I: Eintrag vom 4. Dezember 1720.
[74] WEINBERG, Memorbücher, S. 201.
[75] StAN, Photosammlung Fremde Archivalien JM 146: Friedhofsregister Pappenheim (1937); Raw entspricht Rabbi und ist mit »Meister« zu übersetzen. Siehe: Art. Rabbi, in: Jüdisches Lexikon Bd. IV/1, Sp. 1201–1202.
[76] WEINBERG, Memorbücher, S. 202.
[77] StAN, Herrschaft Pappenheim, Akten Nr. 6003/65, S. 19–20: Eintrag vom 29. Januar 1793.

Kap. 7: Die jüdische Gemeinde Pappenheim

Verlassenschaft erreichte Lippmann Salomon 1768 einen Vergleich unter den Erben. Zuvor hatte er zusammen mit Salomon Reutlinger die Inventur im Haus des Verstorbenen durchgeführt[78]. Mehrfach traten Rabbiner als Übersetzer auf. So versicherte Rabbi Israel Simon Levi am 26. Januar 1738, einen Brief *felig von höbereschen in teitschen gebracht zu haben, ohne Ermanglung daß gringste*[79]. Außerdem wurde im Jahr 1773 *der hiesigen Judenschaft durch den Rabbiner in der Schule* ein Münzmandat publiziert. Daraus könnte gefolgert werden, dass herrschaftliche Verlautbarungen – analog zur Verkündung von der Kanzel in den Kirchen – durch den Rabbiner der jüdischen Öffentlichkeit bekannt gemacht wurden[80]. Als Schulmeister war der »Rabbi« zudem für die Unterrichtung der Kinder zuständig. Als 1698 mehrere Betteljuden in Israel Besichs Haus eine Schlägerei verursachten, sagte seine Frau aus, ihr Mann habe davon nichts mitbekommen, da er *auf dem Bette gelegen und deß Juden Hirsch Kinder gelernt hätte*[81]. Während die Aufgaben des »Rabbi« aus den Quellen noch ansatzweise rekonstruiert werden können, fehlen jegliche Hinweise auf die religiösen Vorstellungen der Amtsinhaber und die von ihnen vertretenen Ansichten.

Im November 1720 klagte Rabbi Besich gegen Veit Aurenhammer aus Niederpappenheim, der ihm versprochene 23 Maß Wein nicht geliefert hatte. Aurenhammer wurde freigesprochen, da der Wein auf dem Weg von Fürth nach Pappenheim durch einen Schaden am Fass verloren gegangen war[82]. Nicht zuletzt die Herkunft des Weins aus Fürth legt die Vermutung nahe, dass es sich dabei um speziellen koscheren Wein handelte[83]. Offen muss jedoch bleiben, ob der Rabbi diesen verkaufte. Ferner gibt es einen Hinweis auf von ihm ausgeübte Gewerbetätigkeit. Im Juni 1705 verklagte Israel Besich den Pappenheimer Zimmergesellen Michael Gözinger, der *ihme für baar geliehenes Geld und ein neues Hemd 4 fl. 25 kr. schuldig seye*[84].

Sonstige Gemeindebeschäftigte sind in den Quellen so gut wie überhaupt nicht fassbar. Für einen Schulklopfer, der durch das so genannte Schulklopfen an den Türen ihrer Häuser die Juden zum Gottesdienstbesuch rufen sollte[85], gibt es nur eine einzige Erwähnung. Der nicht mit Namen genannte Schulklopfer hatte 1769 die Tochter Rabbi Lippmann Salomons geschwängert und heiratete sie daraufhin[86]. Ebenfalls nur ein Hinweis liegt für das Amt des Almosenpflegers vor[87]. Am 26. Oktober 1751 bestätigte Salomon Reutlinger in dieser Funktion den Kauf eines Grundstücks zur

---

[78] StAN, Herrschaft Pappenheim, Akten Nr. 8219: Bericht der Regierungskanzlei vom 30. Juni 1768 und Nr. 8226: Gesuch des Moyses Hirsch vom 10. Mai 1781. Zu den Kompetenzen und Aufgaben des Rabbiners bei Verträgen siehe auch HÖPFINGER, Floß, S. 183–185.

[79] StAN, Herrschaft Pappenheim, Akten Nr. 8207. Zu vergleichbaren Fällen siehe: Nr. 8170: Abschrift der Erklärung des Lazarus Hirsch vom 1. September 1718, Nr. 8189: Protokoll vom 12. März 1725 und Nr. 8220: Einigung zwischen Löw Amson (Gunzenhausen) und Löw Amson (Pappenheim) vom 3. März 1767.

[80] StAN, Herrschaft Pappenheim, Akten Nr. 6003/35: nicht datierter Eintrag.

[81] StAN, Herrschaft Pappenheim, Akten Nr. 4645/I/2: Protokoll vom 28. Februar 1698.

[82] StAN, Herrschaft Pappenheim, Akten Nr. 4635/75, S. 658–661: Eintrag vom 28. November 1720.

[83] Wein spielt im kultischen jüdischen Ritus eine zentrale Rolle, er muss jedoch koscher sein. Siehe NLJ, S. 475. Dazu auch: DAXELMÜLLER, Jüdische Kultur, S. 63.

[84] StAN, Herrschaft Pappenheim, Akten Nr. 7717: Amtsprotokoll vom 25. Juni 1705.

[85] Siehe Samuel RAPPAPORT, Art. Schulklopfen, in: Jüdisches Lexikon Bd. IV/2, Sp. 281–282.

[86] StAN, Herrschaft Pappenheim, Akten Nr. 5999/III, fol. 26b: Eintrag vom 8. November 1769; LKAN, Konsistorium Pappenheim Nr. 67: Eintrag vom 29. März 1770.

[87] Der Eintrag für Israel Besich im Friedhofsregister lässt vermuten, dass diese Aufgabe früher vom Rabbi verrichtet wurde. Siehe oben. In Sugenheim gab es einen jährlich wechselnden, Hectisch Gabba genannten, Gemeindekassierer, der auch für das Armenwesen zuständig war: FREUDENTHAL, Verfassungsurkunde, S. 45.

Kap. 7: Die jüdische Gemeinde Pappenheim

Erweiterung des jüdischen Friedhofs[88]. Möglicherweise hatte zuvor sein Vater Nathan Reutlinger dieses Amt innegehabt. Dieser unterzeichnete 1737 das Friedhofsregister, war zu diesem Zeitpunkt aber bereits Barnos, so dass er es auch im Rahmen dieser Funktion unterschrieben haben könnte[89].

In einer Beschwerdeschrift beklagte sich die Pappenheimer Judenschaft im März 1795, dass es zur Zeit weder einen Rabbiner noch einen Heiligenpfleger oder *Vorsteher zum Begräbnis* gebe[90]. Diese Auflistung muss zwar nicht zwingend implizieren, dass die Gemeinde zuvor dauerhaft über alle diese Ämter verfügt hatte, das Vorhandensein zu einem früheren Zeitpunkt erscheint aber, nicht zuletzt da es Belege für Rabbiner und Almosenpfleger gibt, nicht unwahrscheinlich. Eine Beerdigungsbruderschaft – Chewra Kaddischa – hatte es in den meisten jüdischen Gemeinden gegeben[91].

Immer wieder tauchen in den Quellen Personen auf, die als Rabbiner, Schulmeister oder Praeceptor bezeichnet werden, aber nicht von der Gemeinde als Gesamtheit, sondern von einzelnen ihrer Mitglieder als Privatlehrer eingestellt wurden[92]. Im Mai 1697 wurden Hirsch aus Oettingen, des *Jacob Juden zu Pappenheim Rabi oder Praeceptor,* und der *alhiesige Schulmeister Rabi* Opfer eines Überfalls[93]. Aus der Formulierung ist eine Unterscheidung zwischen privater und öffentlicher Aufgabe zu ersehen. 1713 wurde ein Pass für den Juden Bär, der sich dreieinhalb Jahre lang *als Schulmeister* bei Nathan Reutlinger aufgehalten hatte, ausgestellt. Dieser wollte *seiner Wolfahrt wegen gegen Augspurg und weiters* ziehen[94]. Im Februar 1755 verstarb Jacob Abraham, der bei Esaias Simon *als Rebbi* gedient hatte[95].

Über die Führungsstrukturen der Pappenheimer Gemeinde ist nur wenig bekannt. Daher soll als Beispiel für die Organisation einer jüdischen Gemeinde kurz auf Floß eingegangen werden. Dort gab es eine Gemeindeversammlung, in der jeder männliche Haushaltsvorstand eine Stimme hatte. Diese wählte sechs Gemeindedeputierte als Vertreter der Gemeinde. An der Spitze stand der Gemeindevorsteher, dessen Amtszeit bis zu seinem Rücktritt bzw. Tod dauerte[96]. Die Vorstände der Gemeinden im burgauischen Binswangen und Kriegshaber bestanden aus drei bzw. vier Mitgliedern[97].

Die Vorsteher der Pappenheimer Gemeinde wurden meist als Barnos (bzw. Parnos) bezeichnet[98], in einigen Übersetzungen aus dem Hebräischen ist der Begriff *Baumeister* überliefert[99]. Über die

---

[88] StAN, Adel Archivalien Nr. 4633, S. 81–82: Eintrag vom 26. Oktober 1751.
[89] StAN, Herrschaft Pappenheim, Rechnungen Nr. 6330/2: Wegen der Juden Begräbnus; dazu siehe auch Kapitel 7.4.
[90] StAN, Herrschaft Pappenheim, Akten Nr. 5916/I: Gesuch vom 31. März 1795.
[91] Siehe LOWENSTEIN, Anfänge, S. 189; Wilhelm LEVY, Art. Chewra Kaddischa, in: Jüdisches Lexikon Bd. I, Sp. 1358.
[92] Zu Rabbiner-Hauslehrern siehe SCHOCHAT, Ursprung, S. 170.
[93] StAN, Herrschaft Pappenheim, Akten Nr. 4635/57, fol. 217v–219v: Eintrag vom 20. Mai 1697 und Nr. 4635/59, fol. 20v–21v: Eintrag vom 25. Mai 1697.
[94] StAN, Herrschaft Pappenheim, Akten Nr. 4692/II: Pass für Bär und Eisigk, die Juden (17. August 1713). Nathan Reutlinger verfügte auch später über einen derartigen Gelehrten. Im Jahr 1727 wohnte bei ihm *Simon Hirsch Rabbiner*. Siehe Nr. 8192: Protokoll vom 23. Dezember 1728.
[95] StAN, Herrschaft Pappenheim, Rechnungen Nr. 6330/4: Einnahmen- und Ausgabenverzeichnis der Stadtvogtei, S. 67–68.
[96] Siehe HÖPFINGER, Floß, S. 157, 162, 167.
[97] Vgl. ULLMANN, Nachbarschaft, S. 173.
[98] Siehe Siegfried WOLFF, Art. Parnass, in: Jüdisches Lexikon Bd. IV/1, Sp. 821.
[99] In Frankfurt am Main wurden die jüdischen Vorsteher als Baumeister bezeichnet. Siehe KRACAUER, Geschichte Bd. I, S. 236, Bd. 2, S. 179–180; SCHUDT, Frankfurter Juden, S. 30.

Kap. 7: Die jüdische Gemeinde Pappenheim

Ernennung der Barnossen in Pappenheim gibt es nur die Aussage aus dem Jahr 1795, die Judenschaft habe nach innergemeindlichen Unordnungen *durch Mehrheit der Stimmen* fünf Männer zu Vorstehern bestimmt[100]. Die vergleichsweise hohe Zahl ließe vermuten, dass es sich hierbei um einen Ausschuss handelte. Allerdings bleibt unklar, wie viele Personen die Pappenheimer Gemeinde leiteten. Wie die nachfolgende Tabelle zeigt, waren im Jahr 1698 mit Hirsch Oppenheimer und Jacob Amson zeitgleich zwei Juden Barnos. Dies würde der Situation in Sugenheim entsprechen, wo es zwei Barnossen gab[101]. In den für Pappenheim verfügbaren Quellen sind nur wenige Barnossen bzw. Gemeindevorsteher verzeichnet, noch dazu bestehen zum Teil große Lücken:

Tabelle 15: Archivalisch überlieferte Barnossen in Pappenheim

1698	Hirsch Oppenheimer
1698-1720	Jacob Amson
1728/43	Nathan Reutlinger
1743	Wolf Herz Gans
1749-ca. 1772	Esaias Simon
1804	Nathan Joseph

Hirsch Oppenheimer wird im Ehevertrag für seine Tochter Güttel vom 9. Nissan 5458 (21. März 1698) *parnoss Naftali Hirsch*[102] genannt. Im Memorbuch ist er als Gaon Naftali Hirsch, Sohn des Mosche Oppenheim, aufgeführt und wird als Schtadlan und Thoragelehrter bezeichnet. Im Eintrag für seine Frau ist er zusätzlich Gemeindevorsteher und Bezirkskassierer, in dem für seine Tochter Güttel Bezirksparnos[103]. Jacob Amson wird im Ehevertrag mit Hirsch Oppenheimers Tochter *parnoss Jecoff, Sohn deß Herrn Mosche Ascher seelig ge*nannt[104]. Im Ehevertrag seines Sohnes Amson Jacob wird er als *erwürdiger Baumeister*[105] bezeichnet, in einem von ihm am 12. Tammus 5480 (18. Juli 1720) unterzeichneten Vertrag *Jakob Amson Baumeister*[106]. Im Memorbucheintrag seiner Frau – von ihm ist erstaunlicherweise keiner vorhanden – wird er als Bezirksparnos bezeichnet[107]. Möglicherweise hatten Hirsch und Jacob die Gemeinde schon früher repräsentiert. Im Juni 1687 werden sie in einem zwischen Vertretern mehrerer fränkischer und schwäbischer Gemeinden geschlossenen Vertrag als »der Meister, Herr Hirsch, und der geehrte Herr Jaakow Pappenheim« aufgeführt[108].

Nathan Reutlinger ist 1728 und 1743 als Baumeister bzw. Barnos in den Akten greifbar[109]. Das Memorbuch führt ihn als Nathan ben Mosche Jesaja, Schtadlan und Bezirksvorsteher, auf, im

---

[100] StAN, Herrschaft Pappenheim, Akten Nr. 5916/I: Gesuch vom 31. März 1795.
[101] Siehe FREUDENTHAL, Verfassungsurkunde, S. 44.
[102] StAN, Herrschaft Pappenheim, Akten Nr. 8190: Abschrift des Vermehrungs- und Schenkbriefs vom 21. März 1698.
[103] WEINBERG, Memorbücher, S. 200–201. Zu den überörtlichen Ämtern siehe Kapitel 7.1.
[104] StAN, Herrschaft Pappenheim, Akten Nr. 8190: Abschrift des Vermehrungs- und Schenkbriefs vom 21. März 1698.
[105] StAN, Herrschaft Pappenheim, Akten Nr. 8192: Übersetzung des Ehevertrags zwischen Amson Jacob und Bess.
[106] StAN, Herrschaft Pappenheim, Akten Nr. 7944a: Kopie des Vertrags vom 18. Juli 1720.
[107] WEINBERG, Memorbücher, S. 201. Dieses Amt hatte auch sein Vater Ascher Mosche Anschel ben Jakob aus Ellingen (gestorben 1691) innegehabt. Siehe WEINBERG, Memorbücher, S. 199–200.
[108] Abgedruckt bei COHEN, Landjudenschaften in Deutschland Bd. 3, S. 2028–2029. Freundliche Übersetzung von Nathanja Hüttenmeister, Duisburg.
[109] StAN, Herrschaft Pappenheim, Akten Nr. 8192: Protokoll vom 23. Dezember 1728; LKAN, Pfarramt Pappenheim Nr. 5: Gesuch sämtlicher Judenschaft zu Pappenheim an den Reichserbmarschall vom 20. Juni 1742.

Kap. 7: Die jüdische Gemeinde Pappenheim

Eintrag seiner Frau wird er *vornehmer Parnoß* genannt[110]. Wolf Herz Gans wird nur ein einziges Mal als *Obmann* bezeichnet (1743), wobei nicht einmal sicher ist, ob Obmann als Synonym für Gemeindevorsteher aufzufassen ist[111]. Über einen längeren Zeitraum ist dagegen Esaias Simon in diesem Amt zu verfolgen. Am 28. Mai 1743 beschwerte er sich, zusammen mit Nathan Reutlinger, *nomine sämtlicher hiesiger Judenschaft* gegen die Pappenheimer Metzger[112]. Allerdings ist unklar, ob die beiden ein offizielles Amt innehatten. In den Jahren 1749, 1751 und 1761 taucht Esaias Simon als Barnos auf, 1772 wird von der *Verlaßenschaft weyland Esaias Simon hiesigen Barnossens* gesprochen[113].

Ein Blick auf die soziale Stellung der als Barnos bekannten Pappenheimer Juden zeigt, dass die meisten von ihnen (Hirsch Oppenheimer, Jacob Amson, Nathan Reutlinger und Esaias Simon) nicht nur vergleichsweise reich, sondern auch Hofjuden gewesen waren. Diese Übereinstimmung von internen und externen Repräsentanten der Gemeinde entspricht den aus anderen Orten bekannten Verhältnissen[114]. So existierten derartige oligarchische Tendenzen auch in Pfersee[115].

7.3 Gemeindliche Einrichtungen: Judenschule, Mikwe und Herberge

Eine der wichtigsten Einrichtungen einer jüdischen Gemeinde war die Synagoge – im eigentlichen Wortsinn die Zusammenkunft der Gemeinde, später wurde der Begriff auf das Gebäude, in dem sich ihre Mitglieder zum Gebet trafen, übertragen[116]. Im Alten Reich war der Bau von Synagogen und die Abhaltung von jüdischen Gottesdiensten nicht überall uneingeschränkt zugelassen. Mancherorts waren nur Privatgottesdienste in Wohnungen gestattet, vielfach wurden bezüglich der Bauweise der Synagoge einschränkende Vorschriften gemacht[117]. Da die Synagoge die Versammlung der Gemeinde war, konnte jeder Raum, in dem sich mindestens zehn erwachsene Männer, das so genannte Minjan, zum Gebet trafen, als Synagoge dienen. Ein Zimmer in einem Privathaus erfüllte somit den gleichen Zweck[118]. Entgegen christlichen Vorstellungen von einer Kirche muss eine »Synagoge« kein eigenes Gebäude sein[119]. Eine nicht untypische Entwicklung fand in Floß statt. Dort wurden zuerst Hausandachten abgehalten, 1722 wurde eine Holzsynagoge gebaut und im Jahr 1813 nach einem Brand ein Neubau errichtet[120].

Nicht zuletzt aufgrund der terminologischen Unsicherheit soll im Folgenden der Quellenbegriff »Judenschule«[121] verwendet werden, da dieser offen lässt, ob es sich eher um einen Betsaal oder

---

[110] WEINBERG, Memorbücher, S. 200–201.
[111] StAN, Herrschaft Pappenheim, Akten Nr. 6003/VI, S. 57–65: Eintrag vom 13. Dezember 1743.
[112] Ebd., S. 19–21: Eintrag vom 28. Mai 1743.
[113] StAN, Herrschaft Pappenheim, Akten Nr. 6003/12, fol. 3v–6v: Eintrag vom 10. Januar 1749; Adel Archivalien Nr. 4633, S. 81–82; Herrschaft Pappenheim, Akten Nr. 6003/24, fol. 46: Eintrag vom 23. Juni 1761, Nr. 6003/35, fol. 49: Eintrag vom 6. November 1772.
[114] Vgl. GRABHERR, Hofjuden, S. 209.
[115] Siehe ULLMANN, Nachbarschaft, S. 177–179.
[116] Siehe Ismar ELBOGEN, Art. Synagoge, Geschichte, in: Jüdisches Lexikon Bd. IV/2, Sp. 789–805.
[117] MEINERS, Nordwestdeutsche Juden, S. 337–338; POHLMANN, Schutzjuden, S. 30.
[118] MEINERS, Nordwestdeutsche Juden, S. 370; DAXELMÜLLER, Jüdische Kultur, S. 92; LIBERLES, Schwelle zur Moderne, S. 95.
[119] Vgl. POHLMANN, Schutzjuden, S. 30–31.
[120] HÖPFINGER, Floß, S. 222–224.
[121] Diese Bezeichnung für Synagogen setzte sich in Anlehnung an Luthers Bibelübersetzung im deutschen

tatsächlich eine Synagoge gehandelt hat. Die Abhaltung regelmäßiger Gottesdienste hing nicht zuletzt von der Zahl der sich in einem Ort aufhaltenden Juden ab. Von welchem Zeitpunkt an in Pappenheim ein Minjan gewährleistet war, kann – bedingt durch die geringe Zahl der überlieferten statistischen Quellen – nur mit Einschränkungen beurteilt werden. 1718 lebten in Pappenheim 17 Männer[122], demnach dürften zu dieser Zeit regelmäßige jüdische Gottesdienste möglich gewesen sein.

Im Jahr 1666 erscheint in den Zinsmeistereirechnungen beim Haus des Salomon erstmals der Eintrag »Judenschule.« Da Salomon das Haus 1652 erworben hatte und es 1657 in Pappenheim eine *Schul*[123] gegeben hatte, ist es gut möglich, dass er darin bereits vor 1666 einen Raum zum gemeinsamen Gebet zur Verfügung gestellt hatte. In den Jahren danach ist eine ganze Reihe von Besitzern, denen das Haus zum Teil gemeinsam gehörte, in den Zinsmeistereirechnungen eingetragen: Schmuel, Feis, Joseph und ab 1714 *sämbtliche Judenschaft*[124]. Die Besitzveränderung von einzelnen Personen zur Gesamtgemeinde wurde höchstwahrscheinlich durch ein dramatisches Ereignis ausgelöst. Am 18. Juni 1712 brach um drei Uhr morgens in der Judenschule ein Feuer aus, das wohl durch eine unbeaufsichtigte Kerze verursacht worden war. In einem Gesuch an Reichserbmarschall Christian Ernst sprechen die Juden von der *in der Synagogue entstandenen Feuers-Brunst* – dabei handelt es sich um die früheste bezeugte Verwendung des Begriffs »Synagoge«. In dieser Bittschrift wehren sie sich – vehement, aber letzten Endes erfolglos – gegen eine Strafe von 400 fl. Ihnen sei *durch Niederriß- und abbrechung ihres [...] Schul-Haußes* und den Verlust *aller vorhanden gewesenen Geratschaft und der allmoßen büchsen* bereits genügend Schaden entstanden. Außerdem wüssten sie sich *keines solchen Verbrechens zu besinnen, welches Euer hochgräflich Excellenz zu sothaner Ungnade bewegen können, daß über den vorhin erlittenen großen Verlust uns noch eine so schwere Geld-Buße als 400 fl. dictiret werden* solle. Pappenheimer Bürger hätten in vergleichbaren Fällen stets nur wenige Gulden Strafe für die Verursachung eines Feuers zahlen müssen[125].

Nach dem Brand wurde das Gebäude wieder aufgebaut. In einer Liste neuer Häuser aus dem Jahr 1718 ist auch die mit einem Ziegeldach erbaute Judenschule verzeichnet. Ihre Größe wird mit 64 Schuh in der Länge und 30 Schuh in der Breite angegeben – in etwa 19 auf 9 Meter[126]. Laut Aussage von Hirsch Oppenheimer sollen die Baukosten bei 1500 fl. gelegen haben, bis zum völligen Ausbau seien noch einmal 300 fl. zu investieren[127].

Sprachraum durch, ist aber bereits im 14. Jahrhundert belegt. Siehe Bruno KIRSCHNER, Art. Judenschule, in: Jüdisches Lexikon Bd. III, Sp. 444–445.

[122] StAN, Herrschaft Pappenheim, Akten Nr. 8196: Designation der allhiesigen Judenfamilien vom 28. Februar 1718. Siehe auch Kapitel 3.1.

[123] StAN, Herrschaft Pappenheim, Akten Nr. 8126: Protocollum in Sachen Schmuel Juden contra Abraham und Berle Juden vom 5. Januar 1657. Aus der Zeit vor 1650 liegen anscheinend keine derartigen Hinweise vor (Auskunft von Nathanja Hüttenmeister, Duisburg).

[124] StAN, Herrschaft Pappenheim, Rechnungen Nr. 6196: Zinsmeistereirechnungen. Siehe auch Kapitel 3.3. In Oettingen versammelten sich die Juden ebenfalls erst in Privathäusern, später trat die Judenschaft als Besitzer der Judenschule auf. Siehe OSTENRIEDER, Oettingen, S. 127.

[125] StAN, Herrschaft Pappenheim, Akten Nr. 8155: undatiertes Gesuch der Judenschaft an Christian Ernst; auch: LKAN, Pfarramt Pappenheim Nr. 73: Eintrag vom 18. Juni 1712.

[126] Ein Schuh entspricht einem Fuß und ist mit etwa 0,30 Metern anzusetzen. Siehe VON ALBERTI, Mass und Gewicht, S. 229–233. Das Haus wäre damit größer als das Synagogengebäude in Demmelsdorf, das 14 mal 8 Meter maß und 40 Männer- und 32 Frauenstände umfasste. Siehe GUTH – GROISS-LAU, Jüdisches Leben, S. 48–49.

Kap. 7: Die jüdische Gemeinde Pappenheim

Um die Nutzung des neuen Gebäudes scheint es zwischen Herrschaft und Juden zu Auseinandersetzungen gekommen zu sein. Am 29. März 1717 erhielt der Stadtvogt von Reichserbmarschall Christian Ernst die Anweisung,

> die hiesige Judenschafft [...] zu befragen, warum sie ohne herrschaftliche gnädige Concession oder Bewilligung sich unterständen, ihre ohnehin wider Verbot erbaute Schul beständig zu frequentieren, da doch Ihnen ein mehreres nicht, als den so genannten langen Tag[128] in derselben zu begehen, gnädig erlaubet worden

sei. Daraufhin wurden Hirsch Oppenheimer und Jacob Amson in die Stadtvogtei vorgefordert. Sie äußerten, dass der Herrschaft bekannt sein dürfte, *daß in diesem ihrem mit gnädiger Erlaubniß dermaln neugebauten Hauß die hiesige Judenschaft ihr Gebet und übrige Ceremonien von undenklichen Jahren her verrichtet* hätte. Nachdem sich das *bewußte Unglück mit feuer* ereignet hatte, habe es *hochgedacht Seiner hochgräflichen Excellenz aus denen ihnen unbekannten Ursachen beliebet, das Hauß gänzlich ein- und zu Boden reißen zu lassen*. Daraufhin hätten sie es mit herrschaftlicher Erlaubnis wieder *in gegenwärtigen Stand gebracht*. Außerdem, so Hirsch Oppenheimer, *seye ja das Hauß in keinen andern als vorherigen Stande gesezet, mithin keine synagog oder Schul gebauet, sondern nur ein Plaz in dem Hauß zum beten aptiret worden*. Man sei der Herrschaft für die Gewährung von Schutz dankbar, doch dieser sollte auch beinhalten, die *Religions-Übung unverwöhrt* ausüben zu können. Außerdem mache es keinen Unterschied, ob sie ihre Gebete in diesem oder einem anderen Haus verrichteten. Daher wollten sie, wie es *aller Orten, wo Juden geduldet werden, herkomm und üblich seye* um *beybehaltung und ferneren Genieß dieser ihrer uralten Gewon- und Gerechtigkeit* bitten. In einer Weisung vom 2. April betonte der Reichserbmarschall, dass den Juden *weiter nichts, als an Ihren so genannten langen Tägen in dem Hauß sich zu versamlen, verwilliget* worden sei. Folglich sollten sie ihre *Ceremonien* nicht in dem Gebäude fortsetzen. Nachdem ihm dies mitgeteilt worden war, kündigte Hirsch Oppenheimer an, sich erneut bei der Herrschaft für das Anliegen der Judenschaft einzusetzen[129].

Es ist nicht überliefert, ob er damit erfolgreich war oder ob die Nutzung der Judenschule in irgendeiner Form eingeschränkt blieb. Letzteres könnte aus einem Gesuch der Jüdin Besle an den Reichserbmarschall geschlossen werden, mit dem sie sich am 27. September 1731 für die Aufhebung des über ihren Mann Amson Jacob verhängten Arrests einsetzte. Unter anderem führte sie religiöse Argumente an. Wegen der *bey unß eintrettenden neuen Jahres Ferien*[130] seien für die Abhaltung eines Gottesdienstes *nach unsern jüdischen Ceremonien* oftmals weite Strecken zurückzulegen: *maßen wir Juden, wo keine Schul ist, in vielen Orten zu solcher heiligen Zeit öfters 2 und mehr Stunden weit gehen und unßern Gottesdienst verrichten müssen*[131]. Es geht allerdings nicht

---

[127] StAN, Herrschaft Pappenheim, Akten Nr. 5997/V: Designation über neue bürgerliche Häuser und Anbäulein in Stadt und Vorstatt.
[128] Mit »langer Tag« ist Jom kippur (Versöhnungsfest) gemeint. Dieser heiligste Tag des religiösen Jahres wird am 10. Tischri (September/Oktober) gefeiert. Die deutsche Bezeichnung dürfte sich auf die Dauer des Gottesdienstes vom Morgen bis zum Abend beziehen. Siehe Max JOSEPH, Art. Jom Kippur, in: Jüdisches Lexikon Bd. III, Sp. 309–313.
[129] StAN, Herrschaft Pappenheim, Akten Nr. 8168: Protocollum der hiesigen Judenschaft beständiges Schulhalten in ihrem neuerbauten Hauß betreffend vom 31. März 1717.
[130] Rosch Haschana, das jüdische Neujahrsfest, wird am 1. und 2. Tischri gefeiert und eröffnet die im Mittelpunkt des religiösen Jahres stehenden zehn Bußtage, die mit Jom Kippur enden. Siehe Max JOSEPH, Art. Rosch Haschana, in: Jüdisches Lexikon Bd. IV/1, Sp. 1487–1488. Das Jahr 5492 begann am 1. Oktober 1731, also wenige Tage nach Abfassung dieser Bittschrift.

Kap. 7: Die jüdische Gemeinde Pappenheim

hervor, ob sich die Äußerung auf die Situation in Pappenheim bezieht, und es erscheint wohl eher unwahrscheinlich, dass in Pappenheim längere Zeit keine Gottesdienste abgehalten wurden.

Nur fünf Jahre später gibt es sichere Belege für die Nutzung des Gebäudes als Judenschule und 1734 kam es zu Klagen über den Ablauf eines jüdischen Gottesdienstes in Pappenheim[132]. Obwohl in den Jahren nach 1714 die gesamte Judenschaft Inhaber des Hauses war, ging es später wieder in den Besitz von Einzelpersonen über. Nachdem es zwischen Abraham Reutlinger und Amson Jacob zu einem Streit um die Aufteilung des gemeinsam besessenen Hauses, in dem sich die Judenschule befand, gekommen war, einigten sie sich am 24. April 1736 darauf, dass Amson Jacob das gesamte Haus übernehmen solle. Dabei verpflichtete er sich, die am 20. April von Nathan Reutlinger im Namen der Judenschaft (wohl in seiner Funktion als Barnos) verfassten Bestimmungen, die im Kanzleiprotokoll festgehalten wurden[133], einzuhalten. Über diese Regelung hinaus wurden im Rahmen der Besitzübertragung weitere Vereinbarungen für den Fall von Konflikten zwischen Judenschaft und neuem Eigentümer des Hauses getroffen: *wann die Judenschul mit dem künftigen Besizer des Haußes Strittigkeit wegen des Eingangs in die Judenschul et vice versa bekommen sollte*, soll ein *Fenster Stock ausgebrochen und eine ordentliche Thür und Eingang dahin gemachet werden*. Auch zur oberhalb gelegenen Frauensynagoge[134], die über eine eigene Tür verfügte, sollte freier Zugang bestehen: *der jedesmalige Besizer des Haußes die weiber in ihr Schul oben hinauff ohnwidersprechlich gehen laßen müste, oder einen andern bequemen Eingang schaffen solle*[135].

Im Jahr 1736 bzw. 1740 überließ Amson Jacob das Haus seinem Schwiegersohn Coppel Ullmann, 1753 erwarb es Löw Amson. Dessen Sohn Samuel Löw erhielt 1770 die Hälfte des Hauses, ab 1797 war er alleiniger Besitzer. Die Fassion von 1808 erwähnt, dass sich in dem Haus *zu ebener Erde die Judenschul* befinde. Das Gebäude diente stets mehreren Aufgaben. Neben der Judenschule beherbergte es die Wohnungen seiner Besitzer, die Käufer des Hauses verpflichteten sich 1736 und 1740 den Vorsinger im Haus aufzunehmen und hier befand sich die einzige archivalisch überlieferte Laubhütte Pappenheims[136].

Im Jahr 1811 bauten die Pappenheimer Juden eine neue Synagoge in der Herrengasse (Nr. 70a). Auf dem gleichen Grundstück entstand auch eine Rabbinerwohnung (Nr. 70b)[137]. Das Gebäude ist heute ein Feuerwehrhaus, nur eine Gedenktafel erinnert noch an die frühere Funktion[138].

---

[131] StAN, Herrschaft Pappenheim, Akten Nr. 8199: Bittschrift der Bess an Friedrich Ferdinand (September 1731).
[132] Dazu ausführlicher unten.
[133] Da die Bände des Kanzleiprotokolls erst ab 1737 überliefert sind, ist diese für die Struktur der jüdischen Gemeinde und die Abhaltung von Gottesdiensten möglicherweise sehr aufschlussreiche Vereinbarung nicht mehr vorhanden.
[134] Männer und Frauen beteten in getrennten Räumen. Die so genannte »Weiberschul« lag meist neben der »Männerschul«, war gegenüber dieser erhöht und durch ein Fenster oder eine Balustrade mit dieser verbunden. Siehe Max JOSEPH, Art. Weiberschul, in: Jüdisches Lexikon Bd. IV/2, Sp. 1352–1353.
[135] StAN, Herrschaft Pappenheim, Akten Nr. 6002/II, S. 246–248.
[136] Belege dazu in der Dokumentation im Anhang; die Geschichte des Gebäudes wird auch in Kapitel 3.3. behandelt.
[137] Siehe StAN, Katasterselekt, Steuergemeinde Pappenheim Bd. 4/1: Urkataster 1832/33, fol. 213. Siehe auch Kapitel 3.3.
[138] Zur Synagoge von 1811 siehe SCHWIERZ, Steinerne Zeugnisse, S. 184–185; MADER – GRÖBER, Kunstdenkmäler, S. 356; HARBURGER, Inventarisierung Bd. 3, S. 642–644.

Kap. 7: Die jüdische Gemeinde Pappenheim

Die zur Verfügung stehenden Quellen erlauben naturgemäß keine oder nur wenige Blicke in das Innere der Synagoge. Obwohl für Pappenheim nicht derart ausführliche Informationen wie für andere Gemeinden vorliegen, gibt es doch vereinzelte Hinweise auf den Besitz und Verkauf von in der Synagoge befindlichen Stühlen[139]. Da Synagogenstühle nur durch Kauf oder Vererbung erworben werden konnten, waren sie privates Eigentum eines Gemeindemitglieds und wurden nicht selten aus Geldnot versetzt. Meist hatte eine Familie zwei Stühle, einen für den Haushaltsvorstand in der »Männerschul« und einen für seine Frau in der »Weiberschul«[140]. In einem Verzeichnis der Aktiva und Passiva Amson Jacobs werden unter den Aktiva *in der Juden Schul allhier 2 Manns und 2 Weiber Stühl* aufgeführt. Da davon *zu mein und meines Weibs nöthigen Gebrauch 2 weggehen*, wurden die beiden anderen Stühle mit einem Wert von 15 fl. angesetzt[141]. Im Jahr 1784 verkaufte Nathan zwei Stände in der Judenschule (*eine in der Manns-Person und eine in der Weiber Schul*), die er von seinen Eltern geerbt hatte, an Löw Amson für 30 fl., behielt sich aber das Recht vor sie innerhalb eines Jahres zurückzukaufen[142].

Heftige Konflikte innerhalb jüdischer Gemeinden entstanden oft um die Ausübung von synagogalen Ehrenrechten, zu denen das Ausheben der Thorarollen aus dem Heiligen Schrein und das Vortreten vor die Gesetzesrollen während der Lesung zu rechnen sind[143]. Aus Pappenheim ist ein derartiger Fall aus der Beschwerdeschrift des Asylanten Jacob Hamburger vom 8. Februar 1734 bekannt. Darin beklagt er sich über die Vorkommnisse in der Judenschule *am vergangenen Schabas*. Denn nach *unßeren jüdischen Ceremoniel gesetzen* sei es üblich, dass jeweils zu Neumond einer vor die Thora treten und sechs Personen aufrufen müsse. Darunter habe sich auf jeden Fall derjenige zu befinden, der beim letzten Mal aufgerufen hatte. Als Salomon Meyer *vor der Thora oder denen 10 Gebotten gestanden,* rief er zu Jacob Hamburgers Empörung diesen und Abraham Reutlinger, *so am vorigen Monden [...] vor der Thora gestanden* hatte, auf. Hamburger sah durch das gleichzeitige Aufrufen sein Ehrenamt deutlich abgewertet[144].

Über weitere Einrichtungen der Gemeinde ist nur wenig bekannt. Mit Sicherheit ist davon auszugehen, dass es in Pappenheim eine Mikwe gab. Da unter anderem nach der Menstruation und der Geburt eines Kindes ein Reinigungsbad in einer Mikwe zwingend vorgeschrieben war, gehörte sie zu den Voraussetzungen für ein den religiösen Traditionen entsprechendes Leben[145]. Mikwen sind allerdings in »christlichen« Quellen nur äußerst selten nachzuweisen, weil sie sich oftmals im Keller von Privathäusern befanden[146]. Aus dem Streit zwischen Salomon und Löser im Jahr 1657 um die Nutzung einer »Ducke«[147] und die finanzielle Beteiligung daran, kann jedoch gefolgert werden, dass es in Pappenheim bereits im 17. Jahrhundert mehr als ein Ritualbad gab. Denn zur

---

[139] Für Zeckendorf und Demmelsdorf liegen Pläne der Synagogeninnenräume von 1794 und ein Verzeichnis der Betstuhlbesitzer bis in die Mitte des 19. Jahrhunderts vor. Siehe GUTH – GROISS-LAU, Jüdisches Leben, S. 45, 274–282.
[140] ULLMANN, Nachbarschaft, S. 180–181.
[141] BayHStA, RKG Nr. 7299: Bilanz über Activ- und Passivschulden Amson Jacobs vom 24. April 1744.
[142] StAN, Herrschaft Pappenheim, Akten Nr. 6003/52, fol. 90v–91v: Eintrag vom 23. August 1785.
[143] ULLMANN, Nachbarschaft, S. 181–185; ELBOGEN, Gottesdienst, S. 475–476.
[144] Siehe StAN, Herrschaft Pappenheim, Akten Nr. 3875: Gesuch Jacob Hamburgers an Friedrich Ferdinand vom 8. Februar 1734.
[145] Siehe Jakob Pinchas KOHN, Art. Mikwe, in: Jüdisches Lexikon Bd. IV/1, Sp. 178.
[146] Siehe ULLMANN, Nachbarschaft, S. 160.
[147] In Franken sind Mikwen auch unter der Bezeichnung »Judendauch(e)« oder »Duk« bekannt. Siehe DAXELMÜLLER, Jüdische Kultur, S. 115–116. Im schwäbischen Oettingen gab es ebenfalls eine »Judenduck«: OSTENRIEDER, Oettingen, S. 127.

Konfliktlösung wurde Löser befohlen, *eine andere Ducken zu suchen*[148]. Ansonsten liefern die zur Verfügung stehenden Archivalien weder zu Lage noch Benutzung einer Mikwe irgendwelche Hinweise[149].

Offensichtlich existierte in Pappenheim eine Art Herberge für durchreisende Juden. So hielten sich 1710 mehrere Pappenheim passierende Juden, bei ihnen handelte es sich wohl um Betteljuden, im *Jüdischen Gasthaus*[150] auf. *Eines Juden Knechts, der in der Pferd Liveranten dienst gewesen war*, starb *im hiesigen Juden armen Haus*[151]. Im Jahr 1722 verlangte Brandenburg-Ansbach von Pappenheim die Auslieferung des *roten Juden* Löw. Dessen Frau befand sich *als Kindbettnerin in dem allhiesigen Judenhaus*. Dabei scheint es sich nicht um ein Privathaus gehandelt zu haben, da an einer anderen Stelle im Schreiben auch vom *gasthof* die Rede ist[152]. Ein weiterer möglicher Hinweis auf eine derartige Einrichtung ist die Bezeichnung Rabbi Israel Besichs als Hekdeschpfleger, denn »Hekdesch« bezieht sich normalerweise auf eine Herberge[153].

7.4 Nicht nur für Pappenheimer Juden von Bedeutung: Der jüdische Friedhof in Pappenheim

Das Vorhandensein eines Friedhofs ist neben einer Synagoge und einer Mikwe für die Religionsausübung von nicht zu unterschätzender Bedeutung[154]. Werner Cahnman bezeichnet ihn sogar als »focal point«[155] jüdischen Lebens. Somit kam Gemeinden, die über einen eigenen Friedhof verfügten, eine zentralörtliche Funktion im innerjüdischen Siedlungsnetz zu, insbesondere wenn dieser von benachbarten Gemeinden mitbenutzt wurde[156]. Zugleich war es für jeden einzelnen Juden mit einem hohen Aufwand an Zeit und Geld (Leibzoll) verbunden, wenn in seinem Wohnort kein Friedhof vorhanden war[157].

In Pappenheim hatte schon seit langem ein jüdischer Friedhof existiert, wie nicht zuletzt Grabsteinfunde aus dem 15. Jahrhundert nahelegen[158]. Mindestens seit dem 16. Jahrhundert gab es einen Friedhof am nordwestlichen Stadtrand, der heute noch besteht[159]. Dieser wurde von der christlichen

---

[148] StAN, Herrschaft Pappenheim, Akten Nr. 8126: Protokoll vom 11. November 1656. Wenn sich eine Mikwe in einem Privathaus befand, waren Spannungen keineswegs selten. Vgl. LIBERLES, Schwelle zur Moderne, S. 96.

[149] In Pappenheim finden sich, anders als in Floß, wo die Mikwe in der Fassion des Katasters erwähnt ist, in den Katastern des frühen 19. Jahrhunderts keine derartigen Hinweise. Zu Floß: HÖPFINGER, Floß, S. 231.

[150] StAN, Herrschaft Pappenheim, Akten Nr. 4645/V/3: Amtsprotokoll vom 10. September 1710.

[151] LKAN, Pfarramt Pappenheim Nr. 5: Nachtrag zum Pro Memoria Dekan Schnitzleins vom 13. Februar 1743.

[152] StAN, Herrschaft Pappenheim, Akten Nr. 9126: Ansbacher Schreiben an Pappenheim vom 21. Mai 1722 und Pappenheimer Schreiben an die Regierung in Ansbach vom 22. Mai 1722.

[153] Adolf KOBER, Art. Armenwesen, in: Jüdisches Lexikon Bd. I, Sp. 474–476.

[154] Vgl. dazu DEVENTER, Abseits, S. 195.

[155] CAHNMAN, Village and Small-Town Jews, S. 117.

[156] So ZIWES, Studien, S. 77, dessen Beobachtungen sich allerdings auf das mittlere Rheingebiet im Spätmittelalter beziehen; siehe auch ULLMANN, Nachbarschaft, S. 94, die darauf hinweist, dass es nicht jeder Gemeinde gelang, ein für die Errichtung eines Friedhofs erforderliches Grundstück zu erwerben.

[157] Siehe BATTENBERG, Juden in Deutschland, S. 54; KUHN, Georgensgmünd, S. 51–52.

[158] Siehe HARBURGER, Inventarisierung Bd. 3, S. 647.

[159] Siehe KIESSLING, Landkreis, S. 404–405; Datierung nach OPHIR, Pinkas, S. 337: vor 1630. Zwischen 1933 und 1945 wurden dem Friedhof Zerstörungen zugefügt, deren genauer Umfang bisher nicht eindeutig ermittelt werden konnte. Im November 1938 wurde der Friedhof beschädigt, Grabsteine wurden als Bauma-

Kap. 7: Die jüdische Gemeinde Pappenheim

Umgebung im 17. und 18. Jahrhundert durchaus wahrgenommen und diente sogar als Lagebezeichnung. So beinhaltet das Register über die Jahressteuer 1705 die *Jungfrau Wießen bey der Judenbegrabnus*. In diesem Verzeichnis sind auch 1 fl. 30 kr. Steuern für die *Judenbegrabnuß* selbst festgehalten[160]. Das Amtsprotokoll vom 28. Dezember 1771 berichtet vom Verkauf eines Gärtleins *oberhalb der Judenbegräbnus*[161].

Im 18. Jahrhundert wurde der Friedhof mindestens zweimal erweitert. Am 26. Oktober 1700 kaufte Hirsch Oppenheimer *im Nahmen der gesamten Judenschaft allhier und aller derjenigen, welche ihre Toden alhero zu Grab bringen*, von Adam Mantlinger einen Acker für 75 fl. Dieser war am *obern Judenkirchhof gelegen* und etwa einen halben Morgen groß. Es wurde vereinbart, dass Mantlinger den Acker weiter nutzen durfte, solange ihn die Judenschaft noch nicht benötigte[162]. Folglich könnte die tatsächliche Nutzung als Begräbnisstätte erst deutlich später eingesetzt haben. Im Jahr 1751 verkaufte der Hafnermeister Christoph Mantlinger einen bei seinem Haus gelegenen Pflanzgarten an die Judenschaft *zur Todenbegräbnus* für 50 fl. und einen Speciestaler. In dem Vertrag, den er mit dem Barnos Esaias Simon und dem Almosenpfleger Salomon Reutlinger schloss, wurden mehrere Vereinbarungen zum beiderseitigen Vorteil getroffen. Mantlinger und seinen Nachkommen sollte auch künftig das Gras in dem Garten zustehen. Die Judenschaft sollte befugt sein den *Garten nach ihren Gefallen und Gelegenheit statt des Zauns mit einer Mauer* [zu] *umfangen*. Damit Mantlinger weiterhin *eine freye ein- und ausgang haben könne*, sollte in die Mauer eine Tür eingebaut werden[163]. Am gleichen Tag verkaufte auch der Leinweber Johann Adam Günzel seinen Garten an die Judenschaft für 125 fl. Ihm wurde ebenfalls die Nutzung des Grases auf seinem ehemaligen Grundstück erlaubt, er musste allerdings auf seine Kosten die darauf stehenden Bäume entfernen. Bei Bedarf sollte dieser Garten mit einer Mauer umgeben werden[164].

Diese Erweiterung scheint bald nicht mehr ausgereicht zu haben, wie ein Eintrag im Kanzleiprotokoll vom 20. Juni 1760 vermuten lässt. Darin heißt es, dass der Verkauf des *neben dem Juden Begräbniß liegenden Ackers zur Zeit um des Willen nicht geschehen* könnte, da man sich *dadurch eines, vielleicht in nicht gar lange Zeit bevor stehenden viel wichtigern Nutzens berauben* würde. Denn von den Juden, *deren neuer Begräbniß-Platz schon wieder zimmlich eng zu werden beginne*, wäre für dieses Grundstück wohl einiges Geld zu erhalten[165]. Aus Regensburger Akten geht hervor, dass der Friedhof im Jahr 1787 ein weiteres Mal vergrößert wurde. Damals wurde zur Erweiterung des *Gottesackers ein Stück Feld* gekauft[166]. Die mehrmalige Vergrößerung des Friedhofs ist der Einleitung zum Friedhofsregister von 1937 zu entnehmen, das die Grabsteine in vier nach ihrem Alter gegliederte Gürtel einteilt[167].

---

terial verwendet. Während des Kriegs entstanden auf dem Gelände drei Behelfsheime. Nach 1945 wurden die noch vorhandenen Steine wieder aufgestellt. Siehe: SCHWIERZ, Steinerne Zeugnisse, S. 184; TRÜGER, Friedhöfe, S. 20; KIESSLING, Landkreis, S. 43; OPHIR, Pinkas, S. 338.

[160] StAN, Herrschaft Pappenheim, Akten Nr. 6831: Register über die Jahrsteuer von Anno 1705 biß Anno 1706 Weynachten.
[161] StAN, Herrschaft Pappenheim, Akten Nr. 4635/94, S. 355–356: Eintrag vom 28. Dezember 1771.
[162] StAN, Adel Archivalien Nr. 4628, S. 308–309: Eintrag vom 26. Oktober 1700.
[163] StAN, Adel Archivalien Nr. 4633, S. 81–82: Eintrag vom 26. Oktober 1751.
[164] Ebd., S. 82–83: Eintrag vom 26. Oktober 1751.
[165] StAN, Herrschaft Pappenheim, Akten Nr. 6003/23, fol. 53v–55v: Eintrag vom 20. Juni 1760.
[166] StAN, Herrschaft Pappenheim, Reichserbmarschallamt Nr. 855: Amtsprotokoll vom 13. April 1795.
[167] Siehe StAN, Photosammlung Fremde Archivalien JM 146: Friedhofsregister Pappenheim.

Kap. 7: Die jüdische Gemeinde Pappenheim

Der jüdische Friedhof in Pappenheim war nicht nur für die dortigen Juden von Bedeutung, sondern hatte zugleich eine überörtliche Funktion. Für wenige Jahre sind Verzeichnisse überliefert, in denen alle Begräbnisse auswärtiger Juden in Pappenheim aufgelistet sind. Diese umfassen die Jahre 1685 bis 1687 und 14 Jahrgänge zwischen 1737 und 1757[168]. Es gibt Hinweise, dass das Register vom christlichen Totengräber geführt wurde und jeweils von einem Vertreter der jüdischen Gemeinde quittiert werden musste. Das Verzeichnis für den Jahrgang 1739/40 trägt den Titel *Specification vermög des von dem hiesigen Bürger Peter Gunschler als Todengräber gehaltenen Büchleins*. Das von 1737 wurde von Nathan Reutlinger unterzeichnet, unklar ist jedoch, in welcher Funktion er dies tat. Insgesamt wurden in den 16 überlieferten Jahren 271 auswärtige Juden in Pappenheim bestattet. Die Zahl der jährlichen Beerdigungen schwankte zwischen vier (1749/50) und 33 (1739/40). Der Durchschnitt beträgt 16,9 Begräbnisse pro Jahr. Ob diese Zahl auf den gesamten Zeitraum 1650 bis 1806 hochgerechnet werden kann, muss allerdings offen bleiben. In 246 Fällen ist der Herkunftsort genannt. Siebenmal (viermal davon allein 1739/40) wird kein Ort genannt, fünfmal handelte es sich um nichtsesshafte Betteljuden. Außerdem wurden 13 Gäste, meist Kinder, die sich wohl bei Verwandten aufgehalten hatten, in Pappenheim begraben. In den vorhandenen Listen werden zwölf Orte aufgeführt, aus denen bestattete auswärtige Juden kamen. Die meisten stammten aus Treuchtlingen (65), gefolgt von Ellingen (43), Berolzheim (39), Dittenheim (35) und Weimersheim (25). Mit deutlichem Abstand folgt Regensburg (12). Nur wenige Tote kamen aus Monheim (10), Neuburg (9), Flotzheim bei Monheim (5) sowie Alesheim, Ederheim und Hamburg (je einer).

Somit war der jüdische Friedhof in Pappenheim vor allem für Juden aus den südlichen Orten Brandenburg-Ansbachs (Treuchtlingen, Berolzheim, Dittenheim, Weimersheim und Alesheim) ein wichtiger Anlaufpunkt. Das gleiche gilt für die unter dem Schutz des Deutschen Ordens stehenden Ellinger Juden. Auch von südlich und westlich gelegenen Orten mit jüdischer Bevölkerung (Neuburg, Monheim und Flotzheim) wurde der Pappenheimer Friedhof genutzt. Allerdings sind die insgesamt 19 Juden aus Pfalz-Neuburg schwierig einzuschätzen, da nur drei der insgesamt 16 Jahrgänge aus der Zeit vor der Vertreibung der dortigen Juden im Jahr 1741 stammen. Die relativ hohe Zahl von Beerdigungen innerhalb von wenigen Jahren ließe jedoch darauf schließen, dass zumindest ein Großteil der Monheimer, aber auch Neuburger Juden in Pappenheim bestattet wurde. Ein in Pappenheim begrabener Jude kam aus Ederheim bei Nördlingen. Die Nähe Ederheims zu anderen Friedhöfen, z. B. Harburg spricht dafür, dass es sich hierbei um einen Einzelfall handelt. Die meisten Orte, aus denen in Pappenheim begrabene Juden stammten, sind dem Nahbereich bis 30 Kilometer zuzuordnen. Von Treuchtlingen nach Pappenheim waren es sechs Kilometer (Luftlinie), die anderen Orte lagen etwas weiter entfernt: Berolzheim (13 km), Weimersheim (13 km), Ellingen (14 km), Monheim (14 km), Alesheim (15 km), Flotzheim (16 km), Dittenheim (19 km) und Neuburg (27 km). Eine Ausnahme, auf die später näher eingegangen wird, war Regensburg (82 km).

---

[168] StAN, Herrschaft Pappenheim, Akten Nr. 3622, S. 135–136: Einnahmb von fremden Juden, so allhier begraben worden (1686/87), Nr. 4716: Consignatio derer alhier in anno 1742 begrabenen fremden Juden; Rechnungen Nr. 6330/2 (1737/38), Nr. 6333/1 (1685), Nr. 6333/3 (1739/40), Nr. 6333/4 (1745), Nr. 6333/5 (1747/48), Nr. 6333/6 (1748/49), Nr. 6333/7 (1749/50), Nr. 6333/8 (1750/51), Nr. 6333/9 (1751/52), Nr. 6333/10 (1752/53), Nr. 6333/11 (1753/54), Nr. 6333/13 (1754/55), Nr. 6333/14 (1755/56), Nr. 6333/16 (1756/57): Verzeichnis der in Pappenheim begrabenen fremden Juden.

Kap. 7: Die jüdische Gemeinde Pappenheim

Ebenfalls Einblicke in die Herkunft der in Pappenheim begrabenen Juden gibt das 1937 erstellte Friedhofsregister[169]. Darin können aber bei Weitem nicht alle jemals in Pappenheim bestatteten Juden verzeichnet sein, weil es nur 432 Gräber, davon 181 aus der Zeit vor 1806, enthält. Setzt man diese Zahl mit den in 16 Jahren begrabenen 271 auswärtigen Juden in Relation, wird sofort klar, dass das Register nur einen Bruchteil der auf dem Friedhof begrabenen Juden aufführt. Ein weiteres Problem ist, dass vor allem bei den älteren Gräbern nicht alle Informationen vorhanden sind und vollständige Angaben (Geschlecht, Name, Ort, Sterbedatum) nur ausnahmsweise vorliegen. Trotz der geschilderten Mängel soll kurz auf die in dem Register enthaltenen Informationen eingegangen werden. Hier ist vor allem das Verhältnis zwischen Pappenheimer und auswärtigen Juden interessant. Da in vielen Fällen die Herkunft nicht genannt ist, müssen die Ergebnisse jedoch mit Vorsicht behandelt werden. Die Bemerkung im Vorwort des Registers, *wo kein Wohnort angegeben ist, dürfte in den meisten Fällen Pappenheim in Frage kommen*[170], sollte bestenfalls als Orientierungshilfe verstanden werden. Bei 128 der 181 Begrabenen ist der Wohnort bekannt. Nur bei einem kleinen Teil der verzeichneten Juden handelte es sich um Pappenheimer (23), während 28 aus Treuchtlingen stammten. Ferner kamen Juden aus Berolzheim (17), Ellingen (11), Dittenheim (9), Monheim (7), Weimersheim (7) und Neuburg (3) dazu. Daneben gibt es zehn Gräber von Regensburger Juden. Selbst wenn alle Fälle, in denen kein Ort angegeben wurde, aus Pappenheim stammen sollten, überwiegen die auswärtigen Juden. Das Register deckt die Zeit zwischen 1687 und 1806 ab, allerdings sind deutliche Schwankungen zu erkennen. Während nur vier Gräber aus dem 17. Jahrhundert verzeichnet sind, waren es zwischen 1725 und 1749 (65 Gräber) sowie 1750 und 1774 (60 Gräber) deutlich mehr. Auffallend niedrig ist die Zahl im Zeitraum zwischen 1775 und 1799 (23 Gräber), der kaum den zwischen 1700 und 1724 (19 Gräber) übertrifft. Dieser Einbruch ist wohl durch den Bau des Friedhofs in Treuchtlingen zu erklären[171]. Ein Vergleich zwischen dem Register und den vorhandenen Jahrgängen der Verzeichnisse in Pappenheim begrabener auswärtiger Juden ergibt eine relativ hohe Übereinstimmung hinsichtlich der Herkunftsorte fremder Juden[172].

---

[169] StAN, Photosammlung Fremde Archivalien JM 146: Friedhofsregister Pappenheim. Seit dem Jahr 1938 sammelte die Reichsstelle für Sippenforschung, ab 1940 Reichssippenamt, jüdische Personenstandsregister. 1944 wurden die Matrikelbücher von Berlin nach Schloss Rathsfeld in Thüringen gebracht. Das Verbleiben der Originale ist ungeklärt, sie gingen wohl gegen Kriegsende verloren. Allerdings wurden sie 1944/45 von der Duisburger Firma Gatermann verfilmt. Nach Ende des Krieges wurden die Filme entwickelt, in Bayern wurden Kopien an den Landesverband Israelitischer Kultusgemeinden, das Bayerische Hauptstaatsarchiv München und das jeweils zuständige Staatsarchiv verteilt. Siehe SCHOTT, Beschlagnahme, S. 480–483; BRACHMANN-TEUBNER, Sources, S. 404–405.

[170] StAN, Photosammlung Fremde Archivalien JM 146: Friedhofsregister Pappenheim, S. II.

[171] In der Einleitung des Pappenheimer Friedhofsregisters wird darauf hingewiesen, dass mit Eröffnung des Treuchtlinger Friedhofs im Jahr 1773 neben der dortigen Gemeinde auch die von Berolzheim und Dittenheim in Pappenheim wegfielen. StAN, Photosammlung Fremde Archivalien JM 146: Friedhofsregister Pappenheim, S. II. Eine Auswertung der 24 Gräber aus der Zeit zwischen 1775 und 1799 bestätigt diese Vermutung zumindest tendenziell. Die meisten Begrabenen stammen aus Pappenheim (4) und Regensburg (4), zwei aus Ellingen und je einer aus Treuchtlingen und Berolzheim, bei zwölf Gräbern ist kein Ort angegeben.

[172] Es wurde jeweils der Anteil auswärtiger Juden, bei denen ein Herkunftsort angegeben ist, an den in Pappenheim begrabenen fremden Juden berechnet: Treuchtlingen (Verzeichnisse 26 % : Register 27 %), Ellingen (17 % : 11 %), Berolzheim (15 % : 16 %), Dittenheim (14 % : 8 %), Weimersheim (10 % : 6 %), Regensburg (5 % : 10 %), Monheim (4 % : 7 %), Neuburg (4 % : 4 %), sonstige (5 % : 11 %).

Kap. 7: Die jüdische Gemeinde Pappenheim

Für jedes Begräbnis eines fremden Juden musste an die Herrschaft Pappenheim 1 fl. 15 kr. abgeführt werden, in zwei Ausnahmen wurde die Gebühr reduziert. Für die Beerdigung eines Betteljudenkindes (1685) und für das Kind des Treuchtlinger Juden Alexander (1686), der *ganz arm* war, wurde nur 1 fl. berechnet. Die Höhe dieser Gebühr scheint den gesamten Untersuchungszeitraum hindurch unverändert geblieben zu sein, denn das Steuertagebuch der Stadtvogtei verzeichnet für Februar 1783 die Einnahme von 1 fl. 15 kr. für ein jüdisches Begräbnis[173]. Gebühren an die Obrigkeit für die Nutzung des jüdischen Friedhofs waren auch in anderen Orten üblich. So musste im Markgraftum Bayreuth 1 fl. bzw. für Kinder die Hälfte entrichtet werden[174]. Im oberfränkischen Walsdorf betrug diese Abgabe Ende des 17. Jahrhunderts 1 fl. 12 kr. für Erwachsene und 36 kr. für Kinder, in Georgensgmünd 1 fl. 15[175]. Ungeklärt muss bleiben, ob es in Pappenheim eine Gebühr für einheimische Juden gab[176].

Anscheinend wurden für die Bestattung auswärtiger Juden so genannte *Judenbriefe* ausgestellt, die als eine Art Quittung dienten und für die Zeit zwischen 1744 und 1756 belegt sind. Sie wurden zuerst Nathan Reutlinger (bis 1746) und dann seinem Sohn Salomon berechnet, die zugleich das Schutzgeld des Rabbis entrichteten. Außerdem unterzeichnete Nathan 1737 das Verzeichnis der in Pappenheim bestatteten auswärtigen Juden[177]. Für die Judenbriefe mussten 1 fl. 15 kr. (entsprechend den Verzeichnissen) und zusätzlich 30 kr. *Gebühren hiervon* gezahlt werden. Die stark schwankenden Gesamtkosten korrelieren von einer Ausnahme abgesehen mit der Zahl der begrabenen fremden Juden[178]. Es ist zu vermuten, dass die Angehörigen der Toten die Gebühr an den zuständigen Almosenpfleger zahlten und dieser einmal pro Jahr alle Abgaben der letzten zwölf Monate an die Herrschaft abführte.

Unter den jüdischen Gemeinden, die ihre Toten in Pappenheim bestatteten, stellte Regensburg, das trotz der seit 1669 deutlich gewachsenen jüdischen Bevölkerung erst im 19. Jahrhundert über einen jüdischen Friedhof verfügte, einen Sonderfall dar[179]. Zum einen wegen seiner deutlich größeren Entfernung und zum anderen, da die dortige Judenschaft unter dem Schutz der Reichserbmarschälle von Pappenheim stand. In Akten aus dem reichserbmarschallischen Archiv in Regensburg sind mindestens fünf Beerdigungen in Pappenheim belegt.

Am 4. Dezember 1767 zeigte Schönle Hirschlin, die Schwester Wolf Salomon Brodes, dem Reichserbmarschallamt in Regensburg an, dass Brodes *verblichener Leichnam morgen abends*

---

[173] StAN, Herrschaft Pappenheim, Akten Nr. 6862: Zusammentrag der sämtlichen Geldrenner bey hiesig hochgräflichen Stadtvogteiamt von Invocavit oder 1. März 1782 bis Invocavit oder 12. März 1783.
[174] ECKSTEIN, Bayreuth, S. 99.
[175] FLEISCHMANN, Friedhöfe, S. 109; KUHN, Georgensgmünd, S. 81.
[176] Ein möglicher Hinweis findet sich in den Stadtvogteiamtsrechnungen 1768–1771. Darin werden 30 kr. für vier *Judenleichen* sowie 30 kr. für zwei Leichen berechnet. StAN, Herrschaft Pappenheim, Akten Nr. 6849: Extractus aus den Stadtvogtey-Amts Rechnungen des Herrn von Müller.
[177] Möglicherweise zahlten sie in ihrer Funktion als Almosenpfleger. Vgl. Kapitel 7.2.
[178] 1744: 19 Judenbriefe für 23 fl. 45 kr., 1745: 13 Briefe für 13 fl. 45 kr. und 6 fl. 30 kr. Gebühren, 1747: 18 Judenbriefe und Amtsgebühren für 31 fl. 30 kr., 1748: 19 fl. 15 kr., 1749: (wohl) vier Briefe für 7 fl., 1750: 11 Briefe für 19 fl. 15 kr., 1751: 20 Briefe für 35 fl., 1752: 12 Briefe für 21 fl., 1753: 19 Briefe für 33 fl. 15 kr., 1754: 23 Briefe für 28 fl. 45 kr. und 11 fl. 30 kr. Gebühren, 1755: 15 Briefe für 18 fl. 45 kr. und 7 fl. 30 kr. Gebühren, 1756: 19 Briefe für 23 fl. 45 kr. und 9 fl. 30 kr., der Eintrag für 1757 fehlt. Siehe StAN, Herrschaft Pappenheim, Akten Nr. 8212: Abrechnung mit sämtlichen Juden zu Pappenheim (1744–1758), fol. 6, 9, 19, 35, 44, 49, 60, 67, 69, 70, 71 und 73.
[179] Zur Bedeutung des jüdischen Friedhofs in Pappenheim für Regensburg siehe WITTMER, Regensburger Juden, S. 119–120, und DERS., Friedhöfe, S. 88–89.

Kap. 7: Die jüdische Gemeinde Pappenheim

nach ausgegangenen Sabbath zur gewöhnlichen Juden-Begräbnus nacher Pappenheim gebracht werden solle[180]. Aus dieser Formulierung lässt sich schließen, dass für Regensburger Juden die Beerdigung in Pappenheim der Normalfall (*gewöhnliche Juden-Begräbnus*) war, die in anderen Orten als Ausnahme betrachtet wurde. Dies bestätigt der Fall des gut ein Jahrzehnt zuvor verstorbenen Esaias Alexander. Da es wegen seiner Überführung nach Pappenheim mit dem bayerischen Zoll zu Auseinandersetzungen kam, ist hierüber und den Weg vom Sitz des Immerwährenden Reichstags zum Pappenheimer Friedhof besonders viel bekannt. In dem vom Reichserbmarschallamt ausgestellten *Pass vor den verblichenen Leichnam des Juden Alexanders und dessen Leichen-Begleiter* heißt es, dass *dessen Leichnam aber nunmehro gleich anderen dahier verstorbenen Judens Personen gewöhnlichermaßen in das Jüdische Begräbnüs nacher Pappenheim gebracht werden soll*. Aus den Vermerken auf dem Pass ist die Strecke, auf der Esaias Alexander von seinen Söhnen Hayum und Löw nach Pappenheim gebracht wurde, nachvollziehbar. Er war am 16. April 1758 gestorben und noch am selben Tag wurde der Zoll Etterzhausen erreicht. Am 17. April wurden die Zollstellen Hemau, Dietfurt, Beilngries und Greding passiert, am darauffolgenden Tag Nennslingen[181]. Es ist davon auszugehen, dass sie noch an diesem Tag – gute zwei Tage nach Esaias Alexanders Ableben – in Pappenheim ankamen[182]. Zu einem Konflikt kam es, als im bayerischen Dietfurt von seinen Söhnen 37 fl. 15 kr. Maut und Stolgebühren verlangt wurden. Obwohl sie weder mit dem Tod noch der Bestattung des Juden das geringste zu tun hatten, nahmen der Dietfurter Stadtpfarrer 15 fl., der Organist 7 fl., der Türmer 6 fl. und der Mesner ebenfalls 6 fl. für sich in Anspruch[183].

Im Protestschreiben des Reichserbmarschalls an den Eichstätter Bischof, zu dessen Bistum der Dietfurter Pfarrer gehörte, vom 27. Mai 1758 heißt es, die Bestattung von Regensburger Schutzjuden sowie deren Kindern und Dienstpersonal in Pappenheim sei *von undenklicher Zeit her gewöhnlich und unverrückter Observanz*. Der dabei genommene Weg wird als die *gewöhnliche Straße über Hemmau, Dietfurt, Beilngries* bezeichnet. Dem Schreiben an die kurfürstliche Regierung in München ist zu entnehmen, dass es sich bei Esaias Alexander bereits um die dritte *Leiche* handelte, die in diesem Jahr nach Pappenheim gebracht wurde. Sollte das Dietfurter Vorbild Schule machen und kurbayerische Beamte stets derartige Forderungen stellen, würde ein Todesfall für viele jüdische Familien zu einem großen finanziellen Risiko[184].

Am 8. März 1776 starb Emanuel Wolf Wertheimer, der Sohn des Münchener Hoffaktors Wolf Wertheimer[185]. Im Protokoll des Reichserbmarschallamts ist dazu vermerkt, dass *zu der gewöhnlichen Abführung dieser Leiche nach dem jüdischen Begräbnis zu Pappenheim der erforderliche*

---

[180] StAN, Herrschaft Pappenheim, Reichserbmarschallamt Nr. 780: Bericht von Langs vom 4. Dezember 1767; im Reglement von 1733 war die Vorgehensweise beim Tod eines Juden in Regensburg genau geregelt worden. Der Tod war sofort der reichserbmarschallischen Kanzlei zu melden und für den Abtransport des Leichnams für 30 kr. ein Pass zu lösen. Vgl. WITTMER, Regensburger Juden, S. 84.

[181] StAN, Herrschaft Pappenheim, Reichserbmarschallamt Nr. 788: Pass vor den verblichenen Leibnam des Juden Alexanders und dessen Leichen-Begleiter.

[182] Dass es durch den weiten Weg zum Friedhof nicht möglich war, den Verstorbenen der religiösen Vorschrift entsprechend noch am Todestag zu bestatten, wird in den vorliegenden Quellen nicht thematisiert. Vgl. dazu Max JOSEPH, Art. Leichenbestattung, in: Jüdisches Lexikon Bd. III, Sp. 1027–1031.

[183] StAN, Herrschaft Pappenheim, Reichserbmarschallamt Nr. 788: Bericht von Langs an den Reichserbmarschall vom 17. April 1758.

[184] Ebd.: Schreiben des Reichserbmarschalls an den Eichstätter Bischof vom 27. Mai 1758 und an die kurbayerische Regierung in München vom 5. Juli 1758.

[185] Zu ihm siehe Kapitel 2.2.2.

Kap. 7: Die jüdische Gemeinde Pappenheim

Reichserbmarschall amtliche Canzley Pass ausgefertigt wurde[186]. In seinem Bericht an Reichserbmarschall Johann Friedrich Ferdinand vom gleichen Tag stellte Kanzleirat von Lang die Vermutung an, dieser werde wohl bereits durch die *zum Juden Begräbnüs in Pappenheim angekommene Leiche* von Wertheimers Tod erfahren haben[187].

Gerade weil die Bestattung auf dem Pappenheimer Friedhof als die Norm betrachtet wurde, stellte sich bei der Entscheidung für andere Begräbnisstätten die Frage nach deren Zulässigkeit. So trat der Buchhalter von Löw Alexander, Lemle Isaak, der zugleich Fürther Schutzjude war, im Oktober 1772 an das Reichserbmarschallamt mit der Bitte heran, sein verstorbenes Kind in Fürth bestatten zu dürfen. In seinem Bericht an den Reichserbmarschall stellte Kanzleirat von Lang die Frage, ob *durch Abführung einer hiesigen Juden Leiche zu einem anderen auswärtigen Juden Begräbnis als zu demjenigen in Pappenheim euer hochgräflichen Excellenz höchsten Juribus einig gefährliches Praejudiz erwachsen möge*. Da sich das Reglement von 1733 zu dieser Frage nicht äußere, habe er die *beiden ältesten Juden allhier* über die bisherige Vorgehensweise vernommen. Laut Israel Wassermann und dem Vorsinger Israel Alexander sei die Wahl des Ortes freigestellt, aber die meisten Schutzjuden hätten *obgleich auch nicht ganz ohne ausnahme, mehrentheils Pappenheim hierzu erwählt*. Wer sich nicht in ein *Erb-Begräbnis* an einem anderen Ort eingekauft habe, ziehe Pappenheim vor. So sei zum Beispiel Salomon Brode in den 50er Jahren nach Pappenheim gebracht worden. Zugleich führten die beiden mehrere Ausnahmen an. Wassermanns Vater Elkan Wassermann sei in den 40er Jahren in *Degenheim, einem Eichstätter Flecken ohnweit bayerisch Dietfurt*, begraben worden, da seine Frau von dort stamme. Überhaupt seien die Regensburger Juden *in vorigen Zeiten wegen Nähe bey besagten Degenheim begraben worden*. Israel Wassermann und Israel Alexander stellten sogar die Vermutung an, ihre Toten würden *biß auf den heutigen Tag* dorthin gebracht werden, *woferne ihrer Nation nicht der Schutz und Religions-Toleranz dortiger Orten gänzlich wäre entzogen worden*[188]. Wassermanns Bruder Simon Elkan Wassermann sei in Sulzbürg begraben worden. In letzter Zeit seien mindestens drei Kinder nicht in Pappenheim bestattet worden: zwei in Fürth (1766, 1768) und eines in Bruck (1771)[189].

Weitere Anhaltspunkte über die Beziehungen zwischen der Regensburger und der Pappenheimer Gemeinde lassen sich dem Streit über die Beerdigung des Buchhalters der Jüdin Wertheimer im Jahr 1795 entnehmen[190]. Der dazu befragte Hirschel Neuburger, zu diesem Zeitpunkt ältester Jude in Regensburg, gab an, seine verstorbenen Eltern hätten niemals *einigen Anstand wegen des Gottesackers mit der Pappenheimer Juden Gemeinde* gehabt. Stets hätten nur die *gewöhnlichen Abgaben bey Beerdigung eines hiesigen Juden* entrichtet werden müssen. Um den Pappenheimer Friedhof nutzen zu dürfen, sei eine Inkorporation in die dortige Gemeinde erforderlich. Hirsch

---

[186] StAN, Herrschaft Pappenheim, Reichserbmarschallamt Nr. 810: Protokoll vom 8. März 1776.
[187] Ebd.: Bericht von Langs an den Reichserbmarschall vom 8. März 1776.
[188] Gemeint ist wohl Töging, heute Stadtteil von Dietfurt an der Altmühl. In Töging, das zum Hochstift Eichstätt gehörte, lebten bis 1726 Juden. In dem Ort gab es einen jüdischen Friedhof, der im 18. Jahrhundert aufgegeben wurde. Siehe: Orts- und Heimatchronik Töging und Ottmaring, S. 84–86.
[189] StAN, Herrschaft Pappenheim, Reichserbmarschallamt Nr. 821: Bericht von Langs an den Reichserbmarschall vom 30. November 1772.
[190] Joseph Liebmann Wertheimers Frau Lea war seit 1788 verwitwet. Im Jahr 1783 hatte ein Buchhalter Sechel in dem Haushalt gelebt. Ob er mit dem Verstorbenen, der lange Jahre Lea Wertheimer gedient haben soll, identisch ist, kann nicht mit letzter Gewissheit bestimmt werden. Vgl. StAN, Herrschaft Pappenheim, Reichserbmarschallamt Nr. 855: Amtsprotokoll vom 13. April 1795, Nr. 1532: Personal Designation sämtlicher hiesiger reichserbmarschallischer Schutz- und übriger Judenschaft (1783).

Kap. 7: Die jüdische Gemeinde Pappenheim

Neuburger selbst hatte sich 1766 *bey der Judengemeinde zu Pappenheim eingekauft* und besaß seitdem die selben Ansprüche auf den Friedhof wie die dortigen Juden. Die Regensburger Juden hatten sich auch an Erweiterungen des Friedhofs zu beteiligen, beispielsweise im Jahr 1787 mit 38 fl. zum Kauf eines Grundstücks. Daneben waren jährliche Abgaben zu entrichten. Diese Aussage wurde von den Pappenheimer Schutzjuden Löw Amson und Joseph Isaac im Wesentlichen bestätigt. Sie präzisierten die Verwendung der jährlichen Abgaben, die zur Entlohnung des jüdischen Totengräbers oder Vorsingers dienten. Sowohl in Pappenheim als auch in Regensburg waren Dienstboten, die ja zum Haushalt gerechnet wurden, bei den Abgaben miteingeschlossen. Streitpunkt im Fall des Buchhalters war, ob der Verstorbene wirklich in Diensten der Wertheimerin gestanden hatte oder ob er eigenen Handel getrieben hatte. Sollte Letzteres zutreffen, forderte die Pappenheimer Gemeinde 100 fl. für seinen Grabplatz[191].

Mit dem Ende des Alten Reichs hörte auch die Beerdigung Regensburger Juden in Pappenheim auf. Diese wurden 1805 Dalbergische, fünf Jahre später bayerische Juden, dennoch entstand erst im Jahr 1822 ein jüdischer Friedhof in Regensburg. In der Zwischenzeit ersetzten vor allem die Friedhöfe in der fränkischen und schwäbischen Heimat der in Regensburg lebenden Juden die Begräbnisstätte in Pappenheim[192].

Laut Siegfried Wittmer finden sich Gräber von Regensburger Juden neben Pappenheim in Fürth, Wallerstein, Georgensgmünd, Schnaittach, Sulzbürg und Sulzbach. Da prinzipiell auch andere Begräbnisorte zur Auswahl standen, stellt sich die Frage, warum Pappenheim, das immerhin 82 Kilometer Luftlinie entfernt lag, bevorzugt wurde. Zunächst einmal ist ein Blick auf die Distanz zu anderen Friedhöfen hilfreich. Das im 18. Jahrhundert nicht mehr zugängliche Töging lag mit 40 Kilometern deutlich näher, ebenso Sulzbürg (54 km) und Sulzbach (58 km). Georgensgmünd war mit 80 Kilometern genauso weit entfernt wie Pappenheim. In die ebenfalls erwähnten Orte Schnaittach (86 km), Fürth (94 km) und Wallerstein (124 km) war es sogar noch weiter. Somit war Pappenheim zwar nicht wesentlich näher als andere Orte mit einem jüdischen Friedhof, da aber der Weg zu jedem Friedhof eine Tagesreise übertraf, kam der Entfernung möglicherweise nicht die entscheidende Bedeutung zu. Wenn Juden nicht in Pappenheim bestattet wurden, waren familiäre Bindungen zu anderen Orten ausschlaggebend. Für Pappenheim sprach dagegen vor allem, dass es der Sitz des Schutzherrn war. Indem man sich auf diese Begräbnisstätte als »Regelfriedhof« einigte, war es eventuell leichter, allgemein gültige Bedingungen zu finden, die nicht in jedem Einzelfall erneut verhandelt werden mussten. In Pappenheim zeigte sich dies in der Inkorporation der einen reichserbmarschallischen Gemeinde in der anderen. Eine obrigkeitliche Einflussnahme auf die Entscheidung für einen Friedhof kann zwar nicht nachgewiesen werden, erscheint wegen der damit verbundenen Abgaben aber nicht unwahrscheinlich.

Für die umliegenden Gemeinden weist der Pappenheimer Friedhof eine zentralörtliche Funktion auf. Die Nutzung eines jüdischen Friedhofs durch mehrere Gemeinden kam verhältnismäßig oft vor. So genannte Zentral- oder Verbundfriedhöfe, die zum Teil abseits von jeder Siedlung lagen, sind vielfach belegt. Oftmals traten sie in Gegenden mit einer hohen jüdischen Siedlungsdichte auf, da hier die Entfernungen von einer Gemeinde zur nächsten eher gering waren. Beispielsweise wurde der jüdische Friedhof Zeckendorf-Demmelsdorf (östlich von Bamberg) von den Gemeinden

---

[191] Dazu: StAN, Herrschaft Pappenheim, Reichserbmarschallamt Nr. 855: Aussage Joseph Hirsch Neuburgers vom 30. März 1795 und Amtsprotokoll vom 13. April 1795.
[192] WITTMER, Friedhöfe S. 89.

Kap. 7: Die jüdische Gemeinde Pappenheim

Burglesau, Demmelsdorf, Scheßlitz, Stübig und Zeckendorf genutzt[193]. Noch größer war der Einzugsbereich des Friedhofs im südlich von Würzburg gelegenen Allersheim, der von einem Zweckverband mehrerer Gemeinden in günstiger Lage unterhalten wurde. Anfang des 19. Jahrhunderts wurden auf ihm Juden aus mehr als 20 Gemeinden bestattet[194].

Einige der Gemeinden, die den Pappenheimer Friedhof nutzten, waren deutlich kleiner als die Pappenheimer. Zum Teil (Treuchtlingen, Monheim) wiesen sie aber auch eine vergleichbare Größe auf[195]. In Treuchtlingen wurde erst 1773 ein eigener jüdischer Friedhof errichtet[196]. In Monheim gab es im Jahr 1730 zwar 116 Juden, doch die Gemeinde existierte nicht einmal ein halbes Jahrhundert, von 1697 bis 1741. Damit war die Zeit für die Entstehung eines Friedhofs wohl zu kurz. Außerdem scheinen die Juden dort besonderen Anfeindungen ausgesetzt gewesen zu sein[197]. Auffälligerweise stammte der größte Teil der in Pappenheim begrabenen auswärtigen Juden aus Brandenburg-Ansbach. Wieso dort kein Friedhof für die südlichen Gemeinden des Fürstentums eingerichtet wurde oder auf vorhandene Friedhöfe in Gunzenhausen oder auch Georgensgmünd zurückgegriffen wurde, ist nicht ersichtlich[198]. Zwar sollte man sich hüten vorschnell von der Zuordnung von Gemeinden zu Friedhöfen auf innerjüdische Strukturen zu schließen, da hierfür externe Faktoren ausschlaggebend gewesen sein können[199]. Andererseits scheinen Territorialgrenzen für Friedhöfe – anders als für Synagogen – keine wichtige Rolle gespielt zu haben, so dass die Friedhofsstruktur möglicherweise älteren Mustern folgt[200].

Der Streit um die Bestattung eines Buchhalters aus Regensburg im Jahr 1795 zeigt, dass für die Inanspruchnahme des Friedhofs jährliche Abgaben zu entrichten waren. Die Pappenheimer Juden zahlten diese wohl als Teil ihrer allgemeinen Gemeindeabgaben. Für Juden, die nicht zur Gemeinde gehörten und auch nicht – anders als die meisten Regensburger Schutzjuden – in diese inkorporiert waren, wurden anscheinend sehr hohe Gebühren fällig. Dies wirft die Frage auf, welche Regelung bei Juden aus Orten wie Treuchtlingen oder Ellingen angewandt wurde. Es ist sehr unwahrscheinlich, dass sie den Friedhof ohne finanzielle Beteiligung nutzen durften. Möglicherweise bestand hier eine Vereinbarung, die der mit den Regensburger Juden entsprach. Belegt sind jedoch nur die Abgaben an die Herrschaft. Zusätzlich scheint für die Bestattung fremder Juden eine herrschaftliche Erlaubnis erforderlich gewesen zu sein. Mesner Zuttel berichtet davon, dass im Herbst des Jahres 1709 der aus Fürth stammende Schwiegersohn Jacob Amsons in Pappenheim gestorben sei. Da er *ohne Anfrag der Herrschaft begraben* worden war, mussten seine Verwandten neben 5 fl. 45 kr. Stolgebühren 100 fl. Strafe zahlen[201].

---

[193] ECKEL, Friedhof, S. 69; siehe auch MISTELE, Zeckendorf, S. 346–348.
[194] BRAUN, Bezirksfriedhof, S. 102–105.
[195] Zur Illustration der Größenrelation zwischen den Gemeinden seien, auch wenn sie nicht die Verhältnisse im 18. Jahrhundert widerspiegeln müssen, die Matrikel von 1813 herangezogen: Weimersheim hatte 10 Matrikelstellen, Ellingen 11, Dittenheim 22, Berolzheim 31, Pappenheim 42 und Treuchtlingen 50. Siehe StAN, Regierung von Mittelfranken, Kammer des Inneren, Abgabe 1932, Tit. Judensachen Nr. 215: Judenmatrikel des Rezatkreises.
[196] Siehe dazu: EIGLER, Treuchtlingen, S. 118; MEIDINGER, Treuchtlingen, S. 178.
[197] Vgl. MEYER, Monheim, S. 118–120; zu Monheim und Pfalz-Neuburg allgemein siehe VOLKERT, Pfalz-Neuburg; zur Situation in Monheim auch JAKOB, Konflikt.
[198] Eine Karte mit dem Einzugsbereich jüdischer Begräbniszentren im südlichen Mittelfranken ist in KUHN, Georgensgmünd, S. 108, abgebildet. Hier auch ausführliche Dokumentation des Friedhofs in Georgensgmünd, die z.B. zeigt, dass aus dem genau zwischen Pappenheim und Georgensgmünd gelegenen Ellingen nur vier Juden in Georgensgmünd begraben wurden. Vgl. Ebd., S. 80.
[199] Vgl. dazu BROCKE – MÜLLER, Haus, S. 13.
[200] Vgl. MORDSTEIN, Untertänigkeit, S. 42.

7.5 Zusammenfassung: Jüdische Binnenstrukturen in Pappenheim

Die Beschreibung religiösen Lebens konzentrierte sich notwendigerweise vor allem auf Äußeres: Gemeindeämter, Judenschule und Friedhof. Mindestens genauso relevante Aspekte, die die praktische Religionsausübung betreffen, mussten dagegen unberücksichtigt bleiben, da die zu ihrer Behandlung erforderlichen Quellen nicht vorhanden sind. Ferner ist es schwierig etwas über weitere Einrichtungen wie Mikwe und Herberge in Erfahrung zu bringen.

Zwar ist bekannt, dass in Pappenheim Gemeindeordnungen vorhanden waren, doch da diese nicht erhalten geblieben sind, liegen nur wenige Hinweise über deren Inhalt vor. Ansatzweise konnten Informationen zur Gemeindefinanzierung gewonnen werden, sehr wenige dagegen zur Einbindung in überörtliche Strukturen (beispielsweise im Zusammenhang mit Landjudenschaften). Insgesamt kann das Profil der Gemeinde nicht in einem wünschenswerten Umfang rekonstruiert werden.

Eine als »Rabbi« bzw. Vorsinger bezeichnete Person mit vielfältigen Aufgaben ist, von kurzen Lücken abgesehen, aus dem gesamten Untersuchungszeitraum bekannt. Jedoch entsteht der Eindruck, dass es sich bei den Amtsinhabern eher um »Rabbis« und nicht um gelehrte Rabbiner handelte, Pappenheim also im Untersuchungszeitraum nicht mehr die innerjüdische Bedeutung hatte, die für die Zeit um 1600 angenommen wird. Neben dem Vorsinger der Gemeinde gab es ebenfalls »Rabbi« genannte Privatlehrer. Sonstige Gemeindebeschäftigte sind fast überhaupt nicht belegt. Entweder wurden sie in der Außenperspektive überhaupt nicht wahrgenommen oder ihre Aufgaben konnten in einer vergleichsweise kleinen Gemeinde wie Pappenheim vollständig vom »Rabbi« bzw., wenn sie administrativer Natur waren, vom Barnos abgedeckt werden. Obwohl es zumindest zeitweise mehr als einen Barnos gab, sind die Inhaber dieses Amtes weitaus schlechter belegt als der »Rabbi.« Möglicherweise fiel es der christlichen Umwelt schwerer ihnen genaue Aufgaben zuzuschreiben, zumal Supplikationen meist durch *die gesamte Judenschaft allhier* und nicht durch einzelne Vertreter unterzeichnet wurden.

Eine Judenschule als Fokus der Religionsausübung dürfte es den gesamten Untersuchungszeitraum hindurch gegeben haben. Nach dem Brand des Jahres 1712 wurde ein Neubau erforderlich, 1811 entstand – nicht zuletzt als Zeichen der deutlich gewachsenen jüdischen Gemeinde – an einer neuen Stelle eine Synagoge. Das Gebäude der Judenschule war meist im Besitz eines einzelnen Juden, nicht aber der gesamten Gemeinde. Dies dürfte nicht zuletzt damit im Zusammenhang stehen, dass es nicht ausschließlich religiös genutzt wurde, sondern auch Wohnungen beherbergte. Obwohl zahlreiche Informationen zu dem Gebäude vorliegen, ist ein Blick ins Innere deutlich schwieriger. Auch die Beschreibungen in Kaufverträgen bringen keinen Erkenntnisgewinn bezüglich der Abgrenzung zwischen Judenschule und Privatwohnungen. Somit muss offen bleiben, ob es sich eher um eine Synagoge mit Wohnung oder ein Wohnhaus, in dem ein Betraum für die Gemeinde zur Verfügung stand, handelte. Interessant ist jedoch, dass sich im Gebäude der Judenschule die einzige bekannte Laubhütte Pappenheims befand.

---

[201] LKAN, Pfarrarchiv Pappenheim Nr. 73: Eintrag vom Dezember 1709.

Kap. 7: Die jüdische Gemeinde Pappenheim

Der jüdische Friedhof in Pappenheim wurde im Untersuchungszeitraum mehrfach erweitert. Nur ein Teil der dort Begrabenen stammte aus Pappenheim selbst. Daneben findet sich eine beträchtliche Zahl fremder Juden, vor allem aus dem südlichen Brandenburg-Ansbach und aus Regensburg. Somit kann festgehalten werden, dass dem Friedhof eine zentralörtliche Funktion zukam. Indem ein beträchtlicher Teil der Regensburger Juden in Pappenheim begraben wurde, stellte der Friedhof eine Klammer zwischen den beiden Gemeinden unter reichserbmarschallischem Schutz dar. Um den Friedhof nutzen zu können, waren die Regensburger Juden in die Pappenheimer Gemeinde inkorporiert. Ob dies auch bei weiteren Gemeinden der Fall war, muss offen bleiben.

8 Die Juden und ihre christliche Umwelt

Die Einschätzung der Beziehungen zwischen Juden und ihrer christlichen Umwelt bewegt sich in der Forschung zwischen den Extremen Integration und Absonderung[1]. Von einer weitgehenden Segregation geht unter anderem Jacob Katz aus. Seiner Meinung nach waren die sozialen, räumlichen und kulturellen Schranken so stark, dass Juden und Christen »nahezu völlig voneinander getrennt lebten«[2]. Demnach bildeten die Juden zwar eine Untergruppe innerhalb der allgemeinen Gesellschaft, zugleich aber auch eine »isolierte, abgeschlossene Gemeinschaft, eine richtige ›Welt für sich‹«[3]. Dies schloss natürlich die Möglichkeit von Kontakten, vor allem im wirtschaftlichen Bereich, nicht aus[4]. In den letzten Jahren hat die Forschung den Blick stärker auf die verbindenden Elemente gerichtet und ist zu dem Schluss gekommen, dass Juden weitaus weniger abgesondert lebten, als bisher angenommen wurde[5]. Eine Alternative zu den beiden Extrempositionen stellt das so genannte »Kohärenzmodell« dar. Demnach war das Hauptziel von Juden und Christen die Bemühung um den Zusammenhalt der eigenen Gruppe. Dabei handelte es sich nicht um Isolierung von den anderen, doch die Integration wurde gegenüber der Bewahrung der eigenen Identität und Tradition als sekundär betrachtet[6].

Um diese Thesen am Einzelbeispiel überprüfen zu können, stellt sich die Frage, in welchen Bereichen nach Anzeichen für Integration und Segregation zu suchen ist. Werner Meiners unterscheidet zwischen integrativen Faktoren wie alltäglichen nachbarschaftlichen Kontakten und Trennungslinien wie der feindseligen Haltung von Kaufleuten und Handwerkern[7]. Dies zeigt, dass es sich bei der Frage nach den Beziehungen zwischen Juden und ihrer Umgebung nicht um ein Entweder-Oder handeln kann, vielmehr ist auf Hinweise auf trennende wie verbindende Elemente zu achten. Laut Rolf Kießling und Sabine Ullmann lässt sich das Beziehungsgeflecht zwischen Juden und Christen auf drei wesentlichen Interaktionsfeldern analysieren, dem religiös-kultischen, in Bezug auf gesellige Kontakte und nachbarschaftliche Solidarität sowie die wirtschaftliche Gemeinschaft[8].

Die Beziehungen zwischen Juden und Christen waren nicht nur durch Kooperation oder eine mehr oder minder starke Abgrenzung geprägt. Hinzu kam eine teilweise anzutreffende feindliche Haltung gegenüber Juden. Nicht zuletzt vor dem Hintergrund des Wissens um die Ereignisse im Dritten Reich wurde von der Forschung immer wieder die Frage nach der Kontinuität der älteren Judenfeindschaft zum modernen Antisemitismus gestellt. So gehen laut Peter Herde die Wurzeln des im 19. Jahrhundert entstandenen Antisemitismus bis ins Mittelalter zurück[9]. J. Friedrich Bat-

---

[1] Überblick bei BATTENBERG, Juden in Deutschland, S. 101–102.
[2] KATZ, Tradition, S. 34.
[3] Ebd., S. 41.
[4] Ebd., S. 43–44.
[5] Dazu – mit Nennung der relevanten Literatur: BATTENBERG, Juden in Deutschland, S. 101–102.
[6] Vgl. BATTENBERG, Integration, S. 430–431; DERS., Juden in Deutschland, S. 102.
[7] MEINERS, Nordwestdeutsche Juden, S. 521–523.
[8] KIESSLING – ULLMANN, Doppelgemeinden, S. 517.
[9] HERDE, Judenfeindschaft, S. 35–36. Heil bezeichnet die Unterscheidung zwischen Antisemitismus und frü-

tenberg spricht davon, dass oftmals versucht werde, »die verschiedenen Äußerungsformen des Judenhasses in der Geschichte im Rahmen einer mehr oder weniger geschlossenen Kausalkette miteinander zu verknüpfen«[10].

Da der Unterschied zwischen Juden und ihrer Umwelt vor allem durch den religiösen Gegensatz bedingt war, soll von daraus resultierenden Stereotypen, Anzeichen der Judenfeindschaft und den Beziehungen zwischen Juden und Kirche ausgegangen werden. Exemplarisch werden diese anhand der gut belegten Beispiele der Zahlung von Stolgebühren an die Pfarrer und der Konversion von Juden zum Christentum untersucht. Anschließend werden Belege für die Überwindung der Fremdheit gesucht: In welchen Bereichen und in welchem Umfang kam es zu Kontakten und Kooperation von Juden und Christen? Als religiöse Minderheit mit eigenem Recht mussten sich die Juden in bestimmten Bereichen zwangsweise von ihrer Umgebung absondern. Dies wurde, zumindest teilweise, von der christlichen Umwelt akzeptiert. Damit stellt sich die Frage, wo die Grenze zwischen jüdischer Autonomie und Eingreifen der Obrigkeit in innerjüdische Angelegenheiten lag.

Das bereits in der Einleitung thematisierte methodische Problem, welche Informationen über Juden sich in den zur Verfügung stehenden Quellen finden, tritt bei der Behandlung ihrer Beziehungen zu ihrer nichtjüdischen Umwelt besonders zutage. Aus diesem Grund sind Formen des friedlichen Neben- und Miteinanders oft nur schwer nachzuweisen, denn in den Akten wurden Konflikte und Auseinandersetzungen festgehalten – Normalität hingegen nicht[11]. Dazu schreibt Irmgard Schwanke: »Solange die Nachbarschaft mehr oder weniger reibungslos funktionierte, gab es in der Regel keinen Grund, dies zu dokumentieren«[12].

8.1 Der religiös bedingte Gegensatz zwischen Juden und Christen

Die Einstellung der christlichen Umwelt gegenüber den Juden war in der Frühen Neuzeit von zahlreichen Stereotypen geprägt, die zumindest im Hintergrund stets präsent gewesen sein dürften und somit jederzeit abrufbar waren. So geht Nicoline Hortzitz davon aus, dass um 1700 die »allgemeine Vorstellung ›vom Juden‹ weitestgehend von mittelalterlichen negativen Stereotypen bestimmt«[13] wurde. Zu diesen gehörten vor allem die Verstocktheit der Juden (da sie ablehnten, in Jesus den Messias zu sehen), ihr Wucher, aber auch die Vergiftung von Brunnen, der Hostienfrevel und als besonders schlimmer Vorwurf der Ritualmord, also die Tötung christlicher Kinder, um deren Blut für kultische Zwecke verwenden zu können[14].

Das Vorhandensein derartiger Einstellungen im 18. Jahrhundert demonstriert z. B. Zedlers Universallexikon: »und wie oft haben sie nicht Christen-Kinder geschlachtet, gecreutzigt, in Moerser zerstosen; sie sind die aergsten Diebe und Betrug ist ihr eigentliches Wahrzeichen«[15]. Ebenfalls in

---

herem Antijudaismus als klassische Sichtweise. Siehe HEIL, Antijudaismus, S. 99. Dazu auch Walz, der, da die Unterscheidung Antijudaismus/Antisemitismus zu schroff sei, zusätzlich den Begriff »genealogischer Rassismus« empfiehlt. Vgl. WALZ, Antisemitismus, S. 719, 748.

[10] BATTENBERG, Antisemitismus, S. 26–27; dazu auch DERS., Juden in Deutschland, S. 83.
[11] Vgl. ULLMANN, Nachbarschaft, S. 443.
[12] SCHWANKE, Fremde, S. 64.
[13] HORTZITZ, Sprache, S. 116.
[14] Ebd., S. 91–93; ROHRBACHER – SCHMIDT, Judenbilder, zeigen die langfristige Wirksamkeit vieler der genannten Stereotypen bis ins 20. Jahrhundert; zu Ritualmord und Hostienfrevel: GRAUS, Pest, S. 380.
[15] Art. Juden, in: ZEDLER Bd. XIV, Sp. 1497–1503, hier Sp. 1499.

Kap. 8: Die Juden und ihre christliche Umwelt

diese Richtung zielte der Gottesdienst, mit dem 1741 in Monheim die Ausweisung der Juden aus Pfalz-Neuburg gefeiert wurde. In der Predigt wies der Pfarrer u. a. auf die Ausbeutung der Bauern durch betrügerischen Wucher, die Ritualmordlegende und Hostienfrevel hin und charakterisierte die Juden als blutdurstige Christenräuber[16].

Im Untersuchungszeitraum gab es in fränkischen Territorien, auch in Nachbarschaft Pappenheims, zahlreiche Äußerungen dieser Vorstellungen. Beispielsweise kam es im Jahr 1656 im brandenburg-ansbachischen Feuchtwangen zu Ritualmordbeschuldigungen gegen Juden, ebenso 1684 in der Gegend um den Hesselberg und 1715 in Gunzenhausen[17].

8.1.1 Vorurteile gegenüber Juden und Judenfeindschaft

Bei der Beschäftigung mit (frühneuzeitlicher) Judenfeindschaft besteht das Problem der oftmals vorhandenen terminologischen Unsicherheit. Johannes Heil hat die Beobachtung gemacht, dass »Antisemitismus«, »Antijudaismus« und »Judenfeindschaft« vielfach fast als variable Begriffe verwendet werden[18]. J. Friedrich Battenberg empfiehlt, schon um falsche Assoziationen zu vermeiden, folgende Unterscheidung: Bei »Antijudaismus« handle es sich um den theologisch begründeten Ausschluss der Juden aus der christlichen Weltordnung. »Judenhass« und »Judenfeindschaft« bezögen sich auf vermutete subjektive Motive bei der Verdrängung von Juden aus der Gesellschaft. Dagegen sei es erst von der Emanzipationszeit an sinnvoll, von »Antisemitismus« bzw. »Frühantisemitismus« zu sprechen[19].

In diesem Kapitel sollen unterschiedlichste Belege für eine feindliche Einstellung gegenüber Juden, sei es durch Worte oder Taten, analysiert werden. Es geht also um die Frage, wie sehr die in Pappenheim lebenden Juden ihre Umwelt als ihnen feindlich gesonnen wahrnehmen mussten. Dabei soll, soweit diese aus den Quellen herauszulesen sind, auf Einstellungen gegenüber Juden sowie verbale und körperliche Gewalt eingegangen werden. Einblicke in judenfeindliche Haltungen lassen sich aus einer Auseinandersetzung zwischen Rabbi Israel und dem gräflichen Sekretär Johann Jakob Schedlich gewinnen. Eigentlich ging es bei der im Jahr 1707 vorgebrachten Klage darum, dass Schedlichs Sohn den Sohn des *Juden-Schulmeisters* durch einen Steinwurf im Gesicht verletzt hatte. Zur Behandlung hatte sich der Rabbi an den Bader gewandt und wollte von Schedlich die Kosten erstattet haben. Auf dieses Ansuchen reagierte Schedlich mit *Schmähe Wort und Drohungen, du Vogel, du Teufelsgeschmeiß*. Schedlich antwortete damit auf die Vorwürfe, er habe den Juden als *Erzlügner* bezeichnet. In seinen weiteren Ausführungen machte Schedlich deutlich, dass er nicht nur gegenüber dem Rabbi, sondern Juden im Allgemeinen Vorbehalte hatte. Denn dessen *fälschliche bezüchtigung und unerweißliche Reden* entsprächen der Art und Weise mit der *diß boßhaftige Geschlecht sich allerzeit ihrer unart nach zu behelfen suchet*. Ferner sagte er über die Juden, ihm seien *männiglich ihre leichtfertige Ränke bestens bekannt*[20].

Regelmäßig wurden von Christen gegen Juden vorgebrachte Beleidigungen vor Gericht verhandelt. So klagte Jacob Amson im Jahr 1681 gegen Matthes Spießmeyer aus Langenaltheim, der ihn

---

[16] Vgl. KIESSLING, Judendörfer, S. 179; dazu auch: JAKOB, Konflikt, S. 338–339.
[17] ERB, Der gekreuzigte Hund, S. 119–120; KUHN, Georgensgmünd, S. 15; HAENLE, Ansbach, S. 129.
[18] HEIL, Antijudaismus, S. 92.
[19] BATTENBERG, Antisemitismus, S. 31–32.
[20] StAN, Herrschaft Pappenheim, Akten Nr. 8146: Johann Jakob Schedlichs Exceptiones uf deß Juden Rebbi Israels Beschwerde.

in der Wirtschaft »Zum Hirschen« mit *ehrenrührigen Worten angefallen, geschelmt und alle Juden verracht* habe. Jacob bat um Amtshilfe, damit Spießmeyer *sie Juden hinkünftig in ruhe laßen möge*. Der Beklagte gab zu, dass er sowie *andere Untertanen und Bauern von Dietfurt mehr die Juden s[alva] v[enia] schelmen geheißen* hätten. Spießmeyer wurde aufgefordert, dem Kläger die Hand zu reichen und ihn um Verzeihung zu bitten; im Wiederholungsfall solle er 3 fl. Strafe zahlen[21].

Nachdem es zwischen Jacob Amson und einem angetrunkenen Kunden, Hans Boscher, im Rahmen eines Tabakhandels zu einer Auseinandersetzung gekommen war, wurde der Jude von Boschers Vater *geschmehet, indem er zu seinem Sohn gesaget, was hast du mit den schelmen dibß Juden viel zu schaffen*. Da zahlreiche Personen gehört hatten, wie ihn Hans Boscher – zu unrecht – des Diebstahls bezichtigt hatte, ging es Jacob bei der Verhandlung vor allem um die Wiederherstellung seines guten Namens. Zur Strafe sollten Vater und Sohn wegen *mit dem Juden verübten Ungebührlichkeiten, betrohungen und beunzüchtigungen* gemeinsam 3 fl. Strafe entrichten[22].

Kritische Einstellungen gegenüber Juden sind nicht nur aus der Bevölkerung überliefert, sondern auch von der Obrigkeit und ihren Beamten[23]. Im Rahmen einer Verhandlung zwischen Löw Hirsch aus Treuchtlingen und Hans Adam Krauß aus Langenaltheim gab der Rat und Amtsverwalter Johann Friedrich Sonnenmeyer an, dass er Krauß schon öfters die Empfehlung gegeben habe, er solle sich *für Juden hüten und mit solchen ohne Noth nicht handeln*. Aus diesem Grund sei Krauß nicht bereit gewesen seine Kuh an Löw Hirsch zu verkaufen[24]. In der Verordnung Reichserbmarschall Christian Ernsts gegen den Handel an Sonn- und Feiertagen vom 19. Juni 1706 ist von der *von Gott selbst verfluchte[n] und bey solchen Fluch dahin lebende[n] Judenschaft (welche doch ihren abergläubischen Schabbaß so streng beobachtet)* die Rede[25]. Ende des Jahres 1748 entschied Reichserbmarschall Friedrich Ferdinand, alle Juden, die nicht in der Lage seien, ihre Abgabenrückstände und Privatschulden zu begleichen, der Herrschaft zu verweisen[26]. Der Begründung für diesen Schritt sind neben dem fiskalischen Interesse weitere Motive zu entnehmen: Die meisten Juden gingen einer *solch faulen und nahrloßen Lebensarth* nach, dass dem *Landesherrlichen Interesse und dem publico* nachteilige Folgen entstünden. Doch nicht nur ihre Rückstände bei der Herrschaft wurden als Problem betrachtet. Aus häufigen Klagen könne gefolgert werden, dass *die Handels- und andere ehrliche Handwerks-Leuthe* unter *dergleichen Schutz-Volk* litten. Daher zeigte sich Friedrich Ferdinand nicht länger bereit, diesem *unbürgerlichen Weesen [...] nachzusehen*[27].

Zwei Hinweise auf eine zumindest kritische Haltung der Pappenheimer Geistlichen gegenüber den dort lebenden Juden lassen sich den Aufzeichnungen des Mesners Zuttel, der selbst kein Geistlicher war, entnehmen. Im Zusammenhang mit der nicht durchgeführten Taufe Moyses Guggenheimers und seiner Kinder schrieb er: *Montag den 14. September hat man den Juden Coschel seine Kinder wieder geben, darüber mancher Seufzer ergangen, daß dies gottlos Judengesind mit ihr verflucht Geld alles kann zu Wege bringen*[28]. Nach dem Brand in der Judenschule im Juni 1712[29]

[21] StAN, Herrschaft Pappenheim, Akten Nr. 4635/27, fol. 29: Eintrag vom 16. Dezember 1681.
[22] StAN, Herrschaft Pappenheim, Akten Nr. 4649/I: Gerichtsprotokoll vom 5. Juni 1678.
[23] Dieser Tatsache ist deshalb Beachtung zu schenken, da ein von der Obrigkeit über den Klerus zu den Laien reichendes Toleranzgefälle festgestellt werden kann. Vgl. ERB, Der gekreuzigte Hund, S. 144.
[24] StAN, Adel Archivalien Nr. 4614, S. 55–61: Eintrag vom 6. Mai 1776.
[25] LKAN, Konsistorium Pappenheim Nr. 79: Mandat Christian Ernsts vom 19. Juni 1705.
[26] Siehe dazu auch Kapitel 2.3.1.2.
[27] StAN, Herrschaft Pappenheim, Akten Nr. 6003/XI, fol. 31r–32v: Eintrag vom 11. Dezember 1748.
[28] LKAN, Pfarramt Pappenheim Nr. 73: Eintrag vom 14. September 1705. Zu dem Vorgang siehe Kapitel 8.1.4.
[29] Näheres dazu siehe Kapitel 7.3.

Kap. 8: Die Juden und ihre christliche Umwelt

ging der Dekan am darauffolgenden Sonntag in seiner Predigt auf dieses Ereignis ein. Zuttel berichtet[30]: *Am Tag des Johanny des Täufer hat Herr Dechant eine bredig gethan von der Judenschul, weil es abgebrannd und in der Aschen liegt. Text auß der Offenbarung Johannis, 2. Capitel 10. Stroph, als eine Satans-Schul*[31]. Wenn aus der kurzen Notiz auch keine weitreichenden Schlussfolgerungen auf den Inhalt der Predigt gezogen werden können, so lässt sich zumindest ein gewisses Triumphgefühl, das die Überlegenheit des Christentums zeigen sollte, erahnen.

Im Zusammenhang mit Anschuldigungen, Juden würden während ihrer Gottesdienste Jesus und das Christentum beleidigen, ist das Verhör Rabbi Besich Israels vom 7. Oktober 1712 zu sehen. Dabei ging es um *ihre gewöhnliche 3 Fluch und Lästergebeth an dem langen Tage* [Jom Kippur]. Er wurde unter anderem gefragt, welche Gebete an diesem Feiertag gesprochen würden und ob zu diesen das Gebet »Alenu« gehöre. Israel schloss die den Juden unterstellte Beleidigung des christlichen Glaubens schon deshalb aus, da sich die Gebete in Büchern, die in Venedig, Sulzbach, Wilhermsdorf und Prag gedruckt wurden, befänden und diese der Zensur unterlägen. Auf die Frage, ob sich die Gebete gegen die christliche Obrigkeit richteten, antwortete er, das *contrarium* sei der Fall, wie die *gebets formul, welche sie alle Schabbaß für unsern gnädigen Regierenden Grafen und Herrn, mit dessen Namens Benennung, nach Verlesung deß gewöhnlichen Stücks auß der Tohra sprächen, zeigen dürfte*[32]. Dass sie die Obrigkeit während des Gottesdienstes verfluchten, sei die *pure Unwahrheit*. Vielmehr wünschten sie, so oft sie *der gnädigen Herrschaften gedächten, denenselben langes leben, und daß sie und dero Rähte und Beamte ein gütiges Herz gegen sie, die Juden haben mögten*[33].

Gut drei Monate später wurde Israel erneut verhört. Er gab an, dass das Gebet zum Lob Gottes sei, sich aber nicht gegen Jesus oder die Christen richte, da *den Juden wolbekant seye, daß diese keinen Gott anbeten, der nicht helfen könne*[34]. Auf die Frage, ob die Juden *beym Hersagen deß Gebets Alenu außspeyen* würden, antwortete er, er sei seit 36 Jahren Schulmeister und habe dies nie einem Kind beigebracht[35]. Der als Zeuge befragte Moyses Guggenheimer konnte zwar nicht ausschließen, dass das Gebet *von einem oder dem andern Juden mit der Meinung, Christum zu lästern, gesprochen werde*, es habe aber nicht *den gleichen Sinn*. Er verwies dabei auf den – der Stadtvogtei anscheinend vorliegenden – *Eisenmengerischen Extract*, in dem er einen Fehler zu entdecken

---

[30] LKAN, Pfarramt Pappenheim Nr. 73: Eintrag vom 18. Juni 1712.
[31] Zuttel bezieht sich offenbar auf die Offenbarung des Johannes 2,9: »Ich kenne deine Bedrängnis und deine Armut – du bist aber reich – und die Lästerung von denen, die sagen, sie seien Juden, und sind's nicht, sondern sind die Synagoge des Satans.«
[32] Wie das Beispiel Lippe zeigt, war es anscheinend nicht unüblich, in der Synagoge Fürbitten für den Landesherrn zu sprechen. Siehe POHLMANN, Schutzjuden, S. 52, 63–66.
[33] StAN, Herrschaft Pappenheim, Akten Nr. 4645/V/3: Verhör des hiesigen Juden Rebbi Besich Ißraels ihre gewöhnliche 3 Fluch und Lästergebeth an dem langen Tage vom 7. Oktober 1712.
[34] Dabei ging es um eine Passage des Gebets, in der es heißt: »welche sich nieder bücken und neigen vor dem Héfel varík, das ist der Eitelkeit und Nichtigkeit und beten denenjenigen Gott an, der nicht erlösen kan.« Text nach EISENMENGER, Entdecktes Judentum, S. 82. Der Vorwurf, in den einleitenden Sätzen des Gebets dargestellte Gegensatz zwischen Israel und anderen Völkern, sei auf Christen bezogen, wurde seit ca. 1400 verbreitet. Siehe: Ismar ELBOGEN, Art. Alenu, in: Jüdisches Lexikon Bd. I, Sp. 201–202.
[35] Den Juden wurde – vor allem von Eisenmenger – unterstellt, dass sie Jesus und die Christen nicht nur durch die Worte des Gebets beleidigten, sondern zusätzlich an der fraglichen Stelle ausspuckten, um ihre Abscheu zu verdeutlichen. Siehe Art. Aleinu Le-Shabbe"ah, in: Encyclopaedia Judaica Bd. 2, Sp. 555–559; Eisenmenger hatte dazu geschrieben: »wann die Juden die gedachte Läster-Worte aussprechen sie wider Christum und seine Gläubige ausspeyen.« EISENMENGER, Entdecktes Judenthum, S. 83.

glaubte: Ein hebräischer Buchstabe sei *vom Sezer den Juden zum Bösen* verändert worden[36]. Es ist sicher kein Zufall, dass ein Verhör zum Inhalt des Gebets »Alenu« im Jahr 1712 stattfand. Der Verkauf von Eisenmengers *Entdecktes Judenthum* war 1700 durch Intervention des Hofjuden Samuel Oppenheimer bei Kaiser Leopold I. zunächst verhindert worden, doch 1711 wurde das Buch in Königsberg mit der Genehmigung Friedrichs I. von Preußen gedruckt. Bereits 1702 hatte in Preußen eine Untersuchung der gegen das Gebet gerichteten Vorwürfe stattgefunden. Ergebnis war das »Edict wegen des Juden-Gebeths Alenu und daß sie einige Worte auslassen, nicht ausspeyen, noch darbey hinwegspringen sollen« vom 28. August 1703[37].

Auf die verbreitete Praxis, von Juden den so genannten Würfelzoll zu verlangen, gibt es zumindest einen Hinweis. Jacobs Praeceptor Hirsch beklagte sich im Mai 1697 über Heinrich Glöckel, den Müller zu Zimmern, und den namentlich nicht genannten herrschaftlichen Reitknecht. Als er zusammen mit dem *alhiesigen Schulmeister Rabi* am vergangenen Freitag im Wirtshaus in Zimmern ein Bier getrunken habe, wären die beiden zu ihnen gekommen und hätten von ihnen *eine Tubackh Pfeiffen und Pasch oder Würfel begehrt*[38]. Der Würfelzoll kann zwar als Analogie zum Leibzoll gesehen werden, stellte aber im Gegensatz zu diesem meist keine legale obrigkeitliche Abgabe, sondern eine Belästigung unter Androhung von Gewalt dar. Indem ein Jude sich durch Überreichung eines Würfels »verzollen« sollte, wurde ihm symbolisch sein geringer Wert verdeutlicht[39].

Zumindest aus der zweiten Hälfte des 17. Jahrhunderts sind mehrere Angriffe auf von Juden bewohnte Häuser bekannt. So hatte im Jahr 1663 des *Kuhe Bartels Sohn* mit anderen das *Judenhaus nächtlichs weil* gestürmt. Da der Beschuldigte eingestand, dass er *ein Stein dem Juden ins Bett geworfen* habe, wurde er mit 10 fl. bestraft. Um wen es sich bei dem Opfer handelte wird aus dem Protokolleintrag nicht klar[40]. Ein ähnlicher Fall ereignete sich zwei Jahrzehnte später. Jacob Amsons Frau klagte am 11. September 1682, dass ihr und ihrem Mann in der vergangenen Nacht ein großer Stein in das Haus geworfen worden wäre. Ihr Mann habe einen Schlosserjungen und zwei Maurerknechte beobachtet, die sie nun der Tat beschuldigten[41]. Das Bewerfen der Fensterläden von »jüdischen« Häusern mit Steinen war eine symbolische Provokation, die auf mittelalterliche antijüdische Rituale zurückzuführen ist[42]. Einer Aussage Rabbi Israels aus dem Jahr 1712 kann entnommen werden, dass mit derartigen Angriffen stets gerechnet werden musste. Als er nach dem Brand in der Judenschule befragt wurde, wer deren Türen auf- und zusperre, antwortete er, er mache die Fensterläden *auß guten willen, damit der Fenster nicht eingeworfen würden*, stets zu[43].

---

[36] StAN, Herrschaft Pappenheim, Akten Nr. 8153a: Amtsprotokoll vom 29. Dezember 1712.
[37] ELBOGEN, Gottesdienst, S. 80–81; GRAETZ, Geschichte Bd. X, S. 280–286; J. Friedrich Battenberg sieht die Bedeutung des Werkes als »das eigentliche Bindeglied zwischen dem alten, religiös begründeten Antijudaismus und dem modernen Antisemitismus.« Siehe BATTENBERG, Zeitalter Bd. II, S. 176–177; dies wird von Jacob Katz bestätigt, der es an den Anfang seiner Untersuchung über den Antisemitismus von 1700 bis 1933 stellt: KATZ, Vorurteil, S. 21–30.
[38] StAN, Herrschaft Pappenheim, Akten Nr. 4635/57, fol. 217v–219v: Eintrag vom 20. Mai 1697; dazu auch: Nr. 4635/59, fol. 20v–21v: Eintrag vom 25. Mai 1697.
[39] Siehe dazu BURMEISTER, Würfelzoll; MENTGEN, Würfelzoll.
[40] StAN, Herrschaft Pappenheim, Akten Nr. 4635/26, fol. 159v–160r, 161r: Einträge vom 21. November und 1. Dezember 1664.
[41] StAN, Herrschaft Pappenheim, Akten Nr. 4635/36: Eintrag vom 11. September 1682.
[42] Vgl. ULLMANN, Nachbarschaft, S. 460–461; DIES., Kontakte, S. 311–312.
[43] StAN, Herrschaft Pappenheim, Akten Nr. 8155: Verhör des Rabbi Israel über den Brand in der Judenschule vom 20. Juni 1712.

Kap. 8: Die Juden und ihre christliche Umwelt

Einige Jahre zuvor war beim Streit zwischen Rabbi Israel und Johann Jacob Schedlich herausgekommen, dass dessen Sohn schon mehrmals die Fenster der Judenschule eingeworfen hatte. Diesem Vorwurf wurde jedoch in der Verhandlung nicht nachgegangen, so dass keine weiteren Informationen darüber vorliegen[44].

Gewalt richtete sich nicht nur gegen Häuser, sondern auch gegen Personen. Der älteste Sohn des Dettenheimer Wirts musste eine sehr hohe Strafe von 20 fl. entrichten, da er den dortigen Schlagbaum zugezogen und auf diese Weise einen durchreitenden Juden verwundet hatte. Nicht zuletzt in Anbetracht des Strafmaßes ist davon auszugehen, dass ihm Absicht unterstellt wurde[45]. Feis Mayer aus Weimersheim und seine Frau Güttel hatten Ende des Jahres 1770 Johannes Oberdorfer in seinem Haus in Trommetsheim aufgesucht, da sie an ihn eine Forderung hatten. Dabei kam es zu einem Streit, in dessen Verlauf Oberdorfer Feis Mayer würgte und ihm ein Büschel Haare ausriss. Als er um Hilfe rief, soll Oberdorfer gesagt haben, *Judenteufel, bist du noch nicht hin?* Die zugefügten Verletzungen seien so schwer gewesen, dass er 14 Tage bettlägerig gewesen sei. Oberdorfer widersprach dieser Darstellung: Das Wort *Judenteufel* habe er nicht verwendet und wenn der Jude tatsächlich 14 Tage im Bett geblieben sei, so *müste [er] es denn aus Faulheit gemacht haben*. In seiner Aussage spiegelt sich möglicherweise das Vorurteil wider, Juden seien faul. Dieses beruhte nicht zuletzt auf Unverständnis gegenüber der jüdischen Lebensweise, da beispielsweise die Sabbatruhe mit Müßiggang gleichgesetzt wurde[46]. Oberdorfers Verteidigung scheint allerdings nicht sehr erfolgreich gewesen zu sein, da er neben 5 fl. Strafe auch 46 kr. für die *Curcosten* an den Bader zahlen sollte[47]. Löw Amson wollte im Juli 1750 vom Büttelbronner Wirt einen Ochsen kaufen. Beim Betreten des Stalls verpasste ihm der Knecht Wilhelm Greckenhoffer eine Ohrfeige. Dieser verteidigte sein Vorgehen später damit, dass er von seinem Dienstherrn die Anweisung erhalten habe, niemanden, *besonders keinen Juden*, in den Stall zu lassen[48].

Im Juni 1705 klagte der Treuchtlinger Jude Löw gegen sechs Männer aus Bieswang. Diese hätten ihn am vergangenen Sonntag aufgefordert, Tuch, das sie ihm abkaufen wollten, in Johann Mößners Wirtshaus zu bringen. Als er diesem Wunsch nachkam, hätten ihm die Männer mit dem Hinweis, es sei in der Herrschaft Pappenheim verboten an Sonn- und Feiertagen zu handeln, das Tuch abgenommen und ihn geschlagen. Die beiden Männer, die ihn angegriffen hatten, mussten jeweils 30 kr. Strafe zahlen und die auf beiden Seiten *gegeneinander getahne Schmehwort* sollten aufgehoben sein[49]. Die zuletzt behandelten Beispiele – wie zahlreiche weitere – zeigen, dass es oftmals in Zusammenhang mit ihrer wirtschaftlichen Tätigkeit zu körperlicher Gewalt gegen Juden kam, z.B. wenn sie einen ihrer Schuldner besuchten, um ausstehendes Geld einzufordern. Die Frage, ob es sich dabei um spezifisch gegen einen Juden – und nicht einen Gläubiger – gerichtete Gewalt handelte, kann anhand der zur Verfügung stehenden Quellen nicht beantwortet werden.

Mehrfach wurden Pappenheimer Juden Opfer von Überfällen. Die beiden Söhne Berles wurden im Mai 1679 im Hochholz, dem Grenzgebiet zwischen Pappenheim, Eichstätt und Solnhofen (Brandenburg-Ansbach), ausgeraubt. Einige Tage später beschuldigten sie Hans Michel Lotter aus

---

[44] Zum Streit zwischen Rabbi Israel und Johann Jacob Schedlich siehe oben.
[45] StAN, Herrschaft Pappenheim, Akten Nr. 7874: Diarium über Einnahmen und Ausgaben dem hochgräflich Reichserbmarschallischen Stadtvogtey Amt Invocavit 1770–1771.
[46] Vgl. dazu JAKOB, Harburg, S. 165–166. Zum Vorwurf der Faulheit: HORTZITZ, Sprache, S. 373.
[47] StAN, Adel Archivalien Nr. 4598, S. 141–143: Eintrag vom 17. Januar 1771.
[48] StAN, Adel Archivalien Nr. 4548, S. 816–819: Eintrag vom 21. Juli 1750.
[49] StAN, Herrschaft Pappenheim, Akten Nr. 4635/60, S. 422–426: Eintrag vom 26. Juni 1705.

Zimmern dieses Vergehens, der dies jedoch abstritt[50]. Zehn Jahre später wurde einer von Berles Söhnen zwischen Solnhofen und Zimmern von Philipp Glöckel, Mühlknecht in Solnhofen, *mit einem Stecken angefallen, zu Boden geschlagen und gefährlich in dem Kopf verwundet*[51]. Da keine Hinweise auf die Motive für diese Überfälle überliefert sind, ist es schwierig derartige Ereignisse als Zeichen von Judenfeindschaft zu werten. Es kann zwar keineswegs ausgeschlossen werden, dass Berles Söhne überfallen wurden, weil sie Juden waren, doch genauso gut kann es sich um gewöhnliche Diebstähle gehandelt haben[52]. Der Pappenheimer Schutzjude Berle wurde am Ostermontag des Jahres 1712 zwischen Schambach und Dettenheim von einem kurpfälzischen Reiter *attaquirt*, der ihm 4 fl. in Münzen und ein silbernes Balsambüchslein im Wert von 3 fl. entwendete. Anscheinend war der Überfall nicht, oder zumindest nicht ausschließlich, judenfeindlich motiviert, da der Reiter auch von anderen Leuten Geld gefordert hatte. Allerdings war er Berle nachgeritten, nachdem er erfahren hatte, dass er ein Jude sei[53].

Auch auf ihren Handelsreisen außerhalb der Herrschaft wurden Pappenheimer Juden Opfer von Übergriffen. Auf dem Rückweg aus dem *Ingolstätter Gäu*, wo er sechs Pferde gekauft hatte, wurde Samuel im Hochstift Eichstätt von zwei Bauern, denen er 20 fl. schuldete, angehalten. Obwohl er sich bereit erklärte, sein bestes Pferd als Pfand zurückzulassen, wurde er von einem Soldaten, der sich als Bruder der Bauern ausgab, *mit Schlägen übel tractirt*. Die Verletzungen waren so schwer, dass er sich in Eichstätt vom Bader verbinden lassen musste und während seines 6-wöchigen Krankenlagers die *Wembdingische und allhiesige Herrn Medici* in Anspruch nehmen musste, die *seiner Genesung nicht mehr vermuthet* hätten[54]. Jacob Amson und Hirsch Oppenheimer hielten sich im Januar 1698 in Gansheim (Pfalz-Neuburg) auf. Im dortigen Gasthof wurden sie in *mörderischer Weise* angefallen und *gröblich mit schlägen* traktiert. Bei dem Haupttäter handelte es sich um Jacob Meyer, einen ihrer dortigen *Schuldleith*, der den Überfall zusammen mit Leonhard Rauher aus Rennertshofen begangen hatte[55].

Für judenfeindliche Einstellungen und gegen Juden gerichtete verbale und physische Gewalt liegen aus der Herrschaft Pappenheim etliche Quellenzeugnisse vor. Demnach war Judenfeindschaft in allen Gesellschaftsgruppen anzutreffen und äußerte sich in unterschiedlichen Lebensbereichen. Eine quantitative Auswertung erscheint in Anbetracht der begrenzten Anzahl überlieferter Fälle jedoch nicht sinnvoll. Ebenfalls unbeantwortet bleiben muss die letztlich entscheidende Frage: Handelte es sich bei dem Geschilderten um Ausnahmefälle oder nur die dokumentierte Spitze eines Eisbergs? Folglich kann nicht geklärt werden, als wie feindlich die Juden ihre Umwelt wahrnehmen mussten. Zugleich ist zu bedenken, dass viele – sieht man einmal von Steinwürfen

---

[50] StAN, Herrschaft Pappenheim, Akten Nr. 4648/I: Solnhofener Schreiben an Stadtvogt Stengel und Verhör Berles vom 20. Mai 1679.

[51] Ebd.: Solnhofener Schreiben an die Gemeinherrschaftlichen Räte und Beamte in Pappenheim vom 29. Juli 1689.

[52] Grundsätzlich waren hausierende Juden wegen ihrer mitgeführten Waren einem größeren Risiko ausgesetzt, überfallen zu werden. Vgl. SCHUBERT, Arme Leute, S. 159.

[53] StAN, Herrschaft Pappenheim, Akten Nr. 4645/III/1: Protokoll vom 1. April 1712 und Schreiben an den Lieutnant im Quartier Fünfstetten vom 10. April 1712; Nr. 4635/67, S. 279–282: Eintrag vom 29. März 1712.

[54] StAN, Herrschaft Pappenheim, Akten Nr. 986: Schreiben der Pappenheimer Räte und Beamten an den Landvogteigerichtsschreiber zu Eichstätt, Johann Rehau, vom 27. Mai 1702.

[55] StAN, Herrschaft Pappenheim, Akten Nr. 5916/XIII: Pappenheimer Schreiben an die kurfürstliche Hofratskanzlei in Neuburg vom 7. Februar 1698 und Kopie des Schreibens der Hofratskanzlei an den Landrichter zu Monheim, Graf von Kreuth, vom 11. Februar 1698.

gegen Fenster und ähnlichen Vorkommnissen ab – der geschilderten Konflikte so oder so ähnlich ebenfalls zwischen zwei Christen denkbar waren. Geht man ferner von der Prämisse aus, dass Konflikte sich im Allgemeinen in Akten niederschlugen, erscheint es eher unwahrscheinlich, dass die Pappenheimer Juden ständig mit offener Judenfeindschaft konfrontiert wurden.

8.1.2 Das Schächten als Beispiel für die religiös bedingte Trennung der Lebenswelten

Religiöse Bestimmungen machten in einigen Bereichen eine Trennung jüdischer und christlicher Lebenswelten fast unabdingbar. Zu den sichtbarsten Äußerungen gehört das Schächten. Es ist in den Quellen nicht zuletzt deshalb gut überliefert, da es sich an einem »Schnittpunkt von kultischen Traditionen und handfesten ökonomischen Interessen«[56] befand[57]. Die jüdischen Speisevorschriften unterscheiden nicht nur zwischen reinen und unreinen Tieren, sondern machen auch bei den erlaubten Tieren weitere Einschränkungen. So darf deren Fleisch nur konsumiert werden, wenn sie vorschriftsmäßig geschlachtet (geschächtet) wurden. Dabei werden Blutadern, gewisse Fettteile und die Spannader (nervus ischiadicus) beseitigt. Da die Entfernung der Flechsen in den Hintervierteln sehr mühselig ist, wurden diese Teile meist überhaupt nicht verwendet[58]. Vor diesem Hintergrund stellte sich zum einen die Frage, ob Juden das Schächten gestattet werden solle und zum anderen – wenn sie schächten durften – was mit dem Fleisch passieren solle, das nicht koscher war. Wurde ihnen zugestanden dieses an Christen zu verkaufen, traten sie in Konkurrenz zu den Metzgern. In der Grafschaft Oettingen war den Juden das Schächten im Umfang ihres Eigenbedarfs grundsätzlich erlaubt, ebenso der Verkauf des dabei entstandenen nicht-koscheren Fleisches[59].

In Pappenheim klagte im Februar 1682 *das sammentliche Handwerk der Metzger* gegen das übermäßige Schächten der Juden. Sie äußerten die Bitte, den Juden zu verbieten geschächtetes Fleisch an die Bürger zu verkaufen. Dabei verweisen sie auf das Treuchtlinger Beispiel, wo *keinen Juden einig pfund Fleisch zuverkaufen gestattet* sei. Daraufhin wurde entschieden, dass den Pappenheimer Juden durch die Stadtvogtei das Schächten und der Verkauf von Fleisch an die hiesigen Bürger verboten werden solle. Als Strafe wurde die Abnahme des Fleisches angedroht. Im Gegenzug wurden die Metzger aufgefordert, *dies Stättlein mit guten Fleisch* zu versehen[60].

Im 18. Jahrhundert war den Pappenheimer Juden das Schächten dagegen erlaubt. Im März 1718 wurde Jacob Mayer, dem die Herrschaft das Schächten gestattet hatte, aufgefordert für seine Tätigkeit einen *Schätbazen* zu bezahlen. Der Beschluss Jacob Mayer zum Schächter zu ernennen, führte anscheinend zu Unmut innerhalb der Judenschaft. Denn ihr wurde mitgeteilt, wenn sie *Mayer nicht gleich dem Rebbi indemnisiren wollen, solle weder dießer noch einanderer mehr allhier schechten* dürfen[61]. Während die Abgabe beibehalten wurde, scheint Jacob Mayer das Amt

---

[56] SCHMÖLZ-HÄBERLEIN, Emmendingen, S. 382; siehe dazu auch MORDSTEIN, Untertänigkeit, S. 240.
[57] Wegen dieser Sonderstellung werden die Auseinandersetzungen um das Schächten in einem eigenen Kapitel und nicht zusammen mit sonstigen ökonomischen Konflikten in Kapitel 6.1. behandelt.
[58] DAXELMÜLLER, Jüdische Kultur, S. 63; TREPP, Judentum, S. 183–185; Letzterer mit Hinweis auf die relevanten Thorastellen: zu Blut (3. Mose 7,26), zu tierischen Fetten (3. Mose 3,17) und bestimmten Sehnen (1. Mose 32,33).
[59] Allerdings waren die Vorgaben in den einzelnen oettingischen Territorien unterschiedlich und es fanden zum Teil deutliche Veränderungen statt, die mal den Juden, mal den Metzgern mehr Rechte gewährten. Siehe dazu die Übersicht bei MORDSTEIN, Untertänigkeit, S. 241–244, 373–377.
[60] StAN, Herrschaft Pappenheim, Akten Nr. 4649/I: Protokoll vom 11. Februar 1682.
[61] StAN, Herrschaft Pappenheim, Akten Nr. 5999/I: Einträge vom 13. und 18. März 1721.

des Schächters nicht sonderlich lang ausgeübt zu haben. Am 4. März 1723 wandte sich der Rabbi und Schächter Aaron Israel an Reichserbmarschall Johann Friedrich und beklagte sich, er müsse beim Schächten den Fleisch-Schätzern von jedem geschächteten Tier, *es mag koscher oder treffe* [nicht koscher] *werden,* 4 kr. bezahlen. Diese anscheinend erst kurz zuvor eingeführte *Neüerliche Uflage* widerspreche dem, was bisher üblich gewesen sei, und stelle für ihn eine erhebliche Belastung dar. Denn *wann zuweilen ein Stück Vieh treffe wird,* habe er *doppelten Schaden und Unkosten [...] maßen ich ihnen solchenfallß gleichwohlen jederzeit die gemeldten 4 kr. bezahlen müssen.* Daher äußerte er gegenüber dem Reichserbmarschall die Bitte, er solle auf die Fleischschätzer einwirken, damit sie zumindest von *treffe werdenden Viehe* auf die 4 kr. verzichteten. Johann Friedrich entschied daraufhin, der Rabbi solle entweder weiterhin 4 kr. an die Fleischschätzer zahlen oder dem Burgfrieden entsprechend für einen Ochsen 30 kr. bzw. für einen Stier, eine Kuh oder ein Rind 15 kr. entrichten[62]. Dass für das rituelle Schlachten von Tieren Gebühren erhoben wurden, war keineswegs ungewöhnlich. So legte der für Harburg geltende Schutzbrief von 1697 das Schächtgeld auf 30 kr. für ein Rind und 6 kr. für ein Kleinvieh (Kalb oder Schaf) fest[63].

Die von Aaron Israel kritisierte Regelung scheint beibehalten worden zu sein, denn 1731 wandte sich der *Juden Rebbe* mit einer Supplik *wegen des bazens* [4 kr.] *so derselbe denen Mezgern geben muß* an die Konferenz. Über deren Inhalt ist nichts bekannt, als Ergebnis wurde im Protokoll lediglich festgehalten, dass sein Gesuch abgeschlagen wurde[64]. Im Jahr 1743 scheint die Regelung weiterhin gültig gewesen zu sein, da sich Nathan Reutlinger und Esaias Simon *nomine sämtlicher hiesiger Judenschaft* gegen die Pappenheimer Metzger beschweren. Dass der Schächter weiterhin *bey jedem Stück Vieh, so viel er schächtet, es mag gut ausfallen oder nicht, denen Fleischschätzern 4 kr.* geben müsse, stelle eine erhebliche Belastung dar[65].

Die aus der religiösen Vorschrift bezüglich des Schlachtens von Tieren resultierenden Auseinandersetzungen zwischen Juden und Metzgern hatten ihre Grundlage zwar in unterschiedlichen Glaubensüberzeugungen, zugleich ist eine wirtschaftliche Dimension unverkennbar. Die herrschaftliche Erlaubnis zum Schächten kann deshalb nicht nur als Bereitschaft zur Anerkennung andersartiger religiös-kultischer Vorstellungen gesehen werden, sondern dürfte auch auf wirtschaftspolitische Überlegungen zurückzuführen sein[66].

8.1.3 Die Zahlung von Stolgebühren als Ausdruck der Beziehungen zwischen Juden und Kirche

Das Verhältnis der Juden zur Kirche wurde nicht zuletzt durch die Zahlung so genannter Stolgebühren geprägt, über die reichhaltige Informationen vorliegen. Stolgebühren »sind festbestimmte Beträge, die dem Geistlichen aus Anlaß der Verrichtung gewisser Amtshandlungen von demjenigen entrichtet werden müssen, auf dessen Verlangen sie vorgenommen sind«[67]. Im weiteren Sinne kann

---

[62] StAN, Herrschaft Pappenheim, Akten Nr. 8184: Gesuch Rabbi Aaron Israels an Reichserbmarschall Johann Friedrich vom 4. März 1723.
[63] JAKOB, Harburg, S. 21.
[64] StAN, Herrschaft Pappenheim, Akten Nr. 5999/I: Eintrag vom 5. Dezember 1731.
[65] StAN, Herrschaft Pappenheim, Akten Nr. 6003/VI, S. 19–21: Eintrag vom 28. Mai 1743.
[66] So gewährte die Obrigkeit in Oettingen zeitweise den Juden auf Kosten der Metzger zusätzliche Rechte, um eine ausreichende Versorgung der Bevölkerung mit Fleisch sicher zu stellen. Siehe MORDSTEIN, Untertänigkeit, S. 241–244.
[67] Ulrich STUTZ, Art. Stolgebühren, in: Realencyklopädie für protestantische Theologie und Kirche Bd. 19, S. 68.

Kap. 8: Die Juden und ihre christliche Umwelt

es sich dabei auch um Gebühren an niedere Kirchendiener wie Organist, Kantor und Mesner handeln. Synonym wurden die Bezeichnungen »Accidentien« oder »Kasualien« verwendet, da die Gebühren für nur gelegentlich vorkommende Amtshandlungen wie Taufen, Hochzeiten und Beerdigungen bezahlt werden mussten[68].

Zunächst handelte es sich bei den Stolgebühren also um Abgaben, die Christen ihren Geistlichen für bestimmte Leistungen entrichten mussten. Folglich stiegen die Einnahmen des Pfarrers mit der Größe der Gemeinde. Im Umkehrschluss wurde gefolgert, dass ein Haus, in dem Juden lebten, nicht von Christen bewohnt werden könne und die Juden somit die Einkünfte des Pfarrers schmälern würden[69]. Um diesen dafür zu entschädigen, war es vielerorts üblich, dass Juden eine Pauschale entrichten mussten oder sogar für Beschneidungen, Hochzeiten (oder auch Scheidungen) und Begräbnisse Stolgebühren zahlen mussten[70].

Die früheste aus Pappenheim bekannte Regelung ist im Rezess von 1692 festgehalten. Darin wurde vereinbart, dass die Geistlichkeit, damit ihr *auch nichts abgehen möge*, von der Judenschaft jährlich zu Neujahr 3 fl. erhalten solle. Die Pfarrer sollten auf diese Weise für die *sonst von christlichen Bürgern und deren Häußern zu genießen habenden Jurium stolae* entschädigt werden[71]. In den Jahrzehnten nach dem Rezess kam es zu mehreren Erhöhungen der Stolgebühren. Nachdem Nathan Reutlinger (1698) und *ein paar alte arme Juden* nach Pappenheim gekommen waren, stiegen sie auf 4 fl. 30 kr., später wurden sie auf 7 fl. 30 kr. erhöht[72]. Zusätzlich zu der Regelung im Rezess wurde es später üblich, dass der Mesner und der Schulmeister Stolgebühren von den Juden erhielten. In den Aufzeichnungen Mesner Zuttels sind an ihn gerichtete Zahlungen für die Jahre 1717 bis 1734 belegt. Es ist gut möglich, dass diese Neuerung 1717 eingeführt wurde, denn im Februar 1721 ist vermerkt, Zuttel und der Schulmeister hätten *8 fl. vor 4 Jahr, als 1717, 1718, 1719 und 1720 vor die Jury Stola* erhalten und *bekommen wir forthin alle Neue Jahr miteinander 2 fl.*[73]. Zu dieser Zeit, im November 1719, entschied Reichserbmarschall Christian Ernst nach einer Supplikation der Pfarrer: *Es soll ein jeder allhier angeseßener verheirateter Jude vor sich, sein Weib und in seinem Brod stehende Kinder und Gesinde der allhiesigen Geistlichkeit 1 fl. 30 kr. und den Schulmeister und Mößner zusammen 30 kr. alljährlich vor die Juri Stola bezahlen*[74]. Da Zuttel zugleich vermerkte, er und der Schulmeister erhielten demnach 2 fl., ist von

---

[68] Ebd., S. 68.
[69] ULLMANN, Nachbarschaft, S. 419, weist darauf hin, dass durch die Präsenz von Juden nicht nur die Einkommensmöglichkeiten des Pfarrers verringert wurden, sondern auch dessen Machtbefugnis reduziert wurde.
[70] So musste die jüdische Gemeinde im ritterschaftlichen Ort Muhr spätestens seit 1737 – für die Zeit davor gibt es keine Belege – 6 fl. an den Pfarrer und eine geringe Summe an den Mesner zahlen. Siehe JUNG, Altenmuhr, S. 144. In Pfersee musste jeder Jude jährlich 20 kr. an den Pfarrer zahlen, in Binswangen immerhin 10 kr. Dazu: ULLMANN, Nachbarschaft, S. 420–422. In Harburg erhielt der Pfarrer als Ersatz für entgangene Stolgebühren jährlich 9 fl., nach dem Vergleich vom 20. Juli 1740 14 fl., außerdem bekam beide Schullehrer 2 fl. Siehe JAKOB, Harburg, S. 26.
[71] StAN, Herrschaft Pappenheim, Urkunden Nr. 4413: Rezess vom 31. Juli 1692. Näheres zum Rezess siehe Kapitel 2.1.1.
[72] LKAN, Pfarramt Pappenheim Nr. 5: Acta die von dem Ministerio zu Pappenheim an die Judenschaft praetendirte Jura Stolae betreffend vom 29. Mai 1742.
[73] LKAN, Pfarramt Pappenheim Nr. 73: Eintrag vom 20. Februar 1721.
[74] Ebd.: Eintrag vom 8. November 1719. Im Dezember 1720 wurde in der Konferenz beschlossen, dass es bezüglich der Accidentien für Mesner und Schulmeister bei dieser *Verordnung sein ohngeänderstes Verbleiben* haben solle. Siehe StAN, Herrschaft Pappenheim, Akten Nr. 5999/I: Eintrag vom 4. Dezember 1720.

vier Familien als Berechnungsgrundlage auszugehen. Jedoch gab es zu diesem Zeitpunkt neun jüdische Haushalte[75]. Möglicherweise wurde der Rezess von 1692, der maximal vier Familien vorsah, und nicht die tatsächliche Zahl der Juden als Basis genommen. Ungeklärt bleibt zugleich, wann die Erhöhung der Abgaben an die Pfarrer auf 4 fl. 30 kr. und später 7 fl. 30 kr. erfolgte bzw. auf welcher Basis diese berechnet wurde[76].

In den Jahren 1742/43 kam es zwischen den Pappenheimer Pfarrern und der jüdischen Gemeinde zu einem Streit über eine erneute Erhöhung der Stolgebühren. Ursache dafür war die Zunahme der jüdischen Bevölkerung Pappenheims in der Mitte des 18. Jahrhunderts. Nicht zuletzt die Zuwanderung von Juden aus Pfalz-Neuburg dürfte als Auslöser zu betrachten sein[77]. Die kirchlichen Argumente lassen sich dem von Dekan Schnitzlein[78] verfassten Pro Memoria entnehmen[79]. Zunächst verwies er auf die bereits zweimal erfolgte Anpassung der Stolgebühren an die Zahl der Juden. Da die jüdische Gemeinde in Pappenheim weiter gewachsen sei und die Juden *immer mehr bürgerliche Häuser und Wohnungen inne haben*, sei es nur gerechtfertigt, so Schnitzlein, wenn auch sie für *Kirchen und Schulen* Gebühren zahlten. Zwar habe der Reichserbmarschall das Recht weitere Juden in den Schutz aufzunehmen, doch er habe der Kirche versichert, dass *die reception und vermehrung der recess und anderer Judenschaft keineswegs der Kirch und Schul, was die Jura stolae anbelangt, zu einigen praejudiz gereichen* würde. Daher sei es unbedingt erforderlich die neu aufgenommenen Juden bei den Stolgebühren zu berücksichtigen. Zur Unterstützung seiner Argumente führte Schnitzlein 28 Fälle aus der Zeit zwischen 1697 und 1741 an, in denen Juden für Geburt, Hochzeit und Begräbnis Stolgebühren entrichteten. Sollten die alten Juden, also die Familien, die schon länger in Pappenheim lebten, mit ihrer Pauschale von 7 fl. 30 kr. nicht zufrieden sein, könnten auch sie es *auf die fälle der Geburt der Kinder, der Hochzeiten, der Leichen ankommen* lassen und jedes Mal dafür zahlen.

Die Sichtweise der jüdischen Gemeinde wird in ihrem bereits acht Monate früher, am 20. Juni 1742, entstandenen Gesuch deutlich[80]. Daher ist davon auszugehen, dass die Auseinandersetzung bereits Mitte 1742 ihren Anfang genommen hat. Auf die Forderung, *die neuerlich in Schuz recipirte[n] Juden [sollten], bey sich ereignenden Todes- und Geburthsfällen, die gewöhnliche Jura stolae ohnweigerlich entrichten*, antworteten sie, diese Vorgehensweise sei den *Jüdischen Ceremonien völlig entgegen*. Aus diesem Grund würden sie keine Regelung hinnehmen, die *unserer Religions-Verfassung und denen herkommlichen Gebräuchen, ja unsern Gewißen, contrair ist*. Zur Unterstreichung ihres Anspruchs auf Religionsfreiheit bezogen sich die Juden auf die Schriften von Boehmer[81], Franckenstein[82] und Ziegler[83]. Diesem Recht würde *entgegen seyn, wann wir bey sich*

---

[75] StAN, Herrschaft Pappenheim, Akten Nr. 8196: Designation der allhiesigen Judenfamilien vom 28. Februar 1718.

[76] Bei 1 fl. 30 kr. pro Familie wäre bei angenommenen vier Familien von 6 fl. auszugehen.

[77] Diese Vermutung wird durch eine Notiz des Mesners gestützt, der in seinem Bericht zu den Stolgebühren die Pfalz-Neuburger Juden erwähnt: Juden aus Monheim und Neuburg seien nach Pappenheim gezogen, da sie *aus der Pfalz verdrieben worden*. LKAN, KBZ 224 Bd. 8.

[78] Georg Michael Schnitzlein (1684–1756) wurde 1713 zweiter Pfarrer von Pappenheim und war von 1720 bis zu seinem Tod erster Pfarrer und Dekan. Siehe SCHOENER, Pfarrerbuch, S. 28–29.

[79] LKAN, Pfarramt Pappenheim Nr. 5: Pro Memoria Dekan Schnitzleins vom 13. Februar 1743.

[80] Ebd.: Gesuch sämtlicher Judenschaft an den Reichserbmarschall vom 20. Juni 1742.

[81] Justus Henning Böhmer (1674–1749), Rechtsgelehrter, Hofrat in Halle. In der jüdischen Stellungnahme wird auf seine Schrift »Ius parochiale«, Halle 1716, verwiesen. Zu ihm: NDB Bd. 2, S. 392.

[82] Jacob August Franckenstein (1689–1733), Rechtsprofessor in Leipzig. Von ihm stammt die Schrift »De iuribus singularibus circa Iudaeos maxime in Germania«, Leipzig 1722; zu ihm: ADB Bd. 7, S. 245.

ereignende[n] *Todes- und Geburtsfällen Jura stolae zahlen* müssten. Außerdem handle es sich bei Stolgebühren um *Jura personalia*, die *pro officio sacro* gegeben würden. Da die Juden diese Amtshandlungen überhaupt nicht in Anspruch nähmen, hätten sie auch die Gebühren für deren Verrichtung nicht zu zahlen. Für die Forderung keine Stolgebühren zu zahlen, stützten sie sich auf den Juristen Georg Peter Stelzer[84]. Gegen eine Erhöhung spräche, dass die Juden bereits mit genügend Abgaben belastet würden und außerdem seien *Wohnungen für die Christen noch überflüßig vorhanden* – das gängige Argument der Verdrängung gelte also nicht. Bestenfalls komme für sie die Entrichtung einer *Recognition* in Frage. Dies sei nicht nur in fast ganz Deutschland, sondern bisher auch in der Herrschaft Pappenheim, üblich gewesen. Im Jahr 1692 sei bei der Abfassung des Rezesses von der kursächsischen Kommission die Forderung nach Stolgebühren *vor unschicklich* abgelehnt worden und stattdessen ein *neu-Jahrs Geschenk* an die Geistlichen vereinbart worden. Dieses würde, in Anbetracht der gewachsenen jüdischen Gemeinde mittlerweile zweimal erhöht, immer noch jährlich *nebst anwünschung alles göttlichen Segens* überreicht. Das Gesuch schließt mit der Bitte es bei der bisherigen Summe von 7 fl. 30 kr. zu belassen.

Eine erste Lösung war, wie dem Konferenzprotokoll[85] entnommen werden kann, bereits im Februar 1743 gefunden worden: Die Pauschalsumme von 7 fl. 30 kr. sollte für die *alten* Juden – neun namentlich genannte Juden, die schon länger in Pappenheim gelebt hatten, und ihren Schulmeister – beibehalten werden[86]. Durch diese Zahlung sollten sie weiterhin von der Entrichtung von Stolgebühren befreit sein. Alle anderen Juden, welche *theils vor beständig hier wohnen, theils sich als asylant hier aufhalten*, sollten die Stolgebühren in jedem Einzelfall bezahlen. Allerdings hatte diese Regelung nicht lange Bestand, da am 29. Mai 1743 durch einen Vergleich zwischen Juden und Geistlichkeit eine endgültige Entscheidung getroffen wurde, die von der ersten zum Teil deutlich abwich[87]. Künftig sollte der jährliche Ersatz für die Stolgebühren verdoppelt werden: An die Geistlichen 15 fl. statt 7 fl. 30 kr. und an Mesner und Schulmeister 2 fl. statt 1 fl. Diese Vereinbarung sollte sich auf alle im Anschluss an das Gesuch aufgeführten 18 Pappenheimer Schutzjuden beziehen, die Unterscheidung zwischen »alten« und »neuen« Juden wurde damit hinfällig. Die Höhe der Abgabe sollte, solange sich die Zahl der jüdischen Haushalte um nicht mehr als vier vermehre oder reduziere, konstant bleiben. Bei einer noch stärkeren Veränderung der jüdischen Bevölkerung würden die Stolgebühren *à proportion* an die neue Zahl der Haushalte angepasst. Zusätzlich sollte eine einmalige pauschale Summe von 15 fl. an die Geistlichen und je 2 fl. an Mesner und Schulmeister entrichtet werden, um bestehende Rückstände zu begleichen. Der Vergleich bezog sich ausdrücklich nur auf die unter reichserbmarschallischem Schutz stehenden Juden, nicht aber auf solche, die *nicht vor beständig hier wohnen, und also außer Schutz sind, oder welche sich nur im Asylo hier aufhalten*. Letztere sollten bei *sich ereignenden Geburts-, Hochzeit- und*

---

[83] Caspar Ziegler (1621–1690), Jurist, Mitglied im geistlichen Konsistorium in Wittenberg; laut ZEDLER (Bd. 62, Sp. 559) ein »weltberühmter Rechtsgelehrter.« Von Ziegler stammt das Werk »De juribus Judaeorum«, Wittenberg 1684.
[84] Georg Peter Stelzer (1668–1724), Jurist, seit 1711 Hofrat in Bayreuth. Von den Juden wurde auf seine Schrift »De juribus stolae germanis: vom Eintritt, Verrichtung und Besoldung, auch Accidentien eines Pfarrers in allen dabey vorkommenden Fällen«, Altdorf 1700, verwiesen. Zu ihm siehe: FIKENSCHER, Baireut. Stelzers Schrift wurde noch 1907 in der Realencyklopädie für protestantische Theologie und Kirche (Bd. 19, S. 67) zitiert.
[85] LKAN, Pfarramt Pappenheim Nr. 5: Auszug aus dem Konferenzprotokoll vom 20. Februar 1743.
[86] Auch in Floß gab es eine Unterscheidung zwischen alten und neuen Juden, die dort vor allem bei der Entrichtung des Schutzgelds von Bedeutung war. Siehe HÖPFINGER, Floß, S. 54.
[87] LKAN, Pfarramt Pappenheim Nr. 5: Auszug aus dem Konferenzprotokoll vom 29. Mai 1743.

Leichenfällen die Stolgebühr weiterhin *in separato* zahlen[88]. Mit dem Vertrag von 1743 erweiterte sich der Kreis derer, die ihre Stolgebühren durch die Pauschale beglichen, deutlich von neun auf 18 Familien. Diese Vereinbarung scheint bis weit in das 19. Jahrhundert Grundlage für die Entrichtung von Stolgebühren geblieben zu sein. Bei einem Streit zwischen Pfarrgemeinde und Judenschaft um die Abgaben an die Geistlichen, der sich von 1851 bis 1853 erstreckte, wurde auf den Vergleich vom 29. Mai 1743 verwiesen. Es wurde hervorgehoben, dass die Juden seitdem *alljährlich und ununterbrochen* 15 fl. als Ausgleich für die Stolgebühren entrichtet hätten[89].

Neben der Pauschalgebühr hatte es, wie bereits angedeutet, die Entrichtung von Geld für Einzelleistungen gegeben. Die Zahlung dieser Abgaben ist durch drei Quellen überliefert. Bei der Auseinandersetzung um die Stolgebühren 1742/43 wurden zahlreiche alte Präzedenzfälle genannt. Gleichzeitig hielt Mesner Zuttel seine Einnahmen fest (Kirchbuchzweitschrift von 1700 bis 1739 und seine Ortschronik von 1703 bis 1737). Für die Jahre nach der Neuregelung von 1743 sind Aufzeichnungen der Pfarrer vorhanden. Diese reichen von 1747 bis 1789, wobei insbesondere die von Dekan Freyer[90] sehr detailliert sind. Dennoch muss offen bleiben, ob tatsächlich alle Vorkommnisse aufgezeichnet wurden. Außerdem notierte Mesner Zuttel meist nur seine eigenen Einnahmen, nicht aber die der Pfarrer und anderer beteiligter Personen. Bei den Verhandlungen über die Höhe der Stolgebühren wurde bei der Aufzählung alter Fälle nicht die Höhe der jeweiligen Summe festgehalten. Insgesamt sind 57 Fälle, in denen Stolgebühren zu entrichten waren, überliefert. 33-mal ist die Gesamtsumme bekannt, zum Teil sogar genau nach Empfängern aufgeschlüsselt, 13-mal ist nur die Höhe der Stolgebühr für den Mesner bekannt, in elf Fällen ist lediglich die Tatsache, dass gezahlt wurde, festgehalten. Bei den Ereignissen, für die Stolgebühren anfielen, überwiegen die 42 Hochzeiten deutlich. Neunmal wurde für die Geburt von Kindern (und zum Teil auch gleich für deren Beerdigung) bezahlt. Daneben gab es drei Beschneidungen, drei Begräbnisse und eine Scheidung. Das Verhältnis zwischen Hochzeiten und Geburten ist sehr auffällig und wirft die Frage auf, ob alle »Vorkommnisse« mit der gleichen Konsequenz verzeichnet wurden. Möglicherweise kommt die hohe Zahl an Hochzeiten vor allem durch auswärtige Juden zustande. So heiratete im Januar 1726 die Tochter des Asylanten Wolf Herz Gans einen Juden aus Neuburg. Bei der Hochzeit von Esaias Simons Neffen Simon Hayum aus Treuchtlingen mit einer Jüdin aus Ellingen im November 1756 betrugen die Stolgebühren 4 fl. 30 kr. Im Juli 1728 feierte ein Regensburger Jude in Pappenheim seine Hochzeit. Ebenfalls aus Regensburg stammte eine Jüdin, die 1740 in Pappenheim einen Oettinger Juden heiratete. Der reichserbmarschallische Schutz am Reichstag war für die Stolgebühren von keiner Bedeutung, denn obwohl der Vater der Braut dort *unter das Marschallamt gehört*, musste er in Pappenheim die Stolgebühren bezahlen. Pappenheimer Schutzjuden mussten dann Stolgebühren zahlen, *wann sie ihr Kinder anderort verheyrathen und doch hier Hochzeit halten lassen*[91]. Vor allem diese Regelung dürfte das Überwiegen von Hochzeiten erklären.

---

[88] Eine Kurzfassung dieser Vereinbarung findet sich auch in der Kirchbuchzweitschrift. Demnach müssen die sich im Asyl befindlichen Juden (Wolf Herz Gans, der Wiener und der Amsterdamer Jude) für *der Kinder geburt es sein Knäblein oder Magtlein, Hochzeiten und Begräbnus* einzeln zahlen. Siehe LKAN, KBZ 224 Bd. 8.
[89] LKAN, Pfarramt Pappenheim Nr. 123a: Streit um Abgaben der Juden an die Geistlichen (1833–1875), siehe auch Nr. 123: Prozessakten Pfarrgemeinde gegen Judenschaft (1851–1853).
[90] Georg Wilhelm Bernhard Freyer (1725–1792), 1748 Rektor und Pfarradjunktor in Pappenheim, 1757 zweiter Pfarrer und schließlich 1766 erster Pfarrer und Dekan. Siehe SCHOENER, Pfarrerbuch, S. 11.
[91] LKAN, Konsistorium Pappenheim Nr. 67: Consignation Jura Stolae müßen zahlen.

Kap. 8: Die Juden und ihre christliche Umwelt

Die Höhe der Gebühren ist zwar schwankend, scheint aber nicht völlig willkürlich festgelegt worden zu sein. Für Hochzeiten betrugen die Stolgebühren in der zweiten Hälfte des 18. Jahrhunderts meist 4 fl. 30 kr. oder 5 fl. Letztere Summe zahlte Joseph Goldschmidt, dessen Tochter einen Juden aus Bayreuth heiratete. Davon gingen 2 fl. an den zweiten Pfarrer Sonnenmeyer, 1 fl. an den Dekan, 45 kr. an den Kantor, 30 kr. an den Mesner, 15 kr. an die Schüler und 30 kr. wurden *pro proclamationis* berechnet. In manchen Fällen wurde auf die Armut der Beteiligten Rücksicht genommen. Die Tochter des Vorsingers heiratete einen *Juden Pursch, der vorher Unzucht mit ihr getrieben* hatte. Da der *Vater der dirne sehr arm* war, mussten nur 2 fl. 30 kr. gezahlt werden, was aber dennoch eine nicht zu unterschätzende Belastung gewesen sein dürfte. Für reichere Juden waren die Stolgebühren hingegen eine vernachlässigbare Größe. Bei der Hochzeit seiner Tochter mit Isaac Marx aus Treuchtlingen im Jahr 1789 zahlte der aus Pappenheim stammende Münchener Hoffaktor Hirsch Lippmann, wie in den Aufzeichnungen des Dekans vermerkt ist, *willig die Gebühren mit 5 fl.*[92].

Für Geburten bzw. Beschneidungen wurde mit zunächst maximal 1 fl.[93], später 2 fl. 20 kr. weniger berechnet als für Begräbnisse (4 fl. 30 kr. oder sogar mehr). Von Philipp Josephs Schwiegersohn, dem Münchener Hoffaktor Elias Meyer Nathan, wurden im April 1774 13 fl. 40 kr. Stolgebühren gefordert: Seine Frau Judith hatte in Pappenheim zwei Kinder geboren, die bald darauf gestorben waren. Für die Geburt jedes Kindes wurden 1 fl. für jeden Pfarrer und 20 kr. an den Mesner veranschlagt. Zu diesen 4 fl. 40 kr. kamen 4 fl. 30 kr. für jede Beerdigung. Wegen seiner schlechten Vermögensumstände musste Elias Meyer Nathan nur 9 fl. bezahlen. 1775, 1777 und 1781 brachte Judith drei weitere Kinder zur Welt, wofür jedes Mal 2 fl. 20 kr. bezahlt werden mussten. 1784 wurde bekannt, dass zwei weitere Kinder nach der Geburt gestorben waren. Statt der fälligen 13 fl. 40 kr. mussten nur 5 fl. entrichtet werden[94].

Im zeitlichen Verlauf blieb die Höhe der Gebühren relativ konstant. Die Pfarrer erhielten, was nicht weiter verwundert, deutlich mehr als die Kirchendiener. Meist bekam einer der Pfarrer, der als *Wöchner* bezeichnet wurde, mehr als der andere. Daher ist davon auszugehen, dass die Zuständigkeit für derartige Vorkommnisse regelmäßig wechselte. Bei den die Pfarrer unterstützenden Personen gab es ebenfalls unterschiedliche Sätze. Der Schulmeister bzw. Kantor erhielt etwas mehr als der Mesner. Am wenigsten wurde für die Schüler berechnet, die wohl als Chor dienten. Die von Juden entrichteten Stolgebühren waren für die Kirche zwar eine willkommene Einnahmequelle, so wurden allein für elf Hochzeiten in den Jahren 1747–1758 und 1767–1772 insgesamt 50 fl. 30 kr. bezahlt, sollten in ihrer Bedeutung aber auch nicht überbewertet werden[95].

Es ist vielleicht kein Zufall, dass für die Rekonstruktion der Beziehungen zwischen Kirche und Juden fast ausschließlich Hinweise auf die Zahlung von Stolgebühren vorliegen. Diese Tatsache deutet möglicherweise auf eine tendenzielle Verschiebung des Verhältnisses von einer ideologie-

---

[92] Die angeführten Beispiele stammen aus: LKAN, Konsistorium Pappenheim Nr. 67: Verzeichnis der Stolgebühren (1726–1789).
[93] 1715 wurden nur 50 kr. fällig, als Nathan Reutlingers Schwester aus Amsterdam in Pappenheim ein Kind zur Welt brachte. 1716 wurden für eine Beschneidung bei Hirschs Knecht 40 kr. berechnet, 1721 musste Nathan Reutlingers in Ellingen wohnende Tochter 1 fl. für die Geburt ihres Kindes bezahlen. Siehe LKAN, Pfarramt Pappenheim Nr. 73: Einträge vom 18. Januar 1715, 23. Juli 1716 und Oktober 1721.
[94] LKAN, Konsistorium Pappenheim Nr. 67: Zettel des Mesners Johann Andreas Zuttel vom 29. August 1784.
[95] In Mönchsroth (Oettingen-Spielberg) machten die Stolgebühren der Juden nur 1,3 % der Einnahmen des Pfarrers aus. Vgl. MORDSTEIN, Stolgebührenstreitigkeiten, S. 47.

Kap. 8: Die Juden und ihre christliche Umwelt

geprägten Sichtweise zu fiskalischen Überlegungen hin, die bereits für andere Territorien festgestellt wurde[96]. Anstatt sich mit antijüdischen Äußerungen für die Ausweisung der Juden einzusetzen, versuchte der Klerus, aus deren Anwesenheit Gewinn in Form von Stolgebühren, die zugleich ein Machtverhältnis zum Ausdruck gebracht haben dürften, zu ziehen.

8.1.4 *ein Lust und Begürde zum Christenthum*: Jüdische Konvertiten

In den Kontext der jüdisch-christlichen Beziehungen gehört auch der Religionswechsel, der sich an der Grenze zwischen jüdischer und christlicher Gesellschaft abspielte[97]. Während Konversionen von Christen zum Judentum extrem selten waren und unter Umständen sogar mit dem Tode bestraft werden konnten, kamen Judentaufen immer wieder vor[98]. In gewisser Weise könnte man sie als die radikalste Form der Assimilation betrachten – Juden gaben ihre Herkunft auf, um Teil der Mehrheitsgesellschaft zu werden[99]. Rotraud Ries bezeichnet Konversionen deshalb zugleich als Akt individueller Segregation und neuer Integration[100].

Konversionen sind für die meisten Orte, in denen in der Frühen Neuzeit Juden lebten, belegt. Pappenheim stellt hier keine Ausnahme dar. In diesem Kapitel stehen nicht die Pappenheimer Juden im Mittelpunkt, entscheidend ist vielmehr der Taufort: Behandelt werden alle Taufen von Juden, die in Pappenheim stattfanden. Zwar wäre es wünschenswert, herauszufinden, wie viele aus Pappenheim stammende Juden konvertierten, doch aus quellentechnischen Gründen ist dies praktisch unmöglich. Wie noch zu thematisieren ist, waren Wohn- und Taufort oft nicht identisch, manchmal lagen sie weit voneinander entfernt[101]. Somit ist man auf Zufallsfunde in der Literatur angewiesen – die Recherche in Kirchbüchern nach Pappenheimer Juden, die sich eventuell andernorts taufen ließen, wäre mit der sprichwörtlichen Suche nach einer Stecknadel im Heuhaufen gleichzusetzen[102].

Einleitend soll exemplarisch die Taufe Samuel Hirschs aus Regensburg am 3. Dezember 1699 in Pappenheim behandelt werden. Zum Zeitpunkt seiner Taufe war er 48 Jahre alt und hatte 32 Jahre unter reichserbmarschallischem Schutz in Regensburg gelebt. Über seine Beweggründe ist Näheres bekannt, da von ihm Gesuche an fünf mögliche Taufpaten überliefert sind. Ranghöchster Empfänger war Friedrich August, Kurfürst von Sachsen und König von Polen. Samuel Hirsch schrieb ihm, er sei jetzt *erleuchtet worden* und habe *die dicke Finsterniß des dummen Judentums sattsamm waargenommen*. Mit Hilfe von *Göttlichem Beystand* und durch die *getreue Information des allhiesigen Herrn Decani und Stattpfarrer Tobias Ulrich* habe er den Weg zur *Seligmachenden Christlichen Evangelischen Religion* gefunden. Deshalb habe er den Wunsch, den *falsch-irrigen Judenglauben zu verlassen*. Wie viele Konvertiten griff er bewusst auf eine antijüdische Haltung zurück, um die Ernsthaftigkeit seines Vorhabens zu unterstreichen. Samuel Hirsch wies auf die 32 Jahre, die er unter sächsischem Schutz in Regensburg gelebt hatte, hin und bat den Kurfürsten, sein

---

[96] Vgl. Ebd., S. 58.
[97] Vgl. RIES, Missionsgeschichte, S. 273–274.
[98] Vgl. TREUE, Aufsteiger, S. 307.
[99] Jacob Katz spricht in diesem Zusammenhang von einer »totalen Assimilation.« Siehe KATZ, Tradition, S. 42.
[100] RIES, Missionsgeschichte, S. 283.
[101] Vgl. dazu auch RIES, Missionsgeschichte, S. 294.
[102] Bei WENTSCHER, Judentaufen, und AGETHEN, Bekehrungsversuche, finden sich keine Verweise; auch die sonstige Literatur zu jüdischen Konvertiten enthält keine Hinweise auf an anderen Orten getaufte Pappenheimer Juden.

Kap. 8: Die Juden und ihre christliche Umwelt

höchster Pate zu sein[103]. An Albrecht Ernst II., Fürst zu Oettingen-Oettingen, wandte er sich, da sein Vater dort 30 Jahre gelebt habe und er selbst in der Residenzstadt Oettingen geboren wurde. Ähnliche Gesuche erhielten die sächsischen Adeligen Baron von Gersdorff, Freiherr von Miltitz und Freiherr von Friesen[104]. Letzterem berichtete Samuel Hirsch, wie er durch einen *Erzbetrüger* hintergangen und um seinen gesamten Besitz gebracht wurde. Inzwischen habe er jedoch Rettung durch die Heilige Schrift erfahren[105]. Freiherr von Friesen teilte in seiner Antwort – der einzigen bekannten Reaktion – mit, dass Baron von Miltitz seinen *Pathenpfennig* direkt an Samuel Hirsch schicken wolle, Baron von Gersdorff und er wollten ihm 6 Dukaten in Gold senden und wünschten der *Bekehrung ein Ernst und Eiffer*[106].

Über den Ablauf der Taufe berichtet Dekan Tobias Ulrich[107] ausführlich im Kirchbuch[108]. Um 14 Uhr wurde *mit allen glocken zusammen gelitten* und im Anschluss daran wurde gesungen. Während der Predigt, die in Anspielung auf Samuel Hirschs Namen über Psalm 42,2[109] gehalten wurde, wurden vor dem Altar acht Sessel aufgestellt. Samuel saß in der Mitte und wurde von sieben Geistlichen eingerahmt. Unmittelbar vor der eigentlichen Taufe hatte er öffentlich 19 Fragen über Inhalte des christlichen Glaubens zu beantworten. Samuel Hirsch, der auf den Namen August Ernst getauft wurde, hatte sechs hochrangige Taufpaten: Reichserbmarschall Christian Ernst, dessen Frau Eva Maria, die Mutter des Reichserbmarschalls, Emilia Margaretha von Reizenstein, den Nachältesten Johann Friedrich, der allerdings nicht persönlich anwesend sein konnte, die Schwester des Reichserbmarschalls, Eleonora Albertina, und Maria Elisabeth, die Witwe von Reichserbmarschall Carl Philipp Gustav. Zusätzlich hatte er Taufgelder vom sächsischen Kurfürsten Friedrich August und von Fürst Albrecht Ernst II. von Oettingen-Oettingen erhalten[110]. Ein knappes halbes Jahr nach seiner Taufe scheint August Ernst den Wunsch geäußert zu haben, aus Pappenheim wegzuziehen. Dekan Ulrich stellte ihm im Mai 1700 ein Attest aus, in dem er auf die vierteljährige Information, die Taufe in Gegenwart vieler Geistlicher und einer großen Öffentlichkeit und das der Taufe

---

[103] StAN, Herrschaft Pappenheim, Akten Nr. 4692/II: Gesuch Samuel Hirschs an Friedrich August vom 1. Dezember 1699.

[104] Nicol von Gersdorff war 1662 bis 1664 sächsischer Gesandter in Regensburg gewesen, Otto Heinrich Freiherr von Friesen von 1682 bis 1684. Moritz Heinrich Freiherr von Miltitz hatte dieses Amt von 1689 bis 1696 inne. Siehe Kapitel 1.2.

[105] StAN, Herrschaft Pappenheim, Akten Nr. 4692/II: Gesuche Samuel Hirschs an Albrecht Ernst II. von Oettingen-Oettingen, die Barone von Gersdorff und von Miltitz sowie an Freiherr von Friesen vom 1. Dezember 1699. Zu seiner Haft 1695, der sich daran anschließenden Ausweisung und seinem Aufenthalt bei einem Christen im vor Regensburg gelegenen Prebrunn im Sommer 1699 siehe WITTMER, Regensburger Juden, S. 63. In einem 1697 verfassten Attest bestätigt ihm Reichserbmarschall Christian Ernst, dass er *durch arglüstige Ränke Hans Jörg Knüpfers allda fast umb all das seinige gebracht worden* sei, ansonsten aber in 30 Jahren *nichts clagwürdiges wider ihn eingeloffen* sei. Siehe Nr. 4692/II: Attestat Christian Ernsts vom 30. Juli 1697.

[106] StAN, Herrschaft Pappenheim, Akten Nr. 4692/V: Schreiben Freiherr von Friesens an Reichserbmarschall Christian Ernst vom 19. Januar 1700. Zu Patengeschenken, die zum Teil einen beträchtlichen Wert haben konnten: AGETHEN, Bekehrungsversuche, S. 86.

[107] Tobias Ulrich wurde 1645 in Auernheim als Sohn eines Pfarrers geboren und 1667 in Wittenberg immatrikuliert. Nachdem er zuerst in Hohentrüdingen und Westheim Pfarrer gewesen war, kam er 1682 nach Pappenheim, wo er 1697 Dekan wurde. Dort starb er am 2. Mai 1724. Siehe SCHOENER, Pfarrerbuch, S. 32.

[108] Ausführliche Berichte über Judentaufen in Kirchbüchern sind keineswegs ungewöhnlich. Ein anschauliches Beispiel ist die Schilderung der Taufe des Juden Löw in Feuchtwangen im Jahr 1601. Abgedruckt in: WEISS, Feuchtwangen, S. 66–67.

[109] Psalm 42,2: »Wie der Hirsch lechzt nach frischem Wasser, so schreit meine Seele, Gott, zu dir.«

[110] LKAN, Pfarramt Pappenheim K7, S. 193: Eintrag vom 3. Dezember 1699.

Kap. 8: Die Juden und ihre christliche Umwelt

folgende christliche Verhalten verwies: August Ernst habe *bis dahero einen solchen freien Wandel und Christenthum geführt, das er allen Gottesdiensten, wie die mögen nahmen haben [...] andechtig beygewohnt habe*[111].

Neben Samuel Hirsch wurden zwischen 1650 und 1806 in Pappenheim sechs weitere Juden getauft: Rahel aus Treuchtlingen (1701)[112], Sara (1703)[113] und Bess (1705)[114] aus Pappenheim sowie Jacob Hirsch, Jacob Moses und Rahel aus Frankfurt an der Oder (1722)[115]. Über die beim ersten Fall behandelten Aspekte hinaus werden die Namenswahl, die Rolle der Kirche und der Geistlichen, die finanzielle Dimension von Judentaufen und, da keinesfalls alle Konversionen erfolgreich waren, das Phänomen des so genannten »Taufbetrugs«[116] thematisiert.

Zu den Konvertiten liegen unterschiedlich umfassende biographische Informationen vor. Soweit es bekannt ist, reichte ihr Alter von 14 bis 50 Jahren (Sara: 14, Bess: ca. 20, Jacob Moses: 28, Rahel aus Frankfurt an der Oder: 33, Jacob Hirsch: 50), der Durchschnitt lag knapp unter 28 Jahren. Die aus Treuchtlingen stammende Magd Rahel dürfte eher jünger gewesen sein. Drei Männer stehen vier getauften Frauen gegenüber. Die soziale Situation der Konvertiten ist schwierig einzuschätzen[117]. Bess war die Tochter eines der angesehensten Pappenheimer Juden, Jacob Amson, und Witwe des 1704 verstorbenen Anschel, Sohn Calmann Models in Mergentheim[118]. Obwohl sie verwitwet war, dürfte sie sich als Tochter eines reichen Juden, in dessen Haus sie nach dem Tod ihres Mannes zurückgekehrt war, in einer vergleichsweise gesicherten Lage befunden haben. Saras Vater Meyer gehörte, obwohl er den Status eines Schutzjuden hatte, eher zur Mittel- oder sogar Unterschicht. Dies könnte für die Motivation seiner Tochter durchaus eine Rolle gespielt haben. Rahel konnte als Dienstmagd bei Hirsch Oppenheimer und Tochter des verarmten Treuchtlinger Judens Abraham keine allzu großen Hoffnungen für ihre Zukunft haben. Der ehemalige Regensburger Jude Samuel Hirsch hatte zwar einst eine gesicherte Stellung als Schutzjude am Sitz des Immerwährenden Reichstags gehabt, diese aber durch finanzielle Schwierigkeiten und seine darauf erfolgte Ausweisung verloren. Bei den drei Juden aus Frankfurt an der Oder sind gesicherte Aussagen nicht möglich. Ihren eigenen Bekundungen nach war es ihnen finanziell nicht schlecht gegangen, jedoch hatten sie innerhalb der Gemeinde eine Außenseiterrolle eingenommen[119]. Da ihre Angaben niemals verifiziert werden konnten, könnten sie aber genauso gut nichtsesshafte Betteljuden gewesen sein. Damit weichen die Befunde zu Pappenheim zumindest in einigen Punkten von dem ab, was Werner Meiners für das Oldenburger Land festgestellt hat: Während es sich jeweils vor allem um ärmere bzw. aus dem jüdischen Sozialgefüge entwurzelte Personen handelte,

---

[111] LKAN, Konsistorium Pappenheim Nr. 29: Attest Dekan Tobias Ulrichs vom 17. Mai 1700.

[112] Zu ihrer Person: LKAN, KBZ 224 Bd. 2: Eintrag vom 11. September 1701, Pfarramt Pappenheim K7, S. 201: Eintrag vom 11. September 1701.

[113] Zu ihr: LKAN, Pfarramt Pappenheim K7, S. 208: Eintrag vom 25. März 1703.

[114] Zu ihr: LKAN, Pfarramt Pappenheim K7, S. 214a: Eintrag vom 5. Oktober 1705, Nr. 73: Eintrag vom 4. Oktober 1705.

[115] Zu ihnen: LKAN, Pfarramt Pappenheim K7, S. 288: Eintrag vom 26. April 1722, Nr. 73: Eintrag vom 26. April 1722.

[116] Immerhin hat GLANZ, Geschichte, S. 69, den Taufbetrug als neuen gaunerischen »Industriezweig« bezeichnet.

[117] Im Allgemeinen waren viele Getaufte »Bettelleute«, Dienstpersonal und junge Mädchen im heiratsfähigen Alter. Einige stammten aber auch aus dem Kreis der Wohlhabenden. Siehe SCHOCHAT, Ursprung, S. 341.

[118] Siehe dazu auch LÖWENSTEIN, Fürth, S. 132.

[119] So zumindest die Aussage Jacob Hirschs. Vgl. StAN, Herrschaft Pappenheim, Akten Nr. 7337: Amtsprotokoll vom 15. Mai 1722.

ist in Pappenheim der hohe Anteil von Frauen sowie die größere Altersspanne der Konvertiten auffällig[120]. Eine weitere Besonderheit ist, dass sich auch Pappenheimer Juden bzw. solche aus der näheren Umgebung dort taufen ließen. Zwei kamen aus Pappenheim, eine Treuchtlinger Jüdin hatte dort gearbeitet. Ein Jude hatte in Regensburg gelebt, drei kamen aus Frankfurt an der Oder bzw. waren Betteljuden. Dies widerspricht der zum Teil in der Forschung vertretenen Meinung, taufwillige Juden hätten, nicht zuletzt aus Angst vor der Reaktion ihrer jüdischen Umwelt, Tauforte bevorzugt, die weit entfernt von ihrer Heimat lagen bzw. keine jüdische Bevölkerung aufwiesen[121].

Die vorhandenen Berichte liefern teilweise Hinweise auf die Vorgeschichte und die Motive für den Taufwunsch. Es muss jedoch berücksichtigt werden, dass diese vom Pfarrer oder Mesner angefertigt wurden und daher deren Perspektive, aber nicht immer die wahren Beweggründe der Betroffenen wiedergeben. Rahel hatte sich vier Monate vor der Taufe an Dekan Ulrich gewandt und ihm mitgeteilt, sie habe *von Jugendt auf lust zum christlichen Glauben gehabt*. Daraufhin wurde sie 17 Wochen lang in die christliche Lehre eingeführt. Die Bemerkung Ulrichs, er habe sie *mit großer Mühe*, da sie *wenig, ja nichts von gott und seinen heiligen Worten wuste*, unterrichtet, zeigt, dass tatsächliches, oder auch vorgegebenes, Interesse am Christentum keinesfalls gleichbedeutend mit Wissen sein musste. Während der Zeit der Instruktion wurde Rahel vom Pfarrer mit *Speis und Trank, Bett und andern nothdurftigkeiten* im Pfarrhaus versorgt[122]. Wie Samuel Hirsch war auch sie auf der Suche nach hochrangigen Taufpaten. Zu diesen gehörte Gräfin Johanna Dorothea zu Egg[123], der sie mitteilte, sie habe sich entschlossen, den *Christlich-Evangelischen Glauben meiner Seelenheil zum besten zu ergreifen*. Dabei hob Rahel die *getreue Information* durch Dekan Tobias Ulrich hervor und bat die Gräfin, ihre höchste Zeugin zu werden[124].

Zur Konversion Saras steht ebenfalls ein relativ ausführlicher Bericht zur Verfügung. Da dieser die Ereignisse aus der ex-post Perspektive schildert – Dekan Ulrich weiß, dass seine Bemühungen nicht erfolgreich waren – ist besondere Vorsicht geboten[125]. Ulrich berichtet, Sara sei am 22. Dezember 1702 zu ihm in das Pfarrhaus gekommen und habe ihm den Wunsch, Christin zu werden, eröffnet. Dieser sei durch ihre Bekanntschaft mit der ein Jahr zuvor getauften Rahel (Johanna Dorothea) entstanden, die ihr *ein Lust und Begürde zum Christenthum gemacht* habe. Sie habe

---

[120] Vgl. MEINERS, Nordwestdeutsche Juden, S. 468–469; dieser hat unter 21 Konvertiten nur zwei Frauen gefunden, die meisten Täuflinge waren unverheiratete Männer im Alter zwischen 18 und 31 Jahren bei einem Altersdurchschnitt von 25 Jahren. Ein ausgeglicheneres Geschlechterverhältnis (23: 21) stellte BRADEN, Probe aufs Exempel, S. 320, für Hamburg fest. Zur Sozialstruktur von Konvertiten: AGETHEN, Bekehrungsversuche, S. 86.
[121] So MEINERS, Nordwestdeutsche Juden, S. 469; AGETHEN, Bekehrungsversuche, S. 81; BURSCH, Judentaufe, S. 33; SABELLECK, Nienburg, S. 110–111; JEGGLE, Judendörfer, S. 74. LINNEMEIER, Jüdisches Leben, S. 755–757, hat für Minden festgestellt, dass 80 % der Konvertiten von außerhalb des Territoriums kamen. Ein Beispiel für einen Konvertiten, der sich an seinem Wohnort taufen ließ und dort auch nach der Taufe blieb, findet sich bei SCHMÖLZ-HÄBERLEIN, Emmendingen, S. 394.
[122] LKAN, Pfarramt Pappenheim K7, S. 201: Eintrag vom 11. September 1701.
[123] Sie wurde am 22. Juni 1687 in Regensburg als Tochter des Georg Hannibal Grafen zu Egg und Hungersbach geboren, seit der Hochzeit am 28. August 1701 war sie die zweite Frau von Christian Ernst. Siehe PAPPENHEIM, Frühe Pappenheimer Marschälle, S. 105–110; DÖDERLEIN, Matthaeus à Bappenheim, S. 413–418.
[124] StAN, Herrschaft Pappenheim, Akten Nr. 4692/II: Gesuche Rahels an Johanna Dorothea zu Egg vom 22. August 1701.
[125] StAN, Herrschaft Pappenheim, Akten Nr. 7924a: Wahrhaftige Erzehlung, was sich mit einem im Christen Jahr 1702 am Sontag Judica getauften, aber am 1. Marti 1707 wider ausgetretenen Jüdischen Mägdlein alhier zu Pappenheim nahmens Dorothea Elisabetha Charlotte zu getragen hat. Auf diesem ausführlichen Bericht Dekan Ulrichs vom 17. März 1707 beruht, so weit nicht anders angegeben, die folgende Schilderung.

beobachtet *wie schön sie von so vielen geistlichen in die Kirche zur Tauf geführet worden* sei. Außerdem sei sie öfters an der Kirche vorbeigegangen und die Musik, die sie dort hörte, habe ihr gut gefallen[126]. Ulrich antwortete mit einer Ermahnung, die möglicherweise vor dem Hintergrund seines Wissens um ihren Rückfall gesehen werden muss: Sie solle Gott nicht betrügen, indem ein weltlicher Grund wie beispielsweise die Armut ihrer Eltern hinter der Taufe stehe. Fiele sie wieder vom Christentum ab, müsse sie mit schweren Strafen rechnen. Sara versicherte ihm ihren Ernst und bat um Aufnahme in seinem Haus. Auch der Reichserbmarschall und der Syndicus, die Ulrich um Rat fragte, setzten sich für ein Verbleiben des Mädchens in seiner Obhut ein. Daraufhin hatte er sie für 14 Wochen als Gast und unterrichtete sie im Christentum.

Die drei Juden aus Frankfurt an der Oder wollen sich auf dem Weg von ihrem Heimatort nach Wien *von Gott geführet* zur Taufe entschlossen haben. Bevor sie nach Pappenheim kamen, waren sie in Eichstätt *10 Wochen in der Römisch Catholischen Religion informiert worden*. Dort meinten sie jedoch *den wahren Weg zu ihrer Seeligkeit nicht anzutreffen*[127]. Das Kind von Jacob Moses und Rahel, anscheinend noch ein Säugling, war in Eichstätt bereits katholisch getauft worden, als sie sich kurz vor ihrer eigenen Taufe nach Pappenheim begaben[128]. Da sie *dem damahligen ansehen nach kein betrügliches absehen* vorhatten, wurden sie gerne aufgenommen und ihre Information im evangelischen Sinn fortgesetzt[129].

Rotraud Ries beschreibt Judentaufen als öffentliches Ereignis mit Signalcharakter[130]. Eine derartige Inszenierung der Taufen ist auch in Pappenheim feststellbar. Ein erster Hinweis ist bereits die Länge der Einträge im Kirchbuch, die nicht nur zwei oder drei Zeilen, sondern bis zu einer ganzen Seite umfassen. Bei Rahels Taufe waren *viel 100 Personen von allen Dörfern* zugegen. Sara musste vor ihrer Taufe 26 Fragen zum christlichen Glauben *bey einer grossen Menge Volks* beantworten. Über die Taufe von Bess heißt es im Kirchbuch zum Ablauf der Zeremonie nur, sie sei nach öffentlich abgelegtem Glaubensbekenntnis am 5. Oktober 1705[131] von Pfarrer Burgmeyer[132] getauft worden[133]. Etwas ausführlicher sind die Notizen des Mesners: Neben den beiden Pappenheimer Pfarrern hätten am Gottesdienst die Pfarrer von sechs Dörfern (Neudorf, Bieswang, Langenaltheim, Büttelbronn, Rehlingen und Dietfurt) teilgenommen[134]. Zuttel hat auch detaillierte Aufzeichnungen zur Taufe der drei Juden aus Frankfurt an der Oder am 26. April 1722 gemacht[135]: Die Taufhandlung wurde von Pfarrer Johann Peter Kraft[136] vorgenommen und durch dreimaliges Glockenläuten

---

[126] Dies scheint nicht ungewöhnlich gewesen zu sein. Zu Fällen, in denen sich Juden durch Kult und Gesang zur Kirche hingezogen fühlten, siehe: SCHOCHAT, Ursprung, S. 342.
[127] StAN, Herrschaft Pappenheim, Akten Nr. 7337: Pappenheimer Schreiben an den Magistrat zu Frankfurt an der Oder vom 5. März 1722.
[128] LKAN, Pfarramt Pappenheim Nr. 73: Eintrag vom 26. April 1722.
[129] StAN, Herrschaft Pappenheim, Akten Nr. 7337: Pappenheimer Schreiben an den kurpfälzischen Hofrat zu Neuburg vom 7. August 1722.
[130] RIES, Jüdisches Leben, S. 448.
[131] Hier gibt es widersprüchliche Angaben: Mesner Zuttel nennt in seiner Chronik (LKAN, Pfarramt Pappenheim Nr. 73: Eintrag vom 4. Oktober 1705) den 4. Oktober, das Kirchbuch (K7, S. 214a: Eintrag vom 5. Oktober 1705) den 5. Oktober und bezeichnet ihn als 18. Sonntag nach Trinitatis. Der 5. Oktober war jedoch der Montag nach dem 17. Sonntag Trinitatis.
[132] Wolfgang Christoph Wilhelm Burgmeyer (1671–1730), seit 1699 zweiter Pfarrer von Pappenheim. Siehe SCHOENER, Pfarrerbuch, S. 9.
[133] LKAN, Pfarramt Pappenheim K7, S. 214a: Eintrag vom 5. Oktober 1705.
[134] LKAN, Pfarramt Pappenheim Nr. 73: Eintrag vom 4. Oktober 1705.
[135] Ebd.: Eintrag vom 26. April 1726.

Kap. 8: Die Juden und ihre christliche Umwelt

angekündigt. Ähnlich wie bei der Taufe von Samuel Hirsch waren anscheinend mehrere Geistliche anwesend, denn vor dem Altar wurden zehn Sessel aufgestellt. Das Interesse der Bevölkerung an dem Gottesdienst, der dreieinhalb Stunden dauerte, war so groß, dass die Kirche überfüllt war. Somit wohnten den Judentaufen stets viele Menschen bei und der Gottesdienst wurde von mehreren Geistlichen gefeiert. Es ist in diesem Zusammenhang sicher nicht falsch, von Propagandaveranstaltungen zu sprechen, bei denen die Kirche ihre Überlegenheit über das Judentum zeigen wollte[137].

Eine wichtige Rolle dürfte dabei den Taufpaten zugekommen sein. Von besonderem Interesse sind deren Anzahl und Status, da Abweichungen von gewöhnlichen Taufen zu erkennen sind[138]. Bei August Ernst (Samuel Hirsch) waren sechs adelige Taufpaten anwesend. Johanna Dorothea (Rahel) hatte sieben Taufpaten. An erster Stelle ist die Reichserbmarschallin zu nennen, an die sie knapp drei Wochen zuvor die Bitte herangetragen hatte, ihre Taufpatin zu sein. Die weiteren Taufpatinnen waren deren Schwester Charlotte und die Ehefrauen von Syndicus Heberer, Stadtvogt Monninger, Verwalter Oswald, des gemeinherrschaftlichen Sekretärs und Zinsmeisters Kettwig und des Hausmeisters Schedlich. Ihre sieben Patinnen, davon immerhin zwei adelig, umfassten damit im Wesentlichen alle höheren Ämter der Herrschaft Pappenheim. Johanna Elisabetha Charlotta (Sara) hatte anscheinend elf Taufpatinnen, von denen mindestens eine adelig war[139]. Maria Johanna Charlotta (Bess) hatte drei adelige Taufpatinnen: Gräfin Johanna Dorothea, die Frau von Reichserbmarschall Christian Ernst, Gräfin Sophia Charlotta, die Frau von Johann Friedrich, und die verwitwete Reichserbmarschallin Maria Elisabeth. Die drei Frankfurter Juden hatten jeweils nur zwei Taufpaten, die aber alle aus der gräflichen Familie stammten. Johann Friedrichs (Jacob Hirsch) Taufpaten waren die verwitwete Reichserbmarschallin Johanna Dorothea und ihr Sohn Friedrich Ferdinand, die von Wilhelm Friedrich (Jacob Moses) waren Reichserbmarschall Johann Friedrich und seine Frau Sophia Charlotta. Bei Sophia Ernestina (Rahel) wurde diese Rolle von Reichserbmarschall Friedrich Ernst und seiner zukünftigen Frau Sophia Louysa, Gräfin zu Sulzberg übernommen[140].

Nicht zuletzt durch die Wahl eines neuen – christlichen – Namens wurde demonstriert, dass der Konvertit seine bisherige jüdische Existenz ablegte und ein neues Leben als Christ begann[141]. Daher ist es wenig verwunderlich, wenn auch in Pappenheim für alle Konvertiten neue Namen belegt sind. Werner Meiners zählt acht Kategorien auf, die der Namenswahl zugrunde liegen konnten. Neben den Namen der Paten oder des Herrschers waren solche beliebt, die ein besonderes Bekenntnis zum Christentum (Gottlob, Christian) oder die Hoffnung auf Beständigkeit im Glauben zum Ausdruck brachten[142]. In Pappenheim wurden für die Vornamen ausschließlich die ersten beiden Möglichkeiten gewählt, wobei Paten und Herrscher zum Teil identisch waren. August Ernst wurde nach den drei für ihn prägenden Herrschern, dem sächsischen Kurfürsten Friedrich August,

---

[136] Johann Peter Kraft (1683–1740), geboren in Harburg, Studium in Halle, als Diakon in Oettingen, 1720–1730 zweiter Pfarrer in Pappenheim. Siehe SCHOENER, Pfarrerbuch, S. 17–18.
[137] GLANZ, Geschichte, S. 70, spricht von einem »Propagandabedürfnis« der Kirche.
[138] So hatte Christian Treu aus dem ostfriesischen Weener bei seiner ersten Taufe 49 Paten, unter ihnen der Herzog von Köthen. Vgl. BURSCH, Judentaufe, S. 58.
[139] Siehe LKAN, KBZ 224 Bd. 2: Eintrag vom 25. März 1703.
[140] Diese Ergebnisse entsprechen den Beobachtungen aus anderen Territorien. Vgl. MEINERS, Nordwestdeutsche Juden, S. 474–475; AGETHEN, Bekehrungsversuche, S. 92–93.
[141] Siehe MEINERS, Nordwestdeutsche Juden, S. 461–462; AGETHEN, Bekehrungsversuche, S. 93.
[142] Vgl. MEINERS, Nordwestdeutsche Juden, S. 475–476.

Kap. 8: Die Juden und ihre christliche Umwelt

Reichserbmarschall Christian Ernst und dem Fürsten von Oettingen-Oettingen Albrecht Ernst benannt, Rahel nach ihrer Hauptpatin, Gräfin Johanna Dorothea. Der neue Name von Bess, Maria Johanna Charlotta, setzte sich aus dem ihrer drei adeligen Patinnen, der Gräfinnen Maria Elisabeth, Johanna Dorothea und Sophia Charlotta, zusammen. Von Sara (Johanna Elisabetha Charlotta) ist nur eine Patin, Sophia Charlotta namentlich bekannt, ihre beiden anderen Vornamen lassen aber – wie bei der vorigen Taufe – auf Johanna Dorothea und Maria Elisabeth schließen. Die drei angeblich aus Frankfurt an der Oder stammenden Juden wurden ebenfalls nach ihren gräflichen Paten benannt: Johann Friedrich (Jacob Hirsch) nach der verwitweten Reichserbmarschallin Johanna Dorothea und ihrem Sohn Friedrich Ferdinand, Sophia Ernestina (Rahel) nach Reichserbmarschall Friedrich Ernst und seiner zukünftigen Frau Sophia Louysa und Wilhelm Friedrich (Jacob Moses) nach Reichserbmarschall Johann Friedrich. Die Herkunft des ersten Namensbestandteils muss offen bleiben, da seine zweite Patin Gräfin Sophia Charlotta war. Interessant ist, dass zweimal die männliche Form eines Frauennamens bzw. die weibliche Form eines Männernamens gebildet wurde. Gewöhnlich erhielten die neugetauften Christen auch Nachnamen. In Pappenheim sind diese jedoch nur in zwei Fällen überliefert: Christian und Gottlob für die zwei Juden aus Frankfurt an der Oder. Beide Namen bringen nach den Kategorien von Meiners ein besonderes Bekenntnis zum Christentum zum Ausdruck.

Der Lebensweg der Konvertiten nach ihrer Taufe kann zum Teil nachvollzogen werden. Johanna Dorothea trat als Magd in die Dienste der Reichserbmarschallin ein. Obwohl sie allem Anschein nach der Kirche treu blieb, beschäftigte ihre Taufe in den darauffolgenden Jahren die Behörden. Durch ihre Entscheidung für das Christentum hatte sie sich zwangsweise von ihrer Familie distanziert[143]. Trotzdem wollte sie nicht auf ihr Heiratsgut und Geld, das sie ihrem Vater geliehen hatte, verzichten. Um ihr zu ihrem Geld zu verhelfen, schrieb Reichserbmarschallin Johanna Dorothea als Taufpatin und Dienstherrin an den Treuchtlinger Verwalter Adam Bernhard Rupp. In seiner Antwort verwies Rupp auf die Armut des Vaters, der nur ein kleines Haus besitze, das zur Zeit praktisch nicht verkaufbar sei. Mehr als zwei Jahre später war die Sache immer noch nicht entschieden[144]. In zwei Schreiben vom März bzw. August 1705 setzten sich die Reichserbmarschallin und der gemeinherrschaftliche Sekretär Kettwig erneut für Johanna Dorothea ein. Die Antwort Rupps versprach wenig Erfolg: Wegen der Armut des Vaters sei es unmöglich, der Klägerin Geld zukommen zu lassen. Danach ist die Korrespondenz abgerissen. Ob Johanna Dorothea jemals Geld von ihrem Vater erhalten hat, kann nicht geklärt werden[145].

Sara ging nach der Taufe in gräfliche Dienste, in die sie Sophia Charlotta, eine ihrer Taufpatinnen, aufgenommen hatte. Dort blieb sie bis zu ihrer Flucht vier Jahre später. In dieser Zeit hatte sie regelmäßigen Kontakt zu Dekan Ulrich, den sie als Vaterersatz betrachtet zu haben scheint. Ulrich schrieb dazu: sie *nemete mich ihren Vater*. Er ermahnte sie zu Beständigkeit, regelmäßigem Gebet und Kirchenbesuch und warnte sie vor Kontakt mit Juden, damit diese sie nicht verführten. Dennoch floh Johanna Elisabeth Charlotta am 2. März 1707 aus Pappenheim. Da sie in Fürth vermutet

---

[143] Die Taufe bedeutete den Bruch mit der gesamten bisherigen Existenz, mancherorts wurden getaufte Juden von ihrer Familie sogar wie Tote betrauert. Vgl. AGETHEN, Bekehrungsversuche, S. 81; dazu auch: RIES, Missionsgeschichte, S. 271–272.

[144] StAN, Herrschaft Pappenheim, Akten Nr. 8868: Schreiben Johanna Dorotheas an Adam Bernhard Rupp vom 24. Dezember 1702 und Antwort Rupps vom 29. Dezember 1702.

[145] Ebd.: Pappenheimer Schreiben an Rupp vom 30. Mai und 14. August 1705 sowie Schreiben Rupps an den gemeinherrschaftlichen Sekretär Kettwig vom 16. August 1705.

Kap. 8: Die Juden und ihre christliche Umwelt

wurde, wurde ein Steckbrief dorthin geschickt. Doch trotz intensiver Bemühungen konnte sie bis Mitte Mai – dann reißt die Überlieferung ab – nicht gefunden werden. Bekannt wurde lediglich ihr Fluchtweg, der über Weißenburg bis kurz vor Nürnberg führte, dann verlor sich ihre Spur[146].

Maria Johanna Charlotta heiratete nur wenige Wochen nach ihrer Taufe, am 2. November 1705, den jungherrischen Kastner Johann Jacob Schad, was auch auf ihr Motiv für die Konversion hindeuten könnte[147]. Im kurzen Eintrag des Kirchbuchs heißt es nur, sie sei eine *getaufte Jüdin und Witwe*[148]. Nach ihrer Taufe und Hochzeit erhielt Maria Johanna Charlotta noch Geld von ihrem Vater. Er überwies ihr 450 fl., die er in Emetzheim zu fordern hatte, als Heiratsgut[149]. 1712 wurde ihrem Schwager Moyses Guggenheimer vorgeworfen, er habe sie wieder zum Judentum überreden wollen. Dieser Versuch war allerdings nicht erfolgreich, denn sie ist – wie der Reichserbmarschall nach Ansbach berichtete – *beständig in ihrem Vorsaz geblieben* und blieb bei ihrem Mann, mit dem sie *eine vergnügliche Ehe besizet, einen Sohn erzeiget und noch im leben hat*[150].

Ganz anders verhielt es sich dagegen bei den Juden aus Frankfurt an der Oder. In allen drei Fällen erscheint es mehr als zweifelhaft, ob die Bemühungen der Geistlichkeit erfolgreich waren. Das junge Paar verließ Pappenheim am 15. Mai 1722 unter dem Vorwand sich nach Württemberg zu begeben. Im August wollte der Hofrat in Neuburg Informationen über Rahel einholen, da sie sich in Neuburg katholisch taufen lassen wollte. Johann Friedrich, der *lebenslänglich* in Pappenheim bleiben wollte, ist ebenso wie die beiden anderen *wieder durchgegangen*[151]. Bei ihnen waren Geistlichkeit und Herrschaft bereits im Vorfeld skeptisch gewesen und hatten daher den Magistrat der Stadt Frankfurt an der Oder um Auskunft über die drei gebeten. Die Antwort gab Grund zur Vorsicht, denn *kein einziger Jud von denenselben was wissen will und unß selbst auch von denenselben nichts erinnerlich ist*. Als möglicher Grund für die Haltung der Frankfurter Juden wurde jedoch vermutet, dass die Konversionsabsicht bekannt geworden sei und die drei deshalb von ihren Glaubensgenossen verleugnet würden. Der Magistrat empfahl, sie noch genauer zu befragen. Daher ist es erstaunlich, dass mit der Taufe fortgefahren wurde – das auf das Frankfurter Schreiben bezogene Verhör fand erst nach der Taufe statt[152].

---

[146] StAN, Herrschaft Pappenheim, Akten Nr. 7924a: Amtsprotokoll vom 5. März 1707 und Kopie des Cadolzburger Protokolls vom 12. April 1707. Hier wird ihr erster Name z.T. mit Dorothea statt Johanna angegeben.

[147] Rotraud Ries sieht bei einem ähnlichen Fall die Entscheidung für ein Leben mit dem christlichen Mann als Motiv. Vgl. RIES, Missionsgeschichte, S. 295.

[148] LKAN, Pfarramt Pappenheim K7, S. 463: Eintrag vom 2. November 1705. Wie es dazu kam, dass sie wenige Wochen nach ihrer Taufe einen nicht unbedeutenden Mann heiratete, geht aus den Akten nicht hervor.

[149] StAN, Herrschaft Pappenheim, Akten Nr. 4704: Amtsprotokoll vom 12. Juni 1712 und Adel Archivalien Nr. 4588, S. 287–288: Eintrag vom 7. Dezember 1712.

[150] StAN, Herrschaft Pappenheim, Akten Nr. 8144: Fernere Interrogatoria worüber Moyses Guggenheimer dato dem 16ten Septembris 1712 vernommen worden; weitere Hinweise auf ihre Beständigkeit lassen sich dem Stammbaum ihrer Familie (Nr. 8220: Schema Genealogicum ad causam des am 11. Januar 1767 in Pappenheim verstorbenen Schutzjudens Isaac Jacob) entnehmen. Die Grabinschrift für ihren Mann auf dem Pappenheimer Friedhof nimmt auf den *mit Frauen Maria Johanna Charlotta den 1. November Anno 1705 bestättigt glücklichen Ehestand* Bezug. Siehe auch Kapitel 3.2.2.

[151] StAN, Herrschaft Pappenheim, Akten Nr. 7337: Pappenheimer Schreiben an den kurpfälzischen Hofrat zu Neuburg vom 7. August 1722; LKAN, Pfarramt Pappenheim Nr. 73: nachträgliche Bemerkung zum Eintrag vom 26. April 1722.

[152] Ebd.: Pappenheimer Schreiben an den Magistrat der Stadt Frankfurt an der Oder vom 5. März 1722, Schreiben von Bürgermeister und Rat der Stadt Frankfurt an der Oder an die Pappenheimer Kanzlei vom 18. April 1722, Amtsprotokoll vom 15. Mai 1722.

Kap. 8: Die Juden und ihre christliche Umwelt

Zusätzlich zum bisher Geschilderten hatten vier Juden den Wunsch geäußert sich taufen zu lassen, doch aus verschiedenen Gründen kam es nicht dazu. Bei ihnen handelte es sich um Moyses Guggenheimer aus Pappenheim bzw. Fürth, Hirsch Benjamin und Jacob Moyses aus Amsterdam sowie Joseph Fleischer aus Mähren. Der Fall des Moyses Guggenheimer sticht schon deshalb hervor, weil er sich zweimal – 1705 und 1712 – zur Taufe bereit erklärte und trotzdem nie getauft wurde. Der auch Coschel genannte Schwiegersohn Jacob Amsons war am 4. Juli 1705 zusammen mit seiner Schwägerin Bess[153] und seinen drei Kindern im Alter zwischen drei und neun Jahren in die gräfliche Residenz gekommen. Dort äußerte er seinen Taufwunsch: *er bitte gnädigste Herrschaft wollte nunmehro sein und seiner Kinder Vater seyn*[154]. Daraufhin wurden sie *in die Information gegeben, daß so fort sämtliche Bersohnen von dato an mit in die Kirche genommen und in das gemeine Gebet eingeschloßen und zum Christenthum in täglicher Information angewißen worden sind*[155]. Nur zwölf Tage später ist er *als ein Schelm durchgangen*[156], als er in gräflichem Auftrag nach Nürnberg geschickt wurde, um dort Pferde zu kaufen. Mit einer Entscheidung gegen die Taufe war anscheinend nicht gerechnet worden, denn Moyses Guggenheimer soll *nicht allein eine große Lust und Eyfer zur Christlich Evangelisch Religion [...] sondern auch an allen Jüdisch Wesen einen solchen Abscheu* gehabt haben[157].

Anlass für seinen Wunsch sich taufen zu lassen – und möglicherweise auch zum »Taufbetrug« – scheinen neben finanziellen Problemen familiäre Zwistigkeiten gewesen zu sein. Er hatte sich einige Jahre zuvor, ebenso wie seine Frau und deren Geschwister, gegen die Wiederverheiratung seines Schwiegervaters Jacob Amson ausgesprochen. Seit diesem Zeitpunkt hätten er und die zweite Frau Jacob Amsons *in beständigen Haße gelebt*[158]. Wenn man seiner Aussage trauen kann, wurde ihm zugleich von christlicher Seite zugeredet. Hier scheinen sowohl die Grafen als auch die Geistlichkeit eine wichtige Rolle gespielt zu haben[159].

Nach seiner Flucht stellte sich die Frage, was mit den Kindern, die sich weiterhin *bey der geistlichkeit zu Pappenheim* aufhielten, geschehen solle, da Guggenheimers Frau, die offenbar vorher nichts von seinen Plänen gewusst hatte, diese zurückforderte. Somit standen sich Elternrecht und das öffentliche Interesse gegenüber. Zur Klärung der Rechtslage wandte sich das Pappenheimer Konsistorium an die Universität Altdorf, um in Erfahrung zu bringen, ob es möglich sei, die Kinder auch gegen den Willen der Eltern zu taufen. Dies war insbesondere bei der 10-jährigen Tochter von Belang, deren Taufe für die nächsten Tage geplant war. Ferner wollte man wissen, ob die Mutter und Jacob Amson für die Überredung Guggenheimers zur Flucht bestraft werden könnten und ob der Großvater *als reicher und großbemittelter Mann* zum Unterhalt für seine Enkel auch nach deren Taufe angehalten werden könnte. Im Gutachten der Theologischen und Juristischen Fakultät vom 27. Juli heißt es: Da man Juden toleriere, könne man ihre Religionsfreiheit nicht durch *wegnehmung ihrer Kinder* einschränken. Eine Bestrafung der Verwandtschaft sei nicht sinn-

---

[153] Ihr Fall wurde oben bereits geschildert.
[154] StAN, Herrschaft Pappenheim, Akten Nr. 4635/64: Eintrag vom 27. Juli 1705.
[155] StAN, Herrschaft Pappenheim, Akten Nr. 8144: Species Facti de anno 1705 Coschel Juden betreffend.
[156] LKAN, Pfarramt Pappenheim Nr. 73: Eintrag vom 4. Juli 1705.
[157] StAN, Herrschaft Pappenheim, Akten Nr. 8144: Pappenheimer Schreiben an die Universität Altdorf vom 23. Juli 1705.
[158] Vgl. StAN Herrschaft Pappenheim, Akten Nr. 4692/III: Anmerkungen zum Protokoll vom 13. März 1713 und Nr. 4692/IV: Protokoll vom 13. März 1713; eine ähnliche Sichtweise vertrat auch Jacob Amson: Nr. 8154: Amtsprotokoll vom 4. und 13. April 1712.
[159] StAN, Herrschaft Pappenheim, Akten Nr. 4692/IV: Protokoll vom 13. März 1713.

Kap. 8: Die Juden und ihre christliche Umwelt

voll, denn sie hätten *ihrm Gewißen und Religion gemäß gehandelt*. Würde man von Jacob Amson eine Alimentierung der Kinder verlangen, so könnte er deren Rückgabe fordern[160]. Das in tolerant-aufgeklärtem Geist verfasste Gutachten entsprach sicher nicht den Erwartungen des Pappenheimer Konsistoriums, doch die Altdorfer Professoren folgten damit der Haltung fast aller frühneuzeitlichen Juristen, Theologen und Staatsrechtler zur Taufe jüdischer Kinder gegen den Willen der Eltern[161].

Gleichzeitig forderten Moyses Guggenheimers Brüder, die Kinder nicht *wieder der Eltern Willen und in ihrem Unverstand* zu taufen, da daraus später große Probleme entstehen könnten[162]. Ebenso verlangte die Mutter der Kinder zusammen mit ihrem Vater die Rückgabe der Kinder[163]. Letztlich waren diese Bemühungen erfolgreich, da Moyses Guggenheimer am 14. September seine Kinder zurück erhielt. Diesem Schritt war ein Vergleich seiner Brüder Joseph und Jacob mit Reichserbmarschall Christian Ernst vorausgegangen. Wegen der verursachten Kosten und als Entschädigung für den Reichserbmarschall und seine Frau wurde die extrem hohe Strafe von 4000 fl. vereinbart[164].

Bald darauf begab sich Moyses Guggenheimer mit seiner Familie unter Ansbacher Schutz nach Fürth[165]. 1710 scheint er erneut seine Bereitschaft zur Taufe geäußert zu haben – damals hatte er Schulden und sich ein halbes Jahr lang in Pappenheim aufgehalten. Zur Wahrung des Scheins[166] wurde ihm gestattet, weiterhin die Judenschule zu besuchen[167]. Durch die Nachricht von der Flucht seiner Frau samt den sechs Kindern fanden die Konversionspläne ein plötzliches Ende. Schnell wurden Vorwürfe laut, Guggenheimer habe die Flucht zusammen mit anderen Juden geplant, um von seinem Taufvorhaben zurücktreten zu können; der Verdacht fiel dabei vor allem auf seinen Schwager Amson Jacob[168]. Nachdem auch die zweite Taufe Moyses Guggenheimers gescheitert war, kam es zwischen Pappenheim und Brandenburg-Ansbach zu Unstimmigkeiten, wem dessen Bestrafung zustehe. Bis Anfang des Jahres 1713 war er in Pappenheim arrestiert, dann wurde er an Ansbach ausgeliefert[169]. Im September 1713 teilte Ansbach dem Reichserbmarschall mit, dass

---

[160] StAN, Herrschaft Pappenheim, Akten Nr. 4635/64: Eintrag vom 27. Mai 1705.
[161] Vgl. AGETHEN, Bekehrungsversuche, S. 72. Einer der wenigen, die sich für die Zwangstaufe von jüdischen Kindern ausgesprochen hatten, war der Freiburger Jurist Ulrich Zasius (1461–1535). Zur Zwangsbekehrung von jüdischen Kindern nach der Hinrichtung ihres Vaters in der Kurpfalz im 18. Jahrhundert siehe FREIST, Zwangsbekehrung; weitere Beispiele in DIES., Recht.
[162] Sie sahen die Gefahr, dass *Scrupel ihnen anwachsen dörfte und mehrere Sünden daraus entstehen*. LKAN, Konsistorium Pappenheim Nr. 29: Undatiertes Gesuch Jacob Guggenheimers.
[163] StAN, Herrschaft Pappenheim, Akten Nr. 4692/III: Gesuch vom 11. August 1705.
[164] StAN, Herrschaft Pappenheim, Akten Nr. 8144: Vereinbarung des Syndicus Heberer mit Joseph und Jacob Guggenheimer.
[165] In der Ansbacher »Narratio Facti: Moses Guggenheimers bößlich revociret conversion« (undatiert 1712/13) wird ihm vorgeworfen das Konversionsvorhaben verschwiegen zu haben. Siehe StAN, Herrschaft Pappenheim, Akten Nr. 4692/V.
[166] Dem entspricht die Aussage von Hirsch Oppenheimer und Jacob Amson vom 2. August 1712, Guggenheimer habe sich *Zeit seines jeztmaligen hierseyns* [...] *wie einen Juden gebühret in allen* [...] *verhalten*. StAN, Herrschaft Pappenheim, Akten Nr. 4692/IV: Amtsprotokoll vom 2. August 1712.
[167] StAN, Herrschaft Pappenheim, Akten Nr. 4692/IV: Protokoll vom 13. März 1713; Nr. 8153: Interrogatoria worüber Moses Guggenheimer den 9. September 1712 vernommen worden.
[168] StAN, Herrschaft Pappenheim, Akten Nr. 4645/V/3: Bittschrift Jacob Amsons vom 10. Mai 1712; Nr. 4692/IV: Amtsprotokoll vom 2. August 1712, Nr. 4692/V: undatierte Ansbacher Narratio Facti: Moses Guggenheimers bößlich revociret conversion.
[169] StAN, Herrschaft Pappenheim, Urkunden Nr. 4905: Ansbacher Auslieferungsgesuch vom 27. Februar 1713;

Kap. 8: Die Juden und ihre christliche Umwelt

Guggenheimer mit Pranger, Landesverweis und zweijähriger Festungsarbeit bestraft werden solle[170]. Anscheinend lebte Moyses Guggenheimer später in Offenbach. Im Jahr 1722 hielt sich ein Moyses Guggenheimer aus Offenbach bei seinen Verwandten in Pappenheim auf[171]. Ein vier Jahrzehnte später erstellter Stammbaum der Nachfahren Jacob Amsons verzeichnet *Coschel zu Offenbach*[172].

Das Beispiel von zwei Amsterdamer Juden zeigt, dass keinesfalls leichtfertig getauft wurde. Diese hatten sich im Januar 1711 in Pappenheim eingefunden und den Wunsch geäußert sich taufen zu lassen. Die beiden, der 22-jährige Hirsch Benjamin und der 19-jährige Jacob Moyses, waren wohl umherziehende Betteljuden. Jacob Moyses gab die folgende Begründung für seinen Konversionswunsch: Er habe *gehört, daß es der beste glaube seye und die Christen das gröste Theil der Weld ausmachen*. Genaue Gründe für die Ablehnung des Taufwunschs werden in dem kurzen Protokoll nicht genannt, es endet mit den Worten: *auß wichtig und bewegenden Ursachen nicht willfahret werden können*[173]. Es ist jedoch naheliegend, dass man bei Vaganten eine weitaus größere Gefahr sah, Opfer von Taufbetrügern zu werden als bei Juden, die sich schon länger in Pappenheim aufgehalten hatten.

Ebenfalls nicht getauft wurde Joseph Fleischer aus Mähren, der 1717 nach Pappenheim kam. Wie sich bald herausstellte, war er bereits getauft. Wegen seiner unterschiedlichen Aussagen ist es nicht einfach Näheres über ihn herauszufinden. Von Anfang an zeigten sich Herrschaft und Kirche ihm gegenüber außerordentlich skeptisch. Mesner Zuttel berichtet von mehreren Verhören gleich nach seiner Ankunft. Er scheint 26 Jahre alt gewesen zu sein, als Geburtsort nannte er erst Mesering[174] und schließlich Lomnitz (Lomnice nad Popelkou). Bevor er sich nach Westen begab, sei er in Trebitsch (Třebíč) als Vorsänger tätig gewesen. Als Grund für seinen Taufwunsch gab er an, er *hoffe durch* [den] *Christlichen Glauben die Seeligkeit zu erlangen*. Die Frage, ob er bereits getauft sei, verneinte er, jedoch fanden sich in seinem Gepäck Unterlagen, die auf das Gegenteil hindeuteten. Daraufhin gestand er, dass er in Turnau (Turnov) katholisch und erst vor wenigen Tagen in Crailsheim evangelisch getauft worden war[175].

Zumindest knapp sollte die Rolle von Dekan Tobias Ulrich thematisiert werden. Mit der Ausnahme der drei Juden aus Frankfurt an der Oder fanden alle Judentaufen in Pappenheim während

---

siehe auch Akten Nr. 8157: Amtsprotokoll vom 4. Februar 1713; Nr. 4692/III: Schreiben vom 5. Januar 1713: *seit über 4 Monaten* in Haft.

[170] StAN, Herrschaft Pappenheim, Akten Nr. 4692/V: Ansbacher Schreiben an den Reichserbmarschall vom 19. September 1713.

[171] 1722 wurde dem Offenbacher Schutzjuden Moyses Guggenheimer ein Pappenheimer Pass ausgestellt: StAN, Herrschaft Pappenheim, Akten Nr. 4692/II: Pass vor Moyses Guggenheimer, gräflich Isenburgisch und Büdingischen Schutzjuden zu Offenbach vom 31. Januar 1722; 1729 hatte er von Amson Jacob 978 fl. zu fordern, siehe Nr. 6003/II: Eintrag vom 21. Mai 1738. 1738 gab es in Offenbach einen Judenbaumeister Marum Gugenheim. Vgl. DECKER, Offenbach, S. 55. Es ist gut möglich, dass es sich dabei um den ältesten Sohn handelt, der 1705 vier Jahre alt war.

[172] Stammbaum: StAN, Herrschaft Pappenheim, Akten Nr. 8220: Schema Genealogicum ad causam des am 11. Januar 1767 in Pappenheim verstorbenen Schutzjudens Isaac Jacob.

[173] StAN, Herrschaft Pappenheim, Akten Nr. 4692/III: Beilage zum Pass vor zwei Juden von Amsterdam, welche allhier die Evangelische Religion annehmen wollen.

[174] Dabei dürfte es sich entweder um Großmeseritsch (Velké Meziříčí) oder Wallachisch Meseritsch (Valašské Meziříčí) gehandelt haben.

[175] LKAN, Pfarramt Pappenheim Nr. 73: Eintrag vom 8. Juni 1717; StAN, Herrschaft Pappenheim, Akten Nr. 4692/V: Amtsprotokoll vom 8. bis 30. Juni 1717.

Kap. 8: Die Juden und ihre christliche Umwelt

seiner Zeit als Dekan (1697–1720) statt. Es mag sich hierbei um einen Zufall handeln. Da aber weder vor 1697 noch nach 1722 überhaupt Juden in Pappenheim getauft wurden und alle vier unter ihm getauften Juden aus Pappenheim oder dessen Umfeld (Treuchtlingen, Regensburg) kamen, kann nicht ausgeschlossen werden, dass er sich für die Taufe von Juden besonders offen zeigte.

Neben dem bisher Geschilderten hatten Judentaufen auch eine finanzielle Dimension. Wegen der höheren Stolgebühren waren sie für den Mesner weitaus lukrativer als gewöhnliche Kindstaufen[176]. 1697 erhielt der Mesner für die 41 Taufen dieses Jahres 10 fl. 15 kr. (im Durchschnitt 15 kr. pro Taufe). 1699 fanden 42 Taufen statt: 41 Kindstaufen und eine Judentaufe. Für alle Taufen zusammen erhielt der Mesner 13 fl. 40 kr. – davon entfielen allein 3 fl. 15 kr. auf die Taufe Samuel Hirschs. Bei den übrigen Taufen entsprechen die Gebühren mit einem Durchschnitt von 15,2 kr. weitgehend denen des Jahres 1697. Ein derartiger Unterschied zu gewöhnlichen Taufen fällt bei allen Judentaufen auf: Bei Rahel waren es 2 fl. 40 kr., bei Sara sogar 4 fl. 2 kr. und bei Bess immerhin noch 1 fl. 30 kr. Damit hatte der Mesner bei Judentaufen um das sechs- bis 16-fache erhöhte Einnahmen.

Für die taufwilligen Juden wurden große Aufwendungen gemacht. Die Zusendung von Patengeschenken wurde schon bei Samuel Hirsch thematisiert. Wie viel Geld investiert wurde, um Juden für das Christentum zu gewinnen, lässt sich anhand des Beispiels der drei Frankfurter Juden nachvollziehen. Eine von Stadtvogt Johann Paul Billing erstellte Spezifikation listet die Kosten von 197 fl. 56 kr., die je zur Hälfte vom Kirchenheiligen und der Zinsmeisterei bezahlt wurden, genau auf. Allein 100 fl. erhielt der Schwanenwirt Johann Christoph Lorenz, bei dem sie gut zwei Monate gelebt hatten, für Kost und Logis. Der Rest wurde überwiegend für Kleidung ausgegeben, die zum Teil von Pappenheimer Juden (Meyer Feis, Aaron Israel, Wolf Herz Gans) geliefert wurde. Immerhin 22 fl. erhielten die Konvertiten als Bargeld[177]. Anscheinend konnten getaufte Juden auch in Pappenheim auf Almosen hoffen. Darauf deutet eine Notiz Mesner Zuttels vom 19. März 1722. An diesem Tag ist er mit *einem Juden so getauft rumgangen* und konnte dabei 12 fl. sammeln[178].

Neben Juden, die sich in Pappenheim taufen lassen wollten, traten Konvertiten auf, die sich von ihren jüdisch gebliebenen Ehepartnern scheiden lassen wollten. Zwei derartige Fälle sind überliefert. Am 12. Juni 1727 wurde Gottlieb Christlebrecht in der Wirtschaft »Zum Hirschen« von seiner Frau geschieden. Das Ereignis zog ein großes Publikum an: *Darbey unsere 2 Herrn Geistlichen zugesehen, auch Herr Senior Sonnenmeyer von Bieswang, samt viel hohen und niedrigen bersonen.* Daneben erschienen ein gelehrter Rabbiner aus Schwabach, der Treuchtlinger Rabbiner und *die gesamte Judenschaft allhier*. Mesner Zuttel schildert in seinem Bericht ausführlich die Zeremonie: Die Beteiligten setzten sich an einen Tisch und der alte Rabbiner las Gottlieb Christlebrecht *auf ihre Sprach, daß er ihr Ursach geben zu scheiden,* vor. Dann musste er *das Dintenfaß in die linke Hand faßen und halten, nachdem in der rechten Hand das Bergament darauf der Scheidbrief geschrieben worden.* Anschließend musste die Jüdin hervortreten, ihr Mann warf ihr den Brief zu und sie musste ihn mit *aufgehobenen Händen fangen*[179]. 27 Jahre später wurde in Pappenheim ein Cronheimer Jude, der in Eichstätt getauft worden war, von seiner Frau geschieden[180].

---

[176] Die folgende Auswertung basiert auf den Angaben in LKAN, KBZ 224 Bd. 1–2. Über die unterschiedlich hohen Einkünfte anderer Personen wie z.B. des Pfarrers geben diese keine Auskunft.
[177] StAN, Herrschaft Pappenheim, Rechnungen Nr. 6197/16: Specification Stadtvogt Johann Paul Billings vom 23. Mai 1722.
[178] LKAN, Pfarramt Pappenheim Nr. 73: Eintrag vom 19. März 1722.
[179] Ebd.: Eintrag vom 12. Juni 1727.

Kap. 8: Die Juden und ihre christliche Umwelt

Zusammenfassend lässt sich festhalten, dass sich die Obrigkeit nicht aktiv für die Taufe von Juden eingesetzt zu haben scheint[181], diese aber doch wohlwollend unterstützte. So deutete Moyses Guggenheimer an, ein Mitglied der gräflichen Familie habe ihm zugeredet. Als Taufpaten standen der Reichserbmarschall und seine Familie stets zur Verfügung. Über die Haltung der Juden gegenüber Konvertiten ist aus Pappenheim nichts bekannt. Die Taufe eines Juden war zwar auch in Pappenheim eine Propagandaveranstaltung, die Hoffnung Juden für das Christentum zu gewinnen bzw. die Furcht diese an das Christentum zu verlieren scheint jedoch kein dominierendes Element der jüdisch-christlichen Beziehungen in Pappenheim gewesen zu sein. Allerdings stellte für einzelne Juden das Überschreiten der »Grenze« zum Christentum eine Lösungsmöglichkeit in ihrer individuellen Lage dar[182].

8.2 Ansätze zur Überwindung der Fremdheit zwischen Juden und Christen

Nachdem bisher unterschiedliche Ausprägungen der Unterschiede zwischen Juden und Christen untersucht wurden, soll im Folgenden auf Ansätze zur Überwindung dieser Fremdheit eingegangen werden.

8.2.1 Kontakte und Kooperation zwischen Juden und Christen

Der erste Bereich, aus dem Pappenheimer Hinweise auf Kontakte zwischen Juden und Christen stammen, ist die Inanspruchnahme von christlichen Handwerkern. Dies war erforderlich, da Juden das Erlernen und die Ausübung eines Handwerks nicht gestattet war. So klagte 1708 der Maurermeister Hans Fätsch gegen Schmuel, der ihm für die *Reparation zweyer Zimmer in seinem Nebenbau* zunächst nicht das versprochene Geld geben wollte[183]. Gleich mehrere Belege gibt es für die Tätigkeit von Handwerkern am Haus von Jacob Amson[184]. Derartige Aussagen sollten jedoch nicht überbewertet werden. Vor allem vor dem Hintergrund, dass Juden auf den Handel beschränkt waren, ist das Zurückgreifen auf Christen für erforderliche Handwerksarbeiten noch kein Zeichen von normalen Beziehungen. Ähnliches trifft auf weitere Berufsgruppen zu. So wurden Bader in ihrer Funktion als Wundarzt immer wieder von Juden aufgesucht[185]. Dies lässt sich auch in Pappenheim beobachten: Als der Sohn von Rabbi Israel im Oktober 1707 durch einen Steinwurf verletzt wurde, wandte sich Israel an den Bader Johann Jacob Hummel, der für die 14-tägige Behandlung 45 kr. forderte[186].

---

[180] Die beiden wurden im Wirtshaus des Franz Steinlein *in der still voneinander geschieden*. Diese Vorgehensweise entsprach jedoch nicht den Vorstellungen der Herrschaft, die die Scheidung wieder aufhob, da *die Juden nicht allein scheiden dürfen ohne das christliche Consistory zu vor untersuchen und zu erlauben haben*. Nachdem eine Gebühr von 15 fl. entrichtet worden war, konnte die Scheidung endgültig durchgeführt werden. LKAN, KBZ 224 Bd. 10: Eintrag vom 19. Januar 1754.

[181] Um 1600 hatten einige Landesherrn noch Zwangspredigten als Mittel der Judenmission vorgesehen, so z. B. in Hessen-Darmstadt, Hessen-Kassel und Brandenburg-Ansbach. Vgl. AGETHEN, Bekehrungsversuche, S. 73–75.

[182] Zwar dürfen religiöse Motive nicht ausgeschlossen werden, doch die neuere Konversionsforschung weist verstärkt auf soziale Gründe für diesen Schritt hin. Vgl. DEVENTER, Konversion; RIES, Missionsgeschichte.

[183] StAN, Herrschaft Pappenheim, Akten Nr. 4635/62: Eintrag vom 3. Juni 1708.

[184] Siehe Kapitel 3.3.

[185] Siehe ULLMANN, Nachbarschaft, S. 389–390; DIES., Kontakte, S. 294–295: in Pfersee mussten die Juden dem Bader eine pauschale Abgabe entrichten.

[186] StAN, Herrschaft Pappenheim, Akten Nr. 8146: Rechnung des Johann Jacob Hummel.

Eine weitere Gruppe christlicher Arbeitskräfte, die von Juden in Anspruch genommen wurden, waren die so genannten Sabbatmägde. Diese Frauen verrichteten in jüdischen Haushalten am Ruhetag Sabbat verbotene Arbeiten[187]. Als Jacob Amsons Magd Kela über einen von Betteljuden begangenen Diebstahl befragt wurde, sagte sie aus, sie habe am Freitag *um 9 Uhr nachts* – also nach Beginn des Sabbats – *als sie ein weißes Hembd langen wollen [...] die Zimmer Christ das Trühlein, worinnen besagte Sachen gelegen* hatten, *öffnen lassen, weilen sie, Magd, solches nicht anrühren dörfen*[188]. Zwar ist dies für Pappenheim der einzige Hinweis auf derartige Dienste, doch es kann angenommen werden, dass dort Sabbatmägde genauso verbreitet waren wie in anderen Orten mit jüdischer Bevölkerung.

Darüber hinaus waren Juden sogar bei der Herstellung von Gegenständen für den religiös-kultischen Bereich auf christliche Handwerker angewiesen. Einen Einblick in die Entstehung jüdischer Grabsteine vermittelt das Bittgesuch der Brüder Veit Ulrich und Hans Carl Neher aus Pappenheim vom 5. Februar 1738. In diesem beklagten sie sich darüber, dass *von denen Juden, welche ihre Begrabnuß hier haben, angefangen werden wolle, ihre Steine außer Landes zum merklichen Abbruch unßerer Nahrung machen zu laßen*[189]. Hieraus lässt sich folgern, dass die Herstellung der Grabsteine auf dem jüdischen Friedhof in Pappenheim fest in der Hand dortiger Handwerker war. Nachdem es im Juni 1712 in der Judenschule gebrannt hatte, wurden zahlreiche Personen über die Ursachen befragt. Unter ihnen war der Schlosser Michel Wurfflein, der den Synagogenleuchter hergestellt hatte, der anscheinend das Feuer verursacht hatte. Er gab an, diesen nach den Wünschen des Rabbiners und Hirsch Oppenheimers angefertigt zu haben, die ihm ein *Modell von einen Läuchter* gezeigt hatten[190]. Durch die Arbeit an derartigen Aufträgen erhielten christliche Handwerker Einblicke in die jüdische Kultur und Religion.

Eine reziproke Beziehung herrschte zwischen Juden und Christen in Bezug auf Kredite, da Pappenheimer Juden diese nicht nur gewährten, sondern sich selbst bei Christen Geld liehen bzw. bei ihnen verschuldet waren. Damit kam es geradezu zur Umkehrung der üblichen Vorstellungen. Rolf Kießling spricht in diesem Zusammenhang davon, dass die umgekehrte Richtung christlicher Kredite an Juden als nicht ganz so selbstverständlich und deshalb besonders bedeutsam erscheint[191]. Im Jahr 1670 klagte die Witwe Walburga Schwarz gegen den Juden Feyus, der ihr vor vier Jahren 6 fl. schuldig geworden sei. Obwohl *sie ihne seithero etlichmal deswegen ermahnet* hätte, habe er ihr bisher nichts gezahlt. Feyus entschuldigte sich damit, dass er *jeziger Zeit nicht bey mitteln* sei und bat um Nachsicht. Schließlich einigten sich beide Seiten auf eine ratenweise Abzahlung der Rückstände[192].

Etliche Belege für die Kreditaufnahme Pappenheimer Juden bei ihren christlichen Nachbarn aus dem 18. Jahrhundert sind den Unterpfandprotokollen zu entnehmen[193]. Abraham Reutlinger lieh

---

[187] Siehe dazu ULLMANN, Nachbarschaft, S. 426–430; DIES., Sabbatmägde, S. 255–257.
[188] StAN, Herrschaft Pappenheim, Akten Nr. 4645/I/2: Amtsprotokoll vom 28. Februar 1698.
[189] StAN, Herrschaft Pappenheim, Akten Nr. 6003/II, S. 9: Eintrag vom 12. März 1738; zur Herstellung jüdischer Grabsteine durch christliche Steinmetze siehe ECKEL, Friedhof, S. 73.
[190] StAN, Herrschaft Pappenheim, Akten Nr. 8155: Protocoll über Verhor etlicher Bürger wegen entstandener Feuersbrunst in der Juden Schul vom 20. Juni 1712.
[191] KIESSLING, Kommentar, S. 358; zu diesem Sachverhalt auch ULLMANN, Nachbarschaft, S. 448–450.
[192] StAN, Herrschaft Pappenheim, Akten Nr. 4635/29: Eintrag vom 14. September 1670.
[193] StAN, Adel Archivalien Nr. 4622: Pfandungsbuch des hochgräflichen Amtes Pappenheim (1734–1753); Nr. 4623 (1753–1760), Nr. 4624 (1760–1767), Nr. 4625 (1767–1773), Nr. 4626 (1773–1785), Nr. 4627 (1785–1797): Unterpfandungsprotokoll bei dem hochgräflich pappenheimischen gemeinherrschaftlichen Stadtvogteiamt.

sich 1739 von Johann Martin Grünwedel, Pfarrer in Neudorf, 600 fl. zu 5 % und verpfändete dafür seinen Garten in Pappenheim und einen Acker. Am 30. Juni 1745 erhielt Abraham Reutlinger von Grünwedel 487 fl., um Christoph Zagelmeyer bezahlen zu können, dem er für das 1737 gekaufte Haus 611 fl. schuldete. Als Reutlinger zwei Jahre später bei Amt mitteilte, dass er Esaias Simon seit fünf Jahren 800 fl. schulde, wurde festgestellt, dass auf seinem Haus bereits etliche Hypotheken lagen. Dabei handelte es sich um Schulden in nicht genannter Höhe beim Stadtvogteiamt, 937 fl. bei Senior Grünwedel, 100 fl. bei Johann Christoph Zagelmeyer, 200 fl. bei der Witwe Fink und 100 fl. beim Neudorfer *Heiligen*[194]. Als sich Israel Feis und seine Frau Sorle 1789 von den Töchtern des Stadtvogts von Müller 100 fl. zu 4 % liehen, begründeten sie dies mit *besseren Nutzen in ihrem Handlungs-Gewerb*. Fünf Jahre später nahmen sie von Bürgermeister Johann Heinrich Meyer in Merkendorf einen Kredit über 200 fl. auf, um die Aussteuer für ihre Tochter bezahlen zu können[195].

Abraham Elias Koppel entlieh von Kammerrat Kern 300 fl. bei einer Verzinsung von 6 % und verschrieb ihm dafür sein halbes Haus in der Judengasse[196]. Am 25. Januar 1752 zahlte Salomon Reutlinger an Friedrich August Ulrich, den Pfarrer von Rehlingen, 280 fl. zurück, die er ihm seit einigen Jahren schuldete. Nur wenige Monate später lastete auf seinem Haus erneut eine Hypothek, weil er sich von Pfarrer Grünwedel in Bieswang 1300 fl. zu 5 % geliehen hatte[197]. Die geschilderten Beispiele zeigen, dass sich Juden immer wieder von Pfarrern, aber auch einer Heiligenstiftung, Geld liehen[198]. Besonders häufig ist dabei der Name von Pfarrer Grünwedel zu finden[199]. Neben den schon behandelten Fällen sind folgende Juden als seine Schuldner belegt: Nathan Reutlinger (1741: 400 fl.), Amson Jacob (1742: 200 fl.), Jacob Samuel (1748: 18 fl.) und Abraham Elias Koppels Frau (1748: 150 fl.)[200].

Wegen der Schulden Amson Jacobs bei Bürgermeister Andreas Obernoeder führte dessen Witwe Besle sogar einen Prozess vor dem Reichskammergericht. Zwischen 1730 und 1740 hatte sich Amson Jacob von dem Bürgermeister 750 fl. geliehen und dafür sein Haus verpfändet. Nach seinem Tod befahl die Stadtvogtei der Witwe im Jahr 1747 das Haus zu räumen, wogegen sie sich wehrte. Bereits früher hatten Amson Jacob seine Schulden erhebliche Probleme bereitet. Im Jahr 1728 beliefen sie sich auf 5604 fl. Davon hatte er 2622 fl. an Juden zu zahlen, aber über die Hälfte des Geldes an seine 24 christlichen Gläubiger in Pappenheim und Dörfern der Umgebung. In vielen Fällen handelte es sich nicht um geliehenes Geld, sondern um nicht bezahlte Ochsen und Pferde[201].

---

[194] StAN, Adel Archivalien Nr. 4622, S. 49–50, 179–186, 234–236: Einträge vom 29. Januar 1739, 30. Juni 1745 und 28. Juni 1747.
[195] StAN, Adel Archivalien Nr. 4627, S. 158–159, 328–329: Einträge vom 2. April 1789 und 8. September 1794.
[196] Ebd., S. 78: Eintrag vom 20. April 1740.
[197] Ebd., S. 359–362, 374–376: Einträge vom 25. Januar und 7. Juni 1752.
[198] Auch in der Markgrafschaft Burgau verliehen Pfarrkirchen und Heiligenstiftungen Geld an Juden. Siehe ULLMANN, Nachbarschaft, S. 450.
[199] Johann Martin Grünwedel (1680–1754) wurde 1708 Pfarrer von Dietfurt, 1718 von Langenaltheim, 1723 von Neudorf und schließlich 1741 von Bieswang. Siehe SCHOENER, Pfarrerbuch, S. 12.
[200] StAN, Adel Archivalien Nr. 4546, S. 129–131: Eintrag vom 13. Juni 1741; Nr. 4622, S. 129–130, 253–255, 397–398: Einträge vom 7. August 1742, 11. März 1748 und 7. Februar 1753.
[201] BayHStA, RKG Nr. 7299: Copia unterthäniger Bittschrift von Amson Jacob vom 6. Dezember 1728. Seine Forderungen bei seinen Schuldnern, die im Zusammenhang mit dieser Schuldberechnung festgehalten wurden, wurden in Kapitel 5.7. ausgewertet.

Kap. 8: Die Juden und ihre christliche Umwelt

Obwohl es weitaus mehr Belege für Juden, die an Christen Geld verliehen, gibt als umgekehrt, kann aus den geschilderten Fällen gefolgert werden, dass es nicht ungewöhnlich war, wenn sich Juden, die Geld brauchten, an ihre christlichen Mitbewohner wandten. Dies bestätigen die Ergebnisse von Michaela Schmölz-Häberlein zu den Emmendinger Juden, von denen die meisten bei christlichen Bürgern verschuldet waren[202]. Die Pappenheimer Christen, die an Juden Geld verliehen, verlangten meist 5 % oder 6 % Zinsen und unterschieden sich damit kaum von jüdischen Geldverleihern. Auffällig ist, dass die Kredite, die Pappenheimer Juden bei ihren christlichen Nachbarn aufnahmen, meist relativ hoch waren und in vielen Fällen deutlich über den von Juden gewährten Krediten lagen.

Nicht als Ausdruck von Feindschaft, sondern durchaus als Anzeichen für ein normales Miteinander können Schlägereien mit Beteiligung von Juden und Christen aufgefasst werden, insbesondere wenn sie auf gemeinsamen Alkoholkonsum folgten[203]. Am 14. September 1677 wurden der Schuster Zacharias Kopp und der Jude Schmuel wegen *einer unter ihnen verübten schlägerey* vom Amt vorgefordert. Schmuel sagte aus, er sei *zimblich bezecht* zu Georg Müssen gekommen, wo er Kopp mit Frau und mehreren anderen Personen angetroffen habe. Mit der Begründung, *daß weiß und braunbier nicht allerdings wohl zusammen* passten, lehnte Schmuel das ihm angebotene Bier ab. Nach einiger Zeit kam es zu einer Rauferei – *so aber alles aus scherz geschehen*. Diese Aussage konnte Zacharias Kopp bestätigen: Die Auseinandersetzung habe keinen ernsthaften Hintergrund gehabt und später habe man *wider miteinander gezecht, der Schmuel auch $^{1}\!/_{4}$ Bier bezahlet*. Abschließend sagte Schmuel, er *seye wohl zimblich getroffen worden, doch habe ers nit im Ernst aufgenommen*[204].

Die Kooperation über die Religionsgrenzen dürfte bei der Abwehr von Gefahren selbstverständlich gewesen sein. Wenn sich jedoch Christen in die brennende Judenschule begaben, um ihren jüdischen Nachbarn bei der Bergung von Kultgegenständen zu helfen, dann geht dies über die reine Brandbekämpfung, die – angesichts der engen Bebauung – auch im eigenen Interesse war, hinaus[205]. Neben dem bisher Geschilderten konnten vereinzelte Hinweise auf weitere Formen des Kontakts zwischen Christen und Juden gefunden werden. So hatten sich *die Juden Rabbinin* und Berles *Töchterlein* in der *Rockenstuben* aufgehalten und sich dort mit Christinnen unterhalten[206]. Hirsch Oppenheimers Frau beauftragte Regina Maria Schreitmüller im Jahr 1701 damit, ihre Tochter im Nähen zu unterrichten[207]. Gelegentlich scheint es zu gemeinsamen Freizeitaktivitäten von Juden und Christen gekommen zu sein. Moyses Guggenheimer gab an, während seines Aufenthalts in Pappenheim hätten nicht nur verschiedene Juden mit ihm *gespielet, Thée oder Coffée getrunken*, sondern auch Kastner Rehau und der Kronenwirt[208]. Eine Extremform christlich-jüdischer Bezie-

---

[202] Siehe SCHMÖLZ-HÄBERLEIN, Emmendingen, S. 380.
[203] MEINERS, Nordwestdeutsche Juden, S. 522, sieht in der Beteiligung an Wirtshausschlägereien einen Hinweis auf einen normalen Umgang.
[204] StAN, Herrschaft Pappenheim, Akten Nr. 4649/I: Protokoll vom 14. September 1677.
[205] Siehe StAN, Herrschaft Pappenheim, Akten Nr. 8155: Protocoll über Verhör etlicher Burgern wegen entstandener Feuers Brunst in der Juden Schul vom 20. Juni 1712.
[206] StAN, Herrschaft Pappenheim, Akten Nr. 4649/I: Gerichtsprotokoll vom 5. Februar 1674.
[207] Nach einiger Zeit kam es zu einer Auseinandersetzung, wohl weil Hirsch Oppenheimers Frau Regina Maria Schreitmüller vorwarf, sie wolle ihre Tochter zum Christentum bekehren. StAN, Herrschaft Pappenheim, Akten Nr. 6003/54: Eintrag vom 25. Januar 1702.
[208] StAN, Herrschaft Pappenheim, Akten Nr. 4709: Examinatione Moses Guggenheimers Judens in Fürth (1712). In Sulz wurde das gemeinsame Kartenspiel von Juden und Christen immer wieder bestraft. Siehe PURIN, Sulz, S. 45. Zu Guggenheimers Taufvorhaben siehe Kapitel 8.1.4.

Kap. 8: Die Juden und ihre christliche Umwelt

hungen, die eine große Ausnahme darstellte, waren Sexualkontakte. Um das Jahr 1708 scheint *deß Jacob Judens zu Pappenheim Sohn, nahmens Löw* sich mit Susanna Christine Dinckelmeyer, der Tochter des Flemmüllers, *fleischlich vermischet* und *viel nächte bey der Flehmüllers Tochter gelegen* zu haben[209].

Kontakte zwischen Juden und Christen konnten in verschiedenen Bereichen gefunden werden: die Inanspruchnahme von Christen in unterschiedlichen Funktionen, Kredite von Christen an Juden und auch alltägliches Zusammentreffen. Diese Kontakte stellten zumindest Ansätze zur Überwindung der Fremdheit zwischen den Angehörigen der beiden Religionen dar.

8.2.2 Teilhabe der Juden an Gemeinderechten

Ebenfalls zur Überwindung dieser Fremdheit konnte die Teilhabe der Juden an Gemeinderechten beitragen. Dabei handelte es sich um eine der wenigen Schnittmengen zwischen jüdischen und christlichen Sphären, zugleich aber auch ein Konfliktpotential[210]. Rolf Kießling und Sabine Ullmann sehen in der Teilhabe an Gemeindegerechtigkeiten sogar eine tendenzielle Gleichberechtigung der Juden[211]. Dass die Teilhabe von Juden an Gemeindegerechtigkeiten und damit an der Nutzung von Weide, Wald und Wasser keineswegs außergewöhnlich war, für die Südhälfte des Alten Reichs sogar als die Regel zu betrachten ist, wurde von der Forschung erst in den letzten Jahren erkannt[212].

Die Herrschaft Pappenheim gehörte zu den Territorien, in denen Juden nicht nur Pflichten hatten, sondern auch an den Gemeindegerechtigkeiten partizipieren durften. In den 1658 und 1671 ausgestellten Schutzbriefen wurde den Juden die *niesung der gemeinen Wunne undt Weyde* gestattet[213]. Der Rezess von 1692 bestätigte die Regelung der früheren Burgfrieden, nach denen ein Jude ein Pferd, das er zum Eigenbedarf, nicht aber zum Verkauf hält, *auf die Gemein Lach gleich denen Bürgern* schicken darf[214]. Hier wird ein häufiges Spannungsfeld zumindest angeschnitten: Durch den Viehhandel hatten Juden in Bezug auf die Weidenutzung ganz andere Bedürfnisse als ihre christlichen Nachbarn, die ihre Pferde und Ochsen vor allem für die Arbeit und als Fortbewegungsmittel einsetzten. Da die jüdischen Viehhändler erworbene Tiere so bald wie möglich verkaufen wollten und somit innerhalb kurzer Zeit viele verschiedene Tiere auf die Weide schickten, fürchteten Christen, dass auf diese Weise Viehseuchen eingeschleppt würden. Ein weiterer Streitpunkt war die höhere Anzahl »jüdischen« Viehs[215].

---

[209] Dies wurde 1718 im Rahmen von Ansbacher Untersuchungen gegen Maria Juliana Gentner, der mehrfach Unzucht und Ehebruch vorgeworfen wurde, bekannt. Diese hatte sich damals auf der Flemmühle aufgehalten und offensichtlich auch zu Löw Kontakt gehabt. StAN, Herrschaft Pappenheim, Akten Nr. 8172: Kopie des Ansbacher Protokolls vom 31. Dezember 1718.
[210] MORDSTEIN, Untertänigkeit, S. 278–279.
[211] KIESSLING – ULLMANN, Doppelgemeinden, S. 295.
[212] MORDSTEIN, Ein Jahr Streit, S. 303, dort Überblick über die Situation in den Territorien des Alten Reichs: Ebd., S. 303–308; DERS., Untertänigkeit, S. 295–296; dazu siehe auch ULLMANN, Streit.
[213] StAN, Herrschaft Pappenheim, Urkunden 1658–II–11/1 (1): Schutzbrief für Berle und 1671–VIII–4 (1): Schutzbrief für Berle.
[214] StAN, Herrschaft Pappenheim, Urkunden Nr. 4413: Rezess vom 31. Juli 1692.
[215] MORDSTEIN, Ein Jahr Streit, S. 309–310; ULLMANN, Streit, S. 110–111; auch im badischen Emmendingen gab es immer wieder Auseinandersetzungen um die Frage, inwieweit Juden die Allmende nutzen durften. Siehe SCHMÖLZ-HÄBERLEIN, Emmendingen, S. 383.

Kap. 8: Die Juden und ihre christliche Umwelt

Im Jahr 1723 wandte sich die Judenschaft an Reichserbmarschall Johann Friedrich, da ihnen die bürgerlichen Vorsteher – wie im Burgfrieden vorgesehen – *nicht mehr den 1 Reit Pferd auf die Waide gehen zu laßen* erlauben wollten. Jedoch sei es *von vielen Jahren* üblich gewesen, dass jeder Jude ein Pferd auf die Weide treiben dürfe und diejenigen, *welche eigene Häuser im Besiz haben, sowohlen mit Pferd als Rindvieh niemaln ein ordinario quantum* berücksichtigen mussten. Begründet wurde dies mit den gleichen Lasten: Die Juden seien *in ansehung der gleich tragenden bürgerlichen onerum jederzeit vergünstiget worden die Viehwaid alhier wie der Bürger zu genießen*. Zusätzlich äußerten die Juden die Bitte gegen Zahlung von jährlich 3 fl. Ochsen, mit denen sie handelten, *nur etliche Tag oder Wochen* am Rande der Weide hüten zu lassen. Der Reichserbmarschall kam diesem Wunsch nur begrenzt nach: Jeder Jude sollte ein Pferd *zu seinem Handel auf die gemeinde waid* bringen dürfen, Hausbesitzer auch *eines über voriges zu seinem Dienst*. In Bezug auf für den Verkauf vorgesehene Ochsen wurde dem Begehren der Juden nachgekommen, jedoch sollten die Tiere – zum Schutz vor Seuchen – nur nach *vorheriger Schauung* auf die Weide gelassen werden[216].

Dass Hausbesitz und Gemeinderechte eng verknüpft waren, zeigen die Protokolle zu mehreren Hausverkäufen im 18. Jahrhundert. Diese verwiesen auf die zusammen mit dem Haus erworbenen Rechte, die aus den auf einem Haus liegenden Lasten resultierten. So heißt es in einem Kaufprotokoll nach der Auflistung der zu leistenden Abgaben: *dagegen aber sich der bürgerlichen Gemeinde Nutzung zu erfreuen hat*[217]. Als der Weißgerber Georg David Häuslein den Anbau hinter seinem Haus an Hirsch Lippmann verkaufte, übernahm der Käufer ein Drittel aller Abgaben, die auf dem Haus und dem Anbau geruht hatten, und hatte dafür die *bürgerliche Gemeindsnutzung zum 3ten Theil zu gaudieren*[218]. Daneben gab es vereinzelte Gebäude, die nicht mit derartigen Rechten versehen waren. So verfügte der von Abraham Elias Koppels Frau errichtete Anbau (Haus Nr. 79) über *keine Gemeindsnutzung*[219]. Die Fassion von 1808 verzeichnet bei fast jedem von Juden bewohnten Haus folgende Anteile an den Gemeinderechten: *Waldrecht aus der bürgerlichen Gemeindwaldung wie es jeder gemeindeberechtigte Bürger genießt: benötigtes Bauholz und 1 Klafter Brennholz; Viehtrift*. Bei den wenigen Ausnahmen wie dem gerade erwähnten Haus Nr. 79 heißt es: *hat kein Gemeinderecht*[220]. Die Beobachtung, dass die Gemeindegerechtigkeiten meist am Hausbesitz hafteten und Juden durch den Erwerb eines damit versehenen Hauses in den Besitz von Gemeindegerechtigkeiten gelangen konnten, wird dadurch bestätigt[221]. Ein weiterer Hinweis auf die Partizipation von Juden an Gemeinderechten ist die Auseinandersetzung zwischen jüdischer Gemeinde und Flurer im Jahr 1804. Beim Streit um die an ihn zu leistenden Abgaben unterstrich der Flurer seine Forderung mit dem Hinweis, dass die Juden *der Weide nicht wenig Schaden thun*[222]. Allein die Zahlung einer Abgabe an den Flurer kann als Indiz für einen Anteil der Pappenheimer Juden am Weiderecht gesehen werden[223].

---

[216] StAN, Adel Archivalien Nr. 5209: Schreiben der Judenschaft an den Reichserbmarschall vom Mai 1723.
[217] StAN, Adel Archivalien Nr. 4639, S. 270–271: Eintrag vom 18. Dezember 1780.
[218] StAN, Adel Archivalien Nr. 4642, S. 119–121: Eintrag vom 19. November 1787.
[219] StAN, Adel Archivalien Nr. 4638, S. 173–175: Eintrag vom 8. Mai 1776; auch Nr. 4640, S. 1–2: Eintrag vom 28. August 1781; Nr. 4642, S. 149–150: Eintrag vom 1. Februar 1788.
[220] StAN, Katasterselekt, Steuergemeinde Pappenheim Bd. 1: Fassion im Steuerdistrikt Pappenheim (1808).
[221] MORDSTEIN, Ein Jahr Streit, S. 302; ebenfalls dazu: ULLMANN, Streit, S. 101: »Mit der Gewährung von Hausbesitz ergab sich für die Schutzjuden der formale Anspruch auf eine Aufnahme in die Nutzungsgenossenschaft der jeweiligen Gemeinden.«
[222] StAN, Adel Archivalien Nr. 4730: Akten des Justizamts Pappenheim vom 15. Mai 1804, fol. 4.
[223] Aus Kriegshaber und Buttenwiesen ist bekannt, dass sich die jüdischen Bewohner, die über Weiderechte

Für Pappenheim sind mit Ausnahme von zwei Beschwerden der bürgerlichen Vorsteher aus den Jahren 1723 und 1756, dass Juden mehr Tiere als erlaubt auf die Weide trieben[224], keine Hinweise auf Ressourcenkonflikte zwischen Juden und Christen überliefert. Dies ist insofern erstaunlich, als es zum Beispiel in den Dörfern der Markgrafschaft Burgau zu »heftigem Ringen um die knappen Ressourcen«[225] kam. Eine mögliche Erklärung für diesen Unterschied könnte die Tatsache sein, dass Pappenheim als Stadt weitaus weniger agrarisch geprägt war als beispielsweise die Judendörfer Binswangen und Buttenwiesen. Die Größe der Allmende in Relation zur jeweiligen Bevölkerungszahl dürfte für die Intensität der Auseinandersetzung ebenfalls von entscheidender Bedeutung gewesen sein.

Ein weiterer Fall, bei dem aus Lasten auf Gleichberechtigung geschlossen werden könnte, sind die Quartierlasten. Beiträge bei Truppeneinquartierungen können, so Rolf Kießling und Sabine Ullmann, nicht nur als schikanöse Sonderforderungen, sondern auch als Ausdruck rechtlicher Einbindung in den dörflichen Verband gesehen werden[226]. Von den durch Einquartierungen verursachten Kosten waren die Pappenheimer Juden genauso wie ihre christlichen Nachbarn betroffen[227]. Eine Spezifikation der Quartierkosten in den Häusern der Juden vom 21. Juni 1706 zeigt, dass während des Spanischen Erbfolgekriegs Einquartierte in den Häusern von Juden lebten, jedoch von christlichen Wirten versorgt wurden[228].

8.3 Nach *jüdischen Ceremonien* oder *gemeinen kayserlichen Rechten*: Die jüdische Rechtsautonomie und ihre Grenzen

Die Existenz der frühneuzeitlichen Juden war von einem Leben in zwei Rechtssphären – einer für externe und einer für interne Angelegenheiten – geprägt[229]. Während für Erstere das Recht der sie umgebenden christlichen Mehrheitsgesellschaft ausschlaggebend war, war für Letztere das jüdische Recht, die Halacha, entscheidend. In den meisten Fällen erscheint die Kompetenzzuweisung einleuchtend, man denke an ein Handelsgeschäft zwischen einem Juden und einem Bauern oder eine jüdische Eheschließung. Doch zugleich entstehen Fragen: Wo lagen die Grenzen jüdischer Rechtsautonomie? Gab es Überschneidungen der theoretisch gedachten Rechtssphären? Da ein Fall grundsätzlich in die Zuständigkeit der »christlichen« Gerichte fiel, sobald ein Christ Kläger oder Beklagter war, sind für die Beantwortung der Fragen nur solche Auseinandersetzungen näher zu untersuchen, an denen ausschließlich Juden beteiligt waren.

---

verfügten, am Unterhalt des Gemeindehirten beteiligten. Siehe KIESSLING – ULLMANN, Doppelgemeinden, S. 531.

[224] StAN, Adel Archivalien Nr. 5209: Stadtvogteiprotokoll vom 28. Juli 1756. Zur Auseinandersetzung im Jahr 1723 siehe oben.

[225] ULLMANN, Streit, S. 108. Ähnlich für die Grafschaft Oettingen: MORDSTEIN, Ein Jahr Streit, S. 308. In Wallerstein zog sich der Konflikt gleich über mehrere Jahrzehnte hin. Siehe DERS., Untertänigkeit, S. 280.

[226] KIESSLING – ULLMANN, Doppelgemeinden, S. 525–526.

[227] Zu von Jacob Amson ausgelegten Geldern für die Bezahlung von Quartierlasten äußert sich auch der Rezess vom 31. Juli 1692: StAN, Herrschaft Pappenheim, Urkunden Nr. 4413. Siehe Kapitel 2.1.1.

[228] StAN, Herrschaft Pappenheim, Akten Nr. 3888/37: Specification derer Quartierskosten in den Juden Häusern vom 21. Juni 1706. Dies scheint über die Lasten der Juden in Pfersee hinausgegangen zu sein, die sich zur Verärgerung der Christen im Spanischen Erbfolgekrieg zwar an den Kontributionslasten beteiligten, aber keine Soldaten in ihren Häusern aufnehmen mussten. Vgl. KIESSLING – ULLMANN, Doppelgemeinden, S. 528.

[229] Vgl. PURIN, Sulz, S. 65. Zur Unterscheidung zwischen jüdischem Recht und Judenrecht siehe Kapitel 2.1.

Kap. 8: Die Juden und ihre christliche Umwelt

Ferner ist nach den Gründen für die Klage zu unterscheiden. Während die gesamte Strafgerichtsbarkeit der jüdischen Rechtsprechung grundsätzlich entzogen war, unterstand die religiöse Gerichtsbarkeit (Zeremonialsachen) selbstverständlich den Rabbinern[230]. Zusätzlich fiel der gesamte Bereich der freiwilligen Gerichtsbarkeit, also Vormundschaften und Nachlässe, Beurkundungen und Bestätigungen von Rechtsgeschäften, in deren Kompetenz[231]. Die Entscheidung über Zeremonialsachen musste schon deshalb jüdischen Richtern zufallen, da auf christlicher Seite meist große Unkenntnis über die jüdischen Religionsgesetze bestand. So wurde anstelle der Halacha oft von einem Konstrukt »Mosaisches Recht« ausgegangen. Beispielhaft dafür ist das von Johann David Michaelis verfasste 6-bändige *Mosaische Recht*[232]. Weniger eindeutig war die Lage dagegen bei Zivilklagen zwischen zwei Juden. Entweder hatte der Rabbiner in diesem Bereich überhaupt keine Kompetenz oder er durfte nur über geringfügige Fälle bis zu einem bestimmten Streitwert entscheiden[233]. Das Geschilderte ist jedoch nur als idealtypisches Modell zu verstehen, da ein erheblicher Interpretationsspielraum bestand, ob eine innerjüdische Auseinandersetzung als Zivilstreitigkeit oder Zeremonialsache betrachtet wurde[234]. Außerdem waren die beiden Rechtssphären keineswegs so streng abgetrennt und es war nicht ungewöhnlich, wenn sich Juden von selbst an herrschaftliche Gerichte wandten, obwohl dies gar nicht erforderlich gewesen wäre. So nutzten Juden in der Markgrafschaft Burgau die Dorfgerichte zur Bekräftigung von Privatverträgen[235].

Über die innerjüdische Rechtsprechung in Pappenheim ist nur sehr wenig zu erfahren, da die entsprechenden Quellen nicht überliefert sind. Im November 1793 forderte das Verwalteramt Treuchtlingen, den Pappenheimer Juden Samuel Löw mit seiner Schuldklage gegen mehrere Treuchtlinger Schutzjuden an das *privilegirte jüdische forum* in Ansbach zu verweisen. Der Pappenheimer Hofrat Körndörfer wollte dies nicht hinnehmen und sich für Samuel Löw einsetzen, weil *solche jüdische Gerichtsstellen äußerst partheyisch* seien[236]. Im Februar des darauffolgenden Jahres wurde die anscheinend zwischenzeitlich angestellte Überlegung in Pappenheim ebenfalls ein *jüdisches Gericht niederzusetzen* aufgegeben. Grund dafür war nicht zuletzt die Tatsache, dass *hier keine gelehrte*[n] *Juden* wohnten[237]. Dies – sowie die im anschließend geschilderten Fall aufgestellte Behauptung, es gebe in Pappenheim keinen Rabbiner – wirft die Frage auf, ob es sich nur um eine Momentaufnahme oder längerfristig herrschende Zustände handelt. Während Pappenheim um 1600 und in der ersten Hälfte des 19. Jahrhunderts Rabbinatssitz war, könnte es sich bei den im Untersuchungszeitraum anwesenden »Rabbis« eher um Vorbeter als rabbinisch gebildete Gelehrte gehandelt haben[238].

---

[230] GOTZMANN, Strukturen, S. 324, 349. In vielen deutschen Staaten blieben Erb-, Ehe- und Familienrecht bis ins 19. Jahrhundert religiöse Rechtssphäre. Siehe Ebd., S. 320.
[231] MORDSTEIN, Untertänigkeit, S. 300–301; Definition: E. DÖHRING, Art. »freiwillige Gerichtsbarkeit«, in: HRG Bd. 1, Sp. 1252–1262.
[232] MICHAELIS, Mosaisches Recht; siehe GOTZMANN, Strukturen, S. 322.
[233] GOTZMANN, Strukturen, S. 325, 341; so auch BATTENBERG, Juden in Deutschland, S. 70–71. Im Hochstift Würzburg wurde diese Grenze 1750 auf 12 fl. festgelegt. Siehe KÖNIG, Judenverordnungen, S. 227.
[234] Vgl. ULLMANN, Nachbarschaft, S. 189.
[235] Siehe Ebd., S. 190.
[236] StAN, Herrschaft Pappenheim, Akten Nr. 6003/65, S. 205–207: Eintrag vom 26. November 1793.
[237] StAN, Herrschaft Pappenheim, Akten Nr. 6003/66, fol. 21: Eintrag vom 4. Februar 1794.
[238] Möglicherweise war es in Folge des Konflikts zwischen Judenschaft und Rabbiner im Januar 1793 zu einer Vakanz gekommen, auf die hier Bezug genommen wird. Siehe dazu und allgemein damit verbundenen Fragen Kapitel 7.2.

Bei rechtlichen Auseinandersetzungen zwischen zwei Juden waren sich diese keineswegs immer einig, an welches Gericht sie sich wenden sollten. So bat Abraham Reutlinger im Jahr 1739 Reichserbmarschall Friedrich Ferdinand darum, den Streit mit seinem Vater Nathan um mehrere hundert Gulden an die *Jüdische Ceremonien* zu verweisen. Immerhin habe sich sein Vater acht Jahre zuvor wegen einer anderen Angelegenheit *mit einem auf Jüdische Ceremonien ausgefertigten gnädigsten Decret [...] privilegiren laßen, daß er in dieser als Jud gegen Jud concernirenden Sache nicht anderst als vor den Rabbiner denen Jüdischen Ceremonien zu antworten schuldig seyn solle.* Auf Abrahams Gesuch hin gab der Reichserbmarschall der Kanzlei die Weisung, die Auseinandersetzung zwischen Vater und Sohn *vor Jüdische Ceremonien zu verweißen*. Nathan Reutlinger lehnte diese Vorgehensweise ab, da *die allhiesige Judenschaft nicht einmal mit einem eigenen Rabbiner, vor welchem dergleichen alltäglich, ja stündlich vorkommende civil-strittigkeiten in bloßen Geld-Sachen verhandelt werden könnten, versehen* sei. Würde man sich an einen auswärtigen Rabbiner wenden, sei dies mit sehr hohen Kosten verbunden. Der von seinem Sohn angeführte Fall sei mit der jetzigen Auseinandersetzung um Geld nicht zu vergleichen. Damals sei es um Fragen gegangen, die auf *Jüdische Heyraths Sachen gegründet* waren und nach den jüdischen *Ceremonien* zu entscheiden waren. Dagegen müssten *Civilibus* nach dem römischen Recht verhandelt werden, *worinnen gar wenige Jüdische Rabbiner genügsam fundiret* seien. Daher sei es in der Herrschaft Pappenheim niemals üblich gewesen, *dergleichen civil-Strittigkeiten unter Juden wieder des ein oder andern theils Willen vor solch Jüdische Ceremonien zu verweißen*. Stattdessen seien *all dergleichen Jüdische Civil-Sachen je und allerzeit vor denen gräflichen Ämtern und Canzley nach gemeinen kayserlichen Rechten* entschieden worden. Jedoch wies der Reichserbmarschall Nathan Reutlingers Einspruch zurück und forderte, dass er innerhalb von drei Monaten über die *vor Jüdischen Ceremonien* gefundene Lösung zu unterrichten sei[239]. Auffällig ist, dass er damit die Klärung des Falls der innerjüdischen Gerichtsbarkeit überließ und nicht versuchte, diese durch einen anderslautenden Beschluss zu marginalisieren.

Obwohl es Fälle wie den gerade geschilderten gab, in denen Auseinandersetzungen innerjüdisch geregelt wurden, sind zahlreiche Klagen »Jude gegen Jude« in den »christlichen« Akten überliefert. Zum Teil wurden sie vor den Gerichten der Herrschaft Pappenheim ausgetragen, da sie wegen der Natur des Vergehens der jüdischen Gerichtsbarkeit entzogen waren. Nicht selten dürfte sich aber auch eine Seite dorthin gewandt haben, weil sie sich davon mehr versprach als von der internen Rechtsprechung[240]. Auf genauen statistischen Auswertungen beruhende Aussagen über die Häufigkeit dieses Schritts sind wegen der unzureichenden Aktenüberlieferung der Stadtvogtei, der für alle Pappenheimer zuständigen ersten Instanz, nicht möglich. Die nachfolgend dargestellten Fälle dürften dennoch ein realistisches Bild von den unterschiedlichen Anlässen, die zur Verhandlung der Klage eines Juden gegen einen anderen vor einem »christlichen« Gericht führten, vermitteln.

Mehrfach befasste sich die obrigkeitliche Gerichtsbarkeit mit unter Juden zugefügten Körperverletzungen. So wurde Hirsch Oppenheimers Magd Gahln von ihrem Kollegen Isaak mit einem Stock am Kopf so heftig verwundet und blutig geschlagen, dass sich der Bader um sie kümmern musste. Das Gericht verurteilte Isaak zur Zahlung von 2 fl. Schmerzensgeld[241]. Nachdem es zwi-

---

[239] StAN, Herrschaft Pappenheim, Akten Nr. 8208: Klage Nathan Reutlingers gegen seinen Sohn Abraham (12. Juli 1739).
[240] Nach Andreas Gotzmann trafen die jüdischen Gerichtsparteien die Entscheidung für ein christliches Gericht auf der Basis eines pragmatischen Abwägens von Risiko und Kosten. Vgl. GOTZMANN, Grenzen, S. 48.
[241] StAN, Herrschaft Pappenheim, Akten Nr. 4635/45: Eintrag vom 9. August 1698.

Kap. 8: Die Juden und ihre christliche Umwelt

schen Abraham und Schmuel zunächst zu einer verbalen Auseinandersetzung um die Finanzierung des Schulmeisters gekommen war, fingen sie eine Schlägerei an, an der auch Abrahams Sohn Berle beteiligt war. Anschließend wandten sich beide Seiten an die Herrschaft, die ihnen zu ihrem Recht verhelfen sollte. Auf der Grundlage des Verhörs mehrerer Zeugen entschied der Stadtvogt, dass Abraham und sein Sohn Berle je 2 fl. 15 kr. Strafe zahlen sollten; Schmuel wurde unter Androhung von 9 fl. Strafe aufgefordert sich friedlich zu verhalten[242].

Ebenso in die Zuständigkeit der weltlichen Gerichtsbarkeit fiel es, als mehrere durchziehende Betteljuden im Haus des Judenschulmeisters den Enkel des Schutzjuden Schmuel mit einem Messer verletzten und in einem anderen jüdischen Haus mehrere Gegenstände stahlen[243]. Im Dezember 1723 kam der Verdacht auf, dass Hirsch Oppenheimers Magd Mendle ihrem Herrn einige Zinnteller entwendet habe. Im Verhör gab sie an, die fraglichen Teller von einem Handwerksburschen gekauft zu haben. Mendle hatte sich zusätzlich verdächtig gemacht, weil sie die Teller bei der Frau des Wagners Böhm in Verwahrung gegeben hatte und vorhatte sie einzuschmelzen. Da ihr nichts nachgewiesen werden konnte, wurde Mendle auf Hirsch Oppenheimers Ansuchen aus dem Arrest entlassen[244].

Neben Diebstählen und Körperverletzungen befassten sich die herrschaftlichen Gerichte regelmäßig mit aus Ehrverletzungen resultierenden Klagen. Am 29. Oktober 1706 brachte Löw Davids Frau Regina vor, sie habe sich mit Schmuels Frau Judith *vorgestrigen Tages auf der Gassen nicht nur heftig mit ihr gezankt*, sondern sei von ihr auch beleidigt worden, indem sie eine *ausgeschorne Prangermäßige ausgehaute Französische Hur* genannt wurde. Da sie sich jedoch *jederzeit ehrlich und wol verhalten* habe, bitte sie um herrschaftliche Hilfe, damit sie *von diesem bösen Maul Ruhe haben möge*. Über den Ausgang der Verhandlung ist nichts bekannt, da noch einige abwesende Zeugen verhört werden sollten und die Akten zu dem neuen Gerichtstermin nicht überliefert sind[245]. Dabei handelte es sich nicht um den einzigen Fall, in dem sich zwei Jüdinnen wegen gegenseitiger Beleidigung an ein herrschaftliches Gericht wandten. Im September 1678 klagte Jacob Amsons Frau gegen Feyle, die Frau des Judenschulmeisters, die sie auf dem Weg in die Judenschule als Verräterin beschimpft und ihr eine schwere Krankheit gewünscht habe. Auf dem Rückweg habe sie dies *auf das allerschmehlichste* wiederholt. Zur Strafe sollte die *Schulmeisterin* an die Geigen gestellt werden. Auf Bitten von Amson wurde ihr dies erlassen, jedoch für den Wiederholungsfall eine Geldbuße von 5 fl. angedroht[246].

Auch wegen aus Verträgen und Geschäftsabschlüssen resultierenden Schuldforderungen führten Juden vor der Obrigkeit gegeneinander Prozesse. Amson Jacob klagte im Jahr 1720 bei der Stadtvogtei 1800 fl. ein, die ihm sein Vater Jacob Amson als Teil seines Heiratsguts schuldig war[247]. Salomon Reutlinger bat am 13. Dezember 1743 die Kanzlei, dafür zu sorgen, dass Philipp Joseph den zwischen ihnen getroffenen Vergleich einhalte. Dieser war nach einem Streit um Verluste bei der Belieferung der bayerischen Armee von ihren *Schiedsmännern* Nathan Reutlinger, Esaias Si-

---

[242] StAN, Herrschaft Pappenheim, Akten Nr. 8126: Protocollum in Sachen Schmuel Juden contra Abraham und Berle Juden vom 5. Januar 1657.
[243] StAN, Herrschaft Pappenheim, Akten Nr. 4645/I/2: Amtsprotokoll vom 28. Februar 1698. Siehe auch Kapitel 6.4.
[244] StAN, Herrschaft Pappenheim, Akten Nr. 4645/I/4: Amtsprotokoll vom 29. Dezember 1723.
[245] StAN, Herrschaft Pappenheim, Akten Nr. 4635/62: Eintrag vom 29. Oktober 1706.
[246] StAN, Herrschaft Pappenheim, Akten Nr. 4649/1: Gerichtsprotokoll vom 26. September 1678.
[247] StAN, Herrschaft Pappenheim, Akten Nr. 8174: Amtsprotokoll vom 4. November 1720.

Kap. 8: Die Juden und ihre christliche Umwelt

mon und Wolf Herz Gans *nach Jüdischen Ceremonien* errichtet worden[248]. Indem er sich an die herrschaftlichen Institutionen wandte, obwohl bereits innerjüdisch ein Kompromiss erzielt worden war, wollte Salomon Reutlinger anscheinend eine doppelte Absicherung seiner Ansprüche erreichen. Die bei höheren Streitwerten gemachten Beobachtungen gelten auch für Beträge unter 10 fl. So klagte Jacob Amson 1698 gegen Schmuel wegen 7 fl. 30 kr., *welche er von ihme in der güte nicht habhaft werden* könne[249]. Dass es sich dabei um keinen Einzelfall handelte, beweisen die ebenfalls aus dieser Zeit stammenden Klagen Meyers gegen Joseph[250] und Schmuels gegen Meyer[251]. Über die gegenseitigen Forderungen der Brüder Jacob und Israel Samuel musste ebenfalls die Stadtvogtei entscheiden. Nach Aufrechnung aller Ansprüche kam sie zu dem Ergebnis, dass Jacob Samuel seinem Bruder innerhalb von zwei Jahren 10 fl. 16 kr. bezahlen solle[252].

Wegen vergleichbarer Streitigkeiten zwischen Pappenheimer und auswärtigen Juden wurden ebenfalls regelmäßig herrschaftliche Gerichte in Anspruch genommen. So klagte 1749 der Ellinger Schutzjude Jacob Löw gegen die Erben Nathan Reutlingers. Er forderte den ausstehenden Lohn für die 12-jährigen Dienste seiner Tochter Nächelin bei Nathan Reutlinger und mehrere Tausend Gulden, die Reutlinger ihm schuldig geblieben sei. Die Klage wurde jedoch abgewiesen, da Nächelin sich nicht als Magd, sondern als Enkelin bei Nathan Reutlinger aufgehalten habe und es nicht nachweisbar sei, dass ein Lohn vereinbart wurde. Ferner sei die Geldforderung bereits 18 Jahre zuvor an die *Jüdischen Ceremonien* verwiesen worden[253]. Genauso wie zwischen Pappenheimer Juden wurden auch mit auswärtigen Juden Streitwerte unter 10 fl. vor den herrschaftlichen Gerichten verhandelt. Im Jahr 1771 klagte Jacob Löw aus Ellingen gegen Isaac Model. Dieser hatte ein Päckchen mit 7 fl. 16 1/2 kr. verloren, das er in Jacob Löws Auftrag der Magd Rächel überbringen sollte. Die Kanzlei entschied, dass Isaac Model den Schaden wegen Nachlässigkeit zu ersetzen habe[254]. Abraham Zacharias aus Heidenheim klagte gegen Meyer, der ihm von einem Pferdehandel 8 fl. schuldig sei. Nachdem Meyer auf einen Mangel (Hinken) des Pferdes hingewiesen hatte, wurde entschieden, dass der Verkäufer 3 fl. nachlassen solle[255].

Vielfach griff die Obrigkeit in die jüdische Ehegesetzgebung ein, indem sie vor- und außereheliche Schwangerschaften durch die Verhängung von Fornikationsstrafen ahndete[256]. Auch in Pappenheim wurden mehrere sexuelle Beziehungen zwischen unverheirateten Juden und Jüdinnen von den herrschaftlichen Behörden untersucht und bestraft. Nachdem bekannt geworden war, dass Jacob Amsons 21-jährige Magd Süßlein von ihrem verwitweten Dienstherrn schwanger sei, wurde sie von der Stadtvogtei ausführlich verhört. Dabei wurde ein in derartigen Fällen wohl nicht unüblicher Fragenkatalog[257] verwendet. Dieser umfasste zum einen allgemeine Fragen zu ihrer

---

[248] StAN, Herrschaft Pappenheim, Akten Nr. 6003/VI, S. 57–65: Eintrag vom 13. Dezember 1743.
[249] StAN, Herrschaft Pappenheim, Akten Nr. 4635/45: Eintrag vom 9. August 1698.
[250] Bei dieser Klage ging es um 3 Taler aus einem gemeinsamen Geschäft mit dem Wirt von Tauberfeld (Hochstift Eichstätt). Ebd.: Eintrag vom 9. August 1698.
[251] StAN, Herrschaft Pappenheim, Akten Nr. 4635/44: Eintrag vom 14. Februar 1696.
[252] StAN, Herrschaft Pappenheim, Akten Nr. 4635/73: Eintrag vom 13. Dezember 1720.
[253] StAN, Herrschaft Pappenheim, Akten Nr. 6003/12, fol. 6v–10v: Eintrag vom 28. Januar 1749. Höchstwahrscheinlich ist dies der Fall, auf den sich Abraham Reutlinger im Jahr 1739 in der weiter oben geschilderten Klage gegen seinen Vater Nathan bezog.
[254] StAN, Herrschaft Pappenheim, Akten Nr. 6003/33, fol. 15–16: Eintrag vom 19. Februar 1771.
[255] StAN, Herrschaft Pappenheim, Akten Nr. 4635/44: Eintrag vom 18. Dezember 1695.
[256] Vgl. ULBRICH, Shulamit, S. 205; zur Ahndung von Sexualdelikten zwischen Juden: HÄRTER, Stellung, S. 355.
[257] Vgl. dazu den bei BREIT, Leichtfertigkeit, S. 128, abgedruckten Fragenkatalog.

Kap. 8: Die Juden und ihre christliche Umwelt

Person und zur Dauer des Dienstverhältnisses. Zum anderen wurde versucht Näheres über das Vergehen in Erfahrung zu bringen: Seit wann sie schwanger sei, wie es dazu gekommen sei und ob ihr die Ehe versprochen worden sei? Etwa gleichzeitig hatte Süßleins Vater, Berrmann aus Georgensgmünd, die brandenburg-ansbachischen Behörden aufgefordert, dafür zu sorgen, dass Jacob Amson seine Tochter heirate. In einem daraufhin verfassten Schreiben des Oberamts Roth an den Pappenheimer Stadtvogt Caspar Johann Monninger wurde die Erwartung zum Ausdruck gebracht, dieser solle nach *denen allgemeinen Rechte[n] und denen Jüdische[n] Ceremonien* vorgehen und dafür sorgen, dass Jacob Amson *mit der von ihme geschwängert und zur Ehe begehrten Süßlein möge copuliret werden*[258]. Im Verhör wies der beschuldigte Jacob Amson jegliche Verantwortung für die Schwangerschaft von sich. Das Geld, das er den Eltern der Magd angeboten habe, sei kein Eingeständnis seiner Schuld, sondern er habe es *zu Erhaltung seines Credits undt guten Nachklangs* getan. Da dies dem Stadtvogt wenig glaubhaft erschien, wurde Jacob Amson aufgefordert entweder *den Reinigungs Aydt nach Jüdisch Ceremonien abzuschwören* oder Süßlein eine Entschädigung zu bezahlen. Jacob Amson widersetzte sich dem Eid, da *es unter Ihnen Juden gar eine große Sache* [sei] *einen Ayd abzuschwören*. Schließlich erklärte er sich bereit, lieber Süßlein den bei derartigen Vorwürfen üblichen Betrag zu zahlen als *einen Aydt obschon unschuldig* abzulegen. Er hatte Süßlein wie für Fälle, *wo kein Eheversprechen vorbey gangen*, vorgesehen, 25 fl. bis 50 fl. *vor ihr Ehre und Cranz* und ferner für die Versorgung des Kindes bis zum 12. Lebensjahr jährlich 5 fl. zu bezahlen. Statt der errechneten 110 fl. forderte das Amt in diesem Fall sogar 150 fl.[259].

Israel Samuel und Schönle wurden zwischen dem 23. August und 17. September 1720 vor der Stadtvogtei mehrfach verhört, nachdem das Gerücht aufgekommen war, sie sei schwanger. Dabei machte er abweichende und widersprüchliche Angaben: Zuerst gab er die Tat zu, dann beschuldigte er seinen ehemaligen Dienstherrn Amson Jacob und schließlich musste er die Schwängerung und den Plan, auf diese Weise von Amson Jacob Geld zu erhalten, eingestehen. Wegen Falschaussage wurde Israel Samuel der Herrschaft verwiesen und musste – wie auch Schönle – 20 fl. Fornikationsstrafe zahlen[260].

Am 23. Februar 1772 wurde über die von Abraham Feis und Löw Amsons Magd Schäfe aus Lehrberg begangene Fornikation entschieden. Beide sollten *wegen begangener Unzucht und erfolgter Schwängerung in die herkommliche herrschaftliche Strafe condemnirt* werden[261]. Er musste zusätzlich die Unkosten, 25 fl. Entschädigung an Schäfe, 5 fl. für die Kindbettkosten und die Bestattung des anscheinend bald nach der Geburt verstorbenen Kindes zahlen[262]. Die Appellation von Schäfes Vater Nathan Beretz, der mit Hinweis auf die Thora[263] eine härtere Bestrafung forderte, wurde von der Kanzlei abgewiesen, da seine Forderung übertrieben sei[264].

---

[258] StAN, Herrschaft Pappenheim, Akten Nr. 8133: Schreiben des Oberamts Roth an Stadtvogt Caspar Johann Monninger vom 8. Juni 1697.
[259] Ebd.: Amtsprotokoll vom 4. Juni 1697 und Bericht an den Reichserbmarschall vom 9. Juni 1697.
[260] Der Fall wurde schon in Kapitel 2.3.1.2. behandelt; StAN, Herrschaft Pappenheim, Akten Nr. 4651/III: Verhör Israel Samuels und Schönles vom 23., 26. und 27. August und 5., 10., 17. und 20. September 1720; Nr. 8173: Amtsprotokoll vom 22. und 23. August 1720, Nr. 4635/75, S. 625–628: Eintrag vom 15. November 1720.
[261] StAN, Herrschaft Pappenheim, Akten Nr. 4651/V: Protocollum Fornicationis ordinarium Invocavit 1771 bis Invocavit 1775, fol. 9: Eintrag vom 8. März 1773.
[262] StAN, Herrschaft Pappenheim, Akten Nr. 6003/35, fol. 15v–16v: Eintrag vom 23. Februar 1772. Jedoch musste Abraham Feis seinen Teil der Strafe nicht bezahlen, da sie ihm vom Reichserbmarschall *in Gnaden erlassen* wurde. StAN, Herrschaft Pappenheim, Akten Nr. 7874: Diarium über Einnahmen und Ausgaben dem hochgräflichen Reichserbmarschallischen Pappenheimischen Stadtvogtey Amt Invocavit 1773–1774.
[263] 2. Moses 22,15–16 und 5. Moses 22,28–29.

Kap. 8: Die Juden und ihre christliche Umwelt

Zwischen 1785 und 1789 befasste sich die Herrschaft mehrfach mit der Vorgehensweise bei der Wiederverheiratung von Juden. Am 11. Mai 1785 stellte Hofrat von Müller in der Kanzlei die Frage, wie im Fall von Löw Amson vorzugehen sei, der nach dem Tod seiner Frau beabsichtigte eine Witwe aus Fürth zu heiraten. Da Löw Amson einen Sohn hatte, der selbst bereits Vater war, war vor allem von Interesse, ob er mit seinem Sohn abteilen müsse und die Stadtvogtei berechtigt sei zu diesem Zweck eine Inventur durchzuführen. Die Kanzlei entschied, dass dieser Schritt wegen des fehlenden *privilegii specialis* für die Pappenheimer Judenschaft und der Sorge der Obrigkeit für das Wohl der Kinder erster Ehe bei einer Wiederverheiratung zulässig sei. Daher sei dem Sohn bzw. den Enkeln der *de jure competirende Antheil des väterlichen Vermögens ex Officio in volle Sicherheit zu setzen*[265].

Zwei Jahre später beabsichtigte Israel Feis nach dem Tod seiner Frau *zur 2ten Ehe zu schreiten*. Die 450 fl. Heiratsgut, die seiner einzigen Tochter, der 18-jährigen Scheutel, zustanden, sollten ihr durch Bürgschaft Simon Löws garantiert werden. Insbesondere auf Drängen Hofrat von Müllers wurde entschieden, dass mit Blick auf die jüdischen Kinder am besten sei, wenn künftig eine Versorgung für diese eingeführt werde und die Eltern die Vorteile einer derartigen Regelung *einsehen lernten*[266]. Als Reaktion reichte die Judenschaft eine Bittschrift ein, in der sie den Wunsch äußerte, dass *bey einer 2ten jüdischen Heyrath, nach ihren Gebräuchen, den Kindern nichts bestimmt, amtlich nicht inventirt und davon Gebühren bezahlt werden* sollten. Daraufhin entschied die Kanzlei, in diesem wie in anderen *in das Mosaische und Jüdische Ceremonial Recht wesentlich einschlagenden Fällen* bis zum Erlass einer landesherrlichen Spezialverordnung nach der *bisherigen allgemeinen Jüdischen Observanz* zu verfahren. Dementsprechend war Israel Feis bei seiner Wiederverheiratung von der gerichtlichen Inventur befreit[267]. Als Bernhard Lippmanns Witwe 1789 einen Juden aus Treuchtlingen heiraten wollte, wurde ebenfalls entschieden, sie den *Jüdischen Gebräuchen zu überlassen*. Die Haltung in der Kanzlei war allerdings nicht einheitlich, da von Müller im Gegensatz zu den übrigen Räten erneut eingreifen wollte[268]. Die mit den geschilderten Fällen verknüpfte Frage, ob die pappenheimischen Behörden bei der Wiederverheiratung von Juden zugunsten deren Kindern eingreifen sollten, offenbart zweierlei. Zum einen sind Überlegungen der Regierungskanzlei erkennbar, weitere Kompetenzen in einem Bereich, der dem innerjüdischen Rechtsbereich zuzuordnen ist, an sich zu ziehen. Zum anderen könnte daraus aber geschlossen werden, dass sich die Herrschaft nicht nur christlichen, sondern auch gegenüber jüdischen Kindern und Mündeln verpflichtet fühlte. Hierin können durchaus Ansätze zu einer Gleichbehandlung erkannt werden.

Ein weiterer Bereich, in dem die weltliche Gerichtsbarkeit gelegentlich Einfluss nehmen wollte, war das Erbrecht[269]. Welches Recht dabei zugrunde gelegt wurde, konnte für die Beteiligten von erheblicher Relevanz sein. Vor allem in einem Punkt herrschten hier große Unterschiede, da – zumindest in der Theorie – nach jüdischem Recht nur der Ehemann, Sohn oder Vater erbberechtigt

---

[264] StAN, Herrschaft Pappenheim, Akten Nr. 6003/35, fol. 23v–24v: Eintrag vom 16. April 1772.
[265] StAN, Herrschaft Pappenheim, Akten Nr. 6003/52, fol. 60v–61v: Eintrag vom 11. Mai 1785.
[266] StAN, Herrschaft Pappenheim, Akten Nr. 6003/56, fol. 144: Eintrag vom 25. September 1787.
[267] Ebd.: Eintrag vom 13. Dezember 1787, auch: Nr. 6159/IV: Bittschrift vom 2. November 1787.
[268] StAN, Herrschaft Pappenheim, Akten Nr. 6003/60, fol. 126: Eintrag vom 17. November 1789.
[269] Im Hochstift Würzburg zeigten die »christlichen« Gerichte besonderes Interesse an Erbschaftsangelegenheiten. So nahmen ab 1691 fürstbischöfliche Beamte statt des Rabbiners die Inventur vor, die »Theilung« erfolgte nach jüdischem Recht durch den Rabbiner. Ab 1750 erhielten die Rabbiner wieder mehr Rechte. Vgl. KÖNIG, Judenverordnungen, S. 229.

war. Die Witwe hatte dagegen Anspruch auf die Auszahlung der im Ehevertrag vorgesehenen Beträge und die Töchter erhielten Mitgift und Aussteuer[270].

Umfangreich dokumentiert sind die Auseinandersetzungen um die Hinterlassenschaft Isaac Jacobs, der am 11. Januar 1767 kinderlos und ohne Testament gestorben war. Gleich mehrere Seiten zeigten Interesse an seinem auf 34–40.000 fl. geschätzten Vermögen. Zunächst hatte die Witwe Zartel Anspruch auf die gesamte Erbschaft erhoben. Am 9. Februar einigte sie sich in einem unter Mitwirkung des Rabbiners Lippmann Salomon und Salomon Reutlingers zustande gekommenen Vergleich mit Löw Amson, dem Sohn des einzigen Bruders ihres Mannes. Demnach sollte dieser Alleinerbe sein und ihr die 12.000 fl., die ihr laut Ehevertrag zustanden, auszahlen. Einige Tage später ließen die Beteiligten den Vergleich von der Kanzlei bestätigen[271]. Die Ansprüche von Löw Amsons gleichnamigem Schwager in Gunzenhausen wurden abgewiesen, allerdings erhielt er 6000 fl., die seiner Frau gemäß einem *Staar* zustanden[272]. Mit Abstand am meisten Akten sind über die Auseinandersetzung zwischen Löw Amson und dem Ansbacher und Würzburger Hofjuden Abraham Rost, einem Großneffen Isaac Jacobs, überliefert[273]. Diese ist nicht zuletzt deshalb aufschlussreich, da über die Frage gestritten wurde, nach welchem Recht – jüdischem oder römischem – zu entscheiden sei.

Am 14. Januar 1768 erkundigte sich Hofrat von Zwierlein aus Wetzlar[274] beim Reichserbmarschall, ob die Pappenheimer Juden eine *ordentliche Synagoge und Societät ausmachen* und damit berechtigt seien, in ihren Streitigkeiten *secundum leges haebreorum* gerichtet zu werden. In diesem Fall wären, wie Zwierlein mit Verweis auf die juristische Literatur vermutete, die Kinder der Schwester zugunsten des Sohns des Bruders ausgeschlossen. Die Frage Zwierleins nach der Organisation der Pappenheimer Juden beruhte auf der Äußerung Rosts, die Pappenheimer Juden hätten keine *Societät* und folglich müsste über sie nach dem *iure civile* geurteilt werden. Abraham Rost behauptete die Pappenheimer Judenschaft könne nicht beweisen jemals das Privileg erlangt zu haben, dass in Sachen *Jud contra Jud* nach jüdischem Recht gesprochen werden müsse. Stattdessen seien Klagen immer beim Stadtvogt bzw. bei der Kanzlei als höchster Instanz behandelt worden.

In seiner Antwort widersprach Kanzleidirektor von Lang der Darstellung Rosts. Die Pappenheimer Schutzjuden hätten durchaus eine *ordentliche Synagoge oder Schule gaudiret*. Folglich sei auf ihre *Jüdischen Ceremonial-Sachen* stets das mosaische Recht angewendet worden. In einem ausführlicheren Bericht wurde noch einmal betont, dass die Juden in Pappenheim von *alten Zeiten her in dergleichen Erb-Fällen, gleichwie auch in ihren Ehe-Sachen und all anderen in ihre Jüdische Ceremonien einschlagenden Fällen ohne ausnahme beurtheilet* würden. Zur Bekräftigung wurde auf das Vorgehen in früheren Fällen verwiesen. Weder bei Jacob Amson (1726) noch bei dessen 1755 verstorbener Witwe Güttel oder dem im Jahr 1724 mit Hinterlassung eines Vermögens von mehr als 160.000 fl. verstorbenen Hirsch Oppenheimer sei eine gerichtliche Inventur durchgeführt worden. Dies sei nur dann geschehen, wenn die *pericula größerer passivorum als activo-*

---

[270] Siehe ULBRICH, Shulamit, S. 233, 237–238; KLEIN, Frauen, S. 198; DIES., Erbinnen, S. 176–178.
[271] Siehe StAN, Herrschaft Pappenheim, Akten Nr. 6003/29, fol. 3v: Eintrag vom 13. Februar 1767, auch Nr. 8219: Schriftwechsel bezüglich der Klage Abraham Rosts aus Höchberg gegen Löw Amson (1767/68).
[272] StAN, Herrschaft Pappenheim, Akten Nr. 6003/29, fol. 2–3: Eintrag vom 10. Februar 1767. Zum Instrument des »Staar« siehe Kapitel 3.2.2.
[273] Zu ihm siehe KSOLL, Abraham Rost.
[274] Anscheinend hatte sich eine Seite an das Reichskammergericht in Wetzlar gewandt. Der Bestand Reichskammergericht im Bayerischen Hauptstaatsarchiv enthält jedoch keine Hinweise darauf.

Kap. 8: Die Juden und ihre christliche Umwelt

rum bestand oder der Verstorbene bereits als bankrott betrachtet wurde, so Amson Jacob, Nathan Reutlinger (1746) und Abraham Reutlinger (1759). Dieser Unterschied erkläre sich dadurch, dass sich Juden in Schuldsachen bei der Stadtvogtei richten lassen müssten, nicht aber bei *successions- und Erbschafts Sachen, Ehe Sachen, Testaments Sachen etc.* In all diesen Fällen würden *Mosaische Rechte* angewandt. Folglich erbten Töchter auch nicht mehr als ihnen als Heiratsgut oder durch einen *Staar* zugesagt worden sei[275]. Zur Klärung der Verwandtschaftsbeziehungen wurde eine Stammtafel des verstorbenen Isaac Jacob erstellt, anhand dessen die Unterschiede zwischen jüdischem und christlichem Erbrecht erörtert wurden[276]. Bei Beachtung des *ius Mosaicum* sei Löw Amson als Sohn des einzigen Bruders mit Ausschluss aller noch lebenden Schwestern und der Kinder der verstorbenen Schwestern alleiniger *Heres universalis*. Folge man dem *ius commune Christianum*, stünde jedem der zwölf Geschwister Isaac Jacobs ein Zwölftel des Erbes zu, dem Kläger Abraham Rost aber nur der sechzigste Teil, da er eines von fünf Kindern war[277]. Aus ihren Äußerungen lässt sich herauslesen, dass die Herrschaft bereit war, das jüdische Erbrecht unangetastet zu lassen und nur dann eingriff, wenn besondere Umstände wie hohe Schulden eines Verstorbenen diesen Schritt rechtfertigten.

Auffälligerweise wandten sich Pappenheimer Juden sogar in einigen Fragen eindeutig religiösen Charakters an die Herrschaft. So suchten im Jahr 1656 Salomon und Löser Unterstützung bei der Klärung ihres Streits um die Nutzung einer Mikwe[278]. Der Rabbiner Joseph Hirsch bat 1793 um herrschaftliche Bestätigung seiner Position, da er sich vor den Anfeindungen einiger Juden schützen wollte[279]. Zwei Jahre später wünschten einige Pappenheimer Schutzjuden *wegen verschiedener bey der hiesigen Judenschaft eingerißener Unordnungen* herrschaftliche Hilfe[280]. Obwohl die von ihnen bemängelten Probleme allesamt den Bereich der »Ceremonien« betrafen, äußerten sie die Bitte, dass die Stadtvogtei die Sache untersuchen solle. Daraufhin entschied die Kanzlei, den Unordnungen mit Hilfe eines unparteiischen Rabbiners nachzugehen und sie abzustellen.

Der Asylant Jacob Hamburger wandte sich 1734 innerhalb weniger Wochen zweimal an die Herrschaft. Zum einen weil er das Gefühl hatte, es sei ein Bann über ihn verhängt, da einige Pappenheimer Juden mit ihm weder essen noch trinken wollten und ihm nicht erlauben wollten *gleich anderen Juden meine Jüdische Ceremonien* zu verrichten. Zum anderen fühlte er sich am Sabbat beim Aufrufen in der Synagoge ungerecht behandelt. Die Gesuche an den Reichserbmarschall begründete er nicht zuletzt damit, dass seiner Meinung nach auf diese Weise der Wert des Asyls eingeschränkt werde und es daher im Interesse des Reichserbmarschalls sein müsse, dem entgegenzuwirken[281]. Einige Jahre zuvor hatte sich Amson Jacob bei der Stadtvogtei über Salomon Meyer beklagt, der ihn den ganzen Monat in der Synagoge nicht aufgerufen habe[282].

---

[275] StAN, Herrschaft Pappenheim, Akten Nr. 8219: Berichte Kanzleidirektors von Lang vom 9. April und 30. Juni 1768.
[276] Siehe dazu Kapitel 3.2.2. und Stammtafel 3 im Anhang.
[277] StAN, Herrschaft Pappenheim, Akten Nr. 8220: Schema Genealogicum ad causam des am 11. Januar 1767 in Pappenheim verstorbenen Schutzjudens Isaac Jacob.
[278] StAN, Herrschaft Pappenheim, Akten Nr. 8126: Protokolle vom 7. und 11. November 1656; siehe auch Kapitel 7.3.
[279] StAN, Herrschaft Pappenheim, Akten Nr. 6003/65, S. 19–20: Eintrag vom 29. Januar 1793.
[280] StAN, Herrschaft Pappenheim, Akten Nr. 6003/68, fol. 86–87: Eintrag vom 31. März 1795; ausführlich dazu Kapitel 7.1.
[281] StAN, Herrschaft Pappenheim, Akten Nr. 3875: Gesuche Jacob Hamburgers an den Reichserbmarschall vom 4. Januar und 8. Februar 1734.
[282] StAN, Herrschaft Pappenheim, Akten Nr. 8213: Amtsprotokoll vom 23. September 1726.

Ebenfalls um eine eigentlich interne Angelegenheit ging es bei dem Streit zwischen Löw Amson und Nathan Reutlinger um den Verkauf von zwei Plätzen in der Judenschule. Da Löw Amson mit der Entscheidung der Stadtvogtei nicht zufrieden war, appellierte er an die Kanzlei als zweite Instanz. Nach einer Überprüfung des Urteils, zu der eine vom Rabbiner Lippmann angefertigte Übersetzung des Kaufvertrags herangezogen wurde, bestätigte die Kanzlei die bisherige Entscheidung[283].

Die geschilderten Fälle legen nahe, dass in Pappenheim keine zwei streng getrennten Rechtskreise, ein internes jüdisches Recht und ein externes Judenrecht, existierten[284]. Zwar bestand neben den »christlichen« Gerichten zweifellos eine jüdische Rechtskompetenz, die allerdings nicht sehr stark ausgeprägt war. Als Tendenz kristallisiert sich eine Zuständigkeit der herrschaftlichen Gerichte für Körperverletzungen, Diebstahl, Beleidigungen und viele Zivilklagen heraus. Dagegen befassten sie sich normalerweise nicht mit Erbschafts- und Ehefragen, obgleich dies bei Wiederverheiratungen zeitweise intensiv diskutiert wurde. Trotz der zumindest in einigen Bereichen erkennbaren Gerichtsautonomie wandten sich Juden von sich aus an die Herrschaft, um interne Probleme zu lösen oder eine Bestätigung für innerjüdische Entscheidungen zu erhalten. Neben einer Verzahnung der Rechtssphären, die enger war, als von der Forschung lange Zeit angenommen wurde, mag hierzu auch das Fehlen eines gelehrten Rabbiners beigetragen haben.

8.4 Zusammenfassung: Die Koexistenz von Juden und Christen in Pappenheim

Der auf unterschiedlichen Stereotypen beruhende Gegensatz zwischen Juden und Christen konnte sich immer wieder in Ausbrüchen von Judenfeindschaft äußern, die sich – soweit sie überhaupt aus den Quellen herauslesbar ist – vielseitig äußern konnte: Das Spektrum reichte von der Verbalisierung der Stereotypen über Beschimpfungen bis zu physischer Gewalt. Auffällig oft standen derartige Übergriffe in Zusammenhang mit Handel und Geldforderungen. Daher stellt sich – wie bei Raubüberfällen – die Frage, ob es auch zu ihnen gekommen wäre, wenn der Jude ein Christ gewesen wäre. Dagegen sind die gegen das Gebet Alenu gerichteten Vorwürfe, die in einem größeren Kontext antijüdischer Tendenzen gesehen werden müssen, eindeutig gegen Juden gerichtet.

Die religiösen Gegensätze äußerten sich unterschiedlich. Zum einen legten jüdische Speisegesetze die Grundlage für Konflikte um das Schächten und den Verkauf rituell geschlachteten Fleisches. Zum anderen forderten Pfarrer und Mesner zu verschiedenen Anlässen wie Beschneidung, Eheschließung und Tod von den Juden Stolgebühren, sozusagen als Entschädigungszahlung für durch die Anwesenheit der Juden entstandene »Einnahmeeinbußen«. Über diesen fiskalischen Aspekt und sehr vereinzelte Äußerungen von Vertretern der Kirche über Juden hinaus lassen sich die Beziehungen zwischen Juden und Kirche in Pappenheim nicht rekonstruieren. Ebenfalls keine Belege gibt es für religiöse Konflikte wie sie beispielsweise in Dörfern der Markgrafschaft Burgau um so genannte Sabbatschnüre entstanden[285].

---

[283] Siehe StAN, Herrschaft Pappenheim, Akten Nr. 6003/52, fol. 90v–91v: Eintrag vom 23. August 1785. Siehe dazu Kapitel 7.3.
[284] Vgl. BATTENBERG, Juden in Deutschland, S. 79–82; siehe dazu Kapitel 2.1.
[285] Vgl. ULLMANN, Sabbatmägde, S. 257–260.

Kap. 8: Die Juden und ihre christliche Umwelt

Aus Pappenheim sind mehrere Judentaufen als radikalste Form der Assimilation überliefert. Bei den Konvertiten handelte es sich um Männer und Frauen unterschiedlichen Alters und sozialer Herkunft. Ein auffällig hoher Anteil stammte aus Pappenheim und Umgebung. Letztendlich stellten Judentaufen einen Propagandaerfolg der Kirche dar, was sich unter anderem in umfangreichen Aufzeichnungen über ihren Ablauf äußerte. Ferner sollten hochrangige Taufpaten – vor allem Mitglieder des gräflichen Hauses – die Konvertiten bei diesem Schritt unterstützen. Diese Verbindung zeigte sich nicht zuletzt bei der Namenswahl. Andererseits wurde immer die Frage nach der Ernsthaftigkeit der Taufabsicht gestellt, um sich so vor »Taufbetrügern« zu schützen. In Pappenheim erfuhren die Geistlichen mehrere Misserfolge, wobei jedoch offen bleiben muss, ob die Rückkehr zum Judentum stets von vornherein intendiert war. In einigen Fällen kann die mit Judentaufen verbundene finanzielle Dimension zumindest ansatzweise erschlossen werden.

Bei allem Trennenden kam es in Pappenheim zu vielfältigen Kontakten zwischen Juden und Christen. Sogar für den religiösen Bereich griffen Juden auf von christlichen Handwerkern gefertigte Gegenstände zurück, ebenso wie sie deren Dienste beim Hausbau oder als Bader in Anspruch nahmen. Die bereits in einem früheren Kapitel dargestellte wirtschaftliche Tätigkeiten der Juden führte zu einer Vielzahl von Kontakten. Interessanterweise hatten auch Juden Schulden bei Christen. Dieser Befund ist zwar von der Forschung bereits für andere Orte gemacht worden, fordert aber doch vielfach bestehende Stereotype heraus. Zu Alltagskontakten, für die es aber nur vereinzelte Belege gibt, kam es unter anderem bei der Handarbeit von Frauen, dem Wirtshausbesuch und daraus resultierenden Schlägereien. Die im Zusammenhang mit dem Hausbesitz stehende Teilhabe an den Gemeinderechten zeigt die Pappenheimer Juden als Teil der Gemeinde. Allerdings herrschte hier wohl keine Gleichberechtigung, da die Juden nur eine begrenzte Zahl ihres Handelsviehs auf die Weide treiben durften. Das Beispiel der Quartierlasten verdeutlicht, dass eine tendenzielle Gleichbehandlung nicht nur bei den Rechten, sondern auch bei den Pflichten bestand.

Das Leben in einer christlichen Umwelt bedeutete für die Juden, dass zwei unterschiedliche Rechtssysteme auf sie angewandt werden konnten – das Römische Recht und die Halacha. Wie in anderen Territorien scheint auch in Pappenheim der Weg vor die »Ceremonien« in bestimmten Fällen möglich gewesen zu sein. Mit diesem Schritt verbunden war die Frage, wie viel Eigenständigkeit gewährt wurde und auf welche Rechte die Institutionen der Herrschaft Pappenheim verzichten wollten. Das Ringen um die Grenzen der Rechtsautonomie kann vor einem größeren Hintergrund gesehen werden. Zum einen war es in der Frühen Neuzeit nicht ungewöhnlich, dass verschiedenste Gruppen mit eigenen Rechten und Freiheiten ausgestattet waren oder sogar eigene Gerichtsbarkeit ausübten[286]. Zum anderen war die jüdische Rechtsautonomie von einer allgemein fortschreitenden Beschränkung korporativer Rechtsfreiräume im aufgeklärten Absolutismus betroffen[287]. Zwar gibt es aus der Herrschaft Pappenheim Hinweise auf Strukturen innerjüdischer Rechtsprechung, doch zugleich fällt eine nicht geringe Zahl von Klagen von Juden gegen Juden in den »christlichen« Akten auf. Dabei ging es zum einen um Bereiche wie Fornikation, Körperverletzung, Diebstahl und Schuldklagen, die fast immer der innerjüdischen Rechtsprechung entzogen waren, zum anderen um Wiederverheiratung, Erbrecht und Fragen religiösen Charakters. Kein Unterschied bestand dabei zwischen Auseinandersetzungen, an denen nur Pappenheimer Juden beteiligt waren, und solchen zwischen Pappenheimer und auswärtigen Juden. Die Überlieferungslage lässt keine Einschätzung zu, wie häufig Klagen zweier Juden gegeneinander, die prinzipiell

---

[286] Vgl. GOTZMANN – WENDEHORST, Zwischenräume, S. 4; MORDSTEIN, Untertänigkeit, S. 330.
[287] GOTZMANN, Strukturen, S. 351–352.

auch innerjüdisch hätten entschieden werden können, vor herrschaftlichen Gerichten verhandelt wurden. Dennoch ist eindeutig erkennbar, dass es keine strikte Trennung von jüdischem Recht und Judenrecht gab, sondern vielfältige Überlappungen auftraten.

Obwohl viele Einzelaspekte der jüdisch-christlichen Beziehungen im frühneuzeitlichen Pappenheim beleuchtet werden konnten, ist es schwierig, zu einer abschließenden Einschätzung von deren Qualität zu gelangen. Stets stellt sich die Frage, wie repräsentativ die einzelnen Äußerungen von Judenfeindschaft oder Kooperation sind. Letztlich dürfte die von Sabine Ullmann für Schwaben mit dem Begriffspaar »Nachbarschaft und Konkurrenz« charakterisierte Verflechtung in vielen Bereichen die Situation am besten beschreiben[288].

---

[288] Vgl. ULLMANN, Nachbarschaft, S. 481.

9 SCHLUSSBETRACHTUNG:
JÜDISCHES LEBEN UNTER DEM SCHUTZ DER REICHSERBMARSCHÄLLE IN PAPPENHEIM UND REGENSBURG

In der Einleitung wurde die Intention formuliert, jüdisches Leben unter dem Schutz der Reichserbmarschälle von Pappenheim in seiner ganzen Breite darzustellen. Obgleich es – wie im Lauf der Abhandlung mehrfach angeklungen ist – Bereiche gibt, die quellenbedingt nicht im wünschenswerten Umfang behandelt werden konnten, wurde doch ein vielfältiges Themenspektrum abgedeckt: von der Schutzgewährung über die Familienstrukturen, Wohntopographie, Abgaben, wirtschaftliche Tätigkeit, soziale Gliederung, Gemeindestrukturen bis zu den Beziehungen mit der christlichen Umwelt. Da die Einzelergebnisse in den Zusammenfassungen der thematisch ausgerichteten Hauptkapitel bereits referiert wurden, geht es abschließend vor allem um das Gesamtbild. Dazu sollen besonders wichtige Ergebnisse noch einmal aufgegriffen und miteinander verknüpft werden. Einem weiteren Ziel der Arbeit, dem Vergleich der Juden in Pappenheim und Regensburg, die von verschiedenartigen Rahmenbedingungen geprägt wurden, aber unter einem gemeinsamen Schutzherrn standen, entsprechend sollen Gemeinsamkeiten und Unterschiede zwischen den beiden Gemeinden und ihre Berührungspunkte zusammenfassend herausgestellt werden.

Als erstes Ergebnis kann festgehalten werden, dass Juden unter reichserbmarschallischem Schutz in Pappenheim und Regensburg, vorübergehend in Langenaltheim und Berolzheim, aber auch in München lebten. Im Mittelpunkt stehen Pappenheim und Regensburg. Dagegen war die Anwesenheit Pappenheimer Schutzjuden in Langenaltheim anscheinend nur ein Intermezzo. In Berolzheim gab es zwar eine längere jüdische Siedlungskontinuität, doch die dortigen Juden standen ab 1668 unter dem Schutz der Markgrafen von Brandenburg-Ansbach. Obwohl kein Zusammenhang zwischen den Reichserbmarschällen und München bestand, wohnten dort in der zweiten Hälfte des 18. Jahrhunderts mehrere Juden, die über Pappenheimer Schutzbriefe verfügten. Zwar hatten sie ihren Lebens- und vor allem Handelsschwerpunkt in München, verfügten aber dennoch über zum Teil intensive Bindungen zu Pappenheim.

Der größte Teil der Arbeit widmete sich den Pappenheimer Juden. Folglich wird auch bei den abschließenden Bemerkungen der Schwerpunkt auf sie gelegt. Dies bietet sich schon deshalb an, weil hier ein wirklich umfassendes Bild gewonnen werden konnte. Die Herrschaft Pappenheim hielt an der Schutzgewährung durch das spätmittelalterliche Instrument der individuellen Schutzbriefe fest. Sie zählte damit zu den Kleinterritorien, die im Gegensatz zu mittleren und größeren Territorien nicht die Einzel- durch Generalschutzbriefe ersetzten. Dennoch kam es in diesem Bereich zu Veränderungen, die in enger Verbindung mit dem Rezess von 1692 zu sehen sind, der eine deutliche Zäsur darstellte. Neben der Regelung von zahlreichen Lebensbereichen, als Beispiel sei nur an die für die wirtschaftliche Tätigkeit bedeutsame Senkung des Höchstzinssatzes erinnert, zeigen sich seine Nachwirkungen in den Schutzbriefen, die kürzer wurden und meist auf den Rezess Bezug nahmen, besonders deutlich. Somit folgte Pappenheim der allgemeinen Entwicklung, dass normative Grundlage und Schutzbrief zusammenwirkten. Von Einzelfällen abgesehen, war der in Pappenheim gewährte Schutz relativ sicher, meist konnte er zumindest auf einen Sohn über-

Kap. 9: Schlussbetrachtung

tragen werden. Als Besonderheit, die Pappenheim von anderen Orten des Alten Reichs unterschied, in denen Judenschutz ausgeübt wurde, kam die Asylgewährung hinzu. Auf diese Weise fanden zahlreiche Juden in Pappenheim vorübergehenden Schutz.

Im Vergleich mit Regensburg bleiben die Motive des reichserbmarschallischen Judenschutzes und die damit verfolgte »Schutzpolitik«, sofern es eine solche überhaupt gegeben hat, in Pappenheim weitestgehend im Dunkeln. In vielen Kleinstterritorien, zu denen auch die Herrschaft Pappenheim zu rechnen ist, war die Ansiedlung von Juden in erster Linie eine Peuplierungsmaßnahme[1]. Indem Juden Aufenthaltsrecht gewährt wurde, sollten die Einnahmen erhöht und die Machtbasis vergrößert werden, da durch die Ausübung des Judenschutzes die eigene Reichsunmittelbarkeit (Verfügung über das Judenregal) demonstriert werden konnte. Judenschutz als Mittel zur Statuserhöhung lässt sich für Pappenheim an zwei Stellen besonders gut erkennen. In Regensburg spielte zwar die Frage der Reichsunmittelbarkeit keine Rolle, doch bei den Auseinandersetzungen zwischen Reichserbmarschall, sächsischem Kurfürsten bzw. Gesandten und der Reichsstadt Regensburg ging es nicht so sehr um die Juden, die von den Maßnahmen der drei Seiten betroffen waren, sondern vor allem um Macht. Da Pappenheim in Regensburg – anders als in der Herrschaft Pappenheim – über keine eigenen Untertanen verfügte, dürfte sein Einfluss mit der Zahl der dortigen Juden gestiegen sein. Mit deren Anwesenheit waren gleichzeitig Einnahmen verbunden, die bei der Ausübung des Reichserbmarschallamts halfen. Bei der Asylgewährung in Pappenheim dürfte der mit ihr verbundene Status ebenfalls eine nicht unwichtige Rolle gespielt haben.

Angesichts des vergleichsweise geringen Anteils von Juden kann in Pappenheim wohl nicht von Peuplierung gesprochen werden. Zwar ist ein, dem allgemeinen Trend entsprechender Anstieg der jüdischen Bevölkerung festzustellen, doch mit nicht mehr als 10 % blieben die Juden eindeutig in der Minderheit. Daher erscheint es nicht gerechtfertigt, Pappenheim den »Judendörfern« zuzuordnen. Dieser Typ von Ortschaften, der neben anderen Regionen des Reichs in Franken und vor allem in Schwaben anzutreffen war, verfügte über weitaus höhere jüdische Bevölkerungsanteile. Erwähnt seien nur Kriegshaber bei Augsburg mit ca. 57 % oder gar Demmelsdorf bei Bamberg mit 66 %[2]. Doch auch mit »atomisierten« Bevölkerungsstrukturen[3] wie sie beispielsweise in Hessen und im Saar-Mosel-Raum[4] vorherrschten, können die Verhältnisse in Pappenheim nicht verglichen werden. Vielmehr scheint Pappenheim eine Zwischenstellung zwischen diesen beiden Extremen jüdischer Siedlungsformen eingenommen zu haben. Da eine ähnliche Situation auch in der Nachbarschaft Pappenheims vorherrschte[5], trifft diese Aussage möglicherweise auf das gesamte südliche Mittelfranken zu[6].

---

[1] ULLMANN, Nachbarschaft, S. 473; ENDRES, Geschichte der Juden in Franken, S. 53; HELLER, Jüdische Landgemeinden, S. 8; DERS., Peuplierungspolitik.
[2] Dazu siehe ULLMANN, Nachbarschaft, S. 348; GUTH, Landjudentum in Franken, S. 367.
[3] Der Begriff der »Atomisierung« in Bezug auf die Verteilung der Juden auf nur ein bis zwei Familien pro Ort findet sich bei COHEN, Landjudenschaften der brandenburgisch-preußischen Staaten, S. 211.
[4] Zur Verdeutlichung sei auf die Verhältnisse im Hochstift Trier hingewiesen. In 25 der 37 Orte des Obererzstifts Trier, in denen Juden lebten, hielten sich 1795 nicht mehr als drei Familien auf. Siehe KASPER-HOLTKOTTE, Aufbruch, S. 28.
[5] In Treuchtlingen gab es geringfügig mehr, in Berolzheim und Dittenheim nicht unwesentlich weniger Juden. Siehe Kapitel 7.4. Vgl. auch den Hinweis, dass in Franken eine viel stärkere Verteilung als in Schwaben vorgeherrscht habe, bei KIESSLING, Judendörfer, S. 156–157.
[6] In Anbetracht fehlender Detailstudien zu den jüdischen Gemeinden in der Nachbarschaft Pappenheims ist es nicht möglich, diesbezüglich zu gesicherten Aussagen zu gelangen.

Kap. 9: Schlussbetrachtung

Ein zweites Element von Peuplierung war die finanzielle »Nutzung« der Juden. Die Schutzjuden der Reichserbmarschälle wurden ebenfalls mit einer Vielzahl von Abgaben konfrontiert. Verglichen mit anderen Territorien waren Pappenheimer Juden aber bestenfalls durchschnittlich belastet. Dies wird insbesondere dann sichtbar, wenn man ihr Schutzgeld dem der Regensburger Juden gegenüberstellt. Werden ihre christlichen Nachbarn als Maßstab genommen, war ihre Abgabenlast aber doch deutlich höher. Trotzdem ist es wohl nicht gerechtfertigt, dem Judenschutz der Reichserbmarschälle ausschließlich fiskalische Motive zu unterstellen. Zwar profitierten sie wie andere Schutzherrn durch unterschiedliche Einnahmen von der Anwesenheit von Juden, die daraus resultierenden Erträge dürften jedoch viel zu gering gewesen sein, um als Haupteinnahmequelle[7] betrachtet zu werden. In Ermangelung eindeutiger Hinweise in den Quellen kann nur vermutet werden, dass Statuspolitik und die Ehre des Reichsamts mindestens genauso wichtige Motive waren.

Wie überall im Alten Reich war die wirtschaftliche Tätigkeit der Juden in der Herrschaft Pappenheim auf bestimmte Bereiche beschränkt: den Geldverleih sowie den Handel mit Vieh, Immobilien und Waren. Im Vergleich mit anderen Territorien scheinen ihre Möglichkeiten beim Handel mit Äckern, Wiesen und sogar kompletten bäuerlichen Anwesen überdurchschnittlich groß gewesen zu sein. Bei vielen Juden in Pappenheim fällt eine Mischung der Geschäftsbereiche auf. Zusammenfassend kann von einer Polyvalenz bei individueller Schwerpunktbildung gesprochen werden. Als Manko erweist sich, dass nicht alle Aspekte der Handelstätigkeit erfasst werden konnten. So lässt sich die Betätigung Pappenheimer Juden als Hausierer bestenfalls erahnen. Bei der räumlichen Verteilung der Geschäftsbereiche scheinen keine eindeutigen Handelsbezirke bestanden zu haben. Soweit dies nachvollziehbar ist, hatten sowohl einzelne Pappenheimer Juden als auch Juden aus anderen Orten Schwerpunkte, die aber nicht mit Ausschließlichkeit gleichgesetzt werden dürfen. Ebenso endete der Handelsbereich der Pappenheimer Juden nicht an den Grenzen ihrer Herrschaft. Somit ergab sich Konkurrenz nicht nur zwischen Juden und Christen, sondern auch zwischen Pappenheimer Juden und den Juden in der Umgebung.

Aus den Erwerbsstrukturen resultierten letztendlich Einkommen, Besitz und sozialer Status. Auch in Pappenheim zeigte sich eine quasi-ständische Gliederung der Juden: An der Spitze standen einige wenige Hofjuden, die ihre Einkünfte keinesfalls ausschließlich aus Geschäften mit dem Hof erzielten. An sie schloss sich die breite Schutzjudenschicht an, die von recht wohlhabend bis zu arm reichte. Zwar nicht zur Gemeinde gehörig, aber dennoch wahrscheinlich fast immer präsent waren als dritte soziale Gruppe die Betteljuden. Aus unterschiedlichen Gründen war Armut weitverbreitet. Dass nur für einen kleinen Teil der Pappenheimer Juden die wirtschaftliche Tätigkeit genauer rekonstruierbar ist, dürfte – angesichts der Protokollierungsgrenze, aufgrund der nur »höherwertige« Geschäfte festgehalten wurden – in einem engen Kausalzusammenhang mit der Vermögensverteilung stehen.

Nicht übersehen werden dürfen jedoch die Bemühungen, den Verarmten zu helfen. Zum einen geschah dies durch ein internes Armenwesen, das auch die Betteljuden nicht ausschloss. Zum anderen konnte durch einen Kommunikationsprozess mit der Obrigkeit erreicht werden, dass die Abgaben an das Mögliche angepasst wurden: Schutzgeld und Steuern wurden deutlich reduziert. Die Vorschläge für zu ergreifende Maßnahmen stammten oft von den betroffenen Juden selbst. Dies gilt teilweise auch für andere Bittgesuche. Erinnert sei an die Abänderung des Textes einer Verordnung bezüglich der Protokollierung von Geschäftsabschlüssen im Jahr 1747, die nach einer

---

[7] Nach HERZIG, Geschichte, S. 115, waren Juden in vielen Kleinstterritorien die Haupteinnahmequelle.

Kap. 9: Schlussbetrachtung

entsprechenden Initiative der Pappenheimer Juden erlassen worden war. Zwar liegen für Pappenheim zu wenige derartige Gesuche vor, um zu einem eindeutigen Ergebnis zu gelangen, doch es erscheint nicht unwahrscheinlich, dass Verordnungen auf einem kommunikativen Prozess zwischen Juden und Obrigkeit basierten[8].

Aus der Anpassung der Abgaben an das Mögliche kann eine weitere Schlussfolgerung in Bezug auf das Verhältnis zwischen Obrigkeit und Juden gezogen werden: Ursprünglich war das Schutzgeld eine Gegenleistung für die Schutzgewährung, konnte dieses nicht mehr entrichtet werden, bestand kein Recht auf einen weiteren Aufenthalt und es drohte die Ausweisung. Da dieser Konnex mit der Zeit nicht mehr so eindeutig war, geht Ralf Schäfer für Hohenzollern-Sigmaringen davon aus, dass »dem persönlichen Abhängigkeitsverhältnis [...] allmählich eine Fürsorgepflicht des Landesherrn gegenüber der jüdischen Bevölkerung unterlegt worden zu sein« scheint. Dadurch hätte das Schutzverhältnis über die in den Schutzbriefen zugesicherten Rechte hinaus beinhaltet, dass »der Fürst sich um ›seine‹ Juden in Fällen der Not zu kümmern« hatte[9]. In Pappenheim finden sich ebenfalls Hinweise, die für einen derartigen Wandel sprechen. Bei der Schutzgewährung scheint zumindest eine gewisse soziale Komponente bestanden zu haben. Erklärte sich der Schutzsuchende bereit, für die Versorgung von bereits in Pappenheim lebenden Verwandten (meist seine Eltern) zu sorgen, konnte er eher mit Großzügigkeit rechnen als auswärtige Kandidaten. Abgabenrückstände und Zahlungsunfähigkeit führten im 18. Jahrhundert nicht mehr zur Ausweisung, sondern zur Moderation oder Befreiung. Die Häufigkeit dieses Schritts bei Schutzgeld und Steuern weist nicht nur auf finanzielle Schwierigkeiten der Schutzjuden hin, sondern zugleich auf die Bereitschaft der Obrigkeit diesen zu helfen bzw. sie zumindest nicht weiter zu belasten. Ferner vertraten Ende des 18. Jahrhunderts einzelne Mitglieder der Pappenheimer Regierungskanzlei die Ansicht, dass die Herrschaft gegenüber jüdischen Kindern und Mündeln die gleichen Verpflichtungen wie gegenüber christlichen habe und dafür sorgen müsse, dass diese bei Wiederverheiratung des Vaters nicht benachteiligt würden. Da es sich bei dem Genannten nur um Einzelbelege handelt und vor allem keine Motive für die Haltung der Obrigkeit bekannt sind, sollte man sich vor zu weitreichenden Schlussfolgerungen hüten. Anstatt Milde oder gar einer »Fürsorgepflicht« könnten weitaus pragmatischere Gründe für derartige Entscheidungen gesprochen haben, z.B. die Hoffnung, dass eine vorübergehende Moderation eine wirtschaftliche Erholung ermögliche und der Schutzjude wieder zu einem »ordentlichen« Zahler werde. Bei der Aufnahme der Kinder von Pappenheimer Schutzjuden mag die Ansicht vorgeherrscht haben, eine bessere Prognose über deren künftiges Verhalten treffen zu können als bei auswärtigen – und damit unbekannten – Bewerbern. Dennoch erscheint es nicht ungerechtfertigt, von einem besonderen Schutzverhältnis gegenüber den eigenen Juden zu sprechen, denn diese konnten auf mehr Rücksicht und Verständnis hoffen als fremde Juden.

Das bereits angesprochene hierarchische Gefälle innerhalb der Gemeinde tritt noch deutlicher zutage, wenn ein Bündel von Faktoren zusammen betrachtet wird. Es wird eine untereinander verwandte Elite sichtbar, die sich von Amson bis Löw Amson über mehr als ein Jahrhundert erstreckte[10]. Deren Mitglieder dominierten nicht nur in der Steuereinstufung, sondern vereinten

---

[8] Dieser Zusammenhang konnte von Johannes Mordstein für die Grafschaft Oettingen anhand der Judenschutzbriefe nachgewiesen werden: MORDSTEIN, Untertänigkeit, S. 171–176.
[9] SCHÄFER, Rechtsstellung, S. 49. Als Beleg hierfür führt er unter anderem an, dass ab 1820 armen Juden mehrmals Schutzgeld nachgelassen wurde bzw. Rückstände nicht erhoben wurden. Vgl. Ebd., S. 50.
[10] Dies ist keinesfalls ungewöhnlich. Im hessischen Niedenstein gab es zwei Hauptfamilien, denen alle anderen Juden in dem Ort zugeordnet werden konnten. Vgl. DEMANDT, Niedenstein, S. 2.

Kap. 9: Schlussbetrachtung

zusätzlich die mit Abstand meisten Protokolleinträge und damit Geschäftsabschlüsse auf sich. Außer ihnen sind nur wenige Juden bekannt, die über Dienstpersonal verfügten. Ferner stellten sie den größten Teil der Barnossen. Zugleich gingen die Mitglieder dieser Familien Eheverbindungen über tendenziell weitere Entfernungen ein als andere in Pappenheim lebende Juden. Dieses Faktorenbündel, mit dessen Hilfe die soziale Lage näher dargestellt werden kann, soll anhand von zwei Beispielen verdeutlicht werden. Hirsch Oppenheimer war im Jahr 1701 laut Einstufung seines Steuerfußes der vermögendste Pappenheimer Jude. Im Zeitraum von 1650 bis 1709 gewährte er die zweitmeisten Kredite, kaufte die meisten Schuldverschreibungen auf, war 1690–1699 der dominante Viehhändler und zwischen 1680 und 1699 einer der zwei Pappenheimer Juden, die mit Grundstücken handelten. Innerhalb von drei Jahrzehnten sind 11 Mägde und Knechte, die bei ihm arbeiteten, bekannt. Als Barnos und Hofjude strahlte er gleichermaßen nach innen und außen Autorität aus. Zwei Generationen später ragte Löw Amson unter den Pappenheimer Juden heraus. 1755 war er in der Steuereinstufung an zweiter, 1774 an erster Stelle. Im Bereich der Kreditvergabe war er dominant, ebenso wie im Grundstücks- und Güterhandel. Besonders auffällig waren seine wirtschaftlichen Aktivitäten im Hochstift Eichstätt. Bei ihm dienten mindestens eine Magd und ein Knecht, der immerhin 38 Jahre bei ihm arbeitete.

Eine »Welt für sich« offenbart sich bei der Betrachtung interner Strukturen. Das innergemeindliche Leben, das die jüdische Gemeinde als weitgehend – aber nicht vollständig, wie die Beispiele der Bitten um Zustimmung zu einer Gemeindeordnung oder des Rabbiners um Bestätigung seines Amts zeigen – von der christlichen Umwelt abgeschlossene Einheit präsentierte, konnte nur für einen eingeschränkten Bereich rekonstruiert werden. Dabei bietet sich ein aus anderen Gemeinden bekanntes Bild: An der Spitze der Gemeinde standen Rabbi bzw. Vorsinger und Barnos, durch den Erlass von Gemeindeordnungen wurden interne Normen gesetzt und es existierte eine Judenschule als Zentrum der Religionsausübung. Der Ort, der Lebende und Tote verband, der Friedhof, verknüpfte zugleich die Pappenheimer Gemeinde mit denen des Umlands und mit Regensburg.

Trotz der in dem gerade geschilderten Bereich unverkennbaren Absonderung gab es vielfache Beziehungen von Juden und Christen. Die Frage nach dem Verhältnis zwischen den Angehörigen der beiden Religionen ist nicht zuletzt vor dem Hintergrund der von der Forschung entwickelten Integrations-, Segregations- und Kohärenzmodelle von Interesse[11]. Werden die jüdisch-christlichen Beziehungen räumlich betrachtet, kann festgehalten werden, dass die Pappenheimer Juden nicht in einem Ghetto, sondern mitten unter ihren christlichen Nachbarn lebten. Diese Situation resultierte daraus, dass beim Hausbesitz so gut wie keine Einschränkungen bestanden und Juden Häuser bzw. Haushälften von Christen übernehmen konnten (und umgekehrt). Zumindest unter diesem Aspekt herrschte ein enges Nebeneinander, das natürlich nichts über die Qualität der Beziehungen aussagt. In Zusammenhang mit dem Hausbesitz stand die Partizipation an der Allmende, die aber wohl nicht mit Gleichberechtigung gleichgesetzt werden darf. Darüber hinaus konnten unterschiedlichste Beziehungen zur christlichen Umwelt festgestellt werden, die sich keinesfalls auf den Bereich des Handels beschränkten. An dieser Stelle sei noch einmal auf den Aspekt der Kreditaufnahme von Juden bei Christen hingewiesen, die sozusagen Handelsbeziehungen unter umgekehrten Vorzeichen darstellten. Da sowohl Alltagskontakte als auch Konflikte und Feindschaft sichtbar wurden, stellt sich die Frage, was überwog. Geht man von der Prämisse aus, dass Ausbrüche von Judenfeindschaft als Störung der öffentlichen Ordnung mit einer größeren Wahrscheinlichkeit dokumentiert wurden als tagtägliche Kontakte, so scheint eher der Frieden die Normalität gewesen zu sein.

---

[11] Zu den drei Modellen siehe Kapitel 8.

Kap. 9: Schlussbetrachtung

Ein möglicherweise trennendes Element waren die unterschiedlichen Rechtssysteme, wobei der Umfang der Anwendung »jüdischen« Rechts in Pappenheim eher begrenzt gewesen sein dürfte. Dabei sollte allerdings nicht vergessen werden, dass dies auch für andere Gruppen der frühneuzeitlichen Gesellschaft galt. Weitaus trennender wirkte sich der religiöse Unterschied aus. Was die Pappenheimer Pfarrer über ihre jüdischen Nachbarn dachten, ist nicht bekannt. Diese Beziehungen lassen sich nur hinsichtlich der von den Juden an die Geistlichkeit gezahlten Stolgebühren rekonstruieren. Eine Extremsituation stellten Konversionen dar, die – soweit dies zu überblicken ist – Ausnahmeerscheinungen blieben. Hier ist allerdings nicht zu übersehen, dass Juden zwar geduldet wurden und ein weitgehend friedliches Zusammenleben möglich war, aber dennoch der Wunsch bestand, diese für das Christentum zu gewinnen und damit die Überlegenheit des eigenen Glaubens zu demonstrieren.

Zusammenfassend ergibt sich ein vielschichtiges Bild, das mit Begriffen wie Integration oder Isolation nicht vollständig zu beschreiben ist. Bei der Betrachtung einzelner Bereiche kann zweifelsohne das eine oder das andere festgestellt werden: Als Nachbarn und Teilhaber an der Allmende waren Juden (weitgehend) integriert, in Bezug auf die Religionsausübung überwog dagegen die Segregation. Das Modell der Doppelgemeinde geht davon aus, dass mit christlicher Dorfgemeinde und jüdischer Gemeinde in einem Ort zwei getrennte Verbände mit parallelem Aufbau der kommunalen Verwaltung nebeneinander bestanden, die nur wenige Berührungspunkte wie die Gemeinderechte hatten[12]. Zu »den Voraussetzungen für diese Form der Kommunalverfassung zählten ein entsprechendes demographisches Gewicht der Judenschaften [...] sowie der jüdische Hausbesitz mit seinen daran haftenden Gemeinderechten«[13]. Letzteres war in Pappenheim eindeutig gegeben, doch bei den Bevölkerungszahlen bestehen Unterschiede. Während in den »Judendörfern« der Anteil der Juden bis zu 50 %[14] erreichen konnte, lag er in Pappenheim bei 5–10 %. Trotz der quantitativen Abweichungen finden sich qualitative Übereinstimmungen, die eine Anwendung dieses Konzepts rechtfertigen. Durch die Partizipation der Juden an den Gemeinderechten war eine Verbindung gegeben. In Bereichen wie der internen Gerichtsbarkeit, der Armenfürsorge, Ernennung der Funktionsträger und wohl auch dem Schulwesen war eine Eigenständigkeit der beiden Gemeinden vorhanden. Bedingt durch die Quellenlage ist es für Pappenheim allerdings nicht möglich, eine eventuelle Parallelität im Aufbau der Funktionsorgane der beiden Gemeinden zu überprüfen.

In der vorliegenden Arbeit wurden nicht nur die Pappenheimer Juden, sondern auch die reichserbmarschallischen Schutzjuden am Ort des Immerwährenden Reichstags behandelt. So weit dies möglich war, wurden bereits Vergleiche zwischen den Verhältnissen in Pappenheim und Regensburg angestellt. Dabei ergab sich, dass in Regensburg – im Gegensatz zu Pappenheim – mehrere mit Judenordnungen gleichsetzbare Reglements erlassen wurden. Indem ihre Vorgaben zunehmend weniger restriktiv waren und mehr Rechtssicherheit gewährten, zeigt sich über den Untersuchungszeitraum eine Tendenz in Richtung Liberalisierung. Bedingt durch das Einwirken Dritter (so z. B. die Festlegung auf höchstens vier Schutzjuden) und den damit verbundenen Druck von außen war eine Schutzstelle in Regensburg ein knappes und kostbares Gut. Zugleich war die Lage derjenigen,

---

[12] Siehe dazu: KIESSLING – ULLMANN, Doppelgemeinden; ULLMANN, Nachbarschaft, S. 382–411. Kritisch zum Begriff »Doppelgemeinde«, der eine Gleichrangigkeit suggeriere: BATTENBERG, Juden in Deutschland, S. 99.
[13] KIESSLING – ULLMANN, Doppelgemeinden, S. 533.
[14] Ebd., S. 516: »Nicht mehr ›Minderheit‹ stand gegen ›Mehrheit‹, sondern zahlenmäßig in etwa gleich große Gruppen lebten in den Orten nebeneinander.«

Kap. 9: Schlussbetrachtung

denen bereits Schutz gewährt worden war, prekärer und unsicherer als in Pappenheim. In engem Zusammenhang damit steht der unterschiedliche Handlungsspielraum der Reichserbmarschälle als Schutzherrn. Denn bei der Schutzausübung musste meist das Verhältnis zwischen Pappenheim und Kursachsen berücksichtigt werden, das sich vielleicht am besten als von Konkurrenz geprägte Kooperation beschreiben lässt. Die Unterschiede in den Rahmenbedingungen reflektierten sich ferner in der Höhe der Abgaben und der Bevölkerungsentwicklung. Der Schutzgeldsatz war in Regensburg deutlich höher als in Pappenheim, was wohl neben dem wirtschaftlichen Potential der Reichsstadt durch die weitaus größere Nachfrage nach Schutzstellen begründet gewesen sein dürfte. Der jüdische Bevölkerungsanteil in Regensburg war nicht nur deutlich geringer als in Pappenheim, sondern war obendrein von mehrfachen Einbrüchen gekennzeichnet, die durch Druck von außen (vor allem der Reichsstadt Regensburg) verursacht wurden.

Neben einem Vergleich galt das Interesse der Frage nach Berührungspunkten von Pappenheimer und Regensburger Juden. In der bisherigen Darstellung konnten viele Unterschiede, so die rechtlichen Rahmenbedingungen, die Formulierung der Schutzbriefe, die Ausstellung von Expektanzdekreten in Regensburg und die stark abweichende Schutzgeldhöhe, aber nur wenige Gemeinsamkeiten festgestellt werden. Von der Person des Schutzherrn abgesehen – wobei in Regensburg zusätzlich dem sächsischen Kurfürsten und seinem Gesandten als Stellvertreter vor Ort Bedeutung zukam – handelte es sich dabei vor allem um den jüdischen Friedhof in Pappenheim, auf dem viele Regensburger Juden ihre letzte Ruhestätte fanden. Daneben konnten bei der Quellenrecherche sehr vereinzelte weitere Hinweise gefunden werden, die an dieser Stelle aufgegriffen werden sollen. Aus einer Abrechnung zwischen Reichserbmarschall Friedrich Ferdinand und Nathan Reutlingers Erben wird ersichtlich, dass Nathan Reutlinger anscheinend in Regensburg Schutz versprochen worden war, denn er hatte zu einem nicht genannten Zeitpunkt dem Reichserbmarschall *wegen des Schutzes zu Regensburg, welchen nachgehends ein anderer bekommen*[15] hatte, Geld gezahlt. Im Juni 1772 waren die Pappenheimer Juden Adam Reutlinger und Löw Abraham nach Regensburg gekommen und hatten dort um Geleit und damit ein längerfristiges Aufenthaltsrecht nachgesucht. Auf Druck des Regensburger Magistrats mussten sie die Stadt wieder verlassen[16]. Im Jahr 1700 hatte Hirsch Oppenheimer den Regensburger Juden – wohl für deren Schutzgeldentrichtung – Geld ausgelegt. Einige Jahre später teilte Reichserbmarschall Christian Ernst seinem Reichsquartiermeister Heberer mit, Hirsch habe *einmal 150 fl. und das andere mahl 180 fl. vor die gesamte Regensburger Judenschaft zu Erhaltung ihres Schutzes uns bezahlt*[17]. Amson Jacob forderte 1744 Geld, weil er Salomon Brode aus Regensburg während einer langwierigen juristischen Auseinandersetzung vor der Pappenheimer Kanzlei vertreten hatte[18]. Der Pappenheimer Schutzjude Isaac Meyer klagte 1752

---

[15] StAN, Herrschaft Pappenheim, Akten Nr. 8209: Entscheidung der Konferenz über Nathan Reutlingers Forderung an die Herrschaft vom 24. Juni 1749.
[16] StAN, Herrschaft Pappenheim, Reichserbmarschallamt Nr. 818: Bericht von Langs vom 18. September 1772. Der Fall wurde bereits in Kapitel 2.5.2 angesprochen. Ein Adam Reutlinger ist aus den Pappenheimer Akten nicht bekannt, jedoch gab es dort im 18. Jahrhundert mehrere Mitglieder der Familie Reutlinger, so dass es sich bei ihm um einen jüngeren Bruder gehandelt haben könnte, der über keinen Schutzbrief verfügte. Dafür würde auch sprechen, dass die beiden in den Akten als Pappenheimer Juden, nicht aber als Schutzjuden bezeichnet werden. Löw Abraham könnte mit Philipp Josephs Schwiegersohn identisch sein, der 1774 einen Pappenheimer Schutzbrief erhalten hatte. Zu ihm siehe Kapitel 3.2.3.
[17] StAN, Herrschaft Pappenheim, Reichserbmarschallamt Nr. 1055: Weisung Christian Ernsts an Reichsquartiermeister Heberer vom 26. Dezember 1712.
[18] Siehe StAN, Herrschaft Pappenheim, Reichserbmarschallamt Nr. 1472: Forderung Israel Heilbronners aus Fürth an Salomon Brode vom 1. Juni 1744.

Kap. 9: Schlussbetrachtung

gegen Wolf Salomon Brode, da es zwischen ihnen beim Handel mit Weinfässern zu einem Konflikt gekommen war[19]. Aus den städtischen Geleitverzeichnissen geht hervor, dass Pappenheimer Juden gelegentlich nach Regensburg kamen und dort Zoll zahlen mussten. Dokumentiert sind beispielsweise Abraham (1653), Samuel Schimmel (1665), Abraham und Amschel (1666), Samuel (1669), Salomon Hirsch (1677) und Jacob Samuel (1743)[20].

Trotz dieser ergänzend angeführten Hinweise muss insgesamt ein Neben- statt einem Miteinander der beiden reichserbmarschallischen Gemeinden konstatiert werden. Eine mögliche Erklärung dafür könnte in der Person der jeweiligen Schutzjuden liegen. Soweit dies nachvollziehbar ist, bestanden keine verwandtschaftlichen Verbindungen, zusätzlich unterschieden sich die sozialen Beziehungen der Pappenheimer und Regensburger Juden. Die Pappenheimer Juden waren überwiegend mit ihrem näheren Umfeld verknüpft, die Regensburger dagegen stärker mit Juden in München, Wien und Berlin. Zumindest einige von ihnen können wohl dem unteren Rand der jüdischen Oberschicht des Reichs zugerechnet werden, es sei nur an die Verwandtschaft mit Samson Wertheimer erinnert. Somit gab es nicht das jüdische Leben unter dem Schutz der Reichserbmarschälle, sondern unterschiedliche Ausformungen, die von den jeweiligen Rahmenbedingungen beeinflusst wurden.

---

[19] StAN, Herrschaft Pappenheim, Reichserbmarschallamt Nr. 774: Isaac Meyer Jud zu Pappenheim gegen Wolf Salomon Brode Juden zu Regensburg (1752).
[20] Siehe StadtA Regensburg, HVA AAR 92a: Extract aus gemeiner Stadt Regensburg Rechnungen das Juden Geleit betreffend.

Anhang

*Die Tabellen 1 bis 15, das Diagramm und die Karte 1
sind in den Textteil eingefügt
(vgl. die Übersicht auf den Seiten VIII und IX).*

Tabelle 16: Umfang der Herrschaft Pappenheim[1]

a) Orte, in denen die Herrschaft Pappenheim Hochgerichtsbarkeit, Dorf- und Gemeindeherrschaft und Grundherrschaft allein ausübte:

Ort	Zahl der Anwesen
Altheimersberg	1
Bergnershof	1
Bonhof	3
Flemmühle und - hof	3
Geislohe	31
Göhren	45
Grafenmühle	1
Grönhart	7
Haag	7
Höfen	5
Hürth	4
Kästleinsmühle	1
Kohlmühle	1
Lehnleinsmühle	1
Markhof	2
Mittelmarterhof	2
Neudorf	69
Neufang	5
Neuherberg	2
Niederpappenheim	2
Osterdorf	32
Papiermühlen	3
Pappenheim	179
Rehlingen	35
Rothenstein	15
Rutzenhof	1
Schambach	61
Stadelhof	1

[1] Die Zahlen basieren auf HOFMANN, Gunzenhausen, S. 104-182.

Anhang:

b) Orte, in denen Pappenheim die Hochgerichtsbarkeit ausübte, aber auch andere Herrschaften Rechte hatten:

Ort	Hochgerichtsbarkeit (HG) sowie Dorf- und Gemeindeherrschaft (DGH)	Pappenheimer Anteil an der Grundherrschaft (Zahl der Anwesen)	
Bieswang	HG und DGH: Pappenheim	71	(90)
Büttelbronn	HG und DGH: Pappenheim	42	(56)
Dettenheim	HG und DGH: Pappenheim	57	(61)
Dietfurt	HG und DGH: Pappenheim	51	(53)
Emetzheim	HG: zwischen Pappenheim und Sandsee (Eichstätt) umstritten; DGH: Sandsee	4	(47)
Graben	Pappenheim beansprucht HG, de facto übt jede der fünf Landesherrschaften alle hohe und niedere Jurisdiktion aus; DGH: Deutschorden Ellingen	4	(21)
Hagenau	HG: Pappenheim, DGH: kumulative	1	(4)
Langenaltheim	HG: Pappenheim; Richteramt Solnhofen beansprucht neben Pappenheim DGH	70	(133)
Lohhof	HG: Pappenheim	1	(2)
Naßwiesen	HG: Pappenheim	1	(4)
Neuheim	HG: Pappenheim	2	(3)
Suffersheim	HG: Pappenheim und Weißenburg als Kondominat; DGH: Weißenburg	1	(48)
Übermatzhofen	HG: Pappenheim, von Ansbach als Kondominat beansprucht; DGH: Pappenheim und Verwalteramt Solnhofen	11	(23)
Zollhaus	HG: zwischen Pappenheim und Pfalz-Neuburg umstritten	2	(2)

Tabellen

c) Orte außerhalb des Hochgerichtsbarkeitsbereichs, in denen Pappenheim Grundherrschaft ausübte

Ort	Pappenheimer Anteil bei Grundherrschaft (Zahl der Anwesen)		Darüber hinausgehende Pappenheimer Ansprüche
Dittenheim	2	(130)	
Döckingen	8	(100)	
Ehlheim	1	(12)	
Fiegenstall	1	(23)	
Gundelsheim	1	(30)	
Hechlingen	1	(131)	
Holzingen	1	(33)	
Meinheim	29	(97)	
Obere Blosenmühle bzw. Buhlhüttenmühle	1	(1)	
Rehau[2]	nicht bekannt		DGH-Anteil
Schertnershof	3	(3)	
Schmalwiesen	1	(12)	
Störzelbach	1	(20)	
Theilenhofen	3	(61)	
Trommetsheim	28	(68)	DGH jurisdiktionell mit Oberamt Gunzenhausen
Wachenhofen	2	(26)	
Wachstein	4	(29)	
Westheim	1	(83)	
Windsfeld	1	(58)	
Wolfsbronn	5	(22)	
Zimmern	10	(21)	DGH: Pappenheim, von Richteramt Solnhofen als kumulative beansprucht
Zollmühle	1	(1)	

[2] Rehau liegt außerhalb des Untersuchungsgebietes des Bandes Gunzenhausen-Weißenburg des HAB und ist bisher nicht im Rahmen eines anderen Bandes behandelt worden. Die wenigen vorhandenen Angaben basieren auf HOFMANN, Gunzenhausen, S. 98.

Anhang:

Tabelle 17: Entwicklung judenrechtlicher Verordnungen in Regensburg[1]

1695[2]	1699[3]	1712[4]	1716[5]	1729/1733[6]
Höchstzahl 4 Haushalte (1)				
Emigration weiterer Juden (2, 3)				
Einschränkung der Religionsausübung (4)	Ausübung in der Stille (5)	(8)	(8)	(4)
Beschränkung der Beherbergung fremder Juden (5)	Beherbergung fremder Juden nur mit Geleit (7)	Pass/Zoll fremder Juden (11)	Kein Kontakt zu Juden ohne Geleit (11)	Anmeldung fremder Juden (11)
Wahl abseitiger Wohnorte (6)				
Kleiderordnung: Ring am Mantel (7)				
Herumgehen während Sonn- und Feiertagsgottesdiensten und nachts nur mit Profos (8)	(8)	(7)	(7)	(5)
Keine bürgerlichen Gewerbe, Kramläden, Hausierer (9)	Kein Kram oder Gewölbe (3)	Allgemein korrektes Verhalten (12)	(12)	Kein Kram oder Gewölbe (12)
Wucherverbot (A1)	Kein Wucher (3)	(7)	(6)	(12)
Protokollierung von Geschäften über 15 fl. (A2)	Zum Schutz der Juden Protokollierung ab 15-20 fl. (10)			
Höchstzinssatz 6 % (A3)	Kein übermäßiger Zins (9)			Höchstzins 6 %, höher unter 50 fl. oder bei Laufzeit unter 6 Monaten (14)
Verbot mit Diebesgut zu handeln (A4)	Meldung gestohlener Waren (4)	(13): Betonung der Verbrechensbekämpfung	Meldung verdächtiger Waren (14)	Verbot gestohlene/ verdächtige Waren anzunehmen (15)
Verkauf von Pfändern nur nach Frist und Zustimmung (A5)	Verkauf nach Schätzung und Genehmigung möglich (9)	Kein schneller Verkauf, Protokollierung notwendig (14, 15)	Protokollierung (15), nicht versetzen (16)	Verwendung von Pfandzetteln (12), Pfand nicht einfach verkaufen (13), Regelung des Verkaufs (14 [nur 1729])

[1] Angegeben werden jeweils die wichtigsten Bestimmungen; in Klammern der jeweilige Artikel. Steht in der nächsten Spalte nur eine Zahl, so wurden die Bestimmungen im Wesentlichen unverändert übernommen. (A) bei der Resolutio von 1695 bezieht sich auf deren Anhang.
[2] StadtA Regensburg, HVA AAR 92a: Resolutio des Reichserbmarschalls Ludwig Franz vom 21. Dezember 1695.
[3] StAN, Herrschaft Pappenheim, Reichserbmarschallamt Nr. 1073: Reglement vor des Reichserbmarschallamts Schutzverwandte Judenschaft auf dem Reichstag zu Regensburg vom 27. Dezember 1699.
[4] StAN, Herrschaft Pappenheim, Reichserbmarschallamt Nr. 705: Concept deß erneuerten Regliments nach dem 2. Membro des königlichen Decrets vom 10. Mai 1712.
[5] StAN, Herrschaft Pappenheim, Reichserbmarschallamt Nr. 705: Project der Reversalien, wie solche die Schutzverwandten in Regensburg bey Lös- und Erhebung ihrer Schutzbriefe von sich geben sollen.
[6] StAN, Herrschaft Pappenheim, Reichserbmarschallamt Nr. 707: Reglement Johann Friedrichs vom 2. September 1729 und Reglement Friedrich Ferdinands vom 23. April 1733.

Tabellen

1695	1699	1712	1716	1729/1733
	An alle Juden gerichtet (1)			
	Meldung von Beschneidungen, Hochzeiten und Toten; fremde Gäste sollen Gebühr zahlen (6)	(9), sollen möglichst in Stille stattfinden	Nur Todesfall behandelt (9)	Beschneidungen und Hochzeiten anmelden (7), Gebühren für Gäste (8), Meldung von Todesfällen (9)
	Termingerechte Schutzgeldzahlung (11)	(5)	(4)	(3)
	Lösung von Pässen bei Abwesenheit (11)			Anmeldung fremder Juden (11)
	Kanzleitaxen und -gebühren (11)			
	Ordentliches Verhalten gegenüber Christen und untereinander (1, 2, 11)	(7), (16)		Allgemein friedlich und ehrbar verhalten (1)
		Reichserbmarschall als Obrigkeit (1)	(1)	
		Nur Schutzverwandter eines Herrn (2)	(2)	
		Gehorsam gegenüber Reichserbmarschallamt (3)	(3)	(2)
		Reversalie durch Eid zu beschwören (4)		
		Fortzug 6 Monate vorher melden (6)	(5)	(6)
		Innergemeindliche Ordnung (10)	Schulmeister und Schächter gemäß gräflichem Befehl bestellen (10)	Barnos (4 [nur 1729])
			Handelsvereinbarungen zwischen Reichserbmarschall und Stadt beachten (13)	Rezeption von Schulmeister und Gesinde bekannt geben (7 [1729])

Anhang:

Tabelle 18: Übersicht über die in der Herrschaft Pappenheim ausgestellten Schutzbriefe[1]

Ausstellungsdatum	Name des Empfängers	Bemerkungen
11.2.1658	Berle	
11.2.1658	Salomon	
11.2.1658	Schmuel	
11.2.1658	Feis	
28.12.1660	Joseph und Sohn Eising	Joseph hatte bereits Schutzbrief
25.6.1662	Fayus	
10.5.1665	Salomon	für Berolzheim
30.5.1665	Schmey	für Berolzheim
15.2.1668	Hirsch Oppenheimer	aus Wallerstein, Schwiegersohn Amsons
4.8.1671	Berle	hatte bereits Schutzbrief
4.8.1671	Salomon	hatte bereits Schutzbrief
4.8.1671	Schmuel	hatte bereits Schutzbrief
4.8.1671	Fayus	hatte bereits Schutzbrief
28.6.1698	Nathan Reutlinger	Schwiegersohn von Hirsch Oppenheimer
16.7.1700	Löw David	aus Regensburg
29.8.1715	Nathan Reutlinger	hatte bereits Schutzbrief
6.9.1715	Amson Oppenheimer	Sohn Hirsch Oppenheimers
8.12.1721	Nathan Reutlinger und Sohn Abraham	Ersterer wird Rezessjude
14.4.1722	Kein Name genannt	Schwiegersohn Jacob Amsons
1723	Amson Jacob	Sohn Jacob Amsons, Rezessjude
26.6.1724	Salomon Mayer	Sohn des Mayer Feis
16.5.1737	Salomon Reutlinger	Sohn Nathan Reutlingers
14.6.1741	Philipp Joseph	aus Monheim
7.9.1741	Esaias Simon	aus Monheim
13.9.1743	Esaias Simon	wird Rezessjude
18.2.1755	Philipp Joseph	Aufnahme als Rezessjude
1.1.1765	Henle Salomon Levi	Schwiegersohn des Philipp Joseph
29.10.1782	Jacob Isaac	Schwiegersohn des Feis Judas
22.6.1790	Moyses David	heiratet Witwe Sara Lippmann

[1] StAN, Herrschaft Pappenheim, Urkunden 1658-II-11/1 (1), (2), (3) und (4): Schutzbriefe für Berle, Feis, Salomon und Schmuel; Herrschaft Pappenheim, Akten Nr. 4635/25: Schutzbrief für Joseph und Eising vom 28. Dezember 1660, Nr. 4635/25: Schutzbrief für Fayus vom 25. Juni 1662; Herrschaft Pappenheim, Urkunden 1665-V-10: Schutzbrief für Salomon; Herrschaft Pappenheim, Akten Nr. 4692/II: Schutzbrief für Schmey vom 30. Mai 1665, Nr. 4692/II: Schutzbrief für Hirsch Oppenheimer vom 15. Februar 1668; Herrschaft Pappenheim, Urkunden 1671-VIII-4 (1), (2), (3) und (4): Schutzbriefe für Berle, Fayus, Salomon und Schmuel; Herrschaft Pappenheim, Akten Nr. 8149: Schutzbrief für Nathan Reutlinger vom 28. Juni 1698; Herrschaft Pappenheim, Urkunden Nr. 4719: Schutzbrief für Löw David vom 16. Juli 1700; Herrschaft Pappenheim, Akten Nr. 8196: Schutzbrief für Nathan Reutlinger vom 29. August 1715, Nr. 8196: Schutzbrief für Amson Oppenheimer vom 6. September 1715, Nr. 8176: Schutzbrief für Nathan und Abraham Reutlinger vom 8. Dezember 1721, Nr. 8201: Schutzversprechen für einen Schwiegersohn Jacob Amsons vom 14. April 1722, Nr. 8183: Schutzbrief für Amson Jacob aus dem Jahr 1723, Nr. 8186: Schutzbrief für Salomon Mayer vom 26. Juni 1724; Herrschaft Pappenheim, Rechnungen Nr. 6333/4: Schutzbrief für Salomon Reutlinger vom 16. Mai 1737, Nr. 4715: Schutzdekret für Philipp Joseph vom 14. Juni 1741, Nr. 4715: Schutzdekret für Esaias Simon vom 7. September 1741, Nr. 5916/V: Schutzbrief für Esaias Simon vom 13. September 1743; Adel Archivalien Nr. 5208: Aufnahme Philipp Josephs als Rezessjude vom 18. Februar 1755; Herrschaft Pappenheim, Akten Nr. 6021/I: Zusage vom 1. Januar 1765, Henle Salomon Levi als Schutzjuden aufzunehmen; Adel Archivalien Nr. 5513: Schutzbrief für Jacob Isaac vom 29. Oktober 1782, Nr. 5512: Schutzbrief für Moyses David vom 22. Juni 1790.

Tabelle 19: Verzeichnis aller zwischen 1770 und 1806 belegten Schutzaufnahmen[1]

Datum der Schutzaufnahme	Name des neuen Schutzjuden	Herkunft
1770	Marx Lazarus	
1776	Abraham Feis	Sohn des Feis Judas
1776	Jacob Bär Lippmann	
13. 1.1777	Jandoph Abraham	in Pappenheim geboren
16. 8.1779	Löw Samuel	
1782	Israel Levi	
2.12.1782	David Moyses	aus Fürth
29.10.1782	Jacob Isaac	aus Binswangen
24. 2.1784	Nathan Abraham Reutlinger	Sohn eines Pappenheimer Juden
4.11.1784	Moyses Hirsch	in Fürth geboren
17. 2.1785 (1791)[2]	Hirsch Joseph	
25. 4.1785	Abraham Hänle	
17.11.1785	Wolf Moyses	
2.12.1785	Benjamin Feis	Sohn des Feis Judas
18. 7.1787	Samuel Moyses	
22. 6.1790	Moyses David	aus Treuchtlingen
30. 3.1791	Joseph Henle Levi	Sohn des Henle Salomon Levi
2.12.1792	Nathan Joseph	in Pappenheim geboren
14.10.1793	Israel Isaac	aus Treuchtlingen
1794	Benjamin Isaac	aus Treuchtlingen
20. 5.1794	Isaac Moises	aus Treuchtlingen
30. 1.1795	Moises Simon	in Pappenheim geboren
22. 5.1795	Abraham Seeligmann	aus Harburg
1. 9.1795	Haium Simon	in Pappenheim geboren
1. 9.1795	Löw Simon	Sohn des Simon Löw
14. 9.1795	Lazarus Isaac	
12.12.1795	Isaac Hirsch	aus Thalmässing
29.11.1796	Meier David	in Treuchtlingen geboren
1797	Samuel Isaac	
1798	Schmeyum Meyer	
7. 2.1796	Samuel Joseph	
10.12.1799	Gözel Samuel	in Pappenheim geboren
30. 6.1800	Benjamin Isaac	
30. 6.1800	Löw Isaias	in Dittenheim geboren
20. 1.1802	Mändel Levi	in Pappenheim geboren
12.10.1803	Haium Meier	
24. 2.1803	Hessel Joseph	in Pappenheim geboren
25. 4.1805	Amson Samuel	Sohn des Samuel Löw
6.11.1806	Otto Neumann	

[1] StAN, Herrschaft Pappenheim, Rechnungen Nr. 6814/22: Steuerberechnung in der Stadt 1770-1773, Nr. 6824/2: Kammersteuerrechnung 1797/98, Nr. 6824/4: Kammersteuerrechnung 1798/99, Nr. 6824/8: Kammersteuerrechnung 1800/01, Nr. 6824/10: Kammersteuerrechnung 1801/02, Nr. 6824/18: Kammersteuerrechnung 1807; Akten Nr. 6859: Steuerab- und -zugänge bey Stadtvogteiamt 1775-1794, Rechnungen Nr. 6875: Steuerrechnung der Stadtvogtei 1793/94; Amtsbücher Nr. 132: Bezugsregister über die Herbstgefälle bey dem hochgräflichen Stadtvogteiamt 1784-1796; Regierung von Mittelfranken, Kammer des Inneren, Abgabe 1932, Tit. Judensachen Nr. 215 Tom. V: Judenmatrikel Pappenheim, S. 163-193; Adel Archivalien Nr. 5512: Schutzbrief für Moyses David vom 22. Juni 1790, Nr. 5513: Schutzbrief für Jacob Isaac vom 29.10.1782.

[2] 1785: StAN, Regierung von Mittelfranken, Kammer des Inneren, Abgabe 1932, Tit. Judensachen Nr. 215 Tom. V: Judenmatrikel Pappenheim, S. 166-167; dagegen 1791 in: StAN, Herrschaft Pappenheim, Amtsbücher Nr. 132: Bezugsregister über die Herbstgefälle bey dem hochgräflichen Stadtvogteiamt allhier (1784-1796), fol. 572.

Anhang:

Tabelle 20: Verzeichnis der Regensburger Schutzbriefe[1]

Ausstellungsdatum	Empfänger	Bemerkungen
7.10.1721	Falk Markbreiter	Daneben liegen Konzepte aus dem August und September 1721 vor
13.8.1742	Samson Falk Markbreiter	
12.5.1746	Wolf Salomon Brode	
24.4.1758	Emanuel Wertheimer	weitere Variante vom 31. Mai 1758 vorhanden
15.2.1762	Joseph Hirsch	
11.4.1765	Löw Alexander	
31.3.1768	Isaac Philipp Gumperz	
18.7.1776	Eleonora Emanuel Wolf Wertheimer bzw. Mutter Sara Schwab	
24.8.1777	Löw Meyer	
24.4.1782	Liebmann Joseph Wertheimer	
15.2.1788	Philipp Reichenberger	
1792	Löw Alexanders Witwe Gutchen	
5.2.1794	Elias Philipp Gumperz	
22.5.1795	Gumperz Henle	
4.11.1796	Samuel Lemla	

[1] StAN, Herrschaft Pappenheim, Reichserbmarschallamt Nr. 743: Schutzbrief für Falk Markbreiter vom 7. Oktober 1721, Konzept vom 7. August 1721 und Konzept aus dem September 1721, Nr. 755: Schutzbrief für Samson Falk Markbreiter vom 13. August 1742, Nr. 762: Schutzbrief für Wolf Salomon Brode vom 12. Mai 1746, Nr. 768: Schutzbrief für Emanuel Wertheimer in Ausfertigungen vom 24. April 1758 und 31. Mai 1758, Nr. 849: Schutzbrief für Joseph Hirsch vom 15. Februar 1762; StadtA Regensburg HVA AAR 92a: Schutzbrief für Löw Alexander vom 11. April 1765 (auch in StAN, Herrschaft Pappenheim, Reichserbmarschallamt Nr. 849 überliefert); StAN, Herrschaft Pappenheim, Reichserbmarschallamt Nr. 780: Schutzbrief für Isaac Philipp Gumperz vom 31. März 1768, Nr. 810: Schutzbrief für Eleonora, Tochter des Emanuel Wolf Wertheimer, bzw. deren Mutter Sara Schwab vom 18. Juli 1776, Nr. 849: Schutzbrief für Löw Meyer vom 24. August 1777, Nr. 810: Schutzbrief für Liebmann Joseph Wertheimer vom 24. April 1782, Nr. 837: Schutzbrief für Philipp Reichenberger vom 15. Februar 1788 (auch als Kopie vom 27. September 1813 in StadtA Regensburg ZR I 642), Nr. 849: Schutzbrief für Löw Alexanders Witwe Gutchen (nicht datiert, aber beiliegendes Schreiben vom 21. Dezember 1792), Nr. 853: Schutzbrief für Elias Philipp Gumperz vom 5. Februar 1794, Nr. 856: Schutzbrief für Gumperz Henle vom 22. Mai 1795, Nr. 859: Schutzbrief für Samuel Lemla vom 4. November 1796.

Tabellen

Tabelle 21: Übersicht über die in Verzeichnissen aufgeführten Pappenheimer Juden[1]

Jahr	Erwähnte Juden
1657	Abraham, Abraham (Schulmeister), Amschel, Berle, Eleasar, Schmuel
1668	Abraham, Berle, Eising, Hänle, Joseph, Salomon, dessen Sohn mit sechs Kindern
1692	Berle, Hirsch Oppenheimer, dessen Vater, Jacob, Samuel Berle, Schmuel der Ältere, Schulmeister/Totengräber
1697	Berlein, Hirsch, Izings Witwe, Jacob, Joseph, Meyer, Schmuel der Ältere, Schmuel der Jüngere
1706	Hirsch Oppenheimer, Israel (Rabbi), Jacob Amson, Löw David, Meyer, Moyses Guggenheimer, Nathan Reutlinger, Schmuel
1718	Abraham, Amson Jacob, Hirsch Oppenheimer, Jacob Amson, Jacob Samuel, Löser, Meyer, Nathan Reutlinger, Judenschulmeister
1743 (1)	Aaron Israels Witwe, Abraham Elias Koppel, Abraham Reutlinger, Amson Jacob, Esaias Simon, Feis Judas, Güttel (Jacobs Witwe), Isaac Jacob, Jacob Samuel, Jacob Ullmann, Joseph Goldschmidt, Michael Abraham, Model Neuburger (wohl Moyses Elias Model), Nathan Reutlinger, Philipp Joseph, Salomon Meyer, Salomon Reutlinger, Schmuel Judas
1743 (2)[2]	Aaron Israel, Abraham Elias Koppel, Abraham Reutlinger, Amson Jacob, ARAD, COSSMANN LÖSSER (ASYLANT), Esaias Simon, Feis Judas, Güttel (Jacobs Witwe), HIRSCHEL MEYER (ASYLANT), Isaac Jacob, Jacob Samuel, Jacob Ullmann, Joseph Goldschmid, Model von Neuburg, MOSES ISRAEL, Nathan Reutlinger, Philipp Joseph, Salomon Meyer, Salomon Reutlinger, Samuel Judas, WOLF GANS (ASYLANT), VORSINGER
1745	Abraham Elias Coppel, Amson Jacob, Coppel Ullmann, Esaias Simon, Feis Judas, Isaac Jacob, Jacob Samuel, Joseph Goldschmidt, Michel Abraham, Philipp Joseph, Salomon Meyer, Salomon Reutlinger, Schmuel Judas
1755	Abraham Reutlinger, Esaias Simon, Feis Judas, Isaac Jacob, Joseph Goldschmidt, Löw Amson, Michel Abraham, Philipp Joseph, Schmuel Judas,
1757	Abraham Reutlinger, Coppel Ullmann, Coßmann Gumbert, Esaias Simon, Feis Judas, Isaac Jacob, Jacob Samuel[3], Joseph Isaac, Joseph Moyses Goldschmidt, Lippmann (Vorsinger), Löw Amson, Mayer, Michel Abraham, Modlin, Moyses Elias Model, Moyses Israel, Philipp Joseph, Salomon Meyer, Salomon Reutlinger, Samuel Judas, Simon Levi, Wolf Gelaber (Schulmeister), Vorsingerin
1774	Esaias Simons Witwe, Hayum Hirsch, Henle Salomon Levi, Isaac Salomon Model, Israel Feis, Joseph Goldschmidt, Joseph Isaac, Löw Abraham, Löw Amson, Marx Lazarus, Philipp Joseph, Simon Löw
1807	Abraham Feis, Abraham Hänle, Abraham Neumark (Vorsinger), Abraham Seligmann, Amson Samuel, Benjamin Feis, Benjamin Isaac, David Moses, David Moses, Gözel Samuel, Hajum Simon, Hejum Meyer, Hessel Joseph, Hirsch Bär, Hirsch Joseph, Isaac Hirsch, Isaac Moses, Israel Feis, Israel Isaac, Israel Levi, Jandof Abrahams Witwe, Joseph Hänle Levi, Lazarus Isaac, Löw Isaias, Löw Samuel, Löw Simon, Löw Ullmann, Mendel Levi, Moses Hirsch, Moses Samuel, Moses Simon, Moses Tabor (Rabbiner), Nathan Abraham Reutlinger, Nathan Isaac, Nathan Joseph, Samuel Isaacs Witwe, Samuel Joseph, Schmey Meyer, Witwe Tölz

[1] Belege siehe Kapitel 3.1.1.
[2] Personen, die die Unterschriftenliste (1743 [2]) unterzeichnet haben, aber im Verzeichnis der Schutzjuden (1743[1]) nicht genannt werden, sind in KAPITÄLCHEN gesetzt.
[3] Eigentlich müsste sein Sohn Isaac genannt werden, der im Vorjahr den Schutzbrief übernommen hatte, siehe Kapitel 2.3.1.1.

Anhang:

Tabelle 22: Verzeichnis des in Pappenheim belegten jüdischen Dienstpersonals

Dienstherr	Name des Knechts/der Magd	Zeitpunkt bzw. Dauer
Hirsch Oppenheimer	Löw	August 1693[1]
	Meyer	ca. 1696[2]
	Abraham	März 1698[3]
	Gahln	August 1698
	Isaak	August 1698
	Mayer Marx	August 1698[4]
	Eysig	Michaelis 1699 bzw. Juli 1700[5]
	Rahel	bis September 1701[6]
	Susmann	Dezember 1705[7]
	Abraham Israel/Abraham Isaac	1717: seit zehn Jahren[8]
	Mendle	Dezember 1723[9]
Jacob Amson	Hirsch	August und September 1692[10]
	Berle	Mai 1693[11]
	Hirsch	Juli 1695[12]
	Joseph	Juli 1696[13]
	Susanna/Süßlein	September 1695 bis 1697[14]
	Kela	Februar 1698[15]
	Meyer	April 1698[16]
	Abraham	März 1700[17]
	Israel	Januar 1706[18]

[1] Siehe StAN, Herrschaft Pappenheim, Akten Nr. 4635/43: Eintrag vom 19. August 1693.
[2] StAN, Herrschaft Pappenheim, Akten Nr. 8134: Eintrag vom 29. April 1698.
[3] StAN, Herrschaft Pappenheim, Akten Nr. 4635/45: Eintrag vom 21. März 1698.
[4] Zu Gahln, Isaak und Mayer Marx: StAN, Herrschaft Pappenheim, Akten Nr. 4635/45: Eintrag vom 9. August 1698.
[5] StAN, Herrschaft Pappenheim, Akten Nr. 8140: Interrogatoria Eisig Juden vom 30. Juli 1700.
[6] LKAN, KBZ 224 Bd. 2: Eintrag vom 11. September 1701.
[7] StAN, Ansbacher Archivalien Nr. 2930, S. 181-182: Eintrag vom 27. Dezember 1705.
[8] StAN, Herrschaft Pappenheim, Akten Nr. 7761: Consignatio der in Pappenheim sich befindlichen Haußgenossen (1717). In diesem Verzeichnis ist von Abraham Isaac die Rede; der letzte Beleg stammt aus dem Jahr 1720: StAN, Ansbacher Archivalien Nr. 2930, S. 685-686: Eintrag vom 2. Dezember 1720; in der Designation der Judenfamilien vom 28. Februar 1718 (StAN, Herrschaft Pappenheim, Akten Nr. 8196) wird er nicht Hirsch Oppenheimers Haushalt zugerechnet, sondern mit seiner Frau und zwei Kindern extra aufgeführt.
[9] StAN, Herrschaft Pappenheim, Akten Nr. 4645/I/4: Amtsprotokoll vom 29. Dezember 1723.
[10] StAN, Herrschaft Pappenheim, Akten Nr. 4635/49, fol. 148r: Eintrag vom 5. September 1692 und Nr. 5995/I: Eintrag vom 5. September 1692; gemeint ist wohl Hirsch Berle, der Sohn des Pappenheimer Juden Berle.
[11] StAN, Herrschaft Pappenheim, Akten Nr. 4635/53: Eintrag vom 3. Mai 1693.
[12] Er war Sohn des Moises aus Treuchtlingen. StAN, Herrschaft Pappenheim, Akten Nr. 4635/57, fol. 112r-113v, 129v-130v: Einträge vom 12. und 21. Juli 1695.
[13] StAN, Herrschaft Pappenheim, Akten Nr. 4635/58: Eintrag vom 30. Juli 1696; möglicherweise ist er mit Josua/Jößlein identisch, der im Juni 1697 bei Jacob Amson diente. Siehe Nr. 8133: Schreiben des Oberamtes Roth an Stadtvogt Monninger vom 8. Juni 1697.
[14] Die 21-jährige Tochter des Berrmann aus Georgensgmünd war im zweiten Jahr in Jacob Amsons Diensten als sie Anfang des Jahres 1697 von ihm geschwängert wurde. Beim Verhör gab sie an, zum Laubhüttenfest würden es zwei Jahre, dass sie bei Jacob Amson in Diensten sei. Demnach hatte sie Ende September 1695 bei ihm angefangen. StAN, Herrschaft Pappenheim, Akten Nr. 8133: Amtsprotokoll vom 4. Juni 1697.
[15] StAN, Herrschaft Pappenheim, Akten Nr. 4645/I/2: Amtsprotokoll vom 28. Februar 1698.
[16] StAN, Herrschaft Pappenheim, Akten Nr. 8134: Eintrag vom 29. April 1698.
[17] StAN, Ansbacher Archivalien Nr. 2930, S. 11: Eintrag vom 23. März 1700
[18] StAN, Herrschaft Pappenheim, Akten Nr. 8150: Berechnung Jacob Amsons mit Sebastian Griesmüller vom 18. Februar 1710.

Tabellen

Dienstherr	Name des Knechts/der Magd	Zeitpunkt bzw. Dauer
Jacob Amson	Heyum Bär	April 1709[19]
	Lea und Bräunle	September 1710[20]
	Löw	August 1712[21]
	David	Juli 1723[22]
seine Witwe Güttel	Veit Judas	Juni 1727[23]
	Joseph	Mai 1751[24]
Moyses Guggenheimer	Eysig	Michaelis 1697-Michaelis 1699[25]
	Benjamin	vor 1698[26]
	Hirsch Löw	April 1698[27]
	Sohn des Löw	vor 1706[28]
	Koppel	Januar 1706[29]
Amson Jacob	Israel Samuel	bis April 1720
	Schönle	August 1720[30]
	Samuel Meyer	April 1722[31]

[19] StAN, Ansbacher Archivalien Nr. 2930, S. 319-320: Eintrag vom 5. April 1709.
[20] Zu Lea und Bräunle: StAN, Herrschaft Pappenheim, Akten Nr. 4645/V/3: Amtsprotokoll vom 3. November 1710.
[21] StAN, Herrschaft Pappenheim, Akten Nr. 8151: Schreiben des Oberamtes Gunzenhausen an Stadtvogt Oßwald vom 16. August 1712.
[22] StAN, Herrschaft Pappenheim, Akten Nr. 8181: Treuchtlinger Schreiben an die Pappenheimer Räte vom 7. Juli 1723.
[23] StAN, Adel Archivalien Nr. 4542, S. 304-306: Eintrag vom 19. Juni 1727. Möglicherweise ist er mit dem Feis Judas identisch, der zwischen 1730 und 1735 als Pappenheimer Schutzjude auftaucht.
[24] StAN, Adel Archivalien Nr. 4545, S. 60: Eintrag vom 14. Mai 1751.
[25] StAN, Herrschaft Pappenheim, Akten Nr. 8140: Interrogatoria Eisigs vom 2. August 1700.
[26] StAN, Herrschaft Pappenheim, Akten Nr. 4692/V: Moses Guggenheimers Schutzverwandten Judens allhier treulosen Knecht Benjamin betreffend vom 7. März 1698
[27] StAN, Herrschaft Pappenheim, Akten Nr. 4635/45: Eintrag vom 15. April 1698 und Nr. 4635/59, fol. 65r: Eintrag vom 11. April 1698.
[28] StAN, Herrschaft Pappenheim, Akten Nr. 4635/62: Eintrag vom 29. Oktober 1706. Es dürfte sich um den Sohn von Löw David, der sich seit 1700 in Pappenheim aufhielt, handeln. Dieser muss aber noch sehr jung gewesen sein, da er Anfang 1694 geboren wurde. Siehe StadtA Regensburg, HVA AAR 92a: Bericht Georg Meyers an den Regensburger Stadtkammerer vom 12. Juni 1694.
[29] StAN, Herrschaft Pappenheim, Akten Nr. 8143: Amtsprotokoll vom 11. Januar 1706.
[30] Der aus Pappenheim stammende Israel Samuel schwängerte Schönle, Tochter des Elias aus Wallerstein, und wurde wegen Falschaussage der Herrschaft verwiesen: siehe Kapitel 2.3.1.2. StAN, Herrschaft Pappenheim, Akten Nr. 4651/III: Zusammenstellung aus dem Amtsprotokoll vom 23. August bis 26. September 1720, Nr. 8173: Amtsprotokoll vom 22. und 23. August 1720.
[31] StAN, Herrschaft Pappenheim, Akten Nr. 4645/V/3: Auszug aus dem Amtsprotokoll vom 21. April 1722.

Anhang:

Dienstherr	Name des Knechts/der Magd	Zeitpunkt bzw. Dauer
Nathan Reutlinger	Berlein	September 1710[32]
	Seligmann	ca. 1707-Juni 1712[33]
	Jonas Abraham	Februar 1718[34]
	Jonas From	1729 und 1731[35]
	Marx Meyer	vor 1730[36]
	Kuhnala	Ostern 1743[37]
	Nächelin	zwölf Jahre vor 1749[38]
	Minkle	nicht bekannt[39]
Abraham Reutlinger	Jacob Isaac	April 1728[40]
	Sara	Februar 1734[41]
	Isaac Jacob Levi	Juni 1737[42]
Salomon Reutlinger	Sohn Abraham Elias Coppels	1757[43]
	Israel Heyum	1766[44]
	David Model	1768[45]
Isaac Jacob	Joseph Isaac	1743 bis 1756[46]
Witwe Zartel	Feyle	drei bis vier Jahre[47]
Esaias Simon	Simon Levi	viele Jahre in seinen Diensten[48]
Löw Amson	Schäfe	bis März 1773[49]
	Löw Ullmann	38 Jahre lang[50]

[32] StAN, Herrschaft Pappenheim, Akten Nr. 4692/III: Pass vor Nathan Juden nach Frankfurt vom 2. September 1710.
[33] StAN, Herrschaft Pappenheim, Akten Nr. 4692/III: Attestat für Knecht Seligmann von Roth.
[34] StAN, Ansbacher Archivalien Nr. 2930, S. 603-604: Eintrag vom 8. Februar 1718.
[35] StAN, Hochstift Eichstätt, Eichstätter Archivalien Nr. 5671, fol. 75a und 176b: Einträge vom 2. März 1728 und 22. Februar 1731.
[36] Er befand sich seit Anfang 1730 wegen Schwängerung von Nathan Reutlingers Tochter in Arrest: StAN, Herrschaft Pappenheim, Akten Nr. 4651/IV: Bittgesuch von Mayer Marx und Mindel vom 23. April 1730 und Nr. 8176: Gesuch Nathan Reutlingers vom 3. Dezember 1731.
[37] LKAN, KBZ 224 Bd. 8: undatierter Eintrag.
[38] StAN, Herrschaft Pappenheim, Akten Nr. 6003/12, fol. 6v-10: Eintrag vom 28. Januar 1749.
[39] StAN, Herrschaft Pappenheim, Akten Nr. 6003/13, fol. 16: Eintrag vom 14. Juli 1750.
[40] StAN, Adel Archivalien Nr. 4542, S. 450: Eintrag vom 21. April 1728.
[41] LKAN, KBZ 224 Bd. 6: Eintrag vom 19. Februar 1734.
[42] StAN, Adel Archivalien Nr. 4545, S. 221-222: Eintrag vom 20. Juni 1737.
[43] StAN, Herrschaft Pappenheim, Akten Nr. 4719: Amtsbericht über die Pappenheimer Judensteuer vom 10. Oktober 1757.
[44] StAN, Hochstift Eichstätt, Eichstätter Archivalien Nr. 5718: Eintrag vom 6. März 1766.
[45] StAN, Hochstift Eichstätt, Eichstätter Archivalien Nr. 5618: Eintrag vom 2. September 1768.
[46] StAN, Herrschaft Pappenheim, Akten Nr. 5916/VIII: Schutzgesuch Joseph Isaacs vom 28. Juli 1756.
[47] StAN, Herrschaft Pappenheim, Akten Nr. 6003/38, fol. 41v: Eintrag vom 12. Mai 1775, Nr. 8222: Übersetzung von Zartels Schreiben vom 7. März 1775.
[48] StAN, Herrschaft Pappenheim, Rechnungen Nr. 6333/16: Schutzgesuch des Esaias Simon für seinen Neffen Simon Levi vom 15. Juni 1756.
[49] StAN, Herrschaft Pappenheim, Akten Nr. 4651/V: Protocollum fornicationis ordinarium 1771-1775, fol. 9, Nr. 6003/35, fol. 23v-24: Eintrag vom 16. April 1772.
[50] Er war der Sohn von Coppel (Jacob) und Edel Ullmann. Siehe StAN, Adel Archivalien Nr. 4719: Pro Memoria des Rechnungsrats Hahn vom 26. Juli 1800; er dürfte mit dem Knecht Löw Jacob identisch sein, der zwischen 1769 und 1777 für Löw Amson Geschäfte im Hochstift Eichstätt tätigte: StAN, Hochstift Eichstätt, Eichstätter Archivalien Nr. 5673: Eintrag vom 22. November 1770, Nr. 5674: Eintrag vom 3. März 1775, Nr. 5685: Eintrag vom 19. März 1769.

Tabellen

Tabelle 23: Jüdische Hausgenossen in Pappenheim (1811)

Mieter	Haus Nr.	Vermieter/Hausbesitzer[1]
Jandoph Abrahams Witwe	Nr. 1	Schmay Meyer
Löw Isaias	Nr. 3	Bäcker Johann Christian Wilhelm
Samuel Isaacs Witwe	Nr. 15	Rechnungsrat Hahn
Abraham Nathan Reutlinger	Nr. 16	sein Vater Nathan Abraham Reutlinger
Heyum Meyer	Nr. 18	Samuel Löw
Vorsinger Abraham Neumark		
Hirsch Bär	Nr. 29	Moses David
David Moses	Nr. 54	Jäger Johann Sigmund Eisen, Friderica Wilhelmina Schmidt oder Tagelöhner Paulus Wenderlein
Israel Levi	Nr. 62	Schreinermeister Heinrich Meyer
Benjamin Isaac	Nr. 75	Schuhmacher Johann Matthäus Hager
Nathan Isaak		
Isaac Hirsch		
Moses Simon	Nr. 76	Nathan Joseph oder Schmiedemeister Ferdinand Ottmann
Feis Abraham	Nr. 80	seine Mutter
Joseph Levi	Nr. 82	Jacob Aurenhammer
Lazarus Isaac	Nr. 131	Johann Samuel Preu
Mendel Levi	Nr. 132	Friedrich Hertler oder Barbara Hertlein
Götzel Samuel	Nr. 164	Metzger Kaspar Steinlein
Moses Tabor	Nr. 165	Wilhelm Frick[2]

[1] Die Namen der christlichen Besitzer nach StAN, Katasterselekt, Steuergemeinde Pappenheim Bd. 1: Fassion im Steuerdistrikt Pappenheim. Diese Daten stammen zwar aus dem Jahr 1808, sollen aber dennoch angeführt werden, da sich in knapp drei Jahren nicht so viel geändert haben dürfte.

[2] Kurz darauf, am 5. November 1812, kaufte Tabor das Haus von Fricks Sohn Johann Michael. Siehe StAN, Katasterselekt, Steuergemeinde Pappenheim 4/1: Urkataster 1832/33, fol. 598.

Anhang:

Tabelle 24: Schutzgeldeinnahmen im Zeitraum 1746-1757 (Angaben in fl.)[1]

	1746	1747	1748	1749	1750	1751	1754	1755	1757
Rabbi	3	3	3	3	3	3	3	3	3
Salomon Reutlinger	10	10	10	10	10	10	_[2]	–	–
Amson Jacobs Witwe Besle	10	10	10	10	10				
Löw Amson							10[3]	10	10
Jacob Samuel	10	10	10	10	10	10			
Isaac Jacob							10[4]	10	10
Coppel Ullmann	10	10	10	10	10	10			
Moyses Elias Model	10	10	10	10	10	10	10	10	10
Abraham Elias Coppel	10	10	10	10	10	10			
Salomon Meyer	10	10	10	10	10	10			
Abraham Reutlinger	3,33[5]	10	10	10	10	10	10	10	10
Michel Abraham		10	10	10	10	10	10	10	10
Esaias Simon						10	10	10	10
Joseph Goldschmidt						10	10	10	10
Schmuel Judas							10	10	10
Feis Judas							10	10	10
Philipp Joseph							10	10	10
Moyses Israel							5	5	–
Isaac Jacob									10
Simon Levi									10
Summe	76,33	93	93	93	93	103	108	108	123

[1] StAN, Herrschaft Pappenheim, Akten Nr. 8212: Abrechnung mit sämtlichen Juden zu Pappenheim (1744-1758), Nr. 4719: Amtsbericht über die Pappenheimer Judensteuer vom 10. Oktober 1757; Rechnungen Nr. 6330/4, S. 101 und Nr. 6330/5, S. 99: Verzeichnis der Einnahmen vom Judenschutz 1754 und 1755.
[2] Laut Amtsrechung von 1753 auf zehn Jahre befreit. Siehe: StAN, Herrschaft Pappenheim, Rechnungen Nr. 6330/4, S. 101: Verzeichnis der Einnahmen vom Judenschutz 1754.
[3] Schutz von seiner Mutter, Amson Jacobs Witwe Besle, übernommen. Siehe Kapitel 2.3.1.1.
[4] Schutz von Vater Jacob Samuel übernommen. Siehe Kapitel 2.3.1.1.
[5] Er zahlte in diesem Jahr nur das Schutzgeld für vier Monate.

Tabellen

Tabelle 25: Schutzgeldverzeichnis 1784-1796 (Angaben in fl.)[1]

	1784	1785	1786	1787	1788	1789	1790	1791	1792	1793	1794	1795	1796
Rabbiner	3	3	3	3	3	3							
Löw Amson	10	10	10	10	10	10	10	10	5	5	5	5	–[2]
Simon Löw	10	10	10	10[3]									
Löw Simon													10
Joseph Isaac	1	1	1	1	1	1	1	1	1	1	1	1	1
Henle Salomon Levi	10	10	10	1[4]	1	1	1	1	1	–[5]			
Israel Feis	10	10	10	10	10	10	5[6]	5	5	5	5	–[7]	
Marx Lazarus	3	3	3										
Amson Abraham Reutlinger	10	10	–[8]										
Löw Abraham	10	10	5[9]	5	5	5	5	5	5	5	3[10]	3	3
Abraham Feis	10	10	5[11]	5	5	5	5	5	5	5	–[12]		
Jacob Bär Lippmann	10	10	5[13]	5	5	5							
Moyses David							6[14]	6	6	6	6	6	6
Jandoph Abraham	10	10	5[15]	5	5	5	5	5	5	5	5	5	5
Löw Samuel	10	10	10	10	10	5[16]	5	5	5	5	5	5	5
Jacob Isaac	10	10	5[17]	5	5								

[1] Die Tabelle basiert auf: StAN, Herrschaft Pappenheim, Amtsbücher Nr. 132: Bezugsregister über die Herbstgefälle bey dem hochgräflichen Stadtvogteiamt allhier (1784-1796), fol. 561-577.
[2] Am 10. Mai 1796 auf Lebenszeit befreit.
[3] Schutz geht auf Sohn Löw Simon über, der ab seiner Hochzeit am 8. Dezember 1796 zahlt.
[4] Reduzierung am 18. April 1787.
[5] Am 23. August 1792 befreit.
[6] Am 20. Januar 1792 rückwirkend ab 1790 auf 5 fl. reduziert.
[7] Am 20. Dezember 1796 auf Lebenszeit befreit.
[8] Am 17. Januar 1786 bis zu besseren Umständen befreit.
[9] Am 22. April 1786 auf 5 fl. halbiert (Unterzeichner des Moderationsgesuchs).
[10] Am 2. Oktober 1793 für Beibehaltung des Schutzes während Abwesenheit auf 3 fl. reduziert.
[11] Am 22. April 1786 auf 5 fl. halbiert (Unterzeichner des Moderationsgesuchs).
[12] Am 14. Juni 1796 befreit, Zahlung für 1794 und 1795 rückwirkend erlassen.
[13] Am 22. April 1786 auf 5 fl. halbiert (Unterzeichner des Moderationsgesuchs).
[14] Zahlt ab 22. Juni 1790 als er Jacob Bär Lippmanns Witwe heiratet.
[15] Am 22. April 1786 auf 5 fl. halbiert (Unterzeichner des Moderationsgesuchs).
[16] Am 31. Juli 1789 auf 5 fl. halbiert.
[17] Am 22. April 1786 auf 5 fl. halbiert (Unterzeichner des Moderationsgesuchs).

Anhang:

	1784	1785	1786	1787	1788	1789	1790	1791	1792	1793	1794	1795	1796
Israel Levi	10	10	5[18]	5	5	5	5	5	5				
David Moyses	10	10	5[19]	5	5	5	5	5	5	5	5	5	5
Nathan Abraham Reutlinger	10	10	5[20]	5	5	5	5	5	5	5	5	5	5
Moyses Hirsch	10	10	5[21]	5	5	5	5	5	5	5	5	5	5
Abraham Hünle		10	5[22]	5	5	5	5	5	5	5	5	–[23]	
Wolf Moyses				1	1	1	1	1	–[24]				
Benjamin Feis		6	6	6	6	6	3	–	3[25]	3	–[26]		
Samuel Moyses				5	5	5	5	5	5	5	5	5	
Joseph Henle Levi								5	5	5	5	5	5
Hirsch Joseph								5	5	5	5	5	5
Nathan Joseph										5	5	5	5
Isaac Moyses											5	5	5
Israel Isaac										5	5	5	5
Moyses Simon												5[27]	
Abraham Seeligmann												5	5
Lazarus Isaac												5	
Isaac Hirsch												5[28]	
Summe	157	173	114	107	97	87	77	83	81	85	80	85	80

[18] Am 22. April 1786 auf 5 fl. halbiert (Unterzeichner des Moderationsgesuchs).
[19] Am 22. April 1786 auf 5 fl. halbiert (Unterzeichner des Moderationsgesuchs).
[20] Am 22. April 1786 auf 5 fl. halbiert (Unterzeichner des Moderationsgesuchs).
[21] Am 22. April 1786 auf 5 fl. halbiert (Unterzeichner des Moderationsgesuchs).
[22] Am 22. April 1786 auf 5 fl. halbiert (Unterzeichner des Moderationsgesuchs).
[23] Am 7. Dezember 1795 von Schutzgeldzahlung befreit.
[24] Am 23. August 1792 rückwirkend ab 1791 erlassen.
[25] Am 14. Mai 1792 auf 3 fl. halbiert, außerdem für 1790 die Hälfte erlassen, 1791 völlig erlassen.
[26] Am 21. Oktober 1794 befreit.
[27] Ab Michaelis (29. September) 1795 befreit.
[28] Am 12. Dezember 1795 für die Zukunft befreit.

Tabelle 26: Übersicht über die bürgerlichen Abgaben jüdischer Hausbesitzer (1808)[1]

Besitzer	Haus Nr.	Größe	Vorsteherei	Brunnengeld	Torwartgeld	Wachgeld	gesamt
Schmey Meyer	1	ganz	1 fl.	10 kr.	20 kr.	–	1 fl. 30 kr.
Abraham Seeligmann	7	halb	7 kr. 2 d.	10 kr.	10 kr.	4 kr. 2 d.	32 kr.
Isaak Moises	13	ganz	9 kr.	10 kr.	20 kr.	–	39 kr.
Löw Simon	14	halb	6 kr.	10 kr.	10 kr.	6 kr. 2 d.	32 kr. 2 d.
Nathan Abraham Reutlinger	16	halb	8 kr.	10 kr.	–	10 kr.	28 kr.
Löw Samuel	18	ganz	–	–	–	–	–
Moses David	29	ganz	1 fl. 7 kr.	–	–	–	1 fl. 7 kr.
Samuel Joseph	69	ganz	15 kr.	10 kr.	20 kr.	15 kr.	1 fl.
Heium Simon	72	halb	8 kr.	7 kr. 2 d.	–	–	15 kr. 2 d.
Moses Hirsch	74	halb	10 kr. 3 d.	10 kr.	10 kr.	7 kr. 2 d.	38 kr. 1 d.
Nathan Joseph	76	halb	8 kr.	10 kr.	10 kr.	–	28 kr.
Hirsch Joseph	77	ganz	15 kr.	10 kr.	20 kr.	–	45 kr.
Amson Samuel	79	Anbau	–	5 kr.	10 kr.	–	15 kr.
Abraham Feis	80	halb	8 kr.	10 kr.	10 kr.	10 kr.	38 kr.
Israel Feis	80	halb	8 kr.	10 kr.	10 kr.	–	28 kr.
Abraham Hänlein	87	viertel	9 kr.	5 kr.	5 kr.	4 kr. 2 d.	23 kr. 2 d.
Moses Schmuel	163	ganz	15 kr.	10 kr.	10 kr.	10 kr.	45 kr.
Israel Isaak	168	halb	–	5 kr.	10 kr.	–	15 kr.

[1] Die Angaben basieren auf: StAN, Katasterselekt, Steuergemeinde Pappenheim Bd. 1: Fassion im Steuerdistrikt Pappenheim (1808).

Anhang:

Tabelle 27: Steuerfuß der Einwohner Pappenheims 1701[1]

fl.	Position	
525	1	Georg Leonhard Schmied (Stadtmüller)
450	2	Johann Georg Oßwald
400	3	Simon Zech
390	4	Johann Georg Müller
380	5	Johann Lorenz
370	6	HIRSCH
195	7	Christoph Fackler
190	8	Thomas Hager
150	9	NATHAN
135	10	Paul Seydl
125	11	Johann Georg Reiners W.
120	12	Geron Zagelmeyer
115	13	Melchior Groner
100	14	JACOB, Christoph Zagelmeyer
95	16	Wilhelm Lanz
90	17	Erhard Guthmann, Matthes Hager
85	19	Conrad Bernth, Johann Veit Reiner
80	21	Christoph Widemann, Christoph Zimmermann, Johann Michel Haadt, Johann Strasser
75	25	Heinrich Strasser, Jeremias Fohrer, Johann Georg Roll
70	28	Christoph Neher, Philipp Schuster, Johann Adam Mantlinger
65	31	Anders Erb, Balthas Regner, Christoph Bohm (der alte Häfner), Georg Gröninger, Johann Michael Hirlbacher, Johann Leonhard Seydl
60	37	BERLEIN, Johann Jacob Würzburger, Johann Georg Lotter, Johann Lorenz Pfahler, Johann Stibel, Michel Lindinger, Michel Neher, Michel Wurffbein, Michel Pappler
55	46	Johann Georg Schäffer
50	47	Christoph Böhm (der junge Häfner), Johann Caspar Guthmann, Johann Martin Zuttel, Johann Jacob Hummel, Johann Veit Knoll, Wolf Philipp Heller, Wolf Reheleuther
45	54	Andreas Schäffer, Christoph Artmanns W., Johann Leonhard Zischler, Johann Fätsch, Frank Christoph Härtel, Tobias Keusper
40	60	SCHMUEL D. JUNGE, Barthel Heinrich Mayer, Christoph Ritter, Christoph Würzburger, Georg Rädleins W., Hans Matthes Veitengruber, Johann Georg Sperlein, Veit Jacob Pelican, Georg Aurnhammer
35	69	Adam Eder, Christoph Böhm, Johann Georg Geuzel, Wolf Georg Plönitz, Franz Wildt, Hans Jacob Ramler, Veit Neher
30	76	JOSEPH, MAYER, Caspar Schäffer, Johann Helm, Hans Jacob Lein, Paul Neher
25	82	Johann Dick, Johann Gunoldt, Johann Peter Reinbold
20	85	Georg Fätsch, Paul Müller, Zacharias Kopp, Adam Bez, Adam Waldmüller, Elias Zischler, Gottfried Würzburger, Hans Mauker, Hans Leonhard Schneider, Matthes Hueber, Matthes Pappler, Michel Lutz, Peter Weberndorfer, Tobias Hertel, Hans Heinrich Ulm
15	100	Georg Beylß
10	101	Hans Würffleins W., Paul Weberndorfer

[1] Basis: StAN, Herrschaft Pappenheim, Akten Nr. 6829: Steuerbares Vermögen bei dem Stadtvogteiamt Pappenheim 1701. Eingezeichnet sind jeweils die Quartilsabstände.

Tabelle 28: Steuerfuß der Einwohner Pappenheims 1745[1]

fl.	Position	
455	1	Stadtmühle
410	2	Christoph Lorenz
380	3	Johann Adam Oßwald
287,5	4	Wolfgang Wilhelm
265	5	Johann Veit Böhm
220	6	Peter Schoppler
175	7	AMSON JACOB, SALOMON REUTLINGER, Christian Ernst Lang
170	10	Wolfgang Wilhelm
167,5	11	Paul Hager, Johann Erhard Zischler
150	13	COPPEL ULLMANN
147,5	14	Johann Adam Fink
132,5	15	Carl Franz Steinlein
127,5	16	Johann Jacob Schuhmacher
115	17	Georg Veit Weberndorfer
107,5	18	Johann Jacob Aurnhammer
105	19	Johann Michel Regner, Georg Leonhard Eder
100	21	ESAIAS SIMON, JOSEPH GOLDSCHMIDT, ISAAC JACOB, PHILIPP JOSEPH, Johann Georg Steingruber, Johann Georg Zehe, Wolfgang Wilhelm Meckenhäuser
97,25	28	Johann Michel Zagelmeier
95	29	Andreas Hillerbrand
92,5	30	GÜTTEL (JACOB AMSONS W.)
90	31	Johann Caspar Hörlbacher, Johann Georg Fackler
87,25	33	Johann Leonhard Lotter
81,25	34	Christian Zehens W.
80	35	Johann Leonhard Frank, Christian Hahn
79,18	37	Johann Simon Zehe
75	38	FEIS JUDAS, ABRAHAM ELIAS COPPEL, Johann Georg Ottmann, Caspar Hager, Matthes Veitengruber
70	43	Johann Balthaß Brielmeyer, Wolfgang Wilhelm Guthmann, Joachim Weber, Johann Georg Böhm
67,5	47	Johann Adam Meyerhoffer
65	48	Michel Hager, Christian Zuttel, Johann Georg Schreiber, Johann Heinrich Ulm, Andreas Obernöder
62,5	53	Johann Michel Fackler, Mattheß Böhm
60	55	Wolfgang Wilhelm Pelican, Jacob Hager, Johann Carl Reiner, Jacob Oßwald, Christoph Hager, Johann Veit Böhm, Leonhard Gülch, Georg Fischer, Moritz Guthmann, Friedrich Guthmann, Georg Caspar Heinrichmeyer, Ernst Groner
57,5	67	Georg Heinrich Meyer
55	68	Christoph Zagelmeyer, Johann Caspar Eder, Adam Hermann Linß, Simon Dorner
50	72	JACOB SAMUEL, SALOMON MEYER, SCHMUEL JUDAS, MICHEL ABRAHAM, Johann Georg Meilbeck, Antoni Schwenk, Thomas Wurffbein, Johannes Weiser, Anton Heider, Johann Conrad Pickel, Johann Michel Eberth, Johann Michel Lindinger, Johann Michel Neher
48,33	85	Johann Leonhard Frank
47,5	86	Georg Daniel Keßler, Johann Georg Zagelmeyer

[1] Grundlage: StAN, Herrschaft Pappenheim, Rechnungen Nr. 6333/4: Steuerregister über die Stadtvogtey Untertanen in der Stadt Martini 1745. Eingezeichnet sind jeweils die Quartilsabstände.

Anhang:

fl.	Position	
45	88	Jacob Bauer, Johann Caspar Hochstetter, Johann Leonhard Günßler, Johann Michel Zehe, Johann Carl Neher, Andreas Brand, Leonhard Dannmann, Johann Georg Hüttinger
42,5	96	Christoph Neher, Simon Hüttinger, Tobias Mantlinger, Johann Adam Günßel, Hieronymus Pfahler, Johann Georg Ranzenberger
40	102	Michel Wurffbein, Johann Melchior Gunßler, Johann Heinrich Böhm, Johann Jacob Fackler, Johann Jacob Würzburger, Johann Thomas Enich, Johann Caspar Eder, Christoph Zagelmeyers W., Johann Gottlob Weigel, Johann Leonhard Hübner, Franz Christian Plönitz, Paul Weberndorffer, Johann Michel Hoffmann, Frau Bartholomäin, Georg Adam Erb
37,5	117	Moritz Trani, Christoph Adam Fischer, Johann Michel Schöndorf
35	120	Johann Georg Aurnhammer, Johann Adam Hummel, Peter Löffler, Jacob Rammler, Johann Georg Wild, Veit Ulrich Neher, Johann Michel Mittler, Carl Fetsch, Johann Georg Huber, Jacob Neher, Thomas Pappler, Christoph Fackler
32,5	132	Johann Michel Pappler
30	133	Christoph Böhm, Wolf Philipp Rammler, Johann Adam Westermeyer, Johann Georg Boscher, Augustin Gunold, Johann Georg Krebß, Andreas Neher, Johann Leonhard Laub, Johann Michel Guthmann, Johann Martin Schrödel, Matthes Philipp Schwarz, Friedrich Pelican, Christoph Krauth, Benjamin Gottlieb Kleining, Johann Matthes Lein, Johann Georg Krebß jun., Georg Friedrich Schreiber, Johann Andreas Kirchhoffer, Peter Meyer, Balthaß Maurer, Johann Michel Bauer, Johann Heinrich Roll, Georg Albrecht, Friedrich Hoffmann, Johann Georg Grünwedel, Johann Christoph Hoffmann, Balthas Büchler, Peter Günßler, Johann Caspar Neher, Paulus Kraft, Andreas Jacob, Heinrich Wilcke, Martin Liedel, Christoph Eder, Georg Schreiber, Jeremias Ketterlein, Johann Adam Haack
27,5	169	Constantin Jenisch, Christian Pappler
25	171	Georg Hochstetter, Balthas Fischer, Michel Angstenberger, Johann Michel Böhm, Andreas Hertel, Johann Georg Maderholzer, Johann Jacob Oßwalds W., Matthes Pappler
22,5	179	Gottfried Böhm, Johannes Benneder, Christoph Zehe
20	182	Matthes Vetter, Jacob Meyer, Johannes Krazer, Philipp Hans W., Johann Michel Linck, Johannes Scherzers W., Mattheß Schreiber, Johann Michel Beil, Johann Georg Roll, Johann Georg Kern, Wolf Kohler, Caspar Popp, Ulrich Benzinger, Balthaß Schreiber, Simon Köberlein, Thomas Schreiber, Johann Georg Späth, Andreas Müller, Sebastian Groner, Wolf Reuter, Johann Georg Nezer, Johann Leonhard Bächler, Andreas Mayer, Johann Leonhard Hüttinger, Johann Martin Seybold, Georg Leonhard Benneder
15	208	Jacob Dick, Johann Georg Schäffer
10	210	Johann Georg Reißer
5	211	Caspar Heinrich Meyer

Tabellen

Tabelle 29: Verteilung des jüdischen Handels nach Orten
(Zahl der Protokolleinträge / Anteil im jeweiligen Ort in Prozent)[1]

Ort	Hirsch Oppenh.		Jacob Amson		Pappenheim gesamt		Treuchtlinger Juden		Ellinger Juden		Auswärtige gesamt		Summe
	abs.	%	abs.	%	abs	%	abs.	%	abs	%	abs.	%	
Altheimersberg					3	100,00					3	100,00	3
Bieswang	32	26,9	19	16,0	106	89,10	2	1,70	4	3,4	13	10,90	119
Bonhof			4	25,0	13	81,25	3	18,75			3	18,75	16
Buhlhüttenmühle											3	100,00	3
Büttelbronn	32	13,2	27	11,1	191	78,60	43	17,70	4	1,6	52	21,40	243
Dettenheim	13	7,5	30	17,2	118	67,80	48	27,60	4	2,3	56	32,20	174
Dietfurt	39	22,6	37	21,4	126	72,90	30	17,30	5	2,9	47	27,10	173
Dittenheim	1	25,0			1	25,00					3	75,00	4
Döckingen	4	20,0	5	25,0	14	70,00	2	10,00			6	30,00	20
Ehlheim			2	50,0	2	50,00					2	50,00	4
Emetzheim	3	11,5	8	30,8	22	84,60	3	11,50			4	15,40	26
Geislohe	60	30,2	71	35,7	164	82,50	13	6,50	8	4,0	35	17,50	199
Göhren	31	34,5	20	22,2	79	87,80	6	6,70	1	1,1	11	12,20	90
Graben			7	50,0	11	78,60	3	21,40			3	21,40	14
Grönhart					3	100,00							3
Haag	3	20,0	3	20,0	10	66,70			1	6,7	5	33,30	15
Höfen					1	20,00	1	20,00			4	80,00	5
Hürth					6	75,00	1	12,50	1	12,5	2	25,00	8
Langenaltheim	66	17,5	55	14,6	289	76,60	55	14,60	15	4,0	88	23,40	377
Lehnleinsmühle	3	50,0	2	33,3	6	100,00							6
Lohhof	1	3,8	14	53,9	21	80,80	2	7,70	1	3,8	5	19,20	26
Markhof	1	11,1	1	11,1	4	44,40			1	11,1	5	55,60	9
Meinheim	42	19,9	35	16,6	115	54,50	1	0,50	16	7,6	96	45,50	211
Neudorf	44	28,9	41	27,0	121	79,60	18	11,80	5	3,3	31	20,40	152
Neufang					4	30,80	8	61,50	1	7,7	9	69,20	13
Niederpappenheim					4	100,00							4
Osterdorf	31	21,0	37	25,0	113	76,40	16	10,80	4	2,7	35	23,60	148
Pappenheim	6	14,6	10	24,4	31	75,60	2	4,90	1	2,4	10	24,40	41
Rehau	22	25,3	15	17,2	53	60,90	22	25,30	1	1,1	34	39,10	87
Rehlingen	3	27,3	2	18,2	9	81,80	2	18,20			2	18,20	11
Schambach	41	20,3	40	19,8	176	87,10	18	8,90	6	3,0	26	12,90	202
Schertnershof					1	50,00					1	50,00	2
Stadelhof					2	100,00							2
Suffersheim	5	38,4	4	30,8	13	100,00							13
Theilenhofen									1	20,0	5	100,00	5
Trommetsheim	8	6,3	7	5,6	58	46,00	6	4,80	18	14,3	68	54,00	126
Übermatzhofen	25	36,2	13	18,8	62	89,80			1	1,5	7	10,20	69
Wachenhofen											2	100,00	2
Wolfsbronn	2	5,6	9	25,0	27	75,00	1	2,80			9	25,00	36
Zimmern	8	25,8	7	22,5	27	87,10	2	6,50	1	3,2	4	12,90	31
Sonstige	7		7		30		5				8		38
Summe	533	19,5	532	19,5	2033	74,50	316	11,60	100	3,7	697	25,50	2730

[1] Grundlage: ausgewertete serielle Quellen; für eine detaillierte Übersicht siehe Kapitel 5.1.

Anhang:

Karte 2: Die Herrschaft Pappenheim[1]

[1] Grundlage: Karte 1 zu HOFMANN, Gunzenhausen.

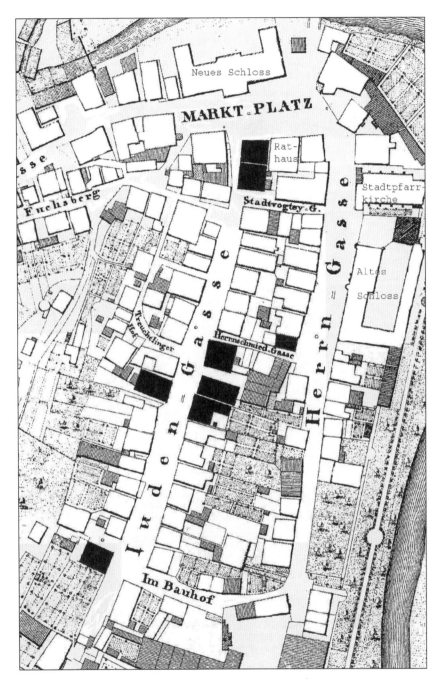

Karte 3: Jüdische Wohntopographie in Pappenheim 1740[1]

[1] Die Karte basiert auf einem Plan aus dem Jahr 1822 im Besitz der Stadt Pappenheim, der freundlicherweise von Herrn Stefan Eberle, Stadt Pappenheim, zur Verfügung gestellt wurde. Das Neue Schloss wurde erst 1811 erbaut, so dass sich hier und bei den folgenden Karten an dessen Stelle die für seine Errichtung abgerissenen Häuser gedacht werden müssen.

Anhang:

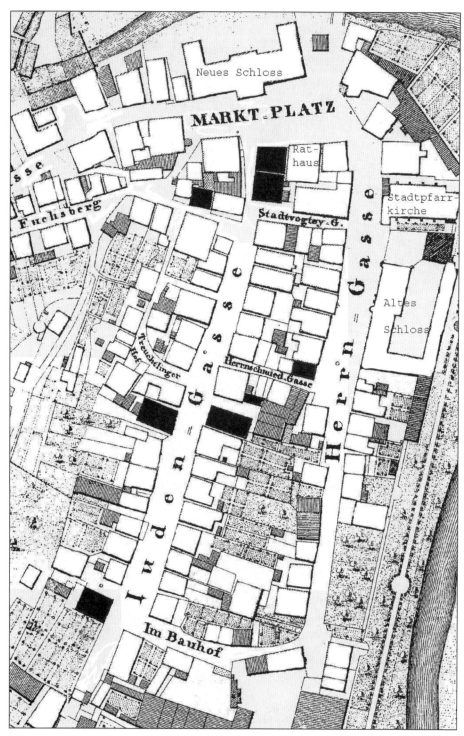

Karte 4: Jüdische Wohntopographie in Pappenheim 1760

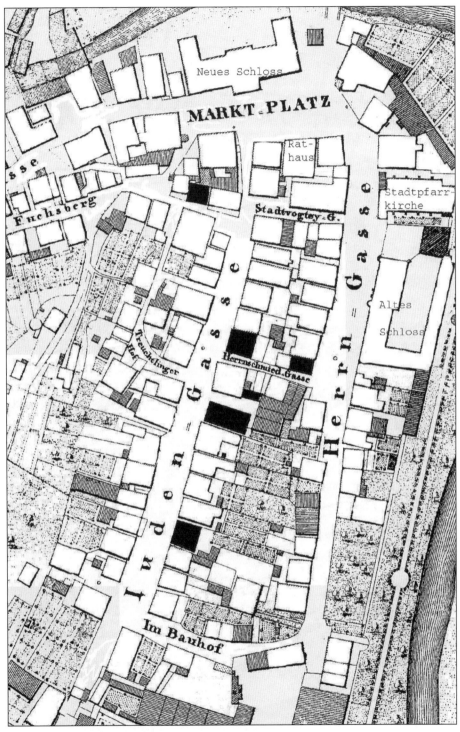

Karte 5: Jüdische Wohntopographie in Pappenheim 1780

Anhang:

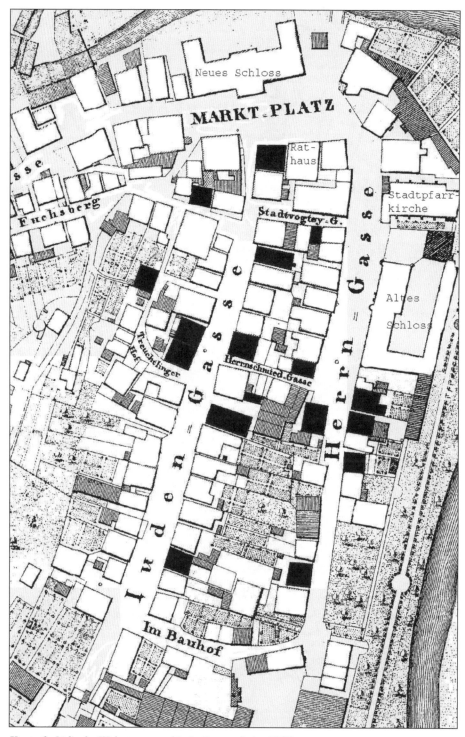

Karte 6: Jüdische Wohntopographie in Pappenheim 1806

Karten

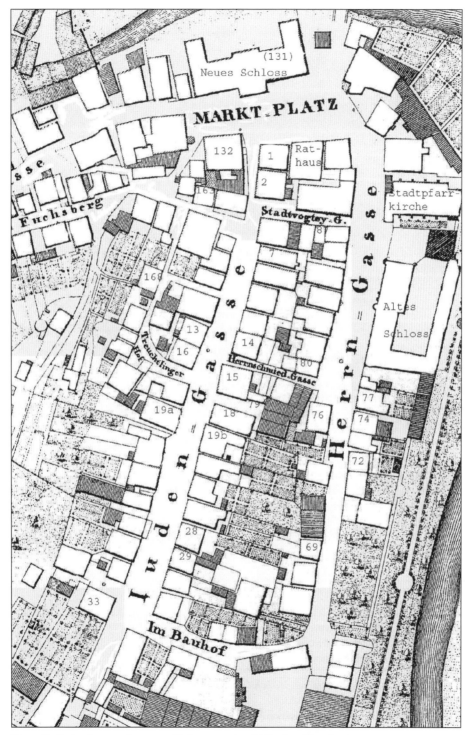

Karte 7: Orientierungskarte zur Dokumentation jüdischen Hausbesitzes

Anhang:

Karte 8: *Die Handelsschwerpunkte von Hirsch Oppenheimer und Jacob Amson*[1]

[1] Grundlage: Karte 1 zu HOFMANN, Gunzenhausen.

Karten

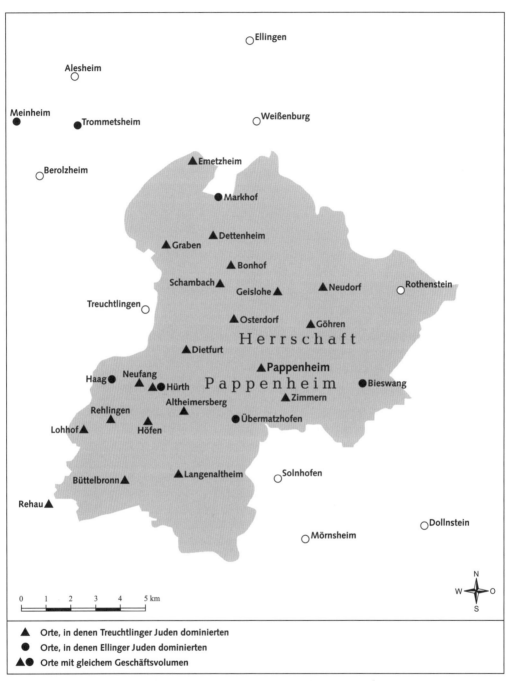

Karte 9: Die Handelsschwerpunkte von Treuchtlinger und Ellinger Juden[1]

[1] Grundlage: Karte 1 zu HOFMANN, Gunzenhausen.

Anhang:

Stammtafel 1: Die Nachfahren des Fajus[1]

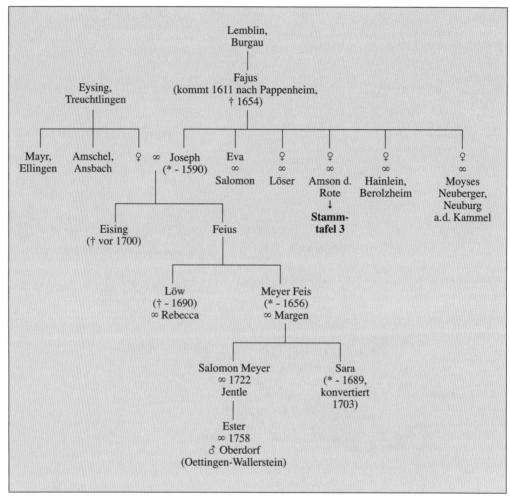

---

[1] In dieser und den nachfolgenden Stammtafeln werden folgende Symbole verwendet:
♂ = namenloser Mann/Sohn; ♀ = namenlose Frau/Tochter; ↓ verweist auf andere Stammtafeln.

Stammtafeln

Stammtafel 2: Die Nachfahren des Abraham

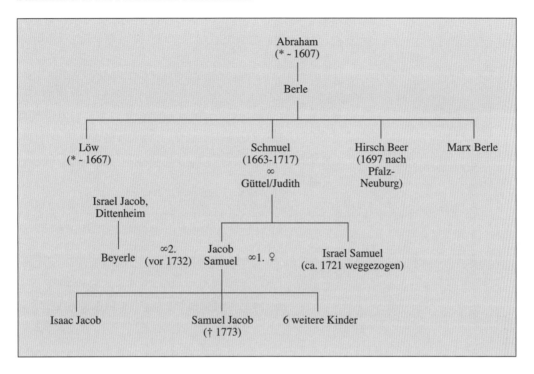

Anhang:

Stammtafel 3: Die Nachfahren des Jacob Amson

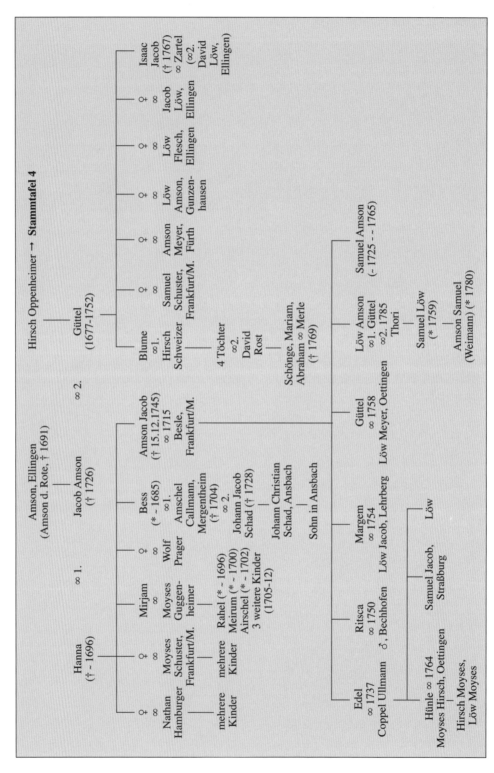

Stammtafeln

Stammtafel 4: Die Verwandtschaft des Hirsch Oppenheimer

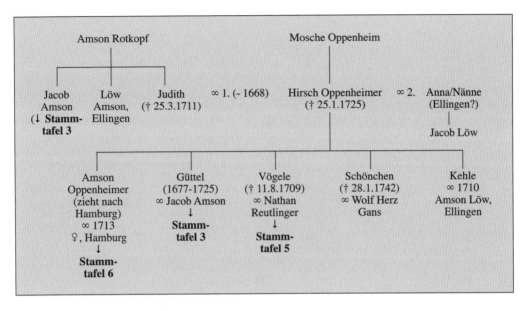

Stammtafel 5: Die Verwandtschaft des Nathan Reutlinger

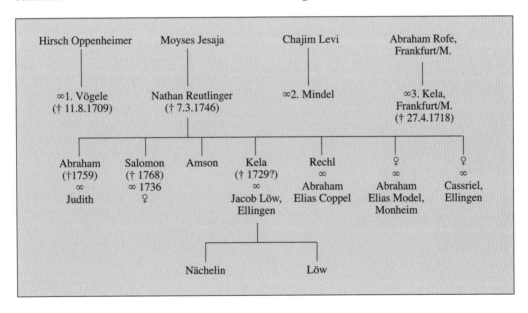

363

Anhang:

Stammtafel 6: Die Verwandtschaft des Esaias Simon

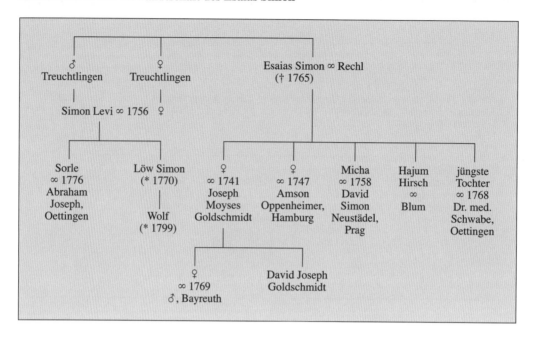

Stammtafel 7: Die Nachfahren des Feis Judas

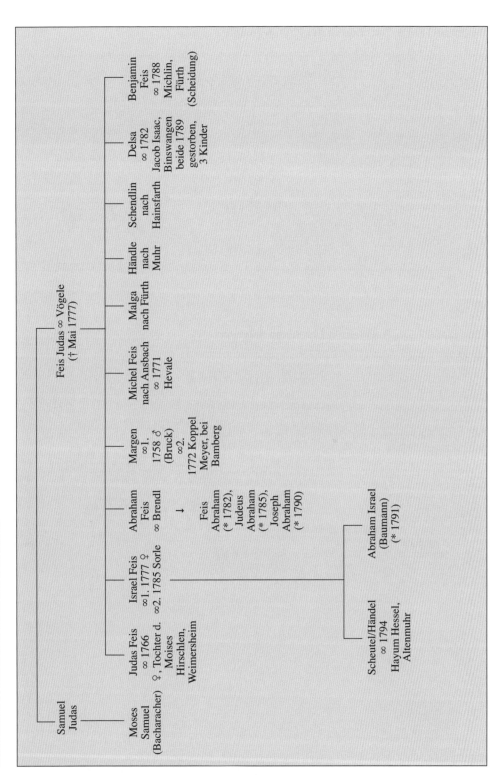

Anhang:

Stammtafel 8: Die Nachfahren des Philipp Joseph

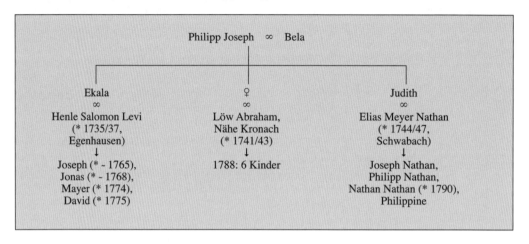

Stammtafel 9: Die Nachfahren Lippmann Salomons

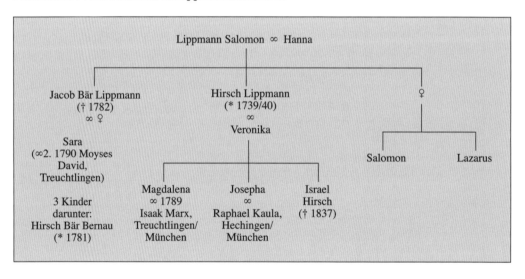

DOKUMENTATION:
GESCHICHTE DER HÄUSER IM BESITZ VON JUDEN IN PAPPENHEIM

Nr. 1	am Markt linkerhand neben dem Rathaus; heute: Wilhelm-Deisinger-Straße 1
20.1.1656	Erben des Sigmund Leypoldt verkaufen Amschel das Haus am Markt, das eckfrei ist und an das Rathaus grenzt, für 430 fl.[1]
3.9.1726	verstorbener Jacob Amson hat das Haus schon vor seinem Tod seinen Söhnen Amson und Isaac Jacob (bzw. dessen Mutter Güttel) überlassen; Bitte um Aufteilung der Abgaben[2]
9.12.1729	Amson Jacob verkauft die obere Hälfte an seinen Bruder Isaac Jacob für 450 fl.[3]
24.10.1730	Isaac Jacob und Mutter Güttel verkaufen das Haus an Johann Michael Fackler für 975 fl.; dürfen bis 1731 darin bleiben[4]
6.5.1735	der Bäcker Johann Michael Fackler verkauft den oberen Teil des Hauses, den halben Boden sowie Stall und Keller an Jacob Amsons Witwe Güttel für 400 fl. und 6 fl. Leikauf; Bedingung: sie kann es nur zum gleichen Preis an Fackler zurückverkaufen[5]
1735 (SB)[6]	Witwe Güttel versteuert halbes Haus mit 42 fl. 30 kr.; Abgaben: 1 fl.[7]
21.11.1752	Isaac Jacob erbt halbes Haus von seiner Mutter[8]
1.4.1767	nach Isaac Jacobs Tod für 406 fl. an den Bäcker Christoph Fackler verkauft, der nun das ganze Haus besitzt; entspricht Bedingungen des Kaufvertrags von 1735[9]
ca. 1769	Haus von Christoph Fackler neu erbaut[10]
28.2.1804	Georg Friedrich Facklers Witwe Margaretha Ursula verkauft das Haus für 3133 fl. an Schmey Meyer[11]
1808 (Fa)	Beschreibung als *Wohnhaus von Stein am Marktplatz*[12]
8.3.1819	an Georg Friedrich Kreichauf für 3200 fl. verkauft[13]

[1] StAN, Herrschaft Pappenheim, Akten Nr. 4635/23: Eintrag vom 20. Januar 1656. Kurze Zeit später, am 8. April 1656, trat der Sohn Caspar Leypold seinen Anspruch auf 83 fl. 20 kr., die in fünf Jahresfristen gezahlt werden sollten, für 55 fl. an Hans Zischler ab. Siehe dazu Urkunden 1656–IV–8: Kaufbrief Caspar Leypolds.
[2] StAN, Adel Archivalien Nr. 4630, S. 200–201: Eintrag vom 3. September 1726.
[3] Ebd., S. 389–391: Eintrag vom 9. Dezember 1729.
[4] Ebd., S. 457–461, 475–477: Einträge vom 24. Oktober und 6. Dezember 1730.
[5] StAN, Herrschaft Pappenheim, Akten Nr. 6002/II, S. 218–219: Eintrag vom 6. Mai 1735.
[6] Folgende Abkürzungen werden verwendet: SB = Steuerbeschreibung, SR = Steuerregister, Fa = Fassion.
[7] StAN, Herrschaft Pappenheim, Amtsbücher Nr. 93: Neu revidierte Steuerbeschreibung angefangen den 1. August 1735, S. 156.
[8] StAN, Adel Archivalien Nr. 4633, S. 186–188: Eintrag vom 21. November 1752.
[9] StAN, Herrschaft Pappenheim, Amtsbücher Nr. 170: Steuerbeschreibung 1751, S. 145, 217; Adel Archivalien Nr. 4635, S. 466–467: Eintrag vom 1. April 1767.
[10] StAN, Herrschaft Pappenheim, Amtsbücher Nr. 171: Steuerbeschreibung 1768, S. 231; KIESSLING, Landkreis, S. 438: 1769 erbaut.

Anhang:

Nr. 2	**Judengasse, hinter dem Rathaus; heute: Stadtvogteigasse 1**
	Von Jacob Amson als Heiratsgut an Tochter Miriam und Moyses Guggenheimer, wohl 2000 bis 3000 fl. wert[14]
1697 (SB)	Haus des Moyses Guggenheimer[15]
	Zum (Neu-)Bau des Hauses:
27.2.1699	Jacob schuldet Adam Rapp aus Geislohe Geld für Schlieren in Coschels [Moyses Guggenheimers] Haus[16]
13.11.1699	Witwe des Hans Kreuzer aus Ruzenhof fordert von Jacob 3 fl. 30 kr. für Steinlieferungen *zu seinem grossen hauspau*[17]
26.1.1700	klagt Hans Caspar Ebert wegen noch nicht bezahlter Ziegel für Hausbau[18]
20.4.1700	klagt Maurer Hans Fätsch, ihm stehe noch Geld vom Hausbau zu[19]
1700 (SR)	Jacob ist steuerbefreit wegen Aufbau des Hauses, in dem sein Schwiegersohn Moyses Guggenheimer wohnt[20]
24.11.1706	Moyses Guggenheimer verkauft das Haus an Jacob Amson für 900 fl., Schmuck und 8 bayerische Goldgulden[21]
13.1.1716	Amson Jacob erhält das Haus als Heiratsgut[22]
1735 (SB)	Amson Jacob versteuert das Haus mit 100 fl.[23]
1751 (SB)	seine Witwe versteuert das Haus[24]
2.6.1760	Esaias Simon kauft das schon seit zwei Jahren zur Versteigerung angebotene Haus mit Dungstatt von Amson Jacobs Witwe für 1360 fl.[25]
5.1.1775	Hayum Hirsch und Löw Jacob aus Thalmässing erwerben aus der Erbmasse ihres 1765 verstorbenen Vaters bzw. Schwagers Esaias Simon das Haus für 1200 fl. (Hayum Hirsch gehört ein Viertel, Löw Jacob drei Viertel)[26]
6.4.1775	Hayum Hirsch und Löw Jacob verkaufen das Haus an Johann Veit Böhm[27]

[11] StAN, Adel Archivalien Nr. 4649, S. 559–563: Eintrag vom 28. Februar 1804.
[12] StAN, Katasterselekt, Steuergemeinde Pappenheim Bd. 1: Fassion im Steuerdistrikt Pappenheim (1808).
[13] StAN, Katasterselekt, Steuergemeinde Pappenheim Bd. 3: Umschreibekataster (1810–1833); Bd. 4/1: Urkataster (1832/33), fol. 1.
[14] StAN, Herrschaft Pappenheim, Akten Nr. 4692/IV: Ansbacher Verhör vom 13. März 1713.
[15] StAN, Herrschaft Pappenheim, Amtsbücher Nr. 165: Steuerbeschreibung 1697, fol. 66.
[16] StAN, Adel Archivalien Nr. 4588, S. 8–9: Eintrag vom 27. Februar 1699.
[17] StAN, Herrschaft Pappenheim, Akten Nr. 8134: Eintrag vom 13. November 1699.
[18] StAN, Herrschaft Pappenheim, Akten Nr. 4635/47: Eintrag vom 26. Januar 1700.
[19] Ebd.: Eintrag vom 20. April 1700.
[20] StAN, Herrschaft Pappenheim, Rechnungen Nr. 6814/1: Steuerregister 1700/01; KIESSLING, Landkreis, S. 437, datiert das Haus auf das 18. Jahrhundert.
[21] StAN, Herrschaft Pappenheim, Akten Nr. 4704: Amtsprotokoll vom 24. November 1706.
[22] StAN, Herrschaft Pappenheim, Amtsbücher Nr. 165: Steuerbeschreibung 1697, fol. 66; Erwähnung des Hauses im Ehevertrag zwischen Amson Jacob und seiner Frau Bess vom 12. Juli 1715. Siehe Kapitel 3.2.2.
[23] StAN, Herrschaft Pappenheim, Amtsbücher Nr. 93: Neu revidierte Steuerbeschreibung angefangen den 1. August 1735, S. 151.
[24] StAN, Herrschaft Pappenheim, Amtsbücher Nr. 170: Steuerbeschreibung 1751, S. 207.
[25] StAN, Adel Archivalien Nr. 4634, S. 476–479: Eintrag vom 2. Juni 1760.
[26] StAN, Adel Archivalien Nr. 4638, S. 1–3: Eintrag vom 5. Januar 1775.
[27] Ebd., S. 46–48: Eintrag vom 6. April 1775.

Dokumentation

Nr. 7	**Judengasse; heute: Wilhelm-Deisinger-Straße 5**
23.1.1798	der Handelsmann Heinrich Traugott Gussmann verkauft den oberen Teil des Hauses (gesamten oberen Stock außer einer Kammer; halben Boden, halbe Bodenkammer, halben Stall, hinteren Keller, oberen Teil des Anbaus und halben Hof) für 700 fl. an Abraham Seeligmann[28]
1808 (Fa)	Besitzer der unteren Hälfte: Schlosser Friedrich Fackler[29]
28.1.1813	Abraham Seeligmann kauft auch die untere Hälfte[30]
1832/33	von Abraham Seeligmann (Harburger) an Sohn Seeligmann Harburger[31]
Nr. 13	**Judengasse; heute: Wilhelm-Deisinger-Straße 14**
22.4.1802	Kommerzienrat und Hofapotheker Christoph Stöber verkauft Haus an Isaac Moyses für 2800 fl. und 61 fl. Leikauf; Stöber muss neuen Ofen in unterer Stube und zwei neue Fenster zahlen; Isaac Moyses erhält freien Zugang über Metzger Steinleins Grundstück zu dem Stall, den er im bisherigen Laboratorium errichten lässt[32]
1808 (Fa)	Beschreibung als *Haus halb von Stein*[33]
1826/27	von Isaak Moises Neumann an Lippmann Neumann übertragen[34]
Nr. 14	**Judengasse; heute: Wilhelm-Deisinger-Straße 15**
10.9.1764	Weber Matthias Maurer tauscht seine obere Haushälfte mit Salomon Reutlinger gegen dessen Haus und Stadel in Langenaltheim und zahlt 240 fl. Aufgabe; Besitzer der unteren Hälfte ist der Bäcker Friedrich Fackler[35]; am selben Tag verkauft Salomon Reutlinger seine Haushälfte an Simon Löw für 680 fl. und 1 Carolin Leikauf; diese besteht aus einer Stube, daneben liegender Kammer, einer Stube mit Fenster auf den Gang, Kammer, einer kleinen Kammer neben dem Eingang, einer Küche, einem halben Boden, einem Keller, einem halben Stall sowie einem halben Hof samt Schweinestall und Düngstatt; die zwei Besitzer teilen sich die Kosten für Unterhalt von Dach und Treppen[36]
1768 (SB)	25 fl. statt 50 fl. Steuerfuß[37]

---

[28] StAN, Adel Archivalien Nr. 4645, S. 229–231: Eintrag vom 23. Januar 1798.
[29] StAN, Katasterselekt, Steuergemeinde Pappenheim Bd. 1: Fassion im Steuerdistrikt Pappenheim (1808).
[30] StAN, Herrschaft Pappenheim, Amtsbücher Nr. 172: Steuerbeschreibung 1783, S. 107.
[31] StAN, Katasterselekt, Steuergemeinde Pappenheim Bd. 3: Umschreibekataster (1810–1833), Bd. 4/1: Urkataster (1832/33), fol. 13.
[32] StAN, Adel Archivalien Nr. 4648, S. 535–538: Eintrag vom 22. April 1802; in dieser 1698 erbauten Apotheke wurde 1786 Carl F. W. Stöber, Dekan in Pappenheim und „Erzähler aus dem Altmühltal" geboren. Siehe KIESSLING, Landkreis, S. 439.
[33] StAN, Katasterselekt, Steuergemeinde Pappenheim Bd. 1: Fassion im Steuerdistrikt Pappenheim (1808).
[34] StAN, Katasterselekt, Steuergemeinde Pappenheim Bd. 3: Umschreibekataster (1810–1833).
[35] StAN, Adel Archivalien Nr. 4635, S. 243–244: Eintrag vom 10. September 1764; laut KIESSLING, Landkreis, S. 439, im 18./19. Jahrhundert errichtet.
[36] StAN, Adel Archivalien Nr. 4635, S. 244–247: Eintrag vom 10. September 1764.
[37] StAN, Herrschaft Pappenheim, Amtsbücher Nr. 171: Steuerbeschreibung 1768, S. 353.

Anhang:

5.12.1796	Simon Löws Witwe Bräunle gibt ihre Haushälfte dem zweiten Sohn Löw Simon (Schimmel) als Heiratsgut, sie darf die hintere Stube und die daran angrenzende Kammer lebenslang bewohnen und die Küche zum Waschen und Kochen benutzen; sollte sie mit Sohn und Schwiegertochter nicht auskommen, erhält sie von diesen 10 fl. Hauszins pro Jahr[38]
1808 (Fa)	Besitzer der unteren Hälfte: der Bäcker Christian Fackler[39]
1832/33	untere Hälfte (Nr. 14a) am 20.10.1828 von Abraham Schimmel samt Bäckereigerechtigkeit erworben; obere Hälfte (Nr. 14b) besitzt die Witwe Model Schimmel[40]

Nr. 15   Judengasse; heute: Wilhelm-Deisinger-Straße 15

23.8.1736	Johann Jacob Schedlichs Witwe verkauft ihre obere Hälfte des Hauses an Abraham Elias Coppel (Besitzer der anderen Hälfte ist der Tuchmacher Veit Jacob Pelican) für 460 fl.; die obere Hälfte besteht aus drei Stuben, fünf Kammern, einer gewölbten Küche, einem Keller, einem halben Boden, einer halben Stallung, einem halben Schweinestall, einem halben Garten und einem auf Pfeilern stehenden Gang; Recht in der unteren Küche zu waschen und zu backen[41]
1751 (SB)	25 fl. Steuerfuß und 44 kr. Abgaben[42]
11.4.1752	Abraham Elias Coppels Frau Regel verkauft die obere Haushälfte (Besitzer der unteren Hälfte ist Michel Zehe) sowie Dungstatt und das Recht in unterer Küche zu waschen und zu backen an Georg Christian Hahn für 475 fl.[43]
	Der Anbau dieses Hauses, in den sie zieht, wird später Nr. 79

Nr. 16   Judengasse; heute: Wilhelm-Deisinger-Straße 16

7.6.1803	der Schuhmacher Johann David Zehender verkauft die obere Hälfte an Nathan Abraham Reutlinger für 1022 fl., Besitzer der unteren Hälfte: Johann Jacob Schumm[44]
26.2.1813	von Nathan Abraham Reutlingers Witwe an den Schwiegersohn Moses David Feuchtwanger übergegangen[45]
2.5.1817	Feuchtwanger verkauft es für 600 fl. an Abraham Nathan Reutlinger, dieser erwirbt auch die andere Hälfte von Johann Jacob Schumm[46]
1848/49	durch Abraham Reutlinger neu gebaut[47]

---

[38] StAN, Adel Archivalien Nr. 4644, S. 388–391: Eintrag vom 5. Dezember 1796.
[39] StAN, Katasterselekt, Steuergemeinde Pappenheim Bd. 1: Fassion im Steuerdistrikt Pappenheim (1808).
[40] StAN, Katasterselekt, Steuergemeinde Pappenheim Bd. 4/1: Urkataster (1832/33), fol. 38–40.
[41] StAN, Herrschaft Pappenheim, Akten Nr. 6002/II, S. 257–258, 264–266: Einträge vom 23. August und 17. November 1736.
[42] StAN, Herrschaft Pappenheim, Amtsbücher Nr. 170: Steuerbeschreibung 1751, S. 215.
[43] StAN, Adel Archivalien Nr. 4633, S. 147–149: Eintrag vom 11. April 1752.
[44] StAN, Katasterselekt, Steuergemeinde Pappenheim Bd. 1: Fassion im Steuerdistrikt Pappenheim (1808).
[45] StAN, Katasterselekt, Steuergemeinde Pappenheim Bd. 3: Umschreibekataster (1810–1833).
[46] StAN, Katasterselekt, Steuergemeinde Pappenheim Bd. 4/1: Urkataster (1832/33), fol. 45.
[47] Vgl. KIESSLING, Landkreis, S. 440. Am Haus ist eine Tafel angebracht, dass es im Jahr 5608 jüdischer Zeitrechnung von Abraham Reutlinger erbaut wurde.

Dokumentation

Nr. 18	**Judenschule; heute: Wilhelm-Deisinger-Straße 19**
26.11.1651	Reichserbmarschall Franz Christoph verkauft das Haus an den Juden Salomon für 200 fl.[48]
seit 1652	Salomon ist bei der Zinsmeisterei (St. Galli Zins) mit 2 fl. 4 kr. verzeichnet, 1654 mit 2 fl. 30 kr.; seit 1666 auch als *judenschul* bezeichnet[49]
	In den folgenden Jahren verzeichnet die Zinsmeistereirechnung mehrere Besitzerwechsel:
1672	Betrag geteilt: 1 fl. 15 kr. Schmuel Jud *wegen der judenschul* und 1 fl. 15 kr. Salomon *restierender halber zins*
1683	Salomons Anteil wird von Feis übernommen
1688	Schmuel und Löw als Besitzer
1695	von Joseph übernommen[50]
1714–1720	entrichtet *sämbtliche judenschaft*[51] Geld an Zinsmeisterei, dann enden diese Zahlungen
18.6.1712	Brand in Judenschule, zu diesem Zeitpunkt wohnt Löwin (wohl Witwe Löw Davids) in dem Gebäude[52]
4.3.1718	*Die judenschul ist anno 1716 mit einem ziegeldach zweygädig erbaut, hält 64 schuh in der länge und 30 in der breite*, Baukosten mit 1500 fl. angegeben, weitere 300 fl. für Ausbau geplant[53]
1735 (SB)	Judenschule wird mit 100 fl. versteuert[54]
24.4.1736	Streit zwischen Abraham Reutlinger und Amson Jacob um gemeinsam besessenes Haus beigelegt: Abraham Reutlinger verkauft seine Hälfte an Amson Jacob für 450 fl.; Regelung vom 20.4.1736 für Fall, dass es zwischen dem Hausbesitzer und der Judenschaft wegen Nutzung der Judenschule zu einem Konflikt kommen sollte[55]
13.8.1736	Amson Jacob überlässt untere Hälfte des Hauses seinem künftigen Schwiegersohn Coppel Ullmann *pro dote*[56]
8.2.1740	Amson Jacob verkauft für 425 fl. auch die andere Hälfte an Coppel Ullmann[57]

---

[48] StAN, Herrschaft Pappenheim, Akten Nr. 4635/23, S. 3–6: Eintrag vom 26. November 1651.
[49] StAN, Herrschaft Pappenheim, Rechnungen Nr. 6196/13 (1650–1658) und Nr. 6196/20 (1666): Zinsmeistereirechnung.
[50] StAN, Herrschaft Pappenheim, Rechnungen Nr. 6196: Zinsmeistereirechnung.
[51] StAN, Herrschaft Pappenheim, Rechnungen Nr. 6196/80 (1714–1716) und Nr. 6196/116 (1716–1720): Zinsmeistereirechnung.
[52] StAN, Herrschaft Pappenheim, Akten Nr. 8155: Amtsprotokoll vom 20. Juni 1712.
[53] StAN, Herrschaft Pappenheim, Akten Nr. 5997/V: Designation über neue bürgerliche Häuser und Anbäulein in Stadt und Vorstatt vom 4. März 1718.
[54] StAN, Herrschaft Pappenheim, Amtsbücher Nr. 93: Neu revidierte Steuerbeschreibung angefangen den 1. August 1735, S. 157.
[55] StAN, Herrschaft Pappenheim, Akten Nr. 6002/II, S. 246–248: Eintrag vom 24. April 1736.
[56] Ebd., S. 256: Eintrag vom 13. August 1736.
[57] Ebd., S. 401–406: Eintrag vom 8. Februar 1740.

Anhang:

6.7.1753	Coppel Ullmanns Haus an Löw Amson und seinen Bruder Samuel Amson für 700 fl. verkauft; *von sämtlicher judenschaft reservierte konditionen* vom 20.4.1736 sind einzuhalten[58]
19.11.1770	Löw Amson überlässt seinem Sohn Samuel Löw die Hälfte *pro dote*[59]
1783 (SB)	Löw Amson und Samuel Löw versteuern ihren Teil mit je 50 fl.[60]
6.11.1793	Löw Amson und sein Sohn Samuel Löw tauschen ihre Hausteile: Löw Amson hatte bisher obere Hälfte (eine Stube, zwei Kammern, eine Küche, die Laubhütte, das Kämmerlein, den gemeinschaftlichen Boden, den gemeinschaftlichen Stall und Garten), Samuel Löw hatte untere Hälfte (zwei Stuben, eine Kammer, eine Küche, in der der Besitzer der oberen Hälfte waschen und backen darf); gemeinschaftlicher Stall, Keller und Boden; Konditionen: Sohn gibt Vater 100 fl., jeder bleibt in seinem Teil, nach Tod des Vaters fällt Sohn untere Hälfte wieder zu, Löw Amsons zweite Frau darf hintere Stube und Kammer bewohnen; Erwähnung der Judenschule im Haus[61]
12.7.1797	Löw Amson tritt die untere Hälfte an seinen Sohn für 800 fl. ab[62]
1808 (Fa)	Wohnhaus in der Judengasse *worin zu ebener Erde die Judenschul ist*[63]
22.4.1814	das ganze Haus an den Sohn Amson Samuel Weimann für 1604 fl. verkauft; ab 1839 christliche Besitzer[64]

Nr. 19a — **Judengasse; heute: Wilhelm-Deisinger-Straße 20**

nach 1697	Nathan Reutlinger kauft Haus von Wilhelm Langs Witwe[65]
30.6.1745	von Nathan Reutlinger für 2500 fl. seinem Sohn Salomon Reutlinger überlassen, er darf *ad dies vitae* darin bleiben[66]
23.8.1776	Witwe Besle Salomon Reutlinger verkauft das Haus mit Waschküche hinter dem Haus sowie den Anbau mit Stall und Boden für 1250 fl. an Bürgermeister Johann Veit Böhm[67]

Nr. 19b — **Judengasse; spätere Zinsmeisterei; heute: Wilhelm-Deisinger-Straße 21**

1650–1677	Besitzer ist Abraham[68]
seit 1679	Berle zahlt 2 fl. 30 kr. an Zinsmeisterei[69]

---

[58] StAN, Adel Archivalien Nr. 4633, S. 227–228: Eintrag vom 6. Juli 1753.
[59] StAN, Herrschaft Pappenheim, Amtsbücher Nr. 171: Steuerbeschreibung 1768, S. 346.
[60] StAN, Herrschaft Pappenheim, Amtsbücher Nr. 172: Steuerbeschreibung 1783, S. 766.
[61] StAN, Adel Archivalien Nr. 4643, S. 401–404: Eintrag vom 6. November 1793.
[62] StAN, Adel Archivalien Nr. 4645, S. 24–25: Eintrag vom 12. Juli 1797.
[63] StAN, Katasterselekt, Steuergemeinde Pappenheim Bd. 1: Fassion im Steuerdistrikt Pappenheim (1808).
[64] StAN, Herrschaft Pappenheim, Amtsbücher Nr. 172: Steuerbeschreibung 1783, S. 766; Katasterselekt, Steuergemeinde Pappenheim Bd. 3: Umschreibekataster (1810–1833).
[65] StAN, Herrschaft Pappenheim, Amtsbücher Nr. 165: Steuerbeschreibung 1697, fol. 66.
[66] StAN, Adel Archivalien Nr. 4632, S. 130–136: Eintrag vom 30. Juni 1745.
[67] StAN, Adel Archivalien Nr. 4638, S. 204–206: Eintrag vom 23. August 1776.
[68] StAN, Herrschaft Pappenheim, Rechnungen Nr. 6196/13 (1650–1658) und Nr. 6196/35 (1677): Zinsmeistereirechnung.
[69] StAN, Herrschaft Pappenheim, Rechnungen Nr. 6196/36: Zinsmeistereirechnung 1678. Die Besitzübertra-

1705	von Berles Sohn Schmuel Berle übernommen (1705–1709 keine Zahlungen belegt)[70]
1715	*das Schmul jutenhauß 1715 in october wider gebauet*[71]
6.2.1718	Schmuel hat in seinem Garten Anbau und Stall errichtet[72]
1718	Jacob Samuel hat Hälfte *pro dote* erhalten, sein Bruder Israel Samuel erbt andere Hälfte[73]
13.1.1721	Israel Samuel verkauft die obere Hälfte des elterlichen Hauses an Meyer Feis für 275 fl. und 6 fl. Leikauf;[74] am 15.1.1721 wird von der Konferenz der Einspruch des Bruders, der das ganze Haus erwerben wollte, abgelehnt[75]
1721	Meyer Feis und Jacob Samuel zahlen der Zinsmeisterei je 1 fl. 15 kr.[76]
26.6.1724	Erwähnung des halben Hauses im Schutzbrief für Salomon Meyer[77]
1732 (SB)	Jacob Samuel und Salomon Meyer; Abgaben: 21 kr. 2 d.[78]
1738	zahlt Salomon Meyer statt Meyer Feis an die Zinsmeisterei[79]
2.8.1753	Jacob Samuel und Salomon Meyer wurden nach Verkauf an die Zinsmeisterei von Steuern befreit; das *haus ist weggerissen und dahin als zinsmeisterey haus gebauet worden*[80]

Nr. 28   **Judengasse; heute: Wilhelm-Deisinger-Straße 29**

10.10.1768	Ferdinandina Louisa Zeh, Witwe des Wolfgang Wilhelm Eder verkauft obere Hälfte des Hauses (Besitzer der unteren Hälfte: Bäcker Johann Leonhard Frank) für 800 fl. und eineinhalb Carolin an Henle Salomon Levi; diese besteht aus drei Stuben, einer Nebenkammer, einer Küche, einem kleinen Boden, einem halben Boden, einem halben Stall, einer halben Dungstatt, einer Hälfte des Hofs, einem halben Keller, einem Würzgarten und einem gemeinsam zu unterhaltenden Brunnen[81]
1765–1768	Henle Salomon Levi wird wegen Hauskauf von Steuern und Abgaben befreit[82]

---

gung von Abraham auf Berle ist nicht eindeutig nachweisbar, da der Jahrgang 1678 der Zinsmeistereirechnungen nicht mehr vorhanden ist. Dennoch ist sehr wahrscheinlich, dass es sich um ein und dasselbe Haus handelt.

[70] StAN, Herrschaft Pappenheim, Rechnungen Nr. 6196: Zinsmeistereirechnung.
[71] LKAN, Pfarramt Pappenheim K50: Familienbuch Mesner Zuttels, S. 128.
[72] StAN, Herrschaft Pappenheim, Akten Nr. 5997/V: Designation über neue bürgerliche Häuser und Anbäulein in Stadt und Vorstatt vom 6. Februar 1718.
[73] StAN, Herrschaft Pappenheim, Akten Nr. 8196: Schutzgesuch Israel Samuels; Amtsbücher Nr. 168: Revidierter Steuerfuß bey der Stadtvogtey 1715, fol. 71.
[74] StAN, Adel Archivalien Nr. 4630, S. 8–9: Eintrag vom 13. Januar 1721.
[75] StAN, Herrschaft Pappenheim, Akten Nr. 5999/I: Eintrag vom 15. Januar 1721.
[76] StAN, Herrschaft Pappenheim, Rechnungen Nr. 6196/88: Zinsmeistereirechnung 1721–1724.
[77] StAN, Herrschaft Pappenheim, Akten Nr. 8186: Schutzbrief für Salomon Meyer vom 26. Juni 1724.
[78] StAN, Herrschaft Pappenheim, Amtsbücher Nr. 169: Steuerbeschreibung 1732, S. 150–151.
[79] StAN, Herrschaft Pappenheim, Rechnungen Nr. 6196/117: Zinsmeistereirechnung 1736–1740.
[80] StAN, Herrschaft Pappenheim, Amtsbücher Nr. 170: Steuerbeschreibung 1751, S. 209–210.
[81] StAN, Adel Archivalien Nr. 4636, S. 84–86: Eintrag vom 10. Oktober 1768.
[82] StAN, Herrschaft Pappenheim, Akten Nr. 5999/IV, fol. 34a: Eintrag vom 14. März 1770.

Anhang:

1783 (SB)	30 fl. Steuer und 22 kr. 1 d. Abgaben[83]
22.11.1786	von Henle Salomon Levi an Hirsch Lippmann für 700 fl. verkauft (Besitzer der anderen Hälfte ist Johannes Biswanger)[84]
15.1.1787	der Versuch Stadtvogt von Müllers, Hirsch Lippmann zum Kauf der unteren Haushälfte zu überreden, scheitert: Hoffnung, dass dadurch *ein hübsches haus mehr in die stadt käme*[85]
19.11.1787	Hirsch Lippmann hat Georg David Häusleins Anbau[86]
13.2.1789	Hirsch Lippmann verkauft seine Haushälfte an Johann Michael Regner für 1000 fl.[87]
1808 (Fa)	Beschreibung als *ein Wohnhaus halb von Stein*[88]
1817	kauft Löw Ulrich die obere Hälfte[89]

Nr. 29   **Judengasse; heute: Wilhelm-Deisinger-Straße 31**

27.7.1795	Georg David Häuslein verkauft obere Haushälfte, den Anbau mit Ausnahme des unteren Bodens, den hinteren Teil des Hofs, gemeinsame Nutzung des Brunnens und Hofs für 1122 fl. an Nathan Joseph[90]
29.11.1796	Moyses David (Kron) kauft unteren Hausteil, der dem in Gant geratenen Georg Michael Wiedemann gehörte, für 675 fl.; dazu gehören Stall, unterer Boden im Anbau, gemeinschaftlicher Hof und Brunnen; hat auch die obere Haushälfte für 1125 fl. von Nathan Joseph gekauft[91]
1832/33	Witwe Sara Kron verkauft Wohnhaus und Anbau an Otto Neumann[92]

Anbau zu Haus Nr. 29

19.11.1787	Weißgerber Georg David Häuslein verkauft den hinter seinem Haus befindlichen Anbau an Hirsch Lippmann für 522 fl.; Häuslein gestattet im Haupthaus den *durchgang von menschen und vieh durch seine untere tenne*, die gemeinsam unterhalten wird; Hirsch Lippmann übernimmt ein Drittel der Abgaben (16 fl. 40 kr. Steuermasse und 36 kr. 2 d. Abgaben), erhält dafür ein Drittel der *gemeindnutzung*[93]
13.8.1804	Hirsch Lippmann verkauft diesen Anbau an Moses David für 500 fl.[94]

---

[83] StAN, Herrschaft Pappenheim, Amtsbücher Nr. 172: Steuerbeschreibung 1783, S. 780.
[84] StAN, Adel Archivalien Nr. 4642, S. 1–4: Eintrag vom 22. November 1786.
[85] StAN, Herrschaft Pappenheim, Akten Nr. 5916/XII: Bericht von Müllers vom 15. Januar 1787.
[86] StAN, Herrschaft Pappenheim Amtsbücher Nr. 172: Steuerbeschreibung 1783, S. 780.
[87] StAN, Adel Archivalien Nr. 4642, S. 300–301: Eintrag vom 13. Februar 1789.
[88] StAN, Katasterselekt, Steuergemeinde Pappenheim Bd. 1: Fassion im Steuerdistrikt Pappenheim (1808).
[89] StAN, Herrschaft Pappenheim, Amtsbücher Nr. 172: Steuerbeschreibung 1783, S. 161.
[90] StAN, Adel Archivalien Nr. 4644, S. 154–157: Eintrag vom 27. Juli 1795.
[91] Ebd., S. 379–383: Eintrag vom 29. November 1796.
[92] StAN, Katasterselekt, Steuergemeinde Pappenheim Bd. 3: Umschreibekataster (1810–1833).
[93] StAN, Adel Archivalien Nr. 4642, S. 119–121: Eintrag vom 19. November 1787.
[94] StAN, Adel Archivalien Nr. 4650, S. 112–113: Eintrag vom 13. August 1804.

Dokumentation

Nr. 33	**am unteren Tor gegenüber dem herrschaftlichen Marstall; heute: Wilhelm-Deisinger-Straße 42**
18.2.1737	Metzger Johann Christoph Zagelmeyer verkauft sein Haus samt Stadel, Hofraith, Würz- und Grasgarten an Abraham Reutlinger für 2225 fl.[95]
22.8.1747	Abraham Reutlinger verkauft Garten vor dem unteren Tor an Jacob Aurenheimer für 530 fl.[96]
18.7.1750	verkauft Abraham Reutlinger Stadel an Jacob Aurenheimer für 650 fl.[97]
1751 (SB)	Abraham Reutlinger zahlt Steuern von 80 fl. und 1 fl. 8 kr. Abgaben[98]
17.8.1761	Haus von Johann Friedrich Memwarth für 900 fl. ersteigert[99] (weitere Besitzer: Hofrat Johann Wilhelm Schnitzlein, Hofrat Johann Wilhelm Sonnenmeyer[100])
9.3.1829	von Hofrat Sonnenmeyers Erben an Isaak Hayum Schimmel für 4300 fl. verkauft[101]
Nr. 69	**Herrngasse; heute: Graf-Carl-Straße 28**
9.3.1791	Witwe Maria Margaretha Bernecker verkauft obere Hälfte für 420 fl. an Joseph Isaac; diese besteht aus einer Stube, einer Kammer, einer Küche, einer Holzlege, einem halben Keller, zwei halben Böden, einem halben Stall, dem Recht in der unteren Küche backen und waschen zu dürfen; gemeinsame Nutzung des Sekrets neben dem Haus und der Dungstätte[102]
12.5.1798	von Joseph Isaac an seinen jüngsten Sohn Samuel Joseph für 400 fl. übergegangen; Joseph Isaac und seine Frau Bela dürfen auf Lebenszeit unentgeltlich in dem Haus wohnen; im Konfliktfall sollen Sohn und Schwiegertochter ausziehen und sich auf eigene Kosten eine Wohnung mieten; wenn es nach Joseph Isaacs Tod zu Streit kommt, müssen ebenfalls Samuel Joseph und seine Frau ausziehen, erhalten aber von Bela 15 fl. pro Jahr für Hauszins[103]
11.5.1802	Besitzerin der unteren Hälfte, Anna Maria, Witwe des Franz Xaver Fuchs, verkauft diese für 450 fl. und 20 fl. Leikauf an Samuel Joseph, der jetzt das ganze Haus bestehend aus einer Stube, einer Kammer, einer Küche, einem Stall, halbem Boden, halbem Keller und Dungstatt besitzt; gemeinsame Nutzung des Sekrets[104]
9.4.1804	Samuel Joseph kauft von Johann Leonhard Näher einen *Platz zu einem Hofraith* für 200 fl., Errichtung einer Mauer zur Abtrennung, Käufer darf auf dem Platz einen Stall bauen[105]

[95] StAN, Herrschaft Pappenheim, Akten Nr. 6002/II, S. 271–273: Eintrag vom 18. Februar 1737.
[96] StAN, Adel Archivalien Nr. 4632, S. 279–280: Eintrag vom 22. August 1747.
[97] StAN, Adel Archivalien Nr. 4633, S. 13–14: Eintrag vom 18. Juli 1750.
[98] StAN, Herrschaft Pappenheim, Amtsbücher Nr. 170: Steuerbeschreibung 1751, S. 211.
[99] StAN, Adel Archivalien Nr. 4634, S. 614–615: Eintrag vom 17. August 1761.
[100] StAN, Herrschaft Pappenheim, Amtsbücher Nr. 171: Steuerbeschreibung 1768, S. 345, Nr. 172: Steuerbeschreibung 1783, S. 258.
[101] StAN, Katasterselekt, Steuergemeinde Pappenheim Bd. 3: Umschreibekataster (1810–1833), Bd. 4/1: Urkataster 1832/33, fol. 106.
[102] StAN, Adel Archivalien Nr. 4643, S. 64–68: Eintrag vom 9. März 1791.
[103] StAN, Adel Archivalien Nr. 4645, S. 545–548: Eintrag vom 12. Mai 1798.
[104] StAN, Adel Archivalien Nr. 4647, S. 538–540: Eintrag vom 11. Mai 1802.

Anhang:

1808 (Fa)	Beschreibung als *ein Wohnhaus von Steinen gebaut, wobei ein kleiner Garten nebst Hofraith*[106]
21.11.1809	an Hessel Joseph Gutmann für 1260 fl. verkauft[107]

Nr. 72   **Herrngasse; heute: Graf-Carl-Straße 23**

7.11.1803	Heium Simon (Schimmel) ersteigert untere Hälfte des Hauses, die zuvor Jacob Mittler gehörte, für 740 fl.: zwei Stuben, zwei Kammern, einen Stall, ein Geißställlein, zwei Böden, Küche (Besitzer der oberen Hälfte, der Metzger Georg Schwenk, darf darin waschen), untere Tenne, Backofen, Keller und halbe Dungstatt[108]
1808 (Fa)	obere Hälfte bewohnt Metzger Johann Caspar Schwenk, der sie von seinem Vater übernommen hat[109]
1832/33	Nr. 72a[110]
1834	Besitzer Judas Baumann[111]

Nr. 74   **Herrngasse; heute: Graf-Carl-Straße 19**

12.4.1803	Johann Jacob Regner verkauft an Moises Hirsch für 1260 fl. halbes Haus nebst kleinem Hofrait, in dem sich Holzlager befindet; Besitzer der anderen Hälfte ist Seilermeister Friedrich Regner, der sie 1805 von seinem Vater Johann Jacob Regner erhalten hat[112]
1832/33	Feis Abraham kaufte am 22.4.1814 halbes Haus von Friedrich Regner (Nr. 74a); der oben beschriebene Teil (Nr. 74b) gehört Hirsch Moses Fürther[113]

Nr. 76   **Herrngasse; heute: Graf-Carl-Straße 16**

22.7.1802	Anna Maria Ottmann verkauft für 1700 fl. halbes Haus mit halbem Stall, gemeinschaftlicher Waschküche und halber Hofrait an Nathan Joseph (Schwarz); Besitzer der anderen Hälfte: Schmiedemeister Ferdinand Ottmann[114]
1832/33	Bezeichnung als Nr. 76b[115]

Nr. 77   **Herrngässlein; heute: Herrnschmiedgasse 2**

14.3.1791	Amtssekretär Karl Alexander Hahn verkauft zwei Drittel seines Stadels an Hirsch Joseph (Schwarz) für 300 fl.; diesem wird gestattet oben eine Wohnung

---

[105] StAN, Adel Archivalien Nr. 4649, S. 675–679: Eintrag vom 9. April 1804.
[106] StAN, Katasterselekt, Steuergemeinde Pappenheim Bd. 1: Fassion im Steuerdistrikt Pappenheim (1808).
[107] StAN, Herrschaft Pappenheim, Amtsbücher Nr. 172: Steuerbeschreibung 1783, S. 82–83; Katasterselekt, Steuergemeinde Pappenheim Bd. 1: Fassion im Steuerdistrikt Pappenheim (1808).
[108] StAN, Adel Archivalien Nr. 4649, S. 269–272: Eintrag vom 7. November 1803.
[109] StAN, Katasterselekt, Steuergemeinde Pappenheim Bd. 1: Fassion im Steuerdistrikt Pappenheim (1808).
[110] StAN, Katasterselekt, Steuergemeinde Pappenheim Bd. 4/1: Urkataster 1832/33, fol. 218.
[111] StAN, Herrschaft Pappenheim, Amtsbücher Nr. 172: Steuerbeschreibung 1783, S. 62.
[112] StAN, Katasterselekt, Steuergemeinde Pappenheim Bd. 1: Fassion im Steuerdistrikt Pappenheim (1808).
[113] StAN, Katasterselekt, Steuergemeinde Pappenheim Bd. 4/1: Urkataster 1832/33, fol. 228–230.
[114] StAN, Katasterselekt, Steuergemeinde Pappenheim Bd. 1: Fassion im Steuerdistrikt Pappenheim (1808).
[115] StAN, Katasterselekt, Steuergemeinde Pappenheim Bd. 4/1: Urkataster 1832/33, fol. 239.

Dokumentation

	zu errichten; darf weder Wasser noch sonst etwas aus Fenster auf Hahns Hof schütten, Eingangstür soll auf Herrngäßlein gehen[116]
7.7.1801	Hahn verkauft den restlichen Anteil an dem Gebäude für 425 fl. an Abraham Hünlein[117], darauf folgt Streit zwischen Hirsch Joseph und Abraham Hünlein
22.8.1801	Vergleich zwischen den beiden: Hirsch Joseph besitzt nun ganzen Stadel, muss dafür an Abraham Hünlein 4 Carolin Abstand zahlen[118]
1832/33	Erben des Hirsch Joseph Schwarz besitzen in Haus umgewandelten Stadel[119]
Nr. 79	**Judengasse; ist ursprünglich Anbau zu Nr. 15, wurde 1890 Teil dieses Hauses**
11.10.1746	Rahel, Abraham Elias Coppels Frau, bittet Ofen im hinteren Anbau ihres Hauses zu errichten und diesen verkaufen zu dürfen[120]
29.2.1752	in Pappenheim gebliebene Frau des Abraham Elias Coppel bittet Anbau als ihre künftige Wohnung einrichten zu dürfen; der Einspruch der Besitzer von drei angrenzenden Stadeln wegen Feuergefahr wird abgelehnt[121]
1751 (SB)	*Abraham Elias Coppels eheweib hat ein neuerbautes kleines häußlein*[122]
8.5.1776	nach deren Tod von Löw Amson für 230 fl. ersteigert[123]
28.8.1781	Löw Amson verkauft es für 250 fl. an seine verwitwete Schwester Edel Ullmännin; Haus hat keine Gemeinderechte[124]
1.2.1788	an Edels Sohn Löw Ullmann für 350 fl. verkauft[125]
16.10.1807	an Amson Samuel für 525 fl. verkauft[126]
1808 (Fa)	Beschreibung als *kleines Wohnhaus unten von Stein, oben von Ziegelwänden, hat kein Gemeinderecht*[127]
19.6.1810	Amson Samuel verkauft halbes Wohnhaus an Moses Levi[128]
Nr. 80	**Herrngasse; heute: Teil von Graf-Carl-Straße 14**
7.7.1733	Kinder des verstorbenen Jeremias Zimmermann verkaufen Haus für 490 fl. an Feis Judas[129]

---

[116] StAN, Adel Archivalien Nr. 4643, S. 92–97: Eintrag vom 14. März 1791.
[117] StAN, Adel Archivalien Nr. 4648, S. 15–17: Eintrag vom 7. Juli 1801.
[118] Ebd., S. 106–110: Eintrag vom 4. September 1801.
[119] StAN, Katasterselekt, Steuergemeinde Pappenheim Bd. 4/1: Urkataster 1832/33, fol. 241.
[120] StAN, Herrschaft Pappenheim, Akten Nr. 6003/IX, S. 83: Eintrag vom 11. Oktober 1746.
[121] StAN, Herrschaft Pappenheim, Akten Nr. 6003/14, fol. 10–11: Eintrag vom 26. November 1751 und Nr. 6003/15, fol. 10v–12: Eintrag vom 29. Februar 1752.
[122] StAN, Herrschaft Pappenheim, Amtsbücher Nr. 170: Steuerbeschreibung 1751, S. 215.
[123] StAN, Adel Archivalien Nr. 4638, S. 173–175: Eintrag vom 8. Mai 1776.
[124] StAN, Adel Archivalien Nr. 4640, S. 1–2: Eintrag vom 28. August 1781.
[125] StAN, Adel Archivalien Nr. 4642, S. 149–150: Eintrag vom 1. Februar 1788.
[126] StAN, Katasterselekt, Steuergemeinde Pappenheim Bd. 4/1: Urkataster 1832/33, fol. 245.
[127] StAN, Katasterselekt, Steuergemeinde Pappenheim Bd. 1: Fassion im Steuerdistrikt Pappenheim (1808).
[128] StAN, Katasterselekt, Steuergemeinde Pappenheim Bd. 3: Umschreibekataster (1810–1833).
[129] StAN, Herrschaft Pappenheim, Akten Nr. 6002/II, S. 155–156: Eintrag vom 7. Juli 1733.

Anhang:

seit 1732	Feis Judas mit 1 fl. bei Zinsmeisterei geführt: für Hofspital[130]
1735 (SB)	Haus mit 45 fl. in Steuer, 1 fl. 6 kr. 2 d. Abgaben[131]
seit 1765	Feis Judas zahlt an Zinsmeisterei auch 2 fl. bei gemeinen Legaten und Stiftungen[132]
1768 (SB)	Feis Judas besitzt nur noch halbes Haus, auf dem 22 fl. 30 kr. Steuerfuß lasten[133]
1774	Wert auf 800 fl. geschätzt[134]
18.12.1780	nach Feis Judas' Tod übernimmt dessen ältester Sohn Israel Feis obere Hälfte für 350 fl.[135]
seit 1781	zahlt Israel Feis Abgaben an Zinsmeisterei[136]
23.1.1783	die untere Hälfte geht an den Sohn Abraham Feis für 375 fl.[137]
1783 (SB)	Israel Feis (Baumann) besitzt halbes Haus, die andere Hälfte Abraham Feis (Baumann), jeweils 22 fl. 30 kr. Steuerfuß, 38 kr. 2 d. Abgaben[138]
1809 (Fa)	Abraham Feis und Schutzjüdin Israel Feis[139]
1822	Teil des Israel Feis fällt an seinen Sohn Abraham Israel Baumann[140]
1832/33	Nr. 80a gehört Abraham Feis Baumanns Witwe, Nr. 80b Israel Abraham Baumanns Witwe[141]

Nr. 87   **Stadtvogteigäßlein; heute: Stadtvogteigasse 4**

22.10.1801	Johann Christoph Fischer verkauft untere Hälfte seines Hauses an Abraham Hünlein für 500 fl.; besteht aus einer Stube, einer Kammer, einer Küche, einem Gang, einem vorderen Stall, einem halben Boden sowie der gemeinsamen Nutzung von Dungstatt und Sekret[142]
1808 (Fa)	als viertel bzw. kleines Haus *von Stein aufgebaut* bezeichnet[143]
16.11.1819	von Witwe Jütte an Sohn Mendel Henlein als Heiratsgut[144]

---

[130] StAN, Herrschaft Pappenheim, Rechnungen Nr. 6196/112 (1730–1735), Nr. 6196/185 (1780): Zinsmeistereirechnung.
[131] StAN, Herrschaft Pappenheim, Amtsbücher Nr. 93: Neu revidierte Steuerbeschreibung angefangen den 1. August 1735, S. 158.
[132] StAN, Herrschaft Pappenheim, Rechnungen Nr. 6196/169 (1765), Nr. 6196/210 (1796): Zinsmeistereirechnung.
[133] StAN, Herrschaft Pappenheim, Amtsbücher Nr. 171: Steuerbeschreibung 1768, S. 347.
[134] StAN, Herrschaft Pappenheim, Akten Nr. 5999/IX: Dekret vom 2. August 1774.
[135] StAN, Adel Archivalien Nr. 4639, S. 270–271: Eintrag vom 18. Dezember 1780.
[136] StAN, Herrschaft Pappenheim, Rechnungen Nr. 6196/186 (1781), Nr. 6196/210 (1796): Zinsmeistereirechnung.
[137] StAN, Adel Archivalien Nr. 4640, S. 184–187: Eintrag vom 24. Januar 1783.
[138] StAN, Herrschaft Pappenheim, Amtsbücher Nr. 172: Steuerbeschreibung 1783, S. 770–772.
[139] StAN, Katasterselekt, Steuergemeinde Pappenheim Bd. 1: Fassion im Steuerdistrikt Pappenheim (1808).
[140] StAN, Herrschaft Pappenheim, Amtsbücher Nr. 172: Steuerbeschreibung 1783, S. 770; Katasterselekt, Steuergemeinde Pappenheim Bd. 3: Umschreibekataster (1810–1833).
[141] StAN, Katasterselekt, Steuergemeinde Pappenheim Bd. 4/1: Urkataster 1832/33, fol. 246–248.
[142] StAN, Adel Archivalien Nr. 4648, S. 196–198: Eintrag vom 22. November 1801.
[143] StAN, Katasterselekt, Steuergemeinde Pappenheim Bd. 1: Fassion im Steuerdistrikt Pappenheim (1808).
[144] StAN, Katasterselekt, Steuergemeinde Pappenheim Bd. 3: Umschreibekataster (1810–1833), Bd. 4/1: Urkataster 1832/33, fol. 271.

Dokumentation

Nr. 131	**Markt; an dieser Stelle steht heute das Neue Schloss**
19.10.1675	von Reichserbmarschall Franz Christoph für 409 fl. an Hirsch Oppenheimer verkauft; mit dem Haus werden *ein gehimmelte bettladen*, zwei weitere *himmelbettstätte* und drei alte Kästen verkauft[145]
5.2.1684	Erwähnung des Hauses in einem Kaufvertrag: Hans Georg Lotter, Bestandwirt zum Hirschen, verkauft Simon Zeh Haus beim vorderen Tor, das an das Haus von Hirsch Oppenheimer grenzt[146]
11.8.1725	Amson Oppenheimer verkauft das von seinem Vater Hirsch Oppenheimer geerbte Haus für 1000 fl. an Abraham Reutlinger[147]
29.12.1730	Abraham Reutlinger verkauft das Haus für 1200 fl. an den Stadtmüller Georg Michael Deininger[148]
24.8.1819	Haus von Graf Carl von Pappenheim gekauft; Abriss im Zuge des Baus des Neuen Schlosses[149]
Nr. 132	**am Markt; heute: Marktplatz 2**
25.7.1690	Nachältester Ludwig Franz verkauft Jacob ein Haus am Marktplatz, das zu zwei Seiten eckfrei ist, zusammen mit einem Nebenhaus, Hof und Gärtlein für 500 fl.[150] (Bezeichnung als Graf-Franzische Behausung)
9.5.1701	Jacob verkauft das Haus an Reichserbmarschall Christian Ernst[151]
Nr. 163	**auch Ochsenstadel genannt; heute: Fuchsberg 2**
22.12.1745	von Kammerrat Kern an Schmuel Judas für 325 fl. verkauft[152]
1751 (SB)	mit 30 fl. in der Steuer eingestuft[153]
8.1.1787	Haus geht an dessen Sohn Moyses Schmuel (Bacharacher), der seinen Geschwistern dafür 400 fl. bezahlt[154]
1810	Lagebezeichnung: am Fuchsberg[155]

---

[145] StAN, Herrschaft Pappenheim, Akten Nr. 7717: Concept Kaufbriefs vom 19. Oktober 1675.
[146] StAN, Herrschaft Pappenheim, Urkunden Nr. 4262: Kaufvertrag zwischen Hans Georg Lotter und Simon Zehe vom 5. Februar 1684.
[147] StAN, Adel Archivalien Nr. 4630, S. 127–129: Eintrag vom 11. August 1725.
[148] Ebd., S. 482–484: Eintrag vom 29. Dezember 1730.
[149] StAN, Herrschaft Pappenheim, Amtsbücher Nr. 172: Steuerbeschreibung 1783, S. 472; Katasterselekt, Steuergemeinde Pappenheim Bd. 4/2: Urkataster 1832/33, fol. 470–473.
[150] StAN, Herrschaft Pappenheim, Urkunden Nr. 4383: Concept Kaufbriefs um die Graf Franzische Behausung vom 25. Juli 1690.
[151] StAN, Herrschaft Pappenheim, Urkunden Nr. 4733: Die dem Jacob Juden anbefohlene Abtretung des Graf Franzischen Haußes vom 9. Mai 1701.
[152] StAN, Adel Archivalien Nr. 4632, S. 170–171: Eintrag vom 22. Dezember 1745.
[153] StAN, Herrschaft Pappenheim, Amtsbücher Nr. 170: Steuerbeschreibung 1751, S. 216.
[154] StAN, Adel Archivalien Nr. 4642, S. 28–29: Eintrag vom 8. Januar 1787; Herrschaft Pappenheim, Amtsbücher Nr. 172: Steuerbeschreibung 1783, S. 776.
[155] StAN, Katasterselekt, Steuergemeinde Pappenheim Bd. 2: Häuser- und Rustikalsteuerkataster des Steuerdistrikts Pappenheim (1810).

Anhang:

8.12.1830	durch Erbschaft an dessen Schwiegersohn Isaac Löw Fürther[156]
1832/33	Isaak Löw Fürther besitzt Wohnhaus, Nebengebäude und Hofraum[157]

Nr. 168   **Treuchtlinger Hof; heute: Stöbergasse**

12.2.1799	halbes Haus von Johann Adam Gunold an Israel Isaac (Weimann) für 1000 fl. verkauft[158]
1808 (Fa)	*halbes Haus von Stein* im Treuchtlinger Hof; Besitzer der anderen Hälfte ist der Chirurg Johann Georg Pelican[159]
1832/33	Nr. 168a: Isaak Schwarz besitzt seit 1829 Wohnhaus mit Nebengebäude

---

[156] StAN, Katasterselekt, Steuergemeinde Pappenheim Bd. 3: Umschreibekataster (1810–1833).
[157] StAN, Katasterselekt, Steuergemeinde Pappenheim Bd. 4/2: Urkataster 1832/33, fol. 590.
[158] StAN, Herrschaft Pappenheim, Amtsbücher Nr. 172: Steuerbeschreibung 1783, S. 210.
[159] StAN, Katasterselekt, Steuergemeinde Pappenheim Bd. 1: Fassion im Steuerdistrikt Pappenheim (1808).

Quellen- und Literaturverzeichnis

Ungedruckte Quellen

Bayerisches Hauptstaatsarchiv München (BayHStA)

Hofamtsregistratur I: Fasz. 430 Nr. 77
Reichskammergericht (RKG): 3956, 7263, 7299, 13644

Landeskirchliches Archiv Nürnberg (LKAN)

Kirchbuch-Zweitschriften (KBZ): Nr. 224: Pappenheim
Konsistorium Pappenheim: 29, 67, 79
Pfarramt Pappenheim: 5, 73, 123, 123a, K7, K50

Staatsarchiv Augsburg (StAA)

Deutschorden, Kommende Oettingen: 20, 21, 22, 23, 24
Kaisheim-Kloster, Literalien: 292, 293, 524
Oettingen-Oettingen: B 88, B 90, B 92
Oettingen-Oettingen, Oberamt Harburg: 704
Oettingen-Spielberg: B 44
Pfalz-Neuburg, Literalien: 1026, 1027, 1140, 1141, 1142, 1154, 1157, 1159, 1160, 1162, 1163, 1165, 1167, 1169, 1225, 1226, 1227, 1230, 1257, 1259, 1269, 1270, 1271

Staatsarchiv Nürnberg (StAN)

Adel Archivalien: 4542, 4543, 4544, 4545, 4546, 4547, 4548, 4549, 4557, 4558, 4564, 4565, 4570, 4573, 4574, 4575, 4580, 4583, 4584, 4588, 4592, 4594, 4598, 4599, 4600, 4602, 4603, 4607, 4609, 4610, 4612, 4613, 4614, 4615, 4617, 4618, 4619, 4622, 4624, 4625, 4627, 4628, 4630, 4632, 4633, 4634, 4635, 4636, 4638, 4639, 4640, 4641, 4642, 4643, 4644, 4645, 4647, 4648, 4649, 4650, 4719, 4730, 5208, 5209, 5212, 5213
Amtsgericht Pappenheim (vorbayerisch): 99
Ansbacher Archivalien: 2930
Ansbachische Beamtenkartei
Deutscher Orden Archivalien: 363, 364, 366, 372, 373
Herrschaft Pappenheim, Urkunden: 1348–III–10 (1), 1656–IV–8, 1658–II–11/1, 1665–V–10, 1667–IX–7, 1667–X–7; 1671–VIII–4, 1675–I–3, 1675–II–12, 4218, 4257, 4262, 4347, 4358, 4383, 4413, 4564, 4600, 4719, 4733, 4749, 4763, 4874, 4875, 4879, 4905, 5294, 5314
Herrschaft Pappenheim, Akten: 305, 450, 455, 901, 986, 1073, 1747, 2021, 2103, 2882, 3622, 3627, 3759, 3763, 3869, 3871, 3873, 3874, 3875, 3876, 3883, 3888, 4635, 4645, 4646, 4648, 4649, 4651, 4684, 4692, 4703, 4704, 4709, 4715, 4716, 4719, 4722, 4724, 4725, 5593, 5728, 5916, 5995,

Anhang:

5997, 5999, 6002, 6003, 6004, 6006, 6021, 6159, 6648, 6829, 6831, 6849, 6859, 6862, 6874, 6880, 7129, 7135, 7337, 7717, 7732, 7761, 7874, 7875, 7924a, 7944a, 8125, 8126, 8127, 8129, 8130, 8131, 8132, 8133, 8134, 8135, 8138, 8140, 8141, 8142, 8143, 8144, 8146, 8147, 8149, 8150, 8151, 8153, 8153a, 8154, 8155, 8156, 8157, 8160, 8164, 8166, 8167, 8168, 8170, 8171, 8172, 8173, 8174, 8175, 8176, 8181, 8182, 8183, 8184, 8186, 8188a, 8189, 8190, 8192, 8193, 8194, 8196, 8199, 8201, 8202, 8203, 8204, 8207, 8208, 8209, 8210, 8211, 8212, 8213, 8214, 8219, 8220, 8222, 8223, 8225, 8226, 8868, 9126, 9198
Herrschaft Pappenheim, Amtsbücher: 86, 93, 94, 132, 165, 168, 169, 170, 171, 172, 174
Herrschaft Pappenheim, Rechnungen: 741, 2907, 2909, 6195, 6196, 6197, 6330, 6331, 6333, 6811, 6812, 6814, 6824, 6875
Herrschaft Pappenheim, Reichserbmarschallamt: 239 (A II 4/20)[1], 256 (A II 5/1), 705 (A III 5/53), 706 (A III 5/53a), 707 (A III 5/54), 708 (A III 5/55), 709 (A III 5/56), 711 (A III 5/58), 714 (A III 5/60), 715 (A III 5/61), 721 (A III 5/67), 738 (A III 5/84), 743 (A III 5/89), 745 (A III 5/91), 755 (A III 5/101), 756 (A III 5/102), 757 (A III 5/103), 762 (A III 5/108), 766 (A III 5/112), 768 (A III 5/114), 772 (A III 5/118), 780 (A III 5/126), 788 (A III 5/133), 790 (A III 5/135), 804 (A III 5/148), 809 (A III 5/150), 810 (A III 5/151), 811 (A III 5/152), 815 (A III 5/156), 818 (A III 5/159), 821 (A III 5/162), 831 (A III 5/172), 832 (A III 5/173), 833 (A III 5/174), 837 (A III 5/178), 843 (A III 5/184), 847 (A III 5/188), 849 (A III 5/190), 850 (A III 5/191), 851 (A III 5/192), 853 (A III 5/194), 855 (A III 5/196), 856 (A III 5/197), 859 (A III 5/200), 860 (A III 5/201), 1013 (A IV 9/41), 1015 (A IV 9/43), 1017 (A IV 9/45), 1055 (A IV 9/81), 1073 (A IV 10/7), 1097 (A IV 11/12), 1183 (A IV 12/30), 1247 (A IV 15/16), 1526 (B 211–212), 1528 (B 214), 1530 (B 216), 1532 (B 218), 1534 (B 220), 1536 (B 222), 1537 (B 223), 1540 (B 226), 1541 (B 227), 1542 (B 228)
Hochstift Eichstätt, Eichstätter Archivalien: 3318, 3319, 3320, 3321, 5590, 5591, 5618, 5628, 5629, 5641, 5651, 5667, 5668, 5669, 5671, 5673, 5674, 5675, 5676, 5678, 5685, 5688, 5718, 5821
Katasterselekt, Steuergemeinde Pappenheim: 1, 2, 3, 4
Photosammlung Fremde Archivalien: JM 146
Regierung von Mittelfranken Abgabe 1932, Tit. Judensachen: 169, 215

Stadtarchiv München (StadtA München)

Polizeidirektion: 515

Stadtarchiv Regensburg (StadtA Regensburg)

Historischer Verein von Oberpfalz und Regensburg (HVA), Archivakten Regensburg (AAR): 92
ZR I: 642

Stadtarchiv Weißenburg (StadtA Weißenburg)

A 3449, A 4455
B 27, B 36, B 43, B 66, B 67, B 86
Urkundensammlung des Altertumsvereins: 70

---

[1] In Klammern sind die bis 2004 gebräuchlichen Signaturen angegeben.

Gedruckte Quellen und Literatur

1100 Jahre Ellingen. Ellingen in Geschichte und Gegenwart, hg. vom Autorenkreis im Freundeskreis Barockstadt Ellingen e. V., Ellingen 1999.

Acta Historico-Ecclesiastica nostri temporis, oder gesamelte Nachrichten und Urkunden zu der Kirchengeschichte unsrer Zeit, Bd. 3, Weimar 1776.

AGETHEN, Manfred, Bekehrungsversuche an Juden und Judentaufen in der frühen Neuzeit, in: Aschkenas 1 (1991), S. 65–94.

ALBERTI, Hans-Joachim von, Mass und Gewicht. Geschichtliche und tabellarische Darstellungen von den Anfängen bis zur Gegenwart, Berlin 1957.

ALBRECHT, Dieter (Hg.), Regensburg – Stadt der Reichstage. Vom Mittelalter zur Neuzeit (Schriftenreihe der Universität Regensburg N. F. 21), Regensburg 1994.

Allgemeine Deutsche Biographie (ADB), hg. von der historischen Commission bei der Königlichen Akademie der Wissenschaften (München), 56 Bde., Leipzig 1875–1912.

ARMBRUSTER, Thomas, Die jüdischen Dörfer Lengnau und Endlingen, in: Karl Heinz BURMEISTER (Hg.), Landjudentum im Süddeutschen- und Bodenseeraum. Wissenschaftliche Tagung zur Eröffnung des jüdischen Museums Hohenems vom 9. bis 11. April 1991 (Forschungen zur Geschichte Vorarlbergs 11), Dornbirn 1992, S. 38–86.

AUFGEBAUER, Peter, Die Geschichte der Juden in der Stadt Hildesheim im Mittelalter und in der frühen Neuzeit (Schriftenreihe des Stadtarchivs und der Stadtbibliothek Hildesheim 12), Hildesheim 1984.

BÄRNREUTHER, Lothar, Asylrecht und Freiungen im fränkischen Raum, Diss. Würzburg 1968.

BARTHEL, Johann Kaspar, Dissertatio Inauguralis, Annexa Commentatione in Constitutionem Benedicti PP XIII. De Jure Asyli: Subjunctis ex universo Jure Corollariis, Würzburg 1733.

BATTENBERG, J. Friedrich, Zur Rechtsstellung der Juden am Mittelrhein in Spätmittelalter und Früher Neuzeit, in: ZHF 6 (1979), S. 129–183.

– Judenordnungen der frühen Neuzeit in Hessen, in: Neunhundert Jahre Geschichte der Juden in Hessen. Beiträge zum politischen, wirtschaftlichen und kulturellen Leben, hg. von der Kommission für die Geschichte der Juden in Hessen (Schriften der Kommission für die Geschichte der Juden in Hessen 6), Wiesbaden 1983, S. 83–122.

– Schutz, Toleranz oder Vertreibung. Die Darmstädter Juden in der frühen Neuzeit (bis zum Jahre 1688), in: Eckhart G. FRANZ (Hg.), Juden als Darmstädter Bürger, Darmstadt 1984, S. 33–49.

– Judenverordnungen in Hessen-Darmstadt. Das Judenrecht eines Reichsfürstentums bis zum Ende des Alten Reiches. Eine Dokumentation (Schriften der Kommission für die Geschichte der Juden in Hessen 8), Wiesbaden 1987.

– Rechtliche Rahmenbedingungen jüdischer Existenz in der Frühneuzeit zwischen Reich und Territorium, in: Rolf KIESSLING (Hg.), Judengemeinden in Schwaben im Kontext des Alten Reiches (Colloquia Augustana 2), Berlin 1995, S. 53–79.

– Zwischen Integration und Segregation. Zu den Bedingungen jüdischen Lebens in der vormodernen christlichen Gesellschaft, in: Aschkenas 6 (1996), S. 421–454.

– Die Privilegierung von Juden und der Judenschaft im Bereich des Heiligen Römischen Reiches deutscher Nation, in: Barbara DÖLEMEYER – Heinz MOHNHAUPT (Hg.), Das Privileg im europäischen Vergleich, Bd. 1 (Ius Commune, Veröffentlichungen des Max-Planck-Instituts für

Anhang:

Europäische Rechtsgeschichte Frankfurt am Main, Sonderhefte, Studien zur Europäischen Rechtsgeschichte 93), Frankfurt/Main 1997, S. 139–190.
– Antisemitismus als »kultureller Code« in der deutschen Geschichte. Anmerkungen zu Elementen einer antijüdischen Kultur, in: Doron KIESEL – Leonore SIEGELE-WENSCHKEWITZ (Hg.), Der Aufklärung zum Trotz. Antisemitismus und politische Kultur in Deutschland (Arnoldshainer Texte 100), Frankfurt/Main 1998, S. 15–51.
– Hofjuden in Residenzstädten der frühen Neuzeit, in: Fritz MAYRHOFER – Ferdinand OPLL (Hg.), Juden in der Stadt (Beiträge zur Geschichte der Städte Mitteleuropas 15), Linz 1999, S. 297–325.
– Das europäische Zeitalter der Juden. Zur Entwicklung einer Minderheit in der nichtjüdischen Umwelt Europas, 2 Bde., 2. Aufl. Darmstadt 2000.
– Die Juden in Deutschland vom 16. bis zum Ende des 18. Jahrhunderts (EDG 60), München 2001.
– Ein Hofjude im Schatten seines Vaters – Wolf Wertheimer zwischen Wittelsbach und Habsburg, in: Rotraud RIES – J. Friedrich BATTENBERG (Hg.), Hofjuden – Ökonomie und Interkulturalität. Die jüdische Wirtschaftselite im 18. Jahrhundert (Hamburger Beiträge zur Geschichte der deutschen Juden 25), Hamburg 2002, S. 240–255.
BAUER, Christoph, Tabellen zur Reichsgeschichte, in: Anton SCHINDLING – Walter ZIEGLER (Hg.), Die Kaiser der Neuzeit 1519–1918. Heiliges Römisches Reich, Österreich, Deutschland, München 1990, S. 445–449.
BELL, Dean Thomas, Gemeinschaft, Konflikt und Wandel. Jüdische Gemeindestrukturen im Deutschland des 15. Jahrhunderts, in: Rolf KIESSLING – Sabine ULLMANN (Hg.), Landjudentum im deutschen Südwesten während der Frühen Neuzeit (Colloquia Augustana 10), Berlin 1999, S. 157–191.
BERDING, Helmut, Moderner Antisemitismus in Deutschland (edition suhrkamp NF 257), Frankfurt/Main 1988.
BERGMANN, Klaus, Multiperspektivität, in: Klaus BERGMANN u.a. (Hg.), Handbuch der Geschichtsdidaktik, 5. Aufl. Seelze-Velber 1997, S. 301–303.
Die Bibel nach der Übersetzung Martin Luthers, Stuttgart 1985.
BLINN, Dieter, »Man will ja nichts mehr als Ihnen zu dienen, und das bisgen Ehre« – Die Hofjuden Herz und Saul Wahl im Fürstentum Pfalz-Zweibrücken, in: Rotraud RIES – J. Friedrich BATTENBERG (Hg.), Hofjuden – Ökonomie und Interkulturalität. Die jüdische Wirtschaftselite im 18. Jahrhundert (Hamburger Beiträge zur Geschichte der deutschen Juden 25), Hamburg 2002, S. 307–331.
BOHRER, Markus, Die Juden im Hochstift Würzburg im 16. und am Beginne des 17. Jahrhunderts, Diss. Freiburg i. Br. 1922.
BRACHMANN-TEUBNER, Elisabeth, Sources for the History of the Jews from the Eighteenth Century to the Twentieth Century in the Archives of the former DDR, in: YBLBI 38 (1993), S. 391–408.
BRADEN, Jutta, Hamburger Judenpolitik im Zeitalter lutherischer Orthodoxie 1590–1710 (Hamburger Beiträge zur Geschichte der deutschen Juden 23), Hamburg 2001.
– Eine Probe aufs Exempel. Neue Forschungskonzepte am Beispiel Hamburger Konversionen von Juden zum Christentum (1600–1850), in: Aschkenas 15 (2005), S. 303–335.
BRAUN, Joachim, Der jüdische Bezirksfriedhof von Allersheim im Wandel der Zeiten, in: Mainfränkisches Jahrbuch für Geschichte und Kunst 46 (1994), S. 101–114.
BREIT, Stefan, »Leichtfertigkeit« und ländliche Gesellschaft. Voreheliche Sexualität in der frühen Neuzeit (Ancien Régime, Aufklärung und Revolution 23), München 1991.
BREUER, Mordechai, Jüdische Orthodoxie im Deutschen Reich 1871–1918. Sozialgeschichte einer religiösen Minderheit, Frankfurt/Main 1986.

- Einführung, in: Michael A. MEYER (Hg.), Deutsch-Jüdische Geschichte in der Neuzeit, Bd. I: Tradition und Aufklärung 1600–1780, München 1996, S. 15–18.
- Frühe Neuzeit und Beginn der Moderne, in: Michael A. MEYER (Hg.), Deutsch-Jüdische Geschichte in der Neuzeit, Bd. I: Tradition und Aufklärung 1600–1780, München 1996, S. 85–247.
- Jüdische Religion und Kultur in den ländlichen Gemeinden 1600–1800, in: Monika RICHARZ – Reinhard RÜRUP (Hg.), Jüdisches Leben auf dem Lande. Studien zur deutsch-jüdischen Geschichte (Schriftenreihe wissenschaftlicher Abhandlungen des Leo-Baeck-Instituts 56), Tübingen 1997, S. 69–79.

BROCKE, Michael – Christiane E. MÜLLER, Haus des Lebens. Jüdische Friedhöfe in Deutschland, Leipzig 2001.

BURKHARDT, Johannes, Verfassungsprofil und Leistungsbilanz des Immerwährenden Reichstags. Zur Evaluierung einer frühmodernen Institution, in: Heinz DUCHHARDT – Matthias SCHNETTGER (Hg.), Reichsständische Libertät und Habsburgisches Kaisertum (Veröffentlichungen des Instituts für Europäische Geschichte Mainz. Abteilung Universalgeschichte. Beiheft 48), Mainz 1999, S. 151–183.
- Vollendung und Neuorientierung des frühmodernen Reiches 1648–1763 (Handbuch der deutschen Geschichte 11), 10. Aufl. Stuttgart 2006.

BURMEISTER, Karl Heinz, Der jüdische Pferdehandel in Hohenems und Sulz im 17. und 18. Jahrhundert (Veröffentlichungen der Hochschule für Jüdische Studien Heidelberg 3), Wiesbaden 1989.
- Der Würfelzoll, eine Variante des Leibzolls, in: Aschkenas 3 (1993), S. 49–64.

BURSCH, Meike, Judentaufe und frühneuzeitliches Strafrecht. Die Verfahren gegen Christian Treu aus Weener/Ostfriesland 1720–1728 (Rechtshistorische Reihe 140), Frankfurt/Main u. a. 1996.

CAHNMAN, Werner J., Village and Small-Town Jews in Germany. A Typological Study, in: YBLBI 19 (1974), S. 107–130.
- Der Dorf- und Kleinstadtjude als Typus, in: Zeitschrift für Volkskunde 70 (1974), S. 169–193.
- Die Münchener Judenbeschreibung von 1804, in: ZGJD 7 (1937), S. 180–188.

CLUSE, Christoph – Alfred HAVERKAMP – Israel J. YUVAL (Hg.), Jüdische Gemeinden und ihr christlicher Kontext in kulturräumlich vergleichender Betrachtung von der Antike bis zum 18. Jahrhundert, Hannover 2003.

COHEN, Arthur, Die Münchener Judenschaft 1750–1861. Eine bevölkerungs- und wirtschaftsgeschichtliche Studie, in: ZGJD 2 (1930), S. 262–283.

COHEN, Daniel J., Die Landjudenschaften in Deutschland als Organe jüdischer Selbstverwaltung von der frühen Neuzeit bis ins neunzehnte Jahrhundert. Eine Quellensammlung, 3 Bde., Jerusalem 1996–2001.
- Die Landjudenschaften der brandenburgisch-preußischen Staaten im 17. und 18. Jahrhundert. Ihre Beziehungen untereinander aufgrund neuerschlossener jüdischer Quellen, in: Peter BAUMGART (Hg.), Ständetum und Staatsbildung in Brandenburg-Preußen. Ergebnisse einer internationalen Fachtagung (Veröffentlichungen der Historischen Kommission zu Berlin 55: Forschungen zur preußischen Geschichte), Berlin-New York 1983, S. 208–229.

DAXELMÜLLER, Christoph, Jüdische Kultur in Franken, Würzburg 1988.

DECKER, Klaus-Peter, Juden in Offenbach unter isenburgischer Herrschaft in der Frühen Neuzeit, in: Zur Geschichte der Juden in Offenbach am Main, Bd. 2: Von den Anfängen bis zum Ende der Weimarer Republik, hg. vom Magistrat der Stadt Offenbach am Main, Offenbach am Main 1990, S. 5–98.

Anhang:

DEMANDT, Karl E., Bevölkerungs- und Sozialgeschichte der jüdischen Gemeinde Niedenstein 1653–1866. Ein Beitrag zur Geschichte des Judentums in Kurhessen. Darstellung und Dokumente (Schriften der Kommission für die Geschichte der Juden in Hessen 5), Wiesbaden 1980.

DEVENTER, Jörg, Das Abseits als sicherer Ort? Jüdische Minderheit und christliche Gesellschaft im Alten Reich am Beispiel der Fürstabtei Corvey (1550–1807) (Forschungen zur Regionalgeschichte 21), Paderborn 1996.

– Organisationsformen der Juden in einem nordwestdeutschen Duodezfürstentum der Frühen Neuzeit, in: Robert JÜTTE – Abraham P. KUSTERMANN (Hg.), Jüdische Gemeinden und Organisationsformen von der Antike bis zur Gegenwart (Aschkenas Beiheft 3), Wien-Köln-Weimar 1996, S. 151–172.

– Einleitung zum Kapitel »Zwischen Stadt und Land, zwischen Hof und Gemeinde: Hofjuden in deutschen Kleinterritorien«, in: Rotraud RIES – J. Friedrich BATTENBERG (Hg.), Hofjuden – Ökonomie und Interkulturalität. Die jüdische Wirtschaftselite im 18. Jahrhundert (Hamburger Beiträge zur Geschichte der deutschen Juden 25), Hamburg 2002, S. 281–288.

– Konversion und Konvertiten im Zeitalter der Reformation und Konfessionalisierung. Stand und Perspektiven der Forschung, in: Aschkenas 15 (2005), S. 257–270.

DÖDERLEIN, Johann Alexander, Matthaeus à Bappenheim enucleatus emendatus, illustratus et continuatus, Das ist Historische Nachrichten Von dem Uralten Hochpreißlichen Hauß Der Kayserlichen und des Reichs Marschallen von Palatin, Und der Davon abstammenden ehe- und dermahligen Reichs-Erb-Marschallen, Herren und Grafen zu Pappenheim etc. Wie auch von Deroselben unterschiedlichen Branchen oder Linien, Güthern Lande und Herrschafften, Und insonderheit Dero Residenz-Stadt und Schloß Pappenheim, Ingleichen Geistlich- und weltlichen hohen Dignitäten, Praerogativen, Regiment, Religions- und Kirchen-Sachen, etc. auch mancherley Glücks- und Unglücks-Fällen, etc.; Nebst einem Anhang vieler sonderbaren Monumenten und Urkunden, Schwabach 1739.

Dokumente zur Geschichte des Deutschen Reiches und seiner Verfassung 1354–1356, bearbeitet von Wolfgang D. FRITZ (MGH Constitutiones et Acta Publica Imperatorem et Regum 11), Weimar 1978–1992.

DUCHHARDT, Heinz, Deutsche Verfassungsgeschichte 1495–1806 (Urban-Taschenbücher 417), Stuttgart u. a. 1991.

DUGGAN, Lawrence G., Zur Bedeutung des spätmittelalterlichen Kreditsystems für die frühneuzeitliche deutsche Geschichte, in: Georg SCHMIDT (Hg.), Stände und Gesellschaft im Alten Reich (Veröffentlichungen des Instituts für Europäische Geschichte Mainz: Beiheft 29; Abteilung Universalgeschichte), Stuttgart 1989, S. 201–209.

DÜLMEN, Richard van, Kultur und Alltag in der Frühen Neuzeit, Bd. 1: Das Haus und seine Menschen 16.–18. Jahrhundert, München 1990.

– Gesellschaft der Frühen Neuzeit: Kulturelles Handeln und sozialer Prozess. Beiträge zur historischen Kulturforschung (Kulturstudien. Bibliothek der Kulturgeschichte 28), Wien-Köln-Weimar 1993.

ECKEL, Elisabeth, Der jüdische Friedhof von Zeckendorf-Demmelsdorf, in: Klaus GUTH – Eva GROISS-LAU (Hg.), Jüdisches Leben auf dem Dorf. Annäherungen an die verlorene Heimat Franken (Landjudentum in Oberfranken 3), Petersberg 1999, S. 65–96.

ECKSTEIN, Adolf, Geschichte der Juden im ehemaligen Fürstbistum Bamberg bearbeitet auf Grund von Archivalien, nebst urkundlichen Beilagen, Bamberg 1898 [ND Bamberg 1988].

– Der Kampf der Juden um ihre Emanzipation in Bayern. Auf Grund handschriftlichen Quellenmaterials, Fürth 1905.

– Geschichte der Juden im Markgrafentum Bayreuth, Bayreuth 1907.

EIGLER, Friedrich, Treuchtlingens Entwicklung seit der Römerzeit, in: Josef LIDL (Hg.), Heimatbuch Treuchtlingen, Treuchtlingen 1984, S. 31–147.

EISENMENGER, Johann Andreas, Des bey 40 Jahr von der Judenschafft mit Arrest bestrickt gewesene, nunmehro aber durch Autorität eines Hohen Reichs-Vicariats relaxirte Johann Andreä Eisenmengers, Professoris der Orientalischen Sprachen bey der Universität Heydelberg, Entdecktes Judenthum, oder: Gründlicher und Wahrhaffter Bericht, welchergestalt die verstockte Juden die hochheilige Dreyeinigkeit, Gott, Vater, Sohn und Heiligen Geist, erschrecklicher Weise lästern und verunehren, 2 Bde., Frankfurt/Main 1700.

ELBOGEN, Ismar, Der jüdische Gottesdienst in seiner geschichtlichen Entwicklung, 3. Aufl. Frankfurt/Main 1931 [ND Hildesheim 1967].

Encyclopaedia Judaica, 16 Bde., Jerusalem 1971–1972.

ENDRES, Rudolf, Juden in Franken, Würzburg 1977.

– (Hg.), Jüdische Gemeinden in Franken 1100–1975 (Frankenland. Sondernummer 1978), Würzburg 1978.

– Ein antijüdischer Bauernaufstand im Hochstift Bamberg im Jahre 1699, in: BHVB 117 (1981), S. 67–81.

– Zur Geschichte der Juden in Franken, in: AO 69 (1989), S. 49–61.

– Staat und Gesellschaft. Zweiter Teil: 1500–1800, in: Andreas KRAUS (Hg.), Handbuch der Bayerischen Geschichte, Bd. 3, erster Teilband: Geschichte Frankens bis zum Ausgang des 18. Jahrhunderts, 3. Aufl. München 1997, S. 702–782.

ERB, Rainer, »Jüdische Güterschlächterei« im Vormärz. Vom Nutzen des Stereotyps für wirtschaftliche Machtstrukturen, dargestellt an einem westfälischen Gesetz von 1836, in: International Review of Social History 30 (1985), S. 312–341.

– Der gekreuzigte Hund. Antijudaismus und Blutaberglaube im fränkischen Alltag des frühen 18. Jahrhunderts, in: Aschkenas 2 (1992), S. 117–150.

ERDMANNSDÖRFER, Bernhard, Deutsche Geschichte vom Westfälischen Frieden bis zum Regierungsantritt Friedrichs des Grossen 1648–1740, 2 Bde., Meersburg-Naunhof-Leipzig 1932 [ND Darmstadt 1974].

FAASSEN, Dina van, »Das Geleit ist kündbar.« Quellen und Aufsätze zum jüdischen Leben im Hochstift Paderborn von der Mitte des 17. Jahrhunderts bis 1802 (Historische Schriften des Kreismuseums Wewelsburg 3), Essen 1999.

– »Hier ist ein kleiner Ort und eine kleine Gegend« – Hofjuden in Lippe, in: Rotraud RIES – J. Friedrich BATTENBERG (Hg.), Hofjuden – Ökonomie und Interkulturalität. Die jüdische Wirtschaftselite im 18. Jahrhundert (Hamburger Beiträge zur Geschichte der deutschen Juden 25), Hamburg 2002, S. 289–306.

FIKENSCHER, Georg Wolfgang Augustin, Gelehrtes Fürstentum Baireut oder biographische und literarische Nachrichten von allen Schriftstellern, welche in dem Fürstenthum Baireut geboren sind und in oder außer demselben gelebet haben und noch leben in alphabethischer Ordnung, Bd. 9, Nürnberg 1804.

FISCHER, Hermann u. a., Schwäbisches Wörterbuch, Bd. 4, Tübingen 1914.

FISCHER, Wolfram, Armut in der Geschichte. Erscheinungsformen und Lösungsversuche der »Sozialen Frage« in Europa seit dem Mittelalter (Kleine Vandenhoeck-Reihe 1476), Göttingen 1982.

FLACHENECKER, Helmut – Rolf KIESSLING (Hg.), Städtelandschaften in Altbayern, Franken und Schwaben. Studien zum Phänomen der Kleinstädte während des Spätmittelalters und der Frühen Neuzeit (ZBLG Beihefte 15), München 1999.

Anhang:

FLEISCHMANN, Georg, Chronik der Stadt Pappenheim für das XIX. Jahrhundert: Ein Beitrag zur Geschichte der Stadt, Diessen 1900.

FLEISCHMANN, Johann (Hg.), Die jüdischen Friedhöfe von Zeckern, Walsdorf, Aschbach, Uehlfeld, Mühlhausen, Lisberg, Burghaslach und Reichmannsdorf (Mesusa 3), Mühlhausen 2002.

FREIST, Dagmar, Zwangsbekehrung jüdischer Kinder in der Kurpfalz im 18. Jahrhundert – Zur Frage der Toleranz in der Zeit der Aufklärung, in: Horst LADEMACHER u. a. (Hg.), Ablehnung – Duldung – Anerkennung: Toleranz in den Niederlanden und in Deutschland. Ein historischer und aktueller Vergleich (Studien zur Geschichte und Kultur Nordwesteuropas 9), Münster u. a. 2004, S. 400–421.

– Recht und Rechtspraxis im Zeitalter der Aufklärung am Beispiel der Taufe jüdischer Kinder, in: Andreas GOTZMANN – Stephan WENDEHORST (Hg.), Juden im Recht. Neue Zugänge zur Rechtsgeschichte der Juden im Alten Reich (ZHF Beiheft 39), Berlin 2007, S. 109–137.

FREUDENTHAL, Max, Leipziger Messgäste. Die jüdischen Besucher der Leipziger Messen in den Jahren 1675 bis 1764 (Schriften der Gesellschaft zur Förderung der Wissenschaft des Judentums 29), Frankfurt/Main 1928.

– Die Verfassungsurkunde einer reichsritterlichen Judenschaft. Das Kahlsbuch von Sugenheim, in: ZGJD 1 (1929), S. 44–68.

FRIEDL, Anja, Im Spannungsfeld von Staat und Kirche – Kirchenasylanten in Kurbayern, in fränkischen und schwäbischen Territorien während der Epoche der Aufklärung 1660–1800, Magisterarbeit Eichstätt 2000 [masch.].

FRIEDMANN, A[ron], Die Geschichte der Juden in Monheim, in: Blätter für jüdische Geschichte und Literatur 3 (1902), S. 1–4, 33–38, 49–53.

FRIEDRICH, Susanne, Drehscheibe Regensburg: das Informations- und Kommunikationssystem des Immerwährenden Reichstags um 1700 (Colloquia Augustana 23), Berlin 2006.

FÜRNROHR, Walter, Der Immerwährende Reichstag zu Regensburg. Das Parlament des Alten Reiches. Zur 300-Jahresfeier seiner Eröffnung 1663, 2. Aufl. Regensburg 1987.

GEHRING-MÜNZEL, Ursula, Vom Schutzjuden zum Staatsbürger. Die gesellschaftliche Integration der Würzburger Juden 1803–1871 (Veröffentlichungen des Stadtarchivs Würzburg 6), Würzburg 1992.

Georgensgmünd. 700 Jahre Geschichte am Zusammenfluß von Fränkischer und Schwäbischer Rezat, hg. von der Gemeinde Georgensgmünd, bearbeitet von Axel SCHWEIGER, Georgensgmünd 2002.

GLANZ, Rudolf, Geschichte des niederen jüdischen Volkes in Deutschland. Eine Studie über historisches Gaunertum, Bettelwesen und Vagantentum, New York 1968.

GLÜCKEL VON HAMELN, Die Memoiren der Glückel von Hameln. Aus dem Jüdisch-Deutschen von Bertha Pappenheim. Mit einem Vorwort von Viola ROGGENKAMP, Weinheim-Basel 2005.

GOTZMANN, Andreas, Strukturen jüdischer Gerichtsautonomie in den deutschen Staaten des 18. Jahrhunderts, in: HZ 267 (1998), S. 313–356.

– Die Grenzen der Autonomie. Der jüdische Bann im Heiligen Römischen Reich, in: Andreas GOTZMANN – Stephan WENDEHORST (Hg.), Juden im Recht. Neue Zugänge zur Rechtsgeschichte der Juden im Alten Reich (ZHF Beiheft 39), Berlin 2007, S. 41–80.

GOTZMANN, Andreas – Stephan WENDEHORST (Hg.), Juden im Recht. Neue Zugänge zur Rechtsgeschichte der Juden im Alten Reich (ZHF Beiheft 39), Berlin 2007.

– Zwischen Kaiser, Landesherrschaft und Halacha: Zwischenräume als jüdische Rechts- und Handlungsspielräume, in: DIES. (Hg.), Juden im Recht. Neue Zugänge zur Rechtsgeschichte der Juden im Alten Reich (ZHF Beiheft 39), Berlin 2007, S. 1–8.

GRABHERR, Eva, Hofjuden auf dem Lande und das Projekt der Moderne, in: Rotraud RIES – J. Friedrich BATTENBERG (Hg.), Hofjuden – Ökonomie und Interkulturalität. Die jüdische Wirtschaftselite im 18. Jahrhundert (Hamburger Beiträge zur Geschichte der deutschen Juden 25), Hamburg 2002, S. 209–229.

GRAETZ, Heinrich, Geschichte der Juden von den ältesten Zeiten bis auf die Gegenwart, Bd. 10: Geschichte der Juden von der dauernden Ansiedelung der Marranen in Holland (1618) bis zum Beginne der Mendelssohnischen Zeit (1750), Leipzig 1897 [ND Berlin 1996].

GRÄF, Holger Th. (Hg.), Kleine Städte im neuzeitlichen Europa (Innovationen 6), Berlin 1997.

GRAUS, František, Pest, Geissler, Judenmorde. Das 14. Jahrhundert als Krisenzeit (Veröffentlichungen des Max-Planck-Instituts für Geschichte 86), Göttingen 1987.

GUTH, Klaus, Landjudentum in Franken. Lebensformen einer Minderheit im 18. Jahrhundert, in: AO 65 (1985), S. 363–378.

– (Hg.), Jüdische Landgemeinden in Oberfranken 1800–1942. Ein historisch-topographisches Handbuch (Landjudentum in Oberfranken 1), Bamberg 1988.

GUTH, Klaus – Eva GROISS-LAU (Hg.), Jüdisches Leben auf dem Dorf. Annäherungen an die verlorene Heimat Franken (Landjudentum in Oberfranken 3), Petersberg 1999.

GUTHMANN, Maria – Christian GUTHMANN, Ein Beitrag zur Geschichte der Juden in Hüttenbach, in: Jahrbuch des Historischen Vereins für Mittelfranken 96 (1992/93), S. 143–196.

HABERKERN, Eugen – Joseph Friedrich WALLACH, Hilfswörterbuch für Historiker. Mittelalter und Neuzeit, 2 Bde., 7. Aufl. Tübingen 1987.

HAENLE, Siegfried, Geschichte der Juden im ehemaligen Fürstenthum Ansbach, Ansbach 1867 [ND Hainsfarth 1990].

Handbuch zur Geschichte der Juden in Europa, hg. von Elke-Vera KOTOWSKI u.a., 2 Bde., Darmstadt 2001.

Handwörterbuch zur deutschen Rechtsgeschichte (HRG), hg. von Adalbert ERLER – Ekkehard KAUFMANN, 5 Bde., Berlin 1971–1996.

HARBURGER, Theodor, Die Inventarisierung jüdischer Kunst- und Kulturdenkmäler in Bayern, hg. von den Central Archives for the History of the Jewish People, Jerusalem und dem Jüdischen Museum Franken – Fürth und Schnaittach, 3 Bde., Fürth 1998.

HÄRTER, Karl, Zur Stellung der Juden im frühneuzeitlichen Strafrecht. Gesetzgebung, Rechtswissenschaft und Justizpraxis, in: Andreas GOTZMANN – Stephan WENDEHORST (Hg.), Juden im Recht. Neue Zugänge zur Rechtsgeschichte der Juden im Alten Reich (ZHF Beiheft 39), Berlin 2007, S. 347–379.

HARTMANN, Peter Claus, Karl Albrecht – Karl VII. Glücklicher Kurfürst, unglücklicher Kaiser, Regensburg 1985.

HATTENHAUER, Christian, Wahl und Krönung Franz II. AD 1792. Das Heilige Reich krönt seinen letzten Kaiser – Das Tagebuch des Reichsquartiermeisters Hieronymus Gottfried von Müller und Anlagen (Rechtshistorische Reihe 130), Frankfurt/Main u.a. 1995.

HAUMANN, Heiko, Geschichte der Ostjuden, 2. Aufl. München 1990.

HEBELL, Kerstin, Madame Kaulla und ihr Clan – das Kleinterritorium als individuelle Nische und ökonomisches Sprungbrett, in: Rotraud RIES – J. Friedrich BATTENBERG (Hg.), Hofjuden – Ökonomie und Interkulturalität. Die jüdische Wirtschaftselite im 18. Jahrhundert (Hamburger Beiträge zur Geschichte der deutschen Juden 25), Hamburg 2002, S. 332–348.

HEIL, Johannes, »Antijudaismus« und »Antisemitismus«: Begriffe als Bedeutungsträger, in: Jahrbuch für Antisemitismusforschung 6 (1997), S. 92–114.

Anhang:

HEIMERS, Manfred Peter, Aufenthaltsverbot und eingeschränkte Zulassung (1442–1799), in: Richard BAUER – Michael BRENNER (Hg.), Jüdisches München. Vom Mittelalter bis zur Gegenwart, München 2006, S. 39–57.
HEIN, Wilhelm, Der Regensburger Reichstag von 1740 bis 1745, Diss. Wien 1953.
HELLER, Hartmut, Die Peuplierungspolitik der Reichsritterschaft als sozialgeographischer Faktor im Steigerwald (Erlanger Geographische Arbeiten 30), Erlangen 1971.
– Jüdische Landgemeinden im 18./19. Jahrhundert. Ansiedlung, Erwerbsleben, Mobilität, in: Rudolf ENDRES (Hg.), Jüdische Gemeinden in Franken 1100 bis 1975 (Frankenland. Sondernummer 1978), Würzburg 1978, S. 6–13.
HERDE, Peter, Von der mittelalterlichen Judenfeindschaft zum modernen Antisemitismus in: Karlheinz MÜLLER – Klaus WITTSTADT (Hg.), Geschichte und Kultur des Judentums. Eine Vorlesungsreihe an der Julius-Maximilians-Universität Würzburg (Quellen und Forschungen zur Geschichte des Bistums und Hochstifts Würzburg 38), Würzburg 1988, S. 11–69.
HERZIG, Arno, Berührungspunkte und Konfliktzonen von jüdischer Minderheit und christlicher Gesellschaft im 18. Jahrhundert am Beispiel der beiden westfälischen Kleinstaaten Paderborn und Limburg, in: Peter FREIMARK – Helmut RICHTERING (Hg.), Gedenkschrift für Bernhard Brilling, Hamburg 1988, S. 150–189.
– Jüdische Geschichte in Deutschland. Von den Anfängen bis zur Gegenwart, München 1997.
HEYDENREUTER, Reinhard, Pappenheim, in: NDB 20 (2001), S. 48–50.
– Die Ausgrenzung der Juden im Recht süddeutscher Territorien vom 16. bis zum 19. Jahrhundert, in: Waltraud SCHREIBER (Hg.), Kontakte – Konflikte – Kooperation. Der Umgang mit Fremden in der Geschichte (Eichstätter Kontaktstudium zum Geschichtsunterricht 2), Neuried 2001, S. 133–152.
HIPPEL, Wolfgang von, Die Bauernbefreiung im Königreich Württemberg, 2 Bde. (Forschungen zur deutschen Sozialgeschichte 1), Boppard am Rhein 1977.
– Armut, Unterschichten, Randgruppen in der Frühen Neuzeit (EDG 34), München 1995.
HIRSCHMANN, Gerhard, Eichstätt: Beilngries – Eichstätt – Greding (HAB, Teil Franken I/6), München 1959.
HÖDL, Sabine – Peter RAUSCHER – Barbara STAUDINGER, Jüdisches Leben in der Frühen Neuzeit. Einleitung, in: DIES. (Hg.), Hofjuden und Landjuden. Jüdisches Leben in der Frühen Neuzeit, Berlin-Wien 2004, S. 9–17.
HOFMANN, Hanns Hubert, Gunzenhausen – Weißenburg (HAB, Teil Franken I/8), München 1960.
– Ländliches Judentum in Franken, in: Tribüne 7 (1968), S. 2890–2904.
HOLENSTEIN, André, Bitten um den Schutz. Staatliche Judenpolitik und Lebensführung von Juden im Lichte von Schutzsupplikationen aus der Markgrafschaft Baden(-Durlach) im 18. Jahrhundert, in: Rolf KIESSLING – Sabine ULLMANN (Hg.), Landjudentum im deutschen Südwesten während der Frühen Neuzeit (Colloquia Augustana 10), Berlin 1999, S. 97–153.
HÖPFINGER, Renate, Die Judengemeinde von Floß 1684–1942. Die Geschichte einer jüdischen Landgemeinde in Bayern (Regensburger Historische Forschungen 14), Kallmünz 1993.
HORTZITZ, Nicoline, Die Sprache der Judenfeindschaft in der frühen Neuzeit (1450–1700). Untersuchungen zu Wortschatz, Text und Argumentation (Sprache – Literatur und Geschichte. Studien zur Linguistik/Germanistik 28), Heidelberg 2005.
ISAAC, Joseph, Authentische Berechnung, was eine Judengemeinde von 26 Haushaltungen (im Reichsdorfe Gochsheim) jährlich zum Unterhalt ihrer bettelnden Glaubensgenossen beytragen muß, in: Journal von und für Franken 1 (1790), S. 435–446.

ISENBURG, Wilhelm Karl Prinz von, Einrichtung und Inhalt des Gräflich Pappenheimischen Archivs zu Pappenheim, in: AZ 38 (1929), S. 295–299.

JAKOB, Reinhard, Die jüdische Gemeinde von Harburg (1671–1871), Nördlingen 1988.

– Konflikt und Stereotyp. Die Beschwerden von Rat und Bürgerschaft in Harburg und Monheim über die jüdischen Mitbewohner (1671–1741), in: André HOLENSTEIN – Sabine ULLMANN (Hg.), Nachbarn, Gemeindegenossen und die anderen. Minderheiten und Sondergruppen im Südwesten des Reiches während der Frühen Neuzeit (Oberschwaben – Geschichte und Kultur 12), Epfendorf 2004, S. 325–356.

JEGGLE, Utz, Judendörfer in Württemberg (Untersuchungen des Ludwig-Uhland-Instituts der Universität Tübingen 90), 2. Aufl. Tübingen 1999.

Jüdisches Leben in der Fränkischen Schweiz (Die Fränkische Schweiz – Landschaft und Kultur 11), Erlangen-Jena 1997.

Jüdisches Lexikon. Ein enzyklopädisches Handbuch des jüdischen Wissens in vier Bänden, hg. v. Georg HERLITZ – Bruno KIRSCHNER, 4 Bde., Berlin 1927–1930 [ND Königstein/Ts. 1982].

JUNG, Wilfried, Die Juden in Altenmuhr, in: Alt-Gunzenhausen. Beiträge zur Geschichte der Stadt Gunzenhausen 44 (1988), S. 133–212.

KAMPMANN, Wanda, Deutsche und Juden. Studien zur Geschichte des deutschen Judentums, Heidelberg 1963.

KAPLAN, Marion (Hg.), Geschichte des jüdischen Alltags in Deutschland vom 17. Jahrhundert bis 1945, München 2003.

KASPER-HOLTKOTTE, Cilli, Juden im Aufbruch. Zur Sozialgeschichte einer Minderheit im Saar-Mosel-Raum um 1800 (Forschungen zur Geschichte der Juden. Abteilung A: Abhandlungen 3), Hannover 1996.

KATZ, Jacob, Vom Vorurteil bis zur Vernichtung. Der Antisemitismus 1700–1933, Berlin 1990.

– Tradition und Krise. Der Weg der jüdischen Gesellschaft in die Moderne, München 2002.

KERN, Johannes L., De iuribus et praerogativis S. R. I. mareschallorum haereditariorum comitum in Pappenheim, Göttingen 1753.

KIESSLING, Gotthard, Landkreis Weißenburg-Gunzenhausen. Ensembles – Baudenkmäler – Archäologische Denkmäler (Denkmäler in Bayern V.70/1), München 2000.

KIESSLING, Rolf, Bürgerliche Gesellschaft und Kirche in Augsburg im Spätmittelalter. Ein Beitrag zur Strukturanalyse der oberdeutschen Reichsstadt (Abhandlungen zur Geschichte der Stadt Augsburg 19), Augsburg 1971.

– Religiöses Leben in den Judengemeinden, in: Walter PÖTZL (Hg.), Kirchengeschichte und Volksfrömmigkeit (Der Landkreis Augsburg 5), Augsburg 1994, S. 327–343.

– (Hg.), Judengemeinden in Schwaben im Kontext des Alten Reiches (Colloquia Augustana 2), Berlin 1995.

– Einführung, in: DERS. (Hg.), Judengemeinden in Schwaben im Kontext des Alten Reiches (Colloquia Augustana 2), Berlin 1995, S. 11–19.

– Zwischen Vertreibung und Emanzipation – Judendörfer in Ostschwaben während der Frühen Neuzeit, in: DERS. (Hg.), Judengemeinden in Schwaben im Kontext des Alten Reiches (Colloquia Augustana 2), Berlin 1995, S. 154–180.

– »Under deß Römischen Adlers Flügeln ...« Das Schwäbische Judentum und das Reich, in: Rainer A. MÜLLER (Hg.), Bilder des Reiches. Tagung in Kooperation mit der schwäbischen Forschungsgemeinschaft und der Professur für Geschichte der Frühen Neuzeit der Katholischen Universität Eichstätt im Schwäbischen Bildungszentrum Kloster Irsee vom 20. März bis 23. März 1994 (Irseer Schriften 4), Sigmaringen 1997, S. 221–253.

Anhang:

- Die Landjuden als religiöse Sondergruppe. Kommentar zu den Beiträgen von Reinhard Jakob, Michaela Schmölz-Häberlein und Johannes Mordstein, in: André HOLENSTEIN – Sabine ULLMANN (Hg.), Nachbarn, Gemeindegenossen und die anderen. Minderheiten und Sondergruppen im Südwesten des Reiches während der Frühen Neuzeit (Oberschwaben – Geschichte und Kultur 12), Epfendorf 2004, S. 357–363.
KIESSLING, Rolf – Sabine ULLMANN (Hg.), Landjudentum im deutschen Südwesten während der Frühen Neuzeit (Colloquia Augustana 10), Berlin 1999.
- Christlich-jüdische »Doppelgemeinden« in den Dörfern der Markgrafschaft Burgau während des 17./18. Jahrhunderts, in: Christoph CLUSE – Alfred HAVERKAMP – Israel J. YUVAL (Hg.), Jüdische Gemeinden und ihr christlicher Kontext in kulturräumlich vergleichender Betrachtung von der Antike bis zum 18. Jahrhundert, Hannover 2003, S. 513–534.
KILIAN, Hendrikje, Die jüdische Gemeinde in München 1813–1871. Eine Großstadtgemeinde im Zeitalter der Emanzipation (Miscellanea Bavarica Monacensia 145), München 1989.
KIMMINICH, Otto, Grundprobleme des Asylrechts (Erträge der Forschung 187), Darmstadt 1983.
KISCH, Guido, Forschungen zur Rechts- und Sozialgeschichte der Juden in Deutschland während des Mittelalters nebst Bibliographie (Ausgewählte Schriften 1), 2. Aufl. Sigmaringen 1978.
Kleidung in einem fränkischen Dorf. Die Sammlung und die Aufzeichnungen von Richard Reinhart aus Eckartshausen, bearbeitet und mit einer Einführung versehen von Hermann HEIDRICH (Schriften und Kataloge des Fränkischen Freilandmuseums 8), Bad Windsheim-München 1986.
KLEIN, Birgit, Nach jüdischem Recht oder »Puderhähner Gesezen«? Frauen im Kampf um ihr Vermögen im frühneuzeitlichen Aschkenas, in: Sabine HÖDL – Peter RAUSCHER – Barbara STAUDINGER (Hg.), Hofjuden und Landjuden. Jüdisches Leben in der Frühen Neuzeit, Berlin-Wien 2004, S. 185–216.
- Erbinnen in Norm und Praxis: Fiktion und Realität im Erbstreit der Familien Liebmann – von Geldern, in: Andreas GOTZMANN – Stephan WENDEHORST (Hg.), Juden im Recht. Neue Zugänge zur Rechtsgeschichte der Juden im Alten Reich (ZHF Beiheft 39), Berlin 2007, S. 175–205.
KÖNIG, Imke, Judenverordnungen im Hochstift Würzburg (15.–18. Jahrhundert) (Studien zur Policey und Policeywissenschaft), Frankfurt/Main 1999.
KOPP, August: Die Dorfjuden in der Nordpfalz. Dargestellt an der Geschichte der jüdischen Gemeinde Alsenz ab 1655, Meisenheim am Glan 1968.
KRACAUER, Isidor, Geschichte der Juden in Frankfurt a. M. (1150–1824), 2 Bde., Frankfurt/Main 1925–1927.
KRAFT, Wilhelm, Zur Geschichte der Juden in Pappenheim, in: Monatsschrift für Geschichte und Wissenschaft des Judentums 70 [NF 34] (1926), S. 277–283.
- Die Einführung der Reformation in der Herrschaft Pappenheim, in: ZBKG 11 (1936), S. 1–32, 98–117, 129–145.
- Das Reichsmarschallamt in seiner geschichtlichen Entwicklung, in: Jahrbuch des Historischen Vereins für Mittelfranken 78 (1959), S. 1–36 und 79 (1960/61), S. 38–96.
- Pappenheim, in: Erich KEYSER – Heinz STOOB (Hg.), Deutsches Städtebuch. Handbuch städtischer Geschichte, Bd. V: Bayerisches Städtebuch, Teil 1, Stuttgart u. a. 1971, S. 432–435.
KRAUS, Andreas, Bayern im Zeitalter des Absolutismus (1651–1745). Die Kurfürsten Ferdinand Maria, Max II. Emanuel und Karl Albrecht, in: DERS. (Hg.), Handbuch der Bayerischen Geschichte, Bd. 2: Das Alte Bayern. Der Territorialstaat vom Ausgang des 12. Jahrhunderts bis zum Ausgang des 18. Jahrhunderts, 2. Aufl. München 1988, S. 458–532.
KRAUS, Wolfgang (Hg.), Mehr als Steine ...: Synagogen-Gedenkband Bayern, Bd. 1: Oberfranken, Oberpfalz, Niederbayern, Oberbayern, Schwaben, erarbeitet von Barbara Eberhardt und Angela Hager (Gedenkbuch der Synagogen in Deutschland 3,1), Lindenberg im Allgäu 2007.

KRUG, Gisela, Die Juden in Mainfranken zu Beginn des 19. Jahrhunderts. Statistische Untersuchungen zu ihrer sozialen und wirtschaftlichen Situation, in: Harm-Hinrich BRANDT (Hg.), Zwischen Schutzherrschaft und Emanzipation. Studien zur Geschichte der mainfränkischen Juden im 19. Jahrhundert (Mainfränkische Studien 39), Würzburg 1987, S. 19–137.

KSOLL, Margit, Die Steuern der Reichsstädte, in: Rainer A. MÜLLER (Hg.), Reichsstädte in Franken. Aufsätze 2: Wirtschaft, Gesellschaft und Kultur (Veröffentlichungen zur Bayerischen Geschichte und Kultur 15/2), München 1987, S. 22–32.

– Abraham Rost, Hoffaktor, in: Manfred TREML – Wolf WEIGAND (Hg.), Geschichte und Kultur der Juden in Bayern. Lebensläufe (Veröffentlichungen zur Bayerischen Geschichte und Kultur 18), München 1988, S. 49–52.

KUBITZA, Michael, Regensburg als Sitz des Immerwährenden Reichstags, in: Peter SCHMID (Hg.), Geschichte der Stadt Regensburg, Bd. 1, Regensburg 2000, S. 148–162.

KUHN, Peter, Jüdischer Friedhof Georgensgmünd (Die Kunstdenkmäler in Bayern N.F. 6), München-Berlin 2006.

KUKATZKI, Bernhard, Juden in Ruchheim. Spuren ihrer Geschichte 1706–1940, 2. Aufl. Ludwigshafen 2002.

LATZKE, Irmgard, Hofamt, Erzamt und Erbamt im mittelalterlichen deutschen Reich, Diss. Frankfurt/Main 1970.

Lexikon des Mittelalters, 10 Bde., München u. a. 1980–1999.

LIBERLES, Robert, An der Schwelle zur Moderne 1618–1780, in: Marion KAPLAN (Hg.), Geschichte des jüdischen Alltags in Deutschland vom 17. Jahrhundert bis 1945, München 2003, S. 19–122.

LINNEMEIER, Bernd-Wilhelm, Jüdisches Leben im Alten Reich. Stadt und Fürstentum Minden in der Frühen Neuzeit (Studien zur Regionalgeschichte 15), Bielefeld 2002.

– Historische Entwicklung, Erwerbsstruktur und soziales Gefüge jüdischer Gemeinden im ländlichen Raum – das Beispiel Stolzenau, Kreis Nienburg/W., in: Herbert OBENAUS (Hg.), Landjuden in Nordwestdeutschland. Vorträge des Arbeitskreises Geschichte der Juden in der Historischen Kommission für Niedersachsen und Bremen (Veröffentlichungen der Historischen Kommission für Niedersachsen und Bremen 224), Hannover 2005, S. 133–180.

LOEBL, Herbert, Der Kompetenzstreit um den »Judenschutz« im Fürstbistum Bamberg, in: BHVB 128 (1992), S. 119–135.

LOKERS, Jan, Die Juden in Emden 1530–1806: Eine sozial- und wirtschaftsgeschichtliche Studie zur Geschichte der Juden in Norddeutschland vom ausgehenden Mittelalter bis zur Emanzipationsgesetzgebung (Abhandlungen und Vorträge zur Geschichte Ostfrieslands 70), Aurich 1990.

LOWENSTEIN, Steven M., Anfänge der Integration 1780–1871, in: Marion KAPLAN (Hg.), Geschichte des jüdischen Alltags in Deutschland vom 17. Jahrhundert bis 1945, München 2003, S. 123–224.

LÖWENSTEIN, Leopold, Zur Geschichte der Juden in Fürth, 3 Teile, ND aus: Jahrbuch der Jüdisch-Literarischen Gesellschaft 6 (1909), S. 153–233, 8 (1911), S. 65–213, 10 (1913), S. 1–144, Hildesheim-New York 1974.

MADER, Felix – Karl GRÖBER, Die Kunstdenkmäler von Mittelfranken, Bd. V: Stadt und Bezirksamt Weißenburg in Bayern (Die Kunstdenkmäler von Bayern 5,5), München 1932.

Markt Berolzheim. Aus Vergangenheit und Gegenwart. Die Fortschreibung der Carl-Carben-Chronik, hg. vom Heimatverein Markt Berolzheim, Ansbach 1998.

MARZI, Werner, Judentoleranz und Territorialstaat der Frühen Neuzeit. Judenschutz und Judenordnung in der Grafschaft Nassau-Wiesbaden-Idstein und im Fürstentum Nassau-Usingen (Schriften der Kommission für die Geschichte der Juden in Hessen 16), Wiesbaden 1999.

Anhang:

MAYER, Johann Georg, Geschichte der Stadt Roth a. Sand (Rother Miniaturen 3), Roth 1994 [ND der Erstausgabe von 1903].

MEIDINGER, Otto, Die Juden in Treuchtlingen, in: Josef LIDL (Hg.), Heimatbuch Treuchtlingen, Treuchtlingen 1984, S. 178–180.

MEINERS, Werner, Nordwestdeutsche Juden zwischen Umbruch und Beharrung. Judenpolitik und jüdisches Leben im Oldenburger Land bis 1827 (Veröffentlichungen der Historischen Kommission für Niedersachsen und Bremen 204), Hannover 2001.

– Die Entwicklung des jüdischen Gemeindelebens im oldenburgisch-ostfriesischen Raum bis Anfang des 19. Jahrhunderts, in: Herbert OBENAUS (Hg.), Landjuden in Nordwestdeutschland. Vorträge des Arbeitskreises Geschichte der Juden in der Historischen Kommission für Niedersachsen und Bremen (Veröffentlichungen der Historischen Kommission für Niedersachsen und Bremen 224), Hannover 2005, S. 49–92.

MENTGEN, Gerd, Der Würfelzoll und andere antijüdische Schikanen in Mittelalter und Früher Neuzeit, in: ZHF 22 (1995), S. 1–48.

MEVORAH, Barouh, The Imperial Court-Jew Wolf Wertheimer as Diplomatic Mediator (During the War of the Austrian Succession), in: Scriptura Hierosolymitana, Volume 23: Studies in History, Jerusalem 1972, S. 184–213.

MEYER, Emmeran, Juden als Bürger in Monheim, in: Monheim. Kleine Stadt mit großer Vergangenheit, Monheim 1990, S. 117–123.

MEYER, Isaak, Zur Geschichte der Juden in Regensburg: Gedenkschrift zum Jahrestage der Einweihung der neuen Synagoge nach handschriftlichen und gedruckten Quellen, Berlin 1913.

MEYER, Michael A. (Hg.), Deutsch-Jüdische Geschichte in der Neuzeit, Bd. I: Tradition und Aufklärung 1600–1780, München 1996.

MICHAELIS, Johann David, Mosaisches Recht, 6 Bde., Frankfurt/Main 1770–1774.

MICHEL, Thomas, Die Juden in Gaukönigshofen/Unterfranken (1550–1942) (Beiträge zur Wirtschafts- und Sozialgeschichte 38), Stuttgart 1988.

MISTELE, Karl-Heinz, Zeckendorf, in: Klaus GUTH (Hg.), Jüdische Landgemeinden in Oberfranken 1800–1942. Ein historisch-topographisches Handbuch (Landjudentum in Oberfranken 1), Bamberg 1988, S. 343–351.

MIX, Rosemarie, Die Judenordnung der Markgrafschaft Burgau von 1534, in: Rolf KIESSLING – Sabine ULLMANN (Hg.), Landjudentum im deutschen Südwesten während der Frühen Neuzeit (Colloquia Augustana 10), Berlin 1999, S. 23–57.

MORDSTEIN, Johannes, Ein Jahr Streit um drei Klafter Holz. Der Konflikt zwischen Bürgerschaft und Judengemeinde im schwäbischen Harburg um die Teilhabe der Juden an den Gemeinderechten 1739/40, in: André HOLENSTEIN – Sabine ULLMANN (Hg.), Nachbarn, Gemeindegenossen und die anderen. Minderheiten und Sondergruppen im Südwesten des Reiches während der Frühen Neuzeit (Oberschwaben – Geschichte und Kultur 12), Epfendorf 2004, S. 301–324.

– Selbstbewußte Untertänigkeit. Obrigkeit, christliche Untertanenschaft und Judengemeinden im Spiegel der Judenschutzbriefe der Grafschaft Oettingen 1637–1806 (Veröffentlichungen der Schwäbischen Forschungsgemeinschaft. Reihe 11: Forschungen zur Jüdischen Geschichte 2), Epfendorf 2005.

– Die ›gläsernen Judengemeinden‹ – Die statistische Beschreibung der Judenschaft in der Grafschaft Oettingen-Spielberg 1757, in: Johannes BURKHARDT – Thomas Max SAFELY – Sabine ULLMANN (Hg.), Geschichte in Räumen. Festschrift für Rolf Kießling zum 65. Geburtstag, Konstanz 2006, S. 23–47.

– Stolgebührenstreitigkeiten zwischen Pfarrern und Juden im 17. und 18. Jahrhundert am Beispiel der Grafschaft Oettingen, in: Peter FASSL (Hg.), Geschichte und Kultur der Juden in Schwaben III. Zwischen Nähe, Distanz und Fremdheit, Augsburg 2007, S. 39–58.

MOSER, Johann Jacob, Schwäbische Merckwürdigkeiten, oder kleine Abhandlungen, Auszüge und vermischte Nachrichten von schwäbischen Sachen, Stuttgart 1757.

– Teutsches Staatsrecht, 50 Bde., Frankfurt/Main u. a. 1737–1754 [ND Osnabrück 1968].

– Neues teutsches Staatsrecht, 20 Bde., Frankfurt/Main u. a. 1766–1782 [ND Osnabrück 1967–1968].

– Teutsches Staats-Archiv, oder Sammlung derer neuest- und wichtigsten Reichs-, Crays- und anderer Handlungen, Deductionen, Urtheile derer höchsten Reichs-Gerichte, Verträge und anderer Staats-Schrifften und Urkunden, welche in denen Staats-Angelegenheiten des gesamten Teutschen Reichs, wie auch dessen einzelner Corporum, Collegiorum und Stände, nicht weniger deren Unterthanen zum Vorschein gekommen seynd, Frankfurt-Leipzig 1751–1757.

NEMITZ, Jürgen, Verfassung und Verwaltung der Reichsstadt 1500–1802, in: Peter SCHMID (Hg.), Geschichte der Stadt Regensburg, Bd. 1, Regensburg 2000, S. 248–264.

Neue Deutsche Biographie (NDB), hg. von der Bayerischen Akademie der Wissenschaften, bisher 22 Bde., Berlin 1953–2005.

Neue und vollständigere Sammlung der Reichs-Abschiede, welche von den Zeiten Kayser Konrads II. bis jetzo auf den Teutschen Reichs-Tagen abgefasset worden, sammt den wichtigsten Reichs-Schlüssen, so auf dem noch fürwährenden Reichs-Tage zur Richtigkeit gekommen sind (...), 4 Teile, hg. von Johann Jacob SCHMAUSS – Heinrich Christian SENCKENBERG, Frankfurt/Main 1747 [ND Osnabrück 1967].

Neues Lexikon des Judentums, hg. von Julius H. SCHOEPS, Gütersloh-München 1992.

OCH, Gunnar – Hartmut BOBZIN (Hg.), Jüdisches Leben in Franken (Bibliotheca Academica. Reihe Geschichte 1), Würzburg 2002.

OPHIR, Baruch Zwi, Pinkas ha-kehillot. Encyclopaedia of Jewish Communities from their Foundation till after the Holocaust. Germany. Bavaria, Jerusalem 1972.

Orts- und Heimatchronik von Töging und Ottmaring, hg. von den Katholischen Kirchenstiftungen Töging und Ottmaring, geschrieben von August SCHÖNHUBER, ergänzt von Johann GRAD und Ferdinand ALBRECHT, Töging 1990.

OSTENRIEDER, Petra, Zur Geschichte der Juden in Oettingen in der Frühen Neuzeit, in: Peter FASSL (Hg.), Geschichte und Kultur der Juden in Schwaben II: Neuere Forschungen und Zeitzeugenberichte (Irseer Schriften 5), Stuttgart 2000, S. 121–136.

PAPPENHEIM, Haupt Graf zu, Geschichte des gräflichen Hauses zu Pappenheim 1739–1939. Nach urkundlichen Quellen, München 1940.

– Die Frühen Pappenheimer Marschälle. Zweiter Teil der Hausgeschichte vom XV. bis zum XVIII. Jahrhundert auf Grund urkundlicher Quellen, München-Solln 1951.

PFEFFINGER, Johann Friedrich, Vitriarius illustratus, seu Institutiones Juris Publici Romano-Germanici antiqum modernumque Imperii Romano-Germanici Statum, vera eius principia, controversias illustres et earum rationes affirmantes, negantes, et decidentes, methodo Institutionum Justinianearum ex ipsis fontibus exhibentes, Liber II-IV, Gotha 1699.

PO-CHIA HSIA, Ronnie, Die Juden im Alten Reich. Forschungsaufgaben zur Geschichte der Juden im späten Mittelalter und in der frühen Neuzeit, in: Georg SCHMIDT (Hg.), Stände und Gesellschaft im Alten Reich (Veröffentlichungen des Instituts für Europäische Geschichte Mainz. Abteilung Universalgeschichte Beiheft 29), Stuttgart 1989, S. 211–221.

POHLMANN, Klaus, Vom Schutzjuden zum Staatsbürger jüdischen Glaubens: Quellensammlung zur Geschichte der Juden in einem deutschen Kleinstaat (1650–1900) (Lippische Geschichtsquellen 18), Lemgo 1990.

Anhang:

PRESTEL, Claudia, Jüdische Hoffaktoren in Bayern, in: Manfred TREML – Josef KIRMEIER (Hg.), Geschichte und Kultur der Juden in Bayern. Aufsätze (Veröffentlichungen zur bayerischen Geschichte und Kultur 17), München 1988, S. 199–207.

PREUSS, Monika, »... aber die Ehre des guten Namens überragt sie.« Jüdische Ehrvorstellungen im 18. Jahrhundert im Kraichgau (Veröffentlichungen der Kommission für geschichtliche Landeskunde in Baden-Württemberg B 160), Stuttgart 2005.

PURIN, Bernhard, Die Juden von Sulz. Eine jüdische Landgemeinde in Vorarlberg 1676–1744 (Studien zur Geschichte und Gesellschaft Vorarlbergs 9), Bregenz 1991.

Quellen zu den Reformen in den Rheinbundstaaten, Bd. 4: Regierungsakten des Kurfürstentums und Königreichs Bayern 1799–1815, hg. von der Historischen Kommission bei der Bayerischen Akademie der Wissenschaften, bearbeitet von Maria Schimke, München 1996.

RAPHAEL, Freddy, »Der Wucherer«, in: Julius H. SCHOEPS – Joachim SCHLÖR (Hg.), Bilder der Judenfeindschaft. Antisemitismus, Vorurteile und Mythen, Augsburg 1999, S. 103–118.

RAUSCHER, Peter, Den Christen gleich sein. Diskriminierung und Verdienstmöglichkeiten von Juden an österreichischen Mautstellen in der Frühen Neuzeit (16./17. Jahrhundert), in: Sabine HÖDL – Peter RAUSCHER – Barbara STAUDINGER (Hg.), Hofjuden und Landjuden. Jüdisches Leben in der Frühen Neuzeit, Berlin-Wien 2004, S. 283–332.

Realencyklopädie für protestantische Theologie und Kirche, Bd. 19, 3. Aufl. Leipzig 1907.

RECK, Ralf, Das Totschläger-Asyl der Reichsstadt Reutlingen 1495–1804, Diss. Tübingen 1970.

REISER, Rudolf, Adeliges Stadtleben im Barockzeitalter. Internationales Gesandtenleben auf dem Immerwährenden Reichstag zu Regensburg. Ein Beitrag zur Kultur- und Gesellschaftsgeschichte der Barockzeit (Miscellanea Bavarica Monacensia 17), München 1969.

RENDA, Gerhard, Fürth, das »bayerische Jerusalem«, in: Manfred TREML – Josef KIRMEIER (Hg.), Geschichte und Kultur der Juden in Bayern. Aufsätze (Veröffentlichungen zur bayerischen Geschichte und Kultur 17), München 1988, S. 225–236.

Repertorium der diplomatischen Vertreter aller Länder seit dem Westfälischen Frieden 1648, hg. von Friedrich HAUSMANN u. a., 3 Bde., Zürich 1936–1965.

RICHARZ, Monika, Ländliches Judentum als Problem der Forschung, in: Monika RICHARZ – Reinhard RÜRUP (Hg.), Jüdisches Leben auf dem Lande. Studien zur deutsch-jüdischen Geschichte (Schriftenreihe wissenschaftlicher Abhandlungen des Leo-Baeck-Instituts 56), Tübingen 1997, S. 1–8.

– Die Entdeckung der Landjuden. Stand und Probleme ihrer Erforschung am Beispiel Südwestdeutschlands, in: Karl Heinz BURMEISTER (Hg.), Landjudentum im süddeutschen- und Bodenseeraum. Wissenschaftliche Tagung zur Eröffnung des Jüdischen Museums Hohenems vom 9. bis 11. April 1991 (Forschungen zur Geschichte Vorarlbergs 11), Dornbirn 1992, S. 11–21.

– Viehhandel und Landjuden im 19. Jahrhundert. Eine symbiotische Wirtschaftsbeziehung in Südwestdeutschland, in: Menora. Jahrbuch für deutsch-jüdische Geschichte 1 (1990), S. 66–88.

RIEDER, Otto, Geschichte der ehemaligen Reichsstadt und Reichspflege Weißenburg am Nordgau, 3 Bde., bearbeitet von Reiner Kammerl (Weißenburger Heimatbücher 10), Weißenburg 2002–2004.

RIES, Rotraud, Jüdisches Leben in Niedersachsen im 15. und 16. Jahrhundert (Veröffentlichungen der Historischen Kommission für Niedersachsen und Bremen 35: Quellen und Untersuchungen zur allgemeinen Geschichte Niedersachsens in der Neuzeit 13), Hannover 1994.

– Hofjuden – Funktionsträger des absolutistischen Territorialstaates und Teil der jüdischen Gesellschaft. Eine einführende Positionsbestimmung, in: Rotraud RIES – J. Friedrich BATTENBERG (Hg.), Hofjuden – Ökonomie und Interkulturalität. Die jüdische Wirtschaftselite im 18. Jahr-

hundert (Hamburger Beiträge zur Geschichte der deutschen Juden 25), Hamburg 2002, S. 11–39.
- ›Missionsgeschichte und was dann?‹ Plädoyer für eine Ablösung des kirchlichen Blicks, in: Aschkenas 15 (2005), S. 271–301.

RIES, Rotraud – J. Friedrich BATTENBERG (Hg.), Hofjuden – Ökonomie und Interkulturalität. Die jüdische Wirtschaftselite im 18. Jahrhundert (Hamburger Beiträge zur Geschichte der deutschen Juden 25), Hamburg 2002.

RITTERSHAUSEN, Georg, Asylia, hoc est De iure asylorum tractatus locupletissimus, Straßburg 1624.

ROHRBACHER, Stefan, Medinat Schwaben. Jüdisches Leben in einer süddeutschen Landschaft in der Frühneuzeit, in: Rolf KIESSLING (Hg.), Judengemeinden in Schwaben im Kontext des Alten Reiches (Colloquia Augustana 2), Berlin 1995, S. 80–109.
- Organisationsformen der süddeutschen Juden in der Frühneuzeit, in: Robert JÜTTE – Abraham P. KUSTERMANN (Hg.), Jüdische Gemeinden und Organisationsformen von der Antike bis zur Gegenwart (Aschkenas Beiheft 3), Wien-Köln-Weimar 1996, S. 137–149.
- »Er erlaubt es uns, ihm folgen wir.« Jüdische Frömmigkeit und religiöse Praxis im ländlichen Alltag, in: Sabine HÖDL – Peter RAUSCHER – Barbara STAUDINGER (Hg.), Hofjuden und Landjuden. Jüdisches Leben in der Frühen Neuzeit, Berlin-Wien 2004, S. 271–282.

ROHRBACHER, Stefan – Michael SCHMIDT, Judenbilder. Kulturgeschichte antijüdischer Mythen und antisemitischer Vorurteile, Reinbek b. Hamburg 1991.

ROSSMEISSL, Ralf, Mikrokosmos Cronheim: ein Dorf – drei Religionen, Schwabach 2000.
- Jüdische Heimat Roth. Begleitbuch zur gleichnamigen Ausstellung in der Kulturfabrik Roth vom 3. bis 27. Oktober 1996, 6. Aufl. Roth 1997.

SABELLECK, Rainer, Jüdisches Leben in einer nordwestdeutschen Stadt: Nienburg (Veröffentlichungen des Max-Planck-Instituts für Geschichte 99), Göttingen 1991.

SCHÄFER, Ralf, Die Rechtsstellung der Haigerlocher Juden im Fürstentum Hohenzollern-Sigmaringen 1634–1850 (Rechtshistorische Reihe 254), Frankfurt/Main u. a. 2002.

SCHEDLITZ, Bernd, Leffmann Behrens. Untersuchungen zum Hofjudentum im Zeitalter des Absolutismus (Quellen und Darstellungen zur Geschichte Niedersachsens 97), Hildesheim 1984.

SCHILLING, Heinz, Höfe und Allianzen. Deutschland 1648–1763 (Siedler Deutsche Geschichte 6), Berlin 1989.
- Die Stadt in der Frühen Neuzeit (EDG 24), München 1993.

SCHINDLING, Anton, Die Anfänge des Immerwährenden Reichstags zu Regensburg. Ständevertretung und Staatskunst nach dem Westfälischen Frieden (Veröffentlichungen des Instituts für Europäische Geschichte Mainz 143: Abteilung Universalgeschichte; Beiträge zur Sozial- und Verfassungsgeschichte des Alten Reiches 11), Mainz 1991.

SCHLAICH, Heinz Wolfgang, Das Ende der Regensburger Reichsstifte St. Emmeram, Ober- und Niedermünster. Ein Beitrag zur Geschichte der Säkularisation und der Neugestaltung des bayerischen Staates, in: VHOR 97 (1956), S. 163–392.

SCHMELZEISEN, Gustaf Klemens, Das Asyl in der germanisch-deutschen Rechtsgeschichte, in: GWU 29 (1978), S. 295–306.

SCHMID, Alois, Von der bayerischen Landstadt zum Tagungsort des Immerwährenden Reichstages, in: Dieter ALBRECHT (Hg.), Regensburg – Stadt der Reichstage (Schriftenreihe der Universität Regensburg N. F. 21), Regensburg 1994, S. 29–43.
- Regensburg. Reichsstadt – Fürstbischof – Reichsstifte – Herzogshof (HAB, Teil Altbayern 60), München 1995.

Anhang:

SCHMID, Peter (Hg.), Geschichte der Stadt Regensburg, 2 Bde., Regensburg 2000.
- Die Reichsstadt Regensburg, in: Andreas KRAUS (Hg.), Handbuch der Bayerischen Geschichte, Bd. 3/3: Geschichte der Oberpfalz und des Bayerischen Reichskreises bis zum Ausgang des 18. Jahrhunderts, 3. Aufl. München 1995, S. 302–326.
SCHMÖLZ-HÄBERLEIN, Michaela, Zwischen Integration und Ausgrenzung. Juden in der oberrheinischen Kleinstadt Emmendingen 1680–1800, in: Rolf KIESSLING – Sabine ULLMANN (Hg.), Landjudentum im deutschen Südwesten während der Frühen Neuzeit (Colloquia Augustana 10), Berlin 1999, S. 363–397.
SCHNEE, Heinrich, Das Hoffaktorentum in der deutschen Geschichte (Historisch-politische Hefte der Ranke-Gesellschaft 14), Göttingen 1964.
SCHOCHAT, Asriel, Der Ursprung der jüdischen Aufklärung in Deutschland (Campus Judaica 14), Frankfurt/Main 2000.
SCHOENER, Edmund, Pfarrerbuch der Grafschaft Pappenheim (Einzelarbeiten aus der Kirchengeschichte Bayerns 31), Nürnberg 1956.
SCHOLL, Rochus, Juden und Judenrecht im Herzogtum Pfalz-Zweibrücken. Ein Beitrag zur Rechtsgeschichte eines deutschen Kleinstaates am Ende des Alten Reiches (Rechtshistorische Reihe 139), Frankfurt/Main 1996.
SCHOTT, Herbert, Die Beschlagnahme jüdischen Archiv- und Registraturguts sowie jüdischer Standesregister in Bayern im Dritten Reich, in: Ingolstadt im Nationalsozialismus, Ingolstadt 1995, S. 473–487.
SCHOTT, Sebastian, »Weiden a mechtige kehille«. Eine jüdische Gemeinde in der Oberpfalz vom Mittelalter bis zur Mitte des 20. Jahrhunderts, Pressath 1999.
SCHRÖCKER, Sebastian, Die Kirchenpflegschaft. Die Verwaltung des Niederkirchenvermögens durch Laien seit dem ausgehenden Mittelalter, Paderborn 1934.
SCHUBERT, Ernst, Arme Leute, Bettler und Gauner im Franken des 18. Jahrhunderts, 2. Aufl. Neustadt an der Aisch 1990.
SCHUDT, Johann Jakob, Von der Franckfurter Juden Vergangenheit, Sitten und Bräuchen. Aus J.J. Schudt's »Jüdische Merckwürdigkeiten Frankfurt u. Leipzig anno 1714. Ausgewählt und mit einem Nachwort versehen, hg. von Efraim FRISCH, Berlin 1934.
SCHUH, Robert, Das vertraglich geregelte Herrschaftsgemenge. Die territorialstaatsrechtlichen Verhältnisse in Franken im 18. Jahrhundert im Lichte von Verträgen des Fürstentums Brandenburg-Ansbach mit Benachbarten, in: JfL 55 (1995), S. 137–170.
SCHULZ, THOMAS, Der Kanton Kocher der Schwäbischen Reichsritterschaft 1542–1805. Entstehung, Geschichte, Verfassung und Mitgliederstruktur eines korporativen Adelsverbandes im System des alten Reiches (Esslinger Studien – Schriftenreihe 7), Esslingen/Neckar 1986.
SCHULZE, Winfried, Ego-Dokumente. Annäherung an den Menschen in der Geschichte? Vorüberlegungen für die Tagung »Ego-Dokumente«, in: Winfried SCHULZE (Hg.), Ego-Dokumente. Annäherung an den Menschen in der Geschichte (Selbstzeugnisse der Neuzeit 2), Berlin 1996, S. 11–30.
- Regensburg. Der Sitz des Immerwährenden Reichstags, in: Alois SCHMID – Katharina WEIGAND (Hg.), Schauplätze der Geschichte in Bayern, München 2003, S. 257–275.
SCHWACKENHOFER, Hans, Die Reichserbmarschälle, Grafen und Herren von und zu Pappenheim. Zur Geschichte eines Reichsministerialengeschlechts (Beiträge zu Kultur und Geschichte von Stadt, Haus und ehemaliger Herrschaft Pappenheim 2), Treuchtlingen-Berlin 2002.
SCHWANKE, Irmgard, Nachbarschaft auf Zeit. Juden und Christen in der Reichsstadt Offenburg im 17. Jahrhundert, in: Mark HÄBERLEIN – Martin ZÜRN (Hg.), Minderheiten, Obrigkeit und Ge-

sellschaft in der Frühen Neuzeit. Integrations- und Abgrenzungsprozesse im süddeutschen Raum, St. Katharinen 2001, S. 293–316.
- Fremde in Offenburg. Religiöse Minderheiten und Zuwanderer in der Frühen Neuzeit (Konflikte und Kultur – Historische Perspektiven 11), Konstanz 2005.
SCHWARZ, Stefan, Die Juden in Bayern im Wandel der Zeiten, München-Wien 1963.
SCHWIERZ, Israel, Steinerne Zeugnisse jüdischen Lebens in Bayern. Eine Dokumentation, München 1988.
SHULVASS, Moses A., From East to West. The Westward Migration of Jews from Eastern Europe during the Seventeenth and Eighteenth Centuries, Detroit 1971.
SPONSEL, Wilfried, Steuerbücher als Quelle für die Erforschung der dörflichen Sozialstruktur – dargestellt am Beispiel Hohenaltheims (Ries), in: Peter FASSL (Hg.), Aus Schwaben und Altbayern. Festschrift für Pankraz Fried zum 60. Geburtstag (Augsburger Beiträge zur Landesgeschichte Bayerisch Schwabens), Sigmaringen 1991, S. 239–249.
STAMLER, Johann Heinrich von, De reservatis imperatoris Romano-Germanici acroama novum, Gießen 1658.
STEGMANN, Bernhard, Aspekte christlich-jüdischer Wirtschaftsgeschichte am Beispiel der Reichsgrafschaft Thannhausen, in: Rolf KIESSLING – Sabine ULLMANN (Hg.), Landjudentum im deutschen Südwesten während der Frühen Neuzeit (Colloquia Augustana 10), Berlin 1999, S. 336–362.
STERL, Raimund W. – Guido HABLE, Regensburg, in: Erich KEYSER – Heinz STOOB (Hg.), Deutsches Städtebuch. Handbuch städtischer Geschichte, Bd. V: Bayerisches Städtebuch, Teil 2, Stuttgart u. a. 1974, S. 572–597.
STERN, Selma, Der Hofjude im Zeitalter des Absolutismus. Ein Beitrag zur europäischen Geschichte im 17. und 18. Jahrhundert (Schriftenreihe wissenschaftlicher Abhandlungen des Leo-Baeck-Instituts 64), Tübingen 2001.
STIMPFIG, Karl Ernst, Die Landjuden im Raum Uffenheim. Dokumentation jüdischen Lebens in den Kultusgemeinden Ermetzhofen, Gnodstadt, Welbhausen und Uffenheim mit der Geschichte des Rabbinats Welbhausen, Herzogenaurach 2000.
- Die Juden in Sugenheim und Ullstadt. Eine Dokumentation, Scheinfeld 2001.
STYRA, Peter, »Er macht eigentlich die Honeurs des Reichstages und der Stadt ...« Das Fürstliche Haus Thurn und Taxis in Regensburg, in: Peter SCHMID (Hg.), Geschichte der Stadt Regensburg, Bd. 1, Regensburg 2000, S. 163–174.
SUNDHEIMER, Paul, Die jüdische Hochfinanz und der bayerische Staat im 18. Jahrhundert, Leipzig 1924.
TADDEY, Gerhard, Kein kleines Jerusalem. Geschichte der Juden im Landkreis Schwäbisch-Hall (Forschungen aus Württembergisch Franken 36), Sigmaringen 1992.
- ... geschützt, geduldet, gleichberechtigt ...: die Juden im baden-württembergischen Franken vom 17. Jahrhundert bis zum Ende des Kaiserreichs (1918) (Forschungen aus Württembergisch Franken 52), Ostfildern 2005.
Theologische Realenzyklopädie, hg. von Gerhard KRAUSE u. a., Bd. 36, Berlin-New York 2004.
TOCH, Michael, Die ländliche Wirtschaftstätigkeit der Juden im frühmodernen Deutschland, in: Monika RICHARZ – Reinhard RÜRUP (Hg.), Jüdisches Leben auf dem Lande. Studien zur deutsch-jüdischen Geschichte (Schriftenreihe wissenschaftlicher Abhandlungen des Leo-Baeck-Instituts 56), Tübingen 1997, S. 59–67.

Anhang:

TREML, Manfred, Einleitung, in: Juden auf dem Lande. Beispiel Ichenhausen. Katalog zur Ausstellung in der ehemaligen Synagoge Ichenhausen – Haus der Begegnung, 9. Juli bis 29. September 1991, hg. vom Haus der Bayerischen Geschichte (Veröffentlichungen zur bayerischen Geschichte und Kultur 22), München 1991, S. 13–17.

TREPP, Leo, Das Judentum. Geschichte und lebendige Gegenwart (Rowohlts Deutsche Enzyklopädie 325), 3. Aufl. Reinbek b. Hamburg 1979.

TREUE, Wolfgang, Aufsteiger oder Außenseiter? Jüdische Konvertiten im 16. und 17. Jahrhundert, in: Aschkenas 10 (2000), S. 307–337.

TRÜGER, Michael, Jüdische Friedhöfe in Bayern, in: Der Landesverband der Israelitischen Kultusgemeinden in Bayern 9 (1994), Nr. 61, S. 19–20.

ULBRICH, Claudia, Zeuginnen und Bittstellerinnen. Überlegungen zur Bedeutung von Ego-Dokumenten für die Erforschung weiblicher Selbstwahrnehmung in der ländlichen Gesellschaft des 18. Jahrhunderts, in: Winfried SCHULZE (Hg.), Ego-Dokumente. Annäherung an den Menschen in der Geschichte (Selbstzeugnisse der Neuzeit 2), Berlin 1996, S. 207–226.

– Shulamit und Margarethe. Macht, Geschlecht und Religion in einer ländlichen Gesellschaft des 18. Jahrhunderts (Aschkenas Beiheft 4), Wien-Köln-Weimar 1999.

ULLMANN, Sabine, Kontakte und Konflikte zwischen Landjuden und Christen in Schwaben während des 17. und zu Anfang des 18. Jahrhunderts, in: Sibylle BACKMANN u.a. (Hg.), Ehrkonzepte in der frühen Neuzeit. Identitäten und Abgrenzungen (Colloquia Augustana 8), Berlin 1998, S. 288–315.

– Nachbarschaft und Konkurrenz. Juden und Christen in den Dörfern der Markgrafschaft Burgau 1650 bis 1750 (Veröffentlichungen des Max-Planck-Instituts für Geschichte 151), Göttingen 1999.

– Der Streit um die Weide. Ein Ressourcenkonflikt zwischen Christen und Juden in den Dorfgemeinden der Markgrafschaft Burgau, in: Mark HÄBERLEIN (Hg.), Devianz, Widerstand und Herrschaftspraxis in der Vormoderne. Studien zu Konflikten im südwestdeutschen Raum (15.–18. Jahrhundert) (Konflikte und Kultur – Historische Perspektiven 2), Konstanz 1999, S. 99–136.

– Sabbatmägde und Fronleichnam. Zu religiösen Konflikten zwischen Christen und Juden in den schwäbischen Landgemeinden, in: Hartmut LEHMANN – Anne-Charlott TREPP (Hg.), Im Zeichen der Krise. Religiosität im Europa des 17. Jahrhunderts (Veröffentlichungen des Max-Planck-Instituts für Geschichte 152), Göttingen 1999, S. 243–264.

– Zwischen Pragmatismus und Ideologie – Entwicklungslinien der Judenpolitik des schwäbischen Reichskreises, in: Wolfgang WÜST (Hg.), Reichskreis und Territorium. Die Herrschaft über der Herrschaft? Supraterritoriale Tendenzen in Politik, Kultur, Wirtschaft und Gesellschaft. Ein Vergleich süddeutscher Reichskreise (Augsburger Beiträge zur Landesgeschichte Bayerisch-Schwabens 7), Stuttgart 2000, S. 211–231.

– Das Ehepaar Merle und Simon Ulmann in Pfersee. Eine jüdische Familie an der Grenze zum Betteljudentum, in: Mark HÄBERLEIN – Martin ZÜRN (Hg.), Minderheiten, Obrigkeit und Gesellschaft in der Frühen Neuzeit. Integrations- und Abgrenzungsprozesse im süddeutschen Raum, St. Katharinen 2001, S. 269–291.

VOLKERT, Wilhelm, Die Juden im Fürstentum Pfalz-Neuburg, in: ZBLG 26 (1963), S. 560–605.

WALZ, Rainer, Der vormoderne Antisemitismus. Religiöser Fanatismus oder Rassenwahn?, in: HZ 260 (1995), S. 719–748.

WEBER, Georg Michael von (Hg.), Darstellung der sämmtlichen Provinzial- und Statuar-Rechte des Königreichs Bayern, mit Ausschluß des gemeinen, preußischen und französischen Rechts: nebst den allgemeinen, dieselben abändernden, neueren Gesetzen, Bd. 2: Die Rechte von Mittelfranken, Augsburg 1838.

WEGER, David, Die Juden im Hochstift Würzburg während des 17. und 18. Jahrhunderts, Diss. [masch.] Würzburg 1920.

WEINBERG, Magnus, Die Memorbücher der jüdischen Gemeinden in Bayern, Frankfurt/Main 1937.

WEISS, DIETRICH, Aus der Geschichte der jüdischen Gemeinde von Feuchtwangen 1274–1938 (Feuchtwanger Heimatgeschichte 3), Feuchtwangen 1991.

WENNINGER, Markus J., Man bedarf keiner Juden mehr. Ursachen und Hintergründe ihrer Vertreibung aus den deutschen Reichsstädten im 15. Jahrhundert (Beihefte zum Archiv für Kulturgeschichte 14), Wien-Köln-Graz 1981.

WENTSCHER, Erich, Judentaufen. Abschließende Betrachtung, in: Archiv für Sippenforschung und verwandte Gebiete 13 (1936), S. 260–262, 295–298, 324–327.

WERKSTETTER, Christine, Die Pest in der Stadt des Reichstags. Die Regensburger »Contagion« von 1713/14 in kommunikationsgeschichtlicher Perspektive, in: Johannes BURKHARDT – Christine WERKSTETTER (Hg.), Kommunikation und Medien in der Frühen Neuzeit (HZ, Beihefte 41), München 2005, S. 267–292.

WILHELM, Peter, Die jüdische Gemeinde in der Stadt Göttingen von den Anfängen bis zur Emanzipation (Studien zur Geschichte der Stadt Göttingen 10), Göttingen 1973.

WILKE, Carsten, »Den Talmud und den Kant«. Rabbinerausbildung an der Schwelle zur Moderne (Netiva 4), Hildesheim-Zürich-New York 2003.

WITTHÖFT, Harald (Hg.), Handbuch der Historischen Metrologie, 4 Bde., St. Katharinen 1991–1994.

WITTMANN, Hans – Ludwig HEFELE, Unterm Ordenskreuz. Heimatbuch von Anno dazumal in Ellingen, Massenbach/Hörlbach und Umgebung, Ellingen 1996.

WITTMER, Siegfried, Regensburger Juden: Jüdisches Leben von 1519 bis 1990 (Regensburger Studien und Quellen zur Kulturgeschichte 6), Regensburg 1996.

– Juden in Regensburg in der Neuzeit, in: Peter SCHMID (Hg.), Geschichte der Stadt Regensburg, Bd. 1, Regensburg 2000, S. 656–676.

– Jüdisches Leben in Regensburg. Vom frühen Mittelalter bis 1519, Regensburg 2001.

– Die sechs Friedhöfe der Regensburger Juden, in: VHOR 141 (2001), S. 81–93.

WOLF, Gerhard Philipp, Aus der Geschichte der ehemaligen Judengemeinde Kunreuth (Ofr.) bis zu ihrer Auflösung, in: JfL 51 (1991), S. 71–102.

WOLFSBERG, Yeshayahu, Popular Orthodoxy, in: YBLBI 1 (1956), S. 237–254.

WÖPPEL, Gerhard, Prichsenstadt. Entwicklung und Struktur einer Kleinstadt in Franken, Würzburg 1968.

ZECH, Bernhard von, Friedrich Leutholfs von Franckenberg Eüropäischer Herold, oder zuverlässige Beschreibung derer Europäisch-Christlichen Käyserthums, Königreiche, freyer Staaten, Bd. 1, Leipzig 1705.

ZEDLER, Johann Heinrich, Grosses vollständiges Universal Lexicon Aller Wissenschaften und Künste, 64 Bde., 4 Suppl.-Bde., Halle-Leipzig 1732–1754.

ZIEGLER, Walter, Die Regensburger Reichstage der Frühen Neuzeit, in: Zwei Jahrtausende Regensburg. Vortragsreihe der Universität Regensburg zum Stadtjubiläum 1979, hg. von Dieter ALBRECHT (Schriftenreihe der Universität Regensburg 1), Regensburg 1979, S. 97–119.

ZIMMER, Eric, Aspects of Jewish Life in the Principality of Ansbach during the seventeenth and eighteenth centuries, Ramat Gan 1975.

Anhang:

ZIWES, Franz-Josef, Studien zur Geschichte der Juden im mittleren Rheingebiet während des hohen und späten Mittelalters (Forschungen zur Geschichte der Juden A 1), Hannover 1995.

Zwei Jahrtausende Regensburg. Vortragsreihe der Universität Regensburg zum Stadtjubiläum 1979, hg. von Dieter ALBRECHT (Schriftenreihe der Universität Regensburg 1), Regensburg 1979.

Abkürzungs- und Siglenverzeichnis

ADB	Allgemeine Deutsche Biographie
AG	Amtsgericht
AO	Archiv für Geschichte von Oberfranken
AZ	Archivalische Zeitschrift
BayHStA	Bayerisches Hauptstaatsarchiv München
BHVB	Bericht des Historischen Vereins Bamberg
d.	Pfennig
Diss.	Dissertation
EDG	Enzyklopädie Deutsche Geschichte
fl.	Gulden
fol.	Folium
GWU	Geschichte in Wissenschaft und Unterricht
HAB	Historischer Atlas von Bayern
HRG	Handbuch zur deutschen Rechtsgeschichte
HZ	Historische Zeitschrift
JfL	Jahrbuch für Fränkische Landesforschung
K	Kirchbuch
KBZ	Kirchbuchzweitschriften
kr.	Kreuzer
LKAN	Landeskirchliches Archiv Nürnberg
LMA	Lexikon des Mittelalters
MGH	Monumenta Germaniae Historica
ND	Neudruck
NDB	Neue Deutsche Biographie
NF	Neue Folge
NLJ	Neues Lexikon des Judentums
NSRA	Neuere und vollständigere Sammlung der Reichs-Abschiede
RKG	Reichskammergericht
RPO	Reichspoliceyordnung
StAA	Staatsarchiv Augsburg
StadtA	Stadtarchiv
StAN	Staatsarchiv Nürnberg
TRE	Theologische Realenzyklopädie
VHOR	Verhandlungen des Historischen Vereins für Oberpfalz und Regensburg
YBLBI	Year Book of the Leo Baeck Institute
ZBKG	Zeitschrift für Bayerische Kirchengeschichte
ZBLG	Zeitschrift für Bayerische Landesgeschichte
ZGJD	Zeitschrift für die Geschichte der Juden in Deutschland
ZHF	Zeitschrift für Historische Forschung

PERSONENREGISTER

Das Register erschließt sämtliche in Text, Anmerkungen und im Anhang genannte Personen, Autoren werden durch Kursiven hervorgehoben. Herrscher werden mit Ausnahme der deutschen Könige/Kaiser unter ihrem Territorium aufgeführt.

Bei jüdischen Personennamen ist folgendes zu beachten: alle Namen werden grundsätzlich in der Reihenfolge, in der sie in den Quellen verwendet werden, eingeordnet, auch wenn sich in ihnen bereits Ansätze zu Familiennamen erkennen lassen, so z.B. Hirsch Oppenheimer unter Hirsch. Anfang des 19. Jahrhunderts angenommene Familiennamen werden in [ ] genannt. Durch die Vielfalt der Namensformen kann nicht ausgeschlossen werden, dass ein und dieselbe Person in mehreren Einträgen erscheint, andererseits können – vor allem bei eingliedrigen Namen – mehrere Träger dieses Namens in einem Eintrag vereinigt sein. Bei Personen, deren Name in mehreren Schreibvarianten in den Quellen zu finden ist, wurde eine vorsichtige Normierung vorgenommen: Fais für Feis, Faius für Fajus und Fayus, Haium für Hajum, Hayum, Hejum und Heyum, Löw für Levi, Mayer für Mair und Meyer, Moses für Moyses und Moises sowie Samuel für Schmuel.

Zur leichteren Zuordnung von Personen werden folgende Abkürzungen verwendet: Fr. = Frau, S. = Sohn, T. = Tochter.

Seitenzahlen mit Stern (*) verweisen ausschließlich auf Fußnoten.

Aaron, auch: Aron (Pappenheim) 134, 237, 339
Aaron (Butttenwiesen) 75*
Aaron Israel (Pappenheim) 190*, 253*, 284, 301, 339
Aaron Lamberger (Ellingen) 51, 58
Abraham (Pappenheim) 53*, 96, 101, 119, 157, 250, 254*, 311, 327, 339, 361, 372, 373*
Abraham (Knecht, Pappenheim) 157, 340
Abraham (Schulmeister, Pappenheim) 132, 250, 253, 339
Abraham (Fürth) 154
Abraham (Langenaltheim) 126, 136
Abraham (Treuchtlingen) 292
Abraham (S. d. Joseph Marx, Regensburg) 82
Abraham (S. d. Löw Abraham, Pappenheim) 115
Abraham David (Berolzheim) 184, 199
Abraham Elias Coppel (Pappenheim) 59, 90, 104, 121, 124, 134, 141, 225, 230, 304, 307, 339, 342, 344, 349, 363, 370, 377
Abraham Elias Model (Monheim) 74, 104, 363
Abraham Feis [Baumann] (Pappenheim) 57*, 80, 105, 140*, 141*, 148, 156, 184, 217, 313, 337, 339, 345, 347, 365, 378
Abraham Hänle, auch Hünle/Hänlein/Hünlein (Pappenheim) 51, 56–57, 124, 140*, 141*, 337, 339, 346–347, 377–378
Abraham Henle Ullmann (Pfersee) 84
Abraham Israel [Baumann] (Pappenheim) 95, 126, 133, 365, 378
Abraham Israel (Vorsinger, Regensburg) 85

Abraham Israel, auch Abraham Isaac (Knecht, Pappenheim) 107*, 201, 340
Abraham Jacob (Fürth) 146
Abraham Joseph (Oettingen) 109*, 364
Abraham Michael (Pappenheim) 180
Abraham Moses 153
Abraham Nathan Reutlinger (Pappenheim) 104–105, 343, 370
Abraham Neumark (Vorsinger, Pappenheim) 157, 255, 339, 343
Abraham Reutlinger (Pappenheim) 42, 80, 98, 104, 111, 121, 134, 144, 184, 196–197, 199, 202, 205–208, 213*, 226, 229, 242, 262–263, 303–304, 310, 312*, 316, 336, 339, 342, 344, 363, 370–371, 375, 379
Abraham Rofe (Frankfurt/Main) 104, 362
Abraham Rost (Hoffaktor, Ansbach/Würzburg) 103, 315–316, 363
Abraham Schimmel (Pappenheim) 370
Abraham Seeligmann (Pappenheim) 107*, 157, 202, 337, 339, 346–347, 369
Abraham Seinsheimer 192
Abraham Zacharias (Heidenheim) 312
Adam Reutlinger (Pappenheim) 85, 326
Ahorn, Johann Georg 201
Airschel (S. d. Moyses Guggenheimer, Pappenheim) 362
Alexander (Treuchtlingen) 268
Allgeyer (Kanzleirat, Pappenheim) 83
Amschel (Ellingen) 165

Amschel, auch Amson d. Rote (Pappenheim/Ellingen/Weißenburg) 41, 79, 101–102, 105–106, 108, 118–120, 123, 127, 132, 177, 179–182, 189, 191–192, 196, 199, 210, 212*, 213, 219–220, 227–229, 241*, 252, 258, 323, 327, 336, 339, 360, 362–363, 367
Amschel (Ansbach) 101, 360
Amschel Burgauer (Regensburg) 93, 99, 159
Amschel Callmann (Mergentheim) 102, 362
Amschel Isaac Goldschmid (Kriegshaber) 74
Amsel Jacob (Asylant aus Paris/Kriegshaber) 74, 75*, 77*
Amson Abraham Reutlinger (Pappenheim) 97, 105, 108, 138–139, 141, 239, 345
Amson Feis (Pappenheim) 217
Amson Jacob (Pappenheim) 27*, 42, 44, 50, 60, 95–96, 98, 102–104, 107–108, 109*, 110*, 145, 150, 177, 179, 181, 185–186, 197–199, 205, 208, 220, 225, 232–233, 240, 252, 258, 261–263, 299, 300*, 304, 311, 313, 326, 336, 339, 341, 344, 349, 362, 367–368, 371
Amson Jacob (Ellingen) 241
Amson Löw (Pappenheim) 201
Amson Löw, auch Amschel (Ellingen) 73–74, 75*, 76, 77*, 104, 180, 363
Amson Meyer (Fürth) 103, 109*, 362
Amson Oppenheimer (Pappenheim/Hamburg) 104, 108, 109*, 242*, 336, 363–364, 379
Amson Polack 252
Amson Reutlinger (Pappenheim) 90, 104, 156, 363
Amson Samuel [Weimann] (Pappenheim) 148, 337, 339, 347, 362, 372, 377
Angstenberger, Michel (Pappenheim) 350
Anna (Fr. d. Hirsch Oppenheimer) 104, 363
Anschel (S. d. Calmann Model, Mergentheim) 292
Appolt, Johann Friedrich (Nürnberg) 71*, 77*
Arad (Pappenheim) 339
Arder, Hans Georg (Weißgerber, Pappenheim) 174
Arnd (S. d. Israel Besich) 55, 108, 254
Arndin (Pappenheim) 125, 234
Arnter, Sebastian (Rehau) 187
Artmann, Christoph (Pappenheim) 348
August Ernst 291–292, 295 – siehe auch: Samuel Hirsch
Aurenhammer, Jacob (Pappenheim) 343
Aurenhammer, Johann Georg (Schambach) 172, 205
Aurenhammer, Veit (Niederpappenheim) 256
Aurenheimer, Jacob (Pappenheim) 375
Aurenheimer, Johann (Esslingen) 213*
Aurnhammer, Georg (Pappenheim) 348

Aurnhammer, Johann Georg (Pappenheim) 350
Aurnhammer, Johann Jacob (Pappenheim) 349

Bächler, Johann Leonhard (Pappenheim) 350
Bahls, David (Meinheim) 180*
Bär (Schulmeister b. Nathan Reutlinger) 257
Bartholomäi, Frau (Pappenheim) 350
Baruch (Kleinerdlingen/Regensburg) 67
Battenberg, J. Friedrich 2*, 5*, 25, 234, 275, 277, 280*
Bauer, Jacob (Pappenheim) 350
Bauer, Johann Michel (Pappenheim) 350
Bayern, Karl Theodor 112
 – Max III. Joseph 63, 113*
 – Max IV. Joseph 112*
Beer, Hans (Bäcker, Pappenheim) 119
Beil, Johann Michel (Pappenheim) 350
Bela (Fr. d. Philipp Joseph) 134, 139, 237, 366
Bela (Fr. d. Joseph Isaac) 375
Benjamin (Knecht, Pappenheim) 107*, 341
Benjamin Feis (Pappenheim) 80, 105, 134, 141, 194, 202, 337, 339, 346, 365
Benjamin Isaac (Pappenheim) 106*, 337, 339, 343
Benneder, Georg Leonhard (Pappenheim) 350
Benneder, Johannes (Pappenheim) 350
Benzinger, Ulrich (Pappenheim) 350
Berle, auch Perle (Pappenheim) 27–28, 39, 117, 118*, 130, 143, 187, 189, 213, 237, 250, 281–282, 305, 311, 336, 339, 340*, 361, 372–373
Berle (Knecht, Pappenheim) 340
Berlein (Pappenheim) 224–225, 339, 348
Berlein (Knecht, Pappenheim) 214*, 342
Bernecker, Maria Margaretha (Pappenheim) 375
Bernhard Lippmann Hirschel (Pappenheim) 97, 113, 174, 314
Bernhard Ullmann (Pfersee) 84
Bernth, Conrad (Pappenheim) 348
Berrmann (Georgensgmünd) 107*, 313, 340*
Besle, auch Bößgen (Fr. d. Amson Jacob, Pappenheim) 54, 103–104, 179, 181, 234–236, 252, 261, 304, 344, 362
Besle (Fr. d. Salomon Reutlinger, Pappenheim) 372
Bess, auch Besle (T. d. Jacob Amson, Pappenheim) 102, 110*, 292, 294–296, 298, 301, 362
 – siehe auch: Maria Johanna Charlotta
Bessel (Fr. d. Abraham Hänle, Pappenheim) 51, 56–57
Beyerle (Fr. d. Jacob Samuel, Pappenheim) 109, 361
Beylß, Georg (Pappenheim) 348
Bez, Adam (Pappenheim) 348
Biehmersdörfer, Hans Jörg (Wolfsbronn) 197

Bill, Albrecht Ernst (Neudorf) 180*, 241
Bill, Dorothea (Neudorf) 180*, 241
Billing, Gottfried (Dettenheim) 146
Billing, Johann Paul (Stadtvogt, Pappenheim) 301
Binßendorfer, Michael (Wolfsbronn) 28*
Bißwanger, Adam (Dettenheim) 196
Biswanger, Johann (Pappenheim) 374
Bittsteiner, Walburga (Pappenheim) 194
Blum (Fr. d. Hajum Hirsch, Pappenheim) 364
Blume (T. d. Jacob Amson, Pappenheim) 103–104, 362
Bobzin, Hartmut 4
Bock, Daniel (Nördlingen) 213*
Boehm, Christoph d.Ä. (Pappenheim) 348
Boehm, Christoph d.J. (Pappenheim) 348
Boehmer, Justus Henning 286
Böhm (Wagner, Pappenheim) 311
Böhm, Christoph (Pappenheim) 348, 350
Böhm, Gottfried (Pappenheim) 350
Böhm, Johann Georg (Pappenheim) 349
Böhm, Johann Heinrich (Pappenheim) 350
Böhm, Johann Michael (Pappenheim) 350
Böhm, Johann Veit (Bürgermeister, Pappenheim) 121, 349, 368, 372
Böhm, Matthheß (Pappenheim) 349
Bonschab, Hans (Fiegenstall) 165
Borich Günzburger (Kriegshaber) 154
Boscher, Hans (Pappenheim) 192, 278
Boscher, Johann Georg (Pappenheim) 350
Bose, Karl Gottfried (sächs. Gesandter in Regensburg) 23
Braden, Jutta 3
Brand, Andreas (Pappenheim) 350
Brandenburg-Ansbach, Carl Wilhelm Friedrich, Markgraf 34*
– Christine Charlotte, Markgräfin 131
Bräunle (Fr. d. Simon Löw) 341, 370
Bremer, Georg 205
Brendl (Fr. d. Abraham Feis) 365
Breuer, Mordechai 2*, 129
Brielmeyer, Johann Balthaß (Pappenheim) 349
Bucer, Martin 30
Büchler, Balthas (Pappenheim) 350
Burgmeyer, Wolfgang Christoph Wilhelm (Pfarrer, Pappenheim) 294
Burgschneider, Anna Maria (Pappenheim) 194

Cahnman, Werner 4*, 264
Calman (Gunzenhausen) 241–242
Calman Model (Mergentheim) 110*, 292
Cassriel (Ellingen) 104, 363
Chajim Levi 104, 363
Chmielnicki, Bogdan 253*
Christian, Wilhelm Friedrich 295–296 – *siehe auch:* Jacob Moses

Christleberecht, Gottlieb 301
Coppel Ullmann (Pappenheim) 59, 104, 109*, 111, 146, 225, 234, 240, 262, 339, 342*, 344, 349, 362, 371–372
Coßmann Levi Gumperz 75*, 76–77, 135, 232, 339
Coßmann Löser (Asylant in Pappenheim) 75*, 76, 339

Daniel Löw (Pappenheim) 217
Danmüller, Walburga (Geislohe) 127
Danner, Franz Matern (Posthalter, Eichstätt) 216
Dannmann, Leonhard (Pappenheim) 350
Darbel (Handelsmann, Paris) 74
David (Knecht, Pappenheim) 341
David (Bechhofen) 107*
David (Prag/Pappenheim) 75*, 76, 95
David (S. d. Henle Salomon Levi, München) 366
David Joseph Goldschmidt 364
David Löw (Ellingen) 103, 110, 145, 362
David Meyer (Harburg) 51, 57
David Model (Knecht, Pappenheim) 215*, 342
David Moses (Pappenheim) 131, 339, 343
David Moses (Dittenheim) 146
David Moyses [Feuchtwanger] (Fürth/Pappenheim) 106, 140*, 148, 337, 346
David Rost (Fürth) 103, 109*, 362
David Simon Neustädel (Prag) 109*, 364
David Wassermann (Regensburg) 93, 99
Daxelmüller, Christoph 5
Deininger, Georg Michael (Müller, Pappenheim) 379
Deisinger, Wilhelm (Tierarzt, Pappenheim/Ansbach) 122*
Delsa (T. d. Feis Judas) 105, 365
Deventer, Jörg 170, 205, 223*
Dick, Hans (Weber, Pappenheim) 190
Dick, Jacob (Pappenheim) 350
Dick, Johann (Pappenheim) 348
Dinckelmeyer, Susanna Christine (Flemmühle) 306
Dinkelmayer, Jerg 182
Dobel, Wolf (Meinheim) 199
Dorner, Simon (Pappenheim) 349
Drießlein, Thomas (Bieswang) 196
Duchhardt, Heinz 19
Duggan, Lawrence 179*

Ebert, Hans Caspar 368
Eberth, Johann Michel (Pappenheim) 349
Echter, Claudi (Kramer, Pappenheim) 119
Edel (Fr. d. Coppel Ullmann) 97, 104, 146, 149, 235–236, 342*, 362, 377
Eder (Weißgerber, Pappenheim) 174
Eder, Adam (Pappenheim) 348

Personenregister

Eder, Christoph (Pappenheim) 350
Eder, Georg Leonhard (Pappenheim) 349
Eder, Johann Caspar (Pappenheim) 349–350
Eder, Wolfgang Wilhelm (Pappenheim) 373
Egg und Hungersbach, Georg Hannibal, Graf zu 293*
Ehmann, Ursula (Pappenheim) 194*
Eisemeier, Christoph (Weber, Dietfurt) 182
Eisen, Johann Sigmund (Jäger, Pappenheim) 343
Eisenmenger, Johann Andreas 279*, 280
Eisig (Knecht, Pappenheim) 107*
Eising, auch Eißig, Eysig, Eysing (Pappenheim) 39, 41, 98, 102, 120, 126, 336, 339–341, 360
Ekala (T. d. Philipp Joseph, München) 366
Eleasar (Pappenheim) 339
Eleonora, auch Lea (Fr. d. Liebmann Joseph Wertheimer, Regensburg) 63, 162, 270–271, 338
Elias (Wallerstein) 107*, 341*
Elias Meyer Nathan (Schwabach/München) 112–114, 289, 366
Elias Model 169
Elias Philipp Gumperz (Regensburg) 45–47, 65, 68, 86, 161–162, 338
Elias Wassermann (Regensburg) 61, 93, 99, 158–159, 161
Elka Philippin (Fr. d. Henle Salomon Levi) 114
Elkan Wassermann (Regensburg) 61, 67, 93, 99, 159, 270
Emanuel Wolf Wertheimer, Regensburg 45, 47–48, 62–64, 67, 99, 160, 162, 269, 338
Engelhardt, Hans (Büttelbronn) 193
Engeret, Anna (Dietfurt) 179
Engeret, Leonhard (Dietfurt) 179
Enich, Johann Thomas (Pappenheim) 350
Erb, Anders (Pappenheim) 348
Erb, Georg Adam (Pappenheim) 350
Erb, Rainer 198*
Erdmannsdörfer, Bernhard 18
Ernst, Christian (Büttelbronn) 179, 181
Esaias Alexander (Regensburg) 47, 85*, 159, 161, 269
Esaias Simon, auch: Scheile Simon, Scheinle 42–44, 51–52, 54–55, 79, 98, 101, 104*, 106–107, 109*, 110–112, 121, 125, 130, 138, 146, 199–200, 215, 225–226, 233, 237, 241, 257–259, 265, 284, 288, 304, 311, 336, 339, 342, 344, 349, 364, 368
Esriel Josef b. Simon Levi → Israel Simon Levi
Ester (T. d. Salomon Meyer, Pappenheim) 102, 110*, 145, 360
Eva (Fr. d. Salomon, Pappenheim) 101, 360
Eva (Regensburg) 162
Eysing (Treuchtlingen) 101, 360

Fackler, Christian (Bäcker, Pappenheim) 370
Fackler, Christoph (Bäcker, Pappenheim) 121, 348, 350, 367
Fackler, Friedrich (Schlosser, Pappenheim) 369
Fackler, Friedrich (Bäcker, Pappenheim) 201, 369
Fackler, Georg Friedrich (Pappenheim) 367
Fackler, Johann Georg (Pappenheim) 349
Fackler, Johann Jacob (Pappenheim) 350
Fackler, Johann Michael (Bäcker, Pappenheim) 349, 367
Fackler, Margaretha Ursula (Pappenheim) 367
Fajus siehe auch: Faius
Falk Markbreiter (Regensburg) 44–45, 47, 61*, 62, 81, 83, 159, 338
Fätsch, Georg (Pappenheim) 348
Fätsch, Hans (Maurer) 302, 368
Fätsch, Johann (Pappenheim) 348
Fayus siehe auch: Faius
Feis siehe auch: Fais
Feis (Pappenheim) 39, 117, 118*, 149, 189, 260, 336, 371
Feis, auch Pheiß (Treuchtlingen) 179, 193
Feis Abraham (Pappenheim) 343, 365, 376
Feis Judas (Pappenheim) 51, 54, 56–57, 59, 80, 97, 101, 105, 110*, 121, 125, 127, 139, 144, 148, 187*, 193–194, 196, 201, 225–226, 237, 248, 251, 336–337, 339, 341*, 344, 349, 365, 377–378
Feis Meyer (Pappenheim) 126
Feis Meyer (Weimersheim) 281
Feis Salomon Meyer (Pappenheim) 201
Feius (Pappenheim) 39, 101–102, 253, 303, 336, 360
Feld, Matthes (Emetzheim) 177
Fetsch, Carl (Pappenheim) 350
Fettinger, Hans Georg (Schambach) 208
Feyle (Magd, Pappenheim) 107*, 342
Feyle (Fr. d. Judenschulmeisters, Pappenheim) 311
Feyus (Langenaltheim) 126, 136
Fink, Frau 304
Fink, Johann Adam (Pappenheim) 349
Fink, Johann Friedrich 180*
Fischer, Balthas (Pappenheim) 350
Fischer, Christoph Adam (Pappenheim) 350
Fischer, Georg (Pappenheim) 349
Fischer, Hans (Bieswang) 179
Fischer, Johann Caspar (Neufang) 188
Fischer, Johann Christoph 378
Fohrer, Jeremias (Pappenheim) 348
Franckenstein, Jacob August 286
Frank, Johann Leonhard (Bäcker, Pappenheim) 349, 373
Frank, Matthias 201

408

Franz I. (dt. Kg./Ks.) 67*
Freudenthal, Max 215, 249*
Freyer, Georg Wilhelm Bernhard (Dekan, Pappenheim) 288
Freyer, Matthias (Weißenburg) 219
Frick, Wilhelm 343
Friedel, Matthes (Geislohe) 184
Friesen, Heinrich Frhr. von (sächs. Gesandter in Regensburg) 22, 23*, 291
Friesen, Otto Heinrich Frhr. von (sächs. Gesandter in Regensburg) 23, 291
Frischmann, Hans (Pappenheim) 118, 123
Fronica Israelin (Pappenheim) 231
Fuchs, Anna Maria (Pappenheim) 375
Fuchs, Franz Xaver (Pappenheim) 375

Gahln (Magd, Pappenheim) 310, 340
Gebhard, Hans (Bieswang) 182
Geißelbrecht, Christoph (Pappenheim) 118
Gella (T. d. Löw Alexander, Regensburg) 162
Gemeiner, Hans (Krämer, Rehau) 192
Gentner, Maria Juliana 306*
Gersdorff, Christoph Friedrich Frhr. von (sächs. Gesandter in Regensburg) 23, 82–83, 159
Gersdorff, Nicol von (sächs. Gesandter in Regensburg) 22, 23*, 291
Geßbeck, Christoph (Göhren) 192
Geuzel, Johann Georg (Pappenheim) 348
Globig, Hans Ernst von (sächs. Gesandter in Regensburg) 23
Glöckel, Heinrich (Zimmern) 280
Glöckel, Philipp (Solnhofen) 282
Glöcklein, Dorothea (Bieswang) 248
Glückel von Hameln 206
Golche (Fr. d. Judenvorsingers) 243
Gottlieb, Christian (Zollbereiter, Brandenburg-Ansbach) 157
Gottlob, Johann Friedrich 295–297 – siehe auch: Jacob Hirsch
Gotzmann, Andreas 310*
Gözel Samuel (Pappenheim) 337, 339, 343
Gözinger, Hans (Zimmern) 191, 193
Gözinger, Michael (Zimmermannsgeselle, Pappenheim) 256
Greckenhoffer, Wilhelm (Büttelbronn) 281
Gregg (Wirt, Ruppertsbuch) 214*
Gregor XIV. (Papst) 78*
Grießmüller, Sebastian (Grönhart) 165, 191, 204–205
Gronenger (Sattler, Pappenheim) 126
Groner, Ernst (Pappenheim) 349
Groner, Melchior (Pappenheim) 348
Groner, Sebastian (Pappenheim) 350
Gröninger, Georg (Pappenheim) 348
Grünwedel, Johann Georg (Pappenheim) 350

Grünwedel, Johann Martin (Pfarrer, Neudorf) 127, 304
Guesnet (Handelsmann, Paris) 74
Gülch, Leonhard (Pappenheim) 349
Gumperz Henle (Regensburg) 48, 338
Gundel (Fr. d. Alexander, Regensburg) 48
Gunold, Augustin (Pappenheim) 350
Gunold, Johann Adam (Pappenheim) 380
Gunoldt, Johann (Pappenheim) 348
Gunschler, Peter (Totengräber, Pappenheim) 266
Günßel, Johann Adam (Pappenheim) 350
Günßler, Johann Leonhard (Pappenheim) 350
Gunßler, Johann Melchior (Pappenheim) 350
Günßler, Peter (Pappenheim) 350
Günzel, Johann Adam (Leinweber, Pappenheim) 265
Gussmann, Heinrich Traugott (Handelsmann, Pappenheim) 369
Gutchen (Fr. d. Löw Alexander, Regensburg) 338
Guth, Klaus 5, 201
Guthmann, Erhard (Rotgerber, Pappenheim) 174, 348
Guthmann, Friedrich (Pappenheim) 349
Guthmann, Johann Caspar (Pappenheim) 348
Guthmann, Johann Michel (Pappenheim) 350
Guthmann, Moritz (Pappenheim) 349
Guthmann, Wolfgang Wilhelm (Pappenheim) 349
Gutmann, Caspar (Meinheim) 208
Güttel (Fr. d. Jacob Amson) 42, 97–98, 102–104, 139, 145, 177, 180, 208, 225, 227, 229–230, 233, 258, 315, 339, 341, 349, 362–363, 367
Güttel (T. d. Amson Jacob) 90*, 109*, 362
Güttel (Fr. d. Löw Amson) 215, 362
Güttel (Fr. d. Feis Meyer, Weimersheim) 281
Güttel, auch Judith (Fr. d. Samuel, Pappenheim) 49, 51, 53, 236, 311, 361
Güttele (Magd, Pappenheim/Pfersee) 108

Haack, Johann Adam (Pappenheim) 350
Haadt, Johann Michel (Pappenheim) 348
Haag, Georg Ulrich (Weißenburg) 219
Hager, Anna Maria (Pappenheim) 184
Hager, Caspar (Pappenheim) 349
Hager, Christoph (Wagner, Pappenheim) 184, 349
Hager, Jacob (Pappenheim) 349
Hager, Johann (Tagelöhner, Pappenheim) 182
Hager, Johann Matthäus (Schuhmacher, Pappenheim) 343
Hager, Matthes (Pappenheim) 348
Hager, Michel (Pappenheim) 349
Hager, Paul (Pappenheim) 349
Hager, Thomas (Pappenheim) 348

Hahn, Christian (Pappenheim) 349
Hahn, Georg Christian (Pappenheim) 370
Hahn, Karl Alexander (Amtssekretär, Pappenheim) 244, 343, 376–377
Hainle (T. d. Salomon Elias Model, Pappenheim/Schopfloch) 110*
Hainlein (Pappenheim) 118, 123
Hainlein (Berolzheim) 102, 360
Haium Hirsch (Pappenheim/Harburg) 108, 121, 226, 339, 347, 364, 368
Haium Meier (Pappenheim) 337, 339, 343
Haium Simon (Pappenheim) 193, 337, 339, 376
Haiumb (Pappenheim) 119–120
Hajum *siehe auch:* Haium
Hajum Alexander (Regensburg) 64, 67, 161
Hajum Joseph Emden (Rabbiner, Pappenheim) 255*
Händle (T. d. Feis Judas, Pappenheim/Muhr) 105, 365
Hänle (Pappenheim) 339
Hänlein (Fr. d. Feis Judas, Pappenheim) 251
Hanna (Fr. d. Jacob Amson, Pappenheim) 102, 362
Hanna (Fr. d. Lippmann Salomon, Pappenheim) 366
Hanna Heimanns (Hamburg) 104
Hans, Philipp (Pappenheim) 350
Harrer, Emanuel (Konsulent, Regensburg) 32
Härtel, Frank Christoph (Pappenheim) 348
Härtel, Franz Christoph (Schuhmacher, Pappenheim) 189
Haumberger, Peter (Regensburg) 42*
Häuslein, Georg David (Weißgerber, Pappenheim) 307, 374
Haya (Fr. d. Löw Abraham, München) 115
Hayum *siehe auch:* Haium
Hayum (S. d. Esaias Alexander, Regensburg) 269
Hayum Hessel (Altenmuhr) 109*, 365
Heberer (Syndicus, Pappenheim) 158–159, 212, 295, 326
Heider, Anton (Pappenheim) 349
Heil, Johannes 277
Heimbucher, Georg Michel (Büttelbronn) 197
Heimisch, Caspar (Langenaltheim) 127
Heinrich Abraham (Regensburg) 158
Heinrichmayer, Johann Georg (Schuster, Dietfurt) 187
Heinrichmeyer, Georg Caspar (Pappenheim) 349
Hejum *siehe auch:* Haium
Heller, Hartmut 129
Heller, Wolf Philipp (Pappenheim) 348
Helm, Johann (Pappenheim) 348
Henle Joseph Levi (Pappenheim) 141*
Henle Levi (Ichenhausen) 107*

Henle Salomon Levi (Pappenheim/München) 97, 112, 113*, 114–115, 133, 140–141, 226, 239–240, 336–337, 339, 345, 366, 373–374
Herbert, Mathias (Trommetsheim) 201
Herde, Peter 275
Hermann, Hans (Pappenheim) 118
Hertel, Andreas (Pappenheim) 350
Hertel, Tobias (Pappenheim) 348
Hertlein, Barbara (Pappenheim) 343
Hertler, Friedrich (Pappenheim) 343
Herzig, Arno 2
Herzl Khuen (Wien) 62
Hessel Joseph [Gutmann] (Pappenheim) 337, 339, 376
Hessen, Philipp der Großmütige, Landgraf 30
Hessen-Darmstadt, Georg II., Landgraf 30
Hetzner, Georg Michael (Dietfurt) 199–200
Hevale (Fr. d. Michel Feis, Ansbach) 105*, 365
Heydt, Johann Baptista (Hofmeister, Pappenheim) 190
Heyum *siehe auch:* Haium
Heyum (Knecht, Pappenheim) 215
Heyum Bär (Knecht, Pappenheim) 341
Heyum Scheyla (Asylant aus Gundelfingen) 75
Hillerbrand, Andreas (Pappenheim) 349
Hinterlattner, Hans (Dietfurt) 192
Hirlbacher, Johann Michael (Pappenheim) 348
Hirsch (Praeceptor bei Jacob Amson, Pappenheim) 280
Hirsch (Knecht, Pappenheim) 214*, 340
Hirsch (Berolzheim) 180*
Hirsch (Oettingen) 257
Hirsch (Treuchtlingen) 238*
Hirsch Bär Bernau 339, 366
Hirsch Beer (Pappenheim) 55, 187, 340*, 343, 361
Hirsch Benjamin (Amsterdam) 298, 300
Hirsch Isaac (Regensburg) 64, 83, 160
Hirsch Joseph [Schwarz] (Pappenheim) 51, 53, 214, 215*, 216, 337, 339, 346–347, 376–377
Hirsch Levi (Dittenheim) 146
Hirsch Lippmann Pappenheimer (München) 112–115, 146, 227, 254, 289, 307, 366, 374
Hirsch Löw (Knecht, Pappenheim) 341
Hirsch Löw (Treuchtlingen) 172, 185
Hirsch Moises (Knecht, Pappenheim) 107*
Hirsch Moses Fürther (Pappenheim) 376
Hirsch Moyses (Oettingen) 146, 362
Hirsch Oppenheimer (Pappenheim) 26–29, 41, 71–73, 79, 95–96, 98, 101–102, 104–105, 107*, 108, 109*, 110–111, 117, 121, 125, 127, 130, 133, 145, 147, 155, 157, 165, 174, 177, 179–182, 184–185, 188–193, 196, 198–199, 201, 204–206, 213, 214*, 219–220, 224–225, 227, 232–233, 241–242, 244, 246, 252, 258–261, 265, 282, 289*, 292, 299*,

303, 305, 310–311, 315, 324, 326, 336, 339–340, 348, 351, 358, 362–363, 379
Hirsch Schweizer 103, 362
Hirschbeck, Martin (Ochsenfeld) 187, 214*
Hirschel Meyer (Asylant in Pappenheim) 76*, 339
Hirschel Neuburger (Regensburg) 161, 270–271
Hirschlin (Regensburg) 99
Hochstetter, Georg (Pappenheim) 350
Hochstetter, Johann Caspar (Pappenheim) 350
Hoffmann, Christian Bernhard Wilhelm (Lebküchner, Pappenheim) 180
Hoffmann, Georg Albrecht Friedrich (Pappenheim) 350
Hoffmann, Hans Peter 191
Hoffmann, Johann Christoph (Pappenheim) 350
Hoffmann, Johann Michael (Pappenheim) 350
Hofmann, Hanns Hubert 17
Hohenthal, Peter Friedrich Frhr. von (sächs. Gesandter in Regensburg) 23, 67
Holenstein, André 24, 49
Höltzel, Johann Lorenz von (Regensburg) 93
Holzinger, Johann Georg (Bäcker, Bieswang) 189
Hörlbacher, Johann Caspar (Pappenheim) 349
Hortzitz, Nicoline 276
Hsia, Ronnie Po-Chia 3
Huber, Johann Georg (Pappenheim) 350
Hübner, Johann Leonhard (Pappenheim) 350
Hübner, Simon (Pappenheim) 118
Hueber, Matthes (Pappenheim) 348
Hummel, Johann Adam (Pappenheim) 350
Hummel, Johann Jacob (Bader, Pappenheim) 302, 348
Hünle (T. d. Coppel Ullmann, Pappenheim/Oettingen) 104, 109*, 111, 146, 362
Hüttenmeister, Nathanja (Duisburg) 89*, 101*, 143*, 253*, 258*, 260*
Hüttinger, Elias (Neudorf) 202
Hüttinger, Georg (Dietfurt) 191
Hüttinger, Hans (Osterdorf) 179
Hüttinger, Johann Georg 350
Hüttinger, Johann Leonhard (Pappenheim) 350
Hüttinger, Simon (Pappenheim) 350

Isaac, Joseph 244, 251
Isaac Feis (Pappenheim) 214
Isaac Gumperz (Regensburg) 99
Isaac Herz Bonn (Frankfurt/Main) 74–75, 77*
Isaac Hirsch (Pappenheim) 106*, 141*, 337, 339, 343, 346
Isaac Hirsch (Berolzheim) 196
Isaac Hirschel (Regensburg) 66, 69*, 94*
Isaac Jacob (Pappenheim) 51–53, 55–56, 90, 98, 102–103, 107*, 110, 121, 135, 144–145, 172, 177, 180*, 182, 197, 199–200, 202, 205–206, 215*, 225–226, 229–230, 250, 255, 315–316, 339, 342, 344, 349, 361–362, 367
Isaac Jacob Levi (Knecht, Pappenheim) 342
Isaac Koppel (Pappenheim) 140*
Isaac Löw (Regensburg) 65
Isaac Löw Fürther (Pappenheim) 380
Isaac Meyer (Pappenheim) 326
Isaac Model (Pappenheim) 189, 193*, 312
Isaac Moises [Neumann] (Pappenheim) 141*, 337, 339, 346–347, 369
Isaac Moyses (Tachau) 73, 75*, 76–78
Isaac Philipp Gumperz (Regensburg) 46, 48, 65, 67, 69, 82, 160, 338
Isaac Salomon Model (Pappenheim) 51, 53–54, 107*, 130, 226, 339
Isaac Samuel Wertheimer (München) 47, 63
Isaac Sekel (Regensburg) 61
Isaak (Knecht, Pappenheim) 310, 340
Isaak Hajum Schimmel (Pappenheim) 375
Isaak Jacob (Treuchtlingen) 210
Isaak Marx (Treuchtlingen/München) 112, 289, 366
Isaak Schwarz (Pappenheim) 380
Isaias Alexander (Regensburg) 93
Isenburg, Wilhelm Karl Prinz von 8*
Iserle (Treuchtlingen) 201
Israel (Knecht, Pappenheim) 340
Israel (Treuchtlingen) 189
Israel Aaron Levi (Pappenheim) 140*
Israel Abraham Baumann (Pappenheim) 378
Israel Alexander (Monheim) 111
Israel Alexander (Regensburg) 270
Israel Besich, auch Peßach ben Josua (Rabbi, Pappenheim) 55, 108, 253–256, 264, 277, 279–281, 302, 339
Israel Feis [Baumann] (Pappenheim) 57, 97, 105, 109*, 131, 140, 141*, 144, 148, 156, 180*, 208, 215*, 216, 226, 237, 304, 314, 339, 345, 347, 365, 378
Israel Heyum (Knecht, Pappenheim) 112*, 342
Israel Hirsch Pappenheimer (München) 112, 366
Israel Isaac [Weimann] (Pappenheim) 106*, 337, 339, 346–347, 380
Israel Jacob (Dittenheim) 109, 361
Israel Joseph (Asylant aus Ansbach) 75*, 77*
Israel Lämle (Treuchtlingen) 146
Israel Levi (Pappenheim) 97, 111, 141, 148, 244, 337, 339, 343, 346
Israel Samuel (Pappenheim) 50–51, 57, 60, 212, 214*, 237*, 312–313, 341*, 361, 373
Israel Samuel (Knecht, Pappenheim) 341
Israel Simon Levi, auch Esriel Josef ben Simon Levi (Rabbi, Pappenheim) 253–256
Israel Wassermann (Regensburg) 52, 66–67, 99, 270

Personenregister

Izig, auch Izing (Pappenheim) 60, 125, 225, 339
Izing (Berolzheim) 185
Izing, auch Izig (Langenaltheim) 126, 136

Jacob (Pappenheim) 306
Jacob, Andreas (Pappenheim) 350
Jacob Abraham (Schulmeister bei Esaias Simon) 146, 257
Jacob Amson (Pappenheim) 28*, 29, 95–98, 101–105, 107*, 109*, 110, 117, 119, 127, 139–140, 142, 144–145, 147, 157*, 165, 174, 177, 179–182, 184, 187, 189–194, 196, 199, 202, 204–206, 208, 213, 214*, 219–220, 224–225, 227–229, 232–233, 245–246, 252, 257–259, 261, 272, 277–278, 280, 282, 292, 298–300, 302–303, 308*, 311–313, 315, 336, 339–341, 348–349, 351, 358, 362–363, 367–368, 379
Jacob Bär Lippmann (Pappenheim) 109, 131, 140*, 337, 345, 366
Jacob Guggenheimer 299
Jacob Hamburger (Kriegshaber) 74, 75*, 263, 316
Jacob Hirsch (Frankfurt/Oder) 292, 295–296 – *siehe auch:* Gottlob, Johann Friedrich
Jacob Isaac (Pappenheim) 42, 97, 105, 107*, 148, 336–337, 345, 365
Jacob Isaac (Knecht, Pappenheim) 342
Jacob Jonas (Knecht, Pappenheim) 55, 98
Jacob Kizinger (Pfersee) 84
Jacob Löw (Ellingen) 103–104, 107*, 109*, 312, 362–363
Jacob Mayer (Pappenheim) 283
Jacob Moses (Frankfurt/Oder) 292, 294–296 – *siehe auch:* Christian, Wilhelm Friedrich
Jacob Moyses (Amsterdam) 298, 300
Jacob Samuel (Pappenheim) 49–53, 56, 80, 95–97, 108, 121, 126, 138, 148, 213, 216, 225, 234, 236, 304, 312, 327, 339, 344, 349, 361, 373
Jacob Schleußinger (Fürth) 85
Jacob Schwielheim (Asylant aus Fürth) 75*
Jacob Wassermann (Regensburg) 61, 67–68, 93, 99, 159, 161
Jakob, Reinhard 206, 225*
Jandoph Abraham, auch Jentoph Hünle (Pappenheim) 96, 140*, 216–217, 337, 339, 343, 345
Jeggle, Utz 4
Jena, Gottfried von (kurbrandenburg. Rat in Regensburg) 23*
Jenisch, Constantin (Pappenheim) 350
Jentle (Fr. d. Salomon Meyer, Pappenheim) 60, 102, 360
Joachim Hirsch (Friedeberg in der Neumark) 245
Joel Salomon (Hamburg) 104

Johanna Dorothea 293, 295–296 – *siehe auch:* Rahel
Johanna Elisabetha Charlotta 295–296 – *siehe auch:* Sara
Jonas (Kriegshaber) 75*
Jonas (Oettingen) 210, 231
Jonas (S. d. Henle Salomon Levi) 366
Jonas Abraham (Knecht, Pappenheim) 342
Jonas From (Knecht, Pappenheim) 342
Jonas Joseph (Treuchtlingen) 73–75, 77, 193, 197, 199, 231
Jonathan Abraham (Pappenheim) 194
Jordan (Lissa) 245
Joseph (Pappenheim) 39, 41, 51, 89, 101–102, 118, 120, 157, 184, 186, 210, 214*, 224–225, 260, 312, 336, 339, 348, 360, 371
Joseph (Ellingen) 196
Joseph (Knecht, Pappenheim) 340–341
Joseph II. (dt. Kg./Ks.) 230*
Joseph Abraham 365
Joseph Falk Markbreiter (Regensburg) 65, 67, 69
Joseph Fleischer (Mähren) 298, 300
Joseph Goldschmidt (Pappenheim) 43, 108, 110, 112, 125, 130, 135, 138, 157, 215, 225–226, 237, 289, 339, 344, 349
Joseph Guggenheimer 299
Joseph Hänlein 202
Joseph Henle Levi (Pappenheim) 114–115, 337, 339, 346, 366
Joseph Hirsch (Rabbi, Pappenheim) 253–255, 316
Joseph Hirsch (Regensburg) 64, 99, 160, 338
Joseph Isaac (Berolzheim/Pappenheim) 51, 53, 55–56, 134–135, 141, 215*, 226, 240, 271, 339, 345, 375
Joseph Isaac (Knecht, Pappenheim) 107*, 342
Joseph Kahn (Rabbiner, Wassertrüdingen) 252*
Joseph Levi (Pappenheim) 212, 343
Joseph Levi (Dittenheim) 146
Joseph Liebmann Wertheimer (Regensburg) 64, 100, 270
Joseph Mändle (Kriegshaber) 84
Joseph Marx (Regensburg) 61, 82–83, 93, 99, 159
Joseph Moyses Goldschmidt (Pappenheim) 107, 199–200, 227, 232, 246, 339, 364
Joseph Nathan (S. d. Elias Meyer Nathan) 366
Joseph Neuburger (Kriegshaber) 154
Joseph Süß Oppenheimer (Stuttgart) 223
Joseph Ullmann (Regensburg) 67, 161
Joseph Wassermann (Regensburg) 61
Josepha (T. d. Hirsch Lippmann, München) 112, 366
Josua, auch Jößlein (Knecht, Pappenheim) 340*
Judas Baumann (Pappenheim) 376

412

Judas Feis (Pappenheim) 105, 110, 216, 365
Judeus Abraham 365
Judith (Fr. d. Hirsch Oppenheimer, Pappenheim) 102, 363
Judith (Fr. d. Abraham Reutlinger, Pappenheim) 363
Judith (T. d. Philipp Joseph, München) 113, 366
Judith (Fr. d. Elias Nathan Meyer, München) 289
Jütte (Fr. d. Abraham Hünlein, Pappenheim) 378

Kalb, Johann Melchior (Pflegsverwalter, Wellheim) 214*
Karl IV. (dt. Kg./Ks.) 71
Karl V. (dt. Kg./Ks.) 21
Karl VI. (dt. Kg./Ks.) 230
Karl VII. (dt. Kg./Ks.) 20, 55*, 67*, 230
Karl, Hans (Tuchmacher, Eichstätt) 213
Kasper-Holtkotte, Cilli 136
Katz, Jacob 275, 280*, 290*
Kehle, auch Kela (T. d. Hirsch Oppenheimer, Pappenheim/Ellingen) 104, 109*, 363
Kela, auch Köhle (Magd, Pappenheim) 181, 245, 303, 340
Kela (Fr. d. Nathan Reutlinger, Frankfurt/Pappenheim) 104, 363
Kela, auch Kehle (T. d. Nathan Reutlinger, Pappenheim/Ellingen) 104, 145, 363
Kelz, Johann Adam (Grönhart) 179*
Kern (Justizrat, Pappenheim) 150
Kern (Kammerrat, Pappenheim) 147, 304, 379
Kern, Johann Georg (Pappenheim) 350
Keßler, Daniel (Pappenheim) 200
Keßler, Georg Daniel (Pappenheim) 349
Ketterlein, Jeremias (Pappenheim) 350
Kettwig (Sekretär/Zinsmeister, Pappenheim) 295–296
Keusper, Tobias (Pappenheim) 348
Keyser, Michael (Trommetsheim) 118
Khalumnus (Ellingen) 168
Kießling, Rolf 59, 247*, 275, 303, 306, 308
Kirchhoffer, Johann Andreas (Pappenheim) 350
Kisch, Guido 24
Klein, Andreas (Schertnershof) 180*
Kleining, Benjamin Gottlieb (Pappenheim) 350
Klenck, Maria Salome von (Frankfurt/Main) 71*, 77*
Knaupp, Hans (Osterdorf) 188
Knaupp, Lorenz (Fuhrmann, Pappenheim) 119, 140
Knoll, Johann Veit (Pappenheim) 348
Knöpfer, Hans Jörg (Regensburg) 291*
Köberlein, Johann Georg (Pappenheim) 180*
Köberlein, Simon (Pappenheim) 350
Kohler, Wolf (Pappenheim) 350
Koller, Peter (Sollngriesbach) 214*

König, Imke 152, 177
Kopp, Zacharias (Schuster, Pappenheim) 305, 348
Koppel (Knecht, Pappenheim) 341
Koppel Meyer (bei Bamberg) 365
Körnden, Hans Christoph (Metzger, Pappenheim) 126
Körndörfer (Hofrat, Pappenheim) 171, 309
Kraft, Johann Peter (Pfarrer, Pappenheim) 294, 295*
Kraft, Paulus (Pappenheim) 350
Kraft, Wilhelm 6, 17–18
Krauß, Hans Adam (Langenaltheim) 170*, 278
Krauth, Christoph (Pappenheim) 350
Krazer, Johannes (Pappenheim) 350
Krebs, Hans Michel 208
Krebß, Johann Georg (Pappenheim) 350
Kreichauf, Georg Friedrich (Pappenheim) 367
Kreith, von (Landrichter, Monheim) 74
Kreuzer, Hans (Rutzenhof) 368
Krug, Gisela 97*
Kuhnala (Pappenheim) 342

Lämlein Moses, auch Lämle (Treuchtlingen) 155, 179*, 185, 202
Lang, von (Kanzleirat, Pappenheim) 9, 21, 66, 68, 82, 85, 161–162, 270, 315
Lang, Christian Ernst (Pappenheim) 349
Lang, Hans Jörg (Dietfurt) 199
Lang, Wilhelm (Pappenheim) 372
Lanz, Wilhelm (Pappenheim) 348
Laub, Johann Leonhard (Pappenheim) 350
Lazarus (Hanau) 111
Lazarus (Verw. von Hirsch Lippmann) 112*, 366
Lazarus Hirsch (Regensburg) 61
Lazarus Isaac (Pappenheim) 130, 337, 339, 343, 346
Lea (Fr. d. Salomon, Pappenheim) 117*
Lea (Magd, Pappenheim) 341
Lea Wertheimerin (Regensburg) 270–271
Lebrecht, Christian Christ (Nürnberg) 81*
Lehner, Matthias (Büttelbronn) 202
Lehrner, Hans (Geislohe) 189
Lein, Hans Jacob (Pappenheim) 348
Lein, Johann Matthes (Pappenheim) 350
Lemblin (Burgau) 101, 360
Lemle Isaak (Regensburg) 270
Leopold I. (dt. Kg./Ks.) 280
Levi *siehe auch:* Löw
Leypold, Caspar (Pappenheim) 119*, 367*
Leypoldt, Sigmund (Pappenheim) 119, 367
Liebmann Joseph Wertheimer (Regensburg) 68, 84, 162, 338
Liedel, Martin (Pappenheim) 350
Linck, Johann Michel (Pappenheim) 350

Personenregister

Lindinger, Johann Michel (Pappenheim) 349
Lindinger, Michael (Pappenheim) 348
Linnemeier, Bernd-Wilhelm 92*, 176, 178
Linß, Adam Hermann (Pappenheim) 349
Lippmann Neumann (Pappenheim) 369
Lippmann Salomon, auch: Elisier Lippmann Mosche b. Salomo (Rabbi, Pappenheim) 101, 112, 253–256, 315, 317, 339, 366
Löben, Otto Ferdinand von (sächs. Gesandter in Regensburg) 23
Löffler, Peter (Pappenheim) 350
Lokers, Jan 116, 181
Lorenz, Christoph (Pappenheim) 349
Lorenz, Johann Christoph (Wirt, Pappenheim) 301, 345
Löser (Pappenheim) 89, 95–96, 101, 118–121, 123, 126, 130, 177, 263–264, 316, 339, 360
Löser (Regensburg/Pappenheim) 75*, 77*
Löstler, Leonhard (Solnhofen) 213*
Lotter, Hans Georg (Wirt, Pappenheim) 379
Lotter, Hans Michel (Zimmern) 281
Lotter, Johann Georg (Pappenheim) 348
Lotter, Johann Leonhard (Pappenheim) 349
Löw 156, 208, 264
Löw (Pappenheim) 117, 118*, 148–149, 157, 231, 360–361, 371
Löw (Treuchtlingen) 281
Löw (Ellingen) 181
Löw (Regensburg) 158, 269
Löw (Feuchtwangen) 291
Löw (Knecht, Pappenheim) 340–341
Löw (S. d. Israel Besich, Pappenheim/Georgensgmünd) 254
Löw Abraham (b. Kronach/Pappenheim) 85, 112, 113*, 114–115, 133, 140*, 226, 326, 339, 345, 366
Löw Alexander (Regensburg) 46, 48, 64–65, 84, 160, 162, 270, 338
Löw Amson (Pappenheim) 51, 53–54, 56, 75*, 90, 98, 103, 107*, 108, 110*, 123–124, 127, 131, 139, 144–145, 151, 156–157, 169–171, 177, 180*, 193*, 197, 199–200, 202, 205, 208, 213*, 214–218, 226, 231, 234–235, 250, 262–263, 271, 281, 313–317, 323–324, 339, 342, 344–345, 372, 377
Löw Amson (Ellingen) 196, 363
Löw Amson (Gunzenhausen) 103, 315, 362
Löw David (Regensburg/Pappenheim) 42, 107, 125, 130, 143, 174, 214*, 238, 311, 336, 339, 341*, 371
Löw Flesch (Ellingen) 103, 109*, 362
Löw Hirsch (Treuchtlingen) 187–188, 278
Löw Isaak (Regensburg) 161
Löw Isaias (Pappenheim) 106*, 337, 339, 343
Löw Jacob 215*, 216–217, 306, 342*, 362–363

Löw Jacob (Lehrberg) 110*, 145, 362
Löw Jacob (Thalmässing) 121, 368
Löw Jacob Auerbach (Marktheidenfeld) 66, 85
Löw Meyer (Oettingen) 90*, 109*, 362
Löw Meyer (Regensburg) 46, 61, 86, 338
Löw Moyses (Oettingen) 362
Löw Reutlinger (Monheim) 111
Löw Samuel (Pappenheim) 131, 148, 190, 194, 337, 339, 345, 347
Löw Simon (Pappenheim) 144, 337, 339, 345, 347, 364, 370
Löw Simon Ullmann (Pfersee) 72
Löw Ullmann (Knecht, Pappenheim) 104, 339, 342, 377
Löw Ulrich (Pappenheim) 374
Löw Wassermann (Regensburg) 67, 99
Löwele (Berolzheim) 27*
Loy, Adam (Dettenheim) 196
Luther, Martin 259*
Lutz, Andreas (Dietfurt) 204
Lutz, Johann Leonhard (Dietfurt) 172
Lutz, Michel (Pappenheim) 348

Maderholzer, Johann Georg (Pappenheim) 350
Magdalena (T. d. Hirsch Lippmann, München) 112, 113*, 366
Mair *siehe auch:* Mayer
Malcha Judith 62
Malga (T. d. Feis Judas, Pappenheim/Fürth) 105, 365
Manaßes Mayer (Ellingen) 193, 227, 231
Mändel Levi (Pappenheim) 337
Mantlinger, Adam (Pappenheim) 265
Mantlinger, Christoph (Hafner, Pappenheim) 265
Mantlinger, Johann Adam (Pappenheim) 348
Mantlinger, Tobias (Pappenheim) 350
Margem (T. d. Amson Jacob, Pappenheim/Lehrberg) 110*, 145, 362
Margen (Fr. d. Meyer Feis, Pappenheim) 102, 360
Margen, auch Margem (T. d. Feis Judas, Pappenheim) 105, 110*, 365
Maria Anna Adelgundis (Äbtissin von St. Walburg, Eichstätt) 200
Maria Johanna Charlotta 295–297 – *siehe auch:* Bess
Mariam (T. d. David Rost) 362
Mariendorfer, Jacob (Heuberg) 213*
Marum Guggenheimer (Judenbaumeister, Offenbach) 300
Marx (Treuchtlingen) 202
Marx Berle 361
Marx David (Berolzheim) 188
Marx Isaac (Treuchtlingen) 174
Marx Jacob (Asylant aus Paris/Kriegshaber) 74, 75*, 77*

Personenregister

Marx Lazarus (Pappenheim/Dittenheim) 108, 133, 226, 239, 337, 339, 345
Marx Meyer (Knecht, Pappenheim) 107*, 342
Marx Model (Pappenheim) 157
Marzi, Werner 40, 54, 92*
Mauker, Hans (Pappenheim) 348
Maurer, Balthas (Pappenheim) 350
Maurer, Matthias (Weber, Pappenheim) 121, 369
Maximilian I. (dt. Kg./Ks.) 21
Mayer (Pappenheim) 60, 96, 106, 116*, 126, 130, 148, 157, 184–185, 189–190, 194, 206, 210, 214*, 224–225, 234, 255, 292, 312, 339, 348
Mayer (S. d. Henle Salomon Levi) 366
Mayer, Andreas (Pappenheim) 350
Mayer, Barthel Heinrich (Pappenheim) 348
Mayer, Johann Georg (Buhlhüttenmühle) 184
Mayer Hirschel (Asylant in Pappenheim) 73–74, 75*, 76
Mayer Isaac (Regensburg) 61
Mayer Marx (Knecht, Pappenheim) 107*, 340
Mayer Mordechai (Treuchtlingen) 208
Mayer Wassermann (Regensburg) 93
Mayr (Ellingen) 101, 360
Mayr Levi (Pfersee) 108
Meckenhäuser, Wolfgang Wilhelm (Pappenheim) 349
Meier David (Pappenheim) 106*, 337
Meilbeck, Johann Georg (Pappenheim) 349
Meiners, Werner 7–8, 275, 292, 295–296
Meir, Eva (Westheim) 179
Meirum (S. d. Moyses Guggenheimer) 362
Memwarth, Johann Friedrich (Pappenheim) 375
Mendel Henlein (Pappenheim) 378
Mendel Levi (Pappenheim) 339, 343
Mendle (Magd, Pappenheim) 107*, 311, 340
Merle (Fr. d. Abraham Rost) 362
Meyer *siehe auch:* Mayer
Meyer (Knecht, Pappenheim) 98, 340
Meyer, Caspar Heinrich (Pappenheim) 350
Meyer, Georg (Osterdorf) 182
Meyer, Georg Heinrich (Pappenheim) 349
Meyer, Heinrich (Schreiner, Pappenheim) 343
Meyer, Isaak 7*
Meyer, Jacob (Pappenheim) 350
Meyer, Jacob (Gansheim) 282
Meyer, Johann Heinrich (Merkendorf) 304
Meyer, Peter (Pappenheim) 350
Meyer Feis (Pappenheim) 42, 50*, 102, 301, 336, 360, 373
Meyer Hirschel (Regensburg) 93
Meyer Moses (Treuchtlingen) 202
Meyerhoffer, Johann Adam (Pappenheim) 349
Micha (T. d. Esaias Simon) 109*, 364
Michaelis, Johann David 309

Michel Abraham Hänle (Pappenheim) 54, 90*, 97, 135, 189, 200–202, 225–226, 235, 339, 344, 349
Michel Feis Pappenheimer (Ansbach) 105, 110, 365
Michlin (Fürth) 105, 365
Miltitz, Moriz Heinrich Frhr. von (sächs. Gesandter in Regensburg) 23, 291
Mindel (Fr. d. Nathan Reutlinger, Pappenheim) 104, 363
Minkle (Magd, Pappenheim) 107*, 342
Miriam (T. d. Jacob Amson, Pappenheim) 102, 362, 368
Mittler, Jacob (Pappenheim) 376
Mittler, Johann Michel (Pappenheim) 350
Mix, Rosemarie 30*
Model Amson Ellinger (Ansbach) 241
Model Schimmel (Pappenheim) 370
Modlin (Pappenheim) 339
Moises *siehe auch:* Moses
Moises Hirsch (Pappenheim) 376
Moises Hirschel (Asylant in Pappenheim) 75*, 76
Moises Hirschlen (Weimersheim) 105, 110, 365
Moises Salomon (Berolzheim) 156
Monninger, Caspar Johann (Stadtvogt, Pappenheim) 295, 313
Mordstein, Johannes 4, 59, 188*, 323*
Mosche Oppenheim 258, 363
Moser, Johann Jacob 13, 15, 18, 70–71
Moses 154
Moses (Berolzheim) 180*
Moses (Treuchtlingen) 126, 136, 181, 340*
Moses David [Kron] (Pappenheim) 42, 131, 147, 343, 345, 347, 374
Moses David Feuchtwanger (Pappenheim) 370
Moses Hirsch (Pappenheim) 106, 140*, 337, 339, 346–347
Moses Hirsch (Treuchtlingen) 172, 197
Moses Israel (Pappenheim) 134, 148, 234, 236, 339, 344
Moses Jacob (Berolzheim) 199
Moses Levi (Pappenheim) 377
Moses Raphael (Treuchtlingen) 201
Moses Salomon (Hechingen) 231
Moses Salomon (Kleinerdlingen) 231
Moses Samuel Bacharacher (Pappenheim) 141*, 194, 339, 347, 365, 379
Moses Simon (Pappenheim) 126, 194, 337, 339, 343, 346
Moses Tabor (Rabbiner, Pappenheim) 132, 253, 255, 339, 343
Mösner, Hans Georg (Wirt, Büttelbronn) 185
Mößner, Johann (Bieswang) 281
Moyses *siehe auch:* Moses

415

Moyses Abraham Reutlinger 232
Moyses David (Treuchtlingen) 109, 336–337, 366
Moyses Elias Model (Pappenheim) 51–54, 56, 107, 134, 234, 339, 344
Moyses Guggenheimer (Pappenheim) 97–98, 102, 107*, 119, 177, 179, 181, 187, 196, 213, 214*, 278–279, 297–300, 302, 305, 339, 341, 362, 368
Moyses Hirsch (Oettingen) 109*, 146, 362
Moyses Jesaja 104, 363
Moyses Meyer Wassermann (Regensburg) 158–159
Moyses Neuburger (Neuburg a. d. Kammel) 102, 360
Moyses Oppenheimer (Hanau) 104
Moyses Schuster (Frankfurt/Main) 102, 109*, 362
Moyses Wolf (Pappenheim) 194
Müller, [Hieronymus Gottfried] von (Stadtvogt/Hofrat, Pappenheim) 77, 91, 242, 304, 314, 374
Müller, Andreas (Pappenheim) 350
Müller, Anton (Dollnstein) 214*
Müller, Johann Georg (Pappenheim) 348
Müller, Paul (Pappenheim) 348
Müssen, Georg 305

Nächelin (Magd, Pappenheim) 107*, 312, 342, 363
Näher, Johann Leonhard (Pappenheim) 375
Nathan (Pappenheim) 263
Nathan Abraham (Pappenheim) 141
Nathan Abraham Reutlinger (Pappenheim) 104, 140*, 337, 339, 343, 346–347, 370
Nathan Beretz (Lehrberg) 313
Nathan Hamburger (Asylant in Pappenheim) 102, 109*, 362
Nathan Isaac (Pappenheim) 339, 343
Nathan Joseph [Schwarz] (Pappenheim) 150, 194, 258, 337, 339, 343, 346–347, 374, 376
Nathan Levi (Dittenheim) 146
Nathan Nathan (S. d. Elias Meyer Nathan) 366
Nathan Reutlinger (Pappenheim) 41–42, 44, 54*, 55, 80, 95–96, 98, 101, 104–105, 107*, 108, 110–111, 125–127, 130, 133, 141*, 144–145, 148, 150–151, 168, 177, 181, 184, 189, 192–193, 196–199, 202, 205–208, 213–214, 216, 219–220, 225, 227–230, 232–233, 242–243, 246, 252, 257–259, 266, 268, 284–285, 289*, 304, 310–312, 316–317, 326, 336, 339, 342, 348, 363, 372
Navratil, Hans (Pappenheim) 119*
Nef, Caspar (Hochholz) 184
Nehem Judas (Berolzheim) 196

Neher, Andreas (Pappenheim) 350
Neher, Christoph (Pappenheim) 348, 350
Neher, Hans Carl (Pappenheim) 303
Neher, Jacob (Pappenheim) 350
Neher, Johann Carl (Pappenheim) 350
Neher, Johann Caspar (Pappenheim) 350
Neher, Johann Michel (Pappenheim) 349
Neher, Michel (Pappenheim) 348
Neher, Paul (Pappenheim) 348
Neher, Veit (Pappenheim) 348
Neher, Veit Ulrich (Pappenheim) 303, 350
Nemela (Magd, Pappenheim) 107*
Neumeyer, Martin (Ramsberg) 220
Neumeyer, Michael (Dollnstein) 214*
Nezer, Johann Georg (Pappenheim) 350
Nidermeier, Hans (Langenaltheim) 126, 136

Oberdorfer, Johannes (Trommetsheim) 281
Oberndorfer, Bernhard (Langenaltheim) 196
Obernoeder, Andreas (Bürgermeister, Pappenheim) 304, 349
Och, Gunnar 4
Oettingen-Oettingen, Albrecht Ernst II. 291, 296
Oettingen-Wallerstein, Kraft Ernst 218
Ompteda, Dietrich Heinrich Ludwig Frhr. von (sächs. Gesandter in Regensburg) 23*
Oppenheimer, R. L. Dr. (Hamburg) 242*
Oppermann, Septimus Andreas Dr. (Stadtphysikus, Regensburg) 62
Ortel, Barthel (Amtsknecht, Pappenheim) 185
Oswald (Verwalter, Pappenheim) 295
Oßwald, Georg Philipp (Stadtvogt, Pappenheim) 90, 130, 155, 244, 295
Oßwald, Jacob (Pappenheim) 349
Oßwald, Johann Adam (Pappenheim) 348
Oßwald, Johann Georg (Pappenheim) 348
Oßwald, Johann Jacob (Pappenheim) 350
Ostermann, Tobias (Emetzheim) 191
Ottmann, Anna Maria (Pappenheim) 376
Ottmann, Ferdinand (Schmied, Pappenheim) 343, 376
Ottmann, Johann Georg (Pappenheim) 349
Otto Neumann (Pappenheim) 337, 374

Pappenheim von, Amalia 232
– Carl Philipp Gustav 16, 26, 117, 143, 291
– Carl Theodor 16, 379
– Caspar Gottfried 16
– Charlotte 295
– Christian Ernst 16, 26, 32–33, 37, 41, 49–50, 119, 130, 143, 155, 159, 168–169, 172–173, 195, 227, 229, 232, 238, 260–261, 278, 285, 291, 293*, 295–296, 299, 326, 379
– Eleonora Albertina 291

- Emilia Margaretha von Reizenstein 291
- Eva Maria 291
- Franz Christoph 16, 39, 117, 227, 371, 379
- Friederike Johanna, geb. von Seckendorff 230*
- Friedrich Carl 229
- Friedrich Ernst 295–296
- Friedrich Ferdinand 1*, 16–17, 34, 43, 47, 52–53, 56–57, 63, 74, 83, 85, 147, 169*, 172–173, 228–229, 230*, 232, 235, 278, 295–296, 310, 326
- Friedrich Wilhelm 16, 161, 202, 230*
- *Haupt Graf zu* 6
- Heinrich VIII. 71
- Heinrich Haupt 14
- Heinrich von Kalden 14
- Johann Friedrich 16, 26, 34, 41, 44, 73, 83, 185*, 227, 284, 291, 295–296, 307
- Johann Friedrich Ferdinand 16, 58, 68, 131, 161, 169, 270
- Johanna Dorothea, geb. zu Egg 293, 295–296
- Ludwig Franz 16, 26, 31–32, 33*, 119, 379
- Maria Elisabeth 291, 295–296
- Maximilian 16
- Philipp 16
- Sophia Charlotta 185*, 295–296
- Sophia Louysa, geb. Gräfin von Sulzberg 295–296
- Thomas II. 18
- Wolfgang Adam 13
- Wolfgang Philipp 16, 39, 58, 227, 229

Pappler, Christian (Pappenheim) 350
Pappler, Johann Michel (Pappenheim) 350
Pappler, Matthes (Pappenheim) 348, 350
Pappler, Michel (Pappenheim) 348
Pappler, Thomas (Pappenheim) 350
Pelican, Friedrich (Pappenheim) 350
Pelican, Johann Georg (Chirurg, Pappenheim) 380
Pelican, Veit Jacob (Tuchmacher, Pappenheim) 348, 370
Pelican, Wolfgang Wilhelm (Pappenheim) 349
Pfachter, Leonhard (Kattenhochstatt) 180*
Pfahler, Hieronymus (Pappenheim) 350
Pfahler, Johann Lorenz (Pappenheim) 348
Pfalz, Karl Philipp, Kurfürst 52
Philipp Joseph (Pappenheim) 42, 44, 101, 107, 113–114, 125, 134, 138–139, 191, 225–226, 237, 240, 289, 311, 336, 339, 344, 349, 366
Philipp Nathan (S. d. Elias Mayer Nathan) 366
Philipp Reichenberger (Regensburg) 64, 68, 84, 163, 338
Philipp Salomon (Fürth) 66
Philipp Salomon Gumperz (Regensburg) 67–68, 161

Philippine (T. d. Elias Mayer Nathan) 366
Pickel, Johann Conrad (Pappenheim) 349
Pinkel, Paul (Ehlheim) 199
Pirkensee, Wolfgang Leonhard Teuffel von (Hofrat, Ansbach) 72
Plönitz, Franz Christian (Pappenheim) 350
Plönitz, Wolf Georg (Pappenheim) 348
Ponickau, Johann Georg von (sächs. Gesandter in Regensburg) 23, 66, 83
Popp, Caspar (Pappenheim) 350
Popp, Georg (Haag) 193, 204
Prager (Hofgärtner, Pappenheim) 208
Prenner, Jörg (Dettenheim) 27*
Prescher, Johann Paulus (Orgelbauer, Nördlingen) 233
Prestel, Claudia 234
Preu, Adam (Naßwiesen) 196
Preu, Johann Samuel (Pappenheim) 343
Preußen, Friedrich I. 280
Prosel, Johann Georg (Langenaltheim) 172
Prügel, Caspar (Pappenheim) 116*
Prügel, Gernon (Pappenheim) 118
Purin, Bernhard 123*

Rädlein, Andreas 179*
Rädlein, Georg (Pappenheim) 348
Rahel (Magd, Pappenheim) 107*, 292–297, 301, 312, 340 – *siehe auch:* Johanna Dorothea
Rahel (T. d. Moyses Guggenheimer) 362
Rahel (Frankfurt/Oder) 292, 294–296 – *siehe auch:* Sophia Ernestina
Ramler, Hans Jacob (Pappenheim) 348
Rammler, Jacob (Pappenheim) 350
Rammler, Wolf Philipp (Pappenheim) 350
Ranzenberger, Johann Georg (Pappenheim) 350
Raphael Kaula (Hechingen/München) 113, 366
Rapp, Adam (Geislohe) 368
Rauher, Leonhard (Rennertshofen) 282
Rauscher, Christian (Trommetsheim) 188
Rebecca (Fr. d. Löw, Pappenheim) 117, 360
Rechl (Fr. d. Esaias Simon, Pappenheim) 237, 364
Regel, auch Rahel (Fr. d. Abraham Elias Coppel, Pappenheim) 59, 97, 104, 121, 134, 363, 370, 377
Regina (Fr. d. Löw David, Pappenheim) 42*, 238, 311
Regner, Balthas (Pappenheim) 348
Regner, Friedrich (Sailermacher, Pappenheim) 376
Regner, Johann Jacob (Pappenheim) 376
Regner, Johann Michael (Pappenheim) 349, 374
Rehau (Kastner) 305
Rehbach, von (Kommandant, Würzburg) 229
Reheleuther, Wolf (Pappenheim) 348

Personenregister

Reichel (T. d. Löw Alexander, Regensburg) 48, 162
Reinbold, Hans Peter 125*
Reinbold, Johann Peter (Pappenheim) 348
Reindl, Thomas (Pappenheim) 118, 123
Reiner, Johann Carl (Pappenheim) 349
Reiner, Johann Georg (Pappenheim) 348
Reiner, Johann Veit (Pappenheim) 348
Reinwald, Georg 182
Reinwald, Paul (Neudorf) 197
Reislein, Georg (Büttelbronn) 180
Reißer, Johann Georg (Pappenheim) 350
Reißinger, Johann (Trommetsheim) 199
Reißlein, Hans Michel (Neudorf) 182
Reiter, Johann Adam (Trommetsheim) 170*
Reiter, Johann Georg (Büttelbronn) 185
Renner, Georg (Schneider, Pappenheim) 117
Reuter, Wolf (Pappenheim) 350
Richarz, Monika 4
Rieder, Otto 102*
Ries, Clement (Meinheim) 179
Ries, Rotraud 3, 290, 294, 297*
Rieß, Hans Georg (Rotgerber, Weißenburg) 219
Rieß, Katharina (Pappenheim) 194
Ritsca (T. d. Amson Jacob, Pappenheim/Bechhofen) 110*, 362
Ritter, Christoph (Pappenheim) 348
Rittsteiner, Matthes (Neufang) 197
Rittsteiner, Simon (Haag) 182*
Rohrbacher, Stefan 1, 7, 251
Roll, Anna (Pappenheim) 180
Roll, Hans Georg (Bäcker, Pappenheim) 180
Roll, Johann Georg (Pappenheim) 348, 350
Roll, Johann Heinrich (Pappenheim) 350
Rosina Gumperz (Regensburg) 65
Roth, Hans (Pappenheim) 118
Roth, Hans Jörg (Neudorf) 197
Roth, Johann Michel (Neudorf) 202
Rothlink, Martin (Hagenacker) 216
Rothuth, Andreas (Kastner, Mörnsheim) 186–187, 214*
Rupp, Adam Bernhard (Verwalter, Treuchtlingen) 296

Sachsen, Friedrich August I., der Starke, Kurfürst 32–33, 290–291, 295
– Friedrich August II., Kurfürst 83
– Friedrich August III., Kurfürst 63
– Johann Georg IV., Kurfürst 26
Salomon (Pappenheim) 39, 41, 89*, 101, 117–119, 123, 130, 260, 263, 316, 336, 339, 360, 371
Salomon (Regensburg) 158
Salomon (Treuchtlingen) 185
Salomon (Verw. von Hirsch Lippmann) 112*, 366
Salomon (Berolzheim) 336
Salomon Brode (Regensburg) 61, 64, 83, 159, 270, 326
Salomon Elias Model (Pappenheim) 107, 110*, 111
Salomon Hirsch (Pappenheim) 327
Salomon Hirsch (Regensburg) 61, 158–159
Salomon Kizinger (Pfersee) 84
Salomon Löser (Regensburg) 93
Salomon Meyer (Pappenheim) 42, 44, 60, 102, 110*, 121, 145, 148, 201, 225, 234, 236, 263, 316, 336, 339, 344, 349, 360, 373
Salomon Model (Ellingen) 103*
Salomon Philip Gumperz (Regensburg) 69
Salomon Reutlinger (Pappenheim) 41, 80, 90, 98, 104–105, 111, 133, 138, 144, 147, 156–157, 191, 193*, 197, 199–200, 202, 208, 225, 227–234, 240–241, 246, 256, 265, 268, 304, 311–312, 315, 336, 339, 342, 344, 349, 363, 369, 372
Salomon Schülein (Wassertrüdingen) 192
Samson Falk Markbreiter (Regensburg) 47, 66, 83, 99, 338
Samson Oppenheimer (kaiserlicher Hofjude) 223
Samson Wertheimer (kaiserlicher Hoffaktor) 47*, 327
Samuel (Pappenheim) 27–28, 39, 49–50, 53*, 89*, 117–118, 120, 123, 125–126, 130, 143, 157, 165, 177, 183, 186–187, 189, 194, 202, 213, 214*, 219, 224–225, 236–237, 245, 250, 260, 282, 302, 305, 311–312, 327, 336, 339, 348, 361, 371
Samuel Amson (Pappenheim) 54, 90, 103, 215–216, 220, 362, 372
Samuel Berle (Pappenheim) 26–27, 213, 214*, 339, 373
Samuel Culpa (Frankfurt/Main) 103
Samuel Gans Bacharach (Frankfurt/Main) 111
Samuel Heß (wohl aus Ruchheim) 245
Samuel Hirsch (Regensburg) 158, 290–293, 295, 301 – *siehe auch:* August Ernst
Samuel Isaac (Pappenheim) 96, 337, 339, 343
Samuel Jacob (Pappenheim) 51, 53, 56, 104, 134, 361
Samuel Jacob Ullmann (Straßburg) 146, 362
Samuel Joseph (Pappenheim) 97, 201, 337, 339, 347, 375
Samuel Judas (Pappenheim) 121, 140, 193–194, 225–226, 237, 339, 344, 349, 365, 379
Samuel Landauer 227
Samuel Lemla (Regensburg) 65, 338
Samuel Löw (Pappenheim) 103, 123–124, 170, 208, 215*, 216, 220, 262, 309, 337, 343, 362, 372
Samuel Meyer (Knecht, Pappenheim) 341

418

Personenregister

Samuel Moyses (Pappenheim) 337, 346
Samuel Oppenheimer (kaiserlicher Hofjude) 223, 234, 280
Samuel Schimmel (Pappenheim) 327
Samuel Schuster (Frankfurt/Main) 103, 109*, 362
Sara (Magd, Pappenheim) 342
Sara (T. d. Meyer Feis) 102, 292–296, 301, 360 – *siehe auch:* Johanna Elisabetha Charlotta
Sara (Fr. d. Jacob Bär Lippmann, Pappenheim/Treuchtlingen) 336, 366
Sara (Fr. d. Emanuel Wertheimer, Regensburg) 162
Sara Kron (Pappenheim) 374
Sara Schwab (Regensburg) 62, 338
Schad, Johann Christian (Ansbach) 103*, 362
Schad, Johann Jacob (Kastner, Pappenheim) 103*, 297, 362
Schäfe (Magd, Pappenheim) 107*, 313, 342
Schäfer, Ralf 323
Schäffer, Andreas (Pappenheim) 348
Schäffer, Caspar (Pappenheim) 348
Schäffer, Johann Georg (Pappenheim) 348, 350
Schedlich, Johann Jacob (Sekretär, Pappenheim) 121, 124, 277, 281, 295, 370
Schendlin (T. d. Feis Judas, Pappenheim/Hainsfarth) 105, 365
Scherzer, Johannes (Pappenheim) 350
Scheutel (T. d. Israel Feis, Pappenheim/Altenmuhr) 314, 365
Scheyla (Treuchtlingen) 238
Schindling, Anton 20
Schißler, Jacob (Obereichstätt) 214*
Schmay (Berolzheim) 41, 336
Schmey Meyer (Pappenheim) 148, 337, 339, 343, 347, 367
Schmidt, Friderica Wilhelmina (Pappenheim) 343
Schmied, Georg Leonhard (Pappenheim) 348
Schmizlein, Johann Christoph (Weißenburg) 190
Schmölz-Häberlein, Michaela 4, 305
Schmuel → Samuel
Schnee, Heinrich 231, 234
Schneider, Caspar Sigmund (Altdorf) 71*, 77*
Schneider, Hans Leonhard (Pappenheim) 348
Schneider, Thomas 200
Schneller (Kanzleirat, Pappenheim) 62, 65, 84, 161
Schnitzlein, Georg Michael (Dekan, Pappenheim) 286
Schnitzlein, Johann Wilhelm (Hofrat, Pappenheim) 375
Schönberg, Johann Friedrich Frhr. von (sächs. Gesandter in Regensburg) 23
Schönchen (T. d. Hirsch Oppenheimer, Pappenheim) 104, 363

Schöndorf, Johann Michel (Pappenheim) 350
Schöner, Georg 182
Schöner, Simon (Wirt, Dettenheim) 229
Schönge (T. d. David Rost) 362
Schönle (Magd, Pappenheim) 60, 107*, 313, 341
Schönle Hirschlin (Regensburg) 36, 160, 162, 268
Schoppler, Peter (Pappenheim) 349
Schorr, Hans Adam (Langenaltheim) 187*
Schorr, Philipp (Meinheim) 197
Schott, Anton (sächs. Gesandter in Regensburg) 23
Schreiber, Balthas (Pappenheim) 350
Schreiber, Georg (Pappenheim) 350
Schreiber, Georg (Osterdorf) 187
Schreiber, Georg Friedrich (Pappenheim) 350
Schreiber, Johann Adam (Osterdorf) 185
Schreiber, Johann Georg (Pappenheim) 349
Schreiber, Matthes (Pappenheim) 350
Schreiber, Thomas (Pappenheim) 350
Schreitmüller, Regina Maria (Pappenheim) 305
Schrödel, Johann Martin (Pappenheim) 350
Schroll, Johann Jakob (Döckingen) 201
Schuhmacher, Johann Jacob (Pappenheim) 349
Schulze, Winfried 49*
Schumm, Johann Jacob (Pappenheim) 370
Schuster, Georg (Langenaltheim) 227*
Schuster, Philipp (Pappenheim) 348
Schütz, Anna Maria (Pappenheim) 193
Schwabe, Dr. (Oettingen) 109*, 364
Schwanke, Irmgard 276
Schwarz, Matthes Philipp (Pappenheim) 350
Schwarz, Walburga 303
Schwegler, Hans (Übermatzhofen) 192
Schwegler, Johann (Zimmern) 200
Schwegler, Matthes (Langenaltheim) 168
Schwenk, Antoni (Pappenheim) 349
Schwenk, Georg (Metzger, Pappenheim) 376
Schwenk, Johann Caspar (Metzger, Pappenheim) 376
Schwenk, Matthias 182
Sechel (Regensburg) 270*
Seckendorff, Johann Wilhelm Friedrich, Frhr. zu Sugenheim 230
Seeligmann Harburger (Pappenheim) 369
Seeligmann Harburger (Regensburg) 69, 99
Seeligmann Marx (Treuchtlingen) 172
Seidl, Christina 6*
Seitz (Amtmann, Amlishagen) 185–186
Seligmann (Knecht, aus Roth) 55, 107*, 342
Seybold, Johann Martin (Pappenheim) 350
Seydl, Johann Leonhard (Pappenheim) 348
Seydl, Paul (Pappenheim) 348
Siegroth, Sylvius Gotfried de (Altdorf) 71*, 77*
Simon (S. d. Löw Abraham, München) 115

Simon Aaron (Regensburg) 93, 159
Simon Elkan Wassermann (Regensburg) 48, 159–160, 270
Simon Goldschmidt (Monheim) 111
Simon Hayum (Treuchtlingen) 111, 156, 288
Simon Hirsch (Privatrabbiner bei Nathan Reutlinger) 257*
Simon Löw (Pappenheim) 51, 54, 106, 107*, 109*, 111, 121, 124, 138–139, 156–157, 182, 193, 201–202, 208, 226, 231, 233, 241–242, 314, 337, 339, 342, 344–345, 364, 369–370
Simon Wassermann (Regensburg) 99
Sohlern, Frhr. von (Eltville) 72
Sommer, Sixt (Stadtvogt, Pappenheim) 18*
Sommermeyer, Jörg Christoph (Dettenheim) 196
Sonnenmeyer, Christoph (Bieswang) 301
Sonnenmeyer, Johann Friedrich (Rat, Pappenheim) 278
Sonnenmeyer, Johann Wilhelm (Hofrat, Pappenheim) 375
Sonnenmeyer, Wolfgang Daniel (Pfarrer, Pappenheim) 289
Sophia Ernestina 190, 295–296 – *siehe auch:* Rahel
Sorle (T. d. Simon Löw, Pappenheim/Oettingen) 109*, 364
Sorle (Fr. d. Israel Feis, Pappenheim) 304, 365
Späth, Johann Georg (Pappenheim) 350
Sperlein, Johann Georg (Pappenheim) 348
Spießmeyer, Martin (Langenaltheim) 187
Spießmeyer, Matthes (Langenaltheim) 277–278
Stadion, Johann Philipp von (Thannhausen) 58
Stark, Michael (Langenaltheim) 196
Staudinger, Sebastian (Schlosser, Weißenburg) 219
Steingruber, Johann Georg (Pappenheim) 349
Steinlein, Carl Franz (Pappenheim) 349
Steinlein, Catharina (Büttelbronn) 182
Steinlein, Franz (Wirt, Pappenheim) 302*
Steinlein, Kaspar (Metzger, Pappenheim) 343, 369
Steinlein, Thomas (Büttelbronn) 182
Stelzer, Georg Peter 287
Stengel, Johann Christoph (Stadtvogt, Pappenheim) 58
Stibel, Johann (Pappenheim) 348
Stöber, Carl F. W. (Pappenheim) 369*
Stöber, Christoph (Kommerzienrat, Pappenheim) 369
Storchmayer, Paulus (Osterdorf) 182
Strasser, Heinrich (Pappenheim) 348
Strasser, Johann (Pappenheim) 348
Strauch, Augustin (sächs. Gesandter in Regensburg) 23
Strebel, Johann Sigmund (Geheimer Rat, Ansbach) 13*

Studach, Hedwig von 117*
Susanna, auch Süßlein (Magd, Pappenheim) 107*, 312–313, 340
Susmann (Knecht, Pappenheim) 340

Taddey, Gerhard 5, 92*, 96*
Theresel (Fr. d. Aaron, Pappenheim) 134, 237
Thori (Fr. d. Löw Amson, Pappenheim) 362
Thurn und Taxis, Alexander Ferdinand von 67*
Tölz, Witwe (Pappenheim) 96, 339
Trani, Moritz (Pappenheim) 350
Treu, Christian (Weener) 295*
Trießlein, Peter (Bieswang) 201

Ulbrich, Claudia 49*, 108, 110
Ullmann, Sabine 22*, 49, 70, 92*, 115, 124, 129, 176*, 177–178, 180*, 188*, 209, 223, 224*, 236, 245*, 247*, 275, 306, 308, 319
Ulm, Hans Heinrich (Pappenheim) 348
Ulm, Johann Heinrich (Pappenheim) 349
Ulrich, Friedrich August (Pfarrer, Rehlingen) 304
Ulrich, Tobias (Dekan, Pappenheim) 290–291, 293–294, 296, 300

Veit Judas (Knecht, Pappenheim) 341
Veitengruber, Hans Matthes (Pappenheim) 348
Veitengruber, Matthes (Pappenheim) 349
Veronica (Regensburg) 162
Veronika (Fr. d. Hirsch Lippmann, München) 112, 366
Vetter, Hans (Pappenheim) 184
Vetter, Matthes (Pappenheim) 350
Vögele (Fr. d. Nathan Reutlinger, Pappenheim) 104, 363
Vögele (Fr. d. Feis Judas, Pappenheim) 365
Völkel, Caspar (Meinheim) 179

Wagemann, Georg Christoph (Weißenburg) 213*
Wagner, Paulus (Langenaltheim) 179, 189
Waldmüller, Adam (Pappenheim) 348
Walz, Jobst (Langenaltheim) 192
Walz, Rainer 276*
Warnhofer, Johannes (Göhren) 180
Weber, Joachim (Pappenheim) 349
Weberndorffer, Georg Veit (Pappenheim) 349
Weberndorffer, Paul (Pappenheim) 348, 350
Weberndorffer, Peter (Pappenheim) 348
Wechsler, Sebastian (Rotgerber, Pappenheim) 174
Weigel, Johann Gottlob (Pappenheim) 350
Weinberg, Magnus 252
Weiser, Johannes (Pappenheim) 349

Welck (Reichsquartiermeister, Regensburg) 83–84
Wenderlein, Paulus (Tagelöhner, Pappenheim) 343
Wendler (Kammerer, Regensburg) 85
Werchmann, Georg (Pappenheim) 201
Werkmann (Hoffischer, Pappenheim) 126
Werner, Maria Dorothea 169
Werrer, Jörg (Dietfurt) 186
Werthern, Georg von (sächs. Gesandter in Regensburg) 23
Westermeyer, Johann Adam (Pappenheim) 350
Widemann, Christoph (Pappenheim) 348
Widemann, Leonhard (Dietfurt) 189
Wiedemann, Georg Michael (Pappenheim) 374
Wilcke, Heinrich (Pappenheim) 350
Wild (Schreiner, Pappenheim) 126
Wild, Hans (Bieswang) 202
Wild, Johann Georg (Pappenheim) 350
Wildt, Franz (Pappenheim) 348
Wilhelm, Johann Christian (Bäcker, Pappenheim) 343
Wilhelm, Wolfgang (Pappenheim) 349
Windemann, Hans (Pappenheim) 118, 123
Windemann, Matthes (Pappenheim) 118, 123
Wittmer, Siegfried 7, 9*, 31*, 34*, 35, 37, 65–66, 271
Wolf (S. d. Löw Simon) 364
Wolf Brode (Regensburg) 99
Wolf Gelaber (Schulmeister) 339
Wolf Guggenheim (Oberehnheim) 111
Wolf Herz Gans (Asylant in Pappenheim) 71–74, 75*, 76–77, 104, 110, 165, 172, 190*, 258–259, 288, 301, 312, 339, 363
Wolf Joseph (Regensburg) 93, 99, 159, 161
Wolf Moyses (Pappenheim) 134, 141, 244, 337, 346
Wolf Prager 102, 362
Wolf Salomon Brode (Regensburg) 48, 65–66, 68, 83, 100, 160, 268, 327, 338
Wolf Wertheimer (München) 47, 63, 269–270
Wolffhofen, Paul (Haag) 185
Wolfschauer, Paulus (Rehlingen) 182*
Wolfshofer, Johann Michael (Schwabach) 77*
Wollmershausen, Christoph Albrecht Frhr. von 185*
Worb, Caspar (Haag) 179
Wunsch, Adam (Flurer, Pappenheim) 150
Wurffbein, Hans (Schlosser, Pappenheim) 180
Wurffbein, Michel (Pappenheim) 348, 350
Wurffbein, Thomas (Pappenheim) 349
Würfflein, Hans (Pappenheim) 348
Wurfflein, Michel (Schlosser, Pappenheim) 303
Würzburger, Christoph (Pappenheim) 348
Würzburger, Gottfried (Pappenheim) 348
Würzburger, Johann Jacob (Pappenheim) 348, 350

Zacharias Reutlinger (Amsterdam) 54
Zagelmeier, Johann Michael (Pappenheim) 349
Zagelmeyer (Metzger, Pappenheim) 186
Zagelmeyer, Christoph (Pappenheim) 304, 348–350
Zagelmeyer, Geron (Pappenheim) 348
Zagelmeyer, Johann Christoph (Metzger, Pappenheim) 375
Zagelmeyer, Johann Georg (Pappenheim) 349
Zartel (Fr. d. Isaac Jacob, Pappenheim/Ellingen) 31, 44, 98, 103, 107*, 110, 145, 250, 315, 342, 362
Zasius, Ulrich (Jurist, Freiburg) 291
Zauner, Hans Michel (Osterdorf) 241
Zech, Bernhard von 15
Zech, Simon (Pappenheim) 348
Zedler, Johann Heinrich 24, 70
Zeh, Ferdinandina (Pappenheim) 373
Zeh, Hans Michael (Bäcker, Pappenheim) 180
Zeh, Johann Georg (Pappenheim) 200
Zeh, Simon (Pappenheim) 379
Zehe, Christian (Pappenheim) 349
Zehe, Christoph (Pappenheim) 350
Zehe, Johann Georg (Pappenheim) 349
Zehe, Johann Michael (Pappenheim) 350
Zehe, Johann Simon (Pappenheim) 349
Zehe, Michel (Pappenheim) 370
Zehender, Johann David (Schuhmacher, Pappenheim) 370
Zeiler, Georg (Pappenheim) 118
Zenk (Kanzleirat/Stadtvogt, Pappenheim) 134, 236
Ziegler, Caspar 286, 287*
Ziegler, Walter 20
Zimmer, Hans Michael (Dietfurt) 208–209
Zimmermann, Christoph (Pappenheim) 348
Zimmermann, Jeremias (Pappenheim) 121, 377
Zimmermann, Johann Heinrich (Weißenburg) 190
Zinsmeister, Johann Georg (Eichstätt) 215
Zischler, Elias (Pappenheim) 348
Zischler, Georg Sebastian (Neudorf) 179
Zischler, Hans 119*, 367*
Zischler, Hans Jörg (Osterdorf) 202
Zischler, Johann Erhard (Pappenheim) 348–349
Zischler, Johann Leonhard (Pappenheim) 348
Zuttel (Mesner, Pappenheim) 109, 180, 184, 272, 278, 279*, 285, 288, 294, 300–301
Zuttel, Christian (Pappenheim) 349
Zuttel, Johann Martin (Pappenheim) 348
Zwierlein (Hofrat, Wetzlar) 315

ORTSREGISTER

Das Register erschließt sämtliche in Text, Anmerkungen und Anhang aufgeführte Ortsnamen. Zur leichteren Identifizierung werden Gemeinde- und Kreiszugehörigkeit angegeben, bei außerbayerischen Orten auch Bundesland bzw. Land. Nicht aufgenommen wurde das Stichwort Pappenheim (Herrschaft und Stadt).
Seitenzahlen mit Stern (*) verweisen ausschließlich auf Fußnoten.
Es werden folgende Abkürzungen verwendet:
Bad.-Wttbg. = Baden-Württemberg, Bez. = Bezirk, Brand. = Brandenburg, CZ = Tschechische Republik, F = Frankreich, Fstm. = Fürstentum, Gde. = Gemeinde, Gft. = Grafschaft, Hst. = Hochstift, Hzt. = Herzogtum, I = Italien, Kfstm. = Kurfürstentum, Kgr. = Königreich, KrfrSt. = Kreisfreie Stadt, Lgft. = Landgrafschaft, Lkr. = Landkreis, Mgft. = Markgrafschaft, Nds. = Niedersachsen, NL = Niederlande, NRW = Nordrhein-Westfalen, PB = Politischer Bezirk, PL = Polen, Rhl.-Pf. = Rheinland-Pfalz, S.-Anh. = Sachsen-Anhalt

Aalen (Ostalbkreis, Bad.-Wttbg.) 18
Adelschlag (Lkr. Eichstätt) 217
Alerheim (Lkr. Donau-Ries) 219
Alesheim (Lkr. Weißenburg-Gunzenhausen) 15, 202, 210, 266, 352, 358–359
Allersheim (Gde. Giebelstadt, Lkr. Würzburg) 272
Allgäu 13, 15
Altdorf (Lkr. Nürnberger Land), Stadt 71*, 77*, 191*, 299
– Universität 4, 298
Altenmuhr → Muhr am See
Altes Reich 1, 115, 153, 203, 223, 226, 243, 248, 250, 259, 271, 306, 321
Altheimersberg (Gde. Langenaltheim, Lkr. Weißenburg-Gunzenhausen) 331, 351–352, 359
Amlishagen (Gde. Gerabronn, Bad.-Wttbg.) 185
Amsterdam (NL) 54, 75–76, 111, 232, 289*, 298, 300
Ansbach (KrfrSt.) 57, 72–75, 76*, 77*, 88, 101, 103, 105, 110–111, 136, 146, 156, 229, 232, 241, 252, 297, 306*, 309, 315, 360, 362, 365
Auernheim (Gde. Treuchtlingen, Lkr. Weißenburg-Gunzenhausen) 291*
Augsburg (KrfrSt.), Stadt 19–20, 21*, 46*, 76, 78*, 84, 111, 132, 146, 153–154, 168, 211–212, 229, 232, 257, 321
– St. Ulrich und Afra 78*

Bad Mergentheim (Main-Tauber-Kreis, Bad.-Wttbg.) 103, 105, 110, 292, 362
Baden, Mgft. 5*, 132, 163, 181*, 183*, 188*
Baden-Durlach, Mgft. 51, 53, 57*
Baden-Württemberg 5
Bamberg (KrfrSt.) 4, 105, 271, 321, 365
– Hst. 4*, 115, 190

Bayern, Bundesland 3, 247*, 267*
– Kfstm./Kgr. 2, 115, 198*, 227
Bayern-München (Teilherzogtum) 58*
Bayreuth (KrfrSt.) 287*, 289, 364
Bechhofen (Lkr. Ansbach) 104, 107–108, 362
Beilngries (Lkr. Eichstätt) 269
Berching (Lkr. Neumarkt i. d. Oberpfalz) 214
Bergnershof (Gde. Treuchtlingen, Lkr. Weißenburg-Gunzenhausen) 331
Berlin 129*, 267*, 327
Berolzheim (Lkr. Weißenburg-Gunzenhausen) 1, 13, 27*, 41, 51, 79, 102, 107, 153, 155*, 156, 157*, 177, 180*, 184–185, 188, 196–197, 199, 205, 209–212, 216–217, 219–220, 222, 245, 252, 266–267, 272*, 320, 321*, 336, 352, 358–360
Biberach a. d. Riß (Lkr. Biberach a. d. Riß, Bad.-Wttbg.) 70
Biesenhard (Gde. Wellheim, Lkr. Eichstätt) 217
Bieswang (Gde. Pappenheim, Lkr. Weißenburg-Gunzenhausen) 146, 152–153, 179, 182, 189, 196, 199, 201–202, 206, 211, 248, 281, 294, 301, 304, 332, 351–352, 358–359
Binswangen (Lkr. Dillingen a. d. Donau) 93, 105, 107, 122*, 124*, 132*, 143, 177, 257, 285*, 308, 337, 365
Blosenmühle, obere (Gde. Meinheim, Lkr. Weißenburg-Gunzenhausen) 184, 333, 351
Böhmen 72, 76–77, 154
Bonhof (Gde. Treuchtlingen, Lkr. Weißenburg-Gunzenhausen) 331, 351–352, 358–359
Brandenburg-Ansbach, Fst. 1, 4*, 13, 25, 30, 31*, 34*, 38, 41, 50, 57, 75*, 88, 104*, 107, 114, 122, 131, 132*, 136, 143, 145, 151*, 153–155, 157*, 167–168, 170, 195, 201*, 212–213, 217, 219, 251, 264, 266, 272, 274, 277, 281, 299, 302*, 313, 320

423

Ortsregister

Brandenburg-Bayreuth, Fst. 4, 93*, 110, 268
Brandenburg-Preußen, Kfstm./Kgr. 70*, 280
Braunschweig-Wolfenbüttel, Fstm. 25, 58*
Breitenfurt (Gde. Dollnstein, Lkr. Eichstätt) 216
Bremen 137*
Bruck (KrfrSt. Erlangen) 105, 109, 270, 365
Buhlhütte → Blosenmühle, obere
Burgau (Lkr. Günzburg) 101, 360
Burgau, Mgft. 2*, 25, 30*, 31*, 39*, 57*, 92*, 104*, 107, 132, 143, 153, 154*, 155*, 178, 180*, 183, 195*, 206*, 209, 251*, 257, 304*, 308, 317
Burglesau (Gde. Scheßlitz, Lkr. Bamberg) 272
Burgthann (Lkr. Nürnberger Land) 191*
Büttelbronn (Gde. Langenaltheim, Lkr. Weißenburg-Gunzenhausen) 151–153, 179–182, 185, 193, 197–198, 202, 205, 211, 219, 233*, 281, 294, 332, 351–352, 358–359
Buttenwiesen (Lkr. Dillingen a. d. Donau) 75, 122*, 124*, 153, 177, 245, 307*, 308
Buxheim (Lkr. Eichstätt) 216

Colmberg (Lkr. Ansbach) 107
Corvey, Fürststift 5, 195*, 205, 228*
Crailsheim (Lkr. Schwäbisch Hall, Bad.-Wttbg.) 38, 92*, 96*, 112, 254
Cronheim (Gde. Gunzenhausen, Lkr. Weißenburg-Gunzenhausen) 1, 301

Daiting (Lkr. Donau-Ries) 185, 218
Darmstadt (KrfrSt., Hessen) 7*
Demmelsdorf (Gde. Scheßlitz, Lkr. Bamberg) 263*, 271–272, 321
Den Haag (NL) 232
Dettenheim (Gde. Weißenburg, Lkr. Weißenburg-Gunzenhausen) 27*, 146, 152–153, 198, 201, 206, 211, 229, 281–282, 332, 351–352, 358–359
Dietfurt (Gde. Treuchtlingen, Lkr. Weißenburg-Gunzenhausen) 152–155, 172, 179, 182, 185–187, 189, 191–192, 196, 199, 202, 204, 208, 211, 229, 294, 352, 358–359
Dietfurt (Lkr. Neumarkt i. d. Oberpfalz) 269–270, 332, 351
Dittenheim (Lkr. Weißenburg-Gunzenhausen) 1, 93, 106, 108–109, 133, 146, 177, 189, 197, 209–212, 240, 266–267, 272*, 321*, 333, 337, 351, 361
Döckingen (Gde. Polsingen, Lkr. Weißenburg-Gunzenhausen) 201, 333, 351
Dollnstein (Lkr. Eichstätt) 213–214, 216–217, 220, 222, 352, 358–359
Donauwörth (Lkr. Donau-Ries) 233
Dresden (Sachsen) 22, 23*, 63, 82–83
Duisburg (KrfrSt., NRW) 89*, 101*, 143*, 253*, 258*, 260*, 267*

Dünsbach (Gde. Gerabronn, Lkr. Schwäbisch Hall, Bad.-Wttbg.) 38

Eberswang (Gde. Dollnstein, Lkr. Eichstätt) 216
Echenzell (Gde. Wettstetten, Lkr. Eichstätt) 217
Ederheim (Lkr. Donau-Ries) 266
Egenhausen (Gde. Obernzenn, Lkr. Neustadt a. d. Aisch-Bad Windsheim) 114, 366
Egweil (Lkr. Eichstätt) 216
Ehlheim (Gde. Dittenheim, Lkr. Weißenburg-Gunzenhausen) 199, 333, 351, 358
Eichstätt (Lkr. Eichstätt) 131, 200, 212–213, 215, 217, 220, 222, 281–282, 294, 301
 – Hst. 1, 13, 50, 71*, 152*, 154*, 157*, 186–187, 193*, 213–215, 217, 220–221, 238*, 269, 270*, 282, 312*, 324, 342*
 – Landvogtei 217, 220
 – St. Walburg 13, 199, 217
 – Vizedomamt 217, 220
Eitensheim (Lkr. Eichstätt) 217
Ellingen (Lkr. Weißenburg-Gunzenhausen) 1, 50–51, 58, 73, 75, 90, 95, 101–105, 107–111, 118, 145, 150, 154, 157*, 165, 168, 177, 180–181, 184, 193, 196–197, 199, 209–212, 215–217, 219–222, 227, 231, 241–242, 252, 258–267, 272, 288, 289*, 312, 351–352, 358–360, 362–363
Elsass 111
Eltville am Rhein (Rheingau-Taunus-Kreis, Hessen) 72
Emden (KrfrSt., Nds.) 5, 116, 181
Emetzheim (Gde. Weißenburg, Lkr. Weißenburg-Gunzenhausen) 14, 177, 191, 206, 297, 332, 351–352, 358–359
Emmendingen (Lkr. Emmendingen, Bad.-Wttbg.) 305, 306*
Ensfeld (Gde. Mörnsheim, Lkr. Eichstätt) 218
Erbach, Gft. 172*
Esslingen (Lkr. Esslingen, Bad.-Wttbg.) 18
Eßlingen (Gde. Solnhofen, Lkr. Weißenburg-Gunzenhausen) 213
Etterzhausen (Gde. Nittendorf, Lkr. Regensburg) 269
Etting (KrfrSt. Ingolstadt) 212

Feuchtwangen (Lkr. Ansbach) 153, 277, 291*
Fiegenstall (Gde. Höttingen, Lkr. Weißenburg-Gunzenhausen) 158, 333
Flemmühle (Gde. Pappenheim, Lkr. Weißenburg-Gunzenhausen) 306, 331, 352
Floß (Lkr. Neustadt a. d. Waldnaab) 5, 38, 116*, 129, 136, 138, 140*, 149, 175*, 206, 209, 235*, 240–241, 251, 257, 259, 264, 287*
Flotzheim (Gde. Monheim, Lkr. Donau-Ries) 154, 189, 266

Ortsregister

Franken 1, 4–5, 13, 73*, 107, 127, 154, 243*, 246, 258, 263*, 277, 321
Frankfurt a. Main (KrfrSt., Hessen) 20, 47, 55*, 71–72, 74–75, 77*, 102–105, 108–109, 111, 122, 146, 153–154, 214–215, 230–232, 242*, 257*, 362–363
Frankfurt (Oder) (KrfrSt., Brand.) 190, 245, 292–297, 300–301
Freiburg im Breisgau (KrfrSt., Bad.-Wttbg.) 299*
Friedeberg in der Neumark (poln. Strzelce Krajeńskie, PL) 245
Fürth (KrfrSt.) 36*, 48, 66, 75, 85, 95, 103, 105–106, 108–109, 111–112, 113*, 115*, 146, 153–154, 219, 229, 242*, 256, 270–272, 296, 298–299, 314, 337, 362, 365

Gansheim (Gde. Marxheim, Lkr. Donau-Ries) 213, 282
Gaukönigshofen (Lkr. Würzburg) 4, 116*
Geislohe (Gde. Pappenheim, Lkr. Weißenburg-Gunzenhausen) 26, 142*, 152–153, 184–185, 189, 211, 331, 351–352, 358–359, 368
Georgensgmünd (Lkr. Roth) 107, 254, 268, 271–272, 313, 340*
Gochsheim (Lkr. Schweinfurt) 244, 251
Göhren (Gde. Pappenheim, Lkr. Weißenburg-Gunzenhausen) 26, 73, 142*, 180*, 192, 206, 211, 331, 351–352, 358–359
Göttingen (Lkr. Göttingen, Nds.) 116*
Graben (Gde. Treuchtlingen, Lkr. Weißenburg-Gunzenhausen) 14, 332, 351–352, 358–359
Grafenmühle (Gde. Pappenheim, Lkr. Weißenburg-Gunzenhausen) 331
Graisbach (Gde. Marxheim, Lkr. Donau-Ries) 218
Greding (Lkr. Roth) 269
Grönhart (Gde. Treuchtlingen, Lkr. Weißenburg-Gunzenhausen) 165, 179*, 191, 204, 331, 351–352
Groß Meseritsch (tschech. Velké Meziříčí, CZ) 300*
Gundelfingen (Lkr. Dillingen a.d. Donau) 75
Gundelsheim (Gde. Treuchtlingen, Lkr. Weißenburg-Gunzenhausen) 333
Gunzenhausen (Lkr. Weißenburg-Gunzenhausen) 1, 14, 39*, 95, 103, 105, 108, 111, 145–146, 153, 177, 184, 197, 209, 211, 219, 229, 232, 241, 242*, 272, 277, 315, 362

Haag (Gde. Treuchtlingen, Lkr. Weißenburg-Gunzenhausen) 179, 182*, 185, 193, 204, 331, 351–352, 358–359
Haardt (Gde. Weißenburg, Lkr. Weißenburg-Gunzenhausen) 352
Hagenacker (Gde. Dollnstein, Lkr. Eichstätt) 216
Hagenau (Gde. Treuchtlingen, Lkr. Weißenburg-Gunzenhausen) 332, 352
Hainsfarth (Lkr. Donau-Ries) 105, 136, 153, 220, 365
Halberstadt (Lkr. Harz, S.-Anh.) 235*
Halle (KrfrSt., S.-Anh.) 286*, 295*
Hamburg 23*, 102, 104–105, 108–109, 111, 119, 241, 242*, 266, 293*, 363–364
Hanau (Main-Kinzig-Kreis, Hessen) 104, 111
Hannover (KrfrSt., Nds.) 137*
Hannover, Kfstm. 58*, 116*, 227
Harburg (Lkr. Donau-Ries) 4, 51, 52*, 57, 93, 99, 104*, 107–108, 116*, 122, 125*, 126*, 132, 136–137, 153, 197–198, 201*, 218, 220, 222, 225*, 232, 235*, 245, 266, 284, 285*, 295*, 337
Haunsfeld (Gde. Mörnsheim, Lkr. Eichstätt) 216
Hechingen (Zollernalbkreis, Bad.-Wttbg.) 113, 231, 366
Hechlingen am See (Gde. Heidenheim, Lkr. Weißenburg-Gunzenhausen) 333
Heidenheim (Lkr. Weißenburg-Gunzenhausen) 1, 52*, 153, 197, 202, 210, 312
Heilbronn (KrfrSt., Bad.-Wttbg.) 21*
Hemau (Lkr. Regensburg) 289
Hersbruck (Lkr. Nürnberger Land) 191*
Hesselberg (Berg zwischen Dinkelsbühl und Wassertrüdingen) 277
Hessen 5*, 195*, 209
Hessen, Lgft. 25
Hessen-Darmstadt, Lgft. 30, 31*, 38, 302*
Hessen-Kassel, Lgft. 302*
Heuberg (Gde. Weißenburg, Lkr. Weißenburg-Gunzenhausen) 213*
Heumödern (Gde. Treuchtlingen, Lkr. Weißenburg-Gunzenhausen) 205
Hildesheim (Lkr. Hildesheim, Nds.) 116*
Hilpoltstein (Lkr. Roth) 191*
Hitzhofen (Lkr. Eichstätt) 217
Hochholz (Gde. Solnhofen, Lkr. Weißenburg-Gunzenhausen) 184, 216, 281
Höfen (Gde. Langenaltheim, Lkr. Weißenburg-Gunzenhausen) 331, 351–352, 359
Hohentrüdingen (Gde. Heidenheim, Lkr. Weißenburg-Gunzenhausen) 14, 291*
Hohenzollern-Hechingen, Fst. 223*
Hohenzollern-Sigmaringen, Fst. 323
Holland 232, 245
Holzingen (Gde. Weißenburg, Lkr. Weißenburg-Gunzenhausen) 333
Hoya, Gft. 40, 116*
Hürth (Gde. Treuchtlingen, Lkr. Weißenburg-Gunzenhausen) 331, 351–352, 358–359

Ichenhausen (Lkr. Günzburg) 107
Inching (Gde. Walting, Lkr. Eichstätt) 217

Ingolstadt (KrfrSt.) 112, 208*, 212, 238*, 282
Italien 229*
Itzing (Gde. Monheim, Lkr. Donau-Ries) 218

Kaisheim (Lkr. Donau-Ries) 13
Kästleinsmühle (Gde. Treuchtlingen, Lkr. Weißenburg-Gunzenhausen) 331
Kattenhochstatt (Gde. Weißenburg, Lkr. Weißenburg-Gunzenhausen) 180*
Kempten (KrfrSt.) 191
Kleinerdlingen (Gde. Nördlingen, Lkr. Donau-Ries) 67, 231
Kocher (Fluss) 18
Kohlmühle (Gde. Treuchtlingen, Lkr. Weißenburg-Gunzenhausen) 331
Köln (KrfrSt., NRW) 21*
Köln, Hst. 28*
Kornburg (KrfrSt. Nürnberg) 157
Köthen (Lkr. Anhalt-Bitterfeld, S.-Anh.) 295*
Kraichgau 53*
Kriegshaber (KrfrSt. Augsburg) 74–75, 84, 92*, 96*, 111*, 122*, 124*, 146*, 153–154, 257, 307*, 321
Kronach (Lkr. Kronach) 115, 366
Kurzenaltheim (Gde. Meinheim, Lkr. Weißenburg-Gunzenhausen) 219

Landshut (KrfrSt.) 112
Langenaltheim (Lkr. Weißenburg-Gunzenhausen) 13, 126–127, 136, 152–153, 168, 170*, 172, 179, 187, 189, 192, 196, 198, 202, 205, 217, 219, 227*, 233*, 277–278, 294, 320, 332, 351–352, 358–359, 369
Lehnleinsmühle (Gde. Treuchtlingen, Lkr. Weißenburg-Gunzenhausen) 331, 351–352, 358
Lehrberg (Lkr. Ansbach) 104, 107, 109, 145, 313, 362
Leipzig (Sachsen) 23*, 215, 286*
Lemberg (ukr. Lwiw, Ukraine) 253
Liederberg (Gde. Monheim, Lkr. Donau-Ries) 218
Limburg, Gft. 25
Lippe, Gft. 223*, 279*
Lissa (poln. Lezno, PL) 245
Lohhof (Gde. Langenaltheim, Lkr. Weißenburg-Gunzenhausen) 206, 332, 351–352, 358–359
Lomnitz an der Popelka (tschech. Lomnice nad Popelkou, CZ) 300
Lüneburg, Fstm. 58*

Mähren 95, 154, 298, 300
Mainfranken 97*, 203*
Mainz, Kfstm. 25
Mannheim (KrfrSt., Bad.-Wttbg.) 100, 111
Markhof (Gde. Weißenburg, Lkr. Weißenburg-Gunzenhausen) 331, 351–352, 358–359
Marktbreit (Lkr. Kitzingen) 111
Marktheidenfeld (Lkr. Main-Spessart) 66
Mauthaus (Gde. Langenaltheim, Lkr. Weißenburg-Gunzenhausen) 332
Meinheim (Lkr. Weißenburg-Gunzenhausen) 179, 180*, 197, 199, 208, 211–212, 219, 333, 351, 358–359
Merkendorf (Lkr. Ansbach) 304
Minden, Fst. 5, 92*, 178, 293*
Mittelfranken 5, 251, 272*, 321
Mittelmarterhof (Gde. Pappenheim, Lkr. Weißenburg-Gunzenhausen) 331
Möckenlohe (Gde. Adelschlag, Lkr. Eichstätt) 217
Mönchsdeggingen (Lkr. Donau-Ries) 136
Mönchsroth (Lkr. Ansbach) 289*
Monheim (Lkr. Donau-Ries) 43*, 52, 74, 104, 107, 110–111, 157, 174, 184, 189, 210, 212–213, 218–222, 266–267, 272, 277, 286*, 336, 363
Mörnsheim (Lkr. Eichstätt) 13, 186, 214, 216–217, 220, 222, 352, 358–359
Mühlheim (Gde. Mörnsheim, Lkr. Eichstätt) 217
Muhr am See (Lkr. Weißenburg-Gunzenhausen) 1, 39*, 105, 107, 109, 285*, 365
München (KrfrSt.) 9*, 23*, 47*, 55*, 101, 108, 112–115, 127, 133, 146, 254, 269, 289, 320, 327, 366

Nassau-Usingen, Fst. 25, 40, 45*, 54, 208*
Nassenfels (Lkr. Eichstätt) 186, 214–217, 220, 222
Naßwiesen (Gde. Treuchtlingen, Lkr. Weißenburg-Gunzenhausen) 196, 332
Nennslingen (Lkr. Weißenburg-Gunzenhausen) 269
Neuburg a.d. Donau (Lkr. Neuburg-Schrobenhausen) 51, 107, 110, 218, 229, 266–267, 286*, 288, 297
Neuburg a.d. Kammel (Lkr. Günzburg) 74, 102, 360
Neudorf (Gde. Pappenheim, Lkr. Weißenburg-Gunzenhausen) 26, 127, 152, 179, 180*, 182, 197, 202, 206, 211, 241, 294, 304, 331, 351–352, 358–359
Neufang (Gde. Treuchtlingen, Lkr. Weißenburg-Gunzenhausen) 188, 197, 331, 351–352, 359
Neuheim (Gde. Treuchtlingen, Lkr. Weißenburg-Gunzenhausen) 332
Neuherberg (Gde. Langenaltheim, Lkr. Weißenburg-Gunzenhausen) 331
Niedenstein (Schwalm-Eder-Kreis, Hessen) 195*, 323*

Ortsregister

Niederpappenheim (Gde. Pappenheim, Lkr. Weißenburg-Gunzenhausen) 142*, 256, 331, 351
Nienburg/Weser (Lkr. Nienburg/Weser, Nds.) 40, 116*, 137*
Nördlingen (Lkr. Donau-Ries) 21*, 213, 232, 233*, 266
Nürnberg (KrfrSt.) 19, 21*, 71*, 77*, 81*, 153, 157, 211, 297–298

Oberdorf (Gde. Bopfingen, Ostalbkreis, Bad.-Wttbg.) 102, 110, 145, 360
Oberehnheim (frz. Obernai, Dép. Bas-Rhin, F) 111
Obereichstätt (Gde. Dollnstein, Lkr. Eichstätt) 214, 217
Obernzenn (Lkr. Neustadt a. d. Aisch-Bad Windsheim) 177
Oberpfalz 5*
Oberstimm (Gde. Manching, Lkr. Pfaffenhofen a. d. Ilm) 208*
Ochsenfeld (Gde. Adelschlag, Lkr. Eichstätt) 187, 214, 217
Oettingen (Lkr. Donau-Ries) 4, 38, 88*, 90–91, 104, 107, 109, 122*, 126*, 130*, 136, 146, 150, 153, 211–212, 216, 219–220, 222, 231, 245, 257, 260*, 263*, 284*, 288, 291, 295*, 362, 364
Oettingen, Gft. 2*, 4, 25, 40, 50, 93*, 107, 136, 153, 168, 175*, 195, 283, 308*, 323*
Oettingen-Oettingen, Gft. 136, 291, 296
Oettingen-Spielberg, Gft. 96*, 289*
Oettingen-Wallerstein, Gft. 145, 168, 171*, 218*, 360
Offenbach am Main (KrfrSt., Hessen) 134, 300
Offenburg (Ortenaukreis, Bad.-Wttbg.) 206*
Oldenburger Land 5, 7*, 248*, 292
Osterdorf (Gde. Pappenheim, Lkr. Weißenburg-Gunzenhausen) 26, 142*, 179, 182, 185, 187–188, 202, 241, 331, 351–352, 358–359
Ostfriesland 40*
Otting (Lkr. Donau-Ries) 185

Paderborn, Hst. 5, 40*, 116, 167, 235*
Papiermühle (Gde. Pappenheim, Lkr. Weißenburg-Gunzenhausen) 331
Papiermühle, obere (Gde. Treuchtlingen, Lkr. Weißenburg-Gunzenhausen) 331
Papiermühle, untere (Gde. Treuchtlingen, Lkr. Weißenburg-Gunzenhausen) 331
Paris (F) 74–75
Pietenfeld (Gde. Adelschlag, Lkr. Eichstätt) 217
Pfalz, Kfstm. 25, 195*, 245, 282, 299*
Pfalz-Neuburg, Fst. 5, 13, 42, 50, 52–53, 55, 58, 75*, 79, 93, 98, 104*, 107, 111, 125, 127, 130, 142, 212–213, 215, 218, 266, 272*, 277, 282, 286, 361

Pfalz-Sulzbach, Fst. 38
Pfalz-Zweibrücken, Fst. 39, 116, 136*, 223*, 238
Pfersee (KrfrSt. Augsburg) 72, 84, 92*, 108, 111*, 122*, 124*, 132, 146*, 154, 181, 225, 259, 285*, 302*, 308*
Polen 153–154, 253*, 290
Prag (tschech. Praha, CZ) 75–76, 95, 108, 109*, 139, 279, 364
Prebrunn (KrfrSt. Regensburg) 291*
Prichsenstadt (Lkr. Kitzingen) 75*

Ramsberg am Brombachsee (Gde. Pleinfeld, Lkr. Weißenburg-Gunzenhausen) 220
Rathsfeld (Gde. Steinthaleben, Kyffhäuserkreis, Thüringen) 267*
Regensburg (KrfrSt.) 1, 3, 6, 9–11, 19–22, 23*, 24, 31–38, 42, 44–48, 52, 61–63, 65, 67–70, 75, 77*, 81–88, 93–94, 98–100, 107, 111, 116, 125, 127, 129–130, 132, 154, 158–163, 227, 238, 265–269, 271–272, 274, 288, 290, 292–293, 301, 320–322, 324–327, 334–336, 338
– Niedermünster 20
– Obermünster 20
– St. Emmeram 20
Rehau (Gde. Monheim, Lkr. Donau-Ries) 157, 185, 187, 192, 211, 339, 351–352, 358–359
Rehlingen (Gde. Langenaltheim, Lkr. Weißenburg-Gunzenhausen) 152–153, 182*, 205, 233*, 294, 304, 331, 351–352, 358–359
Rennertshofen (Lkr. Neuburg-Schrobenhausen) 218, 282
Reutlingen (Lkr. Reutlingen, Bad.-Wttbg.) 70, 73*, 75, 78*
Rosheim (Dép. Bas-Rhin, F) 245*
Roth (Lkr. Roth) 55, 78*, 107, 313
Rothenburg o. d. Tauber (Lkr. Ansbach) 21*
Rothenstein (Gde. Weißenburg, Lkr. Weißenburg-Gunzenhausen) 21, 331, 352, 358–359
Roxheim (Lkr. Bad Kreuznach, Rhl.-Pf.) 245*
Ruchheim (KrfrSt. Ludwigshafen, Rhl.-Pf.) 245*
Rupertsbuch (Gde. Schernfeld, Lkr. Eichstätt) 214
Rußheim (Gde. Dettenheim, Lkr. Karlsruhe, Bad.-Wttbg.) 245*
Rutzenhof (Gde. Treuchtlingen, Lkr. Weißenburg-Gunzenhausen) 331, 368

Saar-Mosel-Raum 5, 136, 183, 195*, 321
Sachsen, Kfstm. 10, 13, 15, 22, 31–33, 36, 44–47, 58*, 61, 63–64, 66, 81–84, 86–87, 94, 231, 290–291, 295, 326
Schambach (Gde. Treuchtlingen, Lkr. Weißenburg-Gunzenhausen) 152–153, 172, 199, 205, 208, 211, 282, 331, 351–352, 358–359

427

Schernfeld (Lkr. Eichstätt) 214, 217
Schertnershof (Gde. Treuchtlingen, Lkr. Weißenburg-Gunzenhausen) 151, 180*, 333, 351
Scheßlitz (Lkr. Bamberg) 272
Schmalwiesen (Gde. Weißenburg, Lkr. Weißenburg-Gunzenhausen) 333
Schnaittach (Lkr. Nürnberger Land) 115*, 244, 271
Schönau (Gde. Schernfeld, Lkr. Eichstätt) 238*
Schönfeld (Gde. Schernfeld, Lkr. Eichstätt) 214, 216
Schopfloch (Lkr. Ansbach) 110
Schwabach (KrfrSt.) 77*, 113, 143, 232, 301, 366
Schwaben 1, 2*, 107, 122, 124*, 154, 243*, 258, 319, 321
Schwäbisch Gmünd (Ostalbkreis, Bad.-Wttbg.) 18
Schweinfurt (KrfrSt.) 21*
Sollngriesbach (Gde. Berching, Lkr. Neumarkt i.d. Oberpfalz) 214
Solnhofen (Lkr. Weißenburg-Gunzenhausen) 13, 155, 184, 190, 205, 213, 219–220, 222, 281–282, 352, 358–359
Stadelhof (Gde. Weißenburg, Lkr. Weißenburg-Gunzenhausen) 331, 351
Stadeln (Gde. Muhr a. See, Lkr. Weißenburg-Gunzenhausen) 95
Steinbiedersdorf (frz. Pontpierre, Dép. Moselle, F) 96*, 125*
Steinhart (Gde. Hainsfarth, Lkr. Donau-Ries) 52*, 219*
Störzelbach (Gde. Alesheim, Lkr. Weißenburg-Gunzenhausen) 333
Straßburg (frz. Strasbourg, Dép. Bas-Rhin, F) 104, 146, 362
Straubing (KrfrSt.) 112
Stübig (Gde. Scheßlitz, Lkr. Bamberg) 272
Stuttgart (KrfrSt., Bad.-Wttbg.) 223, 229*
Suffersheim (Gde. Weißenburg, Lkr. Weißenburg-Gunzenhausen) 14, 332, 351–352, 358
Sugenheim (Lkr. Neustadt a.d. Aisch-Bad Windsheim) 230, 248–249, 251, 253, 256*, 258
Sulz (PB Feldkirch, Vorarlberg, Österreich) 123*, 305*
Sulzbach-Rosenberg (Lkr. Amberg-Sulzbach) 108, 195*, 206, 271, 279
Sulzbürg (Gde. Mühlhausen, Lkr. Neumarkt i.d. Oberpfalz) 195*, 270–271

Tachau (tschech. Tachov, CZ) 75, 77
Tauberfeld (Gde. Buxheim, Lkr. Eichstätt) 217, 312*
Thalmässing (Lkr. Roth) 106, 121, 216–217, 242*, 337, 368

Thannhausen, Reichsgft. 58
Theilenhofen (Lkr. Weißenburg-Gunzenhausen) 333, 351
Titting (Lkr. Eichstätt) 217, 222
Töging (Gde. Dietfurt a.d. Altmühl, Lkr. Neumarkt i.d. Oberpfalz) 157, 214, 270
Trebitsch (tschech. Třebíč, CZ) 300
Treuchtlingen (Lkr. Weißenburg-Gunzenhausen) 1, 13, 15, 55, 73, 75, 93, 101, 106–112, 126–127, 136, 146, 153, 155–156, 157*, 158, 170, 172, 174, 177, 179, 181, 184–185, 187–189, 193, 196–197, 199, 201–202, 205, 208–211, 215–217, 219*, 220–222, 231, 238*, 252, 254, 266–268, 272, 278, 281, 283, 288–289, 292–293, 296, 301, 309, 314, 321*, 337, 340*, 351–352, 358–360, 364, 366
Trier, Kfstm. 136*, 321*
Trommetsheim (Gde. Alesheim, Lkr. Weißenburg-Gunzenhausen) 118, 170*, 188, 199, 201, 211–212, 281, 333, 351–352, 358–359
Turnau (tschech. Turnov, CZ) 300

Übermatzhofen (Gde. Pappenheim, Lkr. Weißenburg-Gunzenhausen) 14, 185, 192, 206, 211, 332, 351–352, 358–359
Uffenheim (Lkr. Neustadt a.d. Aisch-Bad Windsheim) 5*
Ulm (KrfrSt., Bad.-Wttbg.) 19, 21*
Ungarn 111

Venedig (I) 279
Vorderösterreich 50*

Wachenhofen (Gde. Alesheim, Lkr. Weißenburg-Gunzenhausen) 333, 351
Wachstein (Gde. Theilenhofen, Lkr. Weißenburg-Gunzenhausen) 333
Wallachisch Meseritsch (tschech. Valašské Meziříčí, CZ) 300*
Wallerstein (Lkr. Donau-Ries) 4, 104, 107–108, 153, 229, 241*, 271, 308*, 336, 341*
Wallhausen (Lkr. Schwäbisch Hall, Bad.-Wttbg.) 112, 254
Walsdorf (Lkr. Bamberg) 268
Wassertrüdingen (Lkr. Ansbach) 192, 252, 254
Weener (Lkr. Leer, Nds.) 295*
Weiden (Lkr. Weiden i.d. Oberpfalz) 5*
Weilheim (Gde. Monheim, Lkr. Donau-Ries) 218
Weimersheim (Gde. Weißenburg, Lkr. Weißenburg-Gunzenhausen) 1, 105, 110, 210, 220, 266–267, 272*, 281, 352, 365
Weißenburg (Lkr. Weißenburg-Gunzenhausen) 21, 102, 106, 118–119, 138, 156–157, 174, 177, 190–192, 196, 205, 210–212, 213*, 215, 219–220, 222, 227, 255*, 297, 352, 358–359

Ortsregister

Weißenburg-Gunzenhausen, Lkr. 1
Wellheim (Lkr. Eichstätt) 214, 217
Wemding (Lkr. Donau-Ries) 282
Westheim (Lkr. Weißenburg-Gunzenhausen) 179, 291*, 333
Wettelsheim (Gde. Treuchtlingen, Lkr. Weißenburg-Gunzenhausen) 205
Wetterau (Landschaft nördlich von Frankfurt/Main) 154
Wetzlar (Lahn-Dill-Kreis, Hessen) 20*, 315
Wien (Österreich) 20*, 23*, 47*, 75–76, 232, 294, 327
Wilhermsdorf (Lkr. Fürth) 279
Windsfeld (Gde. Dittenheim, Lkr. Weißenburg-Gunzenhausen) 333
Wintershof (Gde. Eichstätt, Lkr. Eichstätt) 217
Wittelshofen (Lkr. Ansbach) 219*
Wittenberg (Lkr. Wittenberg, S.-Anh.) 287*, 291*
Wolferstadt (Lkr. Donau-Ries), Domkapitelamt 13
Wolfsbronn (Gde. Meinheim, Lkr. Weißenburg-Gunzenhausen) 28*, 197, 206, 333, 351
Wülzburg (Gde. Weißenburg, Lkr. Weißenburg-Gunzenhausen) 229
Württemberg, Hzt. 58*, 78*, 188*, 198*, 297
Würzburg (KrfrSt.) 4, 272
Würzburg, Hst. 4, 57*, 88*, 93*, 103, 136*, 156*, 168*, 174–175, 309*, 314*, 315

Zeckendorf (Gde. Scheßlitz, Lkr. Bamberg) 263*, 271–272
Zimmern (Gde. Pappenheim, Lkr. Weißenburg-Gunzenhausen) 142*, 152–153, 191, 193, 200, 211, 280, 282, 333, 351–352, 358–359
Zollhaus → Mauthaus
Zollmühle (Gde. Treuchtlingen, Lkr. Weißenburg-Gunzenhausen) 333

In dieser Reihe bereits erschienen:

Band 2:
Johannes Mordstein:
Selbstbewußte Untertänigkeit
Obrigkeit und Judengemeinden im Spiegel der Judenschutzbriefe
der Grafschaft Oettingen 1637–1806

420 Seiten, 1 Karte, 1 Abbildung, ISBN 3-928471-61-9, 48 €

Obrigkeitliche Willkür, Vertreibungen, finanzielle Ausbeutung, rechtliche Diskriminierung – mit diesen Schlagworten wird die Geschichte der Juden im 17. und 18. Jahrhundert üblicherweise charakterisiert. Sie prägten im wesentlichen auch das Verhältnis der Grafen und Fürsten von Oettingen zu den Judengemeinden ihres Herrschaftsgebietes im Nördlinger Ries (nördliches Ostschwaben). Die vorliegende Studie zeigt, daß diesem Bild ein wichtiger Gegenakzent hinzuzufügen ist, der das selbstbewußte Auftreten der Juden als politische Akteure betont.

Die rechtlichen Rahmenbedingungen für das Leben der Juden in der Grafschaft Oettingen wurden in sogenannten Judenschutzbriefen geregelt, die nahezu alle Lebensbereiche (Judenschutz, Abgabenbelastung, Erwerbstätigkeit, jüdische Autonomierechte, ›gute Policey‹) einer intensiven Normsetzung unterzogen. Bei der konkreten Ausformulierung dieser Normen spielten nicht nur obrigkeitliche Vorgaben und antijüdische Beschwerdeschreiben der christlichen Untertanenschaft eine maßgebliche Rolle; den gleichen Stellenwert nahmen vielmehr die Bittgesuche der jüdischen Gemeinden ein. Die zwar in untertänigen Formulierungen aber in der Sache sehr bestimmt und selbstbewußt vorgetragenen jüdischen Supliken hatten in vielen Fällen – unter kalkulierter Ausnutzung der politischen Schwächen der Schutzherrschaft – Erfolg und bewirkten sogar die Rücknahme bereits anvisierter nachteiliger Entscheidungen.

Dieser Leitgedanke der Arbeit wird an zentralen Regelungsbereichen der Judenschutzbriefe veranschaulicht, bei denen die Themenkomplexe Schutz oder Vertreibung, Abgaben, Protokollierungspflichten bei Handelsverträgen, Verkauf von geschächtetem Fleisch, Gemeindegerechtigkeiten von Juden, Pflicht zur Sonn- und Feiertagsheiligung und innerjüdische Gerichtsbarkeit im Mittelpunkt stehen.

Nicht zuletzt vermag die Untersuchung einen wichtigen Beitrag zur Korrektur der bislang dominierenden Auffassung von Herrschaftsausübung im 17. und 18. Jahrhundert zu leisten: Auch in der Blütezeit des ›Absolutismus‹ wurden Normen und Verordnungen nicht einfach von der Obrigkeit oktroyiert, sondern sie waren das Ergebnis eines komplexen kommunikativen Prozesses, an dem auch die Untertanen – einschließlich der Juden – regen Anteil nahmen. Am Ende des Normgebungsaktes stand daher meist ein Kompromiß, dessen ausdrückliches Ziel es war, daß *Christen und Juden neben einander bestehen könnten*.

bibliotheca academica Verlag · Am Höhinger Felsen 4
D-78736 Epfendorf/Neckar · Telefon 0 74 04 / 26 62 · Fax 26 63